תהלים קורן

קורן ירושלים

תהלים קורן

ביאורים מאת הרב עדין אבן־ישראל (שטיינזלץ)
אמנות מאת ברוך נחשון
פנינים מגדולי החסידות

הוצאת קורֵן ירושלים

תהלים קורן
ביאורים מאת הרב עדין אבן־ישראל (שטיינזלץ)
אמנות מאת ברוך נחשון
פנינים מגדולי החסידות

Rabbi Adin Even-Israel Steinsaltz
Psalms with Commentary

מהדורה ראשונה © 2016
הוצאת קורן ירושלים
ת״ד 4044 ירושלים 91040
טל׳: 02-6330533 פקס: 02-6330534

www.korenpub.com

עריכה והגהה: יהודית שבתא
עריכת ביאורי חסידות: דובי ליברמן
הגהה: ישראל לאופר

© כל הזכויות לפירוש שמורות למכון הישראלי לפרסומים תלמודיים ירושלים, 2016
הספר רואה אור בשיתוף המכון הישראלי לפרסומים תלמודיים

© כל הזכויות שמורות על גופן תנ״ך קורן, 1962. הוצאת קורן ירושלים בע״מ, 2016
© כל הזכויות שמורות על גופן סידור קורן, 1981. הוצאת קורן ירושלים בע״מ, 2016

אין לשכפל, להעתיק, לצלם, להקליט, לאחסן במאגר מידע, לשדר או לקלוט בכל דרך או בכל אמצעי אלקטרוני, אופטי, מכני או אחר כל חלק שהוא מן החומר שבספר זה. שימוש מסחרי מכל סוג שהוא בחומר הכלול בספר זה אסור בהחלט אלא ברשות מפורשת בכתב מהמו״ל.

Personal size, hardcover, ISBN 9789653018709

Chabad edition, ISBN 978-1-902881-850 Not for resale, No commercial value (no barcodes)

Illustrated Tehillim Readers Edition, ISBN 978-965-301-895-2

תנו

לכבוד ולזכות

ר׳ **מיכאל** בן **רות**
ר׳ **יצחק** בן **לאה**
ר׳ **אליהו** בן **אביגיל**
ומשפחתם שיחיו

ולעילוי נשמת
ר׳ **משה** ז״ל
בן ר׳ **גבריאל רפאל ותמר** ז״ל

ר׳ **שלום בער** בן **רבקה בתיה**
רעייתו **חנה** בת **בתיה נחמה**
מנחם מנדל בן **חנה**
חיה מושקא בת **חנה**
דוד פנחס בן **חנה**
מרים פערל בת **חנה**
שרה שפרה בת **חנה**
שמואל בן **חנה**
שיחיו
לפידות

תוכן עניינים

מבוא ... ט

תפילה לפני אמירת תהלים ... יב

ספר תהלים
ספר ראשון (פרקים א-מא) ... 1
ספר שני (פרקים מב-עב) ... 172
ספר שלישי (פרקים עג-פט) ... 299
ספר רביעי (פרקים צ-קו) ... 374
ספר חמישי (פרקים קז-קנ) ... 448

תפילה לאחר אמירת תהלים ... 611
ליום חול ... 611
לשבת וליום טוב ... 612

תפילה על החולים ... 612
סדר שינוי השם ... 613

פרקי תהלים לזמנים ולמאורעות מיוחדים ... 615
רשימת ספרים ומחבריהם ... 617

מבוא

כל המקרא כולו עוסק במערכת היחסים שבין אלוקים והאדם, ובעיקר האדם מישראל; ואולם רוב ספרי התנ"ך – בוודאי חמשת חומשי התורה, אך גם ספרי הנביאים – ממוקדים בעיקר ביחסו של ה' אל האדם, מלמעלה למטה. לעומת זאת, ספר תהלים הוא הספר היחיד שבמרכזו האדם הפונה אל ה'. נקודה זו היא הצד המאחד את כל מזמוריו הרבים, והשונים מאוד זה מזה, של ספר תהלים.

אמנם הספר נקרא 'תהלים', לאמור: התהילות שבהן מהלל האדם את ה', אך למעשה יש בו כמעט כל מה שאדם היה רוצה לומר לאלוקים. הספר כולל דברי שירה לסוגיה, ומובע בו מנעד רגשות רחב ביותר. בצד שירה פרטית ואישית מובאים בו שירה אֶפִּית ומזמורי התבוננות ועיון העוסקים בנושאים כלל־לאומיים ואף כלל־אנושיים. אולם בכולם – בין בבירור ובמפורש ובין בצנעה ובהעלם – אפשר לפגוש באישיותו המסוימת של המשורר. חלק מגדולתו של הספר נעוצה דווקא בהיותו סובייקטיבי.

לא רק נושאיהם של מזמורי תהלים מגוונים ביותר: אף דמותו של המשורר העולה מתוכם רבת־פנים, והיא נתונה בנסיבות שונות: יש שהמזמורים מושרים מתוך כניעה ותבוסה, ויש שהם שירי ניצחון מלאי עוצמה. גם נעימתם של המזמורים אינה אחידה. בלשון מוזיקלית אפשר לאפיין מזמורים מסוימים כסטקטו ואחרים כלגטו; יש מזמורים שקצב ההתרחשויות בהם והתחלפות הגופים מזכיר יותר פרסטו, ואחרים – לרגו. המזמורים מבטאים מצבי נפש שונים: מהם מלאים מתח – מתח דתי או מתח של תרעומת, יש מזמורים שנאמרו מתוך סערה ומצוקה ואחרים המביעים התרפקות ורוגע. משום כך אפשר לדמות את משורר תהלים לנֵבל רחב מנעד ורב־מיתרים, שלכל אחד מהם צליל משלו.

אף שהספר הוא בעיקרו שירתו של דוד, הרי אישיותו הפרטית ההיסטורית של דוד איננה בולטת בו. מרוב הפרקים לא עולה דמותו של אדם מסוים; בוקע מהם קולו של האדם באשר הוא. כך, למרות שמבחינה היסטורית דוד המלך היה מוקף רוב ימיו בידידים ובמעריצים, הצד הבולט ביותר בפרקי התחינה שבתהלים הוא דווקא הרגשת הבדידות; רק לעתים רחוקות תופס ה'אנחנו' את מקומו של ה'אני' בספר. הדבר משקף ומבטא את אישיותו של משורר, אשר גם בהיותו בין רבים הוא עדיין מרגיש בודד. ואולי דווקא משום כך עד היום מזמורי תהלים אינם מושרים רק בקול רם ובמקהלות, אלא גם נותנים ביטוי לחוויותיהם – הן הטובות והן הקשות – של אנשים פרטיים רבים. שהרי בסופו של דבר בני אדם חשים קודם כל את עצמם, את כאבם ואת שמחתם, ורק לאחר מכן יכולים הם להזדהות עם חוויותיהם ותחושותיהם של אחרים, כפי שאמר החכם מכל אדם: "לב יודע מרת נפשו, ובשמחתו לא יתערב זר" (משלי יד, י).

קשה לעמוד על העיקרון המבני שעל פיו מסודרים מזמורי תהלים. אמנם פה ושם מופיעות קבוצות של מזמורים שיש ביניהם קרבה חיצונית או פנימית; אבל בסך הכול אפשר לומר שאין בספר תהלים סדר, ושמא הדבר נעוץ באופיו. בתור קובץ של מזמורים המביעים רגשות אנושיים אין הוא אמור להיות סדור. הרי גם בחיי האדם אין זמנים קבועים מראש לצער או לשמחת הלב, להתבוננות או לתהילה.

אף שהמזמורים שונים זה מזה, דבר אחד בולט בכולם: כולם מבטאים אמת. משום כך הם אינם מתפשרים ואינם מזייפים או מדלגים על מעקשים לשם יצירת הרמוניה. לא פעם מתעורר דיסוננס משום שהמשורר איננו מוותר על איזו נקודת אמת, גם כאשר היא אינה תואמת את הניגון הכללי. גם מסיבה זו בוקעים המזמורים הללו את גבולות הזמן והמקום, ומדברים אל אנשים רבים כל כך ושונים זה מזה בכל הזמנים ובכל קצות העולם.

ספר תהלים איננו ספר של שירה המבטא את המשורר בלבד. בהיותו ספר של תפילות, הרי שלא פחות מנוכחותו של ה'אני' נוכח בו ה'אתה' האלוקי, שהוא תמיד צדו האחר של המזמור. בין כאשר שם שמים מוזכר בכל פסוק ופסוק של המזמור, ובין כשכמעט אינו מוזכר במזמור כלל, ברור שהמשורר משוחח ושופך נפשו לִפְנֵי ה' (תהלים קב, א). העולם הדתי שבספר איננו מסובך או מסתורי במיוחד. גם אם יש בו גם שירי תלונה ואף תרעומת, הרי התרעומת הזו, שלא כמו באיוב או בקֹהלת, היא תמיד מוגדרת ומבוקרת. גם כשעולות מן המזמורים שאלות שאין עליהן תשובה נשארים המזמורים הללו בגדר מזמורי תפילה.

בספר תהלים (ובעוד שני ספרים בתנ"ך: משלי ואיוב) יש מערכת מיוחדת של טעמי המקרא, שאינה זהה למערכת הטעמים של שאר הספרים. מערכת טעמים זו מובנת לנו מבחינה פונקציונאלית – היינו, כיצד הם משמשים כסימני פיסוק מורכבים – ואולם המסורת המוזיקלית שלהם אבדה. זאת ועוד: ידוע שבימי הבית השני (ואולי גם קודם לכן) חלק מן המזמורים הללו הושרו בבית המקדש, אך בידינו לא נשארה כל מסורת מוזיקלית שאפשר לסמוך עליה.

הספר נחלק בימינו למאה וחמישים פרקים, אבל עד תקופת חז"ל היה מחולק למאה ארבעים ושבעה או מאה ארבעים ותשעה פרקים בלבד.[1] רוב פרקיו הם מזמורים מוגדרים היטב שבראשם כותרות; רק בעקבות חלוקת הפרקים המאוחרת יותר, שאינה יהודית, יש פרקים אחדים שאינם נראים כמזמורים שלמים העומדים לעצמם, וככל הנראה הם חלק מן המזמורים הסמוכים להם.

הספר עצמו מעיד על כך שהוא ספר תְּפִלּוֹת דָּוִד בֶּן יִשָׁי (תהלים עב, כ); ואכן, רוב מזמוריו מיוחסים לדוד המלך. עם זאת, נזכרים בספר גם שמותיהם של כמה משוררים

1. ראו ירושלמי שבת טז, א; בבלי ברכות ט ע"ב; תוספות פסחים קיז ע"א.

אחרים. לפי מסורת חכמים (בבא בתרא יד ע״ב־טו ע״א), לעשרה אנשים מיוחסים מזמור אחד או אחדים (ובכללם אדם הראשון ומשה רבנו).

לספר תהלים נודע מקום יוצא דופן לא רק בספרות העולם, אלא גם במקומו בתודעה האנושית בכל הזמנים והמקומות. נראה שאין עוד ספר במקרא שנתלוו אליו כל כך הרבה דמעות, כמו גם דברי תודה ושמחה. דרך ספר זה ואתו יכול כל אדם – הן המשורר והן מי שאינו יודע למצוא את המלים והביטויים המתאימים – להתחנן ולהודות, לשפוך את מר לבו או פשוט לשוחח עם אלוקים, בין שמדובר באשה בודדת המבכה את צרותיה, בגבר הנתון במבוך מדיני או צבאי או במי שבא לשיר שיר תודה. לכל אלה משמש ספר תהלים פֶּה. דוד המלך מכונה בשם נְעִים זְמִרוֹת יִשְׂרָאֵל (שמואל ב׳ כג, א), מאחר שהוא שר את שירתו של עם שלם.

זאת ועוד: פה ושם יש בספר גם ניצוצות של התרוממות נפש מיסטית המוצנעת בשירה הדתית הכוללת ואיננה מגיעה לידי ביטוי חריף. כאן טמון צד נוסף של כוחו המיוחד של הספר: הנעימה הכללית שבו, על אף כל העליות והירידות, לעולם איננה מוקצנת. שאלות חריפות, ספקות חמורים, כאבים בלתי נסבלים ואולי גם עליצות בלי גבול רק מרומזים כאן, אך אין הם מגיעים לביטוי שלם ומלא. בצד הדברים הנאמרים בכל אחד מהמזמורים משאיר המשורר גם גיליון ריק, שעליו יוסיף הקורא־המתפלל את השורות האישיות שלו.

הרב עדין אבן־ישראל

על המהדורה

היוזמה למהדורה ייחודית זו הגיעה מאת הרב משה שילת וספריית ׳מעיינותיך׳. הרעיון היה לנסות ולהביא לביטוי קצת מאותם ניצוצות נסתרים, שהזכיר הרב, הטמונים במילותיהם של מזמורי תהלים. ביטוי אחד לקוח מהתחום שמעבר למילים: מציוריו גדושי המשמעות והגוונים של הצייר ברוך נחשון, שאותן בחר עבורנו בנו יצחק נחשון. ביטוי אחר, נסתר ומרומם, נלקט מתוך כתביהם של גדולי החסידות על ידי הרב דובי ליברמן ובעזרתו של הרב יהודה כהן. על העיצוב שקדו במסירות רבה מיכל בריטמן, אליהו משגב והרב ינון חן. עיצוב שאינו רק נאה, אלא גם מזמין – דרך חלוקת השורות המוקפדת – את קריאת התהלים כתפילה וכשיחה של האדם עם עצמו ועם אלוקיו. שמואל וולס, אבישי מגנצא ויהודה פודורובסקי אמונים על הפקת הספר וכל המלאכה התבצעה עת בשפתותינו תפילה שהמילים שעמלנו עליהן תהיינה לרצונות ההוגים אותן, ולאמרי פיהם.

העורכים

תפילה לפני אמירת תהלים

׳יְהִי רָצוֹן׳ קודם אמירת תהלים

יְהִי רָצוֹן מִלְּפָנֶיךָ, יהוה אֱלֹהֵינוּ וֵאלֹהֵי אֲבוֹתֵינוּ, הַבּוֹחֵר בְּדָוִד עַבְדּוֹ וּבְזַרְעוֹ אַחֲרָיו, וְהַבּוֹחֵר בְּשִׁירוֹת וְתִשְׁבָּחוֹת, שֶׁתֵּפֶן בְּרַחֲמִים אֶל קְרִיאַת מִזְמוֹרֵי תְהִלִּים שֶׁאֶקְרָא כְּאִלּוּ אֲמָרָם דָּוִד הַמֶּלֶךְ עָלָיו הַשָּׁלוֹם בְּעַצְמוֹ, זְכוּתוֹ תָּגֵן עָלֵינוּ, וְתַעֲמָד לָנוּ זְכוּת פְּסוּקֵי תְהִלִּים וּזְכוּת תֵּבוֹתֵיהֶם וְאוֹתִיּוֹתֵיהֶם וּנְקֻדּוֹתֵיהֶם וְטַעֲמֵיהֶם וְהַשֵּׁמוֹת הַיּוֹצְאִים מֵהֶם מֵרָאשֵׁי תֵבוֹת וּמִסּוֹפֵי תֵבוֹת לְכַפֵּר פְּשָׁעֵינוּ וַעֲוֹנוֹתֵינוּ וְחַטֹּאתֵינוּ, וּלְזַמֵּר עָרִיצִים וּלְהַכְרִית כָּל הַחוֹחִים וְהַקּוֹצִים הַסּוֹבְבִים אֶת הַשּׁוֹשַׁנָּה הָעֶלְיוֹנָה וּלְחַבֵּר אֵשֶׁת נְעוּרִים עִם דּוֹדָהּ בְּאַהֲבָה וְאַחֲוָה וְרֵעוּת, וּמִשָּׁם יִמָּשֵׁךְ לָנוּ שֶׁפַע לְנֶפֶשׁ רוּחַ וּנְשָׁמָה לְטַהֲרֵנוּ מֵעֲוֹנוֹתֵינוּ וְלִסְלֹחַ חַטֹּאתֵינוּ וּלְכַפֵּר פְּשָׁעֵינוּ, כְּמוֹ שֶׁסָּלַחְתָּ לְדָוִד
שֶׁאָמַר מִזְמוֹרִים אֵלּוּ לְפָנֶיךָ, כְּמוֹ שֶׁנֶּאֱמַר, גַּם־יהוה הֶעֱבִיר חַטָּאתְךָ לֹא (שמואל ב׳ יב)
תָמוּת: וְאַל תִּקָּחֵנוּ מֵהָעוֹלָם הַזֶּה קֹדֶם זְמַנֵּנוּ עַד מְלֹאת שְׁנוֹתֵינוּ בָּהֶם שִׁבְעִים שָׁנָה, בְּאוֹפֶן שֶׁנּוּכַל לְתַקֵּן אֶת אֲשֶׁר שִׁחַתְנוּ, וּזְכוּת דָּוִד הַמֶּלֶךְ עָלָיו הַשָּׁלוֹם תָּגֵן עָלֵינוּ וּבַעֲדֵנוּ, שֶׁתַּאֲרִיךְ אַפְּךָ עַד שׁוּבֵנוּ אֵלֶיךָ בִּתְשׁוּבָה
שְׁלֵמָה לְפָנֶיךָ, וּמֵאוֹצַר מַתְּנַת חִנָּם חָנֵּנוּ, כִּדְכְתִיב, וְחַנֹּתִי אֶת־אֲשֶׁר אָחֹן (שמות לג)
וְרִחַמְתִּי אֶת־אֲשֶׁר אֲרַחֵם: וּכְשֵׁם שֶׁאָנוּ אוֹמְרִים לְפָנֶיךָ שִׁירָה בָּעוֹלָם הַזֶּה, כָּךְ נִזְכֶּה לוֹמַר לְפָנֶיךָ יהוה אֱלֹהֵינוּ שִׁיר וּשְׁבָחָה לָעוֹלָם הַבָּא. וְעַל יְדֵי אֲמִירַת תְּהִלִּים, תִּתְעוֹרֵר חֲבַצֶּלֶת הַשָּׁרוֹן וְלָשִׁיר בְּקוֹל נָעִים בְּגִילַת וְרַנֵּן,
כְּבוֹד הַלְּבָנוֹן נִתַּן־לָהּ: הוֹד וְהָדָר בְּבֵית אֱלֹהֵינוּ בִּמְהֵרָה בְיָמֵינוּ, אָמֵן סֶלָה. (ישעיה לה)

פסוקים אלה נוהגים לומר קודם אמירת תהלים:

לְכוּ נְרַנְּנָה לַיהוה, נָרִיעָה לְצוּר יִשְׁעֵנוּ: (תהלים צה)
נְקַדְּמָה פָנָיו בְּתוֹדָה, בִּזְמִרוֹת נָרִיעַ לוֹ:
כִּי אֵל גָּדוֹל יהוה, וּמֶלֶךְ גָּדוֹל עַל־כָּל־אֱלֹהִים:

אַשְׁרֵי־הָאִישׁ אֲשֶׁר לֹא הָלַךְ בַּעֲצַת רְשָׁעִים

ספר ראשון
פרק א

דברי התבוננות כלליים על דרכו ואושרו
של האדם הנוהג כראוי, ולעומתם – חייהם
של אותם אנשים שהם רעים וחטאים.

2 • תהלים ______ א לחודש • ליום ראשון • ספר ראשון • פרק א

א אַ֥שְֽׁרֵי־הָאִ֗ישׁ
אֲשֶׁ֤ר ׀ לֹ֥א הָלַךְ֮
בַּעֲצַ֪ת רְשָׁ֫עִ֥ים
וּבְדֶ֣רֶךְ חַ֭טָּאִים לֹ֣א עָמָ֑ד
וּבְמוֹשַׁ֥ב לֵ֝צִ֗ים לֹ֣א יָשָֽׁב׃

א **אַשְׁרֵי־הָאִישׁ** - המילה "אשרי" מופיעה בעיקר בתהלים. פירושה, בצורה הפשוטה ביותר, הוא - אושר; אושר הוא לו, לאדם, הנוהג בדרך הזאת. אבל ב"אשרי" יש גם משמעות אחרת, שאיננה נבדלת לגמרי אלא משתלבת במשמעות הראשונה, והיא - הדרך הישרה, האופן הנכון, בבחינת הישר והטוב. "אשרי" מתייחס, בדרך כלל, לשני המובנים האלה גם יחד: הן להרגשת הטוב הסובייקטיבית, הרגשית, והן לצד האובייקטיבי של דרך נכונה וישרה.

אֲשֶׁר לֹא הָלַךְ בַּעֲצַת רְשָׁעִים - עצת רשעים היא עצה לא טובה שנותנים רשעים, שאדם מקבל אותה ונוהג ("הלך") לפיה. ואולם במקומות אחרים משמעות המילה "עצה" היא גם קבוצה, חבורה, ולכן פירוש הפסוק הוא גם - האיש שאינו הולך עם הרשעים ואינו חלק מחבורתם.

וּבְדֶרֶךְ חַטָּאִים לֹא עָמָד - יש דרכים או מקומות שהם "דרך חטאים", דרכם של חוטאים; וגם מי שאינו מגיע לדרך הזו עד סופה, מכל מקום הוא עשוי למצוא את עצמו עומד במקום שהוא "דרך חטאים", כך שהמשך ההליכה בכיוון הזה בוודאי יביא אותו לרע חמור יותר.

וּבְמוֹשַׁב לֵצִים לֹא יָשָׁב - בספר תהלים, כמו גם בספר משלי ובמקומות אחרים, המושג "לץ" איננו קשור רק לבדיחה או ללצון, אלא יש בו צד מסוים של רוע; אין בו תמיד תאווה או תשוקה לרע, ואולם ה"לצים" הם אלה שמתאפיינים בקלות ראש ובבדיחות דעת על דברים טובים. ולכן, גם אם הלצים לא תמיד עושים רע בפועל, דרך המחשבה והדיבור

א,א **אַשְׁרֵי הָאִישׁ**. "במה חתם משה את התורה? – 'אשריך ישראל'; ואף דוד כשבא לומר תהילה, התחיל ממקום שפסק משה, 'אשרי האיש'". חוט סמוי מקשר בין משה לדוד, כפי שמגלים דברי חכמים: "גואל ראשון הוא גואל אחרון"; משמע: מסע הגאולה שהוביל **משה** רבנו אל שערי הארץ, עתיד לבוא לשלמותו על־ידי משיח בן **דוד**. נקודת הזהות שבין מפעלי חיים של ענקי עולם אלו, היא גילוי האושר האמיתי ("אשרי") בעולם, עונג שמקורו ברבדים הנעלמים ביותר של הבריאה ויציאתו אל הפועל היא דרך לימוד התורה. מזמור זה, לפי החלוקה הקדומה, נפתח ב"אשרי האיש" ומסתיים ב"אשרי כל חוסי בו", כך ששני מיני אושר ועונג רמוזים בו: העונג שבפנימיות התורה והעונג שבנגלותיה. אשרי הלומד ומלמד מתוך עונג ואושר, וממשיך בכך את שליחותם של משה ודוד לקירוב הגאולה.

על־פי תהילות מנחם

ב כִּ֤י אִ֥ם בְּתוֹרַ֥ת יְהוָ֗ה חֶ֫פְצ֥וֹ
וּֽבְתוֹרָת֥וֹ יֶהְגֶּ֗ה
יוֹמָ֥ם וָלָֽיְלָה׃
ג וְֽהָיָ֗ה
כְּעֵץ֮ שָׁת֪וּל עַֽל־פַּלְגֵ֫י מָ֥יִם
אֲשֶׁ֤ר פִּרְי֨וֹ ׀ יִתֵּ֬ן בְּעִתּ֗וֹ
וְעָלֵ֥הוּ לֹֽא־יִבּ֑וֹל

שלהם היא פתח לכל דבר אסור. "ובמושב לצים לא ישב" בא להדגיש שגם מי שאינו שותף פעיל במושב לצים, גם מי שבעצמו איננו לץ אלא רק יושב במחיצתם של לצים, עליו לדעת כי החברה הזאת היא חברה רעה, והיא פותחת לאדם פתח לרע - לא תמיד מתוך מודעות, אבל על כל פנים יוצרת מוכנות נפשית העשויה להתגלגל לרעה בפועל.

ב **כִּי אִם בְּתוֹרַת ה׳**, שתורת ה׳ כהוראה של דרך חיים, היא **חֶפְצוֹ**, **וּבְתוֹרָתוֹ** - שהיא תורת ה׳, אבל מתייחסת ביתר שאת ל"תורתו" של אותו אדם, במה שהוא יודע ומבין בה - **יֶהְגֶּה**, בעיקר הכוונה היא למחשבה, הגות הלב, אבל כאן יש לכך גם משמעות נוספת: דיבור והגייה, **יוֹמָם וָלָיְלָה**. בפרק זה יש מעין הגדרה של האיש הצדיק: לא רק במחשבה אלא גם בחפץ והגיון הלב, כלומר: רצונו הפנימי, שכאשר אין לו לאדם מעשה שמוטל עליו לעשותו, לא בענייני מצווה ולא בענייני העולם הזה, האיש הצדיק הוא זה אשר מַפנה את הזמן הזה לתורת ה׳, שבה הוא מדבר ועליה הוא חושב. מי שנוהג כך, דהיינו: מתרחק מן הרע ודבק בטוב, שכרו הוא -

ג **וְהָיָה כְּעֵץ שָׁתוּל עַל־פַּלְגֵי מָיִם**. עץ כזה איננו חסר דבר; הוא אפילו אינו מצפה לגשם, כי המים משקים אותו תמיד.

אֲשֶׁר פִּרְיוֹ יִתֵּן בְּעִתּוֹ וְעָלֵהוּ לֹא־יִבּוֹל - כי עצים שחסרים להם מים לפעמים נותנים את פירותיהם לאחר זמן, והעלים שלהם כמשים ונושרים, ואילו העץ הזה רענן וצומח תמיד. בדימוי הזה לעץ יש לא רק ברכה, אלא גם

א,ב **בְּתוֹרַת ה׳ חֶפְצוֹ וּבְתוֹרָתוֹ יֶהְגֶּה יוֹמָם וָלָיְלָה.** על לימוד התורה אמר רבא, האמורא הבבלי: "בתחילה נקראת על שמו של הקב"ה ולבסוף נקראת על שמו, שנאמר: **בְּתוֹרַת ה׳ חֶפְצוֹ וּבְתוֹרָתוֹ יֶהְגֶּה יוֹמָם וָלָיְלָה**" (עבודה זרה יט, א). מכאן שעיקר מעלתה של תורה אינו בהיותה תורת ה׳, הוויה עליונה ומופשטת, אלא דווקא בהיותה תורת אדם מוחשית ומושגת, הנלמדת בשכל ובסברה עד שהיא נקראת על שם הלומד ומחדש בה. כיצד ייתכן הדבר? כאשר התורה היא **תורת ה׳** הרי היא למעלה מעלה, אך כאשר היא נעשית גם **תורתו** – תורת אדם – הרי היא יורדת למטה מטה. באותה ירידה מתגלה בה סגולתה, שהיא אין־סוף ממש, בלי גבול, שאינו מבחין בין מעלה ומטה אלא מאיר בהם בשווה. נמצאת אומר: גם כשתורת אדם היא, עודנה תורת ה׳ בכל קדושתה.

על־פי ספר המאמרים – מלוקט אדר־סיון, עמ׳ כ

וְכֹל אֲשֶׁר־יַעֲשֶׂה יַצְלִיחַ׃
ד לֹא־כֵן הָרְשָׁעִים
כִּי אִם־כַּמֹּץ
אֲשֶׁר־תִּדְּפֶנּוּ רוּחַ׃
ה עַל־כֵּן ׀
לֹא־יָקֻמוּ רְשָׁעִים בַּמִּשְׁפָּט
וְחַטָּאִים בַּעֲדַת צַדִּיקִים׃
ו כִּי־יוֹדֵעַ יהוה דֶּרֶךְ צַדִּיקִים
וְדֶרֶךְ רְשָׁעִים תֹּאבֵד׃

הבטחה ממשית יותר לכך שהוא מצליח לתת פרי בכל המובנים: פרי תורתו ופרי עמלו, הצומחים בעתם וטובים גם לו וגם לעולם, ושאין הוא צריך לסבול מהתנוונות ומכמישה שלא בעתה. ובכללו של דבר, לגבי האדם: וְכֹל אֲשֶׁר־יַעֲשֶׂה יַצְלִיחַ. ולעומת אלה -

ד **לֹא־כֵן הָרְשָׁעִים**; הללו לא רק שאינם דומים לעץ שתול, אלא הם כפרודות שאינן צומחות, **כִּי אִם־כַּמֹּץ אֲשֶׁר־תִּדְּפֶנּוּ רוּחַ**. המוץ, שהוא הקש והמלענים של התבואה, אין לו צמיחה ואף אין לו מקום משלו, והרוח מסיטה אותו לכל צד. ואף הוויית הרשעים אין לה בעצם מקום משלה, ואין לה אפילו תכנית אמיתית משלה, אלא הרשעים זורמים עם כל דבר שמגיע אליהם מבחוץ, ונהדפים מדבר לדבר.

ה **עַל־כֵּן לֹא יָקֻמוּ רְשָׁעִים בַּמִּשְׁפָּט** - כשמגיעה שעת הדין אין לרשעים תקומה, **וְחַטָּאִים** לא יקומו ולא יעמדו **בַּעֲדַת צַדִּיקִים**; לא רק שהם אינם יכולים לצאת זכאים במשפט, אלא אף אינם יכולים להצטרף לחבורה הזאת.

ו **כִּי־יוֹדֵעַ ה׳ דֶּרֶךְ צַדִּיקִים** - "יודע" כאן, כמו גם במקומות אחרים, הוא במשמעות מסוימת: דעת של קשר, של אהבה; ומשום כך הוא מכוון אותם ומסייע להם בדרך חייהם זו, **וְדֶרֶךְ רְשָׁעִים**, לעומת זאת, **תֹּאבֵד** - כי לא רק שאין לה קיום נצחי, אלא אין לה אפילו עמידה יציבה בפני מאורעות הזמן; זוהי דרך שסופה אובדן.

א,ד **אַשְׁרֵי הָאִישׁ... לֹא כֵן הָרְשָׁעִים** – וכי כיצד ניתן להשוות בכלל בין צדיק לרשע? האם אפשר להעריך את טיבה של אבן טובה ויקרה כנגד אבן פשוטה המושלכת ברחוב? אלא משל למה הדבר דומה: לאדם שהיה מהלך עם בנו בגן. ראה בנו עץ פרי, ושאל מה טיבו. אמר לו: לאכול מפריו ולשבוע מטובו. ראה בנו עץ סרק, ושאל מה טיבו. אמר לו: להסיק בו תנור וכיריים. כך בני האדם כולם עושים רצון ה׳, כצדיק כרשע, אלא שהבדל גדול יש ביניהם: צדיק העושה רצון ה׳ בחייו, זוכה לעשות זאת כשהוא שתול על פלגי מים ועושה פירות במעשיו הטובים; רשע, המכעיס לפניו בחייו, עושה רצון ה׳ ומגלה כבודו ויראתו באבדנו, כאשר נעשה בו דין צדק והוא כלה "כמוץ אשר תדפנו רוח".

על־פי בית יעקב, ליקוטים

אֲסַפְּרָה אֶל חֹק יהוה אָמַר אֵלַי בְּנִי־אַתָּה אֲנִי הַיּוֹם יְלִדְתִּיךָ:

ספר ראשון
פרק ב

מזמור ללא כותרת לכבודו של המלך,
והמילה "מלך" נזכרת בו פעמים מספר.
מתוכנו ומפסוקי החזון שבו עולה
שאין מדובר במלך מסוים אלא זהו
חזון על הגואל, המלך המשיח.

א לָמָּה רָגְשׁוּ גוֹיִם
וּלְאֻמִּים יֶהְגּוּ־רִיק׃
ב יִתְיַצְּבוּ ׀ מַלְכֵי־אֶרֶץ
וְרוֹזְנִים נוֹסְדוּ־יָחַד
עַל־יהוה וְעַל־מְשִׁיחוֹ׃
ג נְנַתְּקָה אֶת־מוֹסְרוֹתֵימוֹ
וְנַשְׁלִיכָה מִמֶּנּוּ עֲבֹתֵימוֹ׃
ד יוֹשֵׁב בַּשָּׁמַיִם יִשְׂחָק
אֲדֹנָי יִלְעַג־לָמוֹ׃
ה אָז יְדַבֵּר אֵלֵימוֹ בְאַפּוֹ
וּבַחֲרוֹנוֹ יְבַהֲלֵמוֹ׃
ו וַאֲנִי נָסַכְתִּי מַלְכִּי
עַל־צִיּוֹן הַר־קָדְשִׁי׃

א לָמָּה רָגְשׁוּ - כלומר: למה סוערים ומרוגשים הגוֹיִם, וּלְאֻמִּים יֶהְגּוּ־רִיק - חושבים מחשבות ומתכננים תכניות, ומדברים דברים שבסופם יהיו לריק.

ב יִתְיַצְּבוּ מַלְכֵי־אֶרֶץ, וְרוֹזְנִים, שהם מושלים, נוֹסְדוּ־יָחַד - מתחברים, נועדים יחד כדי להילחם עַל־ה׳ וְעַל־מְשִׁיחוֹ. והתכנית שלהם היא:

ג נְנַתְּקָה אֶת־מוֹסְרוֹתֵימוֹ - ננתק את מוסרותיהם, שהן הרצועות שבהן אוסרים בעלי חיים, ובהשאלה - הכוח והממשלה של ישראל השליטים, וְנַשְׁלִיכָה מִמֶּנּוּ עֲבֹתֵימוֹ - חבליהם, שבהם הם קושרים אותנו. זוהי הכוונה העיקרית של אותו מרד, הכורך יחד מרידה בה׳, פריקת עולו וגם מלחמה כנגד משיחו, המלך המשיח של ישראל, המייצג את הקשר עם הקב״ה.

ד אבל כל התכניות הללו הן תכניות של הבל, כי יוֹשֵׁב בַּשָּׁמַיִם יִשְׂחָק, יצחק, ה׳ יִלְעַג־לָמוֹ (להם), לפי שלא ימומשו כלל התכניות הללו. לאמיתו של דבר כל התכניות הללו הן דבר של ריק, ובפועל יגיע לאחר מכן גם העונש מלמעלה.

ה אָז יְדַבֵּר ה׳ אֵלֵימוֹ (אליהם) בְאַפּוֹ, בכעסו, וּבַחֲרוֹנוֹ יְבַהֲלֵמוֹ, וישבור את רצונם בעולם הזה.

ו וַאֲנִי, אומר המשורר, נָסַכְתִּי מַלְכִּי - משחתי, מיניתי אותו למלך, עַל־צִיּוֹן הַר־קָדְשִׁי. וכאן באים דבריו של המלך עצמו:

ב,א **לָמָּה רָגְשׁוּ גוֹיִם!** יסוד הביטחון בעבודת ה׳ מורה שכל אימת שאנו מוצאים עצמנו במצב המתנגד לרצון ה׳, ובפרט כאשר רגשו גויים ומלכי ארץ על ה׳ ועל משיחו, הרי כל זה הוא בבחינת **יֶהְגּוּ רִיק** – אין ואפס – וממילא אין מקום לחשש כלל. בדורות עברו היה לנס ולפלא ביטחונו של חזקיה מלך יהודה, שבעוד צבאו האדיר של סנחריב צר על שערי עירו לא מצא צורך בדורון, בתפילה או במלחמה, אלא רק: ״אני ישן על מיטתי ואתה עושה!״ אמנם הלב מפתה אותנו להטיל ספק, האומנם גם אנו, בדור שפל ובמצב שפל – בכלל ובעיקר בפרט – ראויים לביטחון שכזה? והמענה: **בְּנִי אַתָּה אֲנִי הַיּוֹם יְלִדְתִּיךָ!** כל יום הוא מציאות חדשה, הזדמנות חדשה ל״היום אם בקולו תשמעו״, ואין חטאי האתמול פוגמים בו כלל.

על־פי תהילות מנחם

ז אֲסַפְּרָה אֶל חֹק
יְהוָה אָמַר אֵלַי בְּנִי־אַתָּה
אֲנִי הַיּוֹם יְלִדְתִּיךָ׃
ח שְׁאַל מִמֶּנִּי
וְאֶתְּנָה גוֹיִם נַחֲלָתֶךָ
וַאֲחֻזָּתְךָ אַפְסֵי־אָרֶץ׃
ט תְּרֹעֵם בְּשֵׁבֶט בַּרְזֶל
כִּכְלִי יוֹצֵר תְּנַפְּצֵם׃
י וְעַתָּה מְלָכִים הַשְׂכִּילוּ
הִוָּסְרוּ שֹׁפְטֵי אָרֶץ׃
יא עִבְדוּ אֶת־יְהוָה בְּיִרְאָה
וְגִילוּ בִּרְעָדָה׃
יב נַשְּׁקוּ־בַר
פֶּן־יֶאֱנַף ׀ וְתֹאבְדוּ דֶרֶךְ
כִּי־יִבְעַר כִּמְעַט אַפּוֹ
אַשְׁרֵי כָּל־חוֹסֵי בוֹ׃

ז אֲסַפְּרָה, אֶל חֹק - אספר את הדבר שהוא הבסיס למעשיי: ה׳ אָמַר אֵלַי: ׳בְּנִי־אַתָּה, אֲנִי הַיּוֹם יְלִדְתִּיךָ - כלומר: המלך המשיח הוא כבן חביב של ה׳, וכאשר הוא עולה על כס מלכותו אומר לו ה׳, כביכול: ״אני היום ילדתיך״, אתה נעשה כבני.

ח ׳שְׁאַל מִמֶּנִּי, אומר לי ה׳, רק בקש, וְאֶתְּנָה גוֹיִם, נַחֲלָתֶךָ - תמשול עליהם, כלומר: נחלתך תקיף עמים רבים, וַאֲחֻזָּתְךָ תגיע עד אַפְסֵי־אָרֶץ, עד קצות הארץ.

ט ואת כל אויביך ׳תְּרֹעֵם, תשבור אותם, בְּשֵׁבֶט בַּרְזֶל, כִּכְלִי יוֹצֵר, ככלי חרס, אשר קל לנפצו, תְּנַפְּצֵם׳.

י וְעַתָּה, מְלָכִים, הַשְׂכִּילוּ לדעת זאת, הִוָּסְרוּ, קבלו מוסר, הבינו את הדבר, שֹׁפְטֵי אָרֶץ: דעו שהקב״ה נתן בידי את הזכות והשלטון, ולכן אין אתם יכולים להילחם כנגד זה.

יא ומשום כך - עִבְדוּ אֶת־ה׳ בְּיִרְאָה, שהרי אם לא תעבדוהו, תיענשו בכמה אופנים, וְגִילוּ בִּרְעָדָה - יכולים אתם לשמוח בממשלה הזאת, אבל אתם צריכים לעשות זאת מתוך רעדה, כי אין כאן מתנה גמורה של שלווה, אלא יש מאחוריה איום מוסתר תמידי.

יב נַשְּׁקוּ־בַר - רוב המפרשים מסבירים זאת לפי הלשון הארמית: בר במובן של בן, כלומר: הוא המלך שה׳ אמר עליו ׳בני אתה׳, פֶּן־יֶאֱנַף, יכעס, ה׳ וְתֹאבְדוּ דֶרֶךְ, כִּי־יִבְעַר - כאשר יבער - כִּמְעַט אַפּוֹ - לא רק חֵמה גמורה אלא אפילו מעט כעס - לא תהיה לכם תקומה. ומן הצד השני - אַשְׁרֵי כָּל־חוֹסֵי בוֹ, טוב ויפה לאלה שחוסים בקב״ה.

ב,ז בְּנִי אַתָּה אֲנִי הַיּוֹם יְלִדְתִּיךָ – על משיח בן דוד נאמר. עיבור הוא זמן של קטנות, הסתר וצמצום, כשהוולד מוסתר בבטן אמו ואין איש יודע מה טיבו. כל שניתן לראות הוא שהכרס תופחת והאם מתנודדת והולכת בכבדות. קרוב לזמן הלידה מתגלים בה גם צירי לידה, חבלים מייסרים המביאים אותה עד שערי מוות. רק אז, בפתע, היא יולדת חיים. כך כנסת ישראל, השכינה הקדושה, המתייחדת עם קודשא־בריך־הוא כדי לגלות בארץ מה שאינו נגלה גם בשמי שמים – עצמות אלוהות. כל הגלויות העוברות על כנסת ישראל – זמן עיבורה הן; ושעת הגאולה – זמן לידתה. אז יהפכו כל החלומות למציאות, וכל רגעי הבהירות והגילוי שידענו יחווירו ויתבטלו כאין לנוכח הלידה המוחשית, שתגלה אלוהות בעולם ותחשוף את פניו האמיתיים.

על־פי תורה אור, הוספות לפרשת שמות קו, א

לַיהוה הַיְשׁוּעָה עַל־עַמְּךָ בִרְכָתֶךָ סֶּלָה:

ספר ראשון
פרק ג

מזמור העוסק בנרדף המוקף באויבים
מכל צד, והכל סבורים שאין לו עוד
תקווה, אך הוא בוטח בה׳ שיושיענו
מכל אויביו ויביאנו לניצחון ולשלום.

פרק ג • ספר ראשון • ליום ראשון • א לחודש ______ תהלים • 9

א מִזְמ֥וֹר לְדָוִ֑ד
בְּ֝בָרְח֗וֹ
מִפְּנֵ֤י ׀ אַבְשָׁל֬וֹם בְּנֽוֹ׃
ב יְהוָ֭ה מָֽה־רַבּ֣וּ צָרָ֑י
רַ֝בִּ֗ים קָמִ֥ים עָלָֽי׃
ג רַבִּים֮ אֹמְרִ֪ים לְנַ֫פְשִׁ֥י
אֵ֤ין יְֽשׁוּעָ֓תָה לּ֬וֹ בֵֽאלֹהִ֬ים
סֶֽלָה׃
ד וְאַתָּ֣ה יְ֭הוָה מָגֵ֣ן בַּעֲדִ֑י
כְּ֝בוֹדִ֗י וּמֵרִ֥ים רֹאשִֽׁי׃

א מִזְמוֹר לְדָוִד – במזמור זה יש כתובת: בְּבָרְחוֹ מִפְּנֵי אַבְשָׁלוֹם בְּנוֹ. מזמור זה אינו מבטא את כל המצוקה של דוד במאורע זה, אלא רק את היותו נתון במצוקה גדולה, ויש בו בעיקר תחינה לה׳ לזכות בישועה.

ב ה׳, מָה־רַבּוּ צָרָי, רַבִּים קָמִים עָלָי – כלומר: עומדים כנגדי להילחם בי. ויש בכך גם תוספת הדגשה – הם אויבים והם בעיקר מתקוממים, מורדים.

ג ובנוסף עליהם יש עוד רַבִּים אחרים הָאֹמְרִים לְנַפְשִׁי – כלומר: אומרים עליי – אֵין יְשׁוּעָתָה לּוֹ בֵאלֹהִים סֶלָה.* כי במצבו של דוד באותה עת, מלבד האויב הישיר שלו – צבאו של אבשלום – גם אלה שאינם צד פעיל בסכסוך מרגישים שתקופת דוד נגמרה, שאין לו עוד תקווה.

ד וְאַתָּה, ה׳, מָגֵן בַּעֲדִי, אתה הוא כְּבוֹדִי – או, באופן אחר, אתה גם זה שנותן לי את הכבוד, וּמֵרִים רֹאשִׁי – שלא אהיה מוטל מובס לגמרי.

* מילה זו מצויה כמעט רק בספר תהלים, ואין פירושה מחוור לגמרי. מסורת עתיקה היא ש"סלה" פירושו: לעולם, לנצח. במקרים רבים משמעות זו יכולה להתקבל, אולם במקומות אחרים אפשר לפרש כך רק בדוחק. יש המסבירים את המילה כביטוי של חיזוק לנאמר קודם, ולפיכך יהא משמעה כמו: ככה, כן הוא, אכן; יש אומרים שמילה זו היא כעין סימן מוסיקלי, שיש מפרשים אותו במובן של הגברה, כלומר: כאן יש להרים את הקול; ויש סבורים שהוא סימן המורה להאריך את המילה הקודמת על מנת לשמור את משקל השיר.

ג,ב ה׳ מָה־רַבּוּ צָרָי רַבִּים קָמִים עָלָי. נימת תחינתו של דוד במזמור זה, כאשר הוא בורח מפני אויב יחיד, דחופה וחמורה. לא כן נימת דבריו במזמור הקודם, כאשר נרדף על־ידי גויים רבים, ובכל זאת הוא מפגין שאננות וביטחון: "למה רגשו גוים ולאמים יהגו ריק". מתוך כך מסיק התלמוד כי "קשה תרבות רעה בתוך ביתו של אדם יותר ממלחמת גוג ומגוג" (ברכות ז, ב). כאשר קמים על דוד אויבים חיצוניים, הוא בטוח בישועת ה׳. הלא "על ה׳ ועל משיחו" הם מתייצבים, ולא עליו עצמו. אולם כאשר בנו שלו קם עליו, הוא מבין שמביתו ומנפשו צמחה הרעה, שמחולשתו ומחסרונו יונק האויב, וכדי לנצחו יהיה עליו לשוב אל ה׳ באמת ובתמים ולעקור את שורש הרעה מקרבו.

על־פי ייטב לב, שופטים, ד"ה כי יפלא

ה קוֹלִי אֶל־יְהוָה אֶקְרָא
וַיַּעֲנֵנִי מֵהַר קָדְשׁוֹ סֶלָה:
ו אֲנִי שָׁכַבְתִּי וָאִישָׁנָה
הֱקִיצוֹתִי כִּי יְהוָה יִסְמְכֵנִי:
ז לֹא־אִירָא מֵרִבְבוֹת עָם
אֲשֶׁר סָבִיב שָׁתוּ עָלָי:
ח קוּמָה יְהוָה ׀
הוֹשִׁיעֵנִי אֱלֹהַי
כִּי־הִכִּיתָ אֶת־כָּל־אֹיְבַי לֶחִי
שִׁנֵּי רְשָׁעִים שִׁבַּרְתָּ:
ט לַיהוָה הַיְשׁוּעָה
עַל־עַמְּךָ בִרְכָתֶךָ סֶּלָה:

ה קוֹלִי אֶל ה׳ אֶקְרָא וַיַּעֲנֵנִי מֵהַר קָדְשׁוֹ סֶלָה: אני יכול לשמוע, כביכול, את קול ה׳ מדבר אליי מהר הקודש בירושלים.

ו אֲנִי שָׁכַבְתִּי וָאִישָׁנָה, ולפעמים בלי תקוות ובלי ציפיות למחר. אך הֱקִיצוֹתִי, ולא המשכתי לישון שנת עולמים, כִּי ה׳ יִסְמְכֵנִי, שהוא נותן לי את הכוח להמשיך הלאה.

ז ובגלל העזרה הזאת לֹא־אִירָא מֵרִבְבוֹת עָם אֲשֶׁר סָבִיב שָׁתוּ עָלָי – שכולם מתייצבים ופונים לצור עליי.

ח קוּמָה, ה׳ – זוהי קריאה להתגלות, בקשה שהקב״ה יתגלה במציאות, הוֹשִׁיעֵנִי, אֱלֹהַי, כִּי־הִכִּיתָ אֶת־כָּל־אֹיְבַי לֶחִי – אתה סוטר לכל אויביי מסביב. ובהמשך לאותו דימוי של סטירה כואבת: שִׁנֵּי רְשָׁעִים שִׁבַּרְתָּ.

ט בסיכומו של דבר: לַה׳ הַיְשׁוּעָה, גם כאשר אין היא נראית קרובה, וְעַל־עַמְּךָ בכלל תבוא בִרְכָתֶךָ, סֶּלָה.

ג,ה **קוֹלִי אֶל ה׳ אֶקְרָא** – רגלה של הקו״ף ארוכה, רמז לסגולתו של הקול לעורר הכוונה בלבו של מי שמעיינו יבש, מי שכה הרחיק ללכת וכה העמיק ליפול עד שאינו מוצא עוד אותיות למלל בהן את תפילתו. כשהמוח והלב אובדים ונידחים, ברית כרותה לזעקת הגרון הניחר שאינה חוזרת ריקם.

על־פי זרע קודש, ויצא, ד״ה ויחלום

ג,ט **עַל עַמְּךָ בִרְכָתֶךָ סֶּלָה.** ידוע פירוש בעל התניא כי **עם** מלשון גחלים **עוממות**, שהאש אינה ניכרת בהן, כינוי לישראל בעת ירידתם, כאשר דבקותם בקב״ה עמומה עד מאוד. ואף־על־פי כן – **עַל עַמְּךָ בִרְכָתֶךָ סֶּלָה**: ברכתם של ישראל נצחית ואינה מתבטלת בשום תנאי, גם כאשר הם יורדים מטה מטה.

על־פי תהילות מנחם

נָתַתָּה שִׂמְחָה בְלִבִּי מֵעֵת דְּגָנָם וְתִירוֹשָׁם רָבּוּ:

ספר ראשון

פרק ד

מזמור תחינה של הנרדף לשווא, אשר
אויביו משמיצים אותו ומנסים לאבדו,
והוא מתפלל לה׳, המושיע את הנרדפים
ומסכל את מזימותיהם של אנשי רשע.

א לַמְנַצֵּחַ בִּנְגִינוֹת
מִזְמוֹר לְדָוִד:
ב בְּקָרְאִי עֲנֵנִי ׀ אֱלֹהֵי צִדְקִי
בַּצָּר הִרְחַבְתָּ לִּי
חָנֵּנִי וּשְׁמַע תְּפִלָּתִי:
ג בְּנֵי־אִישׁ
עַד־מֶה כְבוֹדִי לִכְלִמָּה
תֶּאֱהָבוּן רִיק

א לַמְנַצֵּחַ בִּנְגִינוֹת* מִזְמוֹר לְדָוִד - גם זה מזמור תפילה, אלא שבניגוד למזמור הקודם אין במזמור זה הרגשה של מצוקה מסוימת או של צרה מידית, כי אם מצוקה כללית שיש עמה גם דברי בקשה וגם דברי עידוד לאחרים.

ב בְּקָרְאִי עֲנֵנִי, אֱלֹהֵי צִדְקִי, בַּצָּר - כלומר: כשאני נמצא במצוקה, בצרה, שכל־כולה היא הרגשה של מצב שבו המציאות, החומרית או האחרת, דוחקת כביכול את האדם ואיננה נותנת לו אפשרות לנוע - הִרְחַבְתָּ לִּי, שהוא תיאור של ההרגשה כאשר כנגד הצרה באה הישועה, ובמקרה הזה - בלשון של הרחבה, כאילו הדברים הדוחקים נסוגים הצִדה והאדם יכול לנוע, לנשום. חָנֵּנִי וּשְׁמַע תְּפִלָּתִי.

ג וכאן באה פנייה: בְּנֵי־אִישׁ, אשר מצד אחד היא פנייה לאנשים, אויבים או יריבים, שהם אנשים חשובים יותר; כי בכל המקרא "איש" משמעו, בדרך כלל, אדם בעל מעמד. והוא אומר להם: עַד־מֶה כְבוֹדִי לִכְלִמָּה? עד מתי, או: עד כמה אתם מזלזלים בי ומביישים אותי?

תֶּאֱהָבוּן רִיק - ההכלמה הזו, או המלחמה כנגד דוד אינה משום חסרונותיו או שגיאותיו של דוד; בעיקרה היא נובעת מדברים חסרי

* פתיחת המזמור היא פנייה אל המנצח, האיש המנהיג את השירה והנגינה. יש פניות שונות, מהן התייחסות אל כלי הנגינה ומהן ללחן עתיק ונודע, ויש שפירשו שה"נגינות" עניינן שיש למזמור זה שתי נגינות (נעימות), או כמה כלי שיר. אף המילה "מזמור" יש בה הוראה מסוימת, המגדירה כנראה את מהותה של המנגינה השייכת לשיר זה.

ד,ב בַּצָּר הִרְחַבְתָּ לִּי – כאשר קיבלתי ממורי שבכל צער האדם, בגשמי וברוחני, אם נותן לב שגם בזה הצער הוא השם יתברך בעצמו, אלא שהוא דרך לבוש, הרי בזה הוסר הלבוש ונתבטל הצער וכל הגזרות הרעות. והאריך בזה, ודברי פי חכם חן.

על־פי תולדות יעקב יוסף, ויקהל

ד,ב בַּצָּר הִרְחַבְתָּ לִּי. אם יסתכל האדם על חסדי ה', יראה שאפילו בעת שהשם יתברך מצר לו – הוא מרחיב לו ומגדיל חסדו עמו. וזה בַּצָּר הִרְחַבְתָּ לִּי, שאפילו בתוך הצרה עצמה נתת לי הרחבה, וזאת מלבד מה שאנו מצפים שהשם יתברך יושיענו בקרוב מכל הצרות, וייטיב עמנו מאוד.

על־פי ליקוטי מוהר"ן ח"א, קצה

תְּבַקְשׁ֖וּ כָזָ֣ב סֶֽלָה׃

ד וּדְע֗וּ
כִּֽי־הִפְלָ֣ה יְ֭הוָה חָסִ֣יד ל֑וֹ
יְהוָ֥ה יִ֝שְׁמַ֗ע בְּקָרְאִ֥י אֵלָֽיו׃

ה רִגְז֗וּ וְֽאַל־תֶּ֫חֱטָ֥אוּ
אִמְר֣וּ בִ֭לְבַבְכֶם
עַֽל־מִ֝שְׁכַּבְכֶ֗ם
וְדֹ֣מּוּ סֶֽלָה׃

ו זִבְח֥וּ זִבְחֵי־צֶ֑דֶק
וּ֝בִטְח֗וּ אֶל־יְהוָֽה׃

בסיס, דברים של לא כלום; אבל אנשים כנראה אוהבים את הדברים הללו, ונתפסים אליהם: תְּבַקְשׁוּ כָזָב - הם הולכים ומחפשים דברים וסיפורים של שקר, סֶלָה.

ד **וּדְעוּ** וכנגד רדיפה זו דעו - כִּי־הִפְלָה ה׳, ה׳ נותן יחס מיוחד לזה שהוא חָסִיד לוֹ, ה׳ יִשְׁמַע בְּקָרְאִי אֵלָיו. כי גם בחייו של דוד נראה שהכל הודו שהוא דבוק בה׳ ומבקש את קרבתו; ולכן פעמים רבות הוא מזכיר שהקב״ה נוהג בדרך מיוחדת (״הפלה״) כלפי דורשיו ומבקשיו.

ה **רִגְזוּ וְאַל־תֶּחֱטָאוּ** - ״רגזו״ כאן אינו עניין של כעס אלא פירושו הוא לרגוש, לסעור. והוא קורא בכך לאנשים לנער בכוח, לשנות את תפיסתם, ואז לא יימשכו אחרי שגרת החטא **אִמְרוּ בִלְבַבְכֶם עַל־מִשְׁכַּבְכֶם** - כלומר: נסו לדון בדברים הללו ביניכם לבין עצמכם בשעה שאתם שוכבים לישון, ולא בתוך החברה, העשויה לכוון ולהטות את בני האדם למחשבות או לדרכי דיבור גרועות. ואילו כאשר בן אדם בוחן את עצמו ביחידות, כשאין סביבו אנשים אחרים, זהו זמן המבחן.

וְדֹמּוּ סֶלָה - ואז תשתקו, ותחליטו לא להביע דעות, לא להיות מעורבים במה שאינו מעניינכם ואינו בתחום הידיעה שלכם. במילים אחרות: עצתו לאנשים שונים היא, שבמקום להתעסק בו ובחסרונותיו מוטב להם לפנות לה׳.

ו **זִבְחוּ זִבְחֵי־צֶדֶק וּבִטְחוּ אֶל־ה׳.**

ד,ה **רִגְזוּ וְאַל תֶּחֱטָאוּ אִמְרוּ בִלְבַבְכֶם**: אל מול החטא – לא במקלות או באבנים, אלא ברוגז ובאומר פנימי. כי אין במי להילחם, ואין במה. הלא אין רע ממשי בעולם, אלא זה שאנו מעניקים לו את הכוח למשול בנו, לאחוז בלבבנו, לכבוש את נפשנו בכלא צר, דחוק ומעיק. הלא אין בזה כלום. רק דמיון, מחזה שווא ותעתועים. רק נצית גפרור, נדליק נר, והחושך ינוס מפניו כלא היה. ועדיין, לב יודע מרת נפשו, כמה עוצמה הענקנו למגדל הקלפים הזה, כמה רוח חיים נפחנו בו, כמה אנו סרים למשמעתו בוקר וערב ובכל רגע ביניהם. מי שיציב את התמונה נוכח פניו – ירגז, ובשעת חשבון הנפש יאמר בלבו: **רע! רשע! משוקץ! מתועב! מנוול!** עד מתי תסתום את עיניי מלראות באור אין־סוף הממלא את העולם כולו?

על־פי תניא, כט

ז רַבִּים אֹמְרִים
מִי־יַרְאֵנוּ טוֹב
נְסָה־עָלֵינוּ אוֹר פָּנֶיךָ יְהוָה׃
ח נָתַתָּה שִׂמְחָה בְלִבִּי
מֵעֵת דְּגָנָם וְתִירוֹשָׁם רָבּוּ׃
ט בְּשָׁלוֹם יַחְדָּו
אֶשְׁכְּבָה וְאִישָׁן
כִּי־אַתָּה יְהוָה לְבָדָד
לָבֶטַח תּוֹשִׁיבֵנִי׃

ז אכן, **רַבִּים אֹמְרִים** - כביטוי של תפילה - **מִי־יַרְאֵנוּ טוֹב**, הם מחפשים מקור של ברכה; **נְסָה־עָלֵינוּ** - נראה כי מילה זו קרובה במשמעה ל"נשא", ופירושה: הבֵא עלינו (גם במובן של להתנוסס) להתגלות, את **אוֹר פָּנֶיךָ, ה'**. והמשורר חוזר ואומר: אני עצמי אינני יושב וחושב ברעתם של אחרים, ואני באמת מנסה להיות דבוק בקב"ה.

ח **נָתַתָּה שִׂמְחָה בְלִבִּי**, **מֵעֵת** - יותר מאשר בעת **שֶׁדְּגָנָם וְתִירוֹשָׁם רָבּוּ**; אני אינני מקנא בהם, ושמחתי הפנימית מַספקת לי, ואף גדולה יותר בזמן ההצלחה הגדולה של אחרים; וייתכן שהוא אף מפליג ואומר שהוא שמח כאשר אחרים מצליחים.

ט **בְּשָׁלוֹם יַחְדָּו אֶשְׁכְּבָה וְאִישָׁן** - "יחדיו" כאן פירושו, כנראה, להיות ביחד עם, קשור אל הצד הזה של השלום; כלומר: אם אז הכול ("יחדיו") בשלום לא תהיה לי סיבה לדאוג, ואוכל לשכב ולישון בשקט.

כִּי־אַתָּה, ה', לְבָדָד - לבדך, גם כאשר אין אחרים מחזיקים בדרך זו, די בכך שאתה **לָבֶטַח תּוֹשִׁיבֵנִי**.

ד,ט **כִּי אַתָּה ה' לְבָדָד לָבֶטַח תּוֹשִׁיבֵנִי**, שעל־ידי התבודדות שוכנים בטח. ועיקר ההתבודדות צריך להיות בהתחזקות רצונות טובים להשם יתברך, ויסלק מחשבתו מהבלי העולם ויבטל רצונו אליו יתברך, עד שתשוב דעתו מארבע רוחות שנתפזרה לשם ותיכלל באחדותו ורצונו יתברך. וכשמיישב דעתו רואה שאין בכל ארבע רוחות העולם מקום לברוח מפגעי העולם בגשמיות וברוחניות, ואין לו מנוס כי אם אליו יתברך לבד. כי השם יתברך נמצא בכל עת לכל קוראיו, אפלו אם נתעו מאוד, כי לא כלו רחמיו לעולם. וכל מי שזוכה להתחזק בזה, להיות רצונו חזק תמיד אל האמת אפילו אם יעבור עליו מה, בוודאי סוף כל סוף תהיה אחריתו טובה. ואלו שרגילין בהתבודדות הם בטוחים מכל צר ואויב, כי מי זה ערב לבו לגשת אל השם יתברך שהם מוסתרים בצל כנפיו.

על־פי השתפכות הנפש, עג

הַקְשִׁיבָה לְקוֹל שַׁוְעִי מַלְכִּי וֵאלֹהָי כִּי־אֵלֶיךָ אֶתְפַּלָּל:

ספר ראשון
פרק ה

מזמור תפילה כנגד הרשעים, אשר בו אומר המשורר כי אין הרשעים ראויים לחסדי ה', ומתפלל שצדקתו תיראה וישועה תבוא לו ולכל האנשים הראויים לכך.

א לַמְנַצֵּחַ אֶל־הַנְּחִילוֹת
מִזְמוֹר לְדָוִד׃
ב אֲמָרַי הַאֲזִינָה ׀ יהוה
בִּינָה הֲגִיגִי׃
ג הַקְשִׁיבָה ׀ לְקוֹל שַׁוְעִי
מַלְכִּי וֵאלֹהָי
כִּי־אֵלֶיךָ אֶתְפַּלָּל׃
ד יהוה בֹּקֶר תִּשְׁמַע קוֹלִי
בֹּקֶר אֶעֱרָךְ־לְךָ וַאֲצַפֶּה׃
ה כִּי ׀ לֹא אֵל־חָפֵץ רֶשַׁע ׀
אָתָּה
לֹא יְגֻרְךָ רָע׃
ו לֹא־יִתְיַצְּבוּ הוֹלְלִים
לְנֶגֶד עֵינֶיךָ
שָׂנֵאתָ כָּל־פֹּעֲלֵי אָוֶן׃

א לַמְנַצֵּחַ אֶל־הַנְּחִילוֹת מִזְמוֹר לְדָוִד - מה הן נחילות אין אנחנו יודעים בדיוק, אך סביר להניח שהוא כלי נגינה המלווה את המזמור הזה, ויש שפירשו שהוא כלי נגינה שיש בו קול זמזום, כנחיל דבורים. והיו שפירשו שהוא לחן עתיק (שהיה קרוי "אל הנחילות") שלפיו יש לשיר מזמור זה. גם מזמור זה הוא מזמור תפילה, אלא שאיננו מפרט את בעיותיו של המתפלל, אלא מתעמת עם אנשים שונים ההולכים בדרך לא טובה. והמשורר שב ומדגיש, הן כעצה לאחרים והן כבקשה לעצמו, את הרצון בקרבת ה׳ ואת חשיבות ההליכה בדרך הנכונה.

ב אֲמָרַי הַאֲזִינָה, ה׳, בִּינָה הֲגִיגִי - הקשב נא לדיבורי, וגם למחשבתי. זוהי בקשה שתישמע גם התפילה הנאמרת וגם התפילה שבלב.

ג הַקְשִׁיבָה לְקוֹל שַׁוְעִי, מַלְכִּי וֵאלֹהָי, כִּי־אֵלֶיךָ אֶתְפַּלָּל - ההדגשה היא על "אליך": אני פונה אליך ורק אליך, לא לאחרים.

ד ה׳, בֹּקֶר - במובן של בכל יום ויום, בכל בוקר חדש תִּשְׁמַע קוֹלִי, בֹּקֶר - בכל יום - אֶעֱרָךְ־לְךָ, אני מציב, מעמיד, את עצמי לפניך - וַאֲצַפֶּה. והציפייה והתפילה הזו היא של אדם המנסה ככל יכולתו ללכת בדרך הטוב, ויודע שהדרך האחרת מנוגדת לרצונו של ה׳.

ה כִּי לֹא אֵל־חָפֵץ רֶשַׁע אָתָּה, שבעצם בא להדגיש ולומר שרצונך, ה׳, הוא בהפך מן הרשע; לֹא יְגֻרְךָ רָע - הרע איננו נמצא, איננו גר יחד אתך.

ו לֹא־יִתְיַצְּבוּ הוֹלְלִים - אנשים פוחזים וחסרי כיוון - לְנֶגֶד עֵינֶיךָ, כלומר: אינך רוצה שהם יהיו לידך, לפי שאתה הוא תכלית הטוב, שהרי שָׂנֵאתָ כָּל־פֹּעֲלֵי אָוֶן.

ה,א לַמְנַצֵּחַ אֶל הַנְּחִילוֹת מִזְמוֹר לְדָוִד – שתי נחלות נחל דוד: מלכות עולם־הזה ומלכות עולם־הבא. שני עולמות אלו, שני מישורי הוויה הם, ואין ביניהם חפיפה. כל ילוד אישה נדרש לעצום עיניו מן העולם־הזה, ורק אחר כך הוא זוכה ורואה בחיי העולם־הבא. מדרגתו של דוד, אפוא, אינה מציאותית, אלא משיחית. רמז לבאות, כשיהיה העולם כולו נחלה אחת שלמה, ללא חילוק בין גשמיות לרוחניות, עד שגם הבשר הגשמי יראה אלוהות. הן על כך אנו אומרים, ש"נתאווה הקב"ה להיות לו דירה בתחתונים" (תנחומא נשא, טז). ראו עיניו של דוד מה שלא ראתה עין זולתו, ונעשה סימן לגאולה העתידה, שתבוא לנו מהרה על־ידי נצר מזרעו – משיח בן דוד.

על־פי תורת מנחם חכ"ו, עמ׳ 25

ז תְּאַבֵּד דֹּבְרֵי כָזָב
אִישׁ־דָּמִים וּמִרְמָה
יְתָעֵב ׀ יְהוָה:
ח וַאֲנִי
בְּרֹב חַסְדְּךָ אָבוֹא בֵיתֶךָ
אֶשְׁתַּחֲוֶה
אֶל־הֵיכַל־קָדְשְׁךָ
בְּיִרְאָתֶךָ:
ט יְהוָה ׀ נְחֵנִי בְצִדְקָתֶךָ
לְמַעַן שׁוֹרְרָי
הַיְשַׁר לְפָנַי דַּרְכֶּךָ:
י כִּי אֵין בְּפִיהוּ נְכוֹנָה
קִרְבָּם הַוּוֹת
קֶבֶר־פָּתוּחַ גְּרוֹנָם
לְשׁוֹנָם יַחֲלִיקוּן:

הוּשַׁר

ז תְּאַבֵּד דֹּבְרֵי כָזָב, וְאִישׁ־דָּמִים וּמִרְמָה יְתָעֵב ה'.

ח וַאֲנִי, בְּרֹב חַסְדְּךָ אָבוֹא בֵיתֶךָ – המשורר איננו בא לטעון שהוא מושלם, אלא בעיקר הוא מרגיש שהוא מנסה ללכת בדרך הטובה; ולכן עובדת בואו לבית ה' היא גם כן מחסדו של הקב"ה, שנתן לו את האפשרות והרצון להגיע אל היכל ה'. אֶשְׁתַּחֲוֶה אֶל־הֵיכַל־קָדְשְׁךָ בְּיִרְאָתֶךָ.

ט ה', נְחֵנִי – הנחה אותי, הדרך אותי – בְּצִדְקָתֶךָ, שאוכל ללכת בדרך הצדק והראוי, לְמַעַן שׁוֹרְרָי – כדי שאוכל לעמוד בפני אויבי; כי בהיותו מוקף אויבים לא תמיד יודע האדם מהי הדרך הנכונה לפעול בה, ודווקא משום שהוא נתון במריבה הוא צריך הנחיה מיוחדת כיצד יוכל לשמור את הדרך הנכונה.

הַיְשַׁר – יַשֵּׁר – לְפָנַי דַּרְכֶּךָ, כדי שאלך בדרך הישרה, שהיא גם נכונה וגם טובה.

י כִּי מצד שני האויב, שכאן אין שמו מפורש, אֵין בְּפִיהוּ נְכוֹנָה, והוא משקר כל הזמן.

קִרְבָּם הַוּוֹת – מה שנמצא בתוכו הוא "הוות", פורענות, אסונות, צרות, לאחרים;

קֶבֶר־פָּתוּחַ גְּרוֹנָם – במובן מסוים גרונם, פיהם, הוא קבר פתוח; מצד אחד הרקב שבפנים יוצא מתוכו, ומן הצד האחר – הוא מזמין ומפתה אחרים ליפול אל תוך הקבר הזה.

לְשׁוֹנָם יַחֲלִיקוּן – כי לא פעם כל אלה אינם דברים של ויכוח או טיעונים ברורים, אלא יש בהם גם כזב והסתרה, כך שכלפי חוץ הם מדברים בלשון חלקה.

ה,ז **תְּאַבֵּד דֹּבְרֵי כָזָב** – דור המבול הן ודיבורן כזב (בראשית רבה לב: א). כי צריכים לידע שהנהגת הטבע הוא רק בכוח הנהגה שלמעלה מהטבע, אלא שהשם יתברך הלבישו בטבע. אבל דור המבול, שהחזיקו בכוח הטבע בלבד וכפרו במה שלמעלה מהטבע, נקראו **דֹּבְרֵי כָזָב**, כאשר שמעתי מפי מורי זקני ז"ל [בעל חידושי הרי"ם מגור] כי אמת הוא מה שקיים לעולם, אבל דבר שיש לו הפסק נקרא כזב, כמובא בלשון חכמים (פרה ח: ט): "המים המכזבים" [נחל אכזב]. אך צדיקים מתדבקים גם בטבע בחיות הפנימית שבו, שהיא מחי החיים, ועליהם נאמר **וַאֲנִי בְּרֹב חַסְדְּךָ אָבוֹא בֵיתֶךָ**.

על־פי שפת אמת, נח תר"נ

יא הַאֲשִׁימֵם ׀ אֱלֹהִים
יִפְּלוּ מִמֹּעֲצוֹתֵיהֶם
בְּרֹב פִּשְׁעֵיהֶם הַדִּיחֵמוֹ
כִּי מָרוּ בָךְ:
יב וְיִשְׂמְחוּ כָל־חוֹסֵי בָךְ
לְעוֹלָם יְרַנֵּנוּ
וְתָסֵךְ עָלֵימוֹ
וְיַעְלְצוּ בְךָ אֹהֲבֵי שְׁמֶךָ:
יג כִּי־אַתָּה תְּבָרֵךְ צַדִּיק
יְהוָה כַּצִּנָּה רָצוֹן תַּעְטְרֶנּוּ:

יא **הַאֲשִׁימֵם, אֱלֹהִים** - כלומר: מצא אותם אשמים כראוי להם, דון אותם לפי אשמתם.

יִפְּלוּ מִמֹּעֲצוֹתֵיהֶם - שייפלו, כלומר: שלא יישארו במחשבות ובתכנונים שלהם.

בְּרֹב פִּשְׁעֵיהֶם - בגלל רוב פשעיהם - **הַדִּיחֵמוֹ**, אתה תדיח, תסיר אותם ממקומם, **כִּי מָרוּ בָךְ** - כי בעצם הם מורדים בך, ולכן הם ראויים לעונש. ובסיום הוא חוזר לדברים חיוביים יותר:

יב **וְיִשְׂמְחוּ כָל־חוֹסֵי בָךְ**, כל הנשענים עליך או חוסים בצלך, **לְעוֹלָם יְרַנֵּנוּ וְתָסֵךְ עָלֵימוֹ** - תסוכך, תגן עליהם,

וְיַעְלְצוּ, ישמחו, **בְךָ אֹהֲבֵי שְׁמֶךָ**.

יג **כִּי־אַתָּה תְּבָרֵךְ צַדִּיק**, ה', **כַּצִּנָּה רָצוֹן תַּעְטְרֶנּוּ** - כמו צינה, שהיא מגן גדול המקיף את כל גופו של האדם ולא רק חלק ממנו, כך אתה תיתן להם את האהבה והקרבה - שזה הרצון שמדובר בו כאן, רצון במובן של התרצות; כי רצון משמש בשני מובנים הקשורים זה בזה: האחד הוא הרצון במובן של תשוקה ורצייה, והאחר הוא רצון במובן של "שבע רצון", האושר שיש במילוי הרצון. ותעטרם, כלומר: תקיף אותם סביב סביב ברצונך ובאהבתך.

ה,יג **כַּצִּנָּה רָצוֹן תַּעְטְרֶנּוּ.** ומאחר שהתורה ומצוותיה מלבישים כל עשר בחינות הנפש וכל תרי"ג אבריה, מראשה ועד רגלה, הרי כולה צרורה בצרור החיים את ה' ממש ואור ה' ממש מקיפה ומלבישה מראשה ועד רגלה, כמו שכתוב "צורי אחסה בו", וכתיב "כצנה רצון תעטרנו", שהוא רצונו וחכמתו יתברך המלובשים בתורתו ומצוותיה. ולכן אמרו: "יפה שעה אחת בתשובה ומעשים טובים בעולם-הזה מכל חיי עולם-הבא", כי עולם-הבא הוא שנהנין מזיו השכינה, שהוא תענוג ההשגה, ואי אפשר לשום נברא אפילו מהעליונים להשיג כי אם איזו הארה מאור ה', ולכן נקרא בשם זיו השכינה. אבל הקב"ה בכבודו ובעצמו לית מחשבה תפיסא ביה כלל, כי אם כאשר תפיסא ומתלבשת בתורה ומצוותיה אזי היא תפיסא ומתלבשת בהקב"ה ממש, דאורייתא וקב"ה כולא חד.

על־פי תניא, ד

שָׁמַע יהוה תְּחִנָּתִי יהוה תְּפִלָּתִי יִקָּח:

ספר ראשון

פרק ו

מזמור תחינה של אדם חולה ורדוף, הבוכה מחמת ייסוריו ומבקש מה' שירחמהו וישמע אל תחנוניו.

א לַמְנַצֵּחַ בִּנְגִינוֹת
עַל־הַשְּׁמִינִית
מִזְמוֹר לְדָוִד׃
ב יְהוָה אַל־בְּאַפְּךָ תוֹכִיחֵנִי
וְאַל־בַּחֲמָתְךָ תְיַסְּרֵנִי׃
ג חָנֵּנִי יְהוָה כִּי אֻמְלַל אָנִי
רְפָאֵנִי יְהוָה
כִּי נִבְהֲלוּ עֲצָמָי׃
ד וְנַפְשִׁי נִבְהֲלָה מְאֹד

א לַמְנַצֵּחַ בִּנְגִינוֹת עַל־הַשְּׁמִינִית מִזְמוֹר לְדָוִד: רוב המפרשים סבורים שה"שמינית" היא שם של כלי נגינה - מין כלי מיתרים בעל שמונה מיתרים, ויש שפירשו שהיו מנגנים בכלי זה שמונה מנגינות, ומזמור זה היה הנעימה השמינית. המזמור הזה הוא בעיקרו שיר של תחינה ותפילה, ומן העניין נראה שזוהי תפילתו של אדם החולה במחלה מסוכנת, שאין הוא יודע אם יירפא ממנה; והוא מסתיים בדברי תודה, שכן נראה שתפילתו נענתה והוא אכן נרפא מחוליו. פרק זה יכול להתפרש לאו דווקא כמתייחס לאויבים בשר ודם, אלא כמבטא את תחושתו של החולה, שכל מיני כוחות של רע מתאספים עליו ושמחים לאידו; וכאשר הוא מבריא, כל הצללים האפלים הללו כולם נָסים.

הבקשה היא:

ב ה׳, אַל־בְּאַפְּךָ, בכעסך, תוֹכִיחֵנִי - שפירושו, הן במקבילה והן במשמעות, אל תעניש אותי - ולא באמירה אלא במעשה, שהוא דרך תוכחה.

וְאַל־בַּחֲמָתְךָ תְיַסְּרֵנִי, כי, כפי שהוא אומר, פעמים שהכאבים הם מעבר למה שיכול אדם לשאת. עיקר תחינתו איננה בזכות מעשיו הטובים, אלא מתוך כאב שאין אדם יכול לשאתו.

ג חָנֵּנִי, ה׳, כִּי אֻמְלַל אָנִי, רְפָאֵנִי, ה׳, כִּי נִבְהֲלוּ עֲצָמָי - זהו בוודאי ביטוי פיוטי, שעיקר משמעו הוא שהכאב והחרדה אינם רק על פני השטח אלא הם מגיעים פנימה.

ד וְנַפְשִׁי נִבְהֲלָה מְאֹד, שכנראה אין כאן רק עניין של כאבים, אלא גם של פחד מכך שלא יוכל לצאת מהמחלה הזו, ושמא הוא הולך למות.

ו,א לַמְנַצֵּחַ בִּנְגִינוֹת עַל הַשְּׁמִינִית – כינור של שמונה מיתרים, הידוע כ"כינור של ימות המשיח". המספר שמונה מבטא גילוי אור אלוהי נעלם, שאינו ניתן להכלה בטבע העולם כפי שהוא כעת. אנו מובטחים כי בימות המשיח יהיה גם האור הזה גלוי לעיני בשר ודם ויהפוך לחלק טבעי ממציאות העולם, ככתוב: "ונגלה כבוד ה׳ וראו כל בשר יחדו כי פי ה׳ דבר". מתוך כך, יש להסיק כי היכולת להיות כלי לגילוי זה אינה חידוש שיתווסף על טבע העולם, אלא חלק בלתי נפרד ממנו. לכאורה אין זה מובן, משום שטבע העולם להעלים אלוהות ולא לגלותה; אך ההעלם עצמו הוא המביא את הגילוי, משום שהוא מנוגד לטבעה של הנשמה ומעורר אותה להיאבק בו ולגלות עד כמה – למרות החיצוניות הגשמית האטומה – היא והעולם כולו קשורים ושייכים לאלוהות.

על־פי תהילות מנחם

פרק ו • ספר ראשון • ליום ראשון • א לחודש ______ תהלים • 21

וְאַתָּ יְהוָה עַד־מָתָי׃
ה שׁוּבָה יְהוָה חַלְּצָה נַפְשִׁי
הוֹשִׁיעֵנִי לְמַעַן חַסְדֶּךָ׃
ו כִּי אֵין בַּמָּוֶת זִכְרֶךָ
בִּשְׁאוֹל מִי יוֹדֶה־לָּךְ׃
ז יָגַעְתִּי ׀ בְּאַנְחָתִי
אַשְׂחֶה בְכָל־לַיְלָה מִטָּתִי
בְּדִמְעָתִי עַרְשִׂי אַמְסֶה׃

וְאַתָּ, ה׳, עַד־מָתָי? כלומר, עד מתי תשאיר אותי במבוכתי, בכאבי ובחוסר התקווה שלי? ומתי תבוא רפואתי?

ה שׁוּבָה, ה׳, כי ייסורים וכאבים הם האות לכך שכביכול ה׳ מסלק עצמו מן האדם, ולפיכך הוא מתפלל: "שובה". חַלְּצָה נַפְשִׁי - חלץ, הוצא את נפשי מן המועקה, הוֹשִׁיעֵנִי לְמַעַן חַסְדֶּךָ. והנימוק הניתן כאן לדבר מופיע כמה וכמה פעמים בספר תהלים:

ו כִּי אֵין בַּמָּוֶת זִכְרֶךָ, ואין בִּשְׁאוֹל מִי שיוֹדֶה־לָּךְ. הבקשה מתבססת, אפוא, על כך שכביכול לא כדאי לה׳ להמית אותו, כי במותו אין בו שום תועלת, בעוד שבחייו הוא יכול לזכור את ה׳ ולהודות לו.

ז יָגַעְתִּי בְּאַנְחָתִי, כלומר: אפילו האנחות שנאנח החולה מפני חולשתו וכאביו מייגעות אותו; או שהוא כל כך כאוב עד שעצם ההיאנחות מייגע אותו.

אַשְׂחֶה בְכָל־לַיְלָה מִטָּתִי - מרוב דמעותיי נעשית מיטתי בלילה כמקום של שחייה, כלומר: מיטתי נרטבת מדמעותיי;

ובלשון מקבילה - בְּדִמְעָתִי עַרְשִׂי אַמְסֶה, כביכול הדמעות מרובות כל כך עד שהן ממיסות את המיטה. ואולם חוליו של המשורר אינו רק עניין פרטי של מחלה: בחוליו מתעוררים ומתעודדים גם שונאיו; מעבר למחלה, ולכאב שבה, ישנה, אפוא, גם ההבנה שהשונאים נהנים ממצבו ותולים בכך תקוות בכל יום.

ג,ד וְנַפְשִׁי נִבְהֲלָה מְאֹד. כשמתפללים בלא לב, אזי יש עייפות אל הנפש, שמתרחקת מן הכבוד ששם מקורה, ונפגמת. ופגם הנפש הוא פגם העצמות, כמו שכתוב: כִּי נִבְהֲלוּ עֲצָמָי וְנַפְשִׁי נִבְהֲלָה מְאֹד. כי על־ידי שאין מתפללין בכוונת הלב, שעל־ידי זה הוא עייפות הנפש, על־ידי זה הוא פגם העצמות. כי צריך להתפלל להרגיש דיבורי התפילה בכל עצמותיו, בבחינת "כל עצמותי תאמרנה".

על־פי ליקוטי מוהר"ן ח"א סז: ח

ו,ז יָגַעְתִּי בְאַנְחָתִי אַשְׂחֶה בְכָל לַיְלָה מִטָּתִי בְּדִמְעָתִי עַרְשִׂי אַמְסֶה – נתינת המקום הראוי, לעת לילה, להרהור תשובה שמתוך שברון לב על כל מה שחסר בעבודת היום, משבר את כוחה של הטומאה האוחזת בנו. או אז, עם שחר, הופך השבר לרצון עז לחיים חדשים, ומתוכו עולה תפילה חדשה. שָׁמַע ה׳ תְּחִנָּתִי ה׳ תְּפִלָּתִי יִקָּח.

על־פי פוקח עיוורים, לט

ח עָשְׁשָׁה מִכַּעַס עֵינִי
עָתְקָה בְּכָל־צוֹרְרָי׃
ט סוּרוּ מִמֶּנִּי כָּל־פֹּעֲלֵי אָוֶן
כִּי־שָׁמַע יהוה קוֹל בִּכְיִי׃
י שָׁמַע יהוה תְּחִנָּתִי
יהוה תְּפִלָּתִי יִקָּח׃
יא יֵבֹשׁוּ ׀ וְיִבָּהֲלוּ מְאֹד
כָּל־אֹיְבָי
יָשֻׁבוּ יֵבֹשׁוּ רָגַע׃

ח עָשְׁשָׁה - כנראה במובן של נחלשה, כהתה, מִכַּעַס מרוב כעס עֵינִי, כשאני חושב על כל האויבים השמחים לאידי, עָתְקָה - כמו יצאה עיני מחוריה בהביטה בְּכָל־צוֹרְרָי. ובסיום - כמה מילים של תודה:

ט בתחילה, סוּרוּ מִמֶּנִּי כָּל פֹּעֲלֵי־אָוֶן, המתנפלים עליי מכל צד, כִּי־שָׁמַע ה׳ קוֹל בִּכְיִי וירפאני.

י שָׁמַע ה׳ תְּחִנָּתִי, וה׳ תְּפִלָּתִי יִקָּח, יקבל, ואז יכול אני לחזור ולהתחזק,

יא בעוד שיֵבֹשׁוּ וְיִבָּהֲלוּ מְאֹד כָּל־אֹיְבָי יָשֻׁבוּ יֵבֹשׁוּ רָגַע - כלומר: ברגע שאני מחלים כולם נעלמים, ואפילו מרגישים מבוכה על כך שהם כל כך ארבו לי.

ו,ט **שָׁמַע ה׳ קוֹל בִּכְיִי.** מיד כשאדם רוצה לשוב הרי הוא בבחינת "הבא ליטהר", ואם כן המשפט לסייעו, ש"הבא ליטהר – מסייעין אותו". אך לפעמים טוען המקטרג שעל־פי מעשיו אינו ראוי שיסייעוהו, ועל כן מצאנו שיש רשעים מלאים חרטות, שהרהרו בתשובה ולא נגמר הדבר בידם. והעצה, שיהיה לבו שמח ובטוח ברחמי השם יתברך וחסדיו, ותוכו יהיה רצוף מרירות גדולה על חטאו, ובזה יתערבב השטן ולא ימצא עוד מקום לקטרג. ובאמת ראויה השמחה כבר בתחילת הבקשה, שהרי "טרם יקראו ואני אענה", וכשהקב"ה עונה הוא בכל העולמות, וגם לב האדם מרגיש בזה ומתחזק ביטחונו. על כן פותח בניצוח ונגינה, **לַמְנַצֵּחַ בִּנְגִינוֹת**; ואזי מפרש כל שיחתו בשברון לב, **יָגַעְתִּי בְּאַנְחָתִי... בְּדִמְעָתִי עַרְשִׂי אַמְסֶה**; ותיכף חותם בישועת ה׳, **סוּרוּ מִמֶּנִּי כָּל פֹּעֲלֵי אָוֶן כִּי שָׁמַע ה׳ קוֹל בִּכְיִי.**

על־פי צדקת הצדיק, קכט

בּוֹר כָּרָה וַיַּחְפְּרֵהוּ וַיִּפֹּל בְּשַׁחַת יִפְעָל:

ספר ראשון

פרק ז

תפילתו של אדם המואשם בהאשמות שקר ונרדף לשווא, המבקש מה' שיראה את צדקתו וישיב רעה לאויביו.

א שִׁגָּיוֹן לְדָוִד
אֲשֶׁר־שָׁר לַיהוָה
עַל־דִּבְרֵי־כוּשׁ בֶּן־יְמִינִי׃
ב יְהוָה אֱלֹהַי בְּךָ חָסִיתִי
הוֹשִׁיעֵנִי מִכָּל־רֹדְפַי
וְהַצִּילֵנִי׃
ג פֶּן־יִטְרֹף כְּאַרְיֵה נַפְשִׁי
פֹּרֵק וְאֵין מַצִּיל׃
ד יְהוָה אֱלֹהַי
אִם־עָשִׂיתִי זֹאת
אִם־יֶשׁ־עָוֶל בְּכַפָּי׃
ה אִם־גָּמַלְתִּי שׁוֹלְמִי רָע
וָאֲחַלְּצָה צוֹרְרִי רֵיקָם׃
ו יִרַדֹּף אוֹיֵב ׀ נַפְשִׁי וְיַשֵּׂג
וְיִרְמֹס לָאָרֶץ חַיָּי
וּכְבוֹדִי ׀ לֶעָפָר יַשְׁכֵּן סֶלָה׃

א שִׁגָּיוֹן לְדָוִד - באופן הפשוט ביותר נראה שזה שמו של סוג מסוים של שירה או מנגינה (וראה חבקוק פרק ג), אף כי יש המפרשים זאת מלשון שגיאה או שגגה, לומר שזהו מזמור של חרטה על שגיאות. מכל מקום, אם יש למילה זו קשר ישיר לשורש ש'ג'ה' הרי זה במשמעות של מחשבות, הרהורים וכיוצא בהם.

אֲשֶׁר־שָׁר לַה' עַל־דִּבְרֵי־כוּשׁ בֶּן־יְמִינִי - אין אנחנו יודעים מיהו כוש בן ימיני. היו מחכמינו שדרשוהו ככינוי לשאול המלך; אך בפשטות נראה שהיה זה איש משבט בנימין שדיבר רעות על דוד, אולי האשים אותו בכך שבהיותו בצבא שאול לא נלחם בכל המרץ הדרוש, וגרם לכך שהאויב לא ינוצח לגמרי.

ב ה' אֱלֹהַי, בְּךָ חָסִיתִי, הוֹשִׁיעֵנִי מִכָּל־רֹדְפַי וְהַצִּילֵנִי,

ג פֶּן־יִטְרֹף האויב כְּאַרְיֵה את נַפְשִׁי, וכמו אריה יהיה פֹּרֵק - שובר ומפרק עצמות - וְאֵין מַצִּיל. וכאן עונה המשורר, כנראה, על הטענה שנטענה כנגדו:

ד ה' אֱלֹהַי, אִם־עָשִׂיתִי זֹאת, את מה שמאשימים אותי בו, אִם־יֶשׁ־עָוֶל בְּכַפָּי,

ה אִם־גָּמַלְתִּי שׁוֹלְמִי רָע - אם עשיתי רע למי ששילם ועשה לי טובה, וָאֲחַלְּצָה צוֹרְרִי רֵיקָם - או שחילצתי את אויבי לחינם, אם עשיתי את כל זאת -

ו יִרַדֹּף אוֹיֵב נַפְשִׁי וְיַשֵּׂג אותי וְיִרְמֹס לָאָרֶץ חַיָּי, וּכְבוֹדִי לֶעָפָר יַשְׁכֵּן, סֶלָה. ולעומת זאת הוא אומר:

ז,א שִׁגָּיוֹן לְדָוִד. אין לך דבר בעולם המסוגל לעורר השמחה והאהבה להשם יתברך כמו הניגון, לשורר שירי דבקות לה' בינו לבין קונו, ומי שירגיל עצמו בזה יראה פלאות בהתבודדות עם קונו. והוא בכלל מצוות "ואהבת את ה' אלוהיך" (דברים ו ה), כמובא בספר חרדים: "דרך החושק לשורר, וכיוון שאהבת יוצרנו נפלאה מאהבת נשים, האוהב אותו בלב שלם ישיר לפניו יתברך..." וכתוב 'באהבתה תשגה תמיד' (משלי ה יט), ופירש הראב"ד שהוא מלשון שיר, וכמו שִׁגָּיוֹן לְדָוִד. וכן המלאכים כולם משבחים ומרננים לפניו יתברך בלהבות אש ובכלות נפשם, ביראה גדולה ובאהבה, ולכן כתבו הספרים שמה שהתינוק אוהב הניגון ומשקיטים אותו בכך מבכייתו, הוא מפני שנפשו מורגלת בקול הנגינה של מעלה, ובטרם נתלכלך בחטאיו עדיין נפשו מרגשת הניגון, ואחר כך נשכח ממנו.

על־פי שומר אמונים, צהלי ורני, ב

ז קוּמָה יְהוָה ׀ בְּאַפֶּךָ
הִנָּשֵׂא בְּעַבְרוֹת צוֹרְרָי
וְעוּרָה אֵלַי מִשְׁפָּט צִוִּיתָ:
ח וַעֲדַת לְאֻמִּים תְּסוֹבְבֶךָּ
ט וְעָלֶיהָ לַמָּרוֹם שׁוּבָה:
יְהוָה יָדִין עַמִּים
שָׁפְטֵנִי יְהוָה
כְּצִדְקִי וּכְתֻמִּי עָלָי:
י יִגְמָר־נָא רַע ׀ רְשָׁעִים
וּתְכוֹנֵן צַדִּיק
וּבֹחֵן לִבּוֹת וּכְלָיוֹת
אֱלֹהִים צַדִּיק:
יא מָגִנִּי עַל־אֱלֹהִים
מוֹשִׁיעַ יִשְׁרֵי־לֵב:
יב אֱלֹהִים שׁוֹפֵט צַדִּיק
וְאֵל זֹעֵם בְּכָל־יוֹם:
יג אִם־לֹא יָשׁוּב חַרְבּוֹ יִלְטוֹשׁ
קַשְׁתּוֹ דָרַךְ וַיְכוֹנְנֶהָ:

ז קוּמָה, ה׳, בְּאַפֶּךָ, גם לך ראוי לכעוס על הרע שעושים לי. הִנָּשֵׂא בְּעַבְרוֹת (מלשון עֶברה, כעס) של צוֹרְרָי, התרומם וגבור על כעסם של צורריי.

וְעוּרָה - העירה - אֵלַי, כלומר: עליי, את המִשְׁפָּט שצִוִּיתָ.

ח וַעֲדַת לְאֻמִּים תְּסוֹבְבֶךָּ כליווי של כבוד, וְעָלֶיהָ לַמָּרוֹם שׁוּבָה - יש כאן ציור כאילו ה׳ מוקף בכל העמים, והם באים להודות לו ולהיות לו פמליה של כבוד המלווה אותו בחזרה למרום, כלומר: למקומו במקדש של מעלה. ובזמן התגלותו של הקב״ה,

ט כאשר ה׳ יָדִין עַמִּים, יכול אני גם לבקש: שָׁפְטֵנִי ה׳ כְּצִדְקִי וּכְתֻמִּי עָלָי.

י יִגְמָר־נָא, ייגמר נא הָרַע שעושים הָרְשָׁעִים, וּתְכוֹנֵן - תעמיד על מכונו את הצַדִּיק. הקב״ה הרי איננו צריך לעשות משפט חיצוני על מנת לקבוע מי מהטוענים צודק, וּבֹחֵן, כי בוחן לִבּוֹת וּכְלָיוֹת אֱלֹהִים צַדִּיק.

יא מָגִנִּי - המגן שלי; ובאופן מופשט - הגנתי, תשועתי, עַל־אֱלֹהִים, שהוא מוֹשִׁיעַ יִשְׁרֵי־לֵב.

יב אֱלֹהִים הוא שׁוֹפֵט צַדִּיק, ולכן מצדיק את הצדיק בדינו. וְאֵל זֹעֵם, אבל צריך לזכור שהוא גם אל זועם בְּכָל־יוֹם להעניש את הרשעים.

יג אִם־לֹא יָשׁוּב הרשע מדרכו הרעה וימשיך בהכנותיו לעשות רע, שהן: חַרְבּוֹ יִלְטוֹשׁ, ישחיז, קַשְׁתּוֹ דָרַךְ וַיְכוֹנְנֶהָ ליריה. אבל ההכנות שעושה הרשע כדי להשחית לא יתממשו,

---

ז׳ וּבֹחֵן לִבּוֹת וּכְלָיוֹת אֱלֹהִים צַדִּיק. מובא במדרש שהקב״ה עֵד בישראל שהם עושים תשובה. מכאן למדנו שתיים: שיש תשובה הצריכה לעדות, ושרק השם יתברך יכול להעיד עליה. והדברים אמורים בתשובה שאין האדם עצמו מכיר בה, כי לפי ידיעתו את עצמו – לא פעל על לבבו להטותו לתשובה כלל. אך באמת בכל איש ישראל יש הרהורי תשובה, והשם יתברך – בוחן לבות וכליות, יודע תעלומות, המכיר במחשבה עד שלא נוצרה – הוא היודע וָעֵד. מתוך כך, יש לדעת שכל יגיעה לתשובה אינה חוזרת ריקם; ואם לא זכה אדם לפעול על עצמו בגלוי ובמודע, הרי ודאי פעל בעמקי תעלומות לבו, מעבר להכרתו את עצמו – וה׳ עד.

על־פי שפת אמת, שבת תשובה תרל״ח

יד וְלוֹ הֵכִין כְּלֵי־מָוֶת
חִצָּיו לְדֹלְקִים יִפְעָל׃
טו הִנֵּה יְחַבֶּל־אָוֶן
וְהָרָה עָמָל וְיָלַד שָׁקֶר׃
טז בּוֹר כָּרָה וַיַּחְפְּרֵהוּ
וַיִּפֹּל בְּשַׁחַת יִפְעָל׃
יז יָשׁוּב עֲמָלוֹ בְרֹאשׁוֹ
וְעַל קָדְקֳדוֹ חֲמָסוֹ יֵרֵד׃
יח אוֹדֶה יְהוָה כְּצִדְקוֹ
וַאֲזַמְּרָה שֵׁם־יְהוָה עֶלְיוֹן׃

יד שכן **וְלוֹ**, כלומר: לעצמו, **הֵכִין כְּלֵי־מָוֶת** הרשע הכין את כלי המוות, **חִצָּיו לְדֹלְקִים יִפְעָל** - הוא מכין, כביכול, חצים דווקא לאלה ש"דולקים", רודפים, אחרי הצדיק.

טו והרשע **הִנֵּה יְחַבֶּל־אָוֶן וְהָרָה עָמָל וְיָלַד שָׁקֶר** - יש כאן שימוש מושאל בדימויים מיצירתו של ולד; בתחילה ישנו רגע ההפריה הנקרא "חבלה" (ראה שיר השירים ח, ה), אחר כך ההיריון, ולבסוף הלידה. וכאן, בעניין האדם הרע, נאמר שאף הוא יולד דברים, אלא שיצירתם של דברים אלה היא אוון, היינו: רֶשע, רע ואפס; המשכם עמל במובן של עבודה קשה ללא תוצאה; וכאשר הם "נולדים" אל תוך העולם הרי הם שקר.

טז **בּוֹר כָּרָה** הרשע **וַיַּחְפְּרֵהוּ**, **וַיִּפֹּל בְּשַׁחַת**, בסופו של דבר הוא ייפול בבור, שאותו **יִפְעָל**, יעשה, היינו, באותו בור שהוא עצמו כרה.

יז **יָשׁוּב עֲמָלוֹ** - חטאו, רשעו - **בְרֹאשׁוֹ**, **וְעַל קָדְקֳדוֹ** שלו, של החוטא, **חֲמָסוֹ** - העוולה והרשעה - **יֵרֵד**, כלומר: ישוב אליו, אל החוטא, והוא זה שיביא עליו את הרעה, העונש והפורענות. העונש והפורענות הללו אינם נזקקים לשום גורם חיצוני, לפי שעצם רעתו של הרשע היא הפוגעת בו. ובסיכום:

יח **אוֹדֶה ה' כְּצִדְקוֹ וַאֲזַמְּרָה שֵׁם־ה' עֶלְיוֹן**.

ז,טז **בּוֹר כָּרָה וַיַּחְפְּרֵהוּ** – רמז למי שראשו ורובו נתון בעסקי העולם־הזה, ובסופו של דבר אינו מוציא ממנו אפילו חצי תאוותו, **וַיִּפֹּל בְּשַׁחַת יִפְעָל**. כוח פיתויו של העולם־הזה הוא משום שפזורים בו ניצוצות קדושה שנפלו ממקומם, אך מי שמשקיע עצמו בענייניו – לא די שאינו מסוגל להעלותם, אלא שהוא עצמו נופל אחריהם. לעומת הבור, יש בכל אחד מאתנו באר, היא הנשמה שחצובה ממעיין גנים עליון ויורדת אלינו להיות לנו למקור מים חיים. הבוחר בבאר, סופו שיזכה לתקן גם את הבור ולמלאו מים חיים. הבוחר בבור – זה וזה לא יתקיימו בידו. "כי עמך מקור חיים, באורך נראה אור" (לו י).

על־פי אור התורה במדבר, עמ' תתסט

צִפּוֹר שָׁמַיִם וּדְגֵי הַיָּם עֹבֵר אָרְחוֹת יַמִּים:

ספר ראשון

פרק ח

שיר תהילה למעשי ה', אשר יש בו גם דיון
ועיסוק בדבר מקומו של האדם בעולם.

א לַמְנַצֵּחַ עַל־הַגִּתִּית
מִזְמוֹר לְדָוִד:
ב יְהוָה אֲדֹנֵינוּ
מָה־אַדִּיר שִׁמְךָ
בְּכָל־הָאָרֶץ
אֲשֶׁר־תְּנָה הוֹדְךָ
עַל־הַשָּׁמָיִם:
ג מִפִּי עוֹלְלִים ׀ וְיֹנְקִים
יִסַּדְתָּ עֹז
לְמַעַן צוֹרְרֶיךָ
לְהַשְׁבִּית אוֹיֵב וּמִתְנַקֵּם:

א לַמְנַצֵּחַ עַל־הַגִּתִּית מִזְמוֹר לְדָוִד – הגיתית היא כנראה כלי נגינה הנקרא על שם העיר גת ששם, מסתבר, המציאו אותה או השתמשו בה. המזמור מתחיל ומסיים בקריאה־הכרזה אחת של תהילה:

ב ה' אֲדֹנֵינוּ, מָה־אַדִּיר שִׁמְךָ בְּכָל־הָאָרֶץ. בעולם שלנו ובכל אשר בו, אֲשֶׁר־תְּנָה הוֹדְךָ עַל־הַשָּׁמָיִם. יש המפרשים "תנה" כשם הפועל "לתת", כלומר: "אשר אתה נותן", ויש שפירשוהו בלשון ציווי, כלומר: ראוי היה שתיתן הודך על השמים בלבד.

ג מִפִּי עוֹלְלִים וְיֹנְקִים יִסַּדְתָּ עֹז – תהילת ה' והתפילה אליו אינן עולות רק מפיהם של החכמים והגדולים; יש שבח מיוחד בתהילת ה' העולה דווקא מפי ילדים קטנים. דברי ההלל שלהם, הנאמרים בתמימות, הם שבח גדול יותר לה' משום שאין בהם רמייה, העמדת פנים או מעין "מקצועיות" של מי שתפקידו לומר דברי שיר. העוז הזה הוא לְמַעַן מלחמה בצוֹרְרֶיךָ, ודברים אלה יפים כדי לְהַשְׁבִּית אוֹיֵב וּמִתְנַקֵּם. שכן שירת הילדים, בתמימותה וברצינות הילדותית שיש בה, היא בגדר יסוד קבוע שאין הצוררים והאויבים יכולים לבטלו. אדרבה, שירת ילדים כזו היא הדבר שאליו מתנפצים גלי השנאה שבכל דור.

שיר התהילה הזה לה' מתחיל כהמנון, אך במידה רבה הוא שיר פשוט, הגם שיש בו גם חלק של הרהורים והתבוננות. מצד אחד,

ח,ג מִפִּי עוֹלְלִים וְיֹנְקִים. תורתם של עוללים ויונקים, תינוקות של בית רבן, היא בבחינת יִסַּדְתָּ עֹז, משמשת כאבן היסוד לבניין בית ישראל. יסודו של בניין אינו צריך להיות יפה או משוכלל. עליו להיות מונח בעומק הקרקע ולהיות חזק במידה כזו שיוכל לשאת על גביו את הבניין כולו, על כל חדריו, שימושיו וקישוטיו. משום כך, התורה הראויה לשמש כיסוד לבית ישראל אינה תורה של עמקות השגה או רוחב דעת, אלא דווקא תורה של עוז – פשטות ואמת שאינה יודעת פשרות. מעלה זו מתאימה לתכונות נפשם של עוללים ויונקים, תינוקות של בית רבן, הנקיים הן מחשבונות של שכל והבנה והן מבלבולים חיצוניים – ונפשם מוכנה להתמסר במסירות מוחלטת לתורת ה'.

על־פי תהילות מנחם

ד כִּי־אֶרְאֶה שָׁמֶיךָ
מַעֲשֵׂה אֶצְבְּעֹתֶיךָ
יָרֵחַ וְכוֹכָבִים
אֲשֶׁר כּוֹנָנְתָּה:
ה מָה־אֱנוֹשׁ כִּי־תִזְכְּרֶנּוּ
וּבֶן־אָדָם כִּי תִפְקְדֶנּוּ:
ו וַתְּחַסְּרֵהוּ מְּעַט מֵאֱלֹהִים
וְכָבוֹד וְהָדָר תְּעַטְּרֵהוּ:
ז תַּמְשִׁילֵהוּ בְּמַעֲשֵׂי יָדֶיךָ
כֹּל שַׁתָּה תַחַת־רַגְלָיו:
ח צֹנֶה וַאֲלָפִים כֻּלָּם
וְגַם בַּהֲמוֹת שָׂדָי:

ד כִּי־אֶרְאֶה שָׁמֶיךָ, שהם מַעֲשֵׂה אֶצְבְּעֹתֶיךָ, יָרֵחַ וְכוֹכָבִים אֲשֶׁר כּוֹנָנְתָּה, מתוך הראייה הזו בלבד אני יכול להתפעם מגדולתו של הקב"ה בהיקפה הגדול, הכלל־עולמי. אבל מתוך ההתבוננות בעולמות הגדולים ובדברים הנפלאים שבהם אני מגיע לשאלה־ספק:

ה מָה־אֱנוֹשׁ כִּי־תִזְכְּרֶנּוּ וּבֶן־אָדָם כִּי תִפְקְדֶנּוּ? כי אחרי ההסתכלות בשמש, בירח ובכוכבים, בעקבות ההתבוננות בעולמות הגדולים והרחוקים, נראה האדם כיצור פעוט ועלוב שאינו ראוי, בעצם, להתייחסות של מעלה. ואולם על אף קטנותו של האדם הרי אתה, ה׳, נתת לו מתנות מרובות:

ו וַתְּחַסְּרֵהוּ מְּעַט מֵאֱלֹהִים – שהרי, כאמור בכתוב, האדם נברא "בצלם אלוקים" ונשמת ה׳ שורה בתוכו; או, במשמעות אחרת, "אלוהים" הם המלאכים, שהאדם קטן מהם אך במעט, וְכָבוֹד וְהָדָר תְּעַטְּרֵהוּ בכוחות שנתת בו.

ז וככתוב בספר בראשית, הרי שנוסף על עצם בריאתו של האדם ומעלתו תַּמְשִׁילֵהוּ בְּמַעֲשֵׂי יָדֶיךָ, כלומר: לאדם ניתנו הכוח והרשות למשול במעשי ידיו של ה׳, לפעול בהם ולשנותם. כֹּל, את הכל, שַׁתָּה, שַׂמְתָּ, תַּחַת־רַגְלָיו, והאדם הוא המושל בכל המציאות.

ח צֹנֶה – מילה אחרת לצאן (ראה במדבר לב, כד), וַאֲלָפִים, בני בקר, כֻּלָּם נתונים ברשותו של האדם, וְגַם ונוסף עליהם גם בַּהֲמוֹת שָׂדָי; שהרי לאדם יש כוח וממשלה לא רק על בעלי החיים שהוא מטפל בהם ומפרנס אותם אלא

ח,ו **וַתְּחַסְּרֵהוּ מְּעַט מֵאֱלֹהִים וְכָבוֹד וְהָדָר תְּעַטְּרֵהוּ.** הנה ידוע, כי כל מה שחסר לאדם הן ברוחני הן בגשמי, החיסרון הוא בהשכינה, שהוא בחינת אלוהים. וזהו **וַתְּחַסְּרֵהוּ** – בוודאי **מְּעַט מֵאֱלֹהִים**, שהחיסרון הוא בוודאי מאלוהים, היינו בהשכינה. אך כשידע זאת, שהחיסרון הוא למעלה ולמטה, בוודאי יהיה לו צער גדול ועצבות, ולא יוכל לעבוד השם יתברך בשמחה.

לכך צריך להשיב לעצמו: מה אני ומה חיי, שהמלך בעצמו מספר לי החיסרון שלו! וכי יש כבוד גדול מזה? מתוך כך בא לשמחה גדולה, ונתחדשו המוחין שלו. וזהו: **וְכָבוֹד וְהָדָר תְּעַטְּרֵהוּ**, היינו על־ידי כבוד והדר שיש לו שהמלך בעצמו מספר לו החיסרון, תעטרהו במוחין חדשים.

על־פי ליקוטי מוהר"ן ח"א, פט

ט **צִפּוֹר שָׁמַיִם וּדְגֵי הַיָּם**
עֹבֵר אָרְחוֹת יַמִּים:
י **יְהוָה אֲדֹנֵינוּ**
מָה־אַדִּיר שִׁמְךָ
בְּכָל־הָאָרֶץ:

גם על חיות השדה, שהוא רשאי ויכול למשול בהן.

ט והאדם מושל גם על **צִפּוֹרֵי שָׁמַיִם וּדְגֵי הַיָּם**, וגם על דגי הים, על כל יצור שהוא **עֹבֵר אָרְחוֹת יַמִּים**. על כל אלה יש לתת תודה לה׳ שנתן לאדם את העוצמה הזו; אלא שכאן מלווה העוצמה הזו ברגש של ענווה. עם כל הכוח שניתן לו, לאדם, עדיין יש מקום לשאול: האם באמת ראוי הוא לכל אלה? ויש בזה גם הדרכה לאדם: עליו לדעת את רוב כוחו, אך גם להכיר תודה לה׳ אשר הוא, בחסדו, זה שנתן לו את השלטון הזה. ובעצם, האדם המתבונן בכל הדברים הללו - דהיינו, בקטנותו המהותית אל מול גודל העוצמה שבידו - צריך להכיר בכך שזו רק מתנת אלוקים. וגם על כך יכול הוא לחזור ולומר:

י **ה׳ אֲדֹנֵינוּ, מָה־אַדִּיר שִׁמְךָ בְּכָל־הָאָרֶץ.**

ח,י **מָה אַדִּיר שִׁמְךָ בְּכָל הָאָרֶץ.** אמר אא״ז ז״ל [הרה״ק רבי מנחם מענדל מקוסוב] שהאדם צריך שיהיה בו שתי בחינות של מ״ה: ״מה אדיר שמך בכל הארץ״, ״מה אנוש כי תזכרנו״. והכוונה, לידע גדלות הבורא ברוך־הוא ושפלות עצמו. וזה פירוש מאמר הגמרא בעניין שמחת יום טוב: ״חלקהו, חציו לכם וחציו לה׳״ (פסחים סח, ב), כי **לכם** בגימטרייה שתי פעמים **מה**, שצריך לחלק ה״לכם״, לידע שפלות עצמו וגדלות הבורא. ויש לומר שזה גם מה שאמר אברהם אבינו ע״ה: ״במה אדע כי אירשנה״ (בראשית טו ח) – ב׳ מ״ה – על־ידי שתי בחינות אלו של מ״ה, שהן גדלות הבורא ברוך־הוא ושפלות עצמו, בזה אדע כי אירשנה, כי ״ענוים ירשו ארץ״ (לז יא).

על־פי צמח צדיק, לך לך

וַיהוה לְעוֹלָם יֵשֵׁב כּוֹנֵן לַמִּשְׁפָּט כִּסְאוֹ:

ספר ראשון

פרק ט

שיר תודה של אדם שניצל מאויביו וזכה לניצחון, והוא חוזר ומתפלל כי ה׳ יושיענו גם בעתיד מאויבים אחרים, שעדיין נלחמים בו.

א לַמְנַצֵּחַ עַל־מוּת לַבֵּן
מִזְמוֹר לְדָוִד:
ב אוֹדֶה יהוה בְּכָל־לִבִּי
אֲסַפְּרָה כָּל־נִפְלְאוֹתֶיךָ:
ג אֶשְׂמְחָה וְאֶעֶלְצָה בָךְ
אֲזַמְּרָה שִׁמְךָ עֶלְיוֹן:
ד בְּשׁוּב־אוֹיְבַי אָחוֹר
יִכָּשְׁלוּ וְיֹאבְדוּ מִפָּנֶיךָ:
ה כִּי־עָשִׂיתָ מִשְׁפָּטִי וְדִינִי
יָשַׁבְתָּ לְכִסֵּא שׁוֹפֵט צֶדֶק:
ו גָּעַרְתָּ גוֹיִם אִבַּדְתָּ רָשָׁע
שְׁמָם מָחִיתָ לְעוֹלָם וָעֶד:

א לַמְנַצֵּחַ עַל־מוּת לַבֵּן מִזְמוֹר לְדָוִד – רוב המפרשים מסבירים, לפי עניינו של פסוק זה, ש"לבן" אין פירושו בן, בפרט לא הבן של דוד המלך, שהרי מזמור זה בכללותו הוא מזמור של תודה לקב"ה על עזרתו, ובוודאי איננו קינה או בקשה. יש מפרשים הסבורים שזהו, אולי, שמו של אדם, מצביא או מלך אויב, שאין אנחנו יודעים עליו ממקומות אחרים. ויש מפרשים ש"על מות לבן" הוא שמו של שיר שהיה ידוע להם, כאות למנצח שיש לשיר מזמור זה באותו ניגון. המזמור הזה, הכתוב ברובו בלשון יחיד, הוא מזמור של לימוד והוראה, וכמו עוד מזמורים רבים כאלה יש בו סדר אלפביתי; אמנם הוא מכיל רק חלק מן הא"ב, וגם זאת – לא תמיד בתחילתו של כל פסוק, אלא בדילוג של פסוקים אחדים.

ב אוֹדֶה לה' בְּכָל־לִבִּי, אֲסַפְּרָה כָּל־נִפְלְאוֹתֶיךָ,

ג אֶשְׂמְחָה וְאֶעֶלְצָה (כמו אעלזה, שאולי מבטא שמחה מרובה) בָךְ, אֲזַמְּרָה לְשִׁמְךָ עֶלְיוֹן.

ד בְּשׁוּב־אוֹיְבַי אָחוֹר, כאשר הם נסוגים ובורחים, יִכָּשְׁלוּ וְיֹאבְדוּ מִפָּנֶיךָ,

ה וזה יקרה כִּי־עָשִׂיתָ מִשְׁפָּטִי וְדִינִי; וכשעמדתי בדין ידעתי שתדון אותם לכף חובה.

יָשַׁבְתָּ לְכִסֵּא – והכוונה כאן לכס המשפט של המלך – אתה, שאתה שׁוֹפֵט צֶדֶק.

ו גָּעַרְתָּ בגּוֹיִם, וגערת ה' פועלת, כמובן, בתוך העולם, ומשמעה הוא שהגויים האלה נופלים ומתים. אִבַּדְתָּ רָשָׁע עד עדי כך שִׁשְׁמָם מָחִיתָ לְעוֹלָם וָעֶד.

ט,ו גָּעַרְתָּ גוֹיִם אִבַּדְתָּ רָשָׁע. אומר המדרש: גָּעַרְתָּ גוֹיִם – זה עמלק... אִבַּדְתָּ רָשָׁע – זה עשו... שמא תאמר: אף יעקב בכלל? רשעים לא נאמר, אלא רשע". רשעי אומות העולם נקראים רע, ועשו לבדו נקרא רשע. שי"ן שבתוך שמו שלושה ראשים לה, והיא מציינת את קרבתו לשלושת אבותינו הקדושים. אמנם "לפי שהוציא עצמו מן הכלל כפר בעיקר, אף אתה הקהה את שיניו" – יצא עשו מכלל זרע האבות, ואנו מצווים לעקור השי"ן משמו ולהוציא כל ניצוצות הקדושה שבלע מפיו, כי גזולים הם אתו. זה סוד גלויות ישראל, המביאות אותם לתחתיות ארץ כדי להוציא גם משם את ניצוצות הקדושה. מטיבה של ירידה שהיא גובה מחיר, עד שגם מבני ישראל ישנם שהרשיעו. שמא תאמר שגם הם יאבדו? לא יִדַּח מהם נידח. רשעים לא נאמר – אלא רשע.

על־פי זרע קודש, בשלח

ז הָאֹויֵב ׀ תַּמּוּ חֳרָבוֹת לָנֶצַח
וְעָרִים נָתַשְׁתָּ
אָבַד זִכְרָם הֵמָּה׃
ח וַיהוה לְעוֹלָם יֵשֵׁב
כּוֹנֵן לַמִּשְׁפָּט כִּסְאוֹ׃
ט וְהוּא יִשְׁפֹּט־תֵּבֵל בְּצֶדֶק
יָדִין לְאֻמִּים בְּמֵישָׁרִים׃
י וִיהִי יהוה מִשְׂגָּב לַדָּךְ
מִשְׂגָּב לְעִתּוֹת בַּצָּרָה׃
יא וְיִבְטְחוּ בְךָ יוֹדְעֵי שְׁמֶךָ
כִּי לֹא־עָזַבְתָּ דֹרְשֶׁיךָ יהוה׃
יב זַמְּרוּ לַיהוה יֹשֵׁב צִיּוֹן
הַגִּידוּ בָעַמִּים עֲלִילוֹתָיו׃
יג כִּי־דֹרֵשׁ דָּמִים אוֹתָם זָכָר
לֹא־שָׁכַח צַעֲקַת עֲנָוִים׃
יד חָנְנֵנִי יהוה
רְאֵה עָנְיִי מִשֹּׂנְאָי
מְרוֹמְמִי מִשַּׁעֲרֵי־מָוֶת׃

עניים

ז אנשי הָאוֹיֵב, חילותיו, תַּמּוּ, נגמרו; ומה שנשאר אחריהם הוא רק חֳרָבוֹת לָנֶצַח, וְעָרִים נָתַשְׁתָּ - כמו: נתצת; אותן ערים ששיברת אָבַד זִכְרָם הֵמָּה, כי הם לא רק נפלו אלא אף הושמדו כליל, ואפילו זיכרון לא נשאר מהם.

ח כנגד כל אלה שנעלמים ונשכחים, וַה׳ לְעוֹלָם יֵשֵׁב, כּוֹנֵן לַמִּשְׁפָּט כִּסְאוֹ.

ט וְהוּא יִשְׁפֹּט־תֵּבֵל בְּצֶדֶק יָדִין את הַלְאֻמִּים, העמים, בְּמֵישָׁרִים.

י וִיהִי ה׳ מִשְׂגָּב - מעוז ומקום אחיזה - לַדָּךְ, לעני ולמסכן, מִשְׂגָּב לְעִתּוֹת בַּצָּרָה - בשעה שהם צריכים לחסות במבצר או במקום מחסה.

יא וְיִבְטְחוּ בְךָ יוֹדְעֵי שְׁמֶךָ, כלומר: האנשים היודעים ומכירים במציאות ה׳, ולכן גם נקשרים אליו, כִּי לֹא־עָזַבְתָּ דֹּרְשֶׁיךָ, ה׳ - אלה המבקשים אותך וחפצים בך.

יב זַמְּרוּ לַה׳, יֹשֵׁב צִיּוֹן - כלומר: היושבים בציון צריכים לשיר לה׳ שיר תודה.

הַגִּידוּ בָעַמִּים עֲלִילוֹתָיו, מעשיו; ספרו כיצד הצילכם מצרה והושיע אתכם.

יג כִּי־דֹרֵשׁ הקב״ה דָּמִים - הוא מחפש, בודק ושם לב למקום שיש בו שפיכות דמים, וְאוֹתָם, את האנשים הטובים, הוא זָכָר, שהרי הוא יודע איפה נמצאים הרע והטוב, ולֹא־שָׁכַח צַעֲקַת עֲנָוִים - שהם אלה הנוהגים כראוי ומצניעים את עצמם.

יד חָנְנֵנִי, ה׳, רְאֵה עָנְיִי ואת הסבל שאני סובל מִשֹּׂנְאָי, אתה, ה׳, שאתה מְרוֹמְמִי, מרים אותי, ובעצם מציל אותי מִשַּׁעֲרֵי־מָוֶת.

ט,יא וְיִבְטְחוּ בְךָ יוֹדְעֵי שְׁמֶךָ. בדרך שאדם רוצה לילך מוליכין אותו. לאדם נתון הכוח לעצב את חייו על־פי האופן שבו הוא תופס אותם. יותר מהעין ומהאוזן, הכוח הקובע אילו שמים רואה האדם מעליו ומה טיבה של הקרקע שעליה הוא דורך – הוא הדעת, התפיסה. כך גם באשר לשתי המידות היסודיות ביותר המשליכות על גורלו – הדין והרחמים. הדין הוא העיקרון המכונן של עולם הטבע, בעוד הרחמים הם העיקרון המכונן של ההתגלות האלוהית שמעבר לטבע. שתי מידות אלו מתבטאות בשני שמות שונים – שם אלוהים, שממנו בריאת העולם והנהגת הטבע; שם הוי״ה, המתגלה בעולם אך מתנשא הרבה ממעל לו. מעתה, יוֹדְעֵי שְׁמֶךָ הם אלו היודעים את שמך במילואו, המייחדים את שני שמותיך. להם נאה לבטוח בך תמיד, כי בעולמם יתגלו הרחמים גם בתוך הדין, שהרי שם אחד להם.

על־פי יהל אור

טו לְמַעַן אֲסַפְּרָה
כׇּל־תְּהִלָּתֶיךָ
בְּשַׁעֲרֵי בַת־צִיּוֹן
אָגִילָה בִּישׁוּעָתֶךָ׃

טז טָבְעוּ גוֹיִם בְּשַׁחַת עָשׂוּ
בְּרֶשֶׁת־זוּ טָמָנוּ
נִלְכְּדָה רַגְלָם׃

יז נוֹדַע ׀ יְהוָה מִשְׁפָּט עָשָׂה
בְּפֹעַל כַּפָּיו נוֹקֵשׁ רָשָׁע
הִגָּיוֹן סֶלָה׃

יח יָשׁוּבוּ רְשָׁעִים לִשְׁאוֹלָה
כׇּל־גּוֹיִם שְׁכֵחֵי אֱלֹהִים׃

יט כִּי לֹא לָנֶצַח יִשָּׁכַח אֶבְיוֹן
תִּקְוַת עֲנִיִּים תֹּאבַד לָעַד׃

כ קוּמָה יְהוָה אַל־יָעֹז אֱנוֹשׁ
יִשָּׁפְטוּ גוֹיִם עַל־פָּנֶיךָ׃

טו לְמַעַן אֲסַפְּרָה, בזמן שאני רואה בישועה, את כׇּל־תְּהִלָּתֶיךָ, בְּשַׁעֲרֵי בַת־צִיּוֹן - השער הוא המקום הפומבי, בדומה לכיכר העיר - אָגִילָה, ואספר בִּישׁוּעָתֶךָ, את ישועתך.

טז ולעומת זאת טָבְעוּ גוֹיִם בְּשַׁחַת - בבור, במלכודת - שֶׁעָשׂוּ, הם עצמם נפלו לתוך הבור שחפרו.

בְּרֶשֶׁת־זוּ במלכודת אשר טָמָנוּ לאחרים, בה נִלְכְּדָה רַגְלָם.

יז נוֹדַע ה׳ כאשר מִשְׁפָּט עָשָׂה בתוך העולם.

בְּפֹעַל כַּפָּיו נוֹקֵשׁ, נלכד, רָשָׁע, הִגָּיוֹן - שהוא, כנראה, אמירה כמו: הרי זה נושא שצריך להגות, לחשוב בו וגם לאומרו לאחרים, סֶלָה.

יח יָשׁוּבוּ רְשָׁעִים לִשְׁאוֹלָה - "ישובו" פירושו כאן הוא: ילכו בכיוון הזה. אבל אפשר לומר שמבחינה מסוימת הרשעים עצמם הם יצורי שאול היוצאים ממנו אל העולם שלנו וצריכים לחזור לשם, וכן כׇּל־גּוֹיִם שְׁכֵחֵי אֱלֹהִים - ששוכחים את הקב"ה.

יט ומצד שני - כִּי לֹא לָנֶצַח יִשָּׁכַח אֶבְיוֹן: הגם שלכאורה האביון נראה עזוב, בסופו של דבר הקב"ה פונה אליו, תִּקְוַת עֲנִיִּים לא תֹאבַד לָעַד.

כ קוּמָה, ה׳- התעורר, כלומר: התגלה - אַל־יָעֹז אֱנוֹשׁ, שום אדם לא יעז פניו, לא יתנהג בעזות מצח; כי כאשר הקב"ה מתגלה בעולם, אין לאנשים כאלה עמידה. יִשָּׁפְטוּ גוֹיִם עַל־פָּנֶיךָ - כשהם עומדים כנגדך, אל מול פניך.

עֲנוים

ט,יט כִּי לֹא לָנֶצַח יִשָּׁכַח אֶבְיוֹן. כל אדם בתחילת עבודתו הקב"ה מאיר לו בבחינת טל העליון, כמאמר הרוקח: "אין חסידות כתחילת חסידות". ואחר כך צריך לעבוד את ה׳ ביגיעות. לכן כל אדם שמסייעין אותו מן השמים, צריך לידע ולהשכיל כי לא לעולם חוסן ולא לנצח יראה אור, וצריך להתחנן ולבקש מה׳ בדמעות ובתחנונים כי גם בשעה שיבוא לימי הירידה — אל ישליכהו מעם פניו, ויוכל להתרפק לה׳ עוד כל ימי חייו. וכשבא לימי ירידה וקטנות וחשכות ומר לו ממוות, ואינו יכול ליקח אפילו ספר בידו, וכל שכן להתפלל בכוונה, ידע כִּי לֹא לָנֶצַח יִשָּׁכַח אֶבְיוֹן, ולא יהא שוטה בעידן כזה לברוח מה׳, רק יתרפק לה׳ בכל כוחו, הן בתורה והן בתפילה בלי שום טעם, רק כעבד נאמן העובד לאדוניו באמונה פשוטה.

על־פי טהרת הקודש, מבוא השער, ב

כא שִׁיתָה יְהוָה ׀ מוֹרָה לָהֶם
יֵדְעוּ גוֹיִם
אֱנוֹשׁ הֵמָּה סֶּלָה:

כא שִׁיתָה - שים, ה׳, מוֹרָה לָהֶם - כנראה במובן של חיתוך, גזירה; ויש המפרשים מלשון מורא ופחד. ואז יֵדְעוּ גוֹיִם שבעצם אֱנוֹשׁ הֵמָּה. כי בזמן שכוחם גובר הם רואים את עצמם כחסינים מכל פגע; אך מוטב להם שידעו כי בסופו של דבר אינם אלא בני אדם, ויש קצבה וסוף לכוחם ולחייהם. ויש כאן משמעות ללשון זו של ״אֱנוש״, שיש בה עניין של חולי ונפילה (אָנוּשׁ), סֶלָה.

ט,כא **אֱנוֹשׁ הֵמָּה סֶלָה.** ארבעה שמות הם: **אנוש** – לשון שכחה, ״כי נשני אלוהים״, והוא המכלה ימיו בתאוות הגוף ועסקי העולם, כי נשכח ממנו מקום מחצב נשמתו וגבר עליו כוח נפש הבהמית שבקרבו עד שאין דעתו לחזור שמה. **גבר** – הגובר במקצת על תאוותו ומסתפק באשר יימצא לו, לא מפני יראת ה׳ אלא שמבין בדעתו שראוי להיות מותר אדם מן הבהמה. **איש** – שבו אות יו״ד משם הוי״ה, רמז לחשק הטוב שבנפשו ליאור באור פני מלך חיים ולעשות נחת רוח לפניו יתברך. אמנם גם אותיות א״ש בקרבו, הוא היצר המבעירו להדיחו מדרך ה׳, ולכן ״בעמל אנוש אינמו ועם אדם לא ינוגעו״ – שמגדר אנוש יצא ולכלל אדם לא בא. **אדם** – ״אדמה לעליון״, והוא המובחר מכולם, שיצא לגמרי מבהמיותו והוא מדבק עצמו בכל בתנועותיו אל העליונים.

על־פי באר מים חיים, כי תצא, כא

תַּאֲוַת עֲנָוִים שָׁמַעְתָּ יהוה תָּכִין לִבָּם תַּקְשִׁיב אָזְנֶךָ:

ספר ראשון
פרק י

מזמור תפילה אשר בו מתרעם המשורר
על כוחם ושלטונם של הרשעים בעולם.

פרק י • ספר ראשון • ליום ראשון • ב לחודש ______ תהלים • 37

א לָ֣מָה יְ֭הוָה תַּעֲמֹ֣ד בְּרָח֑וֹק
תַּ֝עְלִ֗ים לְעִתּ֥וֹת בַּצָּרָֽה׃
ב בְּגַאֲוַ֣ת רָ֭שָׁע יִדְלַ֣ק עָנִ֑י
יִתָּפְשׂ֓וּ ׀ בִּמְזִמּ֖וֹת זוּ֣ חָשָֽׁבוּ׃
ג כִּֽי־הִלֵּ֣ל רָ֭שָׁע
עַל־תַּאֲוַ֣ת נַפְשׁ֑וֹ
וּבֹצֵ֥עַ בֵּ֝רֵ֗ךְ נִ֘אֵ֤ץ ׀ יְהוָֽה׃
ד רָשָׁ֗ע כְּגֹ֣בַהּ אַ֭פּוֹ בַּל־יִדְרֹ֑שׁ
אֵ֥ין אֱ֝לֹהִ֗ים כָּל־מְזִמּוֹתָֽיו׃
ה יָ֘חִ֤ילוּ דְרָכָ֨ו ׀ בְּכָל־עֵ֗ת
מָר֣וֹם מִ֭שְׁפָּטֶיךָ מִנֶּגְדּ֑וֹ
כָּל־צ֝וֹרְרָ֗יו יָפִ֥יחַ בָּהֶֽם׃

א לָמָה, ה׳, תַּעֲמֹד בְּרָחוֹק, מרחוק, כאילו אינך נמצא בתוכנו, תַּעְלִים את עצמך, את נוכחותך, לְעִתּוֹת בַּצָּרָה שלנו?

ב בְּגַאֲוַת רָשָׁע יִדְלַק - יִירדף - עָנִי, יִתָּפְשׂוּ העניים והדלים בִּמְזִמּוֹת זוּ חָשָׁבוּ - המזימות אשר חושבים עליהם השונאים.

ג כִּי־הִלֵּל רָשָׁע, כאשר הרשע מהלל, כביכול, את ה׳, הרי זה רק עַל־תַּאֲוַת נַפְשׁוֹ, וּבֹצֵעַ - המשמעות העיקרית כאן היא: איש בצע, איש רע, אם כי יש לו גם המשמעות האחרת של מי שבוצע לחם, שהולך לאכול. הבוצע שבֵּרֵךְ, משום־מה, על הלחם שהוא אוכל, בעצם נִאֵץ ה׳; שהרי באמת, הקב״ה איננו נמצא בתוך עולמו ובמחשבותיו.

ד רָשָׁע, כְּגֹבַהּ אַפּוֹ, כגודל כעסו, או: באותה מידה שבה הוא מגביה את עצמו, בַּל יִדְרֹשׁ, איננו מחפש ואיננו מוצא את הקב״ה, אֵין אֱלֹהִים כָּל מְזִמּוֹתָיו - הקב״ה אינו נמצא בתוך תכניותיו, שכן בכל מה שהוא מתכנן אין אפילו מחשבה על כך שהקב״ה נמצא בעולם ושהוא משגיח על הכל ודן את כל המציאות.

ה יָחִילוּ - כנראה פירושו יצליחו, יעשו חיל, דְרָכָו של הרשע בְּכָל־עֵת. מָרוֹם מִשְׁפָּטֶיךָ מִנֶּגְדּוֹ - לכאורה, ובוודאי בעיני עצמם, משפטיך נמצאים במקום גבוה מאוד (״מרום״) ואינם נוגעים בו כלל, והוא עצמו מצליח בכל דרכיו, כָּל־צוֹרְרָיו יָפִיחַ בָּהֶם - הוא מפיל אותם בנשיפת רוח פיו.

י,ג **כִּי הִלֵּל רָשָׁע עַל תַּאֲוַת נַפְשׁוֹ.** ״ועתה ישראל מה ה׳ אלוהיך שואל מעמך״ (דברים י יב) – ופירשו: את מידת הענווה, שהיא בחינת מה (וכמו ״ונחנו מה״), ה׳ אלוהיך שואל מעמך; אך שתהיה הענווה ״כי אם ליראה את ה׳ אלוהיך״, שלא תבוא לידי חטא על־ידה. ועל דרך שפירש רבי זושא מאניפולי זי״ע: **כִּי הִלֵּל רָשָׁע עַל תַּאֲוַת נַפְשׁוֹ** – שיש מי שבשביל תאוות נפשו הוא עניו כהלל, ומשפיל עצמו לחטוא בדברים פחותים שלא לפי ערכו. ועל כן צריך האדם שיהיו בו שני הפכים בנושא אחד, ענווה וגאות, ויגבה לבו בדרכי ה׳ לבלי לחטוא למלא תאוותו ח״ו, כי אם להעלות את עצמו למעלה לעשות רצון קונו. וכן הוא אומר ״והאיש משה ענו מאד״ – איש, בגדלות וחשיבות, ויחד עם זאת גם עניו מאוד.

על־פי ייטב לב, נח

ו אָמַר בְּלִבּוֹ בַּל־אֶמּוֹט
לְדֹר וָדֹר אֲשֶׁר לֹא־בְרָע׃
ז אָלָה ׀ פִּיהוּ מָלֵא
וּמִרְמוֹת וָתֹךְ
תַּחַת לְשׁוֹנוֹ עָמָל וָאָוֶן׃
ח יֵשֵׁב ׀ בְּמַאְרַב חֲצֵרִים
בַּמִּסְתָּרִים יַהֲרֹג נָקִי
עֵינָיו לְחֵלְכָה יִצְפֹּנוּ׃
ט יֶאֱרֹב בַּמִּסְתָּר ׀
כְּאַרְיֵה בְסֻכֹּה
יֶאֱרֹב לַחֲטוֹף עָנִי
יַחְטֹף עָנִי בְּמָשְׁכוֹ בְרִשְׁתּוֹ׃
י יִדְכֶּה יָשֹׁחַ
וְנָפַל בַּעֲצוּמָיו חֵל כָּאִים׃
יא אָמַר בְּלִבּוֹ שָׁכַח אֵל
הִסְתִּיר פָּנָיו
בַּל־רָאָה לָנֶצַח׃

ו אָמַר רשע בְּלִבּוֹ בַּל־אֶמּוֹט - אני קיים, אני יציב, שום דבר איננו יכול למוטט אותי. לְדֹר וָדֹר אֲשֶׁר לֹא־בְרָע - לנצח הוא ימשיך לחיות ולעשות את מעשיו בלי שיקרה לו שום דבר רע.

ז אָלָה - קללה - פִּיהוּ מָלֵא, וּמִרְמוֹת וָתֹךְ - תככים, מזימות - תַּחַת לְשׁוֹנוֹ, ודברי פיו הם עָמָל וָאָוֶן, חטאים ופשעים. וזוהי דרך פעולתו של הרשע:

ח יֵשֵׁב בְּמַאְרַב חֲצֵרִים, הוא יושב במארבים בחצרות, במקומות בלתי מוגנים, בַּמִּסְתָּרִים יַהֲרֹג נָקִי, עֵינָיו לְחֵלְכָה - למסכן - יִצְפֹּנוּ, הן צופנות, אורבות, שכן הוא מנסה לתפוס אותו כדי להשמידו.

ט יֶאֱרֹב הרשע למסכן בַּמִּסְתָּר, כְּאַרְיֵה בְסֻכֹּה, כאריה האורב לטרפו בתוך הסבך.

יֶאֱרֹב לַחֲטוֹף עָנִי, וְיַחְטֹף עָנִי בְּמָשְׁכוֹ בְרִשְׁתּוֹ - כלומר: הוא מרמה, מכשיל ומפיל את העניים שבסביבתו בתוך המכשולים שהוא יוצר.

י יִדְכֶּה - ימעך, ידכדך את העניים, יָשֹׁחַ, יכפוף, את קומתם וְנָפַל בַּעֲצוּמָיו, בתוך עוצמתו וכוחו הוא יפיל חֵל כָּאִים, ריבוי של חלכה - מסכן, עני ומדוכא.

יא אָמַר הרשע בְּלִבּוֹ: שָׁכַח אֵל את המציאות שלנו, והוא הִסְתִּיר פָּנָיו, אין הוא מתגלה לרוב בעולמו, ולכן יכול הרשע לעשות כרצונו, באשר הוא סבור שה׳ בַּל־רָאָה לָנֶצַח, לעולם לא יראנו. וכאן מתחילה תפילתו של המשורר:

ודכה | חלכאים

י׳ **יִדְכֶּה יָשֹׁחַ וְנָפַל בַּעֲצוּמָיו חֵל כָּאִים.** שבעה שמות ליצר הרע (סוכה נב, א), והאחרון שקול כנגד כולם: ״**צפוני** – שצפון ועומד בלבו של אדם״. כי בששת שמותיו הראשונים מסית היצר את האדם במפגיע לעבור על מצוות ה׳, והוא מתעורר כנגדו ומתאמץ בכל כוחו ללחום בו ולהדיחו מקרבו; ואולם הצפוני, כל מעשיו במסתרים. שאינו מראה תיכף את כוח ממשלתו על זה האיש להיות אצלו כבעל בית, אלא נכנס בלבו בדבר קל ומצפין עצמו בקרבו כמתנמנם, וכל מעשהו להרדים את האדם ולקררו לבל ירגיש בו עד שיהיה מסור ונתון בידיו לעשות בו בכל אשר יחפוץ. וזה: **יִדְכֶּה יָשֹׁחַ** – שהיצר מדכא ומכניע עצמו כביכול; **וְנָפַל בַּעֲצוּמָיו חֵל כָּאִים** – ״מראה עצמו כתוש וכפוף לבל ירגישו בו אבל מפיל בכוחו הרב את העניים״ (מצודת דוד).

על־פי שם משמואל, דברים תרע״ה

יב קוּמָ֤ה יְהֹוָ֗ה אֵ֭ל נְשָׂ֣א יָדֶ֑ךָ
אַל־תִּשְׁכַּ֥ח עֲנָוִֽים׃
יג עַל־מֶ֤ה ׀
נִאֵ֖ץ רָשָׁ֥ע ׀ אֱלֹהִ֑ים
אָמַ֥ר בְּ֝לִבּ֗וֹ לֹ֣א תִּדְרֹֽשׁ׃
יד רָאִ֡תָה
כִּֽי־אַתָּ֨ה ׀
עָ֘מָ֤ל וָכַ֨עַס ׀ תַּבִּיט֮
לָתֵ֪ת בְּיָ֫דֶ֥ךָ
עָ֭לֶיךָ יַעֲזֹ֣ב חֵלֵ֑כָה
יָ֝ת֗וֹם אַתָּ֤ה ׀ הָיִ֬יתָ עוֹזֵֽר׃
טו שְׁ֭בֹר זְר֣וֹעַ רָשָׁ֑ע
וָ֝רָ֗ע תִּֽדְרוֹשׁ־רִשְׁע֥וֹ
בַל־תִּמְצָֽא׃
טז יְהֹוָ֣ה מֶ֭לֶךְ עוֹלָ֣ם וָעֶ֑ד
אָבְד֥וּ ג֝וֹיִ֗ם מֵֽאַרְצֽוֹ׃
יז תַּאֲוַ֬ת עֲנָוִ֣ים שָׁמַ֣עְתָּ יְהֹוָ֑ה
תָּכִ֥ין לִ֝בָּ֗ם תַּקְשִׁ֥יב אָזְנֶֽךָ׃

עניים

יב קוּמָה, ה׳, אֵל נְשָׂא יָדֶךָ, גלה את כוחך, אַל־תִּשְׁכַּח עֲנָוִים.

יג כי עַל־מֶה נִאֵץ רָשָׁע אֱלֹהִים? משום שאָמַר בְּלִבּוֹ: לֹא תִדְרֹשׁ, אתה ה׳ אינך מחפש, אין אתה מבקש, אין אתה מתעניין בבני האדם.

יד רָאִתָה, ה׳, כִּי־אַתָּה עָמָל וָכַעַס תַּבִּיט, אתה מסתכל ורואה את כל החטא והכעס שנוצרים בעולם, לָתֵת בְּיָדֶךָ – כלומר: אתה עצמך ("בידך") גורם לעולם שיגברו בו הרשעים. אתה, ה׳, שעָלֶיךָ יַעֲזֹב, יישען וייסמך, החֵלֶכָה, יָתוֹם אַתָּה הָיִיתָ עוֹזֵר. ואולם עכשיו העולם נראה כהפקר גמור. ומשום כך חוזר המשורר ומתפלל:

טו שְׁבֹר זְרוֹעַ רָשָׁע, וָרָע ואת הרע תשבור, עד שאם תִּדְרוֹשׁ־רִשְׁעוֹ, תחפש את רשעו – בַל־תִּמְצָא, משום שאתה יכול לעשות שכל מעשי הרשעה שעשה יאבדו מן העולם.

טז ה׳ מֶלֶךְ עוֹלָם וָעֶד, אָבְדוּ גוֹיִם – עמים אחרים, רשעים – מֵאַרְצוֹ, כאשר הוא יאבד אותם.

יז תַּאֲוַת עֲנָוִים – הדברים שהם רוצים ומשתוקקים ומתפללים עליהם, אותה שָׁמַעְתָּ ה׳, תָּכִין לִבָּם – תתייחס ותבין אל לבם, תַּקְשִׁיב אָזְנֶךָ לתפילתם.

י,יז תָּכִין לִבָּם תַּקְשִׁיב אָזְנֶךָ. שמעתי ממורי זלה"ה [הבעש"ט] שסימן זה מסור ביד האדם, שאם נזדמן שיוכל להכין לבו להתפלל לפניו יתברך בלי שום מחשבה זרה, אז ידע כי נתקבלה תפילתו, וזה: תָּכִין לִבָּם תַּקְשִׁיב אָזְנֶךָ, כי בעת שמתפלל יוכל לידע שתקשיב אזנו יתברך. ובחינה זו בשם עלייה תכונה.

על־פי תולדות יעקב יוסף, נשא

י,יז תָּכִין לִבָּם תַּקְשִׁיב אָזְנֶךָ. שהשם יתברך בעצמו מכין לבבנו להתפלל אליו, ואחר כך הוא מקשיב אזניו לשמוע דיבורינו כאילו הם יוצאים מאתנו בעצמנו. רק שאנו מחויבים על כל פנים להתעורר לזה בעצמנו, להשתוקק ולהתפלל להשם יתברך על זה שיכין לבבנו אליו.

על־פי ליקוטי הלכות, קריאת שמע ה: יא

יח לִשְׁפֹּט יָתוֹם וָדָךְ
בַּל־יוֹסִיף עוֹד
לַעֲרֹץ אֱנוֹשׁ מִן־הָאָרֶץ:

יח לִשְׁפֹּט יָתוֹם וָדָךְ, בַּל־יוֹסִיף עוֹד הרע שבעולם לַעֲרֹץ - לשבור ולהשמיד - אֱנוֹשׁ - כל אדם, ובעיקר אנשים חלשים - מִן־הָאָרֶץ.

י,יח בַּל יוֹסִיף עוֹד לַעֲרֹץ אֱנוֹשׁ מִן הָאָרֶץ – בל יוסיף עמלק לכתת ולשבר את האנושים והחולים (רש"י). ערבות הדדית שבין חזק לחלש, בין יראי חטא שבישראל למי שחטאיו החלישוהו – מפסוק זה נלמדת. בידוע שעמלק, שטנם של ישראל, אינו יכול לבוא בגבול הקדושה ולהילחם במי שעמוד הענן מגן עליו. בשעתו זינב בנחשלים, אלו שפלטם הענן, ומאז ועד היום הוא מטיל ספקות באמונתם וקרירות בעבודתם.

לצער הלב, ארכה לנו הישועה ומחנה ישראל אשר מחוץ לענן – גדול הוא. יהודים רבים, איש איש מסיבותיו, אינם חיים לעת עתה חיי תורה וקדושה. יהודים רבים נופלים טרף, חסרי הגנה, לקרירותו של עמלק. בשעה זו, מוטלת על אחיהם שבתוך הענן – לרבות אלו שתורתם אומנותם, כיהושע בן נון – מצוות עשה של "צא הילחם בעמלק". אין איש רשאי להישאר אדיש.

על־פי ליקוטי שיחות חכ"א, עמ' 98

יהוה ׀ בְּהֵיכַל קָדְשׁוֹ יהוה בַּשָּׁמַיִם כִּסְאוֹ

ספר ראשון

פרק יא

שיר התבוננות על הָרשע שבעולם, האומר כי הרשעים אורבים לַצדיק ומתנכלים לו בגלוי ובסתר, ואינם יודעים כי ה׳ משגיח ושולט בעולם והוא יעניש כראוי להם.

א לַמְנַצֵּחַ לְדָוִד
בַּיהוָה ׀ חָסִיתִי
אֵיךְ תֹּאמְרוּ לְנַפְשִׁי
נוּדִי הַרְכֶם צִפּוֹר:
ב כִּי הִנֵּה הָרְשָׁעִים
יִדְרְכוּן קֶשֶׁת
כּוֹנְנוּ חִצָּם עַל־יֶתֶר
לִירוֹת בְּמוֹ־אֹפֶל
לְיִשְׁרֵי־לֵב:
ג כִּי הַשָּׁתוֹת יֵהָרֵסוּן
צַדִּיק מַה־פָּעָל:
ד יְהוָה ׀ בְּהֵיכַל קָדְשׁוֹ
יְהוָה בַּשָּׁמַיִם כִּסְאוֹ
עֵינָיו יֶחֱזוּ
עַפְעַפָּיו יִבְחֲנוּ בְּנֵי אָדָם:
ה יְהוָה צַדִּיק יִבְחָן
וְרָשָׁע וְאֹהֵב חָמָס
שָׂנְאָה נַפְשׁוֹ:

א לַמְנַצֵּחַ לְדָוִד – גם זה הוא מזמור העוסק בעיקר ברשעי העולם המתנהלים ללא מעצורים, ובתפילה לתשועת ה׳.

בַּה׳ חָסִיתִי, אֵיךְ תֹּאמְרוּ לְנַפְשִׁי – איך תגידו לי – ׳נוּדִי הַרְכֶם, צִפּוֹר׳ – מילים קשות, שפירושן הוא, כנראה: ׳ברחי, ציפור, אל ההר שלך; הסתלקי מכאן׳.

ב העולם הוא עולם מלא איומים: כִּי הִנֵּה הָרְשָׁעִים יִדְרְכוּן קֶשֶׁת – אפשר לראות איך הם מותחים את הקשת, שזו הכנה לירייה, ולאחר מכן – כּוֹנְנוּ חִצָּם עַל־יֶתֶר – זה השלב הבא, שבו שמים את החץ על יתר הקשת ומיישרים אותו כדי לפגוע במטרה, ואז הם מתכוננים לִירוֹת בְּמוֹ־אֹפֶל, כאשר אין רואים אותם, לְיִשְׁרֵי־לֵב, שאותם הם רוצים להרוג.

ג כִּי הַשָּׁתוֹת יֵהָרֵסוּן – השתות הן הבסיסים של הדברים, בעיקר במובן המוסרי או החברתי ולאו דווקא במובן הממשי. וכשהן נהרסות – צַדִּיק מַה־פָּעָל? כלומר: איזו משמעות יש לפעולותיו כאשר הוא נמצא במקום שיסודותיו הרוסים?

ד אבל יש מקום להתבוננות אחרת, מלאה תקווה וביטחון: ה׳ הרי נמצא בְּהֵיכַל קָדְשׁוֹ, הוא לא הסתלק ממקומו; ה׳ בַּשָּׁמַיִם כִּסְאוֹ, והוא המולך בעולמו. עֵינָיו יֶחֱזוּ את כל מה שקורה, עַפְעַפָּיו יִבְחֲנוּ בְּנֵי אָדָם.

ה ה׳ צַדִּיק יִבְחָן, הוא רואה אותו ושם לב אליו, וְרָשָׁע וְאֹהֵב חָמָס שָׂנְאָה נַפְשׁוֹ.

נוֹדו

יא,ה ״ה׳ צַדִּיק יִבְחָן – ובמה הוא בוחנו? במרעה צאן. בדק לדוד בצאן ומצאו יפה... ואף משה לא בחנו הקב״ה אלא בצאן״ (בראשית רבה פב: ב). קבלה ממורנו הבעש״ט זי״ע שבצאנו של יתרו התגלגלו נשמות ישראל, ואותן רעה משה ארבעים שנה בגשמיות, ועל־ידי הכנה זו נעשו כלים ראויים להשפעה הרוחנית שעתיד להשפיע להם בקבלת התורה, שאותה לימד להם במשך ארבעים שנה. סדר זה, של השפעה גשמית הקודמת להשפעה רוחנית, היה ליסוד הנהגתם של רועי ישראל החל מהבעש״ט, שהנהיג אצל חבריו, הצדיקים הנסתרים, שבתחילה יש להשפיע ליהודי גשמיות, ורק לאחר מכן לדבר עמו אודות מצבו הרוחני. בכל אחד מישראל יש מבחינת משה רבנו ע״ה, וגם עליו ללכת בדרך זו. אל יסתגר בתוך עצמו, אלא יפעל לקרב את הזולת, ובזה גופא יתחיל בעשיית טובה בגשמיות דווקא.

על־פי תהילות מנחם

ו יַמְטֵר עַל־רְשָׁעִים פַּחִים
אֵשׁ וְגָפְרִית וְרוּחַ זִלְעָפוֹת
מְנָת כּוֹסָם:
ז כִּי־צַדִּיק יהוה
צְדָקוֹת אָהֵב
יָשָׁר יֶחֱזוּ פָנֵימוֹ:

ו יַמְטֵר עַל־רְשָׁעִים פַּחִים - שכאן משמעותו, כנראה, גחלים - אֵשׁ וְגָפְרִית וְרוּחַ זִלְעָפוֹת - רוח סערה - מְנָת כּוֹסָם של הרשעים.

ז כִּי־צַדִּיק ה׳, ולכן צְדָקוֹת אָהֵב; יָשָׁר הוא ה׳, ואותו יֶחֱזוּ - יראו - פָנֵימוֹ, פניהם של הצדיקים.

יא,ז **כִּי צַדִּיק ה׳ צְדָקוֹת אָהֵב.** הצדק הוא מאפיין יסודי של מצוות התורה, של הקב״ה ושל בני ישראל. של מצוות התורה – התלמוד הירושלמי מבאר כי צדקה היא שם כולל לכל המצוות, והחסידות מטעימה זאת בכך שעניין הצדקה הוא להגביה את העני משפלותו, וזה גם תורף עניינן של המצוות – להוריד אלוהות אל העולם הגשמי ולרומם אותו משפלותו. של הקב״ה – **כִּי צַדִּיק ה׳**. אם המצוות הן ״צדקות״, כי אז הקב״ה הוא ה״צדיק״ אשר ״צדקות אהב״, היורד אל העולם בכל מצווה ומצווה כדי להאיר בו את אורו. של בני ישראל – ״ועמך כולם צדיקים״. אין לך אדם מישראל שאינו מקיים כמה וכמה מצוות, ובכך גומל צדקה וחסד עם העולם כולו.

על־פי תהילות מנחם

לַמְנַצֵּחַ עַל־הַשְּׁמִינִית מִזְמוֹר לְדָוִד:

ספר ראשון

פרק יב

שיר תחינה כנגד הרשעים המתגברים בעולם, המדברים דברי צדקות מתוך צביעות, אך בפועל מְרֵעים לבריות; ותפילה לה׳ שישמור את ההולכים בדרך הטוב ויצילם מכל רע.

א לַמְנַצֵּחַ עַל־הַשְּׁמִינִית
מִזְמוֹר לְדָוִד:
ב הוֹשִׁיעָה יְהוָה
כִּי־גָמַר חָסִיד
כִּי־פַסּוּ אֱמוּנִים מִבְּנֵי אָדָם:
ג שָׁוְא ׀ יְדַבְּרוּ
אִישׁ אֶת־רֵעֵהוּ
שְׂפַת חֲלָקוֹת
בְּלֵב וָלֵב יְדַבֵּרוּ:
ד יַכְרֵת יְהוָה
כָּל־שִׂפְתֵי חֲלָקוֹת
לָשׁוֹן מְדַבֶּרֶת גְּדֹלוֹת:
ה אֲשֶׁר אָמְרוּ ׀
לִלְשֹׁנֵנוּ נַגְבִּיר
שְׂפָתֵינוּ אִתָּנוּ
מִי אָדוֹן לָנוּ:

א לַמְנַצֵּחַ עַל־הַשְּׁמִינִית - ראה בפירוש לפרק ו, מִזְמוֹר לְדָוִד. גם מזמור זה הוא תיאור הרשע שבעולם, ותפילה להתגלות ה׳.

ב הוֹשִׁיעָה ה׳ כִּי־גָמַר, אבד, חָסִיד, כִּי פַסּוּ - סרו, נעלמו - אֱמוּנִים - נאמנות, אמת - מִבְּנֵי אָדָם, ומה שנשאר הוא רק הרע. ובקרב בני אדם,

ג שָׁוְא יְדַבְּרוּ אִישׁ אֶת רֵעֵהוּ, שיחתם או הבטחותיהם של בני האדם אין בהם כל ממש.

שְׂפַת חֲלָקוֹת, חנופה, בְּלֵב וָלֵב יְדַבֵּרוּ - "בלב ולב" פירושו, שאת מה שאדם מחזיק בלבו פנימה אין הוא אומר, ומה שהוא אומר אין הוא חושב. והמשורר מבקש:

ד יַכְרֵת ה׳ כָּל־שִׂפְתֵי חֲלָקוֹת, ומאידך - גם לָשׁוֹן מְדַבֶּרֶת גְּדֹלוֹת; שהרי השיחות הללו הן מצד אחד דברי חנופה לאלה שיש בידם כוח, ומצד שני - דברי התפארות כנגד אלה שאינם בעלי תוקף.

ה אלו הם אותם אנשים אֲשֶׁר אָמְרוּ: לִלְשֹׁנֵנוּ נַגְבִּיר, נחזק את לשוננו, את דיבורנו, שְׂפָתֵינוּ אִתָּנוּ ואנחנו יכולים לעקוף, לרמות ולאיים ככל שנרצה, כי מִי אָדוֹן לָנוּ! וכנגדם באים כאן תפילה ואיחול:

יב,ב **הוֹשִׁיעָה ה׳ כִּי גָמַר חָסִיד כִּי פַסּוּ אֱמוּנִים מִבְּנֵי אָדָם** – ביאר החסיד מוהרי״ל פיסטינר שפסוק זה נדרש מסיפא לרישא, כך: מה טעם **גָּמַר חָסִיד**, שנפגמו ראשי העם, לפי **שֶׁפַּסּוּ אֱמוּנִים מִבְּנֵי אָדָם**, שפשוטי העם נפלו במדרגתם. וכמאמר הגמרא, שראוי היה שמואל הקטן שתשרה עליו שכינה, אלא שאין דורו זכאי לכך (סנהדרין יא, א). ובאו בחלום הלילה למוהרי״ל ואמרו לו: ושמא להפך, שיידרש הפסוק מרישא לסיפא: לפי **שֶׁגָּמַר חָסִיד**, שנפגמו ראשי העם, לכן **פַּסּוּ אֱמוּנִים מִבְּנֵי אָדָם** ונפלו פשוטי העם ממדרגתם...

על־פי תולדות יעקב יוסף, בראשית; אש קודש, עקב

ו מִשֹּׁד עֲנִיִּים
מֵאַנְקַת אֶבְיוֹנִים
עַתָּה אָקוּם יֹאמַר יְהֹוָה
אָשִׁית בְּיֵשַׁע יָפִיחַ לוֹ:
ז אִמֲרוֹת יְהוָה
אֲמָרוֹת טְהֹרוֹת
כֶּסֶף צָרוּף בַּעֲלִיל לָאָרֶץ
מְזֻקָּק שִׁבְעָתָיִם:
ח אַתָּה־יְהוָה תִּשְׁמְרֵם
תִּצְּרֶנּוּ ׀
מִן־הַדּוֹר זוּ לְעוֹלָם:
ט סָבִיב רְשָׁעִים יִתְהַלָּכוּן
כֻּרֻם זֻלּוּת לִבְנֵי אָדָם:

ו הקב"ה לא יישא זאת לאורך זמן, אלא מִשֹּׁד עֲנִיִּים, מֵאַנְקַת אֶבְיוֹנִים, עַתָּה אָקוּם ואתגלה, יֹאמַר ה', אָשִׁית - אשים, אתן ואפעל - בְּיֵשַׁע, בישועה, יָפִיחַ - כנראה יפרח, יופיע ויאמר לוֹ, כלומר: הישע יתגלה לו.

ז אִמֲרוֹת ה' עצמן הן אֲמָרוֹת טְהֹרוֹת, שאין בהן רע. הן כֶּסֶף צָרוּף בַּעֲלִיל - "עליל" הוא כנראה הכור שלתוכו שופכים את הכסף הנקי; ויש שפירשו "בעליל" - בגלוי, לעיני כל - לָאָרֶץ, מְזֻקָּק שִׁבְעָתָיִם, נקי מכל תערובת. כלומר: דברי ה' הם נקיים ומושלמים לחלוטין.

ח אַתָּה־ה', תִּשְׁמְרֵם, את כל המסכנים והנפגעים, תִּצְּרֶנּוּ - תשמור אותם מִן־הַדּוֹר זוּ לְעוֹלָם, כלומר: מן הדור אשר בימינו, כאילו, יישאר לעולם.

ט כי בפועל, עדיין סָבִיב רְשָׁעִים יִתְהַלָּכוּן, כֻּרֻם זֻלֻּת - שכנראה עניינו: כאשר מתרוממת, מגביהה עצמה הזולות, השפלות, לִבְנֵי אָדָם. ויש שפירשו ש"רום זולות" הוא כינוי לעלוקה המוצצת דם אדם.

יב,ז **כֶּסֶף צָרוּף בַּעֲלִיל לָאָרֶץ.** הקדושה ששיקע הקב"ה בעולם היא ככסף המעורב בעפר, שאינו נחשף אלא במאמץ של חפירה, חיפוש, בירור וזיקוק. בני ישראל הם מחפשים בטבעם, בעלי לב המטים אוזן אל פנימיות המציאות. זה סודן של גלויות ישראל, המבררות דברי תורה מעומק ההסתר, וזה סוד גאולתן – שהיא גם גאולת עולם.

על־פי שפת אמת, תהלים

יב,ט **סָבִיב רְשָׁעִים יִתְהַלָּכוּן.** כי כשאדם עומד להתפלל, באים מחשבות זרות וקליפות ומסבבין אותו ומחשיכין לו. ויש פתחים הרבה בחושך הזה לצאת משם, אבל האדם עיוור ואין יודע למצוא הפתח. ודע, שעל־ידי אמת זוכה למצוא הפתח, כי על־ידי אמת הקב"ה שוכן עמו ומאיר לו איך ליצא מהחושך המונע אותו בתפילתו.

על־פי ליקוטי מוהר"ן ח"א, ט

וַאֲנִי בְּחַסְדְּךָ בָטַחְתִּי יָגֵל לִבִּי בִּישׁוּעָתֶךָ
אָשִׁירָה לַיהוה כִּי גָמַל עָלָי:

מזמור תחינה של אדם הנמצא במצוקה
ונראה לו שה׳ מסתיר פניו ממנו
ומוסרו בידי אויביו,
והוא מבקש שה׳ יגלה לו את חסדו ויושיענו.

ספר ראשון

פרק יג

א לַמְנַצֵּחַ מִזְמוֹר לְדָוִד:
ב עַד־אָנָה יְהוָה
תִּשְׁכָּחֵנִי נֶצַח
עַד־אָנָה ׀
תַּסְתִּיר אֶת־פָּנֶיךָ מִמֶּנִּי:
ג עַד־אָנָה
אָשִׁית עֵצוֹת בְּנַפְשִׁי
יָגוֹן בִּלְבָבִי יוֹמָם
עַד־אָנָה ׀
יָרוּם אֹיְבִי עָלָי:
ד הַבִּיטָה עֲנֵנִי יְהוָה אֱלֹהָי
הָאִירָה עֵינַי
פֶּן־אִישַׁן הַמָּוֶת:
ה פֶּן־יֹאמַר אֹיְבִי יְכָלְתִּיו
צָרַי יָגִילוּ כִּי אֶמּוֹט:
ו וַאֲנִי ׀ בְּחַסְדְּךָ בָטַחְתִּי
יָגֵל לִבִּי בִּישׁוּעָתֶךָ
אָשִׁירָה לַיהוָה
כִּי גָמַל עָלָי:

א לַמְנַצֵּחַ מִזְמוֹר לְדָוִד:

ב עַד־אָנָה, ה׳ - עד מתי - תִּשְׁכָּחֵנִי נֶצַח - כי נראה שאתה שוכח אותי לעולם, שכחה שאין לה הפסק. עַד אָנָה תַּסְתִּיר אֶת־פָּנֶיךָ מִמֶּנִּי?

ג עַד־אָנָה אָשִׁית עֵצוֹת בְּנַפְשִׁי? מה אוכל לעשות כדי להימלט? כי אין אני מוצא דרך נכונה. יָגוֹן בִּלְבָבִי יוֹמָם - כי מחשבותיי, וגם המציאות, אינם נותנים לי כל שמחה. עַד־אָנָה יָרוּם אֹיְבִי עָלָי?

ד הַבִּיטָה, עֲנֵנִי ה׳ אֱלֹהָי, הָאִירָה עֵינַי למצוא דרך ישועה, פֶּן־אִישַׁן הַמָּוֶת - שמא אין לי עצה אלא למות, לישון שנת מוות.

ה פֶּן־יֹאמַר אֹיְבִי: יְכָלְתִּיו, כלומר: יכולתי לו, ניצחתי אותו, צָרַי יָגִילוּ כִּי אֶמּוֹט.

ו ובכל זאת - וַאֲנִי בְּחַסְדְּךָ, שזה המשען היחידי שיש לי, בָטַחְתִּי, יָגֵל לִבִּי בִּישׁוּעָתֶךָ בתקווה לישועתך, אָשִׁירָה לַה׳ כִּי גָמַל עָלָי - נתן לי את מתנתו בכך שהושיע אותי.

יג,ב עַד אָנָה. אמר הרה״ק רבי ישראל מרוז׳ין: עַד אָנָה תַּסְתִּיר אֶת פָּנֶיךָ מִמֶּנִּי – עַד אָנָה אָשִׁית עֵצוֹת בְּנַפְשִׁי. שכל זמן שאני משית עצות בנפשי להושיע עצמי, יש הסתרת פנים ח״ו. אבל כשכלו כל העצות אצל האדם, סרה הסתרת הפנים ונגלית ישועת ה׳.

על־פי דורש טוב, ג חשון, עמ׳ קח

יג,ד הָאִירָה עֵינַי פֶּן אִישַׁן הַמָּוֶת. בשעת השינה נשאר הגוף בלא נשמה, ולכן מיד בקומו משנתו רואה אדם בעצמו שהוא מגושם וחומרי יותר מכפי מידתו, ובפרט בהרהורי עבירה שלא חפץ בהם מעולם. וזה עיקר עניין נטילת ידיים שחרית, להסיר חשכת הקליפה השורה על הגוף, כדי שיוכל להאיר עיניו באור דעת ה׳ – ״הודו לה׳ קראו בשמו״.

על־פי תורת חיים, שמות ח״א עד, א

מִי יִתֵּן מִצִּיּוֹן יְשׁוּעַת יִשְׂרָאֵל
בְּשׁוּב יהוה שְׁבוּת עַמּוֹ יָגֵל יַעֲקֹב יִשְׂמַח יִשְׂרָאֵל:

מזמור התבוננות ברשעי העולם אשר אינם
מאמינים בה׳ ואינם חוששים ממנו, ומשום
כך הם עושים כל רע עד שהם יוצרים עולם
מלא עוול ורשע. המשורר מתפלל לישועת
ה׳ ולעזרתו בעת צרה זו. נוסח אחר של
מזמור זה, בשינויים קלים, נמצא בפרק נג.

ספר ראשון
פרק יד

א לַמְנַצֵּחַ לְדָוִד
אָמַר נָבָל בְּלִבּוֹ אֵין אֱלֹהִים
הִשְׁחִיתוּ הִתְעִיבוּ עֲלִילָה
אֵין עֹשֵׂה־טוֹב:
ב יְהוָה מִשָּׁמַיִם הִשְׁקִיף
עַל־בְּנֵי־אָדָם
לִרְאוֹת הֲיֵשׁ מַשְׂכִּיל
דֹּרֵשׁ אֶת־אֱלֹהִים:
ג הַכֹּל סָר יַחְדָּו נֶאֱלָחוּ
אֵין עֹשֵׂה־טוֹב
אֵין גַּם־אֶחָד:
ד הֲלֹא יָדְעוּ כָּל־פֹּעֲלֵי אָוֶן
אֹכְלֵי עַמִּי אָכְלוּ לֶחֶם
יְהוָה לֹא קָרָאוּ:
ה שָׁם ׀ פָּחֲדוּ פָחַד
כִּי־אֱלֹהִים בְּדוֹר צַדִּיק:
ו עֲצַת־עָנִי תָבִישׁוּ
כִּי יְהוָה מַחְסֵהוּ:

א לַמְנַצֵּחַ לְדָוִד, אָמַר נָבָל - איש רע, קמצן ויהיר - בְּלִבּוֹ: אֵין אֱלֹהִים, אכן, הוא אינו מתחשב כלל במציאותו של הקב"ה. ואכן, הרשעים הִשְׁחִיתוּ, הִתְעִיבוּ עֲלִילָה, עשו דברים מתועבים, אֵין עֹשֵׂה־טוֹב.

ב ה' מִשָּׁמַיִם הִשְׁקִיף עַל־בְּנֵי־אָדָם לִרְאוֹת בתוך העולם: הֲיֵשׁ מַשְׂכִּיל דֹּרֵשׁ אֶת־אֱלֹהִים.

ג והוא רואה כי הַכֹּל סָר, מקולקל, חסר טעם ובלתי אכיל, יַחְדָּו נֶאֱלָחוּ - כולם יחד התלכלכו, אֵין עֹשֵׂה־טוֹב, אֵין גַּם־אֶחָד.

ד הֲלֹא יָדְעוּ כָּל־פֹּעֲלֵי אָוֶן, הסומכים על העדרו כביכול של הקב"ה, אֹכְלֵי עַמִּי, שֶׁאָכְלוּ את עמי כמו שאוכלים לֶחֶם, את ה' לֹא קָרָאוּ בשום מקרה.

ה שָׁם פָּחֲדוּ פָחַד כל בני הדור, כִּי־אֱלֹהִים בְּדוֹר צַדִּיק; אבל כאשר הדור איננו צדיק אין הרגשה שהישועה קרובה.

ו עֲצַת־עָנִי תָבִישׁוּ, ותבוזו לו כִּי ה' מַחְסֵהוּ, כיוון שלעני אין מחסה אחר; וכשהקב"ה כביכול נסתר מן העולם אין למסכנים על מה להישען. עד כאן תיאור מצבו של דוד במצוקה. והמשורר מסיים בתפילה:

יד,א אָמַר נָבָל בְּלִבּוֹ אֵין אֱלֹהִים. שאם האדם ח"ו הולך במקרה ואינו שם אל לבו אמונת השגחה פרטית, עליו הכתוב אומר "והלכתם עמי קרי והלכתי אף אני עמכם בקרי" ח"ו. אבל אם משים לבו לגודל השגחת הבורא בכל דבר, אז מושגח משמים בהשגחה פרטית יותר מכל אדם. וזה: ה' מִשָּׁמַיִם הִשְׁקִיף עַל בְּנֵי אָדָם לִרְאוֹת הֲיֵשׁ מַשְׂכִּיל דֹּרֵשׁ אֶת אֱלֹהִים, כי מילת **הטבע** עולה כמספר **אלהים**, והקב"ה משגיח על בני אדם כביכול לראות זה המשכיל שדורש כל ענייני הטבע למצוא בהם אלוהותו יתברך. ואם ירגיל עצמו בזה, אזי לא יכעוס על שום דבר ויינצל מעבירות בלי שיעור, כיוון שמאמין ויודע שכל זה רק השם יתברך בעצמו. ואשרי המחזק עצמו תמיד בזו האמונה, בוודאי הקב"ה מראה לו נסים ונפלאות תמיד עין בעין.

על־פי שומר אמונים, מאמר השגחה פרטית, יג

ז מִ֥י יִתֵּ֣ן מִצִּיּוֹן֮
יְשׁוּעַ֪ת יִשְׂרָ֫אֵ֥ל
בְּשׁ֣וּב יְ֭הוָה שְׁב֣וּת עַמּ֑וֹ
יָגֵ֥ל יַ֝עֲקֹ֗ב יִשְׂמַ֥ח יִשְׂרָאֵֽל׃

ז מִי יִתֵּן מִצִּיּוֹן יְשׁוּעַת יִשְׂרָאֵל בְּשׁוּב ה׳ שְׁבוּת עַמּוֹ - שישיבם ויושיבם לבטח - אז יָגֵל יַעֲקֹב יִשְׂמַח יִשְׂרָאֵל.

יד,ז **מִי יִתֵּן מִצִּיּוֹן יְשׁוּעַת יִשְׂרָאֵל.** חז״ל מציינים כי פסוק זה מופיע פעמיים בספר תהלים (להלן נג ז), כנגד שני "מי יתן" האמורים בתורה: "מי יתן והיה לבבם זה להם ליראה אתי... כל הימים", "ומי יתן כל עם ה׳ נביאים". שני הייחולים מבטאים מגמות הפוכות של "מעלה" ו"מטה": הראשון מבטא את תקוות הקב״ה שישראל יתרוממו לקראתו מלמטה למעלה, והשני מבטא את תקוות משה רבנו שהקב״ה ירד מלמעלה למטה ויגלה את אורו על ישראל. החסידות מציעה לקרוא פסוקים אלו לא כייחול או כשאלה, אלא כהבעת ודאות: אכן, "מי יתן". מי הוא רמז לעצמות האלוהות, שלא ניתן לנקוב בשמה. העצמות כוללת בתוכה את שני הצדדים – מעלה ומטה כאחד – ומשום כך היא עתידה להביא, בוודאות גמורה, לאחדותם.

על־פי תהילות מנחם

הוֹלֵךְ תָּמִים וּפֹעֵל צֶדֶק וְדֹבֵר אֱמֶת בִּלְבָבוֹ:

ספר ראשון

פרק טו

תיאור תמציתי של מעלות האדם.
בגמרא (מכות כד ע"א) נאמר, שדוד המלך צמצם את כל מצוות התורה לאחת עשרה. ואולם המזמור אינו מדבר על קיום המצוות, אלא עוסק בעיקר במעלותיו של האדם. הגם שהאדם המתואר כאן אינו מתפלל או עוסק בפולחן, מכל מקום הוא נוהג, בהלך נפשו כמו גם במעשיו, בדרך צדיקים.

פרק טו • ספר ראשון • ליום ראשון • ב לחודש _______ תהלים • 53

א מִזְמ֗וֹר לְדָ֫וִ֥ד
יְֽהוָ֗ה מִי־יָג֥וּר בְּאָהֳלֶ֑ךָ
מִֽי־יִ֝שְׁכֹּ֗ן בְּהַ֣ר קָדְשֶֽׁךָ׃
ב הוֹלֵ֣ךְ תָּ֭מִים וּפֹעֵ֣ל צֶ֑דֶק
וְדֹבֵ֥ר אֱ֝מֶ֗ת בִּלְבָבֽוֹ׃
ג לֹֽא־רָגַ֨ל ׀ עַל־לְשֹׁנ֗וֹ
לֹא־עָשָׂ֣ה לְרֵעֵ֣הוּ רָעָ֑ה
וְ֝חֶרְפָּ֗ה
לֹא־נָשָׂ֥א עַל־קְרֹבֽוֹ׃
ד נִבְזֶ֨ה ׀ בְּֽעֵינָ֗יו נִמְאָ֥ס
וְאֶת־יִרְאֵ֣י יְהוָ֣ה יְכַבֵּ֑ד

א מִזְמוֹר לְדָוִד: ה', מִי־יָגוּר בְּאָהֳלֶךָ - מיהו זה הראוי לגור באוהלך, ומִי־יִשְׁכֹּן בְּהַר קָדְשֶׁךָ. יש כאן צד של עיטור פיוטי, כיוון שאוהל הוא נייד, ולכן האדם גר - כלומר: עובר אורח - בו; ואילו בהר הקודש יש משכן של קבע. יש שהבינו ששאלת הפתיחה היא: מי ראוי באמת (ולא מי מותר לו מצד ההלכה) לעלות ולעמוד במקום המקדש; ואולם נראה כי השאלה היא כללית ומופשטת יותר: מיהו זה שראוי לו להיות במחיצתו של הקב"ה? והוא מונה את מעלותיו של האיש בעל המעלה:

ב הוֹלֵךְ תָּמִים, בן אדם שנוהג בדרך ישרה ושלמה כשלעצמה, וּפֹעֵל צֶדֶק עם אחרים, וְדֹבֵר אֱמֶת בִּלְבָבוֹ, כלומר: אינו מרמה את עצמו ואינו מרמה את הבריות, פיו ולבו שווים, והוא כולו שייך לעולמה של האמת.

ג לֹא־רָגַל עַל־לְשֹׁנוֹ, כלומר: איננו אומר דברי רכילות (ר'כ'ל' ו-ר'ג'ל' הם שורשים קרובים), לֹא־עָשָׂה לְרֵעֵהוּ רָעָה, וְחֶרְפָּה לֹא־נָשָׂא עַל־קְרֹבוֹ. כלומר: לא רק שהוא איננו עושה רע, אלא הוא דואג ששום חרפה לא תתגלגל גם על קרובו.

ד נִבְזֶה בְּעֵינָיו, נִמְאָס - בעיני עצמו הוא נבזה ונמאס, שאיננו מכבד ומאדיר את עצמו; ולעומת זאת וְאֶת־יִרְאֵי ה' יְכַבֵּד, הם ראויים לכבוד בעיניו. ואפשר לפרש את הפסוק גם כך: אדם נבזה מאוס בעיניו של צדיק זה, אבל את יראי ה' הוא מכבד, משום שהוא יודע להבחין בין אדם לאדם.

טו,ב **וְדֹבֵר אֱמֶת בִּלְבָבוֹ.** היצר מקרר את האדם מדרכי התשובה, והעצה שידבק במידת האמת, ועל־ידה יזכה שיתלהב לבבו לעבודת השם יתברך, שזה בחינת **וְדֹבֵר אֱמֶת בִּלְבָבוֹ**, כשמדבר דיבורי תורה ותפילה באמת הם מעוררים לבבו שיהיו הדיבורים בבחינת "חם לבי בקרבי בהגיגי תבער אש", שיהיה בוער בלבו כיקוד אש להתדבק בשמו יתברך.

על־פי מגן אברהם, תצוה

טו,ב **וְדֹבֵר אֱמֶת בִּלְבָבוֹ.** מהחושך יוצאים על־ידי אמת, ולבוא לאמת – העיקר הוא שידבר בפיו האמת שמשער בלבו. כי לב ישראלי בוער וחושק תמיד להשם יתברך, ומבין האמת תמיד, וצריך לדבר בפיו כפי האמת שבלבו, ואז בוודאי יאיר לו השם יתברך למצוא הפתחים שיש בחושך המסבב אותו ולצאת משם.

על־פי ליקוטי הלכות, גנבה ה: כא

נִשְׁבַּע לְהָרַע וְלֹא יָמִר:
ה כַּסְפּוֹ ׀ לֹא־נָתַן בְּנֶשֶׁךְ
וְשֹׁחַד עַל־נָקִי לֹא־לָקָח
עֹשֵׂה אֵלֶּה
לֹא יִמּוֹט לְעוֹלָם:

נִשְׁבַּע לְהָרַע, אם הוא נשבע לעשות דבר שמרע לו־עצמו, כגון שהוא נודר נדר הגורם לו סבל, הוא מקיים את נדרו, **וְלֹא יָמִר**, לא יחליף, ישנה, את נדרו ולא ינסה להתחמק ממנו.

ה **כַּסְפּוֹ לֹא־נָתַן בְּנֶשֶׁךְ** ואינו נהנה מדבר אסור, **וְשֹׁחַד עַל־נָקִי לֹא־לָקָח**, אם הוא דיין או בעל עמדה אין הוא מקבל שוחד כדי להטות את האמת.

עֹשֵׂה אֵלֶּה, אדם הנוהג בכל הדרכים הטובות האלה, **לֹא יִמּוֹט לְעוֹלָם**, והוא זה שבאמת ראוי לו לעמוד בהיכלו של הקב״ה.

טו,ד **נִבְזֶה בְּעֵינָיו נִמְאָס**. כשאדם מותקף מבחוץ, הוא אוחז בנשק ונלחם. אך מה כאשר האויב שוכן בתוכו? ״אך עוד אחת יש לשית עצה בנפשות הבינונים״, מלמד בעל התניא זי״ע, ״אשר עתים רבים יש להם טמטום הלב שנעשה כאבן, ולא יכול לפתוח לבו בשום אופן לעבודה שבלב זו תפילה, וגם לפעמים לא יוכל להילחם עם היצר לקדש עצמו במותר לו, מפני כבדות שבלבו״. סיבת הכבדות היא הנפש החיונית, המתגברת על הנפש האלוהית ומחשיכה את אורה. אמנם נפש זו היא האדם עצמו, ככל שהכרתו את עצמו מגעת. כאשר הוא אומר ״אני״, היא המדברת. כאשר הוא חושב או מתאווה – היא הפועלת. ״ולזאת צריך לבטשה ולהשפילה לעפר, דהיינו לקבוע עתים להשפיל **עצמו** להיות **נִבְזֶה בְּעֵינָיו נִמְאָס**״. על האדם לשבור את עצמו, ורק אז ימצא את עצמו באמת.

על־פי תניא, כט

לִקְדוֹשִׁים אֲשֶׁר־בָּאָרֶץ הֵמָּה וְאַדִּירֵי כָּל־חֶפְצִי־בָם:

ספר ראשון

פרק טז

מזמור תודה לה׳,
שהדריך את המתפלל בדרך טובה
ונתן לו את האושר הנובע מן הקרבה אליו.

א מִכְתָּם לְדָוִד
שָׁמְרֵנִי אֵל כִּי־חָסִיתִי בָךְ׃
ב אָמַרְתְּ לַיהוָה אֲדֹנָי אָתָּה
טוֹבָתִי בַּל־עָלֶיךָ׃
ג לִקְדוֹשִׁים
אֲשֶׁר־בָּאָרֶץ הֵמָּה
וְאַדִּירֵי כָּל־חֶפְצִי־בָם׃
ד יִרְבּוּ עַצְּבוֹתָם אַחֵר מָהָרוּ
בַּל־אַסִּיךְ נִסְכֵּיהֶם מִדָּם

א **מִכְתָּם לְדָוִד** – מזמורים אחדים בתהלים נפתחים במילה זו, שלא ברור מהו משמעה. יש למונח זה פירושים שונים. יש מסבירים שזהו שם של מנגינה (או דרך נגינה) שלפיה נכתב מזמור זה, ויש אומרים שהוא ביטוי לחשיבותו של המזמור, והוא מלשון כתם, כלומר: זהב; ומכתם הוא לפיכך מזמור מהולל, מזמור של זהב. המזמור הוא דברי תודה ושמחה של המשורר על הבחירה היסודית שעשה – ללכת אחרי ה'. **שָׁמְרֵנִי אֵל כִּי־חָסִיתִי בָךְ.**

ב **אָמַרְתְּ**, נפשי, **לַה'**: ה' **אָתָּה**, **טוֹבָתִי בַּל־עָלֶיךָ** – ביטוי קשה שמשמעותו היא, אולי: איני יכול להחזיק טובה לנפשי על כך שבחרתי בך, כי טובתך עליי מרובה לאין ערוך.

ג אני מצטרף **לִקְדוֹשִׁים אֲשֶׁר־בָּאָרֶץ הֵמָּה** – אנשים קדושים, אנשים צדיקים (ומאחר שגם המלאכים נקראים קדושים, מדגיש כאן המשורר שמדובר ב"קדושים אשר בארץ").

וְאַדִּירֵי, האנשים הגדולים, אשר **כָּל־חֶפְצִי־בָם**, שרצוני להיות אתם, להצטרף אליהם.

ד ומן הצד השני יש דברים שאני מנתק את עצמי מהם, שאינני רוצה כל קשר אתם: **יִרְבּוּ עַצְּבוֹתָם** – במובן של ענייניהם, עסקיהם, וכן דברים אחרים, כגון אלילים וכיוצא בהם, שהמשורר מנער את חוצנו מהם. **אַחֵר מָהָרוּ** – משמעותו היא, אולי: הם קונים, בוחרים (מלשון מוהר), בדבר שהוא אחר, זר (כמו בביטוי "אלהים אחרים").

בַּל־אַסִּיךְ נִסְכֵּיהֶם מִדָּם – אינני רוצה להסיך להם נסכים, לא נסכי יין ולא נסכי דם. מעבר

טז,ד **יִרְבּוּ עַצְּבוֹתָם אַחֵר מָהָרוּ.** פעם שבת רבנו רבי אהרן השני מקרלין בעיר טוראוו, ודיבר בעניין מידת העצבות וגינה אותה מאוד. אחר כך נכנס לחדרו, ועמדו שלושה חסידים וחזרו על דבריו זה באוזני זה. והנה, עם ששמעו שלושתם כאחד מפי רבם, אמר כל אחד מהם בנוסח אחר. אמר הראשון: **יִרְבּוּ עַצְּבוֹתָם** – כאשר מרבים עצבות, **אַחֵר מָהָרוּ** – הוא מפני שמבקשים להקדים מה שצריך להיות באיחור. אמר השני: **יִרְבּוּ עַצְּבוֹתָם** – כאשר מרבים עצבות, **אַחֵר מָהָרוּ** – ממהרים להביא על עצמם עצבות אחרת. אמר השלישי: **יִרְבּוּ עַצְּבוֹתָם** – כאשר מרבים עצבות, **אַחֵר מָהָרוּ** – הרי זה כאילו נותנים מוהר ומתן ח"ו לאחר, הסטרא־אחרא. כל אחד קיבל מה ששייך לעניינו, והצד השווה שבכולם: שצריך להרחיק מאוד מאוד מן העצבות.

על־פי פרי ישע, סטאלין, עמ' רצא

וּבַל־אֶשָּׂא אֶת־שְׁמוֹתָם
עַל־שְׂפָתָי׃
ה יְהוָה מְנָת־חֶלְקִי וְכוֹסִי
אַתָּה תּוֹמִיךְ גּוֹרָלִי׃
ו חֲבָלִים נָפְלוּ־לִי בַּנְּעִמִים
אַף־נַחֲלָת שָׁפְרָה עָלָי׃
ז אֲבָרֵךְ
אֶת־יְהוָה אֲשֶׁר יְעָצָנִי
אַף־לֵילוֹת יִסְּרוּנִי כִלְיוֹתָי׃
ח שִׁוִּיתִי יְהוָה לְנֶגְדִּי תָמִיד
כִּי מִימִינִי בַּל־אֶמּוֹט׃
ט לָכֵן ׀ שָׂמַח לִבִּי וַיָּגֶל כְּבוֹדִי
אַף־בְּשָׂרִי יִשְׁכֹּן לָבֶטַח׃
י כִּי ׀
לֹא־תַעֲזֹב נַפְשִׁי לִשְׁאוֹל
לֹא־תִתֵּן חֲסִידְךָ
לִרְאוֹת שָׁחַת׃

לזה: אפילו וּבַל־אֶשָּׂא אֶת־שְׁמוֹתָם של כל מיני העבודה הזרה, האלילים והאמונות התפלות עַל־שְׂפָתָי.

ה ולעומת זאת ה׳ הוא מְנָת־חֶלְקִי וְכוֹסִי - מנת כוסי, כלומר: אתה הוא החלק שלי, המנה שלי, ואַתָּה תּוֹמִיךְ - כמו תומך - גּוֹרָלִי.

ו ועל הבחירה הזאת הוא אומר: חֲבָלִים - שפירושו גם חלקים וגם גורלות (במובן של סימנים המשמשים להגרלה), או מתנות שזוכים בהן בהגרלה, נָפְלוּ־לִי בַּנְּעִמִים: כיוון שאתה תומך גורלי יכול אני לומר שהחלקים, אותם דברים שהגיעו אליי, הם החלקים הטובים, אַף־נַחֲלָת שָׁפְרָה עָלָי - הנחלה שקיבלתי, שזכיתי בה, היא יפה בעיניי.

ז אֲבָרֵךְ אֶת־ה׳ אֲשֶׁר יְעָצָנִי, ומנע אותי מללכת בדרך רעה, אַף־לֵילוֹת יִסְּרוּנִי כִלְיוֹתָי - אני מתחרט על הרעה, מתוך מחשבה ודאגה למצוא את דרך הישר.

ח שִׁוִּיתִי ה׳ לְנֶגְדִּי תָמִיד, כִּי הוא נמצא מִימִינִי, כלומר: בא לעזרתי, ומשום כך בַּל־אֶמּוֹט.

ט לָכֵן, בגלל עזרתו של הקב״ה, שָׂמַח לִבִּי וַיָּגֶל כְּבוֹדִי - ״כבודי״ כאן משמעו חיי, נפשי, אַף־בְּשָׂרִי יִשְׁכֹּן לָבֶטַח.

י כִּי לֹא־תַעֲזֹב נַפְשִׁי לִשְׁאוֹל, לֹא־תִתֵּן חֲסִידְךָ לִרְאוֹת שָׁחַת - כלומר: את הבור, את השאול.

חסידיך

טז,ח שִׁוִּיתִי ה׳ לְנֶגְדִּי תָמִיד. שיוויתי לשון השתוות, שבכל דבר המאורע יהיה הכול שווה אצלו, בין בעניין שמשבחין אותו בני אדם או מבזין אותו, וכן בכל שאר דברים. וכן בכל האכילות, בין שאוכל מעדנים בין שאוכל שאר דברים, הכול ישווה בעיניו כיוון שהוסר בזה היצר הרע ממנו מכול וכול. וכל דבר שיארע לו יאמר: הלא זה הוא מאתו יתברך, ואם בעיניו הגון – גם בעיניי הגון הוא. וכל כוונתו יהיה לשם שמים, אבל מצד עצמו אין חילוק. וזו מדרגה גדולה מאוד.

על־פי צוואת הריב״ש, קה״ת תשנ״ח, ב

58 • תהלים ______ ב לחודש • ליום ראשון • ספר ראשון • פרק טז

יא תּֽוֹדִיעֵנִי֮ אֹ֤רַח חַ֫יִּ֥ים
שֹׂ֣בַע שְׂ֭מָחוֹת אֶת־פָּנֶ֑יךָ
נְעִמ֖וֹת בִּימִינְךָ֣ נֶֽצַח׃

יא תּוֹדִיעֵנִי ותראני אֹרַח חַיִּים שבעזרתו אגיע לשֹׂבַע שְׂמָחוֹת אֶת־פָּנֶיךָ - עם פניך, כלומר: עמך.

נְעִמוֹת בִּימִינְךָ נֶצַח - החלק שלך מכיל את כל הדברים הטובים והנעימים לעולם ועד.

טז,יא **נְעִמוֹת בִּימִינְךָ נֶצַח.** נצח, על־פי הקבלה והחסידות, היא אחת ממידות נפש האדם, והיא מתגלה כאשר המציאות דורשת מן האדם להתנצח, לעמוד בעימות מול גורם המתנגד לו. ייחודה של הנצח הוא בסגולתה לעורר את עצם הנפש ולגייס את כל כוחותיה לטובת הניצחון. טבע זה של נפש האדם, העשויה בצלם אלוהים, מעיד על מקורה העליון: גילוי אלוהות בעולם עשוי להופיע באופנים שונים, דרך מידות שונות של הנהגה, שכל אחת מהן מגלה אור על־פי מידתה – באיכות ובכמות. מידת הנצח של מעלה, המתעוררת בכל עימות בין הקדושה ובין מתנגדיה, מגלה את האור העליון ביותר במידה הגדושה ביותר. משל למה הדבר דומה? למלך שמדינתו מותקפת ועצם קיומה נתון בסכנה, ולצורך המלחמה הוא פותח גם את אוצרותיו הגנוזים ביותר ומבזבז את תכנם המופלא ללא כל הבחנה.

על־פי תהילות מנחם

אֲנִי בְּצֶדֶק אֶחֱזֶה פָנֶיךָ אֶשְׂבְּעָה בְהָקִיץ תְּמוּנָתֶךָ:

ספר ראשון
פרק יז

מזמור תפילה לה׳ לשמור את ההולך בדרכיו, להצילו מאויביו, לתת לו אושר בעולם הזה ולזכותו להתקרב לה׳.

א תְּפִלָּה לְדָוִד
שִׁמְעָה יְהוָה ׀ צֶדֶק
הַקְשִׁיבָה רִנָּתִי
הַאֲזִינָה תְפִלָּתִי
בְּלֹא שִׂפְתֵי מִרְמָה:
ב מִלְּפָנֶיךָ מִשְׁפָּטִי יֵצֵא
עֵינֶיךָ תֶּחֱזֶינָה מֵישָׁרִים:
ג בָּחַנְתָּ לִבִּי ׀ פָּקַדְתָּ לַּיְלָה
צְרַפְתַּנִי בַל־תִּמְצָא
זַמֹּתִי בַּל־יַעֲבָר־פִּי:
ד לִפְעֻלּוֹת אָדָם
בִּדְבַר שְׂפָתֶיךָ
אֲנִי שָׁמַרְתִּי אָרְחוֹת פָּרִיץ:
ה תָּמֹךְ אֲשֻׁרַי בְּמַעְגְּלוֹתֶיךָ
בַּל־נָמוֹטּוּ פְעָמָי:
ו אֲנִי־קְרָאתִיךָ כִי־תַעֲנֵנִי אֵל
הַט־אָזְנְךָ לִי שְׁמַע אִמְרָתִי:

א תְּפִלָּה לְדָוִד, שִׁמְעָה ה׳ צֶדֶק - שכאן עניינו בפשטות: נכון, אמת. הַקְשִׁיבָה רִנָּתִי, הַאֲזִינָה תְּפִלָּתִי הנאמרת כולה ביושר ובכנות, בְּלֹא שִׂפְתֵי מִרְמָה.

ב מִלְּפָנֶיךָ מִשְׁפָּטִי יֵצֵא, מתוך ההנחה שבמשפט זה אהיה נדון לכף זכות.

עֵינֶיךָ תֶּחֱזֶינָה מֵישָׁרִים - כלומר: יראו מה האמת, ואם אני אכן אשם באיזה דבר.

ג בָּחַנְתָּ לִבִּי, פָּקַדְתָּ לַּיְלָה בדקת גם בלילה; כיוון שהמשפט הזה איננו רק משפט המעשה, אלא אפילו משפט המחשבה, משפט הלב.

צְרַפְתַּנִי, כדרך שעושה הצורף המחפש סיגים, אך בַל־תִּמְצָא, אינך מוצא בי דברים כאלה.

זַמֹּתִי - חשבתי, הרהרתי, אם עלה בדעתי איזה רעיון שאינו ראוי, בַּל־יַעֲבָר־פִּי - ובוודאי שלא אמרתי דברים.

ד לִפְעֻלּוֹת אָדָם - אותם דברים שאני עושה בעולם, כאחד האדם, אני עושה אותם בִּדְבַר שְׂפָתֶיךָ, כלומר: כפי שאתה מצווה עליי.

אֲנִי שָׁמַרְתִּי מלהגיע לאָרְחוֹת, דרכי, פָּרִיץ - אדם לא טוב, פורץ גדר.

ה תָּמֹךְ אֲשֻׁרַי - צעדיי - בְּמַעְגְּלוֹתֶיךָ, בשבילים שלך, בדרכים שאתה סולל, בַּל־נָמוֹטּוּ פְעָמָי - שלא יתמוטטו צעדיי.

ו אֲנִי־קְרָאתִיךָ משום שאני מקווה כִי־תַעֲנֵנִי, אֵל, והלוא אתה יכול לענות לי. הַט־אָזְנְךָ לִי, שְׁמַע אִמְרָתִי.

יז,ג צְרַפְתַּנִי בַל תִּמְצָא. צריך לשמור עצמו מאוד מכיסופים רעים של עבירה, ובפרט שלא להוציאם בדיבור, כי הבל הדיבור הולך ומעורר אנשי העולם לתאוות רעות. וזה: צְרַפְתַּנִי – בַל תִּמְצָא, היינו שאף שידעתי שלא זכיתי עדיין להיצרף ולהינצל מכיסופים רעים, עם כל זה: זַמֹּתִי – בַּל יַעֲבָר פִּי! כי על כל פנים אני שומר עצמי שלא להוציא מזימות לבי בדיבור פי, בכדי שלא ייעשו על־ידי זה פעולות רעות בעולם, ח״ו, רק אני מרגיל עצמי לדבר תמיד דיבורים קדושים של כיסופים טובים, ועל־ידי זה הולכים הדיבורים הטובים ועושים פעולות טובות בעולם, ומעוררים לתשובה כמה וכמה נפשות. וזה סוד ההתבודדות והשיחה בינו לבין קונו, כמו שכתוב להלן: אֲנִי קְרָאתִיךָ כִי תַעֲנֵנִי אֵל, שצריכין להרגיל את עצמו בזה הרבה לכסוף תמיד כיסופים טובים ולהוציאם מפיו בכל יום.

על־פי השתפכות הנפש, נו

ז הַפְלֵה חֲסָדֶיךָ
מוֹשִׁיעַ חוֹסִים
מִמִּתְקוֹמְמִים בִּימִינֶךָ׃
ח שָׁמְרֵנִי כְּאִישׁוֹן בַּת־עָיִן
בְּצֵל כְּנָפֶיךָ תַּסְתִּירֵנִי׃
ט מִפְּנֵי רְשָׁעִים זוּ שַׁדּוּנִי
אֹיְבַי בְּנֶפֶשׁ יַקִּיפוּ עָלָי׃
י חֶלְבָּמוֹ סָּגְרוּ
פִּימוֹ דִּבְּרוּ בְגֵאוּת׃
יא אַשֻּׁרֵנוּ עַתָּה סְבָבוּנוּ
עֵינֵיהֶם יָשִׁיתוּ
לִנְטוֹת בָּאָרֶץ׃
יב דִּמְיֹנוֹ כְּאַרְיֵה יִכְסוֹף לִטְרֹף
וְכִכְפִיר יֹשֵׁב בְּמִסְתָּרִים׃
יג קוּמָה יְהוָה
קַדְּמָה פָנָיו הַכְרִיעֵהוּ
פַּלְּטָה נַפְשִׁי מֵרָשָׁע חַרְבֶּךָ׃

ז הַפְלֵה - הראה, פרש וגלה לי את חֲסָדֶיךָ, אתה שמוֹשִׁיעַ את החוֹסִים בך ומגן עליהם מִמִּתְקוֹמְמִים, מאויבי ה׳ שקמים עליך, כנגדך, ונעשים גם אויבים לי, והחזיקני בִּימִינֶךָ.

ח שָׁמְרֵנִי כְּאִישׁוֹן בַּת־עָיִן - כמו האישון שבעין ("בת" כמו "בבת"), בְּצֵל כְּנָפֶיךָ תַּסְתִּירֵנִי.

ט מִפְּנֵי רְשָׁעִים זוּ שַׁדּוּנִי - הרשעים אשר מתנפלים עליי ושודדים אותי, אֹיְבַי בְּנֶפֶשׁ יַקִּיפוּ עָלָי.

י חֶלְבָּמוֹ סָּגְרוּ - מדובר כאן באנשים תקיפים ועשירים אשר, כפי שהיה מצוי באותם הזמנים, היו גם שמנים, מוקפים בחֵלב, שומן.

פִּימוֹ - פיהם - דִּבְּרוּ בְגֵאוּת.

יא אַשֻּׁרֵנוּ - אראנו עַתָּה, את האויב; המשורר רואה אותו לנגד עיניו; ועכשיו אויבים אלה סְבָבוּנוּ, עֵינֵיהֶם יָשִׁיתוּ לִנְטוֹת בָּאָרֶץ לחפש אחר קורבנותיהם ולתפסם.

יב דִּמְיֹנוֹ - הוא דומה בעיניי - כְּאַרְיֵה יִכְסוֹף - המשתוקק - לִטְרֹף, וְכִכְפִיר יֹשֵׁב בְּמִסְתָּרִים ואורב לטרפו.

יג והמשורר מבקש: קוּמָה, ה׳, קַדְּמָה פָנָיו במלחמה, הַכְרִיעֵהוּ - נצח אותו, פַּלְּטָה נַפְשִׁי מֵרָשָׁע בחַרְבֶּךָ.

סבבוני

יז,ח כְּאִישׁוֹן בַּת עָיִן. הוא נקודה שחורה שבעין, בחינת חושך, אך דווקא על־ידו בא האור, שממנו עיקר ראיית האדם. והרי זה משל לעבודת התשובה, שלעתים היא בבחינת חושך, שצריך האדם להחשיך עצמו במרירות נפשו, בתשובה מעומקא דלבא, ודווקא בכך הוא זוכה להארת גילוי רצון העליון. וזהו: "ימצאהו בארץ מדבר ובתהו יְלֵל יְשִׁמֹן", דהיינו כשמכיר האדם שהוא נמצא במדבר חטאיו, וכמוהו כאדם ההולך לבדו בארץ ציה בלי מים, ועל־ידי זה דווקא עולה משם, בבחינת "מי זאת עולה מן המדבר", ובא לבחינת "יסבבנהו יבוננהו יצרנהו כאישון עינו".

על־פי ליקוטי תורה האזינו עח, ג

יד מִמְתִים יָדְךָ ׀ יְהוָה
מִמְתִים מֵחֶלֶד
חֶלְקָם בַּחַיִּים
וּצְפוּנְךָ תְּמַלֵּא בִטְנָם
יִשְׂבְּעוּ בָנִים
וְהִנִּיחוּ יִתְרָם לְעוֹלְלֵיהֶם:
טו אֲנִי בְּצֶדֶק אֶחֱזֶה פָנֶיךָ
אֶשְׂבְּעָה בְהָקִיץ תְּמוּנָתֶךָ:

יד ומצד אחר מבקש המשורר את חסות ה׳ להיות מִמְתִים - מבני אדם (להבדילם מ״מֵתִים״), אשר הם תחת יָדְךָ, ה׳, והשגחתך, מִמְתִים מֵחֶלֶד, השוכנים בעולם (״חלד״ הוא שם נרדף ל״עולם״), שלהם אתה עוזר, ואשר בשל עזרתך להם חֶלְקָם בַּחַיִּים, וּצְפוּנְךָ - מן האוצרות הצפונים אצלך - תְּמַלֵּא בִטְנָם; ואז לא רק הם עצמם ישבעו אלא גם יִשְׂבְּעוּ בָנִים הבנים שלהם, של האנשים הצדיקים, וְהִנִּיחוּ יִתְרָם - את מה שייוותר מזה - לְעוֹלְלֵיהֶם.

טו ובסיום - תפילה ובקשה: אֲנִי בְּצֶדֶק - באמת, אל נכון - אֶחֱזֶה, אראה, את פָּנֶיךָ, אֶשְׂבְּעָה בְהָקִיץ - אזכה להתגלות ואחזה גם בהקיץ, כדרך הנביאים, את תְּמוּנָתֶךָ.

וצפינך

יז,טו **אֶשְׂבְּעָה בְהָקִיץ תְּמוּנָתֶךָ.** אם הסתכל בפתע פתאום על אישה יפה, יחשוב במחשבתו: מניין לה זה היופי? הלא אם הייתה מתה, לא הייתה צורת פניה יפה! הרי ששורש יופייה הוא מחיות אלוהית המתפשטת בה, ואם כן – עד שאתאווה לענף, שנאסר עליי, טוב לי להימשך אחר השורש, מקור כל היופי שבעולם. וכך יעשה בכל הסתכלות גשמית ובכל דבר עונג גשמי, הכול יעלה לשורשו האלוהי. ואז יהיה בבחינת **אֶשְׂבְּעָה בְהָקִיץ תְּמוּנָתֶךָ**, שבכל דבר גשמי לא יתבונן על חומר הדבר אלא על צורתו – שבה מוטבעת תמונת יוצרו. ועל־ידי זה יזכה לבחינת **אֲנִי בְּצֶדֶק אֶחֱזֶה פָנֶיךָ**, בבחינת חזיון לילה. כי מה שחושבים ביום – חולמים בלילה, ואז הגוף ישן וכוח הרוחני שבאדם מתחזק, ויזכה לראות את רוחניות הדברים כמות שהם, בלא לבוש חומר כלל.

על־פי צוואת הריב״ש, קה״ת תשנ״ח, צ

עַל־כֵּן ׀ אוֹדְךָ בַגּוֹיִם ׀ יהוה וּלְשִׁמְךָ אֲזַמֵּרָה:

ספר ראשון
פרק יח

המנון תודה של דוד המלך על עזרת ה',
שמכוח גדולתו וגבורתו בכל העולם
הושיע את דוד מכל צרותיו, תמך בו
במלחמותיו והביאו לניצחון ולשלטון.

א לַמְנַצֵּ֬חַ ׀ לְעֶ֥בֶד יְהֹוָ֗ה לְדָ֫וִ֥ד
אֲשֶׁ֤ר דִּבֶּ֨ר ׀ לַיהֹוָ֗ה
אֶת־דִּ֭בְרֵי הַשִּׁירָ֣ה הַזֹּ֑את
בְּי֤וֹם ׀ הִֽצִּיל־יְהֹוָ֘ה אוֹת֥וֹ
מִכַּ֥ף כָּל־אֹ֝יְבָ֗יו וּמִיַּ֥ד שָׁאֽוּל׃
ב וַיֹּאמַ֗ר אֶרְחָמְךָ֣ יְהֹוָ֣ה חִזְקִֽי׃
ג יְהֹוָ֤ה ׀
סַֽלְעִ֣י וּמְצוּדָתִי֮ וּמְפַלְטִ֥י
אֵלִ֣י צ֭וּרִי אֶֽחֱסֶה־בּ֑וֹ
מָֽגִנִּ֥י וְקֶֽרֶן־יִ֝שְׁעִ֗י מִשְׂגַּבִּֽי׃

א לַמְנַצֵּחַ לְעֶבֶד ה׳, לְדָוִד, אֲשֶׁר דִּבֶּר לַה׳ אֶת דִּבְרֵי הַשִּׁירָה הַזֹּאת בְּיוֹם הִצִּיל ה׳ אוֹתוֹ מִכַּף כָּל אֹיְבָיו וּמִיַּד שָׁאוּל. הכותרת של פרק זה מגדירה יפה את עניינו ותוכנו: זהו מזמור תודה לה׳ על ההצלחה ועל הניצחונות והגדולה שזכה להם דוד, והוא מעין סיכום של פרשת חיים; הוא איננו שייך לימי נעוריו של דוד אלא לזמנים שבהם היה במלוא תוקפו וכוחו וישב איתן על כס מלכותו, ועל כן הוא יכול לעשות סיכום אופטימי, בעיקרו, של חייו. הזכרת שאול באה משום שבפועל, הסכנה הגדולה ביותר לחייו של דוד נשקפה לו מידי שאול, כך שהיא שקולה לכל הסכנות שבאו עליו לאחר מכן. יש להזכיר כי מזמור זה מופיע בשינויים קלים, בעיקר שינויי לשון, גם בספר שמואל ב׳ (פרק כב). נוסח המזמור שבספר תהלים נראה, בכללותו, כגרסה קצת מותקנת ומיושרת, מעין מעבר בין השירה הראשונית, שיש בה צורות לשוניות עתיקות וביטויים בלתי ברורים, לבין נוסח שנמסר לרבים.

ב וַיֹּאמַר דוד: אֶרְחָמְךָ - אוהֵב אותך, על דרך הלשון הארמית (אף שזהו שורש עברי קדום), ה׳ חִזְקִי.

ג ואחר כך בא פירוט דברי שבח: ה׳ סַלְעִי וּמְצוּדָתִי וּמְפַלְטִי. ויש כאן כמה מדרגות: הסלע הוא דבר מוצק שאפשר להישען ולטפס עליו כדי להינצל מכל מיני פורענויות; מצודה היא מבנה, מבצר; ומפלט הוא כאשר הקב״ה איננו רק משען פסיבי, כביכול, אלא הוא פועל כדי להציל.

יח,א **בְּיוֹם הִצִּיל ה׳ אוֹתוֹ... מִיַּד שָׁאוּל.** יש המשיג השגות קדושות ואין הן מתקיימות בקרבו, אלא הולכות ממנו לאחר זמן – ונותר כבתחילה; והוא מפני שלא זכה לקדש ולטהר את עצמו, ולא עשה עצמו כלי מחזיק ברכה, אלא כל מה שזכה – הרי הוא כשאול אצלו לפי שעה. ודוד המלך ע״ה, שאיבריו היו קדושים וטהורים, זכה שכל הארותיו היו אצלו בבחינת קיום ולא בבחינת שאול, וזהו שאמר: **בְּיוֹם הִצִּיל ה׳ אוֹתוֹ מִכַּף כָּל אֹיְבָיו מִיַּד שָׁאוּל.** אבל באמת מעטים הזוכים לזה, והלוואי שנזכה על כל פנים לבחינת שאול, שהשם יתברך ישאיל לנו הארה דקדושה. ולכן כל הזוכה לאיזו השגה – ידע כי הכול שאול אצלו, ואילו הוא עצמו אין לו משלו כלום, ובזה עצמו יהיה לכלי מחזיק ברכה ויוסיף השם יתברך להשאילו עוד.

על־פי עקרת יצחק
לרבי יצחק מנחם דנציגר מאלכסנדר, עקב

פרק יח • ספר ראשון • ליום ראשון • ג לחודש ______ תהלים • 65

ד מְהֻלָּל אֶקְרָא יְהוָה
וּמִן־אֹיְבַי אִוָּשֵׁעַ:
ה אֲפָפוּנִי חֶבְלֵי־מָוֶת
וְנַחֲלֵי בְלִיַּעַל יְבַעֲתוּנִי:
ו חֶבְלֵי שְׁאוֹל סְבָבוּנִי
קִדְּמוּנִי מוֹקְשֵׁי מָוֶת:
ז בַּצַּר־לִי ׀ אֶקְרָא יְהוָה
וְאֶל־אֱלֹהַי אֲשַׁוֵּעַ
יִשְׁמַע מֵהֵיכָלוֹ קוֹלִי
וְשַׁוְעָתִי
לְפָנָיו ׀ תָּבוֹא בְאָזְנָיו:
ח וַתִּגְעַשׁ וַתִּרְעַשׁ ׀ הָאָרֶץ
וּמוֹסְדֵי הָרִים יִרְגָּזוּ
וַיִּתְגָּעֲשׁוּ כִּי־חָרָה לוֹ:
ט עָלָה עָשָׁן ׀ בְּאַפּוֹ
וְאֵשׁ־מִפִּיו תֹּאכֵל
גֶּחָלִים בָּעֲרוּ מִמֶּנּוּ:

אֵלִי, צוּרִי אֶחֱסֶה בּוֹ, מָגִנִּי וְקֶרֶן־יִשְׁעִי, מִשְׂגַּבִּי - גם בפסוק זה מתוארת תמיכה גדלה והולכת של הקב"ה.

ד מְהֻלָּל אֶקְרָא ה׳ וּמִן־אֹיְבַי אִוָּשֵׁעַ.

ה אֲפָפוּנִי - הקיפו אותי מסביב - חֶבְלֵי־מָוֶת, הן במובן הפשוט של חבל, משום שהם כמו כורכים וכובלים את האדם, והן במובן של חבלי הייסורים, וְנַחֲלֵי בְלִיַּעַל - רוע ורשעות - יְבַעֲתוּנִי.

ו חֶבְלֵי שְׁאוֹל סְבָבוּנִי, קִדְּמוּנִי מוֹקְשֵׁי מָוֶת - מלכודות שהנכנס אליהן עלול שלא לצאת מהן חי.

ז בַּצַּר־לִי אֶקְרָא ה׳, וְאֶל־אֱלֹהַי אֲשַׁוֵּעַ. ואכן, הוא יִשְׁמַע מֵהֵיכָלוֹ קוֹלִי, וְשַׁוְעָתִי ששיוועתי לְפָנָיו תָּבוֹא בְאָזְנָיו.

חלקו השני של המזמור הוא תיאור של התגלות ה׳ בפאר ובעוצמה. התגלות זו אינה מתקשרת ישירות עם מאורעות חייו של דוד המלך, אלא יש כאן תיאור כולל של התגלות המזכיר את שירת ההתגלות של מעמד הר סיני וכיוצא בו:

ח וַתִּגְעַשׁ וַתִּרְעַשׁ הָאָרֶץ, וּמוֹסְדֵי - יסודות - הֶהָרִים יִרְגָּזוּ, שכאן פירושו: ינועו, וַיִּתְגָּעֲשׁוּ, כִּי־חָרָה לוֹ.

ט עָלָה עָשָׁן בְּאַפּוֹ וְאֵשׁ־מִפִּיו תֹּאכֵל, גֶּחָלִים בָּעֲרוּ מִמֶּנּוּ - שזו היא התגלות באש ובעשן.

יח,ד מְהֻלָּל אֶקְרָא ה׳ וּמִן אֹיְבַי אִוָּשֵׁעַ – טוב להלל את ה׳ מלבקש מלפניו. כשאדם מבקש דבר מה בפירוש, בודקים אותו מלאכי השרת, ואפשר שיימצא שאינו ראוי שתתמלא בקשתו. אך אם מטמין בקשתו בלבו, ובפיו הוא מהלל את ה׳ באותו דבר שהוא צריך לו – מי יקטרג עליו? הלא ודאי אמת בפיו: ה׳ רופא חולים, פוקח עיוורים, מתיר אסורים, זוקף כפופים, ומלאכי השרת שומעים ועונים אמן. כיוון שסר הקטרוג, שוב אין מונע מאותו ההילול לחול גם על ראשו של המהלל, והוא נושע בכל המצטרך לו.

על־פי בני יששכר כסלו־טבת ד: קלט, וראה שם תשרי ב: ו

י וַיֵּט שָׁמַיִם וַיֵּרַד
וַעֲרָפֶל תַּחַת רַגְלָיו:
יא וַיִּרְכַּב עַל־כְּרוּב וַיָּעֹף
וַיֵּדֶא עַל־כַּנְפֵי־רוּחַ:
יב יָשֶׁת חֹשֶׁךְ ׀ סִתְרוֹ
סְבִיבוֹתָיו סֻכָּתוֹ
חֶשְׁכַת־מַיִם עָבֵי שְׁחָקִים:
יג מִנֹּגַהּ נֶגְדּוֹ עָבָיו עָבְרוּ
בָּרָד וְגַחֲלֵי־אֵשׁ:
יד וַיַּרְעֵם בַּשָּׁמַיִם ׀ יְהוָה
וְעֶלְיוֹן יִתֵּן קֹלוֹ
בָּרָד וְגַחֲלֵי־אֵשׁ:
טו וַיִּשְׁלַח חִצָּיו וַיְפִיצֵם
וּבְרָקִים רָב וַיְהֻמֵּם:
טז וַיֵּרָאוּ ׀ אֲפִיקֵי מַיִם
וַיִּגָּלוּ מוֹסְדוֹת תֵּבֵל
מִגַּעֲרָתְךָ יְהוָה
מִנִּשְׁמַת רוּחַ אַפֶּךָ:

י וַיֵּט שָׁמַיִם וַיֵּרַד – לא הקב"ה הוא שיורד, כביכול, מן השמים, אפילו לא כדימוי, אלא הוא מוריד את השמים כלפי מטה. וַעֲרָפֶל תַּחַת רַגְלָיו (ראה שמות כ, יח).

יא וַיִּרְכַּב עַל־כְּרוּב וַיָּעֹף – הכרוב הוא אחד הסמלים של המרכבה האלוקית, כפי שרואים הן בתיאור המרכבה ביחזקאל וגם בתיאור מבנה קודש הקדשים במקדש, וַיֵּדֶא – התעופף – עַל־כַּנְפֵי־רוּחַ.

יב יָשֶׁת – ישים, יבנה – חֹשֶׁךְ סִתְרוֹ, שהוא סְבִיבוֹתָיו, סֻכָּתוֹ – כלומר: מה שמסוכך עליו או מסתיר אותו – חֶשְׁכַת־מַיִם – כנראה החשכה ששוררת כאשר יש ענני גשם כבדים, עָבֵי שְׁחָקִים – העננים שבשחקים.

יג עם זאת, מִנֹּגַהּ נֶגְדּוֹ – הנוגה נמצא לידו, מולו. את עָבָיו – אותם כיסויים – עָבְרוּ אופני ההתגלות האלה: בָּרָד וְגַחֲלֵי־אֵשׁ, הבוקעים ומתגלים מתוך ההסתר.

יד וַיַּרְעֵם בַּשָּׁמַיִם ה׳, וְעֶלְיוֹן יִתֵּן קֹלוֹ והקול הזה נשמע אף הוא כבָּרָד וְגַחֲלֵי־אֵשׁ; וגם הצירוף של קרח ואש הוא ביטוי לעוצמה האלוקית.

טו וַיִּשְׁלַח חִצָּיו וַיְפִיצֵם, את הצרים והאויבים, וּבְרָקִים רָב – רבים – ירה וַיְהֻמֵּם – המם ושבר אותם.

טז ובתוך כל זה – וַיֵּרָאוּ אֲפִיקֵי מַיִם, יש כאן זעזוע של העולם הגורם לתזוזה של מקורות המים, כמו בקריעת ים סוף, וַיִּגָּלוּ מוֹסְדוֹת – היסודות, התחתית של תֵּבֵל, כיוון שאז הכל נפתח ורואים עד עמקי תהום. וכל זה – מִגַּעֲרָתְךָ ה׳, מִנִּשְׁמַת רוּחַ אַפֶּךָ המזיזה את כל העולם.

יח,יב יָשֶׁת חֹשֶׁךְ סִתְרוֹ. יש ענן שנאמר בו "וענן ה׳ עליהם יומם", ויש ענן שנאמר בו "ענן גדול ואש מתלקחת ונֹגַה לו סביב". כי באמת אי אפשר להכיר את השם יתברך הכרה ברורה, שאין העין יכולה לקבל אורו, ורק על־ידי הענן יכול להשיגו, על־ידי שיודע ומכיר שהשם יתברך נסתר שם, שנאמר: יָשֶׁת חֹשֶׁךְ סִתְרוֹ. והוא כעניין אברהם אבינו, שהוקשה לו "כלום אפשר לבירה בלא מנהיג?", ומתוך הקושיה הציץ עליו בעל הבירה; אבל בלא הקושיה והחשכות, לא היה משיג כלל. ו"ענן גדול" הוא כשאין זוכה לכך, והענן מתגבר עד שמאפיל כל חשקותו וכיסופיו, ואינו מניח לו אפילו להתעורר בקושיה. אך סוף כל סוף לא יעלה זממו בידו, כי באמת הקב"ה הוא לבן של ישראל, וכאשר ישב רוחו מיד יתפזרו העננים ויתראה אור בהיר.

על־פי צדקת הצדיק, רכח

יז יִשְׁלַח מִמָּרוֹם יִקָּחֵנִי
יַמְשֵׁנִי מִמַּיִם רַבִּים׃
יח יַצִּילֵנִי מֵאֹיְבִי עָז
וּמִשֹּׂנְאַי כִּי־אָמְצוּ מִמֶּנִּי׃
יט יְקַדְּמוּנִי בְיוֹם־אֵידִי
וַיְהִי־יְהוָה לְמִשְׁעָן לִי׃
כ וַיּוֹצִיאֵנִי לַמֶּרְחָב
יְחַלְּצֵנִי כִּי חָפֵץ בִּי׃
כא יִגְמְלֵנִי יְהוָה כְּצִדְקִי
כְּבֹר יָדַי יָשִׁיב לִי׃
כב כִּי־שָׁמַרְתִּי דַּרְכֵי יְהוָה
וְלֹא־רָשַׁעְתִּי מֵאֱלֹהָי׃
כג כִּי כָל־מִשְׁפָּטָיו לְנֶגְדִּי
וְחֻקֹּתָיו לֹא־אָסִיר מֶנִּי׃
כד וָאֱהִי תָמִים עִמּוֹ
וָאֶשְׁתַּמֵּר מֵעֲוֺנִי׃
כה וַיָּשֶׁב־יְהוָה לִי כְצִדְקִי
כְּבֹר יָדַי לְנֶגֶד עֵינָיו׃

עד כאן תיאור גדולתו של הקב"ה בכללה, תיאור עוצמתה לעולם כולו; אבל לגדולת ה' יש גם צד קרוב ואישי:

יז יִשְׁלַח ידו, על־ידי שליחיו, מִמָּרוֹם, יִקָּחֵנִי, ויוציא אותי מצרה לישועה.

יַמְשֵׁנִי - ימשה ויוציא אותי - מִמַּיִם רַבִּים.

יח או, שלא בדרך משל אלא כתיאור של חיים: יַצִּילֵנִי מֵאֹיְבִי עָז וּמִשֹּׂנְאַי כִּי־אָמְצוּ מִמֶּנִּי - כאשר האויבים חזקים יותר ממני, אז בא הקב"ה לעזרתי.

יט יְקַדְּמוּנִי - האויבים - בְּיוֹם־אֵידִי, יום כישלוני ומפלתי. הם מתקדמים ונערכים לעומתי, ואז - וַיְהִי־ה' לְמִשְׁעָן לִי.

כ וַיּוֹצִיאֵנִי מן המצוקה לַמֶּרְחָב, יְחַלְּצֵנִי מן הצרה כִּי חָפֵץ בִּי.

כא ולהצלה זו, לגאולה זו, יש גם טעם: יִגְמְלֵנִי ה' כְּצִדְקִי, כְּבֹר יָדַי - כניקיון כפיי - יָשִׁיב לִי.

כב כִּי־שָׁמַרְתִּי דַּרְכֵי ה' וְלֹא־רָשַׁעְתִּי מֵאֱלֹהָי - כלומר: לא עשיתי מעשי רשעות כנגד אלוקיי.

כג כִּי כָל־מִשְׁפָּטָיו לְנֶגְדִּי, אני יודע אותם ומודע להם, וְחֻקֹּתָיו של ה' לֹא־אָסִיר מֶנִּי - ממני.

כד וָאֱהִי - ואהיה - תָמִים עִמּוֹ וָאֶשְׁתַּמֵּר מֵעֲוֺנִי.

כה וַיָּשֶׁב־ה' לִי כְצִדְקִי, כְּבֹר יָדַי, כניקיון כפיי, לְנֶגֶד עֵינָיו, שהוא מכיר בתומי. חסד זה של ה' איננו יחס מיוחד לאדם אחד, אלא זו דרכו של הקב"ה.

יח,יז יִשְׁלַח מִמָּרוֹם יִקָּחֵנִי יַמְשֵׁנִי מִמַּיִם רַבִּים. הקב"ה שוקד לעורר לב האדם לתשובה, ודרכים רבות לו. יש והוא לוקח אותו מן התהום, כלומר: משפיל את מצבו עד עפר ומביא עליו פורענות וייסורים המשברים את לבבו ומעוררים אותו לתשובה; ויש והוא לוקח אותו ממרום, כלומר: מרבה להיטיב עמו ומרומם את מעמדו למעלה מעלה בשפע טוב ובחסד חינם, עד שהוא נמלא בושת וכלימה ונותן אל לבו להיות ראוי לגודלו הטוב ולשוב בתשובה שלמה. על כך תפילתנו: לו יהי רצון מלפניו שיעורר לבבנו לתשובה על־ידי שישלח ממרום ויקחנו, יַמְשֵׁנוּ ויניענו אליו בכוח מים רבים – הרומזים לחסדים עצומים שיגמול עמנו.

על־פי ייטב לב, חיי שרה

68 • תהלים ג לחודש • ליום ראשון • ספר ראשון • פרק יח

כו עִם־חָסִיד תִּתְחַסָּד
עִם־גְּבַר תָּמִים תִּתַּמָּם:
כז עִם־נָבָר תִּתְבָּרָר
וְעִם־עִקֵּשׁ תִּתְפַּתָּל:
כח כִּי־אַתָּה עַם־עָנִי תוֹשִׁיעַ
וְעֵינַיִם רָמוֹת תַּשְׁפִּיל:
כט כִּי־אַתָּה תָּאִיר נֵרִי
יהוה אֱלֹהַי יַגִּיהַּ חָשְׁכִּי:
ל כִּי־בְךָ אָרֻץ גְּדוּד
וּבֵאלֹהַי אֲדַלֶּג־שׁוּר:
לא הָאֵל תָּמִים דַּרְכּוֹ
אִמְרַת־יהוה צְרוּפָה
מָגֵן הוּא לְכֹל ׀ הַחוֹסִים בּוֹ:
לב כִּי מִי אֱלוֹהַּ מִבַּלְעֲדֵי יהוה
וּמִי צוּר זוּלָתִי אֱלֹהֵינוּ:
לג הָאֵל הַמְאַזְּרֵנִי חָיִל
וַיִּתֵּן תָּמִים דַּרְכִּי:

כו שכן אתה, הקב"ה, עִם־חָסִיד תִּתְחַסָּד, אתה עושה עמו חסד, וּעִם־גְּבַר - אדם - תָּמִים בדרכיו תִּתַּמָּם, אתה נוהג בתום.

כז עִם־נָבָר - אדם שהוא נקי - תִּתְבָּרָר, גם אתה נוהג אתו באופן כזה, וְעִם־עִקֵּשׁ - מי שהולך בדרך לא ישרה - תִּתְפַּתָּל.

כח כִּי־אַתָּה עַם־עָנִי תוֹשִׁיעַ, מצד שני - וְעֵינַיִם רָמוֹת, שמסתכלות בגאות על העולם, אותן אתה תַּשְׁפִּיל.

ושוב חוזר המזמור אל הצד האישי:

כט כִּי־אַתָּה תָּאִיר נֵרִי, ובעצם אתה הוא הנר המאיר עבורי, וה' אֱלֹהַי יַגִּיהַּ - מלשון נוגה והארה - את חָשְׁכִּי.

ל כִּי־בְךָ, בעזרתך, אָרֻץ - ארוצץ - גְּדוּד של אויבים, וּבֵאלֹהַי, בעזרת אלוקיי, אֲדַלֶּג־שׁוּר, אני מדלג מעל לחומות - מה שמרמז על הערים שכבש דוד המלך, כביכול דילג מעל לחומותיהן.

לא הָאֵל תָּמִים דַּרְכּוֹ, הוא נוהג עם כל אדם בתמימות ומשיב לו את גמולו הראוי לו. אִמְרַת־ה' צְרוּפָה - מנוקה מכל פגם. מָגֵן הוּא לְכֹל הַחֹסִים בּוֹ.

לב כִּי מִי אֱלוֹהַּ מִבַּלְעֲדֵי ה', וּמִי צוּר זוּלָתִי אֱלֹהֵינוּ, ולכן החוסים בו זוכים לכל ההגנה הדרושה. והודות לעזרה הזאת,

לג הָאֵל הַמְאַזְּרֵנִי - נותן לי, קושר לי כאזור, כחגורה, חָיִל, שהוא גם כוח וגם הצלחה בכלל, וַיִּתֵּן תָּמִים דַּרְכִּי - עושה את דרכי נכונה, ישרה.

יח,כט כִּי אַתָּה תָּאִיר נֵרִי. "ואמר ביום ההוא הלא על כי אין אלקי בקרבי מצאוני הרעות האלה, ואנכי הסתר אסתיר פני ביום ההוא". והקשו: הייתכן שכאשר איש ישראל מתוודה בשברון לב על אשר "אין אלקי בקרבי", הקב"ה יסתיר ממנו את פניו עוד יותר? והביאור: כי עיקר העבודה הוא לדעת שהשם יתברך מרגיש בצרתו של כל אחד מישראל, בבחינת "בכל צרתם לו צר", שיורד כביכול עמו לכל מקום שנפל שם. והאומר "אין אלקי בקרבי", נמצא שאינו מאמין בזה, וממילא גורם ח"ו להסתרת פנים. ואין זו דרך האמת, אלא צריכים להאמין שהשם יתברך נמצא אתנו בכל עת צרה ח"ו כאב העומד על גבי בנו, והוא המאיר לנו מתוך חשכה בכל פסיעה ופסיעה, בבחינת כִּי אַתָּה תָּאִיר נֵרִי ה' אֱלֹהַי יַגִּיהַּ חָשְׁכִּי.

על־פי ישמח ישראל, וישב

לד מְשַׁוֶּה רַגְלַי כָּאַיָּלוֹת
וְעַל בָּמֹתַי יַעֲמִידֵנִי׃
לה מְלַמֵּד יָדַי לַמִּלְחָמָה
וְנִחֲתָה קֶשֶׁת־נְחוּשָׁה
זְרוֹעֹתָי׃
לו וַתִּתֶּן־לִי מָגֵן יִשְׁעֶךָ
וִימִינְךָ תִסְעָדֵנִי
וְעַנְוָתְךָ תַרְבֵּנִי׃
לז תַּרְחִיב צַעֲדִי תַחְתָּי
וְלֹא מָעֲדוּ קַרְסֻלָּי׃
לח אֶרְדּוֹף אוֹיְבַי וְאַשִּׂיגֵם
וְלֹא־אָשׁוּב עַד־כַּלּוֹתָם׃
לט אֶמְחָצֵם וְלֹא־יֻכְלוּ קוּם
יִפְּלוּ תַּחַת רַגְלָי׃
מ וַתְּאַזְּרֵנִי חַיִל לַמִּלְחָמָה
תַּכְרִיעַ קָמַי תַּחְתָּי׃
מא וְאֹיְבַי נָתַתָּה לִּי עֹרֶף
וּמְשַׂנְאַי אַצְמִיתֵם׃

לד הוא מְשַׁוֶּה, נותן, את רַגְלַי כָּאַיָּלוֹת - שאוכל לרוץ במהירות, וְעַל בָּמֹתַי - שהן מקומות גבוהים - יַעֲמִידֵנִי.

לה מְלַמֵּד יָדַי לַמִּלְחָמָה, וְנִחֲתָה - ניתנה, נעשתה, קֶשֶׁת־נְחוּשָׁה זְרוֹעֹתָי - עשית את זרועותיי חזקות כקשת של נחושת, שהיא חזקה ואינה נשברת.

לו וַתִּתֶּן־לִי מָגֵן יִשְׁעֶךָ, הגנה והצלחה, וִימִינְךָ - עזרתך וכוחך - תִסְעָדֵנִי, תעזור ותסייע לי, וְעַנְוָתְךָ - שאתה מוכן לרדת ולעזור לי - היא תַרְבֵּנִי, תפרנס ותגדל אותי.

לז ובדרך משל - תַּרְחִיב צַעֲדִי תַחְתָּי - אתה נותן לי את האפשרות לפסוע פסיעות גדולות, להתקדם במהירות, וְלֹא מָעֲדוּ קַרְסֻלָּי בריצה הזאת.

לח ומתוך כך שאתה מסייע לי בהליכתי, בדרכיי, אני גם אֶרְדּוֹף אוֹיְבַי וְאַשִּׂיגֵם, וְלֹא־אָשׁוּב עַד־כַּלּוֹתָם.

לט אֶמְחָצֵם, את האויבים, וְלֹא־יֻכְלוּ קוּם, יִפְּלוּ תַּחַת רַגְלָי.

מ וַתְּאַזְּרֵנִי חַיִל לַמִּלְחָמָה, תַּכְרִיעַ קָמַי - אויביי הקמים עליי - תַּחְתָּי.

מא וְאֹיְבַי נָתַתָּה לִּי עֹרֶף, שהם בורחים מלפניי, וּמְשַׂנְאַי אַצְמִיתֵם.

יח,לו **וִימִינְךָ תִסְעָדֵנִי.** קודם קריאת שמע, שבה מצוות עשה של "ואהבת את ה' אלוהיך", תיקנו לנו חז"ל ברכת "אהבת עולם", כדי שיתבונן האדם בגודל אהבת איתן אדונינו לעם ישראל, זרע קודש. כי הבשר ודם קרוץ מחומר, והוא חוטא ומורד נגד היחיד ומיוחד, ועם כל זה השם יתברך דורש ומבקש אהבתו ואוהבו אהבת עולם. וכשיתבונן בזה היטב, ודאי יתלהב בקרבו בניצוצי שביבי זיקי רשפי אש שלהבת י־ה, ויקבל על עצמו מצוות עשה של "ואהבת את ה' אלוהיך" באהבה עזה ונפלאה עד כלות הנפש ממש. וזהו כמו שאמר דוד המלך ע"ה: וִימִינְךָ תִסְעָדֵנִי וְעַנְוָתְךָ תַרְבֵּנִי, כלומר: בִּימִינְךָ, שאתה מקרב אותי השפל בימינך הפשוטה, תִסְעָדֵנִי; ובְעַנְוָתְךָ, בגודל הענוה שבך שאתה דורש ומבקש אהבת אדם הקרוץ מחומר, על־ידי זה תַרְבֵּנִי, שתרבה אהבתי אליך באהבה עזה ונפלאה עד מאוד.

על־פי ישמח ישראל, ויקרא

מב יְשַׁוְּעוּ וְאֵין־מוֹשִׁיעַ
עַל־יְהוָה וְלֹא עָנָם׃
מג וְאֶשְׁחָקֵם
כְּעָפָר עַל־פְּנֵי־רוּחַ
כְּטִיט חוּצוֹת אֲרִיקֵם׃
מד תְּפַלְּטֵנִי מֵרִיבֵי עָם
תְּשִׂימֵנִי לְרֹאשׁ גּוֹיִם
עַם לֹא־יָדַעְתִּי יַעַבְדוּנִי׃
מה לְשֵׁמַע אֹזֶן יִשָּׁמְעוּ לִי
בְּנֵי־נֵכָר יְכַחֲשׁוּ־לִי׃
מו בְּנֵי־נֵכָר יִבֹּלוּ
וְיַחְרְגוּ מִמִּסְגְּרוֹתֵיהֶם׃
מז חַי־יְהוָה וּבָרוּךְ צוּרִי
וְיָרוּם אֱלוֹהֵי יִשְׁעִי׃
מח הָאֵל הַנּוֹתֵן נְקָמוֹת לִי
וַיַּדְבֵּר עַמִּים תַּחְתָּי׃

מב יְשַׁוְּעוּ הם לעזרה וְאֵין־מוֹשִׁיעַ להם; הם יפנו עַל־ה׳ אל ה׳, וְלֹא עָנָם.

מג וְאֶשְׁחָקֵם - את האויבים הללו - כְּעָפָר עַל־פְּנֵי־רוּחַ, שלא נשאר ממנו דבר, כְּטִיט חוּצוֹת אֲרִיקֵם - אשחקם כטיט שיש בו מים רבים, שאפשר גם לשפוך אותם.

מד תְּפַלְּטֵנִי מֵרִיבֵי עָם - ממלחמות ואיבות של עם אחר, תְּשִׂימֵנִי לְרֹאשׁ גּוֹיִם. והצלחתו של המלך היא גדולה כל כך, עד שהוא מגיע לא רק לארצות הסמוכות לארץ ישראל, שהן מדינות הידועות לו, אלא גם למקומות רחוקים, עַם לֹא־יָדַעְתִּי יַעַבְדוּנִי. השמועה על כוחו הגדול גורמת לכך שגם עמים שהוא עצמו איננו מכיר מקבלים את מרותו.

מה לְשֵׁמַע אֹזֶן יִשָּׁמְעוּ לִי, גם אלה היודעים עליי רק מפי השמועה, נשמעים לפקודותיי מרחוק.

בְּנֵי־נֵכָר יְכַחֲשׁוּ־לִי - האויבים נאלצים לכחש, לשקר לי, כדי לזכות בחסדי. אחד הביטויים לכך שאדם הוא אכן גדול ותקיף כל כך הוא שאויביו נאלצים לשקר כדי להכניע את עצמם לפניו.

מו בְּנֵי־נֵכָר יִבֹּלוּ - יתמוטטו, יסור כוחם, וְיַחְרְגוּ - יצאו - מִמִּסְגְּרוֹתֵיהֶם, כי לא יוכלו להישאר בתוך תחומם ובמבצרים שלהם, אלא בעל כורחם ייאלצו לצאת החוצה.

והמשורר מסיים ואומר:

מז חַי־ה׳ וּבָרוּךְ צוּרִי וְיָרוּם אֱלוֹהֵי יִשְׁעִי.

מח הָאֵל הַנּוֹתֵן נְקָמוֹת לִי וַיַּדְבֵּר - ישמיד, או במובן אחר: יוליך, יוביל - עַמִּים תַּחְתָּי. ה׳, שהוא

יח,מז **חַי ה׳ וּבָרוּךְ צוּרִי וְיָרוּם אֱלוֹהֵי יִשְׁעִי.** רבי אלעזר אמר: זה סוד שנאמר ביוסף "ויהי מקץ שנתים ימים ופרעה חולם". שנתיים ימים, כנגד שתי מעלות שמוכרח אדם לקנות קודם שיוושע: **חַי ה׳** – שיהיה לו לב טהור ומנוקה מכל חמדות שבעולם, ויהיה דבוק רק בחיים נצחיים; **וּבָרוּךְ צוּרִי** – שידע ויכיר שכל הטובות הן רק מהשם יתברך, ותהיה לו עין טובה. כי טרם שיתברר האדם באלו הדברים הנזכרים אי אפשר לתת לו ישועות, כי עוד אינו כלי בהיר לקבל. אך מיד כשיתברר בזאת, אזי **וְיָרוּם אֱלוֹהֵי יִשְׁעִי** – שישיג ישועות גבוהות, יותר מכפי שכלו. ואותו הלילה שחלם פרעה גדלה צעקת יוסף הצדיק מבור כלאו, כי כך מידתו של הקב"ה – טרם אשר ייתן הישועה מביא בלב האדם צעקה, למען אשר ייקרא "יגיע כפיך".

על־פי מי השילוח, מקץ

מט מְפַלְטִ֗י מֵאֹ֫יְבָ֥י
אַ֣ף מִן־קָ֭מַי תְּרוֹמְמֵ֑נִי
מֵאִ֥ישׁ חָ֝מָ֗ס תַּצִּילֵֽנִי׃
נ עַל־כֵּ֤ן ׀ אוֹדְךָ֖ בַגּוֹיִ֥ם ׀ יְהֹוָ֑ה
וּלְשִׁמְךָ֥ אֲזַמֵּֽרָה׃
נא מַגְדִּל֮ יְשׁוּע֪וֹת מַ֫לְכּ֥וֹ
וְעֹ֤שֶׂה חֶ֨סֶד ׀ לִמְשִׁיח֗וֹ
לְדָוִ֥ד וּ֝לְזַרְע֗וֹ עַד־עוֹלָֽם׃

מט מְפַלְטִי מֵאֹיְבָי וְאַף מִן־קָמַי – העומדים נגדי – תְּרוֹמְמֵנִי, מֵאִישׁ חָמָס תַּצִּילֵנִי.

נ עַל־כֵּן אוֹדְךָ בַגּוֹיִם, ה׳, וּלְשִׁמְךָ אֲזַמֵּרָה:

נא מַגְדִּל יְשׁוּעוֹת מַלְכּוֹ – מוסיף ישועות למלכו, הוא דוד, המלך שבו בחר ה׳, וְעֹשֶׂה חֶסֶד לִמְשִׁיחוֹ – מקביל ל״מלכו״, זה שנמשח למלכות שהובטחה לְדָוִד וּלְזַרְעוֹ עַד עוֹלָם.

יח,נא **מַגְדִּיל יְשׁוּעוֹת מַלְכּוֹ.** על־ידי שמספרין מעשיות מצדיקים ומגדלים ומפליאים אותם, על־ידי זה נטהרת מחשבתו, וניצול מצרות, ונמתק הדין – שהוא מבחינת מוחין דקטנות – ונמשך חסד, כי נתעורר על־ידי זה הרשימו של אותו הצדיק, מה שעשה על־ידי עבודתו, ועל־ידי זה נתעורר לב האדם לעבודתו יתברך בחשק נמרץ. וזהו **מַגְדִּיל יְשׁוּעוֹת מַלְכּוֹ** – בבחינת ״מאן מלכי רבנן״ [=תרגום: מי הם המלכים? החכמים]. היינו מה שמספר ומגדיל הנפלאות והישועות של הצדיקים, שנקראים מלכים, על־ידי זה **וְעֹשֶׂה חֶסֶד לִמְשִׁיחוֹ**, שהשם יתברך עושה חסד למי שמשיח ומספר מזה.

על־פי חיי מוהר״ן, תעט; ימי מוהרנ״ת, הקדמה

תּוֹרַת יהוה תְּמִימָה מְשִׁיבַת נָפֶשׁ עֵדוּת יהוה נֶאֱמָנָה מַחְכִּימַת פֶּתִי:

ספר ראשון
פרק יט

מזמור על הבריאה, התורה והאדם הבנוי משלושה חלקים שלכאורה אינם קשורים זה לזה, אך בסופו של דבר מתחברים זה לזה:
חלקו הראשון של המזמור עוסק בכבוד ה׳ בעולם.

א לַמְנַצֵּחַ מִזְמוֹר לְדָוִד:
ב הַשָּׁמַיִם מְסַפְּרִים כְּבוֹד־אֵל
וּמַעֲשֵׂה יָדָיו מַגִּיד הָרָקִיעַ:
ג יוֹם לְיוֹם יַבִּיעַ אֹמֶר
וְלַיְלָה לְּלַיְלָה יְחַוֶּה־דָּעַת:
ד אֵין־אֹמֶר וְאֵין דְּבָרִים
בְּלִי נִשְׁמָע קוֹלָם:

א **לַמְנַצֵּחַ מִזְמוֹר לְדָוִד:**

ב **הַשָּׁמַיִם מְסַפְּרִים כְּבוֹד־אֵל וּמַעֲשֵׂה יָדָיו מַגִּיד הָרָקִיעַ** - האמירה שבפסוק זה אינה עוסקת בתפיסת ה׳ כבורא העולם, אלא יש כאן סוג אחר של התבוננות: התבוננות בעולם, שמתוכה מגיע האדם להרגיש את נוכחותו של הקב״ה; לא הפלא או מעשה הבריאה הם הקובעים כאן, אלא ההתפעמות מעצם קיומו של העולם. לפיכך, ״השמים מספרים״ - בעצם הווייתם. כאשר אדם מסתכל בשמים, מצד מסוים יש כאן התגלות של כבוד האל. הרקיע, הסדר, המהלך, הם הדגמה של ״מעשי ידיו״. המשורר איננו בא לגלות את ה׳ בתוך העולם: בשבילו העולם הוא ביטוי של ההתגלות האלוקית.

ג **יוֹם לְיוֹם יַבִּיעַ אֹמֶר וְלַיְלָה לְּלַיְלָה יְחַוֶּה־דָּעַת** - כל יום אומר משהו באותו נושא וכל לילה מקנה הבנה חדשה. המהלך כאן הוא שהימים, שעות האור והפעילות, הם אמירה נמרצת יותר; הזמן כשלעצמו נמצא בפעילות, הוא זה שאומר דברים. והדברים שהוא אומר הם סיפור כבוד ה׳ בעולם. ואילו הלילות, שהם שקטים יותר, מאפשרים התבוננות; הם מגלים דעת, מהורהרים יותר ואולי גם שלמים יותר. בשקט ובשלווה שלהם גם הם אומרים דבר מה, אלא שהדיבור הזה הוא רחב יותר ואולי גם עמוק יותר.

ד **אֵין־אֹמֶר וְאֵין דְּבָרִים בְּלִי נִשְׁמָע קוֹלָם** - זהו הסבר למילים ״יום ליום יביע אומר״: הדברים שיום מביע ליום אינם דיבורים מפורשים שהיום אומר, אלא הם ״אמירות״ הנובעות

יט,ב **הַשָּׁמַיִם מְסַפְּרִים כְּבוֹד אֵל.** הזוהר הקדוש מבאר ש״מספרים״ סובל שתי משמעויות: א. סיפור, כאדם המספר לחברו; ב. הארה יתרה, מלשון אבן ספיר. בחסידות מבואר כי **שמים** הם הספירות העליונות **וארץ** היא העולם־הזה התחתון, וכי ההבדל שבין שתי המשמעויות הוא ההבדל שבין כל ימות השבוע ליום השבת. בששת ימי המעשה מאירים השמים בארץ מחיצוניות השפעתם בלבד, ומספרים לנבראים אודות מציאות ה׳ כאדם המספר סיפור באוזני חברו. לא כן ביום השבת, שבו השמים מאירים בארץ מפנימיות השפעתם, עד שמציאות ה׳ ניכרת בה כדבר שאדם רואה בעיניו. השפעה זו מתפשטת בכל רבדי ההוויה, כפי שנאמר עליה להלן: **וְאֵין נִסְתָּר מֵחַמָּתוֹ.**

על־פי תהילות מנחם

ה בְּכָל־הָאָרֶץ ׀ יָצָא קַוָּם
וּבִקְצֵה תֵבֵל מִלֵּיהֶם
לַשֶּׁמֶשׁ שָׂם־אֹהֶל בָּהֶם:
ו וְהוּא כְּחָתָן יֹצֵא מֵחֻפָּתוֹ
יָשִׂישׂ כְּגִבּוֹר לָרוּץ אֹרַח:
ז מִקְצֵה הַשָּׁמַיִם ׀ מוֹצָאוֹ
וּתְקוּפָתוֹ עַל־קְצוֹתָם
וְאֵין נִסְתָּר מֵחַמָּתוֹ:

מעצם הווייתם של הימים; האומר הזה איננו בדברים מפורשים, אלא הם "אומרים" בלי שקולם יישמע.

ה ובכל זאת בְּכָל־הָאָרֶץ יָצָא קַוָּם וּבִקְצֵה תֵבֵל מִלֵּיהֶם: למרות שהם אינם מדברים ואינם משמיעים קול, האמירה שלהם, ההנחיה שלהם ("קוום"), מגיעה עד קצה הארץ. כי האמירה של השמים (המקום) ושל הימים (הזמן), אף שאין היא נאמרת במילים, היא חזקה מספיק כדי למלא את כל העולם. החלק הבולט שבשמים הוא שלַשֶּׁמֶשׁ שָׂם־אֹהֶל בָּהֶם - הם נראים כמקום המשכן ("אוהל") של השמש.

ו וְהוּא, השמש, הריהו כְּחָתָן יֹצֵא מֵחֻפָּתוֹ יָשִׂישׂ כְּגִבּוֹר לָרוּץ אֹרַח - זהו תיאור של חווית המשורר המתבונן במהלכה של השמש בשמים: ההתחלה, הזריחה, היא "כחתן יוצא מחופתו", שנראה קצת מסמיק ומאוד מאושר. אחר כך בא מהלכה של השמש בכל תוקפה, מירוץ העוצמה שאינו נעצר לשנייה: "ישיש כגיבור לרוץ אורח".

ז ומהלכה של השמש הוא מִקְצֵה הַשָּׁמַיִם מוֹצָאוֹ וּתְקוּפָתוֹ עַל־קְצוֹתָם וְאֵין נִסְתָּר מֵחַמָּתוֹ: השמש יוצאת בקצה השמים, והיא מקיפה אותם וגומרת את מהלכה "על קצותם" - בקצה האחר שלהם. ובעודה זורחת ומאירה את הארץ מבטאת השמש את הגבורה, גבורתו של הגיבור הרץ על פני כל העולם במלוא העוצמה ובלי שיהיה מי שיעצור אותו. כל אלה הם קולות של השמים ה"מספרים" בעצם

יט,ה בְּכָל הָאָרֶץ יָצָא קַוָּם וּבִקְצֵה תֵבֵל מִלֵּיהֶם. על־ידי נס ומופת, המשנה הנהגת הטבע, רואים הכול אלוהותו יתברך. אבל באמת קשה בעיניו יתברך לשנות הטבע, כי הנהגת הטבע היא היא המגדת נפלאות ה׳, שכל נברא גשמי בעולם אינו יכול לנהוג כמנהגו בקביעות, אלא משתנה מיום ליום ומשעה לשעה, מה שאין כן כוח אלוהותו יתברך – סדר אחד והנהגה אחת לו מששת ימי בראשית עד סוף העולם: בְּכָל הָאָרֶץ יָצָא קַוָּם וּבִקְצֵה תֵבֵל מִלֵּיהֶם. ומתוך כך יבין המשכיל גדולת השגחתו הפרטית יתברך, שהרי אין שום דבר נמצא בלתי חיותו יתברך, ועינו פקוחה על הכול. אבל הכסיל לא יבין את זאת, ומניח הכול תחת המקרה.

על־פי פרי הארץ, בא

ח תּ֫וֹרַ֥ת יְהוָ֣ה תְּ֭מִימָה
מְשִׁ֣יבַת נָ֑פֶשׁ
עֵד֥וּת יְהוָ֥ה נֶ֝אֱמָנָ֗ה
מַחְכִּ֥ימַת פֶּֽתִי׃
ט פִּקּ֘וּדֵ֤י יְהוָ֣ה יְ֭שָׁרִים
מְשַׂמְּחֵי־לֵ֑ב

קיומם, כפי שמתאר אותם זה המסוגל לשמוע את הדברים ש"לא נשמע קולם".

חלקו השני של המזמור עוסק בשבח התורה והמצוות. בחלק זה שישה פסוקים, אשר כולם בנויים באותה תבנית עצמה: קודם מובא תואר מסוים של התורה, ולאחר מכן - תכונה הקשורה אליו קשר מהותי (וראה גם בפרק קיט).

ח תּוֹרַת ה' תְּמִימָה, מְשִׁיבַת נָפֶשׁ - "משיב נפש" הוא מה שמביא מנוחת הנפש ומרגוע. התמים, דהיינו: הדבר השלם שלא נפגם, הוא המשיב את הנפש; כי העולם, המציאות, מלאים קרעים ופגמים, עורמה ומזימה, היוצרים את עייפות הנפש; ואילו ההתבוננות בדבר שלם ומושלם מרגיעה ומשיבה את הנפש.

עֵדוּת ה' נֶאֱמָנָה, מַחְכִּימַת פֶּתִי - "עדות" היא שם נרדף לתורה. הפתי הוא זה שאיננו יודע ואיננו מבין, וכאשר הוא אומר דבר הרי הוא מקלקל אותו ופוגם בו. לעומת זאת כאשר אדם, ואפילו פתי, איננו מנסה לפרש פירושים או לתת הסברים, אלא הוא מוסר דברים כהווייתם, הדברים שהוא אומר הם דברי חכמה. כלומר: עצם הנאמנות הזו עושה אותו חכם.

ט פִּקּוּדֵי ה', כלומר: המצוות והחוקים, הם יְשָׁרִים, מְשַׂמְּחֵי־לֵב: הקישור בין ישרות ושמחה מצוי בכמה מקומות אחרים, כגון: "ולישרי לב שמחה" (תהלים צז, יא). ישרות הלב היא תכונה שבה אין מקום לעיקולים, לפיתולים ולסיבוכים. העיקומים

יט,ח **תּוֹרַת ה' תְּמִימָה** – אמר הבעש"ט זי"ע כי אור הגנוז עודנו תמים, שלם, שלא הגיע שום אדם למדרגתו אלא מעט מזעיר, וכן **תּוֹרַת ה'** – בבחינתה העליונה, שנקראת על שם ה' ולא על שמו של משה – אף היא **תְּמִימָה** ושלמה לגמרי, שלא התחיל בה אדם. ומבאר הרבי מליובאוויטש זי"ע שהדברים אמורים בעצם התורה, שהוא למעלה מהתחלקות, ולכן "לא התחיל בה אדם מעולם" – לפי שגם המעולה שבאדם (בני ישראל – "אתם קרויין אדם") אינו מסוגל לתפוס אלא בעניינים הבאים בבחינת התחלקות, שיש להם תחילה וסוף. אם כן, כיצד יוכל אדם להתקשר בעצם התורה? על־ידי שיסיר מעליו את ציור ה"אדם" שלו, את התלות בהבנה ובהשגה, וילמד את התורה מצד עצם עניינה – שהיא מגלה ש"ישראל, אורייתא וקודשא־בריך־הוא כולא חד" [=ישראל, התורה והקב"ה כולם אחד].

על־פי תהילות מנחם

מִצְוַ֣ת יְהֹוָ֣ה בָּ֭רָה
מְאִירַ֣ת עֵינָֽיִם׃
י יִרְאַ֤ת יְהֹוָ֨ה ׀ טְהוֹרָה֮
עוֹמֶ֪דֶת לָ֫עַ֥ד

והפיתולים שבלבו של אדם גורמים לכך שאפילו בזמנים טובים, וכל שכן בזמנים אחרים, אין הוא מסוגל לשמוח: יש לו ספקות, חששות, בעיות, חשבונות. ישר לב, מי שאין בו פתלתלות כזאת, הוא זה שיכול לראות את הדברים ולקבל את הטוב מתוך שמחה; ונוסף על זה גם הישרות עצמה משמחת. ועל כן פיקודי ה׳, מאחר שהם ישרים ואין בהם "עיקש ופתלתול" (ראה דברים לב, ה), הם משמחי לב.

מִצְוַת ה׳ בָּרָה, מְאִירַת עֵינָיִם - "בר" פירושו נקי, ברור, בהיר. כאשר יש ערבוב, כתמים ותערובות העין רואה, אך היא מתאמצת בראייה הזאת; וכתמים וצללים מרובים מדיי מטשטשים את הראייה. ואולם מצוות ה׳ נקייה ויש בה בהירות ללא כל כתם ורבב, ומשום כך היא מאירה את העיניים.

י **יִרְאַת ה׳ טְהוֹרָה, עוֹמֶדֶת לָעַד** - "יראת ה׳" כאן היא לא רק ההתייחסות האנושית, אלא כמעט שם נרדף לתורת ה׳, והיא "טהורה, עומדת לעד". ככל שדבר מורכב יותר כך הוא עלול יותר להשתנות ולכלות, משום שהוא מבוסס על תרכובות בינו לבין אחרים, ועקב חוסר השלמות של עצמו הוא נוטה להתפרק. לעומת זאת דבר טהור, אפילו במובן הגשמי הפשוט, הוא שמור יותר, משום שיש לו הרבה פחות מגע עם החוץ ואין בתוכו דברים המפרקים אותו. כל זה בוודאי נכון ביחס ליראת ה׳, שהיא טהורה באופן מוחלט; בתור שכזו אין שום דבר שיכול לפגום בה, ולכן היא "עומדת לעד".

יט,ט **מִצְוַת ה׳ בָּרָה** – זה משה רבנו, "יראת ה׳ טהורה" – זה אהרן הכהן. משה רבנו הוא שושבינא דמלכא, שהוריד תורה מן השמים ובה תרי"ג מצוות, והוא פותח שערים מלמעלה להמשיך השפע לישראל למטה. אהרן הכהן הוא שושבינא דמטרוניתא, הפותח שערים מלמטה ומכין ומקרב לבות בני ישראל לקבל השפע. וזה סוד התפילה, שאמרו חז"ל: "לעולם יכנוס אדם שיעור שני פתחים ואחר כך יתפלל". פתח אחד מלמטה, להיות מוכן לקבל, ופתח אחר מלמעלה, להשפעת השפע. בוא וראה, שי"ח פעמים נזכרו משה ואהרן בתורה כשהתייחד הדיבור אליהם בשווה, וכנגדן נפתחו שערים בכל יום לי"ח ברכות שבתפילה, המשפיעות כל מיני שפע שבעולם.

על־פי שפת אמת, במדבר תרנ"ב

פרק יט • ספר ראשון • ליום ראשון • ג לחודש _______ תהלים • 77

מִשְׁפְּטֵי־יְהוָה אֱמֶת
צָדְקוּ יַחְדָּו:
יא הַנֶּחֱמָדִים מִזָּהָב וּמִפַּז רָב
וּמְתוּקִים מִדְּבַשׁ
וְנֹפֶת צוּפִים:
יב גַּם־עַבְדְּךָ נִזְהָר בָּהֶם
בְּשָׁמְרָם עֵקֶב רָב:
יג שְׁגִיאוֹת מִי־יָבִין
מִנִּסְתָּרוֹת נַקֵּנִי:

מִשְׁפְּטֵי־ה' אֱמֶת, צָדְקוּ יַחְדָּו - זוהי, בעצם, אחת ההגדרות הבסיסיות של אמת: צירוף של מרכיבים שונים המאפשר להם להתחבר זה עם זה בלי ליצור סתירות: "צדקו" - כל אחד מהם הוא אמת - גם כשהם "יחדיו". כל הדברים נכונים, ולכן אמת הם.

יא ומכאן להגדרה רגשית יותר: דברי התורה, הפקודים והמשפטים, הם הַנֶּחֱמָדִים מִזָּהָב וּמִפַּז - כנראה שם נרדף לזהב, או אולי סוג מסוים של זהב - רָב. כלומר: הם נחשקים יותר, חומדים אותם יותר מאשר את הזהב. והם גם מְתוּקִים יותר מִדְּבַשׁ וְנֹפֶת צוּפִים - שהם המתיקות היוצאת ממיצי פירות, וכיוצא בזה. דברי התורה הם דברים המעוררים תשוקה וחמדה בלב; אבל שלא כזהב, שאין לו טעם, הם גם מתוקים לחך.

ומכאן עוברים לחלקו השלישי של המזמור, שהוא החלק האישי ביותר:

יב גַּם־עַבְדְּךָ, המשורר, נִזְהָר בָּהֶם - במצוות, בְּשָׁמְרָם - בהיותו שומר אותם עֵקֶב רָב, כלומר: עד לקצה האחרון, וגם במקומות שכשלעצמם אינם מיושרים ("עקוב"). הצהרתו זו של המשורר - שהוא נזהר ושומר את המצוות - צריכה, כמובן, סיוגים, כי יש גם מכשולים שונים:

יג שְׁגִיאוֹת מִי־יָבִין - אנשים שוגים בלי שיהיו מודעים לטעויותיהם; שהרי מי יכול לדעת מראש שמעשהו הוא שגיאה?

מִנִּסְתָּרוֹת - מדברים נסתרים שאינני יודע עליהם, ושבגלל חוסר הידיעה שלי אני נכשל בהם - נַקֵּנִי, צריך אתה לנקות אותי;

יט,י מִשְׁפְּטֵי ה' אֱמֶת צָדְקוּ יַחְדָּו. אמר רבי בונים מפשיסחא זי"ע כי אין הקב"ה דן את האדם עד שיהיה הדין צודק גם לאביו ולאמו, לקרוביו ולאוהביו, שהרי כאשר האדם נידון – כל אלו סובלים ומצטערים. וזה טעם למה שידוע בשם האריז"ל שצריך אדם לקבל על עצמו מצוות עשה של "ואהבת לרעך כמוך" קודם שיתפלל. כי כשעומד אדם לבדו, הנה לפעמים דינו לשבט ח"ו, אך אם הוא כולל תפילתו בכלל ישראל – מרגיש בצערם ומתפלל בעבורם – הנה דינו בלול ומעורב עמהם וזכותם עומדת לו. ומה גם כאשר זוכה להרגיש בתפילתו צערה של שכינה, שהרי כביכול "בצרתם לו צר" ובכל עת צרה לישראל גם הקב"ה מצטער, על־ידי זה זוכה שיתקיים הפסוק ככתבו: "בצרתם לא צר", כי אז מושיע הקב"ה לעצמו, בבחינת "למעני אעשה", ונמתקים כל הדינים.

על־פי תפארת שמואל, ויחי, ז

78 • תהלים ________ ג לחודש • ליום ראשון • ספר ראשון • פרק יט

יד גַּם מִזֵּדִים ׀ חֲשֹׂךְ עַבְדֶּךָ
אַל־יִמְשְׁלוּ־בִי אָז אֵיתָם
וְנִקֵּיתִי מִפֶּשַׁע רָב:
טו יִהְיוּ לְרָצוֹן ׀ אִמְרֵי־פִי
וְהֶגְיוֹן לִבִּי לְפָנֶיךָ
יהוה צוּרִי וְגֹאֲלִי:

כי הרי "הנסתרות לה' אלקינו והנגלות לנו ולבנינו" (דברים כט, כח), האדם אינו יודע את הנסתרות. ויש עוד גורם העלול להביא לידי כישלון: בני אדם אחרים.

יד על כן מבקש המשורר: **גַּם מִזֵּדִים**, מרשעים, **חֲשֹׂךְ** - מנע את **עַבְדֶּךָ**, כלומר: הגן עליי מן הרשעים, הגורמים לי לעשות מעשים שלא ראוי לעשותם. **אַל־יִמְשְׁלוּ־בִי** הרשעים; כי אם ימשלו בי הם יאלצו אותי לעשות את רצונם. ואם לא תחשוב לי את שגגותיי, ותביא בחשבון את האילוצים החיצוניים, **אָז אֵיתָם** - אהיה תמים, שלם; כי כאשר מוחקים את כל הדברים הללו ואין מביאים אותם בחשבון, מה שנשאר הוא הרבה יותר שלם מן הדמות השלמה המגיעה לידי מכשלה בגלל חוסר ידיעה, חוסר הבנה או גורמים חיצוניים. ועל־ידי כך שלא תחשיב לי את זאת, **וְנִקֵּיתִי** - אהיה נקי - **מִפֶּשַׁע רָב**.

טו המזמור מסתיים בפסוק של תפילה: **יִהְיוּ לְרָצוֹן**, כלומר: ימצאו נא חן בעיניך, **אִמְרֵי־פִי**, הדברים שאמרתי, כגון תפילה זו, **וְהֶגְיוֹן לִבִּי** - מה שלא אמרתי בפי אך חשבתי בלבי, **לְפָנֶיךָ** ה', שאתה **צוּרִי**, כלומר: תוקפי, החוזק שלי, כמו אבן צור; **וְגֹאֲלִי** - הגואל אותי מכל מיני צרות וסכנות.

לסיכום אפשר לומר שבמזמור זה יש הקבלה בין כבוד ה' כפי שהוא נראה בעולם (כמתואר בחלקו הראשון) לבין מה שמתגלה בתוך התורה (והמתואר בחלק השני), ואילו התפילה האישית (חלקו השלישי של המזמור) היא בבחינת מסקנה פרטית ואנושית הנובעת מן הדברים הכלליים שנאמרו קודם לכן.

יט,יד **גַּם מִזֵּדִים חֲשֹׂךְ עַבְדֶּךָ – אַל יִמְשְׁלוּ בִי**. כיוון שעשה אדם עבירות במזיד, עבר ושנה ולא שב, ניתנת להן ממשלה עליו ח"ו והן מורידות אותו מטה מטה. סימן לדבר – שגגות שבידו, בבחינת **שְׁגִיאוֹת מִי יָבִין**, שלמרות קלותן יש בהן כדי להדאיג, שהרי אדם רואה שרגליו מובילות אותו אל הרע גם בהיסח הדעת, שלא בבחירתו, והרי זה סימן לשקיעה יתרה בהפך הקדושה. וכשיבין זאת ויתמרמר על כך, יזכה להינקות הן משגגותיו והן מנסתרותיו – **מִנִּסְתָּרוֹת נַקֵּנִי** – כל אותן עבירות שאדם דש בעקביו וכלל אינו מודע אליהן, ויהיה תמים ושלם עם השם יתברך, **אָז אֵיתָם וְנִקֵּיתִי מִפֶּשַׁע רָב**.

על־פי רמתיים צופים, א: עו

אֵלֶּה בָרֶכֶב וְאֵלֶּה בַסּוּסִים וַאֲנַחְנוּ בְּשֵׁם־יהוה אֱלֹהֵינוּ נַזְכִּיר:

ספר ראשון

פרק כ

מזמור שיש בו גם תפילה ובקשה
וגם שבח, הכרוכים זה בזה.

א לַמְנַצֵּחַ מִזְמוֹר לְדָוִד:
ב יַעַנְךָ יְהוָה בְּיוֹם צָרָה
יְשַׂגֶּבְךָ שֵׁם ׀ אֱלֹהֵי יַעֲקֹב:
ג יִשְׁלַח־עֶזְרְךָ מִקֹּדֶשׁ
וּמִצִּיּוֹן יִסְעָדֶךָּ:
ד יִזְכֹּר כָּל־מִנְחֹתֶךָ
וְעוֹלָתְךָ יְדַשְּׁנֶה סֶלָה:
ה יִתֶּן־לְךָ כִלְבָבֶךָ
וְכָל־עֲצָתְךָ יְמַלֵּא:
ו נְרַנְּנָה ׀ בִּישׁוּעָתֶךָ
וּבְשֵׁם־אֱלֹהֵינוּ נִדְגֹּל
יְמַלֵּא יְהוָה
כָּל־מִשְׁאֲלוֹתֶיךָ:
ז עַתָּה יָדַעְתִּי
כִּי הוֹשִׁיעַ ׀ יְהוָה מְשִׁיחוֹ
יַעֲנֵהוּ מִשְּׁמֵי קָדְשׁוֹ
בִּגְבֻרוֹת יֵשַׁע יְמִינוֹ:
ח אֵלֶּה בָרֶכֶב וְאֵלֶּה בַסּוּסִים

א לַמְנַצֵּחַ מִזְמוֹר לְדָוִד: נראה כי זו אינה בקשה אישית ופרטית, אלא בקשתו של מלך. ואכן, יש המפרשים ש"לדוד" כאן משמעו: שירת משורר לכבוד דוד ומלכותו.

ב יַעַנְךָ ה׳ בְּיוֹם צָרָה יְשַׂגֶּבְךָ - כלומר, יגדיל ויעצים אותך - שֵׁם אֱלֹהֵי יַעֲקֹב.

ג יִשְׁלַח־עֶזְרְךָ מִקֹּדֶשׁ - ממקום משכנו, בית המקדש, וּמִצִּיּוֹן, שהוא הר הבית, יִסְעָדֶךָּ, יתמוך בך.

ד יִזְכֹּר כָּל־מִנְחֹתֶךָ - כלומר: כל המנחות שהקרבת יעלו בזיכרון בחיבה, וְעוֹלָתְךָ יְדַשְּׁנֶה - כלומר, תתקבל כמלאת דשן, כמובחרת, סֶלָה.

ה יִתֶּן־לְךָ כִלְבָבֶךָ - כמו המשאלות שבלבך - וְכָל־עֲצָתְךָ - כלומר: תכניותיך - יְמַלֵּא.

ו נְרַנְּנָה בִּישׁוּעָתֶךָ וּבְשֵׁם־אֱלֹהֵינוּ נִדְגֹּל, נרומם את שמו, נניף אותו כדגל מעלינו. ובפנייה ישירה למלך: יְמַלֵּא ה׳ כָּל־מִשְׁאֲלוֹתֶיךָ.

ז עַתָּה, כאשר הגיע הניצחון, התשועה, יָדַעְתִּי, כִּי הוֹשִׁיעַ ה׳ מְשִׁיחוֹ - את המלך, שהוא משיח ה׳, יַעֲנֵהוּ בתפילתו מִשְּׁמֵי קָדְשׁוֹ, בִּגְבֻרוֹת יֵשַׁע יְמִינוֹ. הימין היא היד המעניקה והנותנת; היא המביאה כאן את הישועה, ויש לה גם העוצמה הדרושה כדי להכניע את האויבים.

ח אֵלֶּה - האויבים - יכולים לבוא כנגדנו בָרֶכֶב, שהוא כלי המלחמה החזק ביותר של העולם העתיק, וְאֵלֶּה בַסּוּסִים, שמוסיפים לצבא

כ,ו יְמַלֵּא ה׳ כָּל מִשְׁאֲלוֹתֶיךָ. ה׳ אחד ושמו אחד, אבל עולמו שניים – שמים וארץ, פנים וחוץ, נסתרות ונגלות. אין השם שלם ואין הכיסא שלם. אין השם שלם – שארבע אותיות בשמו הגדול, והן חלוקות שתיים שתיים: י־ה מכאן, ו־ה מכאן. חלק ראשון שבשם, כנגד הנסתרות שבשמים, העולם הפנימי, שטובו גנוז בתוכו. חלק אחרון שבשם, כנגד הנגלות שבארץ, העולם החיצוני החסר ומתאווה תמיד להשלמת חסרונו. לו אך היה השם שלם היה גם הכיסא שלם. לא היינו יודעים חיסרון מהו, והיו עינינו רואות ולבנו מרגיש וכל עצמותינו אומרות שירה. משכך, הרי שכל חיסרון שמופיע בחיינו אינו חיסרון פרטי בלבד, ואינו נוגע לנו ולחיינו בלבד. חסרון העולם הוא, חסרון ההוויה כולה. על כן – יְמַלֵּא ה׳ כָּל מִשְׁאֲלוֹתֶיךָ. אין לנו משאלה גדולה יותר משיתמלא שמו יתברך, ויהיה השם שלם והכיסא שלם.

על־פי בעש"ט על התורה, בשלח, כג

וַאֲנַחְנוּ ׀
בְּשֵׁם־יְהֹוָה אֱלֹהֵינוּ נַזְכִּיר׃
ט הֵמָּה כָּרְעוּ וְנָפָלוּ
וַאֲנַחְנוּ קַּמְנוּ וַנִּתְעוֹדָד׃
י יְהֹוָה הוֹשִׁיעָה
הַמֶּלֶךְ יַעֲנֵנוּ בְיוֹם־קָרְאֵנוּ׃

מהירות וכוח, **וַאֲנַחְנוּ בְּשֵׁם־ה' אֱלֹהֵינוּ נַזְכִּיר**; אולי אין אנו משופעים כל כך בכלי מלחמה, אבל אנחנו הולכים בשם ה'.

ט **הֵמָּה** - אויבינו - **כָּרְעוּ וְנָפָלוּ וַאֲנַחְנוּ קַמְנוּ וַנִּתְעוֹדָד**:

י **ה' הוֹשִׁיעָה, הַמֶּלֶךְ** - שכאן הוא כינוי לקב"ה, ולא למלך בשר ודם - הוא **יַעֲנֵנוּ בְּיוֹם־קָרְאֵנוּ**.

כ,י **הַמֶּלֶךְ יַעֲנֵנוּ בְּיוֹם קָרְאֵנוּ.** לא כל התפילות שוות, ולא כל הישועות שוות. בדרך כלל אין התפילה זוכה למענה מידי. אותה שעה דומה המתפלל למי שמגיש בקשתו ב"צינורות המקובלים", דרך שרים ופקידים, שדבריו נשקלים היטב ונלקחים לבירור: האם מגיע לו, כיצד מגיע לו ואימתי מגיע לו שתיעשה בקשתו. אך יש ואדם קורא ונענה מיד, בו ביום. כיצד? פשוט, מכיוון שהוא זועק את זעקתו באוזני המלך עצמו, ללא מתווכים כלל, ודבריו זוכים להפיק רצון מן הרצון העליון בעצמו. מיהו שיזכה לכך? או העני, שזועק מנהמת לבו וזקוק לישועת ה' כהרף עין, או מי ששיחקה לו השעה והוא עומד בתפילה בזמן שפני המלך מאירים ברצון להיטיב לעולמו. **ה' הוֹשִׁיעָה** – השם יתברך, שעה אלינו באור פניך, ואזי **הַמֶּלֶךְ יַעֲנֵנוּ בְּיוֹם קָרְאֵנוּ.**

על־פי פירוש המילות, קנח

גָּדוֹל כְּבוֹדוֹ בִּישׁוּעָתֶךָ הוֹד וְהָדָר תְּשַׁוֶּה עָלָיו:

ספר ראשון
פרק כא

מזמור תהילה ותודה לכבודו של ה', המביא לכך
שהמלך הצדיק, הבוטח בה', יגבר על אויביו.

פרק כא • ספר ראשון • ליום ראשון • ג לחודש תהלים • 83

א לַמְנַצֵּחַ מִזְמוֹר לְדָוִד:
ב יְהוָה בְּעָזְּךָ יִשְׂמַח־מֶלֶךְ
וּבִישׁוּעָתְךָ מַה־יָּגֶל מְאֹד:
ג תַּאֲוַת לִבּוֹ נָתַתָּה לּוֹ
וַאֲרֶשֶׁת שְׂפָתָיו
בַּל־מָנַעְתָּ סֶּלָה:
ד כִּי־תְקַדְּמֶנּוּ בִּרְכוֹת טוֹב
תָּשִׁית לְרֹאשׁוֹ עֲטֶרֶת פָּז:
ה חַיִּים ׀ שָׁאַל מִמְּךָ נָתַתָּה לּוֹ
אֹרֶךְ יָמִים עוֹלָם וָעֶד:
ו גָּדוֹל כְּבוֹדוֹ בִּישׁוּעָתֶךָ
הוֹד וְהָדָר תְּשַׁוֶּה עָלָיו:
ז כִּי־תְשִׁיתֵהוּ בְרָכוֹת לָעַד
תְּחַדֵּהוּ בְשִׂמְחָה אֶת־פָּנֶיךָ:
ח כִּי־הַמֶּלֶךְ בֹּטֵחַ בַּיהוָה
וּבְחֶסֶד עֶלְיוֹן בַּל־יִמּוֹט:
ט תִּמְצָא יָדְךָ לְכָל־אֹיְבֶיךָ
יְמִינְךָ תִּמְצָא שֹׂנְאֶיךָ:
י תְּשִׁיתֵמוֹ ׀ כְּתַנּוּר אֵשׁ
יגיל

א **לַמְנַצֵּחַ מִזְמוֹר לְדָוִד:**

ב **ה׳, בְּעָזְּךָ יִשְׂמַח־מֶלֶךְ, וּבִישׁוּעָתְךָ מַה־יָּגֶל** - כמה, איך יגל - **מְאֹד**, אף על פי שעדיין לא הגיע לשלווה גמורה.

ג **תַּאֲוַת לִבּוֹ נָתַתָּה לּוֹ וַאֲרֶשֶׁת שְׂפָתָיו** - שהביע בתפילה - **בַּל־מָנַעְתָּ סֶּלָה.**

ד **כִּי־תְקַדְּמֶנּוּ בִּרְכוֹת טוֹב** - כשהוא בא לקראתך, כביכול, אתה מקדים ונותן לו ברכות טוב. **תָּשִׁית**, תשים, **לְרֹאשׁוֹ עֲטֶרֶת פָּז**, זהב.

ה **חַיִּים שָׁאַל מִמְּךָ**, ונתתה לו גם **אֹרֶךְ יָמִים** והלוואי שיימשכו **לְעוֹלָם וָעֶד.**

ו **גָּדוֹל כְּבוֹדוֹ בִּישׁוּעָתֶךָ** - שהרי ישועתך לו במלחמותיו מרבה ומגדילה את כבודו. **הוֹד וְהָדָר תְּשַׁוֶּה עָלָיו.**

ז **כִּי־תְשִׁיתֵהוּ בְרָכוֹת לָעַד** - אתה תשים, תעשה, אותו מקבל של ברכות לעולם, **תְּחַדֵּהוּ** - תגרום לו חדוה - **בְשִׂמְחָה אֶת־פָּנֶיךָ** - עִם פניך.

ח **כִּי־הַמֶּלֶךְ בֹּטֵחַ בַּה׳, וּבְחֶסֶד עֶלְיוֹן** - ובהיותו בוטח בחסד עליון - **בַּל־יִמּוֹט**. וכאן באה פנייה למלך עצמו:

ט **תִּמְצָא**, תגיע, **יָדְךָ לְכָל־אֹיְבֶיךָ, יְמִינְךָ תִּמְצָא שֹׂנְאֶיךָ.**

י **תְּשִׁיתֵמוֹ** - תשים אותם, את השונאים - **כְּתַנּוּר** הבוער באש **לְעֵת פָּנֶיךָ**, בזמן שאתה נותן פניך בהם בכעס.

כא,ה **חַיִּים שָׁאַל מִמְּךָ נָתַתָּה לּוֹ.** שהנה הצדיק, החיים שיש לו בעולם־הזה אינם אצלו רק כמו דבר הנשאל לפי שעה, ומחמת זה הוא הולך ומתגבר תמיד בקדושה, מחמת שמעלה תמיד במחשבתו שמא היום הוא יום החזרת השאלה.

וזהו **חַיִּים שָׁאַל מִמְּךָ** – פירוש: הצדיק, שחושב שהחיים אינם אלא שאלה ששאל ממך; לכן **נָתַתָּה לּוֹ אֹרֶךְ יָמִים עוֹלָם וָעֶד** – על־ידי זה זוכה לאריכות ימים, שהוא העולם־הבא.

על־פי נועם אלימלך, וירא

לְעֵת פָּנֶיךָ
יְהוָה בְּאַפּוֹ יְבַלְּעֵם
וְתֹאכְלֵם אֵשׁ:
יא פִּרְיָמוֹ מֵאֶרֶץ תְּאַבֵּד
וְזַרְעָם מִבְּנֵי אָדָם:
יב כִּי־נָטוּ עָלֶיךָ רָעָה
חָשְׁבוּ מְזִמָּה בַּל־יוּכָלוּ:
יג כִּי תְּשִׁיתֵמוֹ שֶׁכֶם
בְּמֵיתָרֶיךָ
תְּכוֹנֵן עַל־פְּנֵיהֶם:
יד רוּמָה יְהוָה בְעֻזֶּךָ
נָשִׁירָה וּנְזַמְּרָה גְּבוּרָתֶךָ:

ה' בְּאַפּוֹ, בחמתו, יְבַלְּעֵם, ישמידם, וְתֹאכְלֵם אֵשׁ.

יא את פִּרְיָמוֹ - פרים, כלומר: צאצאיהם - מֵאֶרֶץ תְּאַבֵּד, וְזַרְעָם תאבד מִבְּנֵי אָדָם.

יב כִּי־נָטוּ עָלֶיךָ - כלומר: פנו אליך - רָעָה, חָשְׁבוּ לעשות מְזִמָּה; והוא מוסיף: בַּל־יוּכָלוּ לעשות אותה.

יג כִּי תְּשִׁיתֵמוֹ, תשים אותם, שֶׁכֶם - אולי פירושו מטרה לירי, בְּמֵיתָרֶיךָ, תירה עליהם במיתרי הקשת שלך. תְּכוֹנֵן קשתך עַל־פְּנֵיהֶם.

יד ובסיום: רוּמָה, ה', בְּעֻזֶּךָ, התנשא והתגלה ברוממותך, ואז אנו נָשִׁירָה וּנְזַמְּרָה גְּבוּרָתֶךָ שהראית לנו.

כא:יד נָשִׁירָה וּנְזַמְּרָה גְּבוּרָתֶךָ. לפעמים גם אדם צדיק מתפלל וצועק על צרותיו בענייני העולם־הזה, ואין משגיחין עליו. משל למה הדבר דומה? לבן המלך הרך בשנים, שבנה לעצמו בית קטן מקרשים וענפים ובא אדם אחד וסתר בניינו. בא הילד בבכייה לפני אביו וביקש שיעניש את אותו שפגע בו, ולא השגיח בו המלך ואף שחק לעומתו, שהיה במחשבתו לבנות לו בית קבע גדול ונאה במקום אותו בית עראי של ענפים. כך אותו צדיק, פעמים שאין הקב"ה משגיח בצער עולם־הזה שלו, שהרי הוא מתקין לו ממנו שכר הרבה לעולם־הבא. וכן הוא אומר: רוּמָה ה' בְּעֻזֶּךָ נָשִׁירָה וּנְזַמְּרָה גְּבוּרָתֶךָ – לבסוף, כשתבנה לנו בית המקדש, נשירה ונזמרה בכל אותם גבורות ודינים שעשית בנו מתחילה.

על־פי כתר שם טוב, קה"ת תשס"ד, ריד

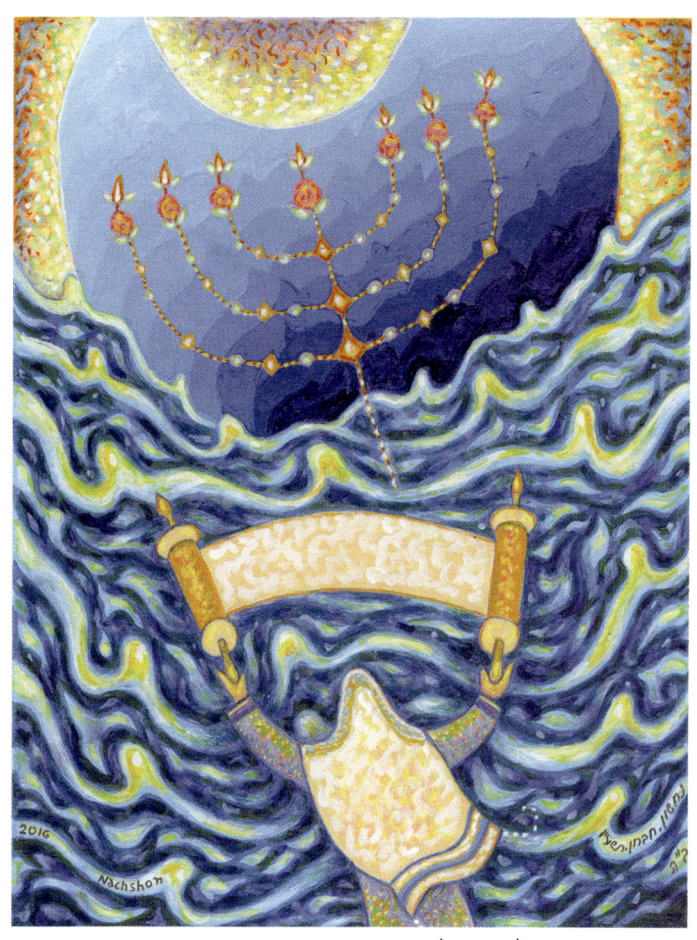

וְאַתָּה קָדוֹשׁ יוֹשֵׁב תְּהִלּוֹת יִשְׂרָאֵל:

ספר ראשון
פרק כב

מזמור המתחיל בתחינה ובקריאה לעזרה של המתפלל, המבודד ומוקף באויבים רבים, ומסתיים בשיר הלל על ישועתו, שהיא דוגמה ומופת לאחרים.

א לַמְנַצֵּחַ עַל־אַיֶּלֶת הַשַּׁחַר
מִזְמוֹר לְדָוִד׃
ב אֵלִי אֵלִי לָמָה עֲזַבְתָּנִי
רָחוֹק מִישׁוּעָתִי
דִּבְרֵי שַׁאֲגָתִי׃
ג אֱלֹהַי
אֶקְרָא יוֹמָם וְלֹא תַעֲנֶה
וְלַיְלָה וְלֹא־דוּמִיָּה לִי׃
ד וְאַתָּה קָדוֹשׁ
יוֹשֵׁב תְּהִלּוֹת יִשְׂרָאֵל׃
ה בְּךָ בָּטְחוּ אֲבֹתֵינוּ
בָּטְחוּ וַתְּפַלְּטֵמוֹ׃
ו אֵלֶיךָ זָעֲקוּ וְנִמְלָטוּ
בְּךָ בָטְחוּ וְלֹא־בוֹשׁוּ׃
ז וְאָנֹכִי תוֹלַעַת וְלֹא־אִישׁ
חֶרְפַּת אָדָם וּבְזוּי עָם׃
ח כָּל־רֹאַי יַלְעִגוּ לִי
יַפְטִירוּ בְשָׂפָה יָנִיעוּ רֹאשׁ׃

א לַמְנַצֵּחַ עַל־אַיֶּלֶת הַשַּׁחַר מִזְמוֹר לְדָוִד: יש לשער שזהו שם של שיר אשר מזמור זה חובר לפי הלחן שלו. איילת השחר הוא השם המקובל לתחילת עלות השחר, שנראה כעין קרניים מקדימות של השמש אך מופיע זמן רב לפני הזריחה עצמה. מזמור זה הוא בעיקרו מזמור של בכייה ותחינה, אף שהוא מסתיים בנימה חיובית יותר - אולי משום שבסופו של דבר נפתרו הבעיות המתוארות בו.

ב אֵלִי, אֵלִי, לָמָה עֲזַבְתָּנִי? - זו הרגשתו של המשורר, שלא רק חש שהוא נרדף ומבודד, אלא גם אינו שומע את המענה האלוקי.

רָחוֹק מִישׁוּעָתִי - כאן זהו, אולי, כינוי לקב"ה, שהוא הישועה; ורחוקים ממנו, כאילו אינם מגיעים אליו, דִּבְרֵי שַׁאֲגָתִי שאני צועק וקורא.

ג אֱלֹהַי, אֶקְרָא יוֹמָם וְלֹא תַעֲנֶה, וְלַיְלָה וְלֹא־דוּמִיָּה לִי - אני מתפלל בכל לילה, ואין שקט בנפשי.

ד וְאַתָּה קָדוֹשׁ ואני מתפלל כי אתה קדוש, יוֹשֵׁב תְּהִלּוֹת יִשְׂרָאֵל - ה' מתואר כאן כמי שיושב על כיסא רם ונישא, שכל כולו עשוי מתהילות ישראל במשך הדורות.

ה בְּךָ בָּטְחוּ אֲבֹתֵינוּ, בָּטְחוּ - וַתְּפַלְּטֵמוֹ, הצלת אותם מצרותיהם.

ו אֵלֶיךָ זָעֲקוּ וְנִמְלָטוּ מצרותיהם, בְּךָ בָטְחוּ וְלֹא־בוֹשׁוּ.

ז וְאָנֹכִי תוֹלַעַת וְלֹא־אִישׁ, בעיני הבריות, חֶרְפַּת אָדָם וּבְזוּי עָם.

ח כָּל־רֹאַי יַלְעִגוּ לִי יַפְטִירוּ בְשָׂפָה - כלומר: יאמרו אמירה מזלזלת שאפילו אין בה דיבור שלם, אלא רק קולות של בוז - יָנִיעוּ רֹאשׁ בבוז, או בחמלה.

כב,ה בָּטְחוּ וַתְּפַלְּטֵמוֹ. עד היכן ביטחון? שיהיה אדם בוטח בה' כאילו כבר עשה לו כל חפצו. וכן בְּךָ בָּטְחוּ אֲבֹתֵינוּ בָּטְחוּ וַתְּפַלְּטֵמוֹ – כאילו כבר המצאת להם פלטה וישועה. וכן הוא אומר בשמעון ולוי: "ויבֹאו על העיר בטח" (בראשית לד כה), כמי שמובטח שייכנס בשלום ויצא בשלום ויֵיעשו לו נסים גדולים.

על־פי שערי שמחה

כב,ז וְאָנֹכִי תוֹלַעַת וְלֹא אִישׁ. אל יאמר בלבו שהוא עובד ה' גדול מחברו, כי האדם רימה ותולעה, תוֹלַעַת וְלֹא אִישׁ, וגם התולעת עובד להבורא בכל שכלו וכוחו, ואם לא נתן השם יתברך לאדם שכל – לא היה יכול לעובדו יותר מתולעת. ואם כן, אפילו מתולעת אינו חשוב במעלה, ובוודאי אינו חשוב משאר בני אדם. ודבר זה יהיה תמיד במחשבתו.

על־פי צוואת הריב"ש, קה"ת תשנ"ח, יב

ט גֹּ֣ל אֶל־יְהֹוָ֣ה יְפַלְּטֵ֑הוּ
יַ֝צִּילֵ֗הוּ כִּ֘י חָ֥פֵֽץ בּֽוֹ׃
י כִּֽי־אַתָּ֣ה גֹחִ֣י מִבָּ֑טֶן
מַ֝בְטִיחִ֗י עַל־שְׁדֵ֥י אִמִּֽי׃
יא עָ֭לֶיךָ הָשְׁלַ֣כְתִּי מֵרָ֑חֶם
מִבֶּ֥טֶן אִ֝מִּ֗י אֵ֣לִי אָֽתָּה׃
יב אַל־תִּרְחַ֣ק מִ֭מֶּנִּי
כִּי־צָרָ֣ה קְרוֹבָ֑ה
כִּי־אֵ֥ין עוֹזֵֽר׃
יג סְ֭בָבוּנִי פָּרִ֣ים רַבִּ֑ים
אַבִּירֵ֖י בָשָׁ֣ן כִּתְּרֽוּנִי׃
יד פָּצ֣וּ עָלַ֣י פִּיהֶ֑ם
אַ֝רְיֵ֗ה טֹרֵ֥ף וְשֹׁאֵֽג׃
טו כַּמַּ֥יִם נִשְׁפַּכְתִּי֮
וְהִתְפָּֽרְד֗וּ כׇּֽל־עַצְמ֫וֹתָ֥י
הָיָ֣ה לִ֭בִּי כַּדּוֹנָ֑ג
נָ֝מֵ֗ס בְּת֣וֹךְ מֵעָֽי׃

ט והרגשתי הפנימית לגבי כל אדם היא: גֹּל - התגלגל, פנה אֶל־ה', וה' יְפַלְּטֵהוּ, יַצִּילֵהוּ, כִּי חָפֵץ בּוֹ.

י כִּי־אַתָּה, ה', גֹחִי - אתה הוא זה שהוציא אותי מִבָּטֶן - מבטן אמי, אתה הוא זה שמַבְטִיחִי עַל־שְׁדֵי אִמִּי.

יא עָלֶיךָ הָשְׁלַכְתִּי - לתמיכה ולסעד - מֵרָחֶם, מִבֶּטֶן אִמִּי אֵלִי אָתָּה; כלומר: עוד משחר ילדותי אני נשען עליך ונתמך בך.

יב אַל־תִּרְחַק מִמֶּנִּי עתה, כִּי־צָרָה קְרוֹבָה, כִּי־אֵין עוֹזֵר - מלבדך.

יג ומצד שני - סְבָבוּנִי, כדי לנגוח אותי, פָּרִים רַבִּים, שהם בעלי חיים גדולים העשויים להיות מסוכנים, אַבִּירֵי בָשָׁן, פרים מן הבשן, ששם מצוי גזע גדול במיוחד של בקר, כִּתְּרוּנִי, הקיפוני, סביב־סביב. והאויבים

יד פָּצוּ, פתחו, עָלַי פִּיהֶם כאַרְיֵה טֹרֵף וְשֹׁאֵג.

טו כַּמַּיִם נִשְׁפַּכְתִּי, אני מרגיש חלוש ורופף, וְהִתְפָּרְדוּ כׇּל־עַצְמוֹתָי, הָיָה לִבִּי כַּדּוֹנָג, שהוא נָמֵס בְּתוֹךְ מֵעָי, אין לי שום הרגשה של כוח ועוצמה פנימית.

כב,טו כַּמַּיִם נִשְׁפַּכְתִּי וְהִתְפָּרְדוּ כׇּל עַצְמוֹתָי, פירוש: ספירת המלכות מקוננת על עצמיות ט' ספירות שבה, שירדו לעולמות הפירוד, בין הקליפות, מה שלא היה בגלות ראשון, שנסתלקו למעלה. ועל זאת ידוו כל הדוויים וכל איש אשר בלבו נגע יראת ה' ידקור חרב בלבו כשמוע דבר זה, כי בעוונותינו הרבים ט' ספירות הראשונים ירדו לקליפה ולא נשאר רק המלכות שבה, בחינת נפש, וגם בחינה זו סובלת צרות רבות, ומבקשת: הַצִּילָה מֵחֶרֶב נַפְשִׁי, הצל את בחינת הנפש שנשארה בי מצרות; וּמִיַּד כֶּלֶב יְחִידָתִי, הצל את בחינת כתר שבי – חלק המובחר – מן הקליפות.

על־פי מגילת סתרים, ליקוטים

טו יָבֵשׁ כַּחֶרֶשׂ ׀ כֹּחִי
וּלְשׁוֹנִי מֻדְבָּק מַלְקוֹחָי
וְלַעֲפַר־מָוֶת תִּשְׁפְּתֵנִי:
יז כִּי סְבָבוּנִי כְּלָבִים
עֲדַת מְרֵעִים הִקִּיפוּנִי
כָּאֲרִי יָדַי וְרַגְלָי:
יח אֲסַפֵּר כָּל־עַצְמוֹתָי
הֵמָּה יַבִּיטוּ יִרְאוּ־בִי:
יט יְחַלְּקוּ בְגָדַי לָהֶם
וְעַל־לְבוּשִׁי יַפִּילוּ גוֹרָל:
כ וְאַתָּה יְהוָה אַל־תִּרְחָק
אֱיָלוּתִי לְעֶזְרָתִי חוּשָׁה:
כא הַצִּילָה מֵחֶרֶב נַפְשִׁי
מִיַּד־כֶּלֶב יְחִידָתִי:
כב הוֹשִׁיעֵנִי מִפִּי אַרְיֵה
וּמִקַּרְנֵי רֵמִים עֲנִיתָנִי:
כג אֲסַפְּרָה שִׁמְךָ לְאֶחָי
בְּתוֹךְ קָהָל אֲהַלְלֶךָּ:

טו יָבֵשׁ כַּחֶרֶשׂ כֹּחִי - איני מרגיש כל לחלוחית של חיים בתוכי, וּלְשׁוֹנִי מֻדְבָּק מַלְקוֹחָי, דבוקה אל הלסתות שלי, וְלַעֲפַר־מָוֶת תִּשְׁפְּתֵנִי, תניח אותי.

יז כִּי סְבָבוּנִי כְּלָבִים, כל עדת האויבים מסביב, עֲדַת מְרֵעִים הִקִּיפוּנִי, כָּאֲרִי שעומד לידי הם עומדים ליד יָדַי וְרַגְלָי. ואני עצמי מרגיש שבור ורצוץ לגמרי,

יח אֲסַפֵּר - כמו: אספור - כָּל־עַצְמוֹתָי, שאני מרגיש שהן שבורות ומרוסקות, וְהֵמָּה, האויבים, יַבִּיטוּ, יִרְאוּ־בִי, בהמתנה למפלתי הגמורה.

יט וכבר בעודי בחיים יְחַלְּקוּ בְגָדַי לָהֶם - הם מחלקים ביניהם את הבגדים שאני לובש, וְעַל־לְבוּשִׁי יַפִּילוּ גוֹרָל, מי מהם יקבל כל בגד ובגד.

כ וְאַתָּה, ה׳, אַל־תִּרְחָק, אֱיָלוּתִי - עזרתי, כוחי - לְעֶזְרָתִי חוּשָׁה.

כא הַצִּילָה מֵחֶרֶב נַפְשִׁי, מִיַּד־כֶּלֶב, שעומד לנשוך אותי, הצילה את יְחִידָתִי - שם נרדף לנשמה.

כב הוֹשִׁיעֵנִי מִפִּי אַרְיֵה, שהוא מסוכן וטורף, וּמִקַּרְנֵי רֵמִים, שהם חיות בעלות קרניים ארוכות וגדולות, עֲנִיתָנִי, שלא ינגחו אותי בקרניהם.

וכאן בא קטע של סיום אשר נכתב, אולי, מאוחר יותר, כאשר הישועה כבר הגיעה:

כג אֲסַפְּרָה שִׁמְךָ לְאֶחָי על הישועה שהושעת אותי, בְּתוֹךְ קָהָל אֲהַלְלֶךָּ.

כב,כא הַצִּילָה מֵחֶרֶב נַפְשִׁי מִיַּד כֶּלֶב יְחִידָתִי. בשעה שה׳ מאיר פניו אלינו, למה אנו דומים? לכלה המצויה בשוק של בורסקאים, שריחו רע, ומחמת אהבתה דומה על דודה כאילו היא מצויה בשוק של בשמים. כך בעשרת ימי תשובה השם יתברך מאיר פניו אלינו וזורק עלינו מים טהורים ממקור י״ג מידות הרחמים, בחינת ״רעווא דכל רעווין״. וכשאדם מישראל רואה כך, הוא מתמלא בושה על כל הרצונות הזרים, על הריחוק, על שפנה אל השם יתברך עורף ולא פנים. ותיכף הוא מתעורר לגלות בחינת ״רעווא דכל רעווין״ שלו, היא היחידה שבנפש, נקודת הלב שלמעלה מן הדעת. להוציא כל חפציו ורצונותיו מענייני זה העולם ולדבקם ברצון כל הרצונות – בלתי לה׳ לבדו. וזה שאמר דוד המלך: הַצִּילָה מֵחֶרֶב נַפְשִׁי מִיַּד כֶּלֶב יְחִידָתִי.

על־פי ליקוטי תורה כי תבוא מג, ד

כד יִרְאֵי יְהוָה ׀ הַלְלוּהוּ
כָּל־זֶרַע יַעֲקֹב כַּבְּדוּהוּ
וְגוּרוּ מִמֶּנּוּ
כָּל־זֶרַע יִשְׂרָאֵל:
כה כִּי לֹא־בָזָה וְלֹא שִׁקַּץ
עֱנוּת עָנִי
וְלֹא־הִסְתִּיר פָּנָיו מִמֶּנּוּ
וּבְשַׁוְּעוֹ אֵלָיו שָׁמֵעַ:
כו מֵאִתְּךָ תְּהִלָּתִי בְּקָהָל רָב
נְדָרַי אֲשַׁלֵּם נֶגֶד יְרֵאָיו:
כז יֹאכְלוּ עֲנָוִים ׀ וְיִשְׂבָּעוּ
יְהַלְלוּ יְהוָה דֹּרְשָׁיו
יְחִי לְבַבְכֶם לָעַד:
כח יִזְכְּרוּ ׀ וְיָשֻׁבוּ אֶל־יְהוָה
כָּל־אַפְסֵי־אָרֶץ
וְיִשְׁתַּחֲווּ לְפָנֶיךָ
כָּל־מִשְׁפְּחוֹת גּוֹיִם:
כט כִּי לַיהוָה הַמְּלוּכָה
וּמֹשֵׁל בַּגּוֹיִם:

כד יִרְאֵי ה׳ הַלְלוּהוּ, את ה׳, כָּל־זֶרַע יַעֲקֹב כַּבְּדוּהוּ וְגוּרוּ - פחדו, ייראו - מִמֶּנּוּ כָּל־זֶרַע יִשְׂרָאֵל.

כה כי אני, בעצם קיומי, מוכיח כִּי לֹא־בָזָה ה׳ וְלֹא שִׁקַּץ, כלומר: לא התייחס בבוז או בתיעוב לֶעֱנוּת עָנִי, וְלֹא־הִסְתִּיר פָּנָיו מִמֶּנּוּ, וּבְשַׁוְּעוֹ אֵלָיו שָׁמֵעַ.

כו מֵאִתְּךָ היא תְּהִלָּתִי העכשווית, שאותה אני משמיע בְּקָהָל רָב. את נְדָרַי שנדרתי בעת צרה אֲשַׁלֵּם ברבים, נֶגֶד - במעמד - יְרֵאָיו.

כז יֹאכְלוּ עֲנָוִים וְיִשְׂבָּעוּ וִיהַלְלוּ ה׳ דֹּרְשָׁיו, יְחִי לְבַבְכֶם לָעַד - בגלל התקווה והישועה.

כח יִזְכְּרוּ וְיָשֻׁבוּ אֶל־ה׳ כָּל־אַפְסֵי־אָרֶץ - קצות הארץ, וְיִשְׁתַּחֲווּ לְפָנֶיךָ כָּל־מִשְׁפְּחוֹת גּוֹיִם.

כט כִּי לַה׳ הַמְּלוּכָה בכל העולם, וּמֹשֵׁל והוא מושל גם בַּגּוֹיִם.

כב,כה **וּבְשַׁוְּעוֹ אֵלָיו שָׁמֵעַ.** "כמו הרה תקריב ללדת כן היינו מפניך ה'". משל לאישה שיולדת בצער, ויש לה מיילדת בקיאה בעירה שמקלה עליה תמיד בכל עת לידתה. מכיוון שראתה האישה כך, סמכה על המיילדת ולא זכרה להתפלל להשם יתברך שיצילה מצער הלידה. מה עשה השם יתברך? מיהר זמן לידתה שלא כטבעה, וכרעה ללדת בשעה שהמיילדת הייתה חוץ לעיר, ולא נותר לה אלא לתלות עיניה למרום ולצעוק אל ה׳. כן בדורות אחרונים, לקח ה׳ מעמנו את הצדיקים שבדור, הם המיילדות הבקיאות שעליהם בטחנו להסיר חבלי הלידה, ואין לנו מנוס לקרוא אליו ולשים בו מבטחנו. כי באמת כל אחד מישראל ראוי להתפלל אל השם יתברך, **כִּי לֹא בָזָה וְלֹא שִׁקַּץ עֱנוּת עָנִי... וּבְשַׁוְּעוֹ אֵלָיו שָׁמֵעַ.** וזה סוד "כי חיות הנה – בטרם תבא אלֵיהן המילדת וילדו".

על־פי בני יששכר, תשרי ו: ד

ל אָכְלוּ וַיִּשְׁתַּחֲווּ ׀
כָּל־דִּשְׁנֵי־אֶרֶץ
לְפָנָיו יִכְרְעוּ כָּל־יוֹרְדֵי עָפָר
וְנַפְשׁוֹ לֹא חִיָּה:
לא זֶרַע יַעַבְדֶנּוּ
יְסֻפַּר לַאדֹנָי לַדּוֹר:
לב יָבֹאוּ וְיַגִּידוּ צִדְקָתוֹ
לְעַם נוֹלָד כִּי עָשָׂה:

ל אָכְלוּ וַיִּשְׁתַּחֲווּ כָּל־דִּשְׁנֵי־אֶרֶץ - כל אלה החיים חיים טובים ומדושנים בארץ. לְפָנָיו יִכְרְעוּ כָּל־יוֹרְדֵי עָפָר - כל בני האדם, וְנַפְשׁוֹ לֹא חִיָּה - כנראה פירושו: אין נפש של שום יצור בעולם שאותה ה׳ לא חייה.

לא זֶרַע - גם הבנים - יַעַבְדֶנּוּ, יעבדו את ה׳ מתוך זיכרון המאורעות הללו.

יְסֻפַּר לַה׳ - הנס של ה׳ - לַדּוֹר הבא.

לב יָבֹאוּ האנשים החיים עכשיו, וְיַגִּידוּ צִדְקָתוֹ לְעַם נוֹלָד - לאותו עם שעתיד להיוולד, כלומר: לילדים - כִּי עָשָׂה ה׳ תשועה לבני אדם.

כב,לא **זֶרַע יַעַבְדֶנּוּ.** "כל ישראל יש להם חלק לעולם־הבא" (סנהדרין י, א), ואין זה שכר מצוות כלל, אלא מצד עצם בריאתם, שהם מעשי ידי השם יתברך, וכמו שאמרו: "נצר מטעי מעשי ידי להתפאר" (ישעיהו ס כא), כי במה שהם מעשה ידיו יש בהם המעלה העליונה ולכך זוכים לעולם־הבא. וכך אמרו חכמים: "קטן מאימתי בא לעולם־הבא? נחלקו רבי חייא ורבי שמעון בר רבי, חד אמר משעה שנולד וחד אמר משעה שסיפר [=דיבר]. מאן דאמר משעה שנולד, דכתיב **וְיַגִּידוּ צִדְקָתוֹ לְעַם נוֹלָד כִּי עָשָׂה**; ומאן דאמר משעה שסיפר, דכתיב **זֶרַע יַעַבְדֶנּוּ יְסֻפַּר לַאדֹנָי לַדּוֹר**... רבינא אמר משעה שנזרע, דכתיב **זֶרַע יַעַבְדֶנּוּ**" (סנהדרין קי, ב). הרי שמצד עצם הבריאה של ישראל, שהם נצר מטעיו של הקב"ה, הם ראויים לעולם־הבא, ואין זה מצד המצווה והמעשים.

על־פי דרך חיים למהר"ל, הקדמה

בִּנְאוֹת דֶּשֶׁא יַרְבִּיצֵנִי עַל־מֵי מְנֻחוֹת יְנַהֲלֵנִי:

ספר ראשון

פרק כג

שיר של דבקות, שבו מדמה המשורר את עצמו לטלה קטן הסומך ובוטח על הרועה הנאמן שיוליכנו בדרך בטוחה וישכננו במקום של אושר וטוב.

א מִזְמ֥וֹר לְדָוִ֑ד
יְהֹוָ֥ה רֹ֝עִ֗י לֹ֣א אֶחְסָֽר׃
ב בִּנְא֣וֹת דֶּ֭שֶׁא יַרְבִּיצֵ֑נִי
עַל־מֵ֖י מְנֻח֣וֹת יְנַהֲלֵֽנִי׃
ג נַפְשִׁ֥י יְשׁוֹבֵ֑ב

א מִזְמוֹר לְדָוִד - השיר הזה הוא שיר תודה פשוט אבל רב־הבעה, ומשום כך גם הפך לאחד המזמורים שנעשה בהם שימוש רב בתפילות הציבור, כמו גם בתפילות היחיד. אף על פי שבוודאי יש במזמור זה גם רמזים למאורעות בחייו הפרטיים של דוד המלך הרי הוא כה כללי, עד שכל אדם יכול להזדהות אתו. אפשר לומר שפרק זה הוא מעין שיר תודה מנקודת מבטו של כבש המודה לרועהו על כל מה שעשה עמו. אכן, רבים מן הביטויים שבפרק מתייחסים לדימוי המרכזי הזה של רועה וצאן, ומשמעותם המטפורית גלויה לעין ואין היא נזקקת לפירוש. עם זאת המזמור איננו אלגוריה עקבית, ויש בו גם חריגות מדימוי מרכזי זה.

ה׳ רֹעִי, לֹא אֶחְסָר - אם ה׳ הוא הרועה שלי הרי הוא דואג לי, ולכן איני יודע מחסור.

ב בִּנְאוֹת דֶּשֶׁא יַרְבִּיצֵנִי - והוא דואג שיהיו לי מקומות למנוחה ולאוכל בכל אשר אלך, עַל־מֵי מְנֻחוֹת יְנַהֲלֵנִי - שהרי נחל או נהר שוצף יכולים להיות מסוכנים לכבש; ואילו בפלג הזורם בנחת יש שפע מים ואין בו סכנה.

ג נַפְשִׁי יְשׁוֹבֵב - המשמעות הכללית של שורש זה היא להביא נחת או נחמה לנפש, אך משמעותו הבסיסית קשורה ללשון שיבה. הדימוי שמאחורי הביטויים הללו הוא, שנפשו של אדם טרוד ודואג אינה במנוחה, אלא היא נתונה בתוך הדאגות והטרדות והיא כמו מרוחקת מעצמה, ממקומה; ואילו מנוחת הנפש מגיעה כאשר הנפש שבה אל מקומה. לכן "נפשי ישובב" פירושו שהוא מחזיר את הנפש למצב של רגיעה.

כג,ב עַל מֵי מְנֻחוֹת יְנַהֲלֵנִי. פרנסה גשמית היא השתלשלות של פרנסה רוחנית. רבים אינם חווים רוגע ושלווה בפרנסתם, ואדרבה – מרבים לרדוף אחריה ולדאוג בעניינה, משום שגם בפרנסתם הרוחנית אין הם מתנהלים בצורה הנכונה, ואינם משתדלים בה כפי יכולתם. עניינה של פרנסה רוחנית הוא בירור ניצוצות הקדושה המעורבים במציאות העולם בכלל ובנפש האדם בפרט. בבירור זה שני אופנים: בירור בדרך מלחמה, בירור בדרך שלום ומנוחה. הראשון – באמצעות עבודת התפילה, המשולה לקרב שבו אדם מתעמת עם הסיגים שבנפשו הבהמית ומבררם; והשני – באמצעות לימוד התורה, אור עליון המברר את הסיגים בעצם מציאותו, ללא עימות או מחלוקת. לכן, השואף לפרנסה שהיא בבחינת עַל מֵי מְנֻחוֹת יְנַהֲלֵנִי, טוב שירבה לעסוק בתורה. מכלל חלקי התורה, פנימיות התורה היא "עץ החיים" המביא אל האדם מנוחה עליונה ממקום שכולו שלום.

על־פי תהילות מנחם

יַנְחֵנִי בְמַעְגְּלֵי־צֶדֶק
לְמַעַן שְׁמוֹ׃
ד גַּם כִּי־אֵלֵךְ בְּגֵיא צַלְמָוֶת
לֹא־אִירָא רָע
כִּי־אַתָּה עִמָּדִי
שִׁבְטְךָ וּמִשְׁעַנְתֶּךָ
הֵמָּה יְנַחֲמֻנִי׃

יַנְחֵנִי בְמַעְגְּלֵי־צֶדֶק – מעגלי צדק הם, בפשטות, מסלולים נכונים, ראויים. ויש כאן כפל משמעות: ברובד האנושי אלו הן הנתיבות שבהן יכול אדם לשמור את הצדק, והמציאות שסביבו איננה גורמת לו כל עוול. ואילו בדימוי של הכבש המשמעות היא שהרועה מוליך אותו בנתיב המתאים לו.

לְמַעַן שְׁמוֹ זוהי תוספת קטנה של הסבר, הבאה לומר כי כל אלה אינם גמול על צדקותו של האדם, אלא הקב"ה עושה את זה למען שמו; אבל אני – האדם או הכבש – נהנה מזה, כי אני זוכה לשלווה.

ד גַּם כִּי־אֵלֵךְ בְּגֵיא צַלְמָוֶת – מן הדימוי משתמע שהכוונה היא לגיא שהדרך אליו מסוכנת, יש סביבו כל מיני פחתים או תהומות והוא מוקף באימה, אפילו באימת מוות, ולכן הוא נקרא "צלמוות". אבל גם כאשר אני מצוי במקום כזה לֹא־אִירָא רָע, ואני יכול ללכת בביטחון, כִּי־אַתָּה עִמָּדִי; שִׁבְטְךָ – שהוא המטה שביד הרועה, שבו הוא גם מכוון את הצאן למקומו – וּמִשְׁעַנְתֶּךָ – שהוא, אולי, בדימוי זה, מקל הרועים, שראשו תמיד כפוף כדי שהרועה יוכל לתפוס בעזרתו בצווארו של כבש שתעה בדרכו או עומד ליפול לתהום, ולמשוך אותו – הֵמָּה יְנַחֲמֻנִי. מנקודת הראייה של כבש הדבר נכון לחלוטין: בשבט שבידו יכול הרועה להבריח את האויבים, ובמשענת – להציל את הכבש מסכנה. ואולם בעולמם של בני האדם מופיע השבט פעמים רבות כמכשיר של עונש, ולפיכך יש לפסוק זה משמעות עמוקה יותר: הן שבטך, כשאתה מעניש ומכה אותי, והן

כג,ד **כִּי אַתָּה עִמָּדִי.** העגמת נפש שיש לאדם על עבירות שעשה היא ממש בבחינת ייסורי גיהנם על אותה עבירה, ולכן אמרו בגמרא ש"המתבייש בה – מוחלין לו" (ברכות יב, ב), כי כבר סבל עונש גיהנם. ומי שזוכה, מן השמים מזכירין לו בכל עת עבירות שעשה, ומתמרמר עליהם עד שסובל שיעור גיהנם המגיע לו על זה בעולם־הזה, וזהו הפרעון שנפרעים מצדיקים על עוונותיהם בעולם־הזה. וזה שאמר דוד המלך

ע"ה **גַּם כִּי אֵלֵךְ בְּגֵיא צַלְמָוֶת לֹא אִירָא רָע,** שכשהיה הולך בעצבות ומרה שחורה על חטאיו, ועל־ידי עצבות השכינה מסתלקת ויוכל יבוא לידי רע כנודע, על זה אמר **לֹא אִירָא רָע כִּי אַתָּה עִמָּדִי** – שאמנם השכינה, הנקראת אני, מסתלקת בעת העצבות, אבל קודשא־בריך־הוא, הנקרא אתה, עמדי גם בעת העצבות, שמצדו הוא ההתעוררות לכך.

על־פי צדקת הצדיק, נז

ה תַּעֲרֹךְ לְפָנַי ׀ שֻׁלְחָן
נֶגֶד צֹרְרָי
דִּשַּׁנְתָּ בַשֶּׁמֶן רֹאשִׁי
כּוֹסִי רְוָיָה׃
ו אַךְ ׀ טוֹב וָחֶסֶד יִרְדְּפוּנִי
כָּל־יְמֵי חַיָּי
וְשַׁבְתִּי בְּבֵית־יְהוָה
לְאֹרֶךְ יָמִים׃

משענתך, כשאתה תומך בי, המה ינחמוני, ביודעי שהרועה הנאמן עושה הכל לטובתי.

הדימוי הבא עובר במידה רבה לתחום האנושי, אך גם לו יש שתי פנים:

ה תַּעֲרֹךְ לְפָנַי שֻׁלְחָן - שהוא, בהרחבת־מה של משמעותה המצומצמת של המילה, מקום לאכול בו - נֶגֶד צֹרְרָי: למרות שכל מיני צוררים אורבים לי יכול אני לשבת ולאכול במנוחה. ויש כאן גם תיאור הרגשתו של הכבש, שכאשר הרועה נמצא לידו הוא אינו פוחד מפני חיות הטרף.

דִּשַּׁנְתָּ בַשֶּׁמֶן רֹאשִׁי - זהו דימוי אנושי, בעיקרו, לחפיפת הראש בשמן, חפיפה הנעשית לצרכים קוסמטיים ולשם הנאה; כּוֹסִי רְוָיָה - מלאה; לגבי אדם הכוונה היא בעיקר לכוס של יין ולא של מים, אשר יש בה די כדי לרוות.

ו ובסיכום: אַךְ טוֹב וָחֶסֶד יִרְדְּפוּנִי כָּל־יְמֵי חַיָּי: באופן הפשוט ביותר הכוונה היא לטוב וחסד, כלומר: רק מאורעות טובים ויפים, מתרחשים בחייו של האדם. הביטוי "ירדפוני" נראה קצת מוזר בהקשר זה, ואולי פשטו כמדרשו, כלומר: פעמים שאדם איננו יודע מהי הדרך הטובה ולכן הוא אינו הולך בה. ואולם יש לחוש ולהביע רגש תודה גם כאשר הטוב והחסד רודפים ומשיגים אותו - גם כאשר הוא אינו רץ אחריהם ומחפש אותם.

וְשַׁבְתִּי - במובן של ישיבה, שהייה במקום - בְּבֵית־ה׳ לְאֹרֶךְ יָמִים, כאשר אושרי מלא ואני יכול להמשיך ולשיר בבית ה׳ לאורך ימים, בלי מחסור ודאגה.

כג,ה תַּעֲרֹךְ לְפָנַי שֻׁלְחָן. אם ח"ו יונק האדם שפע מאכלו ופרנסתו מסטרא־אחרא, אזי המאכל מטמטם לבבו ומביאו לתאוות רעות. אלא צריך שתהיה אכילתו מסטרא דקדושה, בבחינת תַּעֲרֹךְ לְפָנַי שֻׁלְחָן, ואז יסייעו המאכל לעבודת הבורא ברוך־הוא, וכמו שנאמר: אַךְ טוֹב וָחֶסֶד יִרְדְּפוּנִי כָּל יְמֵי חַיָּי, פירוש: שמכוח המאכל ירדוף אחר עשות הטוב והחסד.

על־פי תפארת שלמה, האזינו

כג,ו אַךְ טוֹב וָחֶסֶד יִרְדְּפוּנִי. לפעמים האדם אינו יודע טובתו, והגם שהטובה רודפת אחריו – בחמלת ה׳, שרוצה להופיעו אור ישע והצלחה – הוא פונה לה עורף ולא פנים, כי אין בו דעת להבין. על כן ביקש דוד ברוח קודשו עבור כלל ישראל: אַךְ טוֹב וָחֶסֶד יִרְדְּפוּנִי כָּל יְמֵי חַיָּי; שאותה טובה שאתה רוצה לעשות עמי תרדוף אחרי עד שתשיגני עד שאקבלה ואביאנה אל תוך ביתי.

על־פי בעש"ט על התורה, ויצא

שְׂאוּ שְׁעָרִים רָאשֵׁיכֶם וְהִנָּשְׂאוּ פִּתְחֵי עוֹלָם
וְיָבוֹא מֶלֶךְ הַכָּבוֹד:

ספר ראשון

פרק כד

המנון לבית המקדש, אשר עניינו הוא
הכניסה אל המקדש בשני היבטים שלה:
כניסתו של האדם וכניסתו החגיגית של ה׳.

א לְדָוִד מִזְמוֹר
לַיהוָה הָאָרֶץ וּמְלוֹאָהּ
תֵּבֵל וְיֹשְׁבֵי בָהּ:
ב כִּי־הוּא עַל־יַמִּים יְסָדָהּ
וְעַל־נְהָרוֹת יְכוֹנְנֶהָ:
ג מִי־יַעֲלֶה בְהַר־יְהוָה
וּמִי־יָקוּם בִּמְקוֹם קָדְשׁוֹ:
ד נְקִי כַפַּיִם וּבַר־לֵבָב
אֲשֶׁר לֹא־נָשָׂא לַשָּׁוְא נַפְשִׁי
וְלֹא נִשְׁבַּע לְמִרְמָה:

נַפְשׁוֹ

א לְדָוִד מִזְמוֹר: המזמור פותח בדברים על כבוד ה׳ ועל מלכות ה׳ בכלל: לַה׳ שייכים הָאָרֶץ וּמְלוֹאָהּ - כלומר, מה שממלא אותה, הדברים הנמצאים בה, תֵּבֵל, הארץ, וְיֹשְׁבֵי בָהּ.

ב כִּי־הוּא, ה׳, עַל־יַמִּים יְסָדָהּ; כלומר: הארץ נבנית, מתנשאת, מעל לימים, וְעַל־נְהָרוֹת יְכוֹנְנֶהָ. מצד מסוים הנהרות הם גבולות הארץ, אבל הם שייכים למים הנמצאים מתחת לארץ ואשר הארץ מתנשאת מעליהם. ובתוך כל הארץ הזו ישנו מקום שהוא המקום המיוחד, השיא הרוחני של הארץ: הר הבית.

ג וכאן שואל המשורר: מִי־יַעֲלֶה בְהַר־ה׳ - כלומר, מיהו זה שראוי לעלות בהר ה׳, וּמִי־יָקוּם - שעניינו כאן: יוכל לעמוד, להתקיים, בִּמְקוֹם קָדְשׁוֹ? בפסוקים הללו, כמו במזמור בכלל, יש ל"הר ה׳" שני מובנים. המובן האחד הוא הר כפשוטו, המקדש הנראה לעין; אך יש כאן גם התפיסה של מהות המקדש של מעלה, שאיננו נמצא בתוך העולם הגשמי אלא מעבר לו.

ד מי הם, אפוא, אלה הראויים לעלות להר ה׳? נְקִי כַפַּיִם, מי שמצד מעשיו הוא נקי מרע, וּבַר־לֵבָב - שגם לבו נקי, אֲשֶׁר לֹא־נָשָׂא לַשָּׁוְא נַפְשִׁי - שלא נשא גם את נפשו, את רצונו, לדברים של שווא. "נפשי" אינו מובן כאן, ויש שפירשו את המזמור בצורה שונה, רק משום כך. ואולי יש בזה מעין התפרצות אישית של רגשות המשורר, המזכיר את נפשו־שלו. המושג "שווא" כולל בתוכו את ההבל, השקר והרע.

וְלֹא נִשְׁבַּע לְמִרְמָה - בפשטות, הכוונה היא לאלה שאולי לא עשו שום דבר רע בפועל,

כד,א לַה׳ הָאָרֶץ וּמְלוֹאָהּ. "כתיב 'לה׳ הארץ ומלואה' וכתיב 'והארץ נתן לבני אדם' – כאן קודם ברכה כאן לאחר ברכה" (ברכות לה, א). וקשה, וכי אחר הברכה אינו לה׳ ח"ו? אלא שאחר הברכה ניתן לבני אדם היכולת שיהיו מעשיהם לה׳. שעל־ידי הברכה מתקשר המעשה בקדושה, ובזה מתמעטת ונשכחת ממנו הגשמיות עד שמתהפך הכול לה׳.

על־פי שפת אמת, ויגש תרל"ז

כד,ג מִי יַעֲלֶה בְהַר ה׳. טיפוס במעלה הר מחייב התמדה, ואינו מאפשר עצירה באמצע הדרך, בטרם הגיע המטפס לקרקע מישורית. העוצר, מעמיד עצמו בסכנה מוחשית של הידרדרות ונפילה. הר ה׳ אף הוא אינו שונה. כל צעד, כל מעלה, כל הישג, מוכרחים להוות משען רגל לצעד הבא, למעלה הבאה, להישג הבא. אם תעצור, אתה עלול ליפול.

על־פי תהילות מנחם

פרק כד • ספר ראשון • ליום ראשון • ד לחודש ______ תהלים • 97

ה יִשָּׂא בְרָכָה מֵאֵת יְהוָה
וּצְדָקָה מֵאֱלֹהֵי יִשְׁעוֹ:
ו זֶה דּוֹר דֹּרְשָׁו
מְבַקְשֵׁי פָנֶיךָ יַעֲקֹב סֶלָה:
ז שְׂאוּ שְׁעָרִים | רָאשֵׁיכֶם
וְהִנָּשְׂאוּ פִּתְחֵי עוֹלָם
וְיָבוֹא מֶלֶךְ הַכָּבוֹד:
ח מִי זֶה מֶלֶךְ הַכָּבוֹד
יְהוָה עִזּוּז וְגִבּוֹר
יְהוָה גִּבּוֹר מִלְחָמָה:
ט שְׂאוּ שְׁעָרִים | רָאשֵׁיכֶם
וּשְׂאוּ פִּתְחֵי עוֹלָם
וְיָבֹא מֶלֶךְ הַכָּבוֹד:

אבל הם עושים רע, או קשורים אליו, בצדדים אחרים, והם אף נשבעים שבועת שקר. במובן הפנימי הכוונה כאן לאדם שלא התמסר למסגרות או לתפיסות של מרמה ולא נכנס אליהן; אדם שהוא לא רק נקי במעשיו ואף בהרהורי לבו, אלא גם לא קשר ולא שעבד את עצמו לשום מסגרת של מרמה.

ה אדם כזה יִשָּׂא בְרָכָה מֵאֵת ה׳ וּצְדָקָה מֵאֱלֹהֵי יִשְׁעוֹ.

ו וכשיש אנשים כאלה אפשר לומר כי זֶה דּוֹר דֹּרְשָׁו, כלומר: מחפשיו של ה׳, אלה ההולכים אחריו, מְבַקְשֵׁי פָנֶיךָ יַעֲקֹב, כלומר: עם ישראל, הם מבקשי פניך, ה׳, סֶלָה.

עד כאן עסקנו בכניסתם למקדש של המתפללים, עובדי ה׳, שכולם הם אנשים ענווים וצנועים. כניסתו של הקב״ה למקדש, לעומת זאת, נעשית באופן אחר לגמרי: בגאון ובגבורה.

ז שְׂאוּ שְׁעָרִים רָאשֵׁיכֶם - יש כאן קריאה לשערים להתרומם, כי מי שנכנס הוא כל כך גדול, וְהִנָּשְׂאוּ פִּתְחֵי עוֹלָם וְיָבוֹא בשערים הללו מֶלֶךְ הַכָּבוֹד.

ח ומיד ההסבר: מִי זֶה מֶלֶךְ הַכָּבוֹד? לא אדם ואף לא גיבור, אלא ה׳ עִזּוּז וְגִבּוֹר, ה׳ גִּבּוֹר מִלְחָמָה. כלומר: הקב״ה נכנס להיכלו בדרך של ניצחון, של גבורה.

ט ושוב חוזרים על אותו המנון: שְׂאוּ שְׁעָרִים רָאשֵׁיכֶם וּשְׂאוּ פִּתְחֵי עוֹלָם, וְיָבֹא מֶלֶךְ הַכָּבוֹד.

כד,ו זֶה דּוֹר דֹּרְשָׁיו מְבַקְשֵׁי פָנֶיךָ יַעֲקֹב סֶלָה – המדרש מבאר שפסוק זה ממשיך את האמור לעיל: כִּי הוּא עַל יַמִּים יְסָדָהּ וְעַל נְהָרוֹת יְכוֹנְנֶהָ. לאחר המבול, שהציף את העולם, עמד נח והקריב קרבן. כאשר הריח ה׳ את קרבנו, נשבע שלא יביא עוד מבול על העולם. אמנם לא את הקרבן בלבד הריח ה׳, אלא את ריחם של דורות מוסרי הנפש, אלו שדרישתם הפנימית הייתה להיות מְבַקְשֵׁי פָנֶיךָ יַעֲקֹב סֶלָה – להישאר יהודים למרות הכול ובכל תנאי. המילה יעקב צופנת בחובה את סוד מסירות הנפש: י־עקב – אדם ששייכותו לקדושה (יו״ד) היא במסירות גמורה ומוחלטת, שאין בה לא הפסק ולא שינוי, עד שאפילו עקבו המגושם חדור בה. מסירות כזו נובעת מעצם הנשמה, ומעוררת לעומתה את התמסרותו המוחלטת של הקב״ה לקיום העולם, הנובעת אף היא מעצמותו.

על־פי תהילות מנחם

י מִי הוּא זֶה מֶלֶךְ הַכָּבוֹד
יְהוָה צְבָאוֹת
הוּא מֶלֶךְ הַכָּבוֹד סֶלָה:

י ושוב: מִי הוּא זֶה מֶלֶךְ הַכָּבוֹד? ה' צְבָאוֹת - שגם הוא ביטוי, שכרגיל מפרשים אותו כאדון כל החֵילות, המושל בכל הכוחות, הוּא מֶלֶךְ הַכָּבוֹד סֶלָה.

כד,י **מֶלֶךְ הַכָּבוֹד.** "למה נקרא שמו מלך הכבוד? – שהוא חולק כבוד ליראיו. כיצד? מלך בשר ודם אין רוכבין על סוסו ואין יושבין על כיסאו, והקב"ה הושיב לשלמה על כיסאו והרכיב לאליהו על סוסו ומסר למשה שרביטו" (שמות רבה ח: א). כי מי שאנשים מכבדים אותו אינו נקרא בזה מלך הכבוד, אלא אדרבה – הוא מקבל מן הכבוד והכבוד הוא העושהו למלך. אבל מי שהכבוד בידו לתתו לאחרים, הוא נקרא מלך הכבוד. וזה "הממליך מלכים ולו המלוכה", שהיה משה רבנו ע"ה תמה למה ייתן הקב"ה מלכות לארבע מלכויות, והתירוץ על זה כי אדרבה, בזה ניכרת מלכותו יתברך. כי מלך בשר ודם ירא למסור המלכות לאחר, כי יטלנו מידו, אבל מלך האמת נותן מלוכה לאחרים ועם כל זאת אין המלוכה יוצאת מתחת רשותו – כי הוא **מֶלֶךְ הַכָּבוֹד סֶלָה.**

על־פי שפת אמת, ווארא תרל"ה

סוד יהוה לִירֵאָיו וּבְרִיתוֹ לְהוֹדִיעָם:

תפילתו של אדם יחיד שאיננה מתייחסת לנושא מסוים, אלא היא ביטוי רצונו של אדם ללכת בדרכי ה׳. בהיותו מזמור אשר יש בו לימוד ומוסר השכל הוא כתוב בעיקר בסדר א״ב (אם כי האותיות ב׳ ו־ו׳ מובלעות, במקום ק׳ יש בו פעמיים ר׳, והפסוק האחרון מתחיל באות פ׳, אולי כדי לסמן שיש כאן סוף פרק או פיסקה).

ספר ראשון

פרק כה

א לְדָוִד
אֵלֶיךָ יְהוָה נַפְשִׁי אֶשָּׂא:
ב אֱלֹהַי
בְּךָ בָטַחְתִּי אַל־אֵבוֹשָׁה
אַל־יַעַלְצוּ אוֹיְבַי לִי:
ג גַּם כָּל־קוֶֹיךָ לֹא יֵבֹשׁוּ
יֵבֹשׁוּ הַבּוֹגְדִים רֵיקָם:
ד דְּרָכֶיךָ יְהוָה הוֹדִיעֵנִי
אֹרְחוֹתֶיךָ לַמְּדֵנִי:
ה הַדְרִיכֵנִי בַאֲמִתֶּךָ ׀ וְלַמְּדֵנִי
כִּי־אַתָּה אֱלֹהֵי יִשְׁעִי
אוֹתְךָ קִוִּיתִי כָּל־הַיּוֹם:
ו זְכֹר־רַחֲמֶיךָ יְהוָה וַחֲסָדֶיךָ
כִּי מֵעוֹלָם הֵמָּה:
ז חַטֹּאות נְעוּרַי ׀ וּפְשָׁעַי
אַל־תִּזְכֹּר
כְּחַסְדְּךָ זְכָר־לִי־אַתָּה
לְמַעַן טוּבְךָ יְהוָה:

א לְדָוִד, **אֵלֶיךָ**, ה׳, נַפְשִׁי אֶשָּׂא, להתעלות ולהתקרב.

ב אֱלֹהַי, **בְּךָ** בָטַחְתִּי, אַל־אֵבוֹשָׁה בביטחוני זה, ואַל יַעַלְצוּ - ישמחו - אוֹיְבַי לִי.

ג **גַּם** כָּל־קוֶֹיךָ האחרים לֹא יֵבֹשׁוּ, לפי שתעזור להם בכל עת; ואם יש מקום לבושה - יֵבֹשׁוּ הַבּוֹגְדִים רֵיקָם, הבוגדים הפועלים מתוך רשעות בלבד, אף ללא בקשת תועלת.

ד **דְּ**רָכֶיךָ, ה׳, הוֹדִיעֵנִי, אֹרְחוֹתֶיךָ לַמְּדֵנִי.

ה **הַ**דְרִיכֵנִי בַאֲמִתֶּךָ וְלַמְּדֵנִי, כִּי־אַתָּה אֱלֹהֵי יִשְׁעִי, אוֹתְךָ - כלומר: לך - קִוִּיתִי כָּל־הַיּוֹם.

ו **זְ**כֹר־רַחֲמֶיךָ, ה׳, וַחֲסָדֶיךָ, כִּי מֵעוֹלָם הֵמָּה, והם נצחיים, ועומדים בכל זמן: בעבר ובעתיד.

ז ולעומת זאת את **חַ**טֹּאות נְעוּרַי וּפְשָׁעַי, שנעשו מפני תאווה ופזיזות, אַל־תִּזְכֹּר, אלא כְּחַסְדְּךָ זְכָר־לִי־אַתָּה את הדברים הטובים לְמַעַן טוּבְךָ, ה׳; שכן דרכו של הטוב לזכור את הדברים הטובים, ולא את הפשעים.

כה,א **אֵלֶיךָ ה׳ נַפְשִׁי אֶשָּׂא**. פירוש מסירת נפש הוא מסירת הרצון, שהרצון נקרא נפש, כמו ״אין נפשי אל העם הזה״ (ירמיהו טו א), וכך פירוש **אֵלֶיךָ ה׳ נַפְשִׁי אֶשָּׂא** היינו מסירת הרצון, לבטל נפשו ורצונו לאמר ״מי לי בשמים ועמך לא חפצתי בארץ״ (תהלים עג כה), שהוא בחינת ביטול היש לאין, דהיינו שנעשה מיש אין, שמבטל את עצמו ממש. הנה על־ידי אתערותא דלתתא [=התעוררות מלמטה] זו באה אתערותא דלעילא [=התעוררות מלמעלה] להיות מאין ליש, דהיינו שהשם יתברך גם כן יצמצם את עצמו להיות רוצה במלוכה, שזהו בחינת ביטול רצון העצמות – דכולא קמיה כלא חשיב ממש – להיות רוצה במלוכה, וזה נמשך על־ידי מסירת נפש וביטול רצון שבאדם.

על־פי דרך מצוותיך קפ, א

ח טוּב־וְיָשָׁר יְהוָה
עַל־כֵּן יוֹרֶה חַטָּאִים בַּדָּרֶךְ׃
ט יַדְרֵךְ עֲנָוִים בַּמִּשְׁפָּט
וִילַמֵּד עֲנָוִים דַּרְכּוֹ׃
י כָּל־אָרְחוֹת יְהוָה
חֶסֶד וֶאֱמֶת
לְנֹצְרֵי בְרִיתוֹ וְעֵדֹתָיו׃
יא לְמַעַן־שִׁמְךָ יְהוָה
וְסָלַחְתָּ לַעֲוֺנִי כִּי רַב־הוּא׃
יב מִי־זֶה הָאִישׁ יְרֵא יְהוָה
יוֹרֶנּוּ בְּדֶרֶךְ יִבְחָר׃
יג נַפְשׁוֹ בְּטוֹב תָּלִין
וְזַרְעוֹ יִירַשׁ אָרֶץ׃
יד סוֹד יְהוָה לִירֵאָיו
וּבְרִיתוֹ לְהוֹדִיעָם׃
טו עֵינַי תָּמִיד אֶל־יְהוָה
כִּי הוּא־יוֹצִיא מֵרֶשֶׁת רַגְלָי׃
טז פְּנֵה־אֵלַי וְחָנֵּנִי
כִּי־יָחִיד וְעָנִי אָנִי׃

ח **טוּב**־וְיָשָׁר ה׳, עַל־כֵּן יוֹרֶה חַטָּאִים בַּדָּרֶךְ, כדי שימצאו את דרך הטוב והישר.

ט **יַ**דְרֵךְ עֲנָוִים בַּמִּשְׁפָּט וִילַמֵּד עֲנָוִים דַּרְכּוֹ.

י **כָּ**ל־אָרְחוֹת ה׳ הן חֶסֶד וֶאֱמֶת לְנֹצְרֵי בְרִיתוֹ וְעֵדֹתָיו.

יא **לְ**מַעַן־שִׁמְךָ, ה׳, תעשה, וְסָלַחְתָּ לַעֲוֺנִי כִּי רַב־הוּא.

יב **מִ**י־זֶה הָאִישׁ יְרֵא ה׳ - האיש אשר ה׳ יוֹרֶנּוּ, והוא אכן ילך בְּדֶרֶךְ שה׳ יִבְחָר.

יג וההולך בדרך זו **נַ**פְשׁוֹ בְּטוֹב תָּלִין, בין בשנתו בחייו ובין לאחר מותו, וְזַרְעוֹ יִירַשׁ אָרֶץ.

יד **ס**וֹד ה׳ הוא מגלה לִירֵאָיו, וּבְרִיתוֹ, שהיא המתגלה בתורה, הוא דואג לְהוֹדִיעָם, כדי שידעו את תורתו.

טו **עֵ**ינַי תָּמִיד אֶל־ה׳, כִּי הוּא־יוֹצִיא מֵרֶשֶׁת - ממלכודת - את רַגְלָי, שגם אם אני אינני רואה את כל הבעיות מסביב, ה׳ רואה אותי, והוא יציל אותי מהמכשולים.

טז **פְּ**נֵה־אֵלַי וְחָנֵּנִי, כִּי־יָחִיד וְעָנִי אָנִי, ולכן אני כל כך זקוק לישועתך.

כה,יד **סוד ה׳ לִירֵאָיו.** בכל דבר יש פרד״ס – פשט, רמז, דרש וסוד. דרך משל מצוות צדקה: פשט הוא עשיית המצוה בפועל ממש; ורמז הוא מה שהלב נרמז מאותה עשייה להיות דבוק במידת רחמנותו יתברך, לרחם על הבריות ולהשפיע לזולתו; ודרש הוא הכוונה מצד החכמה שבמוח, שהמצווה מולידה במוחו ידיעת השם יתברך; ואחר שמשיג אלו זוכה לסוד, כמו שאמרו: ״לאדם טוב מטעימין אותו מפרי מעשיו בעולם־הזה״. והטעם נקרא סוד, שאינו גלוי אלא למי שזוכה בלבד, ואי אפשר לגלותו כלל, כי אי אפשר להסביר לחברו טעם שהוא מרגיש בחכו, וכמו שאמרו: ״שניים אוכלין מקערה אחת, כל אחד טועם לפי מעשיו״. וזה נקרא סוד כידוע, שהוא מה שאי אפשר להגיד כלל. כי מה שאפשר להגיד, הרי אחר שהגיד שוב נודע גם להאחר, ואיך הוא סוד?

על־פי צדקת הצדיק, קעז

יז צָרוֹת לְבָבִי הִרְחִיבוּ
מִמְּצוּקוֹתַי הוֹצִיאֵנִי:
יח רְאֵה עָנְיִי וַעֲמָלִי
וְשָׂא לְכָל־חַטֹּאותָי:
יט רְאֵה־אוֹיְבַי כִּי־רָבּוּ
וְשִׂנְאַת חָמָס שְׂנֵאוּנִי:
כ שָׁמְרָה נַפְשִׁי וְהַצִּילֵנִי
אַל־אֵבוֹשׁ כִּי־חָסִיתִי בָךְ:
כא תֹּם־וָיֹשֶׁר יִצְּרוּנִי
כִּי קִוִּיתִיךָ:
כב פְּדֵה אֱלֹהִים אֶת־יִשְׂרָאֵל
מִכֹּל צָרוֹתָיו:

יז צָרוֹת לְבָבִי הִרְחִיבוּ, אני מרגיש שלבי מתמלא בצרות רבות ורעות, וּמִמְּצוּקוֹתַי הוֹצִיאֵנִי.

יח רְאֵה עָנְיִי וַעֲמָלִי, יגיעתי וטרחתי, וְשָׂא - סלח - לְכָל־חַטֹּאותָי.

יט רְאֵה־אוֹיְבַי כִּי־רָבּוּ, וְשִׂנְאַת חָמָס שְׂנֵאוּנִי - שנאה הנובעת מן הרצון לחמוס את מה שיש לי.

כ שָׁמְרָה נַפְשִׁי וְהַצִּילֵנִי, אַל־אֵבוֹשׁ כִּי־חָסִיתִי בָךְ, ואתה תצילני מכל רע.

כא תֹּם־וָיֹשֶׁר - הבאים ממך - יִצְּרוּנִי, ישמרו אותי, כִּי קִוִּיתִיךָ, כי לך קיוויתי.

כב ולסיום בקשה: פְּדֵה, אֱלֹהִים, אֶת־יִשְׂרָאֵל - את עם ישראל - מִכֹּל צָרוֹתָיו.

כה,כא **תֹּם וָיֹשֶׁר יִצְּרוּנִי כִּי קִוִּיתִיךָ.** "האומר סלע זו לצדקה בשביל שיחיה בני – הרי זה צדיק גמור". שכשפועל הצדיק ייחוד עליון, צריך שתהיה כוונתו בשביל "שיחיה בני", שיהיה טוב גם בזה העולם. וזו הייתה כוונת יעקב אבינו בעבודתו, לתקן עולם התחתון שנברא בשבעת ימי הבניין, כאומרו: "אעבדך שבע שנים". וזה: **תֹּם** – כמידת יעקב איש תָּם, לקשר עולם התחתון בעולם העליון; **וָיֹשֶׁר** – כי עולם התחתון הוא בבחינת עיגולים, שפעמים נמשך למטה אחר החומר ופעמים למעלה אחר הנשמה, וצריך להמשיך בו אור היושר, שיהיה הכול למעלה; ובשתי בחינות אלו **יִצְּרוּנִי כִּי קִוִּיתִיךָ**, שלא אניח שום דבר למטה רק אקשר הכול למעלה, בבחינת הקו הישר; ועל־ידי זה **פְּדֵה אֱלֹהִים אֶת יִשְׂרָאֵל מִכֹּל צָרוֹתָיו**, כי צדיק אשר כזה יוכל לפדות את ישראל מכל צרותיהם.

על־פי אור לשמים, שופטים

יהוה אָהַבְתִּי מְעוֹן בֵּיתֶךָ וּמְקוֹם מִשְׁכַּן כְּבוֹדֶךָ:

ספר ראשון
פרק כו

מזמור תפילה שבו מבקש המשורר את עזרת
ה', משום שהוא יכול להעיד על עצמו שהוא
משתדל ככל האפשר להיות קרוב אל ה'.

א לְדָוִד ׀
שָׁפְטֵנִי יהוה
כִּי־אֲנִי בְּתֻמִּי הָלַכְתִּי
וּבַיהוָה בָּטַחְתִּי לֹא אֶמְעָד׃
ב בְּחָנֵנִי יהוָה וְנַסֵּנִי
צָרְפָה כִלְיוֹתַי וְלִבִּי׃
ג כִּי־חַסְדְּךָ לְנֶגֶד עֵינָי
וְהִתְהַלַּכְתִּי בַּאֲמִתֶּךָ׃
ד לֹא־יָשַׁבְתִּי עִם־מְתֵי־שָׁוְא
וְעִם נַעֲלָמִים לֹא אָבוֹא׃
ה שָׂנֵאתִי קְהַל מְרֵעִים
וְעִם־רְשָׁעִים לֹא אֵשֵׁב׃
ו אֶרְחַץ בְּנִקָּיוֹן כַּפָּי
וַאֲסֹבְבָה אֶת־מִזְבַּחֲךָ
יהוָה׃
ז לַשְׁמִעַ בְּקוֹל תּוֹדָה
וּלְסַפֵּר כָּל־נִפְלְאוֹתֶיךָ׃

א לְדָוִד, שָׁפְטֵנִי ה׳ על מעשיי ועל מחשבותיי, כִּי־אֲנִי בְּתֻמִּי, בדרך של יושר, של תמימות, הָלַכְתִּי, וּבַה׳ בָּטַחְתִּי, ומאחר שהלכתי בדרך זו אני מקווה שלֹא אֶמְעָד.

ב בְּחָנֵנִי ה׳ וְנַסֵּנִי - בחן ובדוק אותי שבאמת אני מתכוון ומשתדל לעשות את כל הדברים הטובים הללו. צָרְפָה - כדרך שעושה הצורף, המוציא את הסיגים ממתכת יקרה ומשאיר רק את מה שנקי - את כִלְיוֹתַי, שהוא כינוי למחשבות ולתכניות שיש בי, וְלִבִּי.

ג כִּי־חַסְדְּךָ לְנֶגֶד עֵינָי, ואליו אני מכוון, וְהִתְהַלַּכְתִּי בַּאֲמִתֶּךָ, בדרך האמת שלך.

ד לֹא־יָשַׁבְתִּי עִם־מְתֵי־שָׁוְא - עם אנשים של כלום, חסרי ערך - וְעִם נַעֲלָמִים אלה שמסתתרים מן הבריות מפני מעשיהם הרעים, לֹא אָבוֹא.

ה שָׂנֵאתִי קְהַל מְרֵעִים, ולא לקחתי בו חלק, וְעִם־רְשָׁעִים לֹא אֵשֵׁב. לעומת זאת

ו אֶרְחַץ בְּנִקָּיוֹן כַּפָּי - שהוא גם כמשמעו: רחיצה שלפני התפילה, אבל גם במובן הפנימי - אשמור את ידי שתהיינה עוסקות ופועלות רק בדברים נקיים, וַאֲסֹבְבָה אֶת־מִזְבַּחֲךָ, ה׳, כדרך הבאים למקדש להתפלל.

ז לַשְׁמִעַ - להשמיע - במקדש את קולי בְּקוֹל תּוֹדָה, וּלְסַפֵּר כָּל־נִפְלְאוֹתֶיךָ. והוא מסכם:

צרופה

כו,ו אֶרְחַץ בְּנִקָּיוֹן כַּפָּי. כמה וכמה דרכים יש להתקרב בהן אל השם יתברך, אולם יש להן מבטלים כנגדן, המעכבים את האדם מלאחוז בהן. קרבן, יש שאין יד האדם משגת להביאו. תורה, יש שאין דעתו של אדם משגת ללומדה. אם כן, איזו עצה היא שאינה תלויה בדבר? שאלה זו שאלו בני ישראל לפניו יתברך, כמבואר במדרש, ונענו: "בכו והתפללו לפניי — ואני מקבל" (שמות רבה לח: ד). שאין התפילה תלויה בדבר שהוא חוץ לאדם, אף לא במוח צלול ובהשגה זכה, אלא בעצמו של אדם היא תלויה. ואם יתפלל ויטה לבו אל השם יתברך — הרי הוא נענה. זה שאמר דוד המלך ע"ה: אֶרְחַץ בְּנִקָּיוֹן כַּפָּי, לא אביא עמי דבר, אלא רק בעצמיותי שלי אֲסֹבְבָה אֶת מִזְבַּחֲךָ ה׳, לַשְׁמִעַ בְּקוֹל תּוֹדָה וּלְסַפֵּר כָּל נִפְלְאוֹתֶיךָ.

על־פי קול שמחה, תצוה

פרק כו • ספר ראשון • ליום ראשון • ד לחודש ____________ תהלים • 105

ח יְהוָה אָהַבְתִּי מְעוֹן בֵּיתֶךָ
וּמְקוֹם מִשְׁכַּן כְּבוֹדֶךָ:
ט אַל־תֶּאֱסֹף עִם־חַטָּאִים
נַפְשִׁי
וְעִם־אַנְשֵׁי דָמִים חַיָּי:
י אֲשֶׁר־בִּידֵיהֶם זִמָּה
וִימִינָם מָלְאָה שֹּׁחַד:
יא וַאֲנִי בְּתֻמִּי אֵלֵךְ
פְּדֵנִי וְחָנֵּנִי:
יב רַגְלִי עָמְדָה בְמִישׁוֹר
בְּמַקְהֵלִים אֲבָרֵךְ יְהוָה:

ח ה׳, אָהַבְתִּי מְעוֹן בֵּיתֶךָ, ואני מגיע לשם בכל עת, וּמְקוֹם מִשְׁכַּן כְּבוֹדֶךָ. ולכן הוא מבקש ומתפלל:

ט אַל־תֶּאֱסֹף, אל תכלה עִם־חַטָּאִים את נַפְשִׁי, וְעִם־אַנְשֵׁי דָמִים אל תאבד את חַיָּי. כי הם אנשים רעים,

י אֲשֶׁר־בִּידֵיהֶם זִמָּה - מזימה ותחבולות רעות - וִימִינָם מָלְאָה שֹּׁחַד.

יא וַאֲנִי בְּתֻמִּי אֵלֵךְ, ולכן - פְּדֵנִי וְחָנֵּנִי.

יב רַגְלִי עָמְדָה בְמִישׁוֹר, ולא בדרכי עקלתון ומרמה, ולכן גם בפועל אלך בדרך הנכונה. בְּמַקְהֵלִים - במקהלה, בקהילת הצדיקים אהיה נמנה, ועמם אֲבָרֵךְ ה׳.

כו,יא וַאֲנִי בְּתֻמִּי אֵלֵךְ. והכלל, ידידיי, להתחזק תמיד באמונה פשוטה מאבותינו הקדושים ומתורתנו הקדושה. והתורה והתפילה שיש עמהן התעוררות הלב בשמחה והכנעה, בוקעות את כל המחיצות עד שכבוד ה׳ עליכם ייראה. וזהו ״אם תבקשנה ככסף וכמטמונים תחפשנה״ (משלי ב ד), שהחופר אינו מרגיש טעם אלא שמאמין שימצא אוצר ברצון ה׳, וכך צריכה להיות עבודת ה׳, וכמאמר הכתוב: וַאֲנִי בְּתֻמִּי אֵלֵךְ פְּדֵנִי וְחָנֵּנִי. וזהו ״עושין מאהבה ושמחין בייסורין״ (שבת פח, ב), שמקבל על עצמו לעבוד השם יתברך אפילו בלא שום אור השגה, ועל־ידי עצירת המחשבה ופעולת הדיבור הגם שהוא בחושך יקויים בהם ״העם ההלכים בחשך ראו אור גדול״ (ישעיהו ט א). ושמעתי מרבותיי שהבעש״ט אמר לתלמידיו: מניח אני כל השגותיי למעלה בשורשי התורה והמצוות ומחזיק באמונה פשוטה.

על־פי יסוד העבודה ח״א ב: כד

לְדָוִד יהוה ׀ אוֹרִי וְיִשְׁעִי מִמִּי אִירָא

ספר ראשון
פרק כז

מזמור של תודה ותפילה המעורבות זו בזו, כעין מאמר חז״ל (משנה, ברכות ט, ה): ״נותן הודאה לשעבר וצועק [=מתפלל] לעתיד״; אך בעיקרו הוא שיר של דבקות בה׳.

א לְדָוִד ׀
יְהוָה ׀ אוֹרִי וְיִשְׁעִי
מִמִּי אִירָא
יְהוָה מָעוֹז־חַיַּי
מִמִּי אֶפְחָד:
ב בִּקְרֹב עָלַי ׀ מְרֵעִים
לֶאֱכֹל אֶת־בְּשָׂרִי
צָרַי וְאֹיְבַי לִי
הֵמָּה כָשְׁלוּ וְנָפָלוּ:
ג אִם־תַּחֲנֶה עָלַי ׀ מַחֲנֶה
לֹא־יִירָא לִבִּי
אִם־תָּקוּם עָלַי מִלְחָמָה
בְּזֹאת אֲנִי בוֹטֵחַ:
ד אַחַת ׀ שָׁאַלְתִּי מֵאֵת־יְהוָה
אוֹתָהּ אֲבַקֵּשׁ
שִׁבְתִּי בְּבֵית־יְהוָה
כָּל־יְמֵי חַיַּי
לַחֲזוֹת בְּנֹעַם־יְהוָה
וּלְבַקֵּר בְּהֵיכָלוֹ:

א לְדָוִד, ה' הוא אוֹרִי וְיִשְׁעִי, וכיוון שכך - מִמִּי אִירָא? אם הוא מאיר עליי - די לי בכך. וכיוצא בזה: ה' מָעוֹז־חַיַּי, ולכן מִמִּי אֶפְחָד?

ב בִּקְרֹב עָלַי מְרֵעִים, אנשים רעים, רשעים, לֶאֱכֹל אֶת־בְּשָׂרִי, ובמילים אחרות: צָרַי וְאֹיְבַי לִי, אותם שהם שונאים ואויבים, הֵמָּה כָשְׁלוּ וְנָפָלוּ.

ג אִם־תַּחֲנֶה עָלַי מַחֲנֶה - כפשוטו; "תחנה" הוא אמנם לשון נקבה נסתרת, אך במקרא המילה "מחנה" משמשת הן בלשון נקבה והן בלשון זכר (למשל: בראשית לב, ט); ולכן עניינו: אם יחנה ויקיפני מחנה של אויבי, לֹא־יִירָא לִבִּי, כי כאמור, מי שה' מחסהו אינו צריך להתיירא.

אִם־תָּקוּם עָלַי מִלְחָמָה, בְּזֹאת - במה שאמר קודם לכן, שה' הוא אורי וישעי - אֲנִי בוֹטֵחַ. המשורר סמוך ובטוח שה' מגונן עליו, ועל כך הוא מודה לו;

ד אבל הוא מתפלל בדבקות על דבר אחד בלבד: אַחַת שָׁאַלְתִּי מֵאֵת־ה', אוֹתָהּ אֲבַקֵּשׁ: לא על ביטחון או הצלה, אלא רק על כך שתהיה שִׁבְתִּי, ישיבתי, בְּבֵית־ה' כָּל־יְמֵי חַיַּי, לַחֲזוֹת בְּנֹעַם־ה' וּלְבַקֵּר בְּהֵיכָלוֹ. בקשה זו (במיוחד לגבי מי שאיננו כהן או לוי) איננה הבקשה לבוא למקדש לשם פולחן, אלא בעיקר ביטוי של דבקותו של אדם הנמצא בבית ה' ומתענג על עצם הימצאותו שם.

כז,א **ה' אוֹרִי** – כמו שהיה בקבלת התורה ולוחות הראשונות, שהיו הלוחות מעשה אלוהים, לפי שגם גופות בני ישראל היו מזוככים כמו הנשמה; **וְיִשְׁעִי** – הוא אחר החטא, כי הגוף צריך ישועה, כמו שכתוב: "אדם ובהמה תושיע ה'" (לו ז), היינו בחינת הבינוני, שיש בו מהארת הנשמה אבל חלק הגוף עוד לא נתקן. וכמו כן **ה' אוֹרִי** – בשבת, יומא דנשמתין, **וְיִשְׁעִי** – בימי המעשה.

על־פי שפת אמת, שופטים תרס"ב

כז,ג **אִם תָּקוּם עָלַי מִלְחָמָה – בְּזֹאת אֲנִי בוֹטֵחַ.** פירוש: שעל־ידי המלחמה עצמה רואה האדם שיש לו במה לבטוח, כי הירא מעבירות שבידו פטרתו תורה מן המלחמה, ולפיכך נמצא שכל זמן שיש לאדם מלחמה, מכלל שיש לו כוח להילחם.

על־פי שפת אמת, שופטים תרל"ד

ה כִּ֤י יִצְפְּנֵ֨נִי ׀ בְּסֻכֹּה֮
בְּי֢וֹם רָ֫עָ֥ה
יַ֭סְתִּרֵנִי בְּסֵ֣תֶר אָהֳל֑וֹ
בְּ֝צ֗וּר יְרוֹמְמֵֽנִי׃
ו וְעַתָּ֨ה יָר֪וּם רֹאשִׁ֡י
עַ֤ל אֹֽיְבַ֬י סְֽבִיבוֹתַ֗י
וְאֶזְבְּחָ֣ה בְ֭אָהֳלוֹ
זִבְחֵ֣י תְרוּעָ֑ה
אָשִׁ֥ירָה וַ֝אֲזַמְּרָ֗ה לַיהוָֽה׃
ז שְׁמַע־יְהוָ֖ה קוֹלִ֥י אֶקְרָ֗א
וְחָנֵּ֥נִי וַעֲנֵֽנִי׃
ח לְךָ֤ ׀ אָמַ֣ר לִ֭בִּי בַּקְּשׁ֣וּ פָנָ֑י
אֶת־פָּנֶ֖יךָ יְהוָ֣ה אֲבַקֵּֽשׁ׃
ט אַל־תַּסְתֵּ֬ר פָּנֶ֨יךָ ׀ מִמֶּנִּי֮
אַֽל תַּט־בְּאַ֗ף עַ֫בְדֶּ֥ךָ
עֶזְרָתִ֥י הָיִ֑יתָ
אַֽל־תִּטְּשֵׁ֥נִי וְאַל־תַּ֝עַזְבֵ֗נִי
אֱלֹהֵ֥י יִשְׁעִֽי׃

ה כִּי יִצְפְּנֵנִי בְּסֻכֹּה - שהוא, כנראה, לשון נרדף ל"סוכתו" - בְּיוֹם רָעָה, ושם אמצא לי מחסה, יַסְתִּרֵנִי בְּסֵתֶר אָהֳלוֹ, בְּצוּר - תוקף, חוזק, סלע - יְרוֹמְמֵנִי; ושם, תחת חסותו של הקב"ה, אין רעה יכולה לפגוע בי.

ו וְעַתָּה יָרוּם רֹאשִׁי עַל אֹיְבַי סְבִיבוֹתַי - על האויבים שמסביב לי - וְאֶזְבְּחָה בְאָהֳלוֹ זִבְחֵי תְרוּעָה - ביטוי נדיר שמשמעו: זבחי תודה שמביא אדם על ניצחון והצלחה - אָשִׁירָה וַאֲזַמְּרָה לַה'.

ז ויש פה, שוב, דברי תפילה: שְׁמַע־ה', קוֹלִי אֶקְרָא - שמע את קולי כאשר אני קורא אליך - וְחָנֵּנִי וַעֲנֵנִי.

ח לְךָ - שכאן פירושו: בשבילך, במקומך - אָמַר לִבִּי; כלומר: אמנם לבי הוא האומר ומבטא דבר זה, אך לבי אומר אותו כחזרה, כציטוט של מה שה' מדבר אליי. והוא אומרו לכל אדם: בַּקְּשׁוּ פָנָי, שהוא הדבר שה' מבקש. ועל כך הוא יכול לענות: אכן, אֶת־פָּנֶיךָ ה' אֲבַקֵּשׁ.

ט אַל־תַּסְתֵּר פָּנֶיךָ מִמֶּנִּי, שכן הסתרת פנים מפקירה את האדם לרָעוֹת העולם. אַל תַּט־בְּאַף - אל תטה, אל תרחיק מתוך חֵמה וכעס, גם אם הם מוצדקים - את עַבְדֶּךָ, עֶזְרָתִי הָיִיתָ - עד עכשיו, וְאַל־תִּטְּשֵׁנִי וְאַל־תַּעַזְבֵנִי, אֱלֹהֵי יִשְׁעִי, גם בעתיד.

כז,ח אֶת פָּנֶיךָ ה' אֲבַקֵּשׁ. כשמתבונן אדם בגדולת ה', המחדש בכל יום תמיד מעשה בראשית ומחיה את כל הנבראים שבשמים ובארץ, צועק לבו אל ה' ונמשך אחריו לדבקה בו יתברך בתשוקה וצימאון. ואולם צעקה זו היא מחיצוניות הלב בלבד, לפי שנמשכת מבחינת התפשטות זיוו והארתו יתברך החוצה – אל הנבראים. אבל הקב"ה בכבודו ובעצמו "אש אוכלה הוא" – כטבע האש שמסתלק למעלה ואינו יורד ומתפשט, ואינו נתפס ומתלבש בעולם בבחינת גילוי, וכשנותן אדם דעתו לכך הרי הוא צועק מפנימיות הלב, למעלה מן הדעת, להיות לבו בוער כרשפי אש שלהבת העולה מאליה בלי טעם ודעת, להשתפך נפשו אל חיק אביה ולמסור נפשו באחד – כי חלק ה' עמו, וישראל עלו במחשבה בבחינת פנימיות. וזהו **לְךָ אָמַר לִבִּי בַּקְּשׁוּ פָנָי**, פנימיות הלב, וזה מחמת **שאֶת פָּנֶיךָ ה' אֲבַקֵּשׁ**, שהוא הקב"ה בכבודו ובעצמו.

על־פי ליקוטי תורה ניצבים מד, ג

י כִּי־אָבִי וְאִמִּי עֲזָבוּנִי
וַיהוָה יַאַסְפֵנִי:
יא הוֹרֵנִי יְהוָה דַּרְכֶּךָ
וּנְחֵנִי בְּאֹרַח מִישׁוֹר
לְמַעַן שׁוֹרְרָי:
יב אַל־תִּתְּנֵנִי בְּנֶפֶשׁ צָרָי
כִּי קָמוּ־בִי עֵדֵי־שֶׁקֶר
וִיפֵחַ חָמָס:
יג לוּלֵא הֶאֱמַנְתִּי
לִרְאוֹת בְּטוּב־יְהוָה
בְּאֶרֶץ חַיִּים:
יד קַוֵּה אֶל־יְהוָה
חֲזַק וְיַאֲמֵץ לִבֶּךָ
וְקַוֵּה אֶל־יְהוָה:

י והביטוי החזק ביותר לדבקות בה׳ לבדו הוא: כִּי־אָבִי וְאִמִּי - כי אפילו אם אבי ואמי - עֲזָבוּנִי, שכרגיל הקשר בין הורים לילדיהם הוא קשר המתקיים כמעט ללא תנאי; ואילו ילד הנעזב על ידי אביו ואמו הרי הוא בבדידות גמורה שאין למעלה ממנה. ובכל זאת, וַה׳ יַאַסְפֵנִי, כי הוא מחסה לכל, גם למי שנזנח מכל הבחינות.

יא הוֹרֵנִי, ה׳, דַּרְכֶּךָ - כלומר, את הדרך הטובה - וּנְחֵנִי בְּאֹרַח מִישׁוֹר, בדרך ישרה, גם במובן המוסרי וגם בחיי המעשה, לְמַעַן שׁוֹרְרָי - בגלל, או כנגד, אלה הנלחמים בי.

יב אַל־תִּתְּנֵנִי בְּנֶפֶשׁ צָרָי - אל תעזבני ותתנני ביד שונאיי, כפי שהוא רצונם ("נפש") של אויביי ("צרי"), כִּי־קָמוּ בִי עֵדֵי־שֶׁקֶר, שהרי צריי אלה הם עדי שקר, ובאמת לא היה כאן שום חטא שלי, וִיפֵחַ - כנראה פירושו יפרח, יצמח - חָמָס על ידם.

יג ואם אני איני נכנע לפניהם, הרי זה רק בשל התפילה והתקווה: לוּלֵא הֶאֱמַנְתִּי לִרְאוֹת בְּטוּב־ה׳ בְּאֶרֶץ חַיִּים. רק משום כך יכול אני להמשיך למרות האויבים והשונאים.

יד ובסיכומו של דבר: קַוֵּה אֶל־ה׳, שזוהי גם אמירה לעצמו ולכל אדם אחר: חֲזַק, התחזק בדרכך, וְיַאֲמֵץ לִבֶּךָ; וְקַוֵּה אֶל ה׳ גם אם לא מיד תראה את התוצאות.

כז,יד חֲזַק וְיַאֲמֵץ לִבֶּךָ. כשאומר תהלים צריך לראות שימצא את עצמו בתוך מה שאומר, כי ספר תהלים נאמר בשביל כלל ישראל, וכל אדם – כל מלחמות היצר שיש עליו וכל מה שנעשה עמו – הכול מפורש בתהלים. ועיקר כל העצות להתקרב להשם יתברך הוא רק אמירת תהלים והתבודדות, לפרש שיחתו בינו לבין קונו ולבקש מלפניו שיקרבהו לעבודתו. ואם יהיה חזק ואמיץ מאוד להתחנן לפני השם יתברך תמיד, אז בוודאי ינצח המלחמה. ואף־על־פי שצועק לה׳ זמן רב מאוד ועדיין הוא רחוק מאוד מאוד, בוודאי סוף כל סוף יענהו השם יתברך ויקרבו לעבודתו באמת. וכתוב: קַוֵּה אֶל ה׳ חֲזַק וְיַאֲמֵץ לִבֶּךָ וְקַוֵּה אֶל ה׳, ופירש רש"י: "ואם לא תתקבל תפילתך – חזור וקווה, וכן לעולם". וזאת צריכים לזכור בכל יום, כי יש על זה חלישות ובלבולים בלי שיעור.

על־פי ליקוטי מוהר"ן ח"ב, קא

הוֹשִׁיעָה אֶת־עַמֶּךָ וּבָרֵךְ אֶת־נַחֲלָתֶךָ וּרְעֵם וְנַשְּׂאֵם עַד־הָעוֹלָם:

ספר ראשון

פרק כח

מזמור של תפילה לעזרת ה', וגם דברי תודה על ישועתו.

א לְדָוִ֡ד
אֵ֘לֶ֤יךָ יְהֹוָ֨ה ׀ אֶקְרָ֗א
צ֘וּרִ֤י אַֽל־תֶּחֱרַ֗שׁ מִ֫מֶּ֥נִּי
פֶּן־תֶּחֱשֶׁ֥ה מִמֶּ֑נִּי
וְ֝נִמְשַׁ֗לְתִּי עִם־י֥וֹרְדֵי בֽוֹר׃
ב שְׁמַ֤ע ק֣וֹל תַּ֭חֲנוּנַי
בְּשַׁוְּעִ֣י אֵלֶ֑יךָ
בְּנָשְׂאִ֥י יָ֝דַ֗י
אֶל־דְּבִ֥יר קָדְשֶֽׁךָ׃
ג אַל־תִּמְשְׁכֵ֣נִי עִם־רְשָׁעִים֮
וְעִם־פֹּ֪עֲלֵ֫י אָ֥וֶן
דֹּבְרֵ֣י שָׁ֭לוֹם עִם־רֵעֵיהֶ֑ם
וְ֝רָעָ֗ה בִּלְבָבָֽם׃
ד תֶּן־לָהֶ֣ם כְּפָעֳלָם֮
וּכְרֹ֪עַ מַֽעַלְלֵ֫יהֶ֥ם
כְּמַעֲשֵׂ֣ה יְ֭דֵיהֶם תֵּ֣ן לָהֶ֑ם
הָשֵׁ֖ב גְּמוּלָ֣ם לָהֶֽם׃
ה כִּ֤י לֹ֤א יָבִ֡ינוּ
אֶל־פְּעֻלֹּ֣ת יְ֭הֹוָה

א לְדָוִד, אֵלֶיךָ ה' אֶקְרָא, צוּרִי - תוקפי, חוזקי - אַל־תֶּחֱרַשׁ מִמֶּנִּי, אל תימנע מלהקשיב לי, פֶּן־תֶּחֱשֶׁה מִמֶּנִּי ולא תפנה אליי, ואז לא יהיה לי קיום: וְנִמְשַׁלְתִּי, אפשר יהיה להשוותני, עִם־יוֹרְדֵי בוֹר, כלומר: אנשים ההולכים למות; שכן ההכרה בכך שה' שומע את קולי היא חלק מחוזקי, ולאמיתו של דבר רק עזרתו היא הנותנת לי חיים.

ב שְׁמַע קוֹל תַּחֲנוּנַי בְּשַׁוְּעִי אֵלֶיךָ, בְּנָשְׂאִי יָדַי אֶל־דְּבִיר - היכל - קָדְשֶׁךָ.

ג אַל־תִּמְשְׁכֵנִי, ואל תשייך אותי, עִם־רְשָׁעִים וְעִם־פֹּעֲלֵי אָוֶן, אותם אנשים שהם דֹּבְרֵי שָׁלוֹם עִם־רֵעֵיהֶם, ובאותה עת רָעָה בִּלְבָבָם, כי האנשים הללו מסוכנים יותר מאויבים גלויים.

ד תֶּן־לָהֶם, לאותם רשעים, עונש כְּפָעֳלָם וּכְרֹעַ מַעַלְלֵיהֶם, כְּמַעֲשֵׂה יְדֵיהֶם תֵּן לָהֶם, הָשֵׁב גְּמוּלָם לָהֶם - שאין הם צריכים לקבל עונש יתר, מעבר לגמול הראוי לחטאיהם.

ה כִּי לֹא יָבִינוּ אֶל־פְּעֻלֹּת ה' וְאֶל־מַעֲשֵׂה יָדָיו, ואין הם רוצים לחשוב עליהם, ולכן הם עושים

כח,ה כִּי לֹא יָבִינוּ אֶל פְּעֻלֹּת ה' וְאֶל מַעֲשֵׂה יָדָיו – פעולה לחוד ומעשה ידיים לחוד, והם זה לפנים מזה, רובד פנימי ורובד חיצוני בהבנת מציאות העולם וגילוי האלוהים בתוכה. מעשה ידיים הוא יחס חיצוני בין הבורא לעולמו, המתבטא בהנהגת ההסתר – היא הנהגת הטבע. מנגד, לשון פעולה מורה על יחס פנימי ועצמי, על דרך כוח הפועל בנפעל, מה שגלוי רק לעיני מעמיקי הראות, המביטים לפנימיות הבריאה ומוצאים בה את אור האין־סוף, שורש חייה. אותם מעמיקי ראות הלא הם הצדיקים, ומשום כך אנו מוצאים שנתייחדה להם לשון הפעולה: "מה רב טובך אשר צפנת ליראיך פעלת לחסים בך" (לא כ). היא היא הלשון שבה מורה הכתוב על אותו מקום שממנו הושתת העולם ועליו הדרו: "מכון לשבתך פעלת ה', מקדש ה' כוננו ידיך" (שמות טו יז).

על־פי יהל אור

וְאֶל־מַעֲשֵׂה יָדָיו
יֶהֶרְסֵם וְלֹא יִבְנֵם:
ו בָּרוּךְ יְהוָה
כִּי־שָׁמַע קוֹל תַּחֲנוּנָי:
ז יְהוָה ׀ עֻזִּי וּמָגִנִּי
בּוֹ בָטַח לִבִּי וְנֶעֱזָרְתִּי
וַיַּעֲלֹז לִבִּי וּמִשִּׁירִי אֲהוֹדֶנּוּ:
ח יְהוָה עֹז־לָמוֹ
וּמָעוֹז יְשׁוּעוֹת מְשִׁיחוֹ
הוּא:
ט הוֹשִׁיעָה ׀ אֶת־עַמֶּךָ
וּבָרֵךְ אֶת־נַחֲלָתֶךָ
וּרְעֵם וְנַשְּׂאֵם עַד־הָעוֹלָם:

רעות בעולם. אך ה׳ יֶהֶרְסֵם וְלֹא יִבְנֵם, למרות כל התחבולות שהם מחבלים.

ו בָּרוּךְ ה׳ כִּי־שָׁמַע קוֹל תַּחֲנוּנָי.

ז ה׳ הוא עֻזִּי וּמָגִנִּי בּוֹ בָטַח לִבִּי וְנֶעֱזָרְתִּי בו, וַיַּעֲלֹז לִבִּי בישועה וּמִשִּׁירִי אֲהוֹדֶנּוּ - אתן הוד ותפארת לה׳ על ידי השירה שלי.

ח ה׳ עֹז־לָמוֹ, לבוטחים בו, וּמָעוֹז יְשׁוּעוֹת מְשִׁיחוֹ - הוא המלך הנמשח, מלך ישראל - הוּא.

ט הוֹשִׁיעָה אֶת־עַמֶּךָ וּבָרֵךְ אֶת־נַחֲלָתֶךָ - שזה כינוי גם לעם ישראל, שהם נחלת ה׳, וגם לארץ ישראל.

וּרְעֵם, הנהג אותם כרועה המנהיג את עדרו, וְנַשְּׂאֵם עַד־הָעוֹלָם.

כח,ט **הוֹשִׁיעָה אֶת עַמֶּךָ**. נהגו ישראל קדושים שבשעה שמתאספים לבית הכנסת ורוצים לומר דבר שבקדושה, מונים את הציבור בפסוק **הוֹשִׁיעָה אֶת עַמֶּךָ**, שיש בו עשר תיבות, וממילא יודעים אם כבר יש מניין עשרה. ולכאורה הדבר מוקשה, שהרי מפורש בספר הפרדס שנוהגים למנות את הציבור בפסוק ״ואני ברֹב חסדך אבוא ביתך״ (ה ח), וגם טעם גדול בדבר, שפסוק זה מתאים בתוכנו לביאת בית הכנסת. ונראה שאמנם ״ואני ברֹב חסדך״ מתאים יותר, אך מפני צורך השעה אין אנו משגיחים בכך. שהרי אנו עומדים בדורות האחרונים של עקבתא דמשיחא, חושך כפול ומכופל, לאחר שכבר מזמן ״כלו כל הקיצין״, וכעת מתאספים עשרה מישראל וזוכים להשראת השכינה. האם בעת אשר כזו נוכל לחשות מלתת נפשנו בשאלתנו: **הוֹשִׁיעָה אֶת עַמֶּךָ וּבָרֵךְ אֶת נַחֲלָתֶךָ וּרְעֵם וְנַשְּׂאֵם עַד הָעוֹלָם?!**

על־פי תורת מנחם תשמ״ג ח״ב, עמ׳ 1137

קוֹל יהוה עַל־הַמָּיִם אֵל־הַכָּבוֹד הִרְעִים יהוה עַל־מַיִם רַבִּים:
קוֹל־יהוָה בַּכֹּחַ קוֹל יהוה בֶּהָדָר: קוֹל יהוה שֹׁבֵר אֲרָזִים וַיְשַׁבֵּר יהוה אֶת־אַרְזֵי הַלְּבָנוֹן:
וַיַּרְקִידֵם כְּמוֹ־עֵגֶל לְבָנוֹן וְשִׂרְיוֹן כְּמוֹ בֶן־רְאֵמִים:
קוֹל־יהוָה חֹצֵב לַהֲבוֹת אֵשׁ: קוֹל יהוה יָחִיל מִדְבָּר

המנון על גדולת ה׳ ועל התגלותו
בתוך העולם, כאשר כל אחד מאופני
ההתגלות הללו קרוי כאן ״קול ה׳״.

ספר ראשון

פרק כט

א מִזְמ֗וֹר לְדָ֫וִ֥ד
הָב֣וּ לַ֭יהוָה בְּנֵ֣י אֵלִ֑ים
הָב֥וּ לַ֝יהוָ֗ה כָּב֥וֹד וָעֹֽז׃
ב הָב֣וּ לַ֭יהוָה כְּב֣וֹד שְׁמ֑וֹ
הִשְׁתַּחֲו֥וּ לַ֝יהוָ֗ה
בְּהַדְרַת־קֹֽדֶשׁ׃
ג ק֥וֹל יְהוָ֗ה עַל־הַ֫מָּ֥יִם
אֵֽל־הַכָּב֥וֹד הִרְעִ֑ים
יְ֝הוָ֗ה עַל־מַ֥יִם רַבִּֽים׃
ד קוֹל־יְהוָ֥ה בַּכֹּ֑חַ
ק֥וֹל יְ֝הוָ֗ה בֶּהָדָֽר׃
ה ק֣וֹל יְ֭הוָה שֹׁבֵ֣ר אֲרָזִ֑ים
וַיְשַׁבֵּ֥ר יְ֝הוָ֗ה
אֶת־אַרְזֵ֥י הַלְּבָנֽוֹן׃
ו וַיַּרְקִידֵ֥ם כְּמוֹ־עֵ֑גֶל
לְבָנ֥וֹן וְ֝שִׂרְיֹ֗ן
כְּמ֣וֹ בֶן־רְאֵמִֽים׃

א מִזְמוֹר לְדָוִד, הָבוּ, תנו, לַה׳, בְּנֵי אֵלִים - יש המפרשים כי "בני אלים" הם מלאכים, ויש המפרשים שהם כוכבים; אבל מן ההקשר עולה כי הקריאה היא לאנשים גדולים, בעלי עוצמה ("בני אלים" = גיבורים), אשר משום כך הם אלה הראויים להלל את ה׳ כראוי לו. ובפירוט הדברים יש קריאה והנחיות כיצד יש להודות ולהלל לשמו: הָבוּ לַה׳ כָּבוֹד וָעֹז - שבחו את ה׳ על כבודו ועוזו.

ב ובדרך של כבוד ועוז הָבוּ לַה׳ כְּבוֹד שְׁמוֹ - כלומר: קִראו לו והתייחסו אליו בדרך הכבוד הראויה לשמו, הִשְׁתַּחֲווּ לַה׳ בְּהַדְרַת־קֹדֶשׁ - באופן של קדושה שיש בה הדר. ומכאן ואילך באים תיאורים של ההתגלות. התגלות זו נקראת במזמור זה "קול ה׳" שמשמעו, במופשט, "התגלות".

ג קול ה׳ עַל־הַמָּיִם; וכשקולו על המים הרי זו התגלות של עוצמה: אֵל־הַכָּבוֹד הִרְעִים, קול ה׳ נשמע עַל־מַיִם רַבִּים.

ד קוֹל־ה׳ מתגלה בַּכֹּחַ, ומצד אחר - קול ה׳ מתגלה בֶּהָדָר, שהוא יופי שיש בו תפארת וגדולה.

ה קול ה׳ בעוצמתו שֹׁבֵר אֲרָזִים, שהם הענקים שבעצים, וַיְשַׁבֵּר ה׳ אֶת־אַרְזֵי הַלְּבָנוֹן. ובעצם, קול ה׳ מרעיד את כל העולם.

ו וַיַּרְקִידֵם, את בריות העולם, כְּמוֹ־עֵגֶל, שדרכו לקפץ ולרקד; ההרים הגבוהים, לְבָנוֹן וְשִׂרְיוֹן (אחד משמותיו של הר חרמון) יהיו מקפצים כְּמוֹ בֶן־רְאֵמִים.

כט,א הָבוּ לַה׳ בְּנֵי אֵלִים. שבת היא בחינת עליית העולמות – עשייה ביצירה, ויצירה בבריאה, ובריאה באצילות, עד רום המעלות. ועל דרך משל אדם העושה במלאכה, ששכלו נתלבש ונשפל בה, וכשׁשובת ממנה חוזר שכלו לאיתנו להשכיל עניינים רוחניים שלמעלה מהשכל הנצרך לאותה מלאכה, שנקרא "מילין דהדיוטא" [=דברי הדיוט]. ועל דרך זה יובן למעלה, שאצילות הוא אלוהות ממש, והוא עניין הביטול במציאות לאור אין־סוף, אבל בי"ע [=בריאה, יצירה, עשייה] הם נפרדים ובעלי גבול, שאינן בבחינת ביטול. וכשמתעלים בי"ע באצילות אזי הנברא עולה ונכלל בבורא, שיהיה מתלבש בו אור אין־סוף ברוך־הוא, ויהיה גם הוא בבחינת ביטול אליו יתברך. ועלייה זו היא בקבלת שבת, שמוסיפים מחול על הקודש, ולכן אומרים ג׳ פעמים הָבוּ לַה׳, כנגד ג׳ עולמות בי"ע, עד הִשְׁתַּחֲווּ לַה׳ בְּהַדְרַת קֹדֶשׁ שהוא בחינת אצילות.

על־פי ליקוטי תורה בהר מג, ד

ז קוֹל־יְהוָה חֹצֵב
לַהֲבוֹת אֵשׁ׃
ח קוֹל יְהוָה יָחִיל מִדְבָּר
יָחִיל יְהוָה מִדְבַּר קָדֵשׁ׃
ט קוֹל יְהוָה ׀ יְחוֹלֵל אַיָּלוֹת
וַיֶּחֱשֹׂף יְעָרוֹת
וּבְהֵיכָלוֹ כֻּלּוֹ אֹמֵר כָּבוֹד׃
י יְהוָה לַמַּבּוּל יָשָׁב
וַיֵּשֶׁב יְהוָה מֶלֶךְ לְעוֹלָם׃
יא יְהוָה עֹז לְעַמּוֹ יִתֵּן
יְהוָה ׀ יְבָרֵךְ אֶת־עַמּוֹ
בַשָּׁלוֹם׃

ז קול־ה׳ בכוחו חֹצֵב לַהֲבוֹת אֵשׁ מתוך הסלעים, מתוך החומות.

ח קול ה׳ יָחִיל – ירעיד, יפחיד, את המִדְבָּר, יָחִיל ה׳ את מִדְבַּר קָדֵשׁ – וכאן יש רמז מפורש יותר למעמד הר סיני, כפי שהוא מתואר להלן בכמה מזמורים, כגון מזמור סח.

ט קול ה׳ יְחוֹלֵל אַיָּלוֹת – נראה שכאן המילה "יחולל" היא במשמעות של יַפרה וייצור. וזהו מופע של גדולת ה׳ לא בעוצמה המרעידה עולם אלא דווקא מתוך רכות: הוא גורם לדברים להיוולד. וַיֶּחֱשֹׂף יְעָרוֹת – ומאידך גיסא, אותו קול גם יחשוף יערות, כאשר כל עציהם יתמוטטו, וּבְהֵיכָלוֹ – שם, סמוך אליו, כביכול, אין לקולות הללו מופע של עוצמה, אלא הם בשלווה: כֻּלּוֹ אֹמֵר כָּבוֹד.

י ה׳ לַמַּבּוּל יָשָׁב – יש מפרשים שהוא דוגמה לכוח ה׳ המופיע בצורה נוראה, שה׳ ישב בדין ודן את העולם להרס גמור במבול; ויש המפרשים ש"מבול" הוא שם כיסא הדין של הקב"ה.

וַיֵּשֶׁב ה׳ מֶלֶךְ לְעוֹלָם – שברחמיו הוא יושב על כיסא מלכותו לנצח, ולא בהריסה אלא בצמיחה ובבנייה.

יא ה׳ עֹז לְעַמּוֹ יִתֵּן – שהרי כדי להללו כראוי נפתח מזמור זה באמירה שצריך לתת לו כבוד ועוז; ולעומת זאת, ה׳ יְבָרֵךְ אֶת־עַמּוֹ בַשָּׁלוֹם, וזו היא ברכה המכילה את שני הצדדים גם יחד: מתנת העוז והעוצמה ומתנת השלווה והשקט.

כט,יא **ה׳ עֹז לְעַמּוֹ יִתֵּן. עֹז** זו תורה שבכתב, שאף שנעלמה מעיני כל חי היא עוז ועץ חיים למחזיקים בה; **שָׁלוֹם** זו תורה שבעל־פה, שבני ישראל משיגים בעצמותם, וכמו שאומרים: "וחיי עולם נטע בתוכנו", והיא שלמות התורה. ולכן נקראו ישראל "השולמית", כי אף שהשלמות רק מהקב"ה – שהוא שלומו של עולם שהשלום שלו – אבל בעולם־הזה נמשכת השלמות על־ידי ישראל.

על־פי שפת אמת, שבועות תרל"ח

כט,יא **ה׳ יְבָרֵךְ אֶת עַמּוֹ בַשָּׁלוֹם.** התורה היא מתנה בנפשות ישראל, אבל כפי יגיעתם כך מתחדש להם אור התורה. וזו לשון הפיוט: "כי היא לנו עוז ואורה" – שהיא עוז בעצם עניינה, ואורה מצד התפשטותה אלינו, שכפי מה שאנו יגעים בה כן מתחדשת לנו בכל עת. וזה שכתוב תחילה **ה׳ עֹז לְעַמּוֹ יִתֵּן** ואחר כך **ה׳ יְבָרֵךְ אֶת עַמּוֹ בַשָּׁלוֹם**; כי הברכה היא תוספת בהתחדשות התורה בכל עת.

על־פי שפת אמת, סוכות תרנ"ה

מִזְמוֹר שִׁיר־חֲנֻכַּת הַבַּיִת לְדָוִד:

ספר ראשון
פרק ל

שיר תודה של אדם שלפתע, בזמן שלוותו, באה עליו צרה גדולה – מחלה – המחשיכה את כל חייו; אך הוא מתפלל לישועה וזוכה אז להיגאל ולהירפא ולחזור לבריאותו ולמצבו האיתן.

פרק ל • ספר ראשון • ליום שני • ה לחודש ____________ תהלים • 117

א מִזְמוֹר
שִׁיר־חֲנֻכַּת הַבַּיִת לְדָוִד׃
ב אֲרוֹמִמְךָ יהוה כִּי דִלִּיתָנִי
וְלֹא־שִׂמַּחְתָּ אֹיְבַי לִי׃
ג יהוה אֱלֹהָי
שִׁוַּעְתִּי אֵלֶיךָ וַתִּרְפָּאֵנִי׃
ד יהוה
הֶעֱלִיתָ מִן־שְׁאוֹל נַפְשִׁי
חִיִּיתַנִי מִיָּרְדִי־בוֹר׃
ה זַמְּרוּ לַיהוה חֲסִידָיו
וְהוֹדוּ לְזֵכֶר קָדְשׁוֹ׃
ו כִּי רֶגַע ׀ בְּאַפּוֹ חַיִּים בִּרְצוֹנוֹ
בָּעֶרֶב יָלִין בֶּכִי
וְלַבֹּקֶר רִנָּה׃
ז וַאֲנִי אָמַרְתִּי בְשַׁלְוִי
בַּל־אֶמּוֹט לְעוֹלָם׃

מיורדי־

א מִזְמוֹר שִׁיר־חֲנֻכַּת הַבַּיִת לְדָוִד – הגם שהכתובת למזמור היא על חנוכת הבית, הרי תוכנו של המזמור הוא הודיה לה׳ על דברים שונים לגמרי: על מצוקה או מחלה קשה שדוד נרפא ממנה, ותודה לה׳ על ישועתו. חז״ל מסרו שאכן בשעתו חלה דוד במחלה קשה; ואולי אמר מזמור זה בזמן שחנך את ביתו הפרטי בירושלים.

ב אֲרוֹמִמְךָ ה׳ כִּי דִלִּיתָנִי – כי העלית אותי, רוממת אותי ממקום נמוך, מדכדוך וחולשה.
וְלֹא־שִׂמַּחְתָּ אֹיְבַי לִי – בירידתי. כלומר: אויביי שמחו בנפילתי או במחלתי, אך אתה לא הנחת להם לשמוח בשמחה זו.

ג ה׳ אֱלֹהָי, שִׁוַּעְתִּי אֵלֶיךָ בעת מצוקתי, וַתִּרְפָּאֵנִי.

ד ה׳, הֶעֱלִיתָ מִן־שְׁאוֹל נַפְשִׁי, כי כמעט הלכתי למות, חִיִּיתַנִי מִיָּרְדִי־בוֹר – שהוא בור הקבר.

ה ובגלל שמחה זו הוא קורא גם לאחרים: זַמְּרוּ לַה׳, חֲסִידָיו, וְהוֹדוּ לְזֵכֶר – כלומר: כאשר אתם נזכרים – בְּקָדְשׁוֹ.

ו כִּי רֶגַע בְּאַפּוֹ – כלומר: בכעסו, בזעמו, ואז החיים וההצלחה נעלמים, וחַיִּים שלמים מגיעים לאדם בִּרְצוֹנוֹ, בשעה שהיא עת רצון שלו. ובגלל החילופין הללו של שעת זעם ושעת רצון, בָּעֶרֶב יָלִין בֶּכִי – שהערב, הלילה, הוא זמן קודר (ויש בו גם, כרגיל, התגברות של החולי), ונראה שהחיים והתקווה נעלמים לגמרי, וְלַבֹּקֶר יש רפואה וישועה, ולכן באה עמהם רִנָּה.

ז ובפרטי הדברים: וַאֲנִי אָמַרְתִּי בְשַׁלְוִי, כשהייתי שלו, כשהכל הלך למישרין, לפי סדרו של עולם: ׳בַּל־אֶמּוֹט לְעוֹלָם׳, שהרי הכל יציב, קיים ועומד.

ל,ב אֲרוֹמִמְךָ ה׳ כִּי דִלִּיתָנִי. כתב הרד״ק כי דִלִּיתָנִי הוא לשון שפלות וגם לשון התנשאות, וכמו ״וגם דלה דָלָה לנו״ (שמות ב יט). והעניין הוא כי כל ירידת בני ישראל היא צורך עלייה, וכל הגלות הוא להעלות ניצוצי הקדושה שנתפזרו באלה המקומות, וכמו שכתוב: ״דלותי ולי יהושיע״ (קטז ו), שכל הדלות שלי היא לצורך הישועה. והוא ממש כמו הדלי, שיורד לעומק הבור ומעלה המים. ולסיבה זו הוריד הקב״ה נשמות בני ישראל, כדי שידלו מים מבורות עמוקים. ולכן בכל עת שיוצאין מתחת ידה של מלכות ומתעלים הניצוצות שהיו טמונים שם אזי יש התחדשות ושמחה רבה. ובאמת בכל יום יש בירורים והעלאות ניצוצות, ולכן אומרים בכל יום מזמור זה, כמו שכתב האר״י ז״ל.

על־פי שפת אמת, חנוכה תרנ״ג

ח יְהוָה בִּרְצוֹנְךָ הֶעֱמַדְתָּה
לְהַרְרִי עֹז
הִסְתַּרְתָּ פָנֶיךָ הָיִיתִי נִבְהָל:
ט אֵלֶיךָ יְהוָה אֶקְרָא
וְאֶל־אֲדֹנָי אֶתְחַנָּן:
י מַה־בֶּצַע בְּדָמִי
בְּרִדְתִּי אֶל שָׁחַת
הֲיוֹדְךָ עָפָר הֲיַגִּיד אֲמִתֶּךָ:
יא שְׁמַע־יְהוָה וְחָנֵּנִי
יְהוָה הֱיֵה־עֹזֵר לִי:
יב הָפַכְתָּ מִסְפְּדִי לְמָחוֹל לִי
פִּתַּחְתָּ שַׂקִּי
וַתְּאַזְּרֵנִי שִׂמְחָה:
יג לְמַעַן יְזַמֶּרְךָ כָבוֹד
וְלֹא יִדֹּם
יְהוָה אֱלֹהַי לְעוֹלָם אוֹדֶךָּ:

ח ה׳, בִּרְצוֹנְךָ - כשרצית זאת - הֶעֱמַדְתָּה לְהַרְרִי עֹז, כאילו לפתע צמחו הרים גדולים המסתירים, כביכול, את הקב״ה; הִסְתַּרְתָּ פָנֶיךָ, ואז הָיִיתִי נִבְהָל, כי כל צד של רע המגיע לעולם הוא תולדה של הסתר פנים, שאז ה׳ אינו מתגלה לאדם והוא מפקיר אותו, כביכול, לכוחות הפרועים והרעים של מציאות העולם.

ט ובאותה שעה התפללתי: אֵלֶיךָ, ה׳, אֶקְרָא וְאֶל־ה׳ אֶתְחַנָּן - תחינה זו היא דברים שאדם אומר לה׳ כאשר הוא נוטה למות:

י ׳מַה־בֶּצַע בְּדָמִי - איזה שווי וערך יהיה לדמי הנשפך בְּרִדְתִּי אֶל שָׁחַת - כשאלך למות? אם אני הולך למות, לא אוכל עוד לעשות שום דבר. שהרי כשאני נמצא בין שוכני עפר, הֲיוֹדְךָ עָפָר - האם עפר יכול להגיד תודה לה׳ כאדם חי? הֲיַגִּיד, העפר, את אֲמִתֶּךָ׳?

יא והוא מוסיף ומתחנן: ׳שְׁמַע־ה׳, וְחָנֵּנִי, ה׳ הֱיֵה־עֹזֵר לִי׳;

יב וכאשר עזרת ה׳ מגיעה - הָפַכְתָּ מִסְפְּדִי, את הבכי שבו ביכיתי את מר גורלי ואת אסונותיי, לְמָחוֹל של שמחה לִי, פִּתַּחְתָּ שַׂקִּי - שהוא לבוש שאבלים חוגרים על מותניהם; ובמקום זה - וַתְּאַזְּרֵנִי, כביכול שמת לי אזור, חגורה, של שִׂמְחָה.

יג ולפיכך מי שכמו קם לתחייה, שזכה שוב במתנת החיים והוא יודע מה לעשות בה, הרי זה לְמַעַן, כדי שיְזַמֶּרְךָ, ישיר לך מזמור שנותן לה׳ כָבוֹד, וְלֹא יִדֹּם קול הזמרה. ומכאן והלאה - ה׳ אֱלֹהַי, לְעוֹלָם אוֹדֶךָּ.

ל,ח הִסְתַּרְתָּ פָנֶיךָ הָיִיתִי נִבְהָל. כי בגלותנו, כביכול, הקב״ה מסתיר פניו ממנו ופונה אלינו עורף, שהוא בחינות דין. ויש מעמנו בני ישראל שכשרואים אורך הגלות, ומה שבכל יום אנחנו צועקים אליו ואיננו נושעים, טועים בלבם שכל התפילות הן לריק חס ושלום. אבל באמת כל התפילות – הצדיקים שבכל דור ודור מעלים אותן ומקימים אותן, כמו שכתוב: ״ויקם משה את המשכן״ (שמות מ יח), והם מעלים כל תפילה למקומה ובונים קומתה של השכינה מעט מעט, עד שישתלם שיעור קומתה, ואז יבוא משיח ויקים אותה בשלמות.

על־פי ליקוטי מוהר״ן ח״א ב: ח

חִזְקוּ וְיַאֲמֵץ לְבַבְכֶם כָּל־הַמְיַחֲלִים לַיהוה:

ספר ראשון

פרק לא

שיר של תחינה ותודה שנכתב, ככל הנראה, בזמן של רווחה (יחסית, לפחות), ומזכיר את הייסורים ואת הפחדים של העבר ואת הישועה שבהווה.

א לַמְנַצֵּחַ מִזְמוֹר לְדָוִד:
ב בְּךָ־יְהוָה חָסִיתִי
אַל־אֵבוֹשָׁה לְעוֹלָם
בְּצִדְקָתְךָ פַלְּטֵנִי:
ג הַטֵּה אֵלַי ׀ אָזְנְךָ
מְהֵרָה הַצִּילֵנִי
הֱיֵה לִי ׀ לְצוּר־מָעוֹז
לְבֵית מְצוּדוֹת לְהוֹשִׁיעֵנִי:
ד כִּי־סַלְעִי וּמְצוּדָתִי אָתָּה
וּלְמַעַן שִׁמְךָ
תַּנְחֵנִי וּתְנַהֲלֵנִי:
ה תּוֹצִיאֵנִי מֵרֶשֶׁת זוּ טָמְנוּ לִי
כִּי־אַתָּה מָעוּזִּי:
ו בְּיָדְךָ אַפְקִיד רוּחִי
פָּדִיתָה אוֹתִי יְהוָה
אֵל אֱמֶת:
ז שָׂנֵאתִי
הַשֹּׁמְרִים הַבְלֵי־שָׁוְא
וַאֲנִי אֶל־יְהוָה בָּטָחְתִּי:

א לַמְנַצֵּחַ מִזְמוֹר לְדָוִד.

ב בְּךָ־ה׳, חָסִיתִי, ולפיכך אבקש: אַל־אֵבוֹשָׁה לְעוֹלָם, כי תעזרני בכל זמן, בְּצִדְקָתְךָ פַלְּטֵנִי, הצל אותי מצרותיי.

ג הַטֵּה אֵלַי אָזְנְךָ והקשב לתפילתי, מְהֵרָה הַצִּילֵנִי - מסכנה דחופה. הֱיֵה לִי לְצוּר־מָעוֹז של הגנה, לְבֵית מְצוּדוֹת - מבצר - לְהוֹשִׁיעֵנִי.

ד כִּי־סַלְעִי - שמזכיר את הצור שבפסוק הקודם - וּמְצוּדָתִי אָתָּה, וּלְמַעַן שִׁמְךָ תַּנְחֵנִי למצוא את הדרך הנכונה וּתְנַהֲלֵנִי, תנהג אותי למצוא את המקום הנכון, את הדרך הראויה.

ה תּוֹצִיאֵנִי מֵרֶשֶׁת זוּ - מהמלכודות - אשר טָמְנוּ לִי, כִּי־אַתָּה מָעוּזִּי.

ו בְּיָדְךָ אַפְקִיד רוּחִי - אני בעצם נותן את חיי בידיך וסומך על כך שאתה תשמור אותם. ואכן, פָּדִיתָ אוֹתִי ה׳, אֵל אֱמֶת.

ז שָׂנֵאתִי הַשֹּׁמְרִים הַבְלֵי־שָׁוְא, אלו עובדי האלילים המסתמכים על כל מיני כוחות אחרים, וַאֲנִי רק אֶל־ה׳ בָּטָחְתִּי.

לא,ו **בְּיָדְךָ אַפְקִיד רוּחִי.** קריאת שמע שעל המיטה היא שעת כושר להתבוננות פנימית בקורותיו של אדם במשך היום, שעה קלה בטרם תיפול עליו שינה ויפקיד את נפשו ביד א־ל אמת. מי שלבו פתוח, אי אפשר שלא תיפול עליו יראה גדולה בשעה זו. הרי על השם יתברך אנו אומרים כי "לא יְגֻרְךָ רע" (ה ה), והאם נפש זו שעומדת לעלות לפניו – רק טובה היא? בעלות איש על משכבו, עולים במחשבתו כל אותם דברים שטוב היה לולא דבקו בו, ואילו כעת הם מכתימים את לובן נפשו ומכבידים כמשקולות על כנפיה. ואולם, אל יתיירא אדם מפני מרירות זו, כי טובה היא. שכל אותם כתמים עפרוריים אינם מגופה של נפש, אלא דבקים בחיצוניותה, והמרירות חופרת בהם כקרדום וחושפת תחתיהם **באר מים חיים**, זכים וצלולים – **בְּיָדְךָ אַפְקִיד רוּחִי, פָּדִיתָה אוֹתִי ה׳ אֵל אֱמֶת.**

על־פי ספר המאמרים תרס"ו, עמ׳ רצב

ח אָגִילָה וְאֶשְׂמְחָה בְּחַסְדֶּךָ
אֲשֶׁר רָאִיתָ אֶת־עָנְיִי
יָדַעְתָּ בְּצָרוֹת נַפְשִׁי:
ט וְלֹא הִסְגַּרְתַּנִי בְּיַד־אוֹיֵב
הֶעֱמַדְתָּ בַמֶּרְחָב רַגְלָי:
י חָנֵּנִי יהוה כִּי צַר לִי
עָשְׁשָׁה בְכַעַס עֵינִי
נַפְשִׁי וּבִטְנִי:
יא כִּי כָלוּ בְיָגוֹן חַיַּי
וּשְׁנוֹתַי בַּאֲנָחָה
כָּשַׁל בַּעֲוֺנִי כֹחִי
וַעֲצָמַי עָשֵׁשׁוּ:
יב מִכָּל־צֹרְרַי הָיִיתִי חֶרְפָּה
וְלִשְׁכֵנַי ׀ מְאֹד
וּפַחַד לִמְיֻדָּעָי
רֹאַי בַּחוּץ נָדְדוּ מִמֶּנִּי:
יג נִשְׁכַּחְתִּי כְּמֵת מִלֵּב
הָיִיתִי כִּכְלִי אֹבֵד:

ח **אָגִילָה וְאֶשְׂמְחָה בְּחַסְדֶּךָ.**
אֲשֶׁר רָאִיתָ אֶת־עָנְיִי, יָדַעְתָּ בְּצָרוֹת נַפְשִׁי,

ט **וְלֹא** - ועל כן לא **הִסְגַּרְתַּנִי בְּיַד־אוֹיֵב, הֶעֱמַדְתָּ בַמֶּרְחָב רַגְלָי** - למרות שלפני כן הייתי במצר שלא יכולתי לצאת ממנו.

י **חָנֵּנִי, ה׳, כִּי צַר לִי, עָשְׁשָׁה** - כהתה, נחלשה - **בְכַעַס עֵינִי**, כי מפני הצרות והמצוקה נראה לי שהעיניים שלי אינן מתפקדות כראוי, **וְנַפְשִׁי וּבִטְנִי** - נפשי וגם בטני, כולם כואבים עליי.

יא **כִּי כָלוּ בְיָגוֹן חַיַּי, וּשְׁנוֹתַי כלו בַּאֲנָחָה.**
כָּשַׁל בַּעֲוֺנִי כֹחִי וַעֲצָמַי עָשֵׁשׁוּ - נחלשו, נרקבו.

יב **מִכָּל־צֹרְרַי** - לאויביי - **הָיִיתִי חֶרְפָּה** - הייתי נושא של חרפה, מישהו שמחרפים אותו וגם רואים אותו כסמל של בושה, **וְלִשְׁכֵנַי מְאֹד** - כלומר: הייתי להם הרבה מאוד מאותם דברים שבגללם הם מתרחקים ממני, **וּפַחַד לִמְיֻדָּעָי** - הדואגים לי כשהם רואים את כשלון כוחי.

רֹאַי בַּחוּץ נָדְדוּ מִמֶּנִּי - הם אינם רוצים להתקרב אליי ולגעת בי כי אני נראה חולה, מסכן ומוזר.

יג **נִשְׁכַּחְתִּי כְּמֵת מִלֵּב** - אחרי זמן אנשים אינם זוכרים עוד היטב את המתים, והם נעלמים מן התודעה. **הָיִיתִי כִּכְלִי אֹבֵד**, שלאחר שאיננו נמצא עוד בשימוש שוכחים את קיומו.

לא,יא **כָּשַׁל בַּעֲוֺנִי כֹחִי** – כי על־ידי העוונות, וכן כשנמשך אחר חומריות הגוף, נכשל ונתחלש כוח הנפש, וכמו שכתוב: "כי אם עֲונותיכם היו מבדלים בינֵכם לבין אלוהיכם", שנעשה מסך מבדיל, שהוא המצר והגבול שמלביש את הנפש עד שמורידה לימשך בתענוגים גשמיים. ולזה ניתנה התורה לישראל, שהיא הנותנת עוז לנפש האלוהית להתגבר על חומריות הגוף ונפש הבהמית, וככתוב "ה' עֹז לעמו יתן ה' יברך את עמו בשלום" (כט יא), שעל־ידי התורה יכול לבררם בשלום. והנה אמרו חז"ל שעל־ידי התורה נעשה "שלום בפמליא של מעלה ושלום בפמליא של מטה" (סנהדרין צט, ב), כי שלום הוא בחינת התקשרות, ושלום בפמליא של מעלה הוא שתהיה נפש האלוהית קשורה ומיוחדת בביטול ממש בגילוי אור אין־סוף ברוך־הוא, ושלום בפמליא של מטה הוא שיתרצו הגוף והנפש הבהמית שתאיר הנפש האלוהית בהם.

על־פי תורת שמואל תרל"ב ח"א, עמ' פד

יד כִּי שָׁמַעְתִּי | דִּבַּת רַבִּים
מָגוֹר מִסָּבִיב
בְּהִוָּסְדָם יַחַד עָלַי
לָקַחַת נַפְשִׁי זָמָמוּ:
טו וַאֲנִי | עָלֶיךָ בָטַחְתִּי יְהוָה
אָמַרְתִּי אֱלֹהַי אָתָּה:
טז בְּיָדְךָ עִתֹּתָי
הַצִּילֵנִי מִיַּד־אוֹיְבַי וּמֵרֹדְפָי:
יז הָאִירָה פָנֶיךָ עַל־עַבְדֶּךָ
הוֹשִׁיעֵנִי בְחַסְדֶּךָ:
יח יְהוָה
אַל־אֵבוֹשָׁה כִּי קְרָאתִיךָ
יֵבֹשׁוּ רְשָׁעִים יִדְּמוּ לִשְׁאוֹל:
יט תֵּאָלַמְנָה שִׂפְתֵי שָׁקֶר
הַדֹּבְרוֹת עַל־צַדִּיק עָתָק
בְּגַאֲוָה וָבוּז:
כ מָה רַב טוּבְךָ
אֲשֶׁר־צָפַנְתָּ לִּירֵאֶיךָ

יד כִּי שָׁמַעְתִּי דִּבַּת רַבִּים - דיבה היא שמועה, בעיקר שלילית. שמעתי מה שרבים מדברים, מָגוֹר - פחד - מִסָּבִיב, אני נמצא במקום כזה שבו סובבים אותי רק פחדים ואימה. בְּהִוָּסְדָם יַחַד עָלַי - כל אלה נוסדו, נאספו, עליי יחד, וְלָקַחַת נַפְשִׁי זָמָמוּ.

טו וַאֲנִי עָלֶיךָ בָטַחְתִּי, ה׳, כי אין לי כל מחסה אחר. אָמַרְתִּי: אֱלֹהַי אָתָּה, ובך אני בוטח.

טז בְּיָדְךָ עִתֹּתָי, הזמן שלי, כלומר: חיי. הַצִּילֵנִי מִיַּד־אוֹיְבַי וּמֵרֹדְפָי.

יז הָאִירָה פָנֶיךָ עַל־עַבְדֶּךָ, הוֹשִׁיעֵנִי בְחַסְדֶּךָ.

יח ה׳ אַל־אֵבוֹשָׁה כִּי קְרָאתִיךָ - כיוון שקראתי לך, אל אבוש על הביטחון שבטחתי בך, אלא להפך: יֵבֹשׁוּ רְשָׁעִים, יִדְּמוּ - יהיו דוממים, וילכו לִשְׁאוֹל.

יט תֵּאָלַמְנָה - תיעשינה אילמות - שִׂפְתֵי שָׁקֶר, הַדֹּבְרוֹת עַל־צַדִּיק עָתָק - אותן השפתיים המדברות רעה כנגד הצדיקים - בְּגַאֲוָה וָבוּז.

כ ומכאן חוזר המשורר לעניין הישועה: מָה רַב טוּבְךָ אֲשֶׁר־צָפַנְתָּ - החבאת - לִּירֵאֶיךָ, שבסופו של דבר אתה נותן להם את הדברים הטובים הגנוזים הללו, שבעבר לא היו נתונים בידי

לא,כ מָה רַב טוּבְךָ. הגיד מורי זקני ז״ל [בעל חידושי הרי״ם מגור] בשם הרב הקדוש מפרשיסחא ז״ל: ״מגביה שפלים״ – שהשם יתברך מגביה האדם באופן שיהיה נשאר שפל כמו שהיה. כי השם יתברך נותן טוב לכל הנצרך, ואם האדם מתגאה נמצא שכבר אין חסר לו, ומפסיק לתת לו. אבל לצדיק וירא ה׳ נותן ה׳ בדרך מצפון, שמצפין טובתו, שיהיה לו רק הנצרך לו ולא דבר מותר, ועל־ידי זה נחסר לו תמיד – ותמיד הוא כלי לקבל ברכת ה׳. וזהו ההפרש בין דברי עשו, שאמר ״יש לי רב״, לדברי יעקב, שאמר ״יש לי כל״ – כל מה שנצרך לי (בראשית לג ט־יא). וזה: מָה רַב טוּבְךָ אֲשֶׁר צָפַנְתָּ לִּירֵאֶיךָ – שהצפנת טובתם, כדי שגם אחרי קבלת הטוב יישארו בבחינת מה, שפלות, וכדברי חכמים: ״מים יורדים למקום נמוך״ (תענית ז, א).

על־פי שפת אמת, וישלח תרל״ד

פָּעַלְתָּ לַחוֹסִים בָּךְ
נֶגֶד בְּנֵי אָדָם:
כא תַּסְתִּירֵם ׀ בְּסֵתֶר פָּנֶיךָ
מֵרֻכְסֵי אִישׁ
תִּצְפְּנֵם בְּסֻכָּה
מֵרִיב לְשֹׁנוֹת:
כב בָּרוּךְ יְהוָה
כִּי הִפְלִיא חַסְדּוֹ לִי
בְּעִיר מָצוֹר:
כג וַאֲנִי ׀ אָמַרְתִּי בְחָפְזִי
נִגְרַזְתִּי מִנֶּגֶד עֵינֶיךָ
אָכֵן שָׁמַעְתָּ קוֹל תַּחֲנוּנַי
בְּשַׁוְּעִי אֵלֶיךָ:
כד אֶהֱבוּ אֶת־יְהוָה
כָּל־חֲסִידָיו
אֱמוּנִים נֹצֵר יְהוָה
וּמְשַׁלֵּם עַל־יֶתֶר
עֹשֵׂה גַאֲוָה:

האדם, פָּעַלְתָּ לַחֹסִים בָּךְ נֶגֶד בְּנֵי אָדָם, כלומר: בפומבי, במעמד ובאופן שהכל רואים.

כא תַּסְתִּירֵם, את אוהביך, בְּסֵתֶר פָּנֶיךָ, מֵרֻכְסֵי אִישׁ, מן העקמומיות של בני האדם, תִּצְפְּנֵם בְּסֻכָּה - בסככה, במקום מוגן, מֵרִיב של לְשֹׁנוֹת המדברות עליו רעות.

כב בָּרוּךְ ה׳ כִּי הִפְלִיא חַסְדּוֹ לִי בְּעִיר מָצוֹר, כשהייתי נתון במצור, בין בפועל ממש ובין באופן סמלי.

כג וַאֲנִי אָמַרְתִּי בְחָפְזִי, באותה שעה שהייתי נתון בצרה, מיהרתי להסיק מסקנות ולומר: נִגְרַזְתִּי - שהוא כנראה שינוי צורה של נגזרתי, נחתכתי, מִנֶּגֶד עֵינֶיךָ.

אָכֵן, שָׁמַעְתָּ קוֹל תַּחֲנוּנַי בְּשַׁוְּעִי אֵלֶיךָ, אף שבאותה שעה לא ראיתי זאת.

כד אֶהֱבוּ אֶת־ה׳ כָּל־חֲסִידָיו, כי אֱמוּנִים נֹצֵר ה׳, הוא שומר אמונתו וחסדו לנאמנים לו, וּמְשַׁלֵּם עַל־יֶתֶר - כאן נראה שהכוונה ליתר של קשת, שהוא יורה ומעניש את העֹשֶׂה מעשים של גַאֲוָה.

לא,כא פָּעַלְתָּ לַחֹסִים בָּךְ. כי לא כל אדם זוכה לעלות בהר ה׳ ולהגיע לרב טוב הצפון לצדיקים, כי אם השם ביטחונו באלוהים ומוסר נפשו ורוחו ומאודו להליכות הגוזר אשר גזר לו הבורא. ואל יחשוב כי פרנסתו עתידה לבוא אליו בשל סיבה ידועה – ואם תימנע הסבה ההיא ממנו אין ישועתה לו באלוהים – כי אם ידע נאמנה שאין מעצור לה׳ להושיע ברב או במעט. והכלל בזה, שיחזק ביטחונו בה׳ עד מסירת הנפש חוץ מטבעה, יותר מכל אדם. וזה רמז דוד ברוח קדשו: פָּעַלְתָּ לַחֹסִים בָּךְ נֶגֶד בְּנֵי אָדָם – אותם שלבם בטוח בה׳ בחזקה, ונבדלים משארית בני אדם שביטחונם רפוי בידם. ואותם החוסים בה׳, נפשם יודעת מאוד שגם בסיבות הפרנסה מלובשת אלוהותו יתברך, ומזונותיהם יורדים אליהם מן השמים כדרך שירד המן לדור המדבר.

על־פי אור המאיר, בהעלותך

כה חִזְקוּ וְיַאֲמֵץ לְבַבְכֶם
כָּל־הַמְיַחֲלִים לַיהוָה׃

כה ולבסוף הוא קורא: חִזְקוּ וְיַאֲמֵץ לְבַבְכֶם כָּל־הַמְיַחֲלִים לַה׳ - שזו גם עצה וגם סיכום של המזמור כולו, שהרי המשורר מביא הוכחה מעצמו, מחייו־שלו, לכך שהסומכים על ה׳ ונתמכים בו, סופם להיושע.

לא,כה חִזְקוּ וְיַאֲמֵץ לְבַבְכֶם כָּל הַמְיַחֲלִים לַה׳. ואפילו אינכם זוכים לשום קדושה ועבודה ח״ו, רק מייחלים לבד, אל תיפלו משום דבר שבעולם, יהיה איך שיהיה. ויותר מזה צריך לחזק את חברו, כי את חברו בקל יותר לחזק, כי אין חבוש מתיר את עצמו מבית האסורים. ועל מלחמה גשמית אמרו: ״אל תיראו ואל תחפזו ואל תערצו מפניהם״ – אל תיראו משפעת הקלגסים ואל תערצו מקול הקרנות וכו׳. שכל אלה עוברים על מי שחפץ לכנוס בעבודת ה׳, וצריך לעמוד על עמדו לבלי להניח את מקומו בשום אופן בעולם ולצפות לישועה תמיד, ולבלי להתרחק ולנוס ממנו יתברך ח״ו. כי צריכים להיות עקשן גדול בעבודת ה׳. וכשיזכה לחזק את חברו בכל מיני דיבורים המשיבין את הנפש, יכול להיות שאחר כך יזכה גם הוא לחזור ולשוב לעבודת ה׳ על־ידי זה.

על־פי שיחות הר״ן, קכ

שִׂמְחוּ בַיהוה וְגִילוּ צַדִּיקִים וְהַרְנִינוּ כׇּל־יִשְׁרֵי־לֵב:

ספר ראשון

פרק לב

מזמור של הגות ותפילה אשר יש בו
בקשת סליחה ומחילה, וגם תקווה לישועה.

א לְדָוִד מַשְׂכִּיל
אַשְׁרֵי נְשׂוּי־פֶּשַׁע
כְּסוּי חֲטָאָה:
ב אַשְׁרֵי־אָדָם
לֹא יַחְשֹׁב יְהוָה לוֹ עָוֹן
וְאֵין בְּרוּחוֹ רְמִיָּה:
ג כִּי־הֶחֱרַשְׁתִּי בָּלוּ עֲצָמָי
בְּשַׁאֲגָתִי כָּל־הַיּוֹם:
ד כִּי ׀ יוֹמָם וָלַיְלָה
תִּכְבַּד עָלַי יָדֶךָ
נֶהְפַּךְ לְשַׁדִּי
בְּחַרְבֹנֵי קַיִץ סֶלָה:
ה חַטָּאתִי אוֹדִיעֲךָ
וַעֲוֺנִי לֹא־כִסִּיתִי
אָמַרְתִּי
אוֹדֶה עֲלֵי פְשָׁעַי לַיהוָה
וְאַתָּה נָשָׂאתָ עֲוֺן חַטָּאתִי
סֶלָה:

א לְדָוִד מַשְׂכִּיל - זהו כנראה כינוי לשיר שהוא בעיקר הגות ועיון, ויש סבורים שהוא כינוי ללחן של שיר שהתחיל במילה זו. אַשְׁרֵי נְשׂוּי־פֶּשַׁע - כלומר: מי שנסלח פשעו, כְּסוּי חֲטָאָה - מי שאין לו שום קשר לפשעים, והוא כמו מוגן ומכוסה מן החטא.

ב אַשְׁרֵי אָדָם לֹא יַחְשֹׁב ה׳ לוֹ עָוֹן, שה׳ איננו מוצא בו עוון, וְאֵין בְּרוּחוֹ רְמִיָּה, והמשורר מספר: אני אינני תמיד מרגיש את עצמי באותה מדרגה, אך לכל הפחות אני מנסה לעשות תשובה.

ג עם זאת מספר המשורר גם על ייסורי הגוף שלו: כִּי־הֶחֱרַשְׁתִּי, גם כאשר אני שותק, בכל זאת בָּלוּ עֲצָמָי, אני סובל, עצמותיי כאילו נשחקות ובלות, בְּשַׁאֲגָתִי כָּל־הַיּוֹם, כשאני צועק ובוכה ומתפלל.

ד כִּי יוֹמָם וָלַיְלָה תִּכְבַּד עָלַי יָדֶךָ, בייסורי הגוף או במאורעות החיים אני מרגיש כמו יד כבדה שלוחצת אותי.

נֶהְפַּךְ לְשַׁדִּי - העסיס, החיות שלי, יצאו ממני כמו נוזל מכלי, בְּחַרְבֹנֵי - ביובש - הקַיִץ, אני מרגיש כאילו אני בחום עז, עד שכל הלחות שבי נעלמת ממני, סֶלָה.

ה חַטָּאתִי אוֹדִיעֲךָ, אינני מתיימר להיות בלי חטא, אבל אני מודה על החטא ומודיע ומספר עליו לפני ה׳. וַעֲוֺנִי לֹא־כִסִּיתִי, אָמַרְתִּי: אוֹדֶה עֲלֵי פְשָׁעַי לַה׳ - לפחות אומר לקב״ה ואודה לפניו שחטאתי.

וְאַתָּה נָשָׂאתָ - סלחת - את עֲוֺן חַטָּאתִי, סֶלָה.

לב,ב אַשְׁרֵי אָדָם לֹא יַחְשֹׁב ה׳ לוֹ עָוֹן – שמעתי מן אא״ז [הבעש״ט זי״ע] שהכוונה על אדם שהוא תמיד בדבקות מחשבתו בהשם יתברך, ולכך כשנופל ממחשבתו רגע אחד ואינו מחשב בה, זהו נחשב אצלו לעוון וחטא. וזהו אַשְׁרֵי אָדָם לֹא יַחְשֹׁב ה׳, היינו כשאינו חושב ה׳ – לוֹ עָוֹן, הוא עוון אצלו, וזהו סימן שהוא דבוק תמיד במחשבתו בהשם יתברך, ולפיכך אשרי לו.

על־פי דגל מחנה אפרים, בלק

פרק לב • ספר ראשון • ליום שני • ה לחודש ______ תהלים • 127

ו עַֽל־זֹ֡את
יִתְפַּלֵּ֬ל כָּל־חָסִ֨יד ׀ אֵלֶיךָ֮
לְעֵ֪ת מְ֫צֹ֥א
רַ֗ק לְ֭שֵׁטֶף מַ֣יִם רַבִּ֑ים
אֵ֝לָ֗יו לֹ֣א יַגִּֽיעוּ׃
ז אַתָּ֤ה ׀ סֵ֥תֶר לִי֮ מִצַּ֪ר תִּ֫צְּרֵ֥נִי
רָנֵּ֥י פַלֵּ֑ט תְּס֖וֹבְבֵ֣נִי סֶֽלָה׃
ח אַשְׂכִּֽילְךָ֨ ׀ וְֽאוֹרְךָ֗
בְּדֶֽרֶךְ־ז֥וּ תֵלֵ֑ךְ
אִֽיעֲצָ֖ה עָלֶ֣יךָ עֵינִֽי׃
ט אַל־תִּהְי֤וּ ׀
כְּס֥וּס כְּפֶרֶד֮ אֵ֤ין הָ֫בִ֥ין
בְּמֶתֶג־וָרֶ֣סֶן עֶדְי֣וֹ לִבְל֑וֹם
בַּ֝֗ל קְרֹ֣ב אֵלֶֽיךָ׃
י רַבִּ֥ים מַכְאוֹבִ֗ים לָרָ֫שָׁ֥ע
וְהַבּוֹטֵ֥חַ בַּֽיהוָ֑ה
חֶ֝֗סֶד יְסוֹבְבֶֽנּוּ׃
יא שִׂמְח֬וּ בַיהוָ֣ה וְ֭גִילוּ צַדִּיקִ֑ים
וְ֝הַרְנִ֗ינוּ כָּל־יִשְׁרֵי־לֵֽב׃

ו עַל־זֹאת יִתְפַּלֵּל כָּל־חָסִיד אֵלֶיךָ לְעֵת מְצֹא – בזמן שצריך לחפש, בשעה שצריך למצוא מוצא, בזמנים שבהם אדם נמצא בפרשת דרכים או במצוקה.

רַק לְשֵׁטֶף מַיִם רַבִּים אֵלָיו לֹא יַגִּיעוּ – כדי שלא יגיע אדם למצב שבו הוא מרגיש שהוא נתון בשיטפון מכל הצדדים של המציאות, שיטפון שלא יוכל לעמוד בו; והוא מבקש שהשטף הזה לא יגיע אליו.

ז אַתָּה, ה׳, בְּסֵתֶר לִי מִצַּר תִּצְּרֵנִי, תשמור אותי מן האויבים, רָנֵּי פַלֵּט תְּסוֹבְבֵנִי – שירת הצלה תקיף אותי, שאוכל להודות לה׳ על עזרתו, סֶלָה.

ח וכעת הוא כנראה אומר את מה שה׳ אומר לו: אַשְׂכִּילְךָ וְאוֹרְךָ – אורה לך, אלמד אותך, בְּדֶרֶךְ־זוּ תֵלֵךְ, מה היא הדרך שאתה צריך ללכת בה, אִיעֲצָה עָלֶיךָ עֵינִי – אני מייעץ לך כשאני שם לבי אליך, כשאני שם עיניי בך.

ט והעצה היא לכל בני האדם: אַל־תִּהְיוּ כְּסוּס, כְּפֶרֶד אֵין הָבִין, שהם אינם אלא בהמות ואינם מבינים דבר, בְּמֶתֶג־וָרֶסֶן, שמחזיקים בהם את הבהמות, עֶדְיוֹ לִבְלוֹם, מחזיקים ובולמים את גאוותו, כי עליו עצמו אי־אפשר לסמוך, כי בַּל קְרֹב אֵלֶיךָ, אתה נעשה יצור שאין להתקרב אליו בלי רסן ורצועה.

י ואולם בסופו של דבר רַבִּים מַכְאוֹבִים לָרָשָׁע, וְהַבּוֹטֵחַ בַּה׳ חֶסֶד יְסוֹבְבֶנּוּ וישמור עליו מפני המכאובים.

יא שִׂמְחוּ בַה׳ וְגִילוּ צַדִּיקִים וְהַרְנִינוּ – שירו – כָּל־יִשְׁרֵי־לֵב.

לב,ו **עַל זֹאת יִתְפַּלֵּל כָּל חָסִיד אֵלֶיךָ לְעֵת מְצֹא** – אאזמו״ר ז״ל [בעל חידושי הרי״ם מגור] אמר פירוש הפסוק: כשזוכין לאיזה התגלות צריכין לראות שיהיה נקבע בלב היטב, היינו שיהיה דבר של קיימא, כי יש לכל איש ישראל זמנים בהתגלות, כמו שכתבו ז״ל ״אין לך אדם שאין לו שעה״ (אבות ד: ג). וזה ״כל שלא אמר אמת ויציב שחרית אמת ואמונה ערבית לא יצא ידי חובתו״ (ברכות יב, א), כי שניהם צריכין: **אמת ויציב שחרית** – שיהיה חסד א־ל המתחדש בכל יום נקבע באדם כדבר של קיימא, ואז ממילא תהיה זו הכנה לקראת הימים השפלים; וזהו **אמת ואמונה ערבית** – שיתדבק באמונה בימי החושך, ובזה עצמו תהיה לו הכנה אל התחדשות אור השחר.

על־פי שפת אמת, ויצא תרנ״ג

הודו לַיהוה בְּכִנּוֹר בְּנֵבֶל עָשׂוֹר זַמְּרוּ־לוֹ:

ספר ראשון
פרק לג

שיר תהילה לה׳ אשר יש בו, אמנם, גם צד של הוראה והדרכה, אבל בעיקר הוא מדבר על גדולת ה׳ וחסדיו בעולם בכלל ובתוך המציאות האנושית בפרט.

פרק לג • ספר ראשון • ליום שני • ה לחודש ______ תהלים • 129

א רַנְּנוּ צַדִּיקִים בַּיהוָה
לַיְשָׁרִים נָאוָה תְהִלָּה:
ב הוֹדוּ לַיהוָה בְּכִנּוֹר
בְּנֵבֶל עָשׂוֹר זַמְּרוּ־לוֹ:
ג שִׁירוּ־לוֹ שִׁיר חָדָשׁ
הֵיטִיבוּ נַגֵּן בִּתְרוּעָה:
ד כִּי־יָשָׁר דְּבַר־יְהוָה
וְכָל־מַעֲשֵׂהוּ בֶּאֱמוּנָה:
ה אֹהֵב צְדָקָה וּמִשְׁפָּט
חֶסֶד יְהוָה מָלְאָה הָאָרֶץ:
ו בִּדְבַר יְהוָה שָׁמַיִם נַעֲשׂוּ
וּבְרוּחַ פִּיו כָּל־צְבָאָם:
ז כֹּנֵס כַּנֵּד מֵי הַיָּם
נֹתֵן בְּאוֹצָרוֹת תְּהוֹמוֹת:
ח יִירְאוּ מֵיהוָה כָּל־הָאָרֶץ
מִמֶּנּוּ יָגוּרוּ כָּל־יֹשְׁבֵי תֵבֵל:

א רַנְּנוּ צַדִּיקִים בַּה׳, לַיְשָׁרִים נָאוָה תְהִלָּה - נאה וטוב להם להלל אותו.

ב הודו לַה׳ בְּכִנּוֹר, בְּנֵבֶל עָשׂוֹר - שהוא כנראה כלי מעין נבל, שהיו בו עשרה מיתרים - זַמְּרוּ־לוֹ.

ג שִׁירוּ־לוֹ שִׁיר חָדָשׁ, כי חלק מכבוד ה׳ הוא שאנשים אינם רק חוזרים על דברים ישנים, אלא גם מגלים בתוכם אפשרות ליצור שיר חדש.

הֵיטִיבוּ נַגֵּן בִּתְרוּעָה - שגם היא נגינה, אף כי כרגיל של שופרות או חצוצרות.

ד ותהילת ה׳ היא: כִּי־יָשָׁר דְּבַר־ה׳, וְכָל־מַעֲשֵׂהוּ בֶּאֱמוּנָה; אלה הם מעשי ה׳, כאלה הם הדברים שהוא מחפש בעולם.

ה כי ה׳ אֹהֵב צְדָקָה וּמִשְׁפָּט, וחֶסֶד ה׳ מָלְאָה הָאָרֶץ, כל העולם הוא ביטוי של חסדי ה׳; ומכאן גם מבינים שאלה הם הדברים שהקב״ה רוצה מאתנו.

ו בִּדְבַר ה׳ שָׁמַיִם נַעֲשׂוּ, וּבְרוּחַ פִּיו נוצר כָּל־צְבָאָם, צבא השמים. וכיוצא בזה גם בארץ:

ז כֹּנֵס כַּנֵּד - כערימה - את מֵי הַיָּם, שהמים הכנוסים יחד הם חלק מהבריאה, נֹתֵן בְּאוֹצָרוֹת - במרוכז, במקומות שייחד להם - את הַתְּהוֹמוֹת, אוצרות המים שמתחת לארץ.

ח יִירְאוּ מֵה׳ כָּל־הָאָרֶץ, מִמֶּנּוּ יָגוּרוּ, יפחדו, כָּל־יֹשְׁבֵי תֵבֵל, כאשר הם חושבים על כוחו ועל עוצמתו.

לג ו **בִּדְבַר ה׳ שָׁמַיִם נַעֲשׂוּ וּבְרוּחַ פִּיו כָּל צְבָאָם.** כי המלאכים, מקור חוצבם מדיבורו של הקב״ה כביכול, ולכן נקראו ״עומדים״, כי אותיות הדיבור הן כגופים מחולקים העומדים כל אחד לבדו, שמדיבור זה לא יתהווה דיבור אחר לעולם, ועל כן המלאכים אשר עבודתם בבחינת אהבה או יראה עומדים במדרגתם אשר ניתנה בהם מששת ימי בראשית, לא ישנו את תפקידם להיות הולך וגדל מיום ליום, וכמאמר הכתוב: ״שרפים עומדים״ – במדרגה אחת. אבל נשמות ישראל עלו במחשבה תחילה, כי מקור חוצבן מאותיות המחשבה הקשורות בעצם השכל, אשר הן כמעיין הנובע תמיד להיות מתרחב ומתפשט יותר ויותר. ועל כן נקראו ״מהלכים״, כמאמר הכתוב ״ונתתי לך מַהְלְכִים בין העֹמדים האלה״ (זכריה ג ז), כי כל אחד מישראל יכול להרחיב אהבתו ויראתו להשם יתברך מיום ליום יותר ויותר.

על־פי ליקוטי תורה בחוקותי מה, א

ט כִּי הוּא אָמַר וַיֶּהִי
הוּא־צִוָּה וַיַּעֲמֹד:
י יְהוָה הֵפִיר עֲצַת־גּוֹיִם
הֵנִיא מַחְשְׁבוֹת עַמִּים:
יא עֲצַת יְהוָה לְעוֹלָם תַּעֲמֹד
מַחְשְׁבוֹת לִבּוֹ לְדֹר וָדֹר:
יב אַשְׁרֵי הַגּוֹי
אֲשֶׁר־יְהוָה אֱלֹהָיו
הָעָם ׀ בָּחַר לְנַחֲלָה לוֹ:
יג מִשָּׁמַיִם הִבִּיט יְהוָה
רָאָה אֶת־כָּל־בְּנֵי הָאָדָם:
יד מִמְּכוֹן־שִׁבְתּוֹ הִשְׁגִּיחַ
אֶל כָּל־יֹשְׁבֵי הָאָרֶץ:
טו הַיֹּצֵר יַחַד לִבָּם
הַמֵּבִין אֶל־כָּל־מַעֲשֵׂיהֶם:
טז אֵין־הַמֶּלֶךְ נוֹשָׁע בְּרָב־חָיִל
גִּבּוֹר לֹא־יִנָּצֵל בְּרָב־כֹּחַ:

ט כִּי בבריאת העולם הוּא אָמַר וַיֶּהִי, שהרי כך נוצר העולם: במאמר ה'; הוּא־צִוָּה, בדברו בלבד, וַיַּעֲמֹד כל מה שנוצר בעולם. כל זה - לגבי הבריאה בכללה, וביתר פירוט במציאות האנושית:

י ה' הֵפִיר עֲצַת־גּוֹיִם, הֵנִיא מַחְשְׁבוֹת עַמִּים - שלא יתגשמו.

יא ולעומת זאת עֲצַת ה' היא לְעוֹלָם תַּעֲמֹד, ומַחְשְׁבוֹת לִבּוֹ יעמדו ויתקיימו לְדֹר וָדֹר.

יב ולפיכך, אַשְׁרֵי הַגּוֹי - העם - אֲשֶׁר־ה' אֱלֹהָיו, אשרי הָעָם שה' בָּחַר לְנַחֲלָה לוֹ. כי הקב"ה לא רק ברא את העולם בכללותו, אלא גם בחר לעצמו את העם שהוא חפץ בו.

יג מִשָּׁמַיִם הִבִּיט ה', רָאָה אֶת־כָּל־בְּנֵי הָאָדָם,

יד מִמְּכוֹן־שִׁבְתּוֹ - שהוא בשמים - הִשְׁגִּיחַ אֶל כָּל־יֹשְׁבֵי הָאָרֶץ.

טו והוא יודע הכל, כיוון שהוא הַיֹּצֵר יַחַד לִבָּם, הוא זה שיצר את לבותיהם של כל בני האדם יחד, ולכן הוא גם הַמֵּבִין אֶל־כָּל־מַעֲשֵׂיהֶם, כי הוא מכיר את פנימיותם. וכיוון שהקב"ה משגיח על הכל, הרי כל מה שנמצא הוא ברשותו ולפי רצונו.

טז ולכן יש לזכור: מאחר שהכל מנוהל, בסופו של דבר, ברצון ה', הרי אֵין־הַמֶּלֶךְ נוֹשָׁע בְּרָב־חָיִל, כלומר: מפני שיש לו צבא גדול יותר, וגִבּוֹר לֹא־יִנָּצֵל במלחמה בְּרָב־כֹּחַ; לא אלה קובעים את תוצאות הדברים. אמנם הסוס והמרכבה היו כלי הרכב והמלחמה של אותם הדורות, ואנשים סמכו על הפרשים הן ככוח התקפה והן ככוח הגנה;

לג:י ה' הֵפִיר עֲצַת גּוֹיִם הֵנִיא מַחְשְׁבוֹת עַמִּים – יש לבאר פירוש הכתוב: אימתי הפיר ה' עצת גויים? כשהניא מחשבות עמים. דהיינו כשלא יהיו ישראל חלוקים עוד לעמים רבים ונפרדים, רק נהיה עם אחד ושפה אחת שווה לכולם, באהבה ושלום ורעות, אז בוודאי יתבטלו מחשבות שונאינו ותופר עצת כל הקמים עלינו לרעה, ואין יוצאת ואין צווחה ברחובותינו.

על־פי ויחל משה

יז שֶׁ֣קֶר הַ֭סּוּס לִתְשׁוּעָ֑ה
וּבְרֹ֥ב חֵ֝יל֗וֹ לֹ֣א יְמַלֵּֽט׃
יח הִנֵּ֤ה עֵ֣ין יְ֭הוָה אֶל־יְרֵאָ֑יו
לַֽמְיַחֲלִ֥ים לְחַסְדּֽוֹ׃
יט לְהַצִּ֣יל מִמָּ֣וֶת נַפְשָׁ֑ם
וּ֝לְחַיּוֹתָ֗ם בָּרָעָֽב׃
כ נַ֭פְשֵׁנוּ חִכְּתָ֣ה לַיהוָ֑ה
עֶזְרֵ֖נוּ וּמָגִנֵּ֣נוּ הֽוּא׃
כא כִּי־ב֭וֹ יִשְׂמַ֣ח לִבֵּ֑נוּ
כִּ֤י בְשֵׁ֖ם קָדְשׁ֣וֹ בָטָֽחְנוּ׃
כב יְהִי־חַסְדְּךָ֣ יְהוָ֣ה עָלֵ֑ינוּ
כַּ֝אֲשֶׁ֗ר יִחַ֥לְנוּ לָֽךְ׃

יז ואולם באמת, שֶׁקֶר הַסּוּס לִתְשׁוּעָה, אי־אפשר לסמוך עליו שיביא תשועה לרוכבו: האמונה בכוח זה בלבד היא כזב, ולא מציאות. וּבְרֹב, למרות רוב חֵילוֹ, כוחו, של הסוס, הוא לֹא יְמַלֵּט, יציל, את רוכבו. ומה הם הדברים שבאמת יכולים להושיע?

יח הִנֵּה עֵין ה׳ אֶל־יְרֵאָיו, לַמְיַחֲלִים ומצפים לְחַסְדּוֹ.

יט לְהַצִּיל מִמָּוֶת נַפְשָׁם בזמן מלחמה, וּלְחַיּוֹתָם בָּרָעָב.

כ נַפְשֵׁנוּ חִכְּתָה לַה׳, אנחנו מצפים לו וסומכים עליו. עֶזְרֵנוּ וּמָגִנֵּנוּ הוּא.

כא כִּי־בוֹ יִשְׂמַח לִבֵּנוּ כִּי בְשֵׁם קָדְשׁוֹ בָטָחְנוּ שיהיה לנו לישועה.

כב והתפילה מסתיימת בבקשה: יְהִי־חַסְדְּךָ, ה׳, עָלֵינוּ – שהחסד הזה יופיע ויתגלה עלינו – כַּאֲשֶׁר יִחַלְנוּ לָךְ, כמו שקיווינו וציפינו שתושיענו.

לג:יח הִנֵּה עֵין ה׳ אֶל יְרֵאָיו – רוצה לומר שהיראים והשלמים בעבודת השם יתברך, שמזככים גופם וחומרם ובאים לסוד יראה עילאה, עין ה׳ להם תמיד, שבכל דבר בעולם הם מסתכלים ומביטים תמיד על החיות האלוהית השוכנת שם, ולא על גשמיות ועביות הדבר. וזהו עֵין ה׳, שרואים ומסתכלים תמיד על הכוח והחיות של הוי״ה ברוך־הוא השופע ושוכן שם, ואינם הולכים אחר התאווה הגשמית הנמשכת מעביות הדבר.

על־פי עירין קדישין, ירושלים תשס״ט, עמ׳ רלא

לג:כב יְהִי חַסְדְּךָ ה׳ עָלֵינוּ כַּאֲשֶׁר יִחַלְנוּ לָךְ. בשם רבי משה לייב מסאסוב: כַּאֲשֶׁר יִחַלְנוּ לָךְ – כשם שאין אנו משיגים אותך ועם כל זה אנו מייחלים תמיד לשמך הגדול שתעמוד לנו בעת צרה, כך אתה יתברך שמך, יְהִי חַסְדְּךָ ה׳ עָלֵינוּ, אף שאין אתה רואה לנו זכות שניוושע בה.

על־פי שפתי צדיקים, ליקוטים

גַּדְּלוּ לַיהוה אִתִּי וּנְרוֹמְמָה שְׁמוֹ יַחְדָּו:

ספר ראשון
פרק לד

מזמור השייך לזמן מסוים בחייו של דוד המלך,
והוא מסודר בסדר א"ב.

א לְדָוִד
בְּשַׁנּוֹתוֹ אֶת־טַעְמוֹ
לִפְנֵי אֲבִימֶלֶךְ
וַיְגָרְשֵׁהוּ וַיֵּלַךְ׃
ב אֲבָרְכָה אֶת־יְהוָה
בְּכָל־עֵת
תָּמִיד תְּהִלָּתוֹ בְּפִי׃
ג בַּיהוָה תִּתְהַלֵּל נַפְשִׁי
יִשְׁמְעוּ עֲנָוִים וְיִשְׂמָחוּ׃

א **לְדָוִד בְּשַׁנּוֹתוֹ אֶת־טַעְמוֹ לִפְנֵי אֲבִימֶלֶךְ וַיְגָרְשֵׁהוּ וַיֵּלַךְ**, כשדוד ברח מפני שאול ובבריחתו זו הגיע אל אבימלך מלך הפלישתים, והיה חושש שמא יהרגוהו הפלישתים כנקמה על מה שעשה להם. כדי להינצל הציג דוד את עצמו כמשוגע, ובמשוגעים, כרגיל, אין פוגעים לרעה; ואכן אבימלך גירש אותו, ודוד יצא משם בשלום (ראה שמואל א׳ כא, יא – כב, א). אין כל קשר בין תוכנו של המזמור לבין המאורע שאירע לדוד, אך אולי כתגובה למאורע זה יצר דוד מזמור שדווקא איננו שירה רגשית, אלא פרק של הוראה ולימוד; וייתכן שהוא מסודר לפי סדר הא״ב כדי להדגיש ביתר שאת שאף שהתחפש למשוגע הרי הוא, בעצם, אדם שפוי לגמרי.

ב **אֲבָרְכָה אֶת־ה׳ בְּכָל־עֵת** – גם בעת של תשועה וגם להפך: בעתות מצוקה. אלו ואלו אינם מפריעים למשורר לברך את ה׳ על הטובה ועל הרעה: **תָּמִיד**, בכל העתים, **תְּהִלָּתוֹ בְּפִי**.

ג **בַּה׳ תִּתְהַלֵּל נַפְשִׁי** – כאן מעבר לרעיון פנימי יותר; המשורר מסביר מדוע יכול הוא להודות לה׳ בכל עת. אכן, אם הוא חושב על הבעיות של עצמו אפשר שיהיו לו כאבי לב או פקפוקים; אבל מכיוון שהוא חושב על הקב״ה, ובכבודו ובגדולתו הוא מתהלל, על כן תמיד יש לו דברי תהילה לה׳, שהרי גדולת ה׳ קיימת תמיד, גם כאשר המתפלל סובל ומתייסר. ועל כן **יִשְׁמְעוּ עֲנָוִים וְיִשְׂמָחוּ** – הענווים, המרגישים עצמם קטנים ובלתי חשובים, אף הם יכולים להשתתף באותה שמחה ובאותה תהילה, לפי שאין התהילה הזו מתייחסת אל האדם, אלא לגדולת ה׳ עצמו.

לד,ב **אֲבָרְכָה אֶת ה׳ בְּכָל עֵת תָּמִיד תְּהִלָּתוֹ בְּפִי** – כי בכל עת ובכל יום צריכים לברך ולהלל את השם יתברך ולפרש שיחתו לפניו, כי בכל עת ובכל יום, באיזה מדרגה שהוא, יש בחינת נקודה קדושה השייכה ללבו בעת ההיא דייקא, וצריך לקשר עצמו להנקודה ההיא. וזה בחינת ״ואתחנן אל ה׳ בעת ההִוא לאמר״ (דברים ג כג), ״בעת ההִוא״ דייקא, שמשה רבנו ע״ה זכה לזה שתפילתו ותחינתו הייתה תמיד בבחינת ״בעת ההִוא״, כי משה הוא נקודה הכללית שכוללת כל הנקודות של כל בני אדם ושל כל העתים והזמנים. ועל כן זכה שתמיד כיוון תפילתו בעת ההיא, לקשר עצמו להנקודה השייכה ללבו בעת ההיא.

על־פי ליקוטי הלכות, מלמדים ד: ח

134 • תהלים ___ ה לחודש • ליום שני • ספר ראשון • פרק לד

ד גַּדְּלוּ לַיהוָה אִתִּי
וּנְרוֹמְמָה שְׁמוֹ יַחְדָּו׃
ה דָּרַשְׁתִּי אֶת־יְהוָה וְעָנָנִי
וּמִכָּל־מְגוּרוֹתַי הִצִּילָנִי׃
ו הִבִּיטוּ אֵלָיו וְנָהָרוּ
וּפְנֵיהֶם אַל־יֶחְפָּרוּ׃
ז זֶה עָנִי קָרָא וַיהוָה שָׁמֵעַ
וּמִכָּל־צָרוֹתָיו הוֹשִׁיעוֹ׃
ח חֹנֶה מַלְאַךְ־יְהוָה
סָבִיב לִירֵאָיו וַיְחַלְּצֵם׃
ט טַעֲמוּ וּרְאוּ כִּי־טוֹב יְהוָה
אַשְׁרֵי הַגֶּבֶר יֶחֱסֶה־בּוֹ׃
י יְראוּ אֶת־יְהוָה קְדֹשָׁיו
כִּי־אֵין מַחְסוֹר לִירֵאָיו׃

ד לפיכך הוא יכול לקרוא לכל: **גַּדְּלוּ לַה׳ אִתִּי וּנְרוֹמְמָה שְׁמוֹ יַחְדָּו**, כי כאשר הכל חושבים ומתייחסים בהודאה לקב״ה, יכולים כולם לגדלו ולרוממו ביחד.

ה **דָּרַשְׁתִּי אֶת ה׳** - כלומר: פניתי אליו, חיפשתיו, ביקשתי אחריו, **וְעָנָנִי**, **וּמִכָּל מְגוּרוֹתַי** - פחדיי וסכנותיי - **הִצִּילָנִי**.

ו מחפשיו ומבקשיו **הִבִּיטוּ** - מביטים - **אֵלָיו וְנָהָרוּ**, הם מתמלאים באור, **וּפְנֵיהֶם אַל יֶחְפָּרוּ** - לא יתביישו, לא יסתתרו. כי, כאמור, עצם הצבתו של הקב״ה במרכז החיים היא עצמה מקור של ברכה וחיזוק, מה גם שהמשורר מעיד כי בסופו של דבר ה׳ גם שומע לקוראיו ומושיע אותם.

ז והוא מסביר: **זֶה עָנִי קָרָא** - פנה בבקשה לעזרה - **וַה׳ שָׁמֵעַ, וּמִכָּל צָרוֹתָיו הוֹשִׁיעוֹ**.

ח כי גם כשאין הדבר גלוי לעין, **חֹנֶה מַלְאַךְ־ה׳ סָבִיב לִירֵאָיו וַיְחַלְּצֵם** מצרותיהם.

ט ובאותו עניין הוא גם קורא: **טַעֲמוּ וּרְאוּ כִּי־טוֹב ה׳**, כי כדי להגיע לקרבת אלוקים צריך אדם להתנסות בה, ורק כאשר הוא מגיע לאיזושהי חוויה (״טעימה״) הוא יכול לדעת ״כי טוב ה׳״.

אַשְׁרֵי הַגֶּבֶר - מאושר הוא אותו אדם **שֶׁיֶּחֱסֶה־בּוֹ**, לפי שעצם הקרבה, עצם ההתייחסות לקב״ה, היא עצמה אושר, גם בלי גמול או תוצאה חומרית.

י ואולם המשורר מוסיף ואומר שלדברים הללו יש גם משמעויות גשמיות: **יְראוּ אֶת־ה׳ קְדֹשָׁיו**, אלה המקדישים עצמם לקב״ה וצריכים להיות יראי ה׳, **כִּי־אֵין מַחְסוֹר לִירֵאָיו**, כי יראי ה׳ נמצאים תחת חסותו והוא דואג למלא את מחסורם,

---

לד,ו **הִבִּיטוּ אֵלָיו וְנָהָרוּ**. דוד המלך ע״ה סבר שאין לברך לה׳ אלא בעתים הטובות, אמנם עתה ״בשנותו את טעמו לפני אבימלך״ ראה שעל־ידי השיגעון ניצל מאכיש, אם כן גם ברעה יש טובה, ולכן אמר אז **אֲבָרְכָה אֶת ה׳ בְּכָל עֵת תָּמִיד תְּהִלָּתוֹ בְּפִי**. ואמר: כיון שברעה יש גם כן טובה צפונה, אם כן **בַּה׳ תִּתְהַלֵּל נַפְשִׁי**, פירוש הגם שהחזיק עצמו לשפל, אמר שעתה גם הוא יוכל להודות לה׳, כיון שראה שבכל דבר שפל יש גם כן טובה. וזה **יִשְׁמְעוּ עֲנָוִים וְיִשְׂמָחוּ**. ועל־ידי זה נמתקו הדינים, באומרם שבכל צרתם לו צר, והדבר נוגע להשם יתברך. וזהו **הִבִּיטוּ אֵלָיו וְנָהָרוּ**, שמביט הצרה אליו, לומר שנוגע אליו, ועל־ידי כן ״ונהרו״ – שנמתקו הדינים, כי מי עומד ח״ו לצער השם יתברך כביכול, ועל־ידי כך **וּפְנֵיהֶם אַל יֶחְפָּרוּ**.

על־פי קדושת לוי, ליקוטים

פרק לד • ספר ראשון • ליום שני • ה לחודש ____ תהלים • 135

יא כְּפִירִים רָשׁוּ וְרָעֵבוּ
וְדֹרְשֵׁי יהוה
לֹא־יַחְסְרוּ כָל־טוֹב:
יב לְכוּ־בָנִים שִׁמְעוּ־לִי
יִרְאַת יהוה אֲלַמֶּדְכֶם:
יג מִי־הָאִישׁ הֶחָפֵץ חַיִּים
אֹהֵב יָמִים לִרְאוֹת טוֹב:
יד נְצֹר לְשׁוֹנְךָ מֵרָע
וּשְׂפָתֶיךָ מִדַּבֵּר מִרְמָה:
טו סוּר מֵרָע וַעֲשֵׂה־טוֹב
בַּקֵּשׁ שָׁלוֹם וְרָדְפֵהוּ:

יא כל כך עד שאפילו **כְּפִירִים**, אריות במלוא כוחם, לעתים **רָשׁוּ** – כלומר, מגיעים למצוקה, לעוני, **וְרָעֵבוּ**, כי אינם מוצאים ציד, למרות שהם בעלי חיים חזקים ומהירים שאין להם אויבים; **וְדֹרְשֵׁי** ואילו דורשי ה׳, אף על פי שאינם ניחנים בכל התכונות והיכולות של אריות, **לֹא־יַחְסְרוּ כָל־טוֹב**, כי הקב״ה דואג להם.

וכעת באים כמה דברי הדרכה:

יב **לְכוּ־בָנִים שִׁמְעוּ־לִי** – זוהי פנייה ל״בנים״, דהיינו לתלמידים, לצעירים, כדי לעוץ להם עצה, כי **יִרְאַת ה׳ אֲלַמֶּדְכֶם**. עצה זו איננה קשורה להתנהלות בעולם או בדרכי החיים המעשיות, אלא באה לבאר איך נוהגים אלה שהם יראי ה׳.

יג ובהמשך לדברים שנאמרו לעיל: **מִי־הָאִישׁ הֶחָפֵץ חַיִּים** – בפשטות: מיהו האיש שרוצה לחיות, שהוא **אֹהֵב יָמִים** – אוהב את שנות חייו, כדי **לִרְאוֹת טוֹב** בימיו.

יד אחת העצות לאדם החפץ חיים בעולם הזה היא: **נְצֹר לְשׁוֹנְךָ מֵרָע** – אל תדבר דברים רעים, שמור את לשונך גם כאשר יש סיבות לכעוס, לקלל או להתרעם, ושמור גם את **שְׂפָתֶיךָ מִדַּבֵּר מִרְמָה**, כלומר: דבוק באמת.

טו **סוּר מֵרָע** – הימנע מן הרע. שכן לא תמיד חייב אדם ללחום ברע הפנימי או החיצוני: הוא יכול גם להתרחק ולהסתלק ממנו, **וַעֲשֵׂה־טוֹב**; במקום ללחום ברע, הרבה בעשיית הטוב. ובקשריך עם הבריות – **בַּקֵּשׁ**, חפש, את **הַשָּׁלוֹם**, שכן תמיד יש דרך לעשות שלום. ואף למעלה מזה: **וְרָדְפֵהוּ** – רדוף את השלום;

לד,טו **סוּר מֵרָע וַעֲשֵׂה טוֹב.** כל אדם מישראל, יהיה מי שיהיה, כשיתבונן שעה גדולה בכל יום איך שהקב״ה מלא ממש את העליונים ואת התחתונים, מלא כל הארץ כבודו ממש, וצופה ומביט ובוחן כליותיו ולבו וכל מעשיו ודיבוריו וכל צעדיו יספור, אזי תיקבע בלבו היראה לכל היום כולו כשיחזור ויתבונן בזה אפילו בהתבוננות קלה בכל עת, ובכל שעה יהיה **סוּר מֵרָע וַעֲשֵׂה טוֹב** – במחשבה, דיבור ומעשה – שלא למרות ח״ו עיני כבודו. ועוד זאת יזכור כי כמו שבמלך בשר ודם עיקר היראה היא מפנימיותו וחיותו, ולא מגופו, והנה פנימיותו וחיותו אין נראה לעיני בשר, רק שעל־ידי ראיית גופו ולבושיו יודע שחיותו מלובש בתוכם, ואם כן ככה ממש יש לו לירא את ה׳ כשרואה שמים וארץ וכל צבאם אשר אור אין־סוף ברוך־הוא מלובש בהם להחיותם.

על־פי תניא, מג

טז **עֵינֵי יהוה אֶל־צַדִּיקִים**
וְאָזְנָיו אֶל־שַׁוְעָתָם׃
יז **פְּנֵי יהוה בְּעֹשֵׂי רָע**
לְהַכְרִית מֵאֶרֶץ זִכְרָם׃
יח **צָעֲקוּ וַיהוה שָׁמֵעַ**
וּמִכָּל־צָרוֹתָם הִצִּילָם׃
יט **קָרוֹב יהוה לְנִשְׁבְּרֵי־לֵב**
וְאֶת־דַּכְּאֵי־רוּחַ יוֹשִׁיעַ׃
כ **רַבּוֹת רָעוֹת צַדִּיק**
וּמִכֻּלָּם יַצִּילֶנּוּ יהוה׃

כי לא תמיד השלום נמצא בקרבת מקום: לפעמים צריך אדם לצאת ממסלולו הרגיל כדי לחפש את השלום, ואף לרדוף אחריו באותם מקרים שהשלום איננו מצוי בקרבת מקום.

ובחזרה להבטחות ליראי ה':

טז **עֵינֵי ה' אֶל־צַדִּיקִים** - ה' מתבונן בהם ומשגיח עליהם; הוא איננו מניח להם להיות מבודדים וחסרי ישע, **וְאָזְנָיו** שומעות **אֶל־שַׁוְעָתָם**.

יז ולעומת זאת **פְּנֵי ה'** - כאן הכוונה להתגלות ולפנים של זעם - **בְּעֹשֵׂי רָע**, כי גם אליהם שם הקב"ה את לבו; הוא אינו מאפשר לעולם להיות הפקר, אלא בא **לְהַכְרִית מֵאֶרֶץ** את **זִכְרָם** של הרשעים.

יח יראי ה' **צָעֲקוּ וַה' שָׁמֵעַ וּמִכָּל־צָרוֹתָם הִצִּילָם**.

יט הקב"ה אינו משגיח רק על הצדיקים ועל היראים הידועים והמפורסמים, אלא משפיל לראות גם את המסכנים והעלובים, **וְקָרוֹב ה' לְנִשְׁבְּרֵי־לֵב** - אנשים הסובלים ייסורים וכאבים כל כך גדולים עד שלבם נשבר, **וְאֶת־דַּכְּאֵי־רוּחַ** - אלה המדוכדכים מחמת סבל, עוני או מחלות - אותם הוא **יוֹשִׁיעַ**.

כ הצדיקים יכולים גם הם להיות "נשברי לב", לפי שגם עולמם של הצדיקים איננו תמיד פשוט וברור; אדרבה: **רַבּוֹת רָעוֹת צַדִּיק**, לצדיק יכולים לקרות דברים רעים רבים, אך בסופו של דבר **וּמִכֻּלָּם**, מכל הרעות הללו, **יַצִּילֶנּוּ ה'**. כי עם כל זה שהצדיק עשוי להיות שרוי במצוקה ובסבל, הרי יש השגחה על עצם חייו, על עצם קיומו.

לד,יט **קָרוֹב ה' לְנִשְׁבְּרֵי לֵב**. מי שהוא חסר ומבקש השלמה, אי אפשר שהקב"ה לא יענהו, וכמו שנאמר: **קָרוֹב ה' לְנִשְׁבְּרֵי לֵב וְאֶת דַּכְּאֵי רוּחַ יוֹשִׁיעַ**, כי תפילת עני בוקעת רקיעים, ו"אין עני אלא בדעת". ואפילו אינו יודע איך להתפלל ולרצות לקונו, ושופך נפשו מתוך שברון לבו בלא דעת ומתינות בדברים בלתי מסודרים, דווקא באופן זה מקובלת תפילתו יותר. וקרבן עני נקרא מנחה, מלשון נייחא, כי תיכף מקבל מבוקשו. וכמו ששמעתי, שכל אחד מישראל שחסר לו איזה דבר ומבקש – גם בהפלגה – היה פועל בוודאי, רק שהוא מרוצה אחר כך בכל שהוא. וצריך לזה דעת, שלא להתרצות ולחשוב עצמו שאינו חסר, רק אם יזכה לישועה שלמה. ובאמת לזה עצמו צריך סייעתא דשמיא, להיות לב נשבר ושלא להתרצות בשום דבר רק בישועה גמורה.

על־פי צדקת הצדיק, ריג

פרק לד • ספר ראשון • ליום שני • ה לחודש ______ תהלים • 137

כא שֹׁמֵר כָּל־עַצְמוֹתָיו
אַחַת מֵהֵנָּה לֹא נִשְׁבָּרָה:
כב תְּמוֹתֵת רָשָׁע רָעָה
וְשֹׂנְאֵי צַדִּיק יֶאְשָׁמוּ:
כג פּוֹדֶה יְהוָה נֶפֶשׁ עֲבָדָיו
וְלֹא יֶאְשְׁמוּ כָּל־הַחֹסִים בּוֹ:

כא גם כאשר הוא נופל ונחבל, הקב"ה **שֹׁמֵר כָּל־עַצְמוֹתָיו**, ואפילו **אַחַת מֵהֵנָּה לֹא נִשְׁבָּרָה**, כי הוא כל הזמן שמור, כדי שלא יאונה לו רע.

כב ובו־בזמן **תְּמוֹתֵת רָשָׁע רָעָה**. כאן לא מדובר רק בעונש משמים לרשעים, אלא המשורר בא לומר שהרע, מעצם מהותו, הוא דבר שיש בו רעל ומוות, ולפיכך הרעה עצמה סופה להרוג את הרשע, את מי שעושה רע וחי בתוכו, **וְשֹׂנְאֵי צַדִּיק** הם **יֶאְשָׁמוּ** מעצמם, כלומר: הם יימצאו אשמים גם בלי כל צורך בהתערבות מלמעלה. ומכיוון שעליהם אין הקב"ה מגן, הרי הרע והשנאה שלהם־עצמם הם אלה שעתידים להביא עליהם את עונשם.

כג הפסוק האחרון, הגם שהוא מתחיל באות פ (וראה סוף הפירוש לפרק כה), קשור לפסוק הקודם לו: בניגוד לרשע, המופקר ביד הרע, **פּוֹדֶה ה' נֶפֶשׁ עֲבָדָיו**, הוא מציל אותם מהרעה של עצמם ושל אחרים, **וְלֹא**, וכך לא **יֶאְשְׁמוּ כָּל־הַחֹסִים בּוֹ**, לפי שהקב"ה מעניק להם את חסותו ואת הגנתו.

לד,כג **פּוֹדֶה ה' נֶפֶשׁ עֲבָדָיו**. אמרו חז"ל: "אמר הקב"ה אמרו לפניי מלכויות שתמליכוני עליכם, זכרונות שיעלה זכרונכם לפני לטובה" (ראש השנה לד, ב). כי על־ידי קבלת מלכותו יתברך שמו נפדים בני ישראל, כמו שכתוב **פּוֹדֶה ה' נֶפֶשׁ עֲבָדָיו**, אלו בני ישראל שמקבלים מלכותו ברצון. ובאמת פירוש **נֶפֶשׁ עֲבָדָיו** הוא הרצון הפנימי בלב איש ישראל לעובדו באמת. כי בני ישראל נאמר עליהם "עבדי הם" (ויקרא כה מב), אך הרצון נכסה מרוב תלאות הגוף. ובראש השנה הקב"ה פודה זה הנפש והרצון. וזהו שכתוב "יום תרועה יהיה לכם" (במדבר כט א), כי תרועה היא הרצון [רעותא, בלשון תרגום], וכמו שכתוב "תרועת מלך בו" (שם כג כא), והוא מתגלה בפועל בזה היום.

על־פי שפת אמת, ראש השנה תרנ"ט

וּלְשׁוֹנִי תֶּהְגֶּה צִדְקֶךָ כָּל־הַיּוֹם תְּהִלָּתֶךָ:

ספר ראשון

פרק לה

מזמור תפילה שבו מבקש המשורר הגנה ועזרה כנגד אויביו הרבים, ופונה לקב"ה בבקשה שיסייע לו באופן פעיל.

א לְדָוִד ׀
רִיבָה יְהוָה אֶת־יְרִיבַי
לְחַם אֶת־לֹחֲמָי׃
ב הַחֲזֵק מָגֵן וְצִנָּה
וְקוּמָה בְּעֶזְרָתִי׃
ג וְהָרֵק חֲנִית וּסְגֹר
לִקְרַאת רֹדְפָי
אֱמֹר לְנַפְשִׁי יְשֻׁעָתֵךְ אָנִי׃
ד יֵבֹשׁוּ וְיִכָּלְמוּ מְבַקְשֵׁי נַפְשִׁי
יִסֹּגוּ אָחוֹר וְיַחְפְּרוּ
חֹשְׁבֵי רָעָתִי׃
ה יִהְיוּ כְּמֹץ לִפְנֵי־רוּחַ
וּמַלְאַךְ יְהוָה דּוֹחֶה׃
ו יְהִי־דַרְכָּם חֹשֶׁךְ וַחֲלַקְלַקֹּת
וּמַלְאַךְ יְהוָה רֹדְפָם׃
ז כִּי־חִנָּם טָמְנוּ־לִי
שַׁחַת רִשְׁתָּם
חִנָּם חָפְרוּ לְנַפְשִׁי׃

א לְדָוִד, רִיבָה ה׳ אֶת־יְרִיבַי - הילחם ביריביי, לְחַם אֶת־לֹחֲמָי, עם הלוחמים לי.

ב הַחֲזֵק מָגֵן וְצִנָּה - שגם היא סוג של מגן, ויש אומרים שהוא מגן גדול המכסה את האדם מכמה צדדים. וְקוּמָה בְּעֶזְרָתִי להילחם,

ג וְהָרֵק חֲנִית - הביטוי "להריק חנית", שכיוצא בו נאמר גם לגבי חרב, נוצר משום שפעמים רבות נמצאים כלי הנשק הללו בתוך נדן או כיסוי, ו"להריק" אותם פירושו להוציאם משם כדי להשתמש בהם. וּסְגֹר - חסום את הדרך לִקְרַאת רֹדְפָי. ובסך הכל, אֱמֹר לְנַפְשִׁי: יְשֻׁעָתֵךְ אָנִי.

ד יֵבֹשׁוּ וְיִכָּלְמוּ מְבַקְשֵׁי נַפְשִׁי, יִסֹּגוּ אָחוֹר וְיַחְפְּרוּ - ייבושו, ייכלמו - חֹשְׁבֵי רָעָתִי,

ה יִהְיוּ כְּמֹץ לִפְנֵי־רוּחַ, שהרוח מעיפה אותו לכל צד, וּמַלְאַךְ ה׳ דּוֹחֶה - דוחף, מזיז אותם.

ו יְהִי־דַרְכָּם חֹשֶׁךְ וַחֲלַקְלַקֹּת, שהוא צירוף של שני גורמים המביאים לכך שאנשים ייפלו, בלי שתהיה להם יכולת לראות במה יוכלו להחזיק, וּמַלְאַךְ ה׳ רֹדְפָם.

ז כִּי־חִנָּם טָמְנוּ־לִי אויביי שַׁחַת רִשְׁתָּם, לחינם הם פרשו לי מלכודות וכרו בורות כדי ללכוד אותי, חִנָּם חָפְרוּ - חתרו, חיפשו תחבולות כדי להזיק לְנַפְשִׁי.

לה,ג **אֱמֹר לְנַפְשִׁי יְשֻׁעָתֵךְ אָנִי.** ארבע רגליים למרכבה, גילוי שכינתו יתברך בעולם, והן שלוש ועוד אחת. שלוש, כנגד שלושת אבותינו הקדושים, אברהם יצחק ויעקב, והם בבחינת רבים הדופקים בתשובה, שתפילתם נענית בכל עת. ועוד רגל אחת למרכבה, כנגד דוד המלך ע"ה, שהקים עולה של תשובה, ולא נזדמן לידו אותו חטא אלא כדי להורות תשובה ליחיד, מי שעוונו אינו מניח לו להיות בכלל הציבור, כי העמיק בחטאו עד שנשתנתה צורתו ולא יכירנו עוד מקומו בכלל תפילת הרבים. על יחיד כזה אמר דוד "פנה אלי וחנני כי יחיד ועני אני" (כה טז), ובאוזני יחיד כזה הוא משמיע את דברי הקב"ה באהבה: **אֱמֹר לְנַפְשִׁי - יְשֻׁעָתֵךְ אָנִי!** כי בעשרת ימי תשובה הוא זמן תשובה ליחיד, ואז מקרב הקב"ה את בעל התשובה ועושה אותו ברייה חדשה.

על־פי אמרי אמת, שבת שובה

ח תְּבוֹאֵהוּ שׁוֹאָה לֹא־יֵדָע
וְרִשְׁתּוֹ אֲשֶׁר־טָמַן תִּלְכְּדוֹ
בְּשׁוֹאָה יִפָּל־בָּהּ:
ט וְנַפְשִׁי תָּגִיל בַּיהוָה
תָּשִׂישׂ בִּישׁוּעָתוֹ:
י כָּל עַצְמוֹתַי ׀ תֹּאמַרְנָה
יְהוָה מִי כָמוֹךָ
מַצִּיל עָנִי מֵחָזָק מִמֶּנּוּ
וְעָנִי וְאֶבְיוֹן מִגֹּזְלוֹ:
יא יְקוּמוּן עֵדֵי חָמָס
אֲשֶׁר לֹא־יָדַעְתִּי יִשְׁאָלוּנִי:
יב יְשַׁלְּמוּנִי רָעָה תַּחַת טוֹבָה
שְׁכוֹל לְנַפְשִׁי:
יג וַאֲנִי ׀ בַּחֲלוֹתָם לְבוּשִׁי שָׂק
עִנֵּיתִי בַצּוֹם נַפְשִׁי
וּתְפִלָּתִי עַל־חֵיקִי תָשׁוּב:

ח תְּבוֹאֵהוּ, את האויב, שׁוֹאָה - אסון - לֹא־יֵדָע, בלי שידע מהיכן זה בא לו, וְרִשְׁתּוֹ אֲשֶׁר־טָמַן עבורי תִּלְכְּדוֹ - תלכוד אותו עצמו, בְּשׁוֹאָה - מפולת, נפילה, אפילו חפירה שהוא חופר לי, שיִפָּל־בָּהּ.

ט וְנַפְשִׁי, אני עצמי, מצדי, תָּגִיל בַּה׳, תָּשִׂישׂ, תשמח, בִּישׁוּעָתוֹ.

י כָּל עַצְמוֹתַי תֹּאמַרְנָה - שירה, כי הרינה היא לא רק רינת הפה, אלא כל הגוף כולו מתרונן ואומר: ה׳, מִי כָמוֹךָ! שאתה מַצִּיל עָנִי ומסכן מֵחָזָק מִמֶּנּוּ, וְעָנִי וְאֶבְיוֹן אתה מציל מִגֹּזְלוֹ.

כעת הוא מתלונן על המחשבות והתכניות הרעות שכנגדו:

יא מצד אחד - יְקוּמוּן עֵדֵי חָמָס, עדי שקר, עדי גזל, וַאֲשֶׁר לֹא־יָדַעְתִּי - דברים שאינני יודע, ובוודאי אינני אשם בהם, יִשְׁאָלוּנִי, הם תובעים ממני כל מיני תביעות חסרות בסיס, מנסים להעליל עליי עלילות. ומה שקשה במיוחד הוא שהאנשים הללו הם לא כולם אנשים רחוקים, אלא חלקם אנשים שהיו פעם בקשר אתי.

יב והם יְשַׁלְּמוּנִי רָעָה תַּחַת טוֹבָה שעשיתי להם, יגרמו שְׁכוֹל לְנַפְשִׁי.

יג וַאֲנִי הרי הייתי ידיד להם, בַּחֲלוֹתָם, כשהם היו חולים, לְבוּשִׁי שָׂק, לבשתי שק מתוך הבעת צער על מחלתם, עִנֵּיתִי בַצּוֹם נַפְשִׁי, וּתְפִלָּתִי ובסוף מתברר שתפילתי עַל־חֵיקִי תָשׁוּב, התפילה חוזרת אליי ואינה מגיעה אליהם.

לה, י כָּל עַצְמוֹתַי תֹּאמַרְנָה. מצווה אינה רק פעולה הגוררת שכר לעתיד לבוא, אלא פעולה שהיא עצמה מכינה את השלמות שתתגלה לעתיד לבוא, בימות המשיח ותחיית המתים – עידן שבו יתגלה אור אין־סוף בעולם־הזה. סוד התיקון הוא החיבור שבין רצון השם יתברך, המלובש בגלוי במעשה המצוות, לבין חלקי הבריאה הגשמיים שבהם נעשות המצוות – קלף של תפילין, אתרוג וכו׳. חיבור המרומם אותם משייכותם לקליפה, ומבטל אותם למקורם העליון. כך לא רק במה שמחוץ לאדם, אלא גם באדם עצמו, שהרי ישנן מצוות שאין בהן עשייה גשמית לבד מדיבור – כתלמוד תורה, קריאת שמע ותפילה – ואחיזתן בחומריות העולם היא על־ידי כוח הנפש הבהמית שבאדם, המלובש בדיבורו. משום כך, על האדם לתת דעתו להוציא את דיבורי התורה והתפילה בפיו ממש, ולא בלחש – אלא בכוח גדול ובחיוניות יתרה, בבחינת כָּל עַצְמוֹתַי תֹּאמַרְנָה.

על־פי תניא, לז

יד כְּרֵעַ־כְּאָח לִי הִתְהַלָּכְתִּי
כַּאֲבֶל־אֵם קֹדֵר שַׁחוֹתִי׃
טו וּבְצַלְעִי שָׂמְחוּ וְנֶאֱסָפוּ
נֶאֶסְפוּ עָלַי נֵכִים
וְלֹא יָדַעְתִּי
קָרְעוּ וְלֹא־דָמּוּ׃
טז בְּחַנְפֵי לַעֲגֵי מָעוֹג
חָרֹק עָלַי שִׁנֵּימוֹ׃
יז אֲדֹנָי כַּמָּה תִּרְאֶה
הָשִׁיבָה נַפְשִׁי מִשֹּׁאֵיהֶם
מִכְּפִירִים יְחִידָתִי׃
יח אוֹדְךָ בְּקָהָל רָב
בְּעַם עָצוּם אֲהַלְלֶךָּ׃
יט אַל־יִשְׂמְחוּ־לִי אֹיְבַי שֶׁקֶר
שֹׂנְאַי חִנָּם יִקְרְצוּ־עָיִן׃

יד אבל אני הייתי כל כך קרוב להם עד שכְּרֵעַ־כְּאָח לִי, הִתְהַלָּכְתִּי אתם, וכאשר אירעה להם רעה - כַּאֲבֶל־אֵם, כאדם שמתאבל אבל כבד ועמוק על אמו, קֹדֵר שַׁחוֹתִי.

טו וּבְצַלְעִי, ואילו הם - כאשר נכשלתי, צלעתי, הם שָׂמְחוּ, וְנֶאֱסָפוּ כולם כדי לשמוח לאידי וגם כדי להציק לי.

נֶאֶסְפוּ עָלַי נֵכִים - שכאן פירושו כנראה אלה שמַכִּים אותי ומכאיבים לי, וְלֹא יָדַעְתִּי - בלי שאדע מדוע הם באים לרדוף אותי. קָרְעוּ את בשרי, את לבושי, וְלֹא־דָמּוּ, לא שתקו ולא נחו, כי בעת מפלתי הם כולם מתנפלים עליי.

טז בְּחַנְפֵי - אנשים חנפים מגלים את רשעותם כלפיי בְּלַעֲגֵי מָעוֹג, תנועות של לעג ובוז, חָרֹק עָלַי שִׁנֵּימוֹ, ואף חורקים עליי את שיניהם מכעס ושנאה.

יז ולכן הוא מתפלל: ה', כַּמָּה, עד כמה, תִּרְאֶה את כל הרעה שהם עושים לי ולא תצילני? הָשִׁיבָה נַפְשִׁי מִשֹּׁאֵיהֶם - שמור את נפשי מהשואה, מהאסון, שהם זוממים להמיט עליי. הצילה מִכְּפִירִים - אותם אויבים שהם כמו חיות רעות, את יְחִידָתִי - כינוי לנפש.

יח ואז אוֹדְךָ בְּקָהָל רָב, בְּעַם עָצוּם אֲהַלְלֶךָּ.

יט אַל־יִשְׂמְחוּ־לִי אֹיְבַי שֶׁקֶר, שהם אויבים שהסתירו את עצמם, ובשעתו נראו לי כידידים; שֹׂנְאַי חִנָּם - אנשים שלא הייתה להם סיבה לשנוא אותי, ולכן אפילו לא ידעתי שהם שונאים אותי - יִקְרְצוּ־עָיִן - לפחות כביטוי ורמז של לעג.

לה,יז מִכְּפִירִים יְחִידָתִי. יחידה היא בחינת הרצון הפשוט שלמעלה מן החכמה, והיא מקבלת מן היחיד, כי תשוקתה ליחידו של עולם בלבד, להיכלל בעצמותו יתברך דווקא, וכמו שכתוב: "מי לי בשמים ועמך לא חפצתי בארץ", שמים וארץ – גן עדן עליון ותחתון – בכולם לא חפצתי, רק אותך יתברך בלבד. ובחינה זו ישנה אפילו בפחותי הערך, כי כל אחד ואחד מישראל יש בו בטבעו בחינת מסירות נפש ורצון זה שלמעלה מהשכל. והנה זה לעומת זה עשה האלוהים, שגם בסטרא־אחרא יש בחינת יחידה זו, שהיא בחינת רצון שלמעלה מהשכל והטעם, ועל כן יכול להיות רצון חזק לאדם גם במילי דעלמא, ומקור בחינה זו נקרא "כפירים", כי כוחם רב ועצום. ועל זה ביקש דוד המלך ע"ה: מִכְּפִירִים יְחִידָתִי, להיות בחינת היחידה רק בקדושה בלבד ליחידו של עולם.

על־פי ליקוטי תורה ראה כד, ד

כ כִּ֤י לֹ֥א שָׁל֗וֹם יְדַ֫בֵּ֥רוּ
וְעַ֥ל רִגְעֵי־אֶ֑רֶץ
דִּבְרֵ֥י מִ֝רְמ֗וֹת יַחֲשֹׁבֽוּן׃
כא וַיַּרְחִ֥יבוּ עָלַ֗י פִּ֫יהֶ֥ם
אָ֭מְרוּ הֶאָ֥ח ׀ הֶאָ֑ח
רָאֲתָ֥ה עֵינֵֽנוּ׃
כב רָאִ֣יתָה יְ֭הוָה אַֽל־תֶּחֱרַ֑שׁ
אֲ֝דֹנָ֗י אַל־תִּרְחַ֥ק מִמֶּֽנִּי׃
כג הָעִ֣ירָה וְ֭הָקִיצָה לְמִשְׁפָּטִ֑י
אֱלֹהַ֖י וַאדֹנָ֣י לְרִיבִֽי׃
כד שָׁפְטֵ֣נִי כְ֭צִדְקְךָ יְהוָ֥ה אֱלֹהָ֗י
וְאַל־יִשְׂמְחוּ־לִֽי׃
כה אַל־יֹאמְר֣וּ בְ֭לִבָּם
הֶאָ֣ח נַפְשֵׁ֑נוּ
אַל־יֹ֝אמְר֗וּ בִּֽלַּעֲנֽוּהוּ׃
כו יֵ֘בֹ֤שׁוּ וְיַחְפְּר֨וּ ׀ יַחְדָּ֗ו
שְׂמֵחֵ֬י רָעָ֫תִ֥י
יִֽלְבְּשׁוּ־בֹ֥שֶׁת וּכְלִמָּ֑ה
הַֽמַּגְדִּילִ֥ים עָלָֽי׃

כ כִּי לֹא שָׁלוֹם יְדַבֵּרוּ עליי, וְעַל רִגְעֵי־אֶרֶץ - על אותם אנשים אשר נחים ואינם עושים רעה בארץ, דִּבְרֵי מִרְמוֹת יַחֲשֹׁבוּן.

כא ובזמן שהם חושבים שאני נופל, אז וַיַּרְחִיבוּ עָלַי פִּיהֶם, שהוא תיאור וביטוי של צחוק גס ושל גסות רוח. אָמְרוּ: הֶאָח, הֶאָח - ביטוי של שמחה - רָאֲתָה עֵינֵנוּ איך שהוא שנפל והתמוטט.

כב רָאִיתָה, ה׳, את כל אלה, אַל־תֶּחֱרַשׁ ה׳, אל תשתוק, ה׳, אַל־תִּרְחַק מִמֶּנִּי.

כג הָעִירָה וְהָקִיצָה לְמִשְׁפָּטִי, אֱלֹהַי, וַה׳ עזור לְרִיבִי.

כד שָׁפְטֵנִי כְצִדְקְךָ, ה׳ אֱלֹהָי, וְאַל־יִשְׂמְחוּ־לִי כל האויבים האלה הרואים במפלתי.

כה אַל־יֹאמְרוּ גם בְלִבָּם: הֶאָח נַפְשֵׁנוּ! - הידד לנו, שהנה הוא נפל, אַל־יֹאמְרוּ: בִּלַּעֲנוּהוּ, השמדנו ובלענו אותו;

כו יֵבֹשׁוּ וְיַחְפְּרוּ יַחְדָּו שְׂמֵחֵי רָעָתִי, אלה השמחים על הרעה שאירעה לי; יִלְבְּשׁוּ־בֹשֶׁת וּכְלִמָּה הַמַּגְדִּילִים עָלָי - אלה שעכשיו מתפארים בירידתי, בנפילתי.

לה,כ וְעַל רִגְעֵי אֶרֶץ דִּבְרֵי מִרְמוֹת יַחֲשֹׁבוּן – כי על ימים שעברו בוודאי אין לאדם מה לעשות שום מרמה, ועל ימים העתידים לבוא גם כן אין כדאי לו לחשוב לעשות שום מרמה, כי אפשר שיזמין לו השם יתברך פרנסתו בנקל ובכשרות, אם כן נמצא שרק על אותו רגע שהוא עומד בו כעת מסיתו היצר הרע לעשות מרמה כדי להרויח. אם כן, הגע בנפשך: הבשביל רגע אחד כדאי שיעשה אדם מרמה ויחטא בין אדם לחברו ובין אדם למקום?

על־פי בוצינא דנהורא

כו יָרֹנּוּ וְיִשְׂמְחוּ֮ חֲפֵצֵ֪י צִ֫דְקִ֥י וְיֹאמְר֣וּ תָ֭מִיד יִגְדַּ֣ל יְהֹוָ֑ה הֶ֝חָפֵ֗ץ שְׁל֣וֹם עַבְדּֽוֹ׃
כח וּ֭לְשׁוֹנִי תֶּהְגֶּ֣ה צִדְקֶ֑ךָ כָּל־הַ֝יּ֗וֹם תְּהִלָּתֶֽךָ׃

כו ומאידך גיסא, כדי לסיים בדבר טוב: יָרֹנּוּ וְיִשְׂמְחוּ אותם שהם חֲפֵצֵי צִדְקִי וְיֹאמְרוּ דברי שבח לה': תָמִיד יִגְדַּל ה', הֶחָפֵץ שְׁלוֹם עַבְדּוֹ - הרוצה בשלום עבדו, ולכן הצילו.
כח וּלְשׁוֹנִי אז תֶּהְגֶּה צִדְקֶךָ, כָּל־הַיּוֹם תְּהִלָּתֶךָ.

לה,כו יִגְדַּל ה' הֶחָפֵץ שְׁלוֹם עַבְדּוֹ – יש לפרש על־פי מה ששמעתי מאחד מנכדי אדמו"ר קדוש ישראל מרוז'ין בשם זקנו זי"ע, שאמר שמה שאנו מתחננים "עשה למענך אם לא למעננו", הכוונה היא כך: עשה למענך, כי הרי "עמו אנכי בצרה", ואם לאו, שעוד אינך חפץ לעשות למענך, אזי "עשה למעננו", כי אנו חפצים כבר להיוושע.

וכך יש לפרש גם פסוק זה: וְיֹאמְרוּ תָמִיד יִגְדַּל ה', שאנו מבקשים שיהיה השם שלם והכיסא שלם ולא תהיה עוד שכינתא בגלותא, אך אם עוד לא תרצה לעשות למענך ולהושיע לשכינתך, אז עשה למעננו, כי אתה הֶחָפֵץ שְׁלוֹם עַבְדּוֹ, ואנו חפצים כבר להיוושע...

על־פי נועם אליעזר

מְשֹׁךְ חַסְדְּךָ לְיֹדְעֶיךָ וְצִדְקָתְךָ לְיִשְׁרֵי־לֵב:

המזמור משווה בין הָרָשָׁע, אשר בשל חוסר
האמונה שלו
הולך ומידרדר בדרך הרע, לבין הצדיק, שאושרו
הגדול הוא הדבקות בה';
כן יש בו תפילה למפלת הרשע ולישועת הצדיק.

ספר ראשון
פרק לו

א לַמְנַצֵּ֨חַ ׀
לְעֶבֶד־יְהוָ֬ה לְדָוִֽד׃
ב נְאֻֽם־פֶּ֣שַׁע לָ֭רָשָׁע
בְּקֶ֣רֶב לִבִּ֑י
אֵֽין־פַּ֥חַד אֱ֝לֹהִ֗ים
לְנֶ֣גֶד עֵינָֽיו׃
ג כִּֽי־הֶחֱלִ֣יק אֵלָ֣יו בְּעֵינָ֑יו
לִמְצֹ֖א עֲוֺנ֣וֹ לִשְׂנֹֽא׃
ד דִּבְרֵי־פִ֭יו אָ֣וֶן וּמִרְמָ֑ה
חָדַ֖ל לְהַשְׂכִּ֣יל לְהֵיטִֽיב׃
ה אָ֤וֶן ׀ יַחְשֹׁ֗ב עַֽל־מִשְׁכָּ֫ב֥וֹ
יִ֭תְיַצֵּב עַל־דֶּ֣רֶךְ לֹא־ט֑וֹב
רָ֝֗ע לֹ֣א יִמְאָֽס׃

א פתיחתו של הפרק הזה, לַמְנַצֵּחַ לְעֶבֶד־ה׳ לְדָוִד, שהיא בלתי רגילה, מבטאת צד אופי מסוים שהוא, אולי, כמעט מיוחד לפרק זה. אמנם המזמור הזה דן בבני אדם בכלל, ואולם בו־בזמן הוא גם עוסק בחוויותיו האישיות של המשורר, והוא בולט במזמורי התהלים משום שיש בו פסוקים של דבקות נפשית ופנימית בשל אהבה ויראת ה׳.

ב נְאֻם־פֶּשַׁע לָרָשָׁע בְּקֶרֶב לִבִּי - אין פה ציטוט של דבריהם של אחרים אלא אמירה פנימית. זוהי האמירה של הפשע, כלומר: החטא, בתוכו של הרשע, שהוא מביא אותה וחוזר וחושב עליה. ייתכן שהוא בא לומר כי אין צורך לחפש את הרשע מבחוץ: פעמים שרשע זה נמצא בתוכי, הוא חלק מה׳אני׳ שלי. המאפיין המרכזי של הרשע הוא שאֵין־פַּחַד אֱלֹהִים לְנֶגֶד עֵינָיו; כלומר: אף על פי שהוא מכיר בה׳, ובמובן מסוים גם מאמין בו, מכל מקום אינו מתיירא מפניו, והוא מוצא דרכי התחמקות ורמייה כדי להמשיך ללכת בדרך רשע.

ג כִּי־הֶחֱלִיק אֵלָיו בְּעֵינָיו - הרשע מדמה שהוא יכול להערים על הקב״ה, לִמְצֹא עֲוֺנוֹ של עצמו וגם לִשְׂנֹא אחרים, ובכל אלה הוא מניח שימצא דרך כלשהי להתחמק מה׳.

ד ולכן דִּבְרֵי־פִיו אָוֶן וּמִרְמָה, וְחָדַל לְהַשְׂכִּיל לְהֵיטִיב, כי בתוכו פנימה הוא אינו מנסה עוד למצוא את דרך הטוב, אלא מניח לרע שבתוכו להמשיך להתקיים בלא מפריע.

ה אָוֶן - דברי רע - יַחְשֹׁב עַל־מִשְׁכָּבוֹ, בלכתו לישון, ובקומו יִתְיַצֵּב עַל־דֶּרֶךְ לֹא־טוֹב; ובשלב הבא - רָע לֹא יִמְאָס. יש כאן תיאור של שבר

לו,ב נְאֻם פֶּשַׁע לָרָשָׁע בְּקֶרֶב לִבִּי – זה היצר הרע, שפעמים שהוא משים עצמו כ״ירא שמים״, ומוכיח את האדם על שאֵין פַּחַד אֱלֹהִים לְנֶגֶד עֵינָיו. שבתחילה מסיתו להוסיף על עצמו חומרות וסייגים, גדרים ופרישות, אך באמת בכל זה הֶחֱלִיק אֵלָיו בְּעֵינָיו לִמְצֹא עֲוֺנוֹ לִשְׂנֹא – שכל רצונו שיכבד עליו המשא, ואז יאמר לו: ראה מה אתה עושה, האם כוח אבנים כוחך? והלא חבריך אשר כמותך מתענגים בכל הדברים הטובים, ואתה נפשך יבשה אין כול! וכששומע האדם דבריו, משליך ממנו המשא כולו. כי תכף כשפורץ אחד מאותם גדרים יתרים שהעמיס על עצמו, הרי הוא בעיניו כעובר עבירה; ומעתה, מה בין ״עבירה״ זו לעבירה ממש? ועל כן הזהירה תורה: ״לא תוסיפו על הדבר אשר אנכי מצוה אתכם״, כי כל המוסיף – גורע.

על־פי באר מים חיים, בראשית, ב

ו יהוה בְּהַשָּׁמַיִם חַסְדֶּךָ
אֱמוּנָתְךָ עַד־שְׁחָקִים׃
ז צִדְקָתְךָ ׀ כְּהַרְרֵי־אֵל
מִשְׁפָּטֶיךָ תְּהוֹם רַבָּה
אָדָם וּבְהֵמָה תוֹשִׁיעַ ׀
יְהוָה׃
ח מַה־יָּקָר חַסְדְּךָ אֱלֹהִים
וּבְנֵי אָדָם
בְּצֵל כְּנָפֶיךָ יֶחֱסָיוּן׃
ט יִרְוְיֻן מִדֶּשֶׁן בֵּיתֶךָ
וְנַחַל עֲדָנֶיךָ תַשְׁקֵם׃
י כִּי־עִמְּךָ מְקוֹר חַיִּים
בְּאוֹרְךָ נִרְאֶה־אוֹר׃

פנימי של אדם שאולי לא איבד את אמונתו לגמרי, אך אמונה זו אינה פועלת עוד על מחשבותיו או מעשיו. זהו הצד של הירידה והנפילה.

ו ואולם יש נתיבים אחרים שבהם יכול אדם להגיע להארה; שהרי המתבונן יודע: ה׳, בְּהַשָּׁמַיִם חַסְדֶּךָ. אֱמוּנָתְךָ - כלומר: ׳נאמנותך׳, בהקבלה ל׳חסדך׳ - מגיעה עַד־שְׁחָקִים.

ז מצד אחד, צִדְקָתְךָ מתנשאת כְּהַרְרֵי־אֵל, כלומר: כמו הרים גבוהים ביותר (שכן כל דבר שהוא גדול מאוד או נשגב מאוד, מחברים אליו את שם ה׳), מִשְׁפָּטֶיךָ - כלומר: דינך, גזרתך, מגיעים עד מעמקי תְּהוֹם רַבָּה.

אָדָם וּבְהֵמָה תוֹשִׁיעַ ה׳ -חסד ה׳ ונאמנותו באים לידי ביטוי בכך שהם מתייחסים אל הכל: אל האדם, בכל דרכיו, ואפילו אל הבהמה.

ח וכאן באים כמה ביטויים של תיאור החוויה: מַה־יָּקָר, כמה חשוב ומקסים הוא חַסְדְּךָ, אֱלֹהִים! וּבְנֵי אָדָם בְּצֵל כְּנָפֶיךָ יֶחֱסָיוּן - כלומר: המתקרבים אל ה׳ יכולים להרגיש שהוא מכסה אותם, כביכול עוטף אותם בכנף בגדו.

ט יִרְוְיֻן מגיעים לסיפוק רצונם רק מִדֶּשֶׁן בֵּיתֶךָ - כאן מתאר המשורר חוויה, שבה הקִרבה לה׳ עצמה היא הנותנת את תחושת השובע והרוויה. וְנַחַל עֲדָנֶיךָ תַשְׁקֵם - תשקה את אלה הבאים לחסות בקרבתך.

י כִּי־עִמְּךָ מְקוֹר חַיִּים, והמתקרבים אליך נדבקים בו ומקבלים מן החיים שאתה משפיע לעולם. בְּאוֹרְךָ נִרְאֶה־אוֹר, שכן קרבת אלוקים כשלעצמה היא הנותנת את ההרגשה הזו של סיפוק, חיות והארה.

לו:י כִּי עִמְּךָ מְקוֹר חַיִּים – "אמר רבי יוחנן: לעולם יעשה אדם עצמו קברניט, האיך יכול לעשות מצווה" (ויקרא רבה כא: ה). כי הבורא יתברך שמו הוא שורש חיות האמיתי, חיי החיים, ועיקר חיות האדם הוא רק כאשר דבוק בו. ועל כן צריך אדם לראות את עצמו כמי שטובע בלב ים, שדורש ומבקש עצות בכל כוחותיו ותחבולותיו למלט נפשו ממוות, כן ישים כל מחשבותיו ותחבולותיו להציל עצמו מענייני עולם־הזה, שהם כים זועף, ולדבק עצמו במקור החיים. ועצה לזה הוא עשיית מצווה, כי באמצעות התורה הקדושה הוא מזכך החומר עד שיהיה יכול לדבק ולחבר עצמו אל מקור החיים. כי מצווה היא מלשון צוותא והתחברות, שנעשה על־ידי זה דבוק וקשור במקור החיים.

על־פי ישמח ישראל, שבת שובה

יא מְשֹׁךְ חַסְדְּךָ לְיֹדְעֶיךָ
וְצִדְקָתְךָ לְיִשְׁרֵי־לֵב:
יב אַל־תְּבוֹאֵנִי רֶגֶל גַּאֲוָה
וְיַד־רְשָׁעִים אַל־תְּנִדֵנִי:
יג שָׁם נָפְלוּ פֹּעֲלֵי אָוֶן
דֹּחוּ וְלֹא־יָכְלוּ קוּם:

יא מְשֹׁךְ חַסְדְּךָ לְיֹדְעֶיךָ - המילה "יודעיך" כאן היא בוודאי במובן של אוהביך, אלה הרוצים לדעת אותך, וְצִדְקָתְךָ תעניק לְיִשְׁרֵי־לֵב שהם, בכללו של דבר, אותם אנשים המכוונים בפנימיותם אל הקב"ה, ואין בהם פיתולים ועקלקלות.

יב ומכאן נובעת גם בקשה: אַל־תְּבוֹאֵנִי מבחוץ, ובהקשר הזה - גם לא מבפנים רֶגֶל גַּאֲוָה שתקלקל את מעשיי, אלא אוכל לזכות בקרבת אלוקים בלי סטיות, וְיַד־רְשָׁעִים אַל־תְּנִדֵנִי ותרחיקני ממך, אלא אוכל להישאר כל הזמן סמוך אליך.

יג שָׁם, בקרבתו של הקב"ה, נָפְלוּ פֹּעֲלֵי אָוֶן, הנמוגים ומתמוטטים מאור ה'; דֹּחוּ - נדחו, הופלו, וְלֹא־יָכְלוּ קוּם.

לו,יא וְצִדְקָתְךָ לְיִשְׁרֵי לֵב. כתב הרמב"ם כי כל אחד מצווה "לידע שיש שם מצוי ראשון". אמנם בסמוך כתב: "ואמיתת הדבר אין דעתו של אדם מבין ולא יכולה להשיגו ולחקרו, וזה שאמר הכתוב 'החקר א־לוה תמצא'". הכיצד? משיב הפסוק: מְשֹׁךְ חַסְדְּךָ לְיֹדְעֶיךָ. חסד השם יתברך נמשך על כל המשתדל לידע ולהבין, ומאפשר לו להתעלות על מגבלות שכלו. אמנם לשם כך לא די בעמל שכלי, אלא על האדם להיות קנוי לו יתברך בכל הווייתו, כחפץ הנקנה במשיכה ("משוך"). רק אז, משנעשה דבר אחד ממש עם הקב"ה, בכוחו לדעתו באמת. וממשיך הפסוק: וְצִדְקָתְךָ לְיִשְׁרֵי לֵב. כי דברינו עד כאן אמורים בצדיקים, הזוכים לחסד הבא במדידה והגבלה; אך מעלת בעלי תשובה – מֵיַשְׁרֵי הלב – גדולה לאין ערוך, והאור הנמשך עליהם הוא בבחינת צדקה הניתנת לפי ערך נכסיו של הנותן, משמע: בלי גבול ממש.

על־פי תהילות מנחם

צַדִּיקִים יִירְשׁוּ־אָרֶץ וְיִשְׁכְּנוּ לָעַד עָלֶיהָ:

ספר ראשון
פרק לז

מזמור לימודי בעיקרו, המנוסח בלשון כללית ובנוי על־פי סדר א״ב – סתום וסמוי (כלומר: רק חלק מפסוקיו מסודרים כך, ואף הם לא לגמרי על פי הסדר).

עיקרו של הפרק הוא האמירה שסופם של הרשעים מכל הסוגים להיכרת, למרות הצלחתם הזמנית, ואילו הבוטחים בה׳ ואוהבי שמו הם אלה אשר, בסופו של דבר, קיימים ועומדים.

א לְדָוִ֨ד ׀
אַל־תִּתְחַ֥ר בַּמְּרֵעִ֑ים
אַל־תְּ֝קַנֵּ֗א בְּעֹשֵׂ֥י עַוְלָֽה׃
ב כִּ֣י כֶ֭חָצִיר מְהֵרָ֣ה יִמָּ֑לוּ
וּכְיֶ֥רֶק דֶּ֗֝שֶׁא יִבּוֹלֽוּן׃
ג בְּטַ֣ח בַּ֭יהוה וַעֲשֵׂה־ט֑וֹב
שְׁכָן־אֶ֝֗רֶץ וּרְעֵ֥ה אֱמוּנָֽה׃
ד וְהִתְעַנַּ֥ג עַל־יהו֑ה
וְיִֽתֶּן־לְ֝ךָ֗ מִשְׁאֲלֹ֥ת לִבֶּֽךָ׃
ה גּ֣וֹל עַל־יהו֣ה דַּרְכֶּ֑ךָ
וּבְטַ֥ח עָ֝לָ֗יו וְה֣וּא יַעֲשֶֽׂה׃

א לְדָוִד - כותרת ובה שם המחבר. ומכאן התחלת המזמור: אַל־תִּתְחַר בַּמְּרֵעִים - במשמעות הפשוטה של הדברים: אל תתחרה בהם במישורי החיים שלהם ואל תנסה להיות כמותם, וגם אַל־תְּקַנֵּא בְּעֹשֵׂי עַוְלָה, שכן עצם הכניסה לתחרות עם המרעים פוגמת גם בדמותו של מי שאיננו אדם רע ומעוותת את עולם הרצונות והמאוויים שלו.

ב ועוד: למרות שהמרעים ועושי העוולה תמיד נראים מצליחים, הצלחתם היא זמנית בלבד. כִּי כֶחָצִיר - התבואה הבלתי בשלה הנקצרת למאכל בהמות, והמתייבשת במהירות רבה - מְהֵרָה יִמָּלוּ, ייכרתו, יתמעכו, וּכְיֶרֶק דֶּשֶׁא יִבּוֹלוּן: זמן קצר לאחר הגשם מתמלאים השדות בירק, אך הניסיון מלמד שכעבור זמן לא רב כל זה נובל מעצמו.

ג לעומת זאת, מה שצריך לעשות הוא: בְּטַח בה׳ וַעֲשֵׂה־טוֹב, שְׁכָן־אֶרֶץ - אל תגביה עצמך, אלא הנמך עצמך להיות בין הקטנים, וּרְעֵה אֱמוּנָה - שהוא ביטוי שיש בו עולם ציורי שלם, עולמו של מי שאיננו מנסה לטפס גבוה מדיי אלא מנמיך לשבת, ובמקום לעסוק בתכניות על כל מיני הצלחות שבעולם הריהו יושב בשקט ורועה ומתפרנס מהאמונה.

ד וְהִתְעַנַּג עַל־ה׳ ועל הקרבה אליו, וְיִתֶּן־לְךָ ובסופו של דבר הוא יתן לך את מִשְׁאֲלֹת לִבֶּךָ.

ה גּוֹל עַל־ה׳ דַּרְכֶּךָ: את דרכך ואת מה שיש לך בדרכך גלגל, העמס כביכול, על הקב״ה, ואל תנסה להשתמש באמצעים אחרים, וּבְטַח עָלָיו וְהוּא יַעֲשֶׂה את הראוי להיעשות, וגם אם באים

לז,ג **וּרְעֵה אֱמוּנָה.** הנה ישראל הם מאמינים בני מאמינים, שנקבע בנפשם מצד שורש מחצבתם (ש״ישראל עלו במחשבה״) כי הוא יתברך המחדש בטובו מעשה בראשית, ובכל יום מהווה אותם מאין ליש. אך אמונה זו אינה אלא בבחינת מקיף מלמעלה, אבל שתיכנס בפנימיות נפשם עד שיתפעלו מזה – הוא על־ידי הדעת, מידת משה רבנו ע״ה, רעיא מהימנא [=רועה האמונה]. שכמו הרועה, המנהיג את צאנו ומפרנסו בשדות תמיד, כן משה רבנו ע״ה זן ומפרנס ומשפיע דעת לכללות נשמות ישראל – שהן בבחינת אמונה. ועל־ידי הדעת – היינו על־ידי ההתבוננות איך שבאמת כל העולמות, עליונים ותחתונים, אינם תופסים מקום כלל לפניו יתברך – תהא האמונה שלמה וחזקה ותיגע עד פנימיות הנפש.

על־פי תורה אור הוספות לפרשת כי תשא קיא, ב

150 • תהלים ______ ו לחודש • ליום שני • ספר ראשון • פרק לז

ו וְהוֹצִ֣יא כָא֣וֹר צִדְקֶ֑ךָ
וּ֝מִשְׁפָּטֶ֗ךָ כַּֽצָּהֳרָֽיִם׃
ז דּ֤וֹם ׀ לַיהוָה֮ וְהִתְחוֹלֵ֪ל ל֫וֹ
אַל־תִּ֭תְחַר בְּמַצְלִ֣יחַ דַּרְכּ֑וֹ
בְּ֝אִ֗ישׁ עֹשֶׂ֥ה מְזִמּֽוֹת׃
ח הֶ֣רֶף מֵ֭אַף וַעֲזֹ֣ב חֵמָ֑ה
אַל־תִּ֝תְחַ֗ר אַךְ־לְהָרֵֽעַ׃
ט כִּֽי־מְרֵעִ֥ים יִכָּרֵת֑וּן
וְקֹוֵ֥י יְ֝הוָ֗ה
הֵ֣מָּה יִֽירְשׁוּ־אָֽרֶץ׃
י וְעוֹד֣ מְ֭עַט וְאֵ֣ין רָשָׁ֑ע
וְהִתְבּוֹנַ֖נְתָּ עַל־מְקוֹמ֣וֹ
וְאֵינֶֽנּוּ׃

אליך בעלילות אינך צריך לנקוט את אותן דרכי שקר ורמייה, אלא הסתמך על הקב"ה,

ו וְהוֹצִיא הוא, ה׳, יוציא כָאוֹר צִדְקֶךָ, שהכל יתברר ויתגלה, וּמִשְׁפָּטֶךָ כַּצָּהֳרָיִם.

ז דּוֹם לה׳ - הֱיה עם ה׳ מתוך דממה, וְהִתְחוֹלֵל לוֹ - כנראה במשמעות של המתן לו, חכה לו, וְאַל־תִּתְחַר, אל תנסה להתחרות בְּמַצְלִיחַ דַּרְכּוֹ, באותם אנשים הנראים כמצליחים אך נוקטים דרכים שאינן כשרות; ואל תתחרה ואל תתמודד בְּאִישׁ - עם איש - עֹשֶׂה מְזִמּוֹת.

ח כיוצא בזה יש לפעול לא רק במישור המעשה אלא גם בהרגשת הלב: הֶרֶף מֵאַף - צא מן הכעס - וַעֲזֹב חֵמָה; שהרי לא פעם הוא מביא את האדם לצאת מדרכו ולחטוא וְאַל־תִּתְחַר, אל תיכנס לתחרות עם הרשעים, שאין דעתו נוחה מהם, אַךְ־לְהָרֵעַ, גם לא כדי להרע להם ולהתנקם בהם, שדבר זה אינו טוב לנפש ואף איננו נחוץ.

ט כִּי־מְרֵעִים יִכָּרֵתוּן בעצמם, וְקֹוֵי ה׳ הֵמָּה יִירְשׁוּ־אָרֶץ כאשר אותם מרעים ייעלמו. אמנם הרשע נראה כמי שעומד ביציבות רבה, ולפעמים הוא אף נראה גדול מאוד;

י וְעוֹד מְעַט ואולם אם תמתין, תראה שעוד מעט וְאֵין רָשָׁע.

וְהִתְבּוֹנַנְתָּ עַל־מְקוֹמוֹ, וְאֵינֶנּוּ תנסה אז להיזכר במעמדו, בתוקפו ובגדולתו, אך יתברר שאיננו עוד, שהוא נעלם לגמרי מן העולם - או, על כל פנים, כבר איננו בידיהם של בעלי ההשפעה.

לז,י וְעוֹד מְעַט וְאֵין רָשָׁע. דע, כי צריך לדון את כל אדם לכף זכות, ואפילו מי שהוא רשע גמור, צריך לחפש ולמצוא בו איזה מעט טוב, שבאותו המעט אינו רשע, כי איך אפשר שלא עשה איזה מצווה או דבר טוב מימיו? ועל־ידי זה שמוצא בו מעט טוב, ודן אותו לכף זכות, על־ידי זה מעלה אותו באמת לכף זכות, ויוכל להשיבו בתשובה. וזה בחינת: וְעוֹד מְעַט וְאֵין רָשָׁע וְהִתְבּוֹנַנְתָּ עַל מְקוֹמוֹ וְאֵינֶנּוּ. היינו כשתתבונן ותסתכל על מקומו ומדרגתו, תראה שאיננו שם על מקומו הראשון. כי על־ידי שמוצאין בו עוד מעט טוב, איזה נקודה טובה, ודנין אותו לכף זכות, על־ידי זה מוציאין אותו באמת מכף חובה לכף זכות.

על־פי ליקוטי מוהר"ן ח"א, רפב

יא וַעֲנָוִים יִירְשׁוּ־אָרֶץ
וְהִתְעַנְּגוּ עַל־רֹב שָׁלוֹם׃
יב זֹמֵם רָשָׁע לַצַּדִּיק
וְחֹרֵק עָלָיו שִׁנָּיו׃
יג אֲדֹנָי יִשְׂחַק־לוֹ
כִּי־רָאָה כִּי־יָבֹא יוֹמוֹ׃
יד חֶרֶב ׀ פָּתְחוּ ׀ רְשָׁעִים
וְדָרְכוּ קַשְׁתָּם
לְהַפִּיל עָנִי וְאֶבְיוֹן
לִטְבוֹחַ יִשְׁרֵי־דָרֶךְ׃
טו חַרְבָּם תָּבוֹא בְלִבָּם
וְקַשְּׁתוֹתָם תִּשָּׁבַרְנָה׃
טז טוֹב־מְעַט לַצַּדִּיק
מֵהֲמוֹן רְשָׁעִים רַבִּים׃
יז כִּי זְרוֹעוֹת רְשָׁעִים
תִּשָּׁבַרְנָה
וְסוֹמֵךְ צַדִּיקִים יהוה׃
יח יוֹדֵעַ יהוה יְמֵי תְמִימִם
וְנַחֲלָתָם לְעוֹלָם תִּהְיֶה׃

יא וַעֲנָוִים - הם יִירְשׁוּ־אָרֶץ, כלומר: הם יישארו בקביעות במקומם, וְהִתְעַנְּגוּ עַל־רֹב שָׁלוֹם.

יב זֹמֵם רָשָׁע לַצַּדִּיק - כדי להזיק לו, לאבד אותו, וְחֹרֵק עָלָיו שִׁנָּיו - מה שמן הסתם נראה מפחיד;

יג אבל ה׳ יִשְׂחַק־לוֹ, לרשע, כִּי־רָאָה כִּי־יָבֹא יוֹמוֹ של הרשע, ואיומיו לא יהיו עוד אלא הבל.

יד וכיוצא בזה: חֶרֶב פָּתְחוּ רְשָׁעִים - כלומר, הם שולפים את החרב מנדנה, שזו היא חרב פתוחה, וְדָרְכוּ קַשְׁתָּם לְהַפִּיל עָנִי וְאֶבְיוֹן, לִטְבוֹחַ יִשְׁרֵי־דָרֶךְ;

טו אך סופן של אותן חרבות שלופות יהיה שחַרְבָּם תָּבוֹא בְלִבָּם וְקַשְּׁתוֹתָם תִּשָּׁבַרְנָה.

טז טוֹב־מְעַט לַצַּדִּיק יותר מֵהֲמוֹן - רכוש גדול - של רְשָׁעִים רַבִּים;

יז שכן מה שיש ביד הרשעים הוא בלתי יציב ואין לו קיום. כִּי זְרוֹעוֹת רְשָׁעִים תִּשָּׁבַרְנָה וְסוֹמֵךְ צַדִּיקִים ה׳.

יח יוֹדֵעַ ה׳ - מכיר ואוהב - יְמֵי תְמִימִם, את התמימים ואת חייהם; וְנַחֲלָתָם לְעוֹלָם תִּהְיֶה כיוון שהוא דואג להם.

לז,יח **יוֹדֵעַ ה׳ יְמֵי תְמִימִם** – יש לפרש כי ימי תמימים הם שבתות השנה וימים טובים, שהם הימים שאין בהם מלאכה גשמית, וכל מה שנעשה בהם מתקשר ומתדבק בשורש החיות. ועוד יש לפרש כי נקראו ימי תמימים משום שהם מיוחדים רק ל"תמימי דרך" (קיט א), הם בני ישראל שנאמר עליהם "ועמך כֻּלָּם צדיקים" (ישעיהו ס כא), כי התחדשות הבריאה שביום השבת מיוחדת רק לבני ישראל, ולכן בנקל להתדבק בו בהשם יתברך. כי התחדשות הבריאה שבכל יום היא לכל הבריאה, ולכן מתערבת בה גם גשמיות, אבל ההתחדשות שביום השבת מיוחדת לבני ישראל תמימי דרך. ולכן אף שאין אדם מתקן בכל יום מה שצריך, על־ידי שבת יוכל לבוא להתחדשות ולתקן כל ימי השבוע.

על־פי שפת אמת, חיי שרה תרל"ד

יט לֹֽא־יֵבֹשׁוּ בְּעֵת רָעָה
וּבִימֵי רְעָבוֹן יִשְׂבָּֽעוּ׃
כ כִּי רְשָׁעִים ׀ יֹאבֵדוּ
וְאֹיְבֵי יהוה כִּיקַר כָּרִים
כָּלוּ בֶעָשָׁן כָּֽלוּ׃
כא לֹוֶה רָשָׁע וְלֹא יְשַׁלֵּם
וְצַדִּיק חוֹנֵן וְנוֹתֵֽן׃
כב כִּי מְבֹרָכָיו יִירְשׁוּ אָרֶץ
וּמְקֻלָּלָיו יִכָּרֵֽתוּ׃
כג מֵיהוה מִצְעֲדֵי־גֶבֶר כּוֹנָנוּ
וְדַרְכּוֹ יֶחְפָּֽץ׃
כד כִּֽי־יִפֹּל לֹא־יוּטָל
כִּֽי־יהוה סוֹמֵךְ יָדֽוֹ׃
כה נַעַר ׀ הָיִיתִי גַּם־זָקַנְתִּי
וְלֹא־רָאִיתִי צַדִּיק נֶעֱזָב
וְזַרְעוֹ מְבַקֶּשׁ־לָֽחֶם׃

יט לֹא יֵבֹשׁוּ בְּעֵת רָעָה וּבִימֵי רְעָבוֹן וגם בימי רעבון יִשְׂבָּעוּ.

כ כִּי רְשָׁעִים יֹאבֵדוּ, וְאֹיְבֵי ה׳ כִּיקַר כָּרִים - ייתכן שהכוונה היא לשומן של כבשים מפוטמים, שבסופו של דבר הם נאכלים בידי אחרים וכל קיומם וכוחם כָּלוּ בֶעָשָׁן, כָּלוּ.

כא לֹוֶה רָשָׁע וְלֹא יְשַׁלֵּם, שהרי רשע, אם הוא רק יכול, דרכו לקחת ולא לתת; וְצַדִּיק חוֹנֵן - ואילו צדיק מרחם, מעניק - וְנוֹתֵן, בין כמתנה או כהלוואה, אך על כל פנים הוא מסייע לאחרים.

כב כִּי מְבֹרָכָיו של הצדיק יִירְשׁוּ אָרֶץ וּמְקֻלָּלָיו יִכָּרֵתוּ.

כג מֵה׳ מִצְעֲדֵי־גֶבֶר כּוֹנָנוּ, כלומר: הוא מעמיד, מחזק, את האנשים בדרכם, וְדַרְכּוֹ ואת דרכו של האיש ההגון, הטוב, יֶחְפָּץ ה׳.

כד כִּי־יִפֹּל, כאשר אותו צדיק נוטה ליפול הוא לֹא־יוּטָל, לא יישאר מוטל על האדמה, כִּי־ה׳ סוֹמֵךְ יָדוֹ. יש כאן דימוי סמוי לילד האוחז בידו של אביו; לפעמים הוא נכשל בדרך, אך לעולם הוא לא ייפול נפילה גמורה, מפני שיש יד שמחזיקה בו.

כה נַעַר הָיִיתִי, גַּם־זָקַנְתִּי, וְלֹא־רָאִיתִי צַדִּיק נֶעֱזָב וְזַרְעוֹ מְבַקֶּשׁ־לָחֶם; שגם אם אין הוא נמנה עם העשירים המופלגים ועם האנשים המצליחים של תקופתו הרי אין הוא נעזב כליל, וברגיל גם זרעו לא יבקש נדבת לחם. ולעומת זאת מפלתם של הרשעים היא מהירה וחדה; וכך ייתכן מאוד שאדם, אשר בזמן מסוים היה

לז,כג מֵה׳ מִצְעֲדֵי גֶבֶר כּוֹנָנוּ. צריך שתהיה לאדם אמונה אמיתית ביוצר בראשית, שבכל רגע מתהווים כל הברואים יש מאין מחכמתו יתברך – וגם הוא עצמו בתוכם. וכשתהיה אמונה זו חזקה בלבו לא יחסר לו דבר ולא ידע ייסורי עולם־הזה כלל, שהרי בכל רגע הוא מתהווה מן האין – מקור החיים, הטוב והעונג, שאין רע יורד ממנו כלל. ועל כן ישמח האדם בכל עת, ויאמין שבאמת כל צרכיו וענייניו משתלשלים אך ורק מהשם יתברך, כי מֵה׳ מִצְעֲדֵי גֶבֶר כּוֹנָנוּ, ואם כן אינו חסר דבר והכול טוב. וגדול כוחה של אמונה זו, שכאשר מאמין בכל לבו שאפילו מה שנדמה למראית עין כרע אף הוא חי מן הטוב העליון, ייעשה הכול טוב גם בגלוי.

על־פי תניא, איגרת הקודש, יא

כו כָּל־הַיּוֹם חוֹנֵן וּמַלְוֶה
וְזַרְעוֹ לִבְרָכָה׃
כז סוּר מֵרָע וַעֲשֵׂה־טוֹב
וּשְׁכֹן לְעוֹלָם׃
כח כִּי יְהוָה ׀ אֹהֵב מִשְׁפָּט
וְלֹא־יַעֲזֹב אֶת־חֲסִידָיו
לְעוֹלָם נִשְׁמָרוּ
וְזֶרַע רְשָׁעִים נִכְרָת׃
כט צַדִּיקִים יִירְשׁוּ־אָרֶץ
וְיִשְׁכְּנוּ לָעַד עָלֶיהָ׃
ל פִּי־צַדִּיק יֶהְגֶּה חָכְמָה
וּלְשׁוֹנוֹ תְּדַבֵּר מִשְׁפָּט׃
לא תּוֹרַת אֱלֹהָיו בְּלִבּוֹ
לֹא תִמְעַד אֲשֻׁרָיו׃
לב צוֹפֶה רָשָׁע לַצַּדִּיק
וּמְבַקֵּשׁ לַהֲמִיתוֹ׃
לג יְהוָה לֹא־יַעַזְבֶנּוּ בְיָדוֹ
וְלֹא יַרְשִׁיעֶנּוּ בְּהִשָּׁפְטוֹ׃

ברומו של עולם, לא ישאיר אחריו שום דבר אפילו לצאצאיו.

כו שכן הצדיק כָּל־הַיּוֹם חוֹנֵן וּמַלְוֶה, וְזַרְעוֹ לִבְרָכָה לא רק בדרך של מתן גמול מלמעלה, אלא מפני שגם אם האיש החונן והמלווה עצמו אינו חי עוד, תמיד יהיו מי שיזכרו לצאצאיו את הטוב שהוא עשה.

כז סוּר מֵרָע וַעֲשֵׂה־טוֹב, אם תנהג כך - וּשְׁכֹן לְעוֹלָם.

כח כִּי ה׳ אֹהֵב מִשְׁפָּט וְלֹא־יַעֲזֹב אֶת־חֲסִידָיו, וּלְעוֹלָם הם נִשְׁמָרוּ; וְזֶרַע רְשָׁעִים ואילו זרע רשעים נִכְרָת.

כט צַדִּיקִים יִירְשׁוּ־אָרֶץ וְיִשְׁכְּנוּ לָעַד עָלֶיהָ;

ל וכעת הוא מתאר את התנהגותו של הצדיק: פִּי־צַדִּיק יֶהְגֶּה חָכְמָה, וּלְשׁוֹנוֹ תְּדַבֵּר מִשְׁפָּט - כלומר: דברים נכונים, ראויים.

לא תּוֹרַת אֱלֹהָיו בְּלִבּוֹ, לֹא תִמְעַד אֲשֻׁרָיו, כלומר: דרכו, צעדיו, לא יגיעו להתמוטטות.

לב אמנם צוֹפֶה רָשָׁע לַצַּדִּיק וּמְבַקֵּשׁ לַהֲמִיתוֹ.

לג אך ה׳ לֹא־יַעַזְבֶנּוּ בְיָדוֹ של הרשע וְלֹא יַרְשִׁיעֶנּוּ, את הצדיק, בְּהִשָּׁפְטוֹ.

לז,לג **ה׳ לֹא יַעַזְבֶנּוּ בְיָדוֹ.** "יצרו של אדם מתגבר עליו בכל יום ומבקש המיתו, שנאמר: **צוֹפֶה רָשָׁע לַצַּדִּיק וּמְבַקֵּשׁ לַהֲמִיתוֹ**" (קידושין ל, ב). פיתוי היצר אינו התנגשות חד פעמית של אדם עם כוחות רשע שמחוץ לו, אלא מציאות יום יומית, קבועה וטבעית שנובעת מטבעו המתנודד של הלב האנושי, שיש בו מן הטוב ויש בו מן הרע. איך יוכל אדם להילחם בעצמו? האם חבוש יתיר עצמו מבית האסורים? ממשיך התלמוד ומלמד:

"ואלמלא הקב״ה עוזרו אין יכול לו, שנאמר: **אלוהים לֹא יַעַזְבֶנּוּ בְיָדוֹ**". אדם אינו נדרש להילחם בעצמו, הקב״ה בא לעזרתו. לעומת הלב, המלא דם תאווה, מאיר הקב״ה מאורו על המוח, הצלול יותר. כנגד המשיכה העזה והטבעית כלפי מטה, נתן הקב״ה במוח את הכוח להטות את הלב ולכפות אותו לרצונו – מוח שליט על הלב.

על־פי תניא, יב־יג

154 • תהלים ______ ו לחודש • ליום שני • ספר ראשון • פרק לז

לד קַוֵּה אֶל־יְהוָה ׀
וּשְׁמֹר דַּרְכּוֹ
וִירוֹמִמְךָ לָרֶשֶׁת אָרֶץ
בְּהִכָּרֵת רְשָׁעִים תִּרְאֶה:
לה רָאִיתִי רָשָׁע עָרִיץ
וּמִתְעָרֶה כְּאֶזְרָח רַעֲנָן:
לו וַיַּעֲבֹר וְהִנֵּה אֵינֶנּוּ
וָאֲבַקְשֵׁהוּ וְלֹא נִמְצָא:
לז שְׁמָר־תָּם וּרְאֵה יָשָׁר
כִּי־אַחֲרִית לְאִישׁ שָׁלוֹם:
לח וּפֹשְׁעִים נִשְׁמְדוּ יַחְדָּו
אַחֲרִית רְשָׁעִים נִכְרָתָה:
לט וּתְשׁוּעַת צַדִּיקִים מֵיְהוָה
מָעוּזָּם בְּעֵת צָרָה:
מ וַיַּעְזְרֵם יְהוָה וַיְפַלְּטֵם
יְפַלְּטֵם מֵרְשָׁעִים וְיוֹשִׁיעֵם
כִּי־חָסוּ בוֹ:

לד קַוֵּה אֶל־ה׳ וּשְׁמֹר דַּרְכּוֹ, וִירוֹמִמְךָ לָרֶשֶׁת אָרֶץ; כלומר: האיש שהולך בדרך הזאת בסופו של דבר יתרומם ממצבו השפל ויירש ארץ; בְּהִכָּרֵת רְשָׁעִים תִּרְאֶה.

לה רָאִיתִי רָשָׁע עָרִיץ - נראה שהכוונה כאן למי שמתעלל באחרים מתוך רשעות; וּמִתְעָרֶה, וכשאני רואה אותו, נראה כאילו הוא משתרש וגדל, כְּאֶזְרָח רַעֲנָן - נראה שזהו סוג של צמח שצמיחתו מהירה וניכרת לעין, או עץ גדול ומושקה.

לו ואולם כאשר וַיַּעֲבֹר, כשהמשורר חוזר ועובר שם לאחר זמן, וְהִנֵּה אֵינֶנּוּ; אותו דבר שנראה שתול ואיתן איננו נמצא שם עוד, וָאֲבַקְשֵׁהוּ - אם אבקש אותו - וְלֹא נִמְצָא.

לז שְׁמָר־תָּם - שמור את דרך התום - וּרְאֵה יָשָׁר, לך בדרך ישרה, כִּי־אַחֲרִית - כלומר: כי יש תקווה וסוף טוב - לְאִישׁ שָׁלוֹם.

לח ולעומת זאת - וּפֹשְׁעִים נִשְׁמְדוּ יַחְדָּו, אַחֲרִית רְשָׁעִים נִכְרָתָה.

לט וּתְשׁוּעַת צַדִּיקִים מֵה׳, שהוא מָעוּזָּם - מבצרם, החוזק שלהם - בְּעֵת צָרָה.

מ וַיַּעְזְרֵם ה׳ וַיְפַלְּטֵם - יצילם - יְפַלְּטֵם מֵרְשָׁעִים וְיוֹשִׁיעֵם, כִּי־חָסוּ בוֹ, והוא שומר את אלה המחזיקים בו ובמעוזו.

לז,לז **שְׁמָר תָּם וּרְאֵה יָשָׁר.** כי המשכת השגחה וחיות מאתו יתברך על כל נברא, זה בחינת ראשית, ואחר כך כשנמשך החיות וההשגחה עד שפוגע בהנברא להחיותו, זה בחינת אחרית. וזה בחינת **שְׁמָר תָּם**, להאמין בו יתברך בתמימות; **וּרְאֵה יָשָׁר**, כי אמונת התמימים היא בחינת ראייה ישרה זכה וברה, שמכוונים עיניהם אליו יתברך לבד, בלי שום חכמות וחקירות, ובוטחים בו יתברך באמונה שלמה שכל חיותם ופרנסתם הוא רק ממנו בלבד, כי המאמין באמת הוא אצלו כאילו רואה בעיניו ממש; **כִּי אַחֲרִית לְאִישׁ שָׁלוֹם**, שעל־ידי זה חוזרים ונצטיירים בעיניו יתברך, בבחינת אור חוזר, ונמשך עליהם בחינת השגחה שלמה, ואז מקושר האחרית בראשית, שזהו עיקר התכלית שאנו מקווים. ולא כן הרשעים, שנאמר בהם "יהי אחריתם להכרית", שרצו להפריד האחרית מהראשית על־ידי כפירתם באמונת ההשגחה בזה העולם הגשמי, שהוא בחינת אחרית.

על־פי ליקוטי הלכות, משא ומתן ד: י

אַל־תַּעַזְבֵנִי יהוה אֱלֹהַי אַל־תִּרְחַק מִמֶּנִּי׃

ספר ראשון
פרק לח

מזמור תחינה של אדם הסובל גם מייסורי גוף וגם מאסונות אחרים, ומגלה שחבריו זנחוהו והם מניחים אותו בידי שונאים ובוגדים. המשורר מודה על העוונות והחטאים שעשה ומתחנן לישועת ה׳, שהוא לבדו נשאר לו בעולמו.

א מִזְמוֹר לְדָוִד לְהַזְכִּיר׃
ב יְהוָה אַל־בְּקֶצְפְּךָ תוֹכִיחֵנִי
וּבַחֲמָתְךָ תְיַסְּרֵנִי׃
ג כִּי־חִצֶּיךָ נִחֲתוּ בִי
וַתִּנְחַת עָלַי יָדֶךָ׃
ד אֵין־מְתֹם בִּבְשָׂרִי
מִפְּנֵי זַעְמֶךָ
אֵין־שָׁלוֹם בַּעֲצָמַי
מִפְּנֵי חַטָּאתִי׃
ה כִּי עֲוֺנֹתַי עָבְרוּ רֹאשִׁי
כְּמַשָּׂא כָבֵד יִכְבְּדוּ מִמֶּנִּי׃
ו הִבְאִישׁוּ נָמַקּוּ חַבּוּרֹתָי
מִפְּנֵי אִוַּלְתִּי׃
ז נַעֲוֵיתִי שַׁחֹתִי עַד־מְאֹד
כָּל־הַיּוֹם קֹדֵר הִלָּכְתִּי׃

א מִזְמוֹר לְדָוִד לְהַזְכִּיר – נראה כי מילה זו משמעה עניין של תפילה, כביכול להזכיר את עצמו ואת ייסוריו לפני ה׳ (ראה ישעיהו סב, ו). גם מזמור זה הוא מזמור של תפילה ותחינה ונראה כי נאמר בזמן של מחלה קשה, אשר נוסף על סבל גופני גם גורמת לכך שהשונאים סבורים, או מקווים, שזה סופו, וכי הם יכולים כבר להתחיל לשמוח בנפילתו. המזמור פותח בדברי תחינה על המחלה:

ב ה׳, אַל־בְּקֶצְפְּךָ תוֹכִיחֵנִי וּבַחֲמָתְךָ ואל בחמתך תְיַסְּרֵנִי.

ג כִּי־חִצֶּיךָ – החצים ששלחת בי, בצורה של כאב ומחלה, נִחֲתוּ, פגעו, בִי, וַתִּנְחַת עָלַי יָדֶךָ – במכה, במהלומה.

ד אֵין־מְתֹם – איבר שלם, לא מוכה – בִּבְשָׂרִי מִפְּנֵי זַעְמֶךָ, אֵין־שָׁלוֹם בַּעֲצָמַי, שכולן כואבות, מִפְּנֵי חַטָּאתִי. המשורר אינו בא בטענות כלפי הקב״ה אלא רק פונה אליו בתחינה. הוא מודה שהכאבים הללו הם גמול על חטאיו; אבל עדיין הוא יכול להתפלל ולבקש.

ה כִּי עֲוֺנֹתַי רבים וגדולים כל כך עד שהם עָבְרוּ רֹאשִׁי, גבוהים יותר מראשי, כְּמַשָּׂא כָבֵד יִכְבְּדוּ מִמֶּנִּי.

ו הִבְאִישׁוּ, נָמַקּוּ – נרקבו – חַבּוּרֹתָי, פצעי המכות לא רק שאינם מבריאים אלא אף מעלים מוגלה וריח רע, מִפְּנֵי אִוַּלְתִּי, כעונש על חטאי.

ז נַעֲוֵיתִי, כלומר: התעקמתי, איני יכול להחזיק מעמד עוד, שַׁחֹתִי, התכופפתי, עַד־מְאֹד, כָּל־הַיּוֹם קֹדֵר הִלָּכְתִּי, בגלל הכאבים והייסורים.

לח,ה **כִּי עֲוֺנֹתַי עָבְרוּ רֹאשִׁי**. כי עיקר הרחמנות הוא כשישראל, עם קדוש, נופלין ח״ו בעוונות, כי כל הייסורים הקשים שבעולם אינם נחשבים כלל כנגד המשא הכבד של העוונות, שאי אפשר לסבול אותו כלל, בבחינת **כְּמַשָּׂא כָבֵד יִכְבְּדוּ מִמֶּנִּי**. כי מי שיודע קדושת ישראל, מאין הם לקוחים, ויודע רוחניות ודקות של ישראל, הוא יודע שישראל הם רחוקים לגמרי מעוון, ואין עוון שייך להם כלל לפי גודל קדושתם משורשם וגודל דקותם ורוחניותם. ובאמת, כיצד אדם מישראל בא לעוונות ח״ו? רק על־ידי שאין לו דעת, כי ״אין אדם עובר עבירה אלא אם כן נכנס בו רוח שטות״ (סוטה ג, א). וזו הרחמנות הגדולה מן הכול, כי ״אין עני אלא מן הדעת״ (נדרים מא, א), וצריכין לרחם עליו ולהכניס בו דעת.

על־פי ליקוטי מוהר״ן ח״ב ז: ג

פרק לח • ספר ראשון • ליום שני • ו לחודש תהלים • 157

ח כִּי־כְסָלַי מָלְאוּ נִקְלֶה
וְאֵין מְתֹם בִּבְשָׂרִי:
ט נְפוּגוֹתִי וְנִדְכֵּיתִי עַד־מְאֹד
שָׁאַגְתִּי מִנַּהֲמַת לִבִּי:
י אֲדֹנָי נֶגְדְּךָ כָל־תַּאֲוָתִי
וְאַנְחָתִי מִמְּךָ לֹא־נִסְתָּרָה:
יא לִבִּי סְחַרְחַר עֲזָבַנִי כֹחִי
וְאוֹר־עֵינַי גַּם־הֵם אֵין אִתִּי:
יב אֹהֲבַי ׀ וְרֵעַי
מִנֶּגֶד נִגְעִי יַעֲמֹדוּ
וּקְרוֹבַי מֵרָחֹק עָמָדוּ:
יג וַיְנַקְשׁוּ ׀ מְבַקְשֵׁי נַפְשִׁי
וְדֹרְשֵׁי רָעָתִי דִּבְּרוּ הַוּוֹת
וּמִרְמוֹת כָּל־הַיּוֹם יֶהְגּוּ:
יד וַאֲנִי כְחֵרֵשׁ לֹא אֶשְׁמָע
וּכְאִלֵּם לֹא יִפְתַּח־פִּיו:

ח כִּי־כְסָלַי, מותניי, גם הם אינם מחזיקים אותי עוד; אני מרגיש שהם מָלְאוּ נִקְלֶה, שהם מלאים בדברים רעים ובזויים, וְאֵין מְתֹם, דבר שלם, בִּבְשָׂרִי, כי כולו מוכה וכואב.

ט נְפוּגוֹתִי - נפשי או כוחי סרו ממני, וְנִדְכֵּיתִי עַד־מְאֹד, שָׁאַגְתִּי מִנַּהֲמַת לִבִּי מעוצמת הכאבים והייסורים. אך כאן הוא מוסיף ואומר: בעצם אינני צריך לצעוק,

י כי הרי ה', נֶגְדְּךָ - מול עיניך ובידיעתך - כָל־תַּאֲוָתִי, כל רצוני, וְאַנְחָתִי מִמְּךָ לֹא־נִסְתָּרָה, שגם אם אינני צועק בקול רם אלא רק נאנח, אתה יודע את כאבי.

יא לִבִּי סְחַרְחַר, אני מרגיש שאינו פועם ביציבות, עֲזָבַנִי כֹחִי, וְאוֹר־עֵינַי גַּם־הֵם אֵין אִתִּי, בגלל החולשה והמחלה יש לי גם תחושה כאילו עיניי מתכהות.

יב ובנוסף על הכאבים והייסורים אין לי גם כל סיוע גם מבחוץ: אֹהֲבַי וְרֵעַי מִנֶּגֶד נִגְעִי יַעֲמֹדוּ, הם עומדים ומסתכלים בסבלי, אבל מרחוק.

וּקְרוֹבַי מֵרָחֹק עָמָדוּ, ואינם ניגשים לסייע לי.

יג ומצד שני - וַיְנַקְשׁוּ מְבַקְשֵׁי נַפְשִׁי, אויביי מתכננים תכניות שונות משום שהם מניחים שכבר אבדה תקוותי, וְדֹרְשֵׁי רָעָתִי דִּבְּרוּ עליי הַוּוֹת, דברים קשים ודברי פורענות, וּמִרְמוֹת כָּל־הַיּוֹם יֶהְגּוּ עליי.

יד וַאֲנִי כל כך חלש וכל כך מסכן עד שאני כְחֵרֵשׁ לֹא אֶשְׁמָע וּכְאִלֵּם לֹא יִפְתַּח־פִּיו, שאינני יכול להגיב לכל זה.

לח,י **אַנְחָתִי מִמְּךָ לֹא נִסְתָּרָה.** כשאדם מבקש לעורר בלבו יראת שמים ולהישמר מעשות כל רע, הוא משווה ה' לנגדו ומזכיר לעצמו שעין ה' פקוחה על כל מעשיו ומבחינה גם בתאוות הכמוסות בלבבו. אמנם חשוב לא פחות שידע אדם ויזכור שכשעין ה' חודרת אל חדרי לבבו, לא את התאוות בלבד היא רואה שם, אלא גם את האנחות הנלוות אליהן. את המצוקה, את המיאון, את המלחמה הפנימית הנובעת מרצון כה עז להיטהר ולהפוך לאיש אחר – עובד ה' ביראה ובאהבה, בקדושה ובטהרה. **אֲדֹנָי נֶגְדְּךָ כָל תַּאֲוָתִי וְאַנְחָתִי מִמְּךָ לֹא נִסְתָּרָה!**

על־פי מי השילוח

טו וָאֱהִי
כְּאִישׁ אֲשֶׁר לֹא־שֹׁמֵעַ
וְאֵין בְּפִיו תּוֹכָחוֹת:
טז כִּי־לְךָ יְהוָה הוֹחָלְתִּי
אַתָּה תַעֲנֶה אֲדֹנָי אֱלֹהָי:
יז כִּי־אָמַרְתִּי פֶּן־יִשְׂמְחוּ־לִי
בְּמוֹט רַגְלִי עָלַי הִגְדִּילוּ:
יח כִּי־אֲנִי לְצֶלַע נָכוֹן
וּמַכְאוֹבִי נֶגְדִּי תָמִיד:
יט כִּי־עֲוֺנִי אַגִּיד
אֶדְאַג מֵחַטָּאתִי:
כ וְאֹיְבַי חַיִּים עָצֵמוּ
וְרַבּוּ שֹׂנְאַי שָׁקֶר:
כא וּמְשַׁלְּמֵי רָעָה תַּחַת טוֹבָה
יִשְׂטְנוּנִי תַּחַת רָדְפִי־טוֹב:
כב אַל־תַּעַזְבֵנִי יְהוָה
אֱלֹהַי אַל־תִּרְחַק מִמֶּנִּי:
כג חוּשָׁה לְעֶזְרָתִי
אֲדֹנָי תְּשׁוּעָתִי:

רדופי־

טו וָאֱהִי כְּאִישׁ אֲשֶׁר לֹא־שֹׁמֵעַ וְאֵין בְּפִיו תּוֹכָחוֹת, דברי תשובה.

טז ואולם שתיקתי נובעת לא רק מחולשה, אלא גם מאמונה: כִּי־לְךָ, ה׳, הוֹחָלְתִּי, לך אני מקווה, אַתָּה תַעֲנֶה, ה׳ אֱלֹהָי. אמנם אני אינני מגיב על כל הדברים הרעים שאומרים עליי, אבל אתה יכול לענות עבורי.

יז כִּי־אָמַרְתִּי: פֶּן־יִשְׂמְחוּ־לִי כל שונאיי, בְּמוֹט רַגְלִי - כאשר רגלי כושלת ואני נופל - עָלַי הִגְדִּילוּ, הם מתרוממים ונהנים ממפלתי.

יח כִּי־אֲנִי בעצמי לְצֶלַע נָכוֹן, אני מוכן לפגיעה, לצליעה, וּמַכְאוֹבִי נֶגְדִּי - מולי - תָמִיד;

יט והטעם לכך הוא: כִּי־עֲוֺנִי אַגִּיד, אֶדְאַג מֵחַטָּאתִי, ומשום כך אינני בא בטענות על עצם העונש והסבל.

כ וְאֹיְבַי חַיִּים עָצֵמוּ, האויבים שלי גדלים ומתחזקים בחיים, וְרַבּוּ שֹׂנְאַי שָׁקֶר.

כא וּמְשַׁלְּמֵי רָעָה תַּחַת טוֹבָה, כל אותם אנשים שעשיתי להם טובה והם גומלים לי רעה, יִשְׂטְנוּנִי, שונאים אותי, תַּחַת רָדְפִי־טוֹב - בגלל שרדפתי טוב. כי פעמים רבות קורה אצל אנשים שקיבלו עזרה היפוך מוזר, והם שמחים במפלתו של זה שעזר להם ותמך בהם.

כב אַל־תַּעַזְבֵנִי ה׳, אֱלֹהַי אַל־תִּרְחַק מִמֶּנִּי.

כג חוּשָׁה לְעֶזְרָתִי, ה׳, שאתה תְּשׁוּעָתִי.

לח,כב אֱלֹהַי אַל תִּרְחַק מִמֶּנִּי. איך אלוהים קרוב אלינו, ואיך הוא רחוק? אלוהים קרוב אלינו בדיבור, שבו ברא את העולם ובו נתן לנו תורה. מיום שברא אלוהים את העולם והשמיע בו את דיבורו, שוב לא פסק אותו דיבור מלהחיות את העולם. אם כן, איך הוא רחוק? גם הריחוק – בדיבור. כיצד? שני מרכיבים בדיבור: הקול, הבוקע מהבל הלב, והאותיות, הנחתכות במוצאות הפה. בזמן הגלות, כשה׳ רחוק מאתנו, הרי זה כאדם המדבר בלא קול. למראית עין נשאר הכול כשהיה, העולם כמנהגו נוהג, אך אותיות הדיבור אילמות, זרות, סתומות, והרי הן כגוף בלא נשמה. אך לא לעולם יהיה כך, שהרי ישעיהו עומד ומתנבא על גאולת הדיבור ועל קרבת אלוהים מחודשת שתאיר עלינו במהרה בימינו: "ונגלה כבוד ה׳ וראו כל בשר יחדו **כי פי ה׳ דיבר**" (ישעיהו מ ה).

על־פי מאמרי אדמו"ר הצמח צדק תרי"ד-תרט"ו, עמ׳ רג

חַם־לִבִּי בְּקִרְבִּי בַּהֲגִיגִי תִבְעַר־אֵשׁ

ספר ראשון
פרק לט

מזמור תפילה על ייסורי מחלה ושונאים מסביב, כאבים ומפלות, אשר יש בו הרהורים על הגורל האנושי בכלל.

160 • תהלים ______ ז לחודש • ליום שני • ספר ראשון • פרק לט

א לַמְנַצֵּחַ לִידוּתוּן
מִזְמוֹר לְדָוִד:
ב אָמַרְתִּי אֶשְׁמְרָה דְרָכַי
מֵחֲטוֹא בִלְשׁוֹנִי
אֶשְׁמְרָה־לְפִי מַחְסוֹם
בְּעֹד רָשָׁע לְנֶגְדִּי:
ג נֶאֱלַמְתִּי דוּמִיָּה
הֶחֱשֵׁיתִי מִטּוֹב
וּכְאֵבִי נֶעְכָּר:
ד חַם־לִבִּי ׀ בְּקִרְבִּי
בַּהֲגִיגִי תִבְעַר־אֵשׁ
דִּבַּרְתִּי בִּלְשׁוֹנִי:
ה הוֹדִיעֵנִי יהוה ׀ קִצִּי
וּמִדַּת יָמַי מַה־הִיא
אֵדְעָה מֶה־חָדֵל אָנִי:

לִידִיתוּן

א לַמְנַצֵּחַ לִידוּתוּן - ידותון היה אחד מראשי המשוררים במקדש, וייתכן שזוהי "כתובתו" של המזמור, דהיינו: שדוד מסרו למשורר זה שיתקין לו ניגון או שישיר אותו. ויש שאמרו שהוא לחן של שיר אחר אשר לפיו יש לנגן מזמור זה. דעה נוספת היא ש"ידותון" הוא שם של כלי נגינה. מִזְמוֹר לְדָוִד:

ב אָמַרְתִּי - אומר אני, כלומר: החלטתי - אֶשְׁמְרָה דְרָכַי מֵחֲטוֹא בִלְשׁוֹנִי, ולא אומר דברים שאין ראוי לומר אותם.

אֶשְׁמְרָה־לְפִי מַחְסוֹם, ולא אדבר, בְּעֹד רָשָׁע לְנֶגְדִּי, שאז מוטב לי לשתוק.

ג נֶאֱלַמְתִּי דוּמִיָּה, הֶחֱשֵׁיתִי - לא רק שתקתי אלא גם התרחקתי מִטּוֹב מכל דבר טוב, וּכְאֵבִי נֶעְכָּר, הכאב נעשה עמוק יותר, עכור יותר, קודר יותר.

ד חַם־לִבִּי בְּקִרְבִּי, בַּהֲגִיגִי - במחשבתי - תִּבְעַר־אֵשׁ, דִּבַּרְתִּי בִּלְשׁוֹנִי. ואולם איני מדבר דברי תלונה כנגד הקב"ה, אלא רק מהרהר בעניינים רבי משמעות.

ה הוֹדִיעֵנִי, ה', קִצִּי: בראשית זו משאלה להיות מודע לקץ, לסוף החיים, לדעת שהחיים הם בני חלוף; ובסוף זוהי בקשה לדעת מתי יבוא קצו, כדי שיוכל להתכונן לכך כראוי.

וּמִדַּת יָמַי מַה־הִיא, אֵדְעָה מֶה־חָדֵל אָנִי: הוא מבקש לדעת מתי כל זה ייגמר. לפעמים יש משהו מנחם בכך שיודעים מתי יגיע הסוף לבעיות, ומצד אחר ידיעת הקץ, הבנת החידלון האנושי, יוצרת קנה מידה אחר לאופן שבו אדם מודד את עצמו.

לט,ד **חַם לִבִּי בְּקִרְבִּי**. כל הדיבורים באים מחמימות, ומי שיש בו חמימות הרבה – מדבר הרבה, וכן מי שנתקרר ואין בו חמימות – אין יכול לדבר. כי הדיבור הוא מחמימות, כמו שכתוב: **חַם לִבִּי בְּקִרְבִּי בַּהֲגִיגִי תִבְעַר אֵשׁ דִּבַּרְתִּי בִּלְשׁוֹנִי**.

על־פי ליקוטי מוהר"ן ח"א, רלט

לט,ה **הוֹדִיעֵנִי ה' קִצִּי וּמִדַּת יָמַי מַה הִיא**. שכל אדם צריך להעלות את כל ניצוצי נשמתו, שנפלו ממקומם בעוונותיו או בסיבת חטא אדם הראשון, וזו תכלית בריאתו וסוד מספר ימיו – כמה עליו לשהות בעולם־הזה כדי לתקן כל זה.

על־פי תולדות יעקב יוסף, מצורע

ו הִנֵּה טְפָחוֹת ׀ נָתַתָּה יָמַי
וְחֶלְדִּי כְאַיִן נֶגְדֶּךָ
אַךְ־כָּל־הֶבֶל כָּל־אָדָם
נִצָּב סֶלָה:
ז אַךְ־בְּצֶלֶם ׀ יִתְהַלֶּךְ־אִישׁ
אַךְ־הֶבֶל יֶהֱמָיוּן
יִצְבֹּר וְלֹא־יֵדַע מִי־אֹסְפָם:
ח וְעַתָּה מַה־קִּוִּיתִי אֲדֹנָי
תּוֹחַלְתִּי לְךָ הִיא:
ט מִכָּל־פְּשָׁעַי הַצִּילֵנִי
חֶרְפַּת נָבָל אַל־תְּשִׂימֵנִי:
י נֶאֱלַמְתִּי לֹא אֶפְתַּח־פִּי
כִּי אַתָּה עָשִׂיתָ:

ו הִנֵּה לא רק בחיי שלי אלא באופן כללי, טְפָחוֹת נָתַתָּה יָמַי - חיי נמדדים בטפחים, במידות קצובות, שהרי בסך הכל חיי אדם הם קצרים למדיי. וְחֶלְדִּי, עולמי, על כל מה שיש בו, הוא כְאַיִן נֶגְדֶּךָ אַךְ־כָּל־הֶבֶל כָּל־אָדָם נִצָּב, סֶלָה - אין חשיבות לשום אדם, שהרי גם כשהוא עדיין לא מת, כאשר עודנו ניצב ועומד על רגליו, כמה הוא כבר שווה?

ז אַךְ־בְּצֶלֶם יִתְהַלֶּךְ־אִישׁ - אדם הולך, אבל בעצם הוא חי בתוך דמיונות וצללים, בתוך צורות שאינן אמת.

אַךְ־הֶבֶל יֶהֱמָיוּן - הרעשים והקולות שעושים בני אדם הרי הם הבל.

יִצְבֹּר אדם רכוש, וְלֹא־יֵדַע מִי־אֹסְפָם ובסופו של דבר לא ידע מי אוספם. החיים קצרים, ואפשר לומר שאין להם הרבה משמעות; ומה שבני האדם עושים הם דברים בלתי חשובים.

ח וְעַתָּה מַה־קִּוִּיתִי, ה׳, תּוֹחַלְתִּי רק לְךָ הִיא, ואינני מצפה לסיוע או לעזרה מאחרים. אך עדיין יכול הוא להתפלל, אף על פי שהוא מודע לתמונה הכוללת, שלעומתה חיי האדם אינם חשובים.

ט והוא מבקש: אמנם פשעתי, אבל אנא, מִכָּל־פְּשָׁעַי הַצִּילֵנִי, שלא ירדפוני ולא ימוטטו אותי, וחֶרְפַּת נָבָל אַל־תְּשִׂימֵנִי. כי מפלתי לא רק מכאיבה לי, אלא גם מביאה לכך שאנשים בלתי ראויים יבזו אותי.

י נֶאֱלַמְתִּי ולֹא אֶפְתַּח־פִּי לענות, להתווכח או לריב, כִּי אַתָּה עָשִׂיתָ, כל אלה הם פעולתך, ואינני יכול לריב עמך.

לט,ו **הִנֵּה טְפָחוֹת נָתַתָּה יָמַי** – אמר הרה״ק רבי בונם מפשיסחא זי״ע שהוא כמו מי שמודד ומושך על ידו שבעים אמות חבלים, ובכל רגע אין בידו אלא הטפח שבתוך ידיו, כי מספר חיי האדם איננו מקובץ יחד, כי מה שעבר עבר, ומה שעתיד לבוא עדיין אינו בתוך היד, ואין ימיו של אדם אלא רגע ההווה בלבד. אמנם על־ידי המעשה, כל משך הזמן שעושה רצונו של מקום, יקובץ הזמן יחד.

על־פי ישמח ישראל, אמור

לט,ח **תּוֹחַלְתִּי לְךָ הִיא.** שמעתי מפרשים בשם הרב הצדיק רבי זושא מאניפולי ז״ל כי המבקש צורכי פרנסה ושאר צרכים לעצמו, יש עליו כמה מקטרגים אם ראוי שתיעשה בקשתו ואם לאו. אבל המבקש שיהיה לו ביטחון בהשם – על זה אין שום מקטרג. ולפי זה יש לכוון הרבה באלו המילים, **וְעַתָּה מַה קִּוִּיתִי אֲדֹנָי תּוֹחַלְתִּי לְךָ הִיא**, כי הביטחון כולל כל הברכות.

על־פי זהב המנורה

יא הָסֵר מֵעָלַי נִגְעֶךָ
מִתִּגְרַת יָדְךָ אֲנִי כָלִיתִי׃
יב בְּתוֹכָחוֹת עַל־עָוֹן ׀
יִסַּרְתָּ אִישׁ
וַתֶּמֶס כָּעָשׁ חֲמוּדוֹ
אַךְ הֶבֶל כָּל־אָדָם סֶלָה׃
יג שִׁמְעָה תְפִלָּתִי ׀ יהוה
וְשַׁוְעָתִי ׀ הַאֲזִינָה
אֶל־דִּמְעָתִי אַל־תֶּחֱרַשׁ
כִּי גֵר אָנֹכִי עִמָּךְ
תּוֹשָׁב כְּכָל־אֲבוֹתָי׃

יא ואולם יכול אני לבקש ולהתחנן: הָסֵר מֵעָלַי נִגְעֶךָ, את הנגעים והפגעים שהבאת עליי, כי מִתִּגְרַת יָדְךָ - מן הריב והמכה של ידך - אֲנִי כָלִיתִי.

יב בְּתוֹכָחוֹת עַל־עָוֹן, באותן תוכחות הבאות עליי בצדק וביושר, בגלל העוון, יִסַּרְתָּ אִישׁ, וַתֶּמֶס כָּעָשׁ חֲמוּדוֹ - חמודותיו, הדברים החשובים בעיניו והאנשים היקרים בעיניו נמסים ומתפוררים כמו דבר שאכל אותו עש. בסופו של דבר אַךְ הֶבֶל כָּל־אָדָם בכל מה שהוא עושה, שהרי כל הדברים עוברים־חולפים ולא נשארים, סֶלָה.

יג עם זאת עדיין יש כאן תפילה אשר עם כל זה שהיא מביאה זאת בחשבון היא גם מציגה צד אחר של אותם הדברים: אמת שהחיים קצרים ורצופים הרבה מאוד ייסורים ונפילות; אך בכל זאת, שִׁמְעָה תְפִלָּתִי, ה׳, וְשַׁוְעָתִי הַאֲזִינָה, אֶל־דִּמְעָתִי אַל־תֶּחֱרַשׁ, הקשב לדברי הדמע שלי. ובעצם, התפילה כולה עומדת בדיוק על העניין הזה; דווקא משום שאני יצור כל כך שברירי ובן חלוף מגיעה לי, אולי, איזושהי הפוגה, איזו מנוחה; כִּי בסופו של דבר גֵר אָנֹכִי עִמָּךְ, כלפיך ולעומתך אני גר, כלומר: כמו מי שמתגורר במקומו זמן קצר בלבד, וגם תּוֹשָׁב - שגם הוא ביטוי בעל משמעות דומה, כלומר: מי שיושב ישיבת עראי במקום מסוים.

כְּכָל־אֲבוֹתָי - אין זה עניין פרטי, אלא מצבו של אדם בכלל, שחייו הם מעבר קצר בתוך העולם הזה, אשר לעומת קיומו של הקב״ה נראה ארעי וחולף.

לט,ט חֶרְפַּת נָבָל אַל תְּשִׂימֵנִי. ידוע ממרן הבעש״ט שצדיק גמור, שאין בו שמץ רע, אינו רואה שום רע באדם, ואם כן הרואה את רעת הרשעים ידע בזה כי את נפשו שלו הוא מחייב. ותפילתו: מִכָּל פְּשָׁעַי הַצִּילֵנִי, מחול לי השם על כל עוונותיי, ובמה אדע? על־ידי שחֶרְפַּת נָבָל אַל תְּשִׂימֵנִי, שלא אראה שום חרפה בנבל כלל.

על־פי נתיב מצוותיך, נתיב התורה, ב: יג

יד הָשַׁ֣ע מִמֶּ֣נִּי וְאַבְלִ֑יגָה בְּטֶ֖רֶם אֵלֵ֣ךְ וְאֵינֶֽנִּי׃

יד ולכן הוא מבקש: הָשַׁע מִמֶּנִּי - הנח לי - וְאַבְלִיגָה, אנוח, אתאושש, ואז אוכל להתרפא ממכותיי, שכל מסכת הייסורים הזו תיפסק, בְּטֶרֶם אֵלֵךְ וְאֵינֶנִּי. שהרי החיים כל כך קצרים הם, שאם לא תיתן לי מנוחה קצרה הם יסתיימו כולם רק בייסורים; אך יצור בלתי חשוב וארעי שכמוני צריך לקבל מנוחה קצרה כלשהי כדי שיוכל לחוות, ולו מעט, ממה שנועד לו בתוך העולם.

לט,יג **כִּי גֵר אָנֹכִי עִמָּךְ תּוֹשָׁב כְּכָל אֲבוֹתָי.** עולם־הזה ועולם־הבא – איזה מהם מקומו של אדם? נצא ונראה: יש באדם גוף ונשמה. הגוף מן התחתונים, והנשמה מן העליונים. אם כן, הדבר תלוי באדם עצמו: אם גופו עיקר, הרי הוא תושב בעולם־הזה וגר בעולם־הבא; ואם נשמתו עיקר, הרי הוא תושב בעולם־הבא וגר בעולם־הזה. מידה זו האחרונה היא מידת הצדיק, הנדמה לאלוהיו: **כִּי גֵר אָנֹכִי עִמָּךְ** – כמוך, ה', שאתה כגר בעולם־הזה ואינך מגלה בו את אורך בקביעות, כך אני. ויש יחידי סגולה שנשמתם גוברת על גופם במידה כזו שהוא, וכל עולם־הזה עמו, נעשים לה דירת קבע. באדם כזה אמור סופו של אותו פסוק: **תּוֹשָׁב כְּכָל אֲבוֹתָי**, שכך היו גם האבות הקדושים, ענקי עולם, שבעצם חיי עולם־הזה שלהם היו מרכבה לשכינה והאירו את הארץ כולה באורה.

על־פי שפת אמת, וישלח תרנ"ד

וַיִּתֵּן בְּפִי שִׁיר חָדָשׁ תְּהִלָּה לֵאלֹהֵינוּ

ספר ראשון

פרק מ

מזמור של תהילה ותחינה המעורבות זו בזו,
הנע הלוך ושוב בין העבר וההווה ויש בו גם
תפילה לעתיד.
סופו של המזמור, פסוקים יד־יח,
זהה כמעט לחלוטין למזמור ע.

פרק מ • ספר ראשון • ליום שני • ז לחודש ______ תהלים • 165

א לַמְנַצֵּחַ לְדָוִד מִזְמוֹר:
ב קַוֺּה קִוִּיתִי יְהוָה
וַיֵּט אֵלַי וַיִּשְׁמַע שַׁוְעָתִי:
ג וַיַּעֲלֵנִי ׀ מִבּוֹר שָׁאוֹן
מִטִּיט הַיָּוֵן
וַיָּקֶם עַל־סֶלַע רַגְלַי
כּוֹנֵן אֲשֻׁרָי:
ד וַיִּתֵּן בְּפִי ׀ שִׁיר חָדָשׁ
תְּהִלָּה לֵאלֹהֵינוּ
יִרְאוּ רַבִּים וְיִירָאוּ
וְיִבְטְחוּ בַּיהוָה:
ה אַשְׁרֵי־הַגֶּבֶר
אֲשֶׁר־שָׂם יְהוָה מִבְטַחוֹ
וְלֹא־פָנָה אֶל־רְהָבִים
וְשָׂטֵי כָזָב:

א לַמְנַצֵּחַ לְדָוִד מִזְמוֹר:

ב קַוֺּה קִוִּיתִי אל ה׳, וַיֵּט אֵלַי - כדימוי לאדם אשר שם לב לבקשתו ולתחינתו של חברו ופונה לעזור לו.

ג וַיִּשְׁמַע שַׁוְעָתִי, וַיַּעֲלֵנִי מִבּוֹר שָׁאוֹן - מן ההקשר נראה שהכוונה לבור שקרקעיתו אינה יציבה, שאין שם מקום שאפשר לעמוד בו.

מִטִּיט הַיָּוֵן - נראה שיש כאן חזרה מסוימת, שכן יוון פירושו בוץ, ועניינו טיט שכולו נוזלי; זהו ביטוי למצב שבו אדם מרגיש שאין לו על מה להישען, שהוא עומד להתמוטט ולטבוע.

וַיָּקֶם עַל־סֶלַע רַגְלַי - בתוך הטיט הזה אדם מרגיש פתאום שיש לו בסיס מוצק לעמוד עליו. כּוֹנֵן - יישר, העמיד נכון, את אֲשֻׁרָי, צעדיי. כל זה הוא תיאור של מציאות חיים שבה האדם לא רק רדוף בבעיות, אלא גם נתון בסבך ללא מוצא, לכאורה, ואין לו כל דרך לפתור את בעיותיו. לפיכך השבח הוא לא רק על ההיחלצות מן הצרה, אלא גם על כך שהאדם מוצא שוב את עצמו במקום שממנו אפשר להתחיל ללכת בדרך אחרת, חדשה.

ד וַיִּתֵּן בְּפִי שִׁיר חָדָשׁ של תְּהִלָּה לֵאלֹהֵינוּ. יִרְאוּ רַבִּים את גורלי, את מהלך חיי, וְיִירָאוּ מצד אחד, כשיראו עד היכן יכול אדם ליפול ולהיכשל; וְיִבְטְחוּ בַּה׳, מצד שני, שהוא יכול להוציא את האדם גם ממֵצר כזה.

ה אַשְׁרֵי־הַגֶּבֶר אֲשֶׁר־שָׂם ה׳ מִבְטַחוֹ, וְלֹא־פָנָה להסתמך אֶל־רְהָבִים - על אלה המתגאים ומתפארים בכוחם, וְשָׂטֵי כָזָב - אלה הסוטים מדרך האמת ומדברים דברי שקר.

מ,ב קַוֺּה קִוִּיתִי ה׳. "אמר דוד: אם בא קיוויָךְ, יפה; ואם לאו, חזור וקווה!" יבואר, כי המקווה שייתן לו ה׳ איזה דבר נקרא שיקווה אל ה׳. אולם דוד לא היה חפץ בשום דבר אחר, רק בהשם יתברך, וזה עצמו היה הקיווי שלו. לכן אמר: קַוֺּה קִוִּיתִי ה׳, שאינו רק מקווה אל ה׳ – אלא ה׳ עצמו הוא קיוויו. ואמר המדרש: "קיווית ולא בא, חזור וקווה", כי בכל דבר אחר אזי אם רואה שאינו משיג מבוקשו, יבקש לו דבר אחר תמורתו. אבל המקווה לה׳, אין שום אופן אחר בעולם שבו ישלים מבוקשו. על כן, "אם קיווית ולא בא, חזור וקווה!".

על־פי קול שמחה, בשלח, ט

ו רַבּוֹת עָשִׂיתָ ׀ אַתָּה ׀
יְהוָה אֱלֹהַי
נִפְלְאֹתֶיךָ וּמַחְשְׁבֹתֶיךָ
אֵלֵינוּ
אֵין ׀ עֲרֹךְ אֵלֶיךָ
אַגִּידָה וַאֲדַבֵּרָה
עָצְמוּ מִסַּפֵּר׃
ז זֶבַח וּמִנְחָה ׀ לֹא־חָפַצְתָּ
אָזְנַיִם כָּרִיתָ לִּי
עוֹלָה וַחֲטָאָה לֹא שָׁאָלְתָּ׃
ח אָז אָמַרְתִּי הִנֵּה־בָאתִי
בִּמְגִלַּת־סֵפֶר כָּתוּב עָלָי׃
ט לַעֲשׂוֹת־רְצוֹנְךָ אֱלֹהַי
חָפָצְתִּי
וְתוֹרָתְךָ בְּתוֹךְ מֵעָי׃
י בִּשַּׂרְתִּי צֶדֶק ׀ בְּקָהָל רָב
הִנֵּה שְׂפָתַי לֹא אֶכְלָא

ו רַבּוֹת עָשִׂיתָ אַתָּה, ה' אֱלֹהַי, נִפְלְאֹתֶיךָ וּמַחְשְׁבֹתֶיךָ אֵלֵינוּ, כי רק לאחר מעשה יכול אדם להבין כיצד דברים, שבשעתו היו חסרי פשר או אף נחשבו לבעיות, היו בעצם הפתרונות.

אֵין עֲרֹךְ אֵלֶיךָ - אין מי שיכול להשתוות אליך ולהבין את הסיבוך שיש במהלך החיים וגם את הפתרונות הנסתרים. אם אַגִּידָה וַאֲדַבֵּרָה בהם, בפרטיהם, הרי הם עָצְמוּ מִסַּפֵּר, הם הרבה יותר ממה שיכול אדם למנות.

ז אך כאשר אדם בא להודות לה' הוא מבין כי זֶבַח וּמִנְחָה לֹא־חָפַצְתָּ, שה' אינו רוצה שיביאו לו קרבנות כתודה, אלא אָזְנַיִם כָּרִיתָ לִּי - בראת את האוזניים כשהן פתוחות (מכאן הביטוי "אוזניים כרויות") ושומעות, כדי שאוכל לשמוע ולהבין. ועם זאת, עוֹלָה וַחֲטָאָה לֹא שָׁאָלְתָּ, לא ממני ולא מאחר. התודה לה' אינה מתבטאה, אפוא, בקורבנות, כי אם באופנים אחרים:

ח אָז, כשחשבתי על כל הדברים האלה, אָמַרְתִּי: הִנֵּה־בָאתִי, בִּמְגִלַּת־סֵפֶר כָּתוּב עָלָי, כי את תודתי לה' אני צריך להביע בדברים, הן דברים שבכתב והן דברים שבעל־פה.

ט לַעֲשׂוֹת־רְצוֹנְךָ, אֱלֹהַי, חָפָצְתִּי, וְתוֹרָתְךָ בְּתוֹךְ מֵעָי - כלומר, היא בלועה וקיימת בתוכי, וממנה אני שואב את מה שיש לי לומר.

י בִּשַּׂרְתִּי - כלומר: הודעתי, סיפרתי - צֶדֶק בְּקָהָל רָב, כדי להודיע לכל את חסדי ה', הִנֵּה שְׂפָתַי לֹא אֶכְלָא, כי הבטחתי לספר ולפרסם את חסד ה'.

מ,ט וְתוֹרָתְךָ בְּתוֹךְ מֵעָי. מעלה יתרה גדולה ונפלאה במצוות ידיעת התורה והשגתה על כל המצוות המעשיות, שבכל המצוות אור ה' מלביש את הנפש ומקיפה מראשה ועד רגלה, ובמצוות ידיעת התורה – מלבד שהשכל מלובש בחכמת השם – הנה גם חכמת השם בקרבו, שמשיג ותופס ומקיף מה שאפשר לו לתפוס ולהשיג מידיעת התורה, איש כפי שכלו וכוח ידיעתו והשגתו בפרד"ס [=פשט, רמז, דרש וסוד]. ולכן נקראת התורה בשם לחם ומזון הנפש, כי כמו שהלחם הגשמי זן את הגוף כשמכניסו בתוכו וקרבו ממש, ונהפך שם להיות דם ובשר כבשרו ואזי יחיה ויתקיים, כך בידיעת התורה והשגתה בנפש האדם שלומדה היטב בעיון שכלו, עד שנתפסת בשכלו ומתאחדת עמו והיו לאחדים, נעשה מזון לנפש וחיים בקרבה מחיי החיים, אין־סוף ברוך־הוא, המלובש בחכמתו ותורתו שבקרבה. וזה שכתוב: וְתוֹרָתְךָ בְּתוֹךְ מֵעָי.

על־פי תניא, ה

יְהוָה אַתָּה יָדָעְתָּ:
יא צִדְקָתְךָ לֹא־כִסִּיתִי ׀
בְּתוֹךְ לִבִּי
אֱמוּנָתְךָ וּתְשׁוּעָתְךָ אָמָרְתִּי
לֹא־כִחַדְתִּי חַסְדְּךָ וַאֲמִתְּךָ
לְקָהָל רָב:
יב אַתָּה יְהוָה
לֹא־תִכְלָא רַחֲמֶיךָ מִמֶּנִּי
חַסְדְּךָ וַאֲמִתְּךָ
תָּמִיד יִצְּרוּנִי:
יג כִּי אָפְפוּ־עָלַי ׀ רָעוֹת
עַד־אֵין מִסְפָּר
הִשִּׂיגוּנִי עֲוֺנֹתַי
וְלֹא־יָכֹלְתִּי לִרְאוֹת
עָצְמוּ מִשַּׂעֲרוֹת רֹאשִׁי
וְלִבִּי עֲזָבָנִי:
יד רְצֵה יְהוָה לְהַצִּילֵנִי
יְהוָה לְעֶזְרָתִי חוּשָׁה:

ה׳, אַתָּה יָדָעְתָּ שאני מנסה לספר את חסדיך ולהודות עליהם בכל מקום.

יא צִדְקָתְךָ לֹא־כִסִּיתִי בְּתוֹךְ לִבִּי - כלומר: לא הסתרתי אותה מאחרים, אלא פרסמתי אותה.

אֱמוּנָתְךָ וּתְשׁוּעָתְךָ אָמָרְתִּי, לֹא־כִחַדְתִּי - הסתרתי, החבאתי - את חַסְדְּךָ וַאֲמִתְּךָ לְקָהָל רָב. במילים אחרות: המשורר אומר כאן שבמקום להקריב קורבנות וזבחים הוא מרגיש צורך להביע, ואף מביע בפועל, את תודתו בדרך אחרת: על ידי כך שהוא מודיע אותה ושר עליה ברבים.

יב וכנגד זה אַתָּה, ה׳, לֹא־תִכְלָא רַחֲמֶיךָ מִמֶּנִּי, לא תמנע את רחמיך מלהתגלות עליי, וְחַסְדְּךָ וַאֲמִתְּךָ תָּמִיד יִצְּרוּנִי, ישמרו עליי.

יג כִּי אָפְפוּ־עָלַי רָעוֹת עַד־אֵין מִסְפָּר, הִשִּׂיגוּנִי עֲוֺנֹתַי - המשורר אינו בא בטענות לקב״ה על צרותיו, אלא הוא מודה בכך שהן הגמול הנכון לעבֵרות שעשה; עם זאת, כאשר באו עליו צרות אלה הוא סבל, וְלֹא־יָכֹלְתִּי לִרְאוֹת מפני אותן רעות וצרות אשר עָצְמוּ במספרן מִשַּׂעֲרוֹת רֹאשִׁי, וְלִבִּי - כלומר: כוחי, הבנתי ותקוותי - עֲזָבָנִי.

יד לכן, איני יכול אלא לבקש: רְצֵה, ה׳, לְהַצִּילֵנִי, ה׳ לְעֶזְרָתִי חוּשָׁה.

מ,יב חַסְדְּךָ וַאֲמִתְּךָ תָּמִיד יִצְּרוּנִי. שתי בחינות בחסדים היורדים לעולם־הזה: חסדים המדודים במידה וגבול, ונמשכים על־ידי מעשים טובים של ישראל, המעוררים השפעות טובות לבוא לעולם בבחינת מידה כנגד מידה; וחסדים שאינם בבחינת מידה וגבול, המתעוררים על ישראל ברצונו יתברך ושלא כערך פעולתם. אותם חסדים עליונים הם שהתגלו על שפת ים סוף, כשאמר ה׳ לישראל: ״ה׳ ילחם לכם ואתם תחרשון״ (שמות יד יד). משמע: אין זו העת לתפילתכם ולעבודתכם, כי אתם זקוקים עתה לרחמים עליונים, הרבה למעלה מכפי מידתכם. וזה פירוש הפסוק: **אַתָּה ה׳ לֹא תִכְלָא רַחֲמֶיךָ מִמֶּנִּי** – שלא תמנע ממני חסדים המתעוררים ״ממני״, על־פי מעשים טובים שבידי; אבל מכל מקום **חַסְדְּךָ וַאֲמִתְּךָ** – אותם חסדים הבאים מלמעלה שלא בבחינת גבול, **תָּמִיד יִצְּרוּנִי**.

על־פי תפארת שלמה

טו **יֵבֹשׁוּ וְיַחְפְּרוּ ׀ יַחַד**
מְבַקְשֵׁי נַפְשִׁי לִסְפּוֹתָהּ
יִסֹּגוּ אָחוֹר וְיִכָּלְמוּ
חֲפֵצֵי רָעָתִי׃
טז **יָשֹׁמּוּ עַל־עֵקֶב בָּשְׁתָּם**
הָאֹמְרִים לִי הֶאָח ׀ הֶאָח׃
יז **יָשִׂישׂוּ וְיִשְׂמְחוּ ׀ בְּךָ**
כָּל־מְבַקְשֶׁיךָ
יֹאמְרוּ תָמִיד יִגְדַּל יְהוָה
אֹהֲבֵי תְּשׁוּעָתֶךָ׃
יח **וַאֲנִי ׀ עָנִי וְאֶבְיוֹן**
אֲדֹנָי יַחֲשָׁב לִי
עֶזְרָתִי וּמְפַלְטִי אַתָּה
אֱלֹהַי אַל־תְּאַחַר׃

טו יֵבֹשׁוּ וְיַחְפְּרוּ - ייכלמו, יתביישו - יַחַד מְבַקְשֵׁי נַפְשִׁי לִסְפּוֹתָהּ, אלה שחיפשו להרגני; יִסֹּגוּ אָחוֹר וְיִכָּלְמוּ כל חֲפֵצֵי רָעָתִי.

טז יָשֹׁמּוּ - גם במובן של ישתוממו, אך בעיקר מלשון הרס ושממה - עַל־עֵקֶב בָּשְׁתָּם, כלומר: אותם אנשים שניסו לתקוף אותי חוזרים עכשיו על עקבותיהם כשהם מבוישים, והם אותם אנשים הָאֹמְרִים לִי, בזמן נפילתי, 'הֶאָח, הֶאָח!' מתוך שמחה לאידי.

יז ומצד אחר - יָשִׂישׂוּ וְיִשְׂמְחוּ בְּךָ כָּל־מְבַקְשֶׁיךָ, יֹאמְרוּ: תָמִיד יִגְדַּל ה'; והאומרים זאת הם אֹהֲבֵי תְּשׁוּעָתֶךָ.

יח וַאֲנִי, כשלעצמי, עָנִי וְאֶבְיוֹן, ואינני חשוב כלל, אבל ה' יַחֲשָׁב לִי, הוא הנותן לי ערך מסוים, ולכן הוא גם עוזר לי: עֶזְרָתִי וּמְפַלְטִי אַתָּה. ולבסוף, איני יכול אלא לבקש: אֱלֹהַי, אַל־תְּאַחַר להושיט לי את עזרתך, כדי שאוכל ליהנות ממנה.

מ,יח **וַאֲנִי עָנִי וְאֶבְיוֹן אֲדֹנָי יַחֲשָׁב לִי** – אולי הפירוש הוא כי אנוכי מתבונן בעניות דעתי, שנחשך בעדי אור הדעת, והצדיקים שהיו לנו למאירות עיניים אינם עוד, ואבדו חסידינו ומפגיע אין בעדנו, ועד שנעשינו בבחינת "נאלמתי דומיה החשיתי מטוב", וכפירוש המצודות: "שתקתי מלדבר דברים טובים וניחומים פן ברבות הדברים אצעק ואתרעם", ועם כל זה אשים מבטחי בתקוות צור ישועתי, כי **אֲדֹנָי יַחֲשָׁב לִי** – יזכור שייחד אותנו לו בסוד קידושין, על דרך "הרי את מקודשת לי", והמקדש אישה הרי הוא אוסר אותה על כל העולם כולו כהקדש, ואם כן הרי כל אחד מישראל – יהיה מי שיהיה ובאיזה מצב שיהיה – הוא מיוחד ומשועבד בלתי לה' לבדו, ואין לחיצונים אחיזה ויניקה ממנו.

על־פי תפארת שמואל, ליל הסדר

בְּזֹאת יָדַעְתִּי כִּי־חָפַצְתָּ בִּי כִּי לֹא־יָרִיעַ אֹיְבִי עָלָי:

ספר ראשון

פרק מא

מזמור המתאר את חוליו של המשורר
ואת הצרות הבאות עליו משום כך.

א לַמְנַצֵּחַ מִזְמוֹר לְדָוִד:
ב אַשְׁרֵי מַשְׂכִּיל אֶל־דָּל
בְּיוֹם רָעָה יְמַלְּטֵהוּ יְהוָה:
ג יְהוָה ׀ יִשְׁמְרֵהוּ וִיחַיֵּהוּ
וְאֻשַּׁר בָּאָרֶץ
וְאַל־תִּתְּנֵהוּ בְּנֶפֶשׁ אֹיְבָיו:
ד יְהוָה יִסְעָדֶנּוּ עַל־עֶרֶשׂ דְּוָי
כָּל־מִשְׁכָּבוֹ הָפַכְתָּ בְחָלְיוֹ:
ה אֲנִי־אָמַרְתִּי יְהוָה חָנֵּנִי
רְפָאָה נַפְשִׁי
כִּי־חָטָאתִי לָךְ:
ו אוֹיְבַי יֹאמְרוּ רַע לִי
מָתַי יָמוּת וְאָבַד שְׁמוֹ:
ז וְאִם־בָּא לִרְאוֹת ׀
שָׁוְא יְדַבֵּר
לִבּוֹ יִקְבָּץ־אָוֶן לוֹ
יֵצֵא לַחוּץ יְדַבֵּר:
ח יַחַד עָלַי יִתְלַחֲשׁוּ כָּל־שֹׂנְאָי
עָלַי ׀ יַחְשְׁבוּ רָעָה לִי:
יאשר

א לַמְנַצֵּחַ מִזְמוֹר לְדָוִד:

ב אַשְׁרֵי מַשְׂכִּיל אֶל־דָּל - שעניינו לא רק שהוא עוזר לדל, אלא גם עושה זאת בהבנה ובהתחשבות, בדרך שתהיה בה טובה מרובה ומיעוט בושה למקבל. האיש הזה, בְּיוֹם רָעָה יְמַלְּטֵהוּ - יצילהו - ה'.

ג ה' יִשְׁמְרֵהוּ וִיחַיֵּהוּ וְאֻשַּׁר - יהיה שמח ומאושר בָּאָרֶץ, וְאַל־תִּתְּנֵהוּ בְּנֶפֶשׁ אֹיְבָיו - כלומר, אל תעשה לו כמו שאויביו רוצים שיקרה לו.

ד וכאן ניתנת לדברים משמעות מוגדרת יותר: ה' יִסְעָדֶנּוּ - יעזור לו - עַל־עֶרֶשׂ דְּוָי, כלומר: מיטת חולי, כָּל־מִשְׁכָּבוֹ הָפַכְתָּ בְחָלְיוֹ - שהוא אחד הדברים שמשתדלים לעשות לאדם חולה: להחליף ולסדר את מצעיו.

ה אֲנִי־אָמַרְתִּי ה' חָנֵּנִי רְפָאָה נַפְשִׁי כִּי־חָטָאתִי לָךְ - נראה כי משמעות הדברים כאן היא: אף כי חטאתי לך, ואני מכיר בכך שאני צריך להיענש, עדיין אני מצפה לרפואה.

ו אוֹיְבַי יֹאמְרוּ רַע לִי, האויבים משערים שאני נמצא במצב גרוע מאוד, ואומרים: "מָתַי יָמוּת וְאָבַד שְׁמוֹ?"

ז וְאִם־בָּא לִרְאוֹת, אם אחד מאויביי בא כביכול לבקר אותי, הרי שָׁוְא יְדַבֵּר, דברי שווא הוא מדבר; בפיו אומר הוא דברי עידוד, אבל לִבּוֹ יִקְבָּץ־אָוֶן לוֹ, בתוך לבו הוא אוסף כל מיני דברים רעים שאותם הוא אינו אומר. ואך יֵצֵא לַחוּץ - יְדַבֵּר את כל מה שיש לו להגיד עליי.

ח יַחַד עָלַי יִתְלַחֲשׁוּ כָּל־שֹׂנְאָי, כל האויבים שלי מדברים על מצבי הרע, וְעָלַי יַחְשְׁבוּ רָעָה לִי,

---

מא,ב אַשְׁרֵי מַשְׂכִּיל אֶל דָּל. "אין עניות אלא מן הדעת" (נדרים מא, א), ועל זה צריך רחמנות, כי אין רחמנות גדולה מזו שאין לאדם דעת. ובכל איש יש זמן שאין לו שכל בעבודת הבורא, והוא נקרא קטנות המוחין, וצריך לחזק את עצמו לבוא לידי גדלות המוחין. וכשבא לגדלות המוחין, נמתקים כל הדינים וממשיך עליו חסדים ורחמים. וזה פירוש הפסוק: אַשְׁרֵי מַשְׂכִּיל אֶל דָּל – היינו כשהוא בקטנות המוחין, ומשכיל עצמו לגדלות המוחין, אזי בְּיוֹם רָעָה יְמַלְּטֵהוּ ה' – נמתקים לו כל הדינים. ואם לא יכול לבוא בעצמו לגדלות המוחין, עצה לזה שישכיל אחרים, ועל־ידי זה יתעורר גם אצלו השכל.

על־פי ליקוטי מוהר"ן ח"א, קו

ט דְּבַר־בְּלִיַּעַל יָצוּק בּוֹ
וַאֲשֶׁר שָׁכַב
לֹא־יוֹסִיף לָקוּם׃
י גַּם־אִישׁ שְׁלוֹמִי ׀
אֲשֶׁר־בָּטַחְתִּי בוֹ
אוֹכֵל לַחְמִי
הִגְדִּיל עָלַי עָקֵב׃
יא וְאַתָּה יְהוָה חָנֵּנִי וַהֲקִימֵנִי
וַאֲשַׁלְּמָה לָהֶם׃
יב בְּזֹאת יָדַעְתִּי כִּי־חָפַצְתָּ בִּי
כִּי לֹא־יָרִיעַ אֹיְבִי עָלָי׃
יג וַאֲנִי בְּתֻמִּי תָּמַכְתָּ בִּי
וַתַּצִּיבֵנִי לְפָנֶיךָ לְעוֹלָם׃
יד בָּרוּךְ יְהוָה ׀ אֱלֹהֵי יִשְׂרָאֵל
מֵהָעוֹלָם וְעַד־הָעוֹלָם
אָמֵן ׀ וְאָמֵן׃

ט והמחשבה שלהם היא: דְּבַר־בְּלִיַּעַל יָצוּק, חולי שאין לו מרפא ואין ממנו מוצא, יש בּוֹ, בחולה הזה. וַאֲשֶׁר - כאשר - שָׁכַב בחוליו לֹא־יוֹסִיף לָקוּם.

י גַּם־אִישׁ שְׁלוֹמִי אֲשֶׁר־בָּטַחְתִּי בוֹ, שהוא גם אוֹכֵל לַחְמִי, כלומר: נוסף על הכל הוא גם מתפרנס ממני, הִגְדִּיל עָלַי עָקֵב - כלומר, כבר מתכונן להגביה את רגלו ולדרוס אותי.

יא וְאַתָּה ה׳ חָנֵּנִי וַהֲקִימֵנִי מחוליי וַאֲשַׁלְּמָה לָהֶם כגמולם.

יב בְּזֹאת יָדַעְתִּי כִּי־חָפַצְתָּ בִּי: כִּי לֹא־יָרִיעַ אֹיְבִי עָלַי, בכך שלא תהיה לאויביי הזדמנות להריע משמחה על מפלתי.

יג וַאֲנִי בְּתֻמִּי בגלל תומי תָּמַכְתָּ בִּי, וַתַּצִּיבֵנִי, ואני עומד לְפָנֶיךָ לְעוֹלָם.

יד ומשום שפרק זה הוא סופו של אחד מחמשת הספרים שבתהלים, הוא מסתיים במילים: בָּרוּךְ ה׳ אֱלֹהֵי יִשְׂרָאֵל מֵהָעוֹלָם וְעַד־הָעוֹלָם, שעניינו: לנצח, בכל הזמנים, אָמֵן וְאָמֵן.

מא,יד בָּרוּךְ ה׳ אֱלֹהֵי יִשְׂרָאֵל מֵהָעוֹלָם וְעַד הָעוֹלָם – שני עולמות כלליים יש במציאות: ׳עלמא דאתכסיא׳, מישור ההוויה שמעבר ליכולת הקליטה האנושית; ו׳עלמא דאתגליא׳, העולם הגלוי לכוחות השכל ולחושים האנושיים. המפתח לאותו עולם מכוסה נתון בידי כל אחד ואחת מאתנו, והוא מגולם בברכות שאנו מברכים מדי יום ביומו. כיצד מברכים ברכה הראויה לשמה? באהבה שהיא ״בכל לבבך ובכל נפשך״ (דברים י יב), מתוך שיתוף כלל כוחות הנפש – מאור השכל, עלמא דאתכסיא שבנו, ועד לרגש הממשי, עלמא דאתגליא שבנו.

על־פי ספר המאמרים תשכ״ח, ד״ה ועתה ישראל

כְּאַיָּל תַּעֲרֹג עַל־אֲפִיקֵי־מָיִם כֵּן נַפְשִׁי תַעֲרֹג אֵלֶיךָ אֱלֹהִים:

ספר שני

פרק מב

שיר געגועים ותחינה של אדם הנמצא בגלות מבודדת,
רדוף ושנוא, ויודע כי רק ה׳ לבדו יכול להושיעו
מכל הצרות המקיפות אותו.

א לַמְנַצֵּחַ מַשְׂכִּיל לִבְנֵי־קֹרַח:
ב כְּאַיָּל
תַּעֲרֹג עַל־אֲפִיקֵי־מָיִם
כֵּן נַפְשִׁי תַעֲרֹג אֵלֶיךָ
אֱלֹהִים:
ג צָמְאָה נַפְשִׁי ׀ לֵאלֹהִים
לְאֵל חָי
מָתַי אָבוֹא
וְאֵרָאֶה פְּנֵי אֱלֹהִים:
ד הָיְתָה־לִּי דִמְעָתִי לֶחֶם
יוֹמָם וָלָיְלָה
בֶּאֱמֹר אֵלַי כָּל־הַיּוֹם
אַיֵּה אֱלֹהֶיךָ:
ה אֵלֶּה אֶזְכְּרָה ׀
וְאֶשְׁפְּכָה עָלַי ׀ נַפְשִׁי
כִּי אֶעֱבֹר ׀ בַּסָּךְ
אֶדַּדֵּם עַד־בֵּית אֱלֹהִים
בְּקוֹל־רִנָּה וְתוֹדָה
הָמוֹן חוֹגֵג:

א לַמְנַצֵּחַ מַשְׂכִּיל - שיש בו גם דברי הגות ומחשבה - לִבְנֵי־קֹרַח, שהם מחבריו או הממונים לשיר אותו, והוא שיר תפילה ותחינה של מי שנמצא בגלות ומתגעגע לחזור אל בית ה' ואל קרבת אלוקים.

ב כְּאַיָּל תַּעֲרֹג עַל־אֲפִיקֵי־מָיִם - ערגה היא, בעיקרה, געגועים ותשוקה לדבר מסוים. ואולם יש שפירשו - ובהקשר הזה אין זה פירוש שונה בהרבה - שזה הכינוי המיוחד לקול שמשמיע האייל; "תערוג" בלשון נקבה - אולי משום שכאן מדובר באיילה הנקבה. כֵּן נַפְשִׁי תַעֲרֹג אֵלֶיךָ, אֱלֹהִים.

ג צָמְאָה נַפְשִׁי לֵאלֹהִים, לְאֵל חָי, מָתַי אָבוֹא אל הקודש והמקדש וְאֵרָאֶה פְּנֵי אֱלֹהִים. שכן אדם הבא למקדש בא להיראות "את פני האדון ה'"; אך עצם ההימצאות בבית ה' (מה שנקרא בלשון חכמים "ראיון") הוא בדיוק "להיראות את פני ה'", כפי שנאמר בתורה.

ד והמשורר ממשיך ואומר: בזמן שאני רחוק וגולה הָיְתָה־לִּי דִמְעָתִי לֶחֶם יוֹמָם וָלָיְלָה, כלומר: הדמעות שכיחות ושגורות אצלי כל יום, וגם בֶּאֱמֹר אֵלַי כָּל־הַיּוֹם, במצב שבו כולם שואלים אותי: "אַיֵּה אֱלֹהֶיךָ?".

ה את אֵלֶּה - את הדברים שהוא עומד לספר - אֶזְכְּרָה וְאֶשְׁפְּכָה עָלַי נַפְשִׁי, בהשתפכות הנפש של זיכרונות על הזמנים שבהם היה קרוב לבית ה'. כִּי, כאשר, אֶעֱבֹר בַּסָּךְ, כלומר: בתוך קהל, תהלוכה, אֶדַּדֵּם - כנראה פירוש המילה הוא הליכה שיש בה מעין קפיצה או ריקוד - עַד־בֵּית אֱלֹהִים, בְּקוֹל־רִנָּה וְתוֹדָה, בתוך הָמוֹן עַם חוֹגֵג.

מב,ד הָיְתָה לִּי דִמְעָתִי לֶחֶם יוֹמָם וָלָיְלָה – כשהמרירות בתוקפה, היא מבטלת אפילו את תחושות הצורך הבסיסיות של הרעב והצמא. לידי כך מגיע יהודי כשהוא נעשה מודע לשאלה שהוא נשאל כָּל הַיּוֹם, והיא: אַיֵּה אֱלֹהֶיךָ. נושא השאלה אינו האלוהים, כי אם האדם עצמו, ופירושה: מאין אתה חי, ומה נותן לך כוח וחיות? יש החיים חיי גוף בלבד, מונעים בכוחם של דחפי שימור עצמי או בלהט סיפוק צורכי התאווה. לעומתם יש שנאמר אליהם: "אנכי הוי"ה אלוהיך"; כלומר: לכם ניתנה המעלה שיהיה קיומכם על השורש הקדום והנסתר, זה שלמעלה מזמן ומקום, זה שלמעלה מהשתלשלות העולמות. ומעלה זו תובעת את מימושה לא בשעת תורה ותפילה בלבד, אלא "כל היום" ממש. שגם בשעה שאוכל ושותה, גם בשעה שנושא ונותן, גם בשעה שמשיח עם חבריו – יהיה נרגש בו "אנכי הוי"ה אלוהיך".

על־פי ליקוטי שיחות ח"א, עמ' 149; תורת מנחם ח"ז, עמ' 255

174 • תהלים ______ ז לחודש • ליום שני • ספר שני • פרק מב

ו מַה־תִּשְׁתּוֹחֲחִי ׀ נַפְשִׁי
וַתֶּהֱמִי עָלָי
הוֹחִלִי לֵאלֹהִים
כִּי־עוֹד אוֹדֶנּוּ
יְשׁוּעוֹת פָּנָיו:
ז אֱלֹהַי עָלַי נַפְשִׁי תִשְׁתּוֹחָח
עַל־כֵּן אֶזְכָּרְךָ מֵאֶרֶץ יַרְדֵּן
וְחֶרְמוֹנִים מֵהַר מִצְעָר:
ח תְּהוֹם־אֶל־תְּהוֹם קוֹרֵא
לְקוֹל צִנּוֹרֶיךָ
כָּל־מִשְׁבָּרֶיךָ וְגַלֶּיךָ
עָלַי עָבָרוּ:
ט יוֹמָם ׀ יְצַוֶּה יְהוָה ׀ חַסְדּוֹ
וּבַלַּיְלָה שִׁירֹה עִמִּי
תְּפִלָּה לְאֵל חַיָּי:
י אוֹמְרָה ׀ לְאֵל סַלְעִי
לָמָה שְׁכַחְתָּנִי
לָמָּה־קֹדֵר אֵלֵךְ
בְּלַחַץ אוֹיֵב:

ו ושוב חוזר המשורר לדבר על - ואל - עצמו בזמן שהוא בריחוק ובגלות: מַה־תִּשְׁתּוֹחֲחִי - תתכופפי, תשפילי את עצמך - נַפְשִׁי, וַתֶּהֱמִי עָלָי - מתוך עצבות? הוֹחִלִי - בקשי, התפללי, נפשי לֵאלֹהִים, כִּי־עוֹד אוֹדֶנּוּ, ואזכה לראות את יְשׁוּעוֹת פָּנָיו.

ז אֱלֹהַי, עָלַי נַפְשִׁי תִשְׁתּוֹחָח, מתוך הרגשה של השפלה ושל ירידה.

עַל־כֵּן אֶזְכָּרְךָ ביתר שאת במרחק, מֵאֶרֶץ יַרְדֵּן וְחֶרְמוֹנִים, שזהו אזור מקורות הירדן הנמצא מעבר לגליל העליון, סמוך לחרמון, מֵהַר מִצְעָר - כנראה אחד ההרים הנמצאים בצפון.

ח וייתכן שמֵי הנהרות השוטפים של הגליל העליון נשמעים למשורר כקול של עצבות: תְּהוֹם־אֶל־תְּהוֹם קוֹרֵא לְקוֹל צִנּוֹרֶיךָ, כלומר: זרמי המים, שקולותיהם מזכירים דבר עצוב. כָּל־מִשְׁבָּרֶיךָ וְגַלֶּיךָ עָלַי עָבָרוּ.

ט ושוב חוזר המשורר אל מה שהוא מנסה לעשות: יוֹמָם יְצַוֶּה ה׳ חַסְדּוֹ והוא מעניק לי כוח להמשיך, וּבַלַּיְלָה שִׁירֹה עִמִּי - אז יכול אני לשיר לו - תְּפִלָּה לְאֵל חַיָּי.

י ובתפילה זו אוֹמְרָה לְאֵל סַלְעִי, לאל שהוא סלעי, תוקפי, חוזקי: "לָמָה שְׁכַחְתָּנִי? לָמָּה־קֹדֵר אֵלֵךְ בְּלַחַץ אוֹיֵב?"

מב,ח **תְּהוֹם אֶל תְּהוֹם קוֹרֵא.** הבורא ברוך־הוא נקרא תהום, שאין לו תחילה ואין לו תכלה. הצדיק נקרא תהום, שעבודתו בלי גבול ולמדרגתו אין חקר, שעולים למעלה מהמלאכים ורואה עולמו בחייו. **וּתְהוֹם אֶל תְּהוֹם קוֹרֵא** – הקב"ה קורא אל הצדיק בימי חייו קריאה של חיבה, **לְקוֹל צִנּוֹרֶיךָ** – כי הצדיק משיג עוד בהיותו בזה העולם את צינורי ההשפעה, פנימיות החיות שמשפיע הקב"ה לעולמו.

על־פי קהלת משה, בלק

מב,ט **תְּפִלָּה לְאֵל חַיָּי.** כי עיקר החיות מקבלין מהתפילה, כמו שכתוב **תְּפִלָּה לְאֵל חַיָּי**. ובשביל זה צריך להתפלל בכל כוחו, כי כשמתפלל בכל כוחו ומכניס כוחו באותיות התפילה, אזי נתחדש כוחו שם, בבחינת "חדשים לבקרים רבה אמונתך" (איכה ג כג). כי אמונה היא תפילה, כמו שכתוב "ויהי ידיו אמונה" (שמות יז יב), ותרגומו: "פְּרִישָׁן בצלו".

על־פי ליקוטי מוהר"ן ח"א ט: א

יא בְּרֶ֤צַח ׀ בְּֽעַצְמוֹתַ֗י
חֵרְפ֥וּנִי צוֹרְרָ֑י
בְּאָמְרָ֥ם אֵלַ֥י כָּל־הַ֝יּ֗וֹם
אַיֵּ֥ה אֱלֹהֶֽיךָ׃
יב מַה־תִּשְׁתּ֬וֹחֲחִ֨י ׀ נַפְשִׁי֮
וּמַה־תֶּהֱמִ֪י עָ֫לָ֥י
הוֹחִ֣ילִי לֵ֭אלֹהִים
כִּי־ע֣וֹד אוֹדֶ֑נּוּ
יְשׁוּעֹ֥ת פָּ֝נַ֗י וֵאלֹהָֽי׃

יא **בְּרֶצַח בְּעַצְמוֹתַי** - כך אני מרגיש: תחושה של רצח, של דקירה בעצמותיי, כי **חֵרְפוּנִי** - מגדפים ומעליבים אותי - **צוֹרְרָי, בְּאָמְרָם אֵלַי כָּל־הַיּוֹם: "אַיֵּה אֱלֹהֶיךָ?"**, וזהו הכאב הגדול ביותר שיש בשאלה כזו של לעג ובוז.

יב **מַה־תִּשְׁתּוֹחֲחִי נַפְשִׁי וּמַה־תֶּהֱמִי עָלָי?** במקום זה **הוֹחִילִי לֵאלֹהִים, כִּי־עוֹד אוֹדֶנּוּ** בסמוך לזמן הישועה ואף בזמן הישועה עצמו, על כך שהוא **יְשׁוּעֹת פָּנַי וֵאלֹהָי.**

מב,יא **בְּרֶצַח בְּעַצְמוֹתַי חֵרְפוּנִי צוֹרְרָי בְּאָמְרָם אֵלַי כָּל הַיּוֹם אַיֵּה אֱלֹהֶיךָ.** כי כל יניקת הצוררים המחרפים, כוחות הקליפה והס"מ, היא מבחינת "אַיֵּה מקום כבודו", והוא "בראשית מאמר סתום" (שבת קד, א וראה מהרש"א שם), שכבוד ה' שבו סתום ונעלם בתכלית ההסתרה, שרק ממנו יכולים הצוררים הללו לקבל חיותם. וכשרואה איש מישראל שנפל בידם, אל יניח להפיל את עצמו ואל ייאש את עצמו בשום אופן, אלא זאת ישיב: **מַה תִּשְׁתּוֹחֲחִי נַפְשִׁי וּמַה תֶּהֱמִי עָלָי הוֹחִילִי לֵאלֹהִים כִּי עוֹד אוֹדֶנּוּ** – "אודנו" דייקא, לאותה בחינה של "איה אלוהיך", כי על־ידה תהיה ישועתי, שאשאל ואבקש ממקום שאני שם "איה מקום כבודו", ובזה אחזור ואדבק עצמי לבחינת "בראשית מאמר סתום" הנ"ל, ואז ייכלל הכול בקדושה ויומשכו עליי **יְשׁוּעֹת פָּנַי וֵאלֹהָי.**

על־פי ליקוטי הלכות, סוף הלכות ראש השנה

וְאוֹדְךָ בְכִנּוֹר אֱלֹהִים אֱלֹהָי׃

ספר שני

פרק מג

מזמור אשר ללא ספק הוא המשכו של פרק מב,
ולא ברור משום מה הופרד להיות פרק לעצמו.

א שָׁפְטֵנִי אֱלֹהִים ׀
וְרִיבָה רִיבִי מִגּוֹי לֹא־חָסִיד
מֵאִישׁ־מִרְמָה וְעַוְלָה
תְפַלְּטֵנִי׃
ב כִּי־אַתָּה ׀ אֱלֹהֵי מָעוּזִּי
לָמָה זְנַחְתָּנִי
לָמָּה־קֹדֵר אֶתְהַלֵּךְ
בְּלַחַץ אוֹיֵב׃
ג שְׁלַח־אוֹרְךָ וַאֲמִתְּךָ
הֵמָּה יַנְחוּנִי
יְבִיאוּנִי אֶל־הַר־קָדְשְׁךָ
וְאֶל־מִשְׁכְּנוֹתֶיךָ׃
ד וְאָבוֹאָה ׀
אֶל־מִזְבַּח אֱלֹהִים
אֶל־אֵל שִׂמְחַת גִּילִי
וְאוֹדְךָ בְכִנּוֹר
אֱלֹהִים אֱלֹהָי׃

א שָׁפְטֵנִי, אֱלֹהִים, וְרִיבָה רִיבִי מִגּוֹי שהוא לֹא־
חָסִיד ואינו נוהג בחסד, מֵאִישׁ־מִרְמָה וְעַוְלָה
תְפַלְּטֵנִי, תצילני.
ב כִּי־אַתָּה אֱלֹהֵי מָעוּזִּי. לָמָה זְנַחְתָּנִי? לָמָּה־קֹדֵר
אֶתְהַלֵּךְ בְּלַחַץ בגלל לחץ האוֹיֵב?
ג שְׁלַח־אוֹרְךָ וַאֲמִתְּךָ אליי, והֵמָּה יַנְחוּנִי בדרכי,
יְבִיאוּנִי שוב אֶל־הַר־קָדְשְׁךָ וְאֶל־מִשְׁכְּנוֹתֶיךָ.
ד וְאָבוֹאָה אֶל־מִזְבַּח אֱלֹהִים, אֶל־אֵל שִׂמְחַת גִּילִי,
אל ה׳, שהוא השמחה שבשמחתי, וְאוֹדְךָ ושם
אודך בְּכִנּוֹר, אֱלֹהִים אֱלֹהָי.

מג,ג **שְׁלַח אוֹרְךָ וַאֲמִתְּךָ.** משה רבנו ע״ה הוא כנגד המוח שבקומת כנסת ישראל, שממנו התפשטות החכמה, והוא ״שושבינא דמלכא״, שעל־ידו כל השפעות השם יתברך בתוך לבבות בני ישראל, להעירם ולעוררם על־ידי החכמה ובינה ודעת שחונן להם בתורתו הקדושה. ועל זה נאמר: **שְׁלַח אוֹרְךָ וַאֲמִתְּךָ הֵמָּה יַנְחוּנִי יְבִיאוּנִי אֶל הַר קָדְשְׁךָ וְאֶל מִשְׁכְּנוֹתֶיךָ**, **אֲמִתְּךָ** זו תורה שבכתב שממנה האורה יוצאה לעולם, **ואוֹרְךָ** זו תורה שבעל פה, המתגלה בחדרי לבבם של בני ישראל להביאם להררי קודש של קדושת הלב. ואהרן הוא כנגד הלב שבקומת כנסת ישראל, והוא שושבינא דמטרוניתא, שבו **הַר קָדְשְׁךָ וּמִשְׁכְּנוֹתֶיךָ** הנ״ל שיכולים להגיע אליהם על־ידי **אוֹרְךָ וַאֲמִתְּךָ**, וממנו המשכת הקדושה לכל הדור ההוא ולכל הדורות. וזהו הענני כבוד שבזכות אהרן, שהקיפו את כל ישראל להבדילם מהעמים, ולהעלים ולהחשיך בפניהם כל חיזו דהאי עלמא ותאוות גופניות.

על־פי ישראל קדושים ה: יג

ה מַה־תִּשְׁתּ֘וֹחֲח֤י ׀ נַפְשִׁי֮ וּֽמַה־תֶּהֱמִ֪י עָ֫לָ֥י הוֹחִ֣ילִי לֵ֭אלֹהִים כִּי־ע֣וֹד אוֹדֶ֑נּוּ יְשׁוּעֹ֥ת פָּ֝נַ֗י וֵאלֹהָֽי׃

ה והוא מסיים בפסוק החוזר (מפרק מב): מַה־תִּשְׁתּוֹחֲחִי, נַפְשִׁי, וּמַה־תֶּהֱמִי עָלַי בעצבות בלבד? הוֹחִילִי לֵאלֹהִים כִּי־עוֹד אוֹדֶנּוּ, שהרי הוא יְשׁוּעֹת פָּנַי וֵאלֹהָי.

מג,ה **הוֹחִילִי לֵאלֹהִים.** בלבו של יהודי הנתון בגלות מתעוררת השאלה: הרי כבר מאות רבות בשנים שאנו נתונים בחשכת הגלות, וכיצד אומרים לנו שעל־ידי שיהיו מעשינו ועבודתנו כדבעי יתהפך המצב ברגע אחד מן הקצה אל הקצה, ותחת גלות תהיה גאולת עולם? כיצד זה המתהלך קודר בלחץ אויב יזכה ויבוא אל מזבח אלוהים? והמענה: מַה תִּשְׁתּוֹחֲחִי נַפְשִׁי וּמַה תֶּהֱמִי עָלָי, אין לך להרבות תמיהות איך ומה יהיה, אלא **הוֹחִילִי לֵאלֹהִים**, סמוך על הקב"ה ובטח בו, ותזכה לבוא עד מזבח ה' ולהודות לפניו בכינור, ואזי ממילא יתורצו כל תמיהותיך והיו כלא היו.

על־פי תהילות מנחם

בֵּאלֹהִים הִלַּלְנוּ כָל-הַיּוֹם וְשִׁמְךָ לְעוֹלָם נוֹדֶה סֶלָה:

ספר שני

פרק מד

מזמור תפילה-תחינה-תלונה על מצבו של עם ישראל הנתון בצרות רבות בשל היותו עם ה', ובו מזכיר המשורר את ימי הזוהר של העבר לעומת זמן ההווה הקשה.

א לַמְנַצֵּחַ לִבְנֵי־קֹרַח מַשְׂכִּיל׃
ב אֱלֹהִים ׀ בְּאָזְנֵינוּ שָׁמַעְנוּ
אֲבוֹתֵינוּ סִפְּרוּ־לָנוּ
פֹּעַל־פָּעַלְתָּ בִימֵיהֶם
בִּימֵי קֶדֶם׃
ג אַתָּה ׀ יָדְךָ
גּוֹיִם הוֹרַשְׁתָּ וַתִּטָּעֵם
תָּרַע לְאֻמִּים וַתְּשַׁלְּחֵם׃
ד כִּי לֹא בְחַרְבָּם יָרְשׁוּ אָרֶץ
וּזְרוֹעָם לֹא־הוֹשִׁיעָה לָּמוֹ
כִּי־יְמִינְךָ וּזְרוֹעֲךָ וְאוֹר פָּנֶיךָ
כִּי רְצִיתָם׃
ה אַתָּה־הוּא מַלְכִּי אֱלֹהִים
צַוֵּה יְשׁוּעוֹת יַעֲקֹב׃
ו בְּךָ צָרֵינוּ נְנַגֵּחַ
בְּשִׁמְךָ נָבוּס קָמֵינוּ׃
ז כִּי לֹא בְקַשְׁתִּי אֶבְטָח
וְחַרְבִּי לֹא תוֹשִׁיעֵנִי׃

א לַמְנַצֵּחַ לִבְנֵי־קֹרַח מַשְׂכִּיל: גם מזמור זה הוא מזמור של תפילה, וחלק ההגות שבו ("משכיל") הוא בעיקר בהעמדת צרות ישראל כתוצאה של דבקותם בה'. במזמור זה יש, אולי, גם מידה מסוימת של תלונה לקב"ה, אך לא על צרות פרטיות אלא על צרותיו וייסוריו של העם. מזמור זה, שיש בו, כמובן, גם תחינה וגם זיכרונות, נעשה מדי פעם אקטואלי יותר. המזמור הזה מתחיל בדברי שבח, ועובר מן העבר הזוהר אל ההווה הקודר.

ב אֱלֹהִים, בְּאָזְנֵינוּ שָׁמַעְנוּ על ימי העבר, אֲבוֹתֵינוּ סִפְּרוּ־לָנוּ מה שהיה, על פֹּעַל־פָּעַלְתָּ - פועל שפעלת בִימֵיהֶם, בִּימֵי קֶדֶם, כמו למשל כיבוש הארץ.

ג אַתָּה בְּיָדְךָ גּוֹיִם הוֹרַשְׁתָּ כלומר: העברת והוצאת אותם ממקומם וַתִּטָּעֵם - במקומם נטעת את עם ישראל.

תָּרַע - שברת, רועעת - לְאֻמִּים וַתְּשַׁלְּחֵם מארץ ישראל.

ד כִּי לֹא בְחַרְבָּם יָרְשׁוּ ישראל את הָאָרֶץ, וּזְרוֹעָם לבדה לֹא־הוֹשִׁיעָה לָּמוֹ, כִּי־יְמִינְךָ - כי אם ימינך וּזְרוֹעֲךָ וְאוֹר פָּנֶיךָ, כִּי - כאשר - רְצִיתָם.

ה אַתָּה־הוּא מַלְכִּי, אֱלֹהִים, צַוֵּה שוב יְשׁוּעוֹת לְיַעֲקֹב, כבעבר.

ו בְּךָ - על ידך - צָרֵינוּ נְנַגֵּחַ, בְּשִׁמְךָ נָבוּס, נכניע, נשבור את קָמֵינוּ, האויבים הקמים עלינו.

ז כִּי לֹא בְקַשְׁתִּי אֶבְטָח, וְחַרְבִּי לֹא תוֹשִׁיעֵנִי.

מד,ב פֹּעַל פָּעַלְתָּ בִימֵיהֶם בִּימֵי קֶדֶם – קשה כפל הלשון, בִּימֵיהֶם בִּימֵי קֶדֶם, אכן הפירוש הוא כי הקב"ה נוהג בחסדו כל דור, רק שהנהגתו על־פי התלבשות הטבע. אבל בדור צדיקים, הקב"ה מנהיג העולם בימי קדם, היינו בהנהגה שהיא קודמת ולמעלה מדרכי הטבע. וזה שסיפרו לנו אבותינו, שבימיהם פעלת פעולות שהן בימי קדם, נסים שלמעלה מן הטבע.

על־פי שפת אמת, תהלים

ח כִּי הוֹשַׁעְתָּנוּ מִצָּרֵינוּ
וּמְשַׂנְאֵינוּ הֱבִישׁוֹתָ:
ט בֵּאלֹהִים הִלַּלְנוּ כָל־הַיּוֹם
וְשִׁמְךָ ׀ לְעוֹלָם נוֹדֶה סֶלָה:
י אַף־זָנַחְתָּ וַתַּכְלִימֵנוּ
וְלֹא־תֵצֵא בְּצִבְאוֹתֵינוּ:
יא תְּשִׁיבֵנוּ אָחוֹר מִנִּי־צָר
וּמְשַׂנְאֵינוּ שָׁסוּ לָמוֹ:
יב תִּתְּנֵנוּ כְּצֹאן מַאֲכָל
וּבַגּוֹיִם זֵרִיתָנוּ:
יג תִּמְכֹּר־עַמְּךָ בְלֹא־הוֹן
וְלֹא־רִבִּיתָ בִּמְחִירֵיהֶם:
יד תְּשִׂימֵנוּ חֶרְפָּה לִשְׁכֵנֵינוּ
לַעַג וָקֶלֶס לִסְבִיבוֹתֵינוּ:
טו תְּשִׂימֵנוּ מָשָׁל בַּגּוֹיִם
מְנוֹד־רֹאשׁ בַּלְאֻמִּים:
טז כָּל־הַיּוֹם כְּלִמָּתִי נֶגְדִּי
וּבֹשֶׁת פָּנַי כִּסָּתְנִי:

ח כִּי אתה הוא זה אשר הוֹשַׁעְתָּנוּ מִצָּרֵינוּ, וּמְשַׂנְאֵינוּ הֱבִישׁוֹתָ.

ט בֵּאלֹהִים הִלַּלְנוּ כָל־הַיּוֹם, וְשִׁמְךָ לְעוֹלָם נוֹדֶה סֶלָה. כל זה הוא זיכרון העבר, והודאה והכרה בכך שכוח ה' הוא זה שעמד לישראל במלחמותיהם ובניצחונותיהם.

י אבל ההווה שונה לגמרי: אַף־זָנַחְתָּ אותנו וַתַּכְלִימֵנוּ, וְלֹא־תֵצֵא בְּצִבְאוֹתֵינוּ, אין לנו תמיכה מצד הקב"ה.

יא תְּשִׁיבֵנוּ אָחוֹר בנסיגה ובבריחה מִנִּי־צָר, מן האויב, וּמְשַׂנְאֵינוּ שָׁסוּ - שדדו - לָמוֹ, להם.

יב תִּתְּנֵנוּ - עשית אותנו - כְּצֹאן מַאֲכָל, שאין להם כוח להתגונן והם טרף לכל, וּבַגּוֹיִם זֵרִיתָנוּ, פיזרת אותנו.

יג תִּמְכֹּר־עַמְּךָ בְלֹא־הוֹן, אנו נמכרים לאויבים כשבויים, כמשועבדים, ואפילו בלי שיהיה לאף אחד רווח מרובה מכך: וְלֹא־רִבִּיתָ בִּמְחִירֵיהֶם, כביכול אנו נמכרים ונזנחים תמורת דברים של מה בכך.

יד תְּשִׂימֵנוּ חֶרְפָּה לִשְׁכֵנֵינוּ, אנו נעשים לַעַג וָקֶלֶס לִסְבִיבוֹתֵינוּ.

טו תְּשִׂימֵנוּ מָשָׁל בַּגּוֹיִם - כלומר, אנו ושמנו נעשים דוגמה ומשל להשפלה ולביזיון בעיניהם של עמים אחרים. אנחנו נעשים מקור למְנוֹד־רֹאשׁ של רחמים ובוז כלפינו בַּלְאֻמִּים.

טז כָּל־הַיּוֹם כְּלִמָּתִי נֶגְדִּי וּבֹשֶׁת פָּנַי כִּסָּתְנִי, מן הבוז והשנאה של האחרים,

---

מד,טז כָּל הַיּוֹם כְּלִמָּתִי נֶגְדִּי. "בוא וראה דרך הצדיקים, במה שהם סורחים הם מתקנים. וממי הם למדים? מהקב"ה, שבדבר שהוא מכה הוא מרפא, שנאמר: 'כי אעלה אֲרֻכָה לך וממכותיך ארפאך' (ירמיהו ל יז), ממכות שאני מכה אותך מהם אני מרפא אותך. צא ולמד ממרה, שהורה למשה דבר מר והשליך למים ונמתקו המים" (שמות רבה כג: ג). ובאמת היה הקב"ה יכול להמתיק גם בלי העץ, אלא כדי ללמד שאפשר להמתיק מר במר. כי העוון נקרא מר, וכשהלב נשבר במרירתו, בבחינת כָּל הַיּוֹם כְּלִמָּתִי נֶגְדִּי וּבֹשֶׁת פָּנַי כִּסָּתְנִי, נהפך המר למתוק. ומצינו: "מיום שפתחה הארץ פיה וקיבלה דמו של הבל שוב לא פתחה, שנאמר: 'מכנף הארץ זמירות שמענו', ולא מפי הארץ" (ילקוט שמעוני), כי רק לישראל ניתן הכוח להמתיק ולהפך הכול, ועוד שיהיה התיקון אלף אלפים פעמים יותר ממה שפגמו.

על־פי שפתי צדיק, בשלח

יז מִקּוֹל מְחָרֵף וּמְגַדֵּף
מִפְּנֵי אוֹיֵב וּמִתְנַקֵּם:
יח כׇּל־זֹאת בָּאַתְנוּ
וְלֹא שְׁכַחֲנוּךָ
וְלֹא־שִׁקַּרְנוּ בִּבְרִיתֶךָ:
יט לֹא־נָסוֹג אָחוֹר לִבֵּנוּ
וַתֵּט אֲשֻׁרֵינוּ מִנִּי אׇרְחֶךָ:
כ כִּי דִכִּיתָנוּ בִּמְקוֹם תַּנִּים
וַתְּכַס עָלֵינוּ בְצַלְמָוֶת:
כא אִם־שָׁכַחְנוּ שֵׁם אֱלֹהֵינוּ
וַנִּפְרֹשׂ כַּפֵּינוּ לְאֵל זָר:
כב הֲלֹא אֱלֹהִים יַחֲקׇר־זֹאת
כִּי־הוּא יֹדֵעַ תַּעֲלֻמוֹת לֵב:
כג כִּי־עָלֶיךָ הֹרַגְנוּ כׇל־הַיּוֹם
נֶחְשַׁבְנוּ כְּצֹאן טִבְחָה:
כד עוּרָה ׀ לָמָּה תִישַׁן ׀ אֲדֹנָי
הָקִיצָה אַל־תִּזְנַח לָנֶצַח:
כה לָמָּה־פָנֶיךָ תַסְתִּיר
תִּשְׁכַּח עׇנְיֵנוּ וְלַחֲצֵנוּ:

יז מִקּוֹל מְחָרֵף וּמְגַדֵּף, מִפְּנֵי אוֹיֵב וּמִתְנַקֵּם.

יח וכאן באים גם דברי תפילה וגם מילות תלונה: כׇּל־זֹאת, כל הדברים הללו, כל האסונות וההשפלה, בָּאַתְנוּ, באו עלינו, וְלֹא שְׁכַחֲנוּךָ, ובכל זאת לא שכחנוך ונשארנו דבקים בך, וְלֹא־שִׁקַּרְנוּ בִּבְרִיתֶךָ, ואנחנו עדיין שומרים עליה ומקיימים אותה.

יט לֹא־נָסוֹג אָחוֹר לִבֵּנוּ מלעבוד אותך, וַתֵּט אֲשֻׁרֵינוּ, הסטת והזזת את צעדינו מִנִּי אׇרְחֶךָ, מן הדרך שלך.

כ כִּי דִכִּיתָנוּ - דיכאת ומעכת אותנו - בִּמְקוֹם תַּנִּים, העמדת אותנו יחד עם התנים שמייללים תמיד, וַתְּכַס עָלֵינוּ בְצַלְמָוֶת, עטפת, או הכנסת, אותנו למקום שבו יש רק חושך ופחד.

כא אך גם אִם־שָׁכַחְנוּ בזמן כלשהו שֵׁם אֱלֹהֵינוּ וחטאנו, וַנִּפְרֹשׂ כַּפֵּינוּ לְאֵל זָר בתפילה,

כב הֲלֹא אֱלֹהִים יַחֲקׇר־זֹאת, כִּי־הוּא יֹדֵעַ תַּעֲלֻמוֹת לֵב, והריהו יודע שבסך הכל נשארנו נאמנים.

כג כִּי־עָלֶיךָ, כלומר: בגללך, הֹרַגְנוּ כׇל־הַיּוֹם, שהשנאה לישראל היא ביטוי שמבטאים בו את האיבה לה׳. ולפיכך בגללו ולמענו אנו סובלים, נֶחְשַׁבְנוּ בעיני כולם כְּצֹאן טִבְחָה.

כד עוּרָה, לָמָּה תִישַׁן, ה׳? כי נראה שהקב״ה לא שם לב אלינו, כאילו הוא ישן.

הָקִיצָה, אַל־תִּזְנַח אותנו לָנֶצַח!

כה לָמָּה־פָנֶיךָ תַסְתִּיר, תִּשְׁכַּח עׇנְיֵנוּ וְלַחֲצֵנוּ?

מד,כב **כִּי הוּא יֹדֵעַ תַּעֲלֻמוֹת לֵב.** "אני ישנה ולבי ער" – גם בתרדמת הגלות העמוקה ביותר, מאירה בפנימיות הנשמה נקודת הלב, שלעולם אינה נרדמת, והיא עומדת הכן בכל שעה למסירות נפש על קידוש ה׳. בנקודה זו אין חילוק בין צדיק לרשע, בין תלמיד חכם לעם הארץ. כל חילוקי מדרגות אלו אינם אוחזים אלא במה שעל פני השטח, באיכות וכמות גילוי כוחות הנשמה מהעלמם; אולם בעצם נקודת הנפש – שהיא עצם נקודת היהדות – אין הם נוגעים כלל, עד שאפילו קל שבקלים, מי שכוחות נפשו נסתרים לגמרי, אינו רוצה בשום אופן להיפרד מאלוהות ח״ו, והוא מוכן למסור נפשו על קידוש ה׳ אם יכפוהו על כך. וזה פירוש **כִּי הוּא יֹדֵעַ תַּעֲלֻמוֹת לֵב – כִּי עָלֶיךָ הֹרַגְנוּ כׇל הַיּוֹם**. אם תרצה להבין כיצד עליך הורגנו כל היום, דרוש את התשובה בעמקי תעלומות לב.

על־פי ספר המאמרים תרנ״א, עמ׳ קד

כו כִּי שָׁחָה לֶעָפָר נַפְשֵׁנוּ
דָּבְקָה לָאָרֶץ בִּטְנֵנוּ:
כז קוּמָה עֶזְרָתָה לָּנוּ
וּפְדֵנוּ לְמַעַן חַסְדֶּךָ:

כו כִּי שָׁחָה, התכופפה, לֶעָפָר נַפְשֵׁנוּ, אנו מדוכאים וירדנו עד עפר, דָּבְקָה לָאָרֶץ בִּטְנֵנוּ, אנו נמצאים שוכבים על הארץ ואיננו יכולים לרדת נמוך יותר מזה.

כז קוּמָה עֶזְרָתָה לָּנוּ, וּפְדֵנוּ לְמַעַן חַסְדֶּךָ.

מד,כו **כִּי שָׁחָה לֶעָפָר נַפְשֵׁנוּ.** הזורע בארץ צריך לאמונה, כי תיכף אחרי שזרע הוא רואה שכל פעולתו אין ואפס בלתי השגחת הבורא ברוך-הוא, כי כל זמן שהגרעין עודנו שלם לא יוכל לקבל כוח העפר ולא יצמיח, ורק אחר שנרקב ונעשה כעפר בעלמא אזי יתחבר עצמו עם כוח העפר ויצמיח. וכן הוא בעבודת ה', כי צריך אדם לידע שכל חיות שיש בקרבו בדעה, בינה והשכל הכול הוא מחלק השם יתברך אשר בקרבו, וכל זמן שמדמה בנפשו שכוחו ועוצם ידו עשו לו החיל הזה לא יוכל להצמיח פרי. וזה שאנו אומרים "ונפשי כעפר לכול תהיה – פתח לבי בתורתך", וכמאמר הכתוב **כִּי שָׁחָה לֶעָפָר נַפְשֵׁנוּ דָּבְקָה לָאָרֶץ בִּטְנֵנוּ**, ותיכף נסמך לזה **קוּמָה עֶזְרָתָה לָּנוּ וּפְדֵנוּ לְמַעַן חַסְדֶּךָ**. שכשהאדם מבטל עצמו לכלל ישראל ושם נפשו כעפר לכול, אזי זוכה לפתיחת הלב בתורה הקדושה.

על-פי ישמח ישראל, קדושים

תּוּבַלְנָה בִּשְׂמָחֹת וָגִיל תְּבֹאֶינָה בְּהֵיכַל מֶלֶךְ:

ספר שני

פרק מה

שיר לחתונתו של מלך גיבור, ובדרך ההפלגה והשבח – שיר לכבודו של כל חתן, שביום חתונתו כמוהו כמלך.

א לַמְנַצֵּחַ עַל־שֹׁשַׁנִּים
לִבְנֵי־קֹרַח
מַשְׂכִּיל שִׁיר יְדִידֹת:
ב רָחַשׁ לִבִּי ׀ דָּבָר טוֹב
אֹמֵר אָנִי מַעֲשַׂי לְמֶלֶךְ
לְשׁוֹנִי עֵט ׀ סוֹפֵר מָהִיר:
ג יׇפְיָפִיתָ מִבְּנֵי אָדָם
הוּצַק חֵן בְּשְׂפְתוֹתֶיךָ
עַל־כֵּן

א **לַמְנַצֵּחַ עַל־שֹׁשַׁנִּים** - מזמור זה הוא מזמור לכבוד חתונתו של המלך; יש מפרשים "שושנים" ככלי נגינה, ויש אומרים שהוא שיר עתיק שאלו היו מילותיו הראשונות, ולפי נעימתו נכתב גם מזמור זה.

לִבְנֵי־קֹרַח מַשְׂכִּיל שִׁיר יְדִידֹת - מזמור של ידידות וכבוד למלך. שלא כמזמורים אחרים שבכותרתם מופיעה המילה "משכיל", אין במזמור זה תוכחות מעמיקות ואף לא דברי הגות ברומו של עולם, ועיקרו הוא שיר שבח לחתן, המכיל עצות ואיחולים המתייחסים לחתן ולכלה. והיו שפירשו מזמור זה כמזמור לכבוד המלך שלמה, ואפילו כשיר לכבוד המלך המשיח.

ב **רָחַשׁ** - כנראה: חשב, הגה - **לִבִּי דָּבָר טוֹב**: זהו, בעצם, עיקר עניינו של המזמור הזה.

אֹמֵר אָנִי מַעֲשַׂי לְמֶלֶךְ - כלומר: זהו שיר לכבודו של המלך. **לְשׁוֹנִי**, כשאני אומר את השיר הזה, בשירה או בעל־פה, היא **עֵט סוֹפֵר מָהִיר**.

עד כאן יש מעין הקדמה שבה מצהיר המשורר על כך שכוונותיו טובות, ומבקש שהשיר שיֵצא מתחת ידו יהיה שלם מכל הבחינות. והוא פותח בשבחו של המלך:

ג **יׇפְיָפִיתָ** - אתה יפה יותר - **מִכֹּל בְּנֵי הָאָדָם, הוּצַק חֵן בְּשְׂפְתוֹתֶיךָ**, דהיינו: אתה מתבטא בחן, בדרך שהיא נעימה לשומעים, **עַל־כֵּן בֵּרַכְךָ אֱלֹהִים לְעוֹלָם**.

מה,ג **יׇפְיָפִיתָ מִבְּנֵי אָדָם** – עיקר יופיו של אדם הוא במה שהוא זוכה לִבְנוֹת, לתקן ולהשלים את קומת האדם אשר בו, שתהיה בבחינה העליונה ששמה מורה עליה: "אֲדַמֶּה לעליון" (ישעיהו יד יד). והוא יופיים של אבותינו הקדושים, אברהם יצחק ויעקב, שתיקנו חטאו של אדם הראשון, יציר כפיו של עליון, ושבו וגילו בעולם את יופיו ("יופיו של יעקב אבינו מעין יופיו של אדם הראשון", בבא מציעא פד, א). וכשנאחז במידותיהם של "בני אדם" אלו, נוכל גם אנו להתדבק ביופיים.

על־פי ויחל משה

בְּרָכְךָ אֱלֹהִים לְעוֹלָם:
ד חֲגוֹר־חַרְבְּךָ עַל־יָרֵךְ גִּבּוֹר
הוֹדְךָ וַהֲדָרֶךָ:
ה וַהֲדָרְךָ | צְלַח רְכַב
עַל־דְּבַר־אֱמֶת וְעַנְוָה־צֶדֶק
וְתוֹרְךָ נוֹרָאוֹת יְמִינֶךָ:
ו חִצֶּיךָ שְׁנוּנִים
עַמִּים תַּחְתֶּיךָ יִפְּלוּ
בְּלֵב אוֹיְבֵי הַמֶּלֶךְ:
ז כִּסְאֲךָ אֱלֹהִים עוֹלָם וָעֶד
שֵׁבֶט מִישֹׁר
שֵׁבֶט מַלְכוּתֶךָ:
ח אָהַבְתָּ צֶּדֶק וַתִּשְׂנָא רֶשַׁע
עַל־כֵּן |
מְשָׁחֲךָ אֱלֹהִים אֱלֹהֶיךָ
שֶׁמֶן שָׂשׂוֹן מֵחֲבֵרֶךָ:

ד מצד אחד מדובר כאן במעלות אישיותו של המלך, ומצד שני המלך הרי הוא גם גיבור מלחמה, וכך הוא גם מתואר: חֲגוֹר־חַרְבְּךָ עַל־יָרֵךְ, גִּבּוֹר, וכאשר אתה לבוש בבגדים אלה הרי זה הוֹדְךָ וַהֲדָרֶךָ.

ה ואולם המלך הוא לא רק ראש הצבא אלא גם השופט, הוא אינו רק גיבור מלחמה אלא גם גיבור הצדק. משום כך משמשים תוארי המלחמה גם כפשוטם וגם בדרך ההשאלה, כדי לתאר גם את פעולותיו של המלך.

וַהֲדָרְךָ - הדרו ותפארתו של המלך - צְלַח - כלומר: נהג - וּרְכַב עַל־דְּבַר־אֱמֶת, שגם זו מרכבה, בדרך ההשאלה. וְעַנְוָה־צֶדֶק, שיהיה שופט צדק, אך מבטא את משפטיו בלשון שקטה ובענווה. וְתוֹרְךָ נוֹרָאוֹת יְמִינֶךָ. ימינך, אשר מצד אחד היא היד החזקה, הלוחמת, היא "ימין" גם במובן של הדרך הנכונה והישרה, והיא תורה לך גם את דרך הניצחון במלחמה.

ו ההמשך מתייחס שוב לתחילת המשפט: חִצֶּיךָ שְׁנוּנִים, עַמִּים תַּחְתֶּיךָ יִפְּלוּ: משום שחציך שנונים, הם ייכנסו בְּלֵב אוֹיְבֵי הַמֶּלֶךְ.

ז כִּסְאֲךָ, אֱלֹהִים, עוֹלָם וָעֶד - כאן מתייחסים הדברים למלכותו של המלך, שהרי על שלמה המלך נאמר שהוא ישב על כיסא ה׳ (דברי הימים א׳ כט, כג).

שֵׁבֶט מִישֹׁר הוא שֵׁבֶט, היינו: השרביט, סמל המלוכה של מַלְכוּתֶךָ.

ח אָהַבְתָּ צֶּדֶק וַתִּשְׂנָא רֶשַׁע, עַל־כֵּן, בגלל מידת הצדק שלך, מְשָׁחֲךָ אֱלֹהִים אֱלֹהֶיךָ שֶׁמֶן שָׂשׂוֹן; המלך הזה, שהוא המלך המשיח, נמשח

מה,ד חֲגוֹר חַרְבְּךָ. מבואר בגמרא עניין אותה ספינה שהיו שניים מתקוטטים עליה עד ש"כל דאלים גבר" (בבא בתרא לד, ב), וכתב הרא"ש שהדין דין אמת, כי מי ששייכת לו – הוא מוסר נפשו יותר להתגבר על חברו. וזה: חֲגוֹר חַרְבְּךָ עַל יָרֵךְ גִּבּוֹר, שלזה נברא האדם, ללחום עם היצר ולקיים בו "כל דאלים גבר"; עַל דְּבַר אֱמֶת, מתוך שמאמין ויודע האמת, את גודל קדושת ישראל וקדושת נשמתו, ש"נשמה שנתת בי טהורה היא", וכל נשמה יש לה אות בתורה, ו"כל ישראל יש להם חלק לעולם־הבא". ועל־ידי זה יוכל למסור נפשו ויקנה הקדושה בדין גמור, מאחר שיודע שבוודאי היא שלו, והיצר הרע הוא גזלן גמור; וְעַנְוָה צֶדֶק, שלא יחוש לגאווה, כי אדרבה ניצוח היצר יגרום לו ענווה באמת; וְתוֹרְךָ נוֹרָאוֹת יְמִינֶךָ, שילמדוהו מן השמים מידות שמאל וימין, יראה ואהבה.

על־פי רמתיים צופים, ו

פרק מה • ספר שני • ליום שני • ח לחודש ______ תהלים • 187

ט מֹר־וַאֲהָלוֹת קְצִיעוֹת
כׇּל־בִּגְדֹתֶיךָ
מִן־הֵיכְלֵי שֵׁן מִנִּי שִׂמְּחוּךָ:
י בְּנוֹת מְלָכִים בְּיִקְּרוֹתֶיךָ
נִצְּבָה שֵׁגַל לִימִינְךָ
בְּכֶתֶם אוֹפִיר:
יא שִׁמְעִי־בַת וּרְאִי וְהַטִּי אׇזְנֵךְ
וְשִׁכְחִי עַמֵּךְ וּבֵית אָבִיךְ:
יב וְיִתְאָו הַמֶּלֶךְ יׇפְיֵךְ
כִּי־הוּא אֲדֹנַיִךְ
וְהִשְׁתַּחֲוִי־לוֹ:
יג וּבַת־צֹר ׀ בְּמִנְחָה
פָּנַיִךְ יְחַלּוּ עֲשִׁירֵי עָם:
יד כׇּל־כְּבוּדָּה בַת־מֶלֶךְ פְּנִימָה
מִמִּשְׁבְּצוֹת זָהָב לְבוּשָׁהּ:

ב"שמן ששון", שהוא שמן המשיחה למלוכה, אשר המשיחה בו כרוכה בששון של העלייה לגדולה.

מֵחֲבֵרֶךָ - שה' בחר בך מבין חבריך, מכל האחרים, שלא זכו לזאת.

ט ומכאן לתיאורו של המלך כחתן: מֹר־וַאֲהָלוֹת, קְצִיעוֹת - סוגי בשמים הנזכרים גם במקומות אחרים - כׇּל־בִּגְדֹתֶיךָ, כלומר: כל בגדיך מבושמים בבשמים אלה כשאתה יוצא מִן־הֵיכְלֵי שֵׁן, מִנִּי - מאז הזמן שבו שִׂמְּחוּךָ, כאשר מתחילות חגיגות החתונה.

י בְּנוֹת מְלָכִים בְּיִקְּרוֹתֶיךָ - בין המכבדים והמוקירים אותך נמצאות בנות מלכים, נִצְּבָה שֵׁגַל - כנראה כינוי למלכה - לִימִינְךָ בְּכֶתֶם אוֹפִיר - בזהב הבא ממרחקים, ממקור הזהב.

יא ולכלה אומר המשורר: שִׁמְעִי־בַת וּרְאִי את כל הגדולה הבאה אלייך כשאת נעשית מלכה, וְהַטִּי אׇזְנֵךְ, וְשִׁכְחִי עַמֵּךְ וּבֵית אָבִיךְ אחרי שתיעשי אשת המלך.

יב וְיִתְאָו הַמֶּלֶךְ יׇפְיֵךְ, כִּי־הוּא אֲדֹנַיִךְ כמלך וכבעל, וְהִשְׁתַּחֲוִי־לוֹ.

יג וּבַת־צֹר בְּמִנְחָה, פָּנַיִךְ יְחַלּוּ - יבקשו - עֲשִׁירֵי עָם, הנותנים מתנות למיועדת להיות אשת המלך.

יד כׇּל־כְּבוּדָּה בַת־מֶלֶךְ פְּנִימָה, שכן היא איננה מופיעה ברבים, אבל הכל מכבדים אותה מרחוק.

מִמִּשְׁבְּצוֹת זָהָב לְבוּשָׁהּ - היא לבושה בגד מקושט ומשובץ בזהב,

---

מה,יא **שִׁמְעִי בַת וּרְאִי וְהַטִּי אׇזְנֵךְ.** כדי להיכנס בעבודת ה' באמת צריך להיות בבחינת **שִׁכְחִי עַמֵּךְ וּבֵית אָבִיךְ**, לצאת תחילה מעצם הרגילות החומרית המוטבעת בו ומגשמת אותו, ואינה מאפשרת שיתקבל בנפשו עניין רוחני ודק. ואין הדבר קל, משום שנדמה להאדם שהוא מוכרח בכל אותם הרגלים ואי אפשר לו להיות בלעדם, ובאמת אינו כן.

על־פי ספר המאמרים עטר"ת, עמ' סג

מה,יא **וְיִתְאָו הַמֶּלֶךְ יׇפְיֵךְ.** אמר רבי אלעזר, בנו של הרה"ק רבי אלימלך מליז'ענסק זי"ע: שמעתי מפי אאמו"ר נ"י, ולא ידעתי אם משלו אמר או אם בשם איזה ספר, על מה שכתוב **וְיִתְאָו הַמֶּלֶךְ יׇפְיֵךְ**, ומקודם כתוב שם **שִׁכְחִי עַמֵּךְ וּבֵית אָבִיךְ**, והפירוש הוא כך: כשתשכחי מי את – עמך ובית אביך, ייחוסך וגאוותך – אזי יתאו המלך, מלכו של עולם, את יופייך.

על־פי אור אלימלך, איגרת א

טו לִרְקָמוֹת תּוּבַל לַמֶּלֶךְ
בְּתוּלוֹת אַחֲרֶיהָ רֵעוֹתֶיהָ
מוּבָאוֹת לָךְ׃
טז תּוּבַלְנָה בִּשְׂמָחֹת וָגִיל
תְּבֹאֶינָה בְּהֵיכַל מֶלֶךְ׃
יז תַּחַת אֲבֹתֶיךָ יִהְיוּ בָנֶיךָ
תְּשִׁיתֵמוֹ לְשָׂרִים
בְּכָל־הָאָרֶץ׃
יח אַזְכִּירָה שִׁמְךָ בְּכָל־דֹּר וָדֹר
עַל־כֵּן עַמִּים יְהוֹדֻךָ
לְעֹלָם וָעֶד׃

טו לִרְקָמוֹת - כנראה שהכוונה היא למלבושים רקומים - תּוּבַל המלכה לַמֶּלֶךְ, בְּתוּלוֹת אַחֲרֶיהָ, הלוא הן רֵעוֹתֶיהָ, מוּבָאוֹת לָךְ.

טז המלכה החדשה הזאת באה עם פמליה של משרתות ובנות חסות, שהן גם חברותיה, והן תּוּבַלְנָה בתהלוכת החתונה בִּשְׂמָחֹת וָגִיל, תְּבֹאֶינָה בְּהֵיכַל מֶלֶךְ.

יז וגם החתן־המלך מקבל כאן את ברכת החתונה: תַּחַת אֲבֹתֶיךָ יִהְיוּ בָנֶיךָ, כלומר: השלשלת תימשך, הבנים יהיו ממשיכי השושלת הזאת.

תְּשִׁיתֵמוֹ - תשים, תמַנֶּה אותם - לְשָׂרִים בְּכָל־הָאָרֶץ.

יח אַזְכִּירָה שִׁמְךָ בְּכָל־דֹּר וָדֹר עַל־כֵּן עַמִּים יְהוֹדֻךָ - יודו לך, ישבחו אותך - לְעֹלָם וָעֶד.

מה,טז **תּוּבַלְנָה בִּשְׂמָחֹת וָגִיל** – זה עניינו של ערב יום הכיפורים, שעליו נאמר: "כל האוכל ושותה בתשיעי מעלה עליו הכתוב כאילו התענה תשיעי ועשירי" (ראש השנה ט, א). וכתב רבנו יונה גירונדי שהוא כדי להראות שקדוש היום לאדוננו וראוי לאכול בו ממתקים כמו בראש השנה (ראה נחמיה ח יב), אלא שגזירת הכתוב היא לפרוש בו ביום מתאוות גופניות כדי שנהיה כמלאכים. וזה שאמר הכתוב **תּוּבַלְנָה בִּשְׂמָחֹת וָגִיל תְּבֹאֶינָה בְּהֵיכַל מֶלֶךְ**, כי השמחה תיתכן רק קודם עמדו לפני המלך, שישים איש אל לבו שלמחר יעמוד לפני מלך הכבוד כמלאך וישמח ויגיל, אבל בבואו להיכל המלך יעמוד באימה וביראה.

על־פי שם משמואל, ערב יום הכיפורים תרע"ג

נָהָר פְּלָגָיו יְשַׂמְּחוּ עִיר־אֱלֹהִים קְדֹשׁ מִשְׁכְּנֵי עֶלְיוֹן:

ספר שני

פרק מו

שיר הלל ותודה על הישועה, המושר אחרי ניצחון שקדם לו מצב קשה ביותר, אך אחרי התערבותו של ה׳ שוב שוררים שקט ושלווה.

א לַמְנַצֵּחַ לִבְנֵי־קֹרַח
עַל־עֲלָמוֹת שִׁיר:
ב אֱלֹהִים לָנוּ מַחֲסֶה וָעֹז
עֶזְרָה בְצָרוֹת נִמְצָא מְאֹד:
ג עַל־כֵּן לֹא־נִירָא
בְּהָמִיר אָרֶץ
וּבְמוֹט הָרִים בְּלֵב יַמִּים:
ד יֶהֱמוּ יֶחְמְרוּ מֵימָיו
יִרְעֲשׁוּ־הָרִים בְּגַאֲוָתוֹ
סֶלָה:
ה נָהָר
פְּלָגָיו יְשַׂמְּחוּ עִיר־אֱלֹהִים
קְדֹשׁ מִשְׁכְּנֵי עֶלְיוֹן:
ו אֱלֹהִים בְּקִרְבָּהּ בַּל־תִּמּוֹט
יַעְזְרֶהָ אֱלֹהִים לִפְנוֹת בֹּקֶר:
ז הָמוּ גוֹיִם מָטוּ מַמְלָכוֹת
נָתַן בְּקוֹלוֹ תָּמוּג אָרֶץ:

א לַמְנַצֵּחַ לִבְנֵי־קֹרַח עַל־עֲלָמוֹת שִׁיר - עלמות הוא אולי כלי נגינה, שיש הסבורים כי היה כלי נגינה של נשים; אבל יכול גם להיות שזהו שם הלחן של המזמור הזה.

ב אֱלֹהִים לָנוּ מַחֲסֶה וָעֹז, עֶזְרָה בְצָרוֹת נִמְצָא מְאֹד - כלומר: מצוי תמיד עמנו.

ג עַל־כֵּן - בגלל חסותו של ה׳ - לֹא־נִירָא בְּהָמִיר אָרֶץ, שהוא כנראה תיאור של רעידת אדמה, אם כי ייתכן שהוא משמש כאן לא כפשוטו אלא במשמעות מדינית, וּבְמוֹט הָרִים בְּלֵב יַמִּים - כאשר הרים מתמוטטים בתוך הים; גם זה הוא תיאור של רעידת אדמה גדולה שבה הרים מתמוטטים ונופלים.

ד יֶהֱמוּ, יֶחְמְרוּ - יתגעשו, יעלו קצף, ישמיעו קול, מֵימָיו של אותו נהר המוזכר מיד לאחר מכן, יִרְעֲשׁוּ־הָרִים בְּגַאֲוָתוֹ של הקב״ה, כלומר: כשהוא מראה את גדולתו ביחס אליהם, סֶלָה.

ה נָהָר שפְּלָגָיו, או הסתעפויותיו, יְשַׂמְּחוּ עִיר־אֱלֹהִים, קְדֹשׁ מִשְׁכְּנֵי עֶלְיוֹן - מן העניין נראה שגם כאן אין הכוונה לנהר של ממש אלא לזרימה של השפעה, של חסד.

ו אֱלֹהִים נמצא בְּקִרְבָּהּ, בתוכה של עיר האלוקים, ולכן בַּל־תִּמּוֹט, יַעְזְרֶהָ אֱלֹהִים לִפְנוֹת בֹּקֶר: לא רק בשעה שמאיר אור השמש אלא גם בלילה, עוד בטרם יום.

ז הָמוּ - רעשו - גוֹיִם, מָטוּ - התמוטטו, נפלו - מַמְלָכוֹת, וכאשר ה׳ נָתַן בְּקוֹלוֹ, כאילו הוא משמיע קול שאגה, תָּמוּג - תימס - הָאָרֶץ.

מו,ה נָהָר פְּלָגָיו יְשַׂמְּחוּ עִיר אֱלֹהִים – היינו המשכת והשפעת המצוות, שהן אורות עליונים אשר ירדו ונתגשמו בעניינים גשמיים כמו ציצית של צמר ותפילין על הקלף כמו מים שיורדים ממקום גבוה למקום נמוך, וכשם שהמים הם שמצמיחים כל מיני תענוג, כך המצוות מצמיחות מידות אהבה ויראה בנפש להיות לה רצון וצימאון ונפש שוקקה להשם יתברך.

על־פי ליקוטי תורה במדבר ה, ד

ח יְהוָה צְבָאוֹת עִמָּנוּ
מִשְׂגָּב לָנוּ
אֱלֹהֵי יַעֲקֹב סֶלָה:
ט לְכוּ־חֲזוּ מִפְעֲלוֹת יְהוָה
אֲשֶׁר־שָׂם שַׁמּוֹת בָּאָרֶץ:
י מַשְׁבִּית מִלְחָמוֹת
עַד־קְצֵה הָאָרֶץ
קֶשֶׁת יְשַׁבֵּר וְקִצֵּץ חֲנִית
עֲגָלוֹת יִשְׂרֹף בָּאֵשׁ:
יא הַרְפּוּ וּדְעוּ כִּי־אָנֹכִי אֱלֹהִים
אָרוּם בַּגּוֹיִם אָרוּם בָּאָרֶץ:
יב יְהוָה צְבָאוֹת עִמָּנוּ
מִשְׂגָּב לָנוּ
אֱלֹהֵי יַעֲקֹב סֶלָה:

ח ה׳ צְבָאוֹת עִמָּנוּ, מִשְׂגָּב לָנוּ אֱלֹהֵי יַעֲקֹב סֶלָה.

ט לְכוּ־חֲזוּ - ראו - מִפְעֲלוֹת ה׳, אֲשֶׁר־שָׂם שַׁמּוֹת - שממה והרס - בָּאָרֶץ, אצל האויבים; וכאשר הוא עושה זאת, הוא משמיד אותם לגמרי.

י מַשְׁבִּית מִלְחָמוֹת עַד־קְצֵה הָאָרֶץ, קֶשֶׁת יְשַׁבֵּר וְקִצֵּץ חֲנִית - כלי המלחמה של האויבים נשברים.

עֲגָלוֹת, אשר שימשו ואף כיום משמשות צבאות כדי לשאת עליהן מזון או חיילים, יִשְׂרֹף בָּאֵשׁ.

יא וכאן בא פסוק הנאמר, כביכול, מפי ה׳: הַרְפּוּ, כלומר: עזבו את הניסיון להילחם ולפעול דבר מה, וּדְעוּ כִּי־אָנֹכִי אֱלֹהִים, אָרוּם - אהיה גבוה - בַּגּוֹיִם, אָרוּם בָּאָרֶץ.

יב והמזמור מסתיים במעין פזמון חוזר: ה׳ צְבָאוֹת עִמָּנוּ, מִשְׂגָּב לָנוּ אֱלֹהֵי יַעֲקֹב, סֶלָה.

מו,ט **לְכוּ חֲזוּ מִפְעֲלוֹת ה׳ אֲשֶׁר שָׂם שַׁמּוֹת בָּאָרֶץ** – ״אל תקרי שַׁמּוֹת אלא שֵׁמוֹת״ (ברכות ז, ב). כי הנה יש כמה שמות לו יתברך, והיינו מחמת שהעולמות לא יכלו לסבול האור הנמשך משמו הגדול ברוך־הוא רק על־ידי אמצעות כמה מיני מדרגות, שכל מדרגה גבוהה המחיה את שלמטה ממנה היא רק בבחינת שם. והנה השם אינו כלום כנגד העצמיות וכאפס נחשב. וזהו **לְכוּ חֲזוּ מִפְעֲלוֹת** הוי״ה, היא הפליאה הגדולה, שהוא אין־סוף ברוך־הוא המהווה כל העולמות תמיד מאין ליש בדיבורו, **אֲשֶׁר שָׂם שַׁמּוֹת בָּאָרֶץ** – לשון שממה, שבאמת אפילו העולמות העליונים הם רק שממה כנגד עצמותו יתברך, והיינו לפי שחיותם היא רק מבחינת שֵׁמוֹת, ״כי בי־ה הוי״ה צור עולמים״ (ישעיהו כו ד) – ביו״ד נברא העולם־הבא, בה״א נברא העולם־הזה״ (מנחות כט, ב).

על־פי ליקוטי תורה בהר מא, ד

עָלָה אֱלֹהִים בִּתְרוּעָה יהוה בְּקוֹל שׁוֹפָר:

ספר שני
פרק מז

מזמור תהילה המוקדש כולו לתהילתו של ה' כמלך העולם. משום כך נקשר מזמור זה לראש השנה, שהוא יום המלכתו של הקב"ה על כל העולם, וקוראים אותו לפני תקיעת השופר.

א לַמְנַצֵּחַ לִבְנֵי־קֹרַח מִזְמוֹר׃
ב כָּל־הָעַמִּים תִּקְעוּ־כָף
הָרִיעוּ לֵאלֹהִים בְּקוֹל רִנָּה׃
ג כִּי־יהוה עֶלְיוֹן נוֹרָא
מֶלֶךְ גָּדוֹל עַל־כָּל־הָאָרֶץ׃
ד יַדְבֵּר עַמִּים תַּחְתֵּינוּ
וּלְאֻמִּים תַּחַת רַגְלֵינוּ׃
ה יִבְחַר־לָנוּ אֶת־נַחֲלָתֵנוּ
אֶת גְּאוֹן יַעֲקֹב אֲשֶׁר־אָהֵב
סֶלָה׃
ו עָלָה אֱלֹהִים בִּתְרוּעָה
יהוה בְּקוֹל שׁוֹפָר׃
ז זַמְּרוּ אֱלֹהִים זַמֵּרוּ
זַמְּרוּ לְמַלְכֵּנוּ זַמֵּרוּ׃
ח כִּי מֶלֶךְ כָּל־הָאָרֶץ אֱלֹהִים
זַמְּרוּ מַשְׂכִּיל׃
ט מָלַךְ אֱלֹהִים עַל־גּוֹיִם
אֱלֹהִים
יָשַׁב ׀ עַל־כִּסֵּא קָדְשׁוֹ׃

א לַמְנַצֵּחַ לִבְנֵי־קֹרַח מִזְמוֹר.

ב כָּל־הָעַמִּים תִּקְעוּ־כָף - מחאו כפיים - הָרִיעוּ לֵאלֹהִים בְּקוֹל רִנָּה.

ג כִּי־ה' עֶלְיוֹן ונוֹרָא, מֶלֶךְ גָּדוֹל עַל־כָּל־הָאָרֶץ.

ד יַדְבֵּר - יכניע, ישמיד - עַמִּים, שיהיו תַּחְתֵּינוּ, וּלְאֻמִּים תַּחַת רַגְלֵינוּ. יש כאן רמז לכיבוש הארץ, כפי שאפשר לראות גם מן ההמשך.

ותהילת ה' היא:

ה יִבְחַר־לָנוּ אֶת־נַחֲלָתֵנוּ בארץ ישראל, אֶת גְּאוֹן - מקור הגאווה - של יַעֲקֹב אֲשֶׁר־אָהֵב, סֶלָה; שהרי ארץ ישראל איננה ארץ סתם: היא ארץ נבחרת ומובחרת.

ו עָלָה אֱלֹהִים - כבודו עולה או מתעלה - בִּתְרוּעָה, שכאן היא תרועה של הדר וכבוד, ה' בְּקוֹל שׁוֹפָר.

ז זַמְּרוּ לאֱלֹהִים, זַמֵּרוּ, זַמְּרוּ לְמַלְכֵּנוּ - הוא הקב"ה - זַמֵּרוּ, כִּי מֶלֶךְ כָּל־הָאָרֶץ אֱלֹהִים, ולכבודו זַמְּרוּ מַשְׂכִּיל, שהוא שיר תהילה ומחשבה.

ח כִּי מֶלֶךְ כָּל־הָאָרֶץ אֱלֹהִים, זַמְּרוּ מַשְׂכִּיל:

ט מָלַךְ אֱלֹהִים עַל־גּוֹיִם - על העמים כולם, אֱלֹהִים יָשַׁב עַל־כִּסֵּא קָדְשׁוֹ, כמלך.

מז,ה יִבְחַר לָנוּ אֶת נַחֲלָתֵנוּ אֶת גְּאוֹן יַעֲקֹב אֲשֶׁר אָהֵב סֶלָה. על־פי התרגום, גאון יעקב הוא בית המקדש – "בית מקדשא דיעקב"; והבקשה היא על בניינו של בית המקדש הפרטי, גילוי שורש היהדות שבלב כל אחד ואחת מישראל, וכדרשת חז"ל: "'ועשו לי מקדש ושכנתי בתוכם' – בתוך כל אחד ואחד מישראל". מתוך בניינו של בית המקדש הפנימי הזה, ייבנה גם בית המקדש הכללי ותושלם תכלית כוונתו יתברך בעת בריאת העולמות – שתהיה לו דירה בתחתונים. בולטת העובדה שהכתוב מעדיף להשתמש בשם יעקב, המורה על עבודת ה' מתוך תמימות, ולא בשם ישראל, המציין עבודת ה' מתוך ידיעה והשגה. זאת משום שהעבודה התמימה שווה בכל נפשות ישראל, ולכן דווקא היא נוגעת לבניינם של כל בתי המקדש הפרטיים – ומביאה לבניין בית המקדש הכללי במהרה בימינו.

על־פי תהילות מנחם

י נְדִ֘יבֵ֤י עַמִּ֨ים ׀ נֶאֱסָ֗פוּ
עַ֭ם אֱלֹהֵ֣י אַבְרָהָ֑ם
כִּ֤י לֵֽאלֹהִ֥ים מָֽגִנֵּי־אֶ֝֗רֶץ
מְאֹ֣ד נַעֲלָֽה׃

י נְדִיבֵי עַמִּים - השרים, החשובים שבין העמים - נֶאֱסָפוּ, גם הם נאספים בכינוס הזה של מתן כבוד לקב"ה, ומצטרפים לעַם אֱלֹהֵי אַבְרָהָם. ודווקא אברהם הוא הנזכר כאן, משום שהוא לא רק אביהם של ישראל אלא גם מי שהפיץ את האמונה בעולם.

כִּי לֵאלֹהִים מָגִנֵּי־אֶרֶץ - כי בידו של הקב"ה נמצאים הכלים והכוחות להגן ולשמור על הארץ, כי הוא מְאֹד נַעֲלָה, מתעלה מעל לכל. וזהו הסיום הראוי לשיר זה, שהוא גם שיר תהילה וגם מעין טקס של הכתרה.

מז,י **נְדִיבֵי עַמִּים**. מי שאי אפשר לו ללמוד כלל, כגון שהוא עם הארץ, או שאין לו שום ספר, או שהוא במדבר, רק שלבו בוער בו ונכסף מאוד ללמוד ולעבוד את ה', אזי הוא מקבל לב מלב שלמעלה. ועל כן אברהם, שהיה ראש לגרים, ולא היה לו ממי ללמוד, ולא היה לו רק הלב, שחשק מאוד לעבודת הבורא, קיבל גם כן מזה הלב של מעלה. ועל כן נקרא צור, כמו שכתוב "הביטו אל צור חֻצַּבְתֶּם" (ישעיהו נא א וברש"י), כי הוא בחינת "צור לבבי" (עג כו), כי לא היה לו רק לב חושק להשם יתברך. ועל כן כל הגרים נקראים על שמו, **נְדִיבֵי עַמִּים נֶאֱסָפוּ עַם אֱלֹהֵי אַבְרָהָם**, בחינת "נדיב לב" (שמות לה כב), כי אין להם רק מה שלבם נכסף להשם יתברך.

על־פי ליקוטי מוהר"ן ח"א, קמב

יְפֵה נוֹף מְשׂוֹשׂ כָּל-הָאָרֶץ

ספר שני

פרק מח

שיר של שבח לכבודה של ירושלים,
המתאר את העיר בבניינה ובתפארתה.

א שִׁ֥יר מִ֝זְמ֗וֹר לִבְנֵי־קֹֽרַח׃

ב גָּ֘ד֤וֹל יְהֹוָ֣ה וּמְהֻלָּ֣ל מְאֹ֑ד
בְּעִ֥יר אֱ֝לֹהֵ֗ינוּ הַר־קָדְשֽׁוֹ׃

ג יְפֵ֥ה נוֹף֮ מְשׂ֪וֹשׂ כָּל־הָ֫אָ֥רֶץ
הַר־צִ֭יּוֹן יַרְכְּתֵ֣י צָפ֑וֹן
קִ֝רְיַ֗ת מֶ֣לֶךְ רָֽב׃

ד אֱלֹהִ֥ים בְּאַרְמְנוֹתֶ֗יהָ
נוֹדַ֥ע לְמִשְׂגָּֽב׃

ה כִּֽי־הִנֵּ֣ה הַ֭מְּלָכִים נֽוֹעֲד֑וּ
עָבְר֥וּ יַחְדָּֽו׃

ו הֵ֣מָּה רָ֭אוּ כֵּ֣ן תָּמָ֑הוּ
נִבְהֲל֥וּ נֶחְפָּֽזוּ׃

ז רְ֭עָדָה אֲחָזָ֣תַם שָׁ֑ם
חִ֝֗יל כַּיּוֹלֵֽדָה׃

א שִׁיר מִזְמוֹר לִבְנֵי־קֹרַח.

ב גָּדוֹל ה' וּמְהֻלָּל מְאֹד כאשר הוא מופיע בְּעִיר אֱלֹהֵינוּ, היא ירושלים, ובהַר־קָדְשׁוֹ, הוא הר הבית.

ג יְפֵה נוֹף – המילים הללו אולי מתייחסות בראשיתן לצורתו של עץ מושלם, ובהרחבת המשמעות – למראה הכולל של העיר. מְשׂוֹשׂ כָּל־הָאָרֶץ – העיר היפה הזו, שהיא שלמה מכל הבחינות, היא מפינות החמד של העולם כולו.

הַר־צִיּוֹן – לפי פשט הדברים זהו הר המוריה, יַרְכְּתֵי צָפוֹן – מילים אלה כנראה אינן מתייחסות להר הבית, שכן הוא נמצא בחלקה הדרומי־מזרחי של העיר, אלא לחלקה הצפוני של העיר שבו ניצבו ארמונות גדולים, והוא קִרְיַת מֶלֶךְ רָב, שכן ככל הנראה ארמונו של שלמה, ומאוחר יותר גם מצודות העיר, היו צפונית למקדש.

ד אֱלֹהִים בְּאַרְמְנוֹתֶיהָ – שהם מכלול הבתים הגדולים והמפוארים של העיר, לא רק בתיהם של האצילים והעשירים אלא כל המבצרים והמצודות ושאר בנייני פאר – נוֹדַע לְמִשְׂגָּב, שכן בבניינים הללו רואים את הגדולה והשגב של העיר.

ה כִּי־הִנֵּה הַמְּלָכִים הבאים לבקר בירושלים נוֹעֲדוּ בפגישה, עָבְרוּ יַחְדָּו.

ו הֵמָּה רָאוּ את גודלה ותפארתה של העיר כֵּן תָּמָהוּ, נִבְהֲלוּ מעוצמתה, נֶחְפָּזוּ – מיהרו להימלט, משום שהרגישו הרגשת איום.

ז רְעָדָה אֲחָזָתַם שָׁם מן העוצמה והגדולה, והם הרגישו חִיל – זעזועים וצירים – כַּיּוֹלֵדָה,

מח,ב **גָּדוֹל ה' וּמְהֻלָּל מְאֹד** – אימתי? כשהוא **בְּעִיר אֱלֹהֵינוּ הַר קָדְשׁוֹ**. שני שמות חברו יחד בפסוק זה – הוי"ה ואלוהים. שם הוי"ה הוא מקור ושורש לכל ההוויות, ויותר משנכון לומר עליו שהוא גדול ומהולל, נכון לומר עליו שלגדולתו אין חקר. מה שלא ניתן לדעת ולהשיג, לא ניתן גם לשבח ולהלל. אם כן, אימתי גדול הוי"ה ומהולל מאוד? רק כשהוא **בְּעִיר אֱלֹהֵינוּ**, כשאורו נמשך ומתפשט מן המקור האחד והיחיד אל הנבראים הרבים והמחולקים, וכל אחד מהם תופס בו מה שתופס ובונה לו ממנו בית לדור בו, קיום לחייו. אז אין הוא נקרא עוד הוי"ה, כי אם אלוהים – לשון רבים. כמספר הנבראים בעולם, כן מספר הבתים שנבנים מהארת שם אלוהים, וכולם חוברים יחד לעיר גדולה אחת ששם הוי"ה מאיר בפנימיותה – עיר אלוהינו.

על־פי תורה אור וארא נו, ב

ח בְּרוּחַ קָדִים
תְּשַׁבֵּר אֳנִיּוֹת תַּרְשִׁישׁ:
ט כַּאֲשֶׁר שָׁמַעְנוּ ׀ כֵּן רָאִינוּ
בְּעִיר־יְהוָה צְבָאוֹת
בְּעִיר אֱלֹהֵינוּ
אֱלֹהִים יְכוֹנְנֶהָ עַד־עוֹלָם
סֶלָה:
י דִּמִּינוּ אֱלֹהִים חַסְדֶּךָ
בְּקֶרֶב הֵיכָלֶךָ:
יא כְּשִׁמְךָ ׀ אֱלֹהִים
כֵּן תְּהִלָּתְךָ עַל־קַצְוֵי־אֶרֶץ
צֶדֶק מָלְאָה יְמִינֶךָ:

ח וגם כעין ההרגשה של העוֹברים בים כשרוח סערה מגיעה מכיוון בלתי צפוי, בְּרוּחַ קָדִים, שרק לעתים רחוקות היא רוח מאיימת, אבל בזמן של סערה גדולה היא רוח חזקה מאוד ובלתי צפויה, והיא תְּשַׁבֵּר אֳנִיּוֹת תַּרְשִׁישׁ. תרשיש - יהא מקומה אשר יהיה, בין שהיא בקצה ספרד אשר מעברו השני של הים התיכון או אף הלאה משם - היא עיר מרוחקת. אוניות תרשיש הן, אפוא, האוניות הגדולות ביותר, הבנויות להפליג למרחק רב, אך אפילו הן נשברות ברוח הקדים.

ט ואותם אנשים המבקרים בירושלים אומרים: כַּאֲשֶׁר שָׁמַעְנוּ במקומנו על אודות ירושלים כֵּן רָאִינוּ בעינינו בְּעִיר־ה׳ צְבָאוֹת, שהוא כינויו של הקב״ה כשליט, כמושל בצבאות העולם, בְּעִיר אֱלֹהֵינוּ, שֶׁאֱלֹהִים יְכוֹנְנֶהָ - כלומר: יעמיד אותה וישאיר אותה עומדת על מכונה עַד־עוֹלָם, סֶלָה. ההסתכלות הזו היא הסתכלות על העיר, על גודלה, יופיה ועוצמתה. היא מתייחסת לירושלים לא כעיר הבירה של ישראל, אלא כמקום מקדש ה׳.

י משום כך, מתוך הראייה הזו של העוצמה, דִּמִּינוּ אֱלֹהִים חַסְדֶּךָ - שהוא הצד האחר, שאותו אין אנחנו רואים, כפי שהוא מתגלה בְּקֶרֶב הֵיכָלֶךָ. כי שם, בהיכל ה׳, יש גילוי פנימי של קרבת ה׳ וחסדו.

יא כְּשִׁמְךָ אֱלֹהִים כֵּן תְּהִלָּתְךָ, כלומר: ההלל ששרים לך, עַל־קַצְוֵי־אֶרֶץ, צֶדֶק מָלְאָה יְמִינֶךָ. ביטוי זה כולל בתוכו גם את העוצמה (שהרי יד ימין היא היד החזקה), אך גם את העובדה שימין ה׳ היא לא רק רוממה אלא גם ימין

מח,י דִּמִּינוּ אֱלֹהִים חַסְדֶּךָ בְּקֶרֶב הֵיכָלֶךָ – בשם הרה״ק רבי יצחק מראדוויל זי״ע: שאנו, בזה העולם, מדמים לחשוב שבאות עלינו צרות ודינים, והיינו דִּמִּינוּ אֱלֹהִים – כי הדינים הם משם אלוהים; אבל באמת הכול חַסְדֶּךָ בְּקֶרֶב הֵיכָלֶךָ, כי בעולם העליון גלוי וידוע שהם חסדים גמורים, רק שאין העולם התחתון יכול להשיג זאת.

על־פי תורת המגיד מזלאטשוב

מח,י דִּמִּינוּ אֱלֹהִים חַסְדֶּךָ בְּקֶרֶב הֵיכָלֶךָ – סבורים היינו שבירושלים אתה עושה חסד יותר מבשאר העולם; אבל באמת כְּשִׁמְךָ אֱלֹהִים, שאתה בעל חסד, כֵּן תְּהִלָּתְךָ עַל קַצְוֵי אֶרֶץ, שכל בני העולם מקבלים בחסד; צֶדֶק מָלְאָה יְמִינֶךָ, שאתה עושה עמהם צדקה; יִשְׂמַח הַר צִיּוֹן תָּגֵלְנָה בְּנוֹת יְהוּדָה לְמַעַן מִשְׁפָּטֶיךָ, כי עם ישראל אתה מדקדק במידת הדין, אלא ששמחים בזה.

על־פי חתם סופר מכתב יד

יב יִשְׂמַח ׀ הַר־צִיּוֹן
תָּגֵלְנָה בְּנוֹת יְהוּדָה
לְמַעַן מִשְׁפָּטֶיךָ:
יג סֹבּוּ צִיּוֹן וְהַקִּיפוּהָ
סִפְרוּ מִגְדָּלֶיהָ:
יד שִׁיתוּ לִבְּכֶם ׀ לְחֵילָה
פַּסְּגוּ אַרְמְנוֹתֶיהָ
לְמַעַן תְּסַפְּרוּ לְדוֹר אַחֲרוֹן:
טו כִּי זֶה ׀ אֱלֹהִים אֱלֹהֵינוּ
עוֹלָם וָעֶד
הוּא יְנַהֲגֵנוּ עַל־מוּת:

של צדק. גלום כאן גם הרעיון של הנאמנות ושמירת הברית.

יב יִשְׂמַח הַר־צִיּוֹן, תָּגֵלְנָה בְּנוֹת יְהוּדָה לְמַעַן מִשְׁפָּטֶיךָ, שכן משפט ה׳, שהוא הביטוי המרוכך של הצדק המוחלט, משמח את כל הבריות.

יג וכעת באה קריאה לאורחים המגיעים לירושלים: סֹבּוּ צִיּוֹן וְהַקִּיפוּהָ; שכן בזמן שבית המקדש היה בנוי היה הר ציון מתחם מוקף בחומה לעצמו.

סִפְרוּ מִגְדָּלֶיהָ של העיר מכל צד,

יד שִׁיתוּ - שימו - לִבְּכֶם לְחֵילָה, לחומתה, של העיר, פַּסְּגוּ - כנראה פירושו: עִברו, דלגו ממקום למקום, וטפסו כדי לראות את אַרְמְנוֹתֶיהָ.

לְמַעַן תְּסַפְּרוּ לְדוֹר אַחֲרוֹן את גדולתה ויופיה של העיר.

טו וכיוון שהעיר היא במובהק "עיר א־לוקינו", ולא רק בירה של מדינה קטנה כלשהי, מסיים המשורר במילים: כִּי זֶה אֱלֹהִים אֱלֹהֵינוּ, שקיים ומושל לעוֹלָם וָעֶד, הוּא יְנַהֲגֵנוּ עַל־מוּת. את המילים "על מות" כבר תרגם אחד המתרגמים הראשונים כ"אלמוות"; אך גם כפי שהיא כתובה יש בה אותה משמעות עצמה: מעל ומעבר למוות, לעולם ועד.

מח,טו **הוּא יְנַהֲגֵנוּ עַל מוּת** – מנהיגנו כעלם, תינוק רך בשנים. שהתינוק הזה, בשעה שאביו מלמדו לילך, הנה בתחילה מוליך אותו מעט בידו ואחר כך מניחו ומרחיק את עצמו מעט ממנו, וכוונתו כדי שילך התינוק בעצמו, ומחמת זה הוא מרגיל התינוק בתנועות ההילוך. וכן עושה כמה פעמים, ובכל פעם הוא מרחיק את עצמו יותר כדי להרגילו שילך בעצמו בלי שום סיוע.

והנמשל הוא לאבינו מלכנו, שמתחילה נותן באדם תענוג בעבודתו ומוליך בעצמו את לבו אליו, ואחר כך מרחיק את עצמו ממנו כדי שילך הוא בעצמו מעט על־ידי השתדלותו והתפעלותו. וכשם שהוא בימי הבחרות, בתחילת עבודתו, כך גם אחר שנתגדל בעבודת השם יתברך יש לו בחינת קטנות שני ואחר גדלות שני. ואל יבוז ליום קטנות, כי על־ידו נתקרב אל הגדלות.

על־פי דגל מחנה אפרים, בהעלותך

אֶפְתַּח בְּכִנּוֹר חִידָתִי:

ספר שני

פרק מט

מזמור העוסק במוות בכללותו.

א לַמְנַצֵּ֬חַ לִבְנֵי־קֹ֬רַח מִזְמֽוֹר׃
ב שִׁמְעוּ־זֹ֭את כׇּל־הָֽעַמִּ֑ים
הַ֝אֲזִ֗ינוּ כׇּל־יֹ֥שְׁבֵי חָֽלֶד׃
ג גַּם־בְּנֵ֣י אָ֭דָם גַּם־בְּנֵי־אִ֑ישׁ
יַ֝֗חַד עָשִׁ֥יר וְאֶבְיֽוֹן׃
ד פִּ֭י יְדַבֵּ֣ר חׇכְמ֑וֹת
וְהָג֖וּת לִבִּ֣י תְבוּנֽוֹת׃
ה אַטֶּ֣ה לְמָשָׁ֣ל אׇזְנִ֑י
אֶפְתַּ֥ח בְּ֝כִנּ֗וֹר חִידָתִֽי׃

א **לַמְנַצֵּחַ לִבְנֵי־קֹרַח מִזְמוֹר** - לכאורה נראה מהכותרת שמזמור תהלים זה היה נועד להיות מושר בציבור בדרך כלשהי, וייתכן שהשתמשו בו באופן דומה לזה שהוא משמש בימינו - דהיינו, כמזמור מיוחד לבית האבל. המזמור נפתח במעין הקדמה או קריאה:

ב **שִׁמְעוּ־זֹאת כׇּל־הָעַמִּים, הַאֲזִינוּ כׇּל־יֹשְׁבֵי חָלֶד** - 'חלד' הוא שם נרדף ל'עולם'. אמנם כרגיל משתמשים בו במשמעות היותר מצומצמת של אדמה, קרקע, ואולם יש למושג זה קשר לנושא המזמור (אולי גם בשל שיכול האותיות חלד-חדל).

ג **גַּם־בְּנֵי אָדָם גַּם־בְּנֵי־אִישׁ, יַחַד עָשִׁיר וְאֶבְיוֹן** - הקריאה הזו היא, כאמור, קריאה כללית, והמזמור הזה הוא גם כן כללי מאוד, שהרי הוא עוסק בנושא הקשור באנושות בכללותה ולא באנשים מסוימים. 'בני אדם' הם, ככל הנראה, האנשים הפשוטים, בעוד ש'בני איש' הם המיוחסים, שכן 'איש' במקרא הוא מה שנקרא כיום 'אישיות', כלומר: אדם בעל מעמד וחשיבות.

ד **פִּי יְדַבֵּר חׇכְמוֹת, וְהָגוּת לִבִּי תְבוּנוֹת** - מכאן שמזמור זה הוא מזמור של התבוננות.

ה **אַטֶּה לְמָשָׁל אׇזְנִי** - 'משל' כאן, כמו במקומות רבים אחרים, פירושו סיפור או דברים האמורים בלשון צחות, ולא בהכרח סיפור סמלי שיש לו נמשל (שזהו המובן שבו משתמשים במילה זו מזמן התלמוד והלאה).

אֶפְתַּח בְּכִנּוֹר חִידָתִי - 'חידה' כאן היא מליצה, ביטוי מבריק (מחודד), ולאו דווקא דבר סתום ולא ברור.

מט,ג **גַּם בְּנֵי אָדָם גַּם בְּנֵי אִישׁ יַחַד עָשִׁיר וְאֶבְיוֹן** - יובן על דרך אומרם ז"ל במדרש "אין אדם יוצא מן העולם וחצי תאוותו בידו, אלא אם יש לו מאה רוצה שייעשו מאתיים". וזה שאמר המשורר "שמעו זאת כל העמים האזינו כל ישבי חלד", כי זו רעה חולה על כל פרטי המין האנושי, ואפילו השלמים שבהם, הנקראים **בְּנֵי אָדָם** ו**בְנֵי אִישׁ**, הנה יש מידה אחת לכולם, והיא היותם **יַחַד עָשִׁיר וְאֶבְיוֹן**, ששייכים בכל אחד מהם שני שמות אלו בזמן אחד, כי אפילו בהיותו עשיר ומוצלח מרוב כל טוב, עם כל זה הוא אביון, תאב ומתאווה ליותר, כאילו הוא עני מדולדל, ולא יסתפק בחלק אשר לו.

על־פי חבל נעים, תהלים

פרק מט • ספר שני • ליום שני • ט לחודש ______ תהלים • 201

ו לָמָּה אִירָא בִּימֵי רָע
עֲוֹן עֲקֵבַי יְסוּבֵּנִי:
ז הַבֹּטְחִים עַל־חֵילָם
וּבְרֹב עָשְׁרָם יִתְהַלָּלוּ:
ח אָח לֹא־פָדֹה יִפְדֶּה אִישׁ
לֹא־יִתֵּן לֵאלֹהִים כָּפְרוֹ:
ט וְיֵקַר פִּדְיוֹן נַפְשָׁם
וְחָדַל לְעוֹלָם:
י וִיחִי־עוֹד לָנֶצַח
לֹא יִרְאֶה הַשָּׁחַת:

ו לָמָּה אִירָא בִּימֵי רָע - כלומר: גם כשמגיעים זמנים רעים בחיים, בסופו של דבר לכל אלה יש קצבה, אף על פי שעֲוֹן עֲקֵבַי יְסוּבֵּנִי - יש מפרשים עקביי = רגליי, עוונות שאני עושה במהלך חיי, או שאני דורך עליהם, או במשמעות של עוונות שעשיתי בכוונה, בזדון; הם סובבים אותי ואני נענש עליהם. שהרי לכל אלה יש סוף.

ז כיוצא בזה אותם אנשים שחיים, לכאורה, בלי ייסורים, אלה הַבֹּטְחִים עַל־חֵילָם, על רכושם, וּבְרֹב עָשְׁרָם יִתְהַלָּלוּ - בסופו של דבר המוות מגיע גם אליהם.

ח אָח לֹא פָדֹה־יִפְדֶּה אִישׁ - אפילו אח איננו יכול לפדות את אחיו, שהרי אין זה בכוחו של אדם לפדות את זולתו ממוות. שום אדם, קרוב או לא קרוב, לֹא־יִתֵּן לֵאלֹהִים כָּפְרוֹ; כאשר המוות קורא לו, אין אדם יכול לתת כופר נפש כדי להינצל ממנו.

ט וְיֵקַר פִּדְיוֹן נַפְשָׁם וְחָדַל לְעוֹלָם - אם אפשר בכלל לדבר על כופר, הרי הכופר הזה יקר יותר מכל מה שנמצא בעולם, כל הדברים שבעולם גם יחד לא יוכלו לשמש ככופר, שהרי אין כופר ואין פדיון מן המוות.

י חלומו של אדם, שהוא גם חלק מדרך החשיבה שלו, הוא - וִיחִי־עוֹד לָנֶצַח, שהרי רוב בני האדם מרגישים, בחייהם, שהחיים הולכים ונמשכים, שהם יחיו לעולם ועד, ולעולם לֹא יִרְאֶה הַשָּׁחַת, כלומר: לא יראו את הקבר, השאול.

מט,ו עֲוֹן עֲקֵבַי יְסוּבֵּנִי – עבירות שאדם דש בעקביו נוגעות ומשפיעות על אור הנשמה הסובב ומקיף אותו. משל לאדם שרגלו נתקלה באבן ונפגעה מעט, אך בשל כך נפל כל גופו עד שהטיח ראשו בארץ בהכאה גדולה, שהרי הראש הוא גבוה יותר ולפיכך נופל בכוח יותר. כך הוא הנמשל: כשאדם נכשל בעוון קל, כגון כל שאפשר לו לעסוק בתורה או ליתן צדקה ואינו עושה כן (וכל שכן כשעובר על מצוות לא־תעשה), אזי אף שנראה לאדם שאין זו אלא עבירה קטנה, וכאילו נדחה רגלו ממקום מעמדו והוחלק מעט, הנה מחמת זה נחשך בו אור הנשמה, עד שהוכה ראשו הכאה גדולה. כי עם היות שהחטא הוא בבחינת עקב ורגלי הנשמה בלבד, עם כל זה הוא גורם לחיסרון בהארת אור הנשמה הסובב את האדם למעלה מראשו.

על־פי ליקוטי תורה דרושים לראש השנה סב, ד

יא כִּֽי־יִרְאֶ֨ה ׀ חֲכָמִ֪ים יָמ֡וּתוּ
יַ֤חַד כְּסִ֣יל וָבַ֣עַר יֹאבֵ֑דוּ
וְעָזְב֖וּ לַאֲחֵרִ֣ים חֵילָֽם׃
יב קִרְבָּ֤ם בָּתֵּ֨ימוֹ ׀ לְֽעוֹלָ֗ם
מִ֭שְׁכְּנֹתָם לְדֹ֣ר וָדֹ֑ר
קָֽרְא֥וּ בִ֝שְׁמוֹתָ֗ם
עֲלֵ֣י אֲדָמֽוֹת׃
יג וְאָדָ֣ם בִּ֭יקָר בַּל־יָלִ֑ין
נִמְשַׁ֖ל כַּבְּהֵמ֣וֹת נִדְמֽוּ׃
יד זֶ֣ה דַ֭רְכָּם כֵּ֣סֶל לָ֑מוֹ
וְאַחֲרֵיהֶ֓ם ׀
בְּפִיהֶ֖ם יִרְצ֣וּ סֶֽלָה׃

יא זאת אף שלכאורה אדם אמור היה לדעת זאת כִּי יִרְאֶה - כאשר הוא רואה - חֲכָמִים יָמוּתוּ, שגם האנשים החכמים מתים, שגם להם אין דרך להינצל מהמוות, יַחַד כְּסִיל וָבַעַר יֹאבֵדוּ, בדיוק כמו החכמים, וְעָזְבוּ לַאֲחֵרִים חֵילָם - שהרי בסופו של דבר, אין אנשים יכולים לקחת אתם את כל הרכוש שהם צוברים בחייהם ולהשתמש בו לאחר המוות, והם עוזבים, כלומר: משאירים, אותו לאחרים.

יב קִרְבָּם, כלומר: בתוכם, במחשבותיהם, אנשים חושבים שבָּתֵּימוֹ, בתיהם, יישארו להם לְעוֹלָם, ואת מִשְׁכְּנֹתָם ימשיכו להחזיק בידיהם לְדֹר וָדֹר.

קָרְאוּ בִשְׁמוֹתָם עֲלֵי אֲדָמוֹת - הם נותנים שמות לדברים, ובטוחים ששמם יחיה יחד אתם.

יג וְאָדָם בִּיקָר - בסופו של דבר אדם ביקרו, בכבודו - בַּל־יָלִין, כלומר: הוא איננו מגיע ללון, כלומר: להישאר, בעולם הזה. בסופו של דבר כל בני האדם נעקרים מן העולם, נִמְשַׁל כַּבְּהֵמוֹת נִדְמוּ - הם מתים בדיוק כמו שהבהמות מתות; כל כבודם, תפארתם וארמנותיהם אינם מצליחים להחזיק אותם בתוך העולם הזה.

יד זֶה דַרְכָּם של בני אדם, שהוא כֵּסֶל לָמוֹ - השטויות שלהם: הם בונים את תקוותיהם וחלומותיהם על מה שיש להם בחיי העולם הזה, בעוד שכל אלה הם ארעיים, ובטלים עם המוות.

וְאַחֲרֵיהֶם, כלומר: הדורות הבאים אחריהם, בְּפִיהֶם יִרְצוּ סֶלָה, גם הם מדברים על אותו

מט,יג וְאָדָם בִּיקָר בַּל יָלִין נִמְשַׁל כַּבְּהֵמוֹת נִדְמוּ – אמר הרה"ק רבי בונים מפשיסחא זי"ע כי זה פירושו, שכל השגה שאינה נשארת באדם למחרת היום – אינה דבר של קיימא. ואם כן לא השיג האדם דבר, ועדיין נמשל כבהמות נדמה. וזה עיקר כוחם של ישראל, לחבר בוקר וערב. בוקר הוא המאיר והמבורר, וערב הוא מקום תערובת טוב ורע. ובכל עת שנפתח לאיש ישראל איזו הארה, הוא בוקר; וצריך להתדבק בזו ההארה, כדי שתישאר קבועה אצלו תמיד גם לעת ערב וחושך.

על־פי שפת אמת, משפטים תרס"ב

פרק מט • ספר שני • ליום שני • ט לחודש ______ תהלים • 203

טו כַּצֹּ֨אן ׀ לִשְׁא֡וֹל שַׁתּ֗וּ
מָ֤וֶת יִ֫רְעֵ֥ם
וַיִּרְדּ֬וּ בָ֨ם יְשָׁרִ֨ים ׀ לַבֹּ֗קֶר
וְצוּרָ֣ם לְבַלּ֣וֹת שְׁ֝א֗וֹל
מִזְּבֻ֥ל לֽוֹ׃
טז אַךְ־אֱלֹהִ֗ים
יִפְדֶּ֣ה נַ֭פְשִׁי מִיַּד־שְׁא֑וֹל
כִּ֖י יִקָּחֵ֣נִי סֶֽלָה׃
יז אַל־תִּ֭ירָא כִּֽי־יַעֲשִׁ֣ר אִ֑ישׁ
כִּֽי־יִ֝רְבֶּ֗ה כְּב֣וֹד בֵּיתֽוֹ׃

וצירם

רצון בחיים ובהמשך החיים; אך כמובן שאין לדור הבא יותר תקווה לכך ממה שהיה לדור שקדם לו.

טו כל בני האדם **כַּצֹּאן**, כעדר צאן שמוליך הרועה, וכולם **לִשְׁאוֹל שַׁתּוּ** הושמו, נעשו. ומיהו הרועה של צאן האדם? **מָוֶת יִרְעֵם**. ויש המפרשים "ירעם" - ישברם, או: יאכלם. לגבי מה שיכול לקרות אומר המשורר **וַיִּרְדּוּ בָם יְשָׁרִים לַבֹּקֶר** - כלומר, לזמן העתיד, **וְצוּרָם** - תוקפם, גבורתם או צורתם, עתידה **לְבַלּוֹת**, להתבלות ולִכְלוֹת, **שְׁאוֹל מִזְּבֻל לוֹ** - מן הארמון, המקום שלו; היינו, כוחם ועוצמתם של בני האדם כולה הולכת וכלה ב"ארמונו" של השאול. וכאן בא פסוק אחד של תקווה, שהוא אחד המקומות היחידים במקרא שבו מדובר על השארת הנפש לאחר המוות:

טז **אַךְ־אֱלֹהִים יִפְדֶּה נַפְשִׁי מִיַּד שְׁאוֹל, כִּי יִקָּחֵנִי סֶלָה** - השאול, כפי שהוא מתואר פה, הוא המוות, הגיהינום והקיום העלוב וחסר המשמעות של נפשו של אותו אדם אשר כל חייו חשב רק על העולם הזה, וכל עולמו נלקח ממנו. שהרי הפדות האמיתית, ההצלה מן השאול הזה, היא כאשר הנפש מגיעה להיות צמודה אל הקב"ה ("צרור החיים את ה'" - שמואל א' כה, כט).

יז כעת פונה המשורר לאותם אנשים ההולכים בדרך טובים, אך נראה להם שהעולם איננו מתחשב בדרך חייהם; ולהם הוא אומר: **אַל־תִּירָא כִּי־יַעֲשִׁר אִישׁ** - כאשר אתה רואה אדם שנעשה עשיר ותקיף, ואתה רואה **כִּי־יִרְבֶּה כְּבוֹד בֵּיתוֹ**, דע שאין זה משנה כמה אדם, מכל סוג, גדל והולך בחייו.

מט,יז **אַל תִּירָא כִּי יַעֲשִׁר אִישׁ**. שלום לכל אנשי שלומנו באהבה רבה ועזה, חזקו ואמצו, כי העולם־הזה הבל הבלים ואין נשאר לאדם כי אם תורה ותפילה ומעשים טובים. ואם הכול יודעים זאת, אף־על־פי כן הוא אמת גמור ברור וצלול בלי שום ספק, וצריכים לזכור זאת בכל יום ויום. והיום למדתי בישעיה סימן מ': "כל הבשר חציר וכל חסדו כציץ השדה", ופירש רש"י: "כל המגביהים תהפך גדולתם ותהיה כחציר, שסוף אדם למות" וכו', והיה בעיניי כחדשות בלמדי זאת. מי ייתן שתשימו לבכם לכל הדברים האלה באמת ובתמימות ואל תיראו **כִּי יַעֲשִׁר אִישׁ** וכו'. והיום ראיתי שמי שמשים לבו אל האמת רואה בכל עת שכל הספרים צועקים ומכריזים כרוזים נוראים לשוב אל האמת, ויותר מזה אני מתאפק בכל כוחי מלכתוב עוד על פני השדה, בפרט בעתים הללו, וה' ייתן אמת ליעקב.

על־פי עלים לתרופה, קפו

יח כִּי לֹא בְמוֹתוֹ יִקַּח הַכֹּל
לֹא־יֵרֵד אַחֲרָיו כְּבוֹדוֹ:
יט כִּי־נַפְשׁוֹ בְּחַיָּיו יְבָרֵךְ
וְיוֹדֻךָ כִּי־תֵיטִיב לָךְ:
כ תָּבוֹא עַד־דּוֹר אֲבוֹתָיו
עַד־נֵצַח לֹא יִרְאוּ־אוֹר:
כא אָדָם בִּיקָר וְלֹא יָבִין
נִמְשַׁל כַּבְּהֵמוֹת נִדְמוּ:

יח כל זה הוא ארעי בלבד, כִּי לֹא בְמוֹתוֹ יִקַּח הַכֹּל. במות העושר והכבוד בטלים ונעשים חסרי משמעות. לֹא־יֵרֵד אַחֲרָיו - לקבר - כְּבוֹדוֹ. בקבר אין משמעות לכל ההישגים, לעושר ולכבוד.

יט כִּי־נַפְשׁוֹ בְּחַיָּיו יְבָרֵךְ - מה שאדם יכול לעשות הוא, בעודו חי, לברך, וגם לעשות מעשים שיש בהם ברכה. וְיוֹדֻךָ - ואז יודוך - כִּי־תֵיטִיב לָךְ - כי האיש שמיטיב לאחרים בעצם מיטיב לעצמו, שכן הטוב שהוא עושה הוא הדבר היחידי שיישאר אתו לעולם.

כ שאם לא כן, תָּבוֹא עַד־דּוֹר אֲבוֹתָיו; כלומר: אין שום הבדל אם החשבון הזה נעשה על תקופת חייו של אדם פרטי מסוים או גם על העבר, עד לדור האבות, כי אחרי המוות - עַד־נֵצַח לֹא יִרְאוּ־אוֹר. תפארת האבות נמוגה גם היא עם המוות, ובסופו של דבר זהו סיכומם של החיים.

כא וכאן בא המשורר לסכם את יחסו של אדם אל מכלול חייו: אָדָם העוסק בִּיקָר - בכבוד, בגדולה - וְלֹא יָבִין לאיזה דברים יש באמת משמעות ומה סופו להיעלם עם המוות, נִמְשַׁל כַּבְּהֵמוֹת נִדְמוּ, חייו של אדם כזה כמוהם כחיי בהמה, כשהיא חיה אין לה מודעות, וכשהיא מתה אין לה זיכרון ותקווה.

מט,כא נִמְשַׁל כַּבְּהֵמוֹת נִדְמוּ. הכעס בא מהכבד, בבחינת "כבד כועס" (ברכות סא, ב), ומעורר את המקטרג הגדול, "עשו הוא אדום", שהוא בחינת כבד, שהוא מלא דם. ומן המקטרג העליון משתלשלים מקטרגים וצרים למטה על האדם, ושולטים עליו, ואינם יראים מפניו. כי עיקר המורא שמתייראין מן האדם הוא מצלם אלוהים שבפניו, ועיקר הצלם הוא חכמת הבורא, שנתן לאדם להיות לו ליתרון על הבהמה, וכשכועס חכמתו מסתלקת (פסחים סו, ב), ואזי פניו נופלים, בבחינת "למה חרה לך ולמה נפלו פניך" (בראשית ד ו), ויוצא מגדר אדם לגדר בהמה, בבחינת נִמְשַׁל כַּבְּהֵמוֹת נִדְמוּ, וסר מוראו וצריו מצרים לו. ותיקונו על־ידי הצום, המכניע הכבד לפני המוח, או על־ידי עונג שבת; כי אכילת שבת קודש מכניעה הכבד, וכל שולטני רוגזין — שהם בחינת כבד כועס — בורחים מפניה.

על־פי ליקוטי מוהר"ן ח"א נז: ו

מִצִּיּוֹן מִכְלַל־יֹפִי אֱלֹהִים הוֹפִיעַ:

ספר שני

פרק נ

מזמור הקשור להקרבת קורבנות,
ואף מדבר ומעורר על מצווה זו.*

א מִזְמוֹר לְאָסָף
אֵל ׀ אֱלֹהִים יְהוָה
דִּבֶּר וַיִּקְרָא־אָרֶץ
מִמִּזְרַח־שֶׁמֶשׁ עַד־מְבֹאוֹ׃
ב מִצִּיּוֹן מִכְלַל־יֹפִי
אֱלֹהִים הוֹפִיעַ׃
ג יָבֹא אֱלֹהֵינוּ וְאַל־יֶחֱרַשׁ
אֵשׁ־לְפָנָיו תֹּאכֵל
וּסְבִיבָיו נִשְׂעֲרָה מְאֹד׃
ד יִקְרָא אֶל־הַשָּׁמַיִם מֵעָל
וְאֶל־הָאָרֶץ לָדִין עַמּוֹ׃
ה אִסְפוּ־לִי חֲסִידָי
כֹּרְתֵי בְרִיתִי עֲלֵי־זָבַח׃
ו וַיַּגִּידוּ שָׁמַיִם צִדְקוֹ
כִּי־אֱלֹהִים ׀
שֹׁפֵט הוּא סֶלָה׃

א מִזְמוֹר לְאָסָף, אֵל אֱלֹהִים ה׳ דִּבֶּר וַיִּקְרָא־אָרֶץ - זוהי קריאה שבה הקב״ה מתגלה כביכול לעולם ואומר דברים לבני האדם. בתחילה הוא מתאר את ההתגלות: ה׳ קורא לארץ, כלומר: לעולם כולו, מִמִּזְרַח־שֶׁמֶשׁ עַד־מְבֹאוֹ.

ב מוקד ההתגלות הוא מִצִּיּוֹן מִכְלַל־יֹפִי, מבית המקדש, מירושלים המושלמת ביופיה. משם אֱלֹהִים הוֹפִיעַ.

ג יָבֹא אֱלֹהֵינוּ וְאַל־יֶחֱרַשׁ, כלומר: יישמעו דבריו. אֵשׁ־לְפָנָיו תֹּאכֵל, כי בתוך ההתגלות הזו יש גם אש יוקדת, וּסְבִיבָיו נִשְׂעֲרָה מְאֹד - חלק מההתגלות הזו הוא רוח סערה (ראה מלכים א׳ יט, יא-יב).

ד יִקְרָא אֶל־הַשָּׁמַיִם מֵעָל וְאֶל־הָאָרֶץ גם יקרא לָדִין עַמּוֹ.

ה אִסְפוּ־לִי חֲסִידָי, שהם כֹּרְתֵי בְרִיתִי עֲלֵי־זָבַח, כלומר: מתייחדים וכורתים ברית עם ה׳ על ידי הבאת הקורבנות. זוהי הקריאה אל הארץ מתחת, ״לדין את עמו״.

ו ובמקביל, וַיַּגִּידוּ שָׁמַיִם צִדְקוֹ, כִּי־אֱלֹהִים שֹׁפֵט הוּא סֶלָה.

* נהוג היה לשיר פרקים שונים בספר תהלים - שירים של יום ושירים לימים מיוחדים בשנה - בזמן הקרבתם של קורבנות שונים. פרק זה שונה כמעט מכל פרקי התהלים האחרים בכך שאינו מדבר על קורבן מסוים או על נסיבות מסויימות, אלא על הקרבת הקורבנות בכללותה.

נ,א **אֵל אֱלֹהִים ה׳ דִּבֶּר וַיִּקְרָא אָרֶץ** – בשלושה שמות נברא העולם. כי קודם בריאת העולמות היה אור אין־סוף ממלא כל המציאות, בסוד שם **אֵל** – מידת חסדו יתברך, שאין לה גבול. מכיוון שכך, לא היה שום מקום פנוי לעמידת העולמות, עד שכאשר עלה ברצונו הפשוט לברוא העולמות הוצרך לצמצם אורו, בסוד שם **אֱלֹהִים** – מידת גבורתו יתברך. אמנם מאחר ואין העולם מתקיים במידת הדין, ולכן המשיך אליו קו של אור, בסוד שם **הוי״ה** – מידת רחמיו יתברך. במבט ראשון, אפשר לחשוב שמידת הרחמים היא פשרה בין החסד והדין, וככל אמצע – אין בה מעוצמתם של הקצוות. לא גילוי בלי גבול, ולא צמצום בלי גבול. אך לא כן. לולא נמשכו הרחמים ממקום עליון יותר, לא היו מסוגלים לכלול את החסד והגבורה, הגילוי וההעלם, גם יחד.

על־פי תהילות מנחם

פרק נ • ספר שני • ליום שני • ט לחודש
תהלים • 207

ז שִׁמְעָה עַמִּי ׀ וַאֲדַבֵּרָה
יִשְׂרָאֵל וְאָעִידָה בָּךְ
אֱלֹהִים אֱלֹהֶיךָ אָנֹכִי:
ח לֹא עַל־זְבָחֶיךָ אוֹכִיחֶךָ
וְעוֹלֹתֶיךָ לְנֶגְדִּי תָמִיד:
ט לֹא־אֶקַּח מִבֵּיתְךָ פָר
מִמִּכְלְאֹתֶיךָ עַתּוּדִים:
י כִּי־לִי כָל־חַיְתוֹ־יָעַר
בְּהֵמוֹת בְּהַרְרֵי־אָלֶף:
יא יָדַעְתִּי כָּל־עוֹף הָרִים
וְזִיז שָׂדַי עִמָּדִי:
יב אִם־אֶרְעַב לֹא־אֹמַר לָךְ
כִּי־לִי תֵבֵל וּמְלֹאָהּ:
יג הַאוֹכַל בְּשַׂר אַבִּירִים
וְדַם עַתּוּדִים אֶשְׁתֶּה:
יד זְבַח לֵאלֹהִים תּוֹדָה
וְשַׁלֵּם לְעֶלְיוֹן נְדָרֶיךָ:

ז ואלה הדברים שה׳ אומר לעמו: שִׁמְעָה עַמִּי וַאֲדַבֵּרָה, יִשְׂרָאֵל וְאָעִידָה בָּךְ, זכור כי אֱלֹהִים אֱלֹהֶיךָ אָנֹכִי - יש כאן אזכור לתחילת עשרת הדיברות.

ח ואף על פי שיש בדברים עידוד והוראה להקריב קורבנות, הרי לֹא עַל־זְבָחֶיךָ אוֹכִיחֶךָ, וְעוֹלֹתֶיךָ לְנֶגְדִּי תָמִיד - שאין הקב״ה נזקק, כביכול, לקורבנות הללו.

ט וה׳ ממשיך ואומר: לֹא־אֶקַּח מִבֵּיתְךָ פָר, מִמִּכְלְאֹתֶיךָ עַתּוּדִים - תיישים - לצורך עצמי,

י כִּי־לִי שייכות כָל־חַיְתוֹ־יָעַר - חיות היער וגם בְּהֵמוֹת הנמצאות בְּהַרְרֵי־אָלֶף, באלפי הרים.

יא יָדַעְתִּי, אני מכיר, כָּל־עוֹף הָרִים, וְזִיז שָׂדַי, שהם, כנראה, מיני עופות ענקיים, שהרי הם נמצאים עִמָּדִי.

יב לפיכך גם אִם־אֶרְעַב, לֹא־אֹמַר לָךְ, משום שלא לחסדיך אני נזקק, כִּי־לִי תֵבֵל וּמְלֹאָהּ.

יג דברים אלה נאמרים, כמובן, אך ורק בדרך של בדיחה או אירוניה; שהרי הַאוֹכַל - האם אני, ה׳, אוכל - בְּשַׂר אַבִּירִים - פרים - וְדַם או דם עַתּוּדִים אֶשְׁתֶּה?

יד מכאן משתמע, אפוא, שאת הקורבנות יש להקריב לא מפני שהקב״ה זקוק לכך, אלא משום שאתה, האדם, צריך לבטא את יחסך לקב״ה באמצעות מעשה וקורבן. ולכן זְבַח לֵאלֹהִים תּוֹדָה וְשַׁלֵּם לְעֶלְיוֹן נְדָרֶיךָ, אם נדרת להקריב קורבנות לכבודו.

נ,יב **אִם אֶרְעַב לֹא אֹמַר לָךְ.** הקב״ה מצווה אותנו על הקרבנות, אולם מדגיש באוזנינו שלא הוא שזקוק להם – אלא אנו. לכאורה הדבר תמוה. האם יש מי שיעלה על דעתו שהקב״ה רעב לבשר הקרבנות ולדמם? מבארת החסידות שלא ברעב של מטה הדברים אמורים, אלא ברעב של מעלה. רעב הוא כמיהת הנפש לחיבורה עם הגוף, הזקוק לאספקה תדירה של חומרי מזון. בהתאם לכך, רעב של מעלה הוא הרצון האלוהי להתגלות בעולם. רצון זה אכן ״אוכל״ את הקרבנות, שכן הקרבנות הם הכלי שבאמצעותו מבטא העולם את שייכותו לאור האלוהי מלמטה, ובעקבות הקרבתם שב ויורד אל העולם גילוי אלוהות מלמעלה. מעתה, היה מקום לטעות ולחשוב שהקב״ה הוא הזקוק לכך, ובא הכתוב להצילנו מטעות זו – **אִם אֶרְעַב לֹא אֹמַר לָךְ.** הקרבנות אינם למעני, אלא למענכם בלבד.

על־פי תהילות מנחם

טו וּקְרָאֵנִי בְּיוֹם צָרָה
אֲחַלֶּצְךָ וּתְכַבְּדֵנִי׃
טז וְלָרָשָׁע ׀ אָמַר אֱלֹהִים
מַה־לְּךָ לְסַפֵּר חֻקָּי
וַתִּשָּׂא בְרִיתִי עֲלֵי־פִיךָ׃
יז וְאַתָּה שָׂנֵאתָ מוּסָר
וַתַּשְׁלֵךְ דְּבָרַי אַחֲרֶיךָ׃
יח אִם־רָאִיתָ גַנָּב וַתִּרֶץ עִמּוֹ
וְעִם מְנָאֲפִים חֶלְקֶךָ׃
יט פִּיךָ שָׁלַחְתָּ בְרָעָה
וּלְשׁוֹנְךָ תַּצְמִיד מִרְמָה׃
כ תֵּשֵׁב בְּאָחִיךָ תְדַבֵּר
בְּבֶן־אִמְּךָ תִּתֶּן־דֹּפִי׃
כא אֵלֶּה עָשִׂיתָ ׀ וְהֶחֱרַשְׁתִּי
דִּמִּיתָ הֱיוֹת־אֶהְיֶה כָמוֹךָ
אוֹכִיחֲךָ וְאֶעֶרְכָה לְעֵינֶיךָ׃

טו **וּקְרָאֵנִי** ואם תעשה זאת, קראני **בְּיוֹם צָרָה**, שזהו, בדרך כלל, הזמן שבו נוהגים בני האדם לנדור נדרים, ואז **אֲחַלֶּצְךָ** מהצרה **וּתְכַבְּדֵנִי** בהבאת הקורבנות.

טז את כל זה אומר ה׳ לבני אדם באופן כללי, או לאנשים יראי שמים. **וְלָרָשָׁע**, לעומת זאת, **אָמַר אֱלֹהִים: מַה־לְּךָ לְסַפֵּר חֻקָּי** – מדוע אתה מספר ומדבר על חוקי ה׳? **וַתִּשָּׂא בְרִיתִי עֲלֵי־פִיךָ** – מדוע אתה אומר בפיך שאתה בן קדוש לעם ישראל ושאתה מקושר אל הקב״ה?

יז **וְאַתָּה** לאמיתו של דבר **שָׂנֵאתָ מוּסָר, וַתַּשְׁלֵךְ דְּבָרַי אַחֲרֶיךָ**; כי אף על פי שאתה אומר את הדברים הללו, הרי למעשה אינך מקיים אותם אלא בז להם, ובפועל אתה הולך בכל מיני דרכים רעות.

יח למשל: **אִם־רָאִיתָ גַנָּב וַתִּרֶץ עִמּוֹ** – אתה רץ אתו כדי להשתתף במעשיו, **וְעִם מְנָאֲפִים חֶלְקֶךָ**, גם במעשיהם אתה לוקח חלק.

יט **פִּיךָ שָׁלַחְתָּ** – אתה מניח לעצמך – לדבר **בְרָעָה** מכל סוג, **וּלְשׁוֹנְךָ תַּצְמִיד**, כלומר: תקרב ותקשר **לְמִרְמָה**.

כ רשעות זו היא כללית, ואיננה מופנית אך ורק כלפי זרים; גם כאשר **תֵּשֵׁב** עם אנשים אחרים, **בְּאָחִיךָ תְדַבֵּר** דברים רעים, **בְּבֶן־אִמְּךָ תִּתֶּן־דֹּפִי**.

כא **אֵלֶּה**, את כל הרעות האלה, **עָשִׂיתָ** – **וְהֶחֱרַשְׁתִּי**, כביכול אינני מגיב עליהן, בעוד שאתה **דִּמִּיתָ**, חשבת בלבך, **שֶׁהֱיוֹת־אֶהְיֶה כָמוֹךָ**, שארד למדרגתך ואבוא להתווכח אתך **וְאוֹכִיחֲךָ** על רעה שעשית **וְאֶעֶרְכָה לְעֵינֶיךָ** – כלומר, אראה לך כמה רע עשית.

נ,יח **אִם רָאִיתָ גַנָּב וַתִּרֶץ עִמּוֹ.** עיקר תאוות ניאוף נמשך על־ידי הגנבה של הבעל דבר [=היצר הרע], שגונב וחותר במחשבות האדם בכמה תחבולות וערמומיות עד שמביאו לידי הרהור ח״ו. וזו בחינת **אִם רָאִיתָ גַנָּב וַתִּרֶץ עִמּוֹ וְעִם מְנָאֲפִים חֶלְקֶךָ**, שהפסוק מוכיח: **אִם רָאִיתָ גַנָּב** שהוא היצר הרע **וַתִּרֶץ עִמּוֹ**, על־ידי זה **וְעִם מְנָאֲפִים חֶלְקֶךָ**, כי באמת היה ראוי לך לשמור מחשבתך מאוד מאוד מהגנב הזה, ואתה לא די שלא שמרת עצמך ממנו אף גם ותרץ עמו, שנתרצית אחריו רח״ל, ועל־ידי זה ועם מנאפים חלקך. על כן צריך האדם להישמר מאוד שלא יהיה כרוך אחר המחשבות רעות שמכניס בדעתו על־ידי גנבותיו, רק ישתדל בכל כוחו לגרש ולבער הגנב מקרבו, כי המחשבה ביד האדם להטותה כרצונו, ושם עיקר הבחירה, אשרי השומר מחשבתו היטב, קדוש ייאמר לו.

על־פי ליקוטי הלכות, גנבה ד: ט

כב בִּינוּ־נָא זֹאת שֹׁכְחֵי אֱלוֹהַּ
פֶּן־אֶטְרֹף וְאֵין מַצִּיל:
כג זֹבֵחַ תּוֹדָה יְכַבְּדָנְנִי
וְשָׂם דֶּרֶךְ
אַרְאֶנּוּ בְּיֵשַׁע אֱלֹהִים:

כב הקב"ה איננו פועל בדרך זו, אך בסופו של דבר הוא דן את האדם: בִּינוּ־נָא זֹאת, שֹׁכְחֵי אֱלוֹהַּ, כל אלה אשר, כאשר עונשם אינו בא עליהם מיד, הם סבורים שנפטרו כליל מעונש, פֶּן־אֶטְרֹף וְאֵין מַצִּיל מידי.

כג והמשורר מסיים בפנייה לאנשים המקשיבים לדבריו: זֹבֵחַ קורבן תּוֹדָה - שכאמור: הקב"ה אינו זקוק לו, ורק האדם הוא זה שמרגיש צורך לבטא את הכרת התודה שלו לקב"ה בדרך זו - יְכַבְּדָנְנִי.

וְשָׂם דֶּרֶךְ, כלומר: מי שסולל ומתווה לעצמו את הדרך הנכונה, הוא האיש שבסופו של דבר אַרְאֶנּוּ - בחייו, במציאות שלו - בְּיֵשַׁע אֱלֹהִים.

נ,כג וְשָׂם דֶּרֶךְ. באמת כל הטבע הוא גם כן הנהגתו יתברך שמו, רק שאינו ניכר. וכשעושה השם יתברך לפעמים נסים, הרי זה "יצא מן הכלל ללמד על הכלל כולו", להודיע כי השם יתברך ברא ומנהיג כל הטבע גם כן. ולכן המכיר בנסיו וחסדיו של הקב"ה ומביא עליהם קרבן תודה, נאמר עליו זֹבֵחַ תּוֹדָה יְכַבְּדָנְנִי וְשָׂם דֶּרֶךְ – שבזה הוא שָׂם דֶּרֶךְ, מלשון סידור, כמו "ושמו איש על עבודתו", שמברר את האמת והפנימיות מתוך החיצוניות ומודיע מלכותו יתברך בעולם. ובאמת כל העובד השם יתברך ומבקש למצוא האמת, הוא רואה תמיד איך השם יתברך הוא המנהיג לכול בכל יום תמיד. וזו מידתם של בני ישראל בכלל, שכאשר הם יורדים לגלות מצרים ולשאר גלויות, שהאור נסתר בהן, ואזי זוכים לגאולה – בזה הם מיישרים דרכי ה' ומאירים לכל העולם.

על־פי שפת אמת, צו תר"נ

הֵיטִיבָה בִרְצוֹנְךָ אֶת־צִיּוֹן תִּבְנֶה חוֹמוֹת יְרוּשָׁלָ͏ִם׃

ספר שני

פרק נא

הפרק הקלסי של וידוי על חטאים,
בקשת סליחה ותקווה למחילה.

א לַמְנַצֵּחַ מִזְמוֹר לְדָוִד:
ב בְּבוֹא־אֵלָיו נָתָן הַנָּבִיא
כַּאֲשֶׁר־בָּא אֶל־בַּת־שָׁבַע:
ג חָנֵּנִי אֱלֹהִים כְּחַסְדֶּךָ
כְּרֹב רַחֲמֶיךָ מְחֵה פְשָׁעָי:
ד הֶרֶב כַּבְּסֵנִי מֵעֲוֹנִי
וּמֵחַטָּאתִי טַהֲרֵנִי:
ה כִּי־פְשָׁעַי אֲנִי אֵדָע
וְחַטָּאתִי נֶגְדִּי תָמִיד:

א בצד הכותרת לַמְנַצֵּחַ מִזְמוֹר לְדָוִד יש לפרק הגדרה נוספת המסבירה את נסיבותיו ועניינו:

ב בְּבוֹא־אֵלָיו נָתָן הַנָּבִיא, שאמר לו דברי תוכחה קשים ביותר כַּאֲשֶׁר־בָּא אֶל־בַּת־שָׁבַע. זהו החטא הכבד שנזכר לדוד בחייו וגם לאחר מכן, והנביא גם אומר לו שעוון זה יתמרק בייסורים לא רק בימי חייו שלו, אלא אף בחייהם של צאצאיו. כמסופר בספר שמואל, דוד התחרט על חטאו זה חרטה עמוקה והקב"ה קיבל את תשובתו, אף שלא הייתה בכך כפרה גמורה.

ג במזמור שלפנינו מסופר הדבר מנקודת הראות האישית הפנימית של דוד עצמו: חָנֵּנִי אֱלֹהִים כְּחַסְדֶּךָ, שהרי כאן אין מקום להצגת טיעונים אלא רק לבקשת רחמים וחנינה, כְּרֹב רַחֲמֶיךָ מְחֵה פְשָׁעָי.

ד הֶרֶב כַּבְּסֵנִי – הרבה, הוסף וכבסני, שהוא לשון נמרצת יותר מסתם רחיצה, כי יש בזה מלאכה של הוצאת הלכלוך מבפנים – מֵעֲוֹנִי, וּמֵחַטָּאתִי טַהֲרֵנִי.

ה כִּי־פְשָׁעַי אֲנִי אֵדָע לא רק באופן הפשוט, דהיינו: של אדם החוטא במזיד (שזוהי המשמעות המדויקת של המושג "פשע"); כלומר: אני לא רק יודע את פשעיי ידיעה שכלית, אלא גם מודע להם וחש אותם.

וְחַטָּאתִי, החטא שחטאתי, נֶגְדִּי תָמִיד; אין אני שוכח אותה, והיא מצויה לפניי כל הזמן כמזכרת עוון מתמדת.

הֶרֶב
הרבה

נא,ה וְחַטָּאתִי נֶגְדִּי תָמִיד. תשובה, מעצם עניינה, דורשת תנועת נפש של הכנעה עצמית ורגש חי ונוקב של מרירות. משנתנה דעתה לשוב, הנפש נרעדת מן החטא וכואבת את השלכותיו. אמנם תשובה, במהותה ובעצמותה, היא בראש ובראשונה שמחה עצומה. הרי אין כמעלתם של בעלי תשובה, ואין כאור היוצא מתוך החושך. אותה מורכבות מתגלה גם בדבריו של דוד המלך ע"ה, הכוללים במזמור אחד את וְחַטָּאתִי נֶגְדִּי תָמִיד יחד עם תַּשְׁמִיעֵנִי שָׂשׂוֹן וְשִׂמְחָה תָּגֵלְנָה עֲצָמוֹת דִּכִּיתָ. ומבאר אדמו"ר הזקן: תַּשְׁמִיעֵנִי שָׂשׂוֹן וְשִׂמְחָה – בקירוב, בגילוי, בתמידות, משום שרק חיי שמחה הם חיי תשובה; וְחַטָּאתִי נֶגְדִּי תָמִיד – לזיכרון החטא שמור מקום בתודעה, אך רק מִנֶּגֶד – מרחוק. זיכרון זה, לא לסייג את השמחה הוא בא, אלא לנסוך בה חוט של שפלות עצמית.

על־פי תניא, איגרת התשובה, יא

ו לְךָ לְבַדְּךָ חָטָאתִי
וְהָרַע בְּעֵינֶיךָ עָשִׂיתִי
לְמַעַן תִּצְדַּק בְּדָבְרֶךָ
תִּזְכֶּה בְשָׁפְטֶךָ:
ז הֵן־בְּעָווֹן חוֹלָלְתִּי
וּבְחֵטְא יֶחֱמַתְנִי אִמִּי:

ו לְךָ לְבַדְּךָ חָטָאתִי: בהקשר של פרק זה אין הכוונה "לך לבדך" ולא לאחרים, שהרי חטאו של דוד עם בת שבע בוודאי היה כרוך גם בפשיעה לגבי אחרים (אוריה, בת שבע וכן אנשים נוספים שהיו מעורבים במעשה זה בדרכים שונות). אלא יש להבין זאת כך: החטא הוא כל כך חמור, כל כך עמוק, עד שאיני יכול לדון בו אלא בעומדי אל מול הקב"ה; לפי שאין הוא רק עברה חברתית או פלילית, אלא גם פגם המגיע עד לשורש הקשר העצמי שבין אדם לקב"ה.

וְהָרַע בְּעֵינֶיךָ עָשִׂיתִי, לְמַעַן תִּצְדַּק בְּדָבְרֶךָ תִּזְכֶּה בְשָׁפְטֶךָ - כאן אומר דוד לה': כל מה שתשפטני ותענישני יהיה בצדק גמור. אני מוכן לקבל עליי כל עונש, ואתה תצדק במה שתעניש אותי.

ז אך כעת הוא בא ומוסיף דברים, אשר מצד אחד יש בהם התנצלות ומצד שני נימוקים להקל באשמה. דוד טוען כאן כי חטא איננו התרחשות חד־פעמית, מעשה החורג מדרכו וממנהגו של אדם, אלא הוא טבוע בו, הוא חלק מהווייתו. במובן מסוים אפשר, לדעתו, לומר שיצירתו־שלו, כמו יצירתו של כל אדם, איננה עניין שכולו כוונות טובות והפשטה; הֵן־בְּעָווֹן חוֹלָלְתִּי, שהרי תחילת יצירתו של אדם בנויה על יצר, וּבְחֵטְא יֶחֱמַתְנִי - שכאן כנראה מובנו הוא תחילת היצירה, תחילה ההוויה - אִמִּי. במילים אחרות: יש תחום מסוים שאמנם איננו עברה על החוק, אבל יש בו משום כניסה לעולם היצר או השתקעות בו;

נא,ו וְהָרַע – בְּעֵינֶיךָ עָשִׂיתִי. כמה צריך האדם להתמרמר ולצעוק מקירות לבו על שפגם וחטא נגד הקב"ה בחלקו ובכוחו שנתן בידו, וכמובא בשם הרה"ק רבי אהרן מקרלין על פסוק וְהָרַע בְּעֵינֶיךָ עָשִׂיתִי, שכמה רע ומר הוא זה שבְּעֵינֶיךָ – היינו בעיניים שנתת לי, שכוחך שופע בהם – בהם ועל־ידם עשיתי הרע.

על־פי ישמח ישראל, ליקוטים

נא,ז הֵן בְּעָווֹן חוֹלָלְתִּי. ברייתו של אדם כברייתו של עולם. כשם שתחילה היה בחינת הצמצום והסתלקות האור האלוהי, ורק אחר כך שב ונמשך האור, כך הֵן בְּעָווֹן חוֹלָלְתִּי, שתכף ליצירת האדם נתאכסן היצר הרע עמו, ולכן נעשה כמו טבע אצלו להתאוות תאווה, ורק אחר י"ג שנה לֵב טָהוֹר בְּרָא לִי אֱלֹהִים, שנכנס בו יצר טוב, ואזי יוכל לו.

על־פי קדושת לוי, ראש השנה

פרק נא • ספר שני • ליום שלישי • ט לחודש ______ תהלים • 213

ח הֵן־אֱמֶת חָפַצְתָּ בַטֻּחוֹת
וּבְסָתֻם חָכְמָה תוֹדִיעֵנִי׃
ט תְּחַטְּאֵנִי בְאֵזוֹב וְאֶטְהָר
תְּכַבְּסֵנִי וּמִשֶּׁלֶג אַלְבִּין׃
י תַּשְׁמִיעֵנִי שָׂשׂוֹן וְשִׂמְחָה
תָּגֵלְנָה עֲצָמוֹת דִּכִּיתָ׃
יא הַסְתֵּר פָּנֶיךָ מֵחֲטָאָי
וְכָל־עֲוֺנֹתַי מְחֵה׃
יב לֵב טָהוֹר בְּרָא־לִי אֱלֹהִים
וְרוּחַ נָכוֹן חַדֵּשׁ בְּקִרְבִּי׃

וכוח יצרי זה, שאינו תמיד מושתת על ההוויה העליונה, נמצא בתשתית חייו של כל אדם.

ח דוד ממשיך את הווידוי הזה, המגיע עד ליסודות הנפש, ואומר: הֵן־אֱמֶת חָפַצְתָּ בַטֻּחוֹת - שזהו שם נרדף לכליות, וכאן הוא בא במשמעות של עצה פנימית, שיקול פנימי. במילים אחרות: הדברים שהוא מתוודה עליהם הם חלק מפנימיותו, מעיקר נשמתו, וּבְסָתֻם - בדברים שאינם ידועים ואינם גלויים לאחרים, אבל נמצאים בתוכי - חָכְמָה, במובן של הכרת הפגם המהותי שבנפשי, תוֹדִיעֵנִי.

ט ומכאן עולה גם בקשה להגיע לטהרה. דוד מבקש מה' שיטהר אותו בכל הדרכים האפשריות, כשם שמטהרים אדם שנטמא למת או לקה בצרעת: תְּחַטְּאֵנִי - תטהרני - בְאֵזוֹב וְאֶטְהָר, תְּכַבְּסֵנִי - שזו, כאמור, לשון נמרצת שיש בה גם הסכמה לקבל את המירוק והכאב הכרוכים בזה - כל כך הרבה עד וּמִשֶּׁלֶג אַלְבִּין.

י וכאשר תנקני, אז תַּשְׁמִיעֵנִי שָׂשׂוֹן וְשִׂמְחָה, כי אוכל להרגיש שסרה חטאתי. אז גם תָּגֵלְנָה עֲצָמוֹת, שכאן הן משל לחלק הפנימי, העצמי, שדִּכִּיתָ, באשר אני חוטא ואשם.

יא הַסְתֵּר פָּנֶיךָ מֵחֲטָאָי, ואל יהיו לפניך בכל עת, וְכָל עֲוֺנֹתַי מְחֵה בתשובתי.

יב לֵב טָהוֹר בְּרָא־לִי אֱלֹהִים, שכן הפגמים שבלב הם חלק מהווייתו, והוא מבקש בריאה של לב חדש, הבנה חדשה, רגש חדש, וְרוּחַ נָכוֹן חַדֵּשׁ בְּקִרְבִּי כיצירה חדשה.

נא,יב **לֵב טָהוֹר בְּרָא לִי אֱלֹהִים.** אף־על־פי שבענייני העולם־הזה אין לאדם לסמוך על נס, בענייני העולם־הבא יסמוך אף על נס. כלומר: אף שרואה שכפי דרך הטבע, על־פי סדר התורה, כמעט אבדה תקוותו ח"ו מרוב חטאיו, עם כל זה יסמוך על נס – כי העולם־הבא אינו בטבע. ונס יוכל להיות מאפלה לאור גדול, מאפלה דייקא. ועל זה נאמר "בטח בה' ועשה טוב", ולא יחוש שח"ו מעשיו הטובים הם לריק. ואף שידוע שכל נס הוא יש מיש, ולא יש מאין, ולכן צריך שיעשה הכנה ויתעורר מעצמו תחילה; אבל יש גם בריאה יש מאין, כי השם יתברך מחדש בכל יום תמיד מעשה בראשית, וכדרך שנאמר **לֵב טָהוֹר בְּרָא לִי אֱלֹהִים**, וכבקשתנו: "השיבנו ה' אליך ונשובה".

על־פי צדקת הצדיק, קמב

יג אַל־תַּשְׁלִיכֵנִי מִלְּפָנֶיךָ
וְרוּחַ קָדְשְׁךָ
אַל־תִּקַּח מִמֶּנִּי׃
יד הָשִׁיבָה לִּי שְׂשׂוֹן יִשְׁעֶךָ
וְרוּחַ נְדִיבָה תִסְמְכֵנִי׃
טו אֲלַמְּדָה פֹשְׁעִים דְּרָכֶיךָ
וְחַטָּאִים אֵלֶיךָ יָשׁוּבוּ׃
טז הַצִּילֵנִי מִדָּמִים ׀ אֱלֹהִים
אֱלֹהֵי תְּשׁוּעָתִי
תְּרַנֵּן לְשׁוֹנִי צִדְקָתֶךָ׃
יז אֲדֹנָי שְׂפָתַי תִּפְתָּח
וּפִי יַגִּיד תְּהִלָּתֶךָ׃
יח כִּי ׀ לֹא־תַחְפֹּץ זֶבַח וְאֶתֵּנָה
עוֹלָה לֹא תִרְצֶה׃

יג ובקשה נוספת: אַל־תַּשְׁלִיכֵנִי מִלְּפָנֶיךָ בעווני, וְרוּחַ קָדְשְׁךָ אַל־תִּקַּח מִמֶּנִּי. דברים אלה עלולים לקרות כתוצאה של העוון, ודוד מבקש שה׳ לא ייקח ממנו את אותם צדדים של קדושה שיש בו, שהרי היה אדם גדול, ומבחינות רבות אף אדם קדוש.

יד הָשִׁיבָה לִּי שְׂשׂוֹן יִשְׁעֶךָ, שבא עם המחילה והכפרה, כדי שאוכל להגיע גם לזמנים של שמחה, וְרוּחַ נְדִיבָה של רצייה ותמיכה תִסְמְכֵנִי, כלומר: תיתן לי, תקרב אליי את הרוח הנדיבה.

טו לקבלת תשובתי תהיה משמעות לא רק לי עצמי אלא גם לאחרים, שיוכלו כך ללמוד ממני. שהרי על ידי כך אֲלַמְּדָה פֹשְׁעִים דְּרָכֶיךָ, שילמדו לדעת שאתה מוחל וסולח, וְחַטָּאִים אֵלֶיךָ יָשׁוּבוּ, אחרי שייוודע להם שיש מחילה לעוונות.

טז הַצִּילֵנִי מִדָּמִים - מן החטא הנוסף שחטא דוד בשפיכות דמים (של אוריה) - אֱלֹהִים, אֱלֹהֵי תְּשׁוּעָתִי, והנח לי להמשיך ולחיות; ואז, בחיי, תְּרַנֵּן לְשׁוֹנִי צִדְקָתֶךָ, כי אם יסתבר שלחטאיו של דוד יש תשובה וכפרה הוא ישמש דוגמה לרבים, הן בדורו והן בדורות הבאים.

יז ה׳, שְׂפָתַי תִּפְתָּח - עזור לי לבטא את הדברים הללו - וּפִי יַגִּיד תְּהִלָּתֶךָ; שכן ההודאה על החטא, קבלת הייסורים ובקשת הסליחה הם המהלך האמיתי היחידי שיכול אדם לעשות כדי שחטאיו יימחלו.

יח כִּי לֹא־תַחְפֹּץ זֶבַח וְאֶתֵּנָה אותו, ועוֹלָה לֹא תִרְצֶה, משום שאלה אינם, בעצם, מביאים לכפרה.

נא,יז **אֲדֹנָי שְׂפָתַי תִּפְתָּח.** בעת התפילה הדמיונות גוברים באדם ביותר, והלשון משולח לדבר אף שלבו בל עמו, וצריך לכוון לבו. ועל זה תיקנו קודם התפילה לומר **אֲדֹנָי שְׂפָתַי תִּפְתָּח,** שהשם אדני מורה על שכינתו יתברך שבקרב לבות בני ישראל, ומבקשים שלא ידבר הפה מעצמו רק הלב יפתחנו – הוא הקב״ה, לבן של ישראל, שנאמר ״צור לבבי״. ובסוף התפילה אנו אומרים ״יהיו לרצון אמרי פי והגיון לבי לפניך״, ומבקשים שיהיה הגיון הלב לרצון אף שהיה מעורב בדמיונות ומחשבות זרות, כי ״אתה צורי וגאלי״ – אתה ״צור לבבי״, כנזכר, וממך כל מחשבות הלב, ואתה גואל דבר אמת השבוי ומלובש בדמיונותיי. ולכן היו חכמים מתפללים במקום לימודם (ברכות ח, א), כי מחשבות זרות באות לאדם מן האוויר, ואוויר ד׳ אמות של הלכה מכניס בלב מחשבת דברי תורה ומוציא דמיון, שהוא הפכו.

על־פי צדקת הצדיק, רט

יט זִבְחֵי אֱלֹהִים רוּחַ נִשְׁבָּרָה
לֵב־נִשְׁבָּר וְנִדְכֶּה
אֱלֹהִים לֹא תִבְזֶה׃
כ הֵיטִיבָה בִרְצוֹנְךָ אֶת־צִיּוֹן
תִּבְנֶה חוֹמוֹת יְרוּשָׁלָםִ׃
כא אָז תַּחְפֹּץ זִבְחֵי־צֶדֶק
עוֹלָה וְכָלִיל
אָז יַעֲלוּ עַל־מִזְבַּחֲךָ פָרִים׃

יט **זִבְחֵי אֱלֹהִים** האמיתיים הם לא הקורבנות שאדם מביא כדי לכפר על פשעיו, אלא **רוּחַ נִשְׁבָּרָה**, שברון הלב הפנימי.

לֵב־נִשְׁבָּר וְנִדְכֶּה, אֱלֹהִים, לֹא תִבְזֶה, כי זה הוא הדבר שחשוב בעיניך, זהו הקורבן האמיתי והדרך לתיקון.

כ ומכאן באה בקשה השייכת גם לכלל; שהרי דוד איננו רק אדם פרטי אלא גם מלך ישראל, והוא מבקש שחטאיו לא יכתימו את הכלל ולא יקלקלו לו: **הֵיטִיבָה בִרְצוֹנְךָ אֶת־צִיּוֹן**, שאני שוכן לידה, **תִּבְנֶה חוֹמוֹת יְרוּשָׁלָםִ**.

כא **אָז**, אחרי בוא הסליחה והמחילה, **תַּחְפֹּץ זִבְחֵי־צֶדֶק, עוֹלָה וְכָלִיל**, שאינם קורבנות לכפרת חטא אלא הם מתנות רצון ואהבה; **וְאָז**, לאחר הכפרה והתשובה, אפשר יהיה לו להקריב קורבנות, **וְיַעֲלוּ עַל־מִזְבַּחֲךָ** קורבנות **פָרִים**.

נא,יט **זִבְחֵי אֱלֹהִים רוּחַ נִשְׁבָּרָה.** כדי שתצא התשובה אל הפועל, הלב צריך להישבר. השלמות הפלסטית האטומה, הזחוחה, של האני המוצלח, הבטוח בעצמו, העושה את הדבר הנכון והולך למקום הנכון, מוכרחה להיסדק ובסופו של דבר להתנפץ. אין זו אלא קליפה חיצונית, לעתים חומה של ממש, שהחיים מעבים ומחזקים עוד ועוד כאמצעי זהירות בפני חדירת הספק הנורא – שמא אינני כה מוצלח כפי שאני מדמה את עצמי, שמא אינני עושה את הדבר הנכון, שמא איני יודע בדיוק לאן אני הולך ומהי הדרך לבוא שמה. אם אפילו שמץ מזה הספק יחלחל לעומק הלב, תתחיל תגובת שרשרת בלתי נמנעת של קריסת הדימוי העצמי השלם והבטוח, והלב יישבר לרסיסים. רק אז, מתוך השברים, ייפתח חלון לשלמות שהלב נכסף אליה, ולא העז מעולם לקוות לה באמת. רק אז יפרחו בו חיים חדשים.

על־פי תניא, איגרת התשובה, פרק ז

וַאֲנִי כְּזַיִת רַעֲנָן בְּבֵית אֱלֹהִים

מזמור תפילה נגד השקרן והמלשין, אשר יש זמנים שבהם נראה כאילו הם משיגים את מטרותיהם ומגשימים את שאיפותיהם; אך בסופו של דבר השקר ונושאו מתמוטטים והאיש ההגון זוכה, בחסות ה', לשלווה ולביטחון.

ספר שני

פרק נב

א לַמְנַצֵּחַ מַשְׂכִּיל לְדָוִד׃
ב בְּבוֹא ׀ דּוֹאֵג הָאֲדֹמִי
וַיַּגֵּד לְשָׁאוּל
וַיֹּאמֶר לוֹ
בָּא דָוִד אֶל־בֵּית אֲחִימֶלֶךְ׃
ג מַה־תִּתְהַלֵּל בְּרָעָה הַגִּבּוֹר
חֶסֶד אֵל כָּל־הַיּוֹם׃
ד הַוּוֹת תַּחְשֹׁב לְשׁוֹנֶךָ
כְּתַעַר מְלֻטָּשׁ עֹשֵׂה רְמִיָּה׃
ה אָהַבְתָּ רָּע מִטּוֹב
שֶׁקֶר ׀ מִדַּבֵּר צֶדֶק סֶלָה׃
ו אָהַבְתָּ כָל־דִּבְרֵי־בָלַע
לְשׁוֹן מִרְמָה׃
ז גַּם־אֵל יִתָּצְךָ לָנֶצַח
יַחְתְּךָ וְיִסָּחֲךָ מֵאֹהֶל
וְשֵׁרֶשְׁךָ מֵאֶרֶץ חַיִּים סֶלָה׃
ח וְיִרְאוּ צַדִּיקִים וְיִירָאוּ
וְעָלָיו יִשְׂחָקוּ׃

א כותרת המזמור קושרת אותו למאורע בחייו של דוד המלך: לַמְנַצֵּחַ מַשְׂכִּיל לְדָוִד,

ב בְּבוֹא דוֹאֵג הָאֲדֹמִי וַיַּגֵּד לְשָׁאוּל וַיֹּאמֶר לוֹ: 'בָּא דָוִד אֶל־בֵּית אֲחִימֶלֶךְ', וכתוצאה מזה הושמדו כמעט כל אנשי בית אחימלך על לא עוול בכפם.

ג מַה־תִּתְהַלֵּל בְּרָעָה, הַגִּבּוֹר? לפי שדואג היה משריו וגיבוריו של המלך שאול; כי כנגד הרעה יש חֶסֶד אֵל כָּל־הַיּוֹם.

ד הַוּוֹת, רעות, תַּחְשֹׁב בלְשׁוֹנֶךָ, לשונך היא מכשיר בידך להזיק בו. ולשון זו שלך היא כְּתַעַר מְלֻטָּשׁ שהוא עֹשֵׂה רְמִיָּה - כנראה מפני שתער חד ומלוטש יכול לעשות חיתוכים באופנים שתער פשוט איננו יכול לעשותם.

ה אָהַבְתָּ רָּע מִטּוֹב, שֶׁקֶר אהבת יותר מִדַּבֵּר מאשר לדבר צֶדֶק, סֶלָה.

ו אָהַבְתָּ כָל־דִּבְרֵי־בָלַע, לְשׁוֹן מִרְמָה.

ז וכעונש על כך - גַּם־אֵל יִתָּצְךָ, ישבור אותך, לָנֶצַח, יַחְתְּךָ - ימוטט אותך - וְיִסָּחֲךָ - יגרור אותך - מֵאֹהֶל, וְשֵׁרֶשְׁךָ, יעקור אותך מן השורש, מֵאֶרֶץ חַיִּים סֶלָה.

ח וְיִרְאוּ צַדִּיקִים במפלתו וְיִירָאוּ; מצד אחד הם רואים כמה קשה יכול להיות עונשם של רשעים, ומצד שני - וְעָלָיו יִשְׂחָקוּ.

נב,ג **חֶסֶד אֵל כָּל הַיּוֹם.** קבלה מהבעש"ט זי"ע שלא להניח שום יום בלא מצווה, הן קלה הן חמורה, כמו שאמרו רבותינו ז"ל: "הוי זהיר במצווה קלה כבחמורה" (אבות ב: א), זהיר לשון "והמשכלים יַזְהִרוּ" (דניאל יב ג), שהנשמה תאיר ותזהיר ממצווה קלה כבחמורה, כי רחמנא לבא בעי. והוא דבר גדול מאוד, כי אז ידע שעשה פעולה ביום זה, שברא מלאך אחד שיהיה לו למליץ להגיד ישרו. וסימנך: "שומר מצוה לא ידע דבר רע" (קהלת ח ה), שצריך לעמוד על משמרתו מבוקר עד ערב, אולי תזדמן לו מצווה. וזהו "שומר", מלשון "ואביו שמר את הדבר" (בראשית לז יא), והוא סגולה ש"לא ידע דבר רע", היינו שלא יבוא לידי קרי הנקרע רע ח"ו. וסימנך: **חֶסֶד אֵל כָּל הַיּוֹם**, היינו שבכל יום ויום צריך לעשות חסד לא־ל יתברך.

על־פי צוואת הריב"ש, קה"ת תשנ"ח, יז

ט הִנֵּה הַגֶּבֶר
לֹא יָשִׂים אֱלֹהִים מָעוּזּוֹ
וַיִּבְטַח בְּרֹב עָשְׁרוֹ
יָעֹז בְּהַוָּתוֹ:
י וַאֲנִי | כְּזַיִת רַעֲנָן
בְּבֵית אֱלֹהִים
בָּטַחְתִּי בְחֶסֶד־אֱלֹהִים
עוֹלָם וָעֶד:
יא אוֹדְךָ לְעוֹלָם כִּי עָשִׂיתָ
וַאֲקַוֶּה שִׁמְךָ כִי־טוֹב
נֶגֶד חֲסִידֶיךָ:

ט כי הִנֵּה הַגֶּבֶר אשר לֹא יָשִׂים אֱלֹהִים מָעוּזּוֹ, במקום זה וַיִּבְטַח בְּרֹב עָשְׁרוֹ, יָעֹז - ימצא לעצמו מעוז או מבטח - בְּהַוָּתוֹ, ברעתו, הרי בסופו של דבר האיש הזה, שכל כך בטוח בעצמו ובכוחו, הוא זה שנעקר משורש.

י וַאֲנִי ואילו אני, שאותם דברים של דואג האדומי היו גם כנגדי, אשאר כְּזַיִת רַעֲנָן בְּבֵית אֱלֹהִים, בָּטַחְתִּי בְחֶסֶד־אֱלֹהִים עוֹלָם וָעֶד, ויצאתי מכל זה בלי פגע.

יא אוֹדְךָ לְעוֹלָם כִּי עָשִׂיתָ דברים אלה אתי, וַאֲקַוֶּה שִׁמְךָ כִי־טוֹב נֶגֶד - לעיני, או במעמד - כל חֲסִידֶיךָ.

נב,יא **אוֹדְךָ לְעוֹלָם כִּי עָשִׂיתָ** – עשייתנו היא טובה עצומה לנו, כי בעולם העליון אין הנשמה יכולה לקבל נועם זיו ה', שהרי היא כלולה בו, ואילו בעולם־הזה היא מלבישה עצמה בלבושים עד שכשתחזור ותעלה תהיה לנגדו ותוכל לזון עיניה בו, בבחינת **נֶגֶד חֲסִידֶיךָ**. אמנם נמנו חכמים וגמרו ש"טוב לאדם שלא נברא משנברא", שמא יחטא ויאבד עולמו. ועל כן אין אנו מברכים "שעשני ישראל", אבל אנו מודים על טוב ה' ומקווים שייגמר לטובה – **וַאֲקַוֶּה שִׁמְךָ כִי טוֹב**, שנהיה בבחינת **נֶגֶד חֲסִידֶיךָ** ונתענג על זיו השכינה.

על־פי שפתי קדושים

מִי יִתֵּן מִצִּיּוֹן יְשֻׁעוֹת יִשְׂרָאֵל בְּשׁוּב אֱלֹהִים שְׁבוּת עַמּוֹ יָגֵל יַעֲקֹב יִשְׂמַח יִשְׂרָאֵל:

מזמור התבוננות על מעשי הרשעים בעולם, הרואה את שורש הרשעות בחוסר האמונה בהשגחת ה' ובהנחה שהעולם נעוב בידי החזקים והרעים – הנחה שאינה אלא תרמית עצמית, שהרי ה' משגיח על העולם ומעניש את עושי הרע. נוסחה אחרת של מזמור זה, בשינויים קלים, מצויה בפרק יד.

ספר שני

פרק נג

א לַמְנַצֵּחַ עַל־מָחֲלַת
מַשְׂכִּיל לְדָוִד:
ב אָמַר נָבָל בְּלִבּוֹ אֵין אֱלֹהִים
הִשְׁחִיתוּ וְהִתְעִיבוּ עָוֶל
אֵין עֹשֵׂה־טוֹב:
ג אֱלֹהִים מִשָּׁמַיִם
הִשְׁקִיף עַל־בְּנֵי־אָדָם
לִרְאוֹת הֲיֵשׁ מַשְׂכִּיל
דֹּרֵשׁ אֶת־אֱלֹהִים:
ד כֻּלּוֹ סָג יַחְדָּו נֶאֱלָחוּ
אֵין עֹשֵׂה־טוֹב
אֵין גַּם־אֶחָד:
ה הֲלֹא יָדְעוּ פֹּעֲלֵי אָוֶן
אֹכְלֵי עַמִּי אָכְלוּ לֶחֶם
אֱלֹהִים לֹא קָרָאוּ:
ו שָׁם ׀ פָּחֲדוּ־פַחַד
לֹא־הָיָה פָחַד
כִּי־אֱלֹהִים
פִּזַּר עַצְמוֹת חֹנָךְ

א לַמְנַצֵּחַ עַל־מָחֲלַת - מהי בדיוק "מחלת" איננו יודעים, וייתכן שזהו סוג של כלי שיר או שם של מנגינה. גם מזמור זה הוא מַשְׂכִּיל לְדָוִד, כלומר: לא שיר תפילה אלא דברים המתייחסים להגות, למחשבה.

ב אָמַר נָבָל בְּלִבּוֹ: 'אֵין אֱלֹהִים' - וגם אם לא תמיד מכריז הנבל על כך ברבים, עובדת היותו נבל נובעת מכך שבתוך לבו הוא מניח, ובמובן מסוים הוא אף חי על פי ההנחה הזו, שאין אלוקים. ולכן הִשְׁחִיתוּ וְהִתְעִיבוּ במעשי עָוֶל, ואֵין עֹשֵׂה־טוֹב.

ג אֱלֹהִים מִשָּׁמַיִם הִשְׁקִיף עַל־בְּנֵי־אָדָם, לִרְאוֹת הֲיֵשׁ מַשְׂכִּיל דֹּרֵשׁ אֶת־אֱלֹהִים, ובתוך המבט הזה התמונה היא, לכאורה, מדכאת:

ד כֻּלּוֹ סָג, כלומר: כל הדור הוא כולו סיגים, פסולת, יַחְדָּו כל בני החברה נֶאֱלָחוּ, התלכלכו במובן המוסרי, אֵין עֹשֵׂה־טוֹב אֵין גַּם־אֶחָד.

ה הֲלֹא - האם לא - יָדְעוּ פֹּעֲלֵי אָוֶן, עושי רע, אבל בפועל הם אֹכְלֵי עַמִּי, אָכְלוּ לֶחֶם, הם אוכלים את עמי כמו שאוכלים לחם. ומעבר לזה - אֱלֹהִים לֹא קָרָאוּ. כלומר: התמונה הכללית היא שאין אנשים צדיקים. האנשים הרשעים מצויים בכל מקום; הם טורפים את הטובים ומזיקים להם, ואין במציאות שלהם כל מקום לקדושה.

ו שָׁם, במציאות כזאת, בעולם כזה, האנשים הטובים פָּחֲדוּ־פַחַד, כי נראה להם שהנה הם עומדים להיבלע. אבל לֹא־הָיָה פָחַד, כלומר: באמת הפחד הזה לא התממש, כִּי־אֱלֹהִים בסופו של דבר פִּזַּר עַצְמוֹת חֹנָךְ, את

נג,ה הֲלֹא יָדְעוּ פֹּעֲלֵי אָוֶן – פירוש: מהיכן באה כל פעולת און, שנופלים בתאוות איסור ובעבירות ח"ו? אֹכְלֵי עַמִּי אָכְלוּ לֶחֶם אֱלֹהִים לֹא קָרָאוּ – הוא מחמת שכאשר אכלו עמי לחם, לא קראו בשם ה' בעת האכילה, שלא הייתה אכילתם בקדושה. כי מתאוות של רשות והיתר בא אדם ח"ו לידי תאוות של איסור. וכך פירשתי הפסוק "מחץ ראש על ארץ רבה" (קי ו), מחץ אותיות חמץ, רמז ליצר הרע שנקרא "מְעַוֵּל וחומץ" (עא ד), והיינו כי מה שיש כוח ביד היצר הרע להיות מושל וראש על האדם, הוא מחמת "על ארץ רבה", שהאדם מרבה בארציות שאינה לשם שמים.

על־פי חסד לאברהם – ראדומסק, דברים

הֱבִישֹׁתָה
כִּֽי־אֱלֹהִ֥ים מְאָסָֽם׃
ז מִ֥י יִתֵּ֣ן מִצִּיּוֹן֮
יְשֻׁע֪וֹת יִשְׂרָ֫אֵ֥ל
בְּשׁ֣וּב אֱ֭לֹהִים שְׁב֣וּת עַמּ֑וֹ
יָגֵ֥ל יַ֝עֲקֹ֗ב יִשְׂמַ֥ח יִשְׂרָאֵֽל׃

עצמותיהם, וממילא - גם את גופם ועצם קיומם של אלה שהיו חונים, היינו: צרים עליכם, על הצדיקים.

הֱבִשֹׁתָה - כאן יש פנייה לכל אלה התקיפים והנבלים, אשר תכניותיהם ערוכות בידם ועולמם פתוח, לכאורה: בסופו של דבר כל זה מגיע לידי בושה, כִּי־אֱלֹהִים מְאָסָם.

ז והמזמור מסתיים בתפילה: מִי יִתֵּן שיבואו מִצִּיּוֹן יְשֻׁעוֹת יִשְׂרָאֵל, שבְּשׁוּב אֱלֹהִים שְׁבוּת עַמּוֹ, וגאולתם תהיה ניכרת לעין, אז יָגֵל יַעֲקֹב, יִשְׂמַח יִשְׂרָאֵל.

נג,ז **יְשֻׁעוֹת יִשְׂרָאֵל.** כי ישועתם של ישראל יכולה להיות בשני אופנים: "אני ה' בְּעִתָּהּ אחישנה" (ישעיהו ס כב); זכו – אחישנה, לא זכו – בְּעִתָּהּ" (סנהדרין צח, א). ובקשתנו: מִי יִתֵּן מִצִּיּוֹן **יְשֻׁעוֹת יִשְׂרָאֵל**, שיהיו ישראל מצוינים במצוות ומעשים טובים עד שתהיה ישועתם בבחינת "זכו"; **בְּשׁוּב אֱלֹהִים שְׁבוּת עַמּוֹ**, שגם מידת הדין, הרמוזה בשם אלוהים, תסכים שבאה עת לחננם; **יָגֵל יַעֲקֹב יִשְׂמַח יִשְׂרָאֵל**, ואזי נגיל ונשמח בגאולתנו ובפדות נפשנו.

על־פי רב ייבי

בִּנְדָבָה אֶזְבְּחָה־לָּךְ אוֹדֶה שִּׁמְךָ יהוה כִּי־טוֹב:

ספר שני

פרק נד

מזמור תפילה כנגד הרשעים, ודברי ביטחון בה' שיציל את המתפלל מידי אויביו ויעניש כראוי להם.

א לַמְנַצֵּ֥חַ בִּנְגִינֹ֗ת
מַשְׂכִּ֥יל לְדָוִֽד׃
ב בְּב֣וֹא הַ֭זִּיפִים
וַיֹּאמְר֣וּ לְשָׁא֑וּל
הֲלֹ֥א דָ֝וִ֗ד מִסְתַּתֵּ֥ר עִמָּֽנוּ׃
ג אֱ֭לֹהִים בְּשִׁמְךָ֣ הוֹשִׁיעֵ֑נִי
וּבִגְבוּרָתְךָ֥ תְדִינֵֽנִי׃
ד אֱ֭לֹהִים שְׁמַ֣ע תְּפִלָּתִ֑י
הַ֝אֲזִ֗ינָה לְאִמְרֵי־פִֽי׃
ה כִּ֤י זָרִ֨ים ׀ קָ֤מוּ עָלַ֗י
וְֽעָרִיצִים בִּקְשׁ֣וּ נַפְשִׁ֑י
לֹ֤א שָׂ֨מוּ אֱלֹהִ֖ים לְנֶגְדָּ֣ם
סֶֽלָה׃
ו הִנֵּ֣ה אֱ֭לֹהִים עֹזֵ֣ר לִ֑י
אֲ֝דֹנָ֗י בְּֽסֹמְכֵ֥י נַפְשִֽׁי׃
ז יָשִׁ֣יב הָ֭רַע לְשֹׁרְרָ֑י
בַּ֝אֲמִתְּךָ֗ הַצְמִיתֵֽם׃

א לַמְנַצֵּחַ בִּנְגִינֹת מַשְׂכִּיל לְדָוִד: מזמור זה אמנם לא נכתב בזמן של טובה, אבל הוא על כל פנים תודה על הצלה קטנה. וייתכן שכאן מקומו של ה"משכיל": שבתוך שורה ארוכה של ייסורים ומצבים קשים יש לאדם למצוא רגע כדי להודות על איזושהי הצלה.

ב המזמור הזה מיוחס למאורע מסוים: בְּבֹא הַזִּיפִים, אנשי העיר זיף, וַיֹּאמְרוּ לְשָׁאוּל: 'הֲלֹא דָוִד מִסְתַּתֵּר עִמָּנוּ', ואז פנה שאול לתפוס את דוד שם; אבל כיוון שדוד ידע על כך הוא נמלט בעוד מועד, והוא מודה על ההצלה הקטנה הזו.

ג אֱלֹהִים, בְּשִׁמְךָ הוֹשִׁיעֵנִי וּבִגְבוּרָתְךָ תְדִינֵנִי - לכף זכות.

ד אֱלֹהִים, שְׁמַע תְּפִלָּתִי, הַאֲזִינָה לְאִמְרֵי־פִי.

ה כִּי זָרִים - כאלה שאין להם סיבה מיוחדת לשנוא אותי - קָמוּ עָלַי, וְעָרִיצִים בִּקְשׁוּ נַפְשִׁי, לֹא שָׂמוּ אֱלֹהִים לְנֶגְדָּם, סֶלָה, הם אינם עושים חשבון; והלוא אין להם כל סיבה וכל טעם להציק לי.

ו הִנֵּה אֱלֹהִים עֹזֵר לִי, ה' בְּסֹמְכֵי נַפְשִׁי - משום שבכל זאת הוא מביא לי הצלה.

ז יָשִׁיב הָרַע לְשֹׁרְרָי, לאויביי, בַּאֲמִתְּךָ הַצְמִיתֵם - השמד אותם בדרך האמת שלך, כי אתה יכול לעשות זאת.

ישוּב

נד,ב בְּבוֹא הַזִּיפִים – פירש הגאון הקדוש רבי שמעלקי מניקלשבורג זי"ע כי הזיפים הם עולמות התוהו, שמזייפין את הכול ומייפין את הכול; וַיֹּאמְרוּ לְשָׁאוּל, שגם על דבר מעשה שבו יורד האדם ח"ו לשאול תחתית; הֲלֹא דָוִד מִסְתַּתֵּר עִמָּנוּ, דוד הוא מלכות שמים, והיינו שגם על דבר עבירה אומרים שהוא מצווה ומסיתים את האדם שלא יצא על־ידי זה מעול מלכות שמים; אֱלֹהִים בְּשִׁמְךָ הוֹשִׁיעֵנִי, כי לזה צריך עזר רב מהבורא יתברך, להתגבר כנגד יצרו המטעהו בזה, וכל אחד יבין בעצמו להינצל מרשתו.

על־פי פנים יפות

ח בִּנְדָבָה אֶזְבְּחָה־לָּךְ
אוֹדֶה שִּׁמְךָ יְהוָה כִּי־טוֹב:
ט כִּי מִכָּל־צָרָה הִצִּילָנִי
וּבְאֹיְבַי רָאֲתָה עֵינִי:

ח ואני בִּנְדָבָה אֶזְבְּחָה־לָּךְ על הישועה, אוֹדֶה שִׁמְךָ, ה׳, כִּי־טוב.

ט כִּי מִכָּל־צָרָה הִצִּילָנִי, וּבְאֹיְבַי, במפלת אויביי, רָאֲתָה עֵינִי.

נד,ט **כִּי מִכָּל צָרָה הִצִּילָנִי** – גילוי של חסד, השולל את מציאות הצרה מעיקרה ומרומם את האדם למקום שבו אין היא מצרה לו; **וּבְאֹיְבַי רָאֲתָה עֵינִי** – גילוי אור של גבורה, הפועל בתוך המציאות וממגר את האויב. העובדה ששני אורות אלו, ההפוכים בטבעם, מתגלים כאחד – מעידה על כך שהישועה נמשכת ממקום עליון, שאינו בגדרי הגבול וההתחלקות, ולגביו הן החסד והן הגבורה מגלים אותו במידה זהה. גילוי מופלא כזה יהיה בעת הגאולה העתידה, שבה ייפרצו מצרי הגלות ויתאחדו מעלות החסד והגבורה, הגילוי וההסתר. בעת ההיא יקרו שני דברים בעת ובעונה אחת: יאיר מלמעלה אור העצמות, אור שמעל ומעבר לכל גבול ותפיסה, ותתחדש באדם מלמטה היכולת לתפוס את האור הזה בכלי השגתו, עד כי "וראו כל בשר יחדו כי פי ה׳ דִּבֵּר" (ישעיהו מ ה).

על־פי ספר המאמרים תשט"ו ד"ה ונגלה כבוד

וָאֹמַר מִי־יִתֶּן־לִי אֵבֶר כַּיּוֹנָה אָעוּפָה וְאֶשְׁכֹּנָה:

ספר שני
פרק נה

מזמור של תפילה ותחינה של המשורר שעה שהוא מוקף באויבים רבים, אשר חלקם הם אנשים שבגדו בו. יש שייחסו תפילה זו למרד אבשלום ולבגידתם של אחיתופל ואחרים.

א לַמְנַצֵּחַ בִּנְגִינֹת
מַשְׂכִּיל לְדָוִד:
ב הַאֲזִינָה אֱלֹהִים תְּפִלָּתִי
וְאַל־תִּתְעַלַּם מִתְּחִנָּתִי:
ג הַקְשִׁיבָה לִּי וַעֲנֵנִי
אָרִיד בְּשִׂיחִי וְאָהִימָה:
ד מִקּוֹל אוֹיֵב
מִפְּנֵי עָקַת רָשָׁע
כִּי־יָמִיטוּ עָלַי אָוֶן
וּבְאַף יִשְׂטְמוּנִי:
ה לִבִּי יָחִיל בְּקִרְבִּי
וְאֵימוֹת מָוֶת נָפְלוּ עָלָי:
ו יִרְאָה וָרַעַד יָבֹא בִי
וַתְּכַסֵּנִי פַּלָּצוּת:
ז וָאֹמַר
מִי־יִתֶּן־לִּי אֵבֶר כַּיּוֹנָה
אָעוּפָה וְאֶשְׁכֹּנָה:

א לַמְנַצֵּחַ בִּנְגִינֹת מַשְׂכִּיל לְדָוִד.

ב הַאֲזִינָה, אֱלֹהִים, תְּפִלָּתִי וְאַל־תִּתְעַלַּם מִתְּחִנָּתִי - יש כאן בקשה, ואחריה - בקשה מתונה יותר: המשורר מבקש שתפילתו תישמע, או, לכל הפחות, שלא יתעלם ה׳ ממנו.

ג הַקְשִׁיבָה לִּי וַעֲנֵנִי כי אני אָרִיד - אקונן, אבכה - בְּשִׂיחִי, בסיפור צרותיי וכאבי, וְאָהִימָה, אשמיע קול בכייה ונהימה.

ד מִקּוֹל אוֹיֵב שמתקיף אותי, מִפְּנֵי עָקַת - המועקה, הלחץ - של הָרָשָׁע, כִּי־יָמִיטוּ עָלַי אָוֶן - הם מטים ומפילים עליי את האוון שלהם, וּבְאַף יִשְׂטְמוּנִי - ישנאו אותי.

ה לִבִּי יָחִיל - יפחד - בְּקִרְבִּי, וְאֵימוֹת מָוֶת נָפְלוּ עָלָי מפני כל האיומים שמסביב.

ו יִרְאָה וָרַעַד יָבֹא בִי וַתְּכַסֵּנִי פַּלָּצוּת - זעזוע, פחד גדול וגם שבר.

ז וָאֹמַר: מִי־יִתֶּן־לִּי אֵבֶר - שעניינו כאן ובמקומות אחרים כנף - כַּיּוֹנָה, שאוכל להיות כמו ציפור, אָעוּפָה מן המקום שאני נמצא בו וְאֶשְׁכֹּנָה בכל מקום אחר שהוא, כי עיקר רצוני הוא לברוח.

נה,ה **יִרְאָה וָרַעַד יָבֹא בִי.** במלחמת עמלק נאמר "והיה כאשר ירים משה ידו וגבר ישראל", ומבארים חז"ל ש"כל זמן שישראל מסתכלים כלפי מעלה ומשעבדים לבם לאביהם שבשמים היו מתגברים", כי בהסתכלותם מעלה עלו מיראת עמלק, שהיא יראה חיצונית, ליראת ה׳, שהיא יראה פנימית, וממילא סרה היראה החיצונית והייתה ידם על העליונה. וזה שאמר הכתוב כי כאשר **לִבִּי יָחִיל בְּקִרְבִּי וְאֵימוֹת מָוֶת נָפְלוּ עָלָי**, לשון רבים כנגד כל מיני יראות חיצוניות שיש לאדם בחייו, אזי תקנתו כי **יִרְאָה וָרַעַד יָבֹא בִי**, שיתעורר לבוא על־ידי אותן יראות חיצוניות לידי יראה פנימית.

על־פי צפנת פענח, שמות ח י

פרק נה • ספר שני • ליום שלישי • י לחודש ___ תהלים • 227

ח הִנֵּה אַרְחִיק נְדֹד
אָלִין בַּמִּדְבָּר סֶלָה׃
ט אָחִישָׁה מִפְלָט לִי
מֵרוּחַ סֹעָה מִסָּעַר׃
י בַּלַּע אֲדֹנָי פַּלַּג לְשׁוֹנָם
כִּי־רָאִיתִי חָמָס וְרִיב בָּעִיר׃
יא יוֹמָם וָלַיְלָה
יְסוֹבְבֻהָ עַל־חוֹמֹתֶיהָ
וְאָוֶן וְעָמָל בְּקִרְבָּהּ׃
יב הַוּוֹת בְּקִרְבָּהּ
וְלֹא־יָמִישׁ מֵרְחֹבָהּ
תֹּךְ וּמִרְמָה׃
יג כִּי לֹא־אוֹיֵב יְחָרְפֵנִי וְאֶשָּׂא
לֹא־מְשַׂנְאִי עָלַי הִגְדִּיל
וְאֶסָּתֵר מִמֶּנּוּ׃
יד וְאַתָּה אֱנוֹשׁ כְּעֶרְכִּי
אַלּוּפִי וּמְיֻדָּעִי׃
טו אֲשֶׁר יַחְדָּו נַמְתִּיק סוֹד
בְּבֵית אֱלֹהִים נְהַלֵּךְ בְּרָגֶשׁ׃

ח הִנֵּה אַרְחִיק נְדֹד, אָלִין בַּמִּדְבָּר, בודד אך בטוח, סֶלָה.

ט אָחִישָׁה לחפש מִפְלָט לִי מֵרוּחַ סֹעָה, סוערת, הומה, וּמִסָּעַר.

י ועכשיו הוא פונה לדבר על האויבים, ולבקש: בַּלַּע, ה׳, - השמד, הורד אותם, פַּלַּג לְשׁוֹנָם - הפרד, חתוך את לשון הרע שהם מדברים, כִּי־רָאִיתִי חָמָס וְרִיב בָּעִיר, כאשר הם משתלטים עליה.

יא יוֹמָם וָלַיְלָה יְסוֹבְבֻהָ בחמס וריב עַל־חוֹמֹתֶיהָ, וְאָוֶן וְעָמָל נמצאים בְּקִרְבָּהּ.

יב הַוּוֹת - אסונות, רעות - בְּקִרְבָּהּ, וְלֹא־יָמִישׁ מֵרְחֹבָהּ תֹּךְ - תככים - וּמִרְמָה. כל זה קורה כאשר האויבים הללו שולטים בעיר.

יג וכאן מגיע המשורר לנקודה כואבת במיוחד: כִּי לֹא־אוֹיֵב יְחָרְפֵנִי וְאֶשָּׂא חרפתו, מאחר שאני יודע שהוא מכבר אויב לי, וְלֹא־מְשַׂנְאִי עָלַי הִגְדִּיל, כלומר: מתגבר וגדל ומאיים עליי, וְאֶסָּתֵר מִמֶּנּוּ,

יד אלא וְאַתָּה, זה שאליו הוא פונה ואשר עתה נעשה אויבו, הלוא היית אֱנוֹשׁ כְּעֶרְכִּי, אדם שאמדתי אותו כשווה לי, ואף יותר מזה: אַלּוּפִי - מורה ומפקד שלי - וּמְיֻדָּעִי,

טו אֲשֶׁר בעבר יַחְדָּו נַמְתִּיק סוֹד, היינו מספרים סודות זה לזה מתוך קרבת הנפש, מצד אחד, וכמו כן בְּבֵית אֱלֹהִים נְהַלֵּךְ שנינו בְּרָגֶשׁ - בהתרגשות, בהתעוררות. וכאשר אנשים כל כך קרובים בוגדים ונעשים כאויבים, הכאב גדול הרבה יותר.

נה,ט אָחִישָׁה מִפְלָט לִי מֵרוּחַ סֹעָה מִסָּעַר. כשפוגמין הדיבור, שהוא רוח פיו של הקב״ה, אזי על־ידי הפגם נעשה מרוח פיו רוח סערה. ורוח סערה הזה הוא המקטרג הגדול, שממנו באים כל הקטרוגים וכל הניסיונות, והוא מסער גופיה דבר נש. וכל המלשינות והרעות שדוברים על אדם בא מרוח סערה הזה, כי הוא בחינת ״קץ כל בשר״, שעושה קץ וסוף לכל בשר. ותיקון הדיבור הוא על־ידי התורה שלומדים בעניות ובדחקות, בעת שצר לאדם, שעל־ידה נמשך עליו חוט של חסד ומגרש כל בעלי הדין וכל סטרא דמסאבא, ובזה מתקן הדיבור ומעלהו לשורשו.

על־פי ליקוטי עצות, דיבור, רז

טז יַשִּׁיא מָוֶת ׀ עָלֵימוֹ
יֵרְדוּ שְׁאוֹל חַיִּים
כִּי־רָעוֹת בִּמְגוּרָם בְּקִרְבָּם:
יז אֲנִי אֶל־אֱלֹהִים אֶקְרָא
וַיהוָה יוֹשִׁיעֵנִי:
יח עֶרֶב וָבֹקֶר וְצָהֳרַיִם
אָשִׂיחָה וְאֶהֱמֶה
וַיִּשְׁמַע קוֹלִי:
יט פָּדָה בְשָׁלוֹם נַפְשִׁי
מִקְּרָב־לִי
כִּי־בְרַבִּים הָיוּ עִמָּדִי:
כ יִשְׁמַע ׀ אֵל ׀ וְיַעֲנֵם
וְיֹשֵׁב קֶדֶם סֶלָה
אֲשֶׁר אֵין חֲלִיפוֹת לָמוֹ
וְלֹא יָרְאוּ אֱלֹהִים:
כא שָׁלַח יָדָיו בִּשְׁלֹמָיו
חִלֵּל בְּרִיתוֹ:

ישִׁימוֹת ׀

טז יַשִּׁיא, יעלה ויביא ה׳ את הַמָּוֶת עָלֵימוֹ, שיֵרְדוּ האויבים שְׁאוֹל חַיִּים. יש כאן רימוז לפרשת קורח, אשר הייתה קטטה פנימית בעם שעונשה היה שהרשעים נבלעו חיים בשאול. כִּי־רָעוֹת בִּמְגוּרָם, בְּקִרְבָּם – בדירתם, ובדרך ההשאלה: בחדרי לבבם.

יז אֲנִי – מה שאני יכול לעשות הוא – אֶל־אֱלֹהִים אֶקְרָא, וה׳ יוֹשִׁיעֵנִי.

יח עֶרֶב וָבֹקֶר וְצָהֳרַיִם אָשִׂיחָה – אדבר, אתפלל, וְאֶהֱמֶה, אתפלל, וַיִּשְׁמַע ה׳ קוֹלִי.

יט וכאן יש תפנית מסוימת, אולי לאחר זמן: פָּדָה בְשָׁלוֹם נַפְשִׁי מִקְּרָב־לִי, מתוך הקרבות שמתחוללים מסביבי ה׳ פדה והציל אותי.

כִּי־בְרַבִּים הָיוּ עִמָּדִי – בעבור הרבים שתמכו בי; ויש שפירשו כי מקרים רבים היו בעבר שבהם הייתי במצוקה, והצילני ה׳ ממנה.

כ יִשְׁמַע אֵל לידידיי וְיַעֲנֵם, וְיֹשֵׁב קֶדֶם – הקב״ה, שהוא נמצא מאז ומקדם – סֶלָה. ושוב חוזר המשורר לדבר על האויבים: אֲשֶׁר אֵין חֲלִיפוֹת לָמוֹ – הם אינם משנים או מחליפים את דרכם, אלא ממשיכים הלאה בדרכם הרעה, וְלֹא יָרְאוּ אֱלֹהִים.

כא האויב שלי שָׁלַח יָדָיו בִּשְׁלֹמָיו, גם באלה שהיה בשלום אתם, חִלֵּל בְּרִיתוֹ שכרת עם כולם.

נה,יט ״פָּדָה בְשָׁלוֹם נַפְשִׁי מִקְּרָב לִי – אמר הקב״ה: כל העוסק בתורה ובגמילות חסדים ומתפלל עם הציבור, מעלה אני עליו כאלו פדאני לי ולבניי מבין אומות העולם״ (ברכות ח, א). ובזוהר הקדוש מבאר כי בפדיון השכינה מגלותה הדברים אמורים. כי שכינה היא תפילה, ומיום שחרב בית המקדש אין אנו יודעים איך להתפלל, כי קליפות טמאות מפסיקות כחומה של ברזל בינינו ובין אבינו שבשמים, ואין אנו יכולים לטהר מחשבתנו ולכוון לבנו. והעצה היעוצה היא שיעסוק אדם בתורה הן קודם התפילה והן אחר התפילה, ויהיה לימודו באהבה וביראה כדי להתחסד עם קונו ולקומם שכינתו מעפר, ואזי יש כוח בלימודו להעביר אותה חומה של ברזל, ושוב אפשר לו לכוון לבו בתפילתו ולהעלותה מבין הקליפות.

על־פי תולדות יעקב יוסף, נח

כב חֶלְקוּ ׀ מַחְמָאֹת פִּיו
וּֽקְרָב־לִבּ֫וֹ
רַכּ֣וּ דְבָרָ֣יו מִשֶּׁ֑מֶן
וְהֵ֣מָּה פְתִחֽוֹת׃
כג הַשְׁלֵ֤ךְ עַל־יְהֹוָ֙ה ׀ יְהָבְךָ֮
וְה֢וּא יְכַ֫לְכְּלֶ֥ךָ
לֹא־יִתֵּ֖ן לְעוֹלָ֥ם מ֗וֹט
לַצַּדִּֽיק׃
כד וְאַתָּ֤ה אֱלֹהִ֨ים ׀
תּוֹרִדֵ֬ם ׀ לִבְאֵ֬ר שַׁ֗חַת
אַנְשֵׁ֤י דָמִ֣ים וּ֭מִרְמָה
לֹא־יֶחֱצ֣וּ יְמֵיהֶ֑ם
וַ֝אֲנִ֗י אֶבְטַח־בָּֽךְ׃

כב ומה הוא אומר על האויב - חָלְקוּ מַחְמָאֹת פִּיו, מצד אחד הוא מדבר בלשון חלקה כחמאה, אבל וּקְרָב־לִבּוֹ, בלבו אין לא שלום ולא ידידות אלא קרב.

רַכּוּ דְבָרָיו מִשֶּׁמֶן, אבל וְהֵמָּה פְתִחוֹת - יש מפרשים חרבות שהוצאו מן הנדן, או פחתים ומכשולים.

כג וכאן אומר המשורר דברי חיזוק כלליים: הַשְׁלֵךְ עַל־ה׳ יְהָבְךָ את המשא שלך, את העול המעיק עליך - וְהוּא יְכַלְכְּלֶךָ, לֹא־יִתֵּן לְעוֹלָם מוֹט לַצַּדִּיק - הוא לא ייתן שהצדיק יתמוטט.

כד וביחס לאויבים הוא אומר: וְאַתָּה, אֱלֹהִים, תּוֹרִדֵם לִבְאֵר שַׁחַת; ואותם אויבים שלי, שהם אַנְשֵׁי דָמִים וּמִרְמָה, לֹא־יֶחֱצוּ יְמֵיהֶם, ימותו בקיצור ימים. וַאֲנִי אֶבְטַח־בָּךְ.

נה,כג הַשְׁלֵךְ עַל ה׳ יְהָבְךָ. מי שמרגיש שאין לו שום חשק בלב ומוח לעבודת ה׳, אזי עצתו שישליך על ה׳ יהבו, ומתוך שפלות דעתו בהכרת חסרונו יעורר רחמי שמים. וזה פירוש: ״תאות ענוים שמעת ה׳ תכין לבם״ (י יז), שדבר זה הוא תאות הענווים המכירים שפלותם, שלב אַיִן, והקב״ה מכין לבם. וכידוע פירוש הבעש״ט על פסוק ״ה׳ צלך״, שמה שהאדם עושה כן מתנהג עמו השם יתברך, וכשהוא במדרגת אין יכול להשיג מעלת השם יתברך במדרגת אין, ומשם מוליד יש מאין גילוי חכמה במוח, פירוש שהשם יתברך מאיר לו שאין זולתו כלל, ועכשיו כמו בטרם נברא העולם מלוא כל הארץ כבודו. וכשדבר זה מאיר לעיני האדם אז תיכף נולדים רצונות במוח ולב. אבל צריך להיות מקודם ״אבדו גוים מארצו״ (שם י טז), שיעשה תשובה על העברות במעשה.

על־פי צדקת הצדיק, קלה

לְהִתְהַלֵּךְ לִפְנֵי אֱלֹהִים בְּאוֹר הַחַיִּים:

ספר שני

פרק נו

עוד שיר של תפילה ותחינה, אשר
יש בו גם דברי תקווה וביטחון.

א לַמְנַצֵּחַ ׀
עַל־יוֹנַת אֵלֶם רְחֹקִים
לְדָוִד מִכְתָּם
בֶּאֱחֹז אֹתוֹ פְלִשְׁתִּים בְּגַת:
ב חָנֵּנִי אֱלֹהִים
כִּי־שְׁאָפַנִי אֱנוֹשׁ
כָּל־הַיּוֹם לֹחֵם יִלְחָצֵנִי:
ג שָׁאֲפוּ שׁוֹרְרַי כָּל־הַיּוֹם
כִּי־רַבִּים לֹחֲמִים לִי מָרוֹם:
ד יוֹם אִירָא
אֲנִי אֵלֶיךָ אֶבְטָח:
ה בֵּאלֹהִים אֲהַלֵּל דְּבָרוֹ
בֵּאלֹהִים בָּטַחְתִּי לֹא אִירָא
מַה־יַּעֲשֶׂה בָשָׂר לִי:
ו כָּל־הַיּוֹם דְּבָרַי יְעַצֵּבוּ
עָלַי כָּל־מַחְשְׁבֹתָם לָרָע:
ז יָגוּרוּ ׀ יִצְפּוֹנוּ
הֵמָּה עֲקֵבַי יִשְׁמֹרוּ
כַּאֲשֶׁר קִוּוּ נַפְשִׁי:
יצפינו

א לַמְנַצֵּחַ עַל־יוֹנַת אֵלֶם רְחֹקִים: הפירוש הנראה ביותר לכותרת של המזמור הוא, שזה שמו של לחן או שיר שעל פיו נבנה המזמור הזה.

לְדָוִד מִכְתָּם, שנכתב או נתחבר בֶּאֱחֹז אֹתוֹ פְלִשְׁתִּים בְּגַת, שעה שברח ממולדתו וממלכו ומצא לו חסות פחות בטוחה ומלאה אימה אצל הפלישתים בגת.

ב חָנֵּנִי, אֱלֹהִים, כִּי־שְׁאָפַנִי - שאף אותי, רצה אותי, רוצה לבלוע אותי - אֱנוֹשׁ, כָּל־הַיּוֹם לֹחֵם שעומד כנגדי יִלְחָצֵנִי.

ג שָׁאֲפוּ שׁוֹרְרַי, שונאיי, כָּל־הַיּוֹם, כִּי־רַבִּים לֹחֲמִים לִי מָרוֹם - זהו, כנראה, פתח התקווה של דוד: שבמרום יש רבים אשר לוחמים עבורו, ולכן אין האויב יכול לעשות כרצונו.

ד יוֹם אִירָא - באותו יום שבו אני מפחד, ויש לי סיבה לפחד, אֲנִי גם אֵלֶיךָ אֶבְטָח; שכן היראה היא מהסתכלות של מטה, ואילו הביטחון הוא בהסתכלות של מעלה.

ה בֵּאלֹהִים אֲהַלֵּל דְּבָרוֹ, בֵּאלֹהִים בָּטַחְתִּי, לֹא אִירָא, כי אם הוא תומך בי ועוזר לי - מַה־יַּעֲשֶׂה בָשָׂר לִי?

ו כָּל־הַיּוֹם דְּבָרַי יְעַצֵּבוּ, כל היום הם מתעסקים בדיבורים שלי, ודיבוריי הם נושא מחשבותיהם, ועָלַי כָּל־מַחְשְׁבֹתָם לָרָע.

ז יָגוּרוּ, יִצְפּוֹנוּ, - במקום מגוריהם הם נמצאים במסתרים, והם אורבים לי, הֵמָּה עֲקֵבַי יִשְׁמֹרוּ, כדי לראות כל צעד שאני עושה, כַּאֲשֶׁר קִוּוּ נַפְשִׁי, כי הם מקווים ומתכוננים לקחת את נפשי.

נו,א לַמְנַצֵּחַ עַל יוֹנַת אֵלֶם. הקב"ה ברא עולמו בדיבור, ואם כן האילמות מהווה תמיד חריגה מסדרו של עולם. יש ומדובר בחריגה שהיא חיסרון נוקב, ככתוב "כרחל לפני גוזיה נאלמה" (ישעיהו נג ז), תיאור המשקף מצוקה וחוסר ישע. כך הוא בעת חורבן בית המקדש, כשישראל בגלות והשכינה הקדושה עמם, ובמצב כזה אין הדיבור העליון – "באשר דבר מלך שלטון" (קהלת ח ד) – ניכר בעולם, עד שדומה כאילו ח"ו עזב ה' את הארץ. אמנם יש ומדובר בחריגה שהיא בשורה מופלאה לחידוש עולם וסדריו, אילמות שאיננה נובעת מחוסר יכולת – אלא משפע עצום של גילוי שאינו ניתן להבעה בכלי הדיבור המצומצמים. כזו היא **יוֹנַת אֵלֶם**, מדרגתו של משה רבנו, שהיה כבד פה וכבד לשון משום שנשמתו נחצבה ממקום שהוא למעלה משורש הדיבור, עד שילאו הפה והלשון מלספר את נפלאותיו.

על־פי ליקוטי תורה במדבר ז, ב

ח עַל־אָוֶן פַּלֶּט־לָמוֹ
בְּאַף עַמִּים ׀ הוֹרֵד אֱלֹהִים׃
ט נֹדִי סָפַרְתָּה אָתָּה
שִׂימָה דִמְעָתִי בְנֹאדֶךָ
הֲלֹא בְּסִפְרָתֶךָ׃
י אָז יָשׁוּבוּ אוֹיְבַי אָחוֹר
בְּיוֹם אֶקְרָא
זֶה־יָדַעְתִּי כִּי־אֱלֹהִים לִי׃
יא בֵּאלֹהִים אֲהַלֵּל דָּבָר
בַּיהוה אֲהַלֵּל דָּבָר׃
יב בֵּאלֹהִים בָּטַחְתִּי לֹא אִירָא
מַה־יַּעֲשֶׂה אָדָם לִי׃
יג עָלַי אֱלֹהִים נְדָרֶיךָ
אֲשַׁלֵּם תּוֹדֹת לָךְ׃
יד כִּי הִצַּלְתָּ נַפְשִׁי מִמָּוֶת
הֲלֹא רַגְלַי מִדֶּחִי
לְהִתְהַלֵּךְ לִפְנֵי אֱלֹהִים
בְּאוֹר הַחַיִּים׃

ח עַל־אָוֶן – רֶשַׁע – פַּלֶּט־לָמוֹ, אולי משמעו השלך אותם, פלוט אותם, בְּאַף – בכעסך – עַמִּים הוֹרֵד, אֱלֹהִים.

ט וכאן בא פסוק מסובך, הכולל בתוכו משחקי מילים וכפלי משמעות: נֹדִי, את זמני ומקומות נדודיי, סָפַרְתָּה, אתה מונה ובודק ומתייחס אליהם, אָתָּה שִׂימָה דִמְעָתִי בְנֹאדֶךָ, אם יש לך מכל שבו אתה אוסף את הדמעות, שים גם את הדמעה שלי בתוכו, הֲלֹא תהיה דמעתי זו בְּסִפְרָתֶךָ שאתה סופר ומונה ומודד את הדברים.

י אָז יָשׁוּבוּ אוֹיְבַי אָחוֹר בְּיוֹם אֶקְרָא: ביום שבו אני קורא ומבקש ומתחנן, אני מקווה שהאויבים ייסוגו. ואולם בכל מקרה זֶה־יָדַעְתִּי, זה הדבר שאני בטוח בו: כִּי־אֱלֹהִים לִי, והוא עוזר לי.

יא בֵּאלֹהִים אֲהַלֵּל דָּבָר, בַּה׳ אֲהַלֵּל דָּבָר – בכך נכללים שני הצדדים: מידת הדין ומידת הרחמים, ואני מהלל אותו גם על הרעה וגם על הטובה.

יב בֵּאלֹהִים בָּטַחְתִּי, לֹא אִירָא מַה־יַּעֲשֶׂה אָדָם לִי.

יג והמשורר מתחייב כאן: עָלַי, אֱלֹהִים, נְדָרֶיךָ, אותם נדרים שנדרתי לך, אֲשַׁלֵּם תּוֹדֹת לָךְ, בפשטות עניינו: אקריב לך קורבנות תודה,

יד כִּי הִצַּלְתָּ נַפְשִׁי מִמָּוֶת, הֲלֹא שמרת רַגְלַי מִדֶּחִי, מנפילה ומכישלון. ובמקום זה אגיע לְהִתְהַלֵּךְ לִפְנֵי אֱלֹהִים בְּאוֹר הַחַיִּים.

נו,יא בֵּאלֹהִים אֲהַלֵּל דָּבָר בַּה׳ אֲהַלֵּל דָּבָר. שני שמות, שתי הנהגות, והילול אחד לשתיהן. בחסד ובדין, בטובה וברעה, כל "דבר" שבא לנו מיד השם יתברך – מהולל ומבורך. דברים אלו נאים למי שיודע שכל מאורעותיו הם לטובתו, וגם כשבאה עליו פורענות – אין היא באה אלא להיטיב לו טובת נצח ולהביא אליו ברכה שלמה ומופלגת. אין זו מידת עולם־הזה, אלא מידת עולם־הבא – שבו לא יהיו עוד שמות מחולקים והנהגות מחולקות, אלא "ה׳ אחד ושמו אחד" (זכריה יד ט; פסחים נ, א). על כן, אם בעולם־הזה אנו מברכים על הטובה "הטוב והמיטיב" ועל הרעה "ברוך דיין האמת", בעולם־הבא תהיה רק ברכה אחת בפינו – הטוב והמיטיב.

על־פי ליקוטי מוהר"ן ח"א ד: א

עוּרָה כְבוֹדִי עוּרָה הַנֵּבֶל וְכִנּוֹר אָעִירָה שָּׁחַר:

ספר שני

פרק נז

מזמור שבו פונה המשורר לה׳ מתוך מצוקה קשה, אך אף על פי שהוא מוקף באויבים מכל צד הרי הוא מלא ביטחון בישועת ה׳, וכבר מעתה הוא מודה לה׳ על עזרתו.

א לַמְנַצֵּחַ אַל־תַּשְׁחֵת
לְדָוִד מִכְתָּם
בְּבָרְחוֹ מִפְּנֵי־שָׁאוּל
בַּמְּעָרָה׃
ב חָנֵּנִי אֱלֹהִים ׀ חָנֵּנִי
כִּי בְךָ חָסָיָה נַפְשִׁי
וּבְצֵל־כְּנָפֶיךָ אֶחְסֶה
עַד יַעֲבֹר הַוּוֹת׃
ג אֶקְרָא לֵאלֹהִים עֶלְיוֹן
לָאֵל גֹּמֵר עָלָי׃
ד יִשְׁלַח מִשָּׁמַיִם ׀ וְיוֹשִׁיעֵנִי
חֵרֵף שֹׁאֲפִי סֶלָה
יִשְׁלַח אֱלֹהִים
חַסְדּוֹ וַאֲמִתּוֹ׃
ה נַפְשִׁי ׀ בְּתוֹךְ לְבָאִם
אֶשְׁכְּבָה לֹהֲטִים
בְּנֵי־אָדָם
שִׁנֵּיהֶם חֲנִית וְחִצִּים
וּלְשׁוֹנָם חֶרֶב חַדָּה׃

א לַמְנַצֵּחַ אַל־תַּשְׁחֵת - גם כאן נראה שמדובר במזמור או בשיר ישן שעל פיו חובר מזמור זה.

לְדָוִד מִכְתָּם, גם זה מזמור שנתחבר בְּבָרְחוֹ מִפְּנֵי־שָׁאוּל, בַּמְּעָרָה. זהו שיר של תחינה, אבל יש בו גם הבעת תודה של מי שנחלץ בדרך כלשהי מצרה, ולו גם לפי שעה.

ב חָנֵּנִי, אֱלֹהִים, חָנֵּנִי, כִּי בְךָ חָסָיָה - חסתה, נחבאה - נַפְשִׁי, וּבְצֵל־כְּנָפֶיךָ אֶחְסֶה עַד יַעֲבֹר הַוּוֹת - עד שתעבור הפורענות מעליי.

ג אֶקְרָא לֵאלֹהִים עֶלְיוֹן, לָאֵל גֹּמֵר עָלָי - יש מפרשים זאת במשמעות של "גומל עליי", אך ייתכן שזוהי בקשה שהקב"ה ישלים את ההצלה הזאת; שהרי כאמור, אין כאן פתרון שלם לבעייתו של דוד, אלא רק מציאת מחסה זמני.

ד יִשְׁלַח מִשָּׁמַיִם וְיוֹשִׁיעֵנִי, חֵרֵף שֹׁאֲפִי סֶלָה - למרות כל אלה ששואפים, שרוצים, באובדני. יִשְׁלַח אֱלֹהִים חַסְדּוֹ וַאֲמִתּוֹ.

ה נַפְשִׁי - כאן במובן של "אני" - בְּתוֹךְ לְבָאִם - אריות, חיות רעות - אֶשְׁכְּבָה, לֹהֲטִים - אני שוכב בין חיות טרף הנראות כמשתוקקות, לוהטות, לטרוף אותי. ושלא בדרך של דימוי - אני נמצא בין בְּנֵי־אָדָם שִׁנֵּיהֶם חֲנִית וְחִצִּים וּלְשׁוֹנָם, חֶרֶב חַדָּה. יש כאן השוואה בין אותם אנשים לחיות טרף; אלא שהחיות האנושיות הן יותר מסוכנות, כיוון שבמקום הכלים הטבעיים שלהם יש להם כלי נשק; ובנוסף על כך גם הדיבורים שהם מדברים הם נשק המכוון נגדי.

נז,ג לָאֵל גֹּמֵר עָלָי — שצריך האדם בכל מעשה לידע כי אין בכוחו באמת להשלים רצון הבורא כראוי, ועל־ידי ההכנעה בסוף המעשה שמבקש עזר מהשם יתברך, על־ידי זה נשלם המעשה ונעשה דבר של קיימא. וזהו שכתוב לָאֵל גֹּמֵר עָלָי, שסוף השלמות הכול הוא רק בכוח השם יתברך. וכן הכלל לעולם, כי כאשר אדם מתחיל בעבודת הבורא יתברך, בא אחר כך למדרגות שצריך להיות נושע רק בחסד עליון בלבד. כי כך היה רצונו יתברך, שלא יהיה העולם־הזה בשלמות אלא בחסרון השלמות, וכמו שכתב המהר"ל ז"ל (תפארת ישראל, ב).

על־פי שפת אמת, ויקהל תרל"ז

פרק נז • ספר שני • ליום שלישי • י לחודש ______ תהלים • 235

ו רוֹמָה עַל־הַשָּׁמַיִם אֱלֹהִים
עַל כָּל־הָאָרֶץ כְּבוֹדֶךָ׃
ז רֶשֶׁת ׀ הֵכִינוּ לִפְעָמַי
כָּפַף נַפְשִׁי
כָּרוּ לְפָנַי שִׁיחָה
נָפְלוּ בְתוֹכָהּ סֶלָה׃
ח נָכוֹן לִבִּי אֱלֹהִים נָכוֹן לִבִּי
אָשִׁירָה וַאֲזַמֵּרָה׃
ט עוּרָה כְבוֹדִי עוּרָה הַנֵּבֶל
וְכִנּוֹר אָעִירָה שָּׁחַר׃
י אוֹדְךָ בָעַמִּים ׀ אֲדֹנָי
אֲזַמֶּרְךָ בַּלְאֻמִּים׃
יא כִּי־גָדֹל עַד־שָׁמַיִם חַסְדֶּךָ
וְעַד־שְׁחָקִים אֲמִתֶּךָ׃
יב רוּמָה עַל־שָׁמַיִם אֱלֹהִים
עַל כָּל־הָאָרֶץ כְּבוֹדֶךָ׃

ו והמשורר פונה אל הקב"ה: רוּמָה - התגלה, התרומם - עַל־הַשָּׁמַיִם, אֱלֹהִים, וממילא יאיר הודך גם על הארץ, וְעַל כָּל־הָאָרֶץ ינוח אז כְּבוֹדֶךָ.

ז רֶשֶׁת הֵכִינוּ לִפְעָמַי, הם שמים רשת לצעדיי, לרגליי, כָּפַף נַפְשִׁי - ומנסים לכפות, לכפוף ולכלוא אותי.

כָּרוּ לְפָנַי שִׁיחָה, הם חופרים לפני בור, מלכודת, כדי שאפול בה, אך בסופו של דבר נָפְלוּ הם עצמם בְתוֹכָהּ, סֶלָה.

ח ומכאן ממשיך המזמור רק בדברי תשבחות: נָכוֹן לִבִּי, אֱלֹהִים - לבי מוכן, נָכוֹן לִבִּי, אָשִׁירָה וַאֲזַמֵּרָה.

ט עוּרָה כְבוֹדִי - שכאן זוהי פנייה אל נפשו, אל עצמו - ועוּרָה גם הַנֵּבֶל שאני מנגן בו וְכִנּוֹר שאני משתמש בו, אָעִירָה שָּׁחַר - עוד בטרם יום אני מתחיל לשיר את השירה הזו.

י אוֹדְךָ בָעַמִּים, ה', אֲזַמֶּרְךָ - אזמר לך - בַּלְאֻמִּים.

יא כִּי־גָדֹל מן הארץ עַד־שָׁמַיִם חַסְדֶּךָ וְעַד־שְׁחָקִים אֲמִתֶּךָ, האמת שלך וקיום הבטחתך לי, המוכיח שאתה נאמן בהבטחה שהבטחת לי.

יב והמזמור מסתיים במעין פזמון חוזר: רוּמָה עַל־שָׁמַיִם, אֱלֹהִים, עַל כָּל־הָאָרֶץ כְּבוֹדֶךָ.

נז,ט **עוּרָה כְבוֹדִי עוּרָה הַנֵּבֶל וְכִנּוֹר אָעִירָה שָּׁחַר.** היינו שצריך האדם לעורר את עצמו משנתו ומנפילתו, ועל־ידי מה יעורר את עצמו? על־ידי הנקודות הטובות שמוצא בעצמו עדיין. וזה אָעִירָה שָּׁחַר, כי הנקודה הטובה היא בבחינת שחר, בבחינת "שחורה אני ונאוה" (שיר השירים א ה), כי מחמת שזאת הנקודה מעורבת בפסולת הרבה ובפגמים הרבה שפגם זה האדם, לכן נדמה שהיא שחורה, כי מונחת אצלו בקדרות ובשחרות ח"ו. אבל כשדן האדם את עצמו לכף זכות, ומעורר ומוצא בעצמו את הנקודה הטובה, אזי היא אומרת: "אל תראוני שאני שחרחרת" (שם א ו), כי אין השחרות משלי. כי הנקודת הטובה בעצמה שיש אצל האדם – אפילו אצל פושעי ישראל – היא נאוה ויפה מאוד, רק שהשחרות חופה עליה.

על־פי ליקוטי הלכות, השכמת הבוקר א: ג

וְיֹאמַר אָדָם אַךְ־פְּרִי לַצַּדִּיק אַךְ יֵשׁ־אֱלֹהִים שֹׁפְטִים בָּאָרֶץ׃

ספר שני

פרק נח

תפילה נגד הרשעים המלאים מחשבות רשע,
ובקשה מה׳ שיילחם בהם ויאבדם לחלוטין
מן העולם, עד שלא יישאר מהם כל זכר.

א לַמְנַצֵּחַ אַל־תַּשְׁחֵת
לְדָוִד מִכְתָּם׃
ב הַאֻמְנָם אֵלֶם צֶדֶק תְּדַבֵּרוּן
מֵישָׁרִים תִּשְׁפְּטוּ
בְּנֵי אָדָם׃
ג אַף־בְּלֵב עוֹלֹת תִּפְעָלוּן
בָּאָרֶץ חֲמַס יְדֵיכֶם
תְּפַלֵּסוּן׃
ד זֹרוּ רְשָׁעִים מֵרָחֶם
תָּעוּ מִבֶּטֶן דֹּבְרֵי כָזָב׃
ה חֲמַת־לָמוֹ
כִּדְמוּת חֲמַת־נָחָשׁ
כְּמוֹ־פֶתֶן חֵרֵשׁ יַאְטֵם אָזְנוֹ׃
ו אֲשֶׁר לֹא־יִשְׁמַע
לְקוֹל מְלַחֲשִׁים
חוֹבֵר חֲבָרִים מְחֻכָּם׃
ז אֱלֹהִים הֲרָס־שִׁנֵּימוֹ בְּפִימוֹ
מַלְתְּעוֹת כְּפִירִים
נְתֹץ ׀ יְהוָה׃

א לַמְנַצֵּחַ אַל־תַּשְׁחֵת לְדָוִד מִכְתָּם:

ב בתחילה פונה המשורר במישרין אל האויבים: הַאֻמְנָם אֵלֶם – כנראה: האם אתם, האנשים החזקים, האלימים – צֶדֶק תְּדַבֵּרוּן, מֵישָׁרִים תִּשְׁפְּטוּ בְּנֵי אָדָם?

ג אַף־בְּלֵב עוֹלֹת תִּפְעָלוּן, כלומר: בלבכם אתם חושבים כיצד לפעול דברים של עוולה, בָּאָרֶץ חֲמַס יְדֵיכֶם תְּפַלֵּסוּן – אתם מוליכים, מדריכים, את ידיכם בארץ בדרכי חמס.

ד זֹרוּ – התקלקלו, הושחתו – רְשָׁעִים מֵרָחֶם, כבר משעת לידתם הם מעוותים. תָּעוּ מִבֶּטֶן – מיד עם בואם לעולם פונים אותם דֹּבְרֵי כָזָב לדרך לא נכונה.

ה חֲמַת־לָמוֹ – הארס שלהם הוא כִּדְמוּת חֲמַת־נָחָשׁ, כמו ארס של נחשים. והמשורר מדמה אותם לנחשים מסוכנים מאוד: הם כְּמוֹ־פֶתֶן חֵרֵשׁ יַאְטֵם אָזְנוֹ, שאיננו מקשיב.

ו והוא מסביר מה הבעיה בכך שהפתן איננו מקשיב: אֲשֶׁר לֹא־יִשְׁמַע לְקוֹל מְלַחֲשִׁים, הוא איננו שומע למלחשים שמנסים להשביע אותו, ואף לא לחוֹבֵר חֲבָרִים – אדם היודע כיצד להשפיע על בעלי חיים – מְחֻכָּם. שהרי נחש צריך, על כל פנים, להיות מסוגל לשמוע את הלחשים הללו, ואילו הם כמו פתן חרש, שאינו שומע שום דבר.

ז וכאן באים דברי תפילה, שהם בעצם דברי קללה: אֱלֹהִים, הֲרָס־שִׁנֵּימוֹ בְּפִימוֹ – שבור את שיניהם בפיהם, מַלְתְּעוֹת – שיני הטרף של כְּפִירִים נְתֹץ, ה'.

נח,ב אֵלֶם צֶדֶק. נפשות ישראל יוצאות מעולם הדיבור, שהוא מלכות, והוא השכינה הקדושה, שהיא בחינת "אם הבנים", שכמו שהאם הולכת תמיד עם בניה ואינה שוכחת אותם, כן הדיבור, שהוא בחינת שכינה, הולך עם האדם תמיד, ואפילו במקום הטינופת. וזו בחינת גלות השכינה, שכשהולך האדם במקומות המטונפים ומדבר דברים שאינם ראויים, אזי הדיבור הולך עמו ונעשה כאילם, וכמו שכתוב הַאֻמְנָם אֵלֶם צֶדֶק תְּדַבֵּרוּן, כי צדק זה מלכותא קדישא, ובגלות נתאלם. ולהעלות השכינה מגלותה הוא גם כן על־ידי הדיבור, כי במה שפגם יתקן, דהיינו בבחינת וידוי דברים, וככתוב "קחו עמכם דברים ושובו אל ה'" (הושע יד ג), שיתוודה תמיד בכל לבו, ואזי ישיב כל הדיבורים שפגם אל שורשם. וזה בחינת ייחוד קודשא־בריך־הוא ושכינתיה, כי מייחד הדיבור, שהוא בחינת השכינה, אל ה'.

על־פי ליקוטי מוהר"ן ח"א, עח

ח **יִמָּאֲסוּ כְמוֹ־מַיִם**
יִתְהַלְּכוּ־לָמוֹ
יִדְרֹךְ חִצָּו כְּמוֹ יִתְמֹלָלוּ׃
ט **כְּמוֹ שַׁבְּלוּל תֶּמֶס יַהֲלֹךְ**
נֵפֶל אֵשֶׁת בַּל־חָזוּ שָׁמֶשׁ׃
י **בְּטֶרֶם יָבִינוּ סִּירֹתֵיכֶם אָטָד**
כְּמוֹ־חַי כְּמוֹ־חָרוֹן יִשְׂעָרֶנּוּ׃
יא **יִשְׂמַח צַדִּיק כִּי־חָזָה נָקָם**
פְּעָמָיו יִרְחַץ בְּדַם הָרָשָׁע׃
יב **וְיֹאמַר אָדָם**
אַךְ־פְּרִי לַצַּדִּיק
אַךְ יֵשׁ־אֱלֹהִים
שֹׁפְטִים בָּאָרֶץ׃

ח יִמָּאֲסוּ - יימסו, יתפזרו כְמוֹ־מַיִם שיִתְהַלְּכוּ־לָמוֹ, שאינם זורמים במקום אחד אלא פונים לכל הצדדים. והרשע, כאשר יִדְרֹךְ חִצָּו, הרי הם כְּמוֹ יִתְמֹלָלוּ, החִצים הללו נשברים ונמעכים בדרכם,

ט והם יהיו כְּמוֹ שַׁבְּלוּל תֶּמֶס יַהֲלֹךְ, שכן השבלול משאיר בדרכו סימנים של ריר, ונראה כאילו הוא נמס והולך תוך כדי הליכתו; או שיהיו כמו נֵפֶל אֵשֶׁת בַּל־חָזוּ שָׁמֶשׁ, כמו נפל של אישה ("אשת"), אשר מת לפני שהספיק לראות דבר כלשהו.

י בְּטֶרֶם יָבִינוּ - לפני שיגדלו ויוכלו להבין דבר - סִּירֹתֵיכֶם אָטָד - קוציכם הרבים נעשים כמו שיח קוצני שלם. ואז כְּמוֹ־חַי, כמו דבר שקיים לעצמו, כְּמוֹ־חָרוֹן יִשְׂעָרֶנּוּ, שהחרון ינער וישבור אתכם כמו רוח סערה ("ישערנו").

יא ולבסוף - יִשְׂמַח צַדִּיק כִּי־חָזָה נָקָם, פְּעָמָיו - רגליו - יִרְחַץ בְּדַם הָרָשָׁע.

יב וְיֹאמַר בסופו של דבר אָדָם: אַךְ־פְּרִי לַצַּדִּיק, לצדיק יש פרי, יש למעשיו תוצאות, ואף שאין הדבר ניכר תמיד יש לזכור כי אַךְ יֵשׁ־אֱלֹהִים שֹׁפְטִים בָּאָרֶץ.

נח,יא **יִשְׂמַח צַדִּיק כִּי חָזָה נָקָם.** למי ראויה השמחה על מפלת אויבו? רבי אברהם חיים מזלאטשוב אומר: למי שהולך בצדקו, ואינו מכוון בשום מעשה לצורכו ולהנאתו, אלא כולו בלתי לה' לבדו. אבל הבינוני, עליו הכתוב אומר "בנפֹל אויִבך אל תשמח ובִכָּשלו אל יגל לבך" (משלי כד יז). רבי צבי אלימלך מדינוב אומר: כאשר נופל אויבו לפניו בזכותו ובצדקתו, אזי **יִשְׂמַח צַדִּיק כִּי חָזָה נָקָם.** אך כאשר ה' גומל עמו חסד שלא בזכותו, יכבוש עיניו ואל יביט. שכן נאמר בלוט, שניצול בזכותו של אברהם: "אל תבט אחריך" (בראשית יט יז).

על־פי פרי חיים, אבות ד: יט; בני יששכר, ניסן יג: ה

וַאֲנִי אָשִׁיר עֻזֶּךָ וַאֲרַנֵּן לַבֹּקֶר חַסְדֶּךָ

ספר שני

פרק נט

מזמור תפילה לישועה מאויבים המתנכלים למשורר על לא עוול בכפו, וביטחון במפלתם ובכך שאחריה יכירו גם הם בחטאיהם, והוא יוכל להודות לה' בלב שלם.

א לַמְנַצֵּחַ אַל־תַּשְׁחֵת
לְדָוִד מִכְתָּם
בִּשְׁלֹחַ שָׁאוּל
וַיִּשְׁמְרוּ אֶת־הַבַּיִת
לַהֲמִיתוֹ:
ב הַצִּילֵנִי מֵאֹיְבַי ׀ אֱלֹהָי
מִמִּתְקוֹמְמַי תְּשַׂגְּבֵנִי:
ג הַצִּילֵנִי מִפֹּעֲלֵי אָוֶן
וּמֵאַנְשֵׁי דָמִים הוֹשִׁיעֵנִי:
ד כִּי הִנֵּה אָרְבוּ לְנַפְשִׁי
יָגוּרוּ עָלַי עַזִּים
לֹא־פִשְׁעִי וְלֹא־חַטָּאתִי
יְהוָה:
ה בְּלִי־עָוֺן יְרֻצוּן וְיִכּוֹנָנוּ
עוּרָה לִקְרָאתִי וּרְאֵה:
ו וְאַתָּה
יְהוָה־אֱלֹהִים ׀ צְבָאוֹת
אֱלֹהֵי יִשְׂרָאֵל
הָקִיצָה לִפְקֹד כָּל־הַגּוֹיִם

א הכותרת היא אותה כותרת כמו בפרק הקודם: לַמְנַצֵּחַ אַל־תַּשְׁחֵת לְדָוִד מִכְתָּם, וגם למזמור זה יש כתובת המקשרת אותו למאורע בחייו של דוד: בִּשְׁלֹחַ שָׁאוּל שליחים וַיִּשְׁמְרוּ אֶת־הַבַּיִת שדוד גר בו, כדי להיכנס לשם ולַהֲמִיתוֹ. אלא שדוד הצליח לברוח ברגע האחרון (ראה שמואל א׳ יט), ועל כך הוא אומר דברי תחינה ובקשה.

ב הַצִּילֵנִי מֵאֹיְבַי, אֱלֹהָי, מִמִּתְקוֹמְמַי - מאלה שקמים עליי ללחום בי - תְּשַׂגְּבֵנִי, תיתן לי כוח והצלה.

ג הַצִּילֵנִי מִפֹּעֲלֵי אָוֶן וּמֵאַנְשֵׁי דָמִים הוֹשִׁיעֵנִי.

ד כִּי הִנֵּה אָרְבוּ לְנַפְשִׁי, יָגוּרוּ עָלַי - ישכנו ויסובבו אותי עַזִּים, אנשים חזקים ואלימים. והרי בסופו של דבר כל זה הוא לֹא־פִשְׁעִי לא בגלל פשעי וְלֹא־חַטָּאתִי ולא בשל חטאתי, ה׳, אלא מתוך שנאה.

ה בְּלִי־עָוֺן שלי יְרֻצוּן כנגדי וְיִכּוֹנָנוּ לעשות כל רע. ואני יכול רק להתפלל לה׳: עוּרָה לִקְרָאתִי וּרְאֵה.

ו וְאַתָּה, ה׳־אֱלֹהִים צְבָאוֹת, אֱלֹהֵי יִשְׂרָאֵל, הָקִיצָה - כלומר: התעורר, התגלה - לִפְקֹד, לזכור, וממילא גם לענוש, את כָּל־הַגּוֹיִם, אַל־

נט,ב הַצִּילֵנִי מֵאֹיְבַי – יתפרש על־פי מה שכתב בעל ה״נועם מגדים״ על הפסוק ״ברוך תהיה מכל העמים״ (דברים ז יד), שכאשר אין אנו ראויים ח״ו מצד עצמנו למידת החסד, מסתכל הקב״ה במעשי אומות העולם, וביחס אליהן בוודאי אנו ראויים לחסד. וזהו הַצִּילֵנִי מֵאֹיְבַי, רוצה לומר: מסיבת אויביי, ממה שתסתכל על מעשיהם, ומזה יתעוררו רחמים עליי.

על־פי נועם מגדים, ראה

אַל־תָּחֹן כָּל־בֹּגְדֵי אָוֶן
סֶלָה׃
ז יָשׁוּבוּ לָעֶרֶב יֶהֱמוּ כַכָּלֶב
וִיסוֹבְבוּ עִיר׃
ח הִנֵּה ׀ יַבִּיעוּן בְּפִיהֶם
חֲרָבוֹת בְּשִׂפְתוֹתֵיהֶם
כִּי־מִי שֹׁמֵעַ׃
ט וְאַתָּה יהוה תִּשְׂחַק־לָמוֹ
תִּלְעַג לְכָל־גּוֹיִם׃
י עֻזּוֹ אֵלֶיךָ אֶשְׁמֹרָה
כִּי־אֱלֹהִים מִשְׂגַּבִּי׃
יא אֱלֹהֵי חַסְדִּי יְקַדְּמֵנִי
אֱלֹהִים יַרְאֵנִי בְשֹׁרְרָי׃
יב אַל־תַּהַרְגֵם ׀
פֶּן־יִשְׁכְּחוּ עַמִּי
הֲנִיעֵמוֹ בְחֵילְךָ וְהוֹרִידֵמוֹ
מָגִנֵּנוּ אֲדֹנָי׃

תָּחֹן כָּל־בֹּגְדֵי אָוֶן סֶלָה. אולי יש כאן רמז לכך שהאנשים ששלח שאול היו, מסיבות שונות, לא אנשים מישראל אלא שכירי חרב זרים.

ז וכך הוא מתאר את האויבים הללו: יָשׁוּבוּ לָעֶרֶב, הם לא מופיעים בשעות היום אלא דווקא בלילה, יֶהֱמוּ – הם נובחים – כַכָּלֶב וִיסוֹבְבוּ עִיר, כדרכם של כלבי חוצות, אשר בעבר היו משוטטים ברחובות העיר רק בלילות.

ח הִנֵּה יַבִּיעוּן – הם אומרים דברים – בְּפִיהֶם, ומה שהם מאיימים או מדברים עליי הוא כמו חֲרָבוֹת בְּשִׂפְתוֹתֵיהֶם, והם מרגישים שהם יכולים לעשות כל מה שירצו, כיוון שהם מניחים כִּי־מִי שֹׁמֵעַ, שאף אחד אינו שומע, אין דין ואין דיין.

ט וְאַתָּה, ה׳, תִּשְׂחַק־לָמוֹ, תִּלְעַג לְכָל־גּוֹיִם, ואף אחת מתכניותיהם לא תצא לפועל.

י עֻזּוֹ של ה׳ אֵלֶיךָ אֶשְׁמֹרָה אני ממתין ומודה לך, כִּי־אֱלֹהִים מִשְׂגַּבִּי.

יא אֱלֹהֵי חַסְדִּי יְקַדְּמֵנִי – הוא מקבל את פניי, נותן לי חסות. אֱלֹהִים יַרְאֵנִי בְשֹׁרְרָי, במפלתם של אויביי.

יב והמשורר פונה לה׳ בתפילה: אַל־תַּהַרְגֵם, פֶּן־יִשְׁכְּחוּ עַמִּי, כי אם הם נהרגים, גם פשעיהם נשכחים; כדי שייזכרו הם צריכים ליפול, להיכשל – אך להישאר בחיים. הֲנִיעֵמוֹ – הנע, נער אותם בְחֵילְךָ, בכוח, וְהוֹרִידֵמוֹ – הורד אותם ממקומם, אתה, מָגִנֵּנוּ ה׳.

חסדו

נט,י עֻזּוֹ אֵלֶיךָ אֶשְׁמֹרָה. כל מיני חלישות הדעת שבלב האדם כולם נמשכים מפגם העזות דקדושה, שעל־ידי זה נחלש דעתו מלהתגבר בעבודת ה׳. כי באמת בקדושה צריך שיהיה להאדם עזות אפילו נגד השם יתברך בעצמו כביכול, כי אף־על־פי שיודע בעצמו מה שחטא ומרד כנגד השם יתברך, אף־על־פי כן אם מתבייש אחר כך לבקש את השם יתברך שיקרבהו לעבודתו ומתבייש לעסוק בעבודתו יתברך מחמת ריבוי עוונותיו, אין זה בושת דקדושה, אדרבה, זה עיקר בושת הסטרא־אחרא שמחליש דעתו כדי לרחקו מהשם יתברך לגמרי. וזה שביקש דוד המלך ע״ה כמה פעמים על עזות דקדושה ולהכניע עזות דסטרא־אחרא, כמו שנאמר עֻזּוֹ אֵלֶיךָ אֶשְׁמֹרָה, וסיים עֻזִּי אֵלֶיךָ אֲזַמֵּרָה, וכן הרבה. וכן הוא משבח את השם יתברך כמה פעמים על שמשפיע עזות דקדושה לישראל, כי עיקר הישועה מהשונאים הוא על־ידי עזות דקדושה.

על־פי ליקוטי הלכות, ביצים ה: י, כ

יג חַטַּאת־פִּימוֹ דְּבַר־שְׂפָתֵימוֹ
וְיִלָּכְדוּ בִגְאוֹנָם
וּמֵאָלָה וּמִכַּחַשׁ יְסַפֵּרוּ:
יד כַּלֵּה בְחֵמָה כַּלֵּה וְאֵינֵמוֹ
וְיֵדְעוּ
כִּי־אֱלֹהִים מֹשֵׁל בְּיַעֲקֹב
לְאַפְסֵי הָאָרֶץ סֶלָה:
טו וְיָשֻׁבוּ לָעֶרֶב יֶהֱמוּ כַכָּלֶב
וִיסוֹבְבוּ עִיר:
טז הֵמָּה יְנִיעוּן לֶאֱכֹל
אִם־לֹא יִשְׂבְּעוּ וַיָּלִינוּ:
יז וַאֲנִי | אָשִׁיר עֻזֶּךָ
וַאֲרַנֵּן לַבֹּקֶר חַסְדֶּךָ
כִּי־הָיִיתָ מִשְׂגָּב לִי
וּמָנוֹס בְּיוֹם צַר־לִי:
יח עֻזִּי אֵלֶיךָ אֲזַמֵּרָה
כִּי־אֱלֹהִים מִשְׂגַּבִּי
אֱלֹהֵי חַסְדִּי:

יג חַטַּאת־פִּימוֹ - חטאים שבפיהם דְּבַר־שְׂפָתֵימוֹ, ובדבר שפתיהם, וְיִלָּכְדוּ בִגְאוֹנָם וּמֵאָלָה וּמִכַּחַשׁ יְסַפֵּרוּ, כלומר: הם יילכדו בגאוותם ובקללות ובשקרים שלהם.

יד כַּלֵּה אותם בְחֵמָה, כַּלֵּה וְאֵינֵמוֹ, ואינם עוד, וְיֵדְעוּ כולם כִּי־אֱלֹהִים מֹשֵׁל בְּיַעֲקֹב לְאַפְסֵי - עד קצות - הָאָרֶץ, סֶלָה.

טו ושוב חוזר המשורר לתיאורם של האויבים: וְיָשֻׁבוּ לָעֶרֶב, יֶהֱמוּ כַכָּלֶב וִיסוֹבְבוּ עִיר.

טז הֵמָּה יְנִיעוּן לֶאֱכֹל - כמו הכלבים, הם מסתובבים בעיר כדי למצוא להם אוכל, ואִם־לֹא יִשְׂבְּעוּ הרי שלכל הפחות וַיָּלִינוּ בתוך העיר הזאת. כך גם אותם שלוחים שבאים להרוג את דוד, מסתובבים בעיר זרה להם ומנסים לתפסו, אף שהם אינם בקיאים בנעשה שם.

יז והמשורר מסיים בדברי תהילה: וַאֲנִי אָשִׁיר עֻזֶּךָ וַאֲרַנֵּן לַבֹּקֶר חַסְדֶּךָ, כִּי־הָיִיתָ מִשְׂגָּב לִי וּמָנוֹס בְּיוֹם צַר־לִי.

יח עֻזִּי אֵלֶיךָ אֲזַמֵּרָה, כִּי־אֱלֹהִים הוא מִשְׂגַּבִּי, אֱלֹהֵי חַסְדִּי.

ינוּעוּן

נט,יז וַאֲנִי אָשִׁיר עֻזֶּךָ וַאֲרַנֵּן לַבֹּקֶר חַסְדֶּךָ. "חד אמר: לעתיד לבוא, וחד אמר: בשעה שעמדו ישראל על הים" (שמות רבה כג: ו). יש לילה שנמשך ובא מבריאת עולם בצמצום והסתר פנים, דרך גלות מצרים ועבור לכל גלויות ישראל. לילה שחשכתו היא הסתתרות האור האלוהי, עד שנדמה ששרירות חוקי הטבע ומגבלות חומר הגוף מושלים בכול. ויש בוקר שאורו התנוצץ לישראל על ים סוף, ועתיד לזרוח להם ולעולם כולו בגאולה השלמה. אז לא יסתתר עוד טבעה האמיתי של ההוויה, וירננו הכול את חסד ה'. במצרים ולעתיד לבוא, השירה היא על העוז המתגלה ובא; עוזה של תורה, המניס את צללי החומר וההסתר. בימים ההם ניתן לנו בעיקר עוז התורה הנגלית, ולעתיד לבוא אנו מצפים לעוז פנימיות התורה, שיהפוך את החושך לאור שיוכל כל אחד ואחד לראות בעיניו ממש.

על־פי ספר המאמרים תש"כ, ד"ה והמשכילים יזהירו

בֵּאלֹהִים נַעֲשֶׂה־חָיִל וְהוּא יָבוּס צָרֵינוּ:

ספר שני

פרק ס

שיר תהילה והודאה על ניצחון, הפותח
בתיאור זמנים קשים של כישלון ומפלה,
וממשיך בהבעת תודה על ניצחון מזהיר עליהם
ולהכרה בכך שהכל בא מידו של ה׳ לבדו.

244 • תהלים ______ יא לחודש • ליום שלישי • ספר שני • פרק ס

א לַמְנַצֵּחַ עַל־שׁוּשַׁן עֵדוּת
מִכְתָּם לְדָוִד לְלַמֵּד:
ב בְּהַצּוֹתוֹ | אֶת אֲרַם נַהֲרַיִם
וְאֶת־אֲרַם צוֹבָה
וַיָּשָׁב יוֹאָב
וַיַּךְ אֶת־אֱדוֹם בְּגֵיא־מֶלַח
שְׁנֵים עָשָׂר אָלֶף:
ג אֱלֹהִים זְנַחְתָּנוּ פְרַצְתָּנוּ
אָנַפְתָּ תְּשׁוֹבֵב לָנוּ:
ד הִרְעַשְׁתָּה אֶרֶץ פְּצַמְתָּהּ
רְפָה שְׁבָרֶיהָ כִי־מָטָה:
ה הִרְאִיתָ עַמְּךָ קָשָׁה
הִשְׁקִיתָנוּ יַיִן תַּרְעֵלָה:

א לַמְנַצֵּחַ עַל־שׁוּשַׁן עֵדוּת: המזמור הזה, שכנראה נכתב גם הוא על פי לחן ישן כלשהו, הוא מזמור אשר חובר אחרי ניצחונות בקרבות גדולים, שאולי עדיין לא הגיעו לכלל סיום מוחלט, אבל הם בפירוש מחייבים תהילה. ואף על פי שהוא מִכְתָּם לְדָוִד לְלַמֵּד יש בו, בנוסף על דברי התפילה, גם כדי ללמד על מה שקרה בעבר.

ב הוא נכתב בְּהַצּוֹתוֹ - בזמן שדוד התקיף מקומות רחוקים, כגון: אֶת אֲרַם נַהֲרַיִם, שהוא קצה הגבול הצפוני של ממלכת דוד, וְאֶת־אֲרַם צוֹבָה, שגם היא צפונית מערבית לארץ ישראל, ובאותו זמן - וַיָּשָׁב יוֹאָב וַיַּךְ אֶת־אֱדוֹם בְּגֵיא־מֶלַח - ככל הנראה מקום לא רחוק מים המלח - שְׁנֵים עָשָׂר אָלֶף. כלומר: באותו הזמן התנהלו שתי מלחמות קשות שדוד ושרי הצבא שלו הצליחו לנצח בהן, ומזמור זה יש בו דברי תודה, שבח וזיכרון.

ג אֱלֹהִים, בעבר, בשעות צרה, נדמה היה לנו שזְנַחְתָּנוּ, ואף יותר מכך: פְרַצְתָּנוּ, עשית בנו פרצים וחורים, אָנַפְתָּ, כעסת, אבל בסוף תְּשׁוֹבֵב לָנוּ - תחזירנו, תחיֶה אותנו.

ד קודם, הִרְעַשְׁתָּה את הָאֶרֶץ, פְּצַמְתָּהּ, שברת אותה לשברים. רְפָה - רפא - שְׁבָרֶיהָ, כִי־מָטָה - כי היא התמוטטה, כעת צריך לחבר את שבריה.

ה קודם הִרְאִיתָ עַמְּךָ יד קָשָׁה, הלכת אתנו בדרך קשה, ואף הִשְׁקִיתָנוּ יַיִן תַּרְעֵלָה; שכן השנים שלפני ניצחונותיו של דוד היו שנים של מפלות ולחצים מכל צד.

סג תְּשׁוֹבֵב לָנוּ – בשתי בי״תין – רמז לשתי תשובות: **תשובה תתאה** – מלמטה למעלה, בסדר והדרגה, מתוך יגיעה לזכך את הנפש ולעשותה כלי לאור אלוהי. **תשובה עילאה** – מלמעלה למטה, גילוי אור נעלה שניתן לאדם כמתנה, ומשיב את נשמתו לטבעה המקורי, כמו שהייתה מיוחדת בו יתברך בתכלית הייחוד בטרם ירדה להתלבש בגוף האדם. החידוש בבקשה זו הוא ששתי התשובות באות כאחת.

על־פי הסדר הראוי, תשובה תתאה קודמת לתשובה עילאה, שכן יגיעת האדם מלמטה היא המכשירה אותו להיות כלי קיבול לאור עליון, ואילו הגילוי הניתן לו כמתנה – למרות מעלתו העליונה – אינו מתחשב במצבו הנוכחי ואינו פועל בו זיכוך זה. אמנם בקשת תְּשׁוֹבֵב לָנוּ אמורה בזמן הגאולה, שבו יאיר אור שלמעלה מסדר והדרגה, שהוא עצמו יביא לזיכוך הנבראים ולהיות כלים ראויים לגילוי עצום שכזה.

על־פי תהילות מנחם

פרק ס • ספר שני • ליום שלישי • יא לחודש ______ תהלים • 245

ו נָתַתָּה לִּירֵאֶיךָ נֵּס
לְהִתְנוֹסֵס
מִפְּנֵי קֹשֶׁט סֶלָה׃
ז לְמַעַן יֵחָלְצוּן יְדִידֶיךָ
הוֹשִׁיעָה יְמִינְךָ וַעֲנֵנִי׃
ח אֱלֹהִים ׀ דִּבֶּר בְּקָדְשׁוֹ
אֶעְלֹזָה
אֲחַלְּקָה שְׁכֶם
וְעֵמֶק סֻכּוֹת אֲמַדֵּד׃
ט לִי גִלְעָד ׀ וְלִי מְנַשֶּׁה
וְאֶפְרַיִם מָעוֹז רֹאשִׁי
יְהוּדָה מְחֹקְקִי׃
י מוֹאָב ׀ סִיר רַחְצִי
עַל־אֱדוֹם אַשְׁלִיךְ נַעֲלִי
עָלַי פְּלֶשֶׁת הִתְרוֹעָעִי׃

ו אך כעת נָתַתָּה לִּירֵאֶיךָ נֵּס לְהִתְנוֹסֵס, דגל שנוכל להניף אותו מתוך גאווה ושמחת ניצחון, מִפְּנֵי קֹשֶׁט - שפירושו, כנראה, מפני שאתה שומר את האמת (על דרך הארמית: קושטא = אמת), שאתה שומר את הבטחתך עתיקת היומין, סֶלָה.

ז לְמַעַן יֵחָלְצוּן יְדִידֶיךָ - עמך ישראל - הוֹשִׁיעָה יְמִינְךָ וַעֲנֵנִי.

ח וכאן בא תיאור דרך הניצחון: אֱלֹהִים דִּבֶּר בְּקָדְשׁוֹ, וכאילו העביר לי מֶסר או הודעה על כך שאני הולך לקראת ניצחונות; ואז אֶעְלֹזָה, אֲחַלְּקָה שְׁכֶם וְעֵמֶק סֻכּוֹת אֲמַדֵּד. עד אז היה אזור זה רק בחלקו בשלטון ישראל, ושימש מקום מגוריהם ומבצרם של גויים במשך שנים רבות; אבל כעת הוכנע האויב הקרוב הזה לחלוטין, ודוד המלך יכול לחלק את העיר הכבושה ואת העמק שלידה. והוא הצליח להגיע להישג זה מפני שכל עם ישראל מאוחד עכשיו תחת שלטונו.

ט לִי - עבורי, בשבילי, גם גִלְעָד וְלִי גם מְנַשֶּׁה, שהוא השבט ששוכן בגלעד ובבשן, וְאֶפְרַיִם מָעוֹז רֹאשִׁי, יְהוּדָה הוא מְחֹקְקִי, זה שקובע חוקים. אבל כעת נמצאים כאן כל השבטים, גם אלה שקודם לכן היו ביחסים לא ידידותיים אלה עם אלה, ולכן יכול ישראל לנצח.

י מוֹאָב סִיר רַחְצִי - זה ביטוי מפורש של ביזיון: מואב נעשה בשבילי סיר שאני רוחץ בו את רגליי.

עַל־אֱדוֹם אַשְׁלִיךְ נַעֲלִי - שבכל המזרח זהו ביטוי של השפלה חמורה, עָלַי פְּלֶשֶׁת הִתְרוֹעָעִי - במובן של שבירה.

וענִנו

ס,ז **הוֹשִׁיעָה יְמִינְךָ וַעֲנֵנִי** – כי הנה כתיב "השיב אחור ימינו" (איכה ב ג), שבחינת חסד וימין מלובשת בבחינת אחוריים, שהאדם אומר על שמאל שהוא ימין ומשפיל אהבתו בעניינים גשמיים להימשך אחר תאוות הגוף, וצריך להושיע ידו לו שיחזור אל הקדושה. והנה עניין ישועה זו הוא בבחינת "וימינו תחבקני" (שיר השירים ב ו), שנמשכת עליו בחינת ימין העליונה המקרבת כל נשמות ישראל להיות מיוחדות לה' לבדו עד שהוא בבחינת חיבוק ממש, כאדם המחבק לחברו, שאינו יכול להיפרד ממנו בשום אופן. ולזה צריך להיות תחילה בבחינת "שמאלו תחת לראשי" (שם), כי "שמאל דוחה" (סוטה מז, א), פירוש שדוחה ומשפיל את עצמו כאשר ישים אל לבו איך שהוא רחוק מה' בתכלית, ובזה תהיה "ימין מקרבת" (שם), שיתעוררו בקרבו האהבה והצימאון להיות אליו יתברך תשוקתו.

על־פי ליקוטי תורה סוכות עח, ד

יא מִי יֹ֭ובִלֵנִי עִ֣יר מָצֹ֑ור
מִ֖י נָחַ֣נִי עַד־אֱדֹֽום׃
יב הֲלֹא־אַתָּ֣ה אֱ֭לֹהִים זְנַחְתָּ֑נוּ
וְֽלֹא־תֵצֵ֥א אֱ֝לֹהִ֗ים
בְּצִבְאֹותֵֽינוּ׃
יג הָֽבָה־לָּ֣נוּ עֶזְרָ֣ת מִצָּ֑ר
וְ֝שָׁ֗וְא תְּשׁוּעַ֥ת אָדָֽם׃
יד בֵּֽאלֹהִ֥ים נַעֲשֶׂה־חָ֑יִל
וְ֝ה֗וּא יָב֥וּס צָרֵֽינוּ׃

יא מִי יוֹבִלֵנִי לעִיר, שכשאני מגיע אליה אני מציב עליה מָצוֹר, מִי נָחַנִי עַד־אֱדוֹם?

יב הֲלֹא־אַתָּה, אֱלֹהִים, שפעם זְנַחְתָּנוּ וְלֹא־תֵצֵא, אֱלֹהִים, בְּצִבְאוֹתֵינוּ,

יג עכשיו, כשאתה בעזרנו, הָבָה־לָּנוּ עֶזְרָת מִצָּר, וְשָׁוְא תְּשׁוּעַת אָדָם.

יד אם אתה תעזור לנו, אין אנו זקוקים לתשועה אחרת. בֵּאלֹהִים נַעֲשֶׂה־חָיִל וְהוּא יָבוּס, ישבור וימוטט, את צָרֵינוּ.

מזמור קח דומה ומקביל למזמור זה.

ס,יא **מִי יֹבִלֵנִי עִיר מָצוֹר.** הודאה היא דרך נפלאה מאוד להתקרב להשם יתברך. כי מעוצם הצרות והמניעות שבזה העולם, כבד על האדם להתקרב לעבודתו יתברך, ואפילו לפרש צערו לפניו קשה מאוד, מחמת ריבוי הייסורים שאוטמים את לבו עד שאינו יכול לפתוח פיו. והעצה, שיזכיר עצמו בכל הטובות האמיתיות והנצחיות שעשה השם יתברך עם אבותינו ועמנו, שכל אחד יודע בנפשו כמה טובות נפלאות גמל השם יתברך עמו מעודו, וצריך להרגיל עצמו להודות ולהלל להשם יתברך על כל אלה. ועל־ידי זה יהיה לבו בטוח שגם עתה לא יסיר חסדו מאתו, ויחזק לבו לצעוק להשם יתברך שיצילהו גם עתה מכל הצרות והייסורים, כמו שאמר דוד: **מִי יֹבִלֵנִי עִיר מָצוֹר – מִי נָחַנִי עַד אֱדוֹם**, היינו שמי שעזר לי עד הנה ונחני עד אדום, הוא יובילני עיר מצור גם כן.

על־פי ליקוטי הלכות, כלאי בהמה ד: ד

יָמִים עַל־יְמֵי־מֶלֶךְ תּוֹסִיף שְׁנוֹתָיו כְּמוֹ־דֹר וָדֹר:

ספר שני

פרק סא

שיר תודה לה׳ אשר בו מודה המשורר לה׳
על העזרה והמחסה שהעניק לו בעת צרתו,
ועל כך שכעת הוא חוסה בביטחון
ובאושר תחת כנפי ה׳.

א לַמְנַצֵּחַ | עַל־נְגִינַת לְדָוִד׃
ב שִׁמְעָה אֱלֹהִים רִנָּתִי
הַקְשִׁיבָה תְּפִלָּתִי׃
ג מִקְצֵה הָאָרֶץ |
אֵלֶיךָ אֶקְרָא בַּעֲטֹף לִבִּי
בְּצוּר־יָרוּם מִמֶּנִּי תַנְחֵנִי׃
ד כִּי־הָיִיתָ מַחְסֶה לִי
מִגְדַּל־עֹז מִפְּנֵי אוֹיֵב׃
ה אָגוּרָה בְאָהָלְךָ עוֹלָמִים
אֶחֱסֶה בְסֵתֶר כְּנָפֶיךָ סֶּלָה׃
ו כִּי־אַתָּה אֱלֹהִים
שָׁמַעְתָּ לִנְדָרָי
נָתַתָּ יְרֻשַּׁת יִרְאֵי שְׁמֶךָ׃
ז יָמִים עַל־יְמֵי־מֶלֶךְ תּוֹסִיף
שְׁנוֹתָיו כְּמוֹ־דֹר וָדֹר׃
ח יֵשֵׁב עוֹלָם לִפְנֵי אֱלֹהִים
חֶסֶד וֶאֱמֶת מַן יִנְצְרֻהוּ׃
ט כֵּן אֲזַמְּרָה שִׁמְךָ לָעַד
לְשַׁלְּמִי נְדָרַי יוֹם | יוֹם׃

א לַמְנַצֵּחַ עַל נְגִינַת - גם זה כנראה שמו של שיר או כלי נגינה. המזמור הוא בעיקר שיר שבח ותודה, אולי על ניצחון צבאי גדול. לְדָוִד:

ב שִׁמְעָה, אֱלֹהִים, רִנָּתִי, הַקְשִׁיבָה תְּפִלָּתִי - שאני רוצה לשבחך ולבקש מעין ברכה נוספת. אולי נתחבר המזמור בעת אחד ממסעי הצבא שבהם הרחיק דוד לצאת מן הארץ.

ג מִקְצֵה הָאָרֶץ אֵלֶיךָ אֶקְרָא, בַּעֲטֹף לִבִּי - כשלבי מתעטף, כלומר: מתעלף, מרגיש לא טוב, בְּצוּר־יָרוּם מִמֶּנִּי - כאשר אני נתקל באויב גדול המתנשא מעליי, אליו תַנְחֵנִי לגשת אליו ולכבשו.

ד כִּי־הָיִיתָ מַחְסֶה לִי, היית לי מִגְדַּל־עֹז מִפְּנֵי אוֹיֵב.

ה אָגוּרָה - הייתי רוצה לגור - בְאָהָלְךָ לעוֹלָמִים, אֶחֱסֶה תמיד בְסֵתֶר כְּנָפֶיךָ סֶּלָה.

ו כִּי־אַתָּה, אֱלֹהִים, שָׁמַעְתָּ לִנְדָרָי שנדרתי לפניך אם תעזורני במלחמה, נָתַתָּ יְרֻשַּׁת יִרְאֵי שְׁמֶךָ - נתת ליראי שמך את מה שמגיע להם, את מתנת חלקם ונחלתם.

ז ותפילה ובקשה: יָמִים עַל־יְמֵי־מֶלֶךְ, שכנראה הוא מתכוון לעצמו, שהוא עכשיו מלך ישראל תּוֹסִיף, תוסיף על שְׁנוֹתָיו כְּמוֹ־דֹר וָדֹר, אפילו דורות רבים.

ח יֵשֵׁב המלך עד עוֹלָם לִפְנֵי אֱלֹהִים.
חֶסֶד וֶאֱמֶת מַן - כנראה משמעו: יהיו לו מתנה, מנת חלקו, או: אלה - חסדו ואמיתו - הם שיִנְצְרֻהוּ, ישמרוהו.

ט כֵּן אֲזַמְּרָה שִׁמְךָ לָעַד לְשַׁלְּמִי נְדָרַי - בזמן שאני משלם את נדרַי יוֹם יוֹם, כתודה על כל מה שעשית אתי.

סא,ג מִקְצֵה הָאָרֶץ אֵלֶיךָ אֶקְרָא. הנה האדם המתחיל להתחזק בעבודתו יתברך, אז הבורא ברוך־הוא מתרחק ממנו לטובתו, כדי שיתחזק בכל פעם יותר ויותר, כמו שנאמר: "מרחוק ה' נראה לי" (ירמיהו לא ב). וזה שדרשו חכמינו ז"ל (פרה ג: ג) על מעשה פרה אדומה, שמטהרת את הטמאים ומטמאת את הטהורים, כי כאשר עושה האדם תשובה כהלכתה אזי הוא נטהר מחטאיו, וזה שמטהרת את הטמאים, אמנם אחר כך כשהקב"ה מתרחק ממנו אזי נראה לאדם שהוא חלילה טמא, וזה שמטמאת את הטהורים. וזה: מִקְצֵה הָאָרֶץ אֵלֶיךָ אֶקְרָא, שאני מאשים עצמי שאני בגשמיות וארציות בקצה האחרון, ועם כל זה אליך אקרא, כי כל זה הוא לטובתי, כדי שאתאמץ יותר בקדושה רבה בכל פעם.

על־פי נועם אלימלך, במדבר

בִּטְחוּ בוֹ בְכָל־עֵת עָם שִׁפְכוּ־לְפָנָיו לְבַבְכֶם אֱלֹהִים מַחֲסֶה־לָּנוּ סֶלָה:

ספר שני

פרק סב

מזמור התבוננות שבו משווה המשורר בין חייהם של הרשעים, המדברים רע ועושים עוול, שהצלחתם זמנית בלבד, לבין חייהם של הדבקים בה׳, אשר קשורים עם הנצח.

א לַמְנַצֵּחַ עַל־יְדוּתוּן
מִזְמוֹר לְדָוִד:
ב אַךְ אֶל־אֱלֹהִים
דּוּמִיָּה נַפְשִׁי
מִמֶּנּוּ יְשׁוּעָתִי:
ג אַךְ־הוּא צוּרִי וִישׁוּעָתִי
מִשְׂגַּבִּי לֹא־אֶמּוֹט רַבָּה:
ד עַד־אָנָה ׀
תְּהוֹתְתוּ עַל־אִישׁ
תְּרָצְּחוּ כֻלְּכֶם
כְּקִיר נָטוּי גָּדֵר הַדְּחוּיָה:
ה אַךְ מִשְּׂאֵתוֹ ׀ יָעֲצוּ לְהַדִּיחַ
יִרְצוּ כָזָב
בְּפִיו יְבָרֵכוּ
וּבְקִרְבָּם יְקַלְלוּ־סֶלָה:
ו אַךְ לֵאלֹהִים דּוֹמִּי נַפְשִׁי
כִּי־מִמֶּנּוּ תִּקְוָתִי:

א **לַמְנַצֵּחַ עַל־יְדוּתוּן** - יש מפרשים שהוא מבוסס על ניגון שחיברו ידותון (מן המנצחים במקדש), או אולי כלי נגינה שהיה מיוחס לו.

מִזְמוֹר לְדָוִד - זהו מזמור של תפילה, אשר מצד אחד יש בו הזכרה של האויבים הרבים, ומצד שני - תקווה לישועת ה׳.

ב **אַךְ אֶל־אֱלֹהִים דּוּמִיָּה נַפְשִׁי** - נפשי מקשיבה, שומעת ומצפה לו בשקט, כי מִמֶּנּוּ יְשׁוּעָתִי.

ג **אַךְ־הוּא**, ולא אחר, **צוּרִי** - תוקפי - **וִישׁוּעָתִי**, **מִשְׂגַּבִּי** - מעוזי ומבצרי - כדי שלֹא־אֶמּוֹט בעת צרה רַבָּה, או: שלא אתמוטט הרבה מאוד.

ד **עַד־אָנָה תְּהוֹתְתוּ** - מילה זו מופיעה כאן בפעם היחידה במקרא כולו, ולפי העניין פירושה הוא לצור, לאיים עַל־אִישׁ, **תְּרָצְּחוּ כֻלְּכֶם** - אתם כולכם הנכם, בפועל ממש או, לפחות, מבחינת רצונכם, רוצחים, אנשים שסכנה להיות במחיצתם, שהרי אתם **כְּקִיר נָטוּי**, שיכול ליפול בכל רגע, או **גָּדֵר הַדְּחוּיָה**, גדר שנדחקה ונדחפה ועלולה גם היא להתמוטט בכל רגע.

ה **אַךְ מִשְּׂאֵתוֹ** כנראה משמעו כאשר אדם מתנשא, עולה למדרגה כלשהי, אזי אותם שונאים **יָעֲצוּ לְהַדִּיחַ**, להזיזו ולהפילו; וכשאינם יכולים להילחם בו בגלוי - **יִרְצוּ כָזָב**, הם עושים זאת באמצעות שקרים.

בְּפִיו יְבָרֵכוּ וּבְקִרְבָּם - בתוכם פנימה, באמת, הם **יְקַלְלוּ־סֶלָה**.

ו והמשורר חוזר שוב על פסוק הפתיחה: **אַךְ לֵאלֹהִים דּוֹמִּי נַפְשִׁי**, רק אליו יש לעמוד ולצפות, **כִּי־מִמֶּנּוּ תִּקְוָתִי**.

סב,ו **אַךְ לֵאלֹהִים דּוֹמִּי נַפְשִׁי.** אין לאדם לחשוב כלל מיום לחברו, ואפילו משעה לחברתה, כי בכל רגע נעשים שינויים נפלאים מאוד לטוב ולהפך, כמו שכתוב: "ותפקדנו לבקרים לרגעים תבחננו", ואין האדם יודע כלל מה נעשה עמו בכל רגע, כמו שכתוב: "רבות מחשבות בלב איש ועצת השם היא תקום". וכנראה בחוש, כי לפעמים האדם טרוד בדאגותיו ותחבולותיו, ופתאום באים עליו צרות משונות רח"ל שלא עלה על דעתו כלל לחשוב ולדאוג עליהן, וכן לפעמים להפך, כי מידה טובה מרובה וחסד ה׳ מלאה הארץ, ועל כן על־פי רוב מתחדשים על האדם ישועות וחסדים נפלאים פתאום, מה שלא עלו גם כן על דעתו כלל. על כן מה יתרון להאדם על ריבוי מחשבותיו ותחבולותיו, וצריך רק לתלות עיניו למרום בכל עת, כמו שכתוב: **אַךְ לֵאלֹהִים דּוֹמִּי נַפְשִׁי כִּי מִמֶּנּוּ תִּקְוָתִי.**

על־פי ליקוטי הלכות, מתנה ה: לב

פרק סב • ספר שני • ליום שלישי • יא לחודש ____ תהלים • 251

ז אַךְ־הוּא צוּרִי וִישׁוּעָתִי
מִשְׂגַּבִּי לֹא אֶמּוֹט:
ח עַל־אֱלֹהִים יִשְׁעִי וּכְבוֹדִי
צוּר־עֻזִּי מַחְסִי בֵּאלֹהִים:
ט בִּטְחוּ בוֹ בְכָל־עֵת ׀ עָם
שִׁפְכוּ־לְפָנָיו לְבַבְכֶם
אֱלֹהִים מַחֲסֶה־לָּנוּ סֶלָה:
י אַךְ ׀ הֶבֶל בְּנֵי־אָדָם
כָּזָב בְּנֵי אִישׁ
בְּמֹאזְנַיִם לַעֲלוֹת
הֵמָּה מֵהֶבֶל יָחַד:
יא אַל־תִּבְטְחוּ בְעֹשֶׁק
וּבְגָזֵל אַל־תֶּהְבָּלוּ
חַיִל ׀ כִּי־יָנוּב
אַל־תָּשִׁיתוּ לֵב:

ז אַךְ־הוּא צוּרִי וִישׁוּעָתִי, מִשְׂגַּבִּי, המחסה והעזר לי, לֹא אֶמּוֹט.

ח עַל־אֱלֹהִים יִשְׁעִי, כלומר: תקוותי, ציפייתי – גם במובן זה שהוא מושיעי, וגם במובן של כְּבוֹדִי: הוא זה שנותן לי מקום בעולם. אלוקים הוא צוּר־עֻזִּי, כלומר: מקור התוקף שלי, וּמַחְסִי בֵּאלֹהִים.

ט בִּטְחוּ בוֹ בְכָל־עֵת, עָם: זוהי עצה כללית, לא רק למשורר עצמו אלא גם לכלל, לעם: רק בקב"ה אפשר לבטוח, רק עליו אפשר לסמוך. שִׁפְכוּ־לְפָנָיו לְבַבְכֶם, כלומר: ספרו לו מה שמציק לכם, כי רק אֱלֹקִים הוא באמת מַחֲסֶה־לָּנוּ, סֶלָה.

י לעומת זאת, בבני אדם אי־אפשר לבטוח: אַךְ הֶבֶל בְּנֵי־אָדָם, כי לא רק שהם אינם חשובים, אלא יותר מזה: הם גם חולפים מהר מאוד. כָּזָב בְּנֵי אִישׁ, בְּמֹאזְנַיִם לַעֲלוֹת – אם רוצים לשקול כמה הם שווים, מתברר שהֵמָּה מֵהֶבֶל יָחַד: כל כולם יחד ערכם פחות אפילו מהבל.

יא אַל־תִּבְטְחוּ בְעֹשֶׁק, במרמה ובשוד, וּבְגָזֵל אַל־תֶּהְבָּלוּ – זוהי אמירה עוד יותר קיצונית: אין לבנות את החיים על גזל; ולא רק משום שהוא בלתי ראוי ובלתי מוסרי, אלא גם משום שהוא הבל, אי־אפשר לסמוך על כך.

חַיִל – עושר והצלחה שנבנו על שקר – כִּי־יָנוּב, שנראה שהוא צומח ומניב פירות, אַל־תָּשִׁיתוּ לֵב, כי כל זה הוא זמני מאוד; סופו להשחית גם את בעליו ולעבור מן העולם.

סב,ט **בִּטְחוּ בוֹ בְכָל עֵת** – פירוש **בְּכָל עֵת**, כי יש ביטחון בעת צרה, אבל עיקר הביטחון הוא בעת שלווה, שלא ישים האדם מבטחו באשר לו אלא רק בכוחו יתברך. ועל זה נאמר "ברוך הגבר אשר יבטח בה' והיה ה' מבטחו" (ירמיהו יז ז), היפוך ממה שכתוב מקודם "ארור הגבר אשר יבטח באדם ושם בשר זרֹעו ומן ה' יסור לבו" (שם יז ה); שאם יבטח האדם בו יתברך הגם שלא יחסר לו דבר, אז "והיה ה' מבטחו" כשיבוא לעת צרה חס ושלום.

על־פי שפת אמת, עקב תרנ"ב

יב אַחַ֤ת ׀ דִּבֶּ֬ר אֱלֹהִ֗ים
שְׁתַּֽיִם־ז֥וּ שָׁמָ֑עְתִּי
כִּ֥י עֹ֝֗ז לֵאלֹהִֽים׃
יג וּלְךָֽ־אֲדֹנָ֥י חָ֑סֶד
כִּֽי־אַתָּ֨ה תְשַׁלֵּ֖ם לְאִ֣ישׁ
כְּֽמַעֲשֵֽׂהוּ׃

יב כל הדברים הללו הם, בעצם, הצו העליון. התנהגות בדרך טובה היא מצוות ה׳, ולכן **אַחַת דִּבֶּר אֱלֹהִים**, אשר ציווה עלינו ללכת בדרכיו, **שְׁתַּיִם־זוּ שָׁמָעְתִּי** - יש באמירה זו שתי פנים: הצד האחד, צד החיוב, הוא לעשות את רצון ה׳, ואילו צד השלילה הוא שלא לעשות את ההפך מזה. וזו, בעצם, תמציתה של כל התורה: ״סור מרע ועשה טוב״ (תהלים לד, טו), **כִּי עֹז לֵאלֹהִים**, כי בידו הכוח, ולכן דבריו הם אלה שצריכים להנחותנו.

יג ובנוסף על כך, **וּלְךָ־ה׳ חָסֶד**, אתה הוא הנותן והמשפיע לעולם, **כִּי־אַתָּה תְשַׁלֵּם לְאִישׁ כְּמַעֲשֵׂהוּ** - אם רע ואם טוב.

סב,יג **וּלְךָ אֲדֹנָי חָסֶד.** כשאדם עושה מצווה, והיא נראית בעיניו דבר קטן, הנה הקב״ה עושה ממנה שמים חדשים וארץ חדשה. ובכל זה אין האדם פועל בעצמו, אלא הוא כ״מסייע שאין בו ממש״ למעשה ה׳ הגדול. ועל כך אמרו במשנה ״אל תהיו כעבדים המשמשין את הרב על מנת לקבל פרס״ (אבות א: ג), פירוש: אל תהיו כעבדים המשמשים **עם הרב** – הוא הקב״ה – על מנת לקבל פרס, כי די לכם במה שזכיתם לסייע למעשה ה׳. וזה שכתוב: **וּלְךָ אֲדֹנָי חָסֶד כִּי אַתָּה תְשַׁלֵּם לְאִישׁ כְּמַעֲשֵׂהוּ** – שאתה ה׳ משלם לאיש העושה המצווה כאילו עשה שמים וארץ חדשים במעשהו, אף־על־פי שבאמת אין הוא עושה כלום אלא רק כמסייע שאין בו ממש. וזהו חסד גדול, והבן.

על־פי כתר שם טוב, קה״ת תשס״ד, קצג־ב

כֵּן בַּקֹּדֶשׁ חֲזִיתִךָ לִרְאוֹת עֻזְּךָ וּכְבוֹדֶךָ:

ספר שני

פרק סג

מזמור של דבקות שנכתב במדבר, שהוא מקום
של מחסור, צמא וסכנות, המגלה כי קיים צימאון
עמוק יותר מן הצמא למים:
התשוקה לקרבת אלוקים.

א מִזְמ֥וֹר לְדָוִ֑ד
בִּֽ֝הְיוֹת֗וֹ בְּמִדְבַּ֥ר יְהוּדָֽה׃
ב אֱלֹהִ֤ים ׀ אֵלִ֬י אַתָּ֗ה
אֲֽשַׁ֫חֲרֶ֥ךָּ
צָמְאָ֬ה לְךָ֨ ׀ נַפְשִׁ֗י
כָּמַ֣הּ לְךָ֣ בְשָׂרִ֑י
בְּאֶֽרֶץ־צִיָּ֖ה וְעָיֵ֣ף בְּלִי־מָֽיִם׃
ג כֵּ֭ן בַּקֹּ֣דֶשׁ חֲזִיתִ֑ךָ
לִרְא֥וֹת עֻ֝זְּךָ֗ וּכְבוֹדֶֽךָ׃
ד כִּי־ט֣וֹב חַ֭סְדְּךָ מֵֽחַיִּ֗ים
שְׂפָתַ֥י יְשַׁבְּחֽוּנְךָ׃
ה כֵּ֣ן אֲבָרֶכְךָ֣ בְחַיָּ֑י
בְּ֝שִׁמְךָ֗ אֶשָּׂ֥א כַפָּֽי׃

א מִזְמוֹר לְדָוִד בִּהְיוֹתוֹ בְּמִדְבַּר יְהוּדָה - תוכנו של המזמור משקף את מצבו של דוד בשעה שהיה בורח מפני שאול במדבר יהודה, כאשר הוא מוקף שונאים מכל צד וסובל ממחסור מתמיד. עם זאת, מזמור זה הוא ביסודו מזמור כיסופים לה׳, אשר הקשיים החיצוניים אינם מפחיתים מהם אלא, אדרבה, מעצימים אותם.

ב אֱלֹהִים, אֵלִי אַתָּה, אֲשַׁחֲרֶךָּ - אני מחפש אותך, רוצה להגיע אליך. צָמְאָה לְךָ נַפְשִׁי, כָּמַהּ - השתוקק - לְךָ גם בְשָׂרִי, בְּאֶרֶץ־צִיָּה, מדבר יבש, וְעָיֵף - שכאן פירושו: צמא - בְּלִי־מָיִם. התשוקה והצימאון לאלוקים מתגלים כאן, במקום שבו, לכאורה, יש לאדם צורך מידי בדברים החיוניים והנחוצים ביותר לעצם קיומו. ואולם התשוקה הפנימית העזה ביותר שלו איננה למים או לצורכי גופו: דווקא אז, בבדידות ובמחסור, עיקר תשוקתו הוא לקב״ה.

ג כֵּן - כך - בַּקֹּדֶשׁ חֲזִיתִךָ, אני מדמה בנפשי, רואה וחושב, על היותי בקודש ועל הקִרבה אל הקודש, שאז אוכל לִרְאוֹת את עֻזְּךָ וּכְבוֹדֶךָ; זהו החלום וזוהי תשוקתי.

ד כִּי־טוֹב חַסְדְּךָ מֵחַיִּים: חסד ה׳, כלומר: המודעות לגדולתו ולהשפעתו לא בנתינה החומרית לסוגיה, אלא בעצם מידת החסד שלו, טוב עבורי יותר מן החיים עצמם, וּשְׂפָתַי יְשַׁבְּחוּנְךָ רק מתוך זה שאני זוכר את חסדך וחושב עליו.

ה כֵּן אֲבָרֶכְךָ בְחַיָּי - כאשר אני חי, בחיים שיש בי, אני מברך אותך; חיי עצמם, עצם העובדה שאני חי, הם דרך של ברכה לך.

בְּשִׁמְךָ ולמענך אֶשָּׂא כַפָּי, אני מתפלל ומבקש.

סג,ג כֵּן בַּקֹּדֶשׁ חֲזִיתִיךָ – אמר רבנו הזקן נ״ע בשם הבעש״ט: הלוואי בזמן הבית חזיתי גילוי אור כמו האור שחזיתי בזמן הגלות. לפי שבזמן הבית יש תענוג ושמחת הנפש בעבודת המוח והלב, אבל בזמן הגלות העבודה היא בקבלת עול ובמסירת נפש, ועל־ידי זה ממשיכים אורות גדולים ועצומים הרבה יותר.

על־פי ספר המאמרים תרפ״ט, ד״ה תשורי מראש אמנה

ו כְּמוֹ חֵלֶב וָדֶשֶׁן
תִּשְׂבַּע נַפְשִׁי
וְשִׂפְתֵי רְנָנוֹת יְהַלֶּל־פִּי:
ז אִם־זְכַרְתִּיךָ עַל־יְצוּעָי
בְּאַשְׁמֻרוֹת אֶהְגֶּה־בָּךְ:
ח כִּי־הָיִיתָ עֶזְרָתָה לִּי
וּבְצֵל כְּנָפֶיךָ אֲרַנֵּן:
ט דָּבְקָה נַפְשִׁי אַחֲרֶיךָ
בִּי תָּמְכָה יְמִינֶךָ:

ו **כְּמוֹ חֵלֶב וָדֶשֶׁן תִּשְׂבַּע נַפְשִׁי**, התשבחות שאני משבח, המחשבות שאני חושב עליך, הן עצמן גורמות לי אושר. כמו אדם האוכל דברים המשביעים אותו, כך עצם המחשבה על הקב"ה נותנת לי תחושה של שובע, כלומר: של שביעות רצון, של האושר שיש בזה.

מכוחם של אלה, **וְשִׂפְתֵי רְנָנוֹת יְהַלֶּל־פִּי** - לא על טובתו של ה' אליי, אלא על עצם העובדה שאני חש במציאותו.

ז **אִם־זְכַרְתִּיךָ**, כאשר אני זוכר אותך, אני זוכר אותך גם **עַל־יְצוּעָי**, בלכתי לישון, אשר לכאורה זה הזמן לנוח ולהירדם, בכל זאת אני חושב על ה'. **בְּאַשְׁמֻרוֹת**, שהם חלקי הלילה; כאשר אדם מתעורר אז מן השינה - בדרך כלל עם חילופי משמרות השומרים - הוא רק בקושי ער, אך גם אז **אֶהְגֶּה־בָּךְ**, כי אתה הנושא המרכזי של הווייתי, כי נוכחות ה' היא הדבר המשמעותי ביותר בשבילי, העניין הממלא יותר מכל את לבי, הנושא שעליו אני חושב בין כשאני עומד להירדם ובין כשאני מקיץ משנתי.

ח **כִּי־הָיִיתָ עֶזְרָתָה לִּי** - המשורר מודה לא רק על כך שהוא עדיין חי, ואף חופשי, יחסית, אלא בעיקר על עצם העובדה שהוא מרגיש שהקב"ה נמצא תמיד לידו, **וּבְצֵל כְּנָפֶיךָ אֲרַנֵּן** - כי אני מרגיש שבכל עת ובכל מקום אני נמצא בנוכחותו של הקב"ה ותחת חסותו.

ט **דָּבְקָה נַפְשִׁי אַחֲרֶיךָ** - תשוקתי היא להיצמד אליך, ללכת אחריך כל הזמן, כי **בִּי תָּמְכָה יְמִינֶךָ**.

סג,ז **אִם זְכַרְתִּיךָ עַל יְצוּעָי**. כנסת ישראל נקראת "אֲחֹתִי" – לשון חיבור, שמחבר שני דברים יחד להיות כגוף אחד ממש, וזו האהבה הטבעית שבנפשות ישראל ממקור חוצבן, שהן חלק אלוה ממעל ממש, ולכן גם אחר שנבראו וירדו להתלבש בגוף ונפש החיונית תשוקתן להיבטל במציאות אליו יתברך בכלות הנפש ממש, ונעשה להם טבע כאהבת אח ואחות, שאין צריכים שום התבוננות לעורר האהבה, וכמו שכתוב: **אִם זְכַרְתִּיךָ עַל יְצוּעָי בְּאַשְׁמֻרוֹת אֶהְגֶּה בָּךְ**. וזו מידת הצדיקים, והיא אהבה האמיתית מנקודת אמת לאמיתו, שאין לה הפסק ועומדת לעד. אך כשמעורר האהבה בעתים מזומנים, כבשעת קריאת שמע ותפילה, ואחר חולפת ועוברת – אינה אלא "שפת אמת", שהיא התחלת האמת אך לא אמת גמור. ומכל מקום היא "שפת אמת", מאחר שבשעה זו מעורר את האהבה מנקודת לבו, וגם אחר התפילה נשאר רשימו ממנה.

על־פי ליקוטי תורה בהר לט, ג

י וְהֵמָּה לְשׁוֹאָה יְבַקְשׁוּ נַפְשִׁי
יָבֹאוּ בְּתַחְתִּיּוֹת הָאָרֶץ:
יא יַגִּירֻהוּ עַל־יְדֵי־חָרֶב
מְנָת שֻׁעָלִים יִהְיוּ:
יב וְהַמֶּלֶךְ יִשְׂמַח בֵּאלֹהִים
יִתְהַלֵּל כָּל־הַנִּשְׁבָּע בּוֹ
כִּי יִסָּכֵר פִּי דוֹבְרֵי־שָׁקֶר:

מתיאור מצבו הגשמי והנפשי פונה כעת המשורר לתיאור מצבו הפוליטי:

י וְהֵמָּה, כל שונאיי, לְשׁוֹאָה יְבַקְשׁוּ נַפְשִׁי, רוצים להביא עליי אסון ואובדן. והוא מבקש: יהי רצון שהם יָבֹאוּ בְּתַחְתִּיּוֹת הָאָרֶץ!

יא הם חושבים עליי שֶׁיַּגִּירֻהוּ, כלומר: ישפכו את דמי, עַל־יְדֵי־חָרֶב, ואני מבקש שהם מְנָת שֻׁעָלִים יִהְיוּ, שיהיו מאכל לשועלים הסובבים ואוכלים נבלות במדבר.

יב ואילו וְהַמֶּלֶךְ יִשְׂמַח בֵּאלֹהִים - לא ברור אם הוא מתכוון כאן לעצמו, שהרי הוא כבר נמשח למלך, או שכוונתו למלך שאול, שבעיקרו של דבר הוא רואה אותו לא כשונא אלא כאדם רדוף סיוטים ופחדי שווא מכל מקום הוא מבקש שהמלך ישמח באלוקים, ואז (אם מדובר בשאול) גם לא יבוא בטענות כלפיו.

יִתְהַלֵּל כָּל־הַנִּשְׁבָּע בּוֹ - כלומר: בשמו של המלך, שהרי ראוי למלך שייתנו לו תהילה ושיישבעו בשמו, כִּי יִסָּכֵר - ייסגר - פִּי דוֹבְרֵי־שָׁקֶר - שהם אלה המלשינים עליו או מסיתים את המלך לרדוף אותו.

סג,יא **וְהַמֶּלֶךְ יִשְׂמַח בֵּאלֹהִים.** מדרכי הנהגת תלמידי חכמים, ומי שהבריות מחזיקין אותו לירא ה׳, שיהיה צהלתו בפניו ואבלו בלבו (חובות הלבבות, שער הפרישות, ד). ובעת דברו עם איש המוני, גם אם פגעה בו מידת הדין, יתאמץ בכל כוחו להראות לו נפש שמחה – שלא ירגיש שפלותו. ובזכות זה לא ימות עד שיזכה לשמוח באמת, כי בוודאי ייושע בזכות שמכבד ומייקר שמו יתברך. ועל דרך זו פירש גאון אחד מאמר הכתוב **וְהַמֶּלֶךְ יִשְׂמַח בֵּאלֹהִים יִתְהַלֵּל כָּל הַנִּשְׁבָּע בּוֹ כִּי יִסָּכֵר פִּי דוֹבְרֵי שָׁקֶר, וְהַמֶּלֶךְ** – זה תלמיד חכם, כי ״מאן מלכי רבנן״ (גיטין סב, א); **יִשְׂמַח בֵּאלֹהִים** – אף שפוגעת בו מידת הדין, שנקראת אלוהים; **יִשְׂמַח בֵּאלֹהִים יִתְהַלֵּל כָּל הַנִּשְׁבָּע בּוֹ** – לטובה ולברכה; **כִּי יִסָּכֵר פִּי דוֹבְרֵי שָׁקֶר** – האומרים ח״ו שווא עבוד אלוהים, וכשרואים תלמיד חכם בשפלות מביאים ממנו ראיה לשקרם.

על־פי רבי מנחם מענדל מרימנוב

יִשְׂמַח צַדִּיק בַּיהוה וְחָסָה בוֹ וְיִתְהַלְלוּ כָּל־יִשְׁרֵי־לֵב:

ספר שני

פרק סד

תחינה של אדם המוקף באויבים גלויים ונסתרים,
המשתמשים בכל אמצעי שבידם כדי להזיק לו.

א לַמְנַצֵּחַ מִזְמוֹר לְדָוִד׃
ב שְׁמַע־אֱלֹהִים קוֹלִי בְשִׂיחִי
מִפַּחַד אוֹיֵב תִּצֹּר חַיָּי׃
ג תַּסְתִּירֵנִי מִסּוֹד מְרֵעִים
מֵרִגְשַׁת פֹּעֲלֵי אָוֶן׃
ד אֲשֶׁר שָׁנְנוּ כַחֶרֶב לְשׁוֹנָם
דָּרְכוּ חִצָּם דָּבָר מָר׃
ה לִירוֹת בַּמִּסְתָּרִים תָּם
פִּתְאֹם יֹרֻהוּ וְלֹא יִירָאוּ׃
ו יְחַזְּקוּ־לָמוֹ ׀ דָּבָר רָע
יְסַפְּרוּ לִטְמוֹן מוֹקְשִׁים
אָמְרוּ מִי יִרְאֶה־לָּמוֹ׃
ז יַחְפְּשׂוּ־עוֹלֹת
תַּמְנוּ חֵפֶשׂ מְחֻפָּשׂ
וְקֶרֶב אִישׁ וְלֵב עָמֹק׃
ח וַיֹּרֵם אֱלֹהִים
חֵץ פִּתְאוֹם הָיוּ מַכּוֹתָם׃
ט וַיַּכְשִׁילֻהוּ עָלֵימוֹ לְשׁוֹנָם
יִתְנֹדְדוּ כָּל־רֹאֵה בָם׃

א לַמְנַצֵּחַ מִזְמוֹר לְדָוִד: גם המזמור הזה הוא מזמור תפילה כנגד אויבים ושונאים.

ב שְׁמַע־אֱלֹהִים, קוֹלִי בְשִׂיחִי - כשאני מספר, מדבר על כאביי, על צרותיי. מִפַּחַד אוֹיֵב תִּצֹּר חַיָּי,

ג תַּסְתִּירֵנִי מִסּוֹד מְרֵעִים - ממועצה, הסתודדות וועידה של מרעים, מֵרִגְשַׁת - מן המהומה והרעש של פֹּעֲלֵי אָוֶן.

ד אֲשֶׁר שָׁנְנוּ כַחֶרֶב לְשׁוֹנָם, דָּרְכוּ חִצָּם - הכוונה כאן היא לחֵץ הלשון, ולא חץ ממש - דָּבָר מָר: לא חצים סתם, אלא חצים מורעלים.

ה לִירוֹת בַּמִּסְתָּרִים תָּם, פִּתְאֹם יֹרֻהוּ וְלֹא יִירָאוּ - כי הם תמיד עושים את מעשיהם בסתר, בדרכי עקיפין וכזב.

ו יְחַזְּקוּ־לָמוֹ דָּבָר רָע - הם מחזקים ומתחזקים בדברים רעים, יְסַפְּרוּ וישוחחו ביניהם כדי לִטְמוֹן מוֹקְשִׁים. ומכיוון שדבר זה נעשה במסתרים, ולא בגלוי, הם אָמְרוּ: 'מִי יִרְאֶה־לָמוֹ?'

ז יַחְפְּשׂוּ־עוֹלֹת, הם מחפשים דברי עוול, תַּמְנוּ - כלומר: עד הסוף, עד קצה הדברים, חֵפֶשׂ מְחֻפָּשׂ - חיפוש יסודי. וכל זה הוא וְקֶרֶב אִישׁ וְלֵב עָמֹק, שהרי כל הדברים הללו אינם גלויים אלא הם מוסתרים בלבם,

ח עד שאפשר לומר שבמקרה כזה לא נותר לו לאדם אלא להתפלל ולבקש: וַיֹּרֵם אֱלֹהִים - שהקב"ה יירה בהם את חציו, חֵץ פִּתְאוֹם, חץ של הפתעה, וחץ כזה הָיוּ מַכּוֹתָם שהם לוקים בהן.

סד,א לַמְנַצֵּחַ מִזְמוֹר לְדָוִד. עניין תהלים הוא הלל והודאה, שזה כלליות הדיבור הקדוש, ואמרו רבותינו ז"ל: "כל האומר תהלים בעולם־הזה זוכה לאומרו לעולם־הבא", כי אז נעסוק רק בזה, להודות ולהלל לפניו יתברך. ועיקר אמירת תהלים הוא בבחינת לַמְנַצֵּחַ, שצריכין להתגבר בזה בניצחון גדול ממש כמו הלוחם מלחמה, שצריך להיזהר שלא יאבד את לבבו, כמו כן ממש הוא בעניין זה, שצריכין לחזק את עצמו בכל עת מאוד ולידע ולהאמין שאיך שהוא יש כוח גדול להדיבור מאוד מאוד, כי עיקר הניצחון הוא על־ידי הדיבור. וזהו בחינת לַמְנַצֵּחַ שהזכיר בכל פעם, כאומר ומזכיר ומזהיר לכל מי שרוצה לכנוס ללחום מלחמת ה', שיאמר מזמור זה בפה מלא, ואמר על עצמו כי לַמְנַצֵּחַ מִזְמוֹר לְדָוִד – שהמזמור הזה הוא לדוד, שהוא מנצח הכול בדיבורו הקדוש.

על־פי ליקוטי הלכות, ברכות פרטיות והטבת חלום ה: יד

י וַיִּֽירְא֗וּ כׇּל־אָ֫דָ֥ם
וַ֭יַּגִּידוּ פֹּ֣עַל אֱלֹהִ֑ים
וּֽמַעֲשֵׂ֥הוּ הִשְׂכִּֽילוּ׃
יא יִשְׂמַ֬ח צַדִּ֣יק בַּ֭יהֹוָה
וְחָ֣סָה ב֑וֹ
וְ֝יִתְהַֽלְל֗וּ כׇּל־יִשְׁרֵי־לֵֽב׃

ט וַיַּכְשִׁילוּהוּ עָלֵימוֹ לְשׁוֹנָם - אותה לשון שהם משתמשים בה נגדי בסוף תכשיל אותם, ובכישלונם יִתְנֹדְדוּ - בתימהון ובתחושת זוועה - כׇּל־רֹאֵה בָם, כל אלה אשר ייראו מה עלה להם בסופם.

י וַיִּירְאוּ כׇּל־אָדָם, כאשר יראו את עונשם של הרשעים, וַיַּגִּידוּ פֹּעַל אֱלֹהִים, וּמַעֲשֵׂהוּ הִשְׂכִּילוּ. כי אז, כאשר הרשעים מגיעים לכלל מפלה גמורה מתוך התחבולות והתכניות שלהם עצמם, אז מבינים בני האדם שיש ניהול וסדר בעולם.

יא ואז - יִשְׂמַח צַדִּיק בַּה', וְחָסָה בוֹ, וְיִתְהַלְלוּ כׇּל־יִשְׁרֵי־לֵב.

סד,יא **יִתְהַלְלוּ כׇּל יִשְׁרֵי לֵב.** אמרו חכמים (תענית טו, א): "לא הכול לאורה ולא הכול לשמחה, אלא צדיקים לאורה וישרים לשמחה", ככתוב: "אור זָרֻעַ לצדיק ולישרי לב שמחה". צדיק הוא הכובש יצרו הרע, וישר לב הוא מי שאין בלבו שום עקמומיות ונטייה לרע כלל. ופירש רש"י כי **יִשְׁרֵי לֵב** גדולים מן הצדיקים, ואם כן קשה: מדוע אינם זוכים גם לאורה? ונראה כי יתרון האור ניכר מתוך החושך דייקא, וחושך יש רק בנפשם של הצדיקים, שיצר הרע שבלבם עודנו בתוקפו ונוטה לרע, אלא שמגבירים כנגדו את יצר הטוב, ומתוך כך "צדיקים לאורה". אמנם לשמחה אינם זוכים, מחמת צער מלחמת היצר שעוד לא נחו ממנה. ועל כן רק "ישרים לשמחה", שכבר שבו ממלחמתם ואין להם עוד צער, ואמנם לאורה אינם זוכים, כי אין אצלם שום בחינת חושך כלל.

על־פי ייטב לב, וירא

שֹׁמֵעַ תְּפִלָּה עָדֶיךָ כָּל־בָּשָׂר יָבֹאוּ:

ספר שני

פרק סה

מזמור תהילה לה׳ הסולח לחוטאים ומקרב אליו
את השבים, והמתאר כיצד הוא ממלא,
ברוב חסדו, את העולם בטוב, בשלווה ובשפע.

א לַמְנַצֵּחַ מִזְמוֹר לְדָוִד שִׁיר׃
ב לְךָ דֻמִיָּה תְהִלָּה
אֱלֹהִים בְּצִיּוֹן
וּלְךָ יְשֻׁלַּם־נֶדֶר׃
ג שֹׁמֵעַ תְּפִלָּה
עָדֶיךָ כָּל־בָּשָׂר יָבֹאוּ׃
ד דִּבְרֵי עֲוֹנֹת גָּבְרוּ מֶנִּי
פְּשָׁעֵינוּ אַתָּה תְכַפְּרֵם׃
ה אַשְׁרֵי ׀ תִּבְחַר וּתְקָרֵב
יִשְׁכֹּן חֲצֵרֶיךָ
נִשְׂבְּעָה בְּטוּב בֵּיתֶךָ
קְדֹשׁ הֵיכָלֶךָ׃
ו נוֹרָאוֹת ׀ בְּצֶדֶק תַּעֲנֵנוּ
אֱלֹהֵי יִשְׁעֵנוּ
מִבְטָח כָּל־קַצְוֵי־אֶרֶץ
וְיָם רְחֹקִים׃

א לַמְנַצֵּחַ מִזְמוֹר לְדָוִד שִׁיר – שיר זה של תודה ושמחה מתאר, בעיקרו, חיים של טובה, הן במובן של שלום ושלווה והן בברכת האדמה והחיים.

ב לְךָ דֻמִיָּה תְהִלָּה, אֱלֹהִים בְּצִיּוֹן. פסוק רב־משמעות זה בא לומר שדברי השירה והשבח לקב"ה הם בלתי מספיקים, ואולי אף עלובים ומעליבים. ובעצם, התהילה שאנחנו יכולים לתת לה' היא כאשר אנחנו שותקים, ובכך כוללים את מה שאנחנו יכולים ואיננו יכולים לומר. לכל היותר, מה שיכול אדם לעשות הוא וּלְךָ יְשֻׁלַּם־נֶדֶר, כלומר: במקום להאריך בדברי שירה צריך אדם למלא את ההתחייבויות שחייב את עצמו בהן כלפי הקב"ה.

ג ובעת פונה המשורר אל הקב"ה: אתה הוא שֹׁמֵעַ תְּפִלָּה, ועָדֶיךָ – אליך – כָּל־בָּשָׂר יָבֹאוּ: להתפלל, לבקש, להודות.

ד דִּבְרֵי עֲוֹנֹת, ענייני חטא ועוון, גָּבְרוּ מֶנִּי – ממני, מעליי, כי יש לי כל כך הרבה עוונות. ובכל זאת מובטח אני כי פְּשָׁעֵינוּ אַתָּה תְכַפְּרֵם; שלולי זה לא יכול הייתי לעמוד במשא עוונותיי.

ה אַשְׁרֵי זה שתִּבְחַר וּתְקָרֵב אותו אליך, והוא יִשְׁכֹּן חֲצֵרֶיךָ. ואלה הקרובים וצמודים אליך יזכו לכך שנִשְׂבְּעָה בְּטוּב בֵּיתֶךָ, קְדֹשׁ – כאן זה בא כשם עצם מופשט: קדושת הֵיכָלֶךָ.

ו נוֹרָאוֹת בְּצֶדֶק תַּעֲנֵנוּ, אתה תענה לתפילתנו בדברים גדולים ונשגבים, אֱלֹהֵי יִשְׁעֵנוּ, שאתה הוא מִבְטָח לא רק מקרוב, אלא גם של כָּל־קַצְוֵי־אֶרֶץ וְיָם, שהם רְחֹקִים מאתנו.

סה,ו **שֹׁמֵעַ תְּפִלָּה**. כשניגש איש מישראל להתפלל ונזכר בעוונות שבידו הריהו מתיירא שלא זו בלבד שלא יניחו לתפילתו להיכנס לפני הבורא ברוך־הוא, אך גם אדרבה – תוסיף כוח בסטרא־אחרא ח"ו (כי מתורה ותפילה של רשע יש יניקה לסטרא־אחרא). ולזה אמר: **לְךָ דֻמִיָּה**, דהיינו שמהראוי שלא יתפלל כלל מחמת טעמים אלו. אלא שהקב"ה יודע מחשבות בני אדם, ואצלו מחשבה כמעשה, וכיוון שיודע שעתיד זה המתפלל לעשות תשובה נכונה – הריהו מעלה עליו כאילו כבר שב במעשה ממש. ולזה אמר **וּלְךָ יְשֻׁלַּם נֶדֶר**, שלְךָ דווקא – להקב"ה, שיודע מה שיהיה בסוף – ישולם נדר, והרי הוא כמי ששילם כבר. שאצל הקב"ה העבר וההווה והעתיד הכול אחד. ולזה אמר מיד אחר כך **שֹׁמֵעַ תְּפִלָּה עָדֶיךָ כָּל בָּשָׂר יָבֹאוּ**, שמיד שקיבל עליו לעשות תשובה מיד הולכת תפילתו להקב"ה.

על־פי תפארת שלמה, מועדים, שער התפילה

ז מֵכִין הָרִים בְּכֹחוֹ
נֶאְזָר בִּגְבוּרָה:
ח מַשְׁבִּיחַ ׀ שְׁאוֹן יַמִּים
שְׁאוֹן גַּלֵּיהֶם
וַהֲמוֹן לְאֻמִּים:
ט וַיִּירְאוּ ׀ יֹשְׁבֵי קְצָוֹת
מֵאוֹתֹתֶיךָ
מוֹצָאֵי־בֹקֶר וָעֶרֶב תַּרְנִין:
י פָּקַדְתָּ הָאָרֶץ ׀ וַתְּשֹׁקְקֶהָ
רַבַּת תַּעְשְׁרֶנָּה
פֶּלֶג אֱלֹהִים מָלֵא מָיִם
תָּכִין דְּגָנָם כִּי־כֵן תְּכִינֶהָ:

ז וכאן הוא פונה לדבר בשבחו של ה׳: מֵכִין הָרִים בְּכֹחוֹ, כי ההר הגדול והמתנשא, שנערם ערימה על גבי ערימה, סלע על גבי סלע, הוא ביטוי אחד לגבורה ולעוצמה האלוקית, לכך שה׳ נֶאְזָר בִּגְבוּרָה.

ח ואותה גבורה מופיעה גם באופן אחד: מַשְׁבִּיחַ - משקיט - שְׁאוֹן יַמִּים, רעשו של הים הסוער, ומשכך את שְׁאוֹן גַּלֵּיהֶם. וַהֲמוֹן לְאֻמִּים וכיוצא בזה בתחום אחר: הוא משתיק את הרעש וההמולה של העולם האנושי.

ט וַיִּירְאוּ יֹשְׁבֵי קְצָוֹת, אלה הנמצאים במקומות רחוקים, מֵאוֹתֹתֶיךָ, המגיעים לא רק ממקום אחד אלא מכל המקומות, שכן פעולתו ועשייתו של הקב״ה היא למוֹצָאֵי־בֹקֶר וָעֶרֶב - שהוא תיאור פיוטי של קצה המזרח והמערב, שאותם תַּרְנִין.

י ומעבר לביטויי הכוח והעוצמה ישנה גם ברכת ה׳: פָּקַדְתָּ, אתה זוכר, את הָאָרֶץ, וַתְּשֹׁקְקֶהָ - נראה שפירושו הוא שאתה ממלא את תשוקתה; ותשוקת הארץ, כפי שמבואר במקומות רבים, היא אל המים; לפיכך ארץ ״מרוצה״ היא ארץ שיש בה מים. רַבַּת תַּעְשְׁרֶנָּה, אתה מעשיר אותה בריבוי, ברוב שפע. פֶּלֶג אֱלֹהִים מָלֵא מָיִם,

תָּכִין דְּגָנָם - אתה מכונן, מעמיד ומצמיח יפה את דגנם, כִּי־כֵן תְּכִינֶהָ. זוהי חזרה לא רק בדרך של אליטרציה אלא גם בריבוי המשמעויות של ״הכנה״: כאן פירוש המילה הוא העמדת דברים על מכונם כראוי להם; שכן השורש כ׳ו׳ן׳ קשור גם לשורש כ׳נ׳ן׳ ולמילה ״כֵּן״, שמובנם הוא דבר העומד נכון על מקומו.

סה,י פָּקַדְתָּ הָאָרֶץ וַתְּשֹׁקְקֶהָ. בהיות הנשמה מלובשת בגוף הגשמי ונמשכת אחר גשמיות, הנה הגוף והעולם מעלימים על קדושתה, שלא תתלהט בבחינת רצון וצימאון ונפש שוקקה. ועל זה נאמר פָּקַדְתָּ הָאָרֶץ וַתְּשֹׁקְקֶהָ, להיות תשוקתן של ישראל לאביהם שבשמים, והיינו על־ידי פָּקַדְתָּ הָאָרֶץ, המצוות שהן ״פיקודי ה׳״ (יט ט). כי המצוות נמשכות מרצון העליון, ושורשן בחסד ואהבת ה׳ אלינו, שעל כן ציוונו המצוות האלה, להיות ״וימינו תחבקני״ (שיר השירים ב ו). והוא ״כמים הפנים לפנים״, שעל־ידי קיום המצוות שמרצון העליון מתעורר גם רצון העליון שבנפש לאהבת ה׳. גם פָּקַדְתָּ לשון פקידת עקרה, כי בזמן שאין בית המקדש קיים נקראת כנסת ישראל ״עקרה לא ילדה״ (ישעיהו נד א), שאין לה בחינת לידה והתגלות האהבה לה׳, רק היא מסותרת בבחינת עיבור והעלם. אך על־ידי המצוות ״פקדת״, להיות גילוי האהבה.

על־פי ליקוטי תורה במדבר ה, ג

יא תְּלָמֶיהָ רַוֵּה נַחֵת גְּדוּדֶהָ
בִּרְבִיבִים תְּמֹגְגֶנָּה
צִמְחָהּ תְּבָרֵךְ:
יב עִטַּרְתָּ שְׁנַת טוֹבָתֶךָ
וּמַעְגָּלֶיךָ יִרְעֲפוּן דָּשֶׁן:
יג יִרְעֲפוּ נְאוֹת מִדְבָּר
וְגִיל גְּבָעוֹת תַּחְגֹּרְנָה:
יד לָבְשׁוּ כָרִים ׀ הַצֹּאן
וַעֲמָקִים יַעַטְפוּ־בָר
יִתְרוֹעֲעוּ אַף־יָשִׁירוּ:

יא תְּלָמֶיהָ של הארץ רַוֵּה בגשמים, נַחֵת גְּדוּדֶהָ - תן נחת לסדקים ולגיאיות שלה, בִּרְבִיבִים - טיפות גשם - תְּמֹגְגֶנָּה, תרכך אותה, תיתן לה אושר, ואת צִמְחָהּ תְּבָרֵךְ.

יב עִטַּרְתָּ שְׁנַת טוֹבָתֶךָ - כאשר ברכה זו איננה נמשכת רק תקופה מסוימת, אלא שנה שלמה, שאז היא יפה יותר, מעוטרת יותר.

וּמַעְגָּלֶיךָ, שהם המאורעות המתחוללים בעולם, נסיבות הזמן כולן, יִרְעֲפוּן, יזילו, דָּשֶׁן - שמן, במובן של דברים משובחים,

יג יִרְעֲפוּ - ייזלו, ייתנו מים - נְאוֹת מִדְבָּר; שכן בשנה טובה נאות המדבר לא רק מתקיימות בעצמן, מתוך מלחמה מתמדת במדבר המקיף אותן, אלא גם זורמות החוצה ומשקות את המדבר.

וְגִיל גְּבָעוֹת תַּחְגֹּרְנָה - בשנה טובה כזו נראות גם גבעות, שלא תמיד הן עשירות מספיק ולא תמיד גם יש בהן צמחים מרובים, כאילו הן נחגרות, נעטפות, שמחה של כל מה שצומח עליהן.

יד לָבְשׁוּ כָרִים - כרי העשב - הַצֹּאן, כלומר: המרחבים מלאים בצאן הרועה בהם, וַעֲמָקִים - אותם שטחים נמוכים שבין ההרים או מחוץ לתחום ההרים - יַעַטְפוּ־בָר, הם פוריים יותר וכולם עטופים בתבואה.

יִתְרוֹעֲעוּ - יריעו תרועה, אך ייתכן שיש כאן גם משמעות נלווית של רֵעוּת; כי כאשר יש שפע ברכה בכל מקום, כל הדברים נעשים סמוכים זה לזה ומיודדים זה עם זה, אַף־יָשִׁירוּ.

סה,יד **וַעֲמָקִים יַעַטְפוּ בָר** – אמר הרה"ק רבי ליב שרה'ס כי הנה תמיד צריך אדם שיהיה תוכו כברו, ועומק הלב מלגיו [=מבפנים] יהיה כמו העטיפה העוטה אותו מלבר [=מבחוץ]. אמנם בשעה שהוא ממלא פיו שירה, צריך בכל זאת שיהיה לבו נשבר בקרבו, **יִתְרוֹעֲעוּ אַף יָשִׁירוּ**.

על־פי אסיפת אמרים מהבעש"ט ותלמידיו

הָפַךְ יָם לְיַבָּשָׁה בַּנָּהָר יַעַבְרוּ בְרָגֶל שָׁם נִשְׂמְחָה־בּוֹ:

ספר שני

פרק סו

מזמור תהילה לה' על התגלותו בכלל ובפרט – מן ההתגלות בסיני וביציאת מצרים עד להתגלות בתולדות ישראל במשך הדורות, על שלל הניסיונות וההצלחות שהיו בהם; בסיומו מובאת תפילתו של אדם פרטי הרואה את השגחת ה' בחייו שלו.

א לַמְנַצֵּחַ שִׁיר מִזְמוֹר
הָרִיעוּ לֵאלֹהִים כָּל־הָאָרֶץ:
ב זַמְּרוּ כְבוֹד־שְׁמוֹ
שִׂימוּ כָבוֹד תְּהִלָּתוֹ:
ג אִמְרוּ לֵאלֹהִים
מַה־נּוֹרָא מַעֲשֶׂיךָ
בְּרֹב עֻזְּךָ
יְכַחֲשׁוּ־לְךָ אֹיְבֶיךָ:
ד כָּל־הָאָרֶץ ׀ יִשְׁתַּחֲווּ לְךָ
וִיזַמְּרוּ־לָךְ
יְזַמְּרוּ שִׁמְךָ סֶלָה:
ה לְכוּ וּרְאוּ מִפְעֲלוֹת אֱלֹהִים
נוֹרָא עֲלִילָה עַל־בְּנֵי אָדָם:
ו הָפַךְ יָם ׀ לְיַבָּשָׁה
בַּנָּהָר יַעַבְרוּ בְרָגֶל
שָׁם נִשְׂמְחָה־בּוֹ:
ז מֹשֵׁל בִּגְבוּרָתוֹ ׀ עוֹלָם
עֵינָיו בַּגּוֹיִם תִּצְפֶּינָה

א לַמְנַצֵּחַ שִׁיר מִזְמוֹר: מזמור זה מרמז על ניצחון כלשהו, שכן מדברי המשורר עולה כי מכשולים ואויבים שונים פסו ונעלמו מן העולם.

תחילתו של המזמור, שהיא גם עיקר עניינו, היא: הָרִיעוּ לֵאלֹהִים כָּל־הָאָרֶץ, שכן כל השיר הזה כולו הוא שיר של תרועה ושל תודה.

ב זַמְּרוּ כְבוֹד־שְׁמוֹ ושִׂימוּ כָבוֹד לתְּהִלָּתוֹ שמהללים ומכבדים אותו.

ג אִמְרוּ לֵאלֹהִים: מַה־נּוֹרָא מַעֲשֶׂיךָ, בְּרֹב עֻזְּךָ יְכַחֲשׁוּ־לְךָ אֹיְבֶיךָ, שזהו האופן שבו מתבטאת ההכנעה של אחרים: הם נאלצים לשקר, משום שאינם יכולים להעז פנים ולומר שאינם חפצים בו.

ד כָּל־הָאָרֶץ יִשְׁתַּחֲווּ לְךָ וִיזַמְּרוּ־לָךְ, יְזַמְּרוּ שִׁמְךָ, סֶלָה.

ה וכעת מדבר המשורר קצת בשבחו של הקב"ה בכלל: לְכוּ וּרְאוּ מִפְעֲלוֹת אֱלֹהִים, נוֹרָא עֲלִילָה - במובן של פעולה, עשייה - עַל־בְּנֵי אָדָם.

ו הָפַךְ יָם לְיַבָּשָׁה - בקריעת ים סוף, בַּנָּהָר יַעַבְרוּ בְרָגֶל - בקריעת מי הירדן, שָׁם נִשְׂמְחָה־בּוֹ - בכיבוש הארץ,

ז מֹשֵׁל בִּגְבוּרָתוֹ בעוֹלָם, עֵינָיו בַּגּוֹיִם תִּצְפֶּינָה, והוא מעמידם על מקומם הראוי להם.

הַסּוֹרְרִים אַל־יָרוּמוּ לָמוֹ, סֶלָה - כל אלה שהם סוררים ואינם שומעים בקולו בסופו של דבר לא יתרוממו, כי הקב"ה ישפיל אותם.

סו,ה **נוֹרָא עֲלִילָה עַל בְּנֵי אָדָם.** תשובה היינו שמשיב אותו הדבר שחטא בו אל השם יתברך, כלומר: שמכיר שהכול פועל השם יתברך וכוחו, ואפילו המחשבה בטרם נוצרה בלבו של אדם, כמו שאמרו חז"ל: "עד שלא נוצרה מחשבה בלבו של אדם כבר היא גלויה לפניך" (בראשית רבה ט: ג). נמצא שהשם יתברך נתן לו כוח גם בשעת העבירה, ועל־ידי זה – אחר התשובה הגמורה – הוא זוכה שזדונות נעשים זכויות, כי גם זה היה רצון השם יתברך כך. וכמו שאמרו: "אם יהיו חטאיכם כשנים הללו, שסדורות ובאות משֵשת ימי בראשית ועד עכשיו – כשלג ילבינו" (שבת פט, ב), שהכול מסודר מהשם יתברך מתחילת הבריאה, ורצון השם יתברך היה לכך. וכעניין שאמרו חז"ל על פסוק **נוֹרָא עֲלִילָה עַל בְּנֵי אָדָם:** "אף הנוראות שאתה מביא עלינו – בעלילה את מביאן" (תנחומא וישב, ד).

על־פי צדקת הצדיק, ק; תקנת השבין, י

הַסּוֹרְרִים | אַל־יָרוּמוּ לָמוֹ
סֶלָה:
ח בָּרְכוּ עַמִּים | אֱלֹהֵינוּ
וְהַשְׁמִיעוּ קוֹל תְּהִלָּתוֹ:
ט הַשָּׂם נַפְשֵׁנוּ בַּחַיִּים
וְלֹא־נָתַן לַמּוֹט רַגְלֵנוּ:
י כִּי־בְחַנְתָּנוּ אֱלֹהִים
צְרַפְתָּנוּ כִּצְרָף־כָּסֶף:
יא הֲבֵאתָנוּ בַמְּצוּדָה
שַׂמְתָּ מוּעָקָה בְמָתְנֵינוּ:
יב הִרְכַּבְתָּ אֱנוֹשׁ לְרֹאשֵׁנוּ
בָּאנוּ־בָאֵשׁ וּבַמַּיִם
וַתּוֹצִיאֵנוּ לָרְוָיָה:
יג אָבוֹא בֵיתְךָ בְעוֹלוֹת
אֲשַׁלֵּם לְךָ נְדָרָי:
יד אֲשֶׁר־פָּצוּ שְׂפָתָי
וְדִבֶּר־פִּי בַּצַּר־לִי:
טו עֹלוֹת מֵחִים אַעֲלֶה־לָּךְ

ירימו

ח בָּרְכוּ עַמִּים אֱלֹהֵינוּ, כי חסדי ה' עמנו מועילים לכל העמים, ולכן ראוי שגם הם ישתתפו בדברי השבח הללו, וְהַשְׁמִיעוּ קוֹל תְּהִלָּתוֹ.

ט הַשָּׂם נַפְשֵׁנוּ בַּחַיִּים וְלֹא־נָתַן לַמּוֹט רַגְלֵנוּ - שרגלנו לא התמוטטה, ונשארנו במקומנו.

י אך בכל אלה היו מעלות ומורדות, ולא תמיד היו הדברים נוחים ופשוטים. כִּי־בְחַנְתָּנוּ, אֱלֹהִים, בניסיונות, צְרַפְתָּנוּ כִּצְרָף־כָּסֶף, עברנו מבחנים וייסורי צריפה.

יא הֲבֵאתָנוּ בַמְּצוּדָה, מלכודת, שַׂמְתָּ מוּעָקָה - שהיא חגורה לוחצת - בְמָתְנֵינוּ.

יב הִרְכַּבְתָּ אֱנוֹשׁ לְרֹאשֵׁנוּ - שמשלו בנו בני אדם, בָּאנוּ־בָאֵשׁ וּבַמַּיִם - כפשוטו; ובמובן רחב יותר - התייסרנו בכל סוגי הייסורים. אבל בסוף - וַתּוֹצִיאֵנוּ לָרְוָיָה, הוצאת אותנו מכל המועקות ומכל המבחנים הללו להצלה, וההרגשה דומה לתחושת המנוחה והרוגע של אדם צמא ששתה לרוויה.

יג וכאן באה תוספת פרטית מסוימת: אָבוֹא בֵיתְךָ בְעוֹלוֹת, אֲשַׁלֵּם לְךָ נְדָרָי,

יד את אותם נדרים אֲשֶׁר־פָּצוּ שְׂפָתָי, ששפתיי דיברו ואמרו אותם, וְדִבֶּר־פִּי בַּצַּר־לִי - שזהו עיקר הזמן שבו אנשים נודרים נדרים.

טו ובין הקורבנות והנדרים, עֹלוֹת מֵחִים - שמנים ומלאים מֵח, אַעֲלֶה־לָּךְ עִם־קְטֹרֶת אֵילִים - עם אילים שעולים כעולה, שנשרפת כליל כמו קטורת, אֶעֱשֶׂה בָקָר עִם־עַתּוּדִים - תיישים - סֶלָה; כל אלה לקורבנות.

סו,ט הַשָּׂם נַפְשֵׁנוּ בַּחַיִּים. בוודאי יש בכוח איש ישראל לעורר חיות אלוהות שטמונה בכל מקום, גם בהסתר פנים ובגלות, ועל זה נאמר: הַשָּׂם נַפְשֵׁנוּ בַּחַיִּים, שהנפש היא הרצון, ואצל בני ישראל היא דבקה בפנימיות חיות אלוהות, שעליהם נאמר: "ויפח באפיו נשמת חיים ויהי האדם **לנפש חיה**" (בראשית ב ז).

על־פי שפת אמת, ויחי תרל"ו

עִם־קְטֹרֶת אֵילִים
אֶעֱשֶׂה בָקָר עִם־עַתּוּדִים
סֶלָה:
טז לְכוּ־שִׁמְעוּ וַאֲסַפְּרָה
כָּל־יִרְאֵי אֱלֹהִים
אֲשֶׁר עָשָׂה לְנַפְשִׁי:
יז אֵלָיו פִּי־קָרָאתִי
וְרוֹמַם תַּחַת לְשׁוֹנִי:
יח אָוֶן אִם־רָאִיתִי בְלִבִּי
לֹא יִשְׁמַע ׀ אֲדֹנָי:
יט אָכֵן שָׁמַע אֱלֹהִים
הִקְשִׁיב בְּקוֹל תְּפִלָּתִי:
כ בָּרוּךְ אֱלֹהִים
אֲשֶׁר לֹא־הֵסִיר
תְּפִלָּתִי וְחַסְדּוֹ מֵאִתִּי:

טז והוא מוסיף ואומר: לְכוּ־שִׁמְעוּ וַאֲסַפְּרָה זאת כָּל יִרְאֵי - לכל יראי אֱלֹהִים, אֲשֶׁר עָשָׂה לְנַפְשִׁי - אביע את תודתי לה׳ על מה שעשה לי עצמי, שכן אלו הם הדברים שאותם יכול אני לספר מעצמי ובעצמי.

יז אֵלָיו פִּי־קָרָאתִי - בפי קראתי, וְרוֹמַם - רוממותו וגדלותו - תַּחַת לְשׁוֹנִי.

יח ומוסיף המשורר מתוך תודה לה׳: אָוֶן אִם־רָאִיתִי בְלִבִּי - שהרי לכל אדם יש מחשבות כאלה - לֹא יִשְׁמַע ה׳, הוא איננו מביא בחשבון את המחשבה הרעה.

יט ולעומת זאת - אָכֵן, שָׁמַע אֱלֹהִים, הִקְשִׁיב בְּקוֹל - לקול - תְּפִלָּתִי.

כ והמשורר מסיים: בָּרוּךְ אֱלֹהִים אֲשֶׁר לֹא־הֵסִיר תְּפִלָּתִי, והתייחס אליה - וְחַסְדּוֹ שהוא מעניק לי, לא הסיר מֵאִתִּי.

סו,יז **אֵלָיו פִּי קָרָאתִי** – רוצה לומר: בפה לבד, בלי כוונת הלב, כי רחמנא ליצלן כאשר עוונותיו מבדילים בֵינו לבין קונו הם מונעים מכוונה רצויה ומחשבות טובות בתפילתו; **וְרוֹמַם תַּחַת לְשׁוֹנִי** – רוצה לומר: הגם שאליו פי קראתי, בפה לבד, עם כל זה השם יתברך היה בעזרי לשבח ולרומם אותו בכוונה רצויה, כי הלשון הוא קסת הלב, וכאומרם: מלשונו של אדם ניכר מה הוא. **אָוֶן אִם רָאִיתִי בְלִבִּי לֹא יִשְׁמַע אֲדֹנָי** – רוצה לומר: כי לפעמים רשת היצר פרושה על האדם בתוך התפילה, ואומר לו האיך מלאך לבך להתפלל לפני מלך גדול ואתה מלא עוון, ואיך תישא פנים ותרים ראש?! אמנם באמת זה מעשה היצר ותחבולותיו, כי ביקש להדיחך מאת פני האדון ה׳, כי כבר אמר הנביא: ״החפֹץ אחפֹץ מות רשע... הלוא בשובו מדרכיו וחיה״.

על־פי בית יעקב, וילך, דרוש לראש השנה קודם תקיעות

אֱלֹהִים יְחָנֵּנוּ וִיבָרְכֵנוּ יָאֵר פָּנָיו אִתָּנוּ סֶלָה:

מזמור תהילה פשוט לכאורה, שמיעוטו דברי בקשה ועיקרו דברי הודיה, הבנוי בצורה משוכללת. המזמור נדרש, בעיקר בספרי הקבלה, כמכיל רמזים לעולמות עליונים. יש בו שבעה פסוקים כנגד שבעת קני המנורה (ואכן, בכמה סידורי תפילה כותבים אותו בצורה של מנורה בת שבעה קנים, ואפילו מספר המילים שבו מתחלק לשבע). בדרך פנימית יותר נתפס המזמור כמעין תוואי של הדרך מהעולם התחתון לעולמות העליונים.

ספר שני

פרק סז

א לַמְנַצֵּחַ בִּנְגִינֹת
מִזְמוֹר שִׁיר:
ב אֱלֹהִים יְחָנֵּנוּ וִיבָרְכֵנוּ
יָאֵר פָּנָיו אִתָּנוּ סֶלָה:
ג לָדַעַת בָּאָרֶץ דַּרְכֶּךָ
בְּכָל־גּוֹיִם יְשׁוּעָתֶךָ:
ד יוֹדוּךָ עַמִּים ׀ אֱלֹהִים
יוֹדוּךָ עַמִּים כֻּלָּם:
ה יִשְׂמְחוּ וִירַנְּנוּ לְאֻמִּים
כִּי־תִשְׁפֹּט עַמִּים מִישֹׁר
וּלְאֻמִּים ׀
בָּאָרֶץ תַּנְחֵם סֶלָה:
ו יוֹדוּךָ עַמִּים ׀ אֱלֹהִים
יוֹדוּךָ עַמִּים כֻּלָּם:
ז אֶרֶץ נָתְנָה יְבוּלָהּ
יְבָרְכֵנוּ אֱלֹהִים אֱלֹהֵינוּ:

א לַמְנַצֵּחַ בִּנְגִינֹת מִזְמוֹר שִׁיר - כנראה שפתיחה זו באה לומר שמזמור זה נכתב להיות מושר בבית המקדש.

ב אֱלֹהִים יְחָנֵּנוּ וִיבָרְכֵנוּ, יָאֵר פָּנָיו אִתָּנוּ, סֶלָה - יש כאן רימוז לברכת הכהנים, הכוללת את המילים הללו.

ג לָדַעַת בָּאָרֶץ דַּרְכֶּךָ - מצד אחד יש כאן בקשה לקבל הדרכה והוראה כיצד ולאן ללכת, ומצד שני - הכרה בכך שה׳ סולל לאוהביו את הדרך הנכונה.

בְּכָל־גּוֹיִם תתגלה יְשׁוּעָתֶךָ.

ד יוֹדוּךָ עַמִּים אֱלֹהִים, על חסדך הכולל, יוֹדוּךָ עַמִּים כֻּלָּם, כי מזמור זה איננו מתייחס או מתייחד לעם ישראל בלבד, אלא דבריו מתייחסים לדרכי ה׳ בכללותן. ועל כן יכולים כל העמים וכל בני העולם להצטרף לדברי שבח אלה.

ה יִשְׂמְחוּ וִירַנְּנוּ לְאֻמִּים כִּי־תִשְׁפֹּט עַמִּים מִישֹׁר - כלומר: בדרך ישרה שהכל יכולים למצוא בה את מקומם בלי להגיע לידי התנגשויות ומלחמות, וּלְאֻמִּים בָּאָרֶץ תַּנְחֵם, תציב לכל עם את דרכיו ואת מטרותיו הראויות, סֶלָה.

ו יוֹדוּךָ עַמִּים, אֱלֹהִים, יוֹדוּךָ עַמִּים כֻּלָּם - זהו החרוז החוזר המגדיר מזמור זה כשירה כלל־עולמית המתייחסת לכל העמים כולם;

ז ועל כן גם תיאור הברכה הוא בסיסי ופשוט: אֶרֶץ נָתְנָה יְבוּלָהּ, כך שלכל אחד ואחד יש די צורכו, יְבָרְכֵנוּ אֱלֹהִים אֱלֹהֵינוּ - החזרה באה כדי להוסיף ברכה, כלומר: ריבוי ותוספת על מה שאנחנו מקבלים במישרין מן הארץ,

---

סז,ב **יָאֵר פָּנָיו אִתָּנוּ סֶלָה.** לכאורה אינו מובן: הלא כל עיקר חיות הקליפות הוא מהקדושה, ואיך תהיה יכולת בידן להילחם בה? אך העניין הוא כי הנה המאציל העליון ברוך־הוא הוא סובב כל העולמות ולפניו ״כחשכה כאורה״, וגם ״שְׂמָמִית בידים תְּתַפֵּשׂ והיא בהיכלי מלך״ (משלי ל כח), שאינה תופסת מקום ואינו משגיח בה, וזה עניין ״המלכים אשר מלכו בארץ אדום לפני מְלָך מלך לבני ישראל״ (בראשית לו לא). אבל מכיון שנבחרו ישראל, אזי נאמר ״מלך אין באדום״ (מלכים א׳ כב מח), שבני ישראל פועלים שיהיה אור אין־סוף נמשך בפנימיות לצד הקדושה בלבד, שהוא כל מי שבטל לפניו יתברך, ואילו הקליפות יקבלו מבחינת אחוריים בלבד, כמי שזורק אחר כתפו לשונאו. וזה שכתוב: **יָאֵר פָּנָיו אִתָּנוּ סֶלָה** – איתנו ולא איתן.

על־פי תורה אור וישלח כו, א

ח יְבָרְכֵנוּ אֱלֹהִים
וְיִירְאוּ אוֹתוֹ
כָּל־אַפְסֵי־אָרֶץ:

ח יְבָרְכֵנוּ אֱלֹהִים וְיִירְאוּ אוֹתוֹ - כלומר: יקבלו את מרותו, ישמעו בקולו, כָּל־אַפְסֵי־אָרֶץ - קצות וגבולות הארץ.

סז,ח **וְיִירְאוּ אֹתוֹ כָּל אַפְסֵי אָרֶץ** – מלשון שררה ומלכות, וגם מלשון אפס וביטול, שאינו נחשב לכלום. ושני הפירושים אמת כי יש אדם היודע שיש עליו מלך ומושל, אבל חושב בדעתו שהוא גם כן "יש", רק המלך הוא כמושל והוא עצמו כשַׂר; אבל כשרואה פני המלך עצמו אז הוא בטל ממציאות ואינו נחשב לכלום. והנה אמרו רבותינו: "אימתי ראו כל אפסי ארץ את ישועת אלוהינו – בימי מרדכי ואסתר" (מגילה יא, א), ואז לא היה עדיין שלמות הגילוי ולא ראו האומות את הבורא כביכול כי אם מאחוריו, שלא הראה להם כוחו ועוצם גדולתו, ולכך היו סבורים בדעתם כפירוש הראשון, שהבורא ברוך־הוא מושל והם שרים. אבל כשיתגלה משיח צדקנו יהיה הפירוש השני של "אפסי", שיהיו אפס ותוהו ולא יהיו נחשבים לכלום, ואז יהיה השם שלם והכיסא שלם, אמן.

על־פי תולדות אהרן, תזריע

וְצַדִּיקִים יִשְׂמְחוּ יַעַלְצוּ לִפְנֵי אֱלֹהִים וְיָשִׂישׂוּ בְשִׂמְחָה:

המנון תהילה אפי על גבורת ה', כפי שהיא באה לידי ביטוי לא רק בניצחונות במלחמות אלא גם בהתגלות המובהקת והכבירה ביותר: מעמד הר סיני. לשונו של המזמור ארכאית במיוחד ויש בו מילים יחידאיות רבות וכן כמה וכמה ביטויים ומשפטים שאינם נהירים כל צרכם, ואשר זכו לפירושים מרובים.

ספר שני

פרק סח

א לַמְנַצֵּחַ לְדָוִד מִזְמוֹר שִׁיר:
ב יָקוּם אֱלֹהִים יָפוּצוּ אוֹיְבָיו
וְיָנוּסוּ מְשַׂנְאָיו מִפָּנָיו:
ג כְּהִנְדֹּף עָשָׁן תִּנְדֹּף
כְּהִמֵּס דּוֹנַג מִפְּנֵי־אֵשׁ
יֹאבְדוּ רְשָׁעִים
מִפְּנֵי אֱלֹהִים:
ד וְצַדִּיקִים
יִשְׂמְחוּ יַעַלְצוּ לִפְנֵי אֱלֹהִים
וְיָשִׂישׂוּ בְשִׂמְחָה:
ה שִׁירוּ | לֵאלֹהִים זַמְּרוּ שְׁמוֹ
סֹלּוּ לָרֹכֵב בָּעֲרָבוֹת
בְּיָהּ שְׁמוֹ
וְעִלְזוּ לְפָנָיו:
ו אֲבִי יְתוֹמִים וְדַיַּן אַלְמָנוֹת
אֱלֹהִים בִּמְעוֹן קָדְשׁוֹ:

א לַמְנַצֵּחַ לְדָוִד מִזְמוֹר שִׁיר - כאמור, זהו המנון שקשור למלחמות ולשאר מאורעות גדולים המתחוללים בעולם.

ב יָקוּם אֱלֹהִים, יָפוּצוּ אוֹיְבָיו וְיָנוּסוּ מְשַׂנְאָיו מִפָּנָיו - פסוק זה הוא אזכור לכתוב בספר במדבר י, לה.

ג כְּהִנְדֹּף עָשָׁן תִּנְדֹּף - כמו שמנדפים, דוחים, עשן ביד או במכשיר, והוא נעלם והולך, כְּהִמֵּס - כמו שנמס - דּוֹנַג מִפְּנֵי־אֵשׁ, שאיננו נשרף אלא נמס ומתכווץ וכמו נעלם, כך יֹאבְדוּ רְשָׁעִים מִפְּנֵי אֱלֹהִים, כלומר: ייעלמו לגמרי.

ד וְצַדִּיקִים יִשְׂמְחוּ, יַעַלְצוּ לִפְנֵי אֱלֹהִים וְיָשִׂישׂוּ בְשִׂמְחָה. מכאן נראה שהששון הוא ביטוי חיצוני של השמחה, ולכן הוא אומר שהששון, הצהלה, יהיו בשמחה.

ה שִׁירוּ לֵאלֹהִים, זַמְּרוּ שְׁמוֹ, סֹלּוּ - לפי ההקשר כאן נראה שפירוש המילה הוא: רוממו, שבחו - לָרֹכֵב בָּעֲרָבוֹת - ביטוי זה מתייחס אל הקב"ה כאל מי שרוכב במרומים, אולי על העבים.

בְּיָהּ שְׁמוֹ - אולי הכוונה לכך שיש להלל אותו ולשבחו בשם זה, שהוא אחד מן השמות הקדושים הנזכר פעמים אחדות בשירי מלחמה וניצחון, וְעִלְזוּ לְפָנָיו. והשיר מהלל אותו על צדדים שונים של התגלותו.

ו אופן אחד של התגלות ה' הוא כַּאֲבִי יְתוֹמִים וְדַיַּן אַלְמָנוֹת, החס ומרחם על קטני ארץ, אֱלֹהִים היושב בִּמְעוֹן קָדְשׁוֹ, שאז הוא השופט והדיין השומר על המסכנים.

סח,י **גֶּשֶׁם נְדָבוֹת**. בשעה ששמעו ישראל עשרת הדיברות מפי הגבורה – פרחה נשמתן. הוריד הקב"ה **טל** שעתיד להחיות בו מתים והחיה אותם, ככתוב: **גֶּשֶׁם נְדָבוֹת תָּנִיף אֱלֹהִים**. הגשם משפיע על חיינו השפעה קריטית. הוא משקה את שדותינו ומרווה את צימאוננו. הוא יורד מלמעלה, אך רק לאחר שהתפללנו עבורו. הטל יורד מבלי שנתפלל עליו, מלחלח את העולם בדרכו הנסתרת ואינו זמין עבורנו לשתייה או להשקיה. בתורה, הגשם הוא חלק הנגלה, המושג מתוך מאמץ לימודי רב ונקלט בכלי השגתנו; ואילו הטל הוא חלק הנסתר, המתגלה מלמעלה בנדבה ואינו מושג לאמיתו בשכל אנוש. כך עתה, אך לעתיד לבוא יתעלו חיינו ונשיג רזי תורה, ואז יהיה לנו הטל ל**גֶשֶׁם נְדָבוֹת** – אמנם נדבה עליונה, אך כזו שניתן להבינה ולהשיגה. גם כיום, כשמשיח כה קרוב, אפשר לטעום מעין הארה זו בלימוד פנימיות התורה, תורתו של משיח.

על־פי ספר המאמרים – מלוקט אדר־סיון, עמ' שמב

פרק סח • ספר שני • ליום שלישי • יב לחודש ________ תהלים • 273

ז אֱלֹהִים ׀
מוֹשִׁיב יְחִידִים ׀ בַּיְתָה
מוֹצִיא אֲסִירִים בַּכּוֹשָׁרוֹת
אַךְ סוֹרְרִים שָׁכְנוּ צְחִיחָה׃
ח אֱלֹהִים
בְּצֵאתְךָ לִפְנֵי עַמֶּךָ
בְּצַעְדְּךָ בִישִׁימוֹן סֶלָה׃
ט אֶרֶץ רָעָשָׁה ׀
אַף־שָׁמַיִם נָטְפוּ
מִפְּנֵי אֱלֹהִים
זֶה סִינַי
מִפְּנֵי אֱלֹהִים
אֱלֹהֵי יִשְׂרָאֵל׃
י גֶּשֶׁם נְדָבוֹת תָּנִיף אֱלֹהִים
נַחֲלָתְךָ וְנִלְאָה
אַתָּה כוֹנַנְתָּהּ׃
יא חַיָּתְךָ יָשְׁבוּ־בָהּ
תָּכִין בְּטוֹבָתְךָ לֶעָנִי
אֱלֹהִים׃

ז **אֱלֹהִים מוֹשִׁיב יְחִידִים בַּיְתָה** - מצרף את האנשים הבודדים זה לזה, כדי שיבנו לעצמם בית, והוא גם **מוֹצִיא אֲסִירִים בַּכּוֹשָׁרוֹת** - מילה יחידה במקרא, ונראה שפירושה הוא בשמחה, בהתעוררות הנפש. ובאותו אופן שבו משגיח הקב"ה על כל פרט ופרט בעולם, **אַךְ סוֹרְרִים שָׁכְנוּ צְחִיחָה**: הסוררים מושלכים אל מעבר למקום יישוב, אל המדבר.

ח אופן אחר של התגלות הוא זה שביציאת מצרים ובמתן תורה: **אֱלֹהִים, בְּצֵאתְךָ לִפְנֵי עַמֶּךָ**, ביציאה ממצרים, כשהתגלה להם ה' בעמוד אש וענן, **בְּצַעְדְּךָ בִישִׁימוֹן סֶלָה**.

ט אז הייתה ההתגלות בעוצמה גדולה: **הָאֶרֶץ רָעָשָׁה**, רעדה, **אַף־שָׁמַיִם נָטְפוּ** מים: ברד, גשם ושלג, **מִפְּנֵי** פחדו ומוראו של **אֱלֹהִים**. **זֶה** הר **סִינַי** אשר רעד כולו, כמסופר, **מִפְּנֵי אֱלֹהִים אֱלֹהֵי יִשְׂרָאֵל** (והשווה לשירת דבורה, שופטים ה, ד-ה).

י וכעת הוא פונה לסוג נוסף של התגלות אלוקית, אשר יש בו גם צד של רגיעה ומנוחה: **גֶּשֶׁם נְדָבוֹת** - גשם נדיב, גשם של נדיבות - **תָּנִיף**, תרומם, **אֱלֹהִים**, שהרי אתה משפיע אותו לעולם. את **נַחֲלָתְךָ**, הן במובן של העם והן במובן של הארץ, **וְנִלְאָה** - העייפים, הנודדים - **אַתָּה כוֹנַנְתָּהּ** - אתה מעמיד אותם.

יא **חַיָּתְךָ**, אלה שאתה נדיב כלפיהם ומחייה אותם, הם **יָשְׁבוּ־בָהּ**, בנחלה, **תָּכִין** אותה **בְּטוֹבָתְךָ לֶעָנִי, אֱלֹהִים**.

סח,ג **כְּהִמֵּס דּוֹנַג מִפְּנֵי אֵשׁ.** "'אִמָּלְאָה הָחֳרָבָה' (יחזקאל כו ב) – לא נתמלאה צור אלא מחורבנה של ירושלים". ופירושו בעבודת ה' הוא שכאשר מעמיק אדם בכל כוחות נפשו רק בתאוות נפשו הבהמית, על־ידי זה נתמלאה צור, שנעשית הנפש הבהמית בבחינת קומה שלמה של עשר ספירות. ונעשית הנפש האלוהית אז בבחינת נקודה אחת בלבד – שהיא בחינת האמונה, כי היא בבחינת מקיף בלבד ואינה חודרת למלא את הדעת וכוחות הנפש, ולכן אפילו גנב העומד על־פי המחתרת קורא לעזרת ה' שיסייעו, שמאמין בהקב"ה ועם כל זאת עובר על רצונו. אלא צריך להיות להפך, שתתפשט הנקודה בכל כוחות הנפש בדעת והשגה עד שתתמלא הנפש האלוהית בבחינת קומה שלמה של עשר ספירות, ואזי ממילא ייחלש כוח הנפש הבהמית וייבטלו מידותיה ותאוותיה **כְּהִמֵּס דּוֹנַג מִפְּנֵי אֵשׁ**, כי האור דוחה את החושך.

על־פי ליקוטי תורה צו יא, ב

יב אֲדֹנָי יִתֶּן־אֹמֶר
הַֽמְבַשְּׂרוֹת צָבָא רָב׃
יג מַלְכֵי צְבָאוֹת יִדֹּדוּן יִדֹּדוּן
וּנְוַת־בַּיִת תְּחַלֵּק שָׁלָל׃
יד אִם־תִּשְׁכְּבוּן בֵּין שְׁפַתָּיִם
כַּנְפֵי יוֹנָה נֶחְפָּה בַכֶּסֶף
וְאֶבְרוֹתֶיהָ בִּירַקְרַק חָרוּץ׃
טו בְּפָרֵשׂ שַׁדַּי מְלָכִים בָּהּ
תַּשְׁלֵג בְּצַלְמוֹן׃

יב ה׳ יִתֶּן־אֹמֶר - הוא נותן את הפקודה, וכנראה שעונות לו המקהלות, בעיקר מקהלות הנשים, הַמְבַשְּׂרוֹת צָבָא רָב, שכן נהגו הנשים לשיר לכבוד ניצחונות גדולים.

יג שירה זו היא שירה של שבח ותודה, המספרת שמַּלְכֵי צְבָאוֹת, המלכים העומדים בראש הצבא, הם יִדֹּדוּן יִדֹּדוּן, יקפצו ויברחו ממקומם. זהו תיאור של בריחה המונית של האויב, שאחריה כולם באים לקחת משהו מן השלל, וּנְוַת־בַּיִת - כפשוטו: וגם אישה היושבת בביתה, ובאופן סמלי: ישראל השוכנים בנחלתם - תְּחַלֵּק שָׁלָל, גם היא יוצאת החוצה ולוקחת מן השלל.

יד אִם־תִּשְׁכְּבוּן בֵּין שְׁפַתָּיִם - כאן הפנייה היא לישראל בזמן של שלום, שבו אפשר לשכב או לשבת ליד מקום מרבץ הצאן ("שפתיים"; וראה שופטים ה, טז). התיאור הבא הוא, כנראה, תיאור סמלי של עם ישראל: כַּנְפֵי יוֹנָה נֶחְפָּה בַכֶּסֶף, הכוונה היא כנראה לברק הלבן של נוצות היונה, הדומה לברק של כסף, וְאֶבְרוֹתֶיהָ - כנפיה - בִּירַקְרַק חָרוּץ, שכן נוצות הכנפיים מבהיקות בצבעי ירוק וזהב, ו"חרוץ" היא אחת המילים הנרדפות לזהב. כנסת ישראל נמשלה ליונה, וכאשר אור השמש מאיר על היונה רואים את כל ההתנוצצות הזאת.

טו בְּפָרֵשׂ שַׁדַּי - נראה שפירושו הוא: כאשר שובר ה׳ את כוחם של המְלָכִים, כי שם זה מבטא את הגבורה - בָּהּ תַּשְׁלֵג בְּצַלְמוֹן, באותו זמן שקורים אותם המאורעות השייכים להתגלות ה׳ בעולם, כגון שיורד שלג במדבר, שהוא שינוי מדהים בסדרי הטבע.

סח,יד **אִם תִּשְׁכְּבוּן בֵּין שְׁפַתָּיִם** – אלו שפתי וגבולי ומצרי הסטרא־אחרא, שחילותיה אורבים על הגבולים ואינם מניחים את האיש הישראלי שיצא מגבולם ויתקרב אל הקדושה. ועיקר שבח ומעלת ישראל הוא שגם **אִם תִּשְׁכְּבוּן בֵּין שְׁפַתָּיִם**, היינו כשהייתם שוכבים ואורבים על הגבולים לבלי להניח את ישראל להתקרב להשם יתברך, גם אז **כַּנְפֵי יוֹנָה**, שהיא כנסת ישראל, **נֶחְפָּה בַכֶּסֶף**, בכספה וחמדתה של תורה ומצוות (רש"י). כי איש הישראלי החפץ באמת לאמיתו ואינו רוצה להטעות את עצמו, אזי אפילו כשהתאוות והמניעות מתגברות עליו ומניחות עצמן לאורך ולרוחב ומתפשטות כנגדו מאוד עד שאינו יכול לצאת מהן, גם אז בעוצם ריחוקו הוא כוסף וחומד בכל עת להשם יתברך ואינו מניח את הרצון והכיסופין לעולם. וזה יקר מאוד בעיני השם יתברך, כי העיקר הוא הרצון והכיסופין, שבשביל זה זוכים למה שזוכים.

על־פי ליקוטי הלכות, פסח ח: יג

טז הַר־אֱלֹהִים הַר־בָּשָׁן
הַר גַּבְנֻנִּים הַר־בָּשָׁן:
יז לָמָּה ׀ תְּרַצְּדוּן
הָרִים גַּבְנֻנִּים
הָהָר חָמַד אֱלֹהִים לְשִׁבְתּוֹ
אַף־יְהוָה יִשְׁכֹּן לָנֶצַח:
יח רֶכֶב אֱלֹהִים
רִבֹּתַיִם אַלְפֵי שִׁנְאָן
אֲדֹנָי בָם סִינַי בַּקֹּדֶשׁ:
יט עָלִיתָ לַמָּרוֹם ׀ שָׁבִיתָ שֶּׁבִי
לָקַחְתָּ מַתָּנוֹת בָּאָדָם
וְאַף סוֹרְרִים
לִשְׁכֹּן ׀ יָהּ אֱלֹהִים:
כ בָּרוּךְ אֲדֹנָי יוֹם ׀ יוֹם
יַעֲמָס־לָנוּ
הָאֵל יְשׁוּעָתֵנוּ סֶלָה:

טז הַר־אֱלֹהִים הַר־בָּשָׁן - אין בארץ הר בשם זה אלא רמה, והיא מכונה "הר אלוקים" כביטוי לגובהה ולגודלה, הַר גַּבְנֻנִּים - כלומר: הר שאינו חלק אלא הוא מלא בליטות (בניגוד להר תבור, למשל) הַר־בָּשָׁן.

יז ויש עוד הרים גבוהים ומרשימים כמוהו. ועל כל הדברים הללו הוא אומר: לָמָּה תְּרַצְּדוּן - בדרך כלל מפרשים מילה זו, שגם היא יחידאית, במשמעות של תרעדו, תקפצו - הָרִים גַּבְנֻנִּים? כי יש הר ה׳, הָהָר חָמַד אֱלֹהִים לְשִׁבְתּוֹ, שאיננו אחד מן ההרים הללו; יש הסבורים שהכוונה להר סיני, ואחרים סבורים שכינוי זה מתייחס להר המוריה; פירוש שני זה מסתייע בסיומו של הפסוק: אַף־ה׳ יִשְׁכֹּן לָנֶצַח.

יח ובהמשך תיאור אותה התגלות בסיני: רֶכֶב אֱלֹהִים - כנראה המחנה הלא־חומרי של הקב״ה (והשווה מלכים ב׳ ו, יז), רִבֹּתַיִם אַלְפֵי שִׁנְאָן - כנראה פירושו אלפי מחנות או אלפי אוהלים, ה׳ בָם, סִינַי בַּקֹּדֶשׁ - הר סיני הוא מרכזה של כל ההתרחשות הזאת, וכנראה זהו תיאור של ה׳ כאיש מלחמה:

יט עָלִיתָ לַמָּרוֹם, שָׁבִיתָ שֶּׁבִי, לָקַחְתָּ מַתָּנוֹת בָּאָדָם - מבני אדם, או: בני אדם שהמנצח לוקח לעצמו.

וְאַף סוֹרְרִים נכנעו לִשְׁכֹּן, לכך שישכון מעליהם, ישלוט בהם, יָהּ אֱלֹהִים.

כ בָּרוּךְ ה׳ אשר יוֹם יוֹם יַעֲמָס־לָנוּ, בכל יום הוא נותן לנו את צרכינו, הָאֵל יְשׁוּעָתֵנוּ סֶלָה.

סח,יז לָמָּה תְּרַצְּדוּן הָרִים גַּבְנֻנִּים – כי עיקר עסק התורה הוא להיות בבחינת ביטול באור אין־סוף ברוך־הוא לגמרי, וכמו שכתוב: "ולא תחללו את שם קדשי" (ויקרא כב לב), שלא להיות בבחינת חלל הפנוי מגילוי שמו יתברך, ולכן "כל האומר אין לי אלא תורה" – שהוא בחינת לי, יש ודבר – "אפילו תורה אין לו" (יבמות קט, ב). והנה עניין הר הוא בליטה וגובה, שהוא עניין גסות הרוח להיות בחינת יש ודבר, ולכן כשבא הקב״ה לתת תורה "ההרים רקדו כאילים" (קיד ד), שברחו מפניו (במדבר רבה א: ב). וזה עניין הָרִים גַּבְנֻנִּים, אבל הר סיני הוא בבחינת ביטול, שהוא חלש וקטן מכל ההרים (תרגום יונתן לשופטים ה ה), ומעט הגובה שבו הוא על דרך שתלמיד חכם צריך שתהיה בו שמינית שבשמינית גאווה, ולכן ניתנה עליו התורה.

על־פי ליקוטי תורה במדבר ד, ב

276 • תהלים ______ יב לחודש • ליום שלישי • ספר שני • פרק סח

כא הָאֵל ׀ לָנוּ אֵל לְמוֹשָׁעוֹת
וְלֵיהוִה אֲדֹנָי
לַמָּוֶת תּוֹצָאוֹת:
כב אַךְ־אֱלֹהִים
יִמְחַץ רֹאשׁ אֹיְבָיו
קׇדְקֹד שֵׂעָר
מִתְהַלֵּךְ בַּאֲשָׁמָיו:
כג אָמַר אֲדֹנָי מִבָּשָׁן אָשִׁיב
אָשִׁיב מִמְּצֻלוֹת יָם:
כד לְמַעַן ׀ תִּמְחַץ רַגְלְךָ בְּדָם
לְשׁוֹן כְּלָבֶיךָ
מֵאֹיְבִים מִנֵּהוּ:
כה רָאוּ הֲלִיכוֹתֶיךָ אֱלֹהִים
הֲלִיכוֹת אֵלִי מַלְכִּי בַקֹּדֶשׁ:
כו קִדְּמוּ שָׁרִים אַחַר נֹגְנִים
בְּתוֹךְ עֲלָמוֹת תּוֹפֵפוֹת:
כז בְּמַקְהֵלוֹת בָּרְכוּ אֱלֹהִים
אֲדֹנָי מִמְּקוֹר יִשְׂרָאֵל:

כא הָאֵל לָנוּ הוא אֵל לְמוֹשָׁעוֹת, שעוזר לנו, וְלֵאלֹהִים ה׳ לַמָּוֶת תּוֹצָאוֹת – ומן הצד האחר, אלה שאינם נכנעים לו ומשתעבדים אליו מגיעים למוות.

כב אַךְ־אֱלֹהִים יִמְחַץ – ישבור – רֹאשׁ אֹיְבָיו, קׇדְקֹד שֵׂעָר אשר מִתְהַלֵּךְ בַּאֲשָׁמָיו, כלומר: מהלך בין הרעים, האשמים, שהוא גם כן ישבור וימחץ. זה תיאור של הקב״ה כאיש מלחמה.

כג ומהצד האחר, אָמַר ה׳: מִבָּשָׁן אָשִׁיב את מי שתעה והרחיק ללכת עד שם, וְאָשִׁיב גם מִמְּצֻלוֹת יָם, שאולי יש בכך גם רמז לקריעת ים סוף.

כד לְמַעַן תִּמְחַץ רַגְלְךָ בְּדָם – הרגל מוחצת, מבוססת בדם האויבים, לְשׁוֹן כְּלָבֶיךָ מֵאוֹיְבִים מִנֵּהוּ – כלומר: מהם; כל כך הרבה דם של האויבים נשפך, עד שגם הכלבים מלקקים אותו.

כה ומכאן מתחיל היבט נוסף, שהוא שבחו של ה׳ מפי עמו: רָאוּ הֲלִיכוֹתֶיךָ, אֱלֹהִים, את נוהגך והופעתך, הֲלִיכוֹת אֵלִי שהוא מַלְכִּי בַקֹּדֶשׁ.

כו קִדְּמוּ שָׁרִים – הבאים בראש לקבלת הפנים ומשמיעים דברי שיר במילים – אַחַר הנֹּגְנִים, אלה המנגנים בכלי נגינה שונים, בְּתוֹךְ עֲלָמוֹת תּוֹפֵפוֹת – וכל אלה גם יחד מקדמים את פני המלך, אשר כאן הוא הקב״ה המנצח, בשירה של מקהלה המלווה בתזמורת ובתופים.

כז בְּמַקְהֵלוֹת, בתוך עם רב, בציבור, בָּרְכוּ אֱלֹהִים, ברכו את ה׳ מִמְּקוֹר יִשְׂרָאֵל, מתוך המקור, מעיין החיים של ישראל.

סח,כו **קִדְּמוּ שָׁרִים אַחַר נֹגְנִים.** מיום שברא הקב״ה את העולם בעשרה מאמרות, הייתה אלוהותו נחבאת אל הכלים. והיו העולמות כולם כקליפה חיצונית שתוכה נעלם וכהארה קורנת שמקורה לא נודע. והיה עולם כמנהגו נוהג, אדם וחיה, שמים ואדמה, גשם ורוח, ועל הכול מלאכים עליונים שאומרים שירה ומפרנסים את העולם בכוח קיומו האלוהי. ועדיין הייתה הבריאה רופפת, רועעת, שלא גילה בעל הבירה את פניו בתוכה. כך עד שיצאו ישראל ממצרים ועברו במצולות הים בחרבה. אז נגלה מי שאמר והיה העולם, ונגלה רצונו העצמי בבריאת העולם, שלא הייתה אלא כדי שיוציא ישראל ממצרים וייתן להם תורתו על הר סיני. ראו המלאכים וביקשו לומר שירה, אמר להם הקב״ה: ״יקדמו בניי תחילה״ (שמות רבה כג: ז), שאתם והעולם כולו חיים מפיהם. זהו שכתוב: **קִדְּמוּ שָׁרִים – אַחַר נֹגְנִים.**

על־פי ספר המאמרים תער״ב ח״א, עמ׳ תתנ

כח שָׁם בִּנְיָמִן ׀ צָעִיר רֹדֵם
שָׂרֵי יְהוּדָה רִגְמָתָם
שָׂרֵי זְבֻלוּן שָׂרֵי נַפְתָּלִי:
כט צִוָּה אֱלֹהֶיךָ עֻזֶּךָ
עוּזָּה אֱלֹהִים זוּ פָּעַלְתָּ לָּנוּ:
ל מֵהֵיכָלֶךָ עַל־יְרוּשָׁלָםִ
לְךָ יוֹבִילוּ מְלָכִים שָׁי:
לא גְּעַר חַיַּת קָנֶה
עֲדַת אַבִּירִים ׀
בְּעֶגְלֵי עַמִּים
מִתְרַפֵּס בְּרַצֵּי־כָסֶף
בִּזַּר עַמִּים קְרָבוֹת יֶחְפָּצוּ:

כח שָׁם שבט בִּנְיָמִן, שהוא השבט הַצָּעִיר - גם הצעיר בבני יעקב וגם שבט קטן - הוא רֹדֵם, רודה אותם, שולט בהם.

שָׂרֵי יְהוּדָה רִגְמָתָם - יש המפרשים מילה זו במובן של אסיפתם, קהלם. ולשם באים גם שָׂרֵי זְבֻלוּן, שָׂרֵי נַפְתָּלִי - כל ישראל, מקצה לקצה.

כט וכאן יש פנייה לישראל ולמלך ישראל: צִוָּה אֱלֹהֶיךָ עֻזֶּךָ. והוא פונה אל הקב"ה ומבקש: עוּזָּה, אֱלֹהִים, גלה את עוזך זוּ - אשר - פָּעַלְתָּ, עשית, לָנוּ.

ל כי כוחך מופיע ממקום משכנך, מֵהֵיכָלֶךָ שעַל־יְרוּשָׁלָםִ, שכן מקום המקדש הוא מעל לעיר ירושלים.

לְךָ יוֹבִילוּ מְלָכִים של אומות אחרות שָׁי, שהרי מלכי אומות אחרים היו מביאים מתנות למקדש בירושלים.

לא גְּעַר חַיַּת קָנֶה - הפחד את החיות הרעות המסתתרות בין הקנים, (כפי שנאמר בירמיה מט, יט) שאריות היו מתהלכים בסבכים של גאון הירדן.

עֲדַת אַבִּירִים - שכאן פירושו, ככל הנראה, סוסים, סוסי פרשים, העוברים בְּעֶגְלֵי עַמִּים, בתוך העמים הבורחים כעגלים קטנים מפני הדהרה הזאת, מִתְרַפֵּס - שכל אחד מהנכנעים מנסה להתרצות בְּרַצֵּי־כָסֶף - בחתיכות, חבילות של כסף, כדי שלא יהרגוהו.

בִּזַּר - פיזר - את העַמִּים שקְרָבוֹת יֶחְפָּצוּ, ולכן הנשארים הם רק אלה שנכנעו.

סח,לא **גְּעַר חַיַּת קָנֶה** – **קָנֶה** הוא כוח הזכר שבקליפה, המתבטא בנפש האדם כהתעוררות פעילה של מידות רעות המתנגדות לכל דבר שבקדושה. **חַיַּת קָנֶה** היא כוח הנקבה שבקליפה, המתבטאת בנפש האדם בכנונות סבילה ל"קבלת עול", להיות כאסקופה הנדרסת וככלי לשימושה של הסטרא־אחרא בשעה שגובר משקלה בעולמו של האדם. עניינה של אותה גערה האמורה בפסוק, כמבואר בתורת הקבלה, הוא שישבור האדם ויקצר את הקנה הארוך של האות קו"ף, המשתלשל מטה וכובש את העולם, ויהפוך אותו לה"א. אז יהיה ה"קנה" ל"הנה", רמז לגילוי אלוהי מפורש וברור שעליו אנו עתידים להצביע ולומר – "הנה אלוהינו זה קוינו לו ויושיענו" (ישעיהו כה ט). וכפתגם בעל התניא (פרק לז): "תכלית השלמות של ימות המשיח ותחיית המתים, שהוא גילוי אור אין־סוף בעולם־הזה, תלוי במעשינו ועבודתנו כל זמן משך הגלות".

על־פי ספר המאמרים – מלוקט כסלו־שבט, עמ' ש

לב יֶאֱתָיוּ חַשְׁמַנִּים מִנִּי מִצְרָיִם
כּוּשׁ תָּרִיץ יָדָיו לֵאלֹהִים:
לג מַמְלְכוֹת הָאָרֶץ
שִׁירוּ לֵאלֹהִים
זַמְּרוּ אֲדֹנָי סֶלָה:
לד לָרֹכֵב בִּשְׁמֵי שְׁמֵי־קֶדֶם
הֵן יִתֵּן בְּקוֹלוֹ קוֹל עֹז:
לה תְּנוּ עֹז לֵאלֹהִים
עַל־יִשְׂרָאֵל גַּאֲוָתוֹ
וְעֻזּוֹ בַּשְּׁחָקִים:
לו נוֹרָא אֱלֹהִים | מִמִּקְדָּשֶׁיךָ
אֵל יִשְׂרָאֵל
הוּא נֹתֵן |
עֹז וְתַעֲצֻמוֹת לָעָם
בָּרוּךְ אֱלֹהִים:

לב יֶאֱתָיוּ חַשְׁמַנִּים - גם זו מילה יחידה, ופירושה הוא, כנראה, שרים או גדולי המלוכה, מִנִּי מִצְרָיִם, כּוּשׁ - היא ארץ כוש - תָּרִיץ יָדָיו לֵאלֹהִים, כלומר: הם באים ומוסרים בידיהם מתנות לכבוד ה׳.

לג ובאופן כללי יותר: מַמְלְכוֹת הָאָרֶץ שִׁירוּ לֵאלֹהִים, זַמְּרוּ ה׳ סֶלָה.

לד ולמי הם משבחים? לָרֹכֵב בִּשְׁמֵי שְׁמֵי־קֶדֶם, הקב״ה, שהוא רוכב ערבות הנמצא בשמים העליונים. הֵן יִתֵּן בְּקוֹלוֹ, קוֹל עֹז, שהוא הרעם של מעלה.

לה ואילו השירה שלנו היא: תְּנוּ עֹז לֵאלֹהִים, כלומר: תנו כבוד לאלוקים על עוזו, שעַל־יִשְׂרָאֵל גַּאֲוָתוֹ, ישראל הם אלה שבאמצעותם הוא מראה את כוחו וגדולתו, וְעֻזּוֹ בַּשְּׁחָקִים.

לו נוֹרָא אֱלֹהִים מִמִּקְדָּשֶׁיךָ, שהוא המקור לכל, ואֵל יִשְׂרָאֵל הוא הנֹתֵן עֹז וְתַעֲצֻמוֹת לָעָם, בָּרוּךְ אֱלֹהִים.

סח,לה תְּנוּ עֹז לֵאלֹהִים. מי שהתחיל מעט בעבודת ה׳ יודע שאי אפשר להיות איש ישראל באמת כי אם על־ידי עקשנות גדול. כי הרבה הרפתקאות ועליות וירידות צריכין לעבור על כל אחד בלי שיעור, ואם לא יהיה עקשן גדול לבלי להניח על־ידי זה מעט עבודתו שהתחיל, אי אפשר שיישאר על עמדו. וזה עיקר התפארות השם יתברך בישראל, שמתפאר מאוד בהעזות והעקשנות של איש הישראלי שמפילים אותו בכל פעם והוא מתחזק בכל עת, ואינו מניח להפיל עצמו בשום אופן. ועל־ידי זה היה עיקר קבלת התורה, וכמאמרם ז״ל: ״מפני מה ניתנה תורה לישראל? מפני שהן עזין״ (ביצה כה, ב), וזה עיקר התפארותו יתברך, בבחינת תְּנוּ עֹז לֵאלֹהִים עַל יִשְׂרָאֵל גַּאֲוָתוֹ, שעיקר גאות והתפארות שיש לו יתברך הוא על בחינת עזות ועקשנות של ישראל.

על־פי ליקוטי הלכות, ברכת המזון ד: יב

אֲהַלְלָה שֵׁם־אֱלֹהִים בְּשִׁיר וַאֲגַדְּלֶנּוּ בְתוֹדָה:

ספר שני

פרק סט

מזמור של תחינה, תפילה וזעקה של אדם הנתון בצבת מצוקות אישיות והתקפות של אויבים מכל הסוגים, המסתיים בדברי תקווה שאולי הם הטוב המיוחל, ואולי הם תוספת שנכתבה לאחר שנושע.

א לַמְנַצֵּחַ עַל־שׁוֹשַׁנִּים לְדָוִד׃
ב הוֹשִׁיעֵנִי אֱלֹהִים
כִּי בָאוּ מַיִם עַד־נָפֶשׁ׃
ג טָבַעְתִּי ׀ בִּיוֵן מְצוּלָה
וְאֵין מׇעֳמָד
בָּאתִי בְמַעֲמַקֵּי־מַיִם
וְשִׁבֹּלֶת שְׁטָפָתְנִי׃
ד יָגַעְתִּי בְקׇרְאִי נִחַר גְּרוֹנִי
כָּלוּ עֵינַי מְיַחֵל לֵאלֹהָי׃
ה רַבּוּ ׀ מִשַּׂעֲרוֹת רֹאשִׁי
שֹׂנְאַי חִנָּם
עָצְמוּ מַצְמִיתַי אֹיְבַי שֶׁקֶר
אֲשֶׁר לֹא־גָזַלְתִּי אָז אָשִׁיב׃

א **לַמְנַצֵּחַ עַל־שׁוֹשַׁנִּים לְדָוִד** - שושנים אלה אין משמעותם ברורה. ייתכן שזהו שמו של כלי נגינה כלשהו (אולי כלי בעל שישה מיתרים), וייתכן שזהו רמז לשיר עתיק על שושנים, שמזמור זה אמור להיות מושר על פי הלחן שלו.

ב המזמור מתחיל בתיאור של אדם המרגיש שהוא עומד לטבוע. **הוֹשִׁיעֵנִי, אֱלֹהִים, כִּי בָאוּ מַיִם עַד־נָפֶשׁ**, עד להרגשה שהנפש איננה יכולה להישאר עוד בגוף.

ג **טָבַעְתִּי בִּיוֵן מְצוּלָה**, בבוץ עמוק, **וְאֵין מׇעֳמָד**. כי יש שאדם שוקע בביצה, אבל בסופו של דבר עומדות רגליו על קרקע מוצקה; ואילו כאן הבוץ הוא כל כך עמוק עד שלא מרגישים את הקרקעית שלו.

בָּאתִי בְמַעֲמַקֵּי־מַיִם, כלומר: אני טובע ואיני יכול לשחות במים, **וְשִׁבֹּלֶת** - כי מערבולת או זרם עז - **שְׁטָפָתְנִי**.

ד **יָגַעְתִּי בְקׇרְאִי** להצלה, לעזרה, **נִחַר** - יבש - **גְּרוֹנִי** מן הצעקות שאין להן מענה, **כָּלוּ עֵינַי מְיַחֵל לֵאלֹהָי**, מכך שהייתי רוצה לראות איזשהו פתח של הצלה.

ה **רַבּוּ מִשַּׂעֲרוֹת רֹאשִׁי שֹׂנְאַי חִנָּם** - המשורר מרגיש מוקף בכמות עצומה של שונאים, שחלקם שונאים אותו בלי כל סיבה מוצדקת.

עָצְמוּ והתחזקו **מַצְמִיתַי**, אלה הרוצים להצמית אותי, להביא לאובדני, **אֹיְבַי שֶׁקֶר** - אותם אויבים שהם אנשי שקר, אנשי מרמה, המתנפלים עליי בטענות שווא **אֲשֶׁר לֹא־גָזַלְתִּי אָז אָשִׁיב** - כיוון שבאים אליי בתואנות שווא, הרי בסופו של דבר אני צריך "להשיב"

סט,ד **נִחַר גְּרוֹנִי**. יעקב אבינו יוצא מבאר שבע, מקור שבע המידות העליונות שבו הכול בטלים לאורו יתברך, וצועד לחרן. אם בבאר שבע נשמע הדיבור האלוהי בעולם בקול צלול וברור, הרי בחרן הוא **נחר**, ככתוב: **יָגַעְתִּי בְקׇרְאִי נִחַר גְּרוֹנִי**. הביטול נעדר, והנבראים חשים עצמם כישויות נפרדות, מציאות בפני עצמה. חרן זו פוקדת כל אחד מישראל, המתקשה להתמודד עם גשמיות הגוף והנפש הבהמית, ונאבק לבטלם לה' ולרצונו. אמנם ירידה זו צורך עלייה גדולה, שכשתנוצח חרן ישוב יעקב בשלום אל בית אביו יצחק, ואזי יישמע קול גדול של צחוק וחדווה בעולם, צחוק שכולו הפתעה מדבר חידוש ופלא. כמו שצוחקים ומשתאים למראה ציפור המדברת, כן יתגלה אז צחוק ועונג למראה גוף ונפש בהמית הבטלים לאלוהות. ומה יהיה אז על **חרן**? תיקטע רגלה ותהפוך **לְרִנָּה**.

על־פי תורה אור ויצא כב, ב

פרק סט • ספר שני • ליום שלישי • יג לחודש _______________ תהלים • 281

ו אֱלֹהִים
אַתָּה יָדַעְתָּ לְאִוַּלְתִּי
וְאַשְׁמוֹתַי מִמְּךָ לֹא־נִכְחָדוּ׃
ז אַל־יֵבֹשׁוּ בִי ׀ קֹוֶיךָ
אֲדֹנָי יֱהֹוִה צְבָאוֹת
אַל־יִכָּלְמוּ בִי מְבַקְשֶׁיךָ
אֱלֹהֵי יִשְׂרָאֵל׃
ח כִּי־עָלֶיךָ נָשָׂאתִי חֶרְפָּה
כִּסְּתָה כְלִמָּה פָנָי׃
ט מוּזָר הָיִיתִי לְאֶחָי
וְנָכְרִי לִבְנֵי אִמִּי׃
י כִּי־קִנְאַת בֵּיתְךָ אֲכָלָתְנִי
וְחֶרְפּוֹת חוֹרְפֶיךָ נָפְלוּ עָלָי׃

להם דברים שבעצם אינם שייכים להם, אך הם טוענים שהם גזולים בידיי.

ו וכאן פונה המשורר בתפילה, שהיא תחינה ובקשה של אדם שהקדיש את עצמו לקב"ה. הוא טוען שאמנם איננו מושלם בכל, אך השנאה כלפיו אינה קשורה לחסרונותיו ולחטאיו אלא לדברים אחרים.

אֱלֹהִים, אַתָּה יָדַעְתָּ לְאִוַּלְתִּי, אתה יודע את כל מעשי החטא שעשיתי, שהם תולדה של רוח שטות ואיוולת, וְאַשְׁמוֹתַי מִמְּךָ לֹא־נִכְחָדוּ, אתה יודע גם את הדברים שאני אשם בהם, ואני איני יכול, ואף איני רוצה, להסתירם ממך.

ז אבל אַל־יֵבֹשׁוּ בִי קֹוֶיךָ, ה' אֱלֹהִים צְבָאוֹת, שהרי אני אינני סתם בן אדם, אלא אני מסמל עבור אחרים את עבד ה'.

אַל־יִכָּלְמוּ בִי מְבַקְשֶׁיךָ, אלה המתפללים ומחפשים אותך, אֱלֹהֵי יִשְׂרָאֵל.

ח כי אני קשור אליך בכל חיי, כִּי־עָלֶיךָ, בגללך, נָשָׂאתִי - נעשיתי נשוא של - חֶרְפָּה, כִּסְּתָה כְלִמָּה פָנָי בגלל היותי קשור אתך. אותה דרך שהלכתי בה לא הייתה מקובלת, והיא הפרידה ביני לבין אנשים אחרים.

ט מוּזָר הָיִיתִי אפילו לְאֶחָי, וְנָכְרִי ונחשבתי כנכרי לִבְנֵי אִמִּי; וכאשר אפילו בני משפחתו וקרוביו של אדם רואים אותו כזר ומוזר, כמי שאיננו שייך אליהם, זו הרגשת בדידות גמורה.

י כִּי־קִנְאַת בֵּיתְךָ אֲכָלָתְנִי - אני קינאתי לשמך, למקדשך; זה היה הדבר שהלהיב והעסיק אותי, וְחֶרְפּוֹת חוֹרְפֶיךָ, הקללות של מקלליך, נָפְלוּ עָלָי. בגלל עיסוקיי ודבריי נעשיתי מזוהה

סט,ח **כִּסְּתָה כְלִמָּה פָנָי.** ריבונו של עולם, חוס ורחם עלינו והכן לבבנו שנזעוק אליך באמת עד שתעננו, ולא ניתן דמי לך עד שתאזין קולנו ותקשיב שוועתנו ותרחם עלינו, ונזכה לגלות המוחין הקדושים הנעלמים עכשיו מאתנו בעוונותינו בהעלם גדול, עד אשר אין לנו עתה שום דעת להכיר אותך ולעבוד אותך באמת. ריבונו של עולם, אתה יודע את לבבנו כי רחקנו ממך עד אשר כיסתה כלימה פנינו, ואנו בושים לשאול ולבקש ממך שתגלה לנו תעלומות ונסתרות שבתורה, כי עדיין לא התחלנו לטהר ולקדש עצמנו כלל. אבל אתה יודע גודל יקרת קדושת נשמותינו בשורשנו, כי אתה בחרת בנו מכל העמים. על כן חוס וחמול על סגולתך ורעייתך, על עמך ונחלתך, יכמרו רחמיך על שפלותנו ובזיוננו, קומה בעזרתנו והושיענו, ותן בלבנו לצעוק אליך תמיד, עד שתרחם עלינו ותשיב פניך אלינו ותקרבנו.

על־פי ליקוטי תפילות ח"א, כא

יא וָאֶבְכֶּה בַצּוֹם נַפְשִׁי
וַתְּהִי לַחֲרָפוֹת לִי׃
יב וָאֶתְּנָה לְבוּשִׁי שָׂק
וָאֱהִי לָהֶם לְמָשָׁל׃
יג יָשִׂיחוּ בִי יֹשְׁבֵי שָׁעַר
וּנְגִינוֹת שׁוֹתֵי שֵׁכָר׃
יד וַאֲנִי תְפִלָּתִי־לְךָ ׀ יְהוָה
עֵת רָצוֹן
אֱלֹהִים בְּרָב־חַסְדֶּךָ
עֲנֵנִי בֶּאֱמֶת יִשְׁעֶךָ׃
טו הַצִּילֵנִי מִטִּיט
וְאַל־אֶטְבָּעָה
אִנָּצְלָה מִשֹּׂנְאַי
וּמִמַּעֲמַקֵּי־מָיִם׃
טז אַל־תִּשְׁטְפֵנִי ׀ שִׁבֹּלֶת מַיִם
וְאַל־תִּבְלָעֵנִי מְצוּלָה
וְאַל־תֶּאְטַר־עָלַי בְּאֵר פִּיהָ׃
יז עֲנֵנִי יְהוָה כִּי־טוֹב חַסְדֶּךָ
כְּרֹב רַחֲמֶיךָ פְּנֵה אֵלָי׃

עם הקב"ה. וכיוון שכך, הרי כאשר הם יוצאים נגדו אני הוא המטרה לקללותיהם.

יא וָאֶבְכֶּה בַצּוֹם נַפְשִׁי - אני צם, בוכה ומתפלל, והעובדה שאני עושה כך וַתְּהִי לַחֲרָפוֹת לִי.

יב וָאֶתְּנָה לְבוּשִׁי שָׂק, כדרך של סיגוף וצער, וָאֱהִי - נעשיתי - לָהֶם, לשונאיי, לְמָשָׁל, משל ודוגמה לכל מיני דברים של גנאי.

יג יָשִׂיחוּ בִי, הם משוחחים עליי, וכמובן - לא בדרך של חיבה אלא כעל אדם מוזר, יוצא דופן ומשונה, יֹשְׁבֵי שָׁעַר - שהם האנשים החשובים היושבים בשער העיר, וּנְגִינוֹת שׁוֹתֵי שֵׁכָר - ואני גם נעשה נושא של בדיחות הדעת בשיריהם של פשוטי עם היושבים ושותים שכר ותוך כדי כך מזכירים אותי.

יד ושוב חוזר המשורר ואומר: וַאֲנִי תְפִלָּתִי־לְךָ, ה', שתהא זו עֵת רָצוֹן.

אֱלֹהִים, בְּרָב־חַסְדֶּךָ עֲנֵנִי בֶּאֱמֶת יִשְׁעֶךָ, כלומר: באמיתותך, שתהיה לי לגאולה.

טו הַצִּילֵנִי מִטִּיט וְאַל־אֶטְבָּעָה בו, אִנָּצְלָה מִשֹּׂנְאַי וּמִמַּעֲמַקֵּי־מָיִם, שהרי אני כטובע, מוקף באיומים מכל צד.

טז אַל־תִּשְׁטְפֵנִי שִׁבֹּלֶת מַיִם ותשליכני למרחוק וְאַל־תִּבְלָעֵנִי מְצוּלָה, שלא איבלע בתוך התהום, וְאַל־תֶּאְטַר־עָלַי בְּאֵר - ואל תסגור עליי באר שטבעתי בה, את פִּיהָ, עד שלא אוכל להיחלץ ממנה.

יז עֲנֵנִי ה' כִּי־טוֹב חַסְדֶּךָ, כְּרֹב רַחֲמֶיךָ פְּנֵה אֵלָי להצילני,

---

סט,יד **עֵת רָצוֹן**. אמרו ז"ל: "עתים הם לתפילה" (תנחומא מקץ, ט), וכמו שנאמר **וַאֲנִי תְפִלָּתִי לְךָ ה' עֵת רָצוֹן**. פירוש: עת רצון היא כשהשם יתברך רוצה שיתפללו לפניו, כי לולי השם יתברך אי אפשר לאדם להתפלל כלל לפניו, וכמו שתיקנו בתחילת עמידה לומר "ה' שפתי תפתח ופי יגיד תהלתך". וכשהשם יתברך רוצה שיתפללו לפניו ופותח הפה בתפילה אז הוא כמו שנאמר "שגורה תפילתי בפי" (ברכות ה: ה), פירוש: שגורה – שלוחה מלמעלה, שהשם יתברך שלחה לתוך פיו, ואז הוא עת רצון. וידוע שעיקר התפילה הוא על־ידי הרגשת הצער והחיסרון, וכמו שאמרו: "תפלה לעני" – שעוטפת כל התפילות ובוקעת רקיעים (זוהר ח"ג קצה, א), לפי שהוא מתפלל מעומקא דלבא בהרגשת החיסרון, וזה עצמו מהשם יתברך. וכל צער שהשם יתברך שולח ח"ו לאדם בעולם־הזה, הוא על זה – לעוררו לתפילה.

על־פי רסיסי לילה יא: ב

יח וְאַל־תַּסְתֵּר פָּנֶיךָ מֵעַבְדֶּךָ
כִּי־צַר־לִי מַהֵר עֲנֵנִי:
יט קָרְבָה אֶל־נַפְשִׁי גְאָלָהּ
לְמַעַן אֹיְבַי פְּדֵנִי:
כ אַתָּה יָדַעְתָּ
חֶרְפָּתִי וּבָשְׁתִּי וּכְלִמָּתִי
נֶגְדְּךָ כָּל־צוֹרְרָי:
כא חֶרְפָּה ׀ שָׁבְרָה לִבִּי
וָאָנוּשָׁה
וָאֲקַוֶּה לָנוּד וָאַיִן
וְלַמְנַחֲמִים וְלֹא מָצָאתִי:
כב וַיִּתְּנוּ בְּבָרוּתִי רֹאשׁ
וְלִצְמָאִי יַשְׁקוּנִי חֹמֶץ:
כג יְהִי־שֻׁלְחָנָם לִפְנֵיהֶם לְפָח
וְלִשְׁלוֹמִים לְמוֹקֵשׁ:
כד תֶּחְשַׁכְנָה עֵינֵיהֶם מֵרְאוֹת
וּמָתְנֵיהֶם תָּמִיד הַמְעַד:
כה שְׁפָךְ־עֲלֵיהֶם זַעְמֶךָ
וַחֲרוֹן אַפְּךָ יַשִּׂיגֵם:

יח וְאַל־תַּסְתֵּר פָּנֶיךָ מֵעַבְדֶּךָ, שלא יגיע מצב כזה שבו אתה כביכול אינך מתגלה ומתערב, כִּי־צַר־לִי ואני סובל כעת, מַהֵר עֲנֵנִי, כי לא אוכל עוד להחזיק מעמד זמן רב.

יט קָרְבָה אֶל־נַפְשִׁי גְאָלָהּ לְמַעַן - בגלל - אֹיְבַי פְּדֵנִי; ומכיוון שאתה יודע שהם לא רק אויביי אלא, בעצם, אויביך שלך, ה׳ - פדה אותי מן הצרה.

כ אַתָּה יָדַעְתָּ חֶרְפָּתִי וּבָשְׁתִּי וּכְלִמָּתִי - את כל החרפה, הבושות והכלימה ששופכים עליי. נֶגְדְּךָ כָּל־צוֹרְרָי, שהרי אתה רואה אותם ואת מה שהם עושים לי.

כא חֶרְפָּה שָׁבְרָה לִבִּי וָאָנוּשָׁה - אני נעשה חולה אנוש מן החרפה הזו, וָאֲקַוֶּה לָנוּד - אני מקווה שלפחות יהיה מישהו שיתייחס אליי ברחמים - וָאַיִן, וְלַמְנַחֲמִים אקווה וְלֹא מָצָאתִי;

כב אדרבה, במקום להשתתף בצערי או לנחמני הם רק מנסים להזיק ולהציק לי: וַיִּתְּנוּ בְּבָרוּתִי, במאכל שלי, רֹאשׁ, שהוא עשב מר ורעיל, וְלִצְמָאִי, כשאני צמא, יַשְׁקוּנִי חֹמֶץ, כדי להגביר את תחושת הצימאון שלי.

כג ומתוך מצוקתו וצערו מבקש כאן המשורר לקלל את אויביו: שבזמן שהם יושבים בשלווה, יְהִי־שֻׁלְחָנָם לִפְנֵיהֶם לְפָח, כלומר: למלכודת, וְלִשְׁלוֹמִים - שהוא זמן של שלום ושלווה - שייהפך להם לְמוֹקֵשׁ.

כד תֶּחְשַׁכְנָה עֵינֵיהֶם מֵרְאוֹת וּמָתְנֵיהֶם תָּמִיד הַמְעַד - שייכשלו בדרכם.

כה שְׁפָךְ־עֲלֵיהֶם זַעְמֶךָ וַחֲרוֹן אַפְּךָ יַשִּׂיגֵם ויענישם;

סט,יט קָרְבָה אֶל נַפְשִׁי גְאָלָהּ – כי הנפש נמצאת בגלות היצר הרע, וכדי להוציאה צריך האדם להתקרב ולבוא אליה למקומה, והיינו שישתף עצמו עם היצר הרע, כדי שיוכל להוציא נפשו מידיו. כי כל זמן שמתגבר לטהר עצמו מכל פנייה זרה לגמרי, גם היצר הרע מתעצם כנגדו לטמאו במלחמה כבדה. על כן בתחבולות יעשה מלחמה. וכן הוא אומר ביעקב אבינו ע״ה: ״וגם הֹלֵךְ לקראתך״ (בראשית לב ז) – שככל שהתגבר בטהרה כן התגבר הרשע כנגדו בטומאה, ועצתו: ״ויחץ את העם אשר אתו״ – ״זיינם מבפנים והלבישם בגדים מבחוץ״ (ילקוט שמעוני), שהלבישם בלבושי היצר מבחוץ, ומבפנים נתן בידם כלי זיין ללחום כנגדו. שבתחילה יתחיל לעבוד עבודת ה׳ עם היצר הרע ולא ישגיח על פניותיו, ועל־ידי זה יסכים עמו ולא יעכב בעדו, ואז יוכל לנצחו ולהוציא נפשו מידו.

על־פי תולדות יעקב יוסף, וישלח

כו תְּהִי־טִירָתָם נְשַׁמָּה
בְּאָהֳלֵיהֶם אַל־יְהִי יֹשֵׁב׃
כז כִּי־אַתָּה אֲשֶׁר־הִכִּיתָ רָדָפוּ
וְאֶל־מַכְאוֹב חֲלָלֶיךָ יְסַפֵּרוּ׃
כח תְּנָה־עָוֺן עַל־עֲוֺנָם
וְאַל־יָבֹאוּ בְּצִדְקָתֶךָ׃
כט יִמָּחוּ מִסֵּפֶר חַיִּים
וְעִם צַדִּיקִים אַל־יִכָּתֵבוּ׃
ל וַאֲנִי עָנִי וְכוֹאֵב
יְשׁוּעָתְךָ אֱלֹהִים תְּשַׂגְּבֵנִי׃
לא אֲהַלְלָה שֵׁם־אֱלֹהִים בְּשִׁיר
וַאֲגַדְּלֶנּוּ בְתוֹדָה׃
לב וְתִיטַב לַיהוה מִשּׁוֹר פָּר
מַקְרִן מַפְרִיס׃
לג רָאוּ עֲנָוִים יִשְׂמָחוּ
דֹּרְשֵׁי אֱלֹהִים וִיחִי לְבַבְכֶם׃

כו תְּהִי־טִירָתָם - מבצרם - נְשַׁמָּה, שממה, בְּאָהֳלֵיהֶם אַל־יְהִי יֹשֵׁב.

כז והוא חוזר ומסביר מדוע הוא אומר דברים קשים אלה: כִּי־אַתָּה יודע שאֲשֶׁר־הִכִּיתָ, האיש הזה אשר אותו הכית בגלל חסרונותיו וחטאיו הפרטיים, הם רָדָפוּ, וְאֶל־מַכְאוֹב חֲלָלֶיךָ, שהם הכאבים הנגרמים מכך שאתה ממית או פוגע, בזה הם יְסַפֵּרוּ כעניין שיש להתענג עליו.

כח לכן כשאתה שופט אותם תְּנָה־עָוֺן עַל־עֲוֺנָם, הוסף להם גם את העוון הזה על עוונות אחרים שבוודאי יש בהם, וְאַל־יָבֹאוּ - אל ייכנסו - בְּצִדְקָתֶךָ, שהרי אתה מרחם על הכל.

כט ומוסיף המשורר לבקש מה׳ כי בזמן שהוא כותב את גזר דינם של בני אדם, אותם אנשים יִמָּחוּ מִסֵּפֶר חַיִּים, כלומר: לא ייכתבו בספר החיים, אלא להפך: וְעִם צַדִּיקִים אַל־יִכָּתֵבוּ, אלא ייכתבו בספרם של רשעים.

ל וַאֲנִי עָנִי וְכוֹאֵב כעת, יְשׁוּעָתְךָ, אֱלֹהִים, תְּשַׂגְּבֵנִי - תיתן לי כוח והצלחה.

לא ואז אֲהַלְלָה שֵׁם־אֱלֹהִים בְּשִׁיר וַאֲגַדְּלֶנּוּ - אהלל אותו, אגדל את שמו - בְתוֹדָה.

לב וְתִיטַב לַה׳ שירתי, או מנחתי הדלה מִשּׁוֹר פָּר מַקְרִן מַפְרִיס, בעל קרניים ופרסות גדולות, כלומר: אף שאני יכול לתת רק מתנה קטנה, היא תיטב בעיניך משור גדול ומושלם.

לג ובאותה עת רָאוּ עֲנָוִים את ישועתי וְיִשְׂמָחוּ, שהרי אני להם דוגמה ומופת, ודֹּרְשֵׁי אֱלֹהִים יראו גם הם בהצלחתי, וִיחִי לְבַבְכֶם, כי הדבר נותן תקווה ונחמה לכל.

סט,כח **תְּנָה עָוֺן עַל עֲוֺנָם.** פעמים שאין אדם יודע שטעות בידו, ושדרכו מובילה אותו לפי פחת, ואדרבה – הוא צדיק בעיניו והולך בדרך מישור. גם כשעוון בידו סבור הוא שלא חטא, כי נכנסו דברי היצר באוזניו, שנדמה לו כתלמיד חכם (חולין צא, א) והחליף לו חושך באור ואור בחושך. אם כן, אימתי יעמוד על טעותו? כשיזדמן לו עוון אחר מפורש, שלא יוכל לטעות בו, ובו ידע שדרכו דרך חטאים, כי "עבירה גוררת עבירה" (אבות ד: ב), ולולא היה חוטא מלכתחילה לא היה מזדמן לידו חטא אחר. זה שביקש דוד על שונאיו בעת שרצה לעוררם לתשובה, והם היו תלמידי חכמים וגדולי הדור והיו צדיקים בעיניהם, ואמר: **תְּנָה עָוֺן עַל עֲוֺנָם**, שיהיה עוונם גורר אחריו עוון אחר מפורש וברור, **וְאַל יָבֹאוּ בְּצִדְקָתֶךָ**, ואל יאמרו עוד שצדיקים הם.

על־פי פרי צדיק, בשלח יד

לד כִּֽי־שֹׁמֵ֣עַ אֶל־אֶבְיוֹנִ֣ים
יְהֹוָ֑ה
וְאֶת־אֲ֝סִירָ֗יו לֹ֣א בָזָֽה׃
לה יְֽהַלְל֗וּהוּ שָׁמַ֥יִם וָאָ֑רֶץ
יַ֝מִּ֗ים וְֽכָל־רֹמֵ֥שׂ בָּֽם׃
לו כִּ֤י אֱלֹהִ֨ים ׀ י֘וֹשִׁ֤יעַ צִיּ֗וֹן
וְ֭יִבְנֶה עָרֵ֣י יְהוּדָ֑ה
וְיָ֥שְׁבוּ שָׁ֝֗ם וִירֵשֽׁוּהָ׃
לז וְזֶ֣רַע עֲ֭בָדָיו יִנְחָל֑וּהָ
וְאֹהֲבֵ֥י שְׁ֝מ֗וֹ יִשְׁכְּנוּ־בָֽהּ׃

לד כִּי־שֹׁמֵעַ אֶל־אֶבְיוֹנִים ה׳, אף שאין בידם להבטיח או לתת לו דברים, וְאֶת־אֲסִירָיו - אלה שאפילו חופש אין להם - לֹא בָזָה, ואף אותם הוא גואל ומושיע.

לה יְהַלְלוּהוּ שָׁמַיִם וָאָרֶץ, יַמִּים וְכָל־רֹמֵשׂ בָּם - כלומר: היצורים החיים בהם, וזוהי תהילה כללית: של השמים, הארץ והים,

לו כִּי אֱלֹהִים יוֹשִׁיעַ צִיּוֹן וְיִבְנֶה עָרֵי יְהוּדָה שנחרבו, וְיָשְׁבוּ שָׁם וִירֵשׁוּהָ - יתנחלו בה.

לז וְזֶרַע עֲבָדָיו, ולא זרים ואויבים, יִנְחָלוּהָ, וְאֹהֲבֵי שְׁמוֹ הם אלה שֶׁיִּשְׁכְּנוּ־בָהּ.

סט,לו **וְאֹהֲבֵי שְׁמוֹ יִשְׁכְּנוּ בָהּ.** אם מתבוננים בתחילתו של מזמור זה ומשווים אותו לחתימתו, הרי שהניגוד ביניהם בולט – מבירא עמיקתא לאיגרא רמא. מתחילה **בָּאוּ מַיִם עַד נָפֶשׁ, טָבַעְתִּי בִּיוֵן מְצוּלָה וְאֵין מָעֳמָד בָּאתִי בְמַעֲמַקֵּי מַיִם וְשִׁבֹּלֶת שְׁטָפָתְנִי**, ובסוף **אֱלֹהִים יוֹשִׁיעַ צִיּוֹן וְיִבְנֶה עָרֵי יְהוּדָה וְיָשְׁבוּ שָׁם וִירֵשׁוּהָ.** משמעות הדבר היא שבפרק זה מודגשת האפשרות של ישועה בבחינת ״אתהפכא חשוכא לנהורא״, כשמציאות העולם מתהפכת מן הקצה אל הקצה, ותחת כל צרה ויגון מופיעים אורה, שמחה ששון ויקר. בעבודת ה׳ ניתן לפעול ישועה כזו בכוחה של תשובה מאהבה, המהפכת זדונות לזכויות, ואף היא רמוזה בחותם המזמור: **וְאֹהֲבֵי שְׁמוֹ יִשְׁכְּנוּ בָהּ.**

על־פי תורת מנחם תשמ״ב ח״ב, עמ׳ 931

יָשִׂישׂוּ וְיִשְׂמְחוּ בְּךָ כָּל־מְבַקְשֶׁיךָ

ספר שני
פרק ע

מזמור תפילה קצר, שעיקרו תחינה לה'
שיציל את המשורר מצרתו.
המזמור דומה מאוד לסוף פרק מ.

א לַמְנַצֵּחַ לְדָוִד לְהַזְכִּיר:
ב אֱלֹהִים לְהַצִּילֵנִי
יְהוָה לְעֶזְרָתִי חוּשָׁה:
ג יֵבֹשׁוּ וְיַחְפְּרוּ מְבַקְשֵׁי נַפְשִׁי
יִסֹּגוּ אָחוֹר וְיִכָּלְמוּ
חֲפֵצֵי רָעָתִי:
ד יָשׁוּבוּ עַל־עֵקֶב בָּשְׁתָּם
הָאֹמְרִים הֶאָח ׀ הֶאָח:
ה יָשִׂישׂוּ וְיִשְׂמְחוּ ׀ בְּךָ
כָּל־מְבַקְשֶׁיךָ
וְיֹאמְרוּ תָמִיד יִגְדַּל אֱלֹהִים
אֹהֲבֵי יְשׁוּעָתֶךָ:
ו וַאֲנִי ׀ עָנִי וְאֶבְיוֹן
אֱלֹהִים חוּשָׁה לִּי
עֶזְרִי וּמְפַלְטִי אַתָּה
יְהוָה אַל־תְּאַחַר:

א לַמְנַצֵּחַ לְדָוִד לְהַזְכִּיר - נראה שהכוונה כאן היא להזכיר לקב"ה את קיומו.

ב אֱלֹהִים, חסרה כאן מילה והיא מושלמת בחלקו השני של הפסוק: מהר לְהַצִּילֵנִי, ה' לְעֶזְרָתִי חוּשָׁה.

ג יֵבֹשׁוּ וְיַחְפְּרוּ - ייכלמו - מְבַקְשֵׁי נַפְשִׁי, יִסֹּגוּ אָחוֹר וְיִכָּלְמוּ חֲפֵצֵי רָעָתִי,

ד יָשׁוּבוּ עַל־עֵקֶב בָּשְׁתָּם - יחזרו מבוישים על עקבותיהם - הָאֹמְרִים על ירידתי או על סכנתי: 'הֶאָח, הֶאָח!'

ה יָשִׂישׂוּ וְיִשְׂמְחוּ בְּךָ כָּל־מְבַקְשֶׁיךָ, וְיֹאמְרוּ: 'תָמִיד יִגְדַּל אֱלֹהִים', אלה שהם אֹהֲבֵי יְשׁוּעָתֶךָ.

ו ובסיכום חוזר המשורר אל עצמו: וַאֲנִי עָנִי וְאֶבְיוֹן, אֱלֹהִים, חוּשָׁה לִּי, כי אני זקוק לעזרה מידית, עֶזְרִי וּמְפַלְטִי אַתָּה, ה' אַל־תְּאַחַר להצילני מצרותיי.

ע,ב ה' לְעֶזְרָתִי חוּשָׁה. "'אני ה' בְּעִתָּהּ אחישנה'; זכו – 'אחישנה', לא זכו – 'בְּעִתָּהּ'" (סנהדרין צח, א). גאולת "בְּעִתָּהּ" אינה תלויה במצבם הרוחני של ישראל, אלא בזמן הקבוע לה, שבו היא מוכרחה לבוא. מנגד, בגאולת "אחישנה" מצינו שני אופנים – בדור שכולו זכאי או בדור שכולו חייב. בדור שכולו זכאי היא באה בחסד וברחמים, ואילו בדור שכולו חייב היא באה בדין ובמשפט, שמעמיד להם הקב"ה מלך שגזרותיו קשות כהמן עד שעושים תשובה. כלפי שני אופנים אלו כיוון דוד המלך ע"ה שתי בקשות הנראות במבט ראשון ככפולות שלא לצורך: הוי"ה לְעֶזְרָתִי חוּשָׁה, שבה הזכיר את השם הנקרא על מידת הרחמים, לעומת אֱלֹהִים חוּשָׁה לִּי, שבה הזכיר את השם הנקרא על מידת הדין. ואמנם אם לא זכו ישראל תבוא הגאולה בעתה, ועל כן מסיים: הוי"ה אַל תְּאַחַר. לכל הפחות, תבוא הגאולה בזמנה.

על־פי תהילות מנחם

תְּרַנֵּנָּה שְׂפָתַי כִּי אֲזַמְּרָה־לָּךְ

מזמור של בקשה ותודה, הפותח בבקשה
מהקב"ה להצלה מן האויבים ומסתיים בדברי
תודה ושבח על הישועה שאכן הגיעה.
למזמור זה אין כותרת, וייתכן שבתחילה
היה חלק מן המזמור הקודם, ורק מאוחר
יותר הופרד והפך למזמור בפני עצמו.

ספר שני

פרק עא

פרק עא • ספר שני • ליום שלישי • יג לחודש ________ תהלים • 289

א בְּךָ־יְהוָה חָסִיתִי
אַל־אֵבוֹשָׁה לְעוֹלָם׃
ב בְּצִדְקָתְךָ תַּצִּילֵנִי וּתְפַלְּטֵנִי
הַטֵּה־אֵלַי אָזְנְךָ וְהוֹשִׁיעֵנִי׃
ג הֱיֵה לִי ׀ לְצוּר מָעוֹן לָבוֹא
תָּמִיד צִוִּיתָ לְהוֹשִׁיעֵנִי
כִּי־סַלְעִי וּמְצוּדָתִי אָתָּה׃
ד אֱלֹהַי פַּלְּטֵנִי מִיַּד רָשָׁע
מִכַּף מְעַוֵּל וְחוֹמֵץ׃
ה כִּי־אַתָּה תִקְוָתִי
אֲדֹנָי יֱהֹוִה מִבְטַחִי מִנְּעוּרָי׃
ו עָלֶיךָ ׀ נִסְמַכְתִּי מִבֶּטֶן
מִמְּעֵי אִמִּי אַתָּה גוֹזִי
בְּךָ תְהִלָּתִי תָמִיד׃
ז כְּמוֹפֵת הָיִיתִי לְרַבִּים
וְאַתָּה מַחֲסִי־עֹז׃
ח יִמָּלֵא פִי תְּהִלָּתֶךָ
כָּל־הַיּוֹם תִּפְאַרְתֶּךָ׃

א המשורר מתחיל: בְּךָ־ה׳ חָסִיתִי, ולכן אַל־אֵבוֹשָׁה לְעוֹלָם.

ב בְּצִדְקָתְךָ תַּצִּילֵנִי מאויביי וּתְפַלְּטֵנִי מן הצרות, הַטֵּה־אֵלַי אָזְנְךָ וְהוֹשִׁיעֵנִי.

ג הֱיֵה לִי לְצוּר מָעוֹן - כלומר: מקום משכן שיהיה גם מקום של תוקף, מבצר, לָבוֹא תָּמִיד צִוִּיתָ לְהוֹשִׁיעֵנִי כִּי־סַלְעִי וּמְצוּדָתִי אָתָּה.

ד ודברי הבקשה: אֱלֹהַי פַּלְּטֵנִי, הצילני, מִיַּד רָשָׁע, מִכַּף מְעַוֵּל, עושה עוול, וְחוֹמֵץ, שהוא דומה במשמעו לעניין של חומס, גזלן; מילה זו נזכרת גם בספרות התלמודית.

ה כִּי־אַתָּה תִקְוָתִי, ה׳ אֱלֹהִים, אתה היית מִבְטַחִי מִנְּעוּרָי.

ו עָלֶיךָ נִסְמַכְתִּי ונשענתי מִבֶּטֶן, מאז הולדתי, מִמְּעֵי אִמִּי אַתָּה גוֹזִי - אתה הוצאת אותי אף משם, ואני עמך מאז, בְּךָ תְהִלָּתִי תָמִיד.

ז כְּמוֹפֵת הָיִיתִי לְרַבִּים, שהרי מעשיו של דוד וגבורותיו אינם רק עניין לו־עצמו, אלא הם גם נעשו סמל והוראה לרבים, וְאַתָּה היית תמיד מַחֲסִי־עֹז, כלומר: מקום המבטח והמחסה, וגם מקום התוקף שלי.

ח יִמָּלֵא פִי תְּהִלָּתֶךָ, שאוכל לומר אותה בפה מלא, בכל השלמות, כָּל־הַיּוֹם אוכל לדבר על תִּפְאַרְתֶּךָ.

עא,ד אֱלֹהַי פַּלְּטֵנִי מִיַּד רָשָׁע מִכַּף מְעַוֵּל וְחוֹמֵץ. חוֹמֵץ הוא היצר הרע, והוא מלשון גזלה, כמאמר הכתוב: "אשרו חמוץ" (ישעיהו א יז), כי מי שהולך בעצת יצרו הרע גוזל את עצמו משורש נשמתו.

על־פי עבודת ישראל, שבת הגדול

עא,ד מְעַוֵּל וְחוֹמֵץ. נאמר בגמרא: "׳לא יראה לך חמץ׳ (שמות יג ז) — שלך אי אתה רואה, אבל אתה רואה של נכרי ושל הקדש" (פסחים ה, ב). ואין זו אזהרה, אלא כך דרכם של בני אדם, שאינם רואים את חסרון עצמם, ולאידך גיסא רואים היטב — ואף מתאמצים למצוא — את חסרונו של זולתם (נכרי) או של הצדיק המנהיגם (הקדש).

על־פי תולדות יעקב יוסף, ויגש

ט אַל־תַּשְׁלִיכֵנִי לְעֵת זִקְנָה
כִּכְלוֹת כֹּחִי אַל־תַּעַזְבֵנִי:
י כִּי־אָמְרוּ אוֹיְבַי לִי
וְשֹׁמְרֵי נַפְשִׁי נוֹעֲצוּ יַחְדָּו:
יא לֵאמֹר אֱלֹהִים עֲזָבוֹ
רִדְפוּ וְתִפְשׂוּהוּ
כִּי־אֵין מַצִּיל:
יב אֱלֹהִים אַל־תִּרְחַק מִמֶּנִּי
אֱלֹהַי לְעֶזְרָתִי חוּשָׁה:
יג יֵבֹשׁוּ יִכְלוּ שֹׂטְנֵי נַפְשִׁי
יַעֲטוּ חֶרְפָּה וּכְלִמָּה
מְבַקְשֵׁי רָעָתִי:
יד וַאֲנִי תָּמִיד אֲיַחֵל
וְהוֹסַפְתִּי עַל־כָּל־תְּהִלָּתֶךָ:
טו פִּי ׀ יְסַפֵּר צִדְקָתֶךָ
כָּל־הַיּוֹם תְּשׁוּעָתֶךָ
כִּי לֹא יָדַעְתִּי סְפֹרוֹת:
טז אָבוֹא בִּגְבֻרוֹת אֲדֹנָי יֱהֹוִה
אַזְכִּיר צִדְקָתְךָ לְבַדֶּךָ:
חֽישה

ט ועוד דברי בקשה: אַל־תַּשְׁלִיכֵנִי לְעֵת זִקְנָה, כִּכְלוֹת כֹּחִי אַל־תַּעַזְבֵנִי.

י כִּי־אָמְרוּ אוֹיְבַי לִי את הדברים שייאמרו בהמשך, וְשֹׁמְרֵי נַפְשִׁי – כלומר, אלה השומרים את צעדיי ומנסים לצוד אותי או להילחם בי – נוֹעֲצוּ יַחְדָּו והגיעו למסקנה,

יא לֵאמֹר: אֱלֹהִים עֲזָבוֹ, אין לו עכשיו אותן הגנה והצלה שהיו לו תמיד, ולכן – רִדְפוּ וְתִפְשׂוּהוּ, כִּי־אֵין מַצִּיל.

יב והמשורר שוב פונה בתפילה: אֱלֹהִים, אַל־תִּרְחַק מִמֶּנִּי, אף שעכשיו אין הדברים נעשים כפי שהייתי רוצה; אֱלֹהַי, לְעֶזְרָתִי חוּשָׁה.

יג יֵבֹשׁוּ יִכְלוּ שֹׂטְנֵי – שונאֵי – נַפְשִׁי, יַעֲטוּ חֶרְפָּה וּכְלִמָּה מְבַקְשֵׁי רָעָתִי.

יד וַאֲנִי תָּמִיד אֲיַחֵל לתשועתך, לחסדך, וְהוֹסַפְתִּי עַל־כָּל־תְּהִלָּתֶךָ. כי על כל הדברים ששיבחתיך בעבר אוכל להוסיף עוד דברי תשבחות והודאות על הנסים שאתה עושה עמי עכשיו.

טו פִּי יְסַפֵּר צִדְקָתֶךָ, כָּל־הַיּוֹם תְּשׁוּעָתֶךָ ידבר בתשועתך, כִּי לֹא יָדַעְתִּי סְפֹרוֹת, אינני יכול לספור את כל הפעמים והאופנים שבהם הצלתני.

טז אָבוֹא בִּגְבֻרוֹת, ה׳ אֱלֹהִים, כלומר: אגיע למקום של התגברות, התחזקות, אַזְכִּיר צִדְקָתְךָ לְבַדֶּךָ, כי בעצם, כל שאר הדברים שעוזרים לי הם רק כלים בידך, ורק את צדקתך אני אזכיר ואודה עליה לעולם.

עא,ט אַל תַּשְׁלִיכֵנִי לְעֵת זִקְנָה. כי כל התרחקות רוב העולם מהשם יתברך, שאובדים מה שאובדים, חיים נצחיים ואמיתיים, רובם ככולם הוא רק מחמת שנופלין בדעתם אחר שהתנסו כמה פעמים, שהתחילו קצת בעבודת ה׳ ואחר כך נפלו למה שנפלו, ועל־ידי זה התייאשו עצמן מלהתחיל עוד. אבל באמת כל זה הוא מעשה הבעל דבר בעצמו, שהוא בחינת זקן דסטרא־אחרא, כי נקרא ״מלך זקן וכסיל״ (קהלת ד יג), שרוצה להפיל את האדם לידי זקנה ותשות כוח ח״ו, כאילו כבר נזקן בחטאיו ובמעשיו עד שאי אפשר להשתנות עוד. ובאמת לא כן הוא, כי בכל יום האדם הוא ברייה חדשה. ועל כן האדם צריך ליזהר מאוד לבלי ליפול לזקנה דסטרא־אחרא, רק להתחזק להתחדש בכל עת, ויהיה דומה בעיניו בכל יום ובכל שעה כאילו היום נולד וכאילו היום מקבל התורה מחדש.

על־פי ליקוטי הלכות, תפילין ה: ו

יז אֱלֹהִים לִמַּדְתַּנִי מִנְּעוּרָי
וְעַד־הֵנָּה אַגִּיד נִפְלְאוֹתֶיךָ:
יח וְגַם עַד־זִקְנָה ׀ וְשֵׂיבָה
אֱלֹהִים אַל־תַּעַזְבֵנִי
עַד־אַגִּיד זְרוֹעֲךָ לְדוֹר
לְכָל־יָבוֹא גְּבוּרָתֶךָ:
יט וְצִדְקָתְךָ אֱלֹהִים עַד־מָרוֹם
אֲשֶׁר־עָשִׂיתָ גְדֹלוֹת
אֱלֹהִים מִי כָמוֹךָ:
כ אֲשֶׁר הִרְאִיתַנִי ׀
צָרוֹת רַבּוֹת וְרָעוֹת
תָּשׁוּב תְּחַיֵּינִי
וּמִתְּהוֹמוֹת הָאָרֶץ
תָּשׁוּב תַּעֲלֵנִי:

יז אֱלֹהִים, לִמַּדְתַּנִי מִנְּעוּרָי, כל מה שאני יודע הרי אתה לימדתני, וְעַד־הֵנָּה אַגִּיד נִפְלְאוֹתֶיךָ.

יח וְגַם עַד־זִקְנָה וְשֵׂיבָה, אֱלֹהִים אַל־תַּעַזְבֵנִי, כי כאשר אני מזדקן כוחי איננו כפי שהיה, ואני מבקש שתמשיך לעזור לי עַד־אַגִּיד זְרוֹעֲךָ לְדוֹר - כדי שאוכל להגיד את כוחך (זרועך) לכל הדורות שיבואו, לְכָל־יָבוֹא אדם שיבוא אוכל לספר את גְּבוּרָתֶךָ.

יט וְצִדְקָתְךָ, אֱלֹהִים, הלוא מגיעה עַד־מָרוֹם, אֲשֶׁר־עָשִׂיתָ גְדֹלוֹת עמי, אֱלֹהִים, מִי כָמוֹךָ.

כ אֲשֶׁר אמנם הִרְאִיתַנִי צָרוֹת רַבּוֹת וְרָעוֹת, אבל תמיד תָּשׁוּב תְּחַיֵּינִי, וּמִתְּהוֹמוֹת הָאָרֶץ שנפלתי בהם תָּשׁוּב תַּעֲלֵנִי.

הראיתנו | תחיינו | תעלנו |

עא,יח **עַד אַגִּיד זְרוֹעֲךָ לְדוֹר לְכָל יָבוֹא גְּבוּרָתֶךָ וְצִדְקָתְךָ... אֲשֶׁר עָשִׂיתָ גְדֹלוֹת** – דוד המלך ע"ה מרכז את תמצית המסר לדורות הבאים בשני פסוקים אלו, הכוללים שלושה קווים עיקריים בעבודת ה': **גְּבוּרָתֶךָ** – כנגד קו השמאל שבאילן הספירות, שעניינו העלאה מלמטה למעלה, וביטויו בעבודת התפילה שבה מתבונן האדם בהיותו למטה ומעורר בקרבו את התשוקה לעלות למעלה. **וְצִדְקָתְךָ** – כנגד קו האמצע, שבו מתאחדים הימין והשמאל, החסד והדין, וביטויו במצוות הצדקה שאינה רק חסד אלא גם עשיית צדק, שכן העושר הוא פיקדון שניתן ביד האדם על מנת שיעביר אותו לזולתו. **גְדֹלוֹת** – כנגד קו הימין והחסד, שעניינו השפעה בלתי מוגבלת ובלתי מותנית מלמעלה למטה, וביטויו בתורה שירדה עד שנתלבשה בשכל אנוש, והיא מאירה בנפשו של העוסק בה אפילו אם הוא שרוי במצב של הפך הטהרה, ח"ו.

על־פי תהילות מנחם

כא תֶּ֤רֶב ׀ גְּֽדֻלָּתִ֗י
וְתִסֹּ֥ב תְּֽנַחֲמֵֽנִי׃
כב גַּם־אֲנִ֤י ׀ אוֹדְךָ֣ בִכְלִי־נֶבֶל֮
אֲמִתְּךָ֪ אֱלֹ֫הָ֥י
אֲזַמְּרָ֣ה לְךָ֣ בְכִנּ֑וֹר
קְ֝ד֗וֹשׁ יִשְׂרָאֵֽל׃
כג תְּרַנֵּ֣נָּה שְׂ֭פָתַי
כִּ֣י אֲזַמְּרָה־לָּ֑ךְ
וְ֝נַפְשִׁ֗י אֲשֶׁ֣ר פָּדִֽיתָ׃
כד גַּם־לְשׁוֹנִ֗י
כָּל־הַ֭יּוֹם תֶּהְגֶּ֣ה צִדְקָתֶ֑ךָ
כִּי־בֹ֥שׁוּ כִי־חָ֝פְר֗וּ
מְבַקְשֵׁ֥י רָעָתִֽי׃

כא **תֶּרֶב גְּדֻלָּתִי**, כלומר: הגדולה שהייתה לי לא רק שלא תתמעט אלא אף תתרבה ותגדל, **וְתִסֹּב**, תפנה אליי, **תְּנַחֲמֵנִי**.

כב **גַּם־אֲנִי אוֹדְךָ בִכְלִי־נֶבֶל**, **אֲמִתְּךָ אֱלֹהָי**, שהרי אני שר ומנגן את דברי התשבחות לך, **וַאֲזַמְּרָה לְךָ בְכִנּוֹר**, ה׳, **קְדוֹשׁ יִשְׂרָאֵל**.

כג **תְּרַנֵּנָּה שְׂפָתַי כִּי אֲזַמְּרָה־לָּךְ**, **וְנַפְשִׁי אֲשֶׁר פָּדִיתָ** מצרה תשיר לך.

כד **גַּם־לְשׁוֹנִי כָּל־הַיּוֹם תֶּהְגֶּה צִדְקָתֶךָ**, **כִּי־בֹשׁוּ**, **כִּי־חָפְרוּ מְבַקְשֵׁי רָעָתִי**, ולכן יכול אני להודות לך עכשיו על חסדך ועל תשועתך.

עא,כג **תְּרַנֵּנָּה שְׂפָתַי כִּי אֲזַמְּרָה לָּךְ.** בברכת המזון אנו מודים לפני השם יתברך על חסדיו וטובותיו שגמל עמנו, וחותמים – "ועל הכל ה׳ אלוהינו אנחנו מודים לך ומברכים אותך". ונראה שהודאה זו אינה נצרכת אלא כדי לכלול עמה גם הודאה על עצם הזכות להודות לו יתברך, שהיא ההודאה היסודית והנעלית ביותר, וכן מפורש בדברי חכמים: "מודין אנחנו לך שאנו חייבין להודות לשמך" (ירושלמי ברכות א: ה). וכן הוא אומר: **תְּרַנֵּנָּה שְׂפָתַי כִּי אֲזַמְּרָה לָּךְ**, הרי שהרינה היא על עצם הזכות לזמר לפניו יתברך.

על־פי באר משה, ויקרא עמ׳ תמה

יִשְׂאוּ הָרִים שָׁלוֹם לָעָם וּגְבָעוֹת בִּצְדָקָה:

מזמור אשר אפשר, בדוחק, לייחסו לשלמה
המלך, אך נראה שהוא דברי שירה ותפילה
של דוד המלך על בנו־יורשו שלמה, ונראה כי
יש בו גם נבואה על המלך המשיח, העתידה
להתקיים בשלמות בימי אחד מצאצאיו.

ספר שני

פרק עב

א לִשְׁלֹמֹה ׀
אֱלֹהִים מִשְׁפָּטֶיךָ לְמֶלֶךְ תֵּן
וְצִדְקָתְךָ לְבֶן־מֶלֶךְ׃
ב יָדִין עַמְּךָ בְצֶדֶק
וַעֲנִיֶּיךָ בְמִשְׁפָּט׃
ג יִשְׂאוּ הָרִים שָׁלוֹם לָעָם
וּגְבָעוֹת בִּצְדָקָה׃
ד יִשְׁפֹּט ׀ עֲנִיֵּי־עָם
יוֹשִׁיעַ לִבְנֵי אֶבְיוֹן
וִידַכֵּא עוֹשֵׁק׃

א פתיחת הדברים, לִשְׁלֹמֹה, אֱלֹהִים, מִשְׁפָּטֶיךָ לְמֶלֶךְ תֵּן, יכולה להיות מכוונת למשורר, המלך דוד עצמו, ונראה כי יש כאן תפילה על כך שמשפטי ה׳, כלומר: שפיטתו ואמיתתו, הם אלה שישמשו אצל המלך; או, באופן אחר, שהמלך יהיה זה המגשים את משפטי ה׳ בארץ, וְצִדְקָתְךָ לְבֶן־מֶלֶךְ - באותו מובן עצמו: בקשה על כך שבן המלך, שאף בידו יש עוצמה, יהיה זה שיעשה את צדקת ה׳ בתוך העולם.

ב ולכן האיחול הראשון, האמירה הראשונה, היא שהמלך אכן יזכה להעמיד את המשפט כראוי, כך שיָדִין ה׳ עַמְּךָ בְצֶדֶק וַעֲנִיֶּיךָ - ואת ענייך בְמִשְׁפָּט. יש כאן חלוקה בין צדק, שהוא חתוך ומוחלט, לבין משפט, שאמנם איננו סוטה מן הצדק אך יש בו גם צד של התחשבות בחלשים או בחסרי האמצעים. לפיכך "עמך" נדון "בצדק", ו"ענייך" - "במשפט".

ג כאשר המשפט עומד איתן יש שקט כולל במדינה, ואז - יִשְׂאוּ הָרִים שָׁלוֹם לָעָם, מן ההרים תבוא רק בשורה של שלום, ולא יהיה כל חשש שמא מתחבא מאחוריהם משהו בלתי נודע, וּגְבָעוֹת מתגלות רק בִּצְדָקָה, ולא במלחמה.

ד המלך־השופט יִשְׁפֹּט עֲנִיֵּי־עָם, שזה, כאמור, מה שהוא אמור לעשות. ואף יותר מזה: הוא יוֹשִׁיעַ לִבְנֵי אֶבְיוֹן, שהם עניים ומסכנים יותר מאשר סתם "עניים", ולהם לא די במשפט שיעשה להם צדק מתוך התחשבות במצבם, אלא גם הם צריכים שיתערבו למענם. עם זאת, המשפט אינו יכול להיות כולו רחמים ורכות, וצריך שהוא גם יְדַכֵּא עוֹשֵׁק.

עב,א **אֱלֹהִים מִשְׁפָּטֶיךָ לְמֶלֶךְ תֵּן.** המדרש (דברים רבה יא: י) מצביע על קיומה של שלשלת עבודה פנימית, שבה המשיכו אבות האומה גילוי אלוהות במציאות העולם במידה גוברת והולכת, כאשר כל דור ממשיך מנקודת הסיום של קודמו ומוסיף את שלו, עד לדוד המלך, שבימיו נשלמו ההכנות לבניין בית המקדש – השראת שכינה בעולם הגשמי עצמו. הדוגמה האחרונה היא משה, שחתם את ברכתו לישראל ב"אשריך ישראל", ומפעלו נמשך על־ידי דוד, שפתח ב"אשרי האיש". מתוך כך, על כל אחד ואחד מישראל להמשיך במה שסיים בו דוד, ושני סיומים הם: אחד בסוף תהלים – "כל הנשמה תהלל י־ה הללוי־ה", המורה על המשכת עומק אלוהי בכל רבדי חיי האדם; ומשנהו במזמור זה – הנחתם בכָּלּוּ תְפִלּוֹת דָּוִד בֶּן יִשָׁי, ותוכנו זירוז ביאת משיח צדקנו, כמבואר בראשיתו: **אֱלֹהִים מִשְׁפָּטֶיךָ לְמֶלֶךְ תֵּן וְצִדְקָתְךָ לְבֶן מֶלֶךְ.**

על־פי תורת מנחם תשמ"ב ח"א, עמ׳ 332-342

ה יִירָאוּךָ עִם־שָׁמֶשׁ
וְלִפְנֵי יָרֵחַ דּוֹר דּוֹרִים:
ו יֵרֵד כְּמָטָר עַל־גֵּז
כִּרְבִיבִים זַרְזִיף אָרֶץ:
ז יִפְרַח־בְּיָמָיו צַדִּיק
וְרֹב שָׁלוֹם עַד־בְּלִי יָרֵחַ:
ח וְיֵרְדְּ מִיָּם עַד־יָם
וּמִנָּהָר עַד־אַפְסֵי־אָרֶץ:

ה ואותך, ה׳, יִירָאוּךָ במדינה כזו עִם־שָׁמֶשׁ, שכנראה פירושו הוא שכפי שהשמש זורחת בכל יום ויום כך, עם אותה יציבות ואותו אור, תתנהל המלוכה, וְלִפְנֵי יָרֵחַ, כלומר: כל זמן שנראים פני הירח, כל הזמן, יימשך הדבר דּוֹר דּוֹרִים, דורות רבים.

ו יֵרֵד השפע, הברכה והצדק, כְּמָטָר עַל־גֵּז של צמר, שהרי גיזת הצמר סופגת את כל המים, ולפיכך כל המטר כולו מנוצל ואינו מתבזבז. כִּרְבִיבִים - כנראה מטרות קלים מאוד, משהו בין גשם של ממש לערפל - שהם זַרְזִיף, כלומר: נזילה, השקאה, היורדת לאָרֶץ.

ז יִפְרַח־בְּיָמָיו של המלך הגואל הזה צַדִּיק, שהרי בגלל פעלו הצדיק יהיה מוגן מכל רע, וְרֹב שָׁלוֹם יגיע עַד־בְּלִי יָרֵחַ, כלומר: כל זמן שהירח קיים; ובמילים אחרות - לעולם.

ח השלווה הפנימית הזו במדינה, הבאה בעקבות עשיית משפט הצדקה, חייבת להיות גם בהקשר בין־לאומי. ואכן, השלום שמדובר בו כאן אינו רק שלום בתוך המדינה אלא גם שלום בין־לאומי. מצב זה יכול להתקיים כאשר יש למלך עוצמה והשפעה לא רק במדינתו שלו, אלא גם בעולם הסובב, כאשר הוא וְיֵרְדְּ - ימשול - מִיָּם עַד־יָם, שבהקשר של ארץ ישראל פירושו גבולה הרחב של המדינה, כל שטח היבשה שבין הימים המקיפים אותה, וּמִנָּהָר - סתם ״נהר״ שבמקרא הוא נהר פרת (שאכן היה גבול ממלכתו של שלמה) - עַד־אַפְסֵי־אָרֶץ - קצות הארץ, בכל שאר גבולותיה של הארץ.

עב,ז **וּמִנָּהָר עַד אַפְסֵי אָרֶץ.** הפסוק מתאר את מלך המשיח, שייגלה במהרה בימינו, **שיֵרְדְּ מִיָּם עַד יָם** – יהיה שלם בתכלית במציאותו הפנימית (כים, שמכוסה מעיני הבריות), **וּמִנָּהָר עַד אַפְסֵי אָרֶץ** – כוח השפעתו יתפשט על פני המציאות כולה. ואין זה עניין למשיח בלבד, אלא לכל יהודי, כי בכל יהודי יש ניצוץ מדמותו של משיח, ועליו לבנותו ולהשלימו (הבעש״ט). משום כך, על כל אחד מאתנו להשלים את עבודתו בתכלית הן בכל הקשור לעצמו, שיהיה שלם במחשבה, בדיבור ובמעשה, והן בהתמסרותו לתיקון עולם, כאותו נהר היוצא מעדן, שאינו מסתפק בכך שהוא עצמו שלם אלא יודע שמוטלת עליו החובה ״לעבדה ולשמרה״, והוא יוצא מגבול השלמות העליונה כדי להשקות את העולם כולו.

על־פי ליקוטי שיחות חל״ח, עמ׳ 100–102

ט לְפָנָיו יִכְרְעוּ צִיִּים
וְאֹיְבָיו עָפָר יְלַחֵכוּ׃
י מַלְכֵי תַרְשִׁישׁ וְאִיִּים
מִנְחָה יָשִׁיבוּ
מַלְכֵי שְׁבָא וּסְבָא
אֶשְׁכָּר יַקְרִיבוּ׃
יא וְיִשְׁתַּחֲווּ־לוֹ כָל־מְלָכִים
כָּל־גּוֹיִם יַעַבְדוּהוּ׃
יב כִּי־יַצִּיל אֶבְיוֹן מְשַׁוֵּעַ
וְעָנִי וְאֵין־עֹזֵר לוֹ׃
יג יָחֹס עַל־דַּל וְאֶבְיוֹן
וְנַפְשׁוֹת אֶבְיוֹנִים יוֹשִׁיעַ׃
יד מִתּוֹךְ וּמֵחָמָס יִגְאַל נַפְשָׁם
וְיֵיקַר דָּמָם בְּעֵינָיו׃

ט שלטונו של המלך יביא לכך שלְפָנָיו יִכְרְעוּ צִיִּים - אולי אותם עמים יורדי ים שיש ברשותם צבא של ספינות - וְאֹיְבָיו, אם עוד יהיו לו כאלה, יושפלו לחלוטין עד אשר עָפָר יְלַחֵכוּ, כביכול; כלומר: הם יהיו מושפלים, וישתחוו עד אשר יגיע ראשם לארץ ממש.

י אבל כוחו של המלך יגיע אפילו הרבה מעבר לגבולותיה של ארץ ישראל הגדולה: מַלְכֵי תַרְשִׁישׁ - יש מחלוקות בדבר מקומה של תרשיש, אך בוודאי זו עיר או ארץ רחוקה ביותר, אולי בספרד - וְאִיִּים - יושביהם - מִנְחָה יָשִׁיבוּ, כלומר: יביאו מתנות למלך כדורשי שלומו וכבודו. ואילו מַלְכֵי שְׁבָא וּסְבָא, שהם בקצה ארץ ערב או באפריקה, אֶשְׁכָּר - מתנה, מנחה - יַקְרִיבוּ לו,

יא וְיִשְׁתַּחֲווּ־לוֹ כָל־מְלָכִים, גם הרחוקים יותר, כָּל־גּוֹיִם יַעַבְדוּהוּ במידה כזאת או אחרת. וכל זה איננו רק מחמת תוקפו הצבאי של המלך, אלא כשכר טוב על מעלתו הפנימית או כביטוי של הוקרה לה.

יב כִּי־יַצִּיל בממלכתו ומחוצה לה אֶבְיוֹן, זה שאין בידו מאומה, מְשַׁוֵּעַ, מלזעוק במר נפשו, וְעָנִי ואף יעזור לעני, שהוא לבדו וְאֵין־עֹזֵר ואין אף אחד אחר שעוזר לוֹ.

יג יָחֹס עַל־דַּל וְאֶבְיוֹן, וְנַפְשׁוֹת אֶבְיוֹנִים - שהם הדלים שבדלים - יוֹשִׁיעַ.

יד מִתּוֹךְ - ממרמה - וּמֵחָמָס יִגְאַל נַפְשָׁם של כל אלה אשר אין להם כל משען אחר, וְיֵיקַר דָּמָם בְּעֵינָיו, כלומר: הוא לא ינהג כמנהג השליטים, שאינם מתחשבים בסבלם של חסרי הישע,

עב,יא כָּל גּוֹיִם יַעַבְדוּהוּ. עניין עבודת האדם הוא לגלות במציאות העולם את אמיתת מציאות השם יתברך, שכל הנמצאים לא נמצאו אלא מאמיתת הימצאו. ולידי כך יכול להגיע באם ידע להגביה את מציאות העולם עד שורשה ומקורה, עד הרצון הקדמון בבריאת העולמות ועד התענוג שהם מעלים לפניו יתברך במציאותם. וזו תהיה שלמות הגילוי בימי משיח צדקנו, כאשר לְפָנָיו יִכְרְעוּ צִיִּים וְאֹיְבָיו עָפָר יְלַחֵכוּ, בבחינת "אתכפיא סטרא־אחרא" – שכל כוחות הרע ייכנעו לממשלת הנפש האלוהית גם נגד רצונם; ויתרה מזו, כאשר וְיִשְׁתַּחֲווּ לוֹ כָל מְלָכִים כָּל גּוֹיִם יַעַבְדוּהוּ – בבחינת "אתהפכא חשוכא לנהורא", שמצד שורש המציאות יכול הרע להתהפך במהותו ולהיות לטוב. וסופו של דבר ש"ימלא כבודו את כל הארץ", שגם במקום שבו משלו קודם לכן הקליפות הטמאות, יהיה שם ה׳ מאיר בגילוי.

על־פי ספר המאמרים תשל״ד, עמ׳ 85

טו וִיחִי וְיִתֶּן־לוֹ מִזְּהַב שְׁבָא
וְיִתְפַּלֵּל בַּעֲדוֹ תָמִיד
כָּל־הַיּוֹם יְבָרְכֶנְהוּ׃
טז יְהִי פִסַּת־בַּר ׀ בָּאָרֶץ
בְּרֹאשׁ הָרִים
יִרְעַשׁ כַּלְּבָנוֹן פִּרְיוֹ
וְיָצִיצוּ מֵעִיר כְּעֵשֶׂב הָאָרֶץ׃
יז יְהִי שְׁמוֹ ׀ לְעוֹלָם
לִפְנֵי־שֶׁמֶשׁ יִנּוֹן שְׁמוֹ
וְיִתְבָּרְכוּ בוֹ
כָּל־גּוֹיִם יְאַשְּׁרוּהוּ׃
יח בָּרוּךְ ׀ יְהוָה אֱלֹהִים
אֱלֹהֵי יִשְׂרָאֵל
עֹשֵׂה נִפְלָאוֹת לְבַדּוֹ׃

אלא דמם של כל האביונים והדלים יהיה יקר וחשוב בעיניו.

טו וִיחִי – ואילו המלך עצמו יחי בכל טוב, וְיִתֶּן־לוֹ הקב"ה רכוש גדול ומותרות מִזְּהַב שְׁבָא וְיִתְפַּלֵּל כל אדם בַּעֲדוֹ תָמִיד, משום שהוא יהיה חביב ואהוב על הכל, כָּל־הַיּוֹם – וכל היום יְבָרְכֶנְהוּ.

טז ונוסף על ברכת השלום יְהִי גם ברכה ושפע באדמה, ותהי פִסַּת־בַּר – ריבוי ותוספת תבואה בכל מקום בָּאָרֶץ, אפילו בְּרֹאשׁ הָרִים, שברגיל אינו מקום שצומחת בו תבואה. יִרְעַשׁ כַּלְּבָנוֹן פִּרְיוֹ, פירות העץ יהיו גדולים והאילנות יהיו כל כך עמוסים בפרי עד שבבוא הרוח הם ישמיעו אוושה, וְיָצִיצוּ כל הצמחים הטובים מֵעִיר כְּעֵשֶׂב הָאָרֶץ, כלומר: גם בשטחים שברגיל אינם מעובדים יצמחו דברים טובים אשר יצוצו מהארץ מעצמם, כמו עשבים.

יז ובכללו של דבר, יְהִי שְׁמוֹ של המלך לְעוֹלָם, לִפְנֵי־שֶׁמֶשׁ – כל עוד יש שמש – יִנּוֹן – יתפאר ויתרונן – שְׁמוֹ, וְיִתְבָּרְכוּ בוֹ כולם, כָּל־גּוֹיִם – הקרובים והרחוקים – יְאַשְּׁרוּהוּ, ויאמרו: אשרי המלך הזה.

עד כאן המזמור עצמו; ומכאן שני פסוקים שהם דברי סיום לחלק זה – או, בלשון הכתוב, ספר זה – שבתוך ספר תהלים:

יח בָּרוּךְ ה' אֱלֹהִים אֱלֹהֵי יִשְׂרָאֵל עֹשֵׂה נִפְלָאוֹת לְבַדּוֹ,

יִנֶּין

עב,יח עֹשֵׂה נִפְלָאוֹת לְבַדּוֹ. ובזה יתפרש לך הכתוב בָּרוּךְ ה' אֱלֹהִים אֱלֹהֵי יִשְׂרָאֵל עֹשֵׂה נִפְלָאוֹת לְבַדּוֹ, שקשה מה משמיענו, ומי הוא הפתי אשר יאמין שיש לו מסייע ח"ו, אך העניין הוא שכאשר יש אתערותא דלתתא, שישראל מתעוררים מלמטה במצוות ומעשים טובים, הנה הוא יתברך שמו ימהר ישועה ויחיש גאולה באתערותא דלעילא כנגדם. אבל כשאין אתערותא דלתתא ח"ו, אף־על־פי כן לא ייטוש ה' את עמו, כי אז עושה השם יתברך נפלאות לבדו כביכול. וכמו שהיה בראשית הבריאה, שעלו ישראל במחשבה בלי אתערותא דלתתא כלל, כי הספיקה לשם זה המחשבה על מה שיעשו נחת רוח להשם יתברך אחר כך בעת היבראם.

על־פי בני יששכר, כסלו־טבת ד: ב

יט וּבָר֤וּךְ ׀ שֵׁ֥ם כְּבוֹד֗וֹ לְע֫וֹלָ֥ם
וְיִמָּלֵ֣א כְ֭בוֹדוֹ
אֶת־כֹּ֥ל־הָאָ֗רֶץ
אָ֘מֵ֥ן ׀ וְאָמֵֽן׃
כ כָּלּ֥וּ תְפִלּ֑וֹת דָּ֝וִ֗ד בֶּן־יִשָֽׁי׃

יט וּבָרוּךְ שֵׁם כְּבוֹדוֹ לְעוֹלָם, וְיִמָּלֵא כְבוֹדוֹ אֶת־כָּל־הָאָרֶץ - רעיון המבוטא בארמית בתפילת הקדיש - אָמֵן וְאָמֵן.

כ ובסיום: כָּלּוּ תְפִלּוֹת דָּוִד בֶּן־יִשָׁי, משום ששני הספרים הראשונים שבתהלים הם ברובם הגדול מזמוריו של דוד עצמו, המסודרים כספרים לעצמם. ואילו מכאן והלאה יש מזמורים שונים שבחלקם לא מצוין שם המחבר, ובאחדים מהם מצוינים שמותיהם של מחברים אחרים - אף שגם בהם יש עוד ממזמוריו ומתפילותיו של דוד.

עב,יט וְיִמָּלֵא כְבוֹדוֹ אֶת כֹּל הָאָרֶץ... כָּלּוּ תְפִלּוֹת דָּוִד בֶּן יִשָׁי – מהו שאומר כָּלּוּ תְפִלּוֹת דָּוִד בֶּן יִשָׁי, והלא גם לאחר מזמור זה עוד ישנם מזמורי תהלים? אלא אמר הרה"ק רבי ישראל מרוז'ין:

כשתבוא העת של וְיִמָּלֵא כְבוֹדוֹ אֶת כֹּל הָאָרֶץ, אזי יכולים כבר לומר כָּלּוּ תְפִלּוֹת דָּוִד בֶּן יִשָׁי. יותר מזה אין צריכים.

על־פי עירין קדישין, ירושלים תשס"ט, עמ' שעה

עַד־אָבוֹא אֶל־מִקְדְּשֵׁי־אֵל

ספר שלישי

פרק עג

מזמור שיש בו שאלות ותמיהות על הנהגת
העולם, אך גם תשובה לשאלות אלה.

א מִזְמוֹר לְאָסָף
אַךְ טוֹב לְיִשְׂרָאֵל אֱלֹהִים
לְבָרֵי לֵבָב׃
ב וַאֲנִי כִּמְעַט נָטָיוּ רַגְלָי
כְּאַיִן שֻׁפְּכוּ אֲשֻׁרָי׃
ג כִּי־קִנֵּאתִי בַּהוֹלְלִים
שְׁלוֹם רְשָׁעִים אֶרְאֶה׃
ד כִּי אֵין חַרְצֻבּוֹת לְמוֹתָם
וּבָרִיא אוּלָם׃
ה בַּעֲמַל אֱנוֹשׁ אֵינֵמוֹ
וְעִם־אָדָם לֹא יְנֻגָּעוּ׃
ו לָכֵן עֲנָקַתְמוֹ גַאֲוָה
יַעֲטָף־שִׁית חָמָס לָמוֹ׃
ז יָצָא מֵחֵלֶב עֵינֵמוֹ
עָבְרוּ מַשְׂכִּיּוֹת לֵבָב׃

נטוי | שפכה

א **מִזְמוֹר לְאָסָף**, **אַךְ טוֹב לְיִשְׂרָאֵל אֱלֹהִים**, וטוב הוא **לְבָרֵי** - לנקיי - **לֵבָב**.

ב ההצהרה הזאת איננה פשוטה, כי לכאורה בחיים לא תמיד טוב לישראל וגם לא לברי לבב. **וַאֲנִי**, החושב על הדברים האלה, **כִּמְעַט נָטָיוּ רַגְלָי** מן הדרך הנכונה, **כְּאַיִן שֻׁפְּכוּ** - נשפכו - **אֲשֻׁרָי**, צעדיי. יש לכאורה כמה וכמה דברים שמטים וממוטטים את האדם;

ג והטעם להרגשה זו של כמעט־התמוטטות היא, **כִּי־קִנֵּאתִי** כאשר אדם מסתכל בעולם הוא מתמלא קנאה **בַּהוֹלְלִים**, משום שנראה כי להוללים טוב והם שמחים. **שְׁלוֹם רְשָׁעִים אֶרְאֶה**.

ד וכשאני מתבונן ברשעים נראה **כִּי אֵין חַרְצֻבּוֹת** - שרשראות, כבלים - **לְמוֹתָם**, הם אינם נראים כאילו הם הולכים למות; **וּבָרִיא אוּלָם** ואדרבה, כל אחד מהם הוא חזק.

ה **בַּעֲמַל אֱנוֹשׁ אֵינֵמוֹ**, הם אינם סובלים מן העבודה הקשה של בני אדם אחרים, **וְעִם־אָדָם לֹא יְנֻגָּעוּ**, גם נגעים ומחלות אינם פוגעים בהם.

ו **לָכֵן**, משום שחייהם מתנהלים כל כך בטוב, **עֲנָקַתְמוֹ גַאֲוָה**, הגאווה נעשית להם כקישוט על צווארם, **יַעֲטָף־שִׁית חָמָס לָמוֹ** - הם מתעטפים בחמס שלהם כמו בבגד.

ז ומרוב טובתם הם משמינים והולכים. **יָצָא מֵחֵלֶב עֵינֵמוֹ** - מאחר שפניהם שמנות ומלאות נראה כאילו עיניהם בולטות בתוך החֵלב, השומן. **עָבְרוּ** משמניו את **מַשְׂכִּיּוֹת לֵבָב** - הם מלאים הרגשה טובה בתוך לבם, והיא מתגלה גם מבחוץ.

עג,א **אַךְ טוֹב לְיִשְׂרָאֵל**. מן הפלא הוא שמזמור שכולו מתנה את צערם של עבדי ה׳ מפני הצרות הבאות עליהם נפתח בקריאה של הכרת הטוב: **אַךְ טוֹב לְיִשְׂרָאֵל אֱלֹהִים לְבָרֵי לֵבָב**. ומבאר רש״י: ״אף־על־פי שאני צועק ומתמה על צרותיהם של ישראל, ידעתי כי הקב״ה טוב להם ולטובתם הוא מביא עליהם את הרעה, כדי לזכותם לחיי עולם־הבא״. ועל דרך הרמז, במילה **אַךְ** נרמזו כ״א ימי בין המצרים, כדי להודיע שלמרות האבל שאנו נוהגים בהם הרי בפנימיותם הם לא רק **טוֹב** – אלא אַךְ טוֹב, שהעניין הבלתי רצוי שבהם מתבטל לגמרי עד שלא נשאר בהם אלא טוב בלבד. ורמז נוסף בדבר, שהיום הראשון מימי בין המצרים, הלא הוא י״ז בתמוז, אף הוא רומז במספרו ל**טוֹב** [=71].

על־פי תהילות מנחם

ח יָמִיקוּ | וִידַבְּרוּ בְרָע עֹשֶׁק
מִמָּרוֹם יְדַבֵּרוּ:
ט שַׁתּוּ בַשָּׁמַיִם פִּיהֶם
וּלְשׁוֹנָם תִּהֲלַךְ בָּאָרֶץ:
י לָכֵן | יָשׁוּב עַמּוֹ הֲלֹם
וּמֵי מָלֵא יִמָּצוּ לָמוֹ:
יא וְאָמְרוּ אֵיכָה יָדַע־אֵל
וְיֵשׁ דֵּעָה בְעֶלְיוֹן:
יב הִנֵּה־אֵלֶּה רְשָׁעִים
וְשַׁלְוֵי עוֹלָם הִשְׂגּוּ־חָיִל:
יג אַךְ־רִיק זִכִּיתִי לְבָבִי
וָאֶרְחַץ בְּנִקָּיוֹן כַּפָּי:

ח אך אותם רשעים יָמִיקוּ, כלומר: יגיעו לידי רקב, וִידַבְּרוּ בְרָע, עֹשֶׁק מִמָּרוֹם יְדַבֵּרוּ - הם מדברים דברים רעים על אחרים ועל הקב"ה, והעוול שגור בפיהם. מתוך שיש להם כל טוב ואין להם שום תקלות, הם מרשים לעצמם לומר מה שירצו:

ט שַׁתּוּ בַשָּׁמַיִם פִּיהֶם, פיהם מדבר וקובע דברים לגבי השמים, וּלְשׁוֹנָם - לשון הרע וביזיון לאחרים - תִּהֲלַךְ בָּאָרֶץ, על יושבי הארץ.

י ואחד הדברים שהם אומרים הוא: לָכֵן יָשׁוּב עַמּוֹ הֲלֹם, עמו של הקב"ה נסוג ומגיע למקום רחוק; ואילו הצדיקים, או שאר העולם, וּמֵי מָלֵא יִמָּצוּ לָמוֹ, מקבלים רק שאריות של מי הברכה המגיעים רק להם.

יא ובתוך כך שהם מדברים בשמים הם גם מביעים את דעתם על סדר העולם. וְאָמְרוּ: אֵיכָה יָדַע־אֵל - כיצד יכול הא־ל לדעת מה קורה בעולם? והלוא הוא אינו משגיח על הבריות ואינו מתייחס אליהם. וְיֵשׁ - וכי יש דֵּעָה בְעֶלְיוֹן? הוא איננו יודע דבר ואינו מתעניין בשום דבר.

יב הִנֵּה־אֵלֶּה - מי שאומרים את הדברים הללו - הם רְשָׁעִים, וְשַׁלְוֵי עוֹלָם הִשְׂגּוּ־חָיִל - המגיעים לכל הצלחה בשלווה ובמנוחה.

יג עד כאן תיאור ההצלחה, העושר וגסות הרוח של הרשעים. ולעומת זאת באים דבריו של הצדיק: אַךְ־רִיק זִכִּיתִי לְבָבִי, לחינם דאגתי לכך שלבי יהיה זך, וָאֶרְחַץ בְּנִקָּיוֹן כַּפָּי, גם ניקיון הכפיים הוא לשווא;

יָשִׁיב

עג,ט שַׁתּוּ בַשָּׁמַיִם פִּיהֶם וּלְשׁוֹנָם תִּהֲלַךְ בָּאָרֶץ. כי עכשיו נתפשטה האפיקורסות והותרה הרצועה, לדבר סרה על כל הצדיקים ועל כל יראי ה'. ובאמת זה האפיקורסות הוא נגד השם יתברך בעצמו, אך מכיוון שהם בושים לדבר בפיהם על השם יתברך, על כן הם מהפכים אפיקורסות שלהם לדבר על העולם. וזהו שַׁתּוּ בַשָּׁמַיִם פִּיהֶם, שבאמת מה שמדברים בפיהם הוא למעלה בשמים, כי עיקר דבריהם נגד השם יתברך בעצמו כביכול, אך לְשׁוֹנָם תִּהֲלַךְ בָּאָרֶץ, שמחמת שבושים לדבר בפיהם נגדו יתברך, על כן פושטין לשונם נגד העולם כנ"ל.

על־פי שיחות הר"ן, לח

יד וָאֱהִי נָגוּעַ כָּל־הַיּוֹם
וְתוֹכַחְתִּי לַבְּקָרִים׃
טו אִם־אָמַרְתִּי אֲסַפְּרָה כְמוֹ
הִנֵּה דוֹר בָּנֶיךָ בָגָדְתִּי׃
טז וָאֲחַשְּׁבָה לָדַעַת זֹאת
עָמָל הוּא בְעֵינָי׃
יז עַד־אָבוֹא אֶל־מִקְדְּשֵׁי־אֵל
אָבִינָה לְאַחֲרִיתָם׃
יח אַךְ בַּחֲלָקוֹת תָּשִׁית לָמוֹ
הִפַּלְתָּם לְמַשּׁוּאוֹת׃
יט אֵיךְ הָיוּ לְשַׁמָּה כְרָגַע
סָפוּ תַמּוּ מִן־בַּלָּהוֹת׃
כ כַּחֲלוֹם מֵהָקִיץ

הִיא

יד וָאֱהִי נָגוּעַ אם יש לכך תוצאות - הרי אני, ההולך בדרך הטובה, כָּל־הַיּוֹם, כל הנגעים פוגעים בי, וְתוֹכַחְתִּי - התוכחה, הייסורים, מגיעים אליי לַבְּקָרִים: בכל בוקר מגיעות אליי תוכחות חדשות.

טו אִם־אָמַרְתִּי אֲסַפְּרָה כְמוֹ, ואפרט את כל צרותיהם של הצדיקים, הִנֵּה דוֹר בָּנֶיךָ בָגָדְתִּי, כי כאשר אני מספר לבנים על ייסורי הצדיקים אני בסך הכל גורם לכך שהם יתקלקלו.

טז וָאֲחַשְּׁבָה לָדַעַת זֹאת - כשאני מתבונן בסדר העולם ואני רוצה לדעת זאת, עָמָל הוּא בְעֵינָי - נראה הדבר בעיניי בלתי נכון, חסר ערך. כל אלה הם הרהוריו של האיש הצדיק המתבונן בעולם, שבו הרשעים מצליחים ומאושרים והצדיקים מלאים סבל.

יז ואולם הוא מוסיף: עַד־אָבוֹא אֶל־מִקְדְּשֵׁי־אֵל - כשאני מגיע אל מקדש ה׳, ושם אני זוכה להבנה שבהתגלות, אז אָבִינָה לְאַחֲרִיתָם; אז יכול אני, בכוח ההתבוננות וההבנה, להבין הן את הצלחתם של הרשעים והן את סבלם של הצדיקים.

יח באשר לרשעים, אַךְ בַּחֲלָקוֹת תָּשִׁית לָמוֹ, הקב״ה כביכול מפתה אותם, והם נכשלים בדברי החלקות הללו עד אשר לבסוף הִפַּלְתָּם לְמַשּׁוּאוֹת - הן נופלים לאובדן, לשואה.

יט וכאשר הם נופלים, אני רואה אֵיךְ הָיוּ לְשַׁמָּה - לשממה - כְרָגַע, שברגע אחד הם נהרסים, סָפוּ תַמּוּ, נגמרו, מִן־בַּלָּהוֹת, בתוך הפחדים.

כ כַּחֲלוֹם מֵהָקִיץ ייראו כל גדולתם ותפארתם

עג,יד וָאֱהִי נָגוּעַ כָּל הַיּוֹם וְתוֹכַחְתִּי לַבְּקָרִים. פירוש: וְתוֹכַחְתִּי – שכל הניסיונות העוברים על האדם בכל יום, וכמו שכתוב ״יצרו של אדם מתגבר עליו בכל יום״ (סוכה נב, ב); לַבְּקָרִים – הם כדי למצוא הארת התורה המתחדשת בכל יום, וכמו שאנו אומרים ״המחדש בטובו בכל יום תמיד מעשה בראשית״, שאין יום שאין הקב״ה מחדש הלכה בבית דין של מעלה (בראשית רבה מט: ב), ואיש ישראל צריך לייגע עצמו כדי שיהיה לו חלק בזה. וכן כתוב ״ואהבו שחרו מוסר״, שעל־ידי מוסר זוכים בני ישראל לאור השחר.

על־פי שפת אמת, שמות תרנ״ח; ראה שם, שלח תרנ״א

אֲדֹנָי בָּעִיר ׀ צַלְמָם תִּבְזֶה:
כא כִּי יִתְחַמֵּץ לְבָבִי
וְכִלְיוֹתַי אֶשְׁתּוֹנָן:
כב וַאֲנִי־בַעַר וְלֹא אֵדָע
בְּהֵמוֹת הָיִיתִי עִמָּךְ:
כג וַאֲנִי תָמִיד עִמָּךְ
אָחַזְתָּ בְּיַד־יְמִינִי:
כד בַּעֲצָתְךָ תַנְחֵנִי
וְאַחַר כָּבוֹד תִּקָּחֵנִי:
כה מִי־לִי בַשָּׁמָיִם

כאשר יתגלה ה׳ בָּעִיר. אז צַלְמָם של כל הרשעים הללו תִּבְזֶה; כי, כאמור בהרבה מקומות, הצלחתם ושגשוגם של הרשעים הם רק זמניים, ובסופו של דבר הם בוודאי ייפלו.

כא ובאשר לצדיק הוא אומר: כִּי יִתְחַמֵּץ לְבָבִי - אני מרגיש בלבי חמיצות, מרירות, וְכִלְיוֹתַי - חלק העצה, המחשבה - אֶשְׁתּוֹנָן, מתמלאים במחשבות, משום שאינני יודע דבר על גורלו של הצדיק.

כב וַאֲנִי־בַעַר וְלֹא אֵדָע את סתרי ה׳, בְּהֵמוֹת הָיִיתִי עִמָּךְ; אני הולך עם הקב״ה לא כמי שמבין ומשיג אלא כבהמה שנוהגים אותה; לכאורה זוהי הליכה אחר ה׳ בלי טעם ודעת, אשר גם אין בה, כשלעצמה, הישגים חיצוניים.

כג ואולם עליי לזכור שבעצם ההליכה הזו עם ה׳ יש לי בראש ובראשונה הזכות הגדולה להיות יחד אתו: וַאֲנִי תָמִיד עִמָּךְ, אף שאינני מבין ואינני יודע. ובזה שאני הולך אחריך הרי אָחַזְתָּ בְּיַד־יְמִינִי, אתה הוא שמוליך אותי.

כד בַּעֲצָתְךָ תַנְחֵנִי, וְאַחַר כָּבוֹד תִּקָּחֵנִי, בהליכה זו אחרי ה׳ אני קרוב אליו, והוא זה שמוביל אותי למקום הנכון, לדרך הראויה. ובשעה שאדם מעמיק דעתו באהבת ה׳ ובתשוקה אליו אזי ענייני העולם, הצרות והמחסור שיש לצדיקים או העובדה שאין הם זוכים להגיע להישגים חיצוניים, מאבדים את משמעותם.

כה כי כאשר אדם מתעמק בכך הוא באמת מגיע לאהבת ה׳, ואומר: מִי־לִי בַשָּׁמָיִם שאחפוץ

עג,כב **וַאֲנִי בַעַר וְלֹא אֵדָע בְּהֵמוֹת הָיִיתִי עִמָּךְ** – כלומר שבזה שאני בער ובהמות, אני תמיד עמך. כי בכל נפש מישראל מאירה ספירת החכמה, שהוא מה שאינו מושג ומובן ואינו נתפס בהשגה עדיין, והיא למעלה מהבינה, שהוא הבנת השכל והשגתו, ולכן מתלבש בה אור אין־סוף ברוך־הוא, דלית מחשבא תפיסא ביה כלל. ולכן כל ישראל, אפילו הנשים ועמי הארץ, הם מאמינים בה׳, שהאמונה היא למעלה מן הדעת וההשגה, כי "פתי יאמין לכל דבר", והכול כפתיים אצלו יתברך, שהוא למעלה מן השכל והדעת. ולכן אפילו קל שבקלים ופושעי ישראל, אף אם הם בורים ועמי הארץ, מוסרים נפשם על קדושת ה׳, וסובלים עינויים קשים שלא לכפור בה׳ אחד בלי שום טעם וטענה ומענה – רק כאילו הוא דבר שאי אפשר כלל לכפור בה׳ אחד.

על־פי תניא, יח

וְעִמְּךָ לֹא־חָפַצְתִּי בָאָרֶץ׃
כו כָּלָה שְׁאֵרִי וּלְבָבִי
צוּר־לְבָבִי וְחֶלְקִי
אֱלֹהִים לְעוֹלָם׃
כז כִּי־הִנֵּה רְחֵקֶיךָ יֹאבֵדוּ
הִצְמַתָּה כָּל־זוֹנֶה מִמֶּךָּ׃
כח וַאֲנִי ׀
קִרֲבַת אֱלֹהִים לִי טוֹב
שַׁתִּי ׀ בַּאדֹנָי יֱהֹוִה מַחְסִי
לְסַפֵּר כָּל־מַלְאֲכוֹתֶיךָ׃

לזכות בו, וְעִמְּךָ - כלומר: כל אותם דברים שיכולים להיות "עמך": עושר, כבוד, הצלחה - אותם לֹא־חָפַצְתִּי בָאָרֶץ.

כו כָּלָה, תם, שְׁאֵרִי וּלְבָבִי, אין עוד חשיבות לגופי ולרוחי, משום שצוּר־לְבָבִי - המוקד, המרכז, היסוד של לבי - וְחֶלְקִי הוא אֱלֹהִים לְעוֹלָם.

כז כִּי־הִנֵּה רְחֵקֶיךָ, אלה המתרחקים ממך, בסופו של דבר יֹאבֵדוּ, הן בעולם הזה ובוודאי לנצח; הִצְמַתָּה - השמדת - כָּל־זוֹנֶה, כל מי שסוטה מִמֶּךָּ.

כח וַאֲנִי ואילו אני, שאוהב ה׳ אני, קִרֲבַת אֱלֹהִים לִי טוֹב, עצם הקרבה אל ה׳ היא בעיניי הטוב הגדול מכולם.

שַׁתִּי - שמתי - בַּה׳ אֱלֹהִים מַחְסִי, לְסַפֵּר כָּל־מַלְאֲכוֹתֶיךָ - מפעליך, שליחותך. וזהו, בעצם, עיקר עניינו של המזמור: המעבר מן ההסתכלות בחיצוניותו של העולם, שלפיה נראה כי הרשעים עולים ומצליחים, אל עולמו הפנימי של המאמין, שעבורו עצם קרבת אלוקים היא הטוב הגדול מכל.

עג,כה מִי לִי בַשָּׁמָיִם וְעִמְּךָ לֹא חָפַצְתִּי בָאָרֶץ. אך אהבת עולם היא הבאה מהתבונה ודעת בגדולת ה׳, אין־סוף ברוך־הוא, הממלא כל עלמין וסובב כל עלמין וכולא קמיה כלא ממש חשיב, אשר על־ידי התבוננות זו ממילא תתפשט מידת האהבה שבנפש מלבושיה, דהיינו שלא תתלבש בשום דבר הנאה ותענוג גשמי או רוחני לאהבה אותו, ולא לחפוץ כלל שום דבר בעולם בלתי ה׳ לבדו, מקור החיים של כל התענוגים, שכולם בטלים במציאות וכְלא ממש קמיה חשיבי, ואין ערוך ודמיון כלל ביניהם ח"ו כמו שאין ערוך לאין ואפס המוחלט לגבי חיים נצחיים, וכמו שכתוב: מִי לִי בַשָּׁמָיִם וְעִמְּךָ לֹא חָפַצְתִּי בָאָרֶץ, כָּלָה שְׁאֵרִי וּלְבָבִי, צוּר לְבָבִי וְחֶלְקִי אֱלֹהִים לְעוֹלָם, שיהיה חפצו ורצונו רק שהוי"ה, אור אין־סוף ברוך־הוא עצמו, יהיה אלוהיך – שורה בקרבך, דהיינו שיהא גילוי אור אין־סוף ברוך־הוא עצמו על נפשו.

על־פי תניא, מג; תורה אור בראשית א, א

הַר־צִיּוֹן זֶה שָׁכַנְתָּ בּוֹ:

ספר שלישי

פרק עד

מזמור תחינה של עם ישראל בזמן קשה, כאשר האויבים מתגברים עליו, ותפילה ששוב יראה ה׳ נפלאות וישועות כבימי קדם, למען שמו שנקרא על עם ישראל ולמען בריתו אתם.

א מַשְׂכִּיל לְאָסָף
לָמָה אֱלֹהִים זָנַחְתָּ לָנֶצַח
יֶעְשַׁן אַפְּךָ בְּצֹאן מַרְעִיתֶךָ:
ב זְכֹר עֲדָתְךָ ׀ קָּנִיתָ קֶּדֶם
גָּאַלְתָּ שֵׁבֶט נַחֲלָתֶךָ
הַר־צִיּוֹן זֶה ׀ שָׁכַנְתָּ בּוֹ:
ג הָרִימָה פְעָמֶיךָ
לְמַשֻּׁאוֹת נֶצַח
כָּל־הֵרַע אוֹיֵב בַּקֹּדֶשׁ:
ד שָׁאֲגוּ צֹרְרֶיךָ בְּקֶרֶב מוֹעֲדֶךָ
שָׂמוּ אוֹתֹתָם אֹתוֹת:
ה יִוָּדַע כְּמֵבִיא לְמָעְלָה
בִּסֲבָךְ־עֵץ קַרְדֻּמּוֹת:
ו וְעַתָּ פִּתּוּחֶיהָ יָּחַד
בְּכַשִּׁיל וְכֵילַפֹּת יַהֲלֹמוּן:
ז שִׁלְחוּ בָאֵשׁ מִקְדָּשֶׁךָ
לָאָרֶץ חִלְּלוּ מִשְׁכַּן־שְׁמֶךָ:
ח אָמְרוּ בְלִבָּם נִינָם יָחַד

א מַשְׂכִּיל לְאָסָף: מזמור זה הוא שיר תחינה המתאר את צרות ישראל, ופונה לקב"ה בבקשה להצילם מצרותיהם.

יש כאן תיאור של מצב קשה: לָמָה, אֱלֹהִים, נראה שזָנַחְתָּ אותנו לָנֶצַח, יֶעְשַׁן אַפְּךָ - כביטוי של כעס - בְּצֹאן מַרְעִיתֶךָ?

ב זְכֹר עֲדָתְךָ, עדת ישראל, שאותה קָנִיתָ, בחרת ולקחת לך, עוד בימי קֶדֶם, גָּאַלְתָּ שֵׁבֶט נַחֲלָתֶךָ. זכור את הַר־צִיּוֹן זֶה ששָׁכַנְתָּ בּוֹ.

ג הָרִימָה פְעָמֶיךָ, תתרומם, תסתכל לְמַשֻּׁאוֹת נֶצַח, בבעירות הבלתי פוסקות, כָּל־הֵרַע - כל מה שהרע אוֹיֵב בַּקֹּדֶשׁ, שפגע גם במקדש עצמו,

ד שָׁאֲגוּ צוֹרְרֶיךָ בְּקֶרֶב מוֹעֲדֶךָ, באותם מקומות שבהם אנשים היו נפגשים ונועדים יחד, שם נשמעת שאגת האויבים המנצחים, והם שָׂמוּ אוֹתֹתָם, את הסימנים שלהם, דגליהם, בתוך המחנה שלנו, ועכשיו הם אֹתוֹת על המקומות שלנו.

ה יִוָּדַע - נודע, ניכר - כְּמֵבִיא לְמָעְלָה - כמו מי שמעלה דברים למעלה, כדי שייראו לעיני כל, כמו שבִּסֲבָךְ־עֵץ באים קַרְדֻּמּוֹת וחותכים ממנו ענפים.

ו וְעַתָּ פִּתּוּחֶיהָ יָּחַד של העיר נהרסים, בְּכַשִּׁיל וְכֵילַפֹּת, שהם כלים של ניתוץ ושבירה, יַהֲלֹמוּן.

ז וכן שִׁלְחוּ בָאֵשׁ מִקְדָּשֶׁךָ לָאָרֶץ חִלְּלוּ - הורידו והשפילו - את מִשְׁכַּן־שְׁמֶךָ.

ח אָמְרוּ האויבים בְלִבָּם: נִינָם - יש המפרשים זאת כשורש מיוחד שפירושו: נשמידם - יָחַד.

עד,ב זְכֹר עֲדָתְךָ קָנִיתָ קֶּדֶם. היה רבי לוי יצחק מברדיטשוב מלמד זכות על ישראל, וכך היה אומר: ריבונו של עולם, זְכֹר עֲדָתְךָ קָנִיתָ קֶּדֶם! שכאשר הוצאת את בני ישראל ממצרים היו הללו עובדי עבודה־זרה והללו עובדי עבודה־זרה, והיו משוקעים במ"ט שערי טומאה, ובכל זאת גָּאַלְתָּ שֵׁבֶט נַחֲלָתֶךָ, שלא חשת לכל מומיהם והסכמת "להשתדך" עמם ברצון ובאהבה. אם כן, מדוע עכשיו, כשחוטאים לפניך, אתה מואס בהם? והרי לא נשתנו...

על־פי פרדס יוסף ח"ג, עמ' שמג

שָׂרְפוּ כָל־מוֹעֲדֵי־אֵל
בָּאָרֶץ:
ט אוֹתֹתֵינוּ לֹא־רָאִינוּ
אֵין־עוֹד נָבִיא
וְלֹא־אִתָּנוּ יוֹדֵעַ עַד־מָה:
י עַד־מָתַי אֱלֹהִים יְחָרֶף צָר
יְנָאֵץ אוֹיֵב שִׁמְךָ לָנֶצַח:
יא לָמָּה תָשִׁיב יָדְךָ וִימִינֶךָ
מִקֶּרֶב חֵיקְךָ כַלֵּה:
יב וֵאלֹהִים מַלְכִּי מִקֶּדֶם
פֹּעֵל יְשׁוּעוֹת בְּקֶרֶב הָאָרֶץ:
יג אַתָּה פוֹרַרְתָּ בְעָזְּךָ יָם
שִׁבַּרְתָּ רָאשֵׁי תַנִּינִים
עַל־הַמָּיִם:
יד אַתָּה רִצַּצְתָּ רָאשֵׁי לִוְיָתָן
תִּתְּנֶנּוּ מַאֲכָל לְעָם לְצִיִּים:
טו אַתָּה בָקַעְתָּ מַעְיָן וָנָחַל
אַתָּה הוֹבַשְׁתָּ נַהֲרוֹת אֵיתָן:

והם שָׂרְפוּ כָל־מוֹעֲדֵי־אֵל בָּאָרֶץ, כלומר: הם שרפו לא רק את המקדש אלא גם מקומות מקודשים אחרים, כגון בתי כנסיות ובתי מדרשות (בדורות מאוחרים יותר).

ט ואנחנו, אוֹתֹתֵינוּ לֹא־רָאִינוּ - אין אנו רואים את הנסים שהיו לנו פעם, אֵין־עוֹד נָבִיא שיכול להודיענו מתי כל זה ייגמר, וְלֹא־אִתָּנוּ אדם שיּוֹדֵעַ עַד־מָה, עד היכן ועד מתי כל זה יימשך.

י ולכן אנחנו קוראים־שואלים: עַד־מָתַי, אֱלֹהִים, יְחָרֶף צָר, יְנָאֵץ אוֹיֵב שִׁמְךָ לָנֶצַח?

יא לָמָּה תָשִׁיב יָדְךָ? מדוע אינך מושיט אותה אלא מחזיק אותה אצלך? וִימִינְךָ מִקֶּרֶב חֵיקְךָ כַלֵּה - כהמשך לדימוי הזה אנו מבקשים: אל תשאיר את ידך בחיקך בלי לעשות מאומה, אלא פעל בידיך שתיהן.

יב וֵאלֹהִים - והרי אתה ה', יכול לעשות זאת ואף עשית כן בעבר, שהרי אתה, מַלְכִּי מִקֶּדֶם, היית פֹּעֵל יְשׁוּעוֹת בְּקֶרֶב הָאָרֶץ.

יג אַתָּה פוֹרַרְתָּ בְעָזְּךָ, בגבורתך, יָם, שִׁבַּרְתָּ רָאשֵׁי תַנִּינִים עַל־הַמָּיִם.

יד אַתָּה רִצַּצְתָּ רָאשֵׁי לִוְיָתָן, שהוא חיית מים גדולה מאוד, ותִּתְּנֶנּוּ, את הלווייתן הזה, מַאֲכָל לְעָם, לְצִיִּים - לספינות ולקבוצות של אנשים שלא היו יכולים לגבור עליו בעצמם.

טו אַתָּה בָקַעְתָּ מן האדמה מַעְיָן וָנָחַל, ואַתָּה גם הוֹבַשְׁתָּ - ייבשת - נַהֲרוֹת אֵיתָן.

חוקך

עד,ט **אוֹתֹתֵינוּ לֹא רָאִינוּ.** הנה ידוע שכל אחד רוצה תמיד להידבק בהשם יתברך, ומתאמץ בכל מה שאפשר, ואינו משיג שום דבר. ויש שוטים שנופלים מזה. אבל זהו שטות גדול, כי זה צריך לידע: שאנו צועקים בגלות "כי אברהם לא ידענו וישראל לא יכירנו אתה ה' אבינו גֹאלנו", כי בדורות הראשונים היו מידות אברהם וישראל (חסד ורחמים) בהתגלות, ולכן היו רואים נסים. אבל בגלות **אוֹתֹתֵינוּ לֹא רָאִינוּ**, ולא מפני שאין אותות ח"ו, רק שאיננו יכולים לראות, שאֵין **עוֹד נָבִיא וְלֹא אִתָּנוּ יֹדֵעַ עַד מָה.** כי כש"אתה ה' גֹאלנו" – עצמות ה', שלמעלה מהתגלות מידותיו – אי אפשר לראות הנסים בהתגלות. אבל באמת אפילו כהיום, שהפרנסה דחוקה, היא נס ממש כקריעת ים סוף, רק שמתלבש דרך הטבע. ומה שאנו צועקים ואין נענים – לא שאין אנו נענין, רק שאין אנו רואים.

על־פי תורה אור מגילת אסתר צג, א

טז לְךָ יוֹם אַף־לְךָ לָיְלָה
אַתָּה הֲכִינוֹתָ
מָאוֹר וָשָׁמֶשׁ׃
יז אַתָּה הִצַּבְתָּ
כָּל־גְּבוּלוֹת אָרֶץ
קַיִץ וָחֹרֶף אַתָּה יְצַרְתָּם׃
יח זְכָר־זֹאת אוֹיֵב חֵרֵף ׀ יְהוָה
וְעַם־נָבָל נִאֲצוּ שְׁמֶךָ׃
יט אַל־תִּתֵּן לְחַיַּת נֶפֶשׁ תּוֹרֶךָ
חַיַּת עֲנִיֶּיךָ
אַל־תִּשְׁכַּח לָנֶצַח׃
כ הַבֵּט לַבְּרִית
כִּי־מָלְאוּ מַחֲשַׁכֵּי־אֶרֶץ
נְאוֹת חָמָס׃
כא אַל־יָשֹׁב דַּךְ נִכְלָם
עָנִי וְאֶבְיוֹן יְהַלְלוּ שְׁמֶךָ׃
כב קוּמָה אֱלֹהִים רִיבָה רִיבֶךָ
זְכֹר חֶרְפָּתְךָ מִנִּי־נָבָל
כָּל־הַיּוֹם׃

טז לְךָ יוֹם אַף־לְךָ לָיְלָה, כי אתה מושל בשניהם, ואַתָּה הֲכִינוֹתָ, יצרת, מָאוֹר וָשָׁמֶשׁ.

יז אַתָּה הִצַּבְתָּ כָּל־גְּבוּלוֹת אָרֶץ, קבעת את חוקי העולם, קַיִץ וָחֹרֶף אַתָּה יְצַרְתָּם.

יח ומאחר שיש בכוחך לעשות הכל, אנא זְכָר־זֹאת, כלומר: את האוֹיֵב אשר חֵרֵף את ה׳, וְעַם־נָבָל - וזכור גם את העם הנבל אשר נִאֲצוּ שְׁמֶךָ.

יט אַל־תִּתֵּן לְחַיַּת - לאותן חיות טרף - את נֶפֶשׁ תּוֹרֶךָ, התור, היונה שלך, שהיא סמל ידוע לעם ישראל, ואת חַיַּת - החיים של - עֲנִיֶּיךָ אַל־תִּשְׁכַּח לָנֶצַח.

כ הַבֵּט לַבְּרִית, זכור את הברית שעשית עמנו, כִּי־מָלְאוּ מַחֲשַׁכֵּי־אֶרֶץ - הארץ התמלאה בחושך ובנְאוֹת, מקומות מושב, של חָמָס.

כא אַל־יָשֹׁב דַּךְ - עני - נִכְלָם, משום שאין לו עוזר, ועָנִי וְאֶבְיוֹן יְהַלְלוּ שְׁמֶךָ כשתעזור להם.

כב קוּמָה, אֱלֹהִים, רִיבָה רִיבֶךָ, שהרי האויב הזה איננו רק פוגע בנו אלא גם מחלל את שמך. זְכֹר חֶרְפָּתְךָ, את החרפות שאתה שומע מִנִּי־נָבָל, מן הנבלים, כָּל־הַיּוֹם.

עד,טז אַתָּה הֲכִינוֹתָ מָאוֹר וָשָׁמֶשׁ. חסידות היא המאור הכללי, והיא מאירה ובוערת בעבודת המוח והלב. עבודת המוח היא מאורי אור, היא מעמידה את האדם במקום אורה, הוא מרגיש מה שהשכל האנושי אינו יכול להבין, הוא חי באור ובכל מקום היותו מאיר לו אור. ראייתו עדינה יותר ממה שעיני בשר רואות, וגם בדברים הארציים — מה שסתם אנשים קוראים טבע — הוא רואה את האמת, "אמת ה׳ לעולם", שעולם שהוא טבע הנו למעלה מהטבע. עבודת הלב היא מאורי אש, בוערת ורותחת, "בהגיגי תבער אש". הוא בוער ומסביב לו בוער הכול, כל דבר שהוא עושה, לא רק בשעת התפילה אלא גם בשעת הלימוד וקיום המצוות ועשיית טובה לזולת בגשמיות וברוחניות, הכול הוא בלהבת קודש, בחיות, ואש זו מבעירה את כל כתמי מומי בני אדם.

על-פי ליקוטי דיבורים, קה"ת תשמ"ט, עמ׳ 1072

כג אַל־תִּשְׁכַּח קוֹל צֹרְרֶיךָ
שְׁאוֹן קָמֶיךָ עֹלֶה תָמִיד:

כג אַל־תִּשְׁכַּח קוֹל צֹרְרֶיךָ, שְׁאוֹן קָמֶיךָ - אויביך - אשר עֹלֶה תָמִיד בחירוף, בגידוף ובבוז. ועל כל אלה אנחנו מבקשים את ישועתך.

עד,כג **"אַל תִּשְׁכַּח קוֹל צֹרְרֶיךָ שְׁאוֹן קָמֶיךָ עֹלֶה תָמִיד** – וכי יש צוררים לפני מי שאמר והיה העולם? אלא מגיד הכתוב שכל מי ששונא את ישראל הוא כמו ששונא את המקום" (ספרי, בהעלותך). קשה להבין כיצד תיתכן מציאות של צוררים וקמים ביחס להשם יתברך, והלא מי שאמר והיה העולם הוא המהווה ומחיה את הצורר בכל רגע מאין ואפס ממש, כך שהניגוד לקב"ה הוא למעשה ניגוד לעצם מציאותו של המנגד. אמנם בריאת העולם הייתה משום ש"נתאווה הקב"ה להיות לו דירה בתחתונים", ובמיוחד ב"תחתון במדרגה שאין תחתון למטה ממנו בעניין הסתר אורו יתברך" (תניא, לו), ומשום כך לא יוגשם רצונו יתברך אלא על־ידי מציאותו של אותו מנגד – וזה סוד קיומו. ואם קשה בעינינו הדבר, הרי הוא יתברך "נמנע הנמנעות", וממנו לא תיבצר בריאת דבר והיפוכו.

על־פי ספר השיחות תשמ"ט ח"ב, עמ' 677

וְכָל־קַרְנֵי רְשָׁעִים אֲגַדֵּעַ תְּרוֹמַמְנָה קַרְנוֹת צַדִּיק:

ספר שלישי

פרק עה

מזמור שיש בו בעיקר תודה לה׳ או, על כל פנים, תקווה רבה לישועת ה׳ גם בעת צרה.

א לַמְנַצֵּחַ אַל־תַּשְׁחֵת
מִזְמוֹר לְאָסָף שִׁיר׃
ב הוֹדִינוּ לְּךָ ׀ אֱלֹהִים
הוֹדִינוּ וְקָרוֹב שְׁמֶךָ
סִפְּרוּ נִפְלְאוֹתֶיךָ׃
ג כִּי אֶקַּח מוֹעֵד
אֲנִי מֵישָׁרִים אֶשְׁפֹּט׃
ד נְמוֹגִים אֶרֶץ וְכָל־יֹשְׁבֶיהָ
אָנֹכִי תִכַּנְתִּי עַמּוּדֶיהָ סֶּלָה׃
ה אָמַרְתִּי לַהוֹלְלִים
אַל־תָּהֹלּוּ
וְלָרְשָׁעִים אַל־תָּרִימוּ קָרֶן׃
ו אַל־תָּרִימוּ לַמָּרוֹם קַרְנְכֶם
תְּדַבְּרוּ בְצַוָּאר עָתָק׃
ז כִּי לֹא מִמּוֹצָא וּמִמַּעֲרָב
וְלֹא מִמִּדְבַּר הָרִים׃
ח כִּי־אֱלֹהִים שֹׁפֵט
זֶה יַשְׁפִּיל וְזֶה יָרִים׃

א לַמְנַצֵּחַ אַל־תַּשְׁחֵת - כנראה זהו השיר שלפי הלחן שלו שרים מזמור זה. מִזְמוֹר לְאָסָף שִׁיר:

ב הוֹדִינוּ, לְּךָ, אֱלֹהִים, הוֹדִינוּ וְקָרוֹב שְׁמֶךָ, ואנחנו מהללים אותו תמיד, סִפְּרוּ אבותינו, או חכמינו, את נִפְלְאוֹתֶיךָ.

ג וכאן באים דברים הנאמרים כביכול מפי ה׳: ׳כִּי אֶקַּח מוֹעֵד, כשיגיע הזמן הראוי, אֲנִי מֵישָׁרִים אֶשְׁפֹּט את העולם.

ד נְמֹגִים אֶרֶץ וְכָל־יֹשְׁבֶיהָ - הם כולם מתמוגגים, נמסים, מתמוטטים, וְאָנֹכִי תִכַּנְתִּי עַמּוּדֶיהָ, סֶּלָה׳, ואני יכול לזעזע את העמודים הללו - או להשאירם עומדים.

ה וכאן חוזר ונשמע קולו של המשורר: אָמַרְתִּי לַהוֹלְלִים: ׳אַל־תָּהֹלּוּ׳, אל תתהוללו, כי לא לעולם תהיה שמחתכם, וְלָרְשָׁעִים: ׳אַל־תָּרִימוּ קָרֶן׳, אל תגביהו את עצמכם,

ו ובלשון הדימוי: אַל־תָּרִימוּ לַמָּרוֹם את קַרְנְכֶם בבוז ובגאווה, ואל תְּדַבְּרוּ בְצַוָּאר עָתָק - כלומר: בקומה זקופה, בצוואר מורם מתוך הרגשת ניצחון.

ז כִּי בסופו של דבר אין תקווה וישועה לֹא מִמּוֹצָא, שהוא שם נרדף למזרח, מוצא השמש, וּמִמַּעֲרָב וגם לא ממערב, וְלֹא מִמִּדְבַּר ולא מן הֶהָרִים, לא בדרום ולא בצפון; על כל אלה אי אפשר לסמוך.

ח כִּי־אֱלֹהִים כי בסופו של דבר ה׳ הוא הַשֹּׁפֵט, זֶה יַשְׁפִּיל וְזֶה יָרִים, כי רק בידו מצוי הכוח, ואין מקור של עוצמה מלבדו.

עה,ה וְלָרְשָׁעִים אַל תָּרִימוּ קָרֶן. יש שור בקליפה, ולעומתו שור בקדושה. שור בקליפה הוא גסות הרוח וכוונתו להזיק, ושור בקדושה הוא להגביה לבו בדרכי השם יתברך. קרן השור דקליפה היא מקור לגסות הרוח ולעבודה־זרה, על כן וְלָרְשָׁעִים אַל תָּרִימוּ קָרֶן, ולעומת זאת קרן השור דקדושה היא בבחינת ״רמה קרני בה׳״ (שמואל א׳ ב א), שעובד את השם יתברך בכוח גדול ובהתלהבות יתרה, ובוודאי חיות והתלהבות בעבודה מושכות חיים, ומזה נמשכת גמילות חסדים. וזוהי מידתו של יוסף, ״בכור שורו הדר לו״ (דברים לג יז), שהיה תמיד בחדווה ובחיות, והיה לבו מוגבה בדרכי השם יתברך אפילו בכל הייסורים שעברו עליו.

על־פי שם משמואל, וישלח תרע״ד

ט כִּ֤י כ֪וֹס בְּֽיַד־יְהוָ֡ה
וְיַ֤יִן חָמַ֨ר ׀ מָ֥לֵא מֶסֶךְ֮
וַיַּגֵּ֪ר מִ֫זֶּ֥ה
אַךְ־שְׁ֭מָרֶיהָ יִמְצ֣וּ יִשְׁתּ֑וּ
כֹּ֝֗ל רִשְׁעֵי־אָֽרֶץ׃
י וַ֭אֲנִי אַגִּ֣יד לְעֹלָ֑ם
אֲ֝זַמְּרָ֗ה לֵאלֹהֵ֥י יַעֲקֹֽב׃
יא וְכָל־קַרְנֵ֣י רְשָׁעִ֣ים אֲגַדֵּ֑עַ
תְּ֝רוֹמַ֗מְנָה קַרְנ֥וֹת צַדִּֽיק׃

ט כִּי כוֹס בְּיַד־ה׳, וְיַיִן חָמַר, יין תוסס, מָלֵא מֶסֶךְ, שהוא תערובת של בשמים ודברים אחרים, וַיַּגֵּר מִזֶּה, הוא שופך מן הכוס הזו, שהיא גם כוס ישועה וגם כוס נקמה.

אַךְ־שְׁמָרֶיהָ אך את שמריה של הכוס, שהוא חלק המשקה שבה שאינו ראוי לשתייה, יִמְצוּ - ימצצו - וְיִשְׁתּוּ כֹּל רִשְׁעֵי־אָרֶץ.

י וַאֲנִי אַגִּיד לְעֹלָם את שבחו של ה׳, אֲזַמְּרָה לֵאלֹהֵי יַעֲקֹב.

יא וְכָל־קַרְנֵי רְשָׁעִים אֲגַדֵּעַ, אכרות, תְּרוֹמַמְנָה קַרְנוֹת צַדִּיק.

עה,יא **אַל תָּרִימוּ קָרֶן.** ״כל השופרות חוץ משל פרה, מפני שהוא קרן״ (ראש השנה ג: ב). ופירש הרמב״ן בטעם הדבר שהקרן היא עצם אחד, ואין לה זכרות מבפנים. וזה עניין הרשע, שמתוך גדלות וגבהות שבו סבור שכבר הוא מושלם בכל מעשים טובים, ואין לבו חלל בקרבו ללכת מדרגה לדרגה, להשתנות ולהשלים עצמו, ואין לו זכרות מבפנים – שאינו מביט אל הפנימיות, ואינו זוכר אחריתו שייתן דין וחשבון על מעשיו בעולם־הזה.

על־פי תולדות יעקב יוסף, כי תצא

עה,יא **וְכָל קַרְנֵי רְשָׁעִים אֲגַדֵּעַ תְּרוֹמַמְנָה קַרְנוֹת צַדִּיק.** קיבלתי שבזמן קריאת פרשת זכור הוא עת רצון להתפלל על בנים, כי במחיית זרע עמלק בא ריבוי בזרע ישראל, והוא כמאמר חז״ל: ׳אמלאה החרבה׳ – דכשחרבה זו מלאה זו (פסחים מב, ב), ועל דרך מאמר הכתוב **וְכָל קַרְנֵי רְשָׁעִים אֲגַדֵּעַ** – על־ידי זה **תְּרוֹמַמְנָה קַרְנוֹת צַדִּיק.**

על־פי פוקד עקרים, ה

וַיְהִי בְשָׁלֵם סֻכּוֹ וּמְעוֹנָתוֹ בְצִיּוֹן:

ספר שלישי

פרק עו

שיר תהילה על ניצחון ועל התגלות ה'.

314 • תהלים ___________ יד לחודש• ליום רביעי • ספר שלישי • פרק עו

א לַמְנַצֵּחַ בִּנְגִינֹת
מִזְמוֹר לְאָסָף שִׁיר:
ב נוֹדָע בִּיהוּדָה אֱלֹהִים
בְּיִשְׂרָאֵל גָּדוֹל שְׁמוֹ:
ג וַיְהִי בְשָׁלֵם סוּכּוֹ
וּמְעוֹנָתוֹ בְצִיּוֹן:
ד שָׁמָּה שִׁבַּר רִשְׁפֵי־קָשֶׁת
מָגֵן וְחֶרֶב וּמִלְחָמָה סֶלָה:
ה נָאוֹר אַתָּה אַדִּיר
מֵהַרְרֵי־טָרֶף:
ו אֶשְׁתּוֹלְלוּ | אַבִּירֵי לֵב
נָמוּ שְׁנָתָם
וְלֹא־מָצְאוּ כָל־אַנְשֵׁי־חַיִל
יְדֵיהֶם:
ז מִגַּעֲרָתְךָ אֱלֹהֵי יַעֲקֹב
נִרְדָּם וְרֶכֶב וָסוּס:
ח אַתָּה | נוֹרָא אַתָּה
וּמִי־יַעֲמֹד לְפָנֶיךָ
מֵאָז אַפֶּךָ:

א לַמְנַצֵּחַ בִּנְגִינֹת מִזְמוֹר לְאָסָף שִׁיר:

ב נוֹדָע בִּיהוּדָה אֱלֹהִים, בְּיִשְׂרָאֵל גָּדוֹל שְׁמוֹ.

ג וַיְהִי בְשָׁלֵם - היא ירושלים - סוּכּוֹ, סוכתו, משכנו, וּמְעוֹנָתוֹ בְצִיּוֹן.

ד שָׁמָּה, ליד העיר הזאת, שִׁבַּר רִשְׁפֵי־קָשֶׁת ניצוצות של קשת, שהוא תיאור מליצי של החצים, שם שיבר מָגֵן וְחֶרֶב וּמִלְחָמָה, סֶלָה.

ה נָאוֹר אַתָּה, אתה מלא אורה, אַדִּיר וחזק מֵהַרְרֵי־טָרֶף, הרים גבוהים ומאיימים שבהם מצויות חיות טרף, וכולם נכנעים לפניך.

ו אֶשְׁתּוֹלְלוּ - כמו השתוללו - אַבִּירֵי לֵב, האויבים שלבם חזק וגאה בקרבם ואינם שמים לב, או שנָמוּ שְׁנָתָם ולא ראו את הפורענות שבאה עליהם, וְלֹא־מָצְאוּ כָל־אַנְשֵׁי־חַיִל יְדֵיהֶם, כי המפלה הגיעה אליהם בהפתעה, בחטף.

ז מִגַּעֲרָתְךָ, אֱלֹהֵי יַעֲקֹב, נִרְדָּם כל המחנה, וְרֶכֶב וגם רכב וָסוּס, שגם אם הם ערים, אין בכוחם לעשות דבר.

ח אַתָּה נוֹרָא אַתָּה, וּמִי־יַעֲמֹד לְפָנֶיךָ מֵאָז שאתה מגלה את אַפֶּךָ, את חמתך כלפי האויבים.

עו,ג וַיְהִי בְשָׁלֵם סֻכּוֹ וּמְעוֹנָתוֹ בְצִיּוֹן. שתי איכויות נפש, שתי הכנות לקדושה ולגילוי אלוהות בעולם, שתי תפיסות במהותו של בית המקדש – שָׁלֵם וציון. שָׁלֵם היא שלמות היראה, פסגת השגת האדם והכנתו העצמית להשראת השכינה. צִיּוֹן היא ביטול עצמי, הפך השלמות, ההכרה בכך שהאדם ועולמו אינם אלא ציון בלבד, סימן לנשגב ולנעלם שלמעלה ממנו, והוא בעבודתו מהווה צינור בלבד להכרה עליונה זו של אמת אלוהית. בְשָׁלֵם סֻכּוֹ, דירת עראי, כנגד שני בתי מקדש שהיו בנויים וחרבו, כי מהי השגת אדם, שלמה ככל שתהיה, כנגד שלמות האין־סוף, ומה כוחה לתפוס בו להשכינו על הארץ. וּמְעוֹנָתוֹ בְצִיּוֹן, דירת קבע, כנגד בית המקדש השלישי – המכוון כנגד יעקב אבינו, איש האמת, נקודת האלוהות שבעצם נשמות ישראל, ומצדה יכול הבניין לעמוד על תלו לנצח – נחלה בלי מצרים.

על־פי תהילות מנחם

ט מִשָּׁמַיִם הִשְׁמַעְתָּ דִּין
אֶרֶץ יָרְאָה וְשָׁקָטָה׃
י בְּקוּם־לַמִּשְׁפָּט אֱלֹהִים
לְהוֹשִׁיעַ כָּל־עַנְוֵי־אֶרֶץ
סֶלָה׃
יא כִּי־חֲמַת אָדָם תּוֹדֶךָּ
שְׁאֵרִית חֵמֹת תַּחְגֹּר׃
יב נִדְרוּ וְשַׁלְּמוּ
לַיהוָה אֱלֹהֵיכֶם
כָּל־סְבִיבָיו
יֹבִילוּ שַׁי לַמּוֹרָא׃
יג יִבְצֹר רוּחַ נְגִידִים
נוֹרָא לְמַלְכֵי־אָרֶץ׃

ט מִשָּׁמַיִם הִשְׁמַעְתָּ דִּין, אֶרֶץ יָרְאָה מפני כוח ה׳, וְשָׁקָטָה, ואז היא נחה, כי בכוחך השמדת את האויבים,

י בְּקוּם־לַמִּשְׁפָּט אֱלֹהִים, לְהוֹשִׁיעַ כָּל־עַנְוֵי־אֶרֶץ, סֶלָה.

יא כִּי־חֲמַת אָדָם תּוֹדֶךָּ, אנשים שהיו מלאי חמה מגלים כי אין בכוחם לעשות הכל, ואין להם אלא להיכנע ולהודות על הצלתם.

שְׁאֵרִית חֵמֹת תַּחְגֹּר - תקשור את מה שנשאר מן הכעס, ותיתן לו לבוא לביטוי רק לפי רצונך.

יב והמשורר פונה כעת בקריאה לכל: נִדְרוּ וְשַׁלְּמוּ את נדריכם לַה׳ אֱלֹהֵיכֶם כתודה על הישועה שעשה לכם, כָּל־סְבִיבָיו, כל אלה שמסביב, יוֹבִילוּ שַׁי, מתנה, לַמּוֹרָא, לאלוקים הנורא, אשר לו יביאו את קורבנותיהם.

יג יִבְצֹר - יחתוך, ישבור - רוּחַ נְגִידִים, שרים ומושלים, ויאמרו הכל כי הוא נוֹרָא וגדול גם לְמַלְכֵי־אָרֶץ.

עו,ט **אֶרֶץ יָרְאָה וְשָׁקָטָה.** דע, כי כל הייסורים והדינים שיש לאדם, כולם הם מהיראות הנפולות, דהיינו שנפלה יראת ה׳ העליונה ונתלבשה בתוך זה הדבר שהוא מתפחד ויש לו ייסורין ממנו, והן חמש אימות המוזכרות בגמרא (שבת עז, ב), ״אימת חלש על הגיבור״ וכו׳, שכולן נגד הטבע, ושורשן בחמש גבורות קדושות. והנה ״מלך במשפט יעמיד ארץ״ (משלי כט ד), דהיינו שעל־ידי משפט יכול להעמיד ולהעלות ארץ, שהיא היראה, כמו שכתוב **אֶרֶץ יָרְאָה**, ולהשיבה למקומה. ומשפט הוא מה שהאדם שופט את עצמו על כל דבר ודבר טרם שידינו אותו למעלה, ובזה ניצול מהדין שלמעלה, כי ״כשיש דין למטה אין דין למעלה״ (דברים רבה ה: ה). וכיוון שאין עליו דין, אין צריכה היראה ליפול ולהתלבש למטה, ואין צריך להתיירא משום דבר, ואין לו רק יראה העליונה, יראת הרוממות.

על־פי ליקוטי מוהר״ן ח״א, קנד

אֱלֹהִים בַּקֹּדֶשׁ דַּרְכֶּךָ מִי־אֵל גָּדוֹל כֵּאלֹהִים:

ספר שלישי

פרק עז

תיאור של ייסורים ופורענות, שבו מוצא לו
המשורר ניחומים בזוכרו את מעשי ה' הקדמונים.

א לַמְנַצֵּחַ עַל־יְדוּתוּן
לְאָסָף מִזְמוֹר׃
ב קוֹלִי אֶל־אֱלֹהִים וְאֶצְעָקָה
קוֹלִי אֶל־אֱלֹהִים
וְהַאֲזִין אֵלָי׃
ג בְּיוֹם צָרָתִי אֲדֹנָי דָּרָשְׁתִּי
יָדִי ׀ לַיְלָה נִגְּרָה וְלֹא תָפוּג
מֵאֲנָה הִנָּחֵם נַפְשִׁי׃
ד אֶזְכְּרָה אֱלֹהִים וְאֶהֱמָיָה
אָשִׂיחָה ׀ וְתִתְעַטֵּף רוּחִי
סֶלָה׃
ה אָחַזְתָּ שְׁמֻרוֹת עֵינָי
נִפְעַמְתִּי וְלֹא אֲדַבֵּר׃
ו חִשַּׁבְתִּי יָמִים מִקֶּדֶם
שְׁנוֹת עוֹלָמִים׃
ז אֶזְכְּרָה נְגִינָתִי בַּלָּיְלָה
עִם־לְבָבִי אָשִׂיחָה
וַיְחַפֵּשׂ רוּחִי׃

א **לַמְנַצֵּחַ עַל־יְדוּתוּן:** כאמור, לא ברור אם הוא כלי שיר, שם מזמור, או אפילו אזכור של משורר כלשהו או שירה מסוימת. **לְאָסָף מִזְמוֹר.**

ב **קוֹלִי אֶל־אֱלֹהִים וְאֶצְעָקָה, קוֹלִי אֶל־אֱלֹהִים וְהַאֲזִין אֵלָי.**

ג **בְּיוֹם צָרָתִי ה׳ דָּרָשְׁתִּי יָדִי**, אני דורש, מרים את ידי אליך בתפילה.

לַיְלָה נִגְּרָה דמעתי **וְלֹא תָפוּג**, אינה מפסיקה, כי הצרות גדולות, **מֵאֲנָה הִנָּחֵם נַפְשִׁי.**

ד **אֶזְכְּרָה אֱלֹהִים וְאֶהֱמָיָה**, כשאני נזכר בקב״ה אני הומה, מדבר, שר, בוכה, **אָשִׂיחָה** את צרותיי **וְתִתְעַטֵּף רוּחִי**, רוחי סובלת, מתעלפת מן הצרה, **סֶלָה.**

ה אך אני אפילו אינני יכול לבכות ולהתפלל כל הזמן, כי **אָחַזְתָּ שְׁמֻרוֹת עֵינָי**, אתה מחזיק את עפעפיי ואינך מניח לי להירדם; **נִפְעַמְתִּי**, אני מתרגש, **וְלֹא אֲדַבֵּר.**

ו ואל מול צרות ההווה המכבידות עליי **חִשַּׁבְתִּי**, אני מהרהר על **הַיָּמִים מִקֶּדֶם**, על **שְׁנוֹת עוֹלָמִים.**

ז **אֶזְכְּרָה נְגִינָתִי בַּלָּיְלָה**, שהייתי מודה לה׳ על חסדיו, **עִם־לְבָבִי אָשִׂיחָה**, אני עדיין יכול להיות בתוך עצמי, לחשוב ולהרהר, **וַיְחַפֵּשׂ רוּחִי** - יש לו למשורר שאלות וזיכרונות, ורוחו מחפשת אותם ושבה ומהרהרת בהם.

ידיתון

עז,ז **אֶזְכְּרָה נְגִינָתִי בַּלָּיְלָה.** נגינתי, זה בחינת הניגון הקדוש והנורא והנעים של הצדיק האמת, שמברר את כוח המדמה המבלבל כל אחד ואחד לפי דרכו, עד שזוכין לשמוע קול הניגון שיישמע לעתיד לבוא. ובזה הניגון יש לכל אחד מישראל איזה חלק, כי כל ישראל יש להם חלק לעולם־הבא, ועיקר שעשוע עולם־הבא יהיה על־ידי קול הניגון הזה, שהטוב הנעלם שבכל אחד מישראל הוא בחינת איזה נקודה מהניגון הזה.

וזהו **אֶזְכְּרָה נְגִינָתִי בַּלָּיְלָה**, כי הלילה הוא עת התגברות כוח המדמה הרוצה לבלבל אותו, ואז האדם צריך לומר לנפשו **אֶזְכְּרָה נְגִינָתִי**, היינו הטוב הנעלם שיש בי, **עִם לְבָבִי אָשִׂיחָה וַיְחַפֵּשׂ רוּחִי**, שצריך לשוח עם לבבו לחפש רוחו הטוב, אותו החלק שיש לו ברוח הקודש של הצדיק האמת, שכלול מכל נפשות ורוחות ונשמות של כל ישראל.

על־פי ליקוטי הלכות, שלוחין ה: טז

ח הַלְעוֹלָמִים יִזְנַח ׀ אֲדֹנָי
וְלֹא־יֹסִיף לִרְצוֹת עוֹד׃
ט הֶאָפֵס לָנֶצַח חַסְדּוֹ
גָּמַר אֹמֶר לְדֹר וָדֹר׃
י הֲשָׁכַח חַנּוֹת אֵל
אִם־קָפַץ בְּאַף רַחֲמָיו סֶלָה׃
יא וָאֹמַר חַלּוֹתִי הִיא
שְׁנוֹת יְמִין עֶלְיוֹן׃
יב אֶזְכּוֹר מַעַלְלֵי־יָהּ
כִּי־אֶזְכְּרָה מִקֶּדֶם פִּלְאֶךָ׃
יג וְהָגִיתִי בְכָל־פָּעֳלֶךָ
וּבַעֲלִילוֹתֶיךָ אָשִׂיחָה׃
יד אֱלֹהִים בַּקֹּדֶשׁ דַּרְכֶּךָ
מִי־אֵל גָּדוֹל כֵּאלֹהִים׃
טו אַתָּה הָאֵל עֹשֵׂה פֶלֶא
הוֹדַעְתָּ בָעַמִּים עֻזֶּךָ׃
טז גָּאַלְתָּ בִּזְרוֹעַ עַמֶּךָ
בְּנֵי־יַעֲקֹב וְיוֹסֵף סֶלָה׃

ח מצד אחד הוא חושב: הַלְעוֹלָמִים יִזְנַח ה׳, וְלֹא־יֹסִיף לִרְצוֹת עוֹד בנו?

ט הֶאָפֵס, האם נגמר, לָנֶצַח חַסְדּוֹ? האם גָּמַר אֹמֶר להעניש אותנו לְדֹר וָדֹר?

י הֲשָׁכַח חַנּוֹת אֵל? האם הקב״ה שכח לחון אותנו, לרחם עלינו? הַאִם־קָפַץ בְּאַף רַחֲמָיו, סֶלָה - האם מתוך כעס הוא כמו סגר את רחמיו?

יא וָאֹמַר, אני אומר ללבי: חַלּוֹתִי, בקשתי, הִיא לעמוד ולהתבונן אל מול שְׁנוֹת יְמִין עֶלְיוֹן, שיש בהן גם זמנים של חסד וגם זמנים של הסתר פנים.

יב וכעת מזכיר המשורר את ימי החסד: אֶזְכּוֹר מַעַלְלֵי־יָהּ, כִּי־אֶזְכְּרָה מִקֶּדֶם פִּלְאֶךָ, אני זוכר את הפלאים שעשית בימי קדם.

יג וְהָגִיתִי בְכָל־פָּעֳלֶךָ וּבַעֲלִילוֹתֶיךָ שבעבר אָשִׂיחָה, השחתי בהם.

יד אֱלֹהִים, בַּקֹּדֶשׁ דַּרְכֶּךָ, ואתה מתגלה בתוך העולם, וּמִי־אֵל גָּדוֹל כֵּאלֹהִים.

טו אַתָּה הָאֵל עֹשֵׂה פֶלֶא הוֹדַעְתָּ בָעַמִּים עֻזֶּךָ, בעבר.

טז גָּאַלְתָּ בִזְרוֹעַ, בכוחך, את עַמֶּךָ, את בְּנֵי־יַעֲקֹב וְיוֹסֵף, סֶלָה.

אזכִיר

עז,טו אַתָּה הָאֵל עֹשֵׂה פֶלֶא הוֹדַעְתָּ בָעַמִּים עֻזֶּךָ – שהשם יתברך עושה פלאות על־ידי תפילות ישראל, שהן על־ידי בחינת עזות. כי אי אפשר לעמוד להתפלל לפני השם יתברך כי אם על־ידי עזות. כי כל אחד לפי ערכו, לפי מה שמשער בלבו את גדולת הבורא יתברך שמו, איך אפשר לו לעמוד ולהתפלל לפניו? ובפרט התפילה שהיא פלאות, דהיינו שידוד המערכות, שהמערכות מחייבין שיהיה כך, וכל כוכב ומזל קבוע על משמרתו ומערכה שלו כפי מה שסידרם הבורא יתברך, והוא בא בתפילתו ורוצה לשדד המערכות ולעשות פלאות. על כן בשעת התפילה צריך לסלק את הבושה, ועל־ידי זה מודיע השם יתברך לכל האומות כמה גדולה עזות שבקדושה שיש בישראל. שכשרואים את הפלאות הנעשות בעולם על־ידי תפילתם של ישראל, יודעים כמה גדולים ישראל שיש להם עזות כזו, להתפלל ולעשות פלאות.

על־פי ליקוטי מוהר״ן ח״א ל: ח

יז רָאוּךָ מַּיִם | אֱלֹהִים
רָאוּךָ מַּיִם יָחִילוּ
אַף יִרְגְּזוּ תְהֹמוֹת:
יח זֹרְמוּ מַיִם | עָבוֹת
קוֹל נָתְנוּ שְׁחָקִים
אַף־חֲצָצֶיךָ יִתְהַלָּכוּ:
יט קוֹל רַעַמְךָ | בַּגַּלְגַּל
הֵאִירוּ בְרָקִים תֵּבֵל
רָגְזָה וַתִּרְעַשׁ הָאָרֶץ:
כ בַּיָּם דַּרְכֶּךָ
וּשְׁבִילְךָ בְּמַיִם רַבִּים
וְעִקְּבוֹתֶיךָ לֹא נֹדָעוּ:
כא נָחִיתָ כַצֹּאן עַמֶּךָ
בְּיַד־מֹשֶׁה וְאַהֲרֹן:

יז וכעת באים בעיקר תיאורים של התגלות, כגון קריעת ים סוף: רָאוּךָ מַּיִם, אֱלֹהִים, רָאוּךָ מַּיִם יָחִילוּ, יפחדו, ולכן הם נסוגים, אַף יִרְגְּזוּ תְהֹמוֹת.

יח זֹרְמוּ מַיִם עָבוֹת, המים זורמים מן העננים, קוֹל נָתְנוּ שְׁחָקִים, אַף־חֲצָצֶיךָ – חציך, ברקיך – יִתְהַלָּכוּ.

יט קוֹל רַעַמְךָ נשמע בַּגַּלְגַּל, כאילו מסביב, מעל לעולם, הֵאִירוּ בְרָקִים תֵּבֵל, רָגְזָה וַתִּרְעַשׁ הָאָרֶץ.

כ בַּיָּם דַּרְכֶּךָ וּשְׁבִילְךָ בְּמַיִם רַבִּים, ואת הדרך הזו בקעת לנו בים סוף, וְעִקְּבוֹתֶיךָ לֹא נֹדָעוּ, שאחר כך כל זה התכסה שוב במים ולא נשאר לכך כל סימן.

כא ומאז ועד היום נָחִיתָ כַצֹּאן עַמֶּךָ בְּיַד־מֹשֶׁה וְאַהֲרֹן. וכאשר אני נזכר בדברים אלה יש לי עדיין תקווה גם להווה, על אף כל הצרות.

ושביליך

עז,כא **נָחִיתָ כַצֹּאן עַמֶּךָ בְּיַד מֹשֶׁה וְאַהֲרֹן.** בידי שני רועים נאמנים הפקיד הקב"ה את צאן מרעיתו, וכל אחד מהם מפרנס את נשמות ישראל בדרכו. בלשון הזוהר הקדוש, משה הוא "שושבינא דמלכא" [=שושבינו של מלך], ועניינו להוריד את השכינה מן העולמות העליונים לעולמות התחתונים. זאת הוא עושה בכוחן של תורה ומצוות שהוריד משמים לארץ, שלמרות התלבשותן בגשמיות העולם נותרת מעלתן העליונה גלויה ומאירה. אהרן הוא "שושבינא דמטרוניתא" [=שושבינה של הגבירה, כנסת ישראל], ועניינו להביא לידי כך שגם התחתונים מצד עצמם יתעלו, ועבודתם את ה' תהיה חדורה באהבה, מה שאינו נפעל בעבודתו של משה מצד עצמה. בכללות, משה ואהרן הם תורה ותפילה, עבודות ששתיהן חיוניות לכל אחד ואחד, אלא שהיחס ביניהן משתנה: לעתים נדרשת התפילה ביותר, ורק מתוכה ניתן ללמוד תורה; ולעתים נדרשת התורה ביותר, ורק מתוכה ניתן להתפלל.

על־פי תהילות מנחם

וַיַּנְחֵם בֶּעָנָן יוֹמָם וְכָל־הַלַּיְלָה בְּאוֹר אֵשׁ׃

המנון המספר את תולדות ישראל מיציאת מצרים ועשר המכות שבתחילת הגאולה, דרך מסעות ישראל במדבר וכיבוש הארץ ועד לכינון מלכות דוד. כמו כן המנון זה מתאר כיצד, למרות חטאי העם, הציל הקב״ה את ישראל מכל רעה, מחל להם על עוונותיהם והביאם לגדולה ולשלווה.

ספר שלישי

פרק עח

א מַשְׂכִּיל לְאָסָף
הַאֲזִינָה עַמִּי תּוֹרָתִי
הַטּוּ אָזְנְכֶם לְאִמְרֵי־פִי׃
ב אֶפְתְּחָה בְמָשָׁל פִּי
אַבִּיעָה חִידוֹת מִנִּי־קֶדֶם׃
ג אֲשֶׁר שָׁמַעְנוּ וַנֵּדָעֵם
וַאֲבוֹתֵינוּ סִפְּרוּ־לָנוּ׃
ד לֹא נְכַחֵד ׀ מִבְּנֵיהֶם
לְדוֹר אַחֲרוֹן
מְסַפְּרִים תְּהִלּוֹת יְהוָה
וֶעֱזוּזוֹ וְנִפְלְאֹתָיו
אֲשֶׁר עָשָׂה׃
ה וַיָּקֶם עֵדוּת ׀ בְּיַעֲקֹב
וְתוֹרָה שָׂם בְּיִשְׂרָאֵל
אֲשֶׁר צִוָּה אֶת־אֲבוֹתֵינוּ
לְהוֹדִיעָם לִבְנֵיהֶם׃

א מַשְׂכִּיל לְאָסָף: כותרת זו, הנמצאת בכמה מזמורים, באה לומר שלפנינו מזמור לימודי שהנושא המרכזי שלו איננו תפילה, אלא עיון או הוראת דברים. המזמור שלפנינו הוא מזמור על ההיסטוריה של עם ישראל. אך משום שהוא מספר את מאורעות העבר לא בדרך של פרוזה, אלא בצורה פיוטית־אפית, יש בו כמה וכמה פרטים המנוסחים בצורה אחרת או בסדר שונה ממה שכתוב בתורה.

פתיחתו של מזמור זה, שהוא ארוך למדיי, מכילה גם קצת דברי מוסר: הַאֲזִינָה, עַמִּי, תּוֹרָתִי, הַטּוּ אָזְנְכֶם לְאִמְרֵי־פִי.

ב אֶפְתְּחָה בְמָשָׁל פִּי - כאן, כמו בהרבה מקומות בתנ"ך, "משל" פירושו סיפור דברים בדרך מליצית־פיוטית, ולא במובן המאוחר יותר של המילה, של סיפור־חידה.

אַבִּיעָה חִידוֹת, שאף הן אינן "חידות" במובן של שאלות הדורשות תשובה, אלא דברים הנאמרים בסגנון מיוחד, מִנִּי־קֶדֶם.

ג אֲשֶׁר שָׁמַעְנוּ במסורת, וַנֵּדָעֵם מתוך כך, וַאֲבוֹתֵינוּ סִפְּרוּ־לָנוּ.

ד בעצם, שיר זה בא להמשיך את המסורת: לֹא נְכַחֵד - נסתיר את הדברים מִבְּנֵיהֶם, כדי שגם הם יהיו לְדוֹר אַחֲרוֹן מְסַפְּרִים תְּהִלּוֹת ה' וֶעֱזוּזוֹ, וְנִפְלְאֹתָיו אֲשֶׁר עָשָׂה.

ה וַיָּקֶם עֵדוּת בְּיַעֲקֹב וְתוֹרָה שָׂם בְּיִשְׂרָאֵל - זו הגדרה של כל הכתוב בתורה באופן מקיף, ובכלל זה גם אֲשֶׁר צִוָּה אֶת־אֲבוֹתֵינוּ לְהוֹדִיעָם לִבְנֵיהֶם.

עח,ה **וַיָּקֶם עֵדוּת בְּיַעֲקֹב**. עניינו של יעקב אבינו הוא כשמו – יו"ד עקב, שמחבר את גשמיות העולם עם מקורה העליון, אור אין־סוף, שלמעלה מכל סדר השתלשלות העולמות העליונים והתחתונים. וזה שנאמר בו "ויקח מאבני המקום וישם מראשתיו", שלקח מן הדומם, עקבו של עולם הפחות והמגושם שבנבראים, והעלה עד מראשותיו – למעלה מסדר ההשתלשלות. "ויקח את האבן... וישם אֹתה מצבה" – אותה אבן מיוחדת היא בחינת אות יו"ד שבשם הוי"ה, חכמה עילאה, שהיא כוח הביטול לפניו יתברך, רמז להעלאה שהעלה יעקב את הגשמיות עד לביטולה באור אין־סוף. "ויצֹק שמן על ראשה" – כי תכלית המכוון על־פי רצונו יתברך אינה העלאה וביטול הגשמיות במקורה, אלא המשכת הביטול בגשמיות כפי שהיא. וזאת על־ידי התורה, **וַיָּקֶם עֵדוּת בְּיַעֲקֹב וְתוֹרָה שָׂם בְּיִשְׂרָאֵל**, כי הלכות התורה עוסקות בגשמיות העולם וממשיכות יו"ד בעקב, שיהיו הנבראים בטלים לפניו יתברך בעודם בקיומם.

על־פי תורה אור ויצא כב, א

ו לְמַעַן יֵדְעוּ ׀ דּוֹר אַחֲרוֹן
בָּנִים יִוָּלֵדוּ
יָקֻמוּ וִיסַפְּרוּ לִבְנֵיהֶם׃
ז וְיָשִׂימוּ בֵאלֹהִים כִּסְלָם
וְלֹא יִשְׁכְּחוּ מַעַלְלֵי־אֵל
וּמִצְוֺתָיו יִנְצֹרוּ׃
ח וְלֹא יִהְיוּ ׀ כַּאֲבוֹתָם
דּוֹר סוֹרֵר וּמֹרֶה
דּוֹר לֹא־הֵכִין לִבּוֹ
וְלֹא־נֶאֶמְנָה אֶת־אֵל רוּחוֹ׃
ט בְּנֵי־אֶפְרַיִם
נוֹשְׁקֵי רוֹמֵי־קָשֶׁת
הָפְכוּ בְּיוֹם קְרָב׃
י לֹא שָׁמְרוּ בְּרִית אֱלֹהִים
וּבְתוֹרָתוֹ מֵאֲנוּ לָלֶכֶת׃
יא וַיִּשְׁכְּחוּ עֲלִילוֹתָיו
וְנִפְלְאוֹתָיו אֲשֶׁר הֶרְאָם׃
יב נֶגֶד אֲבוֹתָם עָשָׂה פֶלֶא
בְּאֶרֶץ מִצְרַיִם שְׂדֵה־צֹעַן׃

ו חלק מן הדברים הוא, בעצם, מצוות, שאחדות מהן מפורשות בתורה, כגון המצווה לזכור מאורעות מסוימים ולספר אותם לבנים, לְמַעַן יֵדְעוּ דּוֹר אַחֲרוֹן את אותם דברים שדורות ראשונים יודעים אותם, בָּנִים - ובנים אשר יִוָּלֵדוּ להם בעתיד גם הם יָקֻמוּ וִיסַפְּרוּ לִבְנֵיהֶם.

ז התועלת שבדבר, מעל ומעבר לידע ההיסטורי, היא תועלת מוסרית: וְיָשִׂימוּ בֵאלֹהִים כִּסְלָם, מבטחם, מקור כוחם, וְלֹא יִשְׁכְּחוּ מַעַלְלֵי־אֵל, וּמִצְוֺתָיו יִנְצֹרוּ.

ח וְלֹא יִהְיוּ כַּאֲבוֹתָם - כחלק מן האבות, שבהם עוד ידובר, שהיו דּוֹר סוֹרֵר וּמֹרֶה דּוֹר לֹא־הֵכִין לִבּוֹ וְלֹא־נֶאֶמְנָה אֶת־אֵל רוּחוֹ.

ט וכאן בא אזכור של עניין שאין משמעותו ברורה לחלוטין. יש מדרשים שפירשוהו על ניסיון מוקדם, עצמאי, של בני אפרים לצאת ממצרים לפני הזמן. וייתכן גם לפרשו על בני אפרים (היינו, ממלכת ישראל) שפרשו מדרך התורה: בְּנֵי־אֶפְרַיִם נוֹשְׁקֵי - מחזיקי הנשק - רוֹמֵי־קָשֶׁת, היורים בקשת, הָפְכוּ בְּיוֹם קְרָב, כלומר: ברחו משדה המערכה.

י לֹא שָׁמְרוּ בְּרִית אֱלֹהִים, וּבְתוֹרָתוֹ מֵאֲנוּ לָלֶכֶת.

יא וַיִּשְׁכְּחוּ עֲלִילוֹתָיו וְנִפְלְאוֹתָיו של הקב"ה אֲשֶׁר הֶרְאָם.

עח,ט בְּנֵי אֶפְרַיִם נוֹשְׁקֵי רוֹמֵי קֶשֶׁת הָפְכוּ בְּיוֹם קְרָב – בני אפרים חישבו את הקץ, וסברו שזמן היציאה ממצרים כבר בא. משה וכל ישראל לא סברו כמותם, אולם הם בטחו ביכולתם כקשתים מעולים, יצאו בכוחות עצמם וסופם שנפלו בידי הפלישתים בגת. עצמותיהם הן העצמות היבשות שהחיה יחזקאל בחזונו המפורסם (סנהדרין צב, ב). עיקר חטאם של בני אפרים היה בכך שמרדו במנהיגותו של משה רבנו. בפנימיות, משמעות הדבר היא חיסרון בביטול לרצון ה', עניינו של משה העניו מכל אדם. כשחסר הביטול, ממילא נחסרת גם לחלוחית הקדושה – השמחה והדבקות בה' – עד שהאדם נעשה חסר חיות כעצמות היבשות, וסופו שהוא פורק מעליו כל עול, כמבוי המפולש הפתוח לכל רע (פלישתים). במצב כזה, בא התיקון על־ידי יחזקאל בן בוזי הכהן, המאחד בשמו גדולה (כהן) וביטול (בוזי, לשון ביזיון) גם יחד.

על־פי תהילות מנחם

יג בָּקַע יָם וַיַּעֲבִירֵם
וַיַּצֶּב־מַיִם כְּמוֹ־נֵד:
יד וַיַּנְחֵם בֶּעָנָן יוֹמָם
וְכָל־הַלַּיְלָה בְּאוֹר אֵשׁ:
טו יְבַקַּע צֻרִים בַּמִּדְבָּר
וַיַּשְׁקְ כִּתְהֹמוֹת רַבָּה:
טז וַיּוֹצִא נוֹזְלִים מִסָּלַע
וַיּוֹרֶד כַּנְּהָרוֹת מָיִם:
יז וַיּוֹסִיפוּ עוֹד לַחֲטֹא־לוֹ
לַמְרוֹת עֶלְיוֹן בַּצִּיָּה:
יח וַיְנַסּוּ־אֵל בִּלְבָבָם
לִשְׁאָל־אֹכֶל לְנַפְשָׁם:
יט וַיְדַבְּרוּ בֵּאלֹהִים
אָמְרוּ הֲיוּכַל אֵל
לַעֲרֹךְ שֻׁלְחָן בַּמִּדְבָּר:
כ הֵן הִכָּה־צוּר ׀ וַיָּזוּבוּ מַיִם
וּנְחָלִים יִשְׁטֹפוּ
הֲגַם־לֶחֶם יוּכַל תֵּת
אִם־יָכִין שְׁאֵר לְעַמּוֹ:

יב נֶגֶד - בפני, במעמדם של אֲבוֹתָם עָשָׂה פֶלֶא בְּאֶרֶץ מִצְרַיִם, אשר הכינוי המליצי שלה הוא שְׂדֵה־צֹעַן (על שם צוען מצרים, שהייתה עיר חשובה, ובזמן מסוים אף שימשה כבירתה של מצרים).

יג והמזמור מתחיל בתיאור הנסים הבולטים ביותר: בָּקַע יָם, בקריעת ים סוף, וַיַּעֲבִירֵם, את ישראל, בו, וַיַּצֶּב־מַיִם - ויצב את המים אשר בים כְּמוֹ־נֵד.

יד ובהליכתם במדבר - וַיַּנְחֵם במדבר בֶּעָנָן יוֹמָם, וְכָל־הַלַּיְלָה בְּאוֹר אֵשׁ.

טו יְבַקַּע צֻרִים בַּמִּדְבָּר וַיַּשְׁקְ, השקה מהם, כִּתְהֹמוֹת רַבָּה, שהיו שם מים מרובים כמו במאגרי התהום הגדולים.

טז וַיּוֹצִא נוֹזְלִים מִסָּלַע וַיּוֹרֶד כַּנְּהָרוֹת מָיִם בתוך המדבר.

יז והמזמור ממשיך עוד לספר על ההיסטוריה של ישראל: וַיּוֹסִיפוּ עוֹד לַחֲטֹא־לוֹ, לַמְרוֹת - להמרות - את פי הָעֶלְיוֹן בַּצִּיָּה, במדבר.

יח וַיְנַסּוּ־אֵל בִּלְבָבָם לִשְׁאָל־אֹכֶל לְנַפְשָׁם, כמסופר בתורה על בני ישראל במדבר.

יט וַיְדַבְּרוּ בֵּאלֹהִים משום שרצו לנסותו, וְאָמְרוּ: 'הֲיוּכַל אֵל לַעֲרֹךְ שֻׁלְחָן בַּמִּדְבָּר?'

כ הם ממשיכים ואומרים: 'הֵן הִכָּה־צוּר וַיָּזוּבוּ מַיִם, וּנְחָלִים יִשְׁטֹפוּ. הֲגַם־לֶחֶם יוּכַל תֵּת, אִם־יָכִין שְׁאֵר - בשר - לְעַמּוֹ?' (ראה שמות יז, במדבר יא).

עח,יג וַיַּצֶּב מַיִם כְּמוֹ נֵד. והנה מכאן תשובת המינים הכופרים בהשגחה פרטית ובאותות ומופתי התורה, שטועים ומדמין מעשה ה' עושה שמים וארץ למעשה אנוש ותחבולותיו, כי כאשר יצא לצורף כלי שוב אין הכלי צריך לידי הצורף, כי אף שידיו מסולקות הימנו הכלי קיים. וטחו עיניהם מראות ההבדל הגדול שבין מעשה אנוש ותחבולותיו, שהוא יש מיש, למעשה שמים וארץ, שהוא יש מאין. והוא פלא גדול יותר מקריעת ים סוף, שהוליך ה' את הים ברוח קדים עזה כל הלילה ויבקעו המים ונצבו כְּמוֹ נֵד, ואילו הפסיק ה' את הרוח כרגע היו המים חוזרים וניגרים במורד כדרכם, וכל שכן וקל וחומר בבריאת יש מאין, שהיא למעלה מהטבע והפלא ופלא יותר מקריעת ים סוף, שבהסתלקות כוח הבורא מן הנברא ח"ו ישוב הנברא לאין ואפס ממש. אלא צריך להיות כוח הפועל בנפעל תמיד להחיותו ולקיימו.

על־פי תניא, שער הייחוד והאמונה, ב

כא לָכֵ֤ן ׀ שָׁמַ֥ע יְהוָ֗ה וַֽיִּתְעַבָּ֥ר
וְ֭אֵשׁ נִשְּׂקָ֣ה בְיַעֲקֹ֑ב
וְגַם־אַ֝֗ף עָלָ֥ה בְיִשְׂרָאֵֽל׃
כב כִּ֤י לֹ֣א הֶ֭אֱמִינוּ בֵּאלֹהִ֑ים
וְלֹ֥א בָ֝טְח֗וּ בִּישׁוּעָתֽוֹ׃
כג וַיְצַ֣ו שְׁחָקִ֣ים מִמָּ֑עַל
וְדַלְתֵ֖י שָׁמַ֣יִם פָּתָֽח׃
כד וַיַּמְטֵ֬ר עֲלֵיהֶ֣ם מָ֣ן לֶאֱכֹ֑ל
וּדְגַן־שָׁ֝מַ֗יִם נָ֣תַן לָֽמוֹ׃
כה לֶ֣חֶם אַ֭בִּירִים אָ֣כַל אִ֑ישׁ
צֵידָ֬ה שָׁלַ֖ח לָהֶ֣ם לָשֹֽׂבַע׃
כו יַסַּ֣ע קָ֭דִים בַּשָּׁמָ֑יִם
וַיְנַהֵ֖ג בְּעֻזּ֣וֹ תֵימָֽן׃
כז וַיַּמְטֵ֬ר עֲלֵיהֶ֣ם כֶּעָפָ֣ר שְׁאֵ֑ר
וּֽכְח֥וֹל יַ֝מִּ֗ים ע֣וֹף כָּנָֽף׃
כח וַ֭יַּפֵּל בְּקֶ֣רֶב מַחֲנֵ֑הוּ
סָ֝בִ֗יב לְמִשְׁכְּנֹתָֽיו׃
כט וַיֹּאכְל֣וּ וַיִּשְׂבְּע֣וּ מְאֹ֑ד
וְ֝תַאֲוָתָ֗ם יָבִ֥א לָהֶֽם׃

כא לָכֵן שָׁמַע ה׳ את דבריהם וַיִּתְעַבָּר, כעס, וְאֵשׁ נִשְּׂקָה – עלתה – בְיַעֲקֹב, וְגַם־אַף – וגם חרון אף עָלָה בְיִשְׂרָאֵל.

כב כִּי לֹא הֶאֱמִינוּ בֵּאלֹהִים וְלֹא בָטְחוּ בִּישׁוּעָתוֹ. אלו היו ניסיונות שבהם ניסו את בני ישראל;

כג ובתגובה לבקשתם – וַיְצַו שְׁחָקִים מִמָּעַל וְדַלְתֵי שָׁמַיִם פָּתָח.

כד וַיַּמְטֵר עֲלֵיהֶם מָן לֶאֱכֹל – ובביטוי נרדף: וּדְגַן־שָׁמַיִם נָתַן לָמוֹ.

כה לֶחֶם אַבִּירִים – לפי כמה מפרשים: לחם של מלאכים – אָכַל אִישׁ, צֵידָה שָׁלַח לָהֶם לָשֹׂבַע. כל זה באשר לסיפוק הלחם.

כו ולאחר מכן – יַסַּע קָדִים בַּשָּׁמָיִם, כלומר: רוח קדים באה ממרום, וַיְנַהֵג בְּעֻזּוֹ תֵימָן, רוח דרומית,

כז וַיַּמְטֵר עֲלֵיהֶם כֶּעָפָר שְׁאֵר, בשר, וּכְחוֹל יַמִּים עוֹף כָּנָף – הוא מתנת השליו לישראל.

כח וַיַּפֵּל את כל אלה בְּקֶרֶב מַחֲנֵהוּ, סָבִיב לְמִשְׁכְּנֹתָיו.

כט וַיֹּאכְלוּ וַיִּשְׂבְּעוּ מְאֹד, וְתַאֲוָתָם יָבִא לָהֶם, שהרי זה היה הדבר שביקשו.

עח,כה "לֶחֶם אַבִּירִים: לחם שמלאכי השרת אוכלים אותו". המן היה "לחם מן השמים", מזון רוחני שעניינו לחזק את הנשמה ולשמור על דבקותה במקור חיותה. אחד הנסים שהתגלו בו היה המידה הזהה שעלתה בידו של כל מלקט: "עומר לגולגולת". גם המרבה והממעיט – אנשי מעלה שרצו להרבות במן, ולצדם אנשים פחותים שלא החשיבוהו – לא יצאו מכלל זה. נראה שמזון רוחני הוא עניין השווה לכל נפש, הכול צריכים לו והכול ראויים לו באותה מידה. אף התורה מכונה לחם, ובה שתי בחינות: לחם מן השמים ולחם מן הארץ, פנימיות התורה ונגלות התורה. מביניהן, דווקא פנימיות התורה – הלימוד בעניינים המחזקים את נקודת היהדות ואת קישורה בקב"ה – היא השווה לכל נפש, קטנים כגדולים, רחוקים כקרובים. אין מקום לחשש שמא מאן דהוא אינו כלי ראוי עבורה, כי בנפשו הדבר.

על־פי תהילות מנחם

ל לֹא־זָרוּ מִתַּאֲוָתָם
עוֹד אָכְלָם בְּפִיהֶם׃
לא וְאַף אֱלֹהִים ׀ עָלָה בָהֶם
וַיַּהֲרֹג בְּמִשְׁמַנֵּיהֶם
וּבַחוּרֵי יִשְׂרָאֵל הִכְרִיעַ׃
לב בְּכָל־זֹאת חָטְאוּ־עוֹד
וְלֹא הֶאֱמִינוּ בְּנִפְלְאוֹתָיו׃
לג וַיְכַל־בַּהֶבֶל יְמֵיהֶם
וּשְׁנוֹתָם בַּבֶּהָלָה׃
לד אִם־הֲרָגָם וּדְרָשׁוּהוּ
וְשָׁבוּ וְשִׁחֲרוּ־אֵל׃
לה וַיִּזְכְּרוּ כִּי־אֱלֹהִים צוּרָם
וְאֵל עֶלְיוֹן גֹּאֲלָם׃
לו וַיְפַתּוּהוּ בְּפִיהֶם
וּבִלְשׁוֹנָם יְכַזְּבוּ־לוֹ׃
לז וְלִבָּם לֹא־נָכוֹן עִמּוֹ
וְלֹא נֶאֶמְנוּ בִּבְרִיתוֹ׃
לח וְהוּא רַחוּם ׀ יְכַפֵּר עָוֹן
וְלֹא־יַשְׁחִית

ל וההמשך הוא בדיוק כמסופר בתורה: **לֹא־זָרוּ** - סרו - **מִתַּאֲוָתָם, עוֹד אָכְלָם בְּפִיהֶם**.

לא **וְאַף אֱלֹהִים**, כעסו של הקב"ה, **עָלָה בָהֶם, וַיַּהֲרֹג בְּמִשְׁמַנֵּיהֶם**, באנשים החשובים והמכובדים שבהם, **וּבַחוּרֵי יִשְׂרָאֵל הִכְרִיעַ**, איבד.

לב **בְּכָל־זֹאת חָטְאוּ־עוֹד וְלֹא הֶאֱמִינוּ בְּנִפְלְאוֹתָיו**, שהרי המשיכו להתלונן ולבקש דברים שונים גם אחרי מעשה זה.

לג **וַיְכַל־בַּהֶבֶל יְמֵיהֶם, וּשְׁנוֹתָם בַּבֶּהָלָה**, שהוא רמז לגזרה שנגזרה עליהם לנדוד במדבר ולא להיכנס לארץ ישראל.

לד ובכל המסעות הללו יש דפוס אחד החוזר על עצמו: **אִם־הֲרָגָם** - **וּדְרָשׁוּהוּ**, אז הם באים לדרוש אותו, **וְשָׁבוּ וְשִׁחֲרוּ־אֵל**.

לה **וַיִּזְכְּרוּ** בשעת צרה **כִּי־אֱלֹהִים צוּרָם, וְאֵל עֶלְיוֹן גֹּאֲלָם**.

לו אלא שתשובה זאת לא הייתה שלמה ולא באה מתוך הלב, אלא כמעשה חיצוני; ובלשונו של המשורר: **וַיְפַתּוּהוּ בְּפִיהֶם, וּבִלְשׁוֹנָם יְכַזְּבוּ־לוֹ**, דיברו כאילו הם נאמנים לו ומאמינים בו.

לז אבל **וְלִבָּם לֹא־נָכוֹן עִמּוֹ, וְלֹא נֶאֶמְנוּ בִּבְרִיתוֹ**.

לח אך למרות שדבר זה גלוי וידוע לפני הקב"ה, בכל זאת **וְהוּא רַחוּם, יְכַפֵּר עָוֹן וְלֹא־יַשְׁחִית**

עח,לו **וַיְפַתּוּהוּ בְּפִיהֶם.** "כל הנביאים קוראים לישראל לתשובה ואינם מלמדים את ישראל מה לומר, אבל הושע מלמדם (הושע יד ג): 'קחו עמכם דברים ושובו אל ה'" (פסיקתא רבתי, מד). כי רחוק מדעת האדם שיוכל לכוף את לבו לטוב, שסבור שעיקר התשובה שתהיה מעומק הלב עד ש"יעיד עליו יודע תעלומות שלא ישוב לזה החטא לעולם" (רמב"ם הלכות תשובה ב: ב), ובא הושע ומלמדנו שראשית הנרצה מהאדם רק שיתוודה בפיו. וכמו בסיני, שקיבלו התורה אף ש**וַיְפַתּוּהוּ בְּפִיהֶם וּבִלְשׁוֹנָם יְכַזְּבוּ לוֹ**, ולאחר מכן עשו את העגל, ומכל שכן כאשר האדם רוצה באמת לשוב כמאמר פיו, רק שאינו שולט בלבו. וכן באדם הראשון, תחילה אמר "אכלתי ואוכַל", שסבר שאין לו תשובה כי אינו יכול לעמוד נגד יצרו, ואחר אמר טוב להודות לה' – שאף מודה בלבד, לפי שעה, ירוחם.

על־פי פרי צדיק, שבת שובה, יז

וְהִרְבָּה לְהָשִׁיב אַפּוֹ
וְלֹא־יָעִיר כָּל־חֲמָתוֹ:
לט וַיִּזְכֹּר כִּי־בָשָׂר הֵמָּה
רוּחַ הוֹלֵךְ וְלֹא יָשׁוּב:
מ כַּמָּה יַמְרוּהוּ בַמִּדְבָּר
יַעֲצִיבוּהוּ בִּישִׁימוֹן:
מא וַיָּשׁוּבוּ וַיְנַסּוּ אֵל
וּקְדוֹשׁ יִשְׂרָאֵל הִתְווּ:
מב לֹא־זָכְרוּ אֶת־יָדוֹ
יוֹם אֲשֶׁר־פָּדָם מִנִּי־צָר:
מג אֲשֶׁר־שָׂם בְּמִצְרַיִם אֹתוֹתָיו
וּמוֹפְתָיו בִּשְׂדֵה־צֹעַן:
מד וַיַּהֲפֹךְ לְדָם יְאֹרֵיהֶם
וְנֹזְלֵיהֶם בַּל־יִשְׁתָּיוּן:
מה יְשַׁלַּח בָּהֶם עָרֹב וַיֹּאכְלֵם
וּצְפַרְדֵּעַ וַתַּשְׁחִיתֵם:
מו וַיִּתֵּן לֶחָסִיל יְבוּלָם
וִיגִיעָם לָאַרְבֶּה:
מז יַהֲרֹג בַּבָּרָד גַּפְנָם

את החוטאים, וְהִרְבָּה לְהָשִׁיב אַפּוֹ וְלֹא־יָעִיר כָּל־חֲמָתוֹ.

לט וַיִּזְכֹּר כִּי־בָשָׂר הֵמָּה, רוּחַ הוֹלֵךְ וְלֹא יָשׁוּב; ולכן, בגלל מהותם הבלתי שלמה וחייהם הקצרים, אי־אפשר לבוא אליהם בדרישות יתרות.

מ כַּמָּה יַמְרוּהוּ - המרו את פיו - בַמִּדְבָּר, יַעֲצִיבוּהוּ בִּישִׁימוֹן.

מא וַיָּשׁוּבוּ בכל פעם מחדש וַיְנַסּוּ אֵל, וּקְדוֹשׁ יִשְׂרָאֵל הִתְווּ, כביכול סימנו אותו, שמו עליו תו והציבוהו כמטרה לניסיונות נוספים,

מב לֹא־זָכְרוּ אֶת־יָדוֹ, גבורתו, יוֹם אֲשֶׁר־פָּדָם מִנִּי־צָר - ביציאת מצרים.

מג וכאן עובר המשורר לספר קצת על יציאת מצרים ומכות מצרים: אֲשֶׁר־שָׂם בְּמִצְרַיִם אֹתוֹתָיו וּמוֹפְתָיו בִּשְׂדֵה־צֹעַן.

מד וַיַּהֲפֹךְ לְדָם יְאֹרֵיהֶם, וְנֹזְלֵיהֶם בַּל־יִשְׁתָּיוּן, שלא יכלו לשתות ממי היאור.

מה יְשַׁלַּח בָּהֶם עָרֹב וַיֹּאכְלֵם, וּצְפַרְדֵּעַ וַתַּשְׁחִיתֵם.

מו וַיִּתֵּן לֶחָסִיל - שהוא שם נרדף לארבה, או שהוא סוג מסוים של ארבה - יְבוּלָם, וִיגִיעָם שיגעו בו, כלומר: התבואה, לָאַרְבֶּה.

מז יַהֲרֹג בַּבָּרָד גַּפְנָם וְשִׁקְמוֹתָם בַּחֲנָמַל, שמפרשים

עח,לח **וְלֹא יָעִיר כָּל חֲמָתוֹ** – כי באמת בכל צרה שבעולם יש בתוכה הרחבה, כדי שלא יגרום לבלבל דעתו חס ושלום, שידמה לו כאילו כל העולם נפל עליו (כמו שרגילים העולם לומר בעת צרה ח"ו), כאילו ח"ו כל הצרות באו עליו בלי הרחבה כלל. והא בהא תליא, שמי שאומר כך ח"ו, ועל־ידי זה נתעקם לבו מהשם יתברך ואינו יכול לצעוק אליו, אזי ח"ו באמת נתרבין עליו הצרות רחמנא לצלן. כי כל הנמשך אחר צערו, הצער נמשך אחריו ח"ו. רק צריכין ליתן רווח בדעתו למצוא הרחבות גם בתוך הצרות בעצמן, ולהביא תודה והודאה בכל עת.

על־פי ליקוטי הלכות, כלאי בהמה ד: ח

וְשִׁקְמוֹתָם בַּחֲנָמַל׃
מח וַיַּסְגֵּר לַבָּרָד בְּעִירָם
וּמִקְנֵיהֶם לָרְשָׁפִים׃
מט יְשַׁלַּח־בָּם ׀ חֲרוֹן אַפּוֹ
עֶבְרָה וָזַעַם וְצָרָה
מִשְׁלַחַת מַלְאֲכֵי רָעִים׃
נ יְפַלֵּס נָתִיב לְאַפּוֹ
לֹא־חָשַׂךְ מִמָּוֶת נַפְשָׁם
וְחַיָּתָם לַדֶּבֶר הִסְגִּיר׃
נא וַיַּךְ כָּל־בְּכוֹר בְּמִצְרָיִם
רֵאשִׁית אוֹנִים בְּאָהֳלֵי־חָם׃
נב וַיַּסַּע כַּצֹּאן עַמּוֹ
וַיְנַהֲגֵם כַּעֵדֶר בַּמִּדְבָּר׃
נג וַיַּנְחֵם לָבֶטַח וְלֹא פָחָדוּ
וְאֶת־אוֹיְבֵיהֶם כִּסָּה הַיָּם׃
נד וַיְבִיאֵם אֶל־גְּבוּל קָדְשׁוֹ
הַר־זֶה קָנְתָה יְמִינוֹ׃
נה וַיְגָרֶשׁ מִפְּנֵיהֶם ׀ גּוֹיִם
וַיַּפִּילֵם בְּחֶבֶל נַחֲלָה

רבים סבורים שהוא מין של זחלים, תולעים.

מח וַיַּסְגֵּר לַבָּרָד בְּעִירָם, בהמותיהם, וּמִקְנֵיהֶם מסר לָרְשָׁפִים - כנראה כינוי לברקים, לניצוצות הברק.

מט יְשַׁלַּח־בָּם חֲרוֹן אַפּוֹ, עֶבְרָה וָזַעַם וְצָרָה, מִשְׁלַחַת מַלְאֲכֵי רָעִים - דבר שנשלח על ידי מלאכים רעים.

נ יְפַלֵּס נָתִיב לְאַפּוֹ, כלומר: יסלול דרך לזעמו שיגיע לארץ מצרים, לֹא־חָשַׂךְ מִמָּוֶת נַפְשָׁם וְחַיָּתָם - בהמותיהם, כמתואר בתורה - לַדֶּבֶר הִסְגִּיר, מסר.

נא והמכה האחרונה: וַיַּךְ כָּל־בְּכוֹר בְּמִצְרָיִם, רֵאשִׁית אוֹנִים - כינוי נרדף לבכור - בְּאָהֳלֵי־חָם.

נב ואחרי כל המכות הללו יצאו ישראל ממצרים; ואז - וַיַּסַּע כַּצֹּאן עַמּוֹ, כצאן שיש להם רועה ומנהיג, ואינם תועים במדבר אלא הולכים במסלול ברור ומוגדר, וַיְנַהֲגֵם כַּעֵדֶר בַּמִּדְבָּר.

נג וַיַּנְחֵם לָבֶטַח וְלֹא פָחָדוּ, לא הייתה להם סיבה לפחוד, וְאֶת־אוֹיְבֵיהֶם כִּסָּה הַיָּם לאחר קריעת ים סוף.

נד עד כאן מעשה יציאת מצרים והנדודים במדבר. ולאחר מכן - וַיְבִיאֵם אֶל־גְּבוּל קָדְשׁוֹ בארץ ישראל, אל הַר־זֶה קָנְתָה יְמִינוֹ, ההר שהוא קניין מובחר של הקב"ה.

נה וַיְגָרֶשׁ מִפְּנֵיהֶם גּוֹיִם, את עמי כנען, וַיַּפִּילֵם בְּחֶבֶל

עח,נג **וְאֵת אוֹיְבֵיהֶם כִּסָּה הַיָּם** – לשון **כִּסָּה הַיָּם** היא חידוש ותוספת על הנאמר בשירת הים: "ומבחר שלישיו טֻבְּעוּ בים סוף" (שמות טו ד). הפסוק האחרון מורה על שינוי במצבו של האויב בעקבות המלחמה עמו, בעוד הפסוק הראשון מורה על שינוי במציאות הסובבת את האויב, שהביא – ממילא – להכרעתו. בפנימיות, הדבר רומז למהות השינוי שיתחולל בעולם בעת הגאולה העתידה, כאשר "מלאה הארץ דעה את ה' כמים לים מכסים" (ישעיהו יא ט). ההבנה הפשטנית ביותר של ציור מופלא זה היא הקולעת לעומקו: לעתיד לבוא נהיה כולנו כדגים, בריות שמקור חייהן גלוי להן במוחש. גם חיצוניות העולם, בעת ההיא, תגלה את מקורה האלוהי. ממילא, יחול כל זאת גם על מציאות האויב, שתתהפך לטוב מאליה, ללא כל צורך במלחמה. **וַיַּנְחֵם לָבֶטַח וְלֹא פָחָדוּ וְאֶת אוֹיְבֵיהֶם כִּסָּה הַיָּם.**

על־פי תורת מנחם תשמ"ב ח"ב, עמ' 929

וַיַּשְׁכֵּן בְּאָהֳלֵיהֶם
שִׁבְטֵי יִשְׂרָאֵל׃
נו וַיְנַסּוּ וַיַּמְרוּ
אֶת־אֱלֹהִים עֶלְיוֹן
וְעֵדוֹתָיו לֹא שָׁמָרוּ׃
נז וַיִּסֹּגוּ וַיִּבְגְּדוּ כַּאֲבוֹתָם
נֶהְפְּכוּ כְּקֶשֶׁת רְמִיָּה׃
נח וַיַּכְעִיסוּהוּ בְּבָמוֹתָם
וּבִפְסִילֵיהֶם יַקְנִיאוּהוּ׃
נט שָׁמַע אֱלֹהִים וַיִּתְעַבָּר
וַיִּמְאַס מְאֹד בְּיִשְׂרָאֵל׃
ס וַיִּטֹּשׁ מִשְׁכַּן שִׁלוֹ
אֹהֶל שִׁכֵּן בָּאָדָם׃
סא וַיִּתֵּן לַשְּׁבִי עֻזּוֹ
וְתִפְאַרְתּוֹ בְיַד־צָר׃
סב וַיַּסְגֵּר לַחֶרֶב עַמּוֹ
וּבְנַחֲלָתוֹ הִתְעַבָּר׃
סג בַּחוּרָיו אָכְלָה־אֵשׁ
וּבְתוּלֹתָיו לֹא הוּלָּלוּ׃

נַחֲלָה, כלומר: חילק את ארצם לחלקים רבים, נחלה לכל שבט ושבט, וַיַּשְׁכֵּן בְּאָהֳלֵיהֶם שִׁבְטֵי יִשְׂרָאֵל.

נו אך גם אז, אחרי שהתיישבו בארץ ישראל, חזרו לחטוא: וַיְנַסּוּ וַיַּמְרוּ אֶת־אֱלֹהִים עֶלְיוֹן, וְעֵדוֹתָיו לֹא שָׁמָרוּ.

נז וַיִּסֹּגוּ מדרכם הטובה, וַיִּבְגְּדוּ בה׳ כַּאֲבוֹתָם במדבר, נֶהְפְּכוּ כְּקֶשֶׁת רְמִיָּה, שהיא קשת שאינה עשויה כראוי, ובמקום שתימתח ואפשר יהיה לירות בה חצים היא מתעוותת, והחצים נורים לכיוון אחר.

נח וַיַּכְעִיסוּהוּ בְּבָמוֹתָם אשר בנו לאלילים, וּבִפְסִילֵיהֶם יַקְנִיאוּהוּ.

נט שָׁמַע אֱלֹהִים את מעשיהם וַיִּתְעַבָּר, כעס, וַיִּמְאַס מְאֹד בְּיִשְׂרָאֵל.

ס וַיִּטֹּשׁ מִשְׁכַּן שִׁלוֹ, שבסופו של דבר נמסר ביד האויבים וכנראה נחרב, אֹהֶל שִׁכֵּן בָּאָדָם, כלומר: הקב״ה לא קבע עוד את משכנו במקום מסוים, אלא בין בני האדם.

סא וַיִּתֵּן לַשְּׁבִי עֻזּוֹ, את כל אותם ערים ומבצרים, וְתִפְאַרְתּוֹ נמסרה בְּיַד־צָר.

סב וַיַּסְגֵּר לַחֶרֶב עַמּוֹ וּבְנַחֲלָתוֹ, שכאן פירושו עם ישראל, הִתְעַבָּר, מלשון עברה, כעס.

סג בַּחוּרָיו אָכְלָה־אֵשׁ, מאחר שהבחורים נהרגו, וּבְתוּלֹתָיו לֹא הוּלָּלוּ, הנשים לא התחתנו (מלשון הילולת החתונה), כי לא היה להן עם מי להתחתן.

עח,ס **אֹהֶל שִׁכֵּן בָּאָדָם.** הנה אחר יציאת ישראל ממצרים פסקה זוהמתם, ואחר כך כשקיבלו את התורה היה משכן האלוהים בכל העולם, כי היה אז גילוי אלוהות בכל העולם ולא היה צורך למעשה המשכן. וזהו **אֹהֶל שִׁכֵּן בָּאָדָם,** שהקב״ה רצה להשרות שכינתו יתברך בכל אחד ואחד מישראל. רק כשחטאו בעגל נעשה פירוד גמור, ולא היה יכול להיות עוד גילוי אלוהות באדם. ובזה יבואר מה שנאמר ליחזקאל (מג י): ״אתה בן אדם הגד את בית ישראל את הבית וְיִכָּלְמוּ מֵעֲוֹנוֹתֵיהֶם ומדדו את תָּכְנִית״, ולכאורה מה שייכות עניין שייכלמו מעוונותיהם עם מדידת הבית? רק שאם לא היו חוטאים לא היו צריכים לבניין הבית, כי הייתה השראת שכינה על כל אחד ואחד מישראל.

על־פי עירין קדישין, ירושלים תשס״ט, עמ׳ שעה

סד כֹּהֲנָיו בַּחֶרֶב נָפָלוּ
וְאַלְמְנֹתָיו לֹא תִבְכֶּינָה׃
סה וַיִּקַץ כְּיָשֵׁן ׀ אֲדֹנָי
כְּגִבּוֹר מִתְרוֹנֵן מִיָּיִן׃
סו וַיַּךְ־צָרָיו אָחוֹר
חֶרְפַּת עוֹלָם נָתַן לָמוֹ׃
סז וַיִּמְאַס בְּאֹהֶל יוֹסֵף
וּבְשֵׁבֶט אֶפְרַיִם לֹא בָחָר׃
סח וַיִּבְחַר אֶת־שֵׁבֶט יְהוּדָה
אֶת־הַר צִיּוֹן אֲשֶׁר אָהֵב׃
סט וַיִּבֶן כְּמוֹ־רָמִים מִקְדָּשׁוֹ
כְּאֶרֶץ יְסָדָהּ לְעוֹלָם׃
ע וַיִּבְחַר בְּדָוִד עַבְדּוֹ
וַיִּקָּחֵהוּ מִמִּכְלְאֹת צֹאן׃
עא מֵאַחַר עָלוֹת הֱבִיאוֹ
לִרְעוֹת בְּיַעֲקֹב עַמּוֹ
וּבְיִשְׂרָאֵל נַחֲלָתוֹ׃
עב וַיִּרְעֵם כְּתֹם לְבָבוֹ
וּבִתְבוּנוֹת כַּפָּיו יַנְחֵם׃

סד כֹּהֲנָיו בַּחֶרֶב נָפָלוּ וְאַלְמְנֹתָיו לֹא תִבְכֶּינָה, כי גם הן נרדפו ונהרגו.

סה אך אחרי כל השעבוד והמפלות מגיע גם זמן הישועה: וַיִּקַץ כְּיָשֵׁן ה׳, לאחר שבמשך דורות נראה היה כאילו הקב״ה נוטש את ישראל לגורלם המר, כְּגִבּוֹר מִתְרוֹנֵן מִיָּיִן - כגיבור ששתה יין ונרדם, אך כעת הוא קם במלוא גבורתו,

סו וַיַּךְ־צָרָיו אָחוֹר עד שברחו כולם, חֶרְפַּת עוֹלָם נָתַן לָמוֹ.

סז וזה היה השלב שבו וַיִּמְאַס בְּאֹהֶל יוֹסֵף, שבמשך רוב תקופת השופטים הם היו השבט המנהיג, וּבְשֵׁבֶט אֶפְרַיִם לֹא בָחָר.

סח וַיִּבְחַר אֶת־שֵׁבֶט יְהוּדָה, אֶת־הַר צִיּוֹן אֲשֶׁר אָהֵב, והוא זה שנעשה מקום בית הבחירה, כלומר: המקום שה׳ בחר בו.

סט וַיִּבֶן כְּמוֹ־רָמִים, מקום גבוה, מִקְדָּשׁוֹ, כְּאֶרֶץ יְסָדָהּ לְעוֹלָם.

ע וַיִּבְחַר בְּדָוִד עַבְדּוֹ להיות מלך על ישראל, וַיִּקָּחֵהוּ מִמִּכְלְאֹת צֹאן, שהרי לפני שנמשח דוד למלך הוא היה רועה צאן,

עא מֵאַחַר עָלוֹת - פרות וכבשים רכים, צעירים - הֱבִיאוֹ לִרְעוֹת בְּיַעֲקֹב עַמּוֹ וּבְיִשְׂרָאֵל נַחֲלָתוֹ, ויש בכך גם מעין הסבר לדבר: מי שהיה רועה צאן נעשה רועה ישראל.

עב וַיִּרְעֵם, את ישראל, כְּתֹם לְבָבוֹ, וּבִתְבוּנוֹת כַּפָּיו יַנְחֵם.

עח,עב וּבִתְבוּנוֹת כַּפָּיו יַנְחֵם. בעושי מלאכת המשכן כתוב ״אשר נתן ה׳ חכמה ותבונה בהמה״ (שמות לו א), היינו שהמלאכה נעשתה למעלה משכלם. וזה שכתוב וּבִתְבוּנוֹת כַּפָּיו יַנְחֵם, שהתבונה הנמצאת בידיהם הייתה רק מצד השם יתברך. אכן הם בתפיסתם נדמה להם כי הפליאו לעשות, כל אחד בהשתדלותו וחכמת לבבו, אך כאשר ראו איך כל אחד מהעושים כיוון לעשות כרצון השם יתברך – אז השיגו שאין להם שום התנשאות בעשייתם ובחכמתם, כי הכול נעשה למעלה מדעתם. אכן נאמר ״ראו קרא ה׳ בשם בצלאל״ (שם לה ל), שאחר שהכיר האדם שמצד עצמו אין לו התפארות, מראה לו השם יתברך שיש לו התנשאות מזה שהוא יגע במלאכה, ולכן נקראת המלאכה על שמו – ״ויעש בצלאל את הארון״.

על־פי מי השילוח, מישור תש״נ, ח״ב ויקהל

בָּאוּ גוֹיִם בְּנַחֲלָתֶךָ טִמְּאוּ אֶת־הֵיכַל קָדְשֶׁךָ

ספר שלישי

פרק עט

מזמור של תחינה המתאר את ייסורי עם ישראל
ומפלותיהם, ובסופו יש תפילה לישועה.

פרק עט • ספר שלישי • ליום רביעי • טז לחודש ______ תהלים • 331

מִזְמוֹר לְאָסָף
אֱלֹהִים
בָּאוּ גוֹיִם ׀ בְּנַחֲלָתֶךָ
טִמְּאוּ אֶת־הֵיכַל קָדְשֶׁךָ
שָׂמוּ אֶת־יְרוּשָׁלַםִ לְעִיִּים:
ב נָתְנוּ אֶת־נִבְלַת עֲבָדֶיךָ
מַאֲכָל לְעוֹף הַשָּׁמָיִם
בְּשַׂר חֲסִידֶיךָ לְחַיְתוֹ־אָרֶץ:
ג שָׁפְכוּ דָמָם ׀ כַּמַּיִם
סְבִיבוֹת יְרוּשָׁלָםִ
וְאֵין קוֹבֵר:
ד הָיִינוּ חֶרְפָּה לִשְׁכֵנֵינוּ
לַעַג וָקֶלֶס לִסְבִיבוֹתֵינוּ:
ה עַד־מָה יְהוָה תֶּאֱנַף לָנֶצַח
תִּבְעַר כְּמוֹ־אֵשׁ קִנְאָתֶךָ:
ו שְׁפֹךְ חֲמָתְךָ ׀ אֶל־הַגּוֹיִם
אֲשֶׁר לֹא־יְדָעוּךָ
וְעַל מַמְלָכוֹת
אֲשֶׁר בְּשִׁמְךָ לֹא קָרָאוּ:

א מִזְמוֹר לְאָסָף: אֱלֹהִים, בָּאוּ גוֹיִם בְּנַחֲלָתֶךָ, כלומר: נכנסו אליה וכבשו אותה, טִמְּאוּ אֶת־הֵיכַל קָדְשֶׁךָ, שָׂמוּ אֶת־יְרוּשָׁלַםִ לְעִיִּים – לחורָבות.

ב נָתְנוּ אֶת־נִבְלַת עֲבָדֶיךָ מַאֲכָל לְעוֹף הַשָּׁמָיִם, כי נהרגו בחוץ ואיש לא קבר אותם, בְּשַׂר חֲסִידֶיךָ ניתן למאכל לְחַיְתוֹ־אָרֶץ.

ג שָׁפְכוּ דָמָם כַּמַּיִם סְבִיבוֹת יְרוּשָׁלָםִ, וְאֵין קוֹבֵר.

ד הָיִינוּ חֶרְפָּה לִשְׁכֵנֵינוּ על מפלתנו ותבוסתנו, על הצרות שאירעו לנו, לַעַג וָקֶלֶס לִסְבִיבוֹתֵינוּ.

ה עַד־מָה, ה׳, תֶּאֱנַף לָנֶצַח, תִּבְעַר כְּמוֹ־אֵשׁ קִנְאָתֶךָ? כי גם אם חטאנו וכעסת עלינו, צריך להיות סוף לכעס זה, ובוודאי אם משווים בינינו לבין אלה שכבשו וניצחו אותנו.

ו ואם חֵמה יש בך, שְׁפֹךְ חֲמָתְךָ אֶל־הַגּוֹיִם אֲשֶׁר לֹא־יְדָעוּךָ וְעַל מַמְלָכוֹת אֲשֶׁר בְּשִׁמְךָ לֹא קָרָאוּ, שהם בוודאי מרוחקים ממך.

עט,א אֱלֹהִים בָּאוּ גוֹיִם בְּנַחֲלָתֶךָ. בשעה שחרב המקדש יצתה בת קול ואמרה: "היכל שרוף שרפת, קמח טחון טחנת" (סנהדרין צו, ב). אילולא היה ההיכל חרוב בפנימיותו, לא היה בידי האויב להחריבו. במה דברים אמורים? מפרש הכתוב: אֱלֹהִים בָּאוּ גוֹיִם בְּנַחֲלָתֶךָ טִמְּאוּ אֶת הֵיכַל קָדְשֶׁךָ שָׂמוּ אֶת יְרוּשָׁלַםִ לְעִיִּים. ירושלים היא יראת שמים, יראה שלם (בראשית רבה נו: י), לבו ופריו של כל מעשה שבקדושה, הפותח פתח בנפש האדם להכיר בנוכחות האלוהית הסובבת אותו וממלאת את חייו. יראה זו, שהיא לבו של היכל, מוקרנת כלפי חוץ, מפוררת את קליפת "אני ואפסי עוד" של העולם הגשמי ונותנת לו תקווה לחיים אחרים. אמנם כאשר היראה עצמה הופכת לְעִיִּים, מלשון גל גבוה, מזינה את ישותו העצמית של העושה המשתבח במעלתו הרוחנית, הרי זה חורבן פנימי אמיתי שאינו מותיר גם מקום לתיקון.

על־פי צוואת הריב"ש, קה"ת תשנ"ח, קכד

ז כִּי אָכַל אֶת־יַעֲקֹב
וְאֶת־נָוֵהוּ הֵשַׁמּוּ:
ח אַל־תִּזְכָּר־לָנוּ
עֲוֹנֹת רִאשֹׁנִים
מַהֵר יְקַדְּמוּנוּ רַחֲמֶיךָ
כִּי דַלּוֹנוּ מְאֹד:
ט עָזְרֵנוּ ׀ אֱלֹהֵי יִשְׁעֵנוּ
עַל־דְּבַר כְּבוֹד־שְׁמֶךָ
וְהַצִּילֵנוּ
וְכַפֵּר עַל־חַטֹּאתֵינוּ
לְמַעַן שְׁמֶךָ:
י לָמָּה ׀ יֹאמְרוּ הַגּוֹיִם
אַיֵּה אֱלֹהֵיהֶם
יִוָּדַע בַּגּוֹיִם לְעֵינֵינוּ
נִקְמַת דַּם־עֲבָדֶיךָ הַשָּׁפוּךְ:
יא תָּבוֹא לְפָנֶיךָ אֶנְקַת אָסִיר
כְּגֹדֶל זְרוֹעֲךָ
הוֹתֵר בְּנֵי תְמוּתָה:

ז כִּי אָכַל האויב אֶת־יַעֲקֹב, וְאֶת־נָוֵהוּ הֵשַׁמּוּ, הפכו לשממה.

ח אַל־תִּזְכָּר־לָנוּ עֲוֹנֹת רִאשֹׁנִים שאמנם חטאנו בהם; דיינו במה שנענשנו.

מַהֵר יְקַדְּמוּנוּ רַחֲמֶיךָ, כִּי דַלּוֹנוּ מְאֹד עכשיו.

ט עָזְרֵנוּ, אֱלֹהֵי יִשְׁעֵנוּ, לכל הפחות עַל־דְּבַר כְּבוֹד־שְׁמֶךָ, בגלל כבוד שמך שנקרא עלינו, וְהַצִּילֵנוּ וְכַפֵּר עַל־חַטֹּאתֵינוּ לְמַעַן שְׁמֶךָ, כי מפלתנו ובושתנו גורמות גם חילול ה׳.

י שהרי לָמָּה יֹאמְרוּ הַגּוֹיִם: ׳אַיֵּה אֱלֹהֵיהֶם׳? שכן אין הוא מגיב לכל מה שאנחנו עושים להם. כי יִוָּדַע בַּגּוֹיִם לְעֵינֵינוּ, כלומר: לא רק לעתיד לבוא אלא לעינינו, בעודנו רואים, נִקְמַת דַּם־עֲבָדֶיךָ הַשָּׁפוּךְ.

יא תָּבוֹא לְפָנֶיךָ אֶנְקַת אָסִיר, הנתון בשבי ביד האויבים, כְּגֹדֶל זְרוֹעֲךָ, כלומר: כוחך, הוֹתֵר - השאר והצל את בְּנֵי הַתְּמוּתָה מישראל.

בגיים

עט,יא **תָּבוֹא לְפָנֶיךָ אֶנְקַת אָסִיר.** כתב האריז״ל שניצוצי נשמתו של אדם הראשון נפלו בין הקליפות, וסובלים שם צער גדול עד עת בירורם והעלאתם. הם שעליהם נאמר **נָתְנוּ אֶת נִבְלַת עֲבָדֶיךָ מַאֲכָל לְעוֹף הַשָּׁמָיִם בְּשַׂר חֲסִידֶיךָ לְחַיְתוֹ אָרֶץ**, והם שעליהם אנו מבקשים ומתחננים **תָּבוֹא לְפָנֶיךָ אֶנְקַת אָסִיר כְּגֹדֶל זְרוֹעֲךָ הוֹתֵר בְּנֵי תְמוּתָה.** וכשתצא חיות אלו הניצוצות הקדושים מבין הקליפות, אזי יתקיים **וְהָשֵׁב לִשְׁכֵנֵינוּ שִׁבְעָתַיִם אֶל חֵיקָם חֶרְפָּתָם אֲשֶׁר חֵרְפוּךָ אֲדֹנָי.** ועוד דע, שכל זמן שניצוצות קדושים שלנו שרויים בתוך הקליפות והסטרא־אחרא, הם מבלבלים מחשבותינו במחשבות זרות כידוע. ועל כן מסיים ואומר: **וַאֲנַחְנוּ עַמְּךָ וְצֹאן מַרְעִיתֶךָ נוֹדֶה לְּךָ לְעוֹלָם לְדֹר וָדֹר נְסַפֵּר תְּהִלָּתֶךָ**, היינו בלי מחשבה זרה, מאחר שכבר נתבררו הניצוצות ושבו אלינו.

על־פי תפארת שלמה, ליקוטים

יב וְהָשֵׁב לִשְׁכֵנֵינוּ שִׁבְעָתַיִם
אֶל־חֵיקָם
חֶרְפָּתָם אֲשֶׁר חֵרְפוּךָ אֲדֹנָי:
יג וַאֲנַחְנוּ עַמְּךָ ׀
וְצֹאן מַרְעִיתֶךָ
נוֹדֶה לְּךָ לְעוֹלָם
לְדוֹר וָדֹר נְסַפֵּר תְּהִלָּתֶךָ:

יב וְהָשֵׁב לִשְׁכֵנֵינוּ שִׁבְעָתַיִם אֶל־חֵיקָם את העונש על חֶרְפָּתָם, החירופים שלהם, אֲשֶׁר חֵרְפוּךָ, ה'.

יג וַאֲנַחְנוּ ובכל מקרה הרי אנחנו עַמְּךָ וְצֹאן מַרְעִיתֶךָ, נוֹדֶה לְּךָ לְעוֹלָם, לְדוֹר וָדֹר נְסַפֵּר תְּהִלָּתֶךָ.

עט,יג **וַאֲנַחְנוּ עַמְּךָ וְצֹאן מַרְעִיתֶךָ** – פתח בעם וסיים בצאן, ועל־פי הכלל הידוע "מעלין בקודש ואין מורידין", כך שמדרגת העם בהכרח למטה ממדרגת הצאן. הכיצד? האם החי למעלה מן המדבֵּר? האם הצאן, שאין לו יחס מיוחד אל הרועה, למעלה מעַמְּךָ – עמך שלך, לשון קירוב וחיבה? אכן כך הדבר. הקשר הקרוב והמוחש שבין העם למלכו מוגבל לגדרי השכל והתחושה, ובמילים אחרות: לגדרי סדר ההשתלשלות.

לעומתו, הקשר שבין הצאן לרועה מושתת על ביטול גמור של שכל ורגש, למעלה מטעם ודעת, מעבר לגבולות סדר ההשתלשלות. דווקא בביטול של מדרגת הצאן טמונה היכולת לצאת מכל גדרי התפיסה האנושית (צאן לשון יציאה, "**צאי לך בעקבי הצאן**") ולהמשיך אל העולם אור עליון שלמעלה מכל טעם ודעת. אור כזה אינו מוגבל גם בזמן, והשפעתו נצחית: **לְדֹר וָדֹר נְסַפֵּר תְּהִלָּתֶךָ**.

על־פי תהילות מנחם

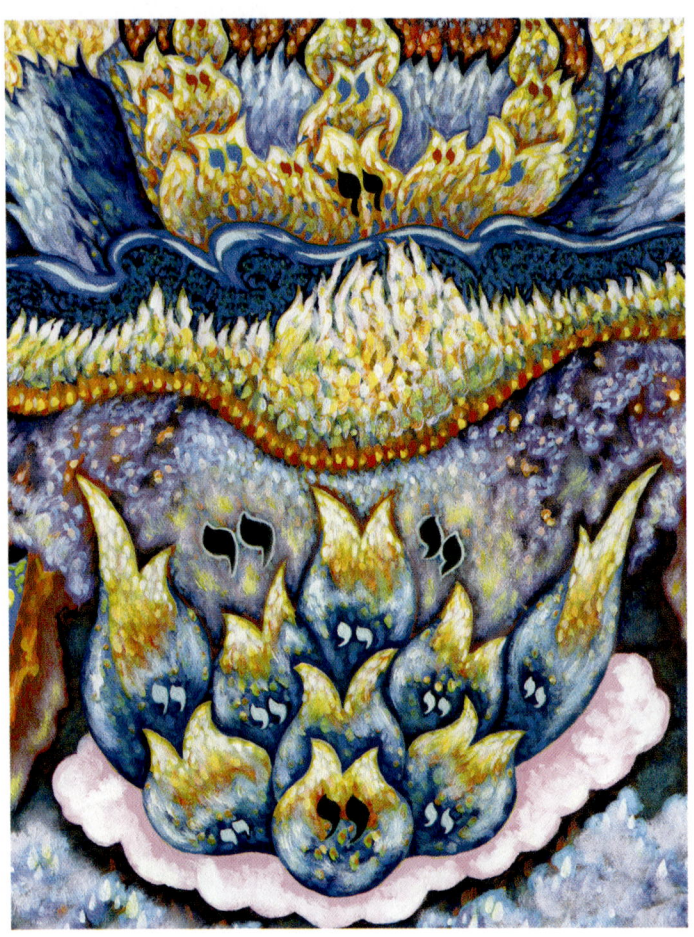

אֱלֹהִים צְבָאוֹת הֲשִׁיבֵנוּ וְהָאֵר פָּנֶיךָ וְנִוָּשֵׁעָה:

ספר שלישי

פרק פ

מזמור המתחיל בזיכרון הפאר והעוצמה שהיו לישראל כאשר יצאו ממצרים ומסע הניצחון בהביאם ה׳ לארץ ישראל, עובר לתיאור הימים הקשים בהווה, ומסתיים בתפילה שישיב ה׳ לנו את חסדו ויראנו את נִסָּיו כבעבר.

א לַמְנַצֵּחַ אֶל־שֹׁשַׁנִּים
עֵדוּת לְאָסָף מִזְמוֹר:
ב רֹעֵה יִשְׂרָאֵל ׀ הַאֲזִינָה
נֹהֵג כַּצֹּאן יוֹסֵף
יֹשֵׁב הַכְּרוּבִים הוֹפִיעָה:
ג לִפְנֵי אֶפְרַיִם ׀
וּבִנְיָמִן וּמְנַשֶּׁה
עוֹרְרָה אֶת־גְּבוּרָתֶךָ
וּלְכָה לִישֻׁעָתָה לָּנוּ:
ד אֱלֹהִים הֲשִׁיבֵנוּ
וְהָאֵר פָּנֶיךָ וְנִוָּשֵׁעָה:
ה יְהוָה אֱלֹהִים צְבָאוֹת
עַד־מָתַי עָשַׁנְתָּ
בִּתְפִלַּת עַמֶּךָ:
ו הֶאֱכַלְתָּם לֶחֶם דִּמְעָה
וַתַּשְׁקֵמוֹ בִּדְמָעוֹת שָׁלִישׁ:

א לַמְנַצֵּחַ אֶל־שֹׁשַׁנִּים - כאמור, אין אנו יודעים אם שושנים הם כלי נגינה או שם של לחן.

עֵדוּת לְאָסָף מִזְמוֹר - ייתכן שהמזמור קרוי "עדות" משום שהוא במקצתו שיר זיכרון; אבל יש בו גם דברי תפילה.

ב רֹעֵה יִשְׂרָאֵל הַאֲזִינָה, נֹהֵג כַּצֹּאן יוֹסֵף - במזמור זה יש מקום בולט ונכבד לשבט יוסף, עד כדי כך שאפשר אפילו לומר ש"יוסף" כאן הוא שם כולל לעם ישראל כולו, כמו יעקב או ישראל.

יֹשֵׁב הַכְּרוּבִים הוֹפִיעָה, שהרי במקדש, וגם במקומות אחרים, מתואר ה' כרוכב על הכרובים. זוהי קריאה או בקשה להתגלות ה', כפי שיוסבר מיד בהמשכו של המזמור.

ג לִפְנֵי אֶפְרַיִם וּבִנְיָמִן וּמְנַשֶּׁה עוֹרְרָה והראה אֶת־גְּבוּרָתֶךָ - ויש להדגיש כי שלושת אלה הם שבטי רחל המופיעים פה כיחידה אחת, אף שמבחינות היסטוריות רבות לא היה ביניהם קשר.

וּלְכָה, לֵךְ, לִישֻׁעָתָה לָּנוּ, כלומר: להושיע לנו.

ד אֱלֹהִים, הֲשִׁיבֵנוּ - כאן אין זה בא במשמעות של שיבה מארץ אחרת אלא במובן של פנייה אלינו: הפנה אלינו את פניך, וְהָאֵר פָּנֶיךָ, וְנִוָּשֵׁעָה ואז ניוושע.

ה ה' אֱלֹהִים צְבָאוֹת, עַד־מָתַי עָשַׁנְתָּ - כעסת (שכן הביטוי "חרון אף" פירושו גם כעס וגם בעירה, ולפיכך מתאים לחרון גם הביטוי "עשנת") - בִּתְפִלַּת עַמֶּךָ,

ו הֶאֱכַלְתָּם לֶחֶם דִּמְעָה, שהלחם שלהם ספוג כולו בדמעות, וַתַּשְׁקֵמוֹ בִּדְמָעוֹת שָׁלִישׁ, שהוא

פ,ד אֱלֹהִים הֲשִׁיבֵנוּ וְהָאֵר פָּנֶיךָ וְנִוָּשֵׁעָה. המפנה לבו להשם יתברך ומתרחק מכל חמודות העולם ותשוקות דלגרמיה [=לעצמו], מיד השם יתברך משרה אורו בלבו, שנאמר: הֲשִׁיבֵנוּ – וְהָאֵר פָּנֶיךָ. וכן להפך, כפי השגתו מהשם יתברך כך מתרחק מענייני העולם. ועל זה אמרו: "אם אין יראה – אין חכמה, אם אין חכמה – אין יראה", אי אפשר לזו בלא זו, ואין האחת קודמת לחברתה אלא כחוט השערה. וראשית צריכה להיות היראה, כי אתערותא דלתתא [=ההתעוררות מלמטה] קודמת. ועל זה אמרו "פתחו לי פתח כחודה של מחט", כי די ב"משהו" יראה כדי שיושפע בלבו "משהו" חכמה, וממילא על־ידי החכמה תבוא לו עוד יראה ואז תבוא עוד חכמה, וחוזר חלילה – עד שיהיה כפתחו של אולם. ובלבד שיהיה הפתח כנקב המפולש מעבר לעבר, משמע: התעוררות גמורה ממעמקי הלב לעזוב החטא וכל ענייני העולם, ואפילו לרגע אחד בלבד.

על־פי צדקת הצדיק, קנב

336 • תהלים — טז לחודש • ליום רביעי • ספר שלישי • פרק פ

ז תְּשִׂימֵנוּ מָדוֹן לִשְׁכֵנֵינוּ
וְאֹיְבֵינוּ יִלְעֲגוּ־לָמוֹ׃
ח אֱלֹהִים צְבָאוֹת הֲשִׁיבֵנוּ
וְהָאֵר פָּנֶיךָ וְנִוָּשֵׁעָה׃
ט גֶּפֶן מִמִּצְרַיִם תַּסִּיעַ
תְּגָרֵשׁ גּוֹיִם וַתִּטָּעֶהָ׃
י פִּנִּיתָ לְפָנֶיהָ
וַתַּשְׁרֵשׁ שָׁרָשֶׁיהָ
וַתְּמַלֵּא־אָרֶץ׃
יא כָּסּוּ הָרִים צִלָּהּ
וַעֲנָפֶיהָ אַרְזֵי־אֵל׃
יב תְּשַׁלַּח קְצִירֶהָ עַד־יָם
וְאֶל־נָהָר יוֹנְקוֹתֶיהָ׃
יג לָמָּה פָּרַצְתָּ גְדֵרֶיהָ

כלי מידה; כלומר: כל החיים כולם מלאים, כביכול, צער: אוכלים לחם טבול בדמעות ושותים את הדמעות עצמן.

ז תְּשִׂימֵנוּ מָדוֹן לִשְׁכֵנֵינוּ, אשר כל הזמן רבים אתנו, וְאֹיְבֵינוּ יִלְעֲגוּ־לָמוֹ, דהיינו: גם כאשר איננו מטרה להתנפלות ממשית, לכל הפחות אנו נעשים מטרה ללעג.

ח ושוב חוזר המשורר ומבקש: אֱלֹהִים צְבָאוֹת הֲשִׁיבֵנוּ, וְהָאֵר פָּנֶיךָ וְנִוָּשֵׁעָה.

ט וכעת הוא פונה לתיאור ההיסטוריה של ישראל, תיאור שבו נמשלים ישראל לגפן (דימוי הנמצא גם בישעיה ה ובנבואת יחזקאל). גֶּפֶן מִמִּצְרַיִם תַּסִּיעַ, שהוא תיאור של יציאת מצרים, תְּגָרֵשׁ גּוֹיִם מכנען וַתִּטָּעֶהָ - נטעת את הגפן הזאת, גפן ישראל, בארץ ישראל.

י פִּנִּיתָ לְפָנֶיהָ מקום לגדול; והגפן, העם, אכן התערתה בארץ: וַתַּשְׁרֵשׁ שָׁרָשֶׁיהָ, וגדלה וַתְּמַלֵּא־אָרֶץ, ואף התפשטה לכל העברים.

יא כָּסּוּ הָרִים צִלָּהּ, ההרים מכוסים בצלה, שזה בא לתאר עד כמה היא גבוהה, וַעֲנָפֶיהָ של הגפן גדולים כאַרְזֵי־אֵל.

יב תְּשַׁלַּח קְצִירֶהָ - שהם כנראה ענפים היוצאים ממנה - עַד־יָם ממערב, וְאֶל־נָהָר ממזרח (שכן "נהר" סתם הוא בדרך כלל נהר פרת) את יוֹנְקוֹתֶיהָ, שהם שורשים או שורשי עזר המסתעפים מן הגפן.

יג כל זה היה בתחילה, בזמן גדולתו של עם ישראל. ואילו כעת שואל המשורר: לָמָּה פָּרַצְתָּ גְדֵרֶיהָ, שהן כל ההגנות שיש לגפן

פ,ט גֶּפֶן מִמִּצְרַיִם תַּסִּיעַ – נמשלו ישראל לגפן עושה יין. שכשם שהיין היה כנוס מתחילה בענביו ולאחר מכן נתגלה ויצא לחוץ, כן יש בנשמות ישראל אהבה מסותרת לקב"ה, וצריך לגלותה ולהוציאה לחוץ. וכשם שיין המשובח נעשה מענבי "רגליות" הסמוכים לקרקע דווקא, ועל־ידי דריכה בגת, כך נשמות ישראל אינן מגלות סוד אהבה המסותרת שבלבן אלא מתוך שפלות ושברון לב. וביין עצמו כמה מינים: יין המשמח ויין המשכר, יין לבן ויין אדום. וכנגדם שתי בחינות באהבת ה' שבלב ישראל: אהבה המביאה לידי שמחה, בבחינת יין המשמח ויין לבן, ואהבה המביאה לידי מרירות הלב, כשנותן האוהב לבו על כל מחשבותיו ודיבוריו ומעשיו אשר לא לה' המה, ומתוך כך צועק לבו בקרבו אל ה' ומשתוקק לדבקה בו ביתר שאת, והוא בחינת יין אדום ויין המשכר.

על־פי תורה אור ויחי מו, ב

וְ֝אָר֗וּהָ כָּל־עֹ֥בְרֵי דָֽרֶךְ׃
יד יְכַרְסְמֶ֣נָּה חֲזִ֣יר מִיָּ֑עַר
וְזִ֖יז שָׂדַ֣י יִרְעֶֽנָּה׃
טו אֱלֹהִ֣ים צְבָאוֹת֮ שׁ֥וּב נָ֥א
הַבֵּ֣ט מִשָּׁמַ֣יִם וּרְאֵ֑ה
וּ֝פְקֹ֗ד גֶּ֣פֶן זֹֽאת׃
טז וְ֭כַנָּה אֲשֶׁר־נָטְעָ֣ה יְמִינֶ֑ךָ
וְעַל־בֵּ֝֗ן אִמַּ֥צְתָּה לָּֽךְ׃
יז שְׂרֻפָ֣ה בָאֵ֣שׁ כְּסוּחָ֑ה
מִגַּעֲרַ֖ת פָּנֶ֣יךָ יֹאבֵֽדוּ׃
יח תְּֽהִי־יָ֭דְךָ עַל־אִ֣ישׁ יְמִינֶ֑ךָ
עַל־בֶּן־אָ֝דָ֗ם אִמַּ֥צְתָּ לָּֽךְ׃
יט וְלֹא־נָס֥וֹג מִמֶּ֑ךָּ
תְּ֝חַיֵּ֗נוּ וּבְשִׁמְךָ֥ נִקְרָֽא׃
כ יְהוָ֘ה אֱלֹהִ֢ים צְבָא֢וֹת
הֲשִׁיבֵ֑נוּ
הָאֵ֥ר פָּ֝נֶ֗יךָ וְנִוָּשֵֽׁעָה׃

הזאת, וְאָרוּהָ - אכלו ממנה - כָּל־עֹבְרֵי דָרֶךְ? שהרי אין לה עוד כל הגנה, וכל מי שעובר לידה יכול לחמוס אותה.

יד יְכַרְסְמֶנָּה חֲזִיר מִיָּעַר, וְזִיז שָׂדַי - שבדרך כלל מפרשים אותו כמין או מינים של עוף - יִרְעֶנָּה, יתפרנס ממנה.

טו והוא חוזר ומבקש: אֱלֹהִים צְבָאוֹת, שׁוּב נָא, הַבֵּט מִשָּׁמַיִם, וּרְאֵה וּפְקֹד - זכור וטפל בגֶפֶן זֹאת,

טז וְכַנָּה - ובכנה, גזע של גפן או אילן הנתון בארץ - אֲשֶׁר־נָטְעָה יְמִינֶךָ, וְעַל־בֵּן, שהוא כמו עם ישראל עצמו, שנאמר עליו "בנים אתם לה'" - אשר אִמַּצְתָּה לָּךְ, שהוא לשון של החזקה, חיבוק.

יז שכן עכשיו היא שְׂרֻפָה בָאֵשׁ, כְּסוּחָה, מקוצצת, מִגַּעֲרַת פָּנֶיךָ יֹאבֵדוּ ישראל בצרתם.

יח והמשורר מבקש שבמקום זה תְּהִי יָדְךָ עַל אִישׁ יְמִינֶךָ, על זה שאתה מחזיק בו ביד ימינך, לאות של כבוד וחיבה, עַל־בֶּן־אָדָם אִמַּצְתָּ לָּךְ, שזו מעין חזרה על הפסוק לגבי הכנה, אלא שבפעם הזו הוא לא משתמש במשל אלא בדימוי האנושי: איש ימינך הוא האיש הנאמן העומד לימינך,

יט וְלֹא־נָסוֹג, לא נתרחק מִמֶּךָּ. תְּחַיֵּנוּ, כמו שהיינו בעבר: בכל תפארתנו, וּבְשִׁמְךָ נִקְרָא.

כ והמזמור מסתיים בחזרה על הפזמון: ה' אֱלֹהִים צְבָאוֹת, הֲשִׁיבֵנוּ הָאֵר פָּנֶיךָ וְנִוָּשֵׁעָה.

פ,טו **הַבֵּט מִשָּׁמַיִם וּרְאֵה וּפְקֹד גֶּפֶן זֹאת** – שמים הם שם מים, בחינת התורה שנמשלה למים הממשיכים ממקום גבוה למקום נמוך. כי "רם על כל גוים ה'" (קיג ד), שמה שעובדי כוכבים מקבלים חיות ושפע הוא מצד רוממות עצמות השם יתברך, שהוא רם ונישא מגדר העולמות העליונים והתחתונים, עד שאין להם ייחוס ושייכות אליו כלל. וכשהנהגת העולמות היא מבחינה זו אזי היא בבחינת שינה כביכול, ויכולים גם עוברי רצונו לקבל ח"ו. וזהו **הַבֵּט מִשָּׁמַיִם וּרְאֵה**, שהיא בחינת התורה שנמשלה למים, ואזי "השקיפה ממעון קדשך מן השמים וברך את עמך את ישראל" (דברים כו טו), כי על־ידי בחינה זו של עסק התורה והמצוות נהיה אנחנו עם בני ישראל מתראים לפניו לדבר חשוב, שכל ההשגה והגילוי הם על־ידי התורה, והתורה היא אצלנו בהתגלות.

על־פי תורה אור מקץ לד, ד

תִּקְעוּ בַחֹדֶשׁ שׁוֹפָר בַּכֶּסֶה לְיוֹם חַגֵּנוּ:

ספר שלישי
פרק פא

מזמור המזכיר את ראש השנה ומתייחס אליו, תוך שהוא מדבר על נסים ותשועות שהיו לעם ישראל ולאנשים מישראל בעבר, ועל כך שכל הדברים הללו יכולים לקרות גם בהווה – אם עם ישראל יקבל על עצמו עול מלכות שמים.

לַמְנַצֵּחַ ׀
עַל־הַגִּתִּית לְאָסָף:
ב הַרְנִינוּ לֵאלֹהִים עוּזֵּנוּ
הָרִיעוּ לֵאלֹהֵי יַעֲקֹב:
ג שְׂאוּ־זִמְרָה וּתְנוּ־תֹף
כִּנּוֹר נָעִים עִם־נָבֶל:
ד תִּקְעוּ בַחֹדֶשׁ שׁוֹפָר
בַּכֶּסֶה לְיוֹם חַגֵּנוּ:
ה כִּי חֹק לְיִשְׂרָאֵל הוּא
מִשְׁפָּט לֵאלֹהֵי יַעֲקֹב:
ו עֵדוּת ׀ בִּיהוֹסֵף שָׂמוֹ
בְּצֵאתוֹ עַל־אֶרֶץ מִצְרָיִם
שְׂפַת לֹא־יָדַעְתִּי אֶשְׁמָע:
ז הֲסִירוֹתִי מִסֵּבֶל שִׁכְמוֹ
כַּפָּיו מִדּוּד תַּעֲבֹרְנָה:
ח בַּצָּרָה קָרָאתָ וָאֲחַלְּצֶךָּ
אֶעֶנְךָ בְּסֵתֶר רַעַם

א לַמְנַצֵּחַ עַל־הַגִּתִּית לְאָסָף:

ב הַרְנִינוּ - כלומר: שירו, שאו רינה לֵאלֹהִים עוּזֵּנוּ, הָרִיעוּ לֵאלֹהֵי יַעֲקֹב,

ג שְׂאוּ־זִמְרָה - שאו קולכם בזמרה וּתְנוּ־תֹף - והכו בתוף, כִּנּוֹר נגנו בכינור נָעִים עִם־נָבֶל.

ד תִּקְעוּ בַחֹדֶשׁ שׁוֹפָר, זו תקיעת השופר של ראש חודש בכלל (שנקרא במקרא "חודש" משום שזה הזמן שבו מתחדשת הלבנה; ובעיקר - בראש השנה, שהוא ראש חודש, שמצוותו בתקיעת שופר), בַּכֶּסֶה - שעיקר משמעו הוא: הזמן הקבוע והמיועד לכך - לְיוֹם חַגֵּנוּ.

ה כִּי חֹק לְיִשְׂרָאֵל הוּא לתקוע בשופר ולנגן בכלי שיר ביום החג, מִשְׁפָּט לֵאלֹהֵי יַעֲקֹב, משום שהוא מדיני החגים והזמנים.

ו וכאן הוא מזכיר את חסדי ה׳ בעבר, הן ליחידים והן לכלל: עֵדוּת בִּיהוֹסֵף - הוא יוסף בן יעקב - שָׂמוֹ, שם אותו, שבְּצֵאתוֹ עַל אֶרֶץ מִצְרָיִם, כאשר נעשה שר וגדול בארץ זו, ובשם יוסף הוא אומר: שְׂפַת לֹא יָדַעְתִּי אֶשְׁמָע: יוסף, בבואו למצרים, קנה לעצמו את היכולת לדבר בשפה אחרת, שעד אז הייתה זרה לו.

ז וחוזר ומספר חסדי ה׳, שלאחר מכן אמר הקב"ה כי אני - ה׳ - הֲסִירוֹתִי מִסֵּבֶל שִׁכְמוֹ, שהרי קודם לכן היה בבית הסוהר, כַּפָּיו מִדּוּד - מלעבוד בדודים ובקדרות - תַּעֲבֹרְנָה, שכן הוא נחלץ מבית הכלא.

ח ולעם ישראל פונה המשורר ואומר: בַּצָּרָה, בשעבוד מצרים, קָרָאתָ וָאֲחַלְּצֶךָּ אֶעֶנְךָ בְּסֵתֶר רַעַם - שאף שקראת בסתר אני עניתיך בקול רעם, ואולי רומז כאן למתן תורה. ומצד שני -

פא,ח **אֶעֶנְךָ בְּסֵתֶר רַעַם.** קודם שנפטר הצדיק רבי אורי מסטרעליסק, פקד על חסידיו שייסעו לרוז'ין אל הרה"ק רבי ישראל, ואחר פטירתו קיימו דבריו ונסעו לרוז'ין. וכשהגיעו שמה, הלכו לבית המדרש ועמדו להתפלל בקול גדול כמנהגם. שמע הרה"ק מרוז'ין ושאל מה אלו הקולות וברקים שבבית המדרש, ואמרו לו כי חסידי סטרעליסק הם. ואחר התפילה, כאשר באו לפניו וסיפרו לו כל דברי רבם, ענה להם: אקבל אתכם, אבל דעו שאני הולך בדרך אחרת, כי ישנם שני מיני אהבות בעולם: אהבת איש את אחיו ורעו, ואהבת איש את אשתו. והנה אהבת אח לאחיו ורעו היא בגילוי, שמחבקו ונופל על צוואריו להראות חיבתו, אך אין ממנה שום הולדה. ואהבת איש לאשתו צריכה להיות בסתר ובבושה גדולה, ועם כל זה רק ממנה נצמחת הולדה. ואני, דרכי ככתוב **אֶעֶנְךָ בְּסֵתֶר רַעַם** – שיהיה הרעם בסתר.

על־פי עידן קדישין, ירושלים תשס"ט, עמ׳ תרסה

אֶבְחָנְךָ עַל־מֵי מְרִיבָה
סֶלָה:
ט שְׁמַע עַמִּי וְאָעִידָה בָּךְ
יִשְׂרָאֵל אִם־תִּשְׁמַע־לִי:
י לֹא־יִהְיֶה בְךָ אֵל זָר
וְלֹא תִשְׁתַּחֲוֶה לְאֵל נֵכָר:
יא אָנֹכִי ׀ יְהוָה אֱלֹהֶיךָ
הַמַּעַלְךָ מֵאֶרֶץ מִצְרָיִם
הַרְחֶב־פִּיךָ וַאֲמַלְאֵהוּ:
יב וְלֹא־שָׁמַע עַמִּי לְקוֹלִי
וְיִשְׂרָאֵל לֹא־אָבָה לִי:
יג וָאֲשַׁלְּחֵהוּ בִּשְׁרִירוּת לִבָּם
יֵלְכוּ בְּמוֹעֲצוֹתֵיהֶם:
יד לוּ עַמִּי שֹׁמֵעַ לִי
יִשְׂרָאֵל בִּדְרָכַי יְהַלֵּכוּ:

אֶבְחָנְךָ עַל־מֵי מְרִיבָה סֶלָה, שאמנם היה בהם ניסיון, אך בסופו של דבר הייתה בהם גם עזרה לעם ישראל.

ט והמשורר פונה לעם: שְׁמַע עַמִּי וְאָעִידָה בָּךְ, יִשְׂרָאֵל אִם־תִּשְׁמַע־לִי,

י ומסביר כי תשועת ה׳ תלויה בציותו של העם לה׳ ולתורתו, שתחילתו ועיקרו הוא: לֹא־יִהְיֶה בְךָ אֵל זָר וְלֹא תִשְׁתַּחֲוֶה לְאֵל נֵכָר, שכך מתחילים עשרת הדיברות, ובאופן מסוים זוהי גם התמצית של קבלת עול מלכות שמים.

יא וכאן בא עוד אזכור של מתן תורה: אָנֹכִי ה׳ אֱלֹהֶיךָ הַמַּעַלְךָ מֵאֶרֶץ מִצְרָיִם. ואם ישראל יקיים את הדיברות, מבטיח להם הקב״ה כדרך שמבטיחים לילד קטן: הַרְחֶב־פִּיךָ וַאֲמַלְאֵהוּ, אם רק יפתח את פיו לבקש מאכל, יקבל את כל משאלותיו.

יב וְלֹא־שָׁמַע ואולם לא שמע עַמִּי לְקוֹלִי, וְיִשְׂרָאֵל לֹא־אָבָה לִי, לא רצה לעשות את רצוני ולא קיים את המצוות,

יג וָאֲשַׁלְּחֵהוּ ולכן אשלחהו בִּשְׁרִירוּת לִבָּם; אז הקב״ה כביכול משחרר אותם ונותן להם ללכת לפי רצונותיהם, עם כל ההשלכות הנובעות מזה. יֵלְכוּ בְּמוֹעֲצוֹתֵיהֶם, לפי עצותיהם ורעיונותיהם, שאינם בדרכי ה׳, ואז הם רואים מה קורה כאשר הקב״ה איננו תומך בהם ומסייע להם.

יד לוּ עַמִּי שֹׁמֵעַ לִי וְיִשְׂרָאֵל בִּדְרָכַי יְהַלֵּכוּ, אזי יתחולל שינוי גדול בגורלם:

פא,יא אָנֹכִי ה׳ אֱלֹהֶיךָ הַמַּעַלְךָ מֵאֶרֶץ מִצְרָיִם – בכל התורה נזכרת לשון הוצאה מארץ מצרים, והוסיף דוד המלך ע״ה לשון העלאה, כי ארץ מצרים היא משוקעת בכל מיני יצרים רעים, וחוץ ממה שציווה השם יתברך להישמר מכל יצר של איסור, צריך האדם להוסיף ולהיזהר אף בדברים המותרים שלא יהיה משוקע בחמדתם. ובאם יהיה מבורר בזה, אז מבטיחו השם יתברך הַרְחֶב פִּיךָ וַאֲמַלְאֵהוּ, שייתן לו כל משאלות לבו בהרחבה.

על־פי מי השילוח, תהלים

פא,יא הַמַּעַלְךָ מֵאֶרֶץ מִצְרָיִם. כי נמצא בלב האדם יראה והכנעה של שווא ודמיון, ועל זה אמר הַמַּעַלְךָ מֵאֶרֶץ מִצְרָיִם, שתהיה תמיד למעלה על כל דברי עולם־הזה, כי מצרים רומזת על כללות ענייני עולם־הזה, ואם כן מדוע יימצא בך הכנעה ויראה של הבל ודמיון?

על־פי מי השילוח, מסכת ברכות

טו כִּמְעַט אוֹיְבֵיהֶם אַכְנִיעַ
וְעַל־צָרֵיהֶם אָשִׁיב יָדִי:
טז מְשַׂנְאֵי יהוה יְכַחֲשׁוּ־לוֹ
וִיהִי עִתָּם לְעוֹלָם:
יז וַיַּאֲכִילֵהוּ מֵחֵלֶב חִטָּה
וּמִצּוּר דְּבַשׁ אַשְׂבִּיעֶךָ:

טו כִּמְעַט - כלומר: בזמן מועט, אוֹיְבֵיהֶם אַכְנִיעַ, וְעַל־צָרֵיהֶם אָשִׁיב יָדִי - להחזיק בהם וללחוץ עליהם.

טז מְשַׂנְאֵי ה' יְכַחֲשׁוּ־לוֹ - כי השונא, כשהוא כנוע, מרגיש צורך לשקר כדי שלא להגיע לעימות, וִיהִי זה עִתָּם, זמן הפורענות שלהם, שיימשך לְעוֹלָם.

יז ואילו בישראל וַיַּאֲכִילֵהוּ מֵחֵלֶב, מהחלק הטוב ביותר של הַחִטָּה, וּמִצּוּר - מן הסלע - דְּבַשׁ אַשְׂבִּיעֶךָ.

פא,טז **וִיהִי עִתָּם לְעוֹלָם**. כשבא על האדם דין, הוא כמו שליח שנשלח אליו מלמעלה, ובר דעת לא יביט על השליח אלא על מי ששלחו, וייתן לבו לחזור בתשובה. אמנם הרשעים אינם נותנים לבם, אלא תולים כל הבא עליהם ביד המקרה, ועליהם אומר הכתוב: **מְשַׂנְאֵי ה' יְכַחֲשׁוּ לוֹ**, שמכחישים בעונשם שהוא מאת השם יתברך, ועל כן לא יסורו מדרכם הרעה; **וִיהִי עִתָּם לְעוֹלָם**, פירוש שאין הפסק לעת צרתם אלא היא מתגברת והולך. והיפוכו במידת הצדיקים, שכאשר מגיע אליהם עונש ח"ו הם מכירים שמאת ה' בא להם ושמחים בייסורים, עד שהקב"ה מוציא להם חמה מנרתיקה ומתרפאין בה (ראה שבת פח, ב; נדרים ח, ב).

על־פי פנים יפות, מצורע

קוּמָה אֱלֹהִים שָׁפְטָה הָאָרֶץ כִּי־אַתָּה תִנְחַל בְּכָל־הַגּוֹיִם:

ספר שלישי
פרק פב

מזמור תוכחה לדיינים, הטוען כנגדם
שאין הם עושים את הראוי להם
לעשות ואף מציב בפניהם מטרות.

א מִזְמוֹר לְאָסָף
אֱלֹהִים נִצָּב בַּעֲדַת־אֵל
בְּקֶרֶב אֱלֹהִים יִשְׁפֹּט׃
ב עַד־מָתַי תִּשְׁפְּטוּ־עָוֶל
וּפְנֵי רְשָׁעִים תִּשְׂאוּ־סֶלָה׃
ג שִׁפְטוּ־דַל וְיָתוֹם
עָנִי וָרָשׁ הַצְדִּיקוּ׃
ד פַּלְּטוּ־דַל וְאֶבְיוֹן
מִיַּד רְשָׁעִים הַצִּילוּ׃
ה לֹא יָדְעוּ ׀ וְלֹא יָבִינוּ
בַּחֲשֵׁכָה יִתְהַלָּכוּ
יִמּוֹטוּ כָּל־מוֹסְדֵי אָרֶץ׃

א מִזְמוֹר לְאָסָף, אֱלֹהִים נִצָּב בַּעֲדַת־אֵל, כלומר: הקב"ה נמצא תמיד עם העדה, המועצה, השופטת בדינים חמורים (מספר הדיינים בסנהדרין קטנה היה עשרים ושלושה איש, וזה אינו מספר מצומצם של שופטים אלא "עדה"). בְּקֶרֶב - בתוך, בין - אֱלֹהִים - כאן במשמעות של "דיינים" - יִשְׁפֹּט; כלומר: השופטים או בתי המשפט צריכים לזכור שגם אם אין הם, אולי, מודעים לכך שהקב"ה נמצא אתם, הרי הוא משגיח על כל מה שהם עושים.

ב ומכאן דברי התוכחה: עַד־מָתַי תִּשְׁפְּטוּ־עָוֶל וּפְנֵי רְשָׁעִים תִּשְׂאוּ־סֶלָה - כלומר, עד מתי נושאים פנים, כלומר: מצדדים בדינם של רשעים? והלוא תפקידכם הוא בדיוק ההפך מזה: עליכם להיות מכשיר להגנה על אלה שהם חסרי ישע.

ג והנה מה שעליכם לעשות: שִׁפְטוּ־דַל וְיָתוֹם, עָנִי וָרָשׁ הַצְדִּיקוּ - גם כשהוא נאבק בדין מול אנשים תקיפים ועשירים.

ד פַּלְּטוּ־דַל, כלומר: הצילו דל וְאֶבְיוֹן, מִיַּד רְשָׁעִים הַצִּילוּ.

ה אך השופטים הללו לֹא יָדְעוּ וְלֹא יָבִינוּ, והם נוהגים לפי תפיסת העולם שלהם, בַּחֲשֵׁכָה יִתְהַלָּכוּ משום שאין הם רואים את אור האמת; בין שהם פועלים כך במסתרים או בגלוי הם הולכים בחשכה, וגורמים לכך שיִּמּוֹטוּ, יתמוטטו וייפלו, כָּל־מוֹסְדֵי אָרֶץ, היסודות של העולם, שהרי אחד הדברים המחזיקים את קיומה של חברה הוא משפט צדק.

פב,א אֱלֹהִים נִצָּב בַּעֲדַת אֵל. הגמרא מבחינה בין מעלתם של עשרה מישראל המתקבצים יחד לבין מעלתו של היחיד העוסק בתורה לבדו. בעשרה, אֱלֹהִים נִצָּב בַּעֲדַת אֵל, לשון המלמדת על כך שהשכינה מקדימה ושורה עוד בטרם יושלם מניין העדה. ביחיד, לעומת זאת, "בכל המקום אשר אזכיר את שמי אבוא אליך וברכתיך" – תחילה עליו לעסוק בתורה בפועל ורק לאחר מכן באה אליו ברכת ה׳. בפנימיות, ההבדל אינו בסדר הזמנים בלבד אלא גם באיכות הגילוי האלוהי: כשההתגלות היא תגובה לעבודת האדם, היא מוגבלת לערכה של אותה עבודה וליכולת תפיסתו של העובד. כך במקרה של יחיד, שמעשיו הם המזכים אותו בהתגלות. מאידך, כשההתגלות היא היוזמת, כמו במקרה של התכנסות עשרה מישראל, הגילוי הוא למעלה ממדידה והגבלה – בערכה של שכינה ולא בערך תפיסתם של עשרה יהודים מסוימים.

על־פי תהילות מנחם

ו אֲנִי־אָמַרְתִּי אֱלֹהִים אַתֶּם
וּבְנֵי עֶלְיוֹן כֻּלְּכֶם:
ז אָכֵן כְּאָדָם תְּמוּתוּן
וּכְאַחַד הַשָּׂרִים תִּפֹּלוּ:
ח קוּמָה אֱלֹהִים
שָׁפְטָה הָאָרֶץ
כִּי־אַתָּה תִנְחַל
בְּכָל־הַגּוֹיִם:

ו אֲנִי־אָמַרְתִּי מתחילה על הדיינים: אֱלֹהִים אַתֶּם - כאן יש הדגשה של כפל המשמעות של מילה זו, שהרי הדיינים נקראים "אלהים" משום שהם אמורים לייצג את ה׳ במשפט; ואני, אומר המשורר, חשבתי שאכן אתם כמלאכים, "אלהים", וּבְנֵי עֶלְיוֹן - כינוי למלאכים - כֻּלְּכֶם - וגם חשבתי שמלאכים כולכם.

ז אבל אין זה נכון: אדרבה, אָכֵן כְּאָדָם תְּמוּתוּן, לא כבני עליון אלא כאנשים הפשוטים, וּכְאַחַד הַשָּׂרִים תִּפֹּלוּ, לפי שאין אתם אלא אנשים תקיפים, אבל אינכם מייצגים כוח עליון; ולכן גם אתם תיפלו, כדרך שקורה לשרים אחרים; גדולתכם לא תחזיק מעמד זמן רב.

ח ומכאן נובעת גם הבקשה המסיימת את המזמור: קוּמָה, אֱלֹהִים, כלומר: התגלה אלינו, שָׁפְטָה הָאָרֶץ, היֵה אתה הדיין והשופט, כִּי־אַתָּה תִנְחַל ותבטא את בעלותך בְּכָל־הַגּוֹיִם.

פב,ח **כִּי אַתָּה תִנְחַל בְּכָל הַגּוֹיִם** – ישראל שעמדו על הר סיני פסקה זוהמתן על־ידי אש המשפט, כי על־ידי המשפט, היינו שידין וישפוט את עצמו בכל עת, אזי נתבטל הרע עד שהיו כל העם דומין למלאכים, שזהו בחינת **אֲנִי אָמַרְתִּי אֱלֹהִים אַתֶּם**. אך על־ידי חטא העגל שגרמו הערב רב, שאין מועיל להם משפט, נעשו בבחינת **אָכֵן כְּאָדָם תְּמוּתוּן**. ועל כן מסיים: **קוּמָה אֱלֹהִים שָׁפְטָה הָאָרֶץ**, היינו שעתה אנו צריכים שהשם יתברך בעצמו יכלה ויבער הרע של הערב רב, שאין בנו כוח לבערו על־ידי אש המשפט שלנו, וימשיך המשפט שלו עליהם כדי לבער הרע שלהם גם כן עד שכל הגויים יתקרבו אליו יתברך, שזהו בחינת **כִּי אַתָּה תִנְחַל בְּכָל הַגּוֹיִם**, כי השם יתברך בוודאי יש לו כוח לכבוש ולנחול כל הגויים, להכניע ולבטל הרע של כולם, כמו שיהיה באמת לעתיד.

על־פי ליקוטי הלכות, כוח והרשאה ד: יט

וְיֵדְעוּ כִּֽי־אַתָּה שִׁמְךָ יהוה לְבַדֶּךָ עֶלְיוֹן עַל־כָּל־הָאָֽרֶץ׃

ספר שלישי

פרק פג

מזמור תפילה אשר נכתב בזמן שנראה שכל העמים מסביב עולים למלחמה על ישראל, ועולה מתוכו כי הוא שייך לדור קדום למדיי, עוד לפני ניצחונותיו של דוד המלך.

א שִׁיר מִזְמוֹר לְאָסָף:

ב אֱלֹהִים אַל־דֳּמִי־לָךְ
אַל־תֶּחֱרַשׁ וְאַל־תִּשְׁקֹט
אֵל:

ג כִּי־הִנֵּה אוֹיְבֶיךָ יֶהֱמָיוּן
וּמְשַׂנְאֶיךָ נָשְׂאוּ רֹאשׁ:

ד עַל־עַמְּךָ יַעֲרִימוּ סוֹד
וְיִתְיָעֲצוּ עַל־צְפוּנֶיךָ:

ה אָמְרוּ לְכוּ וְנַכְחִידֵם מִגּוֹי
וְלֹא־יִזָּכֵר שֵׁם־יִשְׂרָאֵל
עוֹד:

ו כִּי נוֹעֲצוּ לֵב יַחְדָּו
עָלֶיךָ בְּרִית יִכְרֹתוּ:

ז אָהֳלֵי אֱדוֹם וְיִשְׁמְעֵאלִים
מוֹאָב וְהַגְרִים:

ח גְּבָל וְעַמּוֹן וַעֲמָלֵק
פְּלֶשֶׁת עִם־יֹשְׁבֵי צוֹר:

א שִׁיר מִזְמוֹר לְאָסָף.

ב אֱלֹהִים, אַל־דֳּמִי־לָךְ, אני מבקש שתעשה משהו, שתפעל, אַל־תֶּחֱרַשׁ - אל תחריש - וְאַל־תִּשְׁקֹט, אֵל.

ג כִּי־הִנֵּה, הרי, אוֹיְבֶיךָ יֶהֱמָיוּן, מרימים קול, וּמְשַׂנְאֶיךָ נָשְׂאוּ רֹאשׁ, מתרוממים.

ד עַל־עַמְּךָ יַעֲרִימוּ סוֹד, הם מתאספים, דנים ומנסים למצוא דרך להערים על עמך, וְיִתְיָעֲצוּ עַל־צְפוּנֶיךָ, הם מתכוננים לעשות משהו כנגדנו ולהשמיד הן את הדברים הנראים לעין והן את הדברים הנסתרים.

ה והתכנית שלהם איננה מלחמה פשוטה אלא מלחמת שמד. אָמְרוּ: 'לְכוּ וְנַכְחִידֵם מִגּוֹי, נשמיד אותם כך שלא יהיו עוד בגדר עם, וְלֹא־יִזָּכֵר שֵׁם־יִשְׂרָאֵל עוֹד'.

ו כִּי נוֹעֲצוּ לֵב יַחְדָּו, הם התייעצו בלב אחד, באחדות, עָלֶיךָ בְּרִית יִכְרֹתוּ, כי בסופו של דבר המלחמה נגד ישראל היא מלחמה נגד אלוקי ישראל.

ז ואותם אויבים כוללים את כולם: אָהֳלֵי אֱדוֹם וְיִשְׁמְעֵאלִים, מוֹאָב וְהַגְרִים - בני הגר, כלומר: ערבים אחרים,

ח וכן גְּבָל, שהייתה ממלכה קטנה מצפון לישראל, וְעַמּוֹן וַעֲמָלֵק, פְּלֶשֶׁת עִם־יֹשְׁבֵי צוֹר.

פג,ב אֱלֹהִים אַל דֳּמִי לָךְ. חמש מדרגות בנשמת אדם, ארבע ועוד אחת. ארבע עליונות – רוח, נשמה, חיה ויחידה; ואחת תחתונה – "כי נפש הבשר בדם הִוא". נפש זו שרויה בהסתר, בחינת לילה, נתונה למאסר הגוף והנפש הבהמית, ותשוקתה תמיד לזכות לאור היום, לגילוי אלוהות. וכמו שהוא למטה, בנפש האדם, כך הוא למעלה: בחינת "נפש כל חי" – היא מלכותו יתברך, השכינה הקדושה – יורדת להחיות את העולמות התחתונים. שם, בעולמות הפירוד, נדמה כאילו העולם הוא יש ודבר נפרד, והלא היא יודעת מאוד שהכול אלוהות. לפיכך תמיד משתוקקת "נפש כל חי" זו לשוב ולעלות אל מקורה, כמו שכתוב אֱלֹהִים אַל דֳּמִי לָךְ אַל תֶּחֱרַשׁ וְאַל תִּשְׁקֹט אֵל, ובזוהר הקדוש אמרו: "נהורא תתאה קארי תדיר לנהורא עילאה ולא שכיך", האור שלמטה קורא תדיר לאור שלמעלה, ואינו שותק לעולם.

על־פי תורת שמואל תרל"ב ח"ב, עמ' תריח

ט גַּם־אַשּׁוּר נִלְוָה עִמָּם
הָיוּ זְרוֹעַ לִבְנֵי־לוֹט סֶלָה׃
י עֲשֵׂה־לָהֶם כְּמִדְיָן
כְּסִיסְרָא כְיָבִין
בְּנַחַל קִישׁוֹן׃
יא נִשְׁמְדוּ בְעֵין־דֹּאר
הָיוּ דֹּמֶן לָאֲדָמָה׃
יב שִׁיתֵמוֹ נְדִיבֵמוֹ
כְּעֹרֵב וְכִזְאֵב
וּכְזֶבַח וּכְצַלְמֻנָּע
כָּל־נְסִיכֵמוֹ׃
יג אֲשֶׁר אָמְרוּ נִירְשָׁה לָּנוּ
אֵת נְאוֹת אֱלֹהִים׃
יד אֱלֹהַי שִׁיתֵמוֹ כַגַּלְגַּל
כְּקַשׁ לִפְנֵי־רוּחַ׃
טו כְּאֵשׁ תִּבְעַר־יָעַר
וּכְלֶהָבָה תְּלַהֵט הָרִים׃
טז כֵּן תִּרְדְּפֵם בְּסַעֲרֶךָ
וּבְסוּפָתְךָ תְבַהֲלֵם׃

ט גַּם־אַשּׁוּר נִלְוָה עִמָּם, אף על פי שהוא מרוחק מארץ ישראל, הָיוּ זְרוֹעַ לִבְנֵי־לוֹט סֶלָה, הם תומכים בבני לוט, המואבים והעמונים, אשר הם יוזמי המלחמה.

י וכאן באה תפילה: עֲשֵׂה־לָהֶם כְּמִדְיָן, כמו שעשית למדיין שהובסו ופוזרו בידי גדעון, כְּסִיסְרָא וכמו שעשית לסיסרא, כְיָבִין בְּנַחַל קִישׁוֹן,

יא אשר שניהם נִשְׁמְדוּ בְעֵין־דֹּאר והָיוּ כולם דֹּמֶן, חומר זיבול, לָאֲדָמָה.

יב שִׁיתֵמוֹ נְדִיבֵמוֹ - עשה את עשיריהם, גדוליהם - שיהיה סופם כְּעֹרֵב וְכִזְאֵב, שרי הצבא של מדיין בזמן גדעון אשר נהרגו בידי גדעון, וּכְזֶבַח וּכְצַלְמֻנָּע כָּל־נְסִיכֵמוֹ, נסיכי מדיין האחרים, וכך תעשה לכל נסיכיהם של כל האויבים של עכשיו.

יג אֲשֶׁר אָמְרוּ, כל אלה: 'נִירְשָׁה לָּנוּ אֵת נְאוֹת אֱלֹהִים', אנחנו רוצים לכבוש את הארץ כדי שתהיה לנו, שתהפוך להיות נחלתנו שלנו.

יד אֱלֹהַי, שִׁיתֵמוֹ - עשה אותם, שים אותם - כַגַּלְגַּל, שיש אומרים שהוא כעין עמוד חול שמתגלגל ולפעמים גם סוחף אתו פיסות קש, כְּקַשׁ המתפזר לִפְנֵי־רוּחַ,

טו ותהיה להם כְּאֵשׁ תִּבְעַר־יָעַר וּכְלֶהָבָה תְּלַהֵט - תשרוף - הָרִים.

טז כֵּן תִּרְדְּפֵם אתה בְּסַעֲרֶךָ, וּבְסוּפָתְךָ תְבַהֲלֵם.

פג,יד כְּקַשׁ לִפְנֵי רוּחַ. הבטחה טובה ונחמה גדולה הבטיח הקב"ה לישראל, שהפרישם לו מבין האומות למעשר, ולא יחליפם באומה אחרת לעולם, שהרי עשרה דורות מאדם ועד נח – והעשירי קודש לה', וכמותם עשרה דורות מנח עד אברהם – והעשירי קודש לה', וכן ישראל מבין האומות, שנאמר: "קֹדֶשׁ ישראל לה' ראשית תבואתה" (ירמיהו ב ג). ואף ש"אחרי רבים להטות", והלא אומות העולם הן הרבים, מתוך חיבתן של ישראל על הקב"ה נעשו "דבר שבמניין" (ביצה ג, ב), שחשוב ביותר ואינו בטל ברוב. שכך אמרו חז"ל: "'בטנך ערמת חטים' – נמשלו ישראל לערמה של חטים. מה חטים הללו נכנסים לאוצר במניין, כך אמר הקב"ה שיהיו ישראל נמנים בכל שעה; אבל התבן והקש אינם נמנים, כך האומות הקדמונים היו נמשלים לתבן וקש, שנאמר כְּקַשׁ לִפְנֵי רוּחַ".

על־פי אוהב חסד, במדבר

יז מַלֵּא פְנֵיהֶם קָלוֹן
וִיבַקְשׁוּ שִׁמְךָ יְהוָה:
יח יֵבֹשׁוּ וְיִבָּהֲלוּ עֲדֵי־עַד
וְיַחְפְּרוּ וְיֹאבֵדוּ:
יט וְיֵדְעוּ
כִּי־אַתָּה שִׁמְךָ יְהוָה לְבַדֶּךָ
עֶלְיוֹן עַל־כָּל־הָאָרֶץ:

יז מַלֵּא פְנֵיהֶם קָלוֹן, בושה, עד אשר וִיבַקְשׁוּ שִׁמְךָ, ה׳, כיוון שירצו להינצל מצרתם בדרך כלשהי.

יח יֵבֹשׁוּ וְיִבָּהֲלוּ עֲדֵי־עַד, וְיַחְפְּרוּ וְיֹאבֵדוּ.

יט וְיֵדְעוּ כולם כִּי־אַתָּה שִׁמְךָ ה׳ לְבַדֶּךָ, כלומר: אתה הוא היחיד ששמו וכוחו קיימים, ואתה הוא הָעֶלְיוֹן עַל־כָּל־הָאָרֶץ.

פג,יט **כִּי אַתָּה שִׁמְךָ ה׳ לְבַדֶּךָ.** שתי הנהגות מובילות את העולם: הנס והטבע. הנס משדד מערכות, מיישר הרים וקורע את הים, ומפרסם בגלוי שיש בעל בית לעולם. הטבע גם הוא מלא נסים, אלא שאין מכיר בהם זולת מחוללם, והם בבחינת "לעֹשׂה נפלאות גדֹלות לבדו" (קלו ד). חייו של אדם מלאים נסים כאלה, רצף של מאורעות שאין שם ה׳ ניכר בהם בגלוי, ועם זאת הם מכוונים בדיוק מופלא לטובת האדם בכל תהלוכות חייו. איזה מן הנסים גדול יותר? כל זמן שלא באה גאולה לעולם, הנס הגלוי גדול בעיני העולם, שמתוכו למדים הכול לדעת שאין חזק כה׳, המשבר את הטבע ברצונו. אך לעתיד לבוא תתגלה מעלתו של הנס הטבעי, המודיע **שאַתָּה שִׁמְךָ ה׳ לְבַדֶּךָ**, וגם הטבע עושה את רצונו מהחל ועד כלה.

על־פי ספר המאמרים תשכ״ב, עמ׳ שטו

נִכְסְפָה וְגַם־כָּלְתָה נַפְשִׁי לְחַצְרוֹת יהוה לִבִּי וּבְשָׂרִי יְרַנְּנוּ אֶל אֵל־חָי:

ספר שלישי
פרק פד

מזמור תפילה המבטא את התשוקה להיות קרוב לקב״ה, להימצא סמוך למקדש ולהתפלל בו.

א לַמְנַצֵּ֥חַ עַֽל־הַגִּתִּ֑ית
לִבְנֵי־קֹ֥רַח מִזְמֽוֹר׃
ב מַה־יְּדִיד֥וֹת מִשְׁכְּנוֹתֶ֗יךָ
יְהֹוָ֥ה צְבָאֽוֹת׃
ג נִכְסְפָ֨ה וְגַם־כָּלְתָ֨ה ׀ נַפְשִׁי֮
לְחַצְר֪וֹת יְה֫וָ֥ה
לִבִּ֥י וּבְשָׂרִ֑י
יְ֝רַנְּנ֗וּ אֶ֣ל אֵֽל־חָֽי׃
ד גַּם־צִפּ֨וֹר ׀ מָ֤צְאָה בַ֡יִת
וּדְר֤וֹר ׀ קֵ֥ן ׀ לָהּ֮
אֲשֶׁר־שָׁ֢תָה אֶפְרֹ֫חֶ֥יהָ
אֶֽת־מִ֭זְבְּחוֹתֶיךָ
יְהֹוָ֣ה צְבָא֑וֹת מַ֝לְכִּ֗י וֵאלֹהָֽי׃
ה אַ֭שְׁרֵי יוֹשְׁבֵ֣י בֵיתֶ֑ךָ
ע֝֗וֹד יְֽהַלְל֥וּךָ סֶּֽלָה׃
ו אַשְׁרֵ֣י אָ֭דָם עֽוֹז־ל֣וֹ בָ֑ךְ
מְ֝סִלּ֗וֹת בִּלְבָבָֽם׃
ז עֹבְרֵ֤י ׀ בְּעֵ֣מֶק הַ֭בָּכָא
מַעְיָ֣ן יְשִׁית֑וּהוּ

א לַמְנַצֵּחַ עַל־הַגִּתִּית לִבְנֵי־קֹרַח מִזְמוֹר.

ב מַה־יְּדִידוֹת, במובן של נעימות וחביבות, מִשְׁכְּנוֹתֶיךָ, ה׳ צְבָאוֹת.

ג נִכְסְפָה וְגַם־כָּלְתָה נַפְשִׁי לְחַצְרוֹת ה׳, לִבִּי וּבְשָׂרִי יְרַנְּנוּ אֶל אֵל־חָי.

ד גַּם־צִפּוֹר מָצְאָה בַיִת; אף שהיא עפה ממקום למקום הרי בסופו של דבר יש לה בית, וּדְרוֹר וגם דרור מצאה קֵן לָהּ, אֲשֶׁר־שָׁתָה, אשר שם היא שמה את אֶפְרֹחֶיהָ.

ואילו אני מחפש שמשכני יהיה אֶת־מִזְבְּחוֹתֶיךָ - עם מזבחותיך - ה׳ צְבָאוֹת, מַלְכִּי וֵאלֹהָי, רק שם הייתי רוצה שיהיה קני וביתי.

ה אַשְׁרֵי יוֹשְׁבֵי בֵיתֶךָ, עוֹד יְהַלְלוּךָ, סֶּלָה, היושבים בבית ה׳ שרים, וישירו עוד.

ו אַשְׁרֵי אָדָם, עוֹז־לוֹ בָךְ, אשרי מי שאתה הוא בשבילו העוז, שיש מְסִלּוֹת, דרכים, בִּלְבָבָם הפונות אליך.

פד,ג נִכְסְפָה וְגַם כָּלְתָה נַפְשִׁי לְחַצְרוֹת ה׳. כי השכל שבנפש המשכלת, כשמתבונן ומעמיק בגדולת ה׳ איך הוא ממלא כל עלמין וסובב כל עלמין וכולא קמיה כלא חשיב, נולדה ונתעוררה מידת יראת הרוממות במוחו ומחשבתו לירא ולהתבושש מגדולתו יתברך שאין לה סוף ותכלית, ושוב יתלהב לבו באהבה עזה כרשפי אש בחשיקה וחפיצה ותשוקה ונפש שוקקה לגדולת אין־סוף ברוך־הוא, והיא כלות הנפש, כדכתיב נִכְסְפָה וְגַם כָּלְתָה נַפְשִׁי.

על־פי תניא, ג

פד,ד גַּם צִפּוֹר מָצְאָה בַיִת. כי יש נפשות שרחוקים מאוד מהשם יתברך, וגם הם מוצאים בית מנוחה על־ידי משכנות ה׳, בתי מדרשות, כי על־ידי זה יש גם להם תקווה לנצח. וזה וּדְרוֹר קֵן לָהּ, כי יש שקשה לתופסם ולקרבם אל הקדושה כמו ציפור דרור, שנשמט ממקום למקום, ועל־ידי קדושת בית המדרש גם הם מוצאים קן להם להתקרב ולהישאר קיים בקדושת ישראל.

על־פי ליקוטי הלכות, תפילת המנחה ז: סז

פרק פד • ספר שלישי • ליום רביעי • יז לחודש תהלים • 351

גַּם־בְּרָכוֹת יַעְטֶה מוֹרֶה׃
ח יֵלְכוּ מֵחַיִל אֶל־חָיִל
יֵרָאֶה אֶל־אֱלֹהִים בְּצִיּוֹן׃
ט יְהוָה אֱלֹהִים צְבָאוֹת
שִׁמְעָה תְפִלָּתִי
הַאֲזִינָה אֱלֹהֵי יַעֲקֹב סֶלָה׃
י מָגִנֵּנוּ רְאֵה אֱלֹהִים
וְהַבֵּט פְּנֵי מְשִׁיחֶךָ׃
יא כִּי טוֹב־יוֹם בַּחֲצֵרֶיךָ מֵאָלֶף
בָּחַרְתִּי
הִסְתּוֹפֵף בְּבֵית אֱלֹהַי
מִדּוּר בְּאָהֳלֵי־רֶשַׁע׃
יב כִּי שֶׁמֶשׁ ׀ וּמָגֵן
יְהוָה אֱלֹהִים
חֵן וְכָבוֹד יִתֵּן יְהוָה
לֹא יִמְנַע־טוֹב
לַהֹלְכִים בְּתָמִים׃
יג יְהוָה צְבָאוֹת
אַשְׁרֵי אָדָם בֹּטֵחַ בָּךְ׃

ז עֹבְרֵי בְּעֵמֶק הַבָּכָא, אנשים העוברים בעמק של דמעות, או על כל פנים עמק של גידולי פרא (וייתכן שהכוונה ל"בכאים", שהוא שמו של צמח אשר צמח בעבר ליד ירושלים), מַעְיָן יְשִׁיתוּהוּ, תפילותיהם ועבודתם הופכים את העמק הזה למקום של מעיין. גַּם־בְּרָכוֹת יַעְטֶה מוֹרֶה, מי שמורה את הדרך אל המקומות הללו, גם הוא יבורך.

ח יֵלְכוּ מֵחַיִל אֶל־חָיִל, מהצלחה להצלחה, יֵרָאֶה כל צבאם וגודלם אֶל־אֱלֹהִים בְּצִיּוֹן, שזו היא הדרך שהולכים אליה.

ט ה׳ אֱלֹהִים צְבָאוֹת, שִׁמְעָה תְפִלָּתִי, הַאֲזִינָה לבקשתי, אֱלֹהֵי יַעֲקֹב, סֶלָה.

י מָגִנֵּנוּ רְאֵה, אֱלֹקִים, ראה ועזור לזה שהוא המגן לנו, כלומר: המלך המושיע, וְהַבֵּט פְּנֵי מְשִׁיחֶךָ, הסתכל עליו בעין טובה.

יא כִּי טוֹב־יוֹם אחד בַּחֲצֵרֶיךָ יותר מֵאָלֶף ימים אחרים, בָּחַרְתִּי הִסְתּוֹפֵף בְּבֵית אֱלֹהַי מִדּוּר - מאשר לגור - בְּאָהֳלֵי־רֶשַׁע.

יב כִּי שֶׁמֶשׁ וּמָגֵן ה׳ אֱלֹהִים, ה׳ הוא גם השמש, כלומר: מקור האור והעוצמה, והוא גם המגן והמחסה.

חֵן וְכָבוֹד יִתֵּן ה׳ לאוהביו, וְלֹא יִמְנַע־טוֹב לַהֹלְכִים בְּתָמִים.

יג ה׳ צְבָאוֹת, אַשְׁרֵי אָדָם בֹּטֵחַ בָּךְ.

פד,ח יֵלְכוּ מֵחַיִל אֶל חָיִל. כשאדם הולך באמת, על כורחו הוא מניח מקומו הראשון מאחוריו. כאשר הוא עוזב את העולם־הזה עליו לשכוח כל "חיזו דהאי עלמא" [=מראית העולם ועסקיו] קודם שיתעלה אל מדרגת העולם־הבא. ובעליות נשמתו באותו עולם, כשהיא יוצאת מגן העדן התחתון לגן העדן העליון, עליה לטבול תחילה במי־אש של נהר דינור, המסירים ממנה את כל סיגי השגתה הנמוכה, ומכשירים אותה להשגה חדשה בתכלית. ואם כן הוא למעלה, כך צריך להיות גם למטה: שבכל הליכה יצעד אדם אל שמים חדשים, שכל יום יהיה יום חדש באמת.

על־פי תורת מנחם תשנ"ב, שיחת פרשת לך לך

אֱמֶת מֵאֶרֶץ תִּצְמָח וְצֶדֶק מִשָּׁמַיִם נִשְׁקָף:

ספר שלישי
פרק פה

מזמור של הודיה שאינו מתייחס למאורע מוגדר ומסוים, אלא לשינוי לטובה במצב – אם כי הוא מזכיר גם זמנים אחרים, הן בעבר והן בהווה, שהיו נוחים פחות.

א לַמְנַצֵּחַ לִבְנֵי־קֹרַח מִזְמוֹר׃
ב רָצִיתָ יְהוָה אַרְצֶךָ
שַׁבְתָּ שְׁבִית יַעֲקֹב׃
ג נָשָׂאתָ עֲוֹן עַמֶּךָ
כִּסִּיתָ כָל־חַטָּאתָם סֶלָה׃
ד אָסַפְתָּ כָל־עֶבְרָתֶךָ
הֱשִׁיבוֹתָ מֵחֲרוֹן אַפֶּךָ׃
ה שׁוּבֵנוּ אֱלֹהֵי יִשְׁעֵנוּ
וְהָפֵר כַּעַסְךָ עִמָּנוּ׃
ו הַלְעוֹלָם תֶּאֱנַף־בָּנוּ
תִּמְשֹׁךְ אַפְּךָ לְדֹר וָדֹר׃
ז הֲלֹא־אַתָּה תָּשׁוּב תְּחַיֵּנוּ
וְעַמְּךָ יִשְׂמְחוּ־בָךְ׃
ח הַרְאֵנוּ יְהוָה חַסְדֶּךָ
וְיֶשְׁעֲךָ תִּתֶּן־לָנוּ׃
ט אֶשְׁמְעָה מַה־יְדַבֵּר
הָאֵל | יְהוָה
כִּי | יְדַבֵּר שָׁלוֹם

שְׁבוּת

א לַמְנַצֵּחַ לִבְנֵי־קֹרַח מִזְמוֹר.

ב רָצִיתָ, ה׳, אַרְצֶךָ, כלומר: אתה פונה אליה מתוך רצון וחיבה, שַׁבְתָּ - בעיקר במשמעות של השבה, החזרה, של שְׁבִית - השבות של - בית יַעֲקֹב.

ג נָשָׂאתָ, סלחת, עֲוֹן עַמֶּךָ, כִּסִּיתָ כָל־חַטָּאתָם סֶלָה, כך שהעוון איננו נראה עוד. אדם החוזר בתשובה נקרא ״כסוי פשע״, כלומר: עוונו אינו נגלה עוד, אלא הוא נסתר ומסותר.

ד אָסַפְתָּ והחזרת את כָל־עֶבְרָתֶךָ, כעסך, הֱשִׁיבוֹתָ מֵחֲרוֹן אַפֶּךָ.

ה וכאן באים כמה פסוקי תחינה: שׁוּבֵנוּ, - במשמעויות שיש למילה זו בכלל, ובמיוחד במזמור זה, פירושה: שוב אלינו, אֱלֹהֵי יִשְׁעֵנוּ, וְהָפֵר כַּעַסְךָ עִמָּנוּ.

ו הַלְעוֹלָם תֶּאֱנַף־בָּנוּ, תִּמְשֹׁךְ אַפְּךָ - זעמך, כעסך - לְדֹר וָדֹר?

ז הֲלֹא־אַתָּה תָּשׁוּב תְּחַיֵּנוּ, וְעַמְּךָ יִשְׂמְחוּ־בָךְ בשובך אליהם.

ח הַרְאֵנוּ, ה׳, חַסְדֶּךָ, וְיֶשְׁעֲךָ תִּתֶּן־לָנוּ.

ט אֶשְׁמְעָה מַה־יְדַבֵּר הָאֵל ה׳, והוא מסביר: כִּי יְדַבֵּר שָׁלוֹם אֶל־עַמּוֹ וְאֶל־חֲסִידָיו, אך בתנאי:

פה,ה **שׁוּבֵנוּ אֱלֹהֵי יִשְׁעֵנוּ.** יש תשובה שאדם עושה מלמטה, בטורח וביגיעה, ויש תשובה שבאה מלמעלה, מעצם הנשמה הנגלה פתאום. איזו רצויה? בשאלה זו נחלקו ישראל ואביהם שבשמים. ישראל אומרים ״השיבנו ה׳ אליך ונשובה״, שהרי אנו צועדים עקב בצד אגודל, ואם תהיה התשובה מוטלת עלינו — לא נגיע למקום שבעלי תשובה עומדים בו, שהוא למעלה מכל הגבלה. לעומתם, השם יתברך אומר ״שובו אלי ואשובה אליכם״, שכן רק בטורח ובעמל אפשר לאדם להפך את מציאותו ולהיות לאיש אחר. כשתבוא גאולה לעולם, תימצא הפשרה הכוללת את שתי המעלות: **שׁוּבֵנוּ אֱלֹהֵי יִשְׁעֵנוּ** — ״שנינו כאחד״ (מדרש תהלים). והפירוש: אתה ה׳ תעורר את לבנו לשוב אליך, אך התעוררות זו תהיה עדינה ונסתרת, נוגעת ואינה נוגעת, וממנה נתעורר לשוב בתשובה שלמה בכוחותינו אנו, ויימצאו בתשובתנו גם מטה וגם מעלה, גם תיקון פנימי וגם אור בלי גבול.

על־פי תורת מנחם ח״ל, עמ׳ 240

אֶל־עַמּ֣וֹ וְאֶל־חֲסִידָ֑יו
וְֽאַל־יָשׁ֥וּבוּ לְכִסְלָֽה׃
י אַ֤ךְ ׀ קָר֣וֹב לִירֵאָ֣יו יִשְׁע֑וֹ
לִשְׁכֹּ֖ן כָּב֣וֹד בְּאַרְצֵֽנוּ׃
יא חֶֽסֶד־וֶאֱמֶ֥ת נִפְגָּ֑שׁוּ
צֶ֖דֶק וְשָׁל֣וֹם נָשָֽׁקוּ׃
יב אֱ֭מֶת מֵאֶ֣רֶץ תִּצְמָ֑ח
וְ֝צֶ֗דֶק מִשָּׁמַ֥יִם נִשְׁקָֽף׃
יג גַּם־יְ֭הוָה יִתֵּ֣ן הַטּ֑וֹב
וְ֝אַרְצֵ֗נוּ תִּתֵּ֥ן יְבוּלָֽהּ׃
יד צֶ֭דֶק לְפָנָ֣יו יְהַלֵּ֑ךְ
וְיָשֵׂ֖ם לְדֶ֣רֶךְ פְּעָמָֽיו׃

וְאַל־יָשׁוּבוּ לְכִסְלָה, שלא ישובו לעשות מעשים רעים, שבעצם הם מעשי כסילות.

י אַךְ קָרוֹב לִירֵאָיו יִשְׁעוֹ, שנחזור ונראה כיצד הוא מתגלה שוב בארץ כדי לִשְׁכֹּן כָּבוֹד בְּאַרְצֵנוּ.

יא שהרי התגלות הקב"ה בעולם היא נקודת מפגש של כל הטוב: חֶסֶד־וֶאֱמֶת נִפְגָּשׁוּ, צֶדֶק וְשָׁלוֹם נָשָׁקוּ, משיקים, נוגעים זה בזה. ויש כאן גם דקות מסוימת: המפגשים המתוארים כאן הם מפגשים בין דברים שאינם תמיד עולים בקנה אחד, כי החסד והאמת מובילים לפעמים למסקנות מנוגדות, וכיוצא בזה גם הצדק והשלום.

יב אך כל זה נכון בעולם שיש בו בעיות וסכסוכים; ואילו כאשר העולם מגיע לרמה של שלמות ופיוס יכולים כל אלה להיות בכפיפה אחת בלי כל סתירה. ואז יהיו כל הדברים בצורה נכונה ובתואם: אֱמֶת מֵאֶרֶץ תִּצְמָח, וְצֶדֶק מִשָּׁמַיִם נִשְׁקָף – שייראה גם בעולם הזה.

יג גַּם־ה׳ יִתֵּן הַטּוֹב לכל, וְאַרְצֵנוּ תִּתֵּן יְבוּלָהּ.

יד צֶדֶק לְפָנָיו, לפני ה׳ בהתגלותו, יְהַלֵּךְ, בדרך של דימוי: הצדק מתהלך לפניו וְיָשֵׂם לְדֶרֶךְ פְּעָמָיו, כאילו אפשר לראות בפועל ממש שהצדק מתחיל ללכת, ואחריו בא כבוד ה׳.

פה,יב אֱמֶת מֵאֶרֶץ תִּצְמָח. בשעת בריאת העולם אמרה אמת: אל ייברא, שכולו שקרים! מה עשה הקב"ה? השליך אמת ארצה, שנאמר: אֱמֶת מֵאֶרֶץ תִּצְמָח (בראשית רבה ח: ה). ואנו רואים להפך, שכל העולם עומד על האמת, ושקרן אינו יכול להתעסק אפילו בעסקי העולם־הזה, כי אין איש עושה עמו משא־ומתן. אלא הפירוש כך: מכיוון שראה הקב"ה שמידת אמת אינה באה בנקל, ואין האדם מעורר עצמו לבוא עליה אם אינו מוכרח, על כן השליך אמת ארצה – שגם בארציות לא יוכל להתקיים בלא אמת – בכדי שעל־ידי זה יעורר עצמו לבוא אל האמת גם בעבודת הבורא יתברך.

על־פי קדושת לוי, בראשית

שַׂמֵּחַ נֶפֶשׁ עַבְדֶּךָ כִּי אֵלֶיךָ אֲדֹנָי נַפְשִׁי אֶשָּׂא:

ספר שלישי

פרק פו

קריאתו של המשורר, שיש עליו
איומים רבים, לעזרת ה', ותפילה
לא רק לישועה אלא גם לכך שיוכל
להמשיך ללכת בדרך הטוב.

א תְּפִלָּ֗ה לְדָ֫וִ֥ד
הַטֵּֽה־יְהֹוָ֣ה אָזְנְךָ֣ עֲנֵ֑נִי
כִּי־עָנִ֖י וְאֶבְי֣וֹן אָֽנִי׃
ב שָׁמְרָ֣ה נַפְשִׁי֮ כִּֽי־חָסִ֪יד אָ֥נִי
הוֹשַׁ֣ע עַ֭בְדְּךָ אַתָּ֣ה אֱלֹהַ֑י
הַבּוֹטֵ֥חַ אֵלֶֽיךָ׃
ג חָנֵּ֥נִי אֲדֹנָ֑י
כִּֽי־אֵלֶ֥יךָ אֶ֝קְרָ֗א כָּל־הַיּֽוֹם׃
ד שַׂ֭מֵּחַ נֶ֣פֶשׁ עַבְדֶּ֑ךָ
כִּ֥י אֵלֶ֥יךָ אֲ֝דֹנָ֗י נַפְשִׁ֥י אֶשָּֽׂא׃
ה כִּֽי־אַתָּ֣ה אֲ֭דֹנָי ט֣וֹב וְסַלָּ֑ח
וְרַב־חֶ֝֗סֶד לְכָל־קֹרְאֶֽיךָ׃
ו הַאֲזִ֣ינָה יְ֭הֹוָה תְּפִלָּתִ֑י
וְ֝הַקְשִׁ֗יבָה בְּק֣וֹל תַּחֲנוּנוֹתָֽי׃
ז בְּי֣וֹם צָ֭רָתִי אֶקְרָאֶ֗ךָּ
כִּ֣י תַעֲנֵֽנִי׃
ח אֵין־כָּמ֖וֹךָ בָאֱלֹהִ֥ים ׀ אֲדֹנָ֗י
וְאֵ֣ין כְּֽמַעֲשֶֽׂיךָ׃

א תְּפִלָּה לְדָוִד. המזמור נפתח בבקשה כללית: הַטֵּה־ה׳ אָזְנְךָ, עֲנֵנִי – קודם כל כִּי־עָנִי וְאֶבְיוֹן אָנִי וראוי אני לפחות לרחמים, בגלל היותי מסכן.

ב ומכאן – בקשה יותר פרטית־אישית: שָׁמְרָה נַפְשִׁי מכל צרה, כִּי־חָסִיד אָנִי ההולך בדרך טובה וישרה.

הוֹשַׁע עַבְדְּךָ אַתָּה, אֱלֹהַי, הושע את הַבּוֹטֵחַ אֵלֶיךָ.

ג חָנֵּנִי, ה׳, כִּי־אֵלֶיךָ אֶקְרָא כָּל־הַיּוֹם.

ד שַׂמֵּחַ נֶפֶשׁ עַבְדֶּךָ, כִּי־אֵלֶיךָ, ה׳, נַפְשִׁי אֶשָּׂא כאן יש הדגשה לא רק של התחנונים, אלא גם שבעצם רק ה׳ הוא מקור תקוותי ומשעני.

ה כִּי־אַתָּה, ה׳, טוֹב וְסַלָּח, ואם חטאתי – אתה תמחל לי, וְרַב־חֶסֶד לְכָל־קֹרְאֶיךָ.

ו הַאֲזִינָה, ה׳, תְּפִלָּתִי וְהַקְשִׁיבָה בְּקוֹל תַּחֲנוּנוֹתָי.

ז בְּיוֹם צָרָתִי אֶקְרָאֶךָּ, כי יודע אני שאתה תַּעֲנֵנִי בצרתי.

ח אֵין־כָּמוֹךָ בָאֱלֹהִים, ה׳, וְאֵין כְּמַעֲשֶׂיךָ.

פו,ד שַׂמֵּחַ נֶפֶשׁ עַבְדֶּךָ. עיקר העבודה הנרצית בעיני השם יתברך הוא שתהיה המצווה נעשית בשמחה, כי כן כל כוונת הבריאה מתחילה, שישמח ה׳ במעשיו. ועיקר מקור הנפש ומחצבה הוא ממקום שמחה, כי עוז וחדווה במקומו והשמחה במעונו, ולכן בעליות הנפש אל מקורה על־ידי תורה ומעשים טובים, לא תוכל לעלות אלא על־ידי שמחה, כי זהו מקומה מתחילה. ועצבות הגוף ומקריו מבהלת את הנפש ולא תוכל לסבול, וגם עצבות האדם תמיד על חטאיו – לא טובה היא, ולא זו שלמות האדם בתשובה העליונה. כי הנה גדולה תשובה שמגעת עד כיסא הכבוד, ושם לא תוכל לעלות בלא שמחה. וזה שכתוב שַׂמֵּחַ נֶפֶשׁ עַבְדֶּךָ כִּי אֵלֶיךָ אֲדֹנָי נַפְשִׁי אֶשָּׂא, ולא תוכל נפשי להתדבק בשורשה רק בשמחה.

על־פי תפארת שלמה, ליקוטים, שמואל

ט כָּל־גּוֹיִם ׀ אֲשֶׁר עָשִׂיתָ
יָבוֹאוּ ׀ וְיִשְׁתַּחֲווּ לְפָנֶיךָ
אֲדֹנָי
וִיכַבְּדוּ לִשְׁמֶךָ׃
י כִּי־גָדוֹל אַתָּה
וְעֹשֵׂה נִפְלָאוֹת
אַתָּה אֱלֹהִים לְבַדֶּךָ׃
יא הוֹרֵנִי יְהוָה ׀ דַּרְכֶּךָ
אֲהַלֵּךְ בַּאֲמִתֶּךָ
יַחֵד לְבָבִי לְיִרְאָה שְׁמֶךָ׃
יב אוֹדְךָ ׀ אֲדֹנָי אֱלֹהַי
בְּכָל־לְבָבִי
וַאֲכַבְּדָה שִׁמְךָ לְעוֹלָם׃
יג כִּי־חַסְדְּךָ גָּדוֹל עָלָי
וְהִצַּלְתָּ נַפְשִׁי
מִשְּׁאוֹל תַּחְתִּיָּה׃
יד אֱלֹהִים ׀ זֵדִים קָמוּ־עָלַי
וַעֲדַת עָרִיצִים בִּקְשׁוּ נַפְשִׁי
וְלֹא שָׂמוּךָ לְנֶגְדָּם׃

ט וראוי שכל העולם, ואף כָּל־גּוֹיִם אֲשֶׁר עָשִׂיתָ - כל העמים, מכל הסוגים - יָבוֹאוּ וְיִשְׁתַּחֲווּ לְפָנֶיךָ, ה׳, וִיכַבְּדוּ לִשְׁמֶךָ.

י כִּי־גָדוֹל אַתָּה וְעֹשֵׂה נִפְלָאוֹת אַתָּה, אֱלֹהִים, לְבַדֶּךָ, ואין עוד מלבדך.

יא וכאן הוא מתפלל על דברים שונים: הוֹרֵנִי, ה׳, דַּרְכֶּךָ, אֲהַלֵּךְ בַּאֲמִתֶּךָ - באמת שלך, כלומר: באופן הראוי והנכון, יַחֵד לְבָבִי שלא יהיה עסוק אלא לְיִרְאָה שְׁמֶךָ.

יב אוֹדְךָ, ה׳ אֱלֹהַי, בְּכָל־לְבָבִי וַאֲכַבְּדָה שִׁמְךָ לְעוֹלָם.

יג כִּי־חַסְדְּךָ גָּדוֹל עָלָי וְהִצַּלְתָּ נַפְשִׁי מִשְּׁאוֹל תַּחְתִּיָּה.

יד וכאן פונה המזמור לבקשה ספציפית לעזרה בעולם הזה: אֱלֹהִים, זֵדִים - רשעים - קָמוּ־עָלַי, לעמוד נגדי, וַעֲדַת עָרִיצִים בִּקְשׁוּ נַפְשִׁי, וְלֹא שָׂמוּךָ לְנֶגְדָּם, וכל אלה אינם מתחשבים ברצונו של הקב״ה אלא עושים כשרירות לבבם.

פו,יא יַחֵד לְבָבִי לְיִרְאָה שְׁמֶךָ. כשנולד עשו הרשע היה ״כֻּלּוֹ כאדרת שער״ – מפוזר ומפורד כאדרת״. **מפוזר** – בחלקי השכל, שאף שנתעוררה בו לפעמים מחשבה טובה, הייתה מתפזרת ומתבטלת בהמון מחשבות רשע והבל, וכן התשוקה והחשק שלו היו מפוזרים בטרדת כיסופיו לענייני עולם־הזה. **ומפורד** – שהיה לבו מפורד משכלו, שאף שהשכיל לפעמים דבר טוב, לא היה לבו שומע לו, כי הייתה תשוקתו רק לרע כל היום. וכנגדו מצינו ביעקב אבינו ע״ה ש״כינוסו וכינוס בניו הצילו מיד עשו״, שהיה מכנס ומאחד כל חושיו, מחשבותיו ותשוקותיו לעבודת השם יתברך, ולא היה שום עניין וטרדה מסיח דעתו מזה. וזה: יַחֵד לְבָבִי לְיִרְאָה שְׁמֶךָ, שיהיו כל מחשבותינו, כוחותינו, חושינו ותשוקותינו לאחדים בידינו ליראה את ה׳, ויהיו המוח והלב מאוחדים, שכל מה שנשכיל שכך ראוי לעשות יהיה לבנו חושק אליו ולא לזולתו.

על־פי שם משמואל, וארא תרע״ב

טו וְאַתָּה אֲדֹנָי
אֵל־רַחוּם וְחַנּוּן
אֶרֶךְ אַפַּיִם
וְרַב־חֶסֶד וֶאֱמֶת׃
טז פְּנֵה אֵלַי וְחָנֵּנִי
תְּנָה־עֻזְּךָ לְעַבְדֶּךָ
וְהוֹשִׁיעָה לְבֶן־אֲמָתֶךָ׃
יז עֲשֵׂה־עִמִּי אוֹת לְטוֹבָה
וְיִרְאוּ שֹׂנְאַי וְיֵבֹשׁוּ
כִּי־אַתָּה יְהוָה
עֲזַרְתַּנִי וְנִחַמְתָּנִי׃

טו **וְאַתָּה, ה׳, אֵל־רַחוּם וְחַנּוּן, אֶרֶךְ אַפַּיִם וְרַב־חֶסֶד וֶאֱמֶת** - שזו כמעט לשון הכתוב (שמות לד, ו) -

טז **פְּנֵה אֵלַי וְחָנֵּנִי, תְּנָה־עֻזְּךָ לְעַבְדֶּךָ וְהוֹשִׁיעָה לְבֶן־אֲמָתֶךָ** - ביטוי נרדף לעבד, וליתר דיוק: עבד שנולד לתוך העבדות, שמעולם לא ידע חוויה אחרת או אפילו אדונים אחרים.

יז **עֲשֵׂה־עִמִּי אוֹת לְטוֹבָה**, איזשהו דבר שייראה גם בעיני אחרים כסימן טוב וכאות לכך שאני נחלץ מצרותיי, **וְיִרְאוּ** - ואז יראו **שֹׂנְאַי וְיֵבֹשׁוּ**, ויידעו **כִּי־אַתָּה, ה׳, עֲזַרְתַּנִי וְנִחַמְתָּנִי**.

פו,טז **תְּנָה עֻזְּךָ לְעַבְדֶּךָ.** כדרי מטה, שהמציאות החומרית היא המושכל הפשוט והראשון של חיינו, אנו נקראים "עבדים". עבד הוא מי שעובד את רבו למרות הפער המהותי הקיים ביניהם, הנוגד קרבה או הזדהות שלמה. במונחי פנימיות התורה, החיבור ביניהם נקרא "ייחודא תתאה" [=ייחוד תחתון]. כשהתחתון מתקשר בעליון ממקומו, בתוך מגבלות גדרי תפיסתו. אלא שמצד סוד נשמתנו אנו הרבה יותר. חלק אלו־ה ממעל שבנו קובע את מקומנו מעל ומעבר לגדרי החומר והצמצום, ובגעגועיו לשייכות המוחלטת הזו הוא תובע מאתנו להגביה את מבטנו יותר. לרומם את חיינו יותר. לפרוץ את גדרי תפיסת ה"תתאה" ולהפך את נקודת המבט עד ל"ייחודא עילאה" [=ייחוד עליון] – שתופס שהמציאות האמיתית והמוחשית ביותר היא דווקא זו של האור האלוהי הסובב וממלא את הכול, ואת עולם ה"מטה" צריך לראות דרך עיניו. **תְּנָה עֻזְּךָ לְעַבְדֶּךָ.**

על־פי אור התורה שמות ח"ד, עמ׳ א׳ פב

אֹהֵב יהוה שַׁעֲרֵי צִיּוֹן מִכֹּל מִשְׁכְּנוֹת יַעֲקֹב:

ספר שלישי

פרק פז

מזמור של תהילה, בעיקר תהילתה של ירושלים.

360 • תהלים יז לחודש • ליום רביעי • ספר שלישי • פרק פז

א לִבְנֵי־קֹרַח מִזְמוֹר שִׁיר
יְסוּדָתוֹ בְּהַרְרֵי־קֹדֶשׁ׃
ב אֹהֵב יהוה שַׁעֲרֵי צִיּוֹן
מִכֹּל מִשְׁכְּנוֹת יַעֲקֹב׃
ג נִכְבָּדוֹת מְדֻבָּר בָּךְ
עִיר הָאֱלֹהִים סֶלָה׃
ד אַזְכִּיר | רַהַב וּבָבֶל לְיֹדְעָי
הִנֵּה פְלֶשֶׁת וְצוֹר עִם־כּוּשׁ
זֶה יֻלַּד־שָׁם׃
ה וּלְצִיּוֹן | יֵאָמַר
אִישׁ וְאִישׁ יֻלַּד־בָּהּ
וְהוּא יְכוֹנְנֶהָ עֶלְיוֹן׃
ו יהוה יִסְפֹּר בִּכְתוֹב עַמִּים
זֶה יֻלַּד־שָׁם סֶלָה׃
ז וְשָׁרִים כְּחֹלְלִים
כָּל־מַעְיָנַי בָּךְ׃

א **לִבְנֵי־קֹרַח מִזְמוֹר שִׁיר, יְסוּדָתוֹ בְּהַרְרֵי־קֹדֶשׁ** - עיקרו של השיר הוא ההתייחסות להררי קודש, כלומר: ההר שעליו בנויים המקדש בפרט וירושלים בכלל.

ב ובשבחה של העיר: **אֹהֵב ה׳ שַׁעֲרֵי צִיּוֹן** יותר **מִכֹּל מִשְׁכְּנוֹת יַעֲקֹב**, כי זו העיר שה׳ בחר בה.

ג **נִכְבָּדוֹת מְדֻבָּר בָּךְ**, כלומר: דברים נכבדים ומעולים מדברים בך, **עִיר הָאֱלֹהִים, סֶלָה**.

ד במובן מסוים, שבחה של ירושלים מצוין בהבלטה לא רק בהשוואה ל״כל משכנות יעקב״, אלא גם ביחס לכל מדינות העולם. והוא מפרט: **אַזְכִּיר רַהַב וּבָבֶל לְיֹדְעָי** - רהב הוא כינוי, ולא תמיד בדרך של שבח, לארץ מצרים; ומצרים ובבל הן שתי הממלכות, המעצמות, הגדולות. **הִנֵּה** מצד אחר, **פְלֶשֶׁת וְצוֹר** שעל שפת הים, **עִם־כּוּשׁ** - הרחק בדרום, ולעתים גם שם יימצא איש מיוחד שייאמר עליו: **זֶה יֻלַּד־שָׁם**.

ה **וּלְצִיּוֹן**, שהיא מקום מיוחד ומעולה, **יֵאָמַר: אִישׁ וְאִישׁ יֻלַּד־בָּהּ** - ששם אין צורך לבקש אחר אדם אחד מעולה, אלא אנשים גדולים - אישים - רבים נולדים בה, **וְהוּא**, הקב״ה עצמו, **יְכוֹנְנֶהָ עֶלְיוֹן** - העליון, הקב״ה, יבנה אותה ויקים אותה על מכונה.

ו כאשר **ה׳ יִסְפֹּר בִּכְתוֹב עַמִּים**, כלומר: סופר וכותב את כל העמים, בכל זאת יש לו מקום מיוחד לבחירים של ירושלים, שעל כל אחד מהם אפשר לומר: **זֶה** אשר **יֻלַּד־שָׁם, סֶלָה**.

ז והכל משבחים את ירושלים, **וְשָׁרִים** - אנשים ששרים שירים - הם **כְּחֹלְלִים**, כמו אלה שמחוללים מחול, **כָּל־מַעְיָנַי** - תשוקותיי ותקוותיי - **בָּךְ**, בירושלים הקדושה.

פו,ו **אִישׁ וְאִישׁ יֻלַּד בָּהּ**. ״שאו את ראש כל עדת בני ישראל״. שאו לשון התנשאות, שעל־ידי המניין יהיה כל אחד מישראל בבחינת ״דבר שבמניין״ ויהיה חשוב בעיני השם יתברך. וזה: **ה׳ יִסְפֹּר בִּכְתוֹב עַמִּים** – כי על האומות אין הקב״ה משגיח על כל נפש בפרט, רק על כולם בכלל, לקיום המין; **וּלְצִיּוֹן יֵאָמַר אִישׁ וְאִישׁ יֻלַּד בָּהּ** – אבל על ישראל משגיח הקב״ה על כל נפש בפרט. כי מתוך כל נפשות ישראל ניכרת גדלות השם יתברך, וכמו שמציירים צורת המלך על אלפי טבלאות, ואם תאבד אחת מהן תהיה הצורה חסרה. ובאותה שעה שנמנה כל אחד מישראל, היה הוא הגדול שבכל ישראל. כי כל אחד מישראל אחוז באחת ממידותיו של הקב״ה, וכשנמנה – היה השם יתברך מאיר בזאת המידה, וממילא היה הוא הגדול. ועל־ידי זה יש לכל אחד מישראל התנשאות.

על־פי מי השילוח, במדבר

וַאֲנִי ׀ אֵלֶיךָ יהוה שִׁוַּעְתִּי וּבַבֹּקֶר תְּפִלָּתִי תְקַדְּמֶךָּ׃

ספר שלישי
פרק פח

מזמור תחינה של אדם הסובל ממחלה קשה,
המביאה לכך שגם הקרובים אליו יתרחקו
ממנו, ובקשה לה׳ שיושיענו מסבלו וירפאנו.

א שִׁיר מִזְמוֹר לִבְנֵי קֹרַח
לַמְנַצֵּחַ עַל־מָחֲלַת לְעַנּוֹת
מַשְׂכִּיל לְהֵימָן הָאֶזְרָחִי:
ב יְהוָה אֱלֹהֵי יְשׁוּעָתִי
יוֹם־צָעַקְתִּי בַלַּיְלָה נֶגְדֶּךָ:
ג תָּבוֹא לְפָנֶיךָ תְּפִלָּתִי
הַטֵּה אָזְנְךָ לְרִנָּתִי:
ד כִּי־שָׂבְעָה בְרָעוֹת נַפְשִׁי
וְחַיַּי לִשְׁאוֹל הִגִּיעוּ:
ה נֶחְשַׁבְתִּי עִם־יוֹרְדֵי בוֹר
הָיִיתִי כְּגֶבֶר אֵין־אֱיָל:
ו בַּמֵּתִים חָפְשִׁי
כְּמוֹ חֲלָלִים ׀ שֹׁכְבֵי קֶבֶר
אֲשֶׁר לֹא זְכַרְתָּם עוֹד
וְהֵמָּה מִיָּדְךָ נִגְזָרוּ:
ז שַׁתַּנִי בְּבוֹר תַּחְתִּיּוֹת
בְּמַחֲשַׁכִּים בִּמְצֹלוֹת:

א שִׁיר מִזְמוֹר לִבְנֵי קֹרַח, לַמְנַצֵּחַ עַל־מָחֲלַת לְעַנּוֹת – ייתכן שכותרת זו באה לומר שזהו שיר הכולל בתוכו מענה, כעין פזמון או חרוז חוזר של קבוצה אחרת, כמו בדברי קינה.

מַשְׂכִּיל לְהֵימָן הָאֶזְרָחִי, אולי אחד מבני קורח, שהיה ממשוררי המקדש בזמן דוד המלך. וייתכן שהוא הימן אחר (מבני זרח, משבט יהודה, ולא מן הלוויים), שגם הוא היה ממשוררי המקדש. בכללו זהו שיר תחנונים אשר, שלא כמזמורים אחרים, אין לו סיום של תקווה ועידוד.

ב ה׳ אֱלֹהֵי יְשׁוּעָתִי, יוֹם־צָעַקְתִּי, וגם בַלַּיְלָה זועקתי נֶגְדֶּךָ, לעומתך.

ג תָּבוֹא לְפָנֶיךָ תְּפִלָּתִי, הַטֵּה אָזְנְךָ לְרִנָּתִי.

ד כִּי־שָׂבְעָה בְרָעוֹת נַפְשִׁי, אין לי עוד כוח לשאת את צרותיי, וְחַיַּי לִשְׁאוֹל הִגִּיעוּ, חיי כבר סמוכים ממש למוות,

ה עד כדי כך שבעיני אחרים כבר נֶחְשַׁבְתִּי עִם־יוֹרְדֵי בוֹר, הריני כמי שכבר מת ונקבר, הָיִיתִי כְּגֶבֶר אֵין־אֱיָל, כגבר שכבר לא נותר בו כוח כלל.

ו בַּמֵּתִים חָפְשִׁי – נחשב כאחד מן המתים, ובתור שכזה הוא חופשי מכל שעבוד ומכל קשר עם ענייני העולם. אני כְּמוֹ חֲלָלִים שֹׁכְבֵי קֶבֶר אֲשֶׁר לֹא זְכַרְתָּם עוֹד, כי הם כבר מתו ואין עוד טעם ועניין לעסוק בהם. וְהֵמָּה מִיָּדְךָ נִגְזָרוּ, נחתכו מידך ובידך.

ז שַׁתַּנִי, שמת אותי, בְּבוֹר תַּחְתִּיּוֹת, בְּמַחֲשַׁכִּים, בִּמְצֹלוֹת, קבור בעומק האדמה.

פח,ב יוֹם צָעַקְתִּי בַלַּיְלָה נֶגְדֶּךָ – מאוד יש להיזהר שלא להתפלל בבחינת אחד בפה ואחד בלב, שביום הוא צועק בתפילה ובלילה אינו משגיח בכך ומתנהג נגד רצונו יתברך.

על־פי תורת אבות, טהרת המידות, סה

ח עָלַי סָמְכָה חֲמָתֶךָ
וְכָל־מִשְׁבָּרֶיךָ עִנִּיתָ סֶּלָה:
ט הִרְחַקְתָּ מְיֻדָּעַי מִמֶּנִּי
שַׁתַּנִי תוֹעֵבוֹת לָמוֹ
כָּלֻא וְלֹא אֵצֵא:
י עֵינִי דָאֲבָה מִנִּי עֹנִי
קְרָאתִיךָ יהוה בְּכָל־יוֹם
שִׁטַּחְתִּי אֵלֶיךָ כַפָּי:
יא הֲלַמֵּתִים תַּעֲשֶׂה־פֶּלֶא
אִם־רְפָאִים
יָקוּמוּ ׀ יוֹדוּךָ סֶּלָה:
יב הַיְסֻפַּר בַּקֶּבֶר חַסְדֶּךָ
אֱמוּנָתְךָ בָּאֲבַדּוֹן:
יג הֲיִוָּדַע בַּחֹשֶׁךְ פִּלְאֶךָ
וְצִדְקָתְךָ בְּאֶרֶץ נְשִׁיָּה:
יד וַאֲנִי ׀ אֵלֶיךָ יהוה שִׁוַּעְתִּי
וּבַבֹּקֶר תְּפִלָּתִי תְקַדְּמֶךָּ:
טו לָמָה יהוה תִּזְנַח נַפְשִׁי
תַּסְתִּיר פָּנֶיךָ מִמֶּנִּי:

ח עָלַי סָמְכָה חֲמָתֶךָ, הכעס, החֵמה האלוקית, נשענת ונסמכת עליי, כל משקל הכעס רובץ עליי, וְכָל־מִשְׁבָּרֶיךָ עִנִּיתָ, סֶּלָה, כלומר: נראה שלכולם יש רק יעד אחד: הם מגיעים אליי ונשברים עליי, ולכן עינית אותי תמיד.

ט הִרְחַקְתָּ מְיֻדָּעַי מִמֶּנִּי, שַׁתַּנִי תוֹעֵבוֹת לָמוֹ, עשית אותי מתועב בעיניהם, כָּלֻא וְלֹא אֵצֵא.

י עֵינִי דָאֲבָה, כאבה וסבלה, מִנִּי עֹנִי. קְרָאתִיךָ, ה׳, בְּכָל־יוֹם, שִׁטַּחְתִּי אֵלֶיךָ כַפָּי, ואיני מוצא תשובה.

יא ומאחר שאני רואה את עצמי כמי שכבר מת ואין לו קיום עוד, לפעמים אני תוהה על עצמי: הֲלַמֵּתִים תַּעֲשֶׂה־פֶּלֶא? והלוא הם מתים כבר! אִם־רְפָאִים, שוכני השאול, יָקוּמוּ, יוֹדוּךָ סֶּלָה? כי לכאורה הם כבר מעבר לכל תקווה.

יב הַיְסֻפַּר בַּקֶּבֶר חַסְדֶּךָ, וֶאֱמוּנָתְךָ תסופר בָּאֲבַדּוֹן?

יג הֲיִוָּדַע בַּחֹשֶׁךְ פִּלְאֶךָ? האם בחושך הזה של עולם הצללים, עולם המתים, יתגלה הפלא? וְצִדְקָתְךָ, האם יכולה היא להתגלות בְּאֶרֶץ נְשִׁיָּה, ארץ השכחה, שהיא מחוזו של המוות?

יד וַאֲנִי, הגם שאני נמצא במקום כזה, עדיין אֵלֶיךָ, ה׳, שִׁוַּעְתִּי, וּבַבֹּקֶר, בהשכמת הבוקר, תְּפִלָּתִי תְקַדְּמֶךָּ, אני הראשון שמתפלל.

טו וזה תוכן התפילה: לָמָה, ה׳, תִּזְנַח נַפְשִׁי, למה אתה זונח אותי, תַּסְתִּיר פָּנֶיךָ מִמֶּנִּי?

פח,יב הַיְסֻפַּר בַּקֶּבֶר חַסְדֶּךָ. כשיצאה הגזרה ברוסיה לחטוף קטני בני ישראל לצבא המלכות (היא גזרת הקנטוניסטים הידועה), עברה אישה אחת אשר לקחו את בנה לשבי ובכתה מאוד תחת חלונו של הרה״ק רבי ישראל מרוז׳ין זי״ע, ושמע איך שצעקה בקול מר: הלוואי הייתי רואה את קבר בני, מלראות אותו עובר על דת יהודית. ואמר הרה״ק לאנשים שעמדו אצלו שזה מה שכיוון דוד המלך ע״ה באומרו הַיְסֻפַּר בַּקֶּבֶר חַסְדֶּךָ אֱמוּנָתְךָ בָּאֲבַדּוֹן – הַיְסֻפַּר דבר אשר כזה; בַּקֶּבֶר חַסְדֶּךָ, שבקבר יהיה חסד שלך, שיותר טוב לה שימות בנה; ומפני מה? כי אֱמוּנָתְךָ בָּאֲבַדּוֹן – שיראה ומפחדת שמא ח״ו תאבד ממנו אמונת השם יתברך.

על־פי עירין קדישין, ירושלים תשס״ט, עמ׳ שעט

טז **עָ֥נִי אֲנִ֣י וְגֹוֵ֣עַ מִנֹּ֑עַר**
נָשָׂ֖אתִי אֵמֶ֣יךָ אָפֽוּנָה׃
יז **עָ֭לַי עָבְר֣וּ חֲרוֹנֶ֑יךָ**
בִּ֝עוּתֶ֗יךָ צִמְּתוּתֻֽנִי׃
יח **סַבּ֣וּנִי כַ֭מַּיִם כָּל־הַיּ֑וֹם**
הִקִּ֖יפוּ עָלַ֣י יָֽחַד׃
יט **הִרְחַ֣קְתָּ֭ מִמֶּנִּי אֹהֵ֣ב וָרֵ֑עַ**
מְֽיֻדָּעַ֥י מַחְשָֽׁךְ׃

טז **עָנִי אֲנִי וְגֹוֵעַ מִנֹּעַר**, ייסוריי אינם חדשים לי: הם מלווים אותי כל ימי חיי.

נָשָׂאתִי אֵמֶיךָ, אָפוּנָה - אני נושא את הפחדים שלך, כלומר: את כל הדברים הרעים שנופלים עליי, ואליהם אני שם לב, כי אלו הם הדברים שנמצאים סביב־סביב לי.

יז **עָלַי עָבְרוּ חֲרוֹנֶיךָ**, כעסיך עוברים עליי ופוגעים בי בכל פעם, **בִּעוּתֶיךָ צִמְּתוּתֻנִי**, הפחדים שאתה מפחיד אותי מפחידים ומשתקים אותי.

יח וכל אלה **סַבּוּנִי כַמַּיִם כָּל־הַיּוֹם**, כמו אדם הנופל לתוך מים רבים, והמים סביבו מכל עבר, **הִקִּיפוּ עָלַי יָחַד** כל הצרות והפורענויות,

יט ואין לי שום עוזר, כי **הִרְחַקְתָּ מִמֶּנִּי** כל **אֹהֵב וָרֵעַ**, **וּמְיֻדָּעַי** שהיו לי הם כביכול **בְּמַחְשָׁךְ**, ואיני רואה אותם.

פח,טז **נָשָׂאתִי אֵמֶיךָ אָפוּנָה.** אם אדם ירא ופוחד מיראת ה׳ ומהדר גאונו יתברך שמו, אינו ירא משום דבר שבעולם זולתו, כי יודע בידיעה ברורה שאין לפחוד זולת מהשם יתברך, וכמאמר הפָּרוּש: "דאגתי מפחדך הרחיקה ממני הדאגות, יגוני בעבורך ביטל ממני היגונות" (חובות הלבבות, שער חשבון הנפש ג: ד). וזה שאמר הכתוב **נָשָׂאתִי אֵמֶיךָ אָפוּנָה**, שאם נושא עליו ואימה ופחד מהשם יתברך, בזה מפנה עצמו מכל מיני יראות שבעולם.

על־פי ישמח ישראל, שמיני

אַתָּה מוֹשֵׁל בְּגֵאוּת הַיָּם בְּשׂוֹא גַלָּיו אַתָּה תְשַׁבְּחֵם:

ספר שלישי

פרק פט

מזמור הבנוי משני חלקים שונים: דברי תהילה,
תפארת ושבח לה', למן בריאת העולם עד
להכתרתו של דוד המלך;
ודברי תלונה ואף מחאה כלפי הקב"ה.*

א מַשְׂכִּיל לְאֵיתָן הָאֶזְרָחִי׃
ב חַסְדֵי יְהוָה עוֹלָם אָשִׁירָה
לְדֹר וָדֹר ׀
אוֹדִיעַ אֱמוּנָתְךָ בְּפִי׃

א **מַשְׂכִּיל** - כרגיל מפרשים שהכותרת "משכיל", המצויה בעוד מזמורים, עניינה שיר של התבוננות, שיר המנסה להביע רעיון מסוים בדרך פיוטית. ואכן, במזמור זה יש רעיון פשוט למדיי העובר כחוט השני לכל אורכו.

לְאֵיתָן הָאֶזְרָחִי - לגבי זהותו של איתן האזרחי יש דעות רבות, שכן הוא אינו נזכר פעמים רבות. יש אומרים ש"אזרחי" פירושו מבני זרח אשר משבט יהודה, ואחרים רואים בשם זה כינוי לאברהם אבינו. לפי הפירוש השני יש להבין את המזמור כדברי נבואה רחוקים, שכן מתוך הקשר הדברים במזמור עולה שהוא עוסק במאורעות שהתרחשו באמצע תקופת הבית הראשון או בסופה.*

ב המזמור פותח בשירה: **חַסְדֵי ה' עוֹלָם אָשִׁירָה** - כלומר: לעולם אני שר את חסדי ה', **לְדֹר וָדֹר אוֹדִיעַ אֱמוּנָתְךָ בְּפִי** - אולי יש כאן הדגשה הבאה להטעים כי הדברים נאמרים מתוך נקודה של אמונה ולא של פקפוק.

פט,א **מַשְׂכִּיל לְאֵיתָן הָאֶזְרָחִי.** עיקר האדם בעולם־הזה הוא החשק שבלב, שבו יתרונו על המלאכים, והוא הנקרא יצר – יצר טוב ויצר רע – כאשר הוא מגביר חשקו לטוב הרי זה טוב, ואם לאו וכו'. ואמרו ז"ל (סוכה נב, א): "כל הגדול מחברו יצרו גדול הימנו", כי גדלות אחד על חברו היא רק לפי גודל החשק שלו לטוב, דהיינו כוח היצר; כי יצר טוב ויצר רע אחד, זה לעומת זה בשני חללי הלב, וכפי החשק שבלבו בימין לטוב כן בשמאל לרע. וזו מעלת האבות, שנקראו איתנים, פירוש: עקשנים, שהיה להם תוקף החשק בוער כאש שלא ישקוט וינוח עד שיגיע למילויו – אברהם במידת האהבה, יצחק במידת היראה ויעקב במידת האמת. ובייחוד נקרא אברהם בשם **אֵיתָן הָאֶזְרָחִי**, כי עיקר תוקף החשק הוא באהבה, ולכן הוא המתחיל – כי בזה התחלת החשק.

על־פי צדקת הצדיק, רמח

ג כִּֽי־אָמַרְתִּי עוֹלָם חֶסֶד יִבָּנֶה
שָׁמַיִם ׀ תָּכִן אֱמוּנָתְךָ בָהֶם׃
ד כָּרַתִּי בְרִית לִבְחִירִי
נִשְׁבַּעְתִּי לְדָוִד עַבְדִּי׃
ה עַד־עוֹלָם אָכִין זַרְעֶךָ
וּבָנִיתִי לְדֹר־וָדוֹר כִּסְאֲךָ
סֶלָה׃
ו וְיוֹדוּ שָׁמַיִם פִּלְאֲךָ יְהוָה
אַף־אֱמוּנָתְךָ
בִּקְהַל קְדֹשִׁים׃
ז כִּי מִי בַשַּׁחַק יַעֲרֹךְ לַיהוָה
יִדְמֶה לַיהוָה בִּבְנֵי אֵלִים׃
ח אֵל נַעֲרָץ
בְּסוֹד־קְדֹשִׁים רַבָּה
וְנוֹרָא עַל־כָּל־סְבִיבָיו׃
ט יְהוָה ׀ אֱלֹהֵי צְבָאוֹת
מִי־כָמוֹךָ חֲסִין ׀ יָהּ
וֶאֱמוּנָתְךָ סְבִיבוֹתֶיךָ׃

ג **כִּי־אָמַרְתִּי** - כך חשבתי, אני חושב, **שעוֹלָם חֶסֶד יִבָּנֶה, שָׁמַיִם תָּכִן אֱמוּנָתְךָ בָהֶם**. כאן, ועוד כמה פעמים במזמור הזה, "אמונה" משמעותה לא ההרגשה הנפשית שיש לאדם כלפי ה' אלא נאמנות, יציבות, התמדה.

ד בתוך כל זה יש עניין נוסף, והוא: **כָּרַתִּי בְרִית לִבְחִירִי, נִשְׁבַּעְתִּי לְדָוִד עַבְדִּי** - היינו האמונה בכך שהברית והשבועה לדוד ולזרעו הן נצחיות.

ה תמציתה של הברית היא: **עַד־עוֹלָם אָכִין זַרְעֶךָ**, כלומר אשאיר את זרעך נכון, עומד, קיים, **וּבָנִיתִי לְדֹר־וָדוֹר כִּסְאֲךָ סֶלָה**.

ו בתחילה יש כאן דברי תהילה כלליים: **וְיוֹדוּ שָׁמַיִם פִּלְאֲךָ ה'** - השמים מודים, במובן זה שהם מציגים או משמיעים את פלאך, **אַף־אֱמוּנָתְךָ** נודעת **בִּקְהַל קְדֹשִׁים** ובתהילת ה'.

ז **כִּי מִי בַשַּׁחַק יַעֲרֹךְ לַה'** - מי דומה לך בשמים, **יִדְמֶה לַה' בִּבְנֵי אֵלִים**? "בני אלים" הוא כינוי למלאכים, ליצורים של מעלה.

ח **אֵל נַעֲרָץ בְּסוֹד־קְדֹשִׁים רַבָּה** - נראה שפירושו של "סוד" כאן הוא כנראה מועצה או הנהגה - והקדושים הם המלאכים (ראה ספר דניאל). **וְנוֹרָא עַל־כָּל־סְבִיבָיו**.

ט **ה' אֱלֹהֵי צְבָאוֹת** - ביטוי הבא לתאר את גדולת ה' בתוך צבא השמים - **מִי־כָמוֹךָ חֲסִין יָהּ** - כלומר: חזק, **וֶאֱמוּנָתְךָ** נראית, ניכרת, **סְבִיבוֹתֶיךָ**.

פט,ט **וֶאֱמוּנָתְךָ סְבִיבוֹתֶיךָ** – פירש הרה"ק רבי משה מקוברין זי"ע כי אמונה מגעת עד למקומות הגבוהים ביותר. כי שאר ההשגות אינן רק עד מקום שהוא משיג, ולא כן אמונה, שכיוון שהוא מאמין גם במקום שאין השגתו מגעת, לכן גם היא נושאת אותו למעלה מכל השגותיו. וזהו מאמר הכתוב **וֶאֱמוּנָתְךָ סְבִיבוֹתֶיךָ**, שבאמונה אני יכול לסבב אותך, כביכול. ועוד אמר: כל מעשהו של איש יהודי הוא רק התחזקות באמונה פשוטה, שזה עיקר הכול, וכמאמר הכתוב "כל מעשהו באמונה" (לג ד).

על־פי תורת אבות, אמונה וביטחון, כה־כו

י אַתָּה מוֹשֵׁל בְּגֵאוּת הַיָּם
בְּשׂוֹא גַלָּיו אַתָּה תְשַׁבְּחֵם:
יא אַתָּה דִכִּאתָ כֶחָלָל רָהַב
בִּזְרוֹעַ עֻזְּךָ פִּזַּרְתָּ אוֹיְבֶיךָ:
יב לְךָ שָׁמַיִם אַף־לְךָ אָרֶץ
תֵּבֵל וּמְלֹאָהּ אַתָּה יְסַדְתָּם:
יג צָפוֹן וְיָמִין אַתָּה בְרָאתָם
תָּבוֹר וְחֶרְמוֹן בְּשִׁמְךָ יְרַנֵּנוּ:
יד לְךָ זְרוֹעַ עִם־גְּבוּרָה
תָּעֹז יָדְךָ תָּרוּם יְמִינֶךָ:
טו צֶדֶק וּמִשְׁפָּט מְכוֹן כִּסְאֶךָ
חֶסֶד וֶאֱמֶת יְקַדְּמוּ פָנֶיךָ:
טז אַשְׁרֵי הָעָם יוֹדְעֵי תְרוּעָה
יְהוָה בְּאוֹר־פָּנֶיךָ יְהַלֵּכוּן:

י וכשם שה' נערץ למעלה, בשמי השמים, כך הוא מושל למטה, בארץ: אַתָּה מוֹשֵׁל בְּגֵאוּת הַיָּם, בְּשׂוֹא גַלָּיו – כאשר הגלים מתנשאים מעלה־מעלה, ונראה כאילו שום דבר אינו יכול לעצור אותם – אַתָּה תְשַׁבְּחֵם, אתה מרגיע אותם כרצונך.

יא אַתָּה דִכִּאתָ כֶחָלָל רָהַב – לפי כמה וכמה דעות "רהב" הוא הלוויתן, אך לא אותו יצור ימי הגדול המוכר לנו, אלא זה שנזכר בפרשת בראשית בשם "התנינים הגדולים" (על סמך פסוק זה, בין השאר, אמרו שהקב"ה הרג את הלוויתן הזכר עוד מקדם); בִּזְרוֹעַ עֻזְּךָ פִּזַּרְתָּ אוֹיְבֶיךָ בעולם הזה.

יב לְךָ שָׁמַיִם אַף־לְךָ אָרֶץ; תֵּבֵל וּמְלֹאָהּ, כל מה שיש בה, אַתָּה יְסַדְתָּם.

יג צָפוֹן וְיָמִין – דרום, כמו תימן, אַתָּה בְרָאתָם, תָּבוֹר וְחֶרְמוֹן – שני ההרים הבולטים והניכרים ביותר לעין שבשני קצות החלק ההררי של הארץ – בְּשִׁמְךָ יְרַנֵּנוּ.

יד לְךָ זְרוֹעַ עִם־גְּבוּרָה, תָּעֹז יָדְךָ – רבים סבורים שבהקשר זה "ידך" פירושו יד שמאל – תָּרוּם יְמִינֶךָ.

טו צֶדֶק וּמִשְׁפָּט הם מְכוֹן כִּסְאֶךָ, עליהם כיסא הכבוד עומד, כביכול. חֶסֶד וֶאֱמֶת יְקַדְּמוּ פָנֶיךָ – החסד והאמת מתוארים פה בדרך של האנשה, כמו שרים או משרתים של הקב"ה.

טז אַשְׁרֵי הָעָם יֹדְעֵי תְרוּעָה, שיודעים לשבח את ה', להריע לכבודו, ה' בְּאוֹר־פָּנֶיךָ יְהַלֵּכוּן.

פט,טז **אַשְׁרֵי הָעָם יוֹדְעֵי תְרוּעָה** – כי מכל דבר יכולים ללמוד חכמה, ואפילו מידת הדין היא כדי שילמד האדם מזה ליישר אורחותיו. וכשלומד מזה הדבר המבוקש ממנו, מיד נמתק הדין, שכתוב: "והאלוהים עשה שיראו מלפניו" (קהלת ג יד), וכשמקבלים מן הדין את מידת היראה – מיד מתהפכת מידת הדין לרחמים. וזהו **יוֹדְעֵי תְרוּעָה**, שמבינים המבוקש ממידת הדין, ואמרו חז"ל שיודעים לפתות את בוראם בתרועה, היינו במידת הדין עצמו, שלומדים ממנה לירא מפניו, ואז עומד מכיסא דין ויושב על כיסא רחמים (פסיקתא דרב כהנא, כג). וכמשל מורנו הבעש"ט ז"ע, שכאשר בא שליח המלך אל האדם, אין צריך להשגיח עליו אלא רק לרוץ אל המלך עצמו. וזה שמסיים **ה' בְּאוֹר פָּנֶיךָ יְהַלֵּכוּן**.

על־פי שפת אמת, ראש השנה תרנ"ח

יז בְּשִׁמְךָ יְגִילוּן כָּל־הַיּוֹם
וּבְצִדְקָתְךָ יָרוּמוּ:
יח כִּי־תִפְאֶרֶת עֻזָּמוֹ אָתָּה
וּבִרְצוֹנְךָ תָּרוּם קַרְנֵנוּ:
יט כִּי לַיהוה מָגִנֵּנוּ
וְלִקְדוֹשׁ יִשְׂרָאֵל מַלְכֵּנוּ:
כ אָז דִּבַּרְתָּ בְחָזוֹן לַחֲסִידֶיךָ
וַתֹּאמֶר
שִׁוִּיתִי עֵזֶר עַל־גִּבּוֹר
הֲרִימוֹתִי בָחוּר מֵעָם:
כא מָצָאתִי דָּוִד עַבְדִּי
בְּשֶׁמֶן קָדְשִׁי מְשַׁחְתִּיו:
כב אֲשֶׁר יָדִי תִּכּוֹן עִמּוֹ
אַף־זְרוֹעִי תְאַמְּצֶנּוּ:
כג לֹא־יַשִּׁיא אוֹיֵב בּוֹ
וּבֶן־עַוְלָה לֹא יְעַנֶּנּוּ:

יז בְּשִׁמְךָ יְגִילוּן כָּל־הַיּוֹם וּבְצִדְקָתְךָ יָרוּמוּ, הם נשענים וסומכים על כוח צדקתך, וכך הם גדלים.

יח כִּי־תִפְאֶרֶת עֻזָּמוֹ אָתָּה - אותו עם ישראל, ה"עם יודעי תרועה", הוא תפארת העוז של ישראל.

וּבִרְצוֹנְךָ, כאשר אתה חפץ ורוצה בנו, תָּרוּם קַרְנֵנוּ.

יט כִּי לַה׳ שייך מָגִנֵּנוּ, ההגנה שלנו, כי הוא המגן שלנו, וְלִקְדוֹשׁ יִשְׂרָאֵל שייך מַלְכֵּנוּ, הוא שלו ובשמו הוא מולך.

עד כאן דברים על גדולת ה׳ בעולמות בכלל ועל תפארתו לישראל בפרט. וכאן בא חלק היסטורי:

כ אָז דִּבַּרְתָּ בְחָזוֹן, בנבואה, לַחֲסִידֶיךָ, הלוא הם שמואל הנביא וכן נתן וגד הנביאים, וַתֹּאמֶר, אמרת להם: שִׁוִּיתִי - נתתי, העניקתי - עֵזֶר עַל־גִּבּוֹר, כלומר: הגיבור, מצד עצמו, מקבל עזרה ותמיכה מן הקב"ה, הֲרִימוֹתִי בָחוּר - נבחר - מֵעָם.

כא מָצָאתִי דָּוִד עַבְדִּי, שעליו נאמרו הדברים הללו; שהרי אף שהוא היה הצעיר בבני ישי ותושב כפר קטן, הקב"ה מצא אותו, גילה אותו שם, בתוך משפחתו, בְּשֶׁמֶן קָדְשִׁי מְשַׁחְתִּיו - זו משיחתו של דוד למלך בידי שמואל הנביא,

כב אֲשֶׁר יָדִי תִּכּוֹן עִמּוֹ ותחזק אותו, אַף־זְרוֹעִי תְאַמְּצֶנּוּ.

כג לֹא־יַשִּׁיא - ימשול, ישלוט - אוֹיֵב בּוֹ, וּבֶן־עַוְלָה לֹא יְעַנֶּנּוּ.

תְּרִים

פט,כה מָצָאתִי דָּוִד עַבְדִּי... וֶאֱמוּנָתִי וְחַסְדִּי עִמּוֹ – כי עיקר בחינת משיח הוא בחינת אמונה, כי הוא יגלה ויכניס האמונה בשלמות בכל באי עולם, כמו שכתוב "כי אז אהפֹּךְ אל עמים שפה ברורה לקרֹא כֻלָּם בשם ה'" (צפניה ג ט). כי כל זמן שלא נתגלתה ונמשכה האמונה, אזי היה עדיין "תֹהו ובֹהו וחֹשך על פני תהום" (בראשית א ב), מחמת ריבוי מימי התהומות שהוא ריבוי הדעת, כי עיקר יניקת הכפירות הוא מריבוי הדעת, ולא היה עיקר קיום העולם כי אם על־ידי "'ורוח אלוהים' – זו רוחו של משיח" (זוהר ח"א קצב, ב), שהייתה "מרחפת על פני המים" (בראשית שם).

על־פי ליקוטי הלכות, פסח ז: כ

כד וְכַתּוֹתִי מִפָּנָיו צָרָיו
וּמְשַׂנְאָיו אֶגּוֹף׃
כה וֶאֱמוּנָתִי וְחַסְדִּי עִמּוֹ
וּבִשְׁמִי תָּרוּם קַרְנוֹ׃
כו וְשַׂמְתִּי בַיָּם יָדוֹ
וּבַנְּהָרוֹת יְמִינוֹ׃
כז הוּא יִקְרָאֵנִי אָבִי אָתָּה
אֵלִי וְצוּר יְשׁוּעָתִי׃
כח אַף־אָנִי בְּכוֹר אֶתְּנֵהוּ
עֶלְיוֹן לְמַלְכֵי־אָרֶץ׃
כט לְעוֹלָם אֶשְׁמָר־לוֹ חַסְדִּי
וּבְרִיתִי נֶאֱמֶנֶת לוֹ׃
ל וְשַׂמְתִּי לָעַד זַרְעוֹ
וְכִסְאוֹ כִּימֵי שָׁמָיִם׃
לא אִם־יַעַזְבוּ בָנָיו תּוֹרָתִי
וּבְמִשְׁפָּטַי לֹא יֵלֵכוּן׃
לב אִם־חֻקֹּתַי יְחַלֵּלוּ
וּמִצְוֹתַי לֹא יִשְׁמֹרוּ׃

אשמור־

כד ועוד הבטחות: וְכַתּוֹתִי - אשבור - מִפָּנָיו צָרָיו וּמְשַׂנְאָיו אֶגּוֹף.

כה וֶאֱמוּנָתִי וְחַסְדִּי עִמּוֹ, וּבִשְׁמִי תָּרוּם קַרְנוֹ - שהרי יש לו סיוע והבטחה מכוחו של הקב"ה.

כו וְשַׂמְתִּי בַיָּם יָדוֹ - כלומר: הוא ישלוט בים ובגבולות הים, וּבַנְּהָרוֹת יְמִינוֹ - אולי יש כאן רמז לכיבושיו של דוד ולניצחונותיו, הן במזרח ממלכת יהודה והן במערבה.

כז הוּא יִקְרָאֵנִי: 'אָבִי אָתָּה, אֵלִי וְצוּר יְשׁוּעָתִי', כלומר: יהיה קשור, כרוך ודבוק בה';

כח וכנגד זה - אַף־אָנִי בְּכוֹר אֶתְּנֵהוּ, אתן לו מעמד לא רק של בן אלא של בכור, עֶלְיוֹן לְמַלְכֵי־אָרֶץ. כאן יש שני צדדים: המלך הנבחר מתייחס לה' כבן אל אב, ואילו הקב"ה מחזיר לו בהתייחסו אליו כאב אל בנו.

כט לְעוֹלָם אֶשְׁמָר־לוֹ חַסְדִּי וּבְרִיתִי נֶאֱמֶנֶת לוֹ;

ל ופירושו של חסד עולם זה הוא: וְשַׂמְתִּי לָעַד, לעולם, את זַרְעוֹ, וְכִסְאוֹ, מלכותו, תימשך כִּימֵי שָׁמָיִם - לעולם ועד. ברית זו היא לא רק לדוד, כאדם פרטי, אלא גם לכל בניו אחריו.

לא ואולם יש בברית הזו גם תנאים מגבילים: אִם־יַעַזְבוּ בָנָיו תּוֹרָתִי וּבְמִשְׁפָּטַי לֹא יֵלֵכוּן,

לב אִם־חֻקֹּתַי יְחַלֵּלוּ וּמִצְוֹתַי לֹא יִשְׁמֹרוּ, הם ייענשו על כך.

פט,כז **הוּא יִקְרָאֵנִי אָבִי אָתָּה**, שכאשר יהודי מעורר שמחה בלבו על כי הקב"ה הוא אביו, אומר הקב"ה לעומתו **אַף אָנִי בְּכוֹר אֶתְּנֵהוּ**, היינו שיזכה להיות בבחינת בן בכור לפניי.

על־פי תורת אבות, שמחה והתחזקות, עב

לג וּפָקַדְתִּי בְשֵׁבֶט פִּשְׁעָם
וּבִנְגָעִים עֲוֺנָם׃
לד וְחַסְדִּי לֹא־אָפִיר מֵעִמּוֹ
וְלֹא אֲשַׁקֵּר בֶּאֱמוּנָתִי׃
לה לֹא־אֲחַלֵּל בְּרִיתִי
וּמוֹצָא שְׂפָתַי לֹא אֲשַׁנֶּה׃
לו אַחַת נִשְׁבַּעְתִּי בְקָדְשִׁי
אִם־לְדָוִד אֲכַזֵּב׃
לז זַרְעוֹ לְעוֹלָם יִהְיֶה
וְכִסְאוֹ כַשֶּׁמֶשׁ נֶגְדִּי׃
לח כְּיָרֵחַ יִכּוֹן עוֹלָם
וְעֵד בַּשַּׁחַק נֶאֱמָן סֶלָה׃
לט וְאַתָּה זָנַחְתָּ וַתִּמְאָס
הִתְעַבַּרְתָּ עִם־מְשִׁיחֶךָ׃
מ נֵאַרְתָּה בְּרִית עַבְדֶּךָ
חִלַּלְתָּ לָאָרֶץ נִזְרוֹ׃
מא פָּרַצְתָּ כָל־גְּדֵרֹתָיו
שַׂמְתָּ מִבְצָרָיו מְחִתָּה׃

לג וזה יהיה עונשם: וּפָקַדְתִּי בְשֵׁבֶט - בשוט, במכות - את פִּשְׁעָם וּבִנְגָעִים יכפרו על עֲוֺנָם.

לד אך אף על פי שצאצאי בית דוד אינם חסינים מפני שרירות לב ורשעות, והם נענשים אישית על חטאיהם, בכל זאת וְחַסְדִּי לֹא־אָפִיר מֵעִמּוֹ וְלֹא אֲשַׁקֵּר בֶּאֱמוּנָתִי. העונש הזה יהיה עונש פרטי לאנשים פרטיים, אך לא יביא להפרת ברית העולם עם דוד וזרעו.

לה לֹא־אֲחַלֵּל בְּרִיתִי וּמוֹצָא שְׂפָתַי לֹא אֲשַׁנֶּה.

לו כי אַחַת נִשְׁבַּעְתִּי בְקָדְשִׁי: אִם־לְדָוִד אֲכַזֵּב; שהרי דוד זכה בהבטחה למלכות שתימשך בכל הדורות.

לז זַרְעוֹ לְעוֹלָם יִהְיֶה, ולא יושמד, וְכִסְאוֹ, כס המלוכה שלו, כַשֶּׁמֶשׁ נֶגְדִּי: כמו שהשמש יציבה וקיימת כך גם כס המלוכה של בית דוד יישאר לעולם.

לח כְּיָרֵחַ יִכּוֹן עוֹלָם, כמו הירח העומד לעולם, וְעֵד בַּשַּׁחַק, וכמו כל אחד מכוכבי השמים הוא נֶאֱמָן וקיים סֶלָה.

אחרי החזרה על ההבטחות שהבטיח ה׳ לדוד ולזרעו עד עולם מתחילה תלונתו של המשורר:

לט וְאַתָּה זָנַחְתָּ את בית דוד וַתִּמְאָס אותם, הִתְעַבַּרְתָּ - כעסת - עִם־מְשִׁיחֶךָ, שהוא המלך המשוח מבית דוד.

מ נֵאַרְתָּה, קיללת, האבדת, את בְּרִית עַבְדֶּךָ וחִלַּלְתָּ, השפלת לָאָרֶץ את נִזְרוֹ.

מא פָּרַצְתָּ כָל־גְּדֵרֹתָיו, כל החומות שהוא בנה נפרצו, שַׂמְתָּ מִבְצָרָיו מְחִתָּה - כל הביצורים שבנה נעשו דבר נחות ומפחיד, כי נשארו מהם רק הריסות.

לט,לט וְאַתָּה זָנַחְתָּ וַתִּמְאָס הִתְעַבַּרְתָּ עִם מְשִׁיחֶךָ. מובא בגמרא (בבא בתרא צט, א) שכשהיו פני הכרובים איש אל אחיו, היה הכהן הגדול יודע שהייחוד מעבודת הקודש נעשה בשלמות; אבל אם לא היו הכרובים פנים אל פנים, אז ידע שלא נעשה הייחוד בשלמות. ואמרו חכמים (יומא נד, ב) שבעת שנחרב בית המקדש ונשבו ישראל לילך בגולה, נכנסו הצורר ים להיכל וראו את הכרובים שהם מעורים זה בזה, היינו שעמדו זה כנגד זה פנים בפנים, והוא תמוה מאוד. ואמר הרה״ק רבי ישראל מרוז׳ין שזה כביכול כדוגמת מה שאמרו ״חייב אדם לפקוד את אשתו בשעה שיוצא לדרך״ (יבמות סב, ב), וזה פירוש הפסוק וְאַתָּה זָנַחְתָּ וַתִּמְאָס הִתְעַבַּרְתָּ עִם מְשִׁיחֶךָ.

על־פי עירין קדישין, ירושלים תשס״ט, עמ׳ רסה

מב שַׁסֻּהוּ כָּל־עֹבְרֵי דָרֶךְ
הָיָה חֶרְפָּה לִשְׁכֵנָיו׃
מג הֲרִימוֹתָ יְמִין צָרָיו
הִשְׂמַחְתָּ כָּל־אוֹיְבָיו׃
מד אַף־תָּשִׁיב צוּר חַרְבּוֹ
וְלֹא הֲקֵמֹתוֹ בַּמִּלְחָמָה׃
מה הִשְׁבַּתָּ מִטְּהָרוֹ
וְכִסְאוֹ לָאָרֶץ מִגַּרְתָּה׃
מו הִקְצַרְתָּ יְמֵי עֲלוּמָיו
הֶעֱטִיתָ עָלָיו בּוּשָׁה סֶלָה׃
מז עַד־מָה יהוה תִּסָּתֵר לָנֶצַח
תִּבְעַר כְּמוֹ־אֵשׁ חֲמָתֶךָ׃
מח זְכָר־אֲנִי מֶה־חָלֶד
עַל־מַה־שָּׁוְא
בָּרָאתָ כָל־בְּנֵי־אָדָם׃

מב שַׁסֻּהוּ, בזזו אותו, את המלך ואת ממלכתו, כָּל־עֹבְרֵי דָרֶךְ, כמו שבוזזים בית שחצרו פרוצה, נטולת הגנה. הָיָה חֶרְפָּה לִשְׁכֵנָיו, המזכירים אותו כדוגמה ומשל לעלבון ולחרפה.

מג אתה הוא זה שהֲרִימוֹתָ, הגבהת וחיזקת, את יְמִין צָרָיו- הזרוע החזקה והלוחמת של צריו, הִשְׂמַחְתָּ כָּל־אוֹיְבָיו - גרמת שמחה לכל אויביו.

מד אַף־תָּשִׁיב צוּר חַרְבּוֹ, כלומר: תוקף חרבו איננו יציב עוד, והאויבים מכופפים אותה או משיבים אותה אחור, וְלֹא הֲקֵמֹתוֹ, לא נתת לו תקומה ועמידה, בַּמִּלְחָמָה, כי כאשר הוא נלחם הוא מובס.

מה הִשְׁבַּתָּ את כבודו, את מעמדו, מִטְּהָרוֹ, כלומר: ממצבו הנקי, מהיותו מחוסן מפני פגיעה, וְכִסְאוֹ לָאָרֶץ מִגַּרְתָּה, שברת, הרסת.

מו הִקְצַרְתָּ יְמֵי עֲלוּמָיו, כי המלך מת בקיצור ימים, הֶעֱטִיתָ עָלָיו בּוּשָׁה סֶלָה. המשורר מתאר כאן את מלכות בית דוד בנפילתה, בתוך שורה של מפלות וכישלונות שאין בכוחם לקום מהם.

עד כאן דברי התלונה והתרעומת כלפי הקב"ה על ההפרה, כביכול, של ההבטחה לתת לדוד ולזרעו מלכות עולם, ומכאן דברי תחנונים:

מז עַד־מָה ה' תִּסָּתֵר לָנֶצַח, שהרי כל מפלה וירידה הן בעצם הסתר פנים של הקב"ה, ועד מתי תִּבְעַר כְּמוֹ־אֵשׁ חֲמָתֶךָ?

מח זְכָר־אֲנִי - זכור אותי, זכור מֶה־חָלֶד - מהו העולם, שהוא דבר לא יציב, בלתי ברור, דבר שיש עמו חידלון. עַל־מַה־שָּׁוְא בָּרָאתָ כָל־בְּנֵי־אָדָם.

פט,מה הִשְׁבַּתָּ מִטְּהָרוֹ וְכִסְאוֹ לָאָרֶץ מִגַּרְתָּה – היינו שהשבת מטהרת את האדם, וכמו שמצינו "כל האומר ויכולו מוחלין לו על כל עוונותיו" (שבת קיט, ב), והוא מפני שכִּסְאוֹ לָאָרֶץ מִגַּרְתָּה, כי כיסא הכבוד הוא רמז לעולם העליון, ובימות החול אין העולם־הזה התחתון יכול לקבל ממנו שפע כי אם על־ידי התלבשות והסתרה, מפני כוחות הסטרא־אחרא המצויים בו לרוב. אמנם ביום השבת אין שלטון לסטרא־אחרא, ואזי יורד השפע מן העולם העליון אל העולם התחתון ללא התלבשות והסתרה. וזה פירוש כִּסְאוֹ לָאָרֶץ מִגַּרְתָּה – שהשם יתברך משפיל כיסאו עדי ארץ, כדי שיקבלו בני ישראל שפע קדושה בלי לבוש וייטהרו מעוונותיהם.

על־פי חסד לאברהם – ראדומסק

מט מִי גֶבֶר יִחְיֶה
וְלֹא יִרְאֶה־מָּוֶת
יְמַלֵּט נַפְשׁוֹ מִיַּד־שְׁאוֹל
סֶלָה:
נ אַיֵּה ׀ חֲסָדֶיךָ הָרִאשֹׁנִים ׀
אֲדֹנָי
נִשְׁבַּעְתָּ לְדָוִד בֶּאֱמוּנָתֶךָ:
נא זְכֹר אֲדֹנָי חֶרְפַּת עֲבָדֶיךָ
שְׂאֵתִי בְחֵיקִי
כָּל־רַבִּים עַמִּים:
נב אֲשֶׁר חֵרְפוּ אוֹיְבֶיךָ ׀ יְהוָה
אֲשֶׁר חֵרְפוּ
עִקְּבוֹת מְשִׁיחֶךָ:
נג בָּרוּךְ יְהוָה לְעוֹלָם
אָמֵן ׀ וְאָמֵן:

מט המפלות, הכישלונות, הבושה וחוסר התקווה אופפים לא רק את המלך אלא את כל הממלכה ואת כל עם ישראל, שהרי לחייו של כל אדם יש קץ. מִי גֶבֶר יִחְיֶה וְלֹא יִרְאֶה־מָּוֶת? האם יש אדם שאיננו רואה את המוות? האם יש מי שיְמַלֵּט נַפְשׁוֹ מִיַּד־שְׁאוֹל, סֶלָה? מול המוות הפרטי, החידלון האישי, אפשר לעמוד כאשר יש תקווה והרגשה שהעתיד מובטח; ואולם במצב הנוכחי הדבר הבטוח היחידי הוא המוות.

נ לכן פונה המשורר לה׳ בתחינה: אַיֵּה חֲסָדֶיךָ הָרִאשֹׁנִים, ה׳? היכן אותם דברים שנִשְׁבַּעְתָּ לְדָוִד בֶּאֱמוּנָתֶךָ?

נא זְכֹר, ה׳, חֶרְפַּת עֲבָדֶיךָ, ראה איך אנו, עבדיך, נעשים לחרפה, שְׂאֵתִי בְחֵיקִי כָּל־רַבִּים עַמִּים - כל העמים כמו מתיישבים ורובצים עליי, ואינני יכול לנער אותם ממני,

נב אֲשֶׁר חֵרְפוּ אוֹיְבֶיךָ ה׳ - כי מעבר לכאב ולצרה שלנו יש בזה גם חילול שמו של הקב״ה, ששמו נקרא על עם ישראל ועל מלכי בית דוד, אֲשֶׁר חֵרְפוּ עִקְּבוֹת מְשִׁיחֶךָ.

נג הפרק מסתיים בדברים עצובים אלה, שהם גם טענה כלפי הקב״ה וגם תחינה לזכור את שבועת הנצח לדוד. אלא שלאחר כל זה בא פסוק נוסף, שנראה שהוא סיום ששייך במידה מסוימת לפרק זה, ובמקצתו הוא הסיום הקבוע לכל אחד מחמשת הספרים המרכיבים את ספר תהלים, ופרק זה מסיים את השלישי שבהם: בָּרוּךְ ה׳ לְעוֹלָם אָמֵן וְאָמֵן.

פט,נג **בָּרוּךְ ה׳ לְעוֹלָם אָמֵן וְאָמֵן** – בעניינה של אישה הסוטה תחת בעלה מצאנו לשון כפולה זו של אמן, "ואמרה האשה אמן אמן" (במדבר ה כב), והמשנה (סוטה ב: ה) מבארת שמשמעותה היא "אמן מאיש זה, אמן מאיש אחר". ברוחניות, הדברים נוגעים לניצחון המלחמה על כל אותם העלמות והסתרים שמצד חומריות העולם והגוף, "אשר חרפו עקבות משיחך" ועיכבו את בוא הגאולה השלמה. הניצחון השלם על החומריות, כפי שלימד מורנו הבעש"ט זי"ע, אינו בשבירתה אלא בתיקונה ובעידונה, כאשר התכלית היא שלא רק "איש זה" – הנפש האלוהית – יאמר אמן, אלא גם "איש אחר" – הנפש הבהמית. ניצחון זה הוא ניצחון כפול, **אָמֵן וְאָמֵן**, היות והוא מגלה בעולם את יתרון האור הבא מן החושך, המבהיק ומאיר יותר מכול.

על־פי תהילות מנחם

וִיהִי נֹעַם אֲדֹנָי אֱלֹהֵינוּ עָלֵינוּ וּמַעֲשֵׂה יָדֵינוּ כּוֹנְנָה עָלֵינוּ וּמַעֲשֵׂה יָדֵינוּ כּוֹנְנֵהוּ:

ספר רביעי

פרק צ

מזמור תפילה על מצבו של האדם ועל ההוויה האנושית בכללותה, בין כשהיא עומדת בפני עצמה ובין כשהיא ניצבת אל מול הקב״ה; יש בו גם דברי שבח, גם דברי תרעומת וגם דברי בקשה ותחינה.*

פרק צ • ספר רביעי • ליום חמישי • יט לחודש _____ תהלים • 375

א תְּפִלָּה לְמֹשֶׁה אִישׁ־הָאֱלֹהִים אֲדֹנָי מָעוֹן אַתָּה הָיִיתָ לָּנוּ בְּדֹר וָדֹר:
ב בְּטֶרֶם ׀ הָרִים יֻלָּדוּ וַתְּחוֹלֵל אֶרֶץ וְתֵבֵל וּמֵעוֹלָם עַד־עוֹלָם אַתָּה אֵל:
ג תָּשֵׁב אֱנוֹשׁ עַד־דַּכָּא וַתֹּאמֶר שׁוּבוּ בְנֵי־אָדָם:

א הפרק פותח בשבחו של ה׳: תְּפִלָּה לְמֹשֶׁה אִישׁ־הָאֱלֹהִים: ה׳, מָעוֹן אַתָּה הָיִיתָ לָּנוּ בְּדֹר וָדֹר, שהוא מעין הביטוי "הוא מקומו של עולם ואין עולמו מקומו" (בראשית רבה סח, ט). אנחנו שוכנים ("מעון") בתוך ה׳ לעולם, כי קיומו הוא הדבר היחידי שהוא בסיסי ונצחי.

ב בְּטֶרֶם הָרִים יֻלָּדוּ, וַתְּחוֹלֵל – ועוד לפני שתיצור (ויש במשמעות "לחולל" גם עניין של היריון ולידה) – אֶרֶץ וְתֵבֵל, וּמֵעוֹלָם עַד עוֹלָם – שמשמעו במקרא תמיד: לנצח – אַתָּה אֵל.

ג ומכאן קפיצה לעצם הבעיה: אתה, ה׳, תָּשֵׁב אֱנוֹשׁ עַד־דַּכָּא, אתה מוריד ומשפיל אותו עד לדכדוכה של הנפש.

וַתֹּאמֶר, אתה אומר אמירה כוללת מאוד: ׳שׁוּבוּ בְנֵי־אָדָם׳, חזרו בתשובה. ובעצם, על הנקודה הזו באה תפילתו־תחינתו של משה רבנו. הוא אינו בא בטענות על הקריאה לתשובה ועל הצורך בה, אלא על המצבים שמהם נדרש אדם לחזור ולעשות תשובה. באופן כולל מאוד הוא אומר שהקב"ה, מבחינתו, מתנהג ונוהג בנו כהוגן; אבל אנחנו, בהיותנו בני אדם, איננו יכולים לעמוד בדרישה האלוקית.

* פרק זה, שכותרתו "תפילה למשה איש הא־להים", הוא הפרק היחידי בספר תהלים המיוחס במפורש לאדם שקדם בהרבה לדוד המלך. היו חכמים שאמרו כי גם כל עשרת הפרקים הבאים אחריו חוברו בידי אותו מחבר. מכל מקום, הן עניינו והן מהותו של הפרק מוציאים אותו מתחום התפילות או התחינות על בעיות ההווה, בכל זמן שהוא, לתחום שבוודאי ראוי להיות נושא לתפילה של "משה איש הא־לוהים":

צ,ג־ו תָּשֵׁב אֱנוֹשׁ – כשאדם מישראל חוטא ונותן בלבו לשוב, מיד הוא בא עַד דַּכָּא – עד דכדוכה של נפש. והקב"ה אומר שׁוּבוּ בְנֵי אָדָם, אין אתם יודעים כמה גדול כוחה של תשובה, שגם אם אֶלֶף שָׁנִים בידכם – אלף עבירות, כלשון הכתוב "אם יהיו חטאיכם כשנים" (ישעיהו א יח) – הרי בכוח התשובה למחותם בשעתא חדא וברגעא חדא, עד שיהיו בעיניי כְּיוֹם אֶתְמוֹל כִּי יַעֲבֹר וְאַשְׁמוּרָה בַלָּיְלָה. אפילו חטאים שבבחינת זְרַמְתָּם שֵׁנָה יִהְיוּ, המטמאים את הנפש מאוד, גם אלו בַּבֹּקֶר כֶּחָצִיר יַחֲלֹף, ואין בהם ממש. וכל זאת כשהתשובה בַּבֹּקֶר, בבחינת שמחה, שאז יָצִיץ וְחָלָף העוון ולא ייזכר עוד לעולם. אך כשהתשובה לָעֶרֶב, בעצבות ובפחד, הרי יְמוֹלֵל וְיָבֵשׁ – שאין בתשובה כזו כדי להעביר עוון מכל וכל, רק שמוציאה את חיותו ממנו ומותירה אותו כעלה יבש.

על־פי אבני זיכרון, תר

ד כִּי אֶלֶף שָׁנִים בְּעֵינֶיךָ
כְּיוֹם אֶתְמוֹל כִּי יַעֲבֹר
וְאַשְׁמוּרָה בַלָּיְלָה:
ה זְרַמְתָּם שֵׁנָה יִהְיוּ
בַּבֹּקֶר כֶּחָצִיר יַחֲלֹף:
ו בַּבֹּקֶר יָצִיץ וְחָלָף
לָעֶרֶב יְמוֹלֵל וְיָבֵשׁ:
ז כִּי־כָלִינוּ בְאַפֶּךָ
וּבַחֲמָתְךָ נִבְהָלְנוּ:
ח שַׁתָּ עֲוֺנֹתֵינוּ לְנֶגְדֶּךָ
עֲלֻמֵנוּ לִמְאוֹר פָּנֶיךָ:

הדברים הללו מזכירים תפילות אחרות של משה רבנו, המובאות בספר התורה, שבהן הוא איננו מתעמת עם הצדק האלוקי אלא מעלה את הצד האחר של הדברים, שהוא החוויה האנושית.

ד ואף כאן הוא מתחיל מנקודה זו: **כִּי אֶלֶף שָׁנִים בְּעֵינֶיךָ**, ה׳, **כְּיוֹם אֶתְמוֹל כִּי יַעֲבֹר**, כלומר: אצל הקב״ה אין לזמן משמעות; בשבילו אלף שנים הן כיום אתמול כי יעבור, שאין ממנו חוויה עכשווית אלא זיכרון בלבד, **וְאַשְׁמוּרָה** וכמו אשמורה **בַלָּיְלָה**, שהוא זמן שבדרך כלל ישנים בו ולכן אפילו לא מרגישים בזה שהוא עובר.

ה **זְרַמְתָּם**, זרימת החיים של כל היצורים, כמעט **שֵׁנָה יִהְיוּ**, מעין חלום עובר, משהו לא לגמרי ממשי; עד **שֶׁבַּבֹּקֶר**, לאחר שקמים מן השינה, **כֶּחָצִיר יַחֲלֹף**, יעבור, הם כאילו מתייבשים כמו חציר, ששוב איננו צומח עוד.

ו **בַּבֹּקֶר יָצִיץ וְחָלָף וְלָעֶרֶב**, עוד באותו ערב, כבר הוא **יְמוֹלֵל**, יישבר, **וְיָבֵשׁ**. כך גם ימי חיינו נראים לעומת הנצח האלוקי: הוויה בלתי ממשית וקצרת קיום עד מאוד.

ז **כִּי־כָלִינוּ** כי גם בחיינו כמות שהם כלינו **בְאַפֶּךָ**, אנו כלים מזעמך, **וּבַחֲמָתְךָ נִבְהָלְנוּ**, אנחנו נמצאים במצוקה ובמעין מחבוא בגלל החֵמה האלוקית.

ח **שַׁתָּ**, שמת, את **עֲוֺנֹתֵינוּ**, שאותם אתה רואה, **לְנֶגְדֶּךָ**, **וַעֲלֻמֵנוּ**, סודותינו וסתרינו, גלויים **לִמְאוֹר פָּנֶיךָ**, ואין אנחנו יכולים להיחבא או להסתתר.

צ,ד **כְּיוֹם אֶתְמוֹל כִּי יַעֲבֹר**. במוצאי שבת קודש שרים הזמר ״על חטאי עבור תעבור כיום אתמול כי יעבור״, ושמעתי מכ״ק אדמו״ר זלה״ה [=רבי בונים מפשיסחא] על דרך משל, שהיה אדם גדול במעלה וקרוב למלכות, והייתה לו עיר אחת שהיה בה רפש וטיט ואגמים אשר לא יוכל אדם ליצא ולכנוס, והוא לא היה לו מעות כדרוש להוציא עליה לנקותה. מה עשה, ביקש מאוהבו המלך ואמר לו: כשתיסע למדינה פלונית בקשתי שתיסע דרך עירי ואז ממילא תהיה העיר נקייה, כי חיל המלך ושרי המדינה ייתנו בה יופי ולא יהיה בה שום לכלוך. כן הוא העניין, כי אין ביכולתנו לשוב אליך בתכלית מחמת השאור שבעיסה, הוא היצר הרע, ועל כן בקשתנו שתשים דרכיך על חטאינו ותצווה לנקותם, ואזי ממילא יהיו **כְּיוֹם אֶתְמוֹל כִּי יַעֲבֹר**.

על־פי רמתיים צופים ד: ו

ט **כִּי כׇל־יָמֵינוּ פָּנוּ בְעֶבְרָתֶךָ**
כִּלִּינוּ שָׁנֵינוּ כְמוֹ־הֶגֶה׃
י **יְמֵי־שְׁנוֹתֵינוּ בָהֶם**
שִׁבְעִים שָׁנָה
וְאִם בִּגְבוּרֹת ׀
שְׁמוֹנִים שָׁנָה
וְרׇהְבָּם עָמָל וָאָוֶן
כִּי־גָז חִישׁ וַנָּעֻפָה׃

ט ומכיוון שבכל זאת אנו חוטאים, הרי בפועל יוצא שהעונש של מעלה גוזל את רוב ימינו. **כִּי כׇל־יָמֵינוּ פָּנוּ** ונעלמו **בְעֶבְרָתֶךָ**, בגלל כעסך, **כִּלִּינוּ שָׁנֵינוּ** – את שנותינו – **כְמוֹ־הֶגֶה**, שיצא מן הפה ואינו קיים עוד.

י ובסך הכל – **יְמֵי־שְׁנוֹתֵינוּ בָהֶם**, בחיי העולם הזה, **שִׁבְעִים שָׁנָה**, **וְאִם בִּגְבוּרֹת**, במקרה שהחיים חזקים יותר, הרי הם **שְׁמוֹנִים שָׁנָה**. וגם הם, כשאנחנו מסתכלים בהם, הנם חסרי חשיבות, כיוון שאפילו **וְרׇהְבָּם** – נקודות ההתפארות ("רהב") שיש בהם: הצלחותינו והישגינו – הם **עָמָל וָאָוֶן**. לשתי המילים הללו יש מצד אחד משמעות של חטא; ואילו מהצד השני, הניטרלי יותר, עמל פירושו עבודה, יגיעה, אבל עבודה כזו שלא בהכרח מביאה לתוצאה; ואוון פירושו גם לא־כלום, אַיִן. אכן, אחת הסיבות שבגללן כל מפעלינו ופארנו כל כך בלתי חשובים, היא **כִּי־גָז חִישׁ**, כי העולם, החיים, עוברים, נעלמים מהר מאוד, **וַנָּעֻפָה**, גם אנחנו עפים, יוצאים מכאן. ואז כל הישגינו והדברים הגדולים שעשינו, מושאי ההתפארות שלנו, מאבדים כל משמעות. כל זה בא רק לומר שמצבנו כבני אדם, יצורים בני חלוף, כמעט שאינו מאפשר לנו לחיות חיים הגונים, ובוודאי מקשה עלינו לחזור בתשובה, כיוון שאנו יותר מדיי טרודים במרוץ הלא תכליתי אחרי ענייני העולם הזה, בעוד שהעולם הזה חולף ועובר על פנינו, ואין לנו זמן ואף לא כוח לחשוב על העניינים החשובים באמת, דהיינו: לחזור בתשובה ולעשות את המעשים הנכונים.

צ,ט **כִּלִּינוּ שָׁנֵינוּ כְמוֹ הֶגֶה.** כל המזמור הזה מדבר מהבל הזמן. כי באמת אין שום זמן כלל, כי הזמן הוא רק מחסרון הדעת, כמו בזמן השינה, שמסתלק השכל עד שנדמה על רבע שעה שהוא שבעים שנה, וכשמקיץ רואה שזה הבל. וכשמסתכלים על זה באמת, זוכין לתשובה שלמה תמיד, יהיה איך שיהיה, אפילו מכל הנפילות שבעולם.

על־פי תורת נתן

צ,י **יְמֵי שְׁנוֹתֵינוּ בָהֶם שִׁבְעִים שָׁנָה.** כי עיקר החיות הוא עבודת הבורא יתברך, "כי הוא חייך" (דברים ל כ), וכשאינו מוסיף קדושה ודעת בכל יום הוא קצר ימים, ומי יודע אם יעלו כל שבעים שנותיו ליום אחד... אבל שבעים שנה של דוד המלך ע"ה הם עיקר החיים באמת, שהוא זכה לחיות שבעים שנה שלמים באמת.

על־פי תורת נתן

יא מִי־י֭וֹדֵעַ עֹ֣ז אַפֶּ֑ךָ
וּ֝כְיִרְאָתְךָ֗ עֶבְרָתֶֽךָ׃
יב לִמְנ֣וֹת יָ֭מֵינוּ כֵּ֣ן הוֹדַ֑ע
וְ֝נָבִ֗א לְבַ֣ב חָכְמָֽה׃
יג שׁוּבָ֣ה יְ֭הוָה עַד־מָתָ֑י
וְ֝הִנָּחֵ֗ם עַל־עֲבָדֶֽיךָ׃

יא מִי־יוֹדֵעַ מי מאתנו יודע עֹז אַפֶּךָ, עד היכן הוא יכול להגיע, וּכְיִרְאָתְךָ, כמו שאנו מתייראים ממך, הלוא היא גם עֶבְרָתֶךָ, כעסך. כלומר: מצד אחד אנו יודעים שלחטא יש עונש, אם כי לא תמיד אנו משערים בנפשנו את גודלו וחומרתו; ומצד שני, כל ימינו אנחנו כל כך עסוקים בהתרוצצות עד שכמעט שאין לנו הזדמנויות להשיג ולהעריך את המציאות כמות שהיא.

יב לִמְנוֹת יָמֵינוּ כֵּן הוֹדַע, הודע לנו ותן בנו את הדעת, ההבנה, לראות ולספור את ימי חיינו, כדי שבאמת נתפוס את קיצורם ואת חלופיותם; וְנָבִיא, נקבל - אם נהיה מודעים לזמן העובר אז נקבל לְבַב חָכְמָה, כלומר: לכל הפחות לא נלך אחר דברים חסרי ערך או רעים, שמועילים רק לזמן קצר ואין להם מעמד אל מול פני ה׳ - בין משום שאינם מחזיקים מעמד לאורך זמן ובין משום שיש עליהם עונש.

יג המזמור מסתיים בתפילה שאינה מסתמכת על היותנו טובים יותר, אלא היא בגדר תחנונים שאנו יכולים להתחנן בשל אוזלת ידנו וקוצר ימינו: שׁוּבָה, ה׳, האר לנו את פניך. עַד־מָתָי נימצא במרחק? וְהִנָּחֵם עַל־עֲבָדֶיךָ - גם זה ביטוי המופיע בתפילות אחרות של משה רבנו, ופירושו הוא שאנו זקוקים לרחמי ה׳ - גם אם איננו ראויים להם.

צ,יא **וּכְיִרְאָתְךָ עֶבְרָתֶךָ** – פירוש: שכאותה היראה שיש לו לאדם בשעה שבאה לו ח״ו איזו עברה וצרה, שאז יש לו יראה גדולה, כן תהיה לו יראתו מהשם יתברך תמיד. וכן הפירוש גם להיפוך, שבעת צרה שבאה עליו פתאום ח״ו לא תהיה לו יראה יתרה, רק אותה היראה שראוי לו להתיירא תמיד מהשם יתברך ברוך הוא וברוך שמו – היא שתהיה לו גם עתה.

על־פי בעל שם טוב על התורה, וישלח, ד

צ,יב **וְנָבִא לְבַב חָכְמָה** – כי לבם של בני ישראל נובע חכמת הנבואה, אלא שהסטרא־אחרא שורה עליו ומעכב. וביעקב אבינו ע״ה נאמר: ״ויגל את האבן מעל פי הבאר״ (בראשית כט י); אין אבן אלא ״לב האבן״, שעתיד הקב״ה להסירו מאתנו (יחזקאל יא יט), ואין באר אלא הלב, הנובע נבואת חכמה.

על־פי קדושת לוי, ויצא

יד שַׂבְּעֵנוּ בַבֹּקֶר חַסְדֶּךָ
וּנְרַנְּנָה וְנִשְׂמְחָה
בְּכָל־יָמֵינוּ:
טו שַׂמְּחֵנוּ כִּימוֹת עִנִּיתָנוּ
שְׁנוֹת רָאִינוּ רָעָה:
טז יֵרָאֶה אֶל־עֲבָדֶיךָ פָעֳלֶךָ
וַהֲדָרְךָ עַל־בְּנֵיהֶם:
יז וִיהִי ׀ נֹעַם אֲדֹנָי אֱלֹהֵינוּ
עָלֵינוּ
וּמַעֲשֵׂה יָדֵינוּ כּוֹנְנָה עָלֵינוּ
וּמַעֲשֵׂה יָדֵינוּ כּוֹנְנֵהוּ:

יד והבקשה הכללית שאנו יכולים לבקש היא: מצד אחד, שַׂבְּעֵנוּ בַבֹּקֶר, כלומר: בשנות הנעורים, שהן הבוקר של חיינו, חַסְדֶּךָ, השפעה גדולה של חסד, וּנְרַנְּנָה ומכוחה נרננה וְנִשְׂמְחָה בְּכָל־יָמֵינוּ, כי יהיו לנו ילדות ונעורים של אושר שנוכל להיזכר בהם.

טו או, לחלופין, שַׂמְּחֵנוּ בהמשך חיינו כִּימוֹת עִנִּיתָנוּ, תן לנו שמחה כמו שְׁנוֹת רָאִינוּ רָעָה, ימי הסבל שהיו לנו, כך שלפחות סופנו יהיה טוב.

טז וכאשר נדע מידה כלשהי של מנוחה ושלווה, אז יֵרָאֶה אֶל־עֲבָדֶיךָ פָעֳלֶךָ, תהיה לנו האפשרות להתבונן ולראות את פועלך; וגלומה כאן גם הבקשה שהקב"ה יראה לנו את כל אלה. וַהֲדָרְךָ יתגלה עַל־בְּנֵיהֶם של עבדיך, דהיינו: על הדור הבא.

יז ובסיום באה תפילה כללית על כל חיינו: וִיהִי נֹעַם ה' אֱלֹהֵינוּ, הנעימות, הנתינה הטובה, עָלֵינוּ, וּמַעֲשֵׂה יָדֵינוּ, וכתוצאה מכך מעשה ידינו שאנחנו כל כך טורחים עליו וכל כך לא בטוחים בקיומו, וכל שכן בהתמדתו, כּוֹנְנָה, כלומר: בְּנֵה, יַצֵּב והעמד אותו עָלֵינוּ, וּמַעֲשֵׂה יָדֵינוּ כּוֹנְנֵהוּ, באופן שיהיה קיים ומוצלח, ושנוכל לראותו גם בתוך חיינו.

צ,יז וִיהִי נֹעַם אֲדֹנָי אֱלֹהֵינוּ עָלֵינוּ. "עשרה שיושבין ועוסקין בתורה שכינה שרויה ביניהם". וזו כל תכלית ירידת האדם לעולם – לצורך עלייה זו, כי שכינת עוזו אשר בגבהי מרומים תשכון ותתגדל בתוך בני ישראל על־ידי עסק התורה והמצוות בעשרה דווקא. אבל אחד שיושב ועוסק בתורה אין לו אלא קביעת שכר (אבות ג: ב), שאינה בערך השראת קדושת הקב"ה כלל, כי קביעת שכר הוא שמאיר ה' לנפש תדרשנו, ומכיוון שהנפש היא בעלת גבול לכן גם אור ה' המאיר בה הוא גבולי. אבל ההשראה היא כמו שכתוב: וִיהִי נֹעַם אֲדֹנָי אֱלֹהֵינוּ עָלֵינוּ וּמַעֲשֵׂה יָדֵינוּ כּוֹנְנָה עָלֵינוּ – כי נועם ה' אשר הופיע במעשה ידינו בעסק התורה והמצוות יתכונן וישרה עלינו מלמעלה, ואין אנו משיגים בשכלנו הנעימות והעריבות מנועם ה' וזיו השכינה בלי גבול אשר מתכונן ושורה עלינו בתורה ומצוות ברבים דווקא.

על־פי תניא, איגרת הקודש, כג

יֹשֵׁב בְּסֵתֶר עֶלְיוֹן בְּצֵל שַׁדַּי יִתְלוֹנָן:

ספר רביעי

פרק צא

שירה של עידוד ונחמה למי שהקב"ה שומר
אותו; הפרק עובר הלוך ושוב בין מְדַבְּרים שונים:
מקהלה האומרת דברים כלליים,
האדם הפרטי המתפלל, שוב המקהלה,
ולבסוף – דבריו של הקב"ה.

א יֹשֵׁב בְּסֵתֶר עֶלְיוֹן
בְּצֵל שַׁדַּי יִתְלוֹנָן:
ב אֹמַר לַיהוה
מַחְסִי וּמְצוּדָתִי
אֱלֹהַי אֶבְטַח־בּוֹ:
ג כִּי הוּא יַצִּילְךָ מִפַּח יָקוּשׁ
מִדֶּבֶר הַוּוֹת:
ד בְּאֶבְרָתוֹ ׀ יָסֶךְ לָךְ
וְתַחַת־כְּנָפָיו תֶּחְסֶה
צִנָּה וְסֹחֵרָה אֲמִתּוֹ:
ה לֹא־תִירָא מִפַּחַד לָיְלָה
מֵחֵץ יָעוּף יוֹמָם:
ו מִדֶּבֶר בָּאֹפֶל יַהֲלֹךְ
מִקֶּטֶב יָשׁוּד צָהֳרָיִם:

א תחילתו של המזמור אינה כותרת, אך היא מגדירה את הפרק כולו: זהו פרק המיועד לאדם אשר יֹשֵׁב בְּסֵתֶר עֶלְיוֹן, כלומר: מסתתר מן העולם ומצרותיו, כי יש לו מחסה אצל הקב״ה.

בְּצֵל שַׁדַּי יִתְלוֹנָן - שם, בצלו, כלומר: תחת חסותו של ה׳, הוא לן וחי.

ב וכאן באה תפילתו של המשורר היחיד: אֹמַר לַה׳: ׳מַחְסִי וּמְצוּדָתִי אתה, אתה המחסה והמגן שלי, המצודה שבה אסתתר, אֱלֹהַי אֶבְטַח־בּוֹ׳.

ג והמקהלה משיבה לו: אכן, טוב להיות במחסה הזה, ׳כִּי הוּא, ה׳, יַצִּילְךָ מִפַּח יָקוּשׁ, מפח (מלכודת) שבנוי להיות מוקש, וּמִדֶּבֶר הַוּוֹת - דֶבר של פורענות, של צרות.

ד ובאופן ציורי: בְּאֶבְרָתוֹ - בכנפיו - הוא יָסֶךְ לָךְ, יסוכך עליך, יהיה לך הגנה, וְתַחַת־כְּנָפָיו תֶּחְסֶה, צִנָּה - מגן גדול - וְסֹחֵרָה - שריון - אֲמִתּוֹ, כלומר: מי שנמצא תחת המחסה והאמת של ה׳ מוקף מכל צדדיו בהגנה שלמה.

ה לֹא־תִירָא מִפַּחַד לָיְלָה, מכל מיני פורענויות, אויבים ומתנכלים הבאים בלילה, או מֵחֵץ יָעוּף יוֹמָם; בדרך כלל חצים נורים בשעות היום, כאשר אפשר לראות את המטרה, בעוד שבלילות אנשים חוששים ממתנקשים, מסכינים וכיוצא באלה.

ו ואילו אתה, אומרת המקהלה למשורר, לא תפחד אפילו מִדֶּבֶר - ממגפה - אשר בָּאֹפֶל יַהֲלֹךְ או מִקֶּטֶב - הֶרג - אשר יָשׁוּד צָהֳרָיִם, ששודד והורג בשעות היום. כי מאחר שאתה מצוי תחת חסותו של הקב״ה, אתה לא תיפגע כלל.

צא,א יֹשֵׁב בְּסֵתֶר עֶלְיוֹן. יש שני לבבות באדם, והם פנימיות וחיצוניות שבלב. ובפנימיות נקודת הלב יש לו אהבה עזה, שכלתה נפשו לה׳ מעומקא דלבא, ונקראת ״תעלומות לב״ לפי שהיא נעלמת ומסתתרת בתוך הלב, שאינה באה לכלל גילוי השגת טעם ודעת מפני ששורשה למעלה מן הטעם ודעת. ועל זה נאמר יֹשֵׁב בְּסֵתֶר עֶלְיוֹן בְּצֵל שַׁדַּי יִתְלוֹנָן, שהוא בחינת צל ולא גילוי אור. ובחינה זו קיימת לעד, שישנה ודאי מסותרת בלב כל אחד מישראל, שיכול לעורר את האהבה בשעת התפילה וכיוצא בה. ואף שאחר כך יכולה להיות חולפת ועוברת, מפני שמלובשת בחיצוניות הלב, מכל מקום רושם ממנה ניכר באדם בבחינת מקיף, וכמו הצל שמגן מחום השמש, כך רושם זה מגן על חיצוניות הלב, שיוכל האדם להיות סור מרע ועשה טוב כל היום ולא ייפול לגמרי באהבה רעה ח״ו.

על־פי ליקוטי תורה שמיני עצרת פו, ג

ז יִפֹּל מִצִּדְּךָ אֶלֶף
וּרְבָבָה מִימִינֶךָ
אֵלֶיךָ לֹא יִגָּשׁ:
ח רַק בְּעֵינֶיךָ תַבִּיט
וְשִׁלֻּמַת רְשָׁעִים תִּרְאֶה:
ט כִּי־אַתָּה יְהוָה מַחְסִי
עֶלְיוֹן שַׂמְתָּ מְעוֹנֶךָ:
י לֹא־תְאֻנֶּה אֵלֶיךָ רָעָה
וְנֶגַע לֹא־יִקְרַב בְּאָהֳלֶךָ:
יא כִּי מַלְאָכָיו יְצַוֶּה־לָּךְ
לִשְׁמָרְךָ בְּכָל־דְּרָכֶיךָ:
יב עַל־כַּפַּיִם יִשָּׂאוּנְךָ
פֶּן־תִּגֹּף בָּאֶבֶן רַגְלֶךָ:
יג עַל־שַׁחַל וָפֶתֶן תִּדְרֹךְ
תִּרְמֹס כְּפִיר וְתַנִּין:
יד כִּי בִי חָשַׁק וַאֲפַלְּטֵהוּ
אֲשַׂגְּבֵהוּ כִּי־יָדַע שְׁמִי:

ז יִפֹּל מִצִּדְּךָ, משמאלך, אֶלֶף חללים, וּרְבָבָה מִימִינֶךָ, אבל אֵלֶיךָ לֹא יִגָּשׁ הרע, כי אתה מוגן.

ח ובתוך כל המהומה, ההרג והמוות אתה רַק בְּעֵינֶיךָ תַבִּיט על כל הנפגעים, 'וְשִׁלֻּמַת רְשָׁעִים תִּרְאֶה', תראה כיצד באים כל הרשעים על עונשם ומקבלים את גמולם בעולם הזה.

ט ושוב חוזר המזמור אל דבריו של המשורר: 'כִּי־אַתָּה, ה', מַחְסִי'; ומשיבה לו המקהלה: אכן, במחסה הזה ראוי להסתתר, כי 'עֶלְיוֹן שַׂמְתָּ מְעוֹנֶךָ, אתה בוחר לשכון אצל העליון, שהוא נותן החסות המוחלטת.

י ולכן לֹא־תְאֻנֶּה אֵלֶיךָ רָעָה וְנֶגַע - מחלה, צרה - לֹא־יִקְרַב בְּאָהֳלֶךָ, בביתך.

יא כִּי מַלְאָכָיו יְצַוֶּה־לָּךְ, הקב"ה ישלח את מלאכיו להיות לך לעזר ולִשְׁמָרְךָ בְּכָל־דְּרָכֶיךָ.

יב חסותם של מלאכי ה' מתבטאת בכך שהם עַל־כַּפַּיִם יִשָּׂאוּנְךָ, פֶּן־תִּגֹּף בָּאֶבֶן רַגְלֶךָ, כמו שעושים לילד קטן, שמרימים אותו ונושאים אותו על כפיים כדי שחלילה לא ייפצע ברגליו.

יג וכיוון שיש לו הגנה גמורה, הרי גם אם עַל־שַׁחַל וָפֶתֶן תִּדְרֹךְ, הם לא יזיקו לך, וגם אם תִּרְמֹס כְּפִיר וְתַנִּין' לא יהיו אלה סכנות מפחידות.

יד וכאן נשמע הקול השלישי, קולו של הקב"ה, שמסביר: 'כִּי בִי חָשַׁק האיש הזה, וַאֲפַלְּטֵהוּ, אני מציל אותו, אֲשַׂגְּבֵהוּ, אני נעשה לו למשגב, מחסה ומעוז, כִּי־יָדַע שְׁמִי, ולכן מגיעה לו עזרה.

צא,ז **יִפֹּל מִצִּדְּךָ אֶלֶף וּרְבָבָה מִימִינֶךָ** – כדרך שאמרו ז"ל (ברכות ו, א) שכל אחד ואחד עומדים עליו אלף מזיקים משמאלו ורבבה מימינו. מימינו, רמז לתאוות וחמדות העולם־הזה הנמשכות ממידת החסד שבימין. משמאלו, רמז למידות הכעס והקנאה והניצוח ודומיהן, הנמשכות ממידת הגבורה שבשמאל. ויש הפרש בין אלף לרבבה, שאלף הוא המספר הגדול ביותר בכל מה ששייך בו מניין, ורבבה הוא ריבוי בתוקף עצום, שאינו בבחינת מספר כלל. ולכן **מִצִּדְּךָ אֶלֶף** – להודיע שהכעס והקנאה מתגברים בתוקף וגוזמא; אך **וּרְבָבָה מִימִינֶךָ** – לפי שלתאווה אין גבול, ולעתיד לבוא עתידה לחזור לטוב וממנה כל חשקת התורה, ולכן גם כשמתפשטת לרע הוא בריבוי בלי גבול. אמנם בין משמאל ובין מימין **אֵלֶיךָ לֹא יִגָּשׁ** – שסובבים ומלבישים אותך, אך אל פנימיותך ומעמקי שורשך לא ייגשו, כי ישראל אף־על־פי שחטא ישראל הוא.

על־פי צדקת הצדיק, ריז

טו יִקְרָאֵנִי ׀ וְאֶעֱנֵהוּ
עִמּוֹ־אָנֹכִי בְצָרָה
אֲחַלְּצֵהוּ וַאֲכַבְּדֵהוּ׃
טז אֹרֶךְ יָמִים אַשְׂבִּיעֵהוּ
וְאַרְאֵהוּ בִּישׁוּעָתִי׃

טו והעזרה היא שיִקְרָאֵנִי וְאֶעֱנֵהוּ, אני תמיד מוכן לענות לו, עִמּוֹ־אָנֹכִי בְצָרָה, ומכל צרה אֲחַלְּצֵהוּ וַאֲכַבְּדֵהוּ, בישועה שיש בה לא רק מנוסה ובריחה אלא גם גדולה.

טז ולא רק יציאה מהרע תהיה כאן אלא גם אֹרֶךְ יָמִים אַשְׂבִּיעֵהוּ, הוא יזכה לשנים ארוכות, וְאַרְאֵהוּ ובתוך השנים הללו אראהו בִּישׁוּעָתִי - להושיעו גם מבעיותיו שלו וגם מכל צרות הכלל.

צא,טו **עמו אָנֹכִי בְצָרָה**, ומכאן שכאשר באים ייסורים על האדם – אין לומר שהם בבחינת הסתרת פנים, שהרי גם הוא יתברך סובל עמנו מייסורינו. ומה שנדמה להסתרת פנים, הוא מצד האדם, שכאשר אינו מקבל ייסוריו בהכנעה, ודומה עליו שח"ו הם בלא משפט, הוא עושה בזה את ההסתר וכביכול מסלק ח"ו אותו יתברך מן העולם. כי איש הישראלי מחויב להאמין ולראות שהכול מידו יתברך, ואינו עושה דין בלא דין חלילה. וכשיאמין בזאת, יעביר את ההסתרה ויגלה אותו יתברך מתוך הדינים, ואזי ממילא נעשה חסד והתגלות אור פניו יתברך, ויבוא לידי התחזקות ושמחה ויהיה לבו בטוח בה' שכמו שענש אותו על חטאיו כן ייטיב עמו כשישוב וכאב את בנו כן ירצהו.

על־פי אש קודש, ראה

טוֹב לְהֹדוֹת לַיהוה וּלְזַמֵּר לְשִׁמְךָ עֶלְיוֹן:

ספר רביעי
פרק צב

מזמור המתייחס ליום השבת, אך בעצם עוסק בסך כל המתרחש בעולם, בהסתכלות כמו מלמעלה על הרע והטוב, ההצלחה והכישלון.

א מִזְמוֹר שִׁיר לְיוֹם הַשַּׁבָּת:
ב טוֹב לְהֹדוֹת לַיהוָה
וּלְזַמֵּר לְשִׁמְךָ עֶלְיוֹן:
ג לְהַגִּיד בַּבֹּקֶר חַסְדֶּךָ
וֶאֱמוּנָתְךָ בַּלֵּילוֹת:

א מִזְמוֹר שִׁיר לְיוֹם הַשַּׁבָּת - אף שהיה זה השיר שהושר במקדש ביום השבת, הוא בעצם עוסק במה שנקרא בדברי חז"ל "יום שכולו שבת" - כלומר, באחרית הימים, בחשבון הגדול האחרון של העולם בכללו, שאז יעומדו כל הדברים במקומם הנכון. המזמור הוא, אפוא, כעין סיכום או הגדרה כוללת של ההיסטוריה, ו"יום השבת" כאן הוא בעצם ימות המשיח - אותו זמן שבו ייראו הרע העולמי והצלחתו כאירועים זמניים בלבד, שאינם אלא דרך להביא להכשלתו ולנפילתו של הרע מתוכו-עצמו; ואילו הצדיקים יוכיחו את קיומם היציב ואת פוריותם המתמשכת.

ב המזמור מתחיל בטוֹב לְהֹדוֹת לַה'. זוהי תודה על עצם היכולת לומר תודה על כמה שטוב לו לאדם שהוא יכול להודות לה', וּלְזַמֵּר לְשִׁמְךָ עֶלְיוֹן.

ג הזמרה הזו אינה אחידה; חלק אחד שלה הוא לְהַגִּיד בַּבֹּקֶר חַסְדֶּךָ, וחלקה האחר - וֶאֱמוּנָתְךָ בַּלֵּילוֹת לומר את אמונתך בלילות. זוהי חלוקה של סדר העולם לפי זמני היום, דהיינו: השעות שבהן השמש זורחת, ובאופן סמלי - הזמן שבו חסד ה' ניכר וטובתו נגלית ונראית לעין, מה שמכונה כאן בשם "בוקר", לעומת "ואמונתך בלילות". הלילה הוא זמן של חשכה, ובמידה מסוימת גם זמן של הסתר פנים או דכדוך; ומה שיכול להתקיים בו, ולקיים את האדם בתוכו, הוא האמונה, שהיא זו אשר מלווה את האדם גם בלילות.

צב,ג **לְהַגִּיד בַּבֹּקֶר חַסְדֶּךָ וֶאֱמוּנָתְךָ בַּלֵּילוֹת** – כי הבוקר נקרא בשם חסד, שמאיר גילוי אלוהות בעולם, והלילה הוא בבחינת אמונה, כשהאדם שרוי בחושך כפול ומכופל, וגילוי אלוהותו יתברך אינו מאיר לעיני שכלו, ואזי נעלם ממנו הדבר כמות שהוא ואין בידו אלא האמונה לבדה. והוא כעניין הודאה – שמודה שכן הוא, אף שאינו משיג זאת בשכלו.

על־פי ספר המאמרים תער"ב, ח"ב עמ' תתקפט

צב,ג **לְהַגִּיד**. אמר מרן הסבא קדישא מלכוביץ' בפירוש הכתוב "אבדה האמונה ונכרתה מפיהם", כי מה שאבדה האמונה מלבם הוא מפני שנכרתה מפיהם, שאינם מתייגעים על זה ואינם חוזרים בפה עניין האמונה. ולהפך כתוב "האמנתי כי אדבר", על־ידי שאני מדבר וחוזר האמונה בפי אני משיג האמונה, וכמו שכתוב **לְהַגִּיד בַּבֹּקֶר חַסְדֶּךָ וֶאֱמוּנָתְךָ בַּלֵּילוֹת**. כי הדיבור מועיל להתחזקות האמונה.

על־פי יסוד העבודה ח"ב ד: ט; נתיבות שלום ח"א, נתיב הדעת, י

ד עֲלֵי־עָשׂוֹר וַעֲלֵי־נָבֶל
עֲלֵי הִגָּיוֹן בְּכִנּוֹר׃
ה כִּי שִׂמַּחְתַּנִי יְהֹוָה בְּפָעֳלֶךָ
בְּמַעֲשֵׂי יָדֶיךָ אֲרַנֵּן׃
ו מַה־גָּדְלוּ מַעֲשֶׂיךָ יְהֹוָה
מְאֹד עָמְקוּ מַחְשְׁבֹתֶיךָ׃
ז אִישׁ־בַּעַר לֹא יֵדָע
וּכְסִיל לֹא־יָבִין אֶת־זֹאת׃
ח בִּפְרֹחַ רְשָׁעִים ׀ כְּמוֹ עֵשֶׂב
וַיָּצִיצוּ כָּל־פֹּעֲלֵי אָוֶן
לְהִשָּׁמְדָם עֲדֵי־עַד׃

ד את השירה הזו שרים עֲלֵי־עָשׂוֹר - כנראה כלי נגינה בן עשרה מיתרים - וַעֲלֵי־נָבֶל, גם הוא כלי נגינה, שככל הנראה יש לו יותר מיתרים מאשר לכינור. עֲלֵי הִגָּיוֹן - אולי סוג מסוים של מנגינה, או אופן של נגינה שהיו מנגנים בְּכִנּוֹר.

ה ותוכנו של השיר הוא: כִּי שִׂמַּחְתַּנִי ה׳ בְּפָעֳלֶךָ, במה שעשית, שזוהי גם תהילה על בריאת העולם, בְּמַעֲשֵׂי יָדֶיךָ - דהיינו, העולם וכל אשר בו - אֲרַנֵּן.

ו מצד אחד אומר המשורר: מַה־גָּדְלוּ מַעֲשֶׂיךָ, ה׳, בגדולה הנראית לעינינו, כי מן הכמות והאיכות של כל מה שאנחנו רואים בעולם אנו למדים על גדולת ה׳; ומצד אחר - מְאֹד עָמְקוּ מַחְשְׁבֹתֶיךָ, כי בנוסף על הדברים שאנחנו יכולים להסביר או לראות בעינינו כמות שהם, יש מחשבות ה׳, שהן עמוקות יותר ואינן נגלות לעין.

ז ומפני שמחשבותיו, תכניותיו ומהלכיו של ה׳ הם כל כך עמוקים, אִישׁ־בַּעַר לֹא יֵדָע את משמעות הדברים הללו, וּכְסִיל לֹא־יָבִין אֶת־זֹאת.

ח כך, למשל: בִּפְרֹחַ - כשצומחים - רְשָׁעִים כְּמוֹ עֵשֶׂב, בכל מקום ובלי גבולות מוגדרים, וַיָּצִיצוּ כָּל־פֹּעֲלֵי אָוֶן, כמו צמחים שצצים ויוצאים מן האדמה או מפריחים פרחים. הכסיל והבער רואים זאת כקושיות שאין להן פתרון; ואולם גידולם והצלחתם לכאורה של הרשעים אינם אלא אמצעים כדי להביא לְהִשָּׁמְדָם עֲדֵי־עַד. ואמנם זוהי אחת הדרכים להשמדת עשבים שוטים: משקים את האדמה ומחכים שאותם

צב,ו מַה גָּדְלוּ מַעֲשֶׂיךָ ה׳ – כי מה שנמשך ונתפשט למטה דרך פרטי הלכה אחת הוא מזון וקיום חיות כל העולמות, עליונים ותחתונים, וכל העולמות העליונים הם כלא ממש נגד מה שנמשך מפרטי הלכה אחת, שהיא מקור חיותם וקיומם. כי כל הלכה היא המשכת והתפשטות אור מרצון העליון ברוך־הוא וחכמה עילאה, שהן מקור החיות לכל העולמות. ומזה יתבונן המשכיל להיות שש ועלז בתורת ה׳, כמו שכתוב: "וכל חפצים לא ישוו בה", שאפילו חפצים העליונים – כעניין שכתוב "כל אשר חפץ הוי"ה עשה בשמים ובארץ", ושמים הם העולמות העליונים – לא ישוו בה, שכולם הם כלא ממש בערך הלכה אחת.

על־פי תורה אור מקץ לא, ד

ט וְאַתָּה מָרוֹם לְעֹלָם יְהֹוָה׃
י כִּי הִנֵּה אֹיְבֶיךָ יְהֹוָה
כִּי־הִנֵּה אֹיְבֶיךָ יֹאבֵדוּ
יִתְפָּרְדוּ כָּל־פֹּעֲלֵי אָוֶן׃
יא וַתָּרֶם כִּרְאֵים קַרְנִי
בַּלֹּתִי בְּשֶׁמֶן רַעֲנָן׃
יב וַתַּבֵּט עֵינִי בְּשׁוּרָי
בַּקָּמִים עָלַי מְרֵעִים
תִּשְׁמַעְנָה אָזְנָי׃
יג צַדִּיק כַּתָּמָר יִפְרָח
כְּאֶרֶז בַּלְּבָנוֹן יִשְׂגֶּה׃
יד שְׁתוּלִים בְּבֵית יְהֹוָה
בְּחַצְרוֹת אֱלֹהֵינוּ יַפְרִיחוּ׃
טו עוֹד יְנוּבוּן בְּשֵׂיבָה
דְּשֵׁנִים וְרַעֲנַנִּים יִהְיוּ׃

עשבים יעלו ויצמחו מעט, כדי שאפשר יהיה לחרוש את השדה ולהשמידם כדי שלא יצמחו עוד. בדומה לכך, גם שגשוגם של רשעי העולם מטרתו להביא להשמדתם המלאה, השמדה שאין אחריה תקומה.

ט וְאַתָּה מָרוֹם לְעֹלָם, ה׳, אתה צופה בכל אלה, ויכול לתכנן את עלייתו המדומה של הרע ואת מפלתו.

י כִּי הִנֵּה אֹיְבֶיךָ, ה׳, כִּי־הִנֵּה אֹיְבֶיךָ בסופו של דבר יֹאבֵדוּ, יִתְפָּרְדוּ גם זה מזה וגם בינם לבין עצמם כָּל־פֹּעֲלֵי אָוֶן.

יא וַתָּרֶם כִּרְאֵים קַרְנִי - אני, עובד ה׳, זוכה להרמת קרן, בדומה לקרניו הגבוהות של הראם, בַּלֹּתִי - נמשחתי - בְּשֶׁמֶן רַעֲנָן.

יב וכאשר הצדיק צומח כך, אז הוא יכול להגיע למצב שבו וַתַּבֵּט עֵינִי בְּשׁוּרָי, באויביי, לראות בנפילתם, בַּקָּמִים עָלַי מְרֵעִים, אותם מרעים המתקוממים כנגדי; תִּשְׁמַעְנָה אָזְנָי כיצד הם נופלים ונכשלים.

יג ולעומת זאת צַדִּיק כַּתָּמָר יִפְרָח. התמר הוא עץ הצומח במדבר, ובכל זאת הוא מיתמר לגובה רב ועושה פירות. ולחלופין: כְּאֶרֶז בַּלְּבָנוֹן, שיכול להגיע לגודל עצום, יִשְׂגֶּה הצדיק ויגדל.

יד וזאת משום שהצדיקים, שהם כעצים הללו המאריכים ימים, הם שְׁתוּלִים בְּבֵית ה׳, ותחת חסותו של ה׳ בְּחַצְרוֹת אֱלֹהֵינוּ יַפְרִיחוּ.

טו וגם אם מפעם לפעם הם יודעים זמנים של מלחמה או של קשיים, הרי עוֹד יְנוּבוּן, יעשו פרי, גם בְּשֵׂיבָה, כלומר: גם בזקנותם הם יישארו פוריים, דְּשֵׁנִים וְרַעֲנַנִּים יִהְיוּ גם כאשר אחרים יבלו ויכלו מן העולם.

צב,יג צַדִּיק כַּתָּמָר יִפְרָח כְּאֶרֶז בַּלְּבָנוֹן יִשְׂגֶּה. יש שני מיני צדיקים, ושניהם צדיקים גמורים, אך החילוק ביניהם הוא שהאחד הוא תמיד בדבקות בהשם יתברך, אבל הוא צדיק רק לעצמו ולא לזולתו, כלומר שאינו משפיע מצדקתו לאחרים. וזהו הנמשל לארז, שאמרו רבותינו ז״ל שאינו עושה פירות, שהוא רק צדיק בפני עצמו ואינו עושה פירות שיחזיר אחרים למוטב וירבו ויפרו צדיקים בעולם, אלא לעצמו ישגה ומרבה שכרו.

אבל הצדיק השני נמשל לתמר העושה פירות, וזהו ״כתמר יפרח״, כלומר שהוא מוציא יקר מזולל ומפריח ומרבה הטוב בעולם. וזהו שאמרו רבותינו ז״ל: ״מקום שבעלי תשובה עומדים אין צדיקים גמורים יכולים לעמוד״, שהצדיק הזה נקרא בעל תשובה, כי הוא בעל ואדון על התשובה, כי גרם תשובה בעולם, ושכרו כפול ומכופל הרבה יותר מהצדיק הראשון, אף שגם הוא צדיק גמור.

על־פי צוואת הריב״ש, קה״ת תשנ״ח, קכה

טז לְהַגִּיד כִּי־יָשָׁר יְהוָה
צוּרִי וְלֹא־עולתה [עַוְלָתָה] בּוֹ:

טז וכל זה בא לְהַגִּיד כִּי־יָשָׁר ה׳ ומשפטיו אמת, גם אם הם לא תמיד גלויים לעין, וה׳ הוא צוּרִי, משענתי ותוקפי, וְלֹא־עַוְלָתָה בּוֹ, אין בו עוול. וגם אם אני לא תמיד רואה את כל אלה עליי לחשוב על העתיד, על אחרית הימים, כדי לדעת שהמשפט הכולל בעולם הוא משפט אמת, שבו הרע נעקר מן העולם והטוב ממשיך להתקיים במלוא חיותו ורעננותו.

צב,טז **לְהַגִּיד כִּי יָשָׁר ה׳**. על שבת נאמר (ירושלמי ברכות ב: ז) "ברכת ה׳ היא תעשיר ולא יוסִף עצב עמה" (משלי י כב). כי בימי המעשה יש תערובות, וכל נקודה קדושה אינה יכולה להתגלות אלא על־ידי הסתר וקליפה וסטרא־אחרא. אבל בשבת קודש הסטרא־אחרא בורחת, והברכה מתפשטת בלי תערובות ובטל העיצבון. והנה שבת נקראת עדות, והוא שלא יאמרו באי העולם כי כך ברא השם יתברך, שיהיה עיצבון בעולם, שהרי ביום השבת רואים שכיון שברחה הסטרא־אחרא בטל העיצבון. וזה שכתוב: **לְהַגִּיד כִּי יָשָׁר ה׳ צוּרִי**, שרק על־ידי החטא נתהווה העיצבון. וזה שכתוב: "בערב ילין בכי" (ל ו), הוא בימי המעשה והתערובות; "ולבֹּקר רנה" (שם), הוא בחינת שבת, שהוא טוב בלי פסולת.

על־פי שפת אמת, תזריע תרנ״ד

מִקֹּלוֹת מַיִם רַבִּים אַדִּירִים מִשְׁבְּרֵי־יָם אַדִּיר בַּמָּרוֹם יהוה:

ספר רביעי

פרק צג

המנון על התגלות ה׳ בעולם,
שבעקבותיה מתמלאת כל המציאות שירה,
והכל רואים כיצד ה׳ מולך
בעולמו ומתגלה בהיכלו.

א יְהוָה מָלָךְ גֵּאוּת לָבֵשׁ
לָבֵשׁ יְהוָה עֹז הִתְאַזָּר
אַף־תִּכּוֹן תֵּבֵל בַּל־תִּמּוֹט׃
ב נָכוֹן כִּסְאֲךָ מֵאָז
מֵעוֹלָם אָתָּה׃
ג נָשְׂאוּ נְהָרוֹת ׀ יְהוָה
נָשְׂאוּ נְהָרוֹת קוֹלָם
יִשְׂאוּ נְהָרוֹת דָּכְיָם׃
ד מִקֹּלוֹת ׀ מַיִם רַבִּים
אַדִּירִים מִשְׁבְּרֵי־יָם
אַדִּיר בַּמָּרוֹם יְהוָה׃
ה עֵדֹתֶיךָ ׀ נֶאֶמְנוּ מְאֹד
לְבֵיתְךָ נַאֲוָה־קֹדֶשׁ
יְהוָה לְאֹרֶךְ יָמִים׃

א ה׳ מָלָךְ, כאשר מלכותו נראית בעולם, גֵּאוּת לָבֵשׁ לובש המלך לבושי כבוד; כביכול יש לה׳, כמלך העולם, לבוש מופשט: הוא לובש גאות. לָבֵשׁ ה׳ את תפארתו, עֹז הִתְאַזָּר: בהמשך לאותו הדימוי של לבוש גאות נזכר גם האזור, כלומר: החגורה שלו, שהיא עוז. אַף־תִּכּוֹן תֵּבֵל בַּל־תִּמּוֹט – כאשר יגלה הקב״ה את שלטונו בעולם, כל הדברים הרעועים והבלתי בטוחים לא יהיו קיימים עוד, והעולם יתייצב באופן הנכון.

ב נָכוֹן – עומד, יציב – כִּסְאֲךָ מֵאָז, מימי קדם, מֵעוֹלָם אָתָּה.

ג ובזמן שה׳ מולך, העולם כולו שר לכבודו: נָשְׂאוּ נְהָרוֹת, ה׳, נָשְׂאוּ נְהָרוֹת קוֹלָם, הנהרות גם הם שרים ונושאים קולם בשבח, יִשְׂאוּ נְהָרוֹת דָּכְיָם, אלו הגלים המתנשאים בנהר. זהו תיאור של הנהרות הרוקדים ושרים לכבוד הקב״ה.

ד מִקֹּלוֹת מַיִם רַבִּים נשמע שבחו של הקב״ה. והשבח הוא: אַדִּירִים מִשְׁבְּרֵי־יָם, כלומר: גלי הים, שגם הם אומרים את השירה שלהם, הם אדירים; ועל כולם – אַדִּיר בַּמָּרוֹם ה׳.

ה והשירה היא: עֵדֹתֶיךָ – גם תורתך וגם הבטחותיך – נֶאֶמְנוּ מְאֹד, וכל זה מתגלה ומתקיים. וּלְבֵיתְךָ, לבית ה׳, נַאֲוָה־קֹדֶשׁ, נאה לו ויפה לו הקודש המתגלה בו, וה׳ ישכון בתוכו לְאֹרֶךְ יָמִים.

צג,א **ה׳ מָלָךְ גֵּאוּת לָבֵשׁ** – שלושה מרכיבים במלוכה. **מָלָךְ**, משמעו שינהיג המלך את עמו בדיבורו, שכן עניין הדיבור מבטא את מהות שלטונו של המלך, "באשר דבר מלך שלטון" (קהלת ח ד). **גֵּאוּת**, משמעו שעמו של המלך ישבח אותו וייתן לו גדולה ושבח. **לָבֵשׁ**, משמעו שכל עניין המלוכה אינו אלא לבוש שנצרך לנבראים, שיוכלו לקבל גילוי אורו יתברך דרך מלכותו, אבל מצד עצמו הוא מרומם מזה ואינו צריך לכל זה כלל. ומכיוון שישראל הם המעוררים רצון אצלו יתברך למלוך על העולמות, נותן להם הקב״ה בשכרם מעין שלושת העניינים הללו: **מָלָךְ**, שכשלומדים תורה הרי דיבורו של הקב״ה ממש בפיהם, בבחינת "תען לשוני אמרתך" (קיט קעב). **גֵּאוּת**, שיתקיים בהם מאמר חז״ל "עבד מלך – מלך". **לָבֵשׁ**, שנעשה להם לבוש אלוהי שדרכו יוכללו לקבל השגות אלוהיות.

על־פי תהילות מנחם

אֵל־נְקָמוֹת יהוה אֵל נְקָמוֹת הוֹפִיַע:

ספר רביעי

פרק צד

מזמור שנושאו המרכזי הוא תפילה והתמודדות מול הרשעים; זהו מזמור תיאורי ועיוני, אך יש בו גם חלק אישי של אדם הסובל מן הרע והזקוק לעזרה ולישועה.

א אֵל־נְקָמוֹת יְהוָה
אֵל נְקָמוֹת הוֹפִיַע׃
ב הִנָּשֵׂא שֹׁפֵט הָאָרֶץ
הָשֵׁב גְּמוּל עַל־גֵּאִים׃
ג עַד־מָתַי רְשָׁעִים ׀ יְהוָה
עַד־מָתַי רְשָׁעִים יַעֲלֹזוּ׃
ד יַבִּיעוּ יְדַבְּרוּ עָתָק
יִתְאַמְּרוּ כָּל־פֹּעֲלֵי אָוֶן׃
ה עַמְּךָ יְהוָה יְדַכְּאוּ
וְנַחֲלָתְךָ יְעַנּוּ׃
ו אַלְמָנָה וְגֵר יַהֲרֹגוּ
וִיתוֹמִים יְרַצֵּחוּ׃

א **אֵל־נְקָמוֹת ה׳, אֵל נְקָמוֹת הוֹפִיַע:** הנקמה אינה מידה ראויה, ואף איסור יש בה, אך רק כאשר מדובר בבני האדם ובדרכיהם. לאדם אסור לנקום; רק הקב״ה, שיכול לעשות משפט צדק ואין לו חולשות אנוש, הוא זה שראוי לו לא רק למנוע מן הרשעים לעשות את מעשיהם הרעים, אלא אף להתנקם בהם על מה שעשו כבר. ועליו נאמר "אל קנוא ונֹקם" (נחום א, ב), וכן "לי נקם ושִׁלֵּם" (דברים לב, לה).

ב אך מאחר שלא תמיד משפט ה׳ נגלה, לפחות לא בזמן ההווה, וה׳ כביכול מסתתר ואיננו מגלה את כל כוחו, על כן מתפלל המשורר ומבקש: **הִנָּשֵׂא, שֹׁפֵט הָאָרֶץ** – שה׳ יינשא ויתגלה כשופט הארץ, המושל ושולט בה. **הָשֵׁב גְּמוּל עַל־גֵּאִים.**

ג **עַד־מָתַי רְשָׁעִים, ה׳?** כלומר: עד מתי אתה מניח להם להתקיים ולהתחזק? **עַד־מָתַי רְשָׁעִים יַעֲלֹזוּ.**

ד **יַבִּיעוּ** – יאמרו – **יְדַבְּרוּ עָתָק**, דברי גאווה; **יִתְאַמְּרוּ**, יגביהו עצמם במעשים או בדיבורים **כָּל־פֹּעֲלֵי אָוֶן.**

ה רשעים אלה הם, בעיקרם, אותם אנשים הגורמים סבל וייסורים לאחרים. **עַמְּךָ ה׳ יְדַכְּאוּ וְנַחֲלָתְךָ**, כלומר: את השוכנים בנחלתך, או את עם ישראל, הקרויים נחלת ה׳, **יְעַנּוּ.**

ו **אַלְמָנָה וְגֵר יַהֲרֹגוּ**, שהרי האלמנה, אשר אין לה בעל שיגן עליה, והגר, שאין לו משפחה, הם פגיעים ביותר. **וִיתוֹמִים**, וכיוצא בהם יתומים שאין להם על מי להישען, **יְרַצֵּחוּ.**

צד,א **אֵל נְקָמוֹת ה׳ אֵל נְקָמוֹת הוֹפִיַע.** פירש הבעש״ט על־פי משל לאיש כפרי אחד שרגם איקונין של מלך, ומיד עשה אותו המלך לראש והעלהו ממדרגה למדרגה עד שנעשה משנה למלך, וכל מה שהיטיב עמו יותר וראה יותר כבוד המלך ומשרתיו והנהגותיו, היה בלבו צער יותר בזוכרו שמרד נגד המלך הגדול הרחמן הזה, ותחת שהיה ראוי לעונש הוא מיטיב עמו יותר. והמלך עשה זאת בכוונה מכוונת, שאם היה ממיתו היה לו צער לפי שעה ותו לא, ועתה כשהעלהו הרי הוא מצטער כל ימיו יותר ויותר איך מלאו לבו למרות עיני כבודו. וזה שכתוב: **אֵל נְקָמוֹת הוי״ה**, שנקמות השם יתברך הוא שלא כמלך בשר ודם אלא על־ידי מידת הרחמים (שם הוי״ה), והוא כי **אֵל נְקָמוֹת הוֹפִיַע**, שהנקמה היא במה שהופיע לו מגדולתו.

על־פי כתר שם טוב, קה״ת תשס״ד, קח

ז וַיֹּאמְרוּ לֹא יִרְאֶה־יָּהּ
וְלֹא־יָבִין אֱלֹהֵי יַעֲקֹב:
ח בִּינוּ בֹּעֲרִים בָּעָם
וּכְסִילִים מָתַי תַּשְׂכִּילוּ:
ט הֲנֹטַע אֹזֶן הֲלֹא יִשְׁמָע
אִם־יֹצֵר עַיִן הֲלֹא יַבִּיט:
י הֲיֹסֵר גּוֹיִם הֲלֹא יוֹכִיחַ
הַמְלַמֵּד אָדָם דָּעַת:
יא יְהוָה יֹדֵעַ מַחְשְׁבוֹת אָדָם
כִּי־הֵמָּה הָבֶל:
יב אַשְׁרֵי הַגֶּבֶר
אֲשֶׁר־תְּיַסְּרֶנּוּ יָּהּ
וּמִתּוֹרָתְךָ תְלַמְּדֶנּוּ:

ז הרשעים הללו פועלים, וממשיכים לפעול, משום שהקב"ה אינו מתערב במעשיהם, ולכאורה הם יכולים לעשות כל שברצונם. לפיכך וַיֹּאמְרוּ, בלבבם או בפיהם: 'לֹא יִרְאֶה־יָּהּ, הקב"ה איננו רואה, וְלֹא־יָבִין אֱלֹהֵי יַעֲקֹב'; גם אם הם מאמינים במציאותו של הקב"ה הם מניחים שהוא איננו עוסק בבני האדם ואיננו מתייחס למעשיהם; הם סבורים שהוא כל כך מרוחק מהם עד שאיננו יודע מה קורה בעולם.

ח משום כך אומר להם המשורר: בִּינוּ בֹּעֲרִים – כלומר: נבערים, טיפשים – בָּעָם, וּכְסִילִים – מָתַי תַּשְׂכִּילוּ?

ט והוא מסביר: הֲנֹטַע אֹזֶן הֲלֹא יִשְׁמָע? האם זה שיצר אוזניים לאדם איננו יכול לשמוע? הַאִם־יֹצֵר עַיִן הֲלֹא – האם לא – יַבִּיט?

י הֲיֹסֵר גּוֹיִם, מי שמלמד את העמים כולם, הֲלֹא האם לא יוֹכִיחַ גם את האדם הפרטי? הייתכן שהַמְלַמֵּד אָדָם דָּעַת איננו יודע? אדרבה: הקב"ה איננו מתערב או פועל מיד להעניש את הרעים ולהיטיב עם הטובים משום שמחשבותיו מעמיקות הרבה יותר.

יא ה' יֹדֵעַ מַחְשְׁבוֹת אָדָם כִּי־הֵמָּה הָבֶל, בנות חלוף וחסרות משמעות. ולכן גם ביחס לאותם אנשים, שעושים תכניות של גדלות לעצמם ורומסים בדרכם את האחרים, יודע הקב"ה שלמחשבותיהם אין ממשות וסופן כליה.

יב ומצד שני, האנשים הסובלים אינם צריכים לראות רק את צד הכאב שבסבלם, שהרי לכאב יש היבט נוסף: אַשְׁרֵי הַגֶּבֶר אֲשֶׁר־תְּיַסְּרֶנּוּ יָּהּ, וּמִתּוֹרָתְךָ תְלַמְּדֶנּוּ; ייסורים אלה,

---

צד,יב אַשְׁרֵי הַגֶּבֶר אֲשֶׁר תְּיַסְּרֶנּוּ יָהּ. כל אדם טועם בחייו טעמם של ייסורים, ונתבע ליישב את סבלו עם אמונתו בהשגחת ה' ובטובו המוחלט. ביטוי חריף נותנת לכך הגמרא, הקובעת כי יש לברך על הרעה כשם שמברכים על הטובה, ולקבלה בשמחה. כיצד נוכל לעשות זאת ביושר לבו? רבי שניאור זלמן מליאדי מסביר: בעוד אנו רגילים לבקש את טעמם הנגלה של הדברים העוברים עלינו, את הנעימות והמתיקות הנקלטות בחושי הגוף ובכוחות הנפש, הייסורים נושאים אותנו אל עולמות נסתרים שהטוב הגנוז בהם גדול מהחיים עצמם. הגלוי והנסתר, שניהם חלק משם הוי"ה, המגלה את השגחת ה' בעולם: י"ה – הנסתר; ו"ה – הנגלה. אַשְׁרֵי הַגֶּבֶר אֲשֶׁר תְּיַסְּרֶנּוּ יָהּ, משום שהעולם הנסתר מאפשר לנו להיות קרובים אל ה' לאין קץ. האור המאיר בו כמוהו כשמש הנתונה בנרתיק; מבחוץ ניתן לראות רק צל וחושך, אך התוך מלא אור יקר.

על־פי תניא, כו

יג לְהַשְׁקִיט לוֹ מִימֵי רָע
עַד יִכָּרֶה לָרָשָׁע שָׁחַת׃
יד כִּי ׀ לֹא־יִטֹּשׁ יְהוָה עַמּוֹ
וְנַחֲלָתוֹ לֹא יַעֲזֹב׃
טו כִּי־עַד־צֶדֶק יָשׁוּב מִשְׁפָּט
וְאַחֲרָיו כָּל־יִשְׁרֵי־לֵב׃
טז מִי־יָקוּם לִי עִם־מְרֵעִים
מִי־יִתְיַצֵּב לִי עִם־פֹּעֲלֵי אָוֶן׃
יז לוּלֵי יהוה עֶזְרָתָה לִּי
כִּמְעַט ׀ שָׁכְנָה דוּמָה נַפְשִׁי׃
יח אִם־אָמַרְתִּי מָטָה רַגְלִי
חַסְדְּךָ יהוה יִסְעָדֵנִי׃
יט בְּרֹב שַׂרְעַפַּי בְּקִרְבִּי
תַּנְחוּמֶיךָ יְשַׁעַשְׁעוּ נַפְשִׁי׃

בין שהם באים ככפרת עוונות או כדי להטות את האדם לכיוון נעלה יותר, אינם התעלמות מן המתייסר, אלא דרך של הוראה עבורו.

יג **לְהַשְׁקִיט לוֹ מִימֵי רָע**, כלומר: אף שאין האדם רואה את הנהגת ה׳ בגמול ועונש מידיים בעולם הזה, בכל זאת הקב״ה נותן לו מנוחה, המאפשרת לו לעבור ימים רעים ולהחזיק מעמד **עַד יִכָּרֶה לָרָשָׁע שָׁחַת** - בור, תהום, שסופם של הרשעים ליפול לתוכם.

יד **כִּי** גם אם לא תמיד נראים הדברים הללו בגלוי בכל עת, **לֹא־יִטֹּשׁ ה׳ עַמּוֹ, וְנַחֲלָתוֹ לֹא יַעֲזֹב**.

טו **כִּי־עַד־צֶדֶק יָשׁוּב מִשְׁפָּט**, בסופו של דבר יגיע זמן המשפט; ואז, כשיהיה משפט בעולם, גם הצדק ייראה; **וְאַחֲרָיו**, אחרי זמן המשפט הזה, יגיעו זמנם ותקוותם של **כָּל־יִשְׁרֵי־לֵב**.

טז כי כאשר מתבוננים בעומקם של דברים נשאלת השאלה: **מִי־יָקוּם לִי** להחזיק אותי במריבותיי **עִם־מְרֵעִים, מִי־יִתְיַצֵּב לִי**, כלומר: עמי, מי יבוא לעזרתי, כשאני נאבק **עִם־פֹּעֲלֵי אָוֶן**?

יז **לוּלֵי ה׳ עֶזְרָתָה לִּי, כִּמְעַט שָׁכְנָה דוּמָה נַפְשִׁי** - כמעט מַתִּי והגעתי אל השחת, הכיליון.

יח **אִם־אָמַרְתִּי** בלבי שהנה, **מָטָה רַגְלִי** והריני מתמוטט, **חַסְדְּךָ, ה׳, יִסְעָדֵנִי**, יעזור לי ויגן בעדי.

יט **בְּרֹב שַׂרְעַפַּי**, מחשבותיי - ובעיקר הכוונה כאן למחשבות שיש בהן כאב וספקות - **בְּקִרְבִּי, תַּנְחוּמֶיךָ יְשַׁעַשְׁעוּ נַפְשִׁי**; שכן לעומת המחשבות הקשות, שהן תולדה של כאבים

צד,יד **כִּי לֹא יִטֹּשׁ ה׳ עַמּוֹ**. צור ישראל קומה בעזרת ישראל, עזרנו והושיענו, שמרנו והצילנו מפגם האמונה הקדושה, בכל מה שעובר עלינו בעתים הללו, שכאילו לא די לנו בכל צרותינו אשר הגיעו עד הנפש, עוד הם מתגברים ומתפשטים לעקם לבב בני ישראל להרהר אחר מידותיך ח״ו ולפגום באמונתך הקדושה ח״ו, ואין מי יעמוד בעדנו. רחם עלינו למען שמך, הביטה בענינו כי רבו מכאובינו וצרות לבבנו. שומר ישראל, שמור שארית ישראל וחוסה ברוב רחמיך על כל נפש ונפש מישראל, שלא ייפול שום אחד מאמונה הקדושה על־ידי כל מה שעובר עתה על ישראל, רק אדרבה על־ידי זה נתחזק ונתעורר כולנו לשוב אליך באמת ובלב שלם, ונעתיר ונתפלל ונצעק אליך עד שתעננו, ונדע ונאמין בהאמת – כי לא תעזוב אותנו לעולם ח״ו, כמו שכתוב: **כִּי לֹא יִטֹּשׁ ה׳ עַמּוֹ וְנַחֲלָתוֹ לֹא יַעֲזֹב**.

על־פי ליקוטי תפילות, ח״א, קלג

כ הַיְחָבְרְךָ כִּסֵּא הַוּוֹת
יֹצֵר עָמָל עֲלֵי־חֹק׃
כא יָגוֹדּוּ עַל־נֶפֶשׁ צַדִּיק
וְדָם נָקִי יַרְשִׁיעוּ׃
כב וַיְהִי יהוָה לִי לְמִשְׂגָּב
וֵאלֹהַי לְצוּר מַחְסִי׃
כג וַיָּשֶׁב עֲלֵיהֶם ׀ אֶת־אוֹנָם
וּבְרָעָתָם יַצְמִיתֵם
יַצְמִיתֵם יהוָה אֱלֹהֵינוּ׃

וחוסר תקווה, אני מתנחם בזה שה׳ באמת שומע, ובסופו של דבר אף יעזור לי.

כ **הַיְחָבְרְךָ**, האם באמת יחבור לך, יצטרף יחד אתך, ה׳, **כִּסֵּא הַוּוֹת** - הָוָוה, או הווה, משמעו אסון; ״כיסא הוות״ הוא, אפוא, מושב של פורענות, כס השלטון של הרע, **שיֹצֵר עָמָל** - שהוא אחד הביטויים המקבילים לחטא, לעוון - **עֲלֵי־חֹק**? כלומר: מעל לחוק, או ביחס אליו נוסף גם מעשה יצירה של חטא ועוול, שה׳ בוודאי איננו מרוצה מהם.

כא אותם האנשים **יָגוֹדּוּ**, הם מתגודדים, מתאספים סביב־סביב כגדוד, **עַל־נֶפֶשׁ צַדִּיק, וְדָם נָקִי יַרְשִׁיעוּ**, כי אצלם דווקא האיש הנקי יוצא חייב, ואפילו דנים אותו למוות.

כב אך לעומת כל זאת - **וַיְהִי ה׳ לִי לְמִשְׂגָּב**, מבטח ומחסה, **וֵאלֹהַי** יהיה **לְצוּר** - התוקף והחוזק של - **מַחְסִי**.

כג או, לחלופין, **וַיָּשֶׁב עֲלֵיהֶם אֶת־אוֹנָם**, כלומר: את האוון, הרשע שלהם, **וּבְרָעָתָם יַצְמִיתֵם**, יאבד אותם; כי, כפי שמבואר פעמים אחדות בספר משלי, הרע עצמו הופך להיות עונשו של מי שחולל אותו. ואז - **יַצְמִיתֵם ה׳ אֱלֹהֵינוּ**.

צד,כ **כִּסֵּא הַוּוֹת**. לעולם יהיה אדם רך כקנה, שיהיה בנקל להטותו ממידה למידה, ולא יתעקש בשום דבר בעולם אך יעמוד מרחוק בכל העניינים, שאם יראה שאין בזה רצון השם יתברך אזי יהיה נקל לו להינתק ממנה. וזה החילוק בין אמירה לדיבור. אמירה מורה שהאדם אינו עומד מבחוץ לחשוב לעצמו כוח ואוון עד שיתעקש בדווקא באיזה דבר לומר ״אני חפץ לעשותו״. ודיבור מורה שהאדם כבר יצא לחוץ, שמחשב לעצמו אוון וכוח לומר ״אני״, ואזי הקב״ה מושך ממנו את החיים, שהרי ״אין אני והוא יכולים לדור כאחת״ (סוטה ה, א). וזה שכתוב **הַיְחָבְרְךָ כִּסֵּא הַוּוֹת**, שכיסא שיחשוב לעצמו שיש לו הוויה וכוח בפני עצמו – לא ישב עליו השם יתברך, כי הכיסא צריך להתבטל אל היושב עליו. ומה הוא כיסא של השם יתברך? להכיר בתמידות שהשם יתברך הוא המושל בעולם ומאתו נשפע הכול.

על־פי בית יעקב, ויגש, א

לְכוּ נְרַנְּנָה לַיהוה נָרִיעָה לְצוּר יִשְׁעֵנוּ:

ספר רביעי

פרק צה

שיר שעיקרו תהילה לה׳ וקריאה אליו,
המבוססת על תולדות ישראל, שלא לחטוא.

א לְכוּ נְרַנְּנָה לַיהוָה
נָרִיעָה לְצוּר יִשְׁעֵנוּ:
ב נְקַדְּמָה פָנָיו בְּתוֹדָה
בִּזְמִרוֹת נָרִיעַ לוֹ:
ג כִּי אֵל גָּדוֹל יְהוָה
וּמֶלֶךְ גָּדוֹל עַל־כׇּל־אֱלֹהִים:
ד אֲשֶׁר בְּיָדוֹ מֶחְקְרֵי־אָרֶץ
וְתוֹעֲפוֹת הָרִים לוֹ:
ה אֲשֶׁר־לוֹ הַיָּם וְהוּא עָשָׂהוּ
וְיַבֶּשֶׁת יָדָיו יָצָרוּ:
ו בֹּאוּ נִשְׁתַּחֲוֶה וְנִכְרָעָה
נִבְרְכָה לִפְנֵי־יְהוָה עֹשֵׂנוּ:
ז כִּי הוּא אֱלֹהֵינוּ
וַאֲנַחְנוּ ׀
עַם מַרְעִיתוֹ וְצֹאן יָדוֹ
הַיּוֹם אִם־בְּקֹלוֹ תִשְׁמָעוּ:
ח אַל־תַּקְשׁוּ לְבַבְכֶם
כִּמְרִיבָה
כְּיוֹם מַסָּה בַּמִּדְבָּר:

א המזמור פותח בקריאה: לְכוּ נְרַנְּנָה לַה׳, ולא רק ברינה אלא נָרִיעָה, בהרמת קול ובכלי נגינה, לְצוּר יִשְׁעֵנוּ.

ב נְקַדְּמָה פָנָיו בְּתוֹדָה, באמירת תודה ובהקרבת קורבן תודה, בִּזְמִרוֹת נָרִיעַ לוֹ.

ג כִּי אֵל גָּדוֹל ה׳, וּמֶלֶךְ גָּדוֹל עַל־כׇּל־אֱלֹהִים, ולכן לו יאה התהילה והתרועה.

ד אֲשֶׁר בְּיָדוֹ מֶחְקְרֵי־אָרֶץ, הוא יודע ומחזיק את המעמקים, את תהומות הארץ, וְתוֹעֲפוֹת - ראשי - הֶהָרִים ושיאם גם כן שייכים לוֹ.

ה אֲשֶׁר־לוֹ הַיָּם וְהוּא עָשָׂהוּ, וְיַבֶּשֶׁת יָדָיו יָצָרוּ.

ו בֹּאוּ נִשְׁתַּחֲוֶה וְנִכְרָעָה, נִבְרְכָה - נכרע על ברכינו - לִפְנֵי־ה׳ אשר הוא עֹשֵׂנוּ.

ז כִּי הוּא אֱלֹהֵינוּ, וַאֲנַחְנוּ בסך הכל עַם מַרְעִיתוֹ, העם שהוא רועה ומנהיג אותו, וְצֹאן יָדוֹ, הצאן שנמצא תחת ידו. והוא מוסיף: דבר זה יוכל לקרות גם הַיּוֹם, אִם־בְּקֹלוֹ תִשְׁמָעוּ, לאמור: נהיה תחת חסותו והגנתו, ובלבד שנציית לו ונלך אחריו כצאן.

ח וכאן יש אִזכור לכך שאותם אנשים שאינם הולכים אחרי ה׳ סובלים מאוד: אַל־תַּקְשׁוּ לְבַבְכֶם כִּמְרִיבָה, רמז למי מריבה, שאז ישראל רבו עם ה׳ (במדבר פרק כ), כְּיוֹם מַסָּה, וכיום הניסיון, בַּמִּדְבָּר (ראה שמות פרק יז), שהם סמלי הניסיון והעונש של ישראל.

צה,ז הַיּוֹם אִם בְּקֹלוֹ תִשְׁמָעוּ – זה כלל גדול בעבודת ה׳, שלא ישים לנגד עיניו כי אם אותו היום, הן בעסק פרנסה והצטרכותו, צריך שלא יחשוב מיום לחברו, וכן בעבודתו יתברך לא ישים לנגד עיניו כי אם אותו היום ואותו השעה. כי כשרוצין להיכנס בעבודת ה׳, נדמה להאדם כאילו הוא משא כבד, ואי אפשר לו לישא משא כבד כזו.

אבל כשיחשוב שאין לו רק אותו היום, לא יהיה לו משא כלל. וגם שלא ידחה את עצמו מיום ליום, לאמור מחר אתחיל, מחר אתפלל בכוונה ובכוח כראוי, וכיוצא בזה בשאר העבודות, כי אין לאדם בעולמו כי אם אותו היום ואותו השעה שעומד בו, כי יום המחרת הוא עולם אחר לגמרי. הַיּוֹם אִם בְּקֹלוֹ תִשְׁמָעוּ, היום דייקא, והבן.

על־פי ליקוטי מוהר״ן ח״א, ערב

ט אֲשֶׁר נִסּוּנִי אֲבוֹתֵיכֶם
בְּחָנוּנִי גַּם־רָאוּ פָעֳלִי:
י אַרְבָּעִים שָׁנָה ׀ אָקוּט בְּדוֹר
וָאֹמַר עַם תֹּעֵי לֵבָב הֵם
וְהֵם לֹא־יָדְעוּ דְרָכָי:
יא אֲשֶׁר־נִשְׁבַּעְתִּי בְאַפִּי
אִם־יְבֹאוּן אֶל־מְנוּחָתִי:

ט ומכאן נאמרים בשמו של הקב"ה דברים על עונשם של אלה המקשים את לבם ואינם הולכים אחרי ה': אֲשֶׁר שם נִסּוּנִי אֲבוֹתֵיכֶם, בְּחָנוּנִי, בחנו אותי, גַּם־רָאוּ פָעֳלִי, את מעשיי - הן בכך שנעניתי לבקשתם והן בכך שנענשו.

י אַרְבָּעִים שָׁנָה אָקוּט - אקוץ, אמאס - בְּדוֹר, אותו דור שיצא ממצרים, וָאֹמַר: עַם תֹּעֵי לֵבָב הֵם, הם עם שאיננו יודע, איננו מבין ותועה, ולבבו אינו נמצא במקום הנכון. וְהֵם, אותו דור, לֹא־יָדְעוּ דְרָכָי.

יא ומשום כך זהו הדור אֲשֶׁר־נִשְׁבַּעְתִּי בְאַפִּי, אִם־יְבֹאוּן אֶל־מְנוּחָתִי, כלומר: אל ארץ ישראל. מכאן עולה, אפוא, שבצד הטוב שיש בהישענות על ה' כמחסה וכמבטח יש גם איום חריף מאוד: כשם שלבוטחים בה' יש הכל, כך אלה שסרים ממנו אינם נמצאים במצב ניטרלי, אלא הם נענשים בכל תוקף.

צה,י **אַרְבָּעִים שָׁנָה.** "תניא, רבי אליעזר אומר: ימות המשיח ארבעים שנה, שנאמר **אַרְבָּעִים שָׁנָה אָקוּט בְּדוֹר**" (סנהדרין צט, א). ביאור העניין: אמרו חז"ל ש"אין אדם עומד על דעת רבו עד ארבעים שנה", שהרי בסוף שנת הארבעים ליציאת מצרים נאמר לישראל כי "לא נתן ה' לכם לב לדעת... עד היום הזה" (דברים כט ג). ואין הכוונה רק לרבו כפשוטו, שהוא בשר ודם, אלא גם להקב"ה, "להכיר את חסדי הקב"ה ולהידבק בו" (רש"י שם). ועל־פי זה מובן מדוע "ימות המשיח ארבעים שנה", שכן בימות המשיח תהיה שלמות ההכרה בהקב"ה, כמו שכתוב: "ונגלה כבוד ה' וראו כל בשר יחדיו כי פי ה' דבר", ותתגלה אז תורתו של משיח, שהיא באין ערוך לגמרי לתורת העולם־הזה, ועד ש"התורה שאדם למד בעולם־הזה הבל היא לפני תורתו של משיח" (קהלת רבה יא: ז).

על־פי תורת מנחם תשד"מ ח"ד, עמ' 2403

יִשְׂמְחוּ הַשָּׁמַיִם וְתָגֵל הָאָרֶץ

ספר רביעי

פרק צו

שיר בלי כותרת שהוא שיר תהילה
כולל לה׳; והוא "שיר חדש" כי הוא
ניסוח חדש של דברי תהילה לה׳.

א שִׁירוּ לַיהוה שִׁיר חָדָשׁ
שִׁירוּ לַיהוה כׇּל־הָאָרֶץ׃
ב שִׁירוּ לַיהוה בָּרְכוּ שְׁמוֹ
בַּשְּׂרוּ מִיּוֹם־לְיוֹם יְשׁוּעָתוֹ׃
ג סַפְּרוּ בַגּוֹיִם כְּבוֹדוֹ
בְּכׇל־הָעַמִּים נִפְלְאוֹתָיו׃
ד כִּי גָדוֹל יהוה וּמְהֻלָּל מְאֹד
נוֹרָא הוּא עַל־כׇּל־אֱלֹהִים׃
ה כִּי ׀
כׇּל־אֱלֹהֵי הָעַמִּים אֱלִילִים
וַיהוה שָׁמַיִם עָשָׂה׃
ו הוֹד־וְהָדָר לְפָנָיו
עֹז וְתִפְאֶרֶת בְּמִקְדָּשׁוֹ׃
ז הָבוּ לַיהוה מִשְׁפְּחוֹת עַמִּים
הָבוּ לַיהוה כָּבוֹד וָעֹז׃
ח הָבוּ לַיהוה כְּבוֹד שְׁמוֹ
שְׂאוּ־מִנְחָה
וּבֹאוּ לְחַצְרוֹתָיו׃

א שִׁירוּ לַה׳ שִׁיר חָדָשׁ, שִׁירוּ לַה׳ כׇּל־הָאָרֶץ.

ב שִׁירוּ לַה׳, בָּרְכוּ שְׁמוֹ, בַּשְּׂרוּ מִיּוֹם־לְיוֹם, כלומר: בכל יום, את יְשׁוּעָתוֹ.

ג סַפְּרוּ בַגּוֹיִם גם את כְּבוֹדוֹ, בְּכׇל־הָעַמִּים ספרו נִפְלְאוֹתָיו.

ד כִּי גָדוֹל ה׳ וּמְהֻלָּל מְאֹד, נוֹרָא הוּא עַל־כׇּל־אֱלֹהִים.

ה כִּי כׇּל־אֱלֹהֵי הָעַמִּים הם בסך הכל אֱלִילִים, פסילים, דברים חסרי כוח ונטולי ממשות, וה׳ הוא בעל הכוח האמיתי, הוא זה אשר שָׁמַיִם עָשָׂה.

ו הוֹד־וְהָדָר לְפָנָיו, כלומר: ההוד וההדר נמצאים בתוך חצרו כקישוטים קבועים, ועֹז וְתִפְאֶרֶת שוכנים בְּמִקְדָּשׁוֹ.

ז הָבוּ לַה׳, מִשְׁפְּחוֹת עַמִּים - משפט מקוטע, המקבל את משמעותו בחלקו הבא של הפסוק: הָבוּ לַה׳ כָּבוֹד וָעֹז. המזמור פונה לכל משפחות העמים בבקשה לתת לה׳ את רגש הכבוד, ואת העוז של האחיזה בו בתוקף.

ח הָבוּ לַה׳ כְּבוֹד שְׁמוֹ, שְׂאוּ־מִנְחָה וּבֹאוּ לְחַצְרוֹתָיו כדי לעבדו, להשתחוות לו.

צו,ה **וַה׳ שָׁמַיִם עָשָׂה.** הנה ידוע שכל האומות הן תחת השרים המושלים עליהן ומנהיגים אותן, והשר אינו יכול למחול להן על סרחונן, אבל אנחנו בני ישראל אין לנו שום שר ומנהיג, רק הבורא ברוך־הוא בכבודו ובעצמו. ולפעמים חלילה הקיטרוג גדול, והעולם העליון הלא הוא עולם האמת, ואז השם יתברך ברוב רחמיו וחסדיו משיב להמקטרג: הדין עמך! אלא שכתבתי בתורתי "אם לא בריתי יומם ולילה חֻקּוֹת שמים וארץ לא שמתי" (ירמיהו לג כה), וכיוון שאתה אומר שבניי חטאו אם כן אחריב ואבטל שמים וארץ וכל אשר בהם! ואז חוזר הקטיגור ונהפך לסניגור, כי ירא מאוד שגם הוא ייבטל והיה כלא היה. וזה: **כִּי כׇּל אֱלֹהֵי הָעַמִּים אֱלִילִים** – והם מקטרגים עלינו, והעצה לזה: **וַה׳ שָׁמַיִם עָשָׂה**, כנ"ל.

על־פי נועם אלימלך, ליקוטי שושנה

ט הִשְׁתַּחֲווּ לַיהוָה
בְּהַדְרַת־קֹדֶשׁ
חִילוּ מִפָּנָיו כָּל־הָאָרֶץ:
י אִמְרוּ בַגּוֹיִם ׀ יְהוָה מָלָךְ
אַף־תִּכּוֹן תֵּבֵל בַּל־תִּמּוֹט
יָדִין עַמִּים בְּמֵישָׁרִים:
יא יִשְׂמְחוּ הַשָּׁמַיִם
וְתָגֵל הָאָרֶץ
יִרְעַם הַיָּם וּמְלֹאוֹ:
יב יַעֲלֹז שָׂדַי וְכָל־אֲשֶׁר־בּוֹ
אָז יְרַנְּנוּ כָּל־עֲצֵי־יָעַר:
יג לִפְנֵי יְהוָה ׀ כִּי בָא
כִּי בָא לִשְׁפֹּט הָאָרֶץ
יִשְׁפֹּט־תֵּבֵל בְּצֶדֶק
וְעַמִּים בֶּאֱמוּנָתוֹ:

ט ואז - הִשְׁתַּחֲווּ לַה׳ בְּהַדְרַת־קֹדֶשׁ, מתוך תחושה של קדושה, של הדר ויראת הרוממות, של כניעה מפני הפאר של הקדושה. חִילוּ, רעדו, מִפָּנָיו כָּל־הָאָרֶץ.

י אִמְרוּ בַגּוֹיִם: ׳ה׳ מָלָךְ!׳; וכאשר ה׳ מתגלה במלכותו - אַף־תִּכּוֹן תֵּבֵל בַּל־תִּמּוֹט; ואז העולם, שלפעמים נראה רופף ובלתי יציב, יתייצב כראוי לו בתוך מלכות ה׳, וה׳ יָדִין אז עַמִּים בְּמֵישָׁרִים.

יא ובאותה התגלות גם יִשְׂמְחוּ הַשָּׁמַיִם וְתָגֵל הָאָרֶץ, וגם יבוא הגורם השלישי, שמצטרף אליהם לפעמים: הים, המשמיע את קולו באמצעות גליו: יִרְעַם הַיָּם וּמְלֹאוֹ, כל מה שיש בו, ויצטרף אף הוא לשירה.

יב וכן יַעֲלֹז שָׂדַי - שם כללי לכל השדות - וְכָל־אֲשֶׁר־בּוֹ, כל מי ומה שנמצא בתוך השדה, ואָז יְרַנְּנוּ גם כָּל־עֲצֵי־יָעַר, שאינם נמצאים בתחום שלטונו של האדם.

יג כל אלה הם שירה לִפְנֵי ה׳ כִּי בָא להתגלות, כִּי בָא לִשְׁפֹּט הָאָרֶץ. ומאחר שזהו שיר לכבוד ההתגלות, הוא מסיים במשפט של התגלות: ה׳ יתגלה בעולם כאשר יִשְׁפֹּט־תֵּבֵל בְּצֶדֶק וְעַמִּים בֶּאֱמוּנָתוֹ.

צו,יב **אָז יְרַנְּנוּ כָּל עֲצֵי יָעַר.** האדם נקרא עולם קטן, ויש בו מכל פרטי הבריאה. וכפי התעוררות האדם בכל קומה שלמה שלו לעבודת השם יתברך, כך מעורר כל הברואים. וכמו שיש בעולם אילנות עושי פרי וגם אילנות סרק, כן נמצא כזה באדם – יש איברים שהחיות מרובה בהם ויש איברים שהחיות מועט בהם, כעניין המצוות שהן בבחינת חוקים, שאין האדם מרגיש בהן טעם ואף־על־פי כן נמשך אחר גזרת המלך, ובזה מתקן אותם המקומות בעולם שאין החיות מתגלה בהם. וזהו "עתידין כל אילני סרק שבארץ ישראל שיטענו פירות" (כתובות קיב, ב), שהלא מצינו שקורות ביתו של אדם מעידין עליו, דכתיב "אבן מקיר תזעק וכפיס מעץ יעננה" (חבקוק ב יא), ומכל שכן שכך בכללות ישראל, שכאשר יתקנו הכול **אָז יְרַנְּנוּ כָּל עֲצֵי יָעַר.**

על־פי שפת אמת, בחוקתי תרמ״ד

אוֹר זָרֻעַ לַצַּדִּיק וּלְיִשְׁרֵי־לֵב שִׂמְחָה:

ספר רביעי

פרק צז

מזמור תהילה אשר יש בו גרעין של
דברים על התגלות ה', אבל הוא עוסק
גם בשלטון ה' בעולם בכלל.

א יְהוָה מָלָךְ תָּגֵל הָאָרֶץ
יִשְׂמְחוּ אִיִּים רַבִּים׃
ב עָנָן וַעֲרָפֶל סְבִיבָיו
צֶדֶק וּמִשְׁפָּט מְכוֹן כִּסְאוֹ׃
ג אֵשׁ לְפָנָיו תֵּלֵךְ
וּתְלַהֵט סָבִיב צָרָיו׃
ד הֵאִירוּ בְרָקָיו תֵּבֵל
רָאֲתָה וַתָּחֵל הָאָרֶץ׃
ה הָרִים כַּדּוֹנַג נָמַסּוּ
מִלִּפְנֵי יְהוָה
מִלִּפְנֵי אֲדוֹן כָּל־הָאָרֶץ׃
ו הִגִּידוּ הַשָּׁמַיִם צִדְקוֹ
וְרָאוּ כָל־הָעַמִּים כְּבוֹדוֹ׃
ז יֵבֹשׁוּ ׀ כָּל־עֹבְדֵי פֶסֶל
הַמִּתְהַלְלִים בָּאֱלִילִים
הִשְׁתַּחֲווּ־לוֹ כָּל־אֱלֹהִים׃
ח שָׁמְעָה וַתִּשְׂמַח ׀ צִיּוֹן
וַתָּגֵלְנָה בְּנוֹת יְהוּדָה
לְמַעַן מִשְׁפָּטֶיךָ יְהוָה׃

א ה׳ מָלָךְ, והוא מתגלה במלכותו, וכשאז תָּגֵל הָאָרֶץ, יִשְׂמְחוּ אִיִּים רַבִּים הסובבים את הארץ.

ב וכאן בא תיאור של התגלות ה׳: עָנָן וַעֲרָפֶל סְבִיבָיו, והם מסתירים אותו, בעוד שהוא יושב על כיסא רם, אשר צֶדֶק וּמִשְׁפָּט הם מְכוֹן כִּסְאוֹ, כלומר: הכַּן, הבסיס שעליו עומד הכיסא.

ג אֵשׁ לְפָנָיו תֵּלֵךְ וּתְלַהֵט סָבִיב צָרָיו, והיא אש של שמירה ושל עונש גם יחד.

ד הֵאִירוּ בְרָקָיו תֵּבֵל, רָאֲתָה הארץ את הברקים הללו וַתָּחֵל, פחדה, הָאָרֶץ.

ה הָרִים כַּדּוֹנַג נָמַסּוּ מִלִּפְנֵי ה׳, מן הפחד שמטילה נוכחותו, מִלִּפְנֵי אֲדוֹן כָּל־הָאָרֶץ.

ו הִגִּידוּ הַשָּׁמַיִם צִדְקוֹ, שנראה וניכר בכל המציאות, עד השמים, וְרָאוּ כָל־הָעַמִּים את כְּבוֹדוֹ.

ז ובזמן הזה של התגלות ה׳ יֵבֹשׁוּ כָּל־עֹבְדֵי פֶסֶל הַמִּתְהַלְלִים בָּאֱלִילִים, שכן אז הם מגלים את אפסותם הגמורה של כל אליליהם, ואז - הִשְׁתַּחֲווּ־לוֹ, כלומר: ישתחוו לה׳, כָּל־אֱלֹהִים, היינו - הכוחות העליונים.

ח ומצד שני, בזמן ההתגלות הזו שָׁמְעָה וַתִּשְׂמַח צִיּוֹן, שהרי היא עיר ה׳, וַתָּגֵלְנָה בְּנוֹת יְהוּדָה לְמַעַן מִשְׁפָּטֶיךָ, ה׳, בשמחה על משפט ה׳ המתגלה בפועל בעולם.

צז,ה **הָרִים כַּדּוֹנַג נָמַסּוּ.** הסיבה שאדם נופל ממדרגתו היא מחמת עצבות, ועצבות היא מחמת עבירות, כי עבירות מטמטמות לבו של אדם. והעצה לזה, שירגיל את עצמו להתבונן תמיד שעה או לכל הפחות חצי שעה בעניין מעמד הר סיני, שנאמר "והר סיני עשן כֻּלּו מפני אשר ירד עליו ה׳ באש ויעל עשנו כעֶשֶׁן הכבשן" (שמות יט יח). והעניין תמוה, איך בא עשן הכבשן על הר סיני? אך העניין, שיש קליפות תאוות שהן בחינת העמים שבנפש כל אדם, ובמעמד הר סיני בטלו כולן מלבות ישראל, בבחינת "והיו עמים מִשְׂרפות שִׂיד" (ישעיהו לג יב). וכשיתבונן בזה ממילא תוסר ממנו העצבות, שהיא מחמת לב האבן, כי הָרִים כַּדּוֹנַג נָמַסּוּ מִלִּפְנֵי ה׳, שלב האדם הקשה כאבן נעשה נמס ורך כשיחשוב תמיד באחדותו יתברך.

על־פי מאמרי אדמו״ר הזקן על התורה, ח״א עמ׳ שו

ט כִּי־אַתָּה יהוה
עֶלְיוֹן עַל־כָּל־הָאָרֶץ
מְאֹד נַעֲלֵיתָ
עַל־כָּל־אֱלֹהִים:
י אֹהֲבֵי יהוה שִׂנְאוּ רָע
שֹׁמֵר נַפְשׁוֹת חֲסִידָיו
מִיַּד רְשָׁעִים יַצִּילֵם:
יא אוֹר זָרֻעַ לַצַּדִּיק
וּלְיִשְׁרֵי־לֵב שִׂמְחָה:
יב שִׂמְחוּ צַדִּיקִים בַּיהוה
וְהוֹדוּ לְזֵכֶר קָדְשׁוֹ:

ט כִּי־אַתָּה, ה׳, עֶלְיוֹן עַל־כָּל־הָאָרֶץ, מְאֹד נַעֲלֵיתָ לא רק עלינו אלא עַל־כָּל־אֱלֹהִים.

י וכאן פונה המשורר בקריאה לאֹהֲבֵי ה׳, ואומר להם: שִׂנְאוּ רָע, כלומר: לא די לכם לדבוק בה׳ אלא אתם גם צריכים להביע דעה ברורה נגד הרע. ואף על פי שהם שונאי רע, ולכאורה עלול דבר זה להביא עליהם את תגובתו של הרע, אין להם לחשוש, כי ה׳ שֹׁמֵר נַפְשׁוֹת חֲסִידָיו, מִיַּד רְשָׁעִים יַצִּילֵם.

יא אוֹר זָרֻעַ לַצַּדִּיק, לצדיקים יש אור שלפעמים אינו מתגלה, אלא זרוע, אך בסוף יגדל ויתגלה, וּלְיִשְׁרֵי־לֵב תהיה שִׂמְחָה גלויה.

יב שִׂמְחוּ צַדִּיקִים בַּה׳, וְהוֹדוּ לְזֵכֶר - כאשר מזכירים - את קָדְשׁוֹ.

צז,יא **אוֹר זָרֻעַ לַצַּדִּיק** – שזרע השם יתברך אורו בארץ, כדי להצמיח ממנה אור רב ועצום, בבחינת "אמת מארץ תצמח". ואין ארץ זו אלא נשמות ישראל, שעליהן נאמר "כי תהיו אתם ארץ חפץ", כי אין אור אלוהי שורה אלא במקום הביטול דווקא, ואין מי שבטל לפניו יתברך בעולם אלא נשמות ישראל.

על־פי ספר המאמרים תשט"ו, עמ׳ רח

צז,יב **וּלְיִשְׁרֵי לֵב שִׂמְחָה.** עיקר השמחה הוא בלב, כמו שכתוב (ד ח): "נתתה שמחה בלבי". ואי אפשר ללב לשמוח, אלא עד שיסיר עקמומיות שבלבו, שיהא לו ישרות לב, ואז יזכה לשמחה, כמו שכתוב: **וּלְיִשְׁרֵי לֵב שִׂמְחָה.** ועקמומיות שבלב מפשיטין על־ידי רעמים, כמו שאמרו חכמינו זכרונם לברכה (ברכות נט, א): "לא נבראו רעמים אלא לפשט עקמומיות שבלב", ורעמים הוא בחינת קול שאדם מוציא בכוח בתפילתו, ומזה נעשה רעמים.

על־פי ליקוטי מוהר"ן ח"א ה: ג

בַּחֲצֹצְרוֹת וְקוֹל שׁוֹפָר הָרִיעוּ לִפְנֵי הַמֶּלֶךְ יהוה:

ספר רביעי

פרק צח

עוד מזמור תהילה לה׳ אשר אינו עוסק בעניין מסוים, אלא בעיקר מתאר את הזמרה, השירה והשמחה בה׳.

א מִזְמוֹר
שִׁירוּ לַיהוָה ׀ שִׁיר חָדָשׁ
כִּי־נִפְלָאוֹת עָשָׂה
הוֹשִׁיעָה־לּוֹ יְמִינוֹ
וּזְרוֹעַ קָדְשׁוֹ׃
ב הוֹדִיעַ יְהוָה יְשׁוּעָתוֹ
לְעֵינֵי הַגּוֹיִם גִּלָּה צִדְקָתוֹ׃
ג זָכַר חַסְדּוֹ ׀ וֶאֱמוּנָתוֹ
לְבֵית יִשְׂרָאֵל
רָאוּ כָל־אַפְסֵי־אָרֶץ
אֵת יְשׁוּעַת אֱלֹהֵינוּ׃
ד הָרִיעוּ לַיהוָה כָּל־הָאָרֶץ
פִּצְחוּ וְרַנְּנוּ וְזַמֵּרוּ׃
ה זַמְּרוּ לַיהוָה בְּכִנּוֹר
בְּכִנּוֹר וְקוֹל זִמְרָה׃
ו בַּחֲצֹצְרוֹת וְקוֹל שׁוֹפָר
הָרִיעוּ לִפְנֵי ׀ הַמֶּלֶךְ יְהוָה׃
ז יִרְעַם הַיָּם וּמְלֹאוֹ
תֵּבֵל וְיֹשְׁבֵי בָהּ׃

א מִזְמוֹר, שִׁירוּ לַה' שִׁיר חָדָשׁ כִּי־נִפְלָאוֹת עָשָׂה, הוֹשִׁיעָה־לּוֹ – לצד שלו, לעניין שלו – יְמִינוֹ, כוחו, וּזְרוֹעַ קָדְשׁוֹ.

ב הוֹדִיעַ ה' וגילה יְשׁוּעָתוֹ, לְעֵינֵי הַגּוֹיִם גִּלָּה את צִדְקָתוֹ.

ג ובגילוי הזה יש צד מסוים הקשור לעם ישראל: זָכַר חַסְדּוֹ וֶאֱמוּנָתוֹ לְבֵית יִשְׂרָאֵל, כלומר, כאשר ה' מתגלה בכוחו אז ניכרת גדולת ישראל, ואז רָאוּ כָל־אַפְסֵי־אָרֶץ – ראו כל קצות הארץ אֵת יְשׁוּעַת אֱלֹהֵינוּ שעשה עמנו.

ד ואולם המזמור הזה איננו מתמקד רק בישראל אלא פונה לכל העולם, וקורא לו לשיר לכבוד ההתגלות האלוקית: הָרִיעוּ לַה' כָּל־הָאָרֶץ, פִּצְחוּ – פתחו – פיכם בשיר, וְרַנְּנוּ וְזַמֵּרוּ.

ה זַמְּרוּ לַה' בְּכִנּוֹר, בְּכִנּוֹר וְקוֹל זִמְרָה.

ו בַּחֲצֹצְרוֹת וְקוֹל שׁוֹפָר הָרִיעוּ לִפְנֵי הַמֶּלֶךְ ה'. בתחילה דובר על נגינה עדינה יותר בכלי מיתרים ("כינור"), ואילו כאן הולכת המנגינה וגוברת, עד שהיא הופכת לקול תרועה של חצוצרות ושופר.

ז ועם התרועה הזאת יִרְעַם הַיָּם וּמְלֹאוֹ, תֵּבֵל וְיֹשְׁבֵי בָהּ, המשמשים כעין ליווי לשירה ולנגינה של כלי הנגינה.

צח,א **שִׁירוּ לַה' שִׁיר חָדָשׁ.** כלל גדול בעבודת האדם, שלא יהיה נדמה בעיניו שהוא עובד ה', אלא יהיה לבו נשבר בקרבו שעדיין לא התחיל לעובדו כלל. כי כשיתבונן בגדולת הבורא, שהוא עיקרא ושורשא דכל עלמין ולית מחשבה תפיסא ביה כלל, אזי יתעורר להיות כלתה וגם נכספה נפשו להתלהב בעריבות מתיקות ידידות להשתוקק לעבודת ה' בכל עת, ולא תורגש אצלו עבודתו כלל. וכל מה שיעמיק דעתו יותר בגדולת הבורא – יותר יתלהב לבו לעבודת ה', ויהיה לבו נשבר בקרבו על שהוא רחוק מה' ולא התחיל לעבוד אותו כלל, כי לפי ערך גדולתו מה הוא ומה עבודתו. וזהו **שִׁירוּ לַה' שִׁיר חָדָשׁ כִּי נִפְלָאוֹת עָשָׂה,** שעל־ידי שתעמיק דעתך בגדולת הבורא תתלהב נפשך ולא תהיה נחשבת אצלך עבודתך לכלום, ותשיר שיר חדש תמיד כאילו עדיין לא התחלת לעבוד את ה' כלל.

על־פי קדושת לוי, ראה

ח נְהָרוֹת יִמְחֲאוּ־כָף
יַחַד הָרִים יְרַנֵּנוּ:
ט לִפְנֵי־יהוה כִּי בָא
לִשְׁפֹּט הָאָרֶץ
יִשְׁפֹּט־תֵּבֵל בְּצֶדֶק
וְעַמִּים בְּמֵישָׁרִים:

ח ובדומה לכך גם הַנְּהָרוֹת יִמְחֲאוּ־כָף; כי בניגוד לים, אשר בזמן סער משמיע קולות רועמים, הנהר בזרימתו משמיע, ברגיל, קול רך יותר, הדומה לקול של מחיאות כפיים, וְיַחַד הָרִים יְרַנֵּנוּ.

ט וכל אלה, כל השירה הזו, היא לִפְנֵי־ה׳ כִּי בָא לִשְׁפֹּט הָאָרֶץ, כאשר הוא מתגלה בתוך העולם, שאז הוא יִשְׁפֹּט־תֵּבֵל בְּצֶדֶק וְעַמִּים בְּמֵישָׁרִים, בדרכי יושר.

צח,ח **נְהָרוֹת יִמְחֲאוּ כָף.** הפסוקים מתארים ציפייה דרוכה, מלאת עליצות ושמחה, לבואו של **הַמֶּלֶךְ ה׳** הבא **לִשְׁפֹּט הָאָרֶץ**. יש בכך כדי להתמיה, שכן תחושותיו של העומד למשפט נוטות בדרך כלל אל היראה וכובד הראש. בדרך דומה מתאר המדרש את תחושתנו ביחס ליום הדין, הלא הוא ראש השנה: "אומה זו יודעת אופיו של אלוהיה, שכל האומות מתעטפים שחורים ולובשים שחורים, אבל ישראל לובשים לבנים ומתעטפים לבנים, לפי שיודעים שהקב"ה יעשה להם נס" (ילקוט שמעוני, תתכה). מסתבר שההיכרות הקרובה עם "אופיו של אלוהים" מלמדת אותנו משהו אודות המשפט שהוא מביא עמו, שאינו משפט של תביעה והתחשבנות, אלא משפט הנובע ממעמקי אהבה וקירוב. משפט המבטא יותר מכול את הרצון בתיקון עולם ובהעלאתו לגבהים חדשים של נס וגילוי אלוהי. **נְהָרוֹת יִמְחֲאוּ כָף יַחַד הָרִים יְרַנֵּנוּ, לִפְנֵי ה׳ כִּי בָא לִשְׁפֹּט הָאָרֶץ.**

על־פי תורת מנחם חי"ז, עמ׳ 207

מֹשֶׁה וְאַהֲרֹן בְּכֹהֲנָיו וּשְׁמוּאֵל בְּקֹרְאֵי שְׁמוֹ

ספר רביעי

פרק צט

מזמור תהילה לה' העוסק בתהילת ה' המתגלה דרך אישים שונים בהיסטוריה.

א יְהוָה מָלָךְ יִרְגְּזוּ עַמִּים
יֹשֵׁב כְּרוּבִים תָּנוּט הָאָרֶץ׃
ב יְהוָה בְּצִיּוֹן גָּדוֹל
וְרָם הוּא עַל־כָּל־הָעַמִּים׃
ג יוֹדוּ שִׁמְךָ גָּדוֹל וְנוֹרָא
קָדוֹשׁ הוּא׃
ד וְעֹז מֶלֶךְ מִשְׁפָּט אָהֵב
אַתָּה כּוֹנַנְתָּ מֵישָׁרִים
מִשְׁפָּט וּצְדָקָה בְּיַעֲקֹב ׀
אַתָּה עָשִׂיתָ׃
ה רוֹמְמוּ יְהוָה אֱלֹהֵינוּ
וְהִשְׁתַּחֲווּ לַהֲדֹם רַגְלָיו
קָדוֹשׁ הוּא׃
ו מֹשֶׁה וְאַהֲרֹן ׀ בְּכֹהֲנָיו
וּשְׁמוּאֵל בְּקֹרְאֵי שְׁמוֹ
קֹרְאִים אֶל־יְהוָה
וְהוּא יַעֲנֵם׃
ז בְּעַמּוּד עָנָן יְדַבֵּר אֲלֵיהֶם

א ה׳ מָלָךְ, וכשהוא מתגלה במלכותו, אזי יִרְגְּזוּ – ירעדו – העַמִּים, וכשהוא יֹשֵׁב כְּרוּבִים, כביכול מתיישב על כיסאו (שהרי הכרובים שבמקדש היו בבחינת ה"כיסא", מקום מושבו, כביכול, של הקב"ה), אזי תָּנוּט, תתנודד, הָאָרֶץ.

ב ה׳ בְּצִיּוֹן גָּדוֹל, וְרָם הוּא עַל־כָּל־הָעַמִּים, משום שהוא מתנשא מעליהם.

ג יוֹדוּ שִׁמְךָ, גָּדוֹל וְנוֹרָא, קָדוֹשׁ הוּא.

ד וְעֹז מֶלֶךְ, תוקפו של המלך, האופן שבו הוא מתגלה במלוא כוחו, הוא שה׳ מִשְׁפָּט אָהֵב; שכן מלכות ה׳ איננה שרירות, אלא משפט.

אַתָּה כּוֹנַנְתָּ, העמדת וסידרת את העולם, בדרך מֵישָׁרִים, מִשְׁפָּט וּצְדָקָה בְּיַעֲקֹב אַתָּה עָשִׂיתָ, ה׳ מתגלה בעולם בדרך של סדר, משפט וצדק.

ה רוֹמְמוּ ה׳ אֱלֹהֵינוּ וְהִשְׁתַּחֲווּ לַהֲדֹם רַגְלָיו, קָדוֹשׁ הוּא מתוך ההקשר של פסוקים אלה נראה שהמקדש כולו הוא הדום רגליו של הקב"ה, שה׳ כביכול יושב על כיסאו והמקדש הוא משען לרגליו; ומכיוון שכך יש בו, בהדום הזה, קדושה, וראוי להשתחוות לעומתו.

ו מכאן עובר המזמור לתיאור גדולתו של הקב"ה בתוך ההיסטוריה: מֹשֶׁה וְאַהֲרֹן הם בְּכֹהֲנָיו, נמנים עם כהניו, וּשְׁמוּאֵל, שהיה לא רק המנהיג אלא גם המחדש של היהדות בדורותיו, נמצא בְּקֹרְאֵי – בין קוראי – שְׁמוֹ, והם קֹרְאִים אֶל־ה׳ וְהוּא יַעֲנֵם.

ז כל אלה הם משרתיו הדגולים של הקב"ה אשר אתם הוא מדבר, כמתואר: בְּעַמּוּד עָנָן יְדַבֵּר אֲלֵיהֶם בזמן שהוא מתגלה אליהם, משום

צט,ד מֵישָׁרִים. משפטי ה׳ יש להם טעם, היינו שגם השכל מבין שכך צריך להיות, אבל הכול נמשך אחר רצונו יתברך, מפני שכך גזרה חכמתו. וזה: אַתָּה כּוֹנַנְתָּ מֵישָׁרִים, פירוש: מה שכל העולם מודים ומבינים שישר משפטיו הוא על־ידי רצונו יתברך. ולכן צריך להיות ציווי השם יתברך קודם לשכל האדם, וכך הגיד אאזמו"ר בשם הרב מפרשיסחא ז"ל: "ואלה המשפטים אשר תשים **לפניהם**" – שיהיו משפטי ה׳ קודם חיות האדם". ובני ישראל הקדימו נעשה לנשמע, פירוש שהיה חביב אצלם יותר מה שזוכים לעשות רצון העליון ממה שיבינו הטעם של המצווה. ועל־ידי זה זכו שיבינו גם הטעמים, כי מקודם ניתנו הדיברות ואחר כך המשפטים. וכן הוא בכל מצווה, אם מקיים האדם בפשיטות בלי השגה, רק שרוצה לקיים מצוות השם יתברך, זוכה אחר כך להבין הטעם.

על־פי שפת אמת, משפטים תרל"ד

שָׁמְרוּ עֵדֹתָיו
וְחֹק נָתַן־לָמוֹ׃
ח יְהוָה אֱלֹהֵינוּ אַתָּה עֲנִיתָם
אֵל נֹשֵׂא הָיִיתָ לָהֶם
וְנֹקֵם עַל־עֲלִילוֹתָם׃
ט רוֹמְמוּ יְהוָה אֱלֹהֵינוּ
וְהִשְׁתַּחֲווּ לְהַר קָדְשׁוֹ
כִּי־קָדוֹשׁ יְהוָה אֱלֹהֵינוּ׃

שהם שָׁמְרוּ עֵדֹתָיו וְחֹק, ואת החוק אשר נָתַן־לָמוֹ, והכוונה היא בעיקר לנתינת התורה לאלה שהם "כהניו" ו"קוראי שמו".

ח ה׳ אֱלֹהֵינוּ, אַתָּה עֲנִיתָם, את האבות ושאר האנשים הגדולים. אֵל נֹשֵׂא - מוחל וסולח - הָיִיתָ לָהֶם, מצד אחד, וְנֹקֵם עַל־עֲלִילוֹתָם - ומצד שני יש לזכור כי היית גם נוקם על מעשיהם, ובפרט המעשים הרעים, שכן אתה נוהג בכל העולם במידת הצדק.

ט רוֹמְמוּ ה׳ אֱלֹהֵינוּ, תנו לו כבוד, וְהִשְׁתַּחֲווּ לְהַר קָדְשׁוֹ שעליו נבנה המקדש, כִּי קָדוֹשׁ ה׳ אֱלֹהֵינוּ, וכל מה שמתייחס אליו ראוי גם הוא לכבוד ולהשתחוויה.

צט,ט **רוֹמְמוּ ה׳ אֱלֹהֵינוּ** – הקב"ה נגלה בחייו של אדם לפי ערכו ויכולתו לקבל. לימד הרב המגיד ממעזריטש משל למה הדבר דומה? לאב עם בנו הקטן. שכשהבן עדיין בקטנות ואינו יכול לדבר, אביו משחק עמו במיני שטות ושחוק, אף שהאב יודע בעצמו שהוא שטות, אך בשביל אהבת בנו מצמצם שכלו. וכשמתחיל התינוק לדבר ועוד שכלו קטן, אביו מצמצם שכלו ומדבר עמו לפי הבנתו. אך כשהגדיל הילד ונעשה בר שכל, אז אביו עוסק עמו בלימוד דברי חכמה, ויש לו מזה שמחה ותענוג שאין למעלה ממנו. נמצא שמגדלותו ושכלותו של הבן מתרומם האב ומתענג. וזה פירוש: **רוֹמְמוּ ה׳ אֱלֹהֵינוּ** – כי ככל שיגדל האדם בתורה ובמעשים טובים כן יגדיל וירומם את ה׳ הנגלה אליו.

על־פי תהילה למלך

מִזְמוֹר לְתוֹדָה הָרִיעוּ לַיהוה כָּל־הָאָרֶץ:

ספר רביעי
פרק ק

"מזמור לתודה" הקשור לקורבן התודה (וייתכן שאף שרו אותו בזמן הקרבתו של קורבן זה), אך בכללותו הוא מזמור של הבעת תודה כללית לה'.

א מִזְמ֥וֹר לְתוֹדָ֑ה
הָרִ֥יעוּ לַ֝יהוָ֗ה כׇּל־הָאָֽרֶץ׃
ב עִבְד֣וּ אֶת־יְהוָ֣ה בְּשִׂמְחָ֑ה
בֹּ֥אוּ לְ֝פָנָ֗יו בִּרְנָנָֽה׃
ג דְּע֗וּ כִּֽי־יְהוָה֮ ה֤וּא אֱלֹ֫הִ֥ים
ה֣וּא עָ֭שָׂנוּ וְל֣וֹ אֲנַ֑חְנוּ
עַ֝מּ֗וֹ וְצֹ֣אן מַרְעִיתֽוֹ׃
ד בֹּ֤אוּ שְׁעָרָ֨יו ׀ בְּתוֹדָ֗ה
חֲצֵרֹתָ֥יו בִּתְהִלָּ֑ה
הֽוֹדוּ ל֝֗וֹ בָּרְכ֥וּ שְׁמֽוֹ׃
ה כִּי־ט֣וֹב יְ֭הוָה לְעוֹלָ֣ם חַסְדּ֑וֹ
וְעַד־דֹּ֥ר וָ֝דֹ֗ר אֱמוּנָתֽוֹ׃

א **מִזְמוֹר לְתוֹדָה, הָרִיעוּ לַה׳ כׇּל־הָאָרֶץ** לכבודו וכתודה לו.

ב **עִבְדוּ אֶת־ה׳ בְּשִׂמְחָה, בֹּאוּ לְפָנָיו**, להשתחוות לו בבית מקדשו, **בִּרְנָנָה**.

ג **דְּעוּ כִּי־ה׳ הוּא אֱלֹהִים, הוּא עָשָׂנוּ וְלוֹ אֲנַחְנוּ** שייכים, ותמיד נישאר **עַמּוֹ וְצֹאן מַרְעִיתוֹ**.

ד **בֹּאוּ בִשְׁעָרָיו** של הקב״ה **בְּתוֹדָה** – אמנם יש כאן רמז לקורבן התודה שמביאים בבית המקדש, אך בעיקר מדובר כאן בדרך כללית בהודאה לה׳; ובואו אל **חֲצֵרֹתָיו בִּתְהִלָּה. הוֹדוּ לוֹ, בָּרְכוּ שְׁמוֹ**.

ה **כִּי־טוֹב ה׳, לְעוֹלָם חַסְדּוֹ**, שהרי חסדו של ה׳ איננו רק עניין של רגע אלא הוא נצחי, **וְעַד־דֹּר וָדֹר אֱמוּנָתוֹ**, האמונים שהוא שומר לנאמניו.

ולא

ק,ג **מִזְמוֹר לְתוֹדָה**. הנה בחינת תודה היא הכנעה וביטול, שהקב״ה מביא על האדם צרה ואחר כך הוא עוזרו, כדי שיבין להכניע את עצמו ולהודות לו. כי באמת הקב״ה עושה חסד בכל עת, אך אין האדם מרגיש בזה אלא כשבאה לו איזה סיבה, ומתוך כך צריך להבין ולהודות לפניו לא על זו הסיבה בפרט – אלא על הכול. ולכן יש בלחמי תודה גם חמץ, כי כשאדם מכניע ומבטל עצמו כל כך אזי הסטרא־אחרא מתבטלת ושמו יתברך מתקדש מכל צד, עד שנמצא מקום גם לחמץ. וזה שאנו קוראים **הוּא עָשָׂנוּ וְלוֹ אֲנַחְנוּ**, ובאמת הכתיב הוא **וְלֹא אֲנַחְנוּ**. כי בוודאי אין שום מציאות חשובה לפניו יתברך, ואנחנו כלא, אבל כפי רוב הביטול כן זוכין לבחינת **וְלוֹ אֲנַחְנוּ**, ובחינה זו מיוחדת לבני ישראל והיא עיקר אמונתנו.

על־פי שפת אמת, שבת הגדול תרנ״ג

עֵינַי בְּנֶאֶמְנֵי־אֶרֶץ לָשֶׁבֶת עִמָּדִי הֹלֵךְ בְּדֶרֶךְ תָּמִים הוּא יְשָׁרְתֵנִי׃

ספר רביעי

פרק קא

מזמור על דוד המלך, המספר על תכניותיו
ועל מעשיו הן כאדם פרטי והן כמלך.

א לְדָוִד מִזְמוֹר
חֶסֶד־וּמִשְׁפָּט אָשִׁירָה
לְךָ יְהוָה אֲזַמֵּרָה:
ב אַשְׂכִּילָה ׀ בְּדֶרֶךְ תָּמִים
מָתַי תָּבוֹא אֵלָי
אֶתְהַלֵּךְ בְּתָם־לְבָבִי
בְּקֶרֶב בֵּיתִי:
ג לֹא־אָשִׁית ׀ לְנֶגֶד עֵינַי
דְּבַר־בְּלִיָּעַל
עֲשֹׂה־סֵטִים שָׂנֵאתִי
לֹא יִדְבַּק בִּי:
ד לֵבָב עִקֵּשׁ יָסוּר מִמֶּנִּי
רָע לֹא אֵדָע:
ה מְלָשְׁנִי בַסֵּתֶר ׀ רֵעֵהוּ
אוֹתוֹ אַצְמִית
גְּבַהּ־עֵינַיִם וּרְחַב לֵבָב
אֹתוֹ לֹא אוּכָל:

מלושני

א לְדָוִד מִזְמוֹר, חֶסֶד־וּמִשְׁפָּט אָשִׁירָה, לְךָ, ה׳, אֲזַמֵּרָה.

ב אַשְׂכִּילָה בְּדֶרֶךְ תָּמִים – אני מנסה להבין, להתבונן ולהתנהג בדרך הישר, ופונה אל ה׳ בבקשה: מָתַי תָּבוֹא – תתגלה – אֵלָי? וכעת הוא עובר לספר על עצמו: אֶתְהַלֵּךְ בְּתָם־לְבָבִי בְּקֶרֶב בֵּיתִי.

ג לֹא־אָשִׁית – אשים – לְנֶגֶד עֵינַי דְּבַר־בְּלִיָּעַל, אני מבקש שכל דבר מגונה ופסול כלל לא יהיה לנגד עיניי; עֲשֹׂה־סֵטִים – סטיות, דברים מגונים – שָׂנֵאתִי, לֹא יִדְבַּק בִּי דבר כזה.

ד לֵבָב עִקֵּשׁ, לב לא ישר, מעוקל ומעוות, יָסוּר מִמֶּנִּי, רָע לֹא אֵדָע, איני רוצה לדעת אותו ולהכירו.

ה מְלָשְׁנִי – מי שמלשין – בַסֵּתֶר על רֵעֵהוּ, לא רק שאינני מקרבו אלא אוֹתוֹ אַצְמִית, אשמיד.

גְּבַהּ־עֵינַיִם – בן אדם גאה – וּרְחַב לֵבָב – מי שיש לו תאוות מרובות – אֹתוֹ לֹא אוּכָל לשאת.

קא,א **חֶסֶד וּמִשְׁפָּט אָשִׁירָה.** ידוע ההפרש שבין ק׳ לק״א – המספרים מאה ומאה ואחד – שמאה מורה על תכלית השלמות שניתן להשיג בחכמת התורה, ומאה ואחד הוא כנגד "והחכמה מאין תמצא", מאין בגימטרייה מאה ואחד, מוצא החכמה שלמעלה גם משלמות החכמה. ועל דרך זה הוא גם בעבודת האדם, כמאמר הגמרא ש"אינו דומה שונה פרקו מאה פעמים לשונה פרקו מאה ואחד" (חגיגה ט, ב), שמאה פעמים הוא השלמות שבתוך הטבע והרגילות, מה שאין כן מאה ואחד הוא יותר מן הרגילות – והיינו שמשנה מעמדו ומצבו, טבעו ורגילותו. וכן שני מזמורים אלו שבתהלים: מזמור ק׳ הוא שלמות ההודאה, "מזמור לתודה", שמודה על חסדים המגולים שאירעו לו, אמנם למעלה מזה הוא מזמור ק״א, שמודה ומשבח גם על חסדים המגולים וגם על חסדים המכוסים – **חֶסֶד וּמִשְׁפָּט אָשִׁירָה לְךָ ה׳ אֲזַמֵּרָה.**

על־פי ספר המאמרים תש״מ, עמ׳ קפא

ו עֵינַ֤י ׀ בְּנֶאֶמְנֵי־אֶ֡רֶץ
לָשֶׁ֬בֶת עִמָּדִ֗י
הֹ֭לֵךְ בְּדֶ֣רֶךְ תָּמִ֑ים
ה֝֗וּא יְשָֽׁרְתֵֽנִי׃

ז לֹֽא־יֵשֵׁ֨ב ׀ בְּקֶ֥רֶב בֵּיתִי֮
עֹשֵׂ֪ה רְמִ֫יָּ֥ה
דֹּבֵ֥ר שְׁקָרִ֑ים
לֹֽא־יִ֝כּ֗וֹן לְנֶ֣גֶד עֵינָֽי׃

ח לַבְּקָרִ֗ים
אַצְמִ֥ית כָּל־רִשְׁעֵי־אָ֑רֶץ
לְהַכְרִ֥ית מֵֽעִיר־יְ֝הוָ֗ה
כָּל־פֹּ֥עֲלֵי אָֽוֶן׃

ו עֵינַי בְּנֶאֶמְנֵי־אֶרֶץ, אנשים הגונים ונאמנים, שיבואו לָשֶׁבֶת עִמָּדִי, הֹלֵךְ בְּדֶרֶךְ תָּמִים הוא יְשָׁרְתֵנִי, ולא אנשים אחרים.

ז שכן לֹא־יֵשֵׁב בְּקֶרֶב בֵּיתִי עֹשֵׂה רְמִיָּה, דֹּבֵר שְׁקָרִים לֹא־יִכּוֹן - לא יעמוד - לְנֶגֶד עֵינָי.

ח לַבְּקָרִים - בכל בוקר, כלומר: מדי יום - אַצְמִית כָּל־רִשְׁעֵי־אָרֶץ, לְהַכְרִית מֵעִיר־ה׳, מירושלים עירו, את כָּל־פֹּעֲלֵי הָאָוֶן, כל עושי הרע.

קא,ו **עֵינַי בְּנֶאֶמְנֵי אֶרֶץ לָשֶׁבֶת עִמָּדִי.** האמונה היא שורש הכולל כל התורה כולה, שעל־ידי זה לבד יכול האדם להיות דבוק בחי העולמים ולחיות חיי עד אפילו הוא שקוע במקום ששקוע, שכן אומר הכתוב: "ואמונתך בלילות" — גם כשהוא בתכלית החושך והשקיעה של עולם־הזה הדומה ללילה, שמחשיך ומעלים כל האורות, זוכה על־ידי ההתחזקות באמונה שיהיה ה׳ אור לו. ועל זה אמרו "ועמך כולם צדיקים", ו"ישראל מאמינים בני מאמינים", ועל־ידי כן יוכלו לבוא לכל המדרגות היותר גדולות שאפשר לאדם לבוא אליהן. כי זהו השער לה׳ אשר צדיקים יבואו בו, גוי צדיק שומר אמונים. כי אמונים נוצר ה׳ ועיניו **בְּנֶאֶמְנֵי אֶרֶץ**. וגם גאולה העתידה תהיה רק על־ידי האמונה.

על־פי פרי צדיק, קדושת שבת, ז

אַתָּה תָקוּם תְּרַחֵם צִיּוֹן כִּי־עֵת לְחֶנְנָהּ כִּי־בָא מוֹעֵד:

מזמור זה הוא תפילה של אדם הסובל ייסורים מכל הסוגים. במזמור מתוארים כאביו הפנימיים והחיצוניים של האדם והוא נושא תפילה ותחנונים לקב"ה שיצילנו, מתוך אמונה עמוקה ביכולתו וברצונו של הקב"ה להציל אותו ואת הקרובים לו.

ספר רביעי

פרק קב

א תְּפִלָּה לְעָנִי כִי־יַעֲטֹף
וְלִפְנֵי יְהוָה יִשְׁפֹּךְ שִׂיחוֹ:
ב יְהוָה שִׁמְעָה תְפִלָּתִי
וְשַׁוְעָתִי אֵלֶיךָ תָבוֹא:
ג אַל־תַּסְתֵּר פָּנֶיךָ ׀ מִמֶּנִּי
בְּיוֹם צַר לִי
הַטֵּה־אֵלַי אָזְנֶךָ
בְּיוֹם אֶקְרָא מַהֵר עֲנֵנִי:
ד כִּי־כָלוּ בְעָשָׁן יָמָי
וְעַצְמוֹתַי כְּמוֹקֵד נִחָרוּ:
ה הוּכָּה כָעֵשֶׂב וַיִּבַשׁ לִבִּי
כִּי־שָׁכַחְתִּי מֵאֲכֹל לַחְמִי:
ו מִקּוֹל אַנְחָתִי
דָּבְקָה עַצְמִי לִבְשָׂרִי:
ז דָּמִיתִי לִקְאַת מִדְבָּר
הָיִיתִי כְּכוֹס חֳרָבוֹת:

א תְּפִלָּה לְעָנִי - מסכן, שאין לו נכסים ואין לו כוח - כִּי־יַעֲטֹף - זהו ביטוי של הרגשת מועקה ומצוקת הנפש, תחושה שהמציאות כמו חוברת עליו מכל הצדדים ומציקה לו.

וְלִפְנֵי ה׳ יִשְׁפֹּךְ שִׂיחוֹ - זו גם תפילה לקב״ה, אך גם שיחה שבה משוחח האדם, כביכול, עם הקב״ה ומספר לו את כאביו ואת צרותיו.

ב ה׳, שִׁמְעָה תְפִלָּתִי, וְשַׁוְעָתִי, צעקתי, אֵלֶיךָ תָבוֹא.

ג אַל־תַּסְתֵּר פָּנֶיךָ מִמֶּנִּי בְּיוֹם צַר לִי - המתפלל נתון במצוקה, והוא מבקש ומתחנן מה׳ שיתגלה אליו: הַטֵּה־אֵלַי אָזְנֶךָ לשמוע את בקשתי, בְּיוֹם אֶקְרָא מַהֵר עֲנֵנִי; כי למרות התקווה לימים טובים שעוד יבואו, הרגשת המצוקה והכיליון העכשווית עמוקה כל כך, עד שהמתפלל מבקש לא רק מענה, אלא מענה מהיר.

ד כִּי־כָלוּ בְעָשָׁן יָמָי - שנותיי, חיי, נשרפים וכלים, אובדים ללא תכלית, כמו עשן, וְעַצְמוֹתַי כְּמוֹקֵד, כמו להבת אש, נִחָרוּ, נשרפות ונעשות חלולות.

ה הוּכָּה כָעֵשֶׂב, שהכל דורכים עליו ודורסים אותו, וַיִּבַשׁ לִבִּי, וכאבי כל כך עז עד כִּי־שָׁכַחְתִּי מֵאֲכֹל לַחְמִי - מרוב כאביי ועצבותי אני שוכח אפילו דבר בסיסי כמו אכילה.

ו מִקּוֹל אַנְחָתִי דָּבְקָה עַצְמִי לִבְשָׂרִי, אני מרגיש כאילו אני מצטמק ומתכווץ, כאילו עצמותיי ובשרי נצמדים זה לזה לגמרי.

ז דָּמִיתִי לִקְאַת מִדְבָּר, עוף לילה אשר קולו דומה לקול בכייה, הָיִיתִי כְּכוֹס חֳרָבוֹת - אף היא ציפור לילה המתגוררת בחורבות ומייללת.

קב,א **תְּפִלָּה לְעָנִי.** מצינו הרבה לשונות של תפילה, אבל התפילה העולה על כל התפילות היא "תפלה לעני", ועל זה אמר דוד המלך **תְּפִלָּה לְעָנִי כִי יַעֲטֹף**, היינו שתפילה זו בכוחה לעטוף את כל התפילות שבעולם, כי יש לה את הכוח הגדול ביותר. ובראות דוד המלך גודל כוחה של תפילה זו, עזב את כל השגותיו ומדרגותיו ועשה עצמו כעני, ובזה פעל יותר מכל ההשגות והגילויים שהיו לו ברוח הקודש. וכפי מה שהאדם מלא בהכרה ברורה זו, שהוא מעצמו אינו יכול לעשות מאומה, אין לו שום כוח ושום יכולת, ורק "כדלים וכרשים דפקנו דלתיך", בכוח תפילה זו יכול כל אחד לפעול יותר מכל התפילות.

על־פי דברי חיזוק, א׳ דסליחות תשנ״ח, ג

ח **שָׁקַדְתִּי וָאֶהְיֶה**
כְּצִפּוֹר בּוֹדֵד עַל־גָּג׃
ט **כָּל־הַיּוֹם חֵרְפוּנִי אוֹיְבָי**
מְהוֹלָלַי בִּי נִשְׁבָּעוּ׃
י **כִּי־אֵפֶר כַּלֶּחֶם אָכָלְתִּי**
וְשִׁקֻּוַי בִּבְכִי מָסָכְתִּי׃
יא **מִפְּנֵי־זַעַמְךָ וְקִצְפֶּךָ**
כִּי נְשָׂאתַנִי וַתַּשְׁלִיכֵנִי׃
יב **יָמַי כְּצֵל נָטוּי**
וַאֲנִי כָּעֵשֶׂב אִיבָשׁ׃
יג **וְאַתָּה יְהוה לְעוֹלָם תֵּשֵׁב**
וְזִכְרְךָ לְדֹר וָדֹר׃
יד **אַתָּה תָקוּם תְּרַחֵם צִיּוֹן**
כִּי־עֵת לְחֶנְנָהּ
כִּי־בָא מוֹעֵד׃

ח **שָׁקַדְתִּי** - נצמדתי למקומי ואינני זז ממנו - **וָאֶהְיֶה כְּצִפּוֹר בּוֹדֵד עַל־גָּג**, מבודד לגמרי, בלי כל סיוע.

ט **כָּל־הַיּוֹם חֵרְפוּנִי**, ביזו אותי, **אוֹיְבָי**; **וּמְהוֹלָלַי**, שונאיי ורודפיי, **בִּי נִשְׁבָּעוּ**, כלומר: שמי משמש להם כביטוי של ביזיון וחרפה.

י **כִּי־אֵפֶר כַּלֶּחֶם אָכָלְתִּי**: מתן אפר על הראש, ופעמים גם טבילת האוכל באפר, הם סימן של אבלות. אבל במצבי הנוכחי, אומר המשורר, האפר נעשה לי לחם חוקי, מאכלי העיקרי, **וְשִׁקֻּוַי** - שיקויַי - **בִּבְכִי מָסָכְתִּי**, המשקאות שלי מעורבים בדמעות.

יא וכל זה - **מִפְּנֵי־זַעַמְךָ וְקִצְפֶּךָ**, שהרי אתה הוא הסיבה הראשונה, וזעמך הוא שמביא עליי את כל צרותיי. **כִּי נְשָׂאתַנִי וַתַּשְׁלִיכֵנִי**, כדרך שמרימים חפץ על מנת להשליך אותו למרחק.

יב **יָמַי** הם **כְּצֵל נָטוּי**, אשר אין לו שום ממשות ויציבות, והוא נוטה מצד לצד עם השמש, **וַאֲנִי כָּעֵשֶׂב אִיבָשׁ**, כשם שעשב מתייבש בלא מים, כך אף אני מרגיש שאני הולך וכלה. כל זה הוא תיאור של שיחתו של העני המתנה את צרותיו, כאביו וסבלו.

יג עם זאת, העני מאמין בה׳ ובוטח בו, והוא ממשיך ואומר: **וְאַתָּה ה׳ לְעוֹלָם תֵּשֵׁב**, הרי אתה נמצא תמיד, בלי גירעון ובלי הפסקה, **וְזִכְרְךָ לְדֹר וָדֹר**.

יד וכשתרצה לחנון אותנו, **אַתָּה תָקוּם**, כביכול, ממקומך, תפעל בעולם, **תְּרַחֵם צִיּוֹן**, **כִּי־עֵת לְחֶנְנָהּ**, **כִּי בָא מוֹעֵד**, הגיע כבר הזמן לרחם עליה, הגיעה השעה לעת רצון ורחמים.

קב,י **וְשִׁקֻּוַי בִּבְכִי מָסָכְתִּי** – חיבור ההלכות והחידושין נקרא מסכת, שצריך למסוך המשקה בבכי, כי מי שזוכה לחדש חידושים דאורייתא שיש בהם ממש, צריך לבכות מקודם, ועל־ידי זה ניצול שלא יינקו הסטרא־אחרא והקליפות מאלו החידושים.

על־פי קיצור ליקוטי מוהר״ן ח״א, רסב

קב,יד **כִּי עֵת לְחֶנְנָהּ כִּי בָא מוֹעֵד** – לחננה, לשון חנינה, והוא מתנת חינם. והפירוש: שכך אומרת כנסת ישראל לפני השם יתברך, שקודם זמן הגאולה יש לך ה׳ העת לחונן את ישראל, כי אם תתמהמה הנה **כִּי בָא מוֹעֵד**, שיבוא זמן גאולתנו, ולא יהיה עוד על־ידי חנינה.

על־פי עידין קדישין, ירושלים תשס״ט, עמ׳ שפג

טו כִּֽי־רָצ֣וּ עֲ֭בָדֶיךָ אֶת־אֲבָנֶ֑יהָ
וְֽאֶת־עֲפָרָ֥הּ יְחֹנֵֽנוּ׃
טז וְיִֽירְא֣וּ ג֭וֹיִם אֶת־שֵׁ֣ם יהו֑ה
וְֽכׇל־מַלְכֵ֥י הָ֝אָ֗רֶץ
אֶת־כְּבוֹדֶֽךָ׃
יז כִּֽי־בָנָ֣ה יהו֣ה צִיּ֑וֹן
נִ֝רְאָ֗ה בִּכְבוֹדֽוֹ׃
יח פָּ֭נָה אֶל־תְּפִלַּ֣ת הָעַרְעָ֑ר
וְלֹֽא־בָ֝זָ֗ה אֶת־תְּפִלָּתָֽם׃
יט תִּכָּ֣תֶב זֹ֭את לְד֣וֹר אַחֲר֑וֹן
וְעַ֥ם נִ֝בְרָ֗א יְהַלֶּל־יָֽהּ׃
כ כִּֽי־הִ֭שְׁקִיף מִמְּר֣וֹם קׇדְשׁ֑וֹ
יְ֝הוָ֗ה
מִשָּׁמַ֤יִם ׀ אֶל־אֶ֬רֶץ הִבִּֽיט׃
כא לִ֭שְׁמֹעַ אֶנְקַ֣ת אָסִ֑יר
לְ֝פַתֵּ֗חַ בְּנֵ֣י תְמוּתָֽה׃
כב לְסַפֵּ֣ר בְּ֭צִיּוֹן שֵׁ֣ם יהו֑ה
וּ֝תְהִלָּת֗וֹ בִּירוּשָׁלָֽ͏ִם׃

טו ואף אנו, הדבקים בה׳, משתדלים להישאר במקומנו ולא להימלט, כִּי־רָצוּ – במובן של רצון הלב, התשוקה – עֲבָדֶיךָ אפילו אֶת־אֲבָנֶיהָ של הארץ וְאֶת־עֲפָרָהּ יְחֹנֵנוּ, אפילו אל העפר עצמו, שאין עליו צמחים או כל דבר אחר, הם מתייחסים בחיבה.

טז ומעתה, התפילה היא זו: וְיִירְאוּ גם גּוֹיִם אֶת־שֵׁם ה׳, כלומר: יפחדו משמו, וְכׇל־מַלְכֵי הָאָרֶץ יפחדו וייראו אֶת־כְּבוֹדֶךָ.

יז כִּי־בָנָה, כאשר יבנה, ה׳ את צִיּוֹן מחדש, ואז הוא נִרְאָה בִּכְבוֹדוֹ.

יח פָּנָה אֶל־תְּפִלַּת הָעַרְעָר – המשורר מתאר את האנשים הבודדים כערער, שהוא צמח מדברי המסוגל להתקיים בלי מים, אך גם אינו עושה פירות, וְלֹא־בָזָה ה׳ אֶת־תְּפִלָּתָם של המתחננים אליו.

יט תִּכָּתֶב הישועה הזאת לְדוֹר אַחֲרוֹן, וְעַם נִבְרָא – אלה שיוולדו בעתיד – יְהַלֶּל־יָהּ.

כ כִּי־הִשְׁקִיף מִמְּרוֹם קׇדְשׁוֹ, והוא משגיח על העולם ופועל בתוכו. ה׳ מִשָּׁמַיִם אֶל־אֶרֶץ הִבִּיט,

כא לִשְׁמֹעַ אֶנְקַת – את האנחה והזעקה – של הָאָסִיר, לְפַתֵּחַ – לשחרר מן הכבלים – בְּנֵי תְמוּתָה, גם כאלה שנגזר עליהם דין מוות.

כב לְסַפֵּר בְּצִיּוֹן שֵׁם ה׳ וּתְהִלָּתוֹ בִּירוּשָׁלָ͏ִם.

קב,יח תְּפִלַּת הָעַרְעָר. בימי חג הסוכות קבעו חז״ל את רוב הבקשות ליום הושענא רבה, שהוא יום של ערבה, שערבה רומזת לאותם שאין להם טעם וריח בתורה ומעשים טובים – רק תפילה. ועל זה כתוב פָּנָה אֶל תְּפִלַּת הָעַרְעָר, מי שהוא ער וריק מכול כ״כערער בערבה״ (ירמיהו יז ו), ותפילתו היא בבחינת ״תפלה לעני כי יעטוף״, שהקב״ה מניח כל התפילות ומקבל אותה תחילה (זוהר ח״ג קצה, א). ומדייק המדרש שלא נאמר ׳ולא בזה את תפילתו׳, אלא וְלֹא בָזָה אֶת תְּפִלָּתָם, כי באמת כל ארבעת המינים – גם אותם שיש בהם טעם וריח – כולם נושעים על־ידי שמשתתפים עמהם גם הפחותים, שהם כערער, ועליהם אומר הכתוב ״כחוט השני שפתותיך״ (שיר השירים ד ג) – שהערבה דומה לשפתיים, ״ומדברך נאוה״ (שם) – שדיבור תפילתם נאה וערב לפניו יתברך.

על־פי שפת אמת, סוכות תרמ״ה

כג בְּהִקָּבֵץ עַמִּים יַחְדָּו
וּמַמְלָכוֹת לַעֲבֹד אֶת־יהוה:
כד עִנָּה בַדֶּרֶךְ כֹּחִי קִצַּר יָמָי:
כה אֹמַר
אֵלִי אַל־תַּעֲלֵנִי בַּחֲצִי יָמָי
בְּדוֹר דּוֹרִים שְׁנוֹתֶיךָ:
כו לְפָנִים הָאָרֶץ יָסַדְתָּ
וּמַעֲשֵׂה יָדֶיךָ שָׁמָיִם:
כז הֵמָּה | יֹאבֵדוּ וְאַתָּה תַעֲמֹד
וְכֻלָּם כַּבֶּגֶד יִבְלוּ
כַּלְּבוּשׁ תַּחֲלִיפֵם וְיַחֲלֹפוּ:
כח וְאַתָּה־הוּא
וּשְׁנוֹתֶיךָ לֹא יִתָּמּוּ:
כט בְּנֵי־עֲבָדֶיךָ יִשְׁכּוֹנוּ
וְזַרְעָם לְפָנֶיךָ יִכּוֹן:

כג בְּהִקָּבֵץ עַמִּים יַחְדָּו לבוא אל ירושלים, וּמַמְלָכוֹת יגיעו לַעֲבֹד אֶת־ה'.

כד המשורר מאמין שכל הדברים הללו אכן יתרחשו, והוא מקווה שגם יזכה לראותם. ואולם בינתיים הוא אומר: עִנָּה בַדֶּרֶךְ כֹּחִי, כוחי אוזל מתוך סבל ההליכה בדרך הזו, עד שתבוא הגאולה. אני מרגיש כי ה' קִצַּר יָמָי.

כה ולפיכך אני מתפלל; ואֹמַר: 'אֵלִי אַל־תַּעֲלֵנִי - אל נא תיקח את נשמתי - בַּחֲצִי יָמָי!' הלוא בְּדוֹר דּוֹרִים שְׁנוֹתֶיךָ, ויכול אתה להעניק לי גם זמן.

כו לְפָנִים, בבריאת העולם, את הָאָרֶץ יָסַדְתָּ, וּמַעֲשֵׂה יָדֶיךָ שָׁמָיִם.

כז ועם זאת גם הֵמָּה - השמים והארץ - יֹאבֵדוּ, וְאַתָּה, ואילו אתה תַעֲמֹד.

וְכֻלָּם, כל ברואי העולם, כַּבֶּגֶד יִבְלוּ, כַּלְּבוּשׁ תַּחֲלִיפֵם, שהרי כל אלה אינם אלא ברואים, ובתור שכאלה הם מתכלים, ויכול אתה לברוא חדשים במקומם; וְיַחֲלֹפוּ - כך שאלה שהיו יחלופו.

כח וְאַתָּה־הוּא שנשאר לעולם וּשְׁנוֹתֶיךָ לֹא יִתָּמּוּ.

כט וכיוון שה' נשאר תמיד, הרי אף על פי שכל העולם יכול להתחלף ולחלוף - בְּנֵי־עֲבָדֶיךָ יִשְׁכּוֹנוּ, ולא ייעקרו ממקומם; גם הם יזכו במתנת הנצחיות, וְזַרְעָם לְפָנֶיךָ יִכּוֹן ולא יכלה לעולם.

כֹּחוֹ

קב,כו כַּלְּבוּשׁ תַּחֲלִיפֵם. כל הנבראים, עליונים ותחתונים, הם בבחינת לבוש לקב"ה, שהרי גופו ונפשו של כל נברא הם לבוש לכוח האלוהי המהווה ומחיה אותו. אמנם ישנם שני סוגי לבושים: לבוש הנפרד הוא הבגד, שאינו מתאחד עם מציאות האדם אלא נוסף עליה, ולכן הוא מכסה אותו ומעלים את מציאותו. זו תודעת העולמות התחתונים, התופסים את עצמם כדבר נפרד ואינם בטלים במציאות האלוהית בתכלית. לבוש המאוחד הוא הגוף, המלביש את הנפש תוך שהוא מתאחד עמה לגמרי, עד שמציאותו של אחד מהם תלויה במציאותו של השני. זו תודעת עולם האצילות, שבו הנבראים מרגישים רק את המציאות האלוהית, וחווים את עצמם כחלק ממנה. לעתיד לבוא נאמר: כַּלְּבוּשׁ תַּחֲלִיפֵם וְיַחֲלֹפוּ – שהקב"ה יזכך את מציאות העולם, לשון העלם, ויעלה אותו למדרגת לבוש המאוחד, הבטל במציאות האלוהית ומגלה אותה.

על־פי תהילות מנחם

וְחֶסֶד יהוה מֵעוֹלָם וְעַד־עוֹלָם עַל־יְרֵאָיו וְצִדְקָתוֹ לִבְנֵי בָנִים:

ספר רביעי

פרק קג

הראשון מבין שני מזמורים הפותחים במילים "ברכי נפשי", עוסק בעיקר בחייו של האדם על העליות והמורדות הגשמיים והרוחניים שבהם; ויש בו גם דברי שבח ותפילה.

א לְדָוִ֙ד ׀
בָּרְכִ֣י נַ֭פְשִׁי אֶת־יְהֹוָ֑ה
וְכָל־קְ֝רָבַ֗י אֶת־שֵׁ֥ם קָדְשֽׁוֹ׃
ב בָּרְכִ֣י נַ֭פְשִׁי אֶת־יְהֹוָ֑ה
וְאַל־תִּ֝שְׁכְּחִ֗י כָּל־גְּמוּלָֽיו׃
ג הַסֹּלֵ֥חַ לְכָל־עֲוֺנֵ֑כִי
הָ֝רֹפֵ֗א לְכָל־תַּחֲלוּאָֽיְכִי׃
ד הַגּוֹאֵ֣ל מִשַּׁ֣חַת חַיָּ֑יְכִי
הַ֝מְעַטְּרֵ֗כִי חֶ֣סֶד וְרַחֲמִֽים׃
ה הַמַּשְׂבִּ֣יעַ בַּטּ֣וֹב עֶדְיֵ֑ךְ
תִּתְחַדֵּ֖שׁ כַּנֶּ֣שֶׁר נְעוּרָֽיְכִי׃
ו עֹשֵׂ֣ה צְדָק֣וֹת יְהֹוָ֑ה
וּ֝מִשְׁפָּטִ֗ים לְכָל־עֲשׁוּקִֽים׃
ז יוֹדִ֣יעַ דְּרָכָ֣יו לְמֹשֶׁ֑ה
לִבְנֵ֥י יִ֝שְׂרָאֵ֗ל עֲלִילוֹתָֽיו׃
ח רַח֣וּם וְחַנּ֣וּן יְהֹוָ֑ה
אֶ֖רֶךְ אַפַּ֣יִם וְרַב־חָֽסֶד׃

א לְדָוִד, בָּרְכִי נַפְשִׁי אֶת־ה׳, וְכָל־קְרָבַי – כפשוטו: כל מה שיש בתוכי, בקרבי, יברך אֶת־שֵׁם קָדְשׁוֹ.

ב בָּרְכִי נַפְשִׁי אֶת־ה׳ וְאַל־תִּשְׁכְּחִי כָּל־גְּמוּלָיו, חסדיו וטובותיו שעשה; שהרי בזמנים של רווחה ומנוחה נוטה האדם לשכוח את החסדים שהיו לו בעבר.

ג הַסֹּלֵחַ לְכָל־עֲוֺנֵכִי, צורה עתיקה של המילה "עוונך", הָרֹפֵא לְכָל־תַּחֲלוּאָיְכִי – המרפא את חולייך, הן חוליי הנפש והן חוליי הגוף.

ד הַגּוֹאֵל מִשַּׁחַת, ממוות, חַיָּיְכִי, את חייך, הַמְעַטְּרֵכִי כעטרה, סביב־סביב, בְּחֶסֶד וְרַחֲמִים.

ה הַמַּשְׂבִּיעַ בַּטּוֹב עֶדְיֵךְ – נותן ליפי החיים, לחיי הנפש, ברכה והשפעה; תִּתְחַדֵּשׁ כַּנֶּשֶׁר, שמאריך ימים ושומר את כוחו, נְעוּרָיְכִי.

ו כעת עובר המשורר לדבר על צד אחר של שבחי ה׳: עֹשֵׂה צְדָקוֹת ה׳ וּמִשְׁפָּטִים לְכָל־עֲשׁוּקִים; שגם אם הם עשויים לסבול במשך זמן מסוים, הקב"ה שופט ומציל אותם משונאיהם.

ז ולעניין זה יש לא רק הוכחות מסיפורים ומחוויות אישיים, אלא גם אישוש כללי־היסטורי: יוֹדִיעַ דְּרָכָיו לְמֹשֶׁה, שהרי ה׳ הראה לו בפועל ממש כיצד הוא מציל את ישראל מכל צרה, ולִבְנֵי יִשְׂרָאֵל הוא מראה את עֲלִילוֹתָיו, מעשיו – הלוא הם הנסים שאירעו להם מאז יציאת מצרים ואילך.

ח רַחוּם וְחַנּוּן ה׳, אֶרֶךְ אַפַּיִם וְרַב־חָסֶד – רמז להתגלות ה׳ למשה בנקרת הצור (שמות לד), שבה הוא מוסר לו את מידות הרחמים שלו הכוללות את המילים הללו.

קג,ה **תִּתְחַדֵּשׁ כַּנֶּשֶׁר נְעוּרָיְכִי.** בימי הנעורים רתיחת התאווה מתגברת, ואז מרבה חטאים מצד היצר הרע רחמנא ליצלן, והם חטאת נעורים. וזה היה **בדור המבול**, כמו שנאמר שם "כי יצר לב האדם רע מנעֻריו" (בראשית ח כא). אמנם ימים אלו מסוגלים גם לרוב חשקות לדברי תורה, וזה היה **דור המדבר**, כמו שנאמר "זכרתי לך חסד נעוריך" (ירמיהו ב ב). והם עצמם אותם הנפשות, כמבואר בזוהר הקדוש (ח"ג רטז, א) שהיו ראויים דור המבול לקבל תורה אילו זכו, ונשמת משה הייתה שם. **ובדורו של משיח** יהיה פעם שלישית אותו דור, בסוד **תִּתְחַדֵּשׁ כַּנֶּשֶׁר נְעוּרָיְכִי**, ואז יהיה התיקון הגמור, שבאות חטאת נעורים וחסד נעורים בערבוביה, והטוב יתגבר על הרע ויהפכו לטוב.

על־פי צדקת הצדיק, צה

ט לֹא־לָנֶצַח יָרִיב
וְלֹא לְעוֹלָם יִטּוֹר׃
י לֹא כַחֲטָאֵינוּ עָשָׂה לָנוּ
וְלֹא כַעֲוֺנֹתֵינוּ גָּמַל עָלֵינוּ׃
יא כִּי כִגְבֹהַּ שָׁמַיִם עַל־הָאָרֶץ
גָּבַר חַסְדּוֹ עַל־יְרֵאָיו׃
יב כִּרְחֹק מִזְרָח מִמַּעֲרָב
הִרְחִיק מִמֶּנּוּ אֶת־פְּשָׁעֵינוּ׃
יג כְּרַחֵם אָב עַל־בָּנִים
רִחַם יהוה עַל־יְרֵאָיו׃
יד כִּי־הוּא יָדַע יִצְרֵנוּ
זָכוּר כִּי־עָפָר אֲנָחְנוּ׃
טו אֱנוֹשׁ כֶּחָצִיר יָמָיו
כְּצִיץ הַשָּׂדֶה כֵּן יָצִיץ׃
טז כִּי רוּחַ עָבְרָה־בּוֹ וְאֵינֶנּוּ
וְלֹא־יַכִּירֶנּוּ עוֹד מְקוֹמוֹ׃

ט וגם אם לפי שעה אנחנו נתונים בצרה, הרי לֹא־לָנֶצַח יָרִיב ה׳ אתנו, אלא ימחל לנו ויגן עלינו, וְלֹא לְעוֹלָם יִטּוֹר, שלא ישמור, יזכור, לנו את החטאים שחטאנו.

י לֹא כַחֲטָאֵינוּ עָשָׂה לָנוּ, להעניש אותנו עליהם, וְלֹא כַעֲוֺנֹתֵינוּ גָּמַל עָלֵינוּ,

יא כי אם כִּי כִגְבֹהַּ שָׁמַיִם עַל־הָאָרֶץ גָּבַר חַסְדּוֹ עַל־יְרֵאָיו, כי חסד ה׳ כמו מתנשא מן הארץ אל השמים.

יב כִּרְחֹק מִזְרָח מִמַּעֲרָב הִרְחִיק מִמֶּנּוּ אֶת־פְּשָׁעֵינוּ, שאינם נזכרים ואינם ״נדבקים״ עוד אלינו.

יג כְּרַחֵם אָב עַל־בָּנִים רִחַם ה׳ עַל־יְרֵאָיו. ה׳ עושה עמנו חסדים לאו דווקא בגלל צדקתנו, אלא בגלל חולשתנו;

יד שכן הקב״ה מבין גם את חולשתנו; הוא יודע עד כמה אנחנו נזקקים לרחמיו ולחסדיו, כִּי־הוּא יָדַע יִצְרֵנוּ, הוא מבין עד כמה יצרנו מסית אותנו מן הדרך הטובה, זָכוּר כִּי־עָפָר אֲנָחְנוּ, הוא זוכר שביסודנו אנו יצורי בשר ודם, בני אדמה, ואי־אפשר לתבוע מאתנו יותר מדיי.

טו אֱנוֹשׁ כֶּחָצִיר יָמָיו, הוא צומח ונובל בתוך זמן קצר, כְּצִיץ הַשָּׂדֶה כֵּן יָצִיץ, שסמוך מאוד אחרי פריחתו נעלמים כל הפרחים שלו.

טז כִּי רוּחַ עָבְרָה־בּוֹ וְאֵינֶנּוּ עוד - כמו שקורה כאשר רוח קדים עוברת בתוך הצמחייה ומייבשת למוות את כל מה שצמח, וְלֹא־יַכִּירֶנּוּ עוֹד מְקוֹמוֹ, כי הצמחים המתים נעלמים לחלוטין, ואין להם עוד כל היכר אפילו במקום שהיו בו.

קג,יג **כְּרַחֵם אָב עַל בָּנִים.** אם היא ספירת הבינה, המסוגלת להשפיע הבנה מופלאה בפרטי הפרטים של כל הנעשה במציאות – אולם לא לשנותה. אין בידה לבטל את החיסרון, אך היא מסוגלת להתמודד עמו בתוך המציאות החסרה. היא מתבוננת יחד עם בנה בחסרונו, מדברת באוזניו דברי ניחומים, ״כאיש אשר אמו תנחמנו״ (ישעיהו סו יג), ומסייעת לו להבין על מה ולמה, ואולי גם עד מתי ולשם מה. מתוך כך, הכאב שוכך והולך ואפשר שאף יתחלף בשמחה. האב הוא ספירת החכמה, המקור העליון הכולל את כל פרטי המציאות בנקודה ראשונית אחת. מנקודת מבטו אין כלל מקום למציאות של צער, שכן במקור אין כל חיסרון. על כן גדול הנאמר באב יותר מבאם, **כְּרַחֵם אָב עַל בָּנִים רִחַם ה׳ עַל יְרֵאָיו.**

על־פי תהילות מנחם

יז וְחֶ֤סֶד יְהֹוָ֨ה ׀
מֵעוֹלָ֣ם וְעַד־ע֭וֹלָם
עַל־יְרֵאָ֑יו
וְ֝צִדְקָת֗וֹ לִבְנֵ֥י בָנִֽים׃
יח לְשֹׁמְרֵ֥י בְרִית֑וֹ
וּלְזֹכְרֵ֥י פִ֝קֻּדָ֗יו לַעֲשׂוֹתָֽם׃
יט יְֽהֹוָ֗ה בַּ֭שָּׁמַיִם הֵכִ֣ין כִּסְא֑וֹ
וּ֝מַלְכוּת֗וֹ בַּכֹּ֥ל מָשָֽׁלָה׃
כ בָּרְכ֥וּ יְהֹוָ֗ה מַלְאָ֫כָ֥יו
גִּבֹּ֣רֵי כֹ֭חַ עֹשֵׂ֣י דְבָר֑וֹ
לִ֝שְׁמֹ֗עַ בְּק֣וֹל דְּבָרֽוֹ׃
כא בָּרְכ֣וּ יְ֭הֹוָה כָּל־צְבָאָ֑יו
מְ֝שָׁרְתָ֗יו עֹשֵׂ֥י רְצוֹנֽוֹ׃
כב בָּרְכ֤וּ יְהֹוָ֨ה ׀ כָּל־מַעֲשָׂ֗יו
בְּכָל־מְקֹמ֥וֹת מֶמְשַׁלְתּ֑וֹ
בָּרְכִ֥י נַ֝פְשִׁ֗י אֶת־יְהֹוָֽה׃

יז כל אלה הם תיאורים של החולשה והזמניות של קיומנו. וְחֶסֶד – ולעומת זאת חסדי ה׳ הם מֵעוֹלָם וְעַד־עוֹלָם, לנצח, עַל־יְרֵאָיו, וְצִדְקָתוֹ היא לא רק לדור אחד אלא גם לִבְנֵי בָנִים,

יח לְשֹׁמְרֵי בְרִיתוֹ וּלְזֹכְרֵי פִקֻּדָיו – מצוותיו – לַעֲשׂוֹתָם, לקיימם בפועל.

יט דבר זה מבטא את שלטונו המוחלט של הקב״ה: ה׳ בַּשָּׁמַיִם, מעל לעולם, הֵכִין כִּסְאוֹ, וּמַלְכוּתוֹ בַּכֹּל – בכל חלק וחלק של המציאות – מָשָׁלָה.

כ ומכאן עובר המשורר לדברי השבח שאנחנו, בני האדם, המוגבלים הן בכוחותינו והן במשך ימינו, מהללים בהם את הבורא: בָּרְכוּ את ה׳ מַלְאָכָיו, המסוגלים לברך אותו בעוצמה יתרה, שהרי הם גִּבֹּרֵי כֹחַ עֹשֵׂי דְבָרוֹ, שליחיו ומשרתיו, שכל תכלית קיומם היא לִשְׁמֹעַ בְּקוֹל דְּבָרוֹ ולעשותו.

כא בָּרְכוּ ה׳ כָּל־צְבָאָיו, מְשָׁרְתָיו עֹשֵׂי רְצוֹנוֹ, שהם כלל ברואי העולם, מן העליונים ביותר ועד לתחתונים שבכולם.

כב בָּרְכוּ ה׳ כָּל־מַעֲשָׂיו, כל יצוריו ובריותיו, בְּכָל־מְקֹמוֹת מֶמְשַׁלְתּוֹ, ביקום כולו. ולבסוף חוזר המשורר לנקודת הראשית, שהיא תפילתו של האדם הפרטי המצטרפת לתהילה הכללית: בָּרְכִי נַפְשִׁי אֶת־ה׳.

קג,יז **חֶסֶד ה׳**. ״רבי אלעזר היה נותן פרוטה לעני ואחר היה מתפלל, שכתוב: ׳אני בצדק אחזה פניך׳״ (בבא בתרא י, א). פירוש: כי גילוי אלוהותו יתברך המתגלה במחשבתו של אדם וכוונתו בתפילתו, כל אחד לפי שיעורו, הוא בבחינת צדקה **וְחֶסֶד ה׳ מֵעוֹלָם וְעַד עוֹלָם עַל יְרֵאָיו**. כלומר, שאור אין־סוף ברוך־הוא המאיר בעולמות עליונים בגילוי רב ועצום, עד שבטלים במציאות ונכללים באורו יתברך, הוא המאיר לעולם השפל הזה על יראי ה׳ וחושבי שמו, החפצים לעובדו בעבודה שבלב זו תפילה, והוא **חֶסֶד ה׳**, וכמים היורדים ממקום גבוה למקום נמוך. והנה מודעת זאת שיש למעלה גם מידת הגבורה, לצמצם ולהסתיר אורו יתברך לבל יתגלה לתחתונים, אך הכול תלוי באתערותא דלתתא [=התעוררות מלמטה], שאם האדם מתנהג בחסידות להשפיע חיים וחסד – כך מעורר למעלה, כמו שאמרו רבותינו ז״ל: ״במידה שאדם מודד בה מודדין לו״.

על־פי תניא, איגרת הקודש, ח

יְהִי כְבוֹד יהוה לְעוֹלָם יִשְׂמַח יהוה בְּמַעֲשָׂיו:

ספר רביעי
פרק קד

השני בצמד מזמורי "ברכי נפשי", והוא המנון של
שבח לכל הבריאה מתוך תיאור התבנית הכללית
של העולם, שהאדם הוא רק חלק קטן ממנו.

א בָּרְכִי נַפְשִׁי אֶת־יְהֹוָה
יְהֹוָה אֱלֹהַי גָּדַלְתָּ מְּאֹד
הוֹד וְהָדָר לָבָשְׁתָּ:
ב עֹטֶה־אוֹר כַּשַּׂלְמָה
נוֹטֶה שָׁמַיִם כַּיְרִיעָה:
ג הַמְקָרֶה בַמַּיִם עֲלִיּוֹתָיו
הַשָּׂם־עָבִים רְכוּבוֹ
הַמְהַלֵּךְ עַל־כַּנְפֵי־רוּחַ:
ד עֹשֶׂה מַלְאָכָיו רוּחוֹת
מְשָׁרְתָיו אֵשׁ לֹהֵט:

א **בָּרְכִי נַפְשִׁי אֶת־ה׳** – מילים אלה אינן רק משפט הפתיחה של השיר, אלא הן גם מתוות את האווירה שלו. שכן למרות התפיסה הכללית והרחבה המתוארת בו אין כאן גישה מרוחקת, כביכול אובייקטיבית, אלא זהו שיר שבח שבמרכזו עומד האדם המהלל.

המנון זה מתחיל בשבחו של הקב״ה עצמו: ה׳ **אֱלֹהַי גָּדַלְתָּ מְּאֹד**; זו אינה לשון עבר, אלא הווה מתמיד: גדול אתה מאוד. **הוֹד וְהָדָר לָבָשְׁתָּ**, כי הבריאה כולה, ביחס לבורא, היא במובן מסוים כמו קישוט, מעין לבוש של הקב״ה, ודברי התהילה לה׳ שבפרק זה באים מתוך ההתבוננות ב״לבוש״ הזה של העולם.

ב **עֹטֶה־אוֹר כַּשַּׂלְמָה** – אמנם במקומות אחרים נתפרש שהקב״ה מתעטף, כביכול, בטלית של אורה, אבל אפשר להבין זאת גם אחרת: הוא עוטף את העולם במעטה של אור כמו בשמלה, מסביב לעולם יש מעטה של אור. וה׳ גם **נוֹטֶה** את **הַשָּׁמַיִם**, שנראים כמו אוהל גדול, **כַּיְרִיעָה** כמו שפורסים יריעה.

ג **הַמְקָרֶה בַמַּיִם עֲלִיּוֹתָיו** – עולמות עליונים, שהם כמו עלייה, דהיינו: קומה עליונה של בית, עשויים מים (״המים אשר מעל לרקיע״ – בראשית א, ז).

הַשָּׂם־עָבִים רְכוּבוֹ – העבים, העננים, נעשים כביכול כלי הרכיבה של ה׳, **הַמְהַלֵּךְ עַל־כַּנְפֵי־רוּחַ**, שהרוח היא רכבו.

ד **עֹשֶׂה מַלְאָכָיו רוּחוֹת** – נראה שהפירוש הוא שהרוחות נעשים מלאכיו, שליחיו, של הקב״ה, ובין **מְשָׁרְתָיו** נמצא גם **אֵשׁ לֹהֵט**.

קד,ב **עֹטֶה אוֹר כַּשַּׂלְמָה**. הנה נודע פירוש מילת ״אחד״, שהוא לבדו הוא בשמים וארץ וד׳ רוחות העולם כמו שהיה לבדו קודם בריאת העולם, משום דכולא קמיה כלא ממש חשיב, ואין העולמות תופסים מקום כלל. וזהו ״אחד – ואהבת״, שמבחינת אחד נמשך להיות האהבה ורעותא דלבא בנפש האדם שיהיה הוי״ה ממש אלוהיך, להיות נפשו נכללת ובטלה במציאות באור אין־סוף ברוך־הוא ממש, והיינו על־ידי עסק התורה, שכתוב: **עֹטֶה אוֹר כַּשַּׂלְמָה**, שאור אין־סוף ברוך־הוא ממש מתלבש בתורה. ועל זה נאמר: ״לבושיה כתלג חיוור״ (דניאל ז ט), כי תחילת הוויית השלג היא מן המים, שנקרשו ונעשו שלג, ואחר כך כשנפשר ונמס חוזר למים; וכך הוויית לבוש התורה היא מבחינת המים, שהיא בחינת חכמה עילאה, ומזה נמשך גם כן בתורה הגשמית שלפנינו להיות גילוי בחינת חכמתו ורצונו יתברך.

על־פי ליקוטי תורה אחרי מות כז, א

ה יָסַד־אֶרֶץ עַל־מְכוֹנֶיהָ
בַּל־תִּמּוֹט עוֹלָם וָעֶד׃

ה יָסַד־אֶרֶץ עַל־מְכוֹנֶיהָ, כלומר: במקומה, על הַכֵּן, הבסיס שלה, על מנת שהיא בַּל־תִּמּוֹט עוֹלָם וָעֶד.

ו תְּהוֹם כַּלְּבוּשׁ כִּסִּיתוֹ
עַל־הָרִים יַעַמְדוּ־מָיִם׃

ו ומצד אחר ישנו התְּהוֹם אשר מתחת לארץ, והוא כַּלְּבוּשׁ כִּסִּיתוֹ, הוא עטוף ומכוסה בלבוש של ארץ, כדי שלא יתפרץ החוצה. ובצד אחר: בתחילת בריאתו של העולם המים מילאו את הכל; ואז עַל־הָרִים יַעַמְדוּ־מָיִם.

ז מִן־גַּעֲרָתְךָ יְנוּסוּן
מִן־קוֹל רַעַמְךָ יֵחָפֵזוּן׃

ז מִן־גַּעֲרָתְךָ יְנוּסוּן המים, מִן־קוֹל רַעַמְךָ יֵחָפֵזוּן.

ח יַעֲלוּ הָרִים יֵרְדוּ בְקָעוֹת
אֶל־מְקוֹם זֶה ׀ יָסַדְתָּ לָהֶם׃

ח והמים האלה, שכמו בורחים מגערתו של הקב"ה, יַעֲלוּ הָרִים, יֵרְדוּ בְקָעוֹת, עד שלבסוף הם מגיעים אֶל־מְקוֹם זֶה - הים, שהוא מקום זה שֶׁיָּסַדְתָּ לָהֶם.

ט גְּבוּל־שַׂמְתָּ בַּל־יַעֲבֹרוּן
בַּל־יְשׁוּבוּן לְכַסּוֹת הָאָרֶץ׃

ט גְּבוּל־שַׂמְתָּ למים, בַּל־יַעֲבֹרוּן אותו, בַּל־יְשׁוּבוּן לְכַסּוֹת הָאָרֶץ, אלא הם נשארים במקומם ואינם יוצאים עוד מן המקום שקבע להם הקב"ה.

י הַמְשַׁלֵּחַ מַעְיָנִים בַּנְּחָלִים
בֵּין הָרִים יְהַלֵּכוּן׃

י אך נוסף על מי התהום ומי הים יש למים מופע נוסף: הַמְשַׁלֵּחַ מַעְיָנִים בַּנְּחָלִים, הם זורמים בתוך אפיקי הנחלים, שרובם נמצאים בעמקים ובגאיות, בֵּין הָרִים יְהַלֵּכוּן, בפיתולים שבאפיקי המעיינות, ההופכים לנהרות.

יא יַשְׁקוּ כָּל־חַיְתוֹ שָׂדָי
יִשְׁבְּרוּ פְרָאִים צְמָאָם׃

יא כל אלה הם החלקים הדוממים של המציאות, והם נמצאים גם בתוך האזורים הבלתי מיושבים של העולם. אבל הם גם קשורים אל היצורים החיים; שהרי המעיינות האלה אינם זורמים בעולם סתם כך, אלא הם אלה אשר יַשְׁקוּ את כָּל־חַיְתוֹ שָׂדָי, חיות השדה. מן המעיינות הללו יִשְׁבְּרוּ פְרָאִים - סוג של חמורי בר, שאינם ניתנים לאילוף וחיים בשממה - את **צְמָאָם**.

קד,י **הַמְשַׁלֵּחַ מַעְיָנִים בַּנְּחָלִים** – נחלים נקראו מחשבות האדם, לפי שהמחשבה משוטטת תמיד ברעיונותיה. ואם האדם משוטט במחשבתו בעבודת השם יתברך ולא ידע עצות בנפשו, אז שולח השם יתברך מעיין חיים בתוך מחשבותיו, היינו דברי תורה ברורים המלמדים עצות טובות.

בֵּין הָרִים יְהַלֵּכוּן – שבאלו הדברי תורה נבקעו כל כוחות גופו ולבו. **יַשְׁקוּ כָּל חַיְתוֹ שָׂדָי יִשְׁבְּרוּ פְרָאִים צְמָאָם** – שזה שהיה צמא ומשתוקק לדברי תורה, מחמת זה ישבור כל פראות מחשבותיו וילך במישור.

על־פי מי השילוח, תהלים

יב עֲלֵיהֶם עוֹף־הַשָּׁמַיִם יִשְׁכּוֹן
מִבֵּין עֳפָאיִם יִתְּנוּ־קוֹל:
יג מַשְׁקֶה הָרִים מֵעֲלִיּוֹתָיו
מִפְּרִי מַעֲשֶׂיךָ
תִּשְׂבַּע הָאָרֶץ:
יד מַצְמִיחַ חָצִיר ׀ לַבְּהֵמָה
וְעֵשֶׂב לַעֲבֹדַת הָאָדָם
לְהוֹצִיא לֶחֶם מִן־הָאָרֶץ:
טו וְיַיִן ׀ יְשַׂמַּח לְבַב־אֱנוֹשׁ
לְהַצְהִיל פָּנִים מִשָּׁמֶן
וְלֶחֶם לְבַב־אֱנוֹשׁ יִסְעָד:
טז יִשְׂבְּעוּ עֲצֵי יְהוָה
אַרְזֵי לְבָנוֹן אֲשֶׁר נָטָע:

יב ואותם מעיינות ונהרות מושכים אליהם גם יצורים אחרים: **עֲלֵיהֶם**, לידם, **עוֹף־הַשָּׁמַיִם יִשְׁכּוֹן** - פעמים בסמוך למים ופעמים על שפעת הצמחים המצויה תמיד ליד מים זורמים, והעופות הללו **מִבֵּין עֳפָאיִם**, ענפים, שגם הם סמוכים למקורות המים, **יִתְּנוּ־קוֹל**.

יג זאת ועוד: ה׳ **מַשְׁקֶה הָרִים** - שאינם מקבלים את מי המעיינות משום שהם נמצאים מעליהם - **מֵעֲלִיּוֹתָיו**, כלומר: ממטר השמים, **וּמִפְּרִי מַעֲשֶׂיךָ** - מהתוצאה של מעשיך, של יצירתך, של הגשמים שאתה נותן, **תִּשְׂבַּע הָאָרֶץ** וישבעו גם כל היצורים החיים בה.

יד וכעת בא פירוט: **מַצְמִיחַ חָצִיר**, דשא, מספוא, **לַבְּהֵמָה, וְעֵשֶׂב**, וגם עשב, כלומר: צמחים ועשבים שונים, **לַעֲבֹדַת הָאָדָם**, הן למרעה ולהזנה של בעלי חיים והן כדי **לְהוֹצִיא לֶחֶם מִן־הָאָרֶץ** - מן הצמחים המיוחדים לכך, שהם הדגנים. מן הארץ צומחים, אפוא, הדברים שהם חיי נפש, המזונות הבסיסיים;

טו **וְיַיִן**, שאף הוא מפרי הארץ, **יְשַׂמַּח לְבַב־אֱנוֹשׁ, לְהַצְהִיל פָּנִים מִשָּׁמֶן** הבא מעצי הזית. כאן הכוונה היא לשימוש בשמן לסיכה, וזהו פשר הצהלת הפנים הבאה כאשר אנשים סכים את גופם ואף את פניהם בשמן; **וְלֶחֶם לְבַב־אֱנוֹשׁ יִסְעָד**. שלושת אלה - הלחם, היין והשמן - שהם מאכלי היסוד של האדם, כולם באים מן האדמה.

טז ואילו מן הארץ והגשם **יִשְׂבְּעוּ** גם **עֲצֵי ה׳**, כלומר: עצים גדולים, אדירים, שבגלל גודלם קוראים להם ״עצי ה׳״, וכיוצא בהם **אַרְזֵי לְבָנוֹן**, שבהגיעם למלוא גידולם הם עצים עצומי ממדים **אֲשֶׁר נָטָע** ה׳.

קד,טו **וְלֶחֶם לְבַב אֱנוֹשׁ יִסְעָד.** אֱנוֹשׁ לשון חלישות, וכמו שכתוב ״עָקֹב הלב מכֹּל וְאָנֻשׁ הוא״ (ירמיהו יז ט). שלפי שעקוב הלב, לשון עיוות ועיקום, שנמשך אחר תענוגים גשמיים, לכן ״אָנֻשׁ הוא״, לשון כאב וחולי. כי התענוג הגשמי הוא פסולת ומוות בערך התענוג הרוחני, שהוא חיים לנפש. והבריא ראוי לו לבחור בחיים, ״לאהבה את ה׳ אלוהיך... כי הוא חייך״ (דברים ל כ). אבל אם ח״ו נמשך אחר תאוות גשמיות נחלש כוח הנפש ואין לו אהבה לאלוהות, וכמו בחולי הגוף, שטועם מתוק למר, כך בחולי הנפש תאוות העולם עריבות עליו ואינו טועם טעם באלוהות. ורפואתו על־ידי התורה שנקראת **לֶחֶם**, שכמו שהלחם הגשמי סועד הלב ומחזקו, שמקשר ומחבר חיי הנפש באברי הגוף, כן תסעד התורה **לְבַב אֱנוֹשׁ** הזה ותחזקנו להיות בו כוח ועוז לכבוש נפשו הבהמית.

על־פי ליקוטי תורה שיר השירים כד, ד

פרק קד • ספר רביעי • ליום חמישי • כא לחודש ______ תהלים • 429

יז אֲשֶׁר־שָׁם צִפֳּרִים יְקַנֵּנוּ
חֲסִידָה בְּרוֹשִׁים בֵּיתָהּ׃
יח הָרִים הַגְּבֹהִים לַיְּעֵלִים
סְלָעִים מַחְסֶה לַשְׁפַנִּים׃
יט עָשָׂה יָרֵחַ לְמוֹעֲדִים
שֶׁמֶשׁ יָדַע מְבוֹאוֹ׃
כ תָּשֶׁת־חֹשֶׁךְ וִיהִי לָיְלָה
בּוֹ־תִרְמֹשׂ כָּל־חַיְתוֹ־יָעַר׃
כא הַכְּפִירִים שֹׁאֲגִים לַטָּרֶף

יז אֲשֶׁר־שָׁם, בעצים הללו, צִפֳּרִים יְקַנֵּנוּ; למשל: חֲסִידָה, אשר בְּרוֹשִׁים בֵּיתָהּ, כי שם היא בונה את קינה.

יח ומצד אחר, הֶהָרִים הַגְּבֹהִים הם מקום משכן ובית גידול מובהק לַיְּעֵלִים, סְלָעִים, והסלעים שבהרים הם מַחְסֶה לַשְׁפַנִּים, שאף הם חיים בדרך כלל בהרים, אבל אינם קופצים מעל לסלעים אלא מתהלכים ביניהם.

יט אחרי תיאור של הגיאוגרפיה של העולם; של המים וכל מה שהם מצמיחים; של ההרים; ושל בעלי החיים עובר המשורר לעסוק בהיבט אחר של העולם: הזמן. הקב"ה עָשָׂה יָרֵחַ לְמוֹעֲדִים: על פי תנועת הירח קוצב לו האדם החי בטבע יחידות של זמן, שהרי גם מי שאיננו מתבונן בפרטים יכול לראות את השינויים המתחוללים בירח מיום ליום. ואולם בעוד שתנועת הירח אינה קבועה לגמרי - שכן במהלך החודש הירח משנה לא רק את צורתו, אלא גם את זמני זריחתו ושקיעתו - שֶׁמֶשׁ יָדַע מְבוֹאוֹ, שכן תנועת השמש היא הרבה יותר קבועה ויציבה.

כ שינויי הזמן פועלים גם במציאות החיים בעולם: מצד אחד תָּשֶׁת־חֹשֶׁךְ, כאשר השמש איננה זורחת, וִיהִי לָיְלָה, בּוֹ־תִרְמֹשׂ - תפעל, תנוע - כָּל־חַיְתוֹ־יָעַר; שהרי חיות היער, ובעיקר חיות הטרף, הן במידה רבה יצורים ליליים.

כא הַכְּפִירִים, האריות, שֹׁאֲגִים בלילה לַטָּרֶף, ושאגות אלה עוזרות להם, בין השאר, להניס את טרפם לכיוון הרצוי להם. ואולם המשורר רואה את שאגת האריות לא רק כקריאה לטרף

קד,יט **שֶׁמֶשׁ יָדַע מְבוֹאוֹ.** בכל עולם יש משפיע ומקבל. המקבל משתנה תמיד, פעמים הוא מתמלא ופעמים הוא נחסר, אך המשפיע אינו משתנה, ולעולם ישפיע בשווה. והם שמש וירח, שהשמש מזריח אורו ללבנה ללא שינוי תמיד, והיא – המקבלת אורו – מתמלאת ונחסרת תמיד. ושורשם באור הסובב כל עלמין ואור הממלא כל עלמין, הנקראים גם הם **שֶׁמֶשׁ וְיָרֵחַ**. שאור הסובב כל עלמין צופה ומביט עד סוף כל הדורות בסקירה אחת, והכול ידוע לפניו ולא ייפול בו שינוי כלל. אבל באור הממלא כל עלמין, המקבל ממנו, יש שינויים רבים מדור לדור. ותמהו רבים מדוע אין הידיעה מכרחת הבחירה, שהרי הוא יתברך יודע הכול ולפניו אין שינוי כלל. והוא מפני שלא נמשכה הידיעה בבחינת דיבור, הנקראת ירח, אלא בבחינת מחשבה בלבד. וזה: **עָשָׂה יָרֵחַ לְמוֹעֲדִים**, שנחסר ומתמלא תמיד, והוא מחמת שרק **שֶׁמֶשׁ יָדַע מְבוֹאוֹ**.

על־פי יהל אור

וּלְבַקֵּ֖שׁ מֵאֵ֣ל אׇכְלָֽם׃
כב תִּזְרַ֣ח הַ֭שֶּׁמֶשׁ יֵאָסֵפ֑וּן
וְאֶל־מְ֝עוֹנֹתָ֗ם יִרְבָּצֽוּן׃
כג יֵצֵ֣א אָדָ֣ם לְפׇעֳל֑וֹ
וְלַעֲבֹדָת֥וֹ עֲדֵי־עָֽרֶב׃
כד מָה־רַבּ֬וּ מַעֲשֶׂ֨יךָ ׀ יְהֹוָ֗ה
כֻּ֭לָּם בְּחׇכְמָ֣ה עָשִׂ֑יתָ
מָלְאָ֥ה הָ֝אָ֗רֶץ קִנְיָנֶֽךָ׃
כה זֶ֤ה ׀ הַיָּ֥ם גָּד֗וֹל וּרְחַ֬ב יָדָ֗יִם
שָֽׁם־רֶ֭מֶשׂ וְאֵ֣ין מִסְפָּ֑ר
חַיּ֥וֹת קְ֝טַנּ֗וֹת עִם־גְּדֹלֽוֹת׃
כו שָׁ֭ם אֳנִיּ֣וֹת יְהַלֵּכ֑וּן
לִ֝וְיָתָ֗ן זֶה־יָצַ֥רְתָּ לְשַֽׂחֶק־בּֽוֹ׃

אלא גם כמעין תפילה של האריות, וּלְבַקֵּשׁ תפילה שבה הם באים לבקש מֵאֵל את אׇכְלָם.

כב וכאשר תִּזְרַח הַשֶּׁמֶשׁ יֵאָסֵפוּן וישובו למקומות המסתור שלהם וְאֶל־מְעוֹנֹתָם יִרְבָּצוּן.

כג ואז, כשמתחיל היום, מתרחשת בעולם פעילות אחרת: יֵצֵא אָדָם לְפׇעֳלוֹ, שכן האדם פועל בשעות היום, וְלַעֲבֹדָתוֹ ילך, ויעסוק בה עֲדֵי־עָרֶב.

כד וכאן באה קריאת התפעלות: מָה־רַבּוּ מַעֲשֶׂיךָ, ה'! כל הדברים והיצורים שיצרת, שחייהם משתלבים בסביבתם, כמו גם בחייהם של יצורים אחרים. כֻּלָּם בְּחׇכְמָה עָשִׂיתָ, מָלְאָה הָאָרֶץ קִנְיָנֶךָ, כלומר: דברים השייכים לך, רכושך.

כה כך הם הדברים על פני האדמה; אך באותה מידה הם נכונים גם בתחום אחר, שהוא פחות נראה לעין: זֶה הַיָּם גָּדוֹל וּרְחַב יָדָיִם, שָׁם־רֶמֶשׂ - כל מיני יצורים חיים - וְאֵין מִסְפָּר להם, חַיּוֹת קְטַנּוֹת עִם־גְּדֹלוֹת, הן חיות הים: הרכיכות, הדגים ושאר היצורים החיים בים.

כו שָׁם, בתוך הים, במרחביו העצומים, אֳנִיּוֹת יְהַלֵּכוּן, אשר אין גבול למרחקים שהן יכולות לצלוח. שם, בים, גם נמצא לִוְיָתָן זֶה־יָצַרְתָּ, לווייתן אשר יצרת, אותה חיה עצומת ממדים שגם היא מעשה ידיך, ה', שאותו עשית, כביכול, כדי לְשַׂחֶק־בּוֹ; כי עם כל זה שהלווייתן הוא ענק, ואינו משתלב במערכות החיים האחרות, הרי ביד ה' הוא ככלי משחק, כמוהו כשאר יצורי העולם.

קד,כד מָלְאָה הָאָרֶץ קִנְיָנֶךָ – פירוש: לקנות על־ידם אותך. שכל ענייני העולם וכל הנבראים מזכירים לאדם שיש בורא, והשם יתברך מזמין לאדם בכל יום דברים ועניינים שונים, אולי על־ידם יבוא לזכירה בבורא. כי באמת ההצלה משכחה אינה ביד האדם, שלכן לא נאמר "אנכי ה' אלוהיך" בלשון ציווי, שציווי הוא רק מה שביד האדם לקיימו, ואי אפשר לצוות על ידיעה זו שלא תישכח. רק צריך לסייעתא דשמיא, והוא על־ידי ש"לא יהיה לך אלוהים אחרים על פני", שאלוהים בכל מקום הוא כוח ויכולת, ופירושו שבכל עת שישתמש באיזה כוח מכוחות הגוף – ראייה, שמיעה, מעשה או הילוך וכיוצא – יכיר שהשם יתברך הוא הנותן לו כוח זה, ועל־ידי זה יהיה "אנכי" קבוע בלבו תמיד ולא יזוז אף לרגע אחד.

על־פי צדקת הצדיק, רלב

כז כֻּלָּם אֵלֶיךָ יְשַׂבֵּרוּן
לָתֵת אָכְלָם בְּעִתּוֹ׃
כח תִּתֵּן לָהֶם יִלְקֹטוּן
תִּפְתַּח יָדְךָ יִשְׂבְּעוּן טוֹב׃
כט תַּסְתִּיר פָּנֶיךָ יִבָּהֵלוּן
תֹּסֵף רוּחָם יִגְוָעוּן
וְאֶל־עֲפָרָם יְשׁוּבוּן׃
ל תְּשַׁלַּח רוּחֲךָ יִבָּרֵאוּן
וּתְחַדֵּשׁ פְּנֵי אֲדָמָה׃
לא יְהִי כְבוֹד יְהוָה לְעוֹלָם
יִשְׂמַח יְהוָה בְּמַעֲשָׂיו׃
לב הַמַּבִּיט לָאָרֶץ וַתִּרְעָד
יִגַּע בֶּהָרִים וְיֶעֱשָׁנוּ׃
לג אָשִׁירָה לַיהוָה בְּחַיָּי
אֲזַמְּרָה לֵאלֹהַי בְּעוֹדִי׃

כז כֻּלָּם, כל היצורים החיים ביבשה ובים, אֵלֶיךָ יְשַׂבֵּרוּן, לך הם מקווים ואליך הם פונים, לָתֵת אָכְלָם בְּעִתּוֹ, ואתה הוא הזן ומפרנס אותם ומעניק להם את חייהם.

כח פעמים שתִּתֵּן לָהֶם, ואז יִלְקֹטוּן מה שהם יכולים למצוא; פעמים שתִּפְתַּח יָדְךָ בהרחבה גדולה ואז כולם יִשְׂבְּעוּן טוֹב;

כט ומאידך גיסא גם יכול לקרות שתַּסְתִּיר פָּנֶיךָ ולא תעניק להם מטובך, ואז יִבָּהֵלוּן; שהרי הכל תלויים בחסדך, וכאשר אתה נוטל מהם את מתת החסד הזאת הם נעשים מבוהלים וחסרי מנוח; ופעמים אתה תֹּסֵף, כלומר: תאסוף ותיקח מהם את רוּחָם, ואז כל היצורים החיים יִגְוָעוּן, וְאֶל־עֲפָרָם יְשׁוּבוּן.

ל ומן הצד האחר, כאשר תְּשַׁלַּח רוּחֲךָ היוצרת והבוראת הם יִבָּרֵאוּן מחדש, וּתְחַדֵּשׁ פְּנֵי אֲדָמָה לאחר המוות.

לא וכסיכום לכל זה: יְהִי כְבוֹד ה׳ לְעוֹלָם, יִשְׂמַח ה׳ בְּמַעֲשָׂיו, בכל הדברים שעשה, שיצר.

לב אכן, כבוד ה׳ נראה באופן יותר יציב ושלם בחיים ובמסלולי החיים, אך יש שהקב״ה מגלה את כוחו גם בצורה דרמטית יותר: הַמַּבִּיט לָאָרֶץ בהבטה של הקפדה, כביכול, וַתִּרְעָד – ואז הארץ תרעד כעבד, שדי במבט של אדוניו כדי לגרום לו לרעוד מפחד; יִגַּע ה׳ בֶּהָרִים וְיֶעֱשָׁנוּ, יעלו מהם להבות ועשן.

לג וכאן בא המשורר ומוסיף את חלקו הפרטי: אָשִׁירָה לַה׳ בְּחַיָּי, כל עוד אני חי, אֲזַמְּרָה לֵאלֹהַי בְּעוֹדִי, כל עוד אני קיים ומסוגל לעשות זאת.

קד,לא יִשְׂמַח ה׳ בְּמַעֲשָׂיו. ״לא טוב היות האדם לבדו״ (בראשית ב יח). כי יש בחינת אדם העליון, ״ועל הכסא דמות כמראה אדם״ (יחזקאל א כו), והוא גילוי שם הוי״ה, ואם היה מתגלה למטה כמו שהוא למעלה – היה הכול בבחינת ביטול אליו יתברך, שהרי למעלה הכול כאין ואפס לפניו. אלא ״אעשה לו עזר כנגדו״ – שיהיה עזר וסיוע מבחינת ״כנגדו״ דווקא, דהיינו מבחינת שם אלוהים, הצמצום וההסתר, המנגד להתפשטות ההארה מאדם העליון, שמחמת זה מתהווה הגוף ונפש הבהמית, שהם בחינת יש ונפרד. כי מהעלם זה נעשה לעתיד לבוא אור חוזר העולה למעלה מעלה, יִשְׂמַח ה׳ בְּמַעֲשָׂיו. וכמו שכתוב ״צחוק עשה לי אלוהים״, שעיקר הצחוק והתענוג לעתיד לבוא נמשך משם אלוהים, ועל־ידי זה יהיה אז גילוי שלמעלה משם הוי״ה, והוא בחינת ״ארץ... לא ישב אדם שם״ (ירמיהו ב ו).

על־פי תורה אור בראשית ה, ב

לד יֶעֱרַב עָלָיו שִׂיחִי
אָנֹכִי אֶשְׂמַח בַּיהוָה:
לה יִתַּמּוּ חַטָּאִים ׀ מִן־הָאָרֶץ
וּרְשָׁעִים ׀ עוֹד אֵינָם
בָּרְכִי נַפְשִׁי אֶת־יְהוָה
הַלְלוּיָהּ:

לד יֶעֱרַב עָלָיו שִׂיחִי, שהרי אני שר לכבודו ומהלל אותו, ומכל מקום אָנֹכִי אֶשְׂמַח בַּה׳.

לה תיאור זה של העולם וכל אשר בו, כל הצורות הגוונים הרבים של החיים, הם כולם מעשי ה׳, ויש בהם הרמוניה והתייחסות נכונה של החלקים זה כלפי זה. אך דווקא מתוך ההסתכלות בתמונה השלמה הזו המשורר אינו יכול להתאפק מלציין שיש גם כאלה המקלקלים ומכערים אותה במזיד, ועליהם הוא מבקש בסיומו של המנון התהילה הזה: יִתַּמּוּ חַטָּאִים מִן־הָאָרֶץ, וּרְשָׁעִים עוֹד אֵינָם, שלא יהיו עוד כאלה המקלקלים את שלמותה של התמונה הזו. וגם כאן חותם המשורר במילים שבהן הוא פתח את המזמור: בָּרְכִי נַפְשִׁי אֶת־ה׳, הַלְלוּיָהּ.

קד,לד **אָנֹכִי אֶשְׂמַח בַּה׳.** עיקר התגברות הקליפות הוא על־ידי העצבות, וכן להפך כל מה שהתאוות מתגברין העצבות מתגבר, וזה עיקר גלות ישראל וגלות השכינה. ועיקר השמחה, שהוא החיות, הוא על־ידי נקודת האמת שבלב איש הישראלי, שנפשו יודעת מאוד קדושת אמונת ישראל, שזה כל שמחתנו, בחינת **אָנֹכִי אֶשְׂמַח בַּה׳.** וכל אדם כפי מה שהוא, אם יזכור את עצמו שאף־על־פי שעבר עליו מה שעבר, עם כל זה הוא מזרע ישראל, ובכלל מה שהבדילנו מן התועים בכמה בחינות, יכול לשמח את עצמו בכל מקום שהוא על־ידי זה. ובזוהר הקדוש מבואר שצירוף תיבת אשמח מרומז באותיות **שמ** מ״שמע״ ואותיות **אח** מ״אחד״, כי צריכין לשמוח בזה מאוד מאוד מה שאנו זוכין לייחד שמו יתברך פעמיים בכל יום באמירת ״שמע ישראל ה׳ אלוהינו ה׳ אחד״.

על־פי ליקוטי הלכות, ברכת הודאה ו: כה, עה

וַיּוֹצִא עַמּוֹ בְשָׂשׂוֹן בְּרִנָּה אֶת־בְּחִירָיו:

ספר רביעי

פרק קה

שיר תודה על חסדי ה', אשר כל־כולו הוא
קיצור תולדות ישראל עד לאחר הכניסה לארץ;
יש בו בעיקר הסתכלות שונה מעט, פיוטית,
על תולדות ישראל במשך כל אותה תקופה.

א הוֹדוּ לַיהוָה קִרְאוּ בִּשְׁמוֹ
הוֹדִיעוּ בָעַמִּים עֲלִילוֹתָיו:
ב שִׁירוּ־לוֹ זַמְּרוּ־לוֹ
שִׂיחוּ בְּכָל־נִפְלְאוֹתָיו:
ג הִתְהַלְלוּ בְּשֵׁם קָדְשׁוֹ
יִשְׂמַח לֵב ׀ מְבַקְשֵׁי יְהוָה:
ד דִּרְשׁוּ יְהוָה וְעֻזּוֹ
בַּקְּשׁוּ פָנָיו תָּמִיד:
ה זִכְרוּ נִפְלְאוֹתָיו אֲשֶׁר־עָשָׂה
מֹפְתָיו וּמִשְׁפְּטֵי־פִיו:
ו זֶרַע אַבְרָהָם עַבְדּוֹ
בְּנֵי יַעֲקֹב בְּחִירָיו:
ז הוּא יְהוָה אֱלֹהֵינוּ
בְּכָל־הָאָרֶץ מִשְׁפָּטָיו:
ח זָכַר לְעוֹלָם בְּרִיתוֹ
דָּבָר צִוָּה לְאֶלֶף דּוֹר:
ט אֲשֶׁר כָּרַת אֶת־אַבְרָהָם
וּשְׁבוּעָתוֹ לְיִשְׂחָק:

א המזמור מתחיל בפתיחה חגיגית: הוֹדוּ לַה׳, קִרְאוּ בִשְׁמוֹ והוֹדִיעוּ בָעַמִּים עֲלִילוֹתָיו, ובכך הוא מודיע מראש שזהו שיר תודה ותהילה לה׳ על מעשיו אתנו.

ב שִׁירוּ־לוֹ, זַמְּרוּ־לוֹ, שִׂיחוּ בְּכָל־נִפְלְאוֹתָיו, שהם לא רק נסים מיוחדים אלא השגחת ה׳ עלינו.

ג הִתְהַלְלוּ בְּשֵׁם קָדְשׁוֹ, ובזיכרונות אלה של גדולת ה׳ ומעשיו יִשְׂמַח לֵב מְבַקְשֵׁי ה׳.

ד דִּרְשׁוּ ה׳ וְעֻזּוֹ, בַּקְּשׁוּ פָנָיו תָּמִיד.

ה זִכְרוּ נִפְלְאוֹתָיו אֲשֶׁר־עָשָׂה, מֹפְתָיו וּמִשְׁפְּטֵי־פִיו, כלומר: הדברים שציווה ה׳ לעשות.

ו תיאור מעשי ה׳ מתחיל בְּזֶרַע אַבְרָהָם עַבְדּוֹ בְּנֵי, ובבני יַעֲקֹב בְּחִירָיו.

ז הוא ה׳ אֱלֹהֵינוּ, שבְּכָל־הָאָרֶץ מִשְׁפָּטָיו; כלומר: פקודותיו, או דבריו, מלאים את העולם, והעולם מתנהג על פיהם.

ח זָכַר לְעוֹלָם בְּרִיתוֹ שכרת עוד עם הראשונים, בריתו אשר היא דָּבָר שצִוָּה לא לזמן קצר, אלא למעשה לכל הדורות, לְאֶלֶף דּוֹר (ביטוי מעין זה נמצא גם בתורה: "לאלפים" - שמות כ, ו; לד, ז; דברים ה, י),

ט והכוונה היא לברית אֲשֶׁר כָּרַת אֶת־אַבְרָהָם וּשְׁבוּעָתוֹ לְיִשְׂחָק, שהוא שינוי צורה של השם יצחק, המבוסס על משמעותו העיקרית של השם הזה; שהרי שחוק וצחוק הן מילים כמעט זהות, ויצחק נקרא על שם הצחוק.

קה,ד בַּקְּשׁוּ פָנָיו תָּמִיד. עיקר השמירה צריך האדם לשמור עצמו קודם בואו לניסיון, כי "בעידנא דיצר הרע לית מאן דמדכר ליצר הטוב" [=בזמן התעוררות היצר הרע, אין היצר הטוב נזכר; נדרים לב, ב], רק כל העצות הן קודם בואו להתגברות התאווה. וזה שכתוב "רגזו ואל תחטאו, אמרו בלבבכם על משכבכם ודֹמו סלה" (ד ה): **רגזו ואל תחטאו** – שירגז וירעש בו הלא־תעשה של כל דבר; **אמרו** – רומז על תורה ותפילה, שצריך לקיימם באמירה; **בלבבכם** – שאם יקשה עליו לקיימם על־ידי אמירה, יהיה על כל פנים בלבבו מחשבות דברי תורה ותפילה; **על משכבכם** – שגם על משכבו יהיו מחשבותיו מלאות דברי תורה; **ודֹמו סלה** – שאף בעת שהולך בטל ודומם יהיה מחשבותיו בדברי תורה, ותמיד לא יהיה לבו ריקם. וזה **דִּרְשׁוּ ה׳ וְעֻזּוֹ בַּקְּשׁוּ פָנָיו תָּמִיד.**

על־פי מי השילוח, תהלים

י וַיַּעֲמִידֶהָ לְיַעֲקֹב לְחֹק
לְיִשְׂרָאֵל בְּרִית עוֹלָם:
יא לֵאמֹר
לְךָ אֶתֵּן אֶת־אֶרֶץ־כְּנָעַן
חֶבֶל נַחֲלַתְכֶם:
יב בִּהְיוֹתָם מְתֵי מִסְפָּר
כִּמְעַט וְגָרִים בָּהּ:
יג וַיִּתְהַלְּכוּ מִגּוֹי אֶל־גּוֹי
מִמַּמְלָכָה אֶל־עַם אַחֵר:
יד לֹא־הִנִּיחַ אָדָם לְעָשְׁקָם
וַיּוֹכַח עֲלֵיהֶם מְלָכִים:
טו אַל־תִּגְּעוּ בִמְשִׁיחָי
וְלִנְבִיאַי אַל־תָּרֵעוּ:

י וַיַּעֲמִידֶהָ, את הברית הזו, לְיַעֲקֹב לְחֹק, לְיִשְׂרָאֵל - שמרמז, כמובן, גם על עם ישראל, אף כי פסוק זה בוודאי מדבר על יעקב אבינו - בְּרִית עוֹלָם.

יא ומכיוון שמזמור זה עוסק רק בחסדי ה', הרי שמדובר כאן באותם סעיפים של הברית שבהם יש דברים טובים לעולם. וחלקנו בברית הוא לֵאמֹר: לְךָ, לאברהם, ובעצם - לעם ישראל, אֶתֵּן אֶת־אֶרֶץ־כְּנָעַן, העתידה להיות חֶבֶל נַחֲלַתְכֶם, כלומר: הנחלה שעלתה בגורלנו.

יב בִּהְיוֹתָם, הברית הזו ראשיתה בזמן היותם מְתֵי מִסְפָּר, אנשים ספורים (מְתים = אנשים), כִּמְעַט, מעטים, וְגָרִים בָּהּ, שאפילו לא ישבו בארץ ישיבת קבע אלא היו רק גֵרים בה.

יג וַיִּתְהַלְּכוּ מִגּוֹי אֶל־גּוֹי, כמו למשל הנדודים של אברהם, ואפילו נדודיהם של יצחק ויעקב, מִמַּמְלָכָה אחת אֶל־עַם אַחֵר; לעתים היו נדודיהם כמעט מדיניים, שכן הם פגשו את מלכי הארצות, ופעמים רק שהו אצל עם אחר, כמו יעקב בחרן.

יד ובגלל הברית שה' כרת אתם הוא לֹא־הִנִּיחַ אָדָם לְעָשְׁקָם וַיּוֹכַח עֲלֵיהֶם מְלָכִים, כמסופר בתורה ביחס לאברהם וליצחק שה' התערב כדי להגן עליהם.

טו ולמלכים אומר ה': אַל־תִּגְּעוּ בִמְשִׁיחָי, כי לאבות יש מעמד של מלכים קטנים, מלכים משוחים, ולכן הם זוכים לחסות מיוחדת של הקב"ה, וְלִנְבִיאַי אַל־תָּרֵעוּ, כי האבות הם גם נביאים (למשל: "השב את אשת האיש כי נביא הוא", בראשית כ, ז), ולכן יש להם

קה,יא לְךָ אֶתֵּן אֶת אֶרֶץ כְּנָעַן. את אור מצוותיו זרע הקב"ה בארץ, בבחינת "זורע צדקות מצמיח ישועות", ואת האדם נתן בה כדי שיצמיח ויגדל את אותם זרעים. והנה, לא כל הארצות שוות: יש ארץ מדבר, שאינה מצמיחה כלל, ויש ארץ טובה, שיש בה כוח להצמיח כל מיני מאכל. וכן במין האדם, אין הכול שווים. לבני ישראל – שנקראו "ארץ חפץ" – ניתנה סגולת הארץ המצמחת, ובקיום מצוותיהם בגשמיות העולם הם מצמיחים גילוי חפץ ורצון ה' מתוך עולם החומר. מנגד, אם יעשו אומות העולם כמעשה ישראל, לא יצמיחו דבר. זה שאמר הכתוב: לְךָ אֶתֵּן אֶת אֶרֶץ כְּנָעַן חֶבֶל נַחֲלַתְכֶם – לכם, בני ישראל, נתונה בחינת הארץ המצמיחה גילוי אלוהות, ובכוחה תהפכו גם את ארץ כנען, מקום משכן הקליפות, לחבל נחלתכם – ארץ הקודש וגילוי האלוהות.

על־פי אור התורה – סידור, עמ' כח; ספר המאמרים "אתהלך", עמ' קמא

טז וַיִּקְרָא רָעָב עַל־הָאָרֶץ
כׇּל־מַטֵּה־לֶחֶם שָׁבָר׃
יז שָׁלַח לִפְנֵיהֶם אִישׁ
לְעֶבֶד נִמְכַּר יוֹסֵף׃
יח עִנּוּ בַכֶּבֶל רַגְלוֹ
בַּרְזֶל בָּאָה נַפְשׁוֹ׃
יט עַד־עֵת בֹּא־דְבָרוֹ
אִמְרַת יְהוָה צְרָפָתְהוּ׃
כ שָׁלַח מֶלֶךְ וַיַּתִּירֵהוּ
מֹשֵׁל עַמִּים וַיְפַתְּחֵהוּ׃
כא שָׂמוֹ אָדוֹן לְבֵיתוֹ
וּמֹשֵׁל בְּכׇל־קִנְיָנוֹ׃
כב לֶאְסֹר שָׂרָיו בְּנַפְשׁוֹ
וּזְקֵנָיו יְחַכֵּם׃
כג וַיָּבֹא יִשְׂרָאֵל מִצְרָיִם
וְיַעֲקֹב גָּר בְּאֶרֶץ־חָם׃

רגליו

מעמד גבוה מעל ומעבר לתוקפם הממשי וליכולתם המדינית.

טז ובהמשך: וַיִּקְרָא ה׳ רָעָב עַל־הָאָרֶץ, כׇּל־מַטֵּה־לֶחֶם שָׁבָר, הוא הרעב הגדול בזמנו של יוסף, שהגיע אפילו עד ארץ מצרים.

יז מבחינת סדרי שמים הסתבר בדיעבד כי בזמני המצוקה הללו ה׳ שָׁלַח לִפְנֵיהֶם, לפני עם ישראל, אִישׁ שיכין להם את המקום בארץ מצרים. אמנם לְעֶבֶד נִמְכַּר יוֹסֵף, יוסף הגיע למצרים לא כמושל אלא כעבד,

יח ואז עִנּוּ בַכֶּבֶל רַגְלוֹ, כשהיה בבית הסוהר, בַּרְזֶל בָּאָה נַפְשׁוֹ, שהיה אסור באזיקים של ברזל כדרך האסירים,

יט עַד־עֵת בֹּא־דְבָרוֹ של הקב״ה, שקבע את הזמן הראוי לו, ואִמְרַת ה׳ צְרָפָתְהוּ, שכן ייסוריו של יוסף היו תיקון למעשים שעשה שלא כהוגן קודם לכן.

כ וכשהגיעה העת ה׳, שָׁלַח מֶלֶךְ - הלוא הוא פרעה - וַיַּתִּירֵהוּ מן הכבלים, מֹשֵׁל עַמִּים - כינוי נוסף לפרעה - וַיְפַתְּחֵהוּ, הוציא אותו לחופשי,

כא ואף שָׂמוֹ אָדוֹן לְבֵיתוֹ וּמֹשֵׁל בְּכׇל־קִנְיָנוֹ,

כב לֶאְסֹר שָׂרָיו בְּנַפְשׁוֹ, שכן ליוסף ניתנה סמכות לאסור אפילו את שרי המדינה לפי רצונו (״בנפשו״), וּזְקֵנָיו יְחַכֵּם, שכן הוא זה שנתן את העצה לפרעה בנוכחות כל חכמי מצרים.

כג וַיָּבֹא יִשְׂרָאֵל, הן כאדם פרטי והן כראשיתו של עם ישראל, לְמִצְרָיִם, וְיַעֲקֹב גָּר בְּאֶרֶץ־חָם, כינוי למצרים, שמכל העמים בני חם (״ובני

קה,כג וְיַעֲקֹב גָּר בְּאֶרֶץ חָם. אבותינו השיגו בשכלם שעיקר המכוון בבריאת העולם הוא לעשות בירור העולמות ולהפריד הקליפה מהקדושה, ושמו כל יכולתם בזה ללקט הניצוצות הקדושות, והראשון היה אברהם אבינו ע״ה, שנטע אשל בבאר שבע, ואמרו חז״ל (בראשית רבה נד: ו) שנטע פרדס והאכיל עוברים ושבים כדי להכניסם תחת כנפי שכינה. ויצחק אבינו שהלך לארץ פלשתים. וְיַעֲקֹב גָּר בְּאֶרֶץ חָם ובבית לבן. ורצונם היה לברר העולמות בימיהם ולהביא הגאולה השלמה. ואף שלא עלתה בידם לגמור הבירור, אמנם פעלו שנשאר הרשימה מעבודתם שילכו בניהם בדרכם, שיעלה כל אחד הניצוצות הנוגעים לשורשו ולקשר נימא בנימא עד שנזכה לגאולה השלמה במהרה בימינו.

על־פי מאור ושמש, עקב

כד וַיֶּפֶר אֶת־עַמּוֹ מְאֹד
וַיַּעֲצִמֵהוּ מִצָּרָיו׃
כה הָפַךְ לִבָּם לִשְׂנֹא עַמּוֹ
לְהִתְנַכֵּל בַּעֲבָדָיו׃
כו שָׁלַח מֹשֶׁה עַבְדּוֹ
אַהֲרֹן אֲשֶׁר בָּחַר־בּוֹ׃
כז שָׂמוּ־בָם דִּבְרֵי אֹתוֹתָיו
וּמֹפְתִים בְּאֶרֶץ חָם׃
כח שָׁלַח חֹשֶׁךְ וַיַּחְשִׁךְ
וְלֹא־מָרוּ אֶת־דְּבָרוֹ׃
כט הָפַךְ אֶת־מֵימֵיהֶם לְדָם
וַיָּמֶת אֶת־דְּגָתָם׃
ל שָׁרַץ אַרְצָם צְפַרְדְּעִים
בְּחַדְרֵי מַלְכֵיהֶם׃

חם כוש ומצרים..." - בראשית ט, ו) הקימו את הממלכה הגדולה והחשובה ביותר.

כד וַיֶּפֶר - הקב"ה הפרה - אֶת־עַמּוֹ מְאֹד, וַיַּעֲצִמֵהוּ, עשה אותו גדול וחזק יותר מִצָּרָיו שכבר היו לו במצרים.

כה אלא שאז הָפַךְ לִבָּם של המצרים לִשְׂנֹא עַמּוֹ מחמת קנאה, חשד ושנאה, אף על פי שבתחילה קיבלו אותם ברצון, וּלְהִתְנַכֵּל בַּעֲבָדָיו בכל הגזרות הרבות אשר מסופר עליהן בתורה.

כו ואז שָׁלַח ה' את מֹשֶׁה עַבְדּוֹ, וכן את אַהֲרֹן אֲשֶׁר בָּחַר־בּוֹ, שבתחילה היה נביא ולבסוף נבחר להיות הכהן הגדול.

כז והם, משה ואהרון, שָׂמוּ־בָם, במצרים, את דִּבְרֵי אֹתוֹתָיו של הקב"ה, וּמֹפְתִים עשו בְּאֶרֶץ חָם.

כז כאן בא תיאור קצר של מכות מצרים בסדר שונה לגמרי מן הסדר שבו הן מובאות בתורה:

כח שָׁלַח חֹשֶׁךְ וַיַּחְשִׁךְ את מצרים, וְלֹא־מָרוּ משה ואהרון אֶת־דְּבָרוֹ של הקב"ה, אלא עשו בדיוק כפי שציווה אותם ופעלו בדיוק לפי תכניתו של הקב"ה.

כט ואף שגם למשה היו בתחילה שאלות לגבי מעשי ה', מכל מקום הוא כל הזמן ציית. הָפַךְ אֶת־מֵימֵיהֶם של המצרים לְדָם, וַיָּמֶת אֶת־דְּגָתָם של נהרות מצרים.

ל שָׁרַץ אַרְצָם צְפַרְדְּעִים, שהגיעו לכל מקום והיו גם בְּחַדְרֵי מַלְכֵיהֶם ("ובכה ובעמך... יעלו הצפרדעים" - שמות ז, כט).

דבריו

קה,כז שָׂמוּ בָם דִּבְרֵי אֹתוֹתָיו וּמֹפְתִים בְּאֶרֶץ חָם. אצל חסידים הייתה שגורה האמרה: "אותות ומופתים – באדמת בני חם". אצל בני ישראל אין המופתים תופסים מקום חשוב. ופעם שאל החסיד רבי זאב וילנקר את אחיו רבי משה, שהיה גדול ממנו: אתה אומר לי תמיד תורות של אדמו"ר הזקן, ספר לי גם מופתים שראית אצלו! השיב לו אחיו: אני נותן לך את לשד השמן, ואתה מבקש את ציפורני הרגליים?

מפי השמועה

לא אָמַר וַיָּבֹא עָרֹב
כִּנִּים בְּכָל־גְּבוּלָם׃
לב נָתַן גִּשְׁמֵיהֶם בָּרָד
אֵשׁ לֶהָבוֹת בְּאַרְצָם׃
לג וַיַּךְ גַּפְנָם וּתְאֵנָתָם
וַיְשַׁבֵּר עֵץ גְּבוּלָם׃
לד אָמַר וַיָּבֹא אַרְבֶּה
וְיֶלֶק וְאֵין מִסְפָּר׃
לה וַיֹּאכַל כָּל־עֵשֶׂב בְּאַרְצָם
וַיֹּאכַל פְּרִי אַדְמָתָם׃
לו וַיַּךְ כָּל־בְּכוֹר בְּאַרְצָם
רֵאשִׁית לְכָל־אוֹנָם׃
לז וַיּוֹצִיאֵם בְּכֶסֶף וְזָהָב
וְאֵין בִּשְׁבָטָיו כּוֹשֵׁל׃
לח שָׂמַח מִצְרַיִם בְּצֵאתָם
כִּי־נָפַל פַּחְדָּם עֲלֵיהֶם׃
לט פָּרַשׂ עָנָן לְמָסָךְ
וְאֵשׁ לְהָאִיר לָיְלָה׃

לא אָמַר וַיָּבֹא עָרֹב, וגם כִּנִּים הגיעו בְּכָל־גְּבוּלָם.

לב נָתַן גִּשְׁמֵיהֶם בָּרָד, שעמו הייתה גם אֵשׁ לֶהָבוֹת בְּאַרְצָם ("ואש מתלקחת בתוך הברד" - שם, ט, כד),

לג ועל הברד הזה מסופר שהוא וַיַּךְ גַּפְנָם וּתְאֵנָתָם, וַיְשַׁבֵּר עֵץ גְּבוּלָם, שזהו הנזק הבולט והקשה ביותר של מכת הברד.

לד אָמַר וַיָּבֹא אַרְבֶּה, וְיֶלֶק - שם נרדף לארבה, או סוג מסוים של ארבה - וְאֵין מִסְפָּר,

לה וַיֹּאכַל כָּל־עֵשֶׂב בְּאַרְצָם, וַיֹּאכַל פְּרִי אַדְמָתָם.

לו ולבסוף המכה האחרונה: וַיַּךְ כָּל־בְּכוֹר בְּאַרְצָם של המצרים, רֵאשִׁית לְכָל־אוֹנָם (הבכור מכונה בתורה "ראשית אוני"; ראה בראשית מט, ג), שאחריה הייתה יציאת מצרים.

לז וַיּוֹצִיאֵם בְּכֶסֶף וְזָהָב שלקחו אתם בני ישראל ממצרים, וְאֵין בִּשְׁבָטָיו כּוֹשֵׁל, כי כל השבטים כולם יצאו ממצרים יחדיו.

לח וכפי שמסופר בתורה, אחרי כל המכות הללו שָׂמַח מִצְרַיִם בְּצֵאתָם, כִּי־נָפַל כי גם נפל פַּחְדָּם של היהודים עֲלֵיהֶם.

כעת עובר המזמור לתאר את הנדודים במדבר:

לט פָּרַשׂ עָנָן לְמָסָךְ כדי להגן עליהם, וְאֵשׁ לְהָאִיר לָיְלָה.

קה,לט פָּרַשׂ עָנָן לְמָסָךְ. שלושה עניינים בנישואין: קידושין, חופה וביאה, והם בכלל ובפרט. קידושין היינו שמפנה עצמו מתאוות העולם ומזמין עצמו לעבודת השם יתברך, ולעומתו הקב"ה מזמינו אליו ומסיר מעליו את שליטת הרע. חופה היינו שמתאמץ לחסות בצל הקב"ה, ולעומתו הקב"ה מביאו לביתו ומאיר עליו מאורו. ביאה היינו דיבוק אמיתי וכריתת ברית, שנעשה כלי לאור אלוהי השופע עליו תמיד. וכן בכלל ישראל: תחילה הופרשו מטומאת מצרים והוזמנו להיות לעם להשם יתברך, והוא קידושין; ואחר פָּרַשׂ עָנָן לְמָסָךְ עליהם במדבר, דוגמת חופה; ואחר היה מתן תורה, דוגמת ביאה, שהיא גמר הדיבוק. וכשנשברו הלוחות נתקלקל העניין, ונעשה עוד הפעם בזה הסדר: קידושין בלוחות שניים, חופה בבניין בית המקדש וביאה לעתיד לבוא, שיתקיים מקרא שכתוב: "כי בֹעֲלַיִךְ עֹשַׂיִךְ ה' צבאות שמו וגֹאלך קדוש ישראל אלוהי כל הארץ יקרא" (ישעיהו נד ה).

על־פי שם משמואל, קרח תרע"ג

מ שָׁאַל וַיָּבֵא שְׂלָו
וְלֶחֶם שָׁמַיִם יַשְׂבִּיעֵם:
מא פָּתַח צוּר וַיָּזוּבוּ מָיִם
הָלְכוּ בַּצִּיּוֹת נָהָר:
מב כִּי־זָכַר אֶת־דְּבַר קָדְשׁוֹ
אֶת־אַבְרָהָם עַבְדּוֹ:
מג וַיּוֹצִא עַמּוֹ בְשָׂשׂוֹן
בְּרִנָּה אֶת־בְּחִירָיו:
מד וַיִּתֵּן לָהֶם אַרְצוֹת גּוֹיִם
וַעֲמַל לְאֻמִּים יִירָשׁוּ:
מה בַּעֲבוּר ׀ יִשְׁמְרוּ חֻקָּיו
וְתוֹרֹתָיו יִנְצֹרוּ
הַלְלוּיָהּ:

מ משה שָׁאַל בשם העם - וַיָּבֵא ה' שְׂלָו, וְלֶחֶם שָׁמַיִם, המן אשר ירד מן השמים, יַשְׂבִּיעֵם.

מא פָּתַח צוּר וַיָּזוּבוּ מָיִם מן הסלע (כמתואר בשמות יז, א-ז), הָלְכוּ בַּצִּיּוֹת, במדבריות, עם נָהָר של מים.

מב וכל זה - כִּי־זָכַר ה' אֶת־דְּבַר קָדְשׁוֹ, כלומר: את ההבטחה והברית שכרת אֶת־אַבְרָהָם, עם אברהם עַבְדּוֹ.

מג וַיּוֹצִא עַמּוֹ בְשָׂשׂוֹן, בְּרִנָּה אֶת־בְּחִירָיו, עד שהביאם לארץ.

מד וַיִּתֵּן לָהֶם אַרְצוֹת גּוֹיִם, שהם עמי כנען והסמוכים להם, וַעֲמַל לְאֻמִּים יִירָשׁוּ, כאשר כבשו את הארץ והתיישבו בה.

מה ואת המתנה הזו, שהיא הארץ וכל טובתה, נתן להם הקב"ה בַּעֲבוּר יִשְׁמְרוּ חֻקָּיו בארץ ישראל, וְתוֹרֹתָיו יִנְצֹרוּ, הַלְלוּיָהּ.

מלבד שינויים שיש כאן בפרטים ובדקויות המזמור הזה הוא פיוט אפי. בניגוד לפרק סח זהו שיר של שלווה, ולא אפוס של גיבורים, והמשורר סוקר בו חלק מההיסטוריה של העם לא על מנת לחדש, אלא רק להביא את הדברים בלשון פיוטית במקום בפרוזה פשוטה.

קה,מב "כִּי זָכַר אֶת דְּבַר קָדְשׁוֹ אֶת אַבְרָהָם עַבְדּוֹ" – שהבטיחו (בראשית טו יד): 'ואחרי כן יצאו ברְכֻש גדול'" (רש"י). וכך אנו מוצאים שציווה הקב"ה את בני ישראל לשאול משכניהם המצריים כלי כסף, כלי זהב ושמלות, והכול כדי לקיים את אותה הבטחה שהבטיח לאברהם. מתוך כך, יש להבין שלא מדובר ברווח צדדי או בפיצוי על סבל הגלות – שבכגון דא היו בני ישראל, וגם אברהם אבינו, מעדיפים בוודאי לצאת מהר יותר ולא להתעכב בענייני רכוש – אלא בעניין יסודי שהיה מונח בשורש הירידה לגלות מצרים מלכתחילה. מטרת הגלות היא בירור ניצוצות הקדושה המצויים באומות העולם, והשבתם למקורם. מתחילה התמלאה כוונה זו על־ידי שלטונו של יוסף, שצבר תחת ידו "כל כסף וזהב שבעולם" (פסחים קיט, א), ולאחר מכן הוצרכו ישראל להוציאם מתחת יד מצרים ולהעלותם עמם לארץ ישראל.

על־פי תורת מנחם ח"ל, עמ' 275

הוֹשִׁיעֵנוּ יהוה אֱלֹהֵינוּ וְקַבְּצֵנוּ מִן־הַגּוֹיִם לְהוֹדוֹת לְשֵׁם קָדְשֶׁךָ לְהִשְׁתַּבֵּחַ בִּתְהִלָּתֶךָ:

ספר רביעי

פרק קו

עוד מזמור, שאיננו שיר היסטורי פשוט, המספר את תולדות עם ישראל; אבל שלא כקודמו, שכל־כולו שלווה ונעימות, מזמור זה מתמקד במידה רבה בחטאי ישראל ובאי־שמירת חלקו בברית.

א הַלְלוּיָהּ ׀
הוֹדוּ לַיהוָה כִּי־טוֹב
כִּי לְעוֹלָם חַסְדּוֹ:
ב מִי יְמַלֵּל גְּבוּרוֹת יְהוָה
יַשְׁמִיעַ כָּל־תְּהִלָּתוֹ:
ג אַשְׁרֵי שֹׁמְרֵי מִשְׁפָּט
עֹשֵׂה צְדָקָה בְכָל־עֵת:
ד זָכְרֵנִי יְהוָה בִּרְצוֹן עַמֶּךָ
פָּקְדֵנִי בִּישׁוּעָתֶךָ:
ה לִרְאוֹת ׀ בְּטוֹבַת בְּחִירֶיךָ
לִשְׂמֹחַ בְּשִׂמְחַת גּוֹיֶךָ
לְהִתְהַלֵּל עִם־נַחֲלָתֶךָ:
ו חָטָאנוּ עִם־אֲבוֹתֵינוּ
הֶעֱוִינוּ הִרְשָׁעְנוּ:
ז אֲבוֹתֵינוּ בְמִצְרַיִם ׀
לֹא־הִשְׂכִּילוּ נִפְלְאוֹתֶיךָ
לֹא זָכְרוּ אֶת־רֹב חֲסָדֶיךָ
וַיַּמְרוּ עַל־יָם בְּיַם־סוּף:

א המזמור נפתח בדרך טובה: הַלְלוּיָהּ, הוֹדוּ לַה׳ כִּי־טוֹב, כִּי לְעוֹלָם חַסְדּוֹ, שהוא פסוק תהילה החוזר כמה וכמה פעמים בפרק, כנראה מטבע לשון קבועה של הודאה לה׳.

ב מִי יְמַלֵּל - ידבר, יספר - את גְּבוּרוֹת ה׳, יַשְׁמִיעַ כָּל־תְּהִלָּתוֹ.

ג אַשְׁרֵי שֹׁמְרֵי מִשְׁפָּט, וגם אשרי מי שעֹשֵׂה צְדָקָה בְכָל־עֵת. במובן מסוים יש כאן תשובה לשאלה "מי ימלל גבורות ה׳": אותו אדם שראוי לכך, משום שהוא "עושה צדקה בכל עת" וכו׳.

ד וכאן בא האזכור האישי היחידי בכל הפרק הזה: זָכְרֵנִי, ה׳, בִּרְצוֹן עַמֶּךָ - כאשר תהיה לך עת רצון לעמך, זכור גם אותי ביניהם, פָּקְדֵנִי, זכור אותי, בִּישׁוּעָתֶךָ, בזמן ישועתך.

ה שגם אני אזכה לִרְאוֹת בְּטוֹבַת בְּחִירֶיךָ, לִשְׂמֹחַ בְּשִׂמְחַת גּוֹיֶךָ, כלומר: עמך ישראל, וּלְהִתְהַלֵּל עִם־נַחֲלָתֶךָ, שכאן פירושו גם העם וגם הארץ.

ופה מתחיל הווידוי ההיסטורי הגדול, שתמציתו מצויה כבר בפסוקו הראשון:

ו חָטָאנוּ אנחנו ביחד עִם־אֲבוֹתֵינוּ, שחטאו גם הם, הֶעֱוִינוּ הִרְשָׁעְנוּ.

ז ומכאן הוא עובר לתיאור תולדות ישראל מתחילתם: כבר אֲבוֹתֵינוּ בְמִצְרַיִם לֹא־הִשְׂכִּילוּ נִפְלְאוֹתֶיךָ גם כשקרו להם נסים, וְלֹא זָכְרוּ אֶת־רֹב חֲסָדֶיךָ, וַיַּמְרוּ את פי ה׳ עַל־יָם בְּיַם־סוּף - נראה שהכוונה כאן לתחילת תלונתם של ישראל, שעה שפרעה רדף אחריהם והם הגיעו אל הים.

קו,ב מִי יְמַלֵּל גְּבוּרוֹת ה׳ יַשְׁמִיעַ כָּל תְּהִלָּתוֹ. קבלה מאדמו"ר הזקן, מוה"ר רבי שניאור זלמן מליאדי זי"ע, בשם הבעש"ט: מִי יְמַלֵּל גְּבוּרוֹת ה׳ – ימלל מלשון "מוללין מלילות", עניין שבירה וביטול, והכוונה שיבטל גבורות ה׳, שהן הדינים היורדים לעולם. ואיך יבטל אדם הדינים הבאים עליו? על־ידי יַשְׁמִיעַ כָּל תְּהִלָּתוֹ – שיאמר ספר תהלים, שכולו תהילות ה׳. ומעלה יתרה באמירת תהלים, שעל־ידה מתקשר האומר בדוד המלך ע"ה, מלך ישראל, שעניינו "אשר יוציאם ואשר יביאם" (במדבר כז יז), כלומר: שמהותו הפנימית ניכרת בקרב נתיניו. ועל־ידי התקשרות זו משפיע דוד המלך ע"ה לכלל ישראל את השבח שנאמר בו: "ולבי חלל בקרבי" (קט כב), שכל אחד ואחד – לפחות בעת מן העתים – יוכל לקיים תורה ומצוות בלי התערבות עניינים זרים כלל.

על־פי תהילות מנחם

442 • תהלים ______ כב לחודש • ליום חמישי • ספר רביעי • פרק קו

ח וַיּוֹשִׁיעֵם לְמַעַן שְׁמוֹ
לְהוֹדִיעַ אֶת־גְּבוּרָתוֹ:
ט וַיִּגְעַר בְּיַם־סוּף וַיֶּחֱרָב
וַיּוֹלִיכֵם בַּתְּהֹמוֹת כַּמִּדְבָּר:
י וַיּוֹשִׁיעֵם מִיַּד שׂוֹנֵא
וַיִּגְאָלֵם מִיַּד אוֹיֵב:
יא וַיְכַסּוּ־מַיִם צָרֵיהֶם
אֶחָד מֵהֶם לֹא נוֹתָר:
יב וַיַּאֲמִינוּ בִדְבָרָיו
יָשִׁירוּ תְּהִלָּתוֹ:
יג מִהֲרוּ שָׁכְחוּ מַעֲשָׂיו
לֹא־חִכּוּ לַעֲצָתוֹ:
יד וַיִּתְאַוּוּ תַאֲוָה בַּמִּדְבָּר
וַיְנַסּוּ־אֵל בִּישִׁימוֹן:

ח ובכל זאת – וַיּוֹשִׁיעֵם לְמַעַן שְׁמוֹ; אך לא למענם אלא כדי לְהוֹדִיעַ לכל אֶת־גְּבוּרָתוֹ.

ט וַיִּגְעַר בְּיַם־סוּף, הים כמו ננזף ביד ה׳ ולכן הוא נסוג בבושה וַיֶּחֱרָב, הפך ליבשה. וַיּוֹלִיכֵם, את בני ישראל, בַּתְּהֹמוֹת של הים כַּמִּדְבָּר, כאילו שהיה זה מקום מדבר ולא ים.

י וַיּוֹשִׁיעֵם מִיַּד שׂוֹנֵא, הוא חיל מצרים שרדף אחריהם, וַיִּגְאָלֵם מִיַּד אוֹיֵב.

יא ובסופו של דבר – וַיְכַסּוּ־מַיִם צָרֵיהֶם, ככתוב בתורה, שים סוף לא רק מנע מהמצרים לעבור ולרדוף אחרי עם ישראל, אלא בסופו של דבר גם הטביע אותם, עד שאפילו אֶחָד מֵהֶם לֹא נוֹתָר.

יב ולאחר שיצאו מן הים אמרו בני ישראל שירה, היא שירת הים: וַיַּאֲמִינוּ בִדְבָרָיו, יָשִׁירוּ תְּהִלָּתוֹ.

יג אבל התקופה המפויסת הזו לא ארכה זמן רב: מִהֲרוּ שָׁכְחוּ מַעֲשָׂיו, ובכל פעם שהייתה להם איזושהי בעיה – מיד פתחו בדברי תלונה ולא סמכו על כך שהקב״ה, שעכשיו מנחה אותם בהשגחה פרטית ובדאגה פרטית, בוודאי יודע את בעיותיהם ויפתור אותן. לֹא־חִכּוּ לַעֲצָתוֹ, והם לא היו מוכנים לחכות עד שעצת ה׳ תתבצע,

יד אלא וַיִּתְאַוּוּ תַאֲוָה בַּמִּדְבָּר – מצד אחד הם רצו וביקשו דברים שונים, ומצד שני – וַיְנַסּוּ־אֵל בִּישִׁימוֹן, שכן לא כל הבעיות שלהם נבעו ממחסור אמיתי או מרצון לקבל דבר מסוים, אלא היו גם פעמים שישראל מלכתחילה ניסו את ה׳ כדי לראות האם יוכל לעשות דבר זה או אחר; וגם זה נחשב להם לחטא.

קו,ט וַיּוֹלִיכֵם בַּתְּהֹמוֹת כַּמִּדְבָּר – אמרו חכמים: ״מה במדבר לא חסרו כלום, אף בתהומות לא חסרו כלום״ (שמות רבה כא: י). כי הים והמדבר הם חלקי העולם שאין בהם יישוב, והקב״ה הוליך אותנו שם כדי להראות כי בני ישראל יכולים למצוא היישוב בכל מקום. וכמו שהיה בדור המבול, שאמר הקב״ה ״יפנו אלו ויעמדו, ויבואו אותן שישבו בהן מקודם, הדא הוא דכתיב: ׳ויהי הגשם על הארץ ארבעים יום וארבעים לילה׳״ (בראשית רבה ה: א), שהוציא החוטאים מפני המים, כמו כן הצדיקים מקיימים את העולם ומוציאין המדבר והים לכלל יישוב, וכל הסטרא־אחרא והשממה בורחים מפניהם, כמו שכתוב ״הים ראה וינס״ (קיד ג).

על־פי שפת אמת, פסח תרמ״ה

טו וַיִּתֵּן לָהֶם שֶׁאֱלָתָם
וַיְשַׁלַּח רָזוֹן בְּנַפְשָׁם:
טז וַיְקַנְאוּ לְמֹשֶׁה בַּמַּחֲנֶה
לְאַהֲרֹן קְדוֹשׁ יְהוָה:
יז תִּפְתַּח־אֶרֶץ וַתִּבְלַע דָּתָן
וַתְּכַס עַל־עֲדַת אֲבִירָם:
יח וַתִּבְעַר־אֵשׁ בַּעֲדָתָם
לֶהָבָה תְּלַהֵט רְשָׁעִים:
יט יַעֲשׂוּ־עֵגֶל בְּחֹרֵב
וַיִּשְׁתַּחֲווּ לְמַסֵּכָה:
כ וַיָּמִירוּ אֶת־כְּבוֹדָם
בְּתַבְנִית שׁוֹר אֹכֵל עֵשֶׂב:
כא שָׁכְחוּ אֵל מוֹשִׁיעָם
עֹשֶׂה גְדֹלוֹת בְּמִצְרָיִם:
כב נִפְלָאוֹת בְּאֶרֶץ חָם
נוֹרָאוֹת עַל־יַם־סוּף:
כג וַיֹּאמֶר לְהַשְׁמִידָם
לוּלֵי מֹשֶׁה בְחִירוֹ

טו בסופו של דבר, וַיִּתֵּן לָהֶם ה׳ את שֶׁאֱלָתָם, למשל: כאשר הביא להם את השליו, אבל בו בזמן גם וַיְשַׁלַּח רָזוֹן בְּנַפְשָׁם, כי בסופה של מתנת השליו מתו אנשים בקברות התאווה.

טז נוסף על הניסיונות האלה מסופר על ישראל במדבר: וַיְקַנְאוּ לְמֹשֶׁה בַּמַּחֲנֶה, דיברו עליו דברים רעים מכל הסוגים, ובפרט במחלוקת קורח ועדתו, וקינאו גם לְאַהֲרֹן קְדוֹשׁ ה׳, כאשר פקפקו בזכות הכהונה שלו (ראה במדבר יז).

יז תִּפְתַּח־אֶרֶץ וַתִּבְלַע דָּתָן, וַתְּכַס עַל־עֲדַת אֲבִירָם.

יח וַתִּבְעַר־אֵשׁ בַּעֲדָתָם של כל מקטירי הקטורת, לֶהָבָה תְּלַהֵט רְשָׁעִים, שרפה את כל החוטאים בחטא זה.

יט מכאן עובר המזמור לתיאור חטאים חמורים יותר: יַעֲשׂוּ־עֵגֶל בְּחֹרֵב וַיִּשְׁתַּחֲווּ לְמַסֵּכָה - דבר יצוק, אליל.

כ וַיָּמִירוּ אֶת־כְּבוֹדָם - שכאן הוא כינוי לקב״ה, אשר במקום לעבוד אותו המירו אותו בני ישראל בְּתַבְנִית שׁוֹר אֹכֵל עֵשֶׂב, הוא עגל הזהב.

כא שָׁכְחוּ אֵל מוֹשִׁיעָם, עֹשֶׂה גְדֹלוֹת בְּמִצְרָיִם.

כב שעשה נִפְלָאוֹת בְּאֶרֶץ חָם וְנוֹרָאוֹת עַל־יַם־סוּף.

כג ובאמת, אחרי חטא העגל - וַיֹּאמֶר ה׳ לְהַשְׁמִידָם, לוּלֵי מֹשֶׁה בְּחִירוֹ עָמַד בַּפֶּרֶץ

קו,טו וַיִּתֵּן לָהֶם שֶׁאֱלָתָם וַיְשַׁלַּח רָזוֹן בְּנַפְשָׁם – כמו שכתב בחובת הלבבות שעולם-הזה ועולם-הבא הם שני הפכים, כמו אש ומים בכלי אחד, כשזה קם זה נופל. ולכך כתיב "ויאכלו וישבעו מאד ותאותם יביא להם" (עח כט), שעל-ידי אכילה יתרה בא התגברות הגוף ותאווה יתרה רחמנא ליצלן. אבל בדוד המלך ע"ה נאמר "ולבי חלל בקרבי", שהרגו ליצר הרע בתענית.

על-פי תפארת שלמה, ליקוטים

עָמַד בַּפֶּרֶץ לְפָנָיו
לְהָשִׁיב חֲמָתוֹ מֵהַשְׁחִית׃
כד וַיִּמְאֲסוּ בְּאֶרֶץ חֶמְדָּה
לֹא־הֶאֱמִינוּ לִדְבָרוֹ׃
כה וַיֵּרָגְנוּ בְאָהֳלֵיהֶם
לֹא שָׁמְעוּ בְּקוֹל יְהוָה׃
כו וַיִּשָּׂא יָדוֹ לָהֶם
לְהַפִּיל אוֹתָם בַּמִּדְבָּר׃
כז וּלְהַפִּיל זַרְעָם בַּגּוֹיִם
וּלְזָרוֹתָם בָּאֲרָצוֹת׃
כח וַיִּצָּמְדוּ לְבַעַל פְּעוֹר
וַיֹּאכְלוּ זִבְחֵי מֵתִים׃
כט וַיַּכְעִיסוּ בְּמַעַלְלֵיהֶם
וַתִּפְרָץ־בָּם מַגֵּפָה׃
ל וַיַּעֲמֹד פִּינְחָס וַיְפַלֵּל
וַתֵּעָצַר הַמַּגֵּפָה׃
לא וַתֵּחָשֶׁב לוֹ לִצְדָקָה
לְדֹר וָדֹר עַד־עוֹלָם׃

לְפָנָיו, שהגן על ישראל לְהָשִׁיב חֲמָתוֹ של ה׳ מֵהַשְׁחִית.

כד החטא החמור השני הנמנה כאן הוא חטא המרגלים: וַיִּמְאֲסוּ בְּאֶרֶץ חֶמְדָּה, שלא רצו לבוא לארץ ישראל, לֹא־הֶאֱמִינוּ לִדְבָרוֹ של ה׳, שהבטיח כי הם יוכלו לכבוש אותה.

כה וַיֵּרָגְנוּ - התלוננו - בְאָהֳלֵיהֶם, כמסופר בתורה שהלכו לאוהליהם ובכו, לֹא שָׁמְעוּ בְּקוֹל ה׳.

כו וַיִּשָּׂא יָדוֹ לָהֶם - ה׳ נשבע (שזו היא נשיאת היד) לְהַפִּיל אוֹתָם בַּמִּדְבָּר, שכולם ימותו במדבר,

כז וּלְהַפִּיל זַרְעָם בַּגּוֹיִם וּלְזָרוֹתָם בָּאֲרָצוֹת. כתוב זה הוא כנראה המקור לדברי חז״ל (תענית כט ע״א), שבגלל חטא המרגלים אירעו, שנים רבות לאחר מכן אך באותם תאריכים עצמם, גם החורבנות הגדולים שהם, במידה מסוימת, עונש היסטורי מתמשך על החטא הזה.

כח והחטא האחרון שעליו מסופר כאן הוא: וַיִּצָּמְדוּ לְבַעַל פְּעוֹר וַיֹּאכְלוּ זִבְחֵי מֵתִים, כלומר: זבחים של עבודה זרה; המשורר מכנה בבוז את האלילים בשם ״מתים״.

כט וַיַּכְעִיסוּ בְּמַעַלְלֵיהֶם, בכל שאר החטאים שחטאו שם, וַתִּפְרָץ־בָּם מַגֵּפָה.

ל וַיַּעֲמֹד פִּינְחָס וַיְפַלֵּל, כלומר: עשה מעשה, פעל, בכך שהרג את זמרי, וַתֵּעָצַר הַמַּגֵּפָה.

לא וַתֵּחָשֶׁב לוֹ, לפינחס, לִצְדָקָה, לְדֹר וָדֹר עַד־עוֹלָם; שהרי בחשבון ההיסטורי הגדול (אם כי בהפסקות מסוימות) בני פינחס הם אלה שהיו שושלת הכהונה הגדולה.

קו,ל וַיַּעֲמֹד פִּינְחָס וַיְפַלֵּל. חכמים מבארים שכשהביא זמרי את האישה המדיינית לפני משה וכל העדה, נתעלמה הלכה ממשה רבנו. נמצא שכשפעל פינחס – מכוח עצמו פעל, ובזאת הושיע את ישראל. מה בין משה לפינחס? משה קיבל תורה מסיני, המשכה מלמעלה למטה, וממנה זכה לכל מעלותיו, ובכללן גם למסירות נפש על כלל ישראל. לעומתו, פינחס התעורר מכוח עצמו, מלמטה למעלה, בבחינת תפילה הבאה מקרב לבו של האדם עצמו – כמרומז בלשון הפסוק: וַיַּעֲמֹד פִּינְחָס וַיְפַלֵּל. מכאן יש לקחת לימוד יקר ערך: בעודנו משתאים פעמים רבות לנוכח המופתים העצומים שפועלים צדיקי הדור, עלינו לדעת שאין מעלתם מגיעה לגודל המעלה שיש בעבודת האדם בכוח עצמו, שדווקא היא נעשית חלק מהאדם עצמו ומכוונת אותו ללכת בדרך הנכונה גם במצב שבו נתעלמה הלכה ממשה רבנו עצמו.

על־פי תהילות מנחם

לב וַיַּקְצִיפוּ עַל־מֵי מְרִיבָה
וַיֵּרַע לְמֹשֶׁה בַּעֲבוּרָם:
לג כִּי־הִמְרוּ אֶת־רוּחוֹ
וַיְבַטֵּא בִּשְׂפָתָיו:
לד לֹא־הִשְׁמִידוּ אֶת־הָעַמִּים
אֲשֶׁר אָמַר יְהוָה לָהֶם:
לה וַיִּתְעָרְבוּ בַגּוֹיִם
וַיִּלְמְדוּ מַעֲשֵׂיהֶם:
לו וַיַּעַבְדוּ אֶת־עֲצַבֵּיהֶם
וַיִּהְיוּ לָהֶם לְמוֹקֵשׁ:
לז וַיִּזְבְּחוּ אֶת־בְּנֵיהֶם
וְאֶת־בְּנוֹתֵיהֶם
לַשֵּׁדִים:
לח וַיִּשְׁפְּכוּ דָם נָקִי
דַּם־בְּנֵיהֶם וּבְנוֹתֵיהֶם
אֲשֶׁר זִבְּחוּ לַעֲצַבֵּי כְנָעַן
וַתֶּחֱנַף הָאָרֶץ בַּדָּמִים:
לט וַיִּטְמְאוּ בְמַעֲשֵׂיהֶם
וַיִּזְנוּ בְּמַעַלְלֵיהֶם:

וכעת באים עוד כמה דברים, אמנם לא לפי סדר הבאתם בתורה אך באופן שהוא משמעותי מבחינה היסטורית:

לב וַיַּקְצִיפוּ ישראל עַל־מֵי מְרִיבָה, וַיֵּרַע לְמֹשֶׁה
בַּעֲבוּרָם, שכן לא ישראל הם שנענשו על
החטא הזה, אלא משה.

לג כִּי־הִמְרוּ אֶת־רוּחוֹ של משה, הרגיזו אותו,
וַיְבַטֵּא בִּשְׂפָתָיו. כאן יש הסבר לעניין מי
מריבה: משה לא נענש על מעשיו אלא על
הדברים שאמר באותו זמן.

לד ומאוחר יותר, אחרי שכבר נכנסו לארץ,
לֹא־הִשְׁמִידוּ אֶת־הָעַמִּים אֲשֶׁר אָמַר ה׳ לָהֶם
להשמיד ולמגר.

לה וַיִּתְעָרְבוּ בַגּוֹיִם וַיִּלְמְדוּ מַעֲשֵׂיהֶם.

לו וַיַּעַבְדוּ אֶת־עֲצַבֵּיהֶם, אליליהם, וַיִּהְיוּ לָהֶם
האלילים הללו לְמוֹקֵשׁ, למכשול, שבכל פעם
היו נדבקים בעבודה זרה.

לז וַיִּזְבְּחוּ אֶת־בְּנֵיהֶם וְאֶת־בְּנוֹתֵיהֶם לַשֵּׁדִים, פולחן
זה אינו מוכר לנו ממקומות אחרים, אך הוא
מרומז בתורה (ויקרא יז, ז): זבחים לשעירים.

לח וַיִּשְׁפְּכוּ דָם נָקִי, דַּם־בְּנֵיהֶם וּבְנוֹתֵיהֶם אֲשֶׁר
זִבְּחוּ לַעֲצַבֵּי כְנָעַן - פולחן המולך וכיוצא
בו - וַתֶּחֱנַף הָאָרֶץ בַּדָּמִים. משמעות המילה
"חנופה" כאן, כמו במקומות אחרים בתורה,
היא זיהום, קלקול של הארץ.

לט וַיִּטְמְאוּ בְמַעֲשֵׂיהֶם שעשו, וַיִּזְנוּ מה׳
בְּמַעַלְלֵיהֶם.

קו,לב **וַיֵּרַע לְמֹשֶׁה בַּעֲבוּרָם** – שמעתי מספרים אשר פעם אמר בעל חידושי הרי"ם לחסידיו: אם לא אפעל בכם משהו בענייני יהדות, כמה גדולה תהיה הרחמנות עליי! וכמו שנאמר: **וַיֵּרַע לְמֹשֶׁה** – הצדיק שבדור – **בַּעֲבוּרָם**. ומעין זה הוא בכל אחד ואחת מישראל, שיש לו היכולת להשפיע על מישהו בישראל לחזקו ביהדות או להביאו לידי פעולה לחיזוק היהדות, אם באופן ישיר ואם באופן עקיף, שצריך הוא לדעת בבירור שהצלחתו בזה היא אושרו ותפקידו של המשפיע עצמו, וממילא ישתדל בזה ככל הדרוש. ומקובלני מכ"ק מורי וחמי אדמו"ר [הריי"צ מליובאוויטש]: "חזקה לעבודה שאינה חוזרת ריקם".

על־פי איגרות קודש ח"ג, תרכו

מ וַיִּחַר־אַף יְהוָה בְּעַמּוֹ
וַיְתָעֵב אֶת־נַחֲלָתוֹ:
מא וַיִּתְּנֵם בְּיַד־גּוֹיִם
וַיִּמְשְׁלוּ בָהֶם שֹׂנְאֵיהֶם:
מב וַיִּלְחָצוּם אוֹיְבֵיהֶם
וַיִּכָּנְעוּ תַּחַת יָדָם:
מג פְּעָמִים רַבּוֹת יַצִּילֵם
וְהֵמָּה יַמְרוּ בַעֲצָתָם
וַיָּמֹכּוּ בַּעֲוֺנָם:
מד וַיַּרְא בַּצַּר לָהֶם
בְּשָׁמְעוֹ אֶת־רִנָּתָם:
מה וַיִּזְכֹּר לָהֶם בְּרִיתוֹ
וַיִּנָּחֵם כְּרֹב חֲסָדָו:
מו וַיִּתֵּן אוֹתָם לְרַחֲמִים
לִפְנֵי כָּל־שׁוֹבֵיהֶם:
מז הוֹשִׁיעֵנוּ ׀ יְהוָה אֱלֹהֵינוּ
וְקַבְּצֵנוּ מִן־הַגּוֹיִם
לְהוֹדוֹת לְשֵׁם קָדְשֶׁךָ
לְהִשְׁתַּבֵּחַ בִּתְהִלָּתֶךָ:

מ עוונות אלה, שהם מעין סיכום של תקופת השופטים, לא עברו בלא עונש: וַיִּחַר־אַף ה' בְּעַמּוֹ וַיְתָעֵב אֶת־נַחֲלָתוֹ.

מא וַיִּתְּנֵם בְּיַד־גּוֹיִם שפלשו מפעם לפעם לארץ, וַיִּמְשְׁלוּ בָהֶם שֹׂנְאֵיהֶם.

מב וַיִּלְחָצוּם אוֹיְבֵיהֶם, וַיִּכָּנְעוּ תַּחַת יָדָם, כמסופר באריכות בספר שופטים.

מג פְּעָמִים רַבּוֹת יַצִּילֵם ה', על ידי השופטים השונים שהביאו תשועה לישראל, וְהֵמָּה ובכל זאת המה יַמְרוּ בַעֲצָתָם, כלומר: המרו את פי ה' לפי חשבונותיהם ותכניותיהם שלהם, וַיָּמֹכּוּ, נעשו נמוכים, מכים, בַּעֲוֺנָם.

מד ואז, מפעם לפעם, וַיַּרְא ה' בַּצַּר לָהֶם בְּשָׁמְעוֹ אֶת־רִנָּתָם, את תפילתם שהתפללו אליו בעת מצוקה,

מה וַיִּזְכֹּר לָהֶם בְּרִיתוֹ וַיִּנָּחֵם, התחרט, כְּרֹב חֲסָדָו על העונשים שבעצם הם היו ראויים להם.

מו וַיִּתֵּן אוֹתָם לְרַחֲמִים לִפְנֵי כָּל־שׁוֹבֵיהֶם, שבמהלך כל הדורות הללו בוודאי גלו והוגלו למקומות שונים, לא רק בגלות האחרונה (כמשתמע בעקיפין מן הכתוב בעובדיה א, כ: "גלות החֵל הזה... עד צרפת... בספרד", שהם מקומות רחוקים; אכן, כבר בתחילת ימי בית שני ידוע על קבוצות אנשים מעם ישראל בחוצה לארץ, כי בני עמנו הגיעו למקומות שונים בעולם בעיקר כשבויים).

מז המזמור מסתיים בתפילה: הוֹשִׁיעֵנוּ, ה' אֱלֹהֵינוּ, וְקַבְּצֵנוּ מִן־הַגּוֹיִם, שחלק מאתנו נמצא ביניהם, כדי שנוכל לְהוֹדוֹת לְשֵׁם קָדְשֶׁךָ, לְהִשְׁתַּבֵּחַ בִּתְהִלָּתֶךָ.

קו,מג וַיָּמֹכּוּ בַּעֲוֺנָם. "כי ימוך אחיך ומכר מאחֻזתו" – שנתמכר מאחוזתו, הוא העולם העליון, שממנו נחצב והוא אחוזתו באמת. כאשר אנחנו רואים בחוש, שהאדם מתחילת גידולו הוא מקושר באביו בעבותות אהבה, וכל אשר יגדל ויתחזק שכלו בגשמיות העולם אז נפרד מעט מעט מאביו עד אשר ייפרד כולו וידמה כאחר. וגם הנשמה כך, שמתחילת בואה לזה העולם עדיין יש לה התקשרות בעולם העליון ותרצה בעבודת הבורא, ואחר כך כשהאדם נתהווה בגשמיות העולם־הזה וישים עינה ולבא בתאוותיו אז נפרדה מחשבתו מעבודת הבורא, וסובר בעצמו שלא נברא כי אם להבלי הזמן ותאוותיו הגשמיות, ונתמכר ונתרושש מהשם יתברך, וַיָּמֹכּוּ בַּעֲוֺנָם. ומה תקנתו? "ובא גואלו הקרוב אליו" – הוא הצדיק הקרוב אליו בשורש נשמתו; "וגאל את ממכר אחיו" – שיסייעהו ויעזרהו לפרוש עצמו מהעולם השפל הזה ולדבק עצמו בעולמות עליונים.

על־פי נועם אלימלך, בהר־סיני

מח בָּר֘וּךְ יְהֹוָ֤ה ׀ אֱלֹהֵ֬י יִשְׂרָאֵ֗ל
מִן־הָעוֹלָ֙ם ׀ וְעַ֬ד הָעוֹלָ֗ם
וְאָמַ֣ר כָּל־הָעָ֣ם אָ֭מֵן
הַֽלְלוּ־יָֽהּ׃

מח ובסופו של הפרק בא פסוק המורה על כך שזהו סיומו של עוד ספר בתהלים: בָּרוּךְ ה׳ אֱלֹהֵי יִשְׂרָאֵל מִן־הָעוֹלָם וְעַד הָעוֹלָם, וְאָמַר כָּל־הָעָם: אָמֵן, הַלְלוּיָהּ.

קו,מח **מִן הָעוֹלָם וְעַד הָעוֹלָם** – שיש שני מיני העלמות והסתרות, האחד מצד עובי הגשמיות והסתר החשכות שמצד הסטרא־אחרא; והשני מצד עומק הקדושה, שאין יכולים להשיג. וכנגדם יש שני מיני שבת, שבשבת חוזרים כל ההעלמות וההסתרות למקורם, והוא תלוי במדרגת האדם: יש שבת הקטן לפשוטי בני אדם, שאם זוכים לגבור בימי המעשה על היצר הרע, אזי בשבת זוכים לחירות מסטרא־אחרא. ויש שבת הגדול, למי שגם בימי המעשה אין עליהם שעבוד הסטרא־אחרא והטבע, רק עובדים עבודת עבד בקבלת עול מלכות שמים, ובשבת זוכים שמתגלים להם שערי הקדושה הגנוזים, והוא עניין נשמה יתרה. ואפשר שמצד זה אמרו חכמים: "אלמלי משמרין ישראל שתי שבתות כהלכתן מיד נגאלים" (שבת קיח, ב).

על־פי שפת אמת, שבת הגדול תרל"ז

תָּעוּ בַמִּדְבָּר בִּישִׁימוֹן דָּרֶךְ עִיר מוֹשָׁב לֹא מָצָאוּ:

ספר חמישי

פרק קז

מזמור על צרות שונות הפוגעות בבני אדם,
על יציאתם מצרות אלה ועל התודה
שעליהם לתת אז לה'.*

פרק קז • ספר חמישי • ליום שישי • כב לחודש ______ תהלים • 449

א הֹדוּ לַיהוָה כִּי־טוֹב
כִּי לְעוֹלָם חַסְדּוֹ׃
ב יֹאמְרוּ גְּאוּלֵי יְהוָה
אֲשֶׁר גְּאָלָם מִיַּד־צָר׃
ג וּמֵאֲרָצוֹת קִבְּצָם
מִמִּזְרָח וּמִמַּעֲרָב
מִצָּפוֹן וּמִיָּם׃
ד תָּעוּ בַמִּדְבָּר בִּישִׁימוֹן דָּרֶךְ
עִיר מוֹשָׁב לֹא מָצָאוּ׃
ה רְעֵבִים גַּם־צְמֵאִים
נַפְשָׁם בָּהֶם תִּתְעַטָּף׃
ו וַיִּצְעֲקוּ אֶל־יְהוָה בַּצַּר לָהֶם
מִמְּצוּקוֹתֵיהֶם יַצִּילֵם׃
ז וַיַּדְרִיכֵם בְּדֶרֶךְ יְשָׁרָה
לָלֶכֶת אֶל־עִיר מוֹשָׁב׃
ח יוֹדוּ לַיהוָה חַסְדּוֹ
וְנִפְלְאוֹתָיו לִבְנֵי אָדָם׃
ט כִּי־הִשְׂבִּיעַ נֶפֶשׁ שֹׁקֵקָה
וְנֶפֶשׁ רְעֵבָה מִלֵּא־טוֹב׃

א המזמור פותח בפסוק תהילה המצוי בהרבה מזמורים: **הֹדוּ לה׳ כִּי־טוֹב, כִּי לְעוֹלָם חַסְדּוֹ**.

ב ובפרט - **יֹאמְרוּ גְּאוּלֵי ה׳ אֲשֶׁר גְּאָלָם מִיַּד־צָר**, שהיא תודה מיוחדת של אנשים היכולים לומר שנגאלו ממצוקה.

ג והוא מתאר: **וּמֵאֲרָצוֹת קִבְּצָם, מִמִּזְרָח וּמִמַּעֲרָב מִצָּפוֹן וּמִיָּם**. ים הוא גם כן מערב, אלא שהוא איננו מקפיד כאן על הכיוונים.

ד אנשים אלה אינם מודים על ההתקבצות אלא על כך שיצאו בשלום מדרך קשה, כמתואר: **תָּעוּ בַמִּדְבָּר, בִּישִׁימוֹן דָּרֶךְ**, בדרך שבתוך הישימון, **עִיר מוֹשָׁב לֹא מָצָאוּ** בדרכם.

ה לפיכך הם **רְעֵבִים גַּם־צְמֵאִים** בלכתם במדבר, **נַפְשָׁם בָּהֶם תִּתְעַטָּף** - הנפש כמו מתעטפת, מתעלפת.

ו **וַיִּצְעֲקוּ אֶל־ה׳ בַּצַּר לָהֶם**, בדרכם במדבר, **מִמְּצוּקוֹתֵיהֶם יַצִּילֵם**.

ז **וַיַּדְרִיכֵם בְּדֶרֶךְ יְשָׁרָה לָלֶכֶת אֶל־עִיר מוֹשָׁב**, ומשם הם מצאו דרך לצאת מן המדבר.

ח **יוֹדוּ לַה׳ חַסְדּוֹ וְנִפְלְאוֹתָיו לִבְנֵי אָדָם**.

ט **כִּי־הִשְׂבִּיעַ נֶפֶשׁ שֹׁקֵקָה**, צמאה, **וְנֶפֶשׁ רְעֵבָה מִלֵּא־טוֹב**. זוהי קבוצה ראשונה של אנשים המודים לה׳.

* מזמור זה קבע את הדפוס הבסיסי לדברים שעליהם היו אנשים מביאים קורבן תודה, ובדורות מאוחרים יותר - מברכים ברוב עם ומודים לה׳ על החסד שגמלם ("ברכת הגומל").

קז,א **הֹדוּ לַה׳.** מזמור זה מספר את סיפורם של "ארבעה שצריכים להודות", אנשים שעברו תהומות ומשברים בדרכי חייהם וישועת ה׳ עמדה להם להצילם ממוות לחיים, ומתוך כך הם מהללים ומשבחים. סדר הפסוקים מורה הוראה מיוחדת ב"מסכת" צרות וישועות: תחילה באה ההודיה, **הֹדוּ לַה׳ כִּי טוֹב**, ורק לאחר מכן אנו קוראים על מה ולמה. לכאורה דבר מנוגד לטבע האדם, שכאשר הוא נחלץ מצרה – אין הוא ממהר להודות ולשמוח. הפנים הקשות שהראתה לו המציאות מותירות רושם מריר בנפשו, ורק כעבור זמן הוא מתאושש ומסוגל להודות. אך זה בדיוק הרמז: שלא כטבע כל האדם טבעו של יהודי. אצלנו, אין הצרה תופסת מקום כלל. יש לנו אמונה ללא גבול, ויחד עמה גם אמון שכל מעשי ה׳ לטובה לנו, ומתוך כך ברגע אחד אנו יוצאים מחושך לאור ומשבר גדול להודיה גדולה.

על־פי תהילות מנחם

י יֹשְׁבֵי חֹשֶׁךְ וְצַלְמָוֶת
אֲסִירֵי עֳנִי וּבַרְזֶל:
יא כִּי־הִמְרוּ אִמְרֵי־אֵל
וַעֲצַת עֶלְיוֹן נָאָצוּ:
יב וַיַּכְנַע בֶּעָמָל לִבָּם
כָּשְׁלוּ וְאֵין עֹזֵר:
יג וַיִּזְעֲקוּ אֶל־יְהוָה בַּצַּר לָהֶם
מִמְּצֻקוֹתֵיהֶם יוֹשִׁיעֵם:
יד יוֹצִיאֵם מֵחֹשֶׁךְ וְצַלְמָוֶת
וּמוֹסְרוֹתֵיהֶם יְנַתֵּק:
טו יוֹדוּ לַיהוָה חַסְדּוֹ
וְנִפְלְאוֹתָיו לִבְנֵי אָדָם:
טז כִּי־שִׁבַּר דַּלְתוֹת נְחֹשֶׁת
וּבְרִיחֵי בַרְזֶל גִּדֵּעַ:
יז אֱוִלִים מִדֶּרֶךְ פִּשְׁעָם
וּמֵעֲוֺנֹתֵיהֶם יִתְעַנּוּ:
יח כָּל־אֹכֶל תְּתַעֵב נַפְשָׁם
וַיַּגִּיעוּ עַד־שַׁעֲרֵי מָוֶת:

י קבוצה נוספת היא אלה הנמצאים בבית הסוהר: יֹשְׁבֵי חֹשֶׁךְ וְצַלְמָוֶת, כיוון שבתי הסוהר היו, בדרך כלל, חדרים חשוכים בעומק האדמה, אֲסִירֵי עֳנִי וּבַרְזֶל – כלומר: כבולים בעינויים שלהם, ולפעמים גם בכבלי ברזל ממש.

יא האסירים לא תמיד היו אסורים על לא עוול בכפם; לפעמים היה זה עונש על חטאים שונים שחטאו: כִּי־הִמְרוּ אִמְרֵי־אֵל וַעֲצַת עֶלְיוֹן נָאָצוּ.

יב וַיַּכְנַע בֶּעָמָל, בעבודה קשה, עבודת פרך, את לִבָּם, בכך שהם כָּשְׁלוּ וְאֵין עֹזֵר.

יג וַיִּזְעֲקוּ אֶל־ה׳ בַּצַּר לָהֶם, מִמְּצֻקוֹתֵיהֶם יוֹשִׁיעֵם.

יד יוֹצִיאֵם מֵחֹשֶׁךְ וְצַלְמָוֶת וּמוֹסְרוֹתֵיהֶם, הכבלים שהם אסורים בהם, יְנַתֵּק.

טו ואז הם יוֹדוּ לַה׳ חַסְדּוֹ וְנִפְלְאוֹתָיו לִבְנֵי אָדָם.

טז וכמו בקטע הקודם, גם כאן הוא מסכם במשפט אחד על מה הם מודים: כִּי־שִׁבַּר דַּלְתוֹת נְחֹשֶׁת, הדלתות שבהן נועלים את בתי הסוהר, וּבְרִיחֵי בַרְזֶל גִּדֵּעַ.

יז קבוצה נוספת של אנשים המודים לה׳ אלו הם אנשים שחלו במחלה קשה, וגם בהם יש כאלה הנענשים בכך על חטאיהם: אֱוִלִים מִדֶּרֶךְ פִּשְׁעָם, בגלל שהלכו בדרך פשעם, וּמֵעֲוֺנֹתֵיהֶם, בגלל זה הם יִתְעַנּוּ, הם חולים מאוד,

יח וחלשים עד כדי כך שכָּל־אֹכֶל תְּתַעֵב נַפְשָׁם, שאין להם עוד תיאבון לאכול, וַיַּגִּיעוּ עַד־שַׁעֲרֵי מָוֶת במחלה.

קז,יז אֱוִלִים מִדֶּרֶךְ פִּשְׁעָם. עיקר הקלקול, שורש ויסוד כל חטא ועוון, הוא פריקת עול, והיינו שהולך שובב בדרך לבו בלי פחד ועול מלכות שמים כלל וכלל. ועל כך מתמיה הכתוב: אֱוִלִים מִדֶּרֶךְ פִּשְׁעָם וּמֵעֲוֺנֹתֵיהֶם יִתְעַנּוּ? – פירוש: כאשר עדיין לא שב האדם על העיקר, ועדיין אוויל הוא מדרך פשעו ולא קיבל על עצמו עול מלכות שמים, מה יועיל שמתחרט לפרקים על חטאיו ואף מתענה על עוונותיו? הלא ודאי יחזור לסורו, ואזי יתחרט עוד ויתענה עוד... אך עיקר התיקון לנפשו הוא שייתן אל לבו היטב לקבל עליו עול מלכות שמים באמת ובתמים, שלא להמשיך על עצמו כל שמץ הרהור רע אשר נגד רצון ה׳, ולא תעלנה על לב כלל, כי את האלוהים הוא ירא, וכן במצוות עשה – ידקדק לצאת ידי חובת מצוות המלך.

על־פי דרך חיים לרבי דוב בער מליובאוויטש, ד

יט וַיִּזְעֲקוּ אֶל־יְהוָה בַּצַּר לָהֶם
מִמְּצֻקוֹתֵיהֶם יוֹשִׁיעֵם׃
כ יִשְׁלַח דְּבָרוֹ וְיִרְפָּאֵם
וִימַלֵּט מִשְּׁחִיתוֹתָם׃
כא יוֹדוּ לַיהוָה חַסְדּוֹ
וְנִפְלְאוֹתָיו לִבְנֵי אָדָם׃
כב וְיִזְבְּחוּ זִבְחֵי תוֹדָה
וִיסַפְּרוּ מַעֲשָׂיו בְּרִנָּה׃ ׆
כג יוֹרְדֵי הַיָּם בָּאֳנִיּוֹת
עֹשֵׂי מְלָאכָה
בְּמַיִם רַבִּים׃ ׆
כד הֵמָּה רָאוּ מַעֲשֵׂי יְהוָה
וְנִפְלְאוֹתָיו בִּמְצוּלָה׃ ׆
כה וַיֹּאמֶר וַיַּעֲמֵד רוּחַ סְעָרָה
וַתְּרוֹמֵם גַּלָּיו׃ ׆
כו יַעֲלוּ שָׁמַיִם יֵרְדוּ תְהוֹמוֹת
נַפְשָׁם בְּרָעָה תִתְמוֹגָג׃ ׆
כז יָחוֹגּוּ וְיָנוּעוּ כַּשִּׁכּוֹר
וְכָל־חָכְמָתָם תִּתְבַּלָּע׃ ׆

יט וַיִּזְעֲקוּ אֶל־ה׳ בַּצַּר לָהֶם, מִמְּצֻקוֹתֵיהֶם יוֹשִׁיעֵם.

כ יִשְׁלַח דְּבָרוֹ וְיִרְפָּאֵם ממחלתם, וִימַלֵּט אותם מִשְּׁחִיתוֹתָם, שהוא גם הבור שנפלו בתוכו וגם הדברים הרעים שהם השחיתו לעשות.

כא יוֹדוּ לַה׳ חַסְדּוֹ וְנִפְלְאוֹתָיו לִבְנֵי אָדָם.

כב וְיִזְבְּחוּ זִבְחֵי תוֹדָה וִיסַפְּרוּ מַעֲשָׂיו בְּרִנָּה, אחרי שהתרפאו וחזרו לאיתנם.

כג אנשים נוספים אשר שומה עליהם להכיר תודה לה׳ הם יוֹרְדֵי הַיָּם בָּאֳנִיּוֹת ואלה שהם עֹשֵׂי מְלָאכָה בְּמַיִם רַבִּים:

כד ספנים וכיוצא באלה, שזו מלאכתם. הֵמָּה רָאוּ מַעֲשֵׂי ה׳ וְנִפְלְאוֹתָיו בִּמְצוּלָה של הים.

כה כי הם רואים שלפעמים וַיֹּאמֶר ה׳ וַיַּעֲמֵד רוּחַ סְעָרָה על הים וַתְּרוֹמֵם גַּלָּיו.

כו ואז באניותיהם הם יַעֲלוּ שָׁמַיִם, יֵרְדוּ תְהוֹמוֹת על גבי הגלים הגבוהים מאוד, נַפְשָׁם בְּרָעָה תִתְמוֹגָג – הנפש כאילו נמסה, גם בגלל הסבל שבטלטולי הים וגם מרוב פחד.

כז ובהיותם בים הם יָחוֹגּוּ וְיָנוּעוּ, מסתובבים מצד לצד כַּשִּׁכּוֹר וְכָל־חָכְמָתָם תִּתְבַּלָּע, תאבד, כי אין בידם לעשות דבר כנגד הים.

קז,כג **יוֹרְדֵי הַיָּם בָּאֳנִיּוֹת** – אמר מורנו הבעש"ט שהפסוק רומז לנשמה היורדת בגוף, ושלוש ירידות הן, כנגד שלושה סוגים של יורדי ים: יש היורד לים בָּאֳנייה בטוחה; יש המושלך אל המצולות ללא הגנה; ויש שהוא בבחינת **עֹשֵׂי מְלָאכָה בְּמַיִם רַבִּים** – שידיו רב לו לא רק להציל את עצמו, אלא גם להציל אחרים עמו. שלושת אלו אינם רק דמויות נפרדות, אלא גם שלושה מצבים בחייו של כל אחד ואחת מישראל: ישנו חלל ימני שבלב, משכן היצר הטוב, שהוא בבחינת אנייה שניתן לעבור בה את העולם־הזה בשלום; ישנו חלל שמאלי שבלב, משכן היצר הרע, שכשהוא מושל באדם הריהו מכניס אותו בסכנת טביעה; וישנה יכולת ההשפעה על הזולת, הנתונה לכל יהודי על־פי מידתו, ועל־ידה הוא יכול להציל אחרים שמצבם גרוע משלו.

על־פי תהילות מנחם

כח וַיִּצְעֲקוּ אֶל־יְהוָה בַּצַּר לָהֶם
וּמִמְּצוּקֹתֵיהֶם יוֹצִיאֵם׃
כט יָקֵם סְעָרָה לִדְמָמָה
וַיֶּחֱשׁוּ גַּלֵּיהֶם׃
ל וַיִּשְׂמְחוּ כִּי־יִשְׁתֹּקוּ
וַיַּנְחֵם אֶל־מְחוֹז חֶפְצָם׃
לא יוֹדוּ לַיהוָה חַסְדּוֹ
וְנִפְלְאוֹתָיו לִבְנֵי אָדָם׃
לב וִירוֹמְמוּהוּ בִּקְהַל־עָם
וּבְמוֹשַׁב זְקֵנִים יְהַלְלוּהוּ׃
לג יָשֵׂם נְהָרוֹת לְמִדְבָּר
וּמֹצָאֵי מַיִם לְצִמָּאוֹן׃
לד אֶרֶץ פְּרִי לִמְלֵחָה
מֵרָעַת יוֹשְׁבֵי בָהּ׃
לה יָשֵׂם מִדְבָּר לַאֲגַם־מַיִם
וְאֶרֶץ צִיָּה לְמֹצָאֵי מָיִם׃
לו וַיּוֹשֶׁב שָׁם רְעֵבִים
וַיְכוֹנְנוּ עִיר מוֹשָׁב׃

כח וַיִּצְעֲקוּ אֶל־ה׳ בַּצַּר לָהֶם, וּמִמְּצוּקֹתֵיהֶם יוֹצִיאֵם.

כט כיצד? יָקֵם סְעָרָה לִדְמָמָה וַיֶּחֱשׁוּ, שתקו, גַּלֵּיהֶם, גלי המים.

ל וַיִּשְׂמְחוּ כִּי־יִשְׁתֹּקוּ, שהמים שתקו מעליהם והם יכולים להמשיך ולשוט, וַיַּנְחֵם אֶל־מְחוֹז חֶפְצָם, אל הנמל שרצו להגיע אליו (מחוז הוא המילה המקראית לנמל).

לא ולאחר כל זה הם יוֹדוּ לַה׳ חַסְדּוֹ וְנִפְלְאוֹתָיו לִבְנֵי אָדָם.

לב וִירוֹמְמוּהוּ בִּקְהַל־עָם; וּבְמוֹשַׁב זְקֵנִים, במקום שנמצאים בו זקני העדה, יְהַלְלוּהוּ, הם מהללים את שם ה׳ בפניהם.

לג כעת עובר המזמור מעניין ההודאה על מאורע מסוים לעניין כללי יותר, לדרך של חיים: פעמים קורה שה׳ יָשֵׂם נְהָרוֹת לְמִדְבָּר, שנהרות מתייבשים, וּמֹצָאֵי מַיִם הופכים לְצִמָּאוֹן.

לד ואֶרֶץ פְּרִי הופכת להיות לִמְלֵחָה - שלב שבו מתמעטים המים ונעשים מלוחים יותר ופחות ראויים לשתייה ולהשקייה. כל זה קורה מֵרָעַת יוֹשְׁבֵי בָהּ, כעונש על רשעותם של יושבי הארץ הזאת.

לה אבל המצב הזה איננו נשאר כך לתמיד, וכן יש גם מאורעות הפוכים: יָשֵׂם מִדְבָּר לַאֲגַם־מַיִם וְאֶרֶץ צִיָּה הופכת להיות לְמֹצָאֵי מָיִם, מקום של מים רבים.

לו וַיּוֹשֶׁב שָׁם, במקום החדש הזה, באותו מדבר הזה שהפך למקום פורה, רְעֵבִים, וַיְכוֹנְנוּ עִיר מוֹשָׁב.

קז,כח וַיִּצְעֲקוּ אֶל ה׳ בַּצַּר לָהֶם – לא צעקת הקול הגשמי, אלא צעקת הלב, צעקה שהיא מלשון אסיפה וקיבוץ, כמו "וַיִּצָּעֵק איש אפרים", שמאספת את כל רצונות הלב למקום אחד, להיות רצונו רק לה׳ אחד ואין זר אתו כלל, וכמו שכתוב "מי לי בשמים ועמך לא חפצתי בארץ", וזהו עניין מסירות נפש באחד. והנה וַיִּצְעֲקוּ אֶל ה׳ – בַּצַּר לָהֶם, שמכיוון שצר לו מאוד מפני הרצונות הזרים, המסתירים על האהבה ומרחיקים אותו מלהתקשר קשר אמיתי בה׳ אחד, לכן יצעק מאוד אל ה׳. והוא עניין "חולת אהבה", כאדם שאינו יכול להגיע למחוז חפצו ותשוקתו הנפלאה, שיחלה חולי האהבה וימאס בחייו ממש. וכמו כן הוא בעבודת ה׳, שמואס בחייו הגשמיים מפני תגבורת תשוקתו לה׳ לבדו. ונמצא מובן שהצעקה והצר עניין אחד הם, שדווקא מחמת שצר לו יבוא לבחינת הצעקה.

על־פי דרך מצוותיך קנד, א

לז וְיִזְרְעוּ שָׂדוֹת וַיִּטְּעוּ כְרָמִים
וַיַּעֲשׂוּ פְּרִי תְבוּאָה:
לח וַיְבָרְכֵם וַיִּרְבּוּ מְאֹד
וּבְהֶמְתָּם לֹא יַמְעִיט:
לט וַיִּמְעֲטוּ וַיָּשֹׁחוּ
מֵעֹצֶר רָעָה וְיָגוֹן: ׆
מ שֹׁפֵךְ בּוּז עַל־נְדִיבִים
וַיַּתְעֵם בְּתֹהוּ לֹא־דָרֶךְ:
מא וַיְשַׂגֵּב אֶבְיוֹן מֵעוֹנִי
וַיָּשֶׂם כַּצֹּאן מִשְׁפָּחוֹת:
מב יִרְאוּ יְשָׁרִים וְיִשְׂמָחוּ
וְכָל־עַוְלָה קָפְצָה פִּיהָ:
מג מִי־חָכָם וְיִשְׁמָר־אֵלֶּה
וְיִתְבּוֹנְנוּ חַסְדֵי יְהוָה:

לז וַיִּזְרְעוּ בארץ החדשה הזאת שָׂדוֹת, וַיִּטְּעוּ כְרָמִים, וַיַּעֲשׂוּ פְּרִי תְבוּאָה.

לח וַיְבָרְכֵם, וַיִּרְבּוּ מְאֹד, וּבְהֶמְתָּם לֹא יַמְעִיט.

לט אך יש שגם זה משתנה לרעה: וַיִּמְעֲטוּ, מספרם של האנשים הולך ומתמעט, וַיָּשֹׁחוּ, האנשים עצמם נעשים מושפלים, מֵעֹצֶר, כלומר: מרוב רָעָה וְיָגוֹן.

מ בדומה לכך, לפעמים ה' שֹׁפֵךְ בּוּז עַל־נְדִיבִים, אנשים עשירים נעשים דכים ומדוכדכים, וַיַּתְעֵם בְּתֹהוּ לֹא־דָרֶךְ, בין מבחינה כלכלית או בכל אופן אחר, כלומר: הם אינם מצליחים למצוא מוצא ממצבם הקשה.

מא ולעומת זאת - וַיְשַׂגֵּב, כלומר: ייתן מחסה ומעוז לְאֶבְיוֹן מֵעוֹנִי וַיָּשֶׂם כַּצֹּאן, כלומר: עדרים עדרים, רבים מספור, מִשְׁפָּחוֹת אשר קודם לכן היו מעטות בגלל המחסור.

מב יִרְאוּ יְשָׁרִים וְיִשְׂמָחוּ על חסדי ה', וְכָל־עַוְלָה קָפְצָה, סתמה וסגרה את פִּיהָ ואין היא נשמעת עוד, כי האנשים הללו מלאים תודה.

מג ובסופו של דבר, כאשר מתבוננים על כל העליות והירידות הללו אפשר לסכם: מִי־חָכָם וְיִשְׁמָר־אֵלֶּה, ישים לב לזכור את כל הדברים הללו, כל הנפילות והעליות שיש לבני האדם, וְיִתְבּוֹנְנוּ בחַסְדֵי ה'.

קז,מג **מִי חָכָם וְיִשְׁמָר אֵלֶּה.** הבעש"ט תיקן לומר מזמור זה בכל שבת בכניסתו, כי בכל שבת מופיעה הקדושה מהשורש לקבץ ניצוצות הקדושה מנפילתם, ודרך כלל הן ארבע נפילות שבהן נכללו כל מיני ירידות ונפילות העוברות על האדם: "תעו במדבר", מרמז על אדם שהולך בטל בלא תורה; "אסירי עני וברזל", אלו המומרים להכעיס, שהם כמי שאסור בכבלי ברזל ואינו יכול לצאת ממאסרו; "אוילים מדרך פשעם", היינו בעלי תאווה וכעס; "יורדי הים באניות", הם הטרודים במחשבותיהם כל השבוע ללא יישוב הדעת, "וכל חכמתם תתבלע". ועל־ידי קדושת שבת יוכלו להתקשר בשורש ולהתעלות. וזה **מִי חָכָם וְיִשְׁמָר אֵלֶּה** – לשון המתנה וקיווי, כמו "ואביו שמר את הדבר", שצריך להיות חכם ולהמתין על הישועה הגם שעוד אינו מרגיש בה בנפשו; **וְיִתְבּוֹנְנוּ חַסְדֵי ה'** – שבסוף דבר יתבונן היטב שכל זה היה חסדי ה' עליו.

על־פי פרי צדיק, מסעי, ו

נָכוֹן לִבִּי אֱלֹהִים אָשִׁירָה וַאֲזַמֵּרָה

מזמור החוזר על מזמור ס, בשינויים קלים; אלא שמשום התחלתו השונה הוא יותר בגדר שיר תהילה פשוט, שכולו אך ורק דברי שבח. אך שלא כפרק ס, אשר נאמר כנראה בנסיבות מסוימות, הפרק הזה כולל בתוכו גם את המורכבות של היחס בין צרות העבר לניצחונות ההווה.

ספר חמישי
פרק קח

א שִׁיר מִזְמוֹר לְדָוִד׃
ב נָכוֹן לִבִּי אֱלֹהִים
אָשִׁירָה וַאֲזַמְּרָה
אַף־כְּבוֹדִי׃
ג עוּרָה הַנֵּבֶל וְכִנּוֹר
אָעִירָה שָּׁחַר׃
ד אוֹדְךָ בָעַמִּים ׀ יְהוָה
וַאֲזַמֶּרְךָ בַּלְאֻמִּים׃
ה כִּי־גָדֹל מֵעַל־שָׁמַיִם חַסְדֶּךָ
וְעַד־שְׁחָקִים אֲמִתֶּךָ׃
ו רוּמָה עַל־שָׁמַיִם אֱלֹהִים
וְעַל כָּל־הָאָרֶץ כְּבוֹדֶךָ׃
ז לְמַעַן יֵחָלְצוּן יְדִידֶיךָ
הוֹשִׁיעָה יְמִינְךָ וַעֲנֵנִי׃
ח אֱלֹהִים ׀ דִּבֶּר בְּקָדְשׁוֹ
אֶעְלֹזָה
אֲחַלְּקָה שְׁכֶם
וְעֵמֶק סֻכּוֹת אֲמַדֵּד׃

א שִׁיר מִזְמוֹר לְדָוִד.

ב נָכוֹן לִבִּי, אֱלֹהִים, אני מוכן עכשיו לשירה זו, וְאָשִׁירָה וַאֲזַמְּרָה לך, וְאַף־כְּבוֹדִי, שכאן הוא כנראה שם נרדף ל"נשמתי", יצטרף לשירה זו.

ג וכאן פונה המשורר לכלי הנגינה שלו ומבקש ממנו: עוּרָה הַנֵּבֶל וְכִנּוֹר, אָעִירָה שָׁחַר, שיתחיל לנגן כבר מתחילת הבוקר.

ד אוֹדְךָ בָעַמִּים, ה׳, וַאֲזַמֶּרְךָ בַּלְאֻמִּים.

ה כִּי־גָדוֹל מֵעַל־שָׁמַיִם חַסְדֶּךָ, חסד ה׳ גדול כל כך עד שהוא מתנשא אפילו מעל לשמים, וְעַד־שְׁחָקִים מגיעה אֲמִתֶּךָ, שאתה שומר את בריתך אתנו.

ו רוּמָה עַל־שָׁמַיִם, אֱלֹהִים, התנשא והתגלה בעולם, וְעַל כָּל־הָאָרֶץ כְּבוֹדֶךָ.

ז לְמַעַן יֵחָלְצוּן יְדִידֶיךָ מכל רע הוֹשִׁיעָה אותי בִּימִינְךָ וַעֲנֵנִי.

ח מכאן ואילך בא שיר התהילה עצמו: אֱלֹהִים דִּבֶּר בְּקָדְשׁוֹ והבטיח ניצחון, ואז - אֶעֱלֹזָה, אֲחַלְּקָה שְׁכֶם וְעֵמֶק סֻכּוֹת אֲמַדֵּד.

ועננו

קח,ג אָעִירָה שָׁחַר. המעורר ישנים והמקיץ נרדמים, חוס וחמול עליי וזכני להתעורר משנתי בחצות לילה בזריזות גדול, בלי שום עצלות וכבדות כלל, ולא יוכל שום דבר למנוע אותי מזה. וברחמיך הרבים תעורר הרוח צפונית המנשבת בכינור של דוד, ומשם יומשך עליי התעוררות להתעורר תמיד משנתי בעת חצות לילה ממש – עוּרָה הַנֵּבֶל וְכִנּוֹר אָעִירָה שָׁחַר.

על־פי ליקוטי תפילות, ח״א, פח

קח,ג אָעִירָה שָׁחַר. "יתגבר כארי לעמוד בבוקר לעבודת בורא, שיהא הוא מעורר השחר", כי האמונה היא בחינת מלכות, בחינת איילת השחר, כי עיקר שלמות האמונה הוא בבוקר, בבחינת "חדשים לבקרים רבה אמונתך", ועל כן צריך כל אחד להתגבר כארי ולעמוד בבוקר קודם עלות השחר לעסוק בתורה ותפילה, כדי שיזכה לעורר בחינת האמונה ולהגדילה ולהשלימה עד אור היום, שאז עיקר עלייתה ושלמותה.

על־פי ליקוטי הלכות, השכמת הבוקר ג: ב

ט לִי גִלְעָד ׀ לִי מְנַשֶּׁה
וְאֶפְרַיִם מָעוֹז רֹאשִׁי
יְהוּדָה מְחֹקְקִי׃
י מוֹאָב ׀ סִיר רַחְצִי
עַל־אֱדוֹם אַשְׁלִיךְ נַעֲלִי
עֲלֵי־פְלֶשֶׁת אֶתְרוֹעָע׃
יא מִי יֹבִלֵנִי עִיר מִבְצָר
מִי נָחַנִי עַד־אֱדוֹם׃
יב הֲלֹא־אֱלֹהִים זְנַחְתָּנוּ
וְלֹא־תֵצֵא אֱלֹהִים
בְּצִבְאֹתֵינוּ׃
יג הָבָה־לָּנוּ עֶזְרָת מִצָּר
וְשָׁוְא תְּשׁוּעַת אָדָם׃
יד בֵּאלֹהִים נַעֲשֶׂה־חָיִל
וְהוּא יָבוּס צָרֵינוּ׃

ט ובאו לעזרתי שבטי ישראל: לִי גִלְעָד, לִי מְנַשֶּׁה וְאֶפְרַיִם מָעוֹז רֹאשִׁי, יְהוּדָה מְחֹקְקִי.

י ומצד שני – מוֹאָב, שאותה אני כובש, היא סִיר רַחְצִי; הוא מתייחס אליה בבוז, ואומר שהיא אינה אלא כסיר לרחוץ בו, עַל־אֱדוֹם אַשְׁלִיךְ נַעֲלִי בבוז, עֲלֵי־פְלֶשֶׁת אֶתְרוֹעָע, אשבר אותה.

יא מִי יֹבִלֵנִי עִיר מִבְצָר, מִי נָחַנִי עַד־אֱדוֹם לכבוש אותה?

יב הֲלֹא־אֱלֹהִים זְנַחְתָּנוּ, אתה שזנחת אותנו בעבר וְלֹא־תֵצֵא אֱלֹהִים בְּצִבְאֹתֵינוּ, ולפיכך לא הצלחנו עד כה, עכשיו אתה בעזרנו.

יג וכעת, כאשר חסד ה׳ אתנו, אנו יכולים לעשות הכל. הָבָה־לָּנוּ עֶזְרָת מִצָּר וְשָׁוְא תְּשׁוּעַת אָדָם, עזרתם של בני האדם לא תועיל, ורק תשועת ה׳ עוזרת תמיד.

יד ולסיכום: בֵּאלֹהִים נַעֲשֶׂה־חָיִל, וְהוּא יָבוּס צָרֵינוּ.

קח,יג **וְשָׁוְא תְּשׁוּעַת אָדָם.** כל מה שיחסר לאדם יבקש זאת מהשם יתברך, הן בענייני עולם־הזה והן בענייני עבודת ה׳, ויתחזק אמונתו ויהיה ביטחונו חזק בה׳. ולא יהיה כאותם האנשים אשר אם יחסר להם מחסורם, הולכים ודואגים ומצפים מתי יבוא לידם, וחושבים עצה ותחבולה, ובאמת "אין עצה וחכמה ותבונה לנגד ה׳", **וְשָׁוְא תְּשׁוּעַת אָדָם**, והם בעיניי כחולה אשר יש בידו להתרפא על־ידי רופא מומחה ומעלים עיניו מזה, אך הולך ודואג מתי יקום מחליו, אשר בוודאי מתחייב בנפשו. כן ממש זה האיש אשר יחסר לו דבר מה, יש בידו רפואה בדוקה מרופא מומחה, רופא כל בשר, והוא התפילה, לבקש ולחנן מאת פני האדון ה׳ כי הוא שומע תפילת כל פה, "כי מי גוי גדול אשר לו אלוהים קרובים אליו כה׳ אלהינו בכל קראנו אליו".

על־פי בית יעקב, ואתחנן

וַאֲנִי תְפִלָּה:

ספר חמישי

פרק קט

מזמור שבו מבקש דוד המלך
על נפשו מפני אויביו המרובים,
תוך שהוא מתאר את דבריהם
הקשים של האויבים.*

א לַמְנַצֵּחַ לְדָוִד מִזְמוֹר
אֱלֹהֵי תְהִלָּתִי אַל־תֶּחֱרַשׁ:
ב כִּי פִי רָשָׁע וּפִי־מִרְמָה
עָלַי פָּתָחוּ
דִּבְּרוּ אִתִּי לְשׁוֹן שָׁקֶר:
ג וְדִבְרֵי שִׂנְאָה סְבָבוּנִי
וַיִּלָּחֲמוּנִי חִנָּם:
ד תַּחַת־אַהֲבָתִי יִשְׂטְנוּנִי
וַאֲנִי תְפִלָּה:

א לַמְנַצֵּחַ לְדָוִד מִזְמוֹר: אֱלֹהֵי תְהִלָּתִי אַל־תֶּחֱרַשׁ. דוד אומר: הגם שאני במצבי אינני יכול לענות או להגיב כראוי, מבקש אני מן הקב"ה שהוא לא יחריש, ושהוא יענה לאויביי וישיב להם כגמולם.

ב כִּי פִי רָשָׁע וּפִי־מִרְמָה עָלַי פָּתָחוּ – לדעתו של דוד, ההתקפות עליו חלקן רמייה וחלקן עניין של רשעות. דִּבְּרוּ אִתִּי לְשׁוֹן שָׁקֶר:

ג בשעתו אותם אויבים שתקו; ואילו כעת, בעת נפילתי, יש להם הזדמנות להתבטא, וְדִבְרֵי שִׂנְאָה סְבָבוּנִי, וַיִּלָּחֲמוּנִי – הם לוחמים בי – חִנָּם.

ד תַּחַת־אַהֲבָתִי שאהבתי אותם בזמנו יִשְׂטְנוּנִי, כלומר: הם נעשים גם אויבים וגם מקטרגים, וַאֲנִי תְפִלָּה, כי כל מה שיכולתי לעשות בשעתו, וגם מה שאני יכול לעשות כעת, הוא רק לומר דברי תפילה. יש כאן שימוש לשון מיוחד: דוד מגדיר את עצמו לא רק כמתפלל, אלא כמי שכל מהותו היא תפילה.

* פירוש זה מאיר מזמור זה באור שונה מפירושיהם של מפרשים רבים: רבים הם המפרשים הרואים בפרק זה מזמור שבו דוד המלך, המותקף מכל צד, יוצא מגדרי סבלנותו הרגילים, ובמר נפשו מקלל את אויביו קללות נמרצות. ואולם אף שאכן יש במזמור זה קללות וגידופים יש להבינם בדרך שונה: כציטוט דבריהם של האויבים; ואכן, יש שוני ברור בין לשון היחיד של המתפלל, דוד, לבין לשון הרבים, שהם אויביו המדברים עליו רעות. ההקשר, ואפילו מקצת מפרטי הדברים, מתאימים למצבו של דוד כאשר ברח מפני אבשלום (שמואל ב' יג–יח), שאז היה מוכה ומבודד, ואף קולל בידי אנשים שונים (בעיקר שמעי בן גרא; ראה גם מלכים א' ב, ח).

קט,ד וַאֲנִי תְפִלָּה. דברי תורה הם כחרב שהורגת מקרוב, ואפילו מסובב ומסובך תוך מחשבות זרות והרהורים מכל צד – אם פונה לדברי תורה הוא הורגן ומבטלן. אבל תפילה אינה מועילה כלום כשכבר מוכרך בהרהורים, כי כל תפילתו תהיה כן – מלאה מחשבות זרות. רק צריך לכוון את לבו להתרחק ממחשבות זרות, ואז על־ידי התפילה יוכל להכניס בעומק הלב מחשבות קדושות ולהרוג הרע ממרחק, כדוגמת החץ ההורג מרחוק, ויוכל לנקות עומק הלב, מקום שאין יד האדם שולטת בו כלל, וכמו שנאמר וְלִבִּי חָלַל בְּקִרְבִּי. ופסוק זה אמרו דוד המלך ע"ה, שהוא עצם מדרגת התפילה, ככתוב וַאֲנִי תְפִלָּה. כי אי אפשר לזכות לזה אלא על־ידי ריבוי התפילות והבקשות לסייעתא דשמיא. וכל תפילה ותפילה היא יריית חץ נגדו. וכשמכוון בתפילתו הוא כיורה אל המטרה, נקודת הנחש שבעומק הלב.

על־פי צדקת הצדיק, רכג

פרק קט • ספר חמישי • ליום שישי • כג לחודש ______ תהלים • 459

ה וַיָּשִׂימוּ עָלַי רָעָה
תַּחַת טוֹבָה
וְשִׂנְאָה תַּחַת אַהֲבָתִי:
ו הַפְקֵד עָלָיו רָשָׁע
וְשָׂטָן יַעֲמֹד עַל־יְמִינוֹ:
ז בְּהִשָּׁפְטוֹ יֵצֵא רָשָׁע
וּתְפִלָּתוֹ תִּהְיֶה לַחֲטָאָה:
ח יִהְיוּ־יָמָיו מְעַטִּים
פְּקֻדָּתוֹ יִקַּח אַחֵר:
ט יִהְיוּ־בָנָיו יְתוֹמִים
וְאִשְׁתּוֹ אַלְמָנָה:
י וְנוֹעַ יָנוּעוּ בָנָיו וְשִׁאֵלוּ
וְדָרְשׁוּ מֵחָרְבוֹתֵיהֶם:
יא יְנַקֵּשׁ נוֹשֶׁה לְכָל־אֲשֶׁר־לוֹ
וְיָבֹזּוּ זָרִים יְגִיעוֹ:
יב אַל־יְהִי־לוֹ מֹשֵׁךְ חָסֶד
וְאַל־יְהִי חוֹנֵן לִיתוֹמָיו:

ה **וַיָּשִׂימוּ עָלַי רָעָה תַּחַת טוֹבָה, וְשִׂנְאָה תַּחַת אַהֲבָתִי.** אם אכן מדובר כאן במרד אבשלום, הרי שמדובר בבנו האהוב של דוד אשר דוד התייחס אליו בחמלה רבה, ולא רק שהוא עצמו מרד בו, אלא שהצטרפו אליו אנשים אשר במשך שנים נמנו עם ידידיו ועוזריו של דוד.

ו וכאן מתחיל ציטוט של הדברים שהם, הרבים, אומרים על דוד היחיד: **הַפְקֵד עָלָיו רָשָׁע**, תן אותו בידי כוחות של רע, בידי מלאך רע, **וְשָׂטָן**, שכאן פירושו אויב, שונא, **יַעֲמֹד עַל־יְמִינוֹ**.

ז **בְּהִשָּׁפְטוֹ** לפני ה׳ **יֵצֵא רָשָׁע**, כלומר: זה יהיה פסק דינו, **וּתְפִלָּתוֹ תִּהְיֶה לַחֲטָאָה**, והיא לא רק שלא תתקבל אלא אף תידחה בבוז.

ח **יִהְיוּ־יָמָיו מְעַטִּים**, שימות בקרוב, **פְּקֻדָּתוֹ**, כלומר: תפקידו, מקומו, **יִקַּח אַחֵר**.

ט **יִהְיוּ־בָנָיו יְתוֹמִים וְאִשְׁתּוֹ אַלְמָנָה.**

י **וְנוֹעַ יָנוּעוּ בָנָיו וְשִׁאֵלוּ**, כלומר: אותם בנים שישאיר אחריו לא רק שיהיו יתומים, אלא גם לא יהיה להם שום סעד ועזרה, והם יצטרכו לנוע ממקום למקום כקבצנים השואלים ומבקשים נדבות. **וְדָרְשׁוּ**, חיפשו, **מֵחָרְבוֹתֵיהֶם**, כיוון שלא יישאר אחריו שום דבר בנוי.

יא **יְנַקֵּשׁ נוֹשֶׁה לְכָל־אֲשֶׁר־לוֹ**, בעלי חובו ישימו עליו מצור כדי לגבות את כל מה שהוא חייב, **וְיָבֹזּוּ**, יבזזו, **זָרִים** את **יְגִיעוֹ**, את פרי עמלו, כל מה שטרח ואסף ובנה במשך הזמן.

יב **אַל־יְהִי־לוֹ מֹשֵׁךְ חָסֶד** בהיותו חי, **וְאַל־יְהִי חוֹנֵן לִיתוֹמָיו** אחרי מותו.

קט,ה **רָעָה תַּחַת טוֹבָה.** לכל אחת מאומות העולם יש תוכן רוחני מיוחד, טעם פנימי לקיומה. שבעים אומות, שבעים אוצרות נעולים, שאף לבעליהם אינם ידועים. מפתח אחד לכל אותם אוצרות, והוא נתון ביד ישראל, שכל העולם כולו – כל אומה בדרכה ועל־פי כישוריה – לא נברא אלא כדי להיות שותף למלאכת גילוי האלוהות הנתונה על כתפיהם. משום כך, חלק בלתי נפרד מהגאולה העתידה הוא השיתוף הזה: "והיו מלכים אֹמְנַיִךְ ושרותיהם מֵינִקֹתַיִךְ" (ישעיהו מט כג). עד אותה עת, אנו מקריבים בחג הסוכות שבעים פרים כנגד שבעים האומות, ובכך מגלים את מהותן הפנימית ומצדיקים את קיומן. אנו עושים זאת גם בזמן הגלות, באמירת פסוקי הקרבנות בתפילתנו, וזאת למרות כפיות טובתן של האומות הרודפות אותנו ומרעות לנו. זה שאמר הכתוב: **וַיָּשִׂימוּ עָלַי רָעָה תַּחַת טוֹבָה וְשִׂנְאָה תַּחַת אַהֲבָתִי.**

על־פי ספר המאמרים – מלוקט תשרי־חשון, עמ׳ קל

יג יְהִי־אַחֲרִיתוֹ לְהַכְרִית
בְּדוֹר אַחֵר יִמַּח שְׁמָם:
יד יִזָּכֵר ׀ עֲוֺן אֲבֹתָיו אֶל־יְהוָה
וְחַטַּאת אִמּוֹ אַל־תִּמָּח:
טו יִהְיוּ נֶגֶד־יְהוָה תָּמִיד
וְיַכְרֵת מֵאֶרֶץ זִכְרָם:
טז יַעַן
אֲשֶׁר ׀ לֹא זָכַר עֲשׂוֹת חָסֶד
וַיִּרְדֹּף אִישׁ־עָנִי וְאֶבְיוֹן
וְנִכְאֵה לֵבָב לְמוֹתֵת:
יז וַיֶּאֱהַב קְלָלָה וַתְּבוֹאֵהוּ
וְלֹא־חָפֵץ בִּבְרָכָה
וַתִּרְחַק מִמֶּנּוּ:
יח וַיִּלְבַּשׁ קְלָלָה כְּמַדּוֹ
וַתָּבֹא כַמַּיִם בְּקִרְבּוֹ
וְכַשֶּׁמֶן בְּעַצְמוֹתָיו:
יט תְּהִי־לוֹ כְּבֶגֶד יַעְטֶה
וּלְמֵזַח תָּמִיד יַחְגְּרֶהָ:

יג יְהִי־אַחֲרִיתוֹ לְהַכְרִית, כלומר: לא רק שהוא ימות אלא גם אחריתו, או מורשתו, תישמד ותיכרת.

בְּדוֹר אַחֵר יִמַּח שְׁמָם - שמו־שלו ושם כל צאצאיו, והזיכרון היחידי שיישאר ממנו יהיה זיכרון של חטא ועוון.

יד יִזָּכֵר עֲוֺן אֲבֹתָיו אֶל־ה׳, וְחַטַּאת אִמּוֹ אַל־תִּמָּח, לא תימחה, לא תישכח. אין כאן האשמה ישירה, אלא רק הנחה שגם הוריו בוודאי חטאו בחטאים שונים, וכל אלה ייזכרו לעולם.

טו החטאים האלה יִהְיוּ נֶגֶד־ה׳ תָּמִיד, וְיַכְרֵת מֵאֶרֶץ זִכְרָם.

טז וכאן מסבירים אותם שונאים מדוע מגיעות לו כל הקללות הללו: יַעַן אֲשֶׁר לֹא זָכַר עֲשׂוֹת חָסֶד, וַיִּרְדֹּף אִישׁ־עָנִי וְאֶבְיוֹן, וגם רדף אחרי נִכְאֵה לֵבָב - מי שכואב וסובל - לְמוֹתֵת אותו.

יז ובכלל, מכל התנהגותו עולה שהוא וַיֶּאֱהַב קְלָלָה, וַתְּבוֹאֵהוּ ולכן עכשיו תבואהו הקללה. בשעתו, בשעה שהיה בגדולתו, לא חשש לקללות, אבל עכשיו הקללות הללו באות. וְלֹא־חָפֵץ בִּבְרָכָה, וַתִּרְחַק מִמֶּנּוּ.

יח וכאן הם מאחלים לו: וַיִּלְבַּשׁ קְלָלָה כְּמַדּוֹ, כלומר: כל הקללה הזאת תתלבש עליו כמו שבגדים נצמדים לאדם, וַתָּבֹא הקללה כַמַּיִם בְּקִרְבּוֹ וְכַשֶּׁמֶן בְּעַצְמוֹתָיו - כמו מי ששותה מים וסך גופו בשמן, באותה דרך עצמה יבואו עליו הקללות.

יט תְּהִי־לוֹ הקללה כְּבֶגֶד יַעְטֶה וּלְמֵזַח, חגורה, אשר תָּמִיד יַחְגְּרֶהָ. כל הקללות הללו, המבטאות איבה כבושה ואולי אף עתיקת ימים, הן מה

קט,יז וְלֹא חָפֵץ בִּבְרָכָה. תפילה מועלת תמיד, ואפילו אין האדם שמתפללים עליו ראוי לישועה, משום שהיא ממשיכה שפע עליון ממקום שהוא למעלה מסדר השתלשלות מדרגות החיות האלוהית, מקום שהנהגת הנבראים אינה תופסת מקום לגביו. ברכה, לעומת זאת, ממשיכה שפע מתוך גבולות סדר ההשתלשלות, ולפיכך היא תלויה במצבו הרוחני של המתברך. כשמצב זה אינו כדבעי מצד הנהגת האדם למטה, הרי שגם למעלה נעשה חיסרון בשפע הראוי לו, ולא ניתן לחדש את המשכת השפע מבלי להסיר תחילה את המניעה. על כך אומר הכתוב: וְלֹא חָפֵץ בִּבְרָכָה וַתִּרְחַק מִמֶּנּוּ. משמע: כאשר אין האדם חפץ לעשות את אותם דברים שהברכה צפויה לבוא בעקבותיהם – תורה ומצוות – הרי בדרך ממילא רחוקה הברכה ממנו.

על־פי ליקוטי שיחות ח״י, עמ׳ 40

כ זֹאת ׀ פְּעֻלַּת שֹׂטְנַי
מֵאֵת יְהוָה
וְהַדֹּבְרִים רָע עַל־נַפְשִׁי:
כא וְאַתָּה ׀ יֱהוִה אֲדֹנָי
עֲשֵׂה־אִתִּי לְמַעַן שְׁמֶךָ
כִּי־טוֹב חַסְדְּךָ הַצִּילֵנִי:
כב כִּי־עָנִי וְאֶבְיוֹן אָנֹכִי
וְלִבִּי חָלַל בְּקִרְבִּי:
כג כְּצֵל כִּנְטוֹתוֹ נֶהֱלָכְתִּי
נִנְעַרְתִּי כָּאַרְבֶּה:
כד בִּרְכַּי כָּשְׁלוּ מִצּוֹם
וּבְשָׂרִי כָּחַשׁ מִשָּׁמֶן:
כה וַאֲנִי ׀ הָיִיתִי חֶרְפָּה לָהֶם
יִרְאוּנִי יְנִיעוּן רֹאשָׁם:
כו עָזְרֵנִי יְהוָה אֱלֹהָי
הוֹשִׁיעֵנִי כְחַסְדֶּךָ:

שדוד מספר על הקללות שקיללוהו בזמן מנוסתו, שעה שהיה מוכה ונרדף ונראה אבוד וחסר תקווה.

כ והוא ממשיך ואומר: זֹאת, כל האמירות האלה שהוא ציטט, היא פְּעֻלַּת שֹׂטְנַי, כלומר: מעשה ודיבור של אויביי, מֵאֵת ה׳. המשורר, כאדם מלא אמונה, אומר שהם נשלחו לו כעונש מאת ה׳ (והשווה למה שאומר דוד, בשמואל ב׳ טז, י, על שמעי בן גרא: ״ה׳ אמר לו: קלל״), וְהַדֹּבְרִים רָע עַל־נַפְשִׁי.

כא ואחרי שהוא מספר על האיבה והקללות של אויביו חוזר דוד ומתפלל אל ה׳: וְאַתָּה, אֱלֹהִים ה׳, עֲשֵׂה־אִתִּי לְמַעַן שְׁמֶךָ, כִּי־טוֹב חַסְדְּךָ, ובגלל חסדך הַצִּילֵנִי.

כב כִּי־עָנִי וְאֶבְיוֹן אָנֹכִי, וְלִבִּי חָלַל בְּקִרְבִּי, כלומר: לבי ריק עכשיו מרגשות, מביטחון ומכוח.

כג כְּצֵל, כִּנְטוֹתוֹ, כמו הצל בזמן שהשמש נוטה, כשהחשכה הולכת ויורדת והצל מתארך והולך, אך באמת אין לו כל ממשות, נֶהֱלָכְתִּי, נִנְעַרְתִּי, כלומר: נזרקתי, הושלכתי, כָּאַרְבֶּה, שהרוח מעיפה אותו ממקום למקום.

כד בִּרְכַּי כָּשְׁלוּ מִצּוֹם וּבְשָׂרִי כָּחַשׁ מִשָּׁמֶן מרוב צומות וייסורים.

כה וַאֲנִי הָיִיתִי חֶרְפָּה לָהֶם בזמן שאני נמצא בדלות זו, יִרְאוּנִי יְנִיעוּן רֹאשָׁם מתוך זלזול ובוז גם יחד.

כו וכאן הוא פונה לה׳ בבקשה ישירה: עָזְרֵנִי, ה׳ אֱלֹהָי, הוֹשִׁיעֵנִי כְחַסְדֶּךָ.

קט,כב וְלִבִּי חָלַל בְּקִרְבִּי. כמעשה העולם – מעשה האדם. מעשה עולם כיצד? שקודם בריאת העולם היה אור אלוהי אין סופי ממלא את הכול. מכיוון שרצה הקב״ה שתתגלה מלכותו, הוצרך לגלות מידותיו – בבחינת מידה וגבול – לנבראים. על כן צמצם אורו האין סופי לצדדים עד שנשאר חלל פנוי, ובתוך החלל הפנוי ברא העולמות וגילה המידות. מעשה אדם כיצד? שקודם שמכניס עצמו בעבודת ה׳, מלא לבו של איש יהודי להביות ותשוקה שאין לה סוף. וכדי שיקבל על עצמו עול מלכותו יתברך, מוכרח הוא לצמצם התלהבותו ולעשות חלל פנוי בלבו, שבו יוכל לעבוד את ה׳ בהדרגה ובמידה. מכיוון שצמצם התלהבותו ועשה חלל, הבחירה בידו: אם ח״ו יחשוב מחשבות רעות, יאטום בכך את חלל לבו ויקלקל את הבריאה. ולאידך גיסא, אם יחשוב מחשבות טובות, יוכל לקבל בחלל לבו גילוי אור מלכותו יתברך.

על־פי ליקוטי מוהר״ן ח״א מט: א

כז וְיֵדְעוּ כִּי־יָדְךָ זֹּאת
אַתָּה יְהוָה עֲשִׂיתָהּ׃
יְקַלְלוּ־הֵמָּה וְאַתָּה תְבָרֵךְ
קָמוּ ׀ וַיֵּבֹשׁוּ וְעַבְדְּךָ יִשְׂמָח׃
כח יִלְבְּשׁוּ שׂוֹטְנַי כְּלִמָּה
וְיַעֲטוּ כַמְעִיל בָּשְׁתָּם׃
כט אוֹדֶה יְהוָה מְאֹד בְּפִי
וּבְתוֹךְ רַבִּים אֲהַלְלֶנּוּ׃
ל כִּי־יַעֲמֹד לִימִין אֶבְיוֹן
לְהוֹשִׁיעַ מִשֹּׁפְטֵי נַפְשׁוֹ׃

כז וְיֵדְעוּ כִּי־יָדְךָ זֹּאת, כלומר: שאין זאת תוצאה של רעתי או של חוסר יכולתי האישית אלא אַתָּה, ה׳, עֲשִׂיתָהּ.

כח וכשם שהורדתני מגדולתי כך יכול אתה גם לרומם אותי בחזרה: יְקַלְלוּ־הֵמָּה, וְאַתָּה תְבָרֵךְ, קָמוּ עליי, ובסופו של דבר וַיֵּבֹשׁוּ, וְעַבְדְּךָ יִשְׂמָח.

כט יִלְבְּשׁוּ שׂוֹטְנַי כְּלִמָּה וְיַעֲטוּ כַמְעִיל בָּשְׁתָּם, כי כאשר אשוב לגדולתי, כל מה שיישאר להם יהיה הבושה על כך שהם התנכלו לי בשעה זו.

ל ואז אוֹדֶה לה׳ מְאֹד בְּפִי וּבְתוֹךְ רַבִּים, במעמדם של רבים, אֲהַלְלֶנּוּ.

לא כִּי־יַעֲמֹד, כי ה׳ יעמוד לִימִין אֶבְיוֹן לְהוֹשִׁיעַ אותו מִשֹּׁפְטֵי נַפְשׁוֹ; שהם דנו את דינו לכל רע, אבל ה׳ מוציא אותו מכל הצרות הללו.

קט,לא כִּי יַעֲמֹד לִימִין אֶבְיוֹן לְהוֹשִׁיעַ מִשֹּׁפְטֵי נַפְשׁוֹ – זו מדרגת ה״בינוני״, שאינו צדיק אך גם רשע אינו. שהצדיק, יצר הטוב מושל בו; ולעומתו הרשע, יצר הרע מושל בו; ולעומת שניהם אין שום יצר מושל ב״בינוני״ – אלא שני היצרים לוחמים על נפשו, ואין לאחד מהם הממשלה. משל למה הדבר דומה? לשני שופטים האומרים כל אחד ואחד דעתו בעת המשפט, ואין הלכה כאחד מהם אלא כדברי השופט השלישי המכריע ביניהם, והוא הקב״ה העומד לימין האדם ומסייע ליצרו הטוב, וכמאמר רז״ל: ״אלמלא הקב״ה עוזרו – אין יכול לו״. והעזר הוא ההארה שמאיר אור ה׳ על נפש האלוהית להיות לה יתרון ושליטה על סכלות הכסיל ויצר הרע כיתרון האור מן החושך.

על־פי תניא, יג

בְּהַדְרֵי־קֹדֶשׁ מֵרֶחֶם מִשְׁחָר לְךָ טַל יַלְדֻתֶיךָ:

ספר חמישי

פרק קי

מזמור הנראה כמזמור של המלכה והכתרה, אולי אפילו מזמור לכבוד הכתרתו הרשמית של דוד למלך בירושלים; את הכותרת "לדוד מזמור" אפשר לפרש כאן גם במשמעות של "מזמור על דוד".

א לְדָוִד מִזְמוֹר
נְאֻם יְהוָה ׀ לַאדֹנִי
שֵׁב לִימִינִי
עַד־אָשִׁית אֹיְבֶיךָ
הֲדֹם לְרַגְלֶיךָ׃
ב מַטֵּה עֻזְּךָ
יִשְׁלַח יְהוָה מִצִּיּוֹן
רְדֵה בְּקֶרֶב אֹיְבֶיךָ׃
ג עַמְּךָ נְדָבֹת בְּיוֹם חֵילֶךָ
בְּהַדְרֵי־קֹדֶשׁ
מֵרֶחֶם מִשְׁחָר
לְךָ טַל יַלְדֻתֶיךָ׃
ד נִשְׁבַּע יְהוָה ׀ וְלֹא יִנָּחֵם
אַתָּה־כֹהֵן לְעוֹלָם
עַל־דִּבְרָתִי מַלְכִּי־צֶדֶק׃
ה אֲדֹנָי עַל־יְמִינְךָ
מָחַץ בְּיוֹם־אַפּוֹ מְלָכִים׃
ו יָדִין בַּגּוֹיִם מָלֵא גְוִיּוֹת
מָחַץ רֹאשׁ עַל־אֶרֶץ רַבָּה׃

א לְדָוִד מִזְמוֹר, נְאֻם ה׳ לַאדֹנִי, כך אומר ה׳ לאדוני המלך: "שֵׁב לִימִינִי - כי, כפי שכתוב על המלך שלמה (דברי הימים א׳ כט, כג), המלך בירושלים יושב, במובן מסוים, "על כיסא ה׳" - עַד־אָשִׁית, עד אשר אשים את אֹיְבֶיךָ הֲדֹם לְרַגְלֶיךָ". כביכול ה׳ אומר למלך להמתין, כי הוא יילחם את מלחמתו.

ב מַטֵּה עֻזְּךָ יִשְׁלַח ה׳ מִצִּיּוֹן, ובמטה זה רְדֵה, משול, בְּקֶרֶב אֹיְבֶיךָ.

ג עַמְּךָ נְדָבֹת בְּיוֹם חֵילֶךָ - העם, עמך, יקבל את צדקתך, את נדבתך, ביום הצלחתך.

בְּהַדְרֵי־קֹדֶשׁ מֵרֶחֶם מִשְׁחָר - כנראה הפירוש הוא: מתחילה, מראשיתך, מלידתך, לְךָ, שלך, ויישאר בידך, טַל יַלְדֻתֶךָ, רעננות וצעירות של ילדות.

ד ולכבוד ההמלכה הזאת הוא אומר: נִשְׁבַּע ה׳ וְלֹא יִנָּחֵם: אַתָּה־כֹהֵן לְעוֹלָם, "כהן" במשמעות של בעל תפקיד, ראש וראשון (המילה "כהנים" משמשת גם במשמעות של מנהיגים, כפי שנאמר בשמואל ב׳ ח, יח: "ובני דוד כהנים היו"). וה׳ מוסיף ואומר: עַל־דִּבְרָתִי אתה תשב כמלך ירושלים, הזכור מימים קדמונים כמַלְכִּי־צֶדֶק (שעליו נאמר, בראשית יד, יח: "והוא כהן לא־ל עליון").

ה ה׳ עַל־יְמִינְךָ, הוא עוזר לך בכל מעשיך, מָחַץ בְּיוֹם־אַפּוֹ - כעסו - מְלָכִים.

ו יָדִין בַּגּוֹיִם וישבור אותם במלחמה, עד שמחנה האויב יהיה מָלֵא גְוִיּוֹת, מָחַץ רֹאשׁ של האויבים עַל־אֶרֶץ רַבָּה, כאילו כולם מופּלים ארצה וראשם נמחץ.

קי,ב "מֵרֶחֶם מִשְׁחָר – מרחמו של עולם שחרתיך לי", שעוד בטרם נברא העולם היה רצון ה׳ שיהיו כל ענייני אהבה ותאווה של עולם־הזה (רחמו – לשון אהבה), ושמתוכם יטה איש ישראל עצמו לשם שמים ויימשך אחר אהבת התורה הקדושה. וזו כוונת הכתוב: מַטֵּה עֻזְּךָ – שיכול איש הישראלי להטות רצונו בכוח עוז התורה הקדושה; והוא כאשר יִשְׁלַח ה׳ מִצִּיּוֹן – כי נקודת פנימיות הלב נקראת ציון, והכוונה שיקבע אדם בעומק לבו שהתורה הקדושה תשלוט בכל איבריו וכוחותיו, ויגדור עצמו בגדר חזק שבשום אופן לא יעשה דבר גדול או קטן כי אם על־פי דרכיה; ואזי רְדֵה בְּקֶרֶב אֹיְבֶיךָ – שתהיה לו שליטה וממשלה על כל טומאה חיצונית שדבקה בו מחטאת נעורים, ויזכה להתחדש בטל אור התורה הקדושה.

על־פי שפתי צדיק, שבועות עה

פרק קי • ספר חמישי • ליום שישי • כג לחודש ______ תהלים • 465

ז מִנַּחַל בַּדֶּרֶךְ יִשְׁתֶּה עַל־כֵּן יָרִים רֹאשׁ:

ז ואילו המחנה שלך מִנַּחַל בַּדֶּרֶךְ יִשְׁתֶּה בלי שיפריעו אותו, עַל־כֵּן יָרִים רֹאשׁ במלחמתו.

קי,ז **עַל כֵּן יָרִים רֹאשׁ** – רמז הכתוב לנשמה המלובשת בגוף ולזיקתה אל שורשה העליון. זאת לדעת, כי אין הנשמה שבגוף אלא הארה בלבד, התפשטות והמשכה משורש הנשמה ועיקרה, השוכן למעלה נוכח פני ה'. בסוד אותיות לשון הקודש, מצטיירת המשכה זו בדמות האות וא"ו, שבראשה יו"ד – כנגד שורש הנשמה העליון, וממנו נמשך קו הארת הנשמה עד לנקודתה התחתונה של הוא"ו, המוצבת על הארץ. מאחר ועיקרה של הנשמה עודנו למעלה, נוכח פני ה', מוכרח להתקיים קשר רציף בין העיקר הזה לבין ההארה הנמשכת להחיות את הגוף. קשר זה מכונה "נחל", ככתוב: מִנַּחַל בַּדֶּרֶךְ יִשְׁתֶּה, והוא המעניק לו לאדם את ראשו, **עַל כֵּן יָרִים רֹאשׁ**.

על־פי תורת שמואל תרל"ג ח"ב, עמ' תמז

הוֹד־וְהָדָר פׇּעֳלוֹ וְצִדְקָתוֹ עֹמֶדֶת לָעַד׃

הראשון בצמד של מזמורים הבנויים
באותה מתכונת עצמה,
והוא שיר תהילה לקב״ה על חסדיו. בהיותו
מזמור של הוראה ולימוד
הוא ערוך לפי סדר הא״ב, ובכל פסוק יש
שתיים או שלוש מאותיות הא״ב.

ספר חמישי

פרק קיא

א הַ֥לְלוּ יָ֨הּ ׀
אוֹדֶ֣ה יְ֭הוָה בְּכָל־לֵבָ֑ב
בְּס֖וֹד יְשָׁרִ֣ים וְעֵדָֽה׃
ב גְּ֭דֹלִים מַעֲשֵׂ֣י יְהוָ֑ה
דְּ֝רוּשִׁ֗ים לְכָל־חֶפְצֵיהֶֽם׃
ג הוֹד־וְהָדָ֥ר פָּעֳל֑וֹ
וְ֝צִדְקָת֗וֹ עֹמֶ֥דֶת לָעַֽד׃
ד זֵ֣כֶר עָ֭שָׂה לְנִפְלְאֹתָ֑יו
חַנּ֖וּן וְרַח֣וּם יְהוָֽה׃
ה טֶ֭רֶף נָתַ֣ן לִירֵאָ֑יו
יִזְכֹּ֖ר לְעוֹלָ֣ם בְּרִיתֽוֹ׃
ו כֹּ֣חַ מַ֭עֲשָׂיו הִגִּ֣יד לְעַמּ֑וֹ
לָתֵ֥ת לָ֝הֶ֗ם נַחֲלַ֥ת גּוֹיִֽם׃
ז מַעֲשֵׂ֣י יָ֭דָיו אֱמֶ֣ת וּמִשְׁפָּ֑ט
נֶ֝אֱמָנִ֗ים כָּל־פִּקּוּדָֽיו׃
ח סְמוּכִ֣ים לָעַ֣ד לְעוֹלָ֑ם
עֲ֝שׂוּיִ֗ם בֶּאֱמֶ֥ת וְיָשָֽׁר׃

א הַלְלוּיָהּ, **א**וֹדֶה ה׳ בְּכָל־לֵבָב, **בְּ**סוֹד - מועצה, מקום התוועדות של יְשָׁרִים וְעֵדָה.

ב **גְּ**דֹלִים מַעֲשֵׂי ה׳, **דְּ**רוּשִׁים לְכָל־חֶפְצֵיהֶם, כלומר: עשויים ומוכנים לכל מה שצריך להיעשות בהם, כיוון שמעשי ה׳ מוכנים ומשוכללים.

ג **ה**וֹד־וְהָדָר פָּעֳלוֹ, **וְ**צִדְקָתוֹ עֹמֶדֶת לָעַד.

ד **זֵ**כֶר עָשָׂה לְנִפְלְאֹתָיו, שפירושו הוא, כנראה, שנפלאות ה׳ אינן חד־פעמיות אלא נמשכות וגם נזכרות לאורך זמן, **חַ**נּוּן וְרַחוּם ה׳.

ה **טֶ**רֶף, מזון, נָתַן לִירֵאָיו, **יִ**זְכֹּר לְעוֹלָם בְּרִיתוֹ לאלה הדבקים בו.

ו **כֹּ**חַ מַעֲשָׂיו הִגִּיד לְעַמּוֹ, הוא אומר להם גם מה יהיה בעתיד, שכן כל מאורעותיהם מכוונים מלמעלה, ולא רק בדיבורים אלא גם **לָ**תֵת לָהֶם נַחֲלַת גּוֹיִם, כפי שהבטיח הקב״ה לעם ישראל.

ז **מַ**עֲשֵׂי יָדָיו אֱמֶת וּמִשְׁפָּט, **נֶ**אֱמָנִים כָּל־פִּקּוּדָיו, כל מצוותיו וציוויָו כולם שמורים, נאמנים ואמיתיים.

ח **סְ**מוּכִים לָעַד לְעוֹלָם, שיש להם בסיס להיסמך עליו, ולכן הם אינם תלושים ופורחים באוויר אלא עומדים ויציבים, **עֲ**שׂוּיִם בֶּאֱמֶת וְיָשָׁר.

קיא,ו **כֹּחַ מַעֲשָׂיו הִגִּיד לְעַמּוֹ.** חז״ל מזכירים את טענת הגויים: ״לסטים אתם, שכבשתם ארצות שבעה גויים״. עומק הטענה הוא שבעוד כל העמים נוצרו מתוך השייכות לארץ מסוימת, שבה התקבצו יחידים רבים ומצאו שטוב יהיה להם לשתף פעולה ולהיות לעם, עם ישראל נוצר במדבר, מחוץ לארץ מושב, ויסוד הווייתו אינו בשייכות לארץ גשמית אלא לתורה רוחנית. לכן, טוענות האומות, כיבוש הארץ מידי שבעת עממיה היה מעשה של גזלה. והמענה: **כֹּחַ מַעֲשָׂיו הִגִּיד לְעַמּוֹ לָתֵת לָהֶם נַחֲלַת גּוֹיִם.** לא את הארץ הגשמית אנו מבקשים, ככל העמים, אלא את **כֹּחַ מַעֲשָׂיו** – גילוי האלוהות שבתוך הארץ. חשיפת כוח מעשי ה׳ בעולמו היא ייעודנו מאז היותנו לעם, ואותה אנו עתידים לממש בכל העולם כולו – ״עתידה ארץ ישראל שתתפשט בכל הארצות״.

על־פי ליקוטי שיחות ח״ל, עמ׳ 249

ט פְּדוּת ׀ שָׁלַח לְעַמּוֹ
צִוָּה־לְעוֹלָם בְּרִיתוֹ
קָדוֹשׁ וְנוֹרָא שְׁמוֹ׃
י רֵאשִׁית חׇכְמָה ׀
יִרְאַת יהוה
שֵׂכֶל טוֹב לְכׇל־עֹשֵׂיהֶם
תְּהִלָּתוֹ עֹמֶדֶת לָעַד׃

ט **פְּדוּת**, גאולה, **שָׁלַח לְעַמּוֹ**, **צִוָּה־לְעוֹלָם בְּרִיתוֹ** שהרי הוא שומר הברית לעמו, **קָדוֹשׁ וְנוֹרָא שְׁמוֹ**.

י ומשום כל זה הוא מסכם: **רֵאשִׁית חׇכְמָה יִרְאַת ה׳**, יראת ה׳ צריכה להיות ההבנה הראשונה של האדם, היסוד שעליו הוא בונה את תבנית עולמו, שכן יראת ה׳ היא־היא **שֵׂכֶל טוֹב לְכׇל־עֹשֵׂיהֶם**, לכל מי שמקיימים את דבר ה׳ ומצוותיו.

תְּהִלָּתוֹ של ה׳ **עֹמֶדֶת לָעַד**.

קיא,י **רֵאשִׁית חׇכְמָה**. עיקר התכלית והשלמות הוא רק לעבוד ה׳ בתמימות גמור, בלי שום חכמות כלל. כי יש מְחַקְרִים שאומרים שעיקר השגת התכלית הוא על־ידי חקירות וחכמות חיצוניות שלהם. אבל באמת אצלנו עיקר השגת התכלית הוא רק על־ידי אמונה ומצוות מעשיות, לעבוד ה׳ על־פי התורה בתמימות ובפשיטות, ועל־ידי זה בעצמו זוכין למה שזוכין, כמו שכתוב: **רֵאשִׁית חׇכְמָה יִרְאַת ה׳** – שעיקר ראשית וקדימת החכמה הוא רק יראת ה׳, שצריך להקדים היראה לחכמה. ותדע שאין הדבר כדעתם, ח״ו, כי אם כן לא ישיגו התכלית רק מתי מעט, דהיינו הבעלי שכל פילוסופים, ומה יעשו רוב ועיקר העולם, שאין להם שכל כזה לחקור חקירות ולדעת המושכלות? וזה: ״סוף דבר הכול נשמע, את האלוהים ירא ואת מצותיו שמור, כי זה כל האדם״ – היינו כי זה כל אדם יכול לקיים.

על־פי ליקוטי מוהר״ן ח״ב, יט

זָרַח בַּחֹשֶׁךְ אוֹר לַיְשָׁרִים חַנּוּן וְרַחוּם וְצַדִּיק:

ספר חמישי
פרק קיב

שיר תהילה והוראה הבנוי,
במתכונת של המזמור הקודם לו,
אלא שכאן נושא השיר הוא שבחי הצדיק.

א הַלְלוּיָהּ ׀
אַשְׁרֵי־אִישׁ יָרֵא אֶת־יְהוָה
בְּמִצְוֺתָיו חָפֵץ מְאֹד׃
ב גִּבּוֹר בָּאָרֶץ יִהְיֶה זַרְעוֹ
דּוֹר יְשָׁרִים יְבֹרָךְ׃
ג הוֹן־וָעֹשֶׁר בְּבֵיתוֹ
וְצִדְקָתוֹ עֹמֶדֶת לָעַד׃
ד זָרַח בַּחֹשֶׁךְ אוֹר לַיְשָׁרִים
חַנּוּן וְרַחוּם וְצַדִּיק׃
ה טוֹב־אִישׁ חוֹנֵן וּמַלְוֶה
יְכַלְכֵּל דְּבָרָיו בְּמִשְׁפָּט׃
ו כִּי־לְעוֹלָם לֹא־יִמּוֹט
לְזֵכֶר עוֹלָם יִהְיֶה צַדִּיק׃
ז מִשְּׁמוּעָה רָעָה לֹא יִירָא
נָכוֹן לִבּוֹ בָּטֻחַ בַּיהוָה׃
ח סָמוּךְ לִבּוֹ לֹא יִירָא
עַד אֲשֶׁר־יִרְאֶה בְצָרָיו׃

א הַלְלוּיָהּ, **אַ**שְׁרֵי־אִישׁ יָרֵא אֶת־ה׳, אותו אדם ש**בְּ**מִצְוֹתָיו של ה׳ חָפֵץ מְאֹד.

ב אדם כזה יזכה לכל טוב בעולם הזה: **גִּ**בּוֹר בָּאָרֶץ יִהְיֶה זַרְעוֹ, כלומר: לא רק הוא עצמו, אלא גם בניו אחריו יהיו אנשים מוצלחים וגיבורים, שכן הוא ב**ד**וֹר יְשָׁרִים, דהיינו: בצאצאים הגונים, ראויים וישרים, יְבֹרָךְ.

ג **ה**וֹן־וָעֹשֶׁר בְּבֵיתוֹ **וְ**צִדְקָתוֹ עֹמֶדֶת לָעַד; הוא אינו משאיר את כל כספו בידו, אלא כשם שיש לו עושר בביתו כך גם הצדקה שלו קבועה ומבוססת.

ד **זָ**רַח בַּחֹשֶׁךְ אוֹר לַיְשָׁרִים לאותו אדם שהוא **חַ**נּוּן וְרַחוּם וְצַדִּיק.

ה **טוֹ**ב־אִישׁ חוֹנֵן וּמַלְוֶה - ומדובר כאן בהלוואה ללא ריבית, שבה המלווה רק עושה טובה ללווה - **יְ**כַלְכֵּל דְּבָרָיו בְּמִשְׁפָּט, כלומר: יש אנשים שהוא נותן להם מתנות, כצדקה, ואילו לאחרים הוא חונן ומלווה, הכל לפי העניין והצורך.

ו **כִּ**י־לְעוֹלָם לֹא־יִמּוֹט, **לְ**זֵכֶר עוֹלָם יִהְיֶה צַדִּיק: לא רק שהוא איננו מתמוטט בחייו, אלא גם לאחר מותו נזכר שמו לטובה.

ז **מִ**שְּׁמוּעָה רָעָה לֹא יִירָא, משום ש**נָ**כוֹן, מכוון ומיושב לִבּוֹ, בָּטֻחַ בַּה׳.

ח **סָ**מוּךְ לִבּוֹ על ה׳, לֹא יִירָא מכל מיני איומים, **עַ**ד אֲשֶׁר־יִרְאֶה בְצָרָיו, כי בסופו של דבר הוא יראה במפלתם של אויביו.

קיב,ב **דּוֹר יְשָׁרִים יְבֹרָךְ.** כדי להעמיד דור של ילדים ששם האבות הקדושים – שנקראו **יְשָׁרִים** – ייקרא עליהם, יש להיזהר בחינוכם שיהיה בקדושה כראוי. האב או המחנך הלומד עם הילדים צריך לטעת בהם את ההבנה וההרגשה שהם הולכים ללמוד את דבר ה׳, תורת אלוהים חיים שניתנה למשה מסיני, וכי הוא שליח למסור כל זאת לכל אחד ואחד מהם – שהרי הנם בני אברהם, יצחק ויעקב. עניין זה מתחיל כבר מלימוד אותיות הא"ב, שבו יש להתעכב לא רק על ידיעת האותיות והנקודות אלא גם על קדושתן, ולעודד את הילדים לאומרן מתוך חיות של קדושה. אין מקום למחשבה שזהו בזבוז זמן, וכי העיקר שיתחיל הילד כבר לקרוא, שכן לימוד בלא חיות של קדושה הוא כציפור המצפצפת, ואינו שייך כלל לתורת ה׳. והכלל: לא כמות הלימוד עיקר, אלא הקניית תחושת חשיבות הלימוד.

על־פי תהילות מנחם

ט פִּזַּ֤ר ׀ נָ֘תַ֤ן לָֽאֶבְיוֹנִ֗ים
צִדְקָתוֹ עֹמֶ֣דֶת לָעַ֑ד
קַ֝רְנ֗וֹ תָּר֥וּם בְּכָבֽוֹד׃
י רָשָׁ֤ע יִרְאֶ֨ה ׀ וְכָעָ֗ס
שִׁנָּ֣יו יַחֲרֹ֣ק וְנָמָ֑ס
תַּאֲוַ֖ת רְשָׁעִ֣ים תֹּאבֵֽד׃

ט פִּזַּר נָתַן לָאֶבְיוֹנִים, צִדְקָתוֹ עֹמֶדֶת לָעַד וְקַרְנוֹ, שמו הטוב, גדולתו, תָּרוּם בְּכָבוֹד.

י ולעומת הצדיק הזה, שעושה טוב ומצליח, רָשָׁע יִרְאֶה וְכָעָס, כי עצם מציאותו של הצדיק מרגיזה אותו, שִׁנָּיו יַחֲרֹק מרוב כעס, וְנָמָס, הוא מרגיש את עצמו מתמוסס, אובד, כי אין לו שום דרך לפעול נגד הצדיק. ובאופן כללי - תַּאֲוַת רְשָׁעִים, גם כוונתם להזיק לצדיקים וגם כל מה שהם עושים למען עצמם מתאוות לבם, בסופו של דבר תֹּאבֵד.

קיב,י **תַּאֲוַת רְשָׁעִים תֹּאבֵד.** ודע, שיש מלאך, ותחתיו כמה ממונים, וכולם אוחזים בידם שופרות והם עומדים וחופרים ומחפשים תמיד אחר אבדות, והם תוקעים תקיעה ותרועה, ואחר כך חוזרים ותוקעים תקיעה, וכשהם מוצאים איזו אבדה נעשה רעש ושמחה גדולה. כי יש כמה דברים אבודים, היינו מה שאובדים אבדות הרבה על־ידי התאוות, בבחינת תַּאֲוַת רְשָׁעִים תֹּאבֵד. ואפילו מי שהוא צדיק הוא אובד גם כן לפעמים, בבחינת "יש צדיק אֹבֵד בצדקו" (קהלת ז טו). ואפילו הצדיקים החופרים ומבקשים אחר אבדות, הם אובדים גם כן לפעמים, בבחינת "ויחפרו ויאבדו" (פג יח), וזה בחינת "עת לאבד" (קהלת ג ו). וזה: **ת**אות **ר**שעים **ת**אבד" – ראשי תיבות **ת**קיעה, **ת**רועה, **ת**קיעה, כי המלאכים המחפשים אחר האבדות, שהם בחינת **תַּאֲוַת רְשָׁעִים תֹּאבֵד**, הם אוחזים בידם שופרים ותוקעים תר"ת.

על־פי ליקוטי מוהר"ן ח"ב, פח

הַלְלוּ עַבְדֵי יהוה

ספר חמישי
פרק קיג

מזמור זה הוא מהידועים ביותר בספר תהלים, הפותח את פרקי ה"הלל" בימי חג ומועד (פרקים קיג-קיח); בעיקרו הוא עוסק בצדדים שונים ומשלימים של גדלות ה'.

א הַלְלוּיָהּ ׀
הַלְלוּ עַבְדֵי יְהוָה
הַלְלוּ אֶת־שֵׁם יְהוָה׃
ב יְהִי שֵׁם יְהוָה מְבֹרָךְ
מֵעַתָּה וְעַד־עוֹלָם׃
ג מִמִּזְרַח־שֶׁמֶשׁ עַד־מְבוֹאוֹ
מְהֻלָּל שֵׁם יְהוָה׃
ד רָם עַל־כָּל־גּוֹיִם ׀ יְהוָה
עַל הַשָּׁמַיִם כְּבוֹדוֹ׃
ה מִי כַּיהוָה אֱלֹהֵינוּ
הַמַּגְבִּיהִי לָשָׁבֶת׃

א **הַלְלוּיָהּ** היא מילה שאפשר לקרוא אותה כמילה אחת, הללויה, מפני שהיא מתייחסת לשם ה׳, וכן גם כשתי מילים: הללו י־ה.

הַלְלוּ עַבְדֵי ה׳ – זוהי פנייה לעבדי ה׳, אנשים שאינם בעלי תפקיד או מעמד מסוים אלא רואים את עצמם כעבדי ה׳. והם קוראים: **הַלְלוּ אֶת־שֵׁם ה׳**.

ב וזה מה שיש לומר באופן כללי: **יְהִי שֵׁם ה׳ מְבֹרָךְ מֵעַתָּה וְעַד־עוֹלָם**, כלומר: לנצח. לתהילה הזו יש שתי פנים. מצד אחד היא עוסקת בגדולתו של הקב״ה:

ג **מִמִּזְרַח־שֶׁמֶשׁ עַד־מְבוֹאוֹ**, מקום השקיעה; כלומר: מקצה המזרח עד קצה המערב, בכל מקום, **מְהֻלָּל שֵׁם ה׳**.

ד **רָם עַל־כָּל־גּוֹיִם ה׳** – הקב״ה מנושא על כל העמים, על כל הלשונות, על כל המדינות, שכן הוא נמצא מעל כולם.

עַל הַשָּׁמַיִם כְּבוֹדוֹ – הקב״ה נמצא ומושל בשמים, הוא מעל למציאות העולם ומעבר לכל השלטונות והמלוכה של הכוחות שבעולם הזה.

ה **מִי כַּה׳ אֱלֹהֵינוּ הַמַּגְבִּיהִי** – מגביה – **לָשָׁבֶת**, שהרי הוא נמצא מעלה־מעלה מכל רוממות. ואפשר להבין את ההמשך בעוד מובן: שכל הגויים (״כל גוים״) יודעים שהקב״ה ״על השמים כבודו״, ומתייחסים אליו בכבוד שראוי להתייחס בו לעניין הרוחני העליון; אבל ״עבדי ה׳״ אומרים שהקב״ה ״מגביהי לשבת״ אף למעלה מן השמים, שהוא נעלה אף יותר מן העולם הרוחני.

קיג,א **הַלְלוּ עַבְדֵי ה׳** – שמתוך הלל נכנעים ומקבלים העבדות ביותר. כי כך היא המידה, כשמתרומם האדם באהבת השם יתברך ומשיג השגות, ומתוך כך מכניע עצמו יותר לפניו יתברך, הוא סימן שהיא אהבה אמתית של קיימא. וכך מידתם של בני ישראל, כשהקב״ה מאיר להם וגואל אותם הם מכניעים את עצמם ביותר.

על־פי שפת אמת, חנוכה תר״ן

קיג,א **עַבְדֵי ה׳**. כל עבדות מביא עיצבון, שכל עבד מבקש תחבולות לצאת מן העבדות, לבד מעבדות הבורא יתברך שמו שמביאה שמחה. והרי כל איש ישראל מבקש כל מיני עצות ותחבולות לקבל עליו מלכות שמים, היפוך עבד מלך בשר ודם שמבקש עצות לברוח מן העבדות. והם עדים על הבורא יתברך, שהוא בלבד לו יאה ולו נאה המלוכה.

על־פי שפת אמת, פסח תרס״ג

ו הַמַּשְׁפִּילִי לִרְאוֹת
בַּשָּׁמַיִם וּבָאָרֶץ:
ז מְקִימִי מֵעָפָר דָּל
מֵאַשְׁפֹּת יָרִים אֶבְיוֹן:
ח לְהוֹשִׁיבִי עִם־נְדִיבִים
עִם נְדִיבֵי עַמּוֹ:
ט מוֹשִׁיבִי | עֲקֶרֶת הַבַּיִת
אֵם־הַבָּנִים שְׂמֵחָה
הַלְלוּיָהּ:

ו וזהו הצד השני של תהילת ה׳: משום שהקב״ה מגביה לשבת כל כך, מפני שהוא נמצא מעל לכל, הוא גם הַמַּשְׁפִּילִי - משפיל - לִרְאוֹת בַּשָּׁמַיִם וּבָאָרֶץ; ממקומו הוא מסתכל מלמעלה למטה לא רק על הארץ אלא גם על השמים. בעיניו גם השמים וכל אשר בהם אינם בבחינת רוממות, והוא דואג באותה מידה הן ליצורי השמים והן ליצורי הארץ.

ז ומשום כך הוא מְקִימִי - מקים - מֵעָפָר דָּל, מֵאַשְׁפֹּת יָרִים אֶבְיוֹן.

ח לְהוֹשִׁיבִי - להושיב - את הדל ואת האביון במקום גבוה יותר: עִם־נְדִיבִים, עשירים ועושי חסד, עִם נְדִיבֵי עַמּוֹ. כלומר: העני זוכה שהקב״ה ישגיח עליו ויעלה אותו לדרגה גבוהה יותר גם בעולם הזה.

ט והקב״ה גם דואג להיות מוֹשִׁיבִי עֲקֶרֶת הַבַּיִת - כלומר: ה׳ מבטיח לעקרה, לאישה אשר אין לה בנים, שתזכה שבעתיד, כאשר ייוולדו לה בנים, היא תהיה אֵם־הַבָּנִים שְׂמֵחָה. ומסיים: הַלְלוּיָהּ.

קיג,ו **מִי כַּה׳ אֱלֹהֵינוּ.** מה בין השגת אלוהות של אומות העולם לבין אמונת ישראל? שלעיני הגויים, המתבוננים ביחס שבין הבורא והבריאה בדעת אנוש, ה׳ הוא רָם עַל כָּל גּוֹיִם. פארו והדרו הם בעליונותו, עַל הַשָּׁמַיִם כְּבוֹדוֹ, ומכאן שהוא רחוק מן הארץ וחלילה להשפילו ולקשרו עמה. לעומתם, אנו בני ישראל יודעים ש**מִי כַּה׳ אֱלֹהֵינוּ**, שבמקום גדולתו יתברך שם אתה מוצא ענוותנותו. הקב״ה הוא אמנם **הַמַּגְבִּיהִי לָשָׁבֶת**, אך לא בשמים גובהו אלא הרבה מעליהם. כה גבוה הוא, עד ששמים וארץ גם יחד הם שפלים בתכלית לעומתו ואין ההבדל שביניהם ניכר כלל – **הַמַּשְׁפִּילִי לִרְאוֹת בַּשָּׁמַיִם וּבָאָרֶץ.** בדעת הגויים, ה׳ הוא עליון כזה שיש לשמור עליו נקי משפלות התחתונים. אך אנו יודעים שה׳ הוא עליון כזה שמצוי בכל פרט, גם השפל ביותר, ואין כל השפלות הזו נוגעת בו כלל.

על־פי ליקוטי תורה שיר השירים מ, ד

בְּצֵאת יִשְׂרָאֵל מִמִּצְרָיִם בֵּית יַעֲקֹב מֵעַם לֹעֵז:

ספר חמישי

פרק קיד

שיר הלל על יציאת מצרים
אשר אין בו סיפור מאורעות,
אלא בעיקר התרשמות והתפעלות
מהתגלות כבוד ה' באותה שעה.

א בְּצֵאת יִשְׂרָאֵל מִמִּצְרָיִם
בֵּית יַעֲקֹב מֵעַם לֹעֵז׃
ב הָיְתָה יְהוּדָה לְקָדְשׁוֹ
יִשְׂרָאֵל מַמְשְׁלוֹתָיו׃
ג הַיָּם רָאָה וַיָּנֹס
הַיַּרְדֵּן יִסֹּב לְאָחוֹר׃
ד הֶהָרִים רָקְדוּ כְאֵילִים
גְּבָעוֹת כִּבְנֵי־צֹאן׃
ה מַה־לְּךָ הַיָּם כִּי תָנוּס
הַיַּרְדֵּן תִּסֹּב לְאָחוֹר׃
ו הֶהָרִים תִּרְקְדוּ כְאֵילִים
גְּבָעוֹת כִּבְנֵי־צֹאן׃
ז מִלִּפְנֵי אָדוֹן חוּלִי אָרֶץ
מִלִּפְנֵי אֱלוֹהַּ יַעֲקֹב׃
ח הַהֹפְכִי הַצּוּר אֲגַם־מָיִם
חַלָּמִישׁ לְמַעְיְנוֹ־מָיִם׃

א בְּצֵאת יִשְׂרָאֵל מִמִּצְרָיִם, כאשר בֵּית יַעֲקֹב יצא מֵעַם לֹעֵז – שהרי המצרית היא שפה שאיננה דומה לשפה העברית כלל –

ב באותו זמן הָיְתָה יְהוּדָה, דהיינו: שבט יהודה, העם של יהודה, לְקָדְשׁוֹ, הוא היה אופן ביטוי ומקום התגלות של קדושת ה׳, וְיִשְׂרָאֵל היה מַמְשְׁלוֹתָיו, כלומר: אלו אשר קיבלו את ממשלו וכוחו של הקב״ה.

ג ובאותו זמן, כשה׳ התגלה, הַיָּם רָאָה וַיָּנֹס. זהו תיאור של קריעת ים סוף מזווית אחרת: לא מן הצד של ישועת ישראל אלא כביכול מנקודת הראות של הים; הים נס משום שהתיירא מפני כבוד ה׳.

הַיַּרְדֵּן יִסֹּב לְאָחוֹר ולא זרם כדרכו, כפי שאכן היה כאשר נכנסו בני ישראל לארץ.

ד הֶהָרִים רָקְדוּ כְאֵילִים, כלומר: האדמה רעדה, וההרים נראו אז כאילו הם רוקדים, גְּבָעוֹת ריקדו כִּבְנֵי־צֹאן.

ה וכאן פונה המשורר אל הטבע שמסביב ושואל: מַה־לְּךָ, הַיָּם, כִּי תָנוּס? מה לך הַיַּרְדֵּן כי תִּסֹּב לְאָחוֹר?

ו הֶהָרִים, מדוע תִּרְקְדוּ כְאֵילִים, וכן גְּבָעוֹת – כִּבְנֵי צֹאן?

ז והם משיבים שהם עושים זאת מִלִּפְנֵי אָדוֹן חוּלִי אָרֶץ, יוצר ומחולל הארץ, ומִלִּפְנֵי אֱלוֹהַּ יַעֲקֹב, שהוא יוצר הכל ויכול לשנות את העולם כרצונו;

ח וכשם שהוא יכול לגרום לים להיבקע ולנהר שיפסיק לזרום, באותה מידה הוא גם הַהֹפְכִי – ההופך – את הַצּוּר לַאֲגַם־מָיִם, חַלָּמִישׁ לְמַעְיְנוֹ־מָיִם (וראה שמות יז; במדבר כ).

קיד,ח חַלָּמִישׁ לְמַעְיְנוֹ מָיִם. ״אם פגע בך מנוול זה – משכהו לבית המדרש. אם אבן הוא נימוח, ואם ברזל הוא מתפוצץ״. מובא מרבי צדוק זי״ע שזה מרמז על היצר של היפוך הטהרה, שעל־ידי פגמים אלו נעשה ח״ו לב אבן, שהלב נעשה אטום וסתום רחמנא ליצלן, עד שנאמר עליו ״אבן מקיר תזעק״. ועל־ידי התורה הקדושה – ״הוא יפתח לבנו בתורתו״, שאפילו לב של אבן וחלמיש מתרכך, נימוח, מתהפך, עד שנעשה הַהֹפְכִי הַצּוּר אֲגַם מָיִם, חַלָּמִישׁ לְמַעְיְנוֹ מָיִם. והוא בין על העבר ובין על להבא, שמה שנעשה לבו לב אבן על־ידי מעשיו בעבר – על־ידי התורה זוכה שייפתח לבו ויהא נימוח; ומה שלהבא יבוא עליו היצר בכלי מלחמה וברזל – על־ידי התורה הוא מתפוצץ, שזוכה שיהיו לו כלי זיין, כוחות נפלאים ללחום עמו ולנצחו.

על־פי דברי חיזוק, כי תצא תשנ״ו, ד

בְּרוּכִים אַתֶּם לַיהוה עֹשֵׂה שָׁמַיִם וָאָרֶץ:

ספר חמישי

פרק קטו

מזמור תודה על כך שזכינו לבחור בקב"ה,
בניגוד לעמים אחרים.

א לֹא לָנוּ יְהוָה לֹא לָנוּ
כִּי־לְשִׁמְךָ תֵּן כָּבוֹד
עַל־חַסְדְּךָ עַל־אֲמִתֶּךָ:
ב לָמָּה יֹאמְרוּ הַגּוֹיִם
אַיֵּה־נָא אֱלֹהֵיהֶם:
ג וֵאלֹהֵינוּ בַשָּׁמָיִם
כֹּל אֲשֶׁר־חָפֵץ עָשָׂה:
ד עֲצַבֵּיהֶם כֶּסֶף וְזָהָב
מַעֲשֵׂה יְדֵי אָדָם:
ה פֶּה־לָהֶם וְלֹא יְדַבֵּרוּ
עֵינַיִם לָהֶם וְלֹא יִרְאוּ:
ו אָזְנַיִם לָהֶם וְלֹא יִשְׁמָעוּ
אַף לָהֶם וְלֹא יְרִיחוּן:
ז יְדֵיהֶם ׀ וְלֹא יְמִישׁוּן
רַגְלֵיהֶם וְלֹא יְהַלֵּכוּ
לֹא־יֶהְגּוּ בִּגְרוֹנָם:

א לֹא לָנוּ, ה׳, לֹא לָנוּ מבקשים אנו את הדברים שעליהם אנחנו מתפללים, כִּי־לְשִׁמְךָ כי אם תֵּן כָּבוֹד. וכאן מבטא המשורר רעיון הנמצא בעוד כמה וכמה מקומות בתהלים: כיוון שאנחנו נקשרים ומזדהים עם הקב״ה, הרי כאשר אנחנו מושפלים זוהי גם השפלת כבודו, כביכול; וכשאנחנו זוכים לישועה, הרי זה גם לכבודו של ה׳. ועל כן אנחנו מבקשים שייתן לנו כבוד לא למעננו אלא למען שמו, עַל־חַסְדְּךָ שהבטחת לנו ועַל־אֲמִתֶּךָ בקיום כל ההבטחות.

ב וכאן באים דברי הסבר על עניין כבוד ה׳ שיש בדבר: לָמָּה יֹאמְרוּ הַגּוֹיִם: ׳אַיֵּה־נָא אֱלֹהֵיהֶם?׳; שהרי הגויים עובדי האלילים יכולים להצביע על האלוהים שלהם ולהראות איפה הם, ואילו לנו אין דמות שאפשר להצביע עליה.

ג וֵאלֹהֵינוּ ואולם האמת היא שא־לוקינו בַשָּׁמָיִם, כֹּל אֲשֶׁר־חָפֵץ עָשָׂה, כי כל הכוח בידו הוא.

ד ולעומת זאת עֲצַבֵּיהֶם – כנראה שם נרדף לפסילים, שהם דברים שמעצבים ויוצרים אותם – בסך הכל עשויים מִכֶּסֶף וְזָהָב, והם מַעֲשֵׂה יְדֵי אָדָם מתחילה ועד סוף, ואינם אלא בובות נטולות כל כוח.

ה שהרי אמנם הפסלים מעוצבים בדמות אדם, אך אין הם אלא פסלים אשר פֶּה־לָהֶם וְלֹא יְדַבֵּרוּ, עֵינַיִם לָהֶם וְלֹא יִרְאוּ.

ו אָזְנַיִם לָהֶם וְלֹא יִשְׁמָעוּ, אַף לָהֶם וְלֹא יְרִיחוּן.

ז יְדֵיהֶם וְלֹא יְמִישׁוּן, הם אינם יכולים להזיז ואף לא למשש בהן, רַגְלֵיהֶם וְלֹא יְהַלֵּכוּ וְלֹא־יֶהְגּוּ שום הגה בִּגְרוֹנָם, והם אינם אלא עצמים דוממים וחסרי כל ערך.

קטו,ד **עֲצַבֵּיהֶם כֶּסֶף וְזָהָב** – היינו על־ידי שכסף וזהב חביב עליהם כעצבים ואינם נותנים צדקה ואינם רוצים לנהוג בממונם על־פי התורה; **מַעֲשֵׂה יְדֵי אָדָם** – כי שלושה שותפין באדם: הקב״ה, אביו ואמו, וכשאינם מתנהגים בממונם על־פי התורה מסתלקת מהם החיות האלוהית ונשאר רק החומר, מַעֲשֵׂה יְדֵי אָדָם, וממילא ״פה להם ולא ידברו״ – שאין תורתם ותפילתם עושות רושם.

על־פי דברי יחזקאל, תהלים

קטו,ד **עֲצַבֵּיהֶם כֶּסֶף וְזָהָב** – כי העצבות של בני אדם הטרודים יומם ולילה על המחיה ועל הכלכלה, נמשך מזה שחושבים שכסף וזהב הוא **מַעֲשֵׂה יְדֵי אָדָם**, אבל מי שיודע כי השם יתברך הוא הנותן כוח לעשות חיל ואין אדם נוגע במה שמוכן לחברו – הוא תמיד בשמחה, כי הוא יודע שהכול הוא מהשם יתברך.

על־פי אור ישרים

פרק קטו • ספר חמישי • ליום שישי • כד לחודש ______ תהלים • 479

ח כְּ֭מוֹהֶם יִהְי֣וּ עֹשֵׂיהֶ֑ם
כֹּ֖ל אֲשֶׁר־בֹּטֵ֣חַ בָּהֶֽם׃
ט יִ֭שְׂרָאֵל בְּטַ֣ח בַּיהוָ֑ה
עֶזְרָ֖ם וּמָגִנָּ֣ם הֽוּא׃
י בֵּ֣ית אַ֭הֲרֹן בִּטְח֣וּ בַיהוָ֑ה
עֶזְרָ֖ם וּמָגִנָּ֣ם הֽוּא׃
יא יִרְאֵ֣י יְ֭הוָה בִּטְח֣וּ בַיהוָ֑ה
עֶזְרָ֖ם וּמָגִנָּ֣ם הֽוּא׃
יב יְהוָ֡ה זְכָרָ֗נוּ יְבָ֫רֵ֥ךְ
יְֽבָרֵ֗ךְ אֶת־בֵּ֣ית יִשְׂרָאֵ֑ל
יְ֝בָרֵ֗ךְ אֶת־בֵּ֥ית אַהֲרֹֽן׃
יג יְ֭בָרֵךְ יִרְאֵ֣י יְהוָ֑ה
הַ֝קְּטַנִּ֗ים עִם־הַגְּדֹלִֽים׃
יד יֹסֵ֣ף יְהוָ֣ה עֲלֵיכֶ֑ם
עֲ֝לֵיכֶ֗ם וְעַל־בְּנֵיכֶֽם׃

ח וכאן מוסיף המשורר ומבקש: כשם שהם מתים ודוממים כך, כְּמוֹהֶם, יִהְיוּ גם עֹשֵׂיהֶם וכן כֹּל אֲשֶׁר־בֹּטֵחַ בָּהֶם.

ט וכאן חוזר המשורר אל עם ישראל וקורא לו: אתה, יִשְׂרָאֵל, בְּטַח בַּה׳, ולא בכל האלילים הללו, כי הקב״ה עֶזְרָם וּמָגִנָּם של ישראל הוא. נראה שהמעבר מגוף שני לשלישי בחלקו האחרון של כל פסוק מפסוקים אלה, שהוא השלמה או הסבר של החלק הראשון, הוא גם מענה מפיה של מקהלה חיצונית המדברת אל ישראל, אל בית אהרן ואל יראי ה׳ ואומרת עליהם בגוף שלישי: ״עזרם ומגנם הוא״.

י בֵּית אַהֲרֹן, בִּטְחוּ בַה׳, עֶזְרָם וּמָגִנָּם הוּא.

יא יִרְאֵי ה׳, בִּטְחוּ בַה׳, עֶזְרָם וּמָגִנָּם הוּא. שאלה לעצמה היא מי הם ״יראי ה׳״ הנזכרים בפרקים אלה. מצד אחד נראה שמדובר פה לא בהגדרה אישית־פרטית אלא בקבוצה כלשהי, שלא ידוע לנו עליה דבר. ייתכן שהייתה זו קבוצת אנשים שהיו מקדישים את עצמם ביתר שאת לעבודת ה׳, והיו שוהים הרבה במקדש ומרבים להתפלל בו.

יב והוא ממשיך: ה׳ זְכָרָנוּ, כלומר: ה׳ הזוכר אותנו, הוא יְבָרֵךְ את אלה שהוא זוכר אותם לטובה: יְבָרֵךְ אֶת־בֵּית יִשְׂרָאֵל, יְבָרֵךְ אֶת־בֵּית אַהֲרֹן.

יג יְבָרֵךְ יִרְאֵי ה׳, הַקְּטַנִּים עִם־הַגְּדֹלִים, כלומר: הצעירים והמבוגרים.

יד וחלק מהברכה לכולם הוא: יֹסֵף ה׳ עֲלֵיכֶם מבחינה מספרית, עֲלֵיכֶם וְעַל־בְּנֵיכֶם.

קטו,ח **כְּמוֹהֶם יִהְיוּ עֹשֵׂיהֶם.** ״כל מי שבוטח בהקב״ה זוכה להיות כיוצא בו... שנאמר: ׳ברוך הגבר אשר יבטח בה׳ והיה ה׳ מבטחו׳״. כי באמת מה שמוכן לאדם מהשם יתברך עליו אין להוסיף וממנו אין לגרוע. אך מי שבוטח בהשם יתברך ואינו חפץ אלא רק מה שירצה לתת לו, ממשיך חיות אלוהית בשפע הנשפע לו, ואינו נפרד מכוח הנותן. וזה: ״והיה ה׳ מבטחו״ – שחלה עליו הווייתו יתברך, וזוכה להיות כיוצא בו, כי השם יתברך מהווה כל הווה, רק שהגשמיות מכסה הפנימיות. אבל ״הבוטח בעבודה־זרה נתחייב להיות כיוצא בה... שנאמר: **כְּמוֹהֶם יִהְיוּ עֹשֵׂיהֶם כֹּל אֲשֶׁר בֹּטֵחַ בָּהֶם**״. כי הרשע מפריד כוח הקדושה מהשפע הנשפע אליו, ונעשה כמו עבודה־זרה ממש. ומידה טובה מרובה, שהבוטח בו יתברך זוכה להפריד ממנו מכסה החיצוניות והטבע ומתדבק בפנימיות, וחל עליו ועל כל אשר לו הוויות הקדושה.

על־פי שפת אמת, סוכות תרמ״ט

טו בְּרוּכִים אַתֶּם לַיהוָה
עֹשֵׂה שָׁמַיִם וָאָרֶץ:
טז הַשָּׁמַיִם שָׁמַיִם לַיהוָה
וְהָאָרֶץ נָתַן לִבְנֵי־אָדָם:
יז לֹא הַמֵּתִים יְהַלְלוּ־יָהּ
וְלֹא כׇּל־יֹרְדֵי דוּמָה:
יח וַאֲנַחְנוּ ׀ נְבָרֵךְ יָהּ
מֵעַתָּה וְעַד־עוֹלָם
הַלְלוּיָהּ:

טו בְּרוּכִים אַתֶּם לַה׳, עֹשֵׂה שָׁמַיִם וָאָרֶץ.

טז וכאן בא הסבר לברכה: הַשָּׁמַיִם שָׁמַיִם לַה׳, והוא שוכן שמים, וְהָאָרֶץ נָתַן לִבְנֵי־אָדָם. מקומנו ותפקידנו הוא להיות לא בשמים אלא בארץ, ואנו מבקשים כוח למלא את תפקידנו כבני אדם בארץ.

יז כי מצד אחר, לֹא הַמֵּתִים יְהַלְלוּ־יָהּ, שאף על פי שהם בארץ הם אינם יכולים עוד למלא שום תפקיד, וְלֹא וגם לא כׇּל־יֹרְדֵי דוּמָה, היורדים לשאול, למוות.

יח וַאֲנַחְנוּ נְבָרֵךְ יָהּ מֵעַתָּה וְעַד־עוֹלָם, הַלְלוּיָהּ.

קטו,טז הַשָּׁמַיִם שָׁמַיִם לַה׳ וְהָאָרֶץ נָתַן לִבְנֵי אָדָם – "אתם קרויין אדם ואין העובדי כוכבים קרויין אדם" (יבמות סא, א). פירוש: כי עסק התורה והמצוות הוא כמשל עבודת הארץ בזריעה וחרישה וקצירה, וכוח זה ניתן לישראל דווקא, שהם יעבדו את הארץ בזה, כי באמת הוא עבודת ארץ העליונה להמשיך אור אין־סוף למטה, והיינו דווקא כשהעושה המצווה הוא איש ישראלי, משום דכתיב "קדש ישראל לה׳", ששורש נשמתם מבחינת חכמה עילאה שנקראת קודש העליון, והוא בחינת אדם שעל הכיסא, ועל כן הם דייקא שבכוחם להמשיך אור אין־סוף על־ידי מעשה המצוות. וזהו "אשר קדשנו במצוותיו", פירוש: שהביאנו למדרגת קודש העליון עד שבאמצעותנו דייקא תיעשה המצווה, ולכך "וציוונו" דייקא, לשון צוותא – התקשרות וחיבור, והיינו שחיבר וקישר את המצוות אלינו שיהיו על־ידינו דווקא.

על־פי דרך מצוותיך קסח, א

כּוֹס־יְשׁוּעוֹת אֶשָּׂא וּבְשֵׁם יהוה אֶקְרָא:

ספר חמישי

פרק קטז

מזמור תודה של אדם שהיה נתון בצרות גדולות,
כגון: מחלה קשה או בעיות נוספות,
ואשר נחלץ מכל הפגעים הללו.

א אָהַבְתִּי כִּי־יִשְׁמַע ׀ יְהוָה
אֶת־קוֹלִי תַּחֲנוּנָי׃
ב כִּי־הִטָּה אָזְנוֹ לִי
וּבְיָמַי אֶקְרָא׃
ג אֲפָפוּנִי ׀ חֶבְלֵי־מָוֶת
וּמְצָרֵי שְׁאוֹל מְצָאוּנִי
צָרָה וְיָגוֹן אֶמְצָא׃
ד וּבְשֵׁם־יְהוָה אֶקְרָא
אָנָּה יְהוָה מַלְּטָה נַפְשִׁי׃
ה חַנּוּן יְהוָה וְצַדִּיק
וֵאלֹהֵינוּ מְרַחֵם׃
ו שֹׁמֵר פְּתָאיִם יְהוָה
דַּלּוֹתִי וְלִי יְהוֹשִׁיעַ׃
ז שׁוּבִי נַפְשִׁי לִמְנוּחָיְכִי
כִּי־יְהוָה גָּמַל עָלָיְכִי׃
ח כִּי חִלַּצְתָּ נַפְשִׁי מִמָּוֶת
אֶת־עֵינִי מִן־דִּמְעָה
אֶת־רַגְלִי מִדֶּחִי׃

א אָהַבְתִּי כִּי־יִשְׁמַע ה׳ אֶת־קוֹלִי, את קול תַּחֲנוּנָי. זוהי תמצית דברי התודה הללו: המשורר מספר עד כמה הוא מאושר לא רק על ישועתו, אלא גם על כך שה׳ שמע את תפילתו.

ב כִּי־הִטָּה אָזְנוֹ לִי וּבְיָמַי, שפירושו הוא, כנראה: בימיו הרעים, בימים הקשים, אֶקְרָא אל ה׳.

ג אֲפָפוּנִי, עטפו אותי סביב־סביב, חֶבְלֵי־מָוֶת. זהו דימוי פיוטי לצרות שהן כמו חבלים הקושרים את האדם, אך יש לכך גם משמעות של כאבים, ייסורים, וּמְצָרֵי שְׁאוֹל, המצוקות והמצור של השאול, מְצָאוּנִי, תפסוני, וגם מקיפים אותי. הפירוש המעשי של הדבר הוא שצָרָה וְיָגוֹן אֶמְצָא בדרכי.

ד וּבְשֵׁם־ה׳, ובתוך כל אלה בשם ה׳ אֶקְרָא ותפילתי הייתה: אָנָּה, ה׳, מַלְּטָה נַפְשִׁי!

ה ואכן, חַנּוּן ה׳ וְצַדִּיק, וֵאלֹהֵינוּ מְרַחֵם.

ו שֹׁמֵר פְּתָאיִם ה׳ - פתאים הם בעיקר אנשים חסרי ניסיון, אשר משום כך הם מתפתים לכל מיני דברים לא טובים; ומאחר שהם עצמם אינם יודעים לשמור את עצמם, הקב״ה שומר אותם שלא יינזקו יותר מדיי. דַּלּוֹתִי, נעשיתי מסכן, אומלל, וְלִי יְהוֹשִׁיעַ - יושיע - ה׳.

ז שׁוּבִי נַפְשִׁי לִמְנוּחָיְכִי - צורה פיוטית עתיקה, שפירושה: למנוחתך, כִּי־ה׳ גָּמַל עָלָיְכִי, וסייע ועזר.

ח כִּי חִלַּצְתָּ את נַפְשִׁי, את חיי, מִמָּוֶת, אֶת־עֵינִי הצלת מִן־דִּמְעָה וְאֶת־רַגְלִי מִדֶּחִי, ממכשול.

קטז,ו דַּלּוֹתִי וְלִי יְהוֹשִׁיעַ – פירוש: על־ידי שיודעים שהם דלים וצריכים להיוושע, זוכים לישועה. וכן דרכם של בני ישראל, כשהקב״ה משפיע להם בחסדו הם מתבוננים האמת, שאין ראויים לכך, וממעטים עצמם ביותר, כי עיקר הישועה לדלים. ולכן עיקר הישועה, שיבוא משיח צדקנו במהרה, מוכן להיות דווקא בדורות השפלים. גם פירוש דַּלּוֹתִי וְלִי יְהוֹשִׁיעַ הוא שאפילו אחר הישועה נשארים דלים, שצריכים לידע שהוא בחסד עליון. וכן בארבעה מינים, הערבה צריכה להיבטל לשאר המינים הגבוהים ממנה ולהימשך אחריהם, ולכן עלה שלה משוך, אבל עלה של צפצפה עגול, שעושה מהשפלות בניין לעצמה, ופסולה. וכמו כן דורות שלנו צריכים להיבטל לדורות הראשונים, להיות נושעים בזכות אבותינו, ואז הישועה מוכנת לנו יותר מלראשונים. ועוזר דלים ירחם ויושיע לעם עני ודל, שמה נוכל להיות יותר דלים מכמונו עתה, ולה׳ הישועה.

על־פי שפת אמת, סוכות תר״נ

ט אֶתְהַלֵּךְ לִפְנֵי יְהֹוָה
בְּאַרְצוֹת הַחַיִּים:
י הֶאֱמַנְתִּי כִּי אֲדַבֵּר
אֲנִי עָנִיתִי מְאֹד:
יא אֲנִי אָמַרְתִּי בְחָפְזִי
כָּל־הָאָדָם כֹּזֵב:
יב מָה־אָשִׁיב לַיהֹוָה
כָּל־תַּגְמוּלוֹהִי עָלָי:
יג כּוֹס־יְשׁוּעוֹת אֶשָּׂא
וּבְשֵׁם יְהֹוָה אֶקְרָא:
יד נְדָרַי לַיהֹוָה אֲשַׁלֵּם
נֶגְדָה־נָּא לְכָל־עַמּוֹ:

ט ועכשיו, כשיצאתי מכל אלה, אֶתְהַלֵּךְ לִפְנֵי ה׳ בְּאַרְצוֹת הַחַיִּים, כי סכנת המוות שארבה לי אינה קיימת עוד, ושוב יכול אני לחיות בלי דאגה.

י הֶאֱמַנְתִּי בך כִּי אֲדַבֵּר, בזמן שדיברתי והתפללתי אליך בעת מצוקתי. אז, באותו זמן, אֲנִי עָנִיתִי, התעניתי וסבלתי מְאֹד.

יא באותן שעות של מצוקה, חולי או ייסורים אחרים לא פעם חש האדם תחושה נוראה של בדידות, ולכן אֲנִי אָמַרְתִּי בְחָפְזִי - בפזיזותי, בלי לדעת מספיק, שכָּל־הָאָדָם כֹּזֵב. שכן הסבל הוא חוויה סובייקטיבית, אך לא פעם הסבל מתעצם בגלל ההנחה (המוטעית) של הסובל שכל בני האדם שמסביב אינם נאמנים לו ואינם מתעניינים בו; האמת היא שגם בשעות כאלה יש לאנשים ידידים נאמנים שאינם זונחים אותם; אלא שלא תמיד הם מתגלים מיד, ולכן עלול האדם להיכנס לדכדוך.

יב ומכאן לדברי ההלל: מָה־אָשִׁיב לַה׳ על כָּל־תַּגְמוּלוֹהִי עָלָי, על כל מה שגמל לי?

יג כּוֹס־יְשׁוּעוֹת, שבפשטות זוהי שתיית יין ברבים, הרמת כוס כדי להודות כדרך שמברכים ומהללים על היין, אֶשָּׂא, ארים, וּבְשֵׁם ה׳ אֶקְרָא, כדי להודות לו.

יד את נְדָרַי, שנדרתי לַה׳ בשעת מצוקתי, עכשיו אֲשַׁלֵּם, נֶגְדָה־נָּא, כלומר: בנוכחות, במעמד, לְכָל־עַמּוֹ; כי עכשיו, אחרי שנחלצתי מן הצרה, יש ביכולתי לקיים את נדריי, וחלק מהם אף לעשות בפומבי, כדי להודיע לאחרים על מה שקרה לי ולרומם את שם ה׳ בעיניהם.

קטז,יג **כּוֹס יְשׁוּעוֹת אֶשָּׂא.** אמר כ״ק אדמו״ר הריי״צ מליובאוויטש זי״ע כי **כּוֹס יְשׁוּעוֹת** של דוד המלך הוא ספר התהלים, שנושא את האדם למעלה ויחד עם זאת ממשיך אליו ישועות למטה. כדרך שהמברך על כוס של ברכה מגביה אותה טפח מעל השולחן, כך אמירת מזמורי תהלים מגביהה את האדם טפח מעל הארץ עד שזוכה לראות נסים ונפלאות בענייניו הפרטיים. ובעומק העניין, כוס רומזת לכך שכדי להמשיך ישועות עליונות על האדם לעשות עצמו כלי קיבול, וכמאמר חז״ל ״כלי ריקן – מחזיק, כלי מלא – אינו מחזיק״ (ברכות מ, א). פירוש הדבר: על האדם לכרות ברית עם השם יתברך, לפנות עצמו מכל הרצונות ולמסור עצמו בביטול לרצון ה׳, שלא יחפוץ אלא במה שרצון ה׳ שיחפוץ, ובזה ייעשה כלי לכל הישועות העליונות, שכן ״אין אישה כורתת ברית אלא למי שעשאה כלי״.

על־פי תהילות מנחם

טו יָקָר בְּעֵינֵי יְהוָה
הַמָּוְתָה לַחֲסִידָיו׃
טז אָנָּה יְהוָה כִּי־אֲנִי עַבְדֶּךָ
אֲנִי־עַבְדְּךָ בֶּן־אֲמָתֶךָ
פִּתַּחְתָּ לְמוֹסֵרָי׃
יז לְךָ־אֶזְבַּח זֶבַח תּוֹדָה
וּבְשֵׁם יְהוָה אֶקְרָא׃
יח נְדָרַי לַיהוָה אֲשַׁלֵּם
נֶגְדָה־נָּא לְכָל־עַמּוֹ׃
יט בְּחַצְרוֹת ׀ בֵּית יְהוָה
בְּתוֹכֵכִי יְרוּשָׁלִָם
הַלְלוּיָהּ׃

טו יָקָר, כלומר: חשוב בְּעֵינֵי ה׳ הַמָּוְתָה, המוות, לַחֲסִידָיו, ואין הוא רוצה להביאו על אוהביו.

טז ולכן מבקש המשורר: אָנָּה, ה׳, עזור לי, סייע לי, כִּי־אֲנִי עַבְדֶּךָ, שהרי המשורר רוצה להיות עבד ה׳, ובתור שכזה ראוי הוא לקבל את העזרה, הסיוע והתמיכה של הקב״ה.

אֲנִי־עַבְדְּךָ בֶּן־אֲמָתֶךָ - זהו תיאור מעמדו של מי ששייך למשפחת עבדים, שלא רק הוא לבדו אלא גם כל בני משפחתו הם עבדים. ואולם בניגוד לעבדות לבשר ודם, עבדות לה׳ היא דבר שאין בו השפלה, אלא להפך: רוממות וביטחון; כי מאחר ש״אני עבדך״ אתה פִּתַּחְתָּ לְמוֹסֵרָי, שחררת את הכבלים שלי, וכאן הכוונה גם לכך שהקב״ה הסיר מעליו את כל הייסורים והכאבים.

יז לְךָ־אֶזְבַּח זֶבַח תּוֹדָה על הנס והישועה, וּבְשֵׁם ה׳ אֶקְרָא בתפילה ובהודאה,

יח ובהודעה לכל על כך שאת נְדָרַי לַה׳ אֲשַׁלֵּם, נֶגְדָה־נָּא לְכָל־עַמּוֹ.

יט והמקום שבו ראוי לשלם את נדריי - שאולי נכללים בהם גם קורבנות תודה - הוא במרכז הגדול של עם ישראל: בְּחַצְרוֹת בֵּית ה׳ בְּתוֹכֵכִי, בתוכך, יְרוּשָׁלִָם, הַלְלוּיָהּ.

קטז,טז אֲנִי עַבְדְּךָ בֶּן אֲמָתֶךָ פִּתַּחְתָּ לְמוֹסֵרָי – כאשר פיתחת למוסריי, מיד נעשיתי עבדך. כי באמת עַבְדְּךָ בֶּן אֲמָתֶךָ הוא בתולדה, שבעצם נפשות בני ישראל מוטבע שיהיו עבדי ה׳, אך שעבוד מלכויות מעכב. לכן, כשנעשים בני חורין אנו משבחים ״כי אני עבדך״, ״הללו עבדי ה׳״, כי כל תכלית היציאה מן השעבוד היא רק כדי שנשוב להיות עבדי ה׳.

על־פי שפת אמת, חנוכה תרמ״ו

קטז,טז אָנָּה ה׳ כִּי אֲנִי עַבְדֶּךָ. אמר הרה״ק רבי אברהם מרדכי אלטר מגור, בעל ה״אמרי אמת״ זי״ע: פעם אמר אבי, בעל ״שפת אמת״ זי״ע, שב״אנה ה׳״ יכולים לפעול הכול. השומעים חשבו שכוונתו על ״אנא ה׳ הושיעה נא״, אך אני הבנתי שכוונתו לאָנָּה ה׳ כִּי אֲנִי עַבְדֶּךָ. כי עם הכנעה יכולים לפעול הכול.

על־פי אמרי אמת, ליקוטים

וֶאֱמֶת־יהוה לְעוֹלָם הַלְלוּיָהּ:

ספר חמישי
פרק קיז

הפרק הקצר ביותר בתהלים,
וייחודו בכך שהוא כתוב בלשון רבים.
הפרק עומד בפני עצמו, אף שהוא
בהחלט יכול לשמש כסיום לפרק
הקודם או פתיחה לפרק הבא.

א הַלְלוּ אֶת־יְהוָה כָּל־גּוֹיִם
שַׁבְּחוּהוּ כָּל־הָאֻמִּים:
ב כִּי גָבַר עָלֵינוּ ׀ חַסְדּוֹ
וֶאֱמֶת־יְהוָה לְעוֹלָם
הַלְלוּיָהּ:

א הַלְלוּ אֶת־ה׳ כָּל־גּוֹיִם, כל העמים, שַׁבְּחוּהוּ כָּל־הָאֻמִּים, האומות, אשר יכולות לראות את נפלאות ה׳; וגם אם הן מתרחשות במקום אחר, או לאנשים אחרים, מכל מקום יכולות הן לראות את גדולתו ולהלל אותו.

ב כִּי גָבַר עָלֵינוּ חַסְדּוֹ, אתם, העמים, יכולים לראות איך חסדו מתגלה עלינו, עמו ועבדיו, וֶאֱמֶת־ה׳ לְעוֹלָם – שהיא קיימת לנצח, ולעולם לא תאבד, הַלְלוּיָהּ.

קיז,ב **וֶאֱמֶת ה׳ לְעוֹלָם.** מציאותו יתברך היא המציאות האמיתית היחידה, **אֱמֶת ה׳**, ומתוך כך נובע שהיא **לְעוֹלָם**, משמע: אין לה הפסק ואין בה שינוי. ועוד במשמעות **לְעוֹלָם**, שכל הנמצאים לא נמצאו אלא מאמיתת מציאות ה׳, ובלעדיה אין להם מציאות כלל, וכמובא בספרים שאם תסור **מֵאֱמֶת** אות **אל״ף**, הרומזת לקב״ה אלופו של עולם, יישאר **מת** בלבד, הפך החיים. וכפי שהוא בעולם הגדול, כך צריך להיות גם ב״עולם קטן״ – בעבודתו של כל אחד ואחד מישראל, ש״אמת ה׳״ שבו תחדור לכל פרטי חייו. וזאת על־ידי שבתחילת היום ילך לבית הכנסת, ואחר כך ״מחיל אל חיל״ לבית המדרש, ומשם יקבל את הכוחות הדרושים לו הן כדי למשול ביצר הרע והן כדי לגלות אור בחלקו בעולם עד שיזכה לגאולה פרטית, ובזה יזרז את שלמות הזיכוך של העולם כולו ואת הגאולה הכללית, במהרה בימינו.

על־פי תהילות מנחם

הוֹדוּ לַיהוה כִּי־טוֹב כִּי לְעוֹלָם חַסְדּוֹ:

מזמור של תודה, המזמור האחרון שבמזמורי ההלל. יש בו חלק אישי העוסק בתשועת ה׳ לאדם פרטי, אך גם דוגמה ומופת לרבים, שכן האיש הפרטי הזה הוא גם המלך. נראה שגם מזמור זה נכתב מלכתחילה כשיר למקהלה, שכן יש בו קטעים רבים העשויים כמחרוזות של דברי שבח – ומענה עליהם.

ספר חמישי

פרק קיח

א הוֹדוּ לַיהוָה כִּי־טוֹב
כִּי לְעוֹלָם חַסְדּוֹ:
ב יֹאמַר־נָא יִשְׂרָאֵל
כִּי לְעוֹלָם חַסְדּוֹ:
ג יֹאמְרוּ־נָא בֵית־אַהֲרֹן
כִּי לְעוֹלָם חַסְדּוֹ:
ד יֹאמְרוּ־נָא יִרְאֵי יְהוָה
כִּי לְעוֹלָם חַסְדּוֹ:
ה מִן־הַמֵּצַר קָרָאתִי יָּהּ
עָנָנִי בַמֶּרְחָב יָהּ:
ו יְהוָה לִי לֹא אִירָא
מַה־יַּעֲשֶׂה לִי אָדָם:
ז יְהוָה לִי בְּעֹזְרָי
וַאֲנִי אֶרְאֶה בְשֹׂנְאָי:
ח טוֹב לַחֲסוֹת בַּיהוָה
מִבְּטֹחַ בָּאָדָם:
ט טוֹב לַחֲסוֹת בַּיהוָה
מִבְּטֹחַ בִּנְדִיבִים:

א הפתיחה החגיגית היא אותו פסוק של תהילה המופיע פעמים רבות בספר: **הוֹדוּ לַה׳ כִּי־טוֹב**, כלומר: הודו לה׳ כי טוב עשה וגמל לנו, **כִּי לְעוֹלָם חַסְדּוֹ**.

ב לאחר מכן באה פנייה: **יֹאמַר־נָא יִשְׂרָאֵל** דברים אלה: **כִּי לְעוֹלָם חַסְדּוֹ**.

ג **יֹאמְרוּ־נָא בֵית־אַהֲרֹן**, הכהנים המשרתים בבית ה׳, **כִּי לְעוֹלָם חַסְדּוֹ**.

ד **ויֹאמְרוּ־נָא יִרְאֵי ה׳ כִּי לְעוֹלָם חַסְדּוֹ**.

וכאן מתחיל עיקרו של המזמור, שהוא דברי תודה לקב״ה על ישועה. מן ההקשר משתמע שמדובר בישועה ממצב צבאי או מדיני קשה מאוד:

ה **מִן־הַמֵּצַר קָרָאתִי יָּהּ**, בשעתו התחלתי את תפילתי כמו ממקום צר ודחוק, שכאן משמעותו הוא מצב של מצר ודוחַק, כאשר האדם מרגיש שגבולות חייו הולכים ומצטמצמים. וה׳ **עָנָנִי בַמֶּרְחָב יָ־הּ**; כי תשובתו של ה׳ אינה בדברים אלא בפעולות, שבעקבותיהן אני מוצא את עצמי שוב במרחב, והמצוקה נעלמת.

ו אם ה׳ **לִי**, אתי, **לֹא אִירָא**, כי מאחר שה׳ אתי – **מַה־יַּעֲשֶׂה לִי אָדָם**?

ז ה׳ **לִי בְּעֹזְרָי וַאֲנִי אֶרְאֶה בְשֹׂנְאָי** במפלתם של שונאיי.

ח **טוֹב לַחֲסוֹת בַּה׳ מִבְּטֹחַ בָּאָדָם**, שהרי כוחו בוודאי גדול יותר, ובעיקר – כמו שמובא פעמים רבות בתהלים – הוא נאמן יותר.

ט **טוֹב לַחֲסוֹת בַּה׳ מִבְּטֹחַ** מאשר לבטוח **בִּנְדִיבִים**, דהיינו: אנשי מעלה, אנשים חשובים.

קיח,ה **מִן הַמֵּצַר**. כשבאה צרה, אנו מנסים להימלט מפניה. לעשות כך, לעשות אחרת, ובלבד שנותיר אותה מאחור. משל למה הדבר דומה? לאישה מעוברת שרוצה להיפטר מן המשקל המכביד עליה, והיא בורחת מפני כרסה ממקום למקום. ומתי תבוא ישועה? רק כשנבין שאנו שרויים במצר. צר לנו, ואין מוצא. לא לימין ולא לשמאל. לא ניתן לפתור את המשבר בשום דרך, ואין – פשוט אין – איך להיפטר מהצרה. רק אז באה עצת אמת: **קָרָאתִי יָּהּ**. ובכך כבר רחב לנו, **עָנָנִי בַמֶּרְחָב יָהּ**.

על־פי כתר שם טוב, קה״ת תשס״ד, כ; קט

י כָּל־גּוֹיִם סְבָבוּנִי
בְּשֵׁם יְהוָה כִּי אֲמִילַם׃
יא סַבּוּנִי גַם־סְבָבוּנִי
בְּשֵׁם יְהוָה כִּי אֲמִילַם׃
יב סַבּוּנִי כִדְבֹרִים
דֹּעֲכוּ כְּאֵשׁ קוֹצִים
בְּשֵׁם יְהוָה כִּי אֲמִילַם׃
יג דַּחֹה דְחִיתַנִי לִנְפֹּל
וַיהוָה עֲזָרָנִי׃
יד עָזִּי וְזִמְרָת יָהּ
וַיְהִי־לִי לִישׁוּעָה׃
טו קוֹל ׀ רִנָּה וִישׁוּעָה
בְּאָהֳלֵי צַדִּיקִים
יְמִין יְהוָה עֹשָׂה חָיִל׃

י כָּל־גּוֹיִם סְבָבוּנִי - כאן יש רמז למצוקה שהמשורר היה נתון בה: מצוקה צבאית של אויבים הבאים מצדדים שונים. ואולם בְּשֵׁם ה׳ אני בוטח כִּי אֲמִילַם, אמולל ואמעך, כלומר: אשמיד ואכלה אותם.

יא ושוב: סַבּוּנִי גַם־סְבָבוּנִי האויבים, אך בְּשֵׁם ה׳ אני בוטח כִּי אֲמִילַם.

יב סַבּוּנִי כִדְבֹרִים, כמו שקורה לאדם זר המגיע לכוורת, שכל עדת הדבורים מקיפה אותו מכל צד ומנסה לעקצו.

דֹּעֲכוּ, כלומר: הוכנעו, הושפלו. ומילה זו, המתייחסת לאש דועכת, נבחרה בגלל הדימוי; המשורר אומר שהם דועכו כְּאֵשׁ כמו אש קוֹצִים, המתלקחים מהר ויוצרים להבה גדולה, הדועכת בתוך זמן קצר מאוד, בְּשֵׁם ה׳ כִּי אֲמִילַם.

יג דַּחֹה דְחִיתַנִי לִנְפֹּל - האויב, השונא, דוחה ודוחף אותי ליפול; אבל וַה׳ עֲזָרָנִי שלא אפול.

יד עָזִּי וְזִמְרָת יָהּ - מילים השאולות משירת הים - הוא ביטוי מקוצר של "עוזי וזמרתי (כל תשבחותיי) הן בי־ה", ולכן - וַיְהִי־לִי, ויהי ה׳ לי לִישׁוּעָה.

טו קוֹל רִנָּה וִישׁוּעָה נשמע אז בְּאָהֳלֵי צַדִּיקִים, המשבחים לה׳ על ישועתו ואומרים: יְמִין ה׳, שזה ביטוי ציורי לעוצמה ולכוח, כי היד הימנית היא היד החזקה יותר, עֹשָׂה חָיִל, כלומר: מביאה הצלחה.

טז יְמִין ה׳ רוֹמֵמָה, יְמִין ה׳ עֹשָׂה חָיִל.

קיח,יז **לֹא אָמוּת כִּי אֶחְיֶה.** יש חיים שהם כמוות, ויש חיים שהם חיים באמת. כשאדם חי בהכרה צלולה ובהירה, כשיש בחייו תורה ותפילה המחברות מחשבה טהורה עם מעמקי לב, אז חייו קרויים חיים. ולאידך גיסא, כשדיבורי התורה והתפילה יוצאים מפיו בלא מוח ובלא לב, הרי הוא חשוב כמת. וזו בקשת דוד המלך ע"ה: **לֹא אָמוּת כִּי אֶחְיֶה** – שלא אמות בעודי חי, אלא אחיה חיים אמיתיים, ואזי **אֲסַפֵּר מַעֲשֵׂי יָהּ** – הכרת ה׳ תאיר בי כספיר, אבן טובה ומאירה, ובי יכירו הכול את גדולת ה׳.

על־פי תורת המגיד, קרושים

טז יְמִין יהוה רוֹמֵמָה
יְמִין יהוה עֹשָׂה חָיִל:
יז לֹא־אָמוּת כִּי־אֶחְיֶה
וַאֲסַפֵּר מַעֲשֵׂי יָהּ:
יח יַסֹּר יִסְּרַנִּי יָּהּ
וְלַמָּוֶת לֹא נְתָנָנִי:
יט פִּתְחוּ־לִי שַׁעֲרֵי־צֶדֶק
אָבֹא־בָם אוֹדֶה יָהּ:
כ זֶה־הַשַּׁעַר לַיהוה
צַדִּיקִים יָבֹאוּ בוֹ:
כא אוֹדְךָ כִּי עֲנִיתָנִי
וַתְּהִי־לִי לִישׁוּעָה:
כב אֶבֶן מָאֲסוּ הַבּוֹנִים
הָיְתָה לְרֹאשׁ פִּנָּה:

יז וכאן באים דברי התפילה. המשורר מבקש: לֹא־אָמוּת, כִּי־אֶחְיֶה כי אם אחיה, וַאֲסַפֵּר מַעֲשֵׂי יָהּ. מהרבה מקומות בכל המקרא עולה, שחובתו של האיש שנשאר בחיים אחרי תלאות וצרות היא לספר את מעשי ה׳ ולהודות לו.

יח יַסֹּר יִסְּרַנִּי יָּהּ בשעות המצוקה שלי, אבל וְלַמָּוֶת לֹא נְתָנָנִי;

יט ולכן, כיוון שעודני חי, יכול וצריך אני לספר בשבחו ולומר: פִּתְחוּ־לִי שַׁעֲרֵי־צֶדֶק - ייתכן שהכוונה כאן לשערי המקדש. המשורר מגיע למקדש בעם רב כדי להודות לה׳ באופן אישי, כך שהכל ישמעו את תודתו.

אָבֹא־בָם, אכנס בשערים הללו, ואוֹדֶה יָהּ.

כ זֶה־הַשַּׁעַר לַה׳, צַדִּיקִים - אלה שיצאו זכאים ומנצחים - יָבֹאוּ בוֹ, ייכנסו בשער הזה כדי להודות לה׳.

כא אוֹדְךָ כִּי עֲנִיתָנִי אחרי שהתפללתי אליך, וַתְּהִי־לִי לִישׁוּעָה.

כב ומתוך הסתכלות על מה שקרה בעבר יכול המשורר להעיד שלאחר מעשה משתנה ראיית המציאות: אֶבֶן שמָּאֲסוּ הַבּוֹנִים, משום שלא נראתה להם מספיק חזקה, ראויה או יפה, הָיְתָה בסופו של דבר לְרֹאשׁ פִּנָּה, לאבן שאותה מציבים בקצה העליון של החומה, במקום שבו הכל רואים אותה. כלומר: במבט לאחור משתנה ההערכה וההבנה של מאורעות ואישים, ודברים שבשעתו נראו בלתי חשובים מתגלים כגורמים העיקריים לישועה.

קיח,יט־כ זֶה הַשַּׁעַר לַה׳. את השם יתברך אנו עובדים בכל לבבנו ובכל נפשנו, ובפרט במוח ובלב – איברים שהנשמה תלויה בהם – ובהם אנו משיגים ותופסים, אוהבים ויראים. מכלל כוחות הנפש נבנה לנו בניין מפואר שכל קומותיו חדורות דבקות אלוהית. אמנם לכל בניין מפואר יש שער, ודרכו של עולם שהשער קבוע בתחתית הבניין דווקא. כך גם בעבודת ה׳, השער הוא מידת הצדק – היא ספירת המלכות, הנמוכה שבעשר הספירות – שממנה באה אלינו יראת שמים פשוטה, הכרת מלכות ה׳ בעולם וההבנה שהיא חלה עלינו ומחייבת אותנו. זֶה הַשַּׁעַר לַה׳ צַדִּיקִים יָבֹאוּ בוֹ.

על־פי ליקוטי שיחות ח״ג, עמ׳ 915

פרק קיח • ספר חמישי • ליום שישי • כד לחודש תהלים • 491

כג מֵאֵת יְהוָה הָיְתָה זֹּאת
הִיא נִפְלָאת בְּעֵינֵינוּ׃
כד זֶה־הַיּוֹם עָשָׂה יְהוָה
נָגִילָה וְנִשְׂמְחָה בוֹ׃
כה אָנָּא יְהוָה הוֹשִׁיעָה נָּא
אָנָּא יְהוָה הַצְלִיחָה נָּא׃
כו בָּרוּךְ הַבָּא בְּשֵׁם יְהוָה
בֵּרַכְנוּכֶם מִבֵּית יְהוָה׃
כז אֵל ׀ יְהוָה וַיָּאֶר לָנוּ
אִסְרוּ־חַג בַּעֲבֹתִים
עַד־קַרְנוֹת הַמִּזְבֵּחַ׃
כח אֵלִי אַתָּה וְאוֹדֶךָּ
אֱלֹהַי אֲרוֹמְמֶךָּ׃
כט הוֹדוּ לַיהוָה כִּי־טוֹב
כִּי לְעוֹלָם חַסְדּוֹ׃

כג ועל דברים כאלה אפשר להגיד: מֵאֵת ה׳ הָיְתָה זֹּאת, כלומר: מה שנראה כחשוב ונתגלה כבלתי חשוב, ולהפך; כל אותם מאורעות ואנשים שהיו מכריעים ומשפיעים, ואלה שהסתבר שאינם כך. ובהבנה שלאחר מעשה הִיא נִפְלָאת - נפלאה - בְּעֵינֵינוּ, כי בעינינו תמיד נראה מפליא כיצד מתרחשים הדברים בעולם.

כד זֶה־הַיּוֹם שֶׁעָשָׂה ה׳, כלומר: יום הישועה, נָגִילָה וְנִשְׂמְחָה בוֹ - בה׳.

כה אָנָּא, ה׳, הוֹשִׁיעָה נָּא - זו תפילה הנאמרת בעת מצוקה; ולאחריה באה תפילה שאותה אומר האדם אחרי שיצא מהצרה: אָנָּא, ה׳, הַצְלִיחָה נָּא.

כו עד כאן שירתו של האיש הבא בשערי בית ה׳ ונכנס אליו כדי להודות. ושיר זה מקבל מענה מתוך בית ה׳, מפי הכהנים או אנשים אחרים: בָּרוּךְ הַבָּא בְּשֵׁם ה׳, בֵּרַכְנוּכֶם מִבֵּית ה׳.

כז ואז אומרים הכל: אֵל ה׳ וַיָּאֶר לָנוּ, הוא מוציא אותנו מאפלה וממצוקה אל האור.

אִסְרוּ־חַג בַּעֲבֹתִים - נראה ש"חג" פירושו הבהמה המובאת כקורבן החג, והיא קשורה בחבלים כדי שלא תשתולל, ומביאים אותה עַד־קַרְנוֹת הַמִּזְבֵּחַ.

כח וכאן חוזר המשורר ומודה לה׳: אֵלִי אַתָּה וְאוֹדֶךָּ, אֱלֹהַי אֲרוֹמְמֶךָּ.

כט והפרק מסתיים באותם דברי תשבחות שבהם הוא נפתח: הוֹדוּ לַה׳ כִּי־טוֹב, כִּי לְעוֹלָם חַסְדּוֹ.

קיח,כג **מֵאֵת ה׳ הָיְתָה זֹּאת – הִיא נִפְלָאת בְּעֵינֵינוּ.** אמר רבי אהרן מקרלין: כשכל דבר שרואים יודעים שהוא מֵאֵת ה׳, אז גם הנפלאות הוא בְּעֵינֵינוּ להבין ולידע. ופירושו: כשיודעים ומאמינים שכל דבר בעולם־הזה בא מאת ה׳, אז יוצא הטבע מסתמיותו ועינינו נפתחות לראות בו נפלאות.

על־פי בית אהרן לראש חודש ניסן

קיח,כה **אָנָּא ה׳ הוֹשִׁיעָה נָּא.** זה סדר הכללי שיסד השם יתברך בעולמו לכל הנבראים, שכשמתחיל לכנוס בעבודת ה׳ הוא על דרך "ראתה שפחה על הים מה שלא ראו ישעיהו ויחזקאל" (מכילתא, בשלח), ואז נכנסת בו גאווה, ועל־ידי זה נכנסים בו דמיונות של תוהו והבלים ונפסק לאט לאט מדבקותו, ואחר כך מתעורר ומכיר שפלותו, וצועק **הוֹשִׁיעָה נָּא** מעומקא ותבירו דלבא, ואז זוכה לעולם התיקון ורואה עולם חדש.

על־פי צדקת הצדיק, רו

אַשְׁרֵי תְמִימֵי־דָרֶךְ הַהֹלְכִים בְּתוֹרַת יהוה:

מזמור לימודי מובהק, אשר מעיקרו הוא אוסף של פסוקים קצרים שאין בהם רציפות מבחינת המשמעות. כל אחד מהפסוקים הללו הוא יחידה עצמאית, עם זאת יש שני מרכיבים המאחדים את כל הפסוקים ובכך הופכים את הפרק להוויה אחת. הצד האחד הוא שהפרק מדבר בעיקר בלשון יחיד; זהו דיבורו של אדם הפונה אל הקב"ה ומביע את תפילתו ורצונותיו. הצד השני הוא דברי השבח לתורת ה' ולמצוותיו, שזהו הנושא הקושר את כל הפסוקים יחד.

ספר חמישי
פרק קיט

א

א אַשְׁרֵי תְמִימֵי־דָרֶךְ
הַהֹלְכִים בְּתוֹרַת יְהוָה׃
ב אַשְׁרֵי נֹצְרֵי עֵדֹתָיו
בְּכָל־לֵב יִדְרְשׁוּהוּ׃
ג אַף לֹא־פָעֲלוּ עַוְלָה
בִּדְרָכָיו הָלָכוּ׃
ד אַתָּה צִוִּיתָה פִקֻּדֶיךָ
לִשְׁמֹר מְאֹד׃
ה אַחֲלַי יִכֹּנוּ דְרָכָי
לִשְׁמֹר חֻקֶּיךָ׃
ו אָז לֹא־אֵבוֹשׁ
בְּהַבִּיטִי אֶל־כָּל־מִצְוֺתֶיךָ׃
ז אוֹדְךָ בְּיֹשֶׁר לֵבָב
בְּלָמְדִי מִשְׁפְּטֵי צִדְקֶךָ׃
ח אֶת־חֻקֶּיךָ אֶשְׁמֹר
אַל־תַּעַזְבֵנִי עַד־מְאֹד׃

א אַשְׁרֵי תְמִימֵי־דָרֶךְ - אנשים ההולכים בדרך הנכונה, בדרך התמימה; או, במילים אחרות, אלה הַהֹלְכִים בְּתוֹרַת ה׳.

ב אַשְׁרֵי נֹצְרֵי, שומרי, עֵדֹתָיו, שבכל הפרק זהו שם נרדף למצוות, לחוקים, בְּכָל־לֵב יִדְרְשׁוּהוּ, דרישה המתבטאת, בין השאר, בכך שהם "נֹצְרֵי עֵדֹתָיו".

ג ואותם אנשים טובים וראויים אַף לֹא־פָעֲלוּ עַוְלָה, בִּדְרָכָיו של ה׳, כפי שהוא מגלה אותן בתורתו, הָלָכוּ.

ד אַתָּה, ה׳, צִוִּיתָה פִקֻּדֶיךָ, נתת לנו את המצוות והחוקים, לִשְׁמֹר אותם מְאֹד.

ה אַחֲלַי, אני מבקש, או מייחל, יִכֹּנוּ - שיעמדו, יתבססו, ייעשו נכונה - דְרָכַי, לִשְׁמֹר חֻקֶּיךָ.

ו אָז, אם אשמור ואקיים את המצוות, לֹא־אֵבוֹשׁ בְּהַבִּיטִי אֶל־כָּל־מִצְוֺתֶיךָ, שהרי אוכל לומר שניסיתי לקיים אותן בכל יכולתי.

ז אוֹדְךָ בְּיֹשֶׁר לֵבָב בְּלָמְדִי מִשְׁפְּטֵי צִדְקֶךָ - פירוש אחד לפסוק זה הוא: עצם העובדה שאני לומד את משפטיך היא עצמה מעשה של הודיה; או, לחלופין: אחרי שלמדתי את משפטי ה׳ אני מודה לו על שנתן לנו דרך אמת.

ח אֶת־חֻקֶּיךָ אֶשְׁמֹר, אַל־תַּעַזְבֵנִי עַד־מְאֹד - אני מנסה ומשתדל לשמור את חוקיך ומתפלל שלא תעזבני, כדי שאוכל להמשיך לעשות את כל הדברים הללו.

קיט,ה **אַחֲלַי יִכֹּנוּ דְרָכַי לִשְׁמֹר חֻקֶּיךָ** – שכשאדם עוסק בענייני העולם להנאתו, הם מטמטמים לבו, וכשבא לעבודת ה׳ הוא מתבייש מעצמו על כי אינו מרגיש האור והקדושה. מה שאין כן אם מכוון דרכיו לעבודת ה׳ גם בענייני הרשות, **אָז לֹא אֵבוֹשׁ בְּהַבִּיטִי אֶל כָּל מִצְוֺתֶיךָ**, כי בהגיעו לתורה ותפילה יהיו מאירים לו.

על־פי תורת אבות, תורת ותפילה, לה

קיט,ז **אוֹדְךָ בְּיֹשֶׁר לֵבָב**. עיקר התפילה היא על־ידי אמונה, שמאמין שהכול ברשות הקב״ה, אפילו לשנות הטבע, ואין הקב״ה מקפח שכר כל בריה, כי צדיק ה׳. וזהו בחינת **אוֹדְךָ בְּיֹשֶׁר לֵבָב**, על־ידי ישרת לב – שהיא בחינת אמונה – נעשה בחינת תפילה.

על־פי ליקוטי מוהר״ן ח״א נה: ד

ב

ט בַּמֶּה יְזַכֶּה־נַּעַר אֶת־אָרְחוֹ
לִשְׁמֹר כִּדְבָרֶךָ׃
י בְּכָל־לִבִּי דְרַשְׁתִּיךָ
אַל־תַּשְׁגֵּנִי מִמִּצְוֺתֶיךָ׃
יא בְּלִבִּי צָפַנְתִּי אִמְרָתֶךָ
לְמַעַן לֹא אֶחֱטָא־לָךְ׃
יב בָּרוּךְ אַתָּה יְהוָה
לַמְּדֵנִי חֻקֶּיךָ׃
יג בִּשְׂפָתַי סִפַּרְתִּי
כֹּל מִשְׁפְּטֵי־פִיךָ׃
יד בְּדֶרֶךְ עֵדְוֺתֶיךָ שַׂשְׂתִּי
כְּעַל כָּל־הוֹן׃
טו בְּפִקֻּדֶיךָ אָשִׂיחָה
וְאַבִּיטָה אֹרְחֹתֶיךָ׃

ט בַּמֶּה יְזַכֶּה־נַּעַר אֶת־אָרְחוֹ? איך יכול גם אדם צעיר לבחור לעצמו דרך טובה? כאשר יבחר לִשְׁמֹר ולעשות כִּדְבָרֶךָ, את כל מה שדיברת וציווית לנו; מי ששומר דברים אלה הוא זה ההולך בדרך הנכונה.

י בְּכָל־לִבִּי דְרַשְׁתִּיךָ, אני מבקש אותך, ה׳, ורוצה להתקרב אליך, ומבקש ממך: אַל־תַּשְׁגֵּנִי מִמִּצְוֺתֶיךָ, אל תטה אותי מן המצוות שלך, תן לי את החיזוק כדי שאוכל להמשיך לקיימן.

יא בְּלִבִּי צָפַנְתִּי - לא במובן של סוד, אלא בבחינה של שמירה: אני מחזיק, שומר בלבי תמיד את אִמְרָתֶךָ, לְמַעַן לֹא אֶחֱטָא־לָךְ; כי אם זה נמצא בתוכי פנימה יש לי שמירה שלא לבוא לידי חטא - על כל פנים לא עקב חוסר ידיעה. ותפילה קצרה:

יב בָּרוּךְ אַתָּה ה׳, והבקשה שבתפילה היא - לַמְּדֵנִי חֻקֶּיךָ.

יג ועוד אני מבקש: בִּשְׂפָתַי סִפַּרְתִּי כֹּל מִשְׁפְּטֵי־פִיךָ, אני מדבר את דברי התורה ואומר אותם גם לאחרים.

יד בְּדֶרֶךְ עֵדְוֺתֶיךָ - שזהו ניקוד אחר של המילה "עדותיך", חוקיך, אשר משמעותה אינה ברורה. והדרך שבה אני מקיים את חוקיך ומצוותיך ומתהלך על פיהם, עליה שַׂשְׂתִּי כְּעַל כָּל־הוֹן, כמו שאדם שמח כשמגיע לידיו רכוש גדול.

טו בְּפִקֻּדֶיךָ אָשִׂיחָה, אני גם מדבר במצוותיך וְאַבִּיטָה, וגם אביטה אֹרְחֹתֶיךָ, אני מתבונן בדרכיך ובמצוותיך.

קיט,יד בְּדֶרֶךְ עֵדְוֺתֶיךָ שַׂשְׂתִּי – כי הנה עניין עדות אין שייך אלא על דבר הנסתר ונעלם מעיני הכול, אבל על דבר הנגלה אין שייך עדות. והנה "הנסתרֹת לה׳ אלוהינו והנגלֹת לנו ולבנינו", והן ארבע אותיות שבשם הוי"ה ברוך־הוא, אותיות ו"ה הן עלמא דאתגליא, אור ה׳ הממלא את העולמות ונמשך בבחינת דעת והשגה; ואותיות י"ה הן עלמא דאתכסיא, אור שלמעלה מסדר ההשתלשלות ואינו נתפס כלל בהשגת האדם.

ולכן נקראו המצוות עדות, שכל מצווה גשמית יש לה שורש עליון נסתר, ועם היות שאינו ניתן להשגה במהותו, מכל מקום המצווה הגשמית מעידה עליו. וכן על כללות ישראל נאמר "שבטי י־ה עדות לישראל", שבפניהם הם ניכרים שיש בהם בחינת שם הוי"ה ממש, והוא עניין הביטול אליו יתברך למעלה מטעם ודעת (יו"ד) וההתבוננות בגדולת ה׳ בהשגה והבנה (ה"א).

על־פי ליקוטי תורה פקודי ד, א

טז בְּחֻקֹּתֶיךָ אֶשְׁתַּעֲשָׁע
לֹא אֶשְׁכַּח דְּבָרֶךָ:

ג

יז גְּמֹל עַל־עַבְדְּךָ אֶחְיֶה
וְאֶשְׁמְרָה דְבָרֶךָ:
יח גַּל־עֵינַי וְאַבִּיטָה
נִפְלָאוֹת מִתּוֹרָתֶךָ:
יט גֵּר אָנֹכִי בָאָרֶץ
אַל־תַּסְתֵּר מִמֶּנִּי מִצְוֹתֶיךָ:
כ גָּרְסָה נַפְשִׁי לְתַאֲבָה
אֶל־מִשְׁפָּטֶיךָ בְכָל־עֵת:
כא גָּעַרְתָּ זֵדִים אֲרוּרִים
הַשֹּׁגִים מִמִּצְוֹתֶיךָ:
כב גַּל מֵעָלַי חֶרְפָּה וָבוּז
כִּי עֵדֹתֶיךָ נָצָרְתִּי:

טז בְּחֻקֹּתֶיךָ אֶשְׁתַּעֲשָׁע, שכן חוקיך, תורתך, לא רק שאינם מכבידים עליי אלא הם גורמים לי הנאה, ומשום כך, משום שהדברים הללו כשלעצמם מעניינים ומשמחים אותי, לֹא אֶשְׁכַּח דְּבָרֶךָ.

יז גְּמֹל, עשה טוב, עַל־עַבְדְּךָ, לעבדך המשורר, ואז אֶחְיֶה וְאֶשְׁמְרָה דְבָרֶךָ.

יח גַּל־עֵינַי, גלה את עיניי, תן לי יכולת להבין, וְאַבִּיטָה נִפְלָאוֹת מִתּוֹרָתֶךָ; כדי להבין את גדלותה של התורה לא די לקיימה או לדבר בה, ולכן מבקש כאן המשורר גְלוּת עיניים, הארה.

יט ואולי משום שאין לפסוק זה המשך אומר המשורר: גֵּר אָנֹכִי בָאָרֶץ - לא במובן הנפשי־האישי אלא במובן הכללי של המצב האנושי, מצבו של האדם: האדם שוהה בעולם במשך זמן מסוים כעובֵר אורח. ובדיוק בגלל הזמניות הזו מבקש המשורר: אַל־תַּסְתֵּר מִמֶּנִּי מִצְוֹתֶיךָ כל עוד יש לי אפשרות ויכולת ללמוד אותן. ואפשר לקרוא פסוק זה גם באופן אחר: כיוון שאני גֵר וזר בארץ, אני צריך שיספרו ויודיעו לי מה הם החוקים אשר לפיהם צריך לנהוג.

כ גָּרְסָה נַפְשִׁי לְתַאֲבָה - אני לומד; ולפי פשט הלשון - נפשי לועסת בתאווה, ברצון, מתוך תשוקה אֶל־מִשְׁפָּטֶיךָ בְכָל־עֵת.

כא גָּעַרְתָּ זֵדִים אֲרוּרִים, אנשי זדון, אנשים רעים ומקוללים, שהם אלה הַשֹּׁגִים מִמִּצְוֹתֶיךָ, כלומר: סרים מדרך המצוות שלך.

כב וכאן באה עוד תפילה: גַּל, גלול והסר מֵעָלַי חֶרְפָּה וָבוּז, כִּי עֵדֹתֶיךָ נָצָרְתִּי, ומשום כך יכול

קיט,יט גֵּר אָנֹכִי בָאָרֶץ – "הלא אני בארץ כגר הזה, שמעט זמן יושב במקום גירותו ושואף הוא אל מקום מולדתו, כן שני חיי מעטים ושואף אני לשוב למקור נשמתי" (מצודת דוד). ההכרה המנחה חיי אמת היא שגשמיות העולם הנה ארעית וזמנית, ואילו "חלק א־לוה ממעל" – הנשמה ועניניה – הנם נצחיים. כשמתבוננים היטב בכך זוכים לשתי מעלות, זו למעלה מזו: ראשית, הגשמיות אינה מבלבלת עוד ואינה מונעת את האדם מעבודתו הרוחנית; ושנית, הרוחניות נמשכת בתוך הגשמיות והופכה אותה עצמה לקדושה ומאירה. רמז לכך בדברי יעקב אבינו ע"ה, כפי שדרשו אותם חז"ל: "עם לבן גרתי" – תרי"ג מצוות שמרתי; ומתוך כך "ויהי לי שור וחמור" וכו' – שגם קנייני הגשמיים התעלו עד שנעשו בבחינת "לי", לעיקרי ולעצמותי.

על־פי תהילות מנחם

כג גַּם יָשְׁבוּ שָׂרִים בִּי נִדְבָּרוּ
עַבְדְּךָ יָשִׂיחַ בְּחֻקֶּיךָ׃
כד גַּם־עֵדֹתֶיךָ שַׁעֲשֻׁעָי
אַנְשֵׁי עֲצָתִי׃

ד

כה דָּבְקָה לֶעָפָר נַפְשִׁי
חַיֵּנִי כִּדְבָרֶךָ׃
כו דְּרָכַי סִפַּרְתִּי וַתַּעֲנֵנִי
לַמְּדֵנִי חֻקֶּיךָ׃
כז דֶּרֶךְ־פִּקּוּדֶיךָ הֲבִינֵנִי
וְאָשִׂיחָה בְּנִפְלְאוֹתֶיךָ׃

אני לבקש את הגנתך מן החרפה והבוז ששופכים עליי.

כג גַּם יָשְׁבוּ שָׂרִים בִּי נִדְבָּרוּ, גם כשיושבים אנשים חשובים ומשוחחים עליי - מה שלכאורה הוא בוודאי מענייני, והיה ראוי לי להשתתף בשיחה זו - גם אז עַבְדְּךָ רק יָשִׂיחַ בְּחֻקֶּיךָ, ואינני משתתף בדיבוריהם.

כד גַּם־עֵדֹתֶיךָ שַׁעֲשֻׁעָי, עדותיך הם גם הדברים שאני משתעשע בהם (למעשה, סדר המילים היה צריך להיות "עדותיך [הן] גם שעשועי"; אלא שהמשורר שינה בגלל סדר הא"ב), אַנְשֵׁי עֲצָתִי, אני מתייעץ, כביכול, עם התורה, במובן זה שאני עוסק בדברי התורה ומשם אני מקבל את ההבנה כיצד לנהוג.

כה ובנימה אחרת לגמרי: דָּבְקָה לֶעָפָר נַפְשִׁי, אני מדוכא ומדוכדך, מרגיש את עצמי כאילו אני רובץ על האדמה, ואני רק יכול להתפלל: חַיֵּנִי בתוך המצב הקשה הזה כִּדְבָרֶךָ, שבהקשר הזה איננו הבטחה, אלא בקשה: תן לי חיים כמו שיש חיים לדבריך.

כו דְּרָכַי סִפַּרְתִּי, סיפרתי לך על ענייניי ועל צרותיי, וַתַּעֲנֵנִי, ענית לתפילתי. אבל יש לי בקשה אחרת, והיא: לַמְּדֵנִי חֻקֶּיךָ, וזו תפילה נוספת.

כז דֶּרֶךְ־פִּקּוּדֶיךָ הֲבִינֵנִי, וְאָשִׂיחָה, אם אבין ואדע את דרך התורה ואת חוקיה, אני גם אשיחה בְּנִפְלְאוֹתֶיךָ, כלומר: אוכל אז להשיח בנפלאותיך; שהרי אם אבין אותן, אוכל גם לדבר בהן ולספרן.

קיט,כד גַּם עֵדֹתֶיךָ שַׁעֲשֻׁעָי אַנְשֵׁי עֲצָתִי – עֵדֹתֶיךָ, אלו דברי תורה. שַׁעֲשֻׁעָי – שהאדם דבק בהם ומשתעשע בהם. אַנְשֵׁי – לשון שכחה, וכמו "הגִּבֹּרים אשר מעולם אנשי השם" (בראשית ו ד), ששקעו בתאוות עולם־הזה ושכחו את ה' ברוך־הוא. עֲצָתִי – זו מחשבת יצר הרע, וכתרגום "זמה הִוא – עצת חטאין היא" (ויקרא יח יז). והיינו שאמר דוד המלך ע"ה שמחמת שהתורה הייתה שעשועיו נשכחו ממנו עסקיו, כי "בראתי יצר הרע בראתי לו תורה תבלין" (קידושין ל, ב), ו"מזמה תשמֹר עליך" (משלי ב יא).

על־פי תפארת שלמה

כח דָּֽלְפָה נַפְשִׁי מִתּוּגָה
קַיְּמֵנִי כִּדְבָרֶֽךָ׃
כט דֶּֽרֶךְ־שֶׁקֶר הָסֵר מִמֶּנִּי
וְתוֹרָתְךָ חׇנֵּֽנִי׃
ל דֶּֽרֶךְ־אֱמוּנָה בָחָרְתִּי
מִשְׁפָּטֶיךָ שִׁוִּֽיתִי׃
לא דָּבַקְתִּי בְעֵדְוֺתֶיךָ
יְהוָה אַל־תְּבִישֵֽׁנִי׃
לב דֶּֽרֶךְ־מִצְוֺתֶיךָ אָרוּץ
כִּי תַרְחִיב לִבִּֽי׃

ה

לג הוֹרֵנִי יְהוָה דֶּרֶךְ חֻקֶּיךָ
וְאֶצְּרֶנָּה עֵֽקֶב׃
לד הֲבִינֵנִי וְאֶצְּרָה תוֹרָתֶךָ
וְאֶשְׁמְרֶנָּה בְכׇל־לֵֽב׃
לה הַדְרִיכֵנִי בִּנְתִיב מִצְוֺתֶיךָ
כִּי־בוֹ חָפָֽצְתִּי׃
לו הַט־לִבִּי אֶל־עֵדְוֺתֶיךָ
וְאַל אֶל־בָּֽצַע׃

כח **דָּלְפָה נַפְשִׁי מִתּוּגָה**, נפשי כביכול נוזלת מרוב עצב. זהו ציור של הנפש הבוכה, המזילה דמעות, אשר גם הולכת וקטֵנה בעקבות כך. ולכן מבקש המשורר: **קַיְּמֵנִי כִּדְבָרֶךָ**.

כט **דֶּרֶךְ־שֶׁקֶר הָסֵר מִמֶּנִּי** – שהיא גם בקשה ללמוד את דרך האמת וגם בקשה של חיים: שהאדם לא יצטרך לחיות בשקר. **וְתוֹרָתְךָ** ולעומת זאת תורתך **חָנֵּנִי** – הענק לי את מתנת התורה ואת ידיעתה.

ל **דֶּרֶךְ־אֱמוּנָה בָחָרְתִּי**, את **מִשְׁפָּטֶיךָ שִׁוִּיתִי** לנגדי.

לא ויותר מכן – **דָּבַקְתִּי בְעֵדְוֺתֶיךָ**, ה', **אַל־תְּבִישֵׁנִי**, כלומר: אל תגרום לי לבוא לידי בושה, כיוון שאני בכל זאת דבק, עד כמה שאני יכול, בעדותיך.

לב **דֶּרֶךְ־מִצְוֺתֶיךָ אָרוּץ**, **כִּי תַרְחִיב** – מפְּני, או בזמן שתרחיב **לִבִּי**. כלומר: אם תיתן לי את המרחב, את האפשרות, אז ארוץ בתוך המצוות.

לג וכיוצא בזה בפסוק הבא: **הוֹרֵנִי**, ה', **דֶּרֶךְ חֻקֶּיךָ**; אם תורה אותי בדרך הזאת אזי **וְאֶצְּרֶנָּה**, אשמור אותה, **עֵקֶב**, כלומר: עד הסוף, עד לנקודה האחרונה.

לד **הֲבִינֵנִי** את מה שאני צריך לדעת **וְאֶצְּרָה**, אשמור, **תוֹרָתֶךָ**, **וְאֶשְׁמְרֶנָּה** אז **בְכָל־לֵב**.

לה **הַדְרִיכֵנִי בִּנְתִיב מִצְוֺתֶיךָ כִּי־בוֹ חָפָצְתִּי**; אמנם בחרתי בדרך הזו מרצוני, אך עדיין אני זקוק להדרכה ולעזרה כדי שאוכל ללכת בה.

לו **הַט־לִבִּי אֶל־עֵדְוֺתֶיךָ**, כך שזה יהיה הדבר שאני חפץ ומעוניין בו, **וְאַל אֶל־בָּצַע**, שלא ייטה לבי, במקום זה, לחפש ולבקש כסף.

קיט,לד **הֲבִינֵנִי וְאֶצְּרָה תוֹרָתֶךָ**. אמרו חכמים: "שמא לרעתכם נתתי לכם את התורה? לא נתתי אותה לכם אלא לטובתכם". שייתכן לחשוב שטוב יותר לקוות בכל רגע אל השם יתברך שיאיר עיניו איך להתנהג, ולא שיהיה חוק קבוע כשולחן ערוך – זו הדרך לכו בו. אבל באמת התורה לטובתנו, כי בלא תורה היה אדם עומד ביראה בכל דבר – שמא אינו כרצון השם יתברך, וכאוכלי המן, שהיו מצפים בכל עת להשם יתברך שישפיע להם חיותם, ונחשב להם לעינוי, שנאמר: "ויענך וירעיבך ויאכילך את המן". ואף־על־פי כן, "לא ניתנה תורה אלא לאוכלי המן", כי גם אחר שניתנה תורה השם יתברך מאיר בכל רגע למבקשיו בפרטות איך להתנהג, וצריך לצפות בכל רגע שיאיר לו אורות מחודשים בדברי תורה. וזה פירוש: **הֲבִינֵנִי וְאֶצְּרָה תוֹרָתֶךָ**, שאינו מרוצה בדברי תורה אלא מה שהשם יתברך מאיר ומלמד לו.

על־פי צדקת הצדיק, ריא

לז הַעֲבֵר עֵינַי מֵרְאוֹת שָׁוְא
בִּדְרָכֶךָ חַיֵּנִי׃
לח הָקֵם לְעַבְדְּךָ אִמְרָתֶךָ
אֲשֶׁר לְיִרְאָתֶךָ׃
לט הַעֲבֵר חֶרְפָּתִי אֲשֶׁר יָגֹרְתִּי
כִּי מִשְׁפָּטֶיךָ טוֹבִים׃
מ הִנֵּה תָּאַבְתִּי לְפִקֻּדֶיךָ
בְּצִדְקָתְךָ חַיֵּנִי׃

ו

מא וִיבֹאֻנִי חֲסָדֶךָ יְהוָה
תְּשׁוּעָתְךָ כְּאִמְרָתֶךָ׃
מב וְאֶעֱנֶה חֹרְפִי דָבָר
כִּי־בָטַחְתִּי בִּדְבָרֶךָ׃
מג וְאַל־תַּצֵּל מִפִּי דְבַר־אֱמֶת
עַד־מְאֹד
כִּי לְמִשְׁפָּטֶךָ יִחָלְתִּי׃
מד וְאֶשְׁמְרָה תוֹרָתְךָ תָמִיד
לְעוֹלָם וָעֶד׃

לז ובדומה לזה: הַעֲבֵר עֵינַי מֵרְאוֹת שָׁוְא, עשה שעיניי לא ייראו דברי שווא, בִּדְרָכֶךָ חַיֵּנִי, ולא במראות של כזב.

לח הָקֵם לְעַבְדְּךָ את אִמְרָתֶךָ, דברך, הבטחתך, אֲשֶׁר לְיִרְאָתֶךָ, שהרי אומר אתה שמי שירא ה׳ זוכה להגנתו.

לט הַעֲבֵר חֶרְפָּתִי שמחרפים ומביישים אותי, אֲשֶׁר יָגֹרְתִּי ממנה, כִּי מִשְׁפָּטֶיךָ טוֹבִים; ואם אני הולך בהם אין זה מן הראוי שיביישוני.

מ הִנֵּה תָּאַבְתִּי, השתוקקתי, לְפִקֻּדֶיךָ, ועל כן אני מתפלל: בְּצִדְקָתְךָ חַיֵּנִי.

מא וִיבֹאֻנִי חֲסָדֶךָ, ה׳, ותבוא אליי תְּשׁוּעָתְךָ כְּאִמְרָתֶךָ, כפי שאמרת והבטחת.

מב וְאֶעֱנֶה חֹרְפִי דָבָר, אוכל לעמוד בגבורה ובביטחון ולענות למחרפים אותי, כִּי־בָטַחְתִּי בִּדְבָרֶךָ, ומתוך הביטחון הזה אני יכול להשיב לכל מתקיפיי.

מג וְאַל־תַּצֵּל מִפִּי דְבַר־אֱמֶת עַד־מְאֹד, כלומר: אל תסיר מתוך פי, אל תיקח ממני, את היכולת לדבר דברי אמת, ולא איכשל בדבר של שקר, כִּי לְמִשְׁפָּטֶךָ יִחָלְתִּי, ואני סומך על עזרתך בעניין זה.

מד וְאֶשְׁמְרָה תוֹרָתְךָ תָמִיד לְעוֹלָם וָעֶד - זוהי בקשה כללית: שאוכל להמשיך לשמור את תורתך בכל עת.

קיט,מג וְאַל תַּצֵּל מִפִּי דְבַר אֱמֶת עַד מְאֹד כִּי לְמִשְׁפָּטֶךָ יִחָלְתִּי. פירש רש״י: ״תַּצֵּל – לשון הפרשה והבדלה״. כי בעולם־הזה קשה להשיג האמת, כי הוא עלמא דשיקרא, והאמת מופרשת ונבדלת בו מבני אדם. כי אם הייתה האמת מתגלה, לא היה קיום להעולם, שהכול היה מתבטל במציאות אל אחד האמת. וכאשר שמעתי מפי מורי זקני ז״ל [בעל חידושי הרי״ם מגור], כי נקרא עולם על שם ההעלם, שעל־ידי ההעלם יש מציאות לעולם, ולכן הושלכה אמת ארצה להיות נסתרת ונעלמת בחשכת הגשמיות והטבע (ראה בראשית רבה ח: ה). אכן לבני ישראל יש סייעתא דשמיא לזכות לאמת על־ידי התורה, כמו שכתוב: ״מגיד דבריו ליעקב״ – שהיא ההנהגה האמיתית הפנימית, וזאת על־ידי ״ומשפטיו לישראל״ (קמז יט). וכן מסיים כאן הפסוק: כִּי לְמִשְׁפָּטֶךָ יִחָלְתִּי.

על־פי שפת אמת, משפטים תרנ״ב

מה וְאֶתְהַלְּכָה בָרְחָבָה
כִּי פִקֻּדֶיךָ דָרָשְׁתִּי:

מו וַאֲדַבְּרָה בְעֵדֹתֶיךָ
נֶגֶד מְלָכִים
וְלֹא אֵבוֹשׁ:

מז וְאֶשְׁתַּעֲשַׁע בְּמִצְוֺתֶיךָ
אֲשֶׁר אָהָבְתִּי:

מח וְאֶשָּׂא־כַפַּי
אֶל־מִצְוֺתֶיךָ אֲשֶׁר אָהָבְתִּי
וְאָשִׂיחָה בְחֻקֶּיךָ:

ז

מט זְכֹר־דָּבָר לְעַבְדֶּךָ
עַל אֲשֶׁר יִחַלְתָּנִי:

נ זֹאת נֶחָמָתִי בְעָנְיִי
כִּי אִמְרָתְךָ חִיָּתְנִי:

נא זֵדִים הֱלִיצֻנִי עַד־מְאֹד
מִתּוֹרָתְךָ לֹא נָטִיתִי:

נב זָכַרְתִּי מִשְׁפָּטֶיךָ מֵעוֹלָם ׀
יְהוָה וָאֶתְנֶחָם:

מה וְאֶתְהַלְּכָה בָרְחָבָה, במרחב ולא במצור ובמצוקה, כִּי פִקֻּדֶיךָ דָרָשְׁתִּי, ולכן אתה תסייע לי.

מו וַאֲדַבְּרָה בְעֵדֹתֶיךָ נֶגֶד מְלָכִים, אדבר בדברי התורה ובמצוות ה' גם בנוכחותם של מלכים, אולי אפילו מלכים זרים שכלל אינם מכירים את התורה, וְלֹא אֵבוֹשׁ, לא אתבייש, כי אני הרי מתגאה בתורתך.

מז וְאֶשְׁתַּעֲשַׁע בְּמִצְוֺתֶיךָ אֲשֶׁר אָהָבְתִּי: מכיוון שאני אוהב אותן, העיסוק בהן גורם לי נחת, שעשועים.

מח וְאֶשָּׂא־כַפַּי אֶל־מִצְוֺתֶיךָ אֲשֶׁר אָהָבְתִּי כדי לקבל מהן עוד ועוד, וְאָשִׂיחָה בְחֻקֶּיךָ.

מט זְכֹר־דָּבָר לְעַבְדֶּךָ, עַל אֲשֶׁר יִחַלְתָּנִי – אולי פירוש הפסוק הוא: כיוון שאתה רצית בי וקירבת אותי אליך, זכור עכשיו את הדברים שהבטחת לי.

נ זֹאת נֶחָמָתִי בְעָנְיִי – כשאני נמצא במצב קשה, במצוקה, בעוני, יש לי נחמה אחת ויחידה: כִּי אִמְרָתְךָ חִיָּתְנִי, ומכוחה אני מתחיֶה גם בזמנים קשים.

נא זאת ועוד: זֵדִים, אנשים רעים, חוטאים, הֱלִיצֻנִי עַד־מְאֹד, הם מתלוצצים עליי ועל הנהגותיי ודרך חיי, ובכל זאת מִתּוֹרָתְךָ לֹא נָטִיתִי.

נב זָכַרְתִּי מִשְׁפָּטֶיךָ מֵעוֹלָם, ה', אני נזכר בתורתך, במצוותיך, מתחילה, וָאֶתְנֶחָם, הזיכרון הזה הוא נחמה בשבילי.

קיט,מה וְאֶתְהַלְּכָה בָרְחָבָה. ההוצאות הנדרשות מן האדם לצורך כבוד ועונג שבת ולצורך לימוד תורה לבניו אינן משלו, אלא משל השם יתברך. כך אומר התלמוד: "אמר להם הקב"ה לישראל: בניי! לוו עליי... והאמינו בי, ואני פורע". ובאמת, אין זה עניין הקשור רק להוצאות מסוימות אלה, אלא כללות פרנסתו הגשמית של יהודי צריכה להיות בשפע ובהרחבה, שהרי מכל דבר בחיים ניתן לעשות עניין של "שבת" ושל "תלמוד תורה". אם ישנו מי שפרנסתו דחוקה, הרי זה רק משום שאינו בוטח בה' כדבעי, ובכך הוא סוגר לעצמו את ברז ההשפעה ומפסיק את השפע הראוי להימשך אליו. וכשיש ביטחון בה', בבחינת "השלך על ה' יהבך", אזי בוודאי "והוא יכלכלך, לא יתן לעולם מוט לצדיק" – לכל ישראל, שהם בבחינת "ועמך כולם צדיקים".

על־פי תהילות מנחם

נג זַלְעָפָה אֲחָזַתְנִי מֵרְשָׁעִים
עֹזְבֵי תּוֹרָתֶךָ׃
נד זְמִרוֹת הָיוּ־לִי חֻקֶּיךָ
בְּבֵית מְגוּרָי׃
נה זָכַרְתִּי בַלַּיְלָה שִׁמְךָ יְהוָה
וָאֶשְׁמְרָה תּוֹרָתֶךָ׃
נו זֹאת הָיְתָה־לִּי
כִּי פִקֻּדֶיךָ נָצָרְתִּי׃

ח

נז חֶלְקִי יְהוָה אָמַרְתִּי
לִשְׁמֹר דְּבָרֶיךָ׃
נח חִלִּיתִי פָנֶיךָ בְכָל־לֵב
חָנֵּנִי כְּאִמְרָתֶךָ׃
נט חִשַּׁבְתִּי דְרָכָי
וָאָשִׁיבָה רַגְלַי אֶל־עֵדֹתֶיךָ׃
ס חַשְׁתִּי וְלֹא הִתְמַהְמָהְתִּי
לִשְׁמֹר מִצְוֺתֶיךָ׃
סא חֶבְלֵי רְשָׁעִים עִוְּדֻנִי

נג זַלְעָפָה, רוח סערה או מצוקה קשה, אֲחָזַתְנִי מֵרְשָׁעִים עֹזְבֵי תּוֹרָתֶךָ, כיוון שאיני יכול להתייחס בשוויון נפש לעוזבי התורה: עצם מציאותם מכבידה עליי ומכאיבה לי.

נד זְמִרוֹת הָיוּ־לִי חֻקֶּיךָ - כל חוקיך, גם אלה שאינם מובנים, עֲרֵבים לי כמו דברי שירה גם בְּבֵית מְגוּרָי, גם כאשר אני בבחינת גר, נווד, כלומר: גם כאשר אינני נמצא במצב של מנוחה ושלווה.

נה זָכַרְתִּי, אני זוכר, גם בַלַּיְלָה את שִׁמְךָ, ה׳, וָאֶשְׁמְרָה תּוֹרָתֶךָ גם בזמנים שאין מסביבי אף אחד.

נו זֹאת הָיְתָה־לִּי - מאמר בלתי מוגדר, אך מתוך ההקשר נראה שפירושו הוא: הנחמה וההצלחה הזאת היו לי כִּי פִקֻּדֶיךָ נָצָרְתִּי.

נז חֶלְקִי ה׳, אָמַרְתִּי; זו בחירתי, אני בוחר בו, ומשום שבחרתי בו אני גם שואף לִשְׁמֹר דְּבָרֶיךָ.

נח חִלִּיתִי, ביקשתי, השתוקקתי, אל פָנֶיךָ בְכָל־לֵב, בכל לבי, בכל רצוני, חָנֵּנִי כְּאִמְרָתֶךָ, כפי שאמרת שתגמול טוב להולכים בדרכי ה׳.

נט חִשַּׁבְתִּי דְרָכָי - מפעם לפעם אני בודק ומחשב את דרכיי, וָאָשִׁיבָה רַגְלַי אֶל־עֵדֹתֶיךָ: אם אני מוצא שטעיתי בדרכי הרי אני שב ופונה אל עדותיך, ולא לדרכים אחרות.

ס חַשְׁתִּי, הזדרזתי, וְלֹא הִתְמַהְמָהְתִּי לִשְׁמֹר מִצְוֺתֶיךָ - זו הזריזות לעשות מצווה.

סא חֶבְלֵי רְשָׁעִים עִוְּדֻנִי - כנראה שפירושו כמו עיוותוני, כלומר: הצרות והייסורים של

קיט,נז חֶלְקִי ה׳ אָמַרְתִּי לִשְׁמֹר דְּבָרֶיךָ – היינו שהחלק אלו־ה ממעל שיש לי, הוא שאומר לי ומלמד אותי לשמור דבריך.

על־פי ליקוטי מוהר״ן ח״א, קלז

קיט,נט ״חִשַּׁבְתִּי דְרָכָי – אמר דוד: בכל יום ויום הייתי מחשב ואומר למקום פלוני אני הולך, והיו רגליי מביאות אותי לבתי כנסיות ולבתי מדרשות, כמו שכתוב: וָאָשִׁיבָה רַגְלַי אֶל עֵדֹתֶיךָ״ (ויקרא רבה לה: א). שבכל יום מתחדשות הלכות למעלה, והאדם המחשב דרכיו בכל יום זוכה למצוא הדרכים הטובים המתחדשים בעולם בכל יום. לכן צריך להתגבר ולקבל עליו עול מלכות שמים בכל יום, ולעומת זה יש התגברות היצר גם כן בכל יום, והמשים אורחותיו זוכה לישועת ה׳ למצוא דרך האמת ולתקן הכול, עד שגם רַגְלַי – הגשמיות – יתעלו בדבקות הדעת.

על־פי שפת אמת, בחוקותי תרמ״ב

תּוֹרָתְךָ לֹא שָׁכָחְתִּי׃
סב חֲצוֹת־לַיְלָה
אָקוּם לְהוֹדוֹת לָךְ
עַל מִשְׁפְּטֵי צִדְקֶךָ׃
סג חָבֵר אָנִי לְכׇל־אֲשֶׁר יְרֵאוּךָ
וּלְשֹׁמְרֵי פִּקּוּדֶיךָ׃
סד חַסְדְּךָ יהוה מָלְאָה הָאָרֶץ
חֻקֶּיךָ לַמְּדֵנִי׃

ט

סה טוֹב עָשִׂיתָ עִם־עַבְדְּךָ
יהוה כִּדְבָרֶךָ׃
סו טוּב טַעַם וָדַעַת לַמְּדֵנִי
כִּי בְמִצְוֺתֶיךָ הֶאֱמָנְתִּי׃
סז טֶרֶם אֶעֱנֶה אֲנִי שֹׁגֵג
וְעַתָּה אִמְרָתְךָ שָׁמָרְתִּי׃
סח טוֹב־אַתָּה וּמֵטִיב
לַמְּדֵנִי חֻקֶּיךָ׃
סט טָפְלוּ עָלַי שֶׁקֶר זֵדִים
אֲנִי

הרשעים מעוותים אותי, ובכל זאת, תּוֹרָתְךָ לֹא שָׁכָחְתִּי.

סב בַּחֲצוֹת־לַיְלָה, שהוא זמן שבו בני האדם בדרך כלל אינם ערים, אני אָקוּם לְהוֹדוֹת לָךְ עַל מִשְׁפְּטֵי צִדְקֶךָ.

סג ומן הצד החברתי מעיד המשורר על עצמו: חָבֵר אָנִי לְכׇל־אֲשֶׁר יְרֵאוּךָ וּלְשֹׁמְרֵי פִּקּוּדֶיךָ – אלה הם החברים שלי, ועל כל פנים אני מנסה ושואף להתחבר אליהם.

סד חַסְדְּךָ, ה׳, מָלְאָה הָאָרֶץ, ואני מבקש: חֻקֶּיךָ לַמְּדֵנִי, כדי שאוכל לא רק ליהנות מן החסד אלא גם להבין את דרכיך.

סה טוֹב עָשִׂיתָ עִם־עַבְדְּךָ, ה׳, כשנהגת בי כִּדְבָרֶךָ, כלומר: כשקיימת בי את הבטחתך לתת טוב לטובים.

סו טוּב טַעַם וָדַעַת לַמְּדֵנִי, למד אותי הן את העונג והן את הדעת שיש בתורה, כִּי בְמִצְוֺתֶיךָ הֶאֱמָנְתִּי; וכיוון שאני מאמין בהן אני מבקש שגם תעזור לי להבינן טוב עוד יותר וליהנות מהן יותר.

סז טֶרֶם אֶעֱנֶה, לפני שהתעסקתי בדברים הללו, לפני שהייתי שקוע בהם, אֲנִי הייתי שֹׁגֵג, כי לא ידעתי את כל מה שצריך לעשות וכיצד צריך לפעול; וְעַתָּה, משלמדתי את דבריך ועסקתי בהם, אִמְרָתְךָ שָׁמָרְתִּי.

סח טוֹב־אַתָּה וּמֵטִיב לכל העולם, ובקשתי ממך היא – לַמְּדֵנִי חֻקֶּיךָ. כי זה הוא הטוב שאני מבקש לעצמי.

סט טָפְלוּ עָלַי שֶׁקֶר זֵדִים – הזדים מספרים וטופלים, מדביקים, עליי דברי שקר, אבל אֲנִי אינני שם

קיט,סב **חֲצוֹת לַיְלָה.** עניין השינה שבלילה, כי בלילה נמשך החושך בעולם, ועיקר החושך נמשך מהחושך העליון, בחינת "ישת חשך סתרו", שהוא בחינת הקושיות שאי אפשר למצוא עליהם תירוץ בעולם־הזה בשום אופן. וזה החושך אי אפשר לסלק על־ידי דעת, כי אם על־ידי אמונה לבד. וזהו בחינת שינה, כי בעת השינה מסתלק הדעת ונכנס לתוך אמונה ונתחדש שם, בחינת "חדשים לבקרים רבה אמונתך". וצריכין להיזהר מאוד לקום בחצות לילה, כי אז נמתק הדין ונסתלקין מן העולם אלו הקושיות, ואזי נמשך החושך רק מבחינת הקושיות שאפשר ליישבן, רק שנסתמו שבילי הדעת, ועל כן צריכין לקום ולעסוק בתורה כדי לפתוח שבילי הדעת ולהבין תירוץ על אלו הקושיות, והעיקר על־ידי לימוד הפוסקים. וזהו **חֲצוֹת לַיְלָה אָקוּם לְהוֹדוֹת לָךְ עַל מִשְׁפְּטֵי צִדְקֶךָ**, **מִשְׁפְּטֵי צִדְקֶךָ** דייקא, שהוא לימוד הפוסקים.

על־פי ליקוטי הלכות, השכמת הבוקר ב: ב־ג

502 • תהלים ______ כה לחודש • ליום שישי • ספר חמישי • פרק קיט

בְּכָל־לֵב ׀ אֶצֹּר פִּקּוּדֶיךָ׃

ע טָפַשׁ כַּחֵלֶב לִבָּם

אֲנִי תּוֹרָתְךָ שִׁעֲשָׁעְתִּי׃

עא טוֹב־לִי כִי־עֻנֵּיתִי

לְמַעַן אֶלְמַד חֻקֶּיךָ׃

עב טוֹב־לִי תוֹרַת־פִּיךָ

מֵאַלְפֵי זָהָב וָכָסֶף׃

י

עג יָדֶיךָ עָשׂוּנִי וַיְכוֹנְנוּנִי

הֲבִינֵנִי וְאֶלְמְדָה מִצְוֹתֶיךָ׃

עד יְרֵאֶיךָ יִרְאוּנִי וְיִשְׂמָחוּ

כִּי לִדְבָרְךָ יִחָלְתִּי׃

עה יָדַעְתִּי יְהוָה

כִּי־צֶדֶק מִשְׁפָּטֶיךָ

וֶאֱמוּנָה עִנִּיתָנִי׃

עו יְהִי־נָא חַסְדְּךָ לְנַחֲמֵנִי

כְּאִמְרָתְךָ לְעַבְדֶּךָ׃

עז יְבֹאוּנִי רַחֲמֶיךָ וְאֶחְיֶה

כִּי־תוֹרָתְךָ שַׁעֲשֻׁעָי׃

לב להם ולדבריהם, אלא בְּכָל־לֵב אֶצֹּר פִּקּוּדֶיךָ.

ע טָפַשׁ כַּחֵלֶב לִבָּם: הם, הזדים, לבם נעשה טיפש, כאילו הוא מכוסה בכיסוי של שומן, שאז אין בו כל תחושה ואי־אפשר לייחס לו שום הבנה. ואילו אֲנִי תּוֹרָתְךָ שִׁעֲשָׁעְתִּי, ואין לי חלק בנחת המדומה של אלה שאינם עוסקים בתורה.

עא טוֹב־לִי כִּי־עֻנֵּיתִי, משום שהייסורים מכוונים אותי לדרך הנכונה, לְמַעַן אֶלְמַד חֻקֶּיךָ: גם אם אני סוטה מן הדרך, הרי כשאני מתענה וסובל אני לומד את חוקיך, כי ייסוריי מכוונים אותי לכך.

עב אכן, טוֹב־לִי תוֹרַת־פִּיךָ יותר מֵאשר אַלְפֵי זָהָב וָכָסֶף.

עג יָדֶיךָ עָשׂוּנִי וַיְכוֹנְנוּנִי, שהרי אתה בראתני והעמדת אותי, ומעתה אני מבקש: הֲבִינֵנִי וְאֶלְמְדָה מִצְוֹתֶיךָ.

עד יְרֵאֶיךָ, יראי ה' האחרים, יִרְאוּנִי וְיִשְׂמָחוּ, כִּי לִדְבָרְךָ יִחָלְתִּי; הם שמחים שיש עוד איש אחד כמוהם ששייך לקבוצה הזאת.

עה יָדַעְתִּי, ה', כִּי־צֶדֶק מִשְׁפָּטֶיךָ גם כאשר הדברים אינם מתנהלים לפי רצוני, וֶאֱמוּנָה עִנִּיתָנִי, אם עינית אותי הרי זה באמונה ובצדק, לא בעוול.

עו יְהִי־נָא חַסְדְּךָ לְנַחֲמֵנִי בשעות המצוק שלי, כְּאִמְרָתְךָ לְעַבְדֶּךָ, כפי שהבטחת לי שתעזור לי.

עז יְבֹאוּנִי רַחֲמֶיךָ וְאֶחְיֶה, כִּי־תוֹרָתְךָ שַׁעֲשֻׁעָי, ולכן ראוי אני לחסד מיוחד.

קיט,ע טָפַשׁ כַּחֵלֶב לִבָּם. כתב הרב הגדול החיד"א (מדבר קדמות, מערכת פ"א) כי בתורה יש ארבעה חלקי הפרד"ס כנודע – **פשט**, **רמז**, **דרש וסוד** – ומי שאינו מאמין בסוד הוא "כפרד אין הבין" (לב ט), ומי שאינו מאמין רק בפשט הוא שנאמר עליו טָפַשׁ כַּחֵלֶב לִבָּם, כי פשט אותיות טפש. ובזה מתפארת התורה בעצמה, ואומרת "ואהיה אצלו אמון ואהיה שעשעים יום יום" (משלי ח ל) – וכדברי רבותינו: "אמון מכוסה, אמון מוצנע", שפנימיות דברי תורה מכוסים בלבושי הפשט, אך תוכם רצוף כולו סודות ורזים של שעשועי המלך. וזה שאמר דוד: טָפַשׁ כַּחֵלֶב לִבָּם, שיש שאינם מאמינים אלא בפשט התורה; אך אֲנִי תּוֹרָתְךָ שִׁעֲשָׁעְתִּי, שאני מוציא מתוך הפשט סודות התורה ושעשועי המלך לאין שיעור.

על־פי בני יששכר, סיון ה: ח

עח יֵבֹשׁוּ זֵדִים כִּי־שֶׁקֶר עִוְּתוּנִי
אֲנִי אָשִׂיחַ בְּפִקּוּדֶיךָ׃
עט יָשׁוּבוּ לִי יְרֵאֶיךָ
וְיֹדְעֵי עֵדֹתֶיךָ׃
פ יְהִי־לִבִּי תָמִים בְּחֻקֶּיךָ
לְמַעַן לֹא אֵבוֹשׁ׃

כ

פא כָּלְתָה לִתְשׁוּעָתְךָ נַפְשִׁי
לִדְבָרְךָ יִחָלְתִּי׃
פב כָּלוּ עֵינַי לְאִמְרָתֶךָ
לֵאמֹר מָתַי תְּנַחֲמֵנִי׃
פג כִּי־הָיִיתִי כְּנֹאד בְּקִיטוֹר
חֻקֶּיךָ לֹא שָׁכָחְתִּי׃
פד כַּמָּה יְמֵי־עַבְדֶּךָ
מָתַי תַּעֲשֶׂה בְרֹדְפַי מִשְׁפָּט׃
פה כָּרוּ־לִי זֵדִים שִׁיחוֹת
אֲשֶׁר לֹא כְתוֹרָתֶךָ׃

וידעו

עח **יֵבֹשׁוּ זֵדִים כִּי־שֶׁקֶר עִוְּתוּנִי**, כלומר: הם עיוותו אותי ואת דרכיי בשקר, ולהם מגיעה הבושה; אבל אני לא אסור מדרך הטוב. למרות כל מה שהם עושים כדי לעוות אותי, **אֲנִי אָשִׂיחַ בְּפִקּוּדֶיךָ**;

עט וגם אם חטאתי, אני מבקש **שֶׁיָּשׁוּבוּ** ויתקרבו **לִי**, אליי **יְרֵאֶיךָ וְיֹדְעֵי עֵדֹתֶיךָ**, אותם אנשים שאני מכבדם ורוצה בקרבתם.

פ **יְהִי־לִבִּי תָמִים בְּחֻקֶּיךָ**, כלומר: אנהג בשלמות ובדרך אמיתית, בלי סטיות, **לְמַעַן לֹא אֵבוֹשׁ**; כי אם לא אעשה כן, אתבייש גם מפני עצמי.

פא **כָּלְתָה לִתְשׁוּעָתְךָ נַפְשִׁי**, נפשי יוצאת מרוב ציפייה לישועתך, **וְלִדְבָרְךָ**, לקיום דבריך, **יִחָלְתִּי**.

פב **כָּלוּ עֵינַי** מרוב ציפייה **לְאִמְרָתֶךָ**, לקיום דבריך והבטחותיך, **לֵאמֹר**: '**מָתַי תְּנַחֲמֵנִי**?' שזהו הדבר שאני מצפה לו כל כך.

פג **כִּי־הָיִיתִי כְּנֹאד בְּקִיטוֹר**, כמו נאד של עור הנמצא בתוך אדים חמים הגורמים לו להתכווץ; ובכל זאת, גם במצב כזה שבו אני נלחץ מכל צד, **חֻקֶּיךָ לֹא שָׁכָחְתִּי**.

פד ותחינה כללית: **כַּמָּה יְמֵי־עַבְדֶּךָ**? שנות חיי הרי קצרות הן, ויש להן סוף.

מָתַי תַּעֲשֶׂה בְרֹדְפַי מִשְׁפָּט? אין כאן ביטוי לחוסר אמונה, אלא בקשה: כיוון שימי חיי כה קצרים הם, הייתי רוצה לראות כיצד אויביי נענשים.

פה **כָּרוּ־לִי זֵדִים שִׁיחוֹת**, הזדים כורים לי בורות, מלכודות **אֲשֶׁר לֹא כְתוֹרָתֶךָ**, לא לפי דרך

קיט,פה **כָּרוּ לִי זֵדִים שִׁיחוֹת**. זאת תורת האדם, שיעשה המצוות בחשק גדול ויגבה לבו בדרכי ה' צבאות, ואל יהיה שפל בדעתו. כי דרך היצר הרע לפתותו שבמה נחשבת עבודתו למעלה, והוא שקר. וזה שאמר הפסוק: **כָּרוּ לִי זֵדִים שִׁיחוֹת**, שמראה לו שהוא שחות, **אֲשֶׁר לֹא כְתוֹרָתֶךָ**, שאין תורתו תורה, ובאמת **כָּל מִצְוֹתֶיךָ אֱמוּנָה**, שצריך להיות לו אמונה שיוכל לעשות המצוות בשלמות ושתעלה עבודתו לרצון לפניו יתברך, **שֶׁקֶר רְדָפוּנִי עָזְרֵנִי**, כי אין דברי היצר הרע בזה אלא שקר. וכמו שפירש אא"ז זצ"ל [בעל התפארת שלמה] מה ש"אין מעבירין על המצוות", היינו שבשעת עשיית המצוות אין לזכור את העבירות, וכמבואר בזוהר הקדוש שדברי תורה אינם מקבלים טומאה, שהרי הם רפואה לטומאה ואיך יקבלו טומאה. ועל כן צריך האדם להתחזק עצמו, לבל יבוא לעצבות.

על־פי כנסת יחזקאל – ראדומסק, שבועות לה, א

504 • תהלים כה לחודש • ליום שישי • ספר חמישי • פרק קיט

פו כׇּל־מִצְוֺתֶיךָ אֱמוּנָה
שֶׁקֶר רְדָפוּנִי עׇזְרֵנִי׃
פז כִּמְעַט כִּלּוּנִי בָאָרֶץ
וַאֲנִי לֹא־עָזַבְתִּי פִקֻּדֶיךָ׃
פח כְּחַסְדְּךָ חַיֵּנִי
וְאֶשְׁמְרָה עֵדוּת פִּיךָ׃

ל

פט לְעוֹלָם יְהוָה
דְּבָרְךָ נִצָּב בַּשָּׁמָיִם׃
צ לְדֹר וָדֹר אֱמוּנָתֶךָ
כּוֹנַנְתָּ אֶרֶץ וַתַּעֲמֹד׃
צא לְמִשְׁפָּטֶיךָ עָמְדוּ הַיּוֹם
כִּי הַכֹּל עֲבָדֶיךָ׃
צב לוּלֵי תוֹרָתְךָ שַׁעֲשֻׁעָי
אָז אָבַדְתִּי בְעׇנְיִי׃
צג לְעוֹלָם לֹא־אֶשְׁכַּח פִּקּוּדֶיךָ

התורה, כי להם לא אכפת; אבל אני סובל מכל זה.

פו **כׇּל־מִצְוֺתֶיךָ אֱמוּנָה**, מצוותיך נאמנות עליי, אני מאמין בהן, אבל **שֶׁקֶר**, שזה הפך האמונה, **רְדָפוּנִי**. והוא מבקש: **עׇזְרֵנִי** להינצל מהרדיפה הזאת.

פז **כִּמְעַט כִּלּוּנִי בָאָרֶץ**, **וַאֲנִי**, אף שאני נמצא במצוק ובצרה, **לֹא־עָזַבְתִּי פִקֻּדֶיךָ**.

פח **כְּחַסְדְּךָ חַיֵּנִי**, **וְאֶשְׁמְרָה עֵדוּת פִּיךָ** – אם תיתן לי את האפשרות והכוח לעשות זאת.

פט **לְעוֹלָם**, ה׳, **דְּבָרְךָ נִצָּב בַּשָּׁמָיִם** – במשך הדורות נדרש פסוק זה כך: דבר ה׳, שהוא הדיבור הבורא, הוא זה שעדיין ניצב ומחזיק את השמים.

צ **לְדֹר וָדֹר אֱמוּנָתֶךָ**, שכאן פירושה: נאמנותך, האפשרות לסמוך עליך. **כּוֹנַנְתָּ אֶרֶץ וַתַּעֲמֹד**, גם הארץ נשענת על דבר ה׳.

צא **לְמִשְׁפָּטֶיךָ עָמְדוּ הַיּוֹם** – פסוק זה נאמר בדרך כלל בראש השנה, אבל בתוך הקשרו כאן משמעותו היא שהיום, כלומר: בכל יום שהוא, בכל עת, עומדים הכל למשפט לפניך, **כִּי הַכֹּל** – כל ברואי עולם, גם אלה שאינם מכירים בכך – הם **עֲבָדֶיךָ** הנתונים תחת מרותך.

צב **לוּלֵי תוֹרָתְךָ שַׁעֲשֻׁעָי** – התורה היא לי דבר המרחיב את לבי וממלא אותי נחת. עבורי זהו מקור נחמה קבוע, שאני יכול להסתמך עליו; ולולי זה, **אָז אָבַדְתִּי בְעׇנְיִי**.

צג **לְעוֹלָם לֹא־אֶשְׁכַּח פִּקּוּדֶיךָ**, ואין כאן רק עניין של הבטחה ורצון טוב, אלא יש טעם לדבר:

קיט,פט **לְעוֹלָם ה׳ דְּבָרְךָ נִצָּב בַּשָּׁמָיִם** – פירש הבעש"ט ז"ל כי דברך שאמרת "יהי רקיע בתוך המים", תיבות ואותיות אלו ניצבות ועומדות לעולם בתוך רקיע השמים ומלובשות בתוך כל הרקיעים לעולם להחיותם. כי אילו היו האותיות מסתלקות כרגע ח"ו וחוזרות למקורן, היו כל השמים אין ואפס ממש והיו כלא היו כלל. וכן בכל הברואים שבכל העולמות עליונים ותחתונים, ואפילו ארץ הלזו הגשמית שהיא בחינת דומם ממש, אילו היו מסתלקות ממנה כרגע ח"ו האותיות מעשרה מאמרות שבהן נבראת הארץ בששת ימי בראשית – הייתה חוזרת לאין ואפס, כמו לפני ששת ימי בראשית ממש. וזה שאמר האריז"ל שגם בדומם ממש, כמו אבנים ועפר ומים, יש בחינת נפש וחיות רוחנית, דהיינו בחינת התלבשות אותיות הדיבור מעשרה מאמרות המחיות ומהוות את הדומם להיות יש מאין ואפס שלפני ששת ימי בראשית.

על־פי תניא, שער הייחוד והאמונה, א

כִּי־בָם חִיִּיתָנִי׃
צד לְךָ־אֲנִי הוֹשִׁיעֵנִי
כִּי פִקּוּדֶיךָ דָרָשְׁתִּי׃
צה לִי קִוּוּ רְשָׁעִים לְאַבְּדֵנִי
עֵדֹתֶיךָ אֶתְבּוֹנָן׃
צו לְכָל־תִּכְלָה רָאִיתִי קֵץ
רְחָבָה מִצְוָתְךָ מְאֹד׃

מ

צז מָה־אָהַבְתִּי תוֹרָתֶךָ
כָּל־הַיּוֹם הִיא שִׂיחָתִי׃
צח מֵאֹיְבַי תְּחַכְּמֵנִי מִצְוֺתֶךָ
כִּי לְעוֹלָם הִיא־לִי׃
צט מִכָּל־מְלַמְּדַי הִשְׂכַּלְתִּי
כִּי עֵדְוֺתֶיךָ שִׂיחָה לִּי׃
ק מִזְּקֵנִים אֶתְבּוֹנָן

כִּי־בָם חִיִּיתָנִי, פיקודיך מחיים אותי, הם מקור חיי, ולכן אינני יכול לשכוח אותם.

צד לְךָ־אֲנִי שייך ומשועבד, הוֹשִׁיעֵנִי, כִּי פִקּוּדֶיךָ דָרָשְׁתִּי - יש בכך מעין הסבר ל"לך אני": אני כל הזמן עוסק במצוותיך ומחפש אחריהן.

צה לִי קִוּוּ רְשָׁעִים לְאַבְּדֵנִי, עֵדֹתֶיךָ אֶתְבּוֹנָן - הן משום שעדותיך הן מקור החוזק שלי, והן משום שהאחיזה בהן נותנת לי בסיס גם במובן אחר: כשאני מתבונן בעדותיך אני יודע שאתה הוא המשגיח על העולם, ואף אחד אינו יכול לעשות דבר שלא ברצונך.

צו לְכָל־תִּכְלָה - ייתכן שהכוונה כאן לדברים כוללים, גדולים - רָאִיתִי קֵץ, כי לכל דבר, גדול ככל שיהיה, יש סוף, אבל רְחָבָה מִצְוָתְךָ מְאֹד, כי היא דבר שאין לו קצה.

צז מָה־אָהַבְתִּי תוֹרָתֶךָ, כל כך אני אוהב את התורה, עד שכָּל־הַיּוֹם הִיא שִׂיחָתִי, היא הנושא שאני מדבר עליו תמיד.

צח מֵאֹיְבַי תְּחַכְּמֵנִי מִצְוֺתֶךָ, מצוות ה' היא שגורמת לי להיות חכם יותר מאויביי, ולכן אני מצליח להינצל מהם, כִּי לְעוֹלָם הִיא־לִי, שאני כל הזמן עוסק בה, והיא בשבילי גם מקור לחכמה מעשית בהתמודדות עם אויביי.

צט מִכָּל מְלַמְּדַי הִשְׂכַּלְתִּי - כנראה שפירושו הוא: אני השכלתי אף יותר מאשר כל מלמדיי, ומדוע? כִּי עֵדְוֺתֶיךָ שִׂיחָה לִּי, משום שנוסף על מה שקיבלתי מהם ומחכמתם, יש לי מקור נוסף להשכיל ממנו, והוא - עדותיך עצמן.

ק מִזְּקֵנִים אֶתְבּוֹנָן, כלומר: אלמד מהם בינה, כִּי

קיט,צו לְכָל תִּכְלָה רָאִיתִי קֵץ – תכלה היא מלשון כלות הנפש, והוא מה שנשמות הצדיקים בגן עדן כלות מתענוג זיו השכינה שמשיגים כל אחד כפי מדרגתו, שאור זה הוא בבחינת קץ וצמצום; אבל **רְחָבָה מִצְוָתְךָ מְאֹד** – היינו גילוי אור אין־סוף בלי גבול ותכלית. כי **מִצְוָתְךָ** היא מצוות הצדקה, שהיא מצוות ה' ממש, מה שהקב"ה בכבודו ובעצמו עושה תמיד להחיות העולמות ויעשה לעתיד ביתר שאת ועז, והיא כלי רחב מאוד להתלבש בה הארת אור אין־סוף ברוך־הוא, כי כשעושה הצדקה למטה פועל שיאיר ויתגלה אור אין־סוף ברוך־הוא בעולם־הזה ביתר שאת לאין קץ מכפי שמתגלה בגן עדן, בבחינת בלי גבול, בתורת צדקה וחסד חינם. והוא בעת תחיית המתים, שכל שוכני גן עדן יקומו ויתלבשו בגופותיהם כדי ליהנות מהאור שיאיר אז.

על־פי תניא, איגרת הקודש, יז

כִּי פִקּוּדֶיךָ נָצָרְתִּי:
קא מִכָּל־אֹרַח רָע כָּלִאתִי רַגְלָי
לְמַעַן אֶשְׁמֹר דְּבָרֶךָ:
קב מִמִּשְׁפָּטֶיךָ לֹא־סָרְתִּי
כִּי־אַתָּה הוֹרֵתָנִי:
קג מַה־נִּמְלְצוּ לְחִכִּי אִמְרָתֶךָ
מִדְּבַשׁ לְפִי:
קד מִפִּקּוּדֶיךָ אֶתְבּוֹנָן
עַל־כֵּן
שָׂנֵאתִי ׀ כָּל־אֹרַח שָׁקֶר:

נ

קה נֵר־לְרַגְלִי דְבָרֶךָ
וְאוֹר לִנְתִיבָתִי:
קו נִשְׁבַּעְתִּי וָאֲקַיֵּמָה
לִשְׁמֹר מִשְׁפְּטֵי צִדְקֶךָ:
קז נַעֲנֵיתִי עַד־מְאֹד
יְהוָה חַיֵּנִי כִדְבָרֶךָ:
קח נִדְבוֹת פִּי רְצֵה־נָא יְהוָה
וּמִשְׁפָּטֶיךָ לַמְּדֵנִי:

פִּקּוּדֶיךָ נָצָרְתִּי, ומשום כך דברי החכמה שאני שומע נקלטים נכון והיטב.

קא מִכָּל־אֹרַח רָע כָּלִאתִי, מנעתי, את רַגְלָי, כביכול אסרתי אותן כדי שלא יגיעו לשם, לְמַעַן אֶשְׁמֹר דְּבָרֶךָ; משום שאני רוצה לשמור את דבריך, אינני הולך למקומות שאינם ראויים.

קב מִמִּשְׁפָּטֶיךָ לֹא־סָרְתִּי, כִּי־אַתָּה הוֹרֵתָנִי מהי הדרך הנכונה, דרך האמת.

קג מַה־נִּמְלְצוּ - ערבו - לְחִכִּי אִמְרָתֶךָ, דבריך, יותר מִדְּבַשׁ לְפִי.

קד מִפִּקּוּדֶיךָ אֶתְבּוֹנָן עַל־כֵּן שָׂנֵאתִי כָּל־אֹרַח שָׁקֶר, משום שהם מלמדים אותי לא רק מה לעשות, אלא גם את ערכם האמיתי של דברים.

קה נֵר־לְרַגְלִי דְבָרֶךָ, שהודות לו אני יודע לאן ללכת, איפה להציב את רגליי. וְאוֹר ודברך הוא אור לִנְתִיבָתִי, והוא המאפשר לי למצוא את הדרך הנכונה.

קו נִשְׁבַּעְתִּי וָאֲקַיֵּמָה לִשְׁמֹר מִשְׁפְּטֵי צִדְקֶךָ: בדרך כלל יש בהלכה הסתייגות משבועות - מלבד השבועה לשמור את המצוות; כי לפעמים אדם צריך לתת לעצמו חיזוק יתר למלא את חובתו, ובכלל זה גם שבועה פרטית מאוד שהאדם מקבל על עצמו.

קז נַעֲנֵיתִי, סבלתי עינויים רבים עַד־מְאֹד, ה', חַיֵּנִי כִדְבָרֶךָ.

קח נִדְבוֹת פִּי - כל מה שאני אומר, מתפלל או שר לפניך - רְצֵה־נָא, ה', וּמִשְׁפָּטֶיךָ לַמְּדֵנִי גם הלאה.

קיט,קה **נֵר לְרַגְלִי דְבָרֶךָ** – אמר רבי ישראל מרוז'ין כי דוד המלך ע"ה, בזיכוך חומרו וגופו בעבודת השם יתברך, היו אצלו דבריו של השם יתברך, היינו התורה והתפילה והמצוות, להרגל מתוך התמדתו עליהם יומם ולילה. ועל זה אמר **נֵר לְרַגְלִי דְבָרֶךָ**, שדבריך המה לי לרגילות, והם בסוד נר להאיר לי ללכת יומם ולילה בהם, כי ההרגל נעשה טבע שני.

על־פי תהילה למלך

קיט,קה **נֵר לְרַגְלִי דְבָרֶךָ וְאוֹר לִנְתִיבָתִי** – "נר מצוה ותורה אור" (משלי ו כג). **נֵר לְרַגְלִי דְבָרֶךָ** – כנגד נר מצווה, שהוא הארה פרטית, שכאשר אדם מקיים מצווה מאיר לו מעט סביבו, במקום שהוא עומד והולך בו. **וְאוֹר לִנְתִיבָתִי** – כנגד תורה אור, שהיא הארה כללית, המאירה לפני האדם את כל נתיבתו. וכדי לעלות מנר לאור, יש להעמיק בטעמן של מצוות ובכוונתן.

על־פי תהילה למלך, כנסת מרדכי

קט נַפְשִׁי בְכַפִּי תָמִיד
וְתוֹרָתְךָ לֹא שָׁכָחְתִּי׃
קי נָתְנוּ רְשָׁעִים פַּח לִי
וּמִפִּקּוּדֶיךָ לֹא תָעִיתִי׃
קיא נָחַלְתִּי עֵדְוֺתֶיךָ לְעוֹלָם
כִּי־שְׂשׂוֹן לִבִּי הֵמָּה׃
קיב נָטִיתִי לִבִּי לַעֲשׂוֹת חֻקֶּיךָ
לְעוֹלָם עֵקֶב׃

ס

קיג סֵעֲפִים שָׂנֵאתִי
וְתוֹרָתְךָ אָהָבְתִּי׃
קיד סִתְרִי וּמָגִנִּי אָתָּה
לִדְבָרְךָ יִחָלְתִּי׃
קטו סוּרוּ מִמֶּנִּי מְרֵעִים
וְאֶצְּרָה מִצְוֺת אֱלֹהָי׃
קטז סָמְכֵנִי כְאִמְרָתְךָ וְאֶחְיֶה
וְאַל־תְּבִישֵׁנִי מִשִּׂבְרִי׃

קט **נַפְשִׁי בְכַפִּי תָמִיד**, כלומר: אני תמיד נמצא בסכנה כל כך גדולה, עד שאני כביכול צריך להחזיק את נפשי בידי כדי שלא יאונה לה כל רע. **וְתוֹרָתְךָ** ולמרות כל הסכנות את תורתך **לֹא שָׁכָחְתִּי**.

קי כיוצא בזה, **נָתְנוּ רְשָׁעִים פַּח לִי**, טמנו מוקש בדרכי, וכדי להינצל ממכשולים צריך אדם לפעמים ללכת בדרך עקלתון; **וּמִפִּקּוּדֶיךָ** ובכל זאת מפיקודיך **לֹא תָעִיתִי**, ולא יצאתי מגדרם.

קיא **נָחַלְתִּי עֵדְוֺתֶיךָ לְעוֹלָם**, עדותיך הן חלקי ונחלתי לא משום שיש לי זכות מיוחדת, אלא **כִּי־שְׂשׂוֹן לִבִּי הֵמָּה**; ולכן, משום אהבתי כלפיהם, הם נשארים אצלי.

קיב **נָטִיתִי לִבִּי לַעֲשׂוֹת חֻקֶּיךָ, לְעוֹלָם עֵקֶב** - כלומר: עד הקצה האחרון, עד הסוף.

קיג **סֵעֲפִים**, דברים מסועפים ומפותלים, וכן אנשים שאינם ישרים, **שָׂנֵאתִי**, **וְתוֹרָתְךָ אָהָבְתִּי**.

קיד **סִתְרִי וּמָגִנִּי אָתָּה, לִדְבָרְךָ יִחָלְתִּי** - ציפיתי, קיוויתי.

קטו וכאן יש תפילה ובקשה: **סוּרוּ מִמֶּנִּי, מְרֵעִים**, כל מיני אנשים רעים, התרחקו ממני ואל תציקו לי, **וְאֶצְּרָה** כדי שאשמור את **מִצְוֺת אֱלֹהָי**; כי אותם מרעים מונעים ממני, או על כל פנים מפריעים לי לקיים את המצוות כראוי.

קטז **סָמְכֵנִי כְאִמְרָתְךָ וְאֶחְיֶה**, כלומר: אם תיתן לי עזרה ועידוד אז אוכל לחיות, או על כל פנים לחיות חיים טובים יותר, **וְאַל־תְּבִישֵׁנִי מִשִּׂבְרִי**, מתקוותי; אל תגרום לי בושה עקב כך שלא אגיע לדברים שאני מצפה ומייחל להם.

קיט,קיא **נָחַלְתִּי עֵדְוֺתֶיךָ לְעוֹלָם כִּי שְׂשׂוֹן לִבִּי הֵמָּה** – פירוש כשעומד אדם על טעם דבר מן התורה, אז נעשה לנחלה אצלו, שנבלע בתוך לבו, ואין צריך לחזור על הדבר, כיוון שהוא קונה אותו לנחלה.

על־פי מי השילוח, תהלים

קיט,קיב **נָטִיתִי לִבִּי לַעֲשׂוֹת חֻקֶּיךָ לְעוֹלָם עֵקֶב** – כי חוקים הם מצוות שאין להן טעם, ובני אדם מקיימים אותן מחמת מצוות הקב"ה, אבל דוד היה מקיימן מנטיית לבו, כי היה כבר בבחינה אשר תהיה באחרית הימים, עקבו של עולם, שישיגו גם החוקים בשכלם ויהיה לבם נוטה אחריהם.

על־פי חסד לאברהם – ראדומסק, עקב

קיז סְעָדֵנִי וְאִוָּשֵׁעָה
וְאֶשְׁעָה בְחֻקֶּיךָ תָמִיד׃
קיח סָלִיתָ כָּל־שׁוֹגִים מֵחֻקֶּיךָ
כִּי־שֶׁקֶר תַּרְמִיתָם׃
קיט סִגִים
הִשְׁבַּתָּ כָל־רִשְׁעֵי־אָרֶץ
לָכֵן אָהַבְתִּי עֵדֹתֶיךָ׃
קכ סָמַר מִפַּחְדְּךָ בְשָׂרִי
וּמִמִּשְׁפָּטֶיךָ יָרֵאתִי׃

ע

קכא עָשִׂיתִי מִשְׁפָּט וָצֶדֶק
בַּל־תַּנִּיחֵנִי לְעֹשְׁקָי׃
קכב עֲרֹב עַבְדְּךָ לְטוֹב

קיז סְעָדֵנִי וְאִוָּשֵׁעָה, אם תעזור לי, אנצל; וְאֶשְׁעָה אז, כשלא אצטרך להילחם בכל מיני דברים רעים, אפנה אל חוקיך, אעסוק בְחֻקֶּיךָ תָמִיד.

קיח סָלִיתָ, פינית הצדה, כָּל־שׁוֹגִים, את כל אלה אשר סוטים, מֵחֻקֶּיךָ, כִּי־שֶׁקֶר תַּרְמִיתָם. יש כאן לכאורה חזרה על אותן המילים; אך הכוונה היא לומר שהאנשים הללו, הסוטים מחוקי ה׳, מנסים לרמות ובכך להצדיק את עצמם, ואולם ניסיונות הרמייה שלהם הם שקר, ולא יחזיקו מעמד.

קיט סִגִים הִשְׁבַּתָּ – סיגים הם כל אותם חומרים הנטפלים למתכות יקרות, ואותם יש להפריד ולהשליך; והם סמל ודימוי לְכָל־רִשְׁעֵי־אָרֶץ. לָכֵן אָהַבְתִּי עֵדֹתֶיךָ, וכשאני דבק בהן, אתה לא תסיר אותי מן העולם כמו שאתה עושה לכל אותם רשעים.

קכ סָמַר מִפַּחְדְּךָ בְשָׂרִי, כלומר: השערות שעל בשרי סומרות מפחד ה׳, וּמִמִּשְׁפָּטֶיךָ יָרֵאתִי; כי לצד הביטויים של אהבת ה׳, אהבת התורה והבחירה בה, ופרק זה מלא מהם, יש בו גם פסוקים רבים המבטאים את היראה והפחד מהקב״ה.

קכא עָשִׂיתִי מִשְׁפָּט וָצֶדֶק, בַּל־תַּנִּיחֵנִי לְעֹשְׁקָי, כלומר: אל תתנני בידיהם של אלה שרודפים ושונאים אותי.

קכב עֲרֹב עַבְדְּךָ לְטוֹב, כפשוטו פירושו הוא: הֱיֵה לי מחסה; ובדימוי, הרי זה כעין עָרֵב הנותן ביטחון ללווה ומאפשר לו לקבל את ההלוואה. ולכן, משום שהעֲרֵבוּת שלך עומדת מאחוריי, אַל־יַעַשְׁקֻנִי זֵדִים.

קיט,קכב **עֲרֹב עַבְדְּךָ לְטוֹב**, בקשתנו שנזכה להאמין ולדעת שבכל עניין של עבודת ה׳ מונחת עריבות ומתיקות עצומה, ושנזכה לחיות בבהירות ההכרה שבעצם זה שאני **עַבְדְּךָ** ועושה רצונך, בזה גופא מונחת העריבות והמתיקות הגדולה ביותר. וכפי מה שנזכה לחיות עם ההכרה הזו, כך נזכה בעזרת השם יתברך ש**אַל יַעַשְׁקֻנִי זֵדִים**, כי כל התגברות העצלות והעצבות והרפיונות, הכול נעשה על־ידי היצר שגוזל את הרגשת המתיקות שאפשר לזכות בה בכל פעם שזוכרים שכעת אני זוכה להיות ״עבד ה׳״. ונכלל בבקשה זו של **עֲרֹב עַבְדְּךָ לְטוֹב** גם מלשון תערובת, שאנו מבקשים מאבינו שבשמים שיזכנו להיות שקועים רק בטוב, רק ב״אין **טוֹב** אלא תורה״, רק בעשיית רצון הבורא, שכל מהותנו ועצמיותנו תהיה מעורבת ובלולה בתוך הטוב, וכמו כן שהטוב – התורה הקדושה, קיום רצונו יתברך – יהיה מעורב ונבלל ונבלע בדמנו.

על־פי דברי חיזוק, ענייני תקיעת שופר, ד

אַל־יַעַשְׁקֻנִי זֵדִים:

קכג עֵינַי כָּלוּ לִישׁוּעָתֶךָ
וּלְאִמְרַת צִדְקֶךָ:

קכד עֲשֵׂה עִם־עַבְדְּךָ
כְחַסְדֶּךָ וְחֻקֶּיךָ לַמְּדֵנִי:

קכה עַבְדְּךָ־אָנִי הֲבִינֵנִי
וְאֵדְעָה עֵדֹתֶיךָ:

קכו עֵת לַעֲשׂוֹת לַיהוָה
הֵפֵרוּ תּוֹרָתֶךָ:

קכז עַל־כֵּן אָהַבְתִּי מִצְוֺתֶיךָ
מִזָּהָב וּמִפָּז:

קכח עַל־כֵּן ׀
כָּל־פִּקּוּדֵי כֹל יִשָּׁרְתִּי
כָּל־אֹרַח שֶׁקֶר שָׂנֵאתִי:

פ

קכט פְּלָאוֹת עֵדְוֺתֶיךָ
עַל־כֵּן נְצָרָתַם נַפְשִׁי:

קכג עֵינַי כָּלוּ לִישׁוּעָתֶךָ מרוב זה שאני מצפה תמיד לה וּלְאִמְרַת צִדְקֶךָ. ישועתך היא עזרתך לי, ואמרת צדקך היא הדברים שאני שואף ומבקש להגיע אליהם.

קכד עֲשֵׂה עִם־עַבְדְּךָ טוב כְחַסְדֶּךָ, לפי מידת החסד של ה׳ ולא לפי הדינים והחטאים שלי, וְחֻקֶּיךָ לַמְּדֵנִי.

קכה עַבְדְּךָ־אָנִי, הֲבִינֵנִי, הסבר לי ותן לי בינה; וְאֵדְעָה כשתהיה לי בינה, אז אדעה עֵדֹתֶיךָ.

קכו עֵת לַעֲשׂוֹת לַה׳, יש זמן שבו צריכים לעשות למען ה׳, כי רבים הֵפֵרוּ תּוֹרָתֶךָ, ולפיכך צריך לפעול ביתר שאת כדי לחזק את דבר ה׳.

קכז עַל־כֵּן אָהַבְתִּי מִצְוֺתֶיךָ יותר מִזָּהָב וּמִפָּז, שהוא כנראה שם נרדף לזהב בכלל או לסוג מסוים של זהב.

קכח עַל־כֵּן כָּל־פִּקּוּדֵי כֹל, כל המצוות כולן, יִשָּׁרְתִּי, כלומר: ניסיתי להמשיך ללכת בדרך המצוות, שהיא דרך הישר, כָּל־אֹרַח שֶׁקֶר, שהוא כל מה שאיננו בדרך הישר, שָׂנֵאתִי.

קכט פְּלָאוֹת עֵדְוֺתֶיךָ, דבריך, תורתך, הם נפלאים, עַל־כֵּן נְצָרָתַם, שמרה אותם, נַפְשִׁי.

קיט,קכו עֵת לַעֲשׂוֹת לַה׳ הֵפֵרוּ תּוֹרָתֶךָ. ״לכל זמן ועת לכל חפץ תחת השמים״ (קהלת ג א), אמנם בגאולה העתידה נאמר ״׳בעתה אחישנה׳ (ישעיהו ס כב): זכו – ׳אחישנה׳, לא זכו – ׳בעתה׳״ (סנהדרין צח, א). והטעם, כי התורה איננה ״תחת השמים״, אלא למעלה מן השמים, והעתים הן רק כלים איך לקבל התפשטות התורה בכל עת וזמן. אבל התורה בעצמה היא למעלה מהזמן ולמעלה מהכלים. וכאשר בני ישראל דבקים בתורה, אפשר שתבוא הגאולה אפילו שלא בעת המיוחדת לה. וזה שכתוב: עֵת לַעֲשׂוֹת לַה׳ הֵפֵרוּ תּוֹרָתֶךָ. כי אם מקיימים התורה, אין צריך לתקן העת. וזה שאמרו בגמרא: ״אילו שמרו ישראל שבת אחת מיד נגאלין״ (ראה ירושלמי תענית א: א), כי יום השבת הוא ״היום אם בקולו תשמעו״, שבו זוכים לתורה והוא מוכן לגאולה.

על־פי שפת אמת, שבת הגדול תרנ״ז

קל פֵּתַח־דְּבָרֶיךָ יָאִיר
מֵבִין פְּתָיִים׃
קלא פִּי־פָעַרְתִּי וָאֶשְׁאָפָה
כִּי לְמִצְוֺתֶיךָ יָאָבְתִּי׃
קלב פְּנֵה־אֵלַי וְחָנֵּנִי
כְּמִשְׁפָּט לְאֹהֲבֵי שְׁמֶךָ׃
קלג פְּעָמַי הָכֵן בְּאִמְרָתֶךָ
וְאַל־תַּשְׁלֶט־בִּי כָל־אָוֶן׃
קלד פְּדֵנִי מֵעֹשֶׁק אָדָם
וְאֶשְׁמְרָה פִּקּוּדֶיךָ׃
קלה פָּנֶיךָ הָאֵר בְּעַבְדֶּךָ
וְלַמְּדֵנִי אֶת־חֻקֶּיךָ׃
קלו פַּלְגֵי־מַיִם יָרְדוּ עֵינָי
עַל לֹא־שָׁמְרוּ תוֹרָתֶךָ׃

צ

קלז צַדִּיק אַתָּה יְהוָה
וְיָשָׁר מִשְׁפָּטֶיךָ׃
קלח צִוִּיתָ צֶדֶק עֵדֹתֶיךָ
וֶאֱמוּנָה מְאֹד׃

קל גם פֵּתַח־דְּבָרֶיךָ, תחילת דבריך, יָאִיר, מוסיף אור, והוא מֵבִין פְּתָיִים, נותן בינה גם לאלה שאינם יודעים דבר; כי אפילו כאשר הם רק בפתח הדברים, כבר הם זוכים לאיזושהי הבנה.

קלא פִּי־פָעַרְתִּי וָאֶשְׁאָפָה, אני כמו פותח את פי ושואף אל תוכי את כל מה שאני יכול, כִּי לְמִצְוֺתֶיךָ יָאָבְתִּי, אני תאב למצוותיך.

קלב פְּנֵה־אֵלַי וְחָנֵּנִי, רחם עליי, כְּמִשְׁפָּט, כמו שראוי לך לעשות לְאֹהֲבֵי שְׁמֶךָ.

קלג את פְּעָמַי, צעדיי, הָכֵן, כונן אותם, העמד אותם ישר בְּאִמְרָתֶךָ, על ידי אמרתך, וְאַל־תַּשְׁלֶט־בִּי כָל־אָוֶן, שלא ישלוט עליי כל רע.

קלד פְּדֵנִי מֵעֹשֶׁק של בני אָדָם, שמכל צד באים להציק לי, וְאֶשְׁמְרָה פִּקּוּדֶיךָ, כי האויבים מפריעים לי לעשות את מה שעליי לעשות.

קלה פָּנֶיךָ הָאֵר בְּעַבְדֶּךָ – זוהי בקשה להארת פנים, לעת רצון, וְלַמְּדֵנִי אֶת־חֻקֶּיךָ.

קלו פַּלְגֵי־מַיִם יָרְדוּ עֵינָי – ביטוי מפליג לתיאור אדם שבוכה ומצטער; ועל מה הוא בוכה? עַל אלה אשר לֹא־שָׁמְרוּ תוֹרָתֶךָ.

קלז צַדִּיק אַתָּה, ה׳, אתה נוהג בדרך האמת והצדק, וְיָשָׁר מִשְׁפָּטֶיךָ, גם אם לא תמיד נראים הדברים כך בעינינו.

קלח צִוִּיתָ צֶדֶק עֵדֹתֶיךָ, בעדותיך אתה מצווה ומורה דרך צדק, וֶאֱמוּנָה מְאֹד, כי הצדק והאמונה שייכים בכל המצוות ובכל התורה (הלשון "מאוד" עניינה שציווית בתוקף גדול עד מאוד).

קיט,קל פֵּתַח דְּבָרֶיךָ יָאִיר. כשמתחיל האדם לכנוס לתורה ולעבודה שבלב, והוא אז בבחינת נער ופתי, אז השם יתברך מאיר לו מאוד, כמו שנאמר: פֵּתַח דְּבָרֶיךָ יָאִיר מֵבִין פְּתָיִים. שכל המחשבות והרצונות לתורה ולעבודה נקראים דְּבָרֶיךָ, שהשם יתברך מדבר עם האדם ומזה נעשות אלו המחשבות, ובפתיחה מאיר מאוד ואחר כך מסתלק. וכן אמרו רבותינו על אור שברא הקב"ה ואחר כך גנזו, ואם כן למה בראו? אלא שכך הצורך, שיברא ויגנז. וכן בעת מתן תורה נאמר "אני אמרתי אלוהים אתם... אכן כאדם תמותון", שהיה אז פֵּתַח דְּבָרֶיךָ ואחר כך נסתלק עד לעתיד לבוא, שיחזור. והעצה לזה היא תפילה, כידוע שהתחלה הוא ממדרגת אברהם אבינו ע"ה, והוא פֵּתַח דְּבָרֶיךָ, והסוף שחוזר להאיר הוא דוד המלך ע"ה ומשיח, והוא מדרגת התפילה, כמו שנאמר: "ואני תפלה".

על־פי צדקת הצדיק, קמג

קלט צִמְּתַתְנִי קִנְאָתִי
כִּי־שָׁכְחוּ דְבָרֶיךָ צָרָי׃
קמ צְרוּפָה אִמְרָתְךָ מְאֹד
וְעַבְדְּךָ אֲהֵבָהּ׃
קמא צָעִיר אָנֹכִי וְנִבְזֶה
פִּקֻּדֶיךָ לֹא שָׁכָחְתִּי׃
קמב צִדְקָתְךָ צֶדֶק לְעוֹלָם
וְתוֹרָתְךָ אֱמֶת׃
קמג צַר־וּמָצוֹק מְצָאוּנִי
מִצְוֹתֶיךָ שַׁעֲשֻׁעָי׃
קמד צֶדֶק עֵדְוֹתֶיךָ לְעוֹלָם
הֲבִינֵנִי וְאֶחְיֶה׃

ק

קמה קָרָאתִי בְכָל־לֵב עֲנֵנִי יהוה
חֻקֶּיךָ אֶצֹּרָה׃
קמו קְרָאתִיךָ הוֹשִׁיעֵנִי
וְאֶשְׁמְרָה עֵדֹתֶיךָ׃

קלט צִמְּתַתְנִי, כיווצה אותי, הציקה לי קִנְאָתִי – במובן של קנאות לדבר ה׳, של זעם, ולא במובן של רצון לקבל משהו מאחרים, כִּי שָׁכְחוּ דְבָרֶיךָ צָרָי, ואני כועס עליהם.

קמ צְרוּפָה אִמְרָתְךָ מְאֹד, נקייה מכל פגם, וְעַבְדְּךָ אֲהֵבָהּ.

קמא צָעִיר אָנֹכִי, אינני יודע הרבה ואיני מנוסה כראוי, וְנִבְזֶה, גם בזוי בעיניי ובעיני אחרים; אבל בכל אופן, פִּקֻּדֶיךָ לֹא שָׁכָחְתִּי, שאף על פי שאינני ראוי לכך, מכל מקום אני שומר את מצוותיך.

קמב צִדְקָתְךָ צֶדֶק, צודקת, נכונה, לְעוֹלָם וְתוֹרָתְךָ היא כולה אֱמֶת.

קמג צַר־וּמָצוֹק, צרות ומצוקות, מְצָאוּנִי בחיי, וכנגד הצרות והכאבים - מִצְוֹתֶיךָ הן שַׁעֲשֻׁעָי.

קמד צֶדֶק עֵדְוֹתֶיךָ לְעוֹלָם, הֲבִינֵנִי, תן בלבי בינה, וְאֶחְיֶה, כאשר אדבק בעדות האלה.

קמה קָרָאתִי אל ה׳ בְּכָל־לֵב, בכל לבי, בכל רצוני, עֲנֵנִי, ה׳. ואז, כשתעזרני, חֻקֶּיךָ אֶצֹּרָה.

קמו קְרָאתִיךָ, הוֹשִׁיעֵנִי; וְאֶשְׁמְרָה וכשאיוושע אשמרה עֵדֹתֶיךָ.

קיט,קמ צְרוּפָה אִמְרָתְךָ מְאֹד וְעַבְדְּךָ אֲהֵבָהּ – הקשו רבים כיצד נענית התפילה שמתפלל הצדיק על החולה שיתרפא, על העקרה שתלד, וכיוצא באלו; שהרי רצון ה׳ הוא שהפיל חולה פלוני למשכב והעמיד אישה פלונית מללדת, ואם הצדיק מתפלל ונענה – נמצא שיש שינוי לפני השם יתברך! אך שורש העניין כך הוא: הקב״ה ברא עולמו באותיות התורה הקדושה, וכל הנעשה בעולם נמשך מצירופים אלו ואחרים של אותן אותיות קדושות. כאשר הצדיק מתפלל, אין הוא סותר את מעשה ה׳ אלא מצרף את אותיות דיבורו באופן אחר, בבחינת צְרוּפָה אִמְרָתְךָ מְאֹד, עד שתחת מחלה נעשית רפואה ותחת עקרות נעשית לידה. כוח זה של צירוף הדיבור האלוהי נתון לצדיק דווקא, משום שאותיות התורה נבראו באהבה, והצדיק אף הוא בבחינת וְעַבְדְּךָ אֲהֵבָהּ, אישיות שכולה אהבה – לה׳, לישראל ולכל אדם בעולם.

על־פי נועם אלימלך, בראשית

קמז קִדַּ֣מְתִּי בַ֭נֶּשֶׁף וָאֲשַׁוֵּ֑עָה
לִדְבָרְךָ֥ יִחָֽלְתִּי׃
קמח קִדְּמ֣וּ עֵ֭ינַי אַשְׁמֻר֑וֹת
לָ֝שִׂ֗יחַ בְּאִמְרָתֶֽךָ׃
קמט ק֭וֹלִי שִׁמְעָ֣ה כְחַסְדֶּ֑ךָ
יְ֝הוָ֗ה כְּמִשְׁפָּטֶ֥ךָ חַיֵּֽנִי׃
קנ קָ֭רְבוּ רֹדְפֵ֣י זִמָּ֑ה
מִתּוֹרָתְךָ֥ רָחָֽקוּ׃
קנא קָר֣וֹב אַתָּ֣ה יְהוָ֑ה
וְֽכׇל־מִצְוֺתֶ֥יךָ אֱמֶֽת׃
קנב קֶ֣דֶם יָ֭דַעְתִּי מֵעֵדֹתֶ֑יךָ
כִּ֖י לְעוֹלָ֣ם יְסַדְתָּֽם׃

ר

קנג רְאֵֽה־עׇנְיִ֥י וְחַלְּצֵ֑נִי
כִּֽי־תֽ֝וֹרָתְךָ֗ לֹ֣א שָׁכָֽחְתִּי׃
קנד רִ֣יבָה רִ֭יבִי וּגְאָלֵ֑נִי
לְאִמְרָתְךָ֥ חַיֵּֽנִי׃

לדבריך

קמז קִדַּמְתִּי בַנֶּשֶׁף, השכמתי קום לפנות בוקר, וָאֲשַׁוֵּעָה, אני מתפלל ובוכה, ולִדְבָרְךָ, לקיום דבריך, יִחָלְתִּי.

קמח קִדְּמוּ עֵינַי אַשְׁמֻרוֹת, אני משכים עוד לפני האשמורות האחרונות של הלילה, כלומר: בעוד לילה, כדי לָשִׂיחַ בְּאִמְרָתֶךָ.

קמט קוֹלִי שִׁמְעָה כְחַסְדֶּךָ, ה׳, כְּמִשְׁפָּטֶךָ חַיֵּנִי, כי תדון אותי לכף זכות ותעזור לי בחיי.

קנ קָרְבוּ רֹדְפֵי זִמָּה, בכל המשמעויות של המושג "זימה": חטא בכלל, וזימה בפרט. הם מתקרבים, והם אינם רואים שהדרך שהם הולכים בה למזימות שלהם גורמת לכך שהם מִתּוֹרָתְךָ רָחָקוּ, הם הולכים ומתרחקים מתורתך.

קנא קָרוֹב אַתָּה, ה׳, אני מרגיש שאתה, ה׳, תמיד קרוב, וְכׇל־מִצְוֺתֶיךָ אֱמֶת.

קנב קֶדֶם, עוד מתחילה, בזמנים הראשונים, יָדַעְתִּי מֵעֵדֹתֶיךָ, כִּי אתה לְעוֹלָם יְסַדְתָּם, והם קיימים ועומדים ואינם משתנים, ולכן אני תמיד יכול להתקרב אליהם.

קנג רְאֵה־עׇנְיִי, את צרותיי וכאביי, וְחַלְּצֵנִי כִּי־תוֹרָתְךָ לֹא שָׁכָחְתִּי, ומגיע לי שתעזור לי.

קנד רִיבָה רִיבִי, לחם את מלחמותיי וּגְאָלֵנִי, לְאִמְרָתְךָ – בגלל אמרתך – חַיֵּנִי.

קיט,קמז **וָאֲשַׁוֵּעָה**. התורה נקראת שועה, כמו שאמרו בגמרא (ברכות ג, ב) על פסוק **קִדַּמְתִּי בַנֶּשֶׁף וָאֲשַׁוֵּעָה** – "עד חצות היה עוסק בדברי תורה" וכו׳, כי על־ידי דברי תורה קורין להקב״ה, וכמו שאמרו (שם כא, א) על פסוק "כי שם ה׳ אקרא", שהוא ברכת התורה. כי הקב״ה אין־סוף, היינו שאין לו מידה, ואי אפשר להשיגו אלא בשמותיו, כי השם הוא מידה. ואמרו כי התורה כולה שמותיו של הקב״ה, היינו שהיא תבנית מעשה בראשית וכללות רצונו יתברך, ועל־ידה קוראים לו יתברך בשם ומשיגים רצונו המתפשט בברואים. ודבר זה נקרא קריאה, כמו כשמזכיר שם חברו, שרוצה שיבוא אצלו ויפנה לו, כן כשלומד תורה על מנת לעשות ודבק במידותיו יתברך להיות כרצונו, הרי בזה קורא לו יתברך שיבוא אצלו, וכעניין "ושכנתי בתוכם" – שהוא על־ידי דברי תורה.

על־פי צדקת הצדיק, קפב

קנה רָחוֹק מֵרְשָׁעִים יְשׁוּעָה
כִּי־חֻקֶּיךָ לֹא דָרָשׁוּ׃
קנו רַחֲמֶיךָ רַבִּים ׀ יְהוָה
כְּמִשְׁפָּטֶיךָ חַיֵּנִי׃
קנז רַבִּים רֹדְפַי וְצָרָי
מֵעֵדְוֺתֶיךָ לֹא נָטִיתִי׃
קנח רָאִיתִי בֹגְדִים וָאֶתְקוֹטָטָה
אֲשֶׁר אִמְרָתְךָ לֹא שָׁמָרוּ׃
קנט רְאֵה כִּי־פִקּוּדֶיךָ אָהָבְתִּי
יְהוָה כְּחַסְדְּךָ חַיֵּנִי׃
קס רֹאשׁ־דְּבָרְךָ אֱמֶת
וּלְעוֹלָם כָּל־מִשְׁפַּט צִדְקֶךָ׃

ש

קסא שָׂרִים רְדָפוּנִי חִנָּם
וּמִדְּבָרְךָ פָּחַד לִבִּי׃
קסב שָׂשׂ אָנֹכִי עַל־אִמְרָתֶךָ
כְּמוֹצֵא שָׁלָל רָב׃

ומדבריך

קנה **רָחוֹק מֵרְשָׁעִים יְשׁוּעָה, כִּי־חֻקֶּיךָ לֹא דָרָשׁוּ,** ולכן ה׳ איננו עוזר להם ואיננו מושיע אותם.

קנו **רַחֲמֶיךָ רַבִּים, ה׳, כְּמִשְׁפָּטֶיךָ חַיֵּנִי;** כי אם תרחם עליי, הרי ברחמיך הרבים אצא זכאי במשפט מלפניך.

קנז **רַבִּים רֹדְפַי וְצָרָי,** ובגללם אני חייב להימלט ולנקוט צעדים שונים, ובכל זאת **מֵעֵדְוֺתֶיךָ לֹא נָטִיתִי.**

קנח **רָאִיתִי בֹגְדִים וָאֶתְקוֹטָטָה,** אני מתקוטט אתם, אבל לא בגללי, אלא **בַּאֲשֶׁר,** משום **שֶׁאִמְרָתְךָ לֹא שָׁמָרוּ.**

קנט **רְאֵה כִּי־פִקּוּדֶיךָ אָהָבְתִּי, ה׳, כְּחַסְדְּךָ חַיֵּנִי.**

קס גם **רֹאשׁ־דְּבָרְךָ,** תחילת דבריך, הדברים הראשונים שאתה אומר, הם **אֱמֶת, וּלְעוֹלָם כָּל־מִשְׁפַּט צִדְקֶךָ** - שלא כדברים אחרים, שפעמים תחילתם היא רק מבוא בלתי חשוב לעיקר שיבוא אחר כך, בדבריך הכל נכון וחשוב.

קסא **שָׂרִים,** אנשים חשובים, **רְדָפוּנִי חִנָּם,** בלי כל סיבה, ואני איני מפחד מהם אלא **וּמִדְּבָרְךָ** בלבד **פָּחַד לִבִּי.***

קסב **שָׂשׂ אָנֹכִי עַל־אִמְרָתֶךָ** בשמחה גדולה, **כְּמוֹצֵא** כאדם שמוצא **שָׁלָל רָב,** אוצר גדול.

* מפסוקים אלה, שחלקם בשי״ן ימנית וחלקם בשי״ן שמאלית, אנו למדים שהשי״ן הימנית והשמאלית נחשבות לאות אחת, שהרי הן מופיעות כאן בתוך יחידה אחת.

קיט,קסב **שָׁלָל רָב.** אמרו חז״ל כי קיים אברהם אבינו ע״ה את כל התורה עד שלא ניתנה, מחמת שהתחזק נגד היצר הרע וזיכך חומריותו עד שבא להתפשטות הגשמיות, והיה דבוק בהשם יתברך דבקות עצמית, עד שהשיג כל המצוות. אמנם משמים הביט ה׳ וידע שלאו כל מוחא סביל דא, שיוכל לבוא למדרגה כזו כאברהם אבינו ע״ה, לכן נתן לנו התורה הקדושה לתת לפתאים ערמה, למען ידע כל איש הישראלי את המעשה אשר יעשה האדם וחי בהם. ובזה פירשנו הפסוק **שָׂשׂ אָנֹכִי עַל אִמְרָתֶךָ כְּמוֹצֵא שָׁלָל רָב,** על דרך משל שני בני אדם שנתעשרו, אחד על־ידי עמל מלאכתו והשני על־ידי שמצא מציאה. וזה שאמר דוד המלך ע״ה: **שָׂשׂ אָנֹכִי עַל אִמְרָתֶךָ,** מה שאמרת לנו התורה, ולא הצרכתנו להשיגה מדעתנו, **כְּמוֹצֵא שָׁלָל רָב,** כמי שבא לו העושר שלא ביגיעה.

על־פי קדושת לוי, פירוש נחמד על הזכירות

קסג שֶׁקֶר שָׂנֵאתִי וָאֲתַעֵבָה
תּוֹרָתְךָ אָהָבְתִּי׃
קסד שֶׁבַע בַּיּוֹם הִלַּלְתִּיךָ
עַל מִשְׁפְּטֵי צִדְקֶךָ׃
קסה שָׁלוֹם רָב לְאֹהֲבֵי תוֹרָתֶךָ
וְאֵין־לָמוֹ מִכְשׁוֹל׃
קסו שִׂבַּרְתִּי לִישׁוּעָתְךָ יְהוָה
וּמִצְוֺתֶיךָ עָשִׂיתִי׃
קסז שָׁמְרָה נַפְשִׁי עֵדֹתֶיךָ
וָאֹהֲבֵם מְאֹד׃
קסח שָׁמַרְתִּי פִקּוּדֶיךָ וְעֵדֹתֶיךָ
כִּי כָל־דְּרָכַי נֶגְדֶּךָ׃

ת

קסט תִּקְרַב רִנָּתִי לְפָנֶיךָ יְהוָה
כִּדְבָרְךָ הֲבִינֵנִי׃
קע תָּבוֹא תְחִנָּתִי לְפָנֶיךָ
כְּאִמְרָתְךָ הַצִּילֵנִי׃

קסג שֶׁקֶר שָׂנֵאתִי וָאֲתַעֵבָה, ולעומת זאת תּוֹרָתְךָ אָהָבְתִּי.

קסד שֶׁבַע פעמים בַּיּוֹם הִלַּלְתִּיךָ עַל מִשְׁפְּטֵי צִדְקֶךָ – נראה שהמספר שבע בא כאן רק במובן של "הרבה", אם כי יש האומרים שבסדר התפילות יש שבע תפילות ביום (אם מונים גם את ברכת המזון ואת קריאת שמע שעל המיטה).

קסה שָׁלוֹם רָב לְאֹהֲבֵי תוֹרָתֶךָ, וְאֵין־לָמוֹ, להם, מִכְשׁוֹל, כי ה' נותן להם את שלומו, דואג שיהיה להם שלום.

קסו שִׂבַּרְתִּי, ציפיתי, לִישׁוּעָתְךָ, ה', וּמִצְוֺתֶיךָ עָשִׂיתִי בכל מצב, גם כאשר עדיין לא הגיעה אליי הישועה.

קסז שָׁמְרָה נַפְשִׁי עֵדֹתֶיךָ וָאֹהֲבֵם מְאֹד, כלומר: אני שומר את המצוות לא רק כעשייה או כשמירה, אלא גם מתוך רגש רב כלפיהן.

קסח שָׁמַרְתִּי פִקּוּדֶיךָ וְעֵדֹתֶיךָ, ואינני יכול לפעול אחרת, שכן אני יודע כִּי כָל־דְּרָכַי נֶגְדֶּךָ, לפניך, ואתה רואה את כל מעשיי.

קסט תִּקְרַב רִנָּתִי לְפָנֶיךָ, ה', שמע וקבל את תפילתי, כִּדְבָרְךָ הֲבִינֵנִי.

קע תָּבוֹא תְחִנָּתִי לְפָנֶיךָ, כְּאִמְרָתְךָ, כפי שהבטחת לי, הַצִּילֵנִי.

קיט,קסה שָׁלוֹם רָב. "תלמידי חכמים מרבים שלום בעולם, שנאמר... שָׁלוֹם רָב לְאֹהֲבֵי תוֹרָתֶךָ וְאֵין לָמוֹ מִכְשׁוֹל" (ברכות סד, א). לא נאמר 'ללומדי תורתך' אלא "לְאֹהֲבֵי תורתך", ולא נאמר 'לאוהבי תורה' סתם, אלא ל"אוהבי תוֹרָתֶךָ" דווקא. כי עיקר השבח שעליו מורה הפסוק הוא השָׁלוֹם רָב, סוג נעלה של שלום שעל־ידו לא רק שהמתנגד מנוצח ועושה שלום, אלא שכל מציאות המתנגד נשללת, כך שבדרך ממילא נעשה שלום. דרגה זו של שלום נעשית רק על־ידי תורה שמגלה את עצמותו יתברך, שהוא בלי גבול אמיתי, ולגביו לא שייכת התנגדות כלל. וכדי שיהיו תלמידי חכמים מביאים שלום רב כזה בעולם, אין די בלימוד תורה כשלעצמו, אלא יש להקדים לו את עבודת התפילה, המעוררת את האדם להיות מאוהבי תורתך – לאהוב את התורה לא רק מצד היותה חכמה מופלאה, אלא בעיקר מצד היותה תוֹרָתֶךָ, שמגלה את נותן התורה בעצמו.

על־פי תהילות מנחם

קעא תַּבַּעְנָה שְׂפָתַי תְּהִלָּה
כִּי תְלַמְּדֵנִי חֻקֶּיךָ׃
קעב תַּעַן לְשׁוֹנִי אִמְרָתֶךָ
כִּי כָל־מִצְוֹתֶיךָ צֶּדֶק׃
קעג תְּהִי־יָדְךָ לְעָזְרֵנִי
כִּי פִקּוּדֶיךָ בָחָרְתִּי׃
קעד תָּאַבְתִּי לִישׁוּעָתְךָ יְהוָה
וְתוֹרָתְךָ שַׁעֲשֻׁעָי׃
קעה תְּחִי־נַפְשִׁי וּתְהַלְלֶךָּ
וּמִשְׁפָּטֶךָ יַעֲזְרֻנִי׃
קעו תָּעִיתִי
כְּשֶׂה אֹבֵד בַּקֵּשׁ עַבְדֶּךָ
כִּי מִצְוֹתֶיךָ לֹא שָׁכָחְתִּי׃

קעא תַּבַּעְנָה שְׂפָתַי תְּהִלָּה כִּי תְלַמְּדֵנִי חֻקֶּיךָ, ואז אוכל גם לדבר בחוקיך וגם לומר דברי תהילה על עצם העובדה שאתה מלמד אותי.

קעב תַּעַן לְשׁוֹנִי אִמְרָתֶךָ - במשמעות של "קול ענות", קול רם, כלומר: לשוני תגיד את אמרתך בקול רם, כדי להודיע כִּי כָל־מִצְוֹתֶיךָ צֶּדֶק.

קעג תְּהִי־יָדְךָ לְעָזְרֵנִי, כִּי פִקּוּדֶיךָ בָחָרְתִּי, ומאחר שאני הולך בדרך זו, מגיע לי שהקב"ה יעזור לי.

קעד תָּאַבְתִּי, רציתי והשתוקקתי לִישׁוּעָתְךָ, ה׳, וְתוֹרָתְךָ כל הזמן היא שַׁעֲשֻׁעָי.

קעה תְּחִי־נַפְשִׁי, אם תיתן לה חיים וכוח, וּתְהַלְלֶךָּ, וּמִשְׁפָּטֶךָ יַעֲזְרֻנִי.

קעו תָּעִיתִי כְּשֶׂה אֹבֵד, הן בפועל ממש והן בדרכי הרוחנית אני מרגיש שאני תועה, כמו שה שאבד ואינו מוצא את דרכו.

בַּקֵּשׁ עַבְדֶּךָ כמו שמחפשים שה אובד, כִּי גם כשאני תועה בדרכי, גם כשאיני רואה לפניי כל דרך ישרה ואינני יודע מה לעשות, גם אם שכחתי את הדרך ואת הפתרון, מכל מקום מִצְוֹתֶיךָ לֹא שָׁכָחְתִּי.

קיט,קעו תָּעִיתִי כְּשֶׂה אֹבֵד. כשעושה אדם עבירה ח"ו, אזי הולך ונוטה מהדרך הישר אל דרך אחר מקולקל. ומאותו הדרך יוצאין כמה וכמה דרכים תועים ומקולקלים מאוד, ואם לא ישוב מיד, אזי נתעה ונבוך באלו הדרכים עד שקשה לו לשוב ולצאת משם. אבל השם יתברך, תכף שרואה שהאדם תועה מדרך השכל, קוראו שישוב לאחוריו. ואם לא נטה הרבה מדרך הישר, אזי בנקל ישוב, מחמת שמכיר עדיין את הקול ורגיל בו. והוא כְּשֶׂה אֹבֵד, שאם לא תעה הרבה, אזי מכיר קול הרועה והולך אחריו תכף; אבל כשכבר נטה הרבה מהדרך, כבר שכח את הקול ואינו מכיר בו, וגם הרועה מתייאש עוד מלבקשו. על כן צריך האדם לבקש מהשם יתברך שימהר לבקשו להחזירו אליו, כל זמן שלא שכח לגמרי את קול התורה והמצוות. וזהו: תָּעִיתִי כְּשֶׂה אֹבֵד בַּקֵּשׁ עַבְדֶּךָ כִּי מִצְוֹתֶיךָ לֹא שָׁכָחְתִּי.

על־פי ליקוטי מוהר"ן ח"א, רו

רַבַּת שָׁכְנָה־לָּהּ נַפְשִׁי עִם שׂוֹנֵא שָׁלוֹם:

לביטוי זה יש כמה פירושים שונים. פירוש אחד הוא שה"מעלות" הן העלייה לרגל, ולפי זה יש כאן לפנינו מחזור של חמישה עשר מזמורים שהיו מושרים על ידי העולים לרגל. לפי פירוש אחר, הכוונה היא לחמש עשרה המדרגות בבית המקדש אשר חיברו בין עזרת ישראל לעזרת הכוהנים, ואשר עליהן הייתה עומדת מקהלת הלוויים; לפי פירוש זה, חמישה עשר מזמורים אלה היו השירים שהושרו במקדש על ידי הלוויים. ויש המפרשים שהביטוי קשור לסוג מסוים של מנגינות.

ספר חמישי
פרק קכ

פרק קכ • ספר חמישי • ליום שבת • כז לחודש ______ תהלים • 517

א שִׁיר הַמַּעֲלוֹת
אֶל־יְהוָה בַּצָּרָתָה לִּי
קָרָאתִי וַיַּעֲנֵנִי׃
ב יְהוָה
הַצִּילָה נַפְשִׁי מִשְּׂפַת־שֶׁקֶר
מִלָּשׁוֹן רְמִיָּה׃
ג מַה־יִּתֵּן לְךָ וּמַה־יֹּסִיף לָךְ
לָשׁוֹן רְמִיָּה׃
ד חִצֵּי גִבּוֹר שְׁנוּנִים
עִם גַּחֲלֵי רְתָמִים׃
ה אוֹיָה־לִי כִּי־גַרְתִּי מֶשֶׁךְ
שָׁכַנְתִּי עִם־אָהֳלֵי קֵדָר׃
ו רַבַּת שָׁכְנָה־לָּהּ נַפְשִׁי
עִם שׂוֹנֵא שָׁלוֹם׃
ז אֲנִי־שָׁלוֹם וְכִי אֲדַבֵּר
הֵמָּה לַמִּלְחָמָה׃

א שִׁיר הַמַּעֲלוֹת, אֶל־ה׳ בַּצָּרָתָה לִּי קָרָאתִי וַיַּעֲנֵנִי –

ב מצד אחד הוא מתפלל: ה׳, הַצִּילָה נַפְשִׁי מִשְּׂפַת־שֶׁקֶר, כלומר: מדברי השקר שאנשים מספרים עליי, מִלָּשׁוֹן רְמִיָּה.

ג וכאן הוא מוסיף דברי תוכחה: שקרים ורמייה, דברי השמצה כלליים, אינם אלא סיפוק מעוות של רצון להזיק לזולת. שהרי באמת, מַה־יִּתֵּן לְךָ וּמַה־יֹּסִיף לָךְ לָשׁוֹן רְמִיָּה? איזו תועלת יש למי שמפיץ דברי שקר והשמצות על הזולת? לעתים קרובות יש ללשון הרע תפוצה גדולה והיא מתפשטת במהירות, אבל בדרך כלל היא אינה אלא דרך לגרום רע לאחרים בלי שלאומר תהיה מכך הנאה או תועלת; שהרי איזו תועלת צומחת מגיבוב שקרים על הזולת?

ד במקרה הקיצוני ביותר מפיצי השקרים עצמם נענשים, במישרין ובעקיפין, וכל מה שיש להם מכל זה הוא רק חִצֵּי גִבּוֹר שְׁנוּנִים של אלה שיורים בהם, עִם גַּחֲלֵי רְתָמִים, שהן גחלים הבוערות במשך זמן רב; ובמילים אחרות: יש בזה רק ייסורים מתמשכים.

ה וכאן הוא עובר למישור אחר של סבל וייסורים ואומר, שלאדם המושמץ מכל צד יש אותה הרגשה שיש גם לאנשים המוקפים באויבים מבחוץ: אוֹיָה־לִי כִּי־גַרְתִּי מֶשֶׁךְ, שהוא שם של עם שנמצא בגבולות ארץ ישראל, שָׁכַנְתִּי עִם־אָהֳלֵי קֵדָר – ערבים, ישמעאלים. כאן מדובר לא במלחמה פעילה אלא באיבה מתמשכת, העלולה להתפרץ בכל עת.

ו רַבַּת, הרבה מאוד, שָׁכְנָה־לָּהּ נַפְשִׁי, אני עצמי חי עִם שׂוֹנֵא שָׁלוֹם.

ז אֲנִי־שָׁלוֹם, כוונתי ורצוני בשלום, וְכִי, ואילו כאשר, אֲדַבֵּר אתם – הֵמָּה כוונתם לַמִּלְחָמָה.

קכ,ב **הַצִּילָה נַפְשִׁי מִשְּׂפַת שֶׁקֶר.** השקר אין לו רגליים (שבת קד, א), אלא שבני אדם נותנים לו כוח וקיום בעולם על־ידי שמשקרים ודבקים בשקרם. אבל הצדיק, שדבוק באמת, אף שנצרך להשתמש לפעמים גם בהשקר, וכמו שהתירו לשנות מפני דרכי שלום, אינו נותן חיות לשקר כי אם אדרבה – יוכל עוד לבטל השקר על־ידי זה. כי עולם־הזה נקרא עלמא דשיקרא, ולכן נצרך לפעמים לתקן העולם על־ידי השקר עצמו, רק שצריך לזה סייעתא דשמיא שלא יתדבק רצונו בשקר ח״ו. וזה שכתוב: **הַצִּילָה נַפְשִׁי מִשְּׂפַת שֶׁקֶר** – **נַפְשִׁי** דייקא, שלא תדבק **בִּשְׂפַת שֶׁקֶר**, היינו השקר שמוציא מפיו מן השפה ולחוץ. וכך דרשו חז״ל (זוהר ח״א קמג, א) על יעקב אבינו ע״ה, בעת שהוצרך לומר ״אנכי עשו בכרך״ (בראשית כז יט).

על־פי שפת אמת, תולדות תרל״ה

אֶשָּׂא עֵינַי אֶל־הֶהָרִים מֵאַיִן יָבֹא עֶזְרִי:

ספר חמישי
פרק קכא

שיר ביטחון בה', גם למי שלעיני בשר אין לו שמירה והגנה, שכן ה', שומר את האדם מכל מיני רעה, גלויה ונסתרת; אין בו דברי תפילה אלא דברי עידוד ותמיכה.

א שִׁיר לַמַּעֲלוֹת
אֶשָּׂא עֵינַי אֶל־הֶהָרִים
מֵאַיִן יָבֹא עֶזְרִי:
ב עֶזְרִי מֵעִם יְהוָה
עֹשֵׂה שָׁמַיִם וָאָרֶץ:
ג אַל־יִתֵּן לַמּוֹט רַגְלֶךָ
אַל־יָנוּם שֹׁמְרֶךָ:
ד הִנֵּה לֹא־יָנוּם וְלֹא יִישָׁן
שׁוֹמֵר יִשְׂרָאֵל:
ה יְהוָה שֹׁמְרֶךָ
יְהוָה צִלְּךָ עַל־יַד יְמִינֶךָ:
ו יוֹמָם הַשֶּׁמֶשׁ לֹא־יַכֶּכָּה
וְיָרֵחַ בַּלָּיְלָה:
ז יְהוָה יִשְׁמָרְךָ מִכָּל־רָע
יִשְׁמֹר אֶת־נַפְשֶׁךָ:
ח יְהוָה יִשְׁמָר־צֵאתְךָ וּבוֹאֶךָ
מֵעַתָּה וְעַד־עוֹלָם:

א שִׁיר לַמַּעֲלוֹת: אמנם בפסוק הראשון נאמר: אֶשָּׂא עֵינַי אֶל־הֶהָרִים: מֵאַיִן יָבֹא עֶזְרִי? מי שנושא את העיניים אל ההרים הוא בן אדם הנתון במצור, או מחנה שעומד להיות מותקף, והוא מסתכל אל ההרים שמסביבו כדי לראות אם מתחילים להגיע משם כוחות עזר.

ב אבל התשובה לשאלה הזו היא תשובה של מעלה. ייתכן שמעברו השני של ההר אין שום כוחות צבא, אבל עֶזְרִי מֵעִם ה׳, עֹשֵׂה שָׁמַיִם וָאָרֶץ, שהוא זה אשר בידו הכוח והממשלה בכל העולם כולו.

ג ולמתפלל נאמר: אַל־יִתֵּן ה׳ לַמּוֹט, להתמוטט, את רַגְלֶךָ, אַל־יָנוּם שֹׁמְרֶךָ.

ד כי הִנֵּה לֹא־יָנוּם וְלֹא יִישָׁן שׁוֹמֵר יִשְׂרָאֵל - שהוא, כמבואר מיד בהמשך, הקב"ה עצמו, וביחס אליו אין כל מקום לדבר על שינה.

ה וכשה׳ הוא שֹׁמְרֶךָ, הרי הוא קרוב וצמוד אליך כל כך עד שה׳ הוא כמו צִלְּךָ עַל־יַד יְמִינֶךָ ("ימין" כאן הוא גם במשמעות של עזרה, תשועה).

ו שמירתו של הקב"ה היא לא רק מאויבים אלא מכל סוגי הפגעים: יוֹמָם הַשֶּׁמֶשׁ לֹא־יַכֶּכָּה וְיָרֵחַ בַּלָּיְלָה - בזמן הלילה, שהוא זמן הירח, הוא לא יגרום לך כל רע.

ז ה׳ יִשְׁמָרְךָ מִכָּל־רָע, יִשְׁמֹר אֶת־נַפְשֶׁךָ - כנראה במובן הפשוט ביותר: ישמור את חייך.

ח ה׳ יִשְׁמָר־צֵאתְךָ וּבוֹאֶךָ - מן הבית, ממקומך, וכן בכל נדודיך ובשובך מהם - מֵעַתָּה וְעַד־עוֹלָם.

קכא,ה **ה׳ צִלְּךָ.** הבעש"ט זי"ע אמר פירוש הפסוק ה׳ צִלְּךָ – שהשם יתברך ברוך־הוא מתנהג עם האדם כמו הצל. כמו שכל מה שהאדם עושה גם הצל עושה, כן הבורא ברוך־הוא מתנהג עם האדם גם כן כמו שהוא עושה. ועוד אמר שראוי לאדם שיראה עצמו שהוא סולם מוצב ארצה וראשו מגיע השמימה, וכל תנועותיו ועסקיו ודיבורו והילוכו עושים רושם למעלה, ואז בוודאי ייזהר בכל דרכיו ועסקיו שיהיו לשם שמים. מה שאין כן אם חושב האדם מה אני חשוב לפגום או לתקן למעלה ולמטה, ובאמת זה אינו, כי על־ידי מעשיו הטובים הוא דבוק בו יתברך ממש, ועל־ידי שהוא רחום למטה נתעורר מידה זו של רחום למעלה בכל העולמות, וכמו שכתוב "דע מה למעלה – ממך".

על־פי קדושת לוי, בשלח; כתר שם טוב, קה"ת תשס"ד, קמה

עֹמְדוֹת הָיוּ רַגְלֵינוּ בִּשְׁעָרַיִךְ יְרוּשָׁלִָם:

ספר חמישי

פרק קכב

מזמור תהילה לירושלים ששרים העולים לרגל, והוא שיר על ירושלים בגדולתה, בעת שהייתה המקום שבו כל שבטי ישראל מתאחדים ושנמצאים בו בית ה׳ ומרכז השלטון היהודי.

א שִׁיר הַמַּעֲלוֹת לְדָוִד
שָׂמַחְתִּי בְּאֹמְרִים לִי
בֵּית יְהוָה נֵלֵךְ׃
ב עֹמְדוֹת הָיוּ רַגְלֵינוּ
בִּשְׁעָרַיִךְ יְרוּשָׁלָםִ׃
ג יְרוּשָׁלַםִ הַבְּנוּיָה
כְּעִיר שֶׁחֻבְּרָה־לָּהּ יַחְדָּו׃
ד שֶׁשָּׁם עָלוּ שְׁבָטִים
שִׁבְטֵי־יָהּ
עֵדוּת לְיִשְׂרָאֵל
לְהֹדוֹת לְשֵׁם יְהוָה׃
ה כִּי שָׁמָּה ׀
יָשְׁבוּ כִסְאוֹת לְמִשְׁפָּט
כִּסְאוֹת לְבֵית דָּוִיד׃

א שִׁיר הַמַּעֲלוֹת לְדָוִד: יכול להיות שכאן "לדוד" משמעו לכבודו של דוד; ובפשטות, זהו שיר שמחה של העולים לרגל לירושלים.

שָׂמַחְתִּי בְּאֹמְרִים, כאשר היו אומרים לִי: 'בֵּית ה' נֵלֵךְ', כי ההליכה אל ירושלים היא כשלעצמה עונג.

ב ובהמשך, כשמתקרבים לעיר: עֹמְדוֹת הָיוּ רַגְלֵינוּ בִּשְׁעָרַיִךְ, יְרוּשָׁלָםִ.

ג יְרוּשָׁלַםִ הַבְּנוּיָה ומן השערים אנחנו רואים שירושלים היא כְּעִיר שֶׁחֻבְּרָה־לָּהּ יַחְדָּו - במשמעות הפשוטה ביותר של הדברים: ירושלים הייתה בנויה על כמה גבעות הסמוכות זו לזו, שייתכן שעד לזמנו של דוד הייתה כל אחת מהן יחידה עירונית ואולי גם צבאית נבדלת, ודוד הוא זה שאיחד את ירושלים. רק מאוחר יותר בנה שלמה חומה שהקיפה את כל חלקי העיר והפכה אותם ליחידה אחת.

ד שֶׁשָּׁם, לירושלים, עָלוּ שְׁבָטִים, שִׁבְטֵי־יָהּ, והם עֵדוּת לְיִשְׂרָאֵל, שכן גם כאשר העלייה לרגל נעשית לא על ידי כל הקהל כולו אלא בידי שליחים ("מעמדות"), הרי היא נעשית בשם כל ישראל, כדי לְהֹדוֹת לְשֵׁם ה'.

ה וכעת הוא עובר לדבר בשבחה של העיר, שהיא לא רק עיר הקודש אלא גם עיר הבירה; כִּי שָׁמָּה, בירושלים, יָשְׁבוּ כִסְאוֹת לְמִשְׁפָּט, שהרי מקום המשפט העליון הוא בעיר הבירה, ליד המקדש וליד המלך, ושם ישבו כִּסְאוֹת לְבֵית דָּוִיד, גם כראשי השלטון וגם כשופטי העם בכל משפט המלוכה.

קכב,א **שָׂמַחְתִּי בְּאֹמְרִים לִי בֵּית ה' נֵלֵךְ** – אם דוד המלך ע"ה שמח בהכנות המקדש בעוד שלא נבנה, מכל שכן שיש לנו להתדבק בהארה שנשארה לדורות מבניין בית המקדש. כי כמו שנבנה בית המקדש באמצע העולם, כדי להמשיך קדושה לכל צדדיו, כמו כן בזמן: שימי בניינו המשיכו קדושה לכל הזמנים שמקודם ושאחריו. שבמקום שהקדושה נמצאת נשאר רושם לעולם.

על־פי שפת אמת, פסח תרמ"ז

קכב,ב **עֹמְדוֹת הָיוּ רַגְלֵינוּ בִּשְׁעָרַיִךְ יְרוּשָׁלָםִ** – דהיינו כששיער השם יתברך כביכול בשכלו הפשוט לברוא העולם להיטיב לברואיו, כבר היו כל הברואים לפניו עם כל הצטרכותם, ומה שכל אחד מהם עתיד לבקש מאתו יתברך שמו, ואין אדם מחדש שום דבר, רק שצריך האדם לכוון בתפילתו אל הנקודה הפנימית – כמו שהיה במחשבתו הקדומה.

על־פי אור לשמים, מסעי

522 • תהלים ______ כז לחודש • ליום שבת • ספר חמישי • פרק קכב

ו שַׁאֲלוּ שְׁלוֹם יְרוּשָׁלָ͏ִם
יִשְׁלָיוּ אֹהֲבָיִךְ׃
ז יְהִי־שָׁלוֹם בְּחֵילֵךְ
שַׁלְוָה בְּאַרְמְנוֹתָיִךְ׃
ח לְמַעַן אַחַי וְרֵעָי
אֲדַבְּרָה־נָּא שָׁלוֹם בָּךְ׃
ט לְמַעַן בֵּית־יְהוָה אֱלֹהֵינוּ
אֲבַקְשָׁה טוֹב לָךְ׃

ו והוא מברך את העיר: שַׁאֲלוּ שְׁלוֹם יְרוּשָׁלָ͏ִם, יִשְׁלָיוּ, כלומר: יחיו בשלווה, יהיו בשקט, אֹהֲבָיִךְ. הצורה הבלתי רגילה "ישליו" מהדהדת גם את לשון השאלה: זה מה ששואלים אוהבייך, אלה אשר שאלו שלום ירושלים.

ז וברכה נוספת: יְהִי־שָׁלוֹם בְּחֵילֵךְ – "חֵיל" זוהי חומה נמוכה המקיפה חלק מן העיר – ושַׁלְוָה בְּאַרְמְנוֹתָיִךְ, שהם לאו דווקא בנייני תפארה, אלא גם מצודות ומבצרים.

ח לְמַעַן אַחַי וְרֵעָי, הן אלה שחיים בעיר והן המגיעים מכל הארץ לבקר בה, עבורם ובשמם אֲדַבְּרָה־נָּא שָׁלוֹם בָּךְ, כלומר: אני אומר ומאחל שלום לעיר ירושלים.

ט לְמַעַן בֵּית־ה' אֱלֹהֵינוּ, שנמצא בעיר, אֲבַקְשָׁה טוֹב לָךְ.

קכב,ח **אֲדַבְּרָה נָּא שָׁלוֹם בָּךְ.** על־ידי מחלוקת אי אפשר לדבר, כי עיקר הדיבור הוא משלום, כמו שכתוב: **אֲדַבְּרָה נָּא שָׁלוֹם**. ועל כן צריך כל אחד קודם התפילה לקבל על עצמו מצוות עשה של "ואהבת לרעך כמוך", כדי שעל־ידי זה יוכל לדבר בתפילה. ואפילו אם אחד רוצה בשלום, רק שחולקים עליו, עם כל זה אין השלום בשלמות ועל כן אי אפשר לו לדבר ולהתפלל אף שהוא איש שלום, מאחר שהם חולקים עליו. וזה שאמר דוד המלך ע"ה: "אני שלום" (קכ ז), כי אני איש שלום ומצדי היה שלום עם כולם, ועם כל זה "וכי אדבר המה למלחמה" (שם), כלומר שאיני יכול לדבר מחמת המלחמה והמחלוקת שהם חולקים עלי.

על־פי ליקוטי מוהר"ן ח"א, רלט

אֵלֶיךָ נָשָׂאתִי אֶת־עֵינַי הַיֹּשְׁבִי בַּשָּׁמָיִם:

ספר חמישי

פרק קכג

שיר של תחינה ובקשת עזרה, הנאמר מעֶמדה של מסכנות וביזיון.

א שִׁיר הַמַּעֲלוֹת
אֵלֶיךָ נָשָׂאתִי אֶת־עֵינַי
הַיֹּשְׁבִי בַּשָּׁמָיִם:
ב הִנֵּה כְעֵינֵי עֲבָדִים
אֶל־יַד אֲדוֹנֵיהֶם
כְּעֵינֵי שִׁפְחָה
אֶל־יַד גְּבִרְתָּהּ
כֵּן עֵינֵינוּ אֶל־יְהוָה אֱלֹהֵינוּ
עַד שֶׁיְּחָנֵּנוּ:
ג חָנֵּנוּ יְהוָה חָנֵּנוּ
כִּי־רַב שָׂבַעְנוּ בוּז:
ד רַבַּת שָׂבְעָה־לָּהּ נַפְשֵׁנוּ
הַלַּעַג הַשַּׁאֲנַנִּים
הַבּוּז לִגְאֵי יוֹנִים:

א שִׁיר הַמַּעֲלוֹת אֵלֶיךָ נָשָׂאתִי אֶת־עֵינַי בתפילה ובתחינה, אתה, הַיֹּשְׁבִי בַּשָּׁמָיִם. והתחינה הזו מודגשת יותר משום שאנחנו, המתחננים, נמצאים רחוק מאוד מן השמים, בשפל המדרגה.

ב הִנֵּה כְעֵינֵי עֲבָדִים אֶל־יַד אֲדוֹנֵיהֶם, כי ביד האדון יש היכולת גם לתת ולסייע וגם להעניש, אלא שלעבד אין דרך לקבל משהו אלא מטוב לבו של האדון. ובאופן שונה במקצת: כְּעֵינֵי שִׁפְחָה אֶל־יַד גְּבִרְתָּהּ, מה שמבטא גם כן הכנעה ותלות, אלא שלשפחה יש, מצד עצמה, עוד פחות כוח מאשר לעבד. וכך, באופן הזה של תלות גמורה ושל בקשה שלמה, כֵּן עֵינֵינוּ אֶל־ה׳ אֱלֹהֵינוּ עַד שֶׁיְּחָנֵּנוּ. אנחנו מצפים לעזרתו, כי רק משם אנחנו יכולים לקבל עזרה.

ג והתפילה היא: חָנֵּנוּ, ה׳, חָנֵּנוּ, כִּי־רַב שָׂבַעְנוּ בוּז. לא די בכך שאנו סובלים כל מיני סבל, אלא אנחנו גם מושפלים בעיני הכל, ויש לנו יותר מדיי ("שבענו") בוז.

ד רַבַּת, הרבה מאוד, שָׂבְעָה־לָּהּ נַפְשֵׁנוּ מן הַלַּעַג של הַשַּׁאֲנַנִּים אשר בזים לנו, ומן הַבּוּז לִגְאֵי יוֹנִים, של הגאים ("גאיונים"); ויש מפרשים כפי הכתיב: הגאים וה"יונים" – אלה המתאנים לנו ומבזים אותנו.

לגאיונים

קכג,א אֵלֶיךָ נָשָׂאתִי אֶת עֵינַי הַיֹּשְׁבִי בַּשָּׁמָיִם – כי אם האדם מסתכל בעיניו תמיד כלפי מעלה אל השם יתברך, אזי גם השם יתברך משגיח עליו בעיני השגחתו, ואזי נכלל אחר הבריאה בקודם הבריאה, שהוא אמיתת אחדותו יתברך. וכן להפך ח"ו, כשמסתכל בעיניו למטה לתאוות עולם־הזה והבליו, על־ידי זה מסיר השגחתו מעליו ומפריד אחר הבריאה מקודם הבריאה, ועל־ידי זה יש לו מקום לטעות ונופל לכפירות ח"ו.

על־פי ליקוטי הלכות, שלוחין ג: כח

קכג,ב הִנֵּה כְעֵינֵי עֲבָדִים אֶל יַד אֲדוֹנֵיהֶם... עַד שֶׁיְּחָנֵּנוּ. הרמז: כל מה שאנו כעבדים אל יד אדוניהם וכשפחה אל יד גברתה, זה הכול עד שיחננו, אבל כשהקב"ה ייתן לנו חן בעיניו אז חשובים אנחנו כבנים, והבן לאביו ממלא שאלתו ובקשתו בכל אשר יבקש ממנו על צד היותר טוב.

על־פי קדושת לוי, ליקוטים

אֲזַי עָבַר עַל־נַפְשֵׁנוּ הַמַּיִם הַזֵּידוֹנִים:

ספר חמישי

פרק קכד

מזמור תודה לה' אשר בעת צרה ומצוקה,
כאשר נראה לאדם שאין עוד כל תקווה,
הוא מציל את עבדיו מן הסכנה.

א שִׁ֥יר הַֽמַּעֲל֗וֹת לְדָ֫וִ֥ד
לוּלֵ֣י יְ֭הוה שֶׁהָ֣יָה לָ֑נוּ
יֹֽאמַר־נָ֝֗א יִשְׂרָאֵֽל׃
ב לוּלֵ֣י יְ֭הוה שֶׁהָ֣יָה לָ֑נוּ
בְּק֖וּם עָלֵ֣ינוּ אָדָֽם׃
ג אֲ֭זַי חַיִּ֣ים בְּלָע֑וּנוּ
בַּחֲר֖וֹת אַפָּ֣ם בָּֽנוּ׃
ד אֲ֭זַי הַמַּ֣יִם שְׁטָפ֑וּנוּ
נַ֝֗חְלָה עָבַ֥ר עַל־נַפְשֵֽׁנוּ׃
ה אֲ֭זַי עָבַ֣ר עַל־נַפְשֵׁ֑נוּ
הַ֝מַּ֗יִם הַזֵּידוֹנִֽים׃
ו בָּר֥וּךְ יהוָ֑ה
שֶׁלֹּ֣א נְ֭תָנָנוּ טֶ֝֗רֶף לְשִׁנֵּיהֶֽם׃
ז נַ֗פְשֵׁנוּ כְּצִפּ֥וֹר נִמְלְטָה֮
מִפַּ֪ח י֫וֹקְשִׁ֥ים
הַפַּ֥ח נִשְׁבָּ֗ר
וַאֲנַ֥חְנוּ נִמְלָֽטְנוּ׃
ח עֶ֭זְרֵנוּ בְּשֵׁ֣ם יהוָ֑ה
עֹ֝שֵׂ֗ה שָׁמַ֥יִם וָאָֽרֶץ׃

א שִׁיר הַמַּעֲלוֹת לְדָוִד: זהו שיר תודה, שבמובן מסוים הוא כעין מענה לשיר הקודם, כיוון שכאן מוזכרת לא רק התחינה, אלא גם הישועה. אמנם אין כאן ישועה שלמה, אך על כל פנים היחלצות מצרה יש כאן.

לוּלֵי ה׳ שֶׁהָיָה לָנוּ, כלומר: תמך בנו, יֹאמַר נָא יִשְׂרָאֵל, כי זו איננה אמירה של אדם פרטי אחד אלא של העם כולו.

ב והעם אומר: לוּלֵי ה׳ שֶׁהָיָה לָנוּ בְּקוּם עָלֵינוּ אָדָם להילחם בנו ולהשפילנו,

ג אֲזַי חַיִּים בְּלָעוּנוּ בַּחֲרוֹת אַפָּם של הגויים בָּנוּ.

ד אֲזַי הַמַּיִם של ״המון עמים רבים״ (ישעיה יז, יב) שְׁטָפוּנוּ, נַחְלָה במשמעות של זרימת המים בנחל עָבַר עַל־נַפְשֵׁנוּ.

ה אֲזַי - אלמלא עזרתו של ה׳ - עָבַר עַל־נַפְשֵׁנוּ הַמַּיִם הַזֵּידוֹנִים; שהרי מים אלה אינם מי נהר, אלא דימוי לשטף של רשעות וזדון.

ו וכאן באה תודה מפורטת יותר: בָּרוּךְ ה׳ שֶׁלֹּא נְתָנָנוּ טֶרֶף לְשִׁנֵּיהֶם, אף על פי שהם כל הזמן אורבים לנו.

ז נַפְשֵׁנוּ כְּצִפּוֹר שנִמְלְטָה מִפַּח יוֹקְשִׁים; שהרי לפעמים נלכדת הציפור בפח, אבל מדי פעם מצליחה הציפור לשבור את המלכודת ולהיחלץ ממנה, ובמקרה הזה הַפַּח אכן נִשְׁבָּר, וַאֲנַחְנוּ נִמְלָטְנוּ.

ח וכל זה - כי עֶזְרֵנוּ בְּשֵׁם ה׳, עֹשֵׂה שָׁמַיִם וָאָרֶץ.

קכד,ו בָּרוּךְ ה׳ שֶׁלֹּא נְתָנָנוּ טֶרֶף לְשִׁנֵּיהֶם. כי עיקר ההצלה מכל הצרות הוא מה שניצולים מחילות היצר הרע והסטרא־אחרא שמתגברים על כל אדם בכמה בחינות ואופנים בכל יום, כי חוץ מזה הכול הבל. ומי שמשים לבו על מה שעובר עליו, יכול להבין מההרפתקאות שעוברות עליו עניין זה היטב. והעיקר להתגבר בשמחה על־ידי כל ההרחבות והישועות שימצא בתוך הצרות בעצמו, ויבין מהן עזרתו וישועתו יתברך, וכמו שכתוב: לוּלֵי ה׳ שֶׁהָיָה לָנוּ וכו׳.

על־פי ליקוטי הלכות, ברכת הודאה ו: ה

יְרוּשָׁלַ͏ִם הָרִים סָבִיב לָהּ

ספר חמישי

פרק קכה

מזמור של תודה ותפילה, אשר עיקרו הוא הביטחון בה׳.

א שִׁיר הַמַּעֲלוֹת
הַבֹּטְחִים בַּיהוָה
כְּהַר־צִיּוֹן לֹא־יִמּוֹט
לְעוֹלָם יֵשֵׁב:
ב יְרוּשָׁלִַם הָרִים סָבִיב לָהּ
וַיהוָה סָבִיב לְעַמּוֹ
מֵעַתָּה וְעַד־עוֹלָם:
ג כִּי לֹא יָנוּחַ שֵׁבֶט הָרֶשַׁע
עַל גּוֹרַל הַצַּדִּיקִים
לְמַעַן
לֹא־יִשְׁלְחוּ הַצַּדִּיקִים ׀
בְּעַוְלָתָה יְדֵיהֶם:
ד הֵיטִיבָה יְהוָה לַטּוֹבִים
וְלִישָׁרִים בְּלִבּוֹתָם:

א **שִׁיר הַמַּעֲלוֹת: הַבֹּטְחִים בַּה׳** הם **כְּהַר־צִיּוֹן**, שהוא עצמו בוודאי **לֹא־יִמּוֹט**, אלא **לְעוֹלָם יֵשֵׁב**.

ב והדימוי הזה של הבוטח בה׳ להר ציון מוליד דימוי נוסף: **יְרוּשָׁלִַם הָרִים סָבִיב לָהּ**, שכן העיר איננה בנויה על ראשו של ההר הגבוה ביותר, אלא מכל עבריה, אם כי לא ממש סמוך לה, יש הרים אחרים בגובה דומה, שאפשר להשתמש בהם כדי לבצר אותה מכל הצדדים על מנת למנוע התקפות עליה. **וַה׳** - וכשם שירושלים מוקפת הרים כך גם ה׳ **סָבִיב לְעַמּוֹ**, והוא שומר אותו מכל רע **מֵעַתָּה וְעַד־עוֹלָם**.

ג **כִּי לֹא יָנוּחַ שֵׁבֶט** - בפשטות זהו שם נרדף לשוט, מכשיר לרדות בו; אך שבט הוא גם סמלו של השליט - **הָרֶשַׁע** של הרשע **עַל גּוֹרַל הַצַּדִּיקִים**, כלומר: הצדיקים לא יהיו תחת שלטונו וסמכותו של הרשע, **לְמַעַן לֹא־יִשְׁלְחוּ הַצַּדִּיקִים בְּעַוְלָתָה יְדֵיהֶם**. כי כאשר אנשים, ואפילו צדיקים, נכנסים אל תחום שלטונו של הרשע אין להם ברירה אלא להיות שותפים ברב או במעט לעולמו של הרשע, כדי לשרוד; ואז דומה הדבר כאילו שולחים הצדיקים את ידיהם בעוולה.

ד **הֵיטִיבָה, ה׳, לַטּוֹבִים וְלִישָׁרִים בְּלִבּוֹתָם**, שהם כל אלה אשר אינם נכנסים לעולם של רשע ושל עוולה.

קכה,ג **כִּי לֹא יָנוּחַ שֵׁבֶט הָרֶשַׁע עַל גּוֹרַל הַצַּדִּיקִים** – הרשות נתונה לכל אחד ואחד לבחור בטוב או במוטב, כרצונו החופשי. אמנם על כלל ישראל אנו מובטחים שלא תהיה בחירתו לרע לעולם, לא משום שהבחירה נשללת מן הציבור, אלא משום שהקב״ה שותל בכל דור ודור צדיקים הבוחרים בטוב ומכריעים את דורם לטובה. מתוך כך נודעת משמעות עצומה לחיבור שבין היחיד והכלל, שכן כאשר אדם מפריש עצמו מכלל הציבור, הרי הוא נידון רק על־פי בחירתו שלו, וממילא יוכל לבוא לכלל מצב שבו מעשיו ירחקוהו ויגרמו לאבדן נפשו. מנגד, כאשר היחיד מקשר עצמו עם הציבור וכולל עצמו בתוכו, הוא זוכה לאותה הגנה שמבטיחים הצדיקים לכלל ישראל שבדורם. בזאת יובן שינוי הלשון בפסוק זה: **שֵׁבֶט הָרֶשַׁע** – לשון יחיד, ואילו **גּוֹרַל הַצַּדִּיקִים** – לשון רבים.

על־פי תהילה למלך, כנסת מרדכי

ה וְֽהַמַּטִּ֤ים עֲֽקַלְקַלּוֹתָ֗ם
יוֹלִיכֵ֣ם יְ֭הוָה
אֶת־פֹּעֲלֵ֣י הָאָ֑וֶן
שָׁ֝ל֗וֹם עַל־יִשְׂרָאֵֽל:

ה וְהַמַּטִּים עֲקַלְקַלּוֹתָם ואילו אותם אנשים הסבורים שכדי להרוויח משהו או להיחלץ מהרע הם יכולים לנהוג בדרכים בלתי ישרות ולפעול באופנים שאינם נכונים, ואף שהם עצמם אינם רשעים ממש הרי הם "מטים עקלקלותם", שלא רק שהם הולכים בדרכים עקומות ("עקלקלות"), אלא כביכול מטים ומעקמים את העקמומיות; ומאחר שבאמת אין הם אנשים ישרים, יוֹלִיכֵם ה׳ אֶת־פֹּעֲלֵי, עם פועלי הָאָוֶן, שהם אותם אנשים עושי רע בגלוי. ולעומת זאת, כאשר בני האדם ישמרו את דרך הישר והטוב, אזי יהיה שָׁלוֹם עַל־יִשְׂרָאֵל.

קכה,ה **וְהַמַּטִּים עֲקַלְקַלּוֹתָם.** שלושה סוגים של בני אדם כשרים יש בישראל: האחד, מי שהוא טוב לעצמו, אבל אם יתחבר לרשעים עלול ללמוד ממעשיהם, והוא בבחינת **כִּי לֹא יָנוּחַ שֵׁבֶט הָרֶשַׁע עַל גּוֹרַל הַצַּדִּיקִים**, שטוב לו שלא ידורו רשעים בשכנותו, **לְמַעַן לֹא יִשְׁלְחוּ הַצַּדִּיקִים בְּעַוְלָתָה יְדֵיהֶם.** השני, מי שחזק בצדקתו ואינו לומד מהרשעים, אבל אין בו כוח להטות לב הרשעים לדרך הטובה, והוא בבחינת **הֵיטִיבָה ה׳ לַטּוֹבִים וְלִישָׁרִים בְּלִבּוֹתָם.** והשלישי, מי שאינו צדיק לעצמו בלבד, אלא יש בו כוח להטות גם הרשעים לטוב, ועליו אומר הכתוב: **וְהַמַּטִּים עֲקַלְקַלּוֹתָם**, אותם שיש בהם כוח להטות דרך עקלתון של רשעים לטוב, **יוֹלִיכֵם ה׳ אֶת פֹּעֲלֵי הָאָוֶן**, שידורו בשכנותם ויתערבו עמהם כדי שיחזרו בתשובה, ובזה יהיה **שָׁלוֹם עַל יִשְׂרָאֵל.**

על־פי תולדות יעקב יוסף, צו

בְּשׁוּב יהוה אֶת־שִׁיבַת צִיּוֹן הָיִינוּ כְּחֹלְמִים:

ספר חמישי

פרק קכו

שירת הלל על זמן הגאולה, אשר כשהיא מגיעה נעשה העבר, על כל הסבל שהיה בו, כחלום בלבד, שכן על ידה מקבל כל העבר פנים חדשות ומתגלה כַּהכנה וכיגיעה שלפני בוא הגמול.

א שִׁיר הַמַּעֲלוֹת
בְּשׁוּב יְהוָה אֶת־שִׁיבַת צִיּוֹן
הָיִינוּ כְּחֹלְמִים:
ב אָז יִמָּלֵא שְׂחוֹק פִּינוּ
וּלְשׁוֹנֵנוּ רִנָּה
אָז יֹאמְרוּ בַגּוֹיִם
הִגְדִּיל יְהוָה
לַעֲשׂוֹת עִם־אֵלֶּה:

א **שִׁיר הַמַּעֲלוֹת, בְּשׁוּב ה' אֶת־שִׁיבַת צִיּוֹן הָיִינוּ כְּחֹלְמִים.** למן התלמוד עד למפרשי המקרא מסבירים את המילים "היינו כחולמים" לא כתיאור של זמן הגאולה, שייראה בעינינו כהתגשמות של חלום, אלא במשמעות כמעט הפוכה: "היינו כחולמים" בזמן הגלות, שכן הגלות היא, בעצם, המצב הבלתי נורמלי; היא איננה מציאות הראויה להתקיים אלא מעין חלום זוועה. וכמו שהחלום, כאשר אנחנו מצויים בתוכו, נתפס על ידינו כמציאות שלמה וכהוויה ממשית, מובנת ובעלת משמעות, אף שיש בו כל מיני עיוותים ביחס שבין שולט ונשלט, בין אמת ושקר וכיוצא בזה, הרי רק כאשר תבוא הגאולה, כאשר נחזור למציאות אמיתית ובלתי מעוותת, נבין שכל חיינו במציאות של הגלות לא היו אלא חלום.

ב **אָז יִמָּלֵא שְׂחוֹק פִּינוּ** – ההדגשה כאן היא על "יִמָּלֵא". בוודאי שגם בזמן הגלות אנחנו צוחקים, אבל הצחוק הזה הוא רק חלקי, ולידו ועמו ישנה תמיד גם הידיעה שדברים רבים בעולם הם במצב רע, מצב שאיננו נותן מקום לשמחה. לכן רק בבוא הגאולה נוכל באמת לצחוק בפה מלא, **וּלְשׁוֹנֵנוּ** תוכל להביע **רִנָּה** בשלמות, בלי כל ליווי של עצב. אז, עם בוא הגאולה, גם יתברר שהגאולה איננה רק שינוי־מה בחיינו שלנו, אלא היא עניין שגם אנשים רחוקים וזרים יוכלו לדבר עליו. ולכן **אָז יֹאמְרוּ בַגּוֹיִם: 'הִגְדִּיל ה' לַעֲשׂוֹת עִם־אֵלֶּה'.** כלומר, הגאולה תהיה עניין כל כך בולט ויוצא מן הכלל, עד אשר גם בעיני אחרים ייראה כדבר שיש בו ייחוד, שאיננו דומה כלל לדברים הקורים בעולם בכללו.

קכו,א **הָיִינוּ כְּחֹלְמִים.** בעת השינה מסתלק מוח השכל, וכוח המדמה מושל באדם, ואזי הוא רואה בחלומו שני עניינים הפכיים מתחברים, כמו ספינה רצה באוויר וכדומה, לפי שאין עמו השכל להבחין כי נפרדים הם ואף הפוכים. וכשם שהוא בגשמיות, כן הוא ברוחניות: יש השרוי בהסתלקות המוחין, ואף הוא כחולם המרכיב שני הפכים יחדיו. שבעת התפילה הוא מתבונן איך אין עוד מלבדו ומעורר אהבת ה' בקרבו, ואחר התפילה הוא פונה לעסקיו ומטריד עצמו בענייני העולם – הפך התבוננותו. ואמנם, גם בחלום יש מן האמת. בשורש החיות אין מעלה ומטה, אין קרוב ורחוק. שם מתאחדים ההפכים באמת, שהרי שורש אחד לכולם. בעולם־הזה אין אחדות זו יכולה להיגלות אלא בחלום הלילה, אך בעולם־הבא היא מתגלה. ביום ההוא, **בְּשׁוּב ה' אֶת שִׁיבַת צִיּוֹן**, נדע כולנו את אשר חלמנו, ואזי נאמר: **הָיִינוּ כְּחֹלְמִים!**

על־פי תורה אור וישב כח, ג

ג הִגְדִּ֣יל יְ֭הוָה לַעֲשׂ֥וֹת עִמָּ֑נוּ
הָ֝יִ֗ינוּ שְׂמֵחִֽים׃
ד שׁוּבָ֣ה יְ֭הוָה אֶת־שְׁבִיתֵ֑נוּ
כַּאֲפִיקִ֥ים בַּנֶּֽגֶב׃
ה הַזֹּרְעִ֥ים בְּדִמְעָ֗ה
בְּרִנָּ֥ה יִקְצֹֽרוּ׃

ג וגם אנו, מצדנו, נוכל לומר: **הִגְדִּיל ה׳ לַעֲשׂוֹת עִמָּנוּ**, כלומר: עשה לנו למעלה מן הראוי לנו ואף מעל ומעבר לציפיותינו. ואז נוכל גם לומר בשלמות, בשלווה: **הָיִינוּ שְׂמֵחִים**.

ד **שׁוּבָה ה׳ אֶת־שְׁבִיתֵנוּ כַּאֲפִיקִים בַּנֶּגֶב**. אפיקי הנחלים בנגב הם בדרך כלל יבשים. המים המגיעים אליהם הם מי גשמים שירדו במרחק רב מהם, והם מגיעים בלי כל סימנים מקדימים כגון עננים או רוח: פתאום מתמלא האפיק כולו במים רבים, שוצפים. תיאור זה הוא לא רק בקשה על הגאולה עצמה, אלא גם בקשה על כך שהיא תבוא - שהרי אנו מחכים לה בכל עת - גם אם במציאות הקיימת זה נראה בלתי אפשרי. אמנם עולם הגלות ועולם הגאולה מתוארים כאן כשני עולמות נבדלים לגמרי, אך בכל זאת יש ביניהם קשר: הגלות וסבלותיה הם, במידה מסוימת, הכנה לגאולה; ואף שבגלות אין לנו נחת, והמציאות הגלויה לעינינו אומרת כולה אך ורק גלות, בכל זאת יש תקווה לגאולה, בדומה למצבו של האיכר הזורע זרעים באדמה.

ה **הַזֹּרְעִים** עושים את מלאכתם **בְּדִמְעָה**, שכן בשעת הזריעה יש רק עבודה ויגיעה, המלווה בדאגה רבה: היצמח הזרע הזה? אך בסופו של דבר הם **בְּרִנָּה יִקְצֹרוּ**.

שבותנו

קכו,ה **בְּרִנָּה יִקְצֹרוּ**. התורה היא חכמתו ורצונו יתברך, אלא שירדה ונתלבשה בגשמיות, וכמשל גרעין הזרע, שהחיות שבו מצומצמת כל כך עד שאין נרגש בו שום טעם וריח, וכך התורה, אין נרגש בה תענוג ושכל אלוהי כי אם דינים והלכות בעניינים גשמיים. וזהו **הַזֹּרְעִים בְּדִמְעָה** – כי אין לו תענוג בלימודו; אך **בְּרִנָּה יִקְצֹרוּ** – כי לימודו נזרע בארץ העליונה ומצמיח השגות אלוהות שצדיקים מתענגים בהם בגן עדן העליון, שהן מזיו תורתם ועבודתם ממש. והנה כמו שאין הזרע צומח עד שירקב וייקלט בארץ והיו לאחדים ממש, כך צריכה נפש האדם להתבטל ממהותה על־ידי מסירות נפש בתורה ובמצוות ולהיות נקלטת ומתאחדת בארץ העליונה. ולכן לא ישים כל מגמתו אל התורה כמו שהיא בלבושיה הגשמיים, רק ישים לבו לפנימיות אלוהות המלובשת בה ממקורה ושורשה למעלה, ואזי לימודו בטל לגבי חכמתו יתברך והיו לאחדים ממש.

על־פי ליקוטי תורה בהר מ, ב

ו הָלוֹךְ יֵלֵךְ ׀ וּבָכֹה
נֹשֵׂא מֶשֶׁךְ־הַזָּרַע
בֹּא־יָבֹא בְרִנָּה
נֹשֵׂא אֲלֻמֹּתָיו:

ו וכאן בא תיאור רחב יותר של הזריעה והקציר: הָלוֹךְ יֵלֵךְ וּבָכֹה נֹשֵׂא מֶשֶׁךְ־הַזָּרַע, האיש המחזיק את השק ("משך") שבו נתונים הזרעים זורע אותם בדאגה מסוימת, שהרי לכאורה אפשר, ואולי גם צריך היה להשתמש בגרעינים הללו לאכילה, וזריעתם נראית על פניו כהשלכתם לאדמה לקראת אובדן וריקבון. אבל בסופו של דבר בֹּא־יָבֹא בְרִנָּה הקוצר, שגם הוא נושא משא, אלא שהוא נֹשֵׂא את אֲלֻמֹּתָיו, את היבול אשר צמח במשך השנה.

קכו,ו **הָלוֹךְ יֵלֵךְ וּבָכֹה.** יש אדם ההולך ממדרגה אל מדרגה, ותמיד הוא חפץ להשיג יותר עד אין־סוף, ויש אדם אחר האומר: די לי במדרגה שאני עומד בה, ושמח בחלקו ואינו מבקש להשיג יותר מזה. וזהו פירוש הפסוק: **הָלוֹךְ יֵלֵךְ וּבָכֹה**, כלומר שרוצה לילך ממדרגה למדרגה, וכל מה שהוא משיג כבר אינו שווה לו, זה **נֹשֵׂא מֶשֶׁךְ הַזָּרַע** מן האין־סוף המשפיע עליו. אבל מי שאומר **בֹּא יָבֹא**, שכבר בא לכל המעלות, והוא **בְרִנָּה** תמיד כאומר "שלום עלייך נפשי", כי למדתי תורה הרבה ואיני צריך יותר, אזי הוא **נֹשֵׂא אֲלֻמֹּתָיו**, שאין בידו אלא קש ותבן בלבד.

על־פי אור תורה, רמב

שִׁיר הַמַּעֲלוֹת לִשְׁלֹמֹה אִם־יהוה לֹא־יִבְנֶה בַיִת שָׁוְא עָמְלוּ בוֹנָיו בּוֹ

מזמור לימודי המיוחס או מוקדש לשלמה (ויש הסבורים שהוא שיר הדרכה שכתב המלך דוד לשלמה בנו), שעיקרו דברי מוסר. תמציתם של הדברים היא, כי מעשי בני אדם כשלעצמם אינם יכולים להבטיח שום הצלחה, ורק חסדי ה׳ הם העוזרים לאדם אף בדברים שהוא פועל ועושה בעצמו, כביכול.

ספר חמישי

פרק קכז

א שִׁיר הַמַּעֲלוֹת לִשְׁלֹמֹה
אִם־יְהוָה ׀ לֹא־יִבְנֶה בַיִת
שָׁוְא עָמְלוּ בוֹנָיו בּוֹ
אִם־יְהוָה לֹא־יִשְׁמָר־עִיר
שָׁוְא ׀ שָׁקַד שׁוֹמֵר:
ב שָׁוְא לָכֶם ׀ מַשְׁכִּימֵי קוּם
מְאַחֲרֵי־שֶׁבֶת
אֹכְלֵי לֶחֶם הָעֲצָבִים
כֵּן יִתֵּן לִידִידוֹ שֵׁנָא:
ג הִנֵּה נַחֲלַת יְהוָה בָּנִים
שָׂכָר פְּרִי הַבָּטֶן:
ד כְּחִצִּים בְּיַד־גִּבּוֹר
כֵּן בְּנֵי הַנְּעוּרִים:

א שִׁיר הַמַּעֲלוֹת לִשְׁלֹמֹה: אִם־ה׳ לֹא־יִבְנֶה בַיִת, שָׁוְא עָמְלוּ בוֹנָיו בּוֹ, כי הבית יתמוטט. אִם־ה׳ לֹא־יִשְׁמָר־עִיר, שָׁוְא שָׁקַד שׁוֹמֵר, כי ההגנה על אותה עיר סופה להיפרץ; וכן הוא גם בחיים הכלכליים הרגילים.

ב שָׁוְא לָכֶם מַשְׁכִּימֵי קוּם, אלה המנסים להקדים ככל האפשר להגיע לעבודתם, וגם מְאַחֲרֵי־שֶׁבֶת, אותם אנשים היושבים וממשיכים לעבוד עוד ועוד, אֹכְלֵי לֶחֶם הָעֲצָבִים, האוכלים את לחמם בעצבות, כי הם כל הזמן טרודים במחשבות ובתכניות.

כֵּן יִתֵּן לִידִידוֹ שֵׁנָא – הקב״ה עוזר לאדם; הוא יכול גם לאפשר לו לישון במנוחה, ובכל זאת הדברים יעלו יפה; ואילו אלה העוסקים כל הזמן בניסיונות להצלחה ולשגשוג עשויים שלא להגיע לשום תוצאה.

ג והדבר נכון גם ביחס לדברים אחרים, שגם הם מתנת ה׳: הִנֵּה נַחֲלַת ה׳, מה שה׳ מנחיל לבני האדם והם יודעים שזה בא ממנו, הם בָּנִים, שָׂכָר השכר שבני האדם מקבלים הוא פְּרִי הַבָּטֶן, הילדים, שגם בעולם הממשי הם המתנות החשובות ביותר.

ד כְּחִצִּים בְּיַד־גִּבּוֹר כֵּן גם בְּנֵי הַנְּעוּרִים, ואף בני הנעורים הם אלה היוצרים את העתיד.

קכז,א **אִם ה׳ לֹא יִבְנֶה בַיִת שָׁוְא עָמְלוּ בוֹנָיו בּוֹ.** עיקרו של בית הוא ביצירת האפשרות להיות בפנים, וברוחניות משמעות הדבר היא האפשרות להפנים, להמשיך גילוי אור אל תוך המוח והלב. הפסוק מלמדנו שבעמל פנימי זה אין די להבטיח את קיומו של הבית, ועדיין יש צורך במזוזה הנקבעת בדלת, נקודת החיבור בין הפנים והחוץ, ובה פרשיות "שמע" ו"והיה אם שמוע", עול מלכות שמים ועול מצוות. אם הבית מבטא עבודה פנימית, אזי המזוזה מבטאת את ביטול העולם הפנימי לנוכח רצון ה׳. היא אינה עוסקת בדרך שבה מתקבלות המצוות בעולמו של האדם, במה שמייחד את ביתו הפרטי ואת האות שלו בתורה, אלא בעצם הזיקה שבינו ובין השם יתברך – בעל הרצון עצמו. בכוחה, יוצא הבית מגדר מעשה ידי אדם בלבד וקיומו זוכה לתוקף אלוהי עליון.

על־פי תורת שמואל תרכ״ט, עמ׳ שי

ה אַשְׁרֵי הַגֶּבֶר
אֲשֶׁר מִלֵּא אֶת־אַשְׁפָּתוֹ
מֵהֶם
לֹא־יֵבֹשׁוּ
כִּי־יְדַבְּרוּ אֶת־אוֹיְבִים
בַּשָּׁעַר:

ה ומאחר שהוא משתמש בדימוי של החצים הוא מוסיף ואומר: אַשְׁרֵי הַגֶּבֶר אֲשֶׁר מִלֵּא אֶת־אַשְׁפָּתוֹ - שהיא הכלי אשר בו שמים את החצים - מֵהֶם, כלומר: אשרי מי שיש לו הרבה ילדים, שהם כמו הרבה חצים בידו של הלוחם. ואלה שיש להם ילדים, לֹא־יֵבֹשׁוּ כִּי־יְדַבְּרוּ אֶת־אוֹיְבִים בַּשָּׁעַר, שמצד אחד עניינם עמידה בפני אויב במלחמה, אבל גם נושאים פנימיים הנדונים באסיפת העם בשערי העיר, כי יש להם מספיק תבונה כדי לעמוד אל מול האויבים וללחום בהם.

קכז,ה **אַשְׁרֵי הַגֶּבֶר אֲשֶׁר מִלֵּא אֶת אַשְׁפָּתוֹ מֵהֶם.** עינינו הרואות כי רובא דעלמא, בגשתם לתפילה, אין אומר ואין דברים בלי נשמע קולם, רק ינועו כעצי היער, לפי שהצר השוכן בלבם מבלבל מחשבתם לשוט בהבלי עולם, ואת כלי המלחמה לקח מידם, עד שכאשר בא לתורה ולתפילה כן הולך, ומאומה אין בידו. והכול בעבור שאין איש שם על לב תכלית ביאת אדם לעולם־הזה, שבוודאי אינה רק לפרנס עצמו ובני ביתו, ורבים מבלים רוב שנותם רק בעבור האוכל והכסות, ועיקר עבודתם שנבראו בשבילה נשכח מלוח לבם. על כן, בגשתו לתפילה יכין עצמו ללחום בחוזקה, לזרוק חצים לגבי סמא״ל, דהיינו להוציא אותיות מלאות מאהבה ויראה בהתעוררות גדול, **אַשְׁרֵי הַגֶּבֶר אֲשֶׁר מִלֵּא אֶת אַשְׁפָּתוֹ מֵהֶם**, ואזי יהיה לבו בטוח שיהיה מהמנצחים ולא מהמנוצחים. וזה: ״והיה כקרבכם אל המלחמה״ (דברים כ ב) – לשון שמחה דווקא (בראשית רבה מב: ג).

על־פי אור המאיר, שופטים

יְבָרֶכְךָ יהוה מִצִּיּוֹן וּרְאֵה בְּטוּב יְרוּשָׁלָםִ כֹּל יְמֵי חַיֶּיךָ:

ספר חמישי

פרק קכח

המנון קטן של ברכה מתוך שלווה,
שיש בו תהילה ליראי ה'.

א שִׁיר הַמַּעֲלוֹת
אַשְׁרֵי כָּל־יְרֵא יְהֹוָה
הַהֹלֵךְ בִּדְרָכָיו:
ב יְגִיעַ כַּפֶּיךָ כִּי תֹאכֵל
אַשְׁרֶיךָ וְטוֹב לָךְ:
ג אֶשְׁתְּךָ ׀ כְּגֶפֶן פֹּרִיָּה
בְּיַרְכְּתֵי בֵיתֶךָ
בָּנֶיךָ כִּשְׁתִלֵי זֵיתִים
סָבִיב לְשֻׁלְחָנֶךָ:
ד הִנֵּה כִי־כֵן יְבֹרַךְ גָּבֶר
יְרֵא יְהֹוָה:
ה יְבָרֶכְךָ יְהֹוָה מִצִּיּוֹן
וּרְאֵה בְּטוּב יְרוּשָׁלָםִ
כֹּל יְמֵי חַיֶּיךָ:
ו וּרְאֵה־בָנִים לְבָנֶיךָ
שָׁלוֹם עַל־יִשְׂרָאֵל:

א שִׁיר הַמַּעֲלוֹת אַשְׁרֵי כָּל־יְרֵא ה׳ הַהֹלֵךְ בִּדְרָכָיו,

ב ואיננו עוסק דווקא בדברים גדולים ונפלאים, אלא יְגִיעַ כַּפֶּיךָ כִּי תֹאכֵל, כשאדם פשוט נהנה מיגיעו, ולא ממסחר או מעסקים גדולים, אז אַשְׁרֶיךָ וְטוֹב לָךְ, שכן חיים מיגיע כפיים ביושר מספקים לאדם גם אושר מבחינת מנוחת הנפש וגם את הטוב מבחינת החיים.

ג ובחיים כאלה של שלווה אֶשְׁתְּךָ כְּגֶפֶן פֹּרִיָּה בְּיַרְכְּתֵי בֵיתֶךָ. זהו תיאור פסטורלי: בצד הבית, מחוצה לו, מצויה גפן גדולה ופורייה הנשענת עליו, עד שהיא נעשית חלק ממנו, ובני הבית ניזונים ממנה.

בָּנֶיךָ הקטנים הם כִּשְׁתִלֵי זֵיתִים סָבִיב לְשֻׁלְחָנֶךָ, שעה שהם יושבים בשלווה מסביב לשולחן אביהם. דימוי זה לקוח מהמציאות של עץ זית אשר בדרך כלל, אם אין מפריעים אותו, יש מסביב לגזעו שתילים צעירים היוצאים משורשיו ומקיפים אותו מכל צד.

ד הִנֵּה כִי־כֵן, כך, יְבֹרַךְ גָּבֶר יְרֵא ה׳: בשלווה ובחיי בית של אושר.

ה יְבָרֶכְךָ ה׳ מִצִּיּוֹן וּרְאֵה בְּטוּב יְרוּשָׁלָםִ כֹּל יְמֵי חַיֶּיךָ, שהיא ברכה נוספת לאיש ירא ה׳.

ו ולזה מתלוות עוד ברכות, כמתנות נוספות: וּרְאֵה־בָנִים לְבָנֶיךָ, שתזכה לראות גם את המשך הדורות, וְשָׁלוֹם עַל־יִשְׂרָאֵל, שהוא הברכה המסכמת שכוללת את הכל.

קכח,ב יְגִיעַ כַּפֶּיךָ כִּי תֹאכֵל. ״ויקח מאבני המקום וישם מראשותיו״ (בראשית כח יא), ומפרש רש״י, ״עשאן כמין מרזב סביב לראשו שירא מפני חיות רעות״. לכאורה אינו מובן, שהרי אם היה לו ביטחון שהקב״ה ישמור אותו – לא היה לו לעשות מרזב גם סביב לראשו; ואם לא רצה לסמוך על עניינים שלמעלה מהטבע – היה לו לעשות מרזב גם סביב לגופו ורגליו. ויובן בהקדם ביאור הדיוק בלשון הכתוב: יְגִיעַ כַּפֶּיךָ כִּי תֹאכֵל, יְגִיעַ כַּפֶּיךָ דייקא – שההתעסקות והיגיעה בפרנסה צריכה להיות לא עם הראש אלא עם הידיים בלבד, ואילו הראש נשאר פנוי ומונח בתורה ועבודה, ואז אַשְׁרֶיךָ וְטוֹב לָךְ לא רק ברוחניות, אלא גם בגשמיות, כי ריבוי ההתחכמות והתחבולות בענייני פרנסה, לא זו בלבד שאין בו תועלת, אלא אדרבה הוא מקלקל יותר, וכמו שכתוב: ״לא לחכמים לחם״ (קהלת ט יא).

על־פי תורת מנחם ח״ב, עמ׳ 102

בֵּרַכְנוּ אֶתְכֶם בְּשֵׁם יהוה:

ספר חמישי

פרק קכט

שיר של תודה ותוכחה גם יחד:
תודה לה׳ על ההצלה, ותוכחה לכל
אלה המנסים להתנכל לצדיקים.

א שִׁיר הַמַּעֲלוֹת
רַבַּת צְרָרוּנִי מִנְּעוּרָי
יֹאמַר־נָא יִשְׂרָאֵל:
ב רַבַּת צְרָרוּנִי מִנְּעוּרָי
גַּם לֹא־יָכְלוּ לִי:
ג עַל־גַּבִּי חָרְשׁוּ חֹרְשִׁים
הֶאֱרִיכוּ לְמַעֲנִיתָם:
ד יְהוָה צַדִּיק
קִצֵּץ עֲבוֹת רְשָׁעִים:
ה יֵבֹשׁוּ וְיִסֹּגוּ אָחוֹר
כֹּל שֹׂנְאֵי צִיּוֹן:
ו יִהְיוּ כַּחֲצִיר גַּגּוֹת
שֶׁקַּדְמַת שָׁלַף יָבֵשׁ:
ז שֶׁלֹּא מִלֵּא כַפּוֹ קוֹצֵר
וְחִצְנוֹ מְעַמֵּר:
ח וְלֹא אָמְרוּ ׀ הָעֹבְרִים
בִּרְכַּת־יְהוָה אֲלֵיכֶם
בֵּרַכְנוּ אֶתְכֶם בְּשֵׁם יְהוָה:

למענותם

א שִׁיר הַמַּעֲלוֹת, רַבַּת, הרבה מאוד, צְרָרוּנִי מִנְּעוּרָי, כלומר: מתחילת ימיי, יֹאמַר־נָא יִשְׂרָאֵל. עם ישראל בוודאי יכול לטעון ולומר שכבר מראשית תולדותיו הוא מוקף אויבים.

ב רַבַּת צְרָרוּנִי מִנְּעוּרָי, גַּם לֹא־יָכְלוּ לִי, אמנם כל הזמן היו לי אויבים ושונאים, אך לא עלתה בידם לממש את רצונם.

ג עַל־גַּבִּי חָרְשׁוּ חֹרְשִׁים, והם מנסים לחתוך בבשרי, הֶאֱרִיכוּ לְמַעֲנִיתָם, הם כמו חורשים עליי תלם ארוך מאוד שאיננו נגמר.

ד אבל ה׳ צַדִּיק, קִצֵּץ עֲבוֹת רְשָׁעִים, כלומר: אותם עבותות שבהם מנסים הרשעים לקשור את הצדיקים סופם להיקצץ,

ה ובסופו של דבר יֵבֹשׁוּ וְיִסֹּגוּ אָחוֹר כֹּל שֹׂנְאֵי צִיּוֹן.

ו וכאן בונה המשורר דימוי שלם על מה שעתיד לעלות בגורלם של השונאים הללו: בזמנו היו לבתים גגות שטוחים, שחלקם היו עשויים טיט ואדמה, ומשום כך היו לפעמים צומחות עליהם גם שיבולי תבואה; אך השיבולים הללו יכלו להגיע רק עד לדרגה של חציר, כלומר: גבעולים ירוקים בלבד, ולא להבשיל. המשורר מאחל לאויבים שהם יִהְיוּ כַּחֲצִיר גַּגּוֹת.

שֶׁקַּדְמַת שָׁלַף, עוד לפני ששלף, כלומר: הוציא שיבולת או פרח, כבר הוא יָבֵשׁ, שהרי אין בגגות די אדמה כדי להזין אותו.

ז שֶׁלֹּא מִלֵּא כַפּוֹ קוֹצֵר בשיבולים, וְחִצְנוֹ, ולא מילא את בגדו מְעַמֵּר, האדם שאוסף את השיבולים לעומרים, כי לא היו שיבולים.

ח וְלֹא אָמְרוּ הָעֹבְרִים, כדרך שאומרים לאדם שקוצר תבואה: ׳בִּרְכַּת־ה׳ אֲלֵיכֶם, בֵּרַכְנוּ אֶתְכֶם בְּשֵׁם ה׳׳.

קכט,ה יִהְיוּ כַּחֲצִיר גַּגּוֹת. ״כדרך שאין מחמיצין את המצה, כך אין מחמיצין את המצווה״ (מכילתא בא, ט). מה החמץ מתפיח ומגביה את העיסה ובאמת אין כל הגובה הזה אלא אוויר בעלמא, כך היצר הרע – שאור שבעיסה שבלבו של אדם – יש בו כדי להתפיח ולהגביה את מצוותיו בגבהות שאין בה אמת ואין בה ממש. זה שאמר הכתוב על מעשה הרשעים: **יִהְיוּ כַּחֲצִיר גַּגּוֹת** **שֶׁקַּדְמַת שָׁלַף יָבֵשׁ** – שמצוותיהם של אלו מתנשאות וצומחות מעלה מעלה, עד גובה הגג, ומחמת זה הם מתייבשים במהרה, ממש כאותו חציר השטוח על גבי הגגות. והרוצה לעבוד אותו יתברך עבודה תמה, יקדים שפלות עצמו לכל עסק של מצווה, בבחינת **שֶׁקַּדְמַת שָׁלַף יָבֵשׁ** – הקדם בשפלות (**שָׁלַף** אותיות **שפל**) כדי שלא תיבש.

על־פי חסד לאברהם – ראדומסק

מִמַּעֲמַקִּים קְרָאתִיךָ יהוה:

ספר חמישי
פרק קל

מזמור של תחנונים ובקשת סליחה
הנקרא כיום בימי תפילה מיוחדים,
כגון עשרת ימי תשובה ועוד.

א שִׁיר הַמַּעֲלוֹת
מִמַּעֲמַקִּים קְרָאתִיךָ יְהוָה:
ב אֲדֹנָי שִׁמְעָה בְקוֹלִי
תִּהְיֶינָה אָזְנֶיךָ קַשֻּׁבוֹת
לְקוֹל תַּחֲנוּנָי:
ג אִם־עֲוֺנוֹת תִּשְׁמָר־יָהּ
אֲדֹנָי מִי יַעֲמֹד:
ד כִּי־עִמְּךָ הַסְּלִיחָה
לְמַעַן תִּוָּרֵא:
ה קִוִּיתִי יְהוָה קִוְּתָה נַפְשִׁי
וְלִדְבָרוֹ הוֹחָלְתִּי:
ו נַפְשִׁי לַאדֹנָי
מִשֹּׁמְרִים לַבֹּקֶר
שֹׁמְרִים לַבֹּקֶר:
ז יַחֵל יִשְׂרָאֵל אֶל־יְהוָה
כִּי־עִם־יְהוָה הַחֶסֶד
וְהַרְבֵּה עִמּוֹ פְדוּת:
ח וְהוּא יִפְדֶּה אֶת־יִשְׂרָאֵל
מִכֹּל עֲוֺנֹתָיו:

א שִׁיר הַמַּעֲלוֹת מִמַּעֲמַקִּים קְרָאתִיךָ ה׳, הן מעמקים מבחינה זו שאני מרגיש כמו מי שנתון בבור עמוק, והן מעמקי הלב, פנימיות הלב.

ב ואני קורא: ה׳, שִׁמְעָה בְקוֹלִי, תִּהְיֶינָה אָזְנֶיךָ קַשֻּׁבוֹת לְקוֹל תַּחֲנוּנָי.

ג אִם־עֲוֺנוֹת תִּשְׁמָר־יָהּ, כלומר: אם תשמור ותזכור את עוונותיי, ה׳, מִי יַעֲמֹד? עוונותינו מרובים, ואם לא תהיה עליהם סליחה לא יהיה אפשר לעמוד במשא העוונות המצטברים.

ד כִּי־עִמְּךָ הַסְּלִיחָה לְמַעַן תִּוָּרֵא, כדי שייראו ממך. שכאשר יש סליחה על העוון יש לו לאדם מורא שמים, המביא אותו להיזהר ולא לקלקל עוד את מעשיו; ואילו אם לא הייתה סליחה בעולם לא הייתה גם יראת ה׳, שהרי אדם היה יודע שאין לו תקנה, והוא היה הולך ועושה כל מה שלבו חפץ.

ה קִוִּיתִי אל ה׳, קִוְּתָה נַפְשִׁי וְלִדְבָרוֹ הוֹחָלְתִּי, השתוקקתי, ייחלתי.

ו נַפְשִׁי מצפה ומייחלת לַה׳ יותר מִשֹּׁמְרִים לַבֹּקֶר, שֹׁמְרִים לַבֹּקֶר, המתעוררים בהשכמה ומצפים כבר מן הבוקר לישועה ולעזרה.

ז יַחֵל יִשְׂרָאֵל אֶל־ה׳, כִּי־עִם־ה׳ הַחֶסֶד, וְהַרְבֵּה עִמּוֹ פְדוּת, ובידו הכוח לפדות ולהציל ככל שירצה,

ח וְהוּא ולכן הוא יִפְדֶּה אֶת־יִשְׂרָאֵל מִכֹּל עֲוֺנֹתָיו.

קל,א מִמַּעֲמַקִּים קְרָאתִיךָ ה׳. שלושה מעמקים הם: מעמקים של מטה, מעמקים של מעלה, מעמקי הלב. מעמקים של מטה הם ירידת הנשמה משורשה העליון ועד לעולם־הזה הגשמי, העושקת אותה מכוחותיה הפנימיים ומותירה אותה דלה ועניה, כשכל שיחה ושיגה בעניינים חיצוניים בלבד. מעמקים של מעלה הם גילוי עצמותו יתברך, שכולו פנימיות וטוב וממנו רפואה לכל אותם תחלואים והגבלות של צמצום והסתר פנים. מעמקי הלב הם פנימיות נקודת הלב שבאדם. שכיוון שרואה אדם בעצמו שהוא בכל רע, במעמקים של צרות וייסורים, מתעוררת בו נקודת לבו לעמוד על נפשה ולקרוא אל ה׳ — שיבוא ויתגלה אליו ממעמקים של מעלה. קריאה זו היא עבודת ראש השנה, שעניינה צעקת הלב בקלא דלא אשתמע עד שכל עצמותו נעתקת ממקומה ופונה אליו יתברך, למסור עצמו אליו ולקבל עול מלכותו בלבב שלם.

על־פי ספר המאמרים תש״ה, עמ׳ 223

וְלֹא־הִלַּכְתִּי בִּגְדֹלוֹת וּבְנִפְלָאוֹת מִמֶּנִּי׃

ספר חמישי

פרק קלא

שיר המתאר דבקות בה׳ שאין בה מרכיב אקסטאטי או סערת נפש, אלא השקט הפנימי שבדבקות שיש בה התבטלות גמורה לה׳ מתוך אהבה.

א שִׁיר הַמַּעֲלוֹת לְדָוִד
יהוה ׀ לֹא־גָבַהּ לִבִּי
וְלֹא־רָמוּ עֵינַי
וְלֹא־הִלַּכְתִּי ׀
בִּגְדֹלוֹת וּבְנִפְלָאוֹת מִמֶּנִּי׃
ב אִם־לֹא שִׁוִּיתִי ׀ וְדוֹמַמְתִּי
נַפְשִׁי
כְּגָמֻל עֲלֵי אִמּוֹ
כַּגָּמֻל עָלַי נַפְשִׁי׃
ג יַחֵל יִשְׂרָאֵל אֶל־יהוה
מֵעַתָּה וְעַד־עוֹלָם׃

א **שִׁיר הַמַּעֲלוֹת לְדָוִד**: מזמור קצר זה, כמו עוד כמה משירי המעלות הקטנים, הוא פיתוח של רעיון אחד, ובעצם של דימוי אחד. הוא מתחיל במילים ה׳, **לֹא־גָבַהּ לִבִּי וְלֹא־רָמוּ עֵינַי**. גובה לב ורום עיניים הם ביטויים לא רק של גאווה, אלא גם של שאיפה לדברים גדולים. **וְלֹא־הִלַּכְתִּי** ואילו אני לא הילכתי **בִּגְדֹלוֹת וּבְנִפְלָאוֹת מִמֶּנִּי**, אלא במקום שבו אני נמצא אני עומד, כפי שאני, בלי לנסות להגיע רחוק או גבוה יותר.

ב **אִם־לֹא שִׁוִּיתִי וְדוֹמַמְתִּי נַפְשִׁי** - ״שִׁוִּיתִי״ כאן משמעו הרגשה של השתוות, העדר כל שאיפה, קבלה גמורה של הדברים. הנפש נמצאת במצב של דמימה, של קבלה מתוך שקט גמור. הדימוי המרכזי הוא **כְּגָמֻל עֲלֵי אִמּוֹ**, כלומר: ילד קטן שאמו מחזיקה אותו בחיקה. זהו בוודאי דימוי המבטא הרגשה של קרבה ושל שלווה גדולה, ועיקרו הוא המילה ״כגמול״. כרגיל, היונק הוא זה שמתרפק על אמו; ואולם ההתרפקות הזאת היא ביטוי של תשוקה ושל צורך: הוא רוצה לינוק, הוא זקוק לדבר מה מאמו. ולעומת זאת, הגמול המתרפק על אמו מקבל ממנה רק דבר אחד: הרגשת קרבה שאין בה כל תשוקה שהיא. והוא מסיים: **כַּגָּמֻל עָלַי נַפְשִׁי**, כלומר: כמי שלמעשה עודנו קרוב מאוד, אבל בקרבה שכל־כולה דמימה ושתיקה.

ג והמזמור נחתם במה שאפשר להגדירו כעצה כללית: **יַחֵל יִשְׂרָאֵל אֶל־ה׳ מֵעַתָּה וְעַד־עוֹלָם** מתוך אותה קרבה שאין בה שום בקשה או רצייה, מלבד הרצון בקרבת ה׳.

קלא,ב **כְּגָמֻל עֲלֵי אִמּוֹ**. ״כי מי גוי גדול אשר לו אלוהים קרֹבים אליו כה׳ אלוהינו בכל קָראנו אליו״ (דברים ד ז) – היינו שבכל הקריאות צריך האדם להיות דבוק בהשם יתברך. כי קריאה היינו חשק ותשוקה לדבר מה, ועל זה אמר דוד המלך ע״ה **אִם לֹא שִׁוִּיתִי וְדוֹמַמְתִּי נַפְשִׁי כְּגָמֻל עֲלֵי אִמּוֹ כַּגָּמֻל עָלַי נַפְשִׁי**; **גָּמֻל** הוא תינוק הנעתק משדי אמו, וכמו שהתינוק בעת שירצה ליקח איזה דבר מחזיר ראשו ומביט לאמו אם לא תלך ממנו, כן צריך כל נפש מישראל להביט לה׳, שלא ישוקע בתאווה וחמדה, שלא ישכח ח״ו בה׳, רק לחשוב דרכיו. וכמובא בגמרא: יונה כל שמדדה ורואה את קינה – מדדה, ואם לאו אינה מדדה (ביצה יא, א), וכנסת ישראל נמשלה ליונה.

על־פי מי השילוח, ואתחנן

וְכֹהֲנֶיהָ אַלְבִּישׁ יֶשַׁע וַחֲסִידֶיהָ רַנֵּן יְרַנֵּנוּ:

ספר חמישי
פרק קלב

שיר לכבודו של דוד המלך, המתאר את מאמציו של דוד וההכנות שעשה לבנות את בית המקדש בירושלים, ואת ההבטחות לדוד ולביתו לכל הדורות.

א שִׁיר הַמַּעֲלוֹת
זְכוֹר־יְהוָה לְדָוִד
אֵת כָּל־עֻנּוֹתוֹ:
ב אֲשֶׁר נִשְׁבַּע לַיהוָה
נָדַר לַאֲבִיר יַעֲקֹב:
ג אִם־אָבֹא בְּאֹהֶל בֵּיתִי
אִם־אֶעֱלֶה עַל־עֶרֶשׂ יְצוּעָי:
ד אִם־אֶתֵּן שְׁנַת לְעֵינָי
לְעַפְעַפַּי תְּנוּמָה:
ה עַד־אֶמְצָא מָקוֹם לַיהוָה
מִשְׁכָּנוֹת לַאֲבִיר יַעֲקֹב:
ו הִנֵּה־שְׁמַעֲנוּהָ בְאֶפְרָתָה
מְצָאנוּהָ בִּשְׂדֵי־יָעַר:
ז נָבוֹאָה לְמִשְׁכְּנוֹתָיו
נִשְׁתַּחֲוֶה לַהֲדֹם רַגְלָיו:
ח קוּמָה יְהוָה לִמְנוּחָתֶךָ
אַתָּה וַאֲרוֹן עֻזֶּךָ:
ט כֹּהֲנֶיךָ יִלְבְּשׁוּ־צֶדֶק
וַחֲסִידֶיךָ יְרַנֵּנוּ:

א **שִׁיר הַמַּעֲלוֹת זְכוֹר־ה׳, לְדָוִד אֵת כָּל־עֻנּוֹתוֹ**, את הזמנים שהתענה וסבל בהם, ועל כן מספרים כאן בשבחו ובשבח מעשיו.

ב וזכור לו, ה׳, גם את **אֲשֶׁר נִשְׁבַּע לַה׳, נָדַר לַאֲבִיר יַעֲקֹב**. משמעה של המילה "אביר", שהיא מילה די נדירה, הוא כנראה משען, או עוצמה, ו"אביר יעקב" הוא כינוי לקב"ה.

ג וזה היה נדרו של דוד: **אִם־אָבֹא בְּאֹהֶל בֵּיתִי, אִם־אֶעֱלֶה עַל־עֶרֶשׂ יְצוּעָי** – שני חלקי הפסוק חוזרים על אותו עניין.

ד **אִם־אֶתֵּן שְׁנַת**, שינה, **לְעֵינָי, לְעַפְעַפַּי תְּנוּמָה**.

ה **עַד־אֶמְצָא מָקוֹם לַה׳, מִשְׁכָּנוֹת לַאֲבִיר יַעֲקֹב**. שהרי בזמנו של דוד היה ארון הברית מטולטל ממקום למקום ולא היה לו מבנה או בית קבוע, וחלומו הגדול של דוד היה לבנות את בית המקדש.

ו **הִנֵּה־שְׁמַעֲנוּהָ**, את הבשורה שייבנה בית ה׳ עוד בהיותו **בְאֶפְרָתָה**, היא בית לחם. **מְצָאנוּהָ**, את התגשמות הבשורה על בית ה׳, **בִּשְׂדֵי־יָעַר**, במקום שהיה גורנו של ארנן היבוסי.

ז והמשורר מלא תשוקה: **נָבוֹאָה לְמִשְׁכְּנוֹתָיו, נִשְׁתַּחֲוֶה לַהֲדֹם רַגְלָיו** – "הדום רגליו" הוא כינוי למקדש.

ח **קוּמָה, ה׳, לִמְנוּחָתֶךָ**, ביטוי המזכיר קצת את לשון המקרא "קומה ה׳" ו"שובה ה׳" שנאמר במסעי הארון (במדבר י, לה-לו), **אַתָּה וַאֲרוֹן עֻזֶּךָ**, שהוא סמלה של השכינה המתגלה.

ט ושם, במקדש, יחזור סדר העבודה למקומו הנכון: **כֹּהֲנֶיךָ יִלְבְּשׁוּ־צֶדֶק וַחֲסִידֶיךָ יְרַנֵּנוּ**.

קלב,ח **קוּמָה ה׳ לִמְנוּחָתֶךָ.** שניים אמרו קוּמָה ה׳ – משה רבנו ודוד המלך. משה רבנו ע"ה אמרו בשעה שצעדו ישראל במדבר, מקום הקליפות, והיה הארון הורג לפניהם נחשים ועקרבים כדי שלא ייזוקו. לפיכך סיים בו "קומה ה׳ ויפצו אֹיְבֶיךָ" (במדבר י לה), כי אז נעשה **בירור בדרך מלחמה**, שאינו מבטל את מציאות האויבים מכול וכול, אלא פועל שיפוצו וייכנעו לפני אור ה׳. אמנם דוד המלך ע"ה אמרו כהכנה לבניין המקדש על-ידי שלמה בנו, שבו עתידה להתגלות שלמות השראת השכינה בתחתונים, ולפיכך סיים בו **קוּמָה ה׳ לִמְנוּחָתֶךָ**, כי אז יהיה **בירור בדרך מנוחה**, שיתגלה בעולם ש"אין עוד מלבדו", שאין האויבים והסטרא־אחרא תופסים מקום כלל, אלא הם בטלים בתכלית באור ה׳, וממילא לא יהיה עוד צורך במלחמה כלל.

על־פי ספר המאמרים – מלוקט כסלו־שבט, עמ׳ קכא

י בַּעֲבוּר דָּוִד עַבְדֶּךָ
אַל־תָּשֵׁב פְּנֵי מְשִׁיחֶךָ׃
יא נִשְׁבַּע־יְהוָה ׀ לְדָוִד אֱמֶת
לֹא־יָשׁוּב מִמֶּנָּה
מִפְּרִי בִטְנְךָ
אָשִׁית לְכִסֵּא־לָךְ׃
יב אִם־יִשְׁמְרוּ בָנֶיךָ ׀ בְּרִיתִי
וְעֵדֹתִי זוֹ אֲלַמְּדֵם
גַּם־בְּנֵיהֶם עֲדֵי־עַד
יֵשְׁבוּ לְכִסֵּא־לָךְ׃
יג כִּי־בָחַר יְהוָה בְּצִיּוֹן
אִוָּהּ לְמוֹשָׁב לוֹ׃
יד זֹאת־מְנוּחָתִי עֲדֵי־עַד
פֹּה אֵשֵׁב כִּי אִוִּתִיהָ׃
טו צֵידָהּ בָּרֵךְ אֲבָרֵךְ
אֶבְיוֹנֶיהָ אַשְׂבִּיעַ לָחֶם׃
טז וְכֹהֲנֶיהָ אַלְבִּישׁ יֶשַׁע
וַחֲסִידֶיהָ רַנֵּן יְרַנֵּנוּ׃

י וכל זה - בַּעֲבוּר דָּוִד עַבְדֶּךָ, שעשה את כל המאמצים להביא את הארון למקום של קבע ולבנות את המקדש, ובעבורו אַל־תָּשֵׁב פְּנֵי מְשִׁיחֶךָ.

יא ושכרו של דוד הוא: נִשְׁבַּע־ה׳ לְדָוִד שבועת אֱמֶת לֹא־יָשׁוּב שלא ישוב מִמֶּנָּה, שבועה הקיימת ועומדת לעד: מִפְּרִי בִטְנְךָ אָשִׁית לְכִסֵּא־לָךְ, כלומר: כתר המלוכה יעבור גם לבניו ולבני בניו של דוד.

יב אמנם יש בשבועה זו תנאי מסוים: אִם־יִשְׁמְרוּ בָנֶיךָ את בְּרִיתִי וְעֵדֹתִי זוֹ אשר אֲלַמְּדֵם, רק אז גַּם־בְּנֵיהֶם עֲדֵי־עַד יֵשְׁבוּ לְכִסֵּא־לָךְ, כלומר: שושלת בית דוד תימשך לעולם.

יג כִּי־בָחַר ה׳ בְּצִיּוֹן, אִוָּהּ, רצה אותה, לְמוֹשָׁב לוֹ.

יד וכאן הקב״ה כביכול אומר: זֹאת־מְנוּחָתִי כלומר: כאן, בירושלים, תהיה מנוחתי עֲדֵי־עַד, פֹּה אֵשֵׁב כִּי אִוִּתִיהָ, רציתי אותה, את ציון, ובחרתי בה.

טו ובגלל זה את צֵידָהּ - מזונה, מאכלה - בָּרֵךְ אֲבָרֵךְ, את אֶבְיוֹנֶיהָ אַשְׂבִּיעַ לָחֶם,

טז וְכֹהֲנֶיהָ אַלְבִּישׁ יֶשַׁע - הכוונה כאן היא גם לבגדי הכהונה, אבל גם לכך שלכוהנים יהיו מעמד וכבוד במקדש, וַחֲסִידֶיהָ רַנֵּן יְרַנֵּנוּ במקדש.

קלב,יג **כִּי בָחַר ה׳ בְּצִיּוֹן אִוָּהּ לְמוֹשָׁב לוֹ.** אותיות **אִוָּ״ה**, מעיר בעל המגלה עמוקות, הן האותיות החסרות בפסוק ״כי יד על כס[א] י־ה[ו״ה] מלחמה לה׳ בעמלק״. אותיות אלו מורות על שורש המלחמה בין ישראל לעמלק, שבניצחונה תלויה שלמות שמו וכיסאו של השם יתברך – ״נשבע הקב״ה שאין השם שלם ואין הכיסא שלם עד שיימחה שמו של עמלק״. א׳ מורה על האמונה באלופו של עולם ובנסים ונפלאות שעשה עמנו; ו״ה מורות על עבודת ה׳ בפועל, בלימוד התורה וקיום המצוות – וכל אלו בחמימות, בבחינת **אִוָּה** – תאווה. עמלק מכניס קרירות בעניינים אלו, בבחינת ״אשר קרך בדרך״, וכדי למחות את שמו יש למסור את הנפש ולעשות הפך רצונו – שהקרירות תהיה דווקא כלפי ענייני העולם, ואילו בכל הקשור בקדושה ייעשו הדברים מתוך לב יהודי חם ובוער.

על־פי תורת מנחם חכ״ב, עמ׳ 52

548 • תהלים ___________ כז לחודש • ליום שבת • ספר חמישי • פרק קלב

יז שָׁ֤ם אַצְמִ֣יחַ קֶ֣רֶן לְדָוִ֑ד
עָרַ֥כְתִּי נֵ֝֗ר לִמְשִׁיחִֽי׃
יח א֭וֹיְבָיו אַלְבִּ֣ישׁ בֹּ֑שֶׁת
וְ֝עָלָ֗יו יָצִ֥יץ נִזְרֽוֹ׃

יז שָׁם אַצְמִיחַ קֶרֶן לְדָוִד, שהוא ביטוי מליצי וסמלי של גדולה הניכרת לכל רואיה, ומשמעותו היא - אתן לו כוח וגדולה יתרים, עָרַכְתִּי נֵר לִמְשִׁיחִי, ומכאן נראה שהיו נוהגים להדליק נר של כבוד למלכים ולשאר אנשים חשובים.

יח אוֹיְבָיו של דוד אַלְבִּישׁ בֹּשֶׁת, וְעָלָיו, על דוד, יָצִיץ - יתנוצץ, כאילו יזרח - נִזְרוֹ, כתרו.

קלב,יז **עָרַכְתִּי נֵר לִמְשִׁיחִי** – נר המה המצוות, כמאמר הכתוב "נר מצוה ותורה אור" (משלי ו כג), היינו כי האדם צריך לערוך מצוותיו כך שיהיו ראויות להיראות לפני משיח צדקנו, בקדושה ובטהרה ובדעת כראוי לאחרית הימים, בעת אשר "מלאה הארץ דעה את ה' כמים לים מכסים" (ישעיהו יא ט). וזו כוונת הכתוב "והיה עקב תשמעון את המשפטים האלה" (דברים ז יב), שהתורה והמצוות אשר יעשה האדם יהיו במעלת התורה והמצוות אשר יהיו בעקב, באחרית הימים.

על־פי חסד לאברהם – ראדומסק, עקב

כְּטַל־חֶרְמוֹן שֶׁיֹּרֵד עַל־הַרְרֵי צִיּוֹן

ספר חמישי
פרק קלג

מזמור של שבח ותהילה על ירושלים ועל מקדשה, כאשר הם בשלוותם ובשלמותם.

א שִׁיר הַמַּעֲלוֹת לְדָוִד
הִנֵּה מַה־טּוֹב וּמַה־נָּעִים
שֶׁבֶת אַחִים גַּם־יָחַד:
ב כַּשֶּׁמֶן הַטּוֹב ׀ עַל־הָרֹאשׁ
יֹרֵד עַל־הַזָּקָן
זְקַן־אַהֲרֹן
שֶׁיֹּרֵד עַל־פִּי מִדּוֹתָיו:
ג כְּטַל־חֶרְמוֹן
שֶׁיֹּרֵד עַל־הַרְרֵי צִיּוֹן
כִּי שָׁם ׀ צִוָּה יהוה
אֶת־הַבְּרָכָה
חַיִּים עַד־הָעוֹלָם:

א שִׁיר הַמַּעֲלוֹת לְדָוִד, הִנֵּה מַה־טּוֹב וּמַה־נָּעִים שֶׁבֶת אַחִים גַּם־יָחַד. בפשטות, הפירוש הוא שכל ישראל, ובעיקר בני ירושלים, יושבים במקומם, וטוב להם זה בחברתו של זה.

ב הם גם רואים את הכוהנים בתפארתם, כאשר הם סכים את ראשם בשמן מבושם, שהוא תיאור של כבוד ומנוחה. כַּשֶּׁמֶן הַטּוֹב עַל־הָרֹאשׁ, שאם מורחים שמן טוב, מבושם, על הראש, הוא נוטף וְיֹרֵד עַל־הַזָּקָן, וזהו ביטוי של גדולה ושל נחת. זְקַן־אַהֲרֹן ובניו אחריו, שהוא זקן ארוך שֶׁיֹּרֵד עַל־פִּי מִדּוֹתָיו, עד לַמדים שהוא לובש, וגם זה תיאור של שפע ושל נחת רוח.

ג וכאן בא צירוף של ניגודים המבטא חיי עושר: כְּטַל־חֶרְמוֹן, ששם, בגלל גובהו של ההר והיותו בצפון, מרובים הגשמים והטללים, שֶׁיֹּרֵד עַל־הַרְרֵי צִיּוֹן, שאין בהם כל כך הרבה גשמים. אם אפשר היה לבנות עולם של שלמות, הרי טל חרמון היה יורד על הררי ציון.

כִּי שָׁם, בציון, צִוָּה ה׳ אֶת־הַבְּרָכָה והברכה היא: חַיִּים עַד־הָעוֹלָם, כלומר, חיים על כל מעלותיהם, חיים הנמשכים לעולם ועד.

קלג,א הִנֵּה מַה טּוֹב וּמַה נָּעִים שֶׁבֶת אַחִים גַּם יָחַד. שני עצמים אינם יכולים לאכלס את אותו שטח. כל יצור חי מגן על שטח המחיה שלו, ואינו מאפשר פלישה של יצור אחר. כדי לשבת יחד, אם כן, יש צורך בתכונה מיוחדת בשם "מה" – הִנֵּה מַה טּוֹב וּמַה נָּעִים – שמשמעותה ענווה וביטול עצמי. אני איני כלום. מה אני בכלל. בוא ושב לידי. הדוגמה המובהקת ביותר לתכונה זו היא שני אחים – משה ואהרן. שני הפכים. משה איש מידת החסד, אהרן איש מידת הגבורה. שני אחים הפוכים שהנהיגו את ישראל יחד שנות דור מתוך אהבה וכבוד זה לזה, מפני שידעו לומר על עצמם: "ונחנו מה?"

על־פי חסד לאברהם (רבי אברהם המלאך)

שְׂאוּ־יְדֵכֶם קֹדֶשׁ וּבָרְכוּ אֶת־יהוה:

ספר חמישי

פרק קלד

עוד שיר של שבח ותהילה הקשור למקדש.

א שִׁ֗יר הַֽמַּ֫עֲל֥וֹת
הִנֵּ֤ה ׀ בָּרְכ֣וּ אֶת־יְ֭הוָה
כָּל־עַבְדֵ֣י יְהוָ֑ה
הָעֹמְדִ֥ים בְּבֵית־יְ֝הוָ֗ה
בַּלֵּילֽוֹת׃
ב שְׂאֽוּ־יְדֵכֶ֥ם קֹ֑דֶשׁ
וּ֝בָרְכ֗וּ אֶת־יְהוָֽה׃
ג יְבָרֶכְךָ֣ יְ֭הוָה מִצִּיּ֑וֹן
עֹ֝שֵׂ֗ה שָׁמַ֥יִם וָאָֽרֶץ׃

א שִׁיר הַמַּעֲלוֹת, הִנֵּה בָּרְכוּ אֶת־ה׳ כָּל־עַבְדֵי ה׳, הָעֹמְדִים בְּבֵית־ה׳ בַּלֵּילוֹת. אמנם אין בבית המקדש שום סדר עבודה בשעות הלילה, אבל ייתכן שכאן מדובר באנשים הנמצאים במקדש בלילה לא משום שיש להם עבודה מיוחדת, אלא פשוט כדי לעמוד לפני ה׳, להתפלל אליו או לעמוד לפניו בדבקות.

ב שְׂאוּ־יְדֵכֶם קֹדֶשׁ, אל הקודש וּבָרְכוּ אֶת־ה׳.

ג והברכה היא לכל ישראל: יְבָרֶכְךָ ה׳ מִצִּיּוֹן, מהר קודשו; ה׳, שהוא עֹשֵׂה שָׁמַיִם וָאָרֶץ.

קלד,ב **שְׂאוּ יְדֵכֶם קֹדֶשׁ.** הכינוי **הקדוש־ברוך־הוא** משקף תרתי דסתרי: גם **קדוש**, שעניינו מובדל, וגם **ברוך**, שעניינו המשכה וגילוי (מלשון הברכה, כפיפת זמורת גפן מטה אל הארץ). זו גם משמעותה של ה״א הידיעה – ״**ה**קדוש״ – שאין קדוש אחר כמותו, שעם כל נבדלותו יהיה גם ״ברוך הוא״ בגילוי ובהמשכה. סתירה זו, המובנית ביסוד העולם, מלמדת על מתח קיומי מתמיד: האם הבריאה מצדיקה את הפלא הזה, שהביא לקיומה, או שמא לא. מתוך כך קיים צורך מתמיד בחידוש הברכה־ההמשכה, ככתוב: **שְׂאוּ יְדֵכֶם קֹדֶשׁ וּבָרְכוּ אֶת ה׳**. החסידות מבארת ששתי הידיים הנישאות מעלה הן שני פסוקים ראשונים שבקריאת שמע, ״שמע ישראל״ ו״ברוך שם״, שכוונתם מבטאת שייכות וביטול גמור לבעל הרצון, ומתוך כך יש בה כדי להמשיך חיות חדשה ממקור הרצון בכל יום, גם כשמצבו של העולם כשלעצמו אינו מצדיק זאת.

על־פי ליקוטי תורה שיר השירים כא, ב

בָּרוּךְ יהוה מִצִּיּוֹן שֹׁכֵן יְרוּשָׁלָםִ הַלְלוּיָהּ:

ספר חמישי

פרק קלה

מזמור הללויה, כלומר: שיר תהילה לה׳, העוסק בעיקרו בגדולת ה׳ בעולם והתגלותו בהיסטוריה של עם ישראל.

א הַֽלְלוּ־יָ֨הּ ׀
הַֽ֭לְלוּ אֶת־שֵׁ֣ם יְהֹוָ֑ה
הַֽ֝לְלוּ עַבְדֵ֥י יְהֹוָֽה׃
ב שֶׁ֣עֹמְדִים בְּבֵ֣ית יְהֹוָ֑ה
בְּ֝חַצְר֗וֹת בֵּ֣ית אֱלֹהֵֽינוּ׃
ג הַֽלְלוּ־יָ֭הּ כִּי־ט֣וֹב יְהֹוָ֑ה
זַמְּר֥וּ לִ֝שְׁמ֗וֹ כִּ֣י נָעִֽים׃
ד כִּֽי־יַ֭עֲקֹב בָּחַ֣ר ל֣וֹ יָ֑הּ
יִ֝שְׂרָאֵ֗ל לִסְגֻלָּתֽוֹ׃
ה כִּ֤י אֲנִ֣י יָ֭דַעְתִּי כִּֽי־גָד֣וֹל יְהֹוָ֑ה
וַ֝אֲדֹנֵ֗ינוּ מִכָּל־אֱלֹהִֽים׃
ו כֹּ֤ל אֲשֶׁר־חָפֵ֥ץ יְהֹוָ֗ה עָ֫שָׂ֥ה
בַּשָּׁמַ֥יִם וּבָאָ֑רֶץ
בַּ֝יַּמִּ֗ים וְכָל־תְּהֹמֽוֹת׃
ז מַעֲלֶ֪ה נְשִׂאִ֡ים
מִקְצֵ֬ה הָאָ֗רֶץ
בְּרָקִ֣ים לַמָּטָ֣ר עָשָׂ֑ה
מֽוֹצֵא־ר֝֗וּחַ מֵאֽוֹצְרוֹתָֽיו׃

א הַלְלוּיָהּ, הַלְלוּ אֶת־שֵׁם ה׳, הַלְלוּ עַבְדֵי ה׳,

ב שֶׁעֹמְדִים בְּבֵית ה׳, בְּחַצְרוֹת בֵּית אֱלֹהֵינוּ. ייתכן שהכוונה היא ללוויים שהיו שרים בבית ה׳, והם היו אלה ששרו את המזמורים הללו, אך ייתכן שבשירה כזו השתתפו גם אנשים אחרים ("יראי ה׳").

ג הַלְלוּיָהּ כִּי־טוֹב ה׳, זַמְּרוּ לִשְׁמוֹ כִּי נָעִים ה׳.

ד כִּי־יַעֲקֹב את יעקב בָּחַר לוֹ יָהּ, והוא בחר את יִשְׂרָאֵל לִסְגֻלָּתוֹ, לעם נבחר ומיוחד זה.

ה כִּי אֲנִי יָדַעְתִּי כִּי־גָדוֹל ה׳, וַאֲדֹנֵינוּ מִכָּל־אֱלֹהִים.

ו כֹּל אֲשֶׁר־חָפֵץ ה׳ עָשָׂה, שממשלתו היא בכל העולם: בַּשָּׁמַיִם וּבָאָרֶץ, בַּיַּמִּים וְכָל־תְּהֹמוֹת שמתחת לארץ.

ז מַעֲלֶה נְשִׂאִים, עננים, מִקְצֵה הָאָרֶץ, בְּרָקִים לַמָּטָר עָשָׂה, שהרבה פעמים הברקים והרעמים מקדימים או מבשרים את ירידת הגשם, מוֹצֵא־רוּחַ, מוציא רוח מֵאוֹצְרוֹתָיו; כביכול יש במקום כלשהו בעולם אוצר של רוח, והקב"ה מוציא ומשחרר מתוכו את הרוחות שבעולם.

קלה,ה כִּי אֲנִי יָדַעְתִּי – רק אני לבדי. כי גדולת הבורא יתברך אין אדם יכול לומר לחברו, ואפילו לעצמו אי אפשר לספר מיום ליום, ומה שמזריח ומתנוצץ לו באותו היום, אינו יכול לספר לעצמו למחרת. ועל כן אמר: כִּי אֲנִי יָדַעְתִּי, אני דייקא, כי אי אפשר לספר כלל. וזה השבח הוא עניין אחר לגמרי מכל השבחים שמספר לאחר מכן, "כל אשר חפץ ה׳ עשה בשמים ובארץ" וכו׳, כי באלו הדברים אפשר לספר – אך יש שבח אחר, גבוה מעל גבוה, שאי אפשר לפה לספר כלל, רק אֲנִי יָדַעְתִּי דייקא כנ"ל. והוא כעניין שכתוב בזוהר (ח"א קג, ב): "'נודע בשערים בעלה' (משלי לא כג) – כל אחד לפי מה שמשער בלבו".

על־פי שיחות הר"ן, א

ח שֶׁ֭הִכָּה בְּכוֹרֵ֣י מִצְרָ֑יִם
מֵ֝אָדָ֗ם עַד־בְּהֵמָֽה׃
ט שָׁלַ֤ח ׀ אוֹתֹ֣ת וּ֭מֹפְתִים
בְּתוֹכֵ֣כִי מִצְרָ֑יִם
בְּ֝פַרְעֹ֗ה וּבְכׇל־עֲבָדָֽיו׃
י שֶׁ֭הִכָּה גּוֹיִ֣ם רַבִּ֑ים
וְ֝הָרַ֗ג מְלָכִ֥ים עֲצוּמִֽים׃
יא לְסִיח֤וֹן ׀ מֶ֤לֶךְ הָאֱמֹרִ֗י
וּ֭לְעוֹג מֶ֣לֶךְ הַבָּשָׁ֑ן
וּ֝לְכֹ֗ל מַמְלְכ֥וֹת כְּנָֽעַן׃
יב וְנָתַ֣ן אַרְצָ֣ם נַחֲלָ֑ה
נַ֝חֲלָ֗ה לְיִשְׂרָאֵ֥ל עַמּֽוֹ׃
יג יְ֭הֹוָה שִׁמְךָ֣ לְעוֹלָ֑ם
יְ֝הֹוָ֗ה זִכְרְךָ֥ לְדֹר־וָדֹֽר׃
יד כִּֽי־יָדִ֣ין יְהֹוָ֣ה עַמּ֑וֹ
וְעַל־עֲ֝בָדָ֗יו יִתְנֶחָֽם׃
טו עֲצַבֵּ֣י הַ֭גּוֹיִם כֶּ֣סֶף וְזָהָ֑ב
מַ֝עֲשֵׂ֗ה יְדֵ֣י אָדָֽם׃

ח עד כאן על גדולתו של ה׳ בעולם, ומכאן לגדולתו בהיסטוריה: שֶׁהִכָּה בְּכוֹרֵי מִצְרָיִם, מֵאָדָם עַד־בְּהֵמָה, כמסופר בתורה על המכה האחרונה והגדולה ביותר שבעשר מכות מצרים.

ט מכה זו הייתה סיום וסיכום לכך שה׳ שָׁלַח אוֹתֹת וּמֹפְתִים בְּתוֹכֵכִי מִצְרָיִם, בְּפַרְעֹה וּבְכׇל־עֲבָדָיו.

י שֶׁהִכָּה גּוֹיִם רַבִּים וְהָרַג מְלָכִים עֲצוּמִים במלחמות ישראל בבואם לארץ.

יא וכאן בא פירוט מה: לְסִיחוֹן, כמו: את סיחון (על דרך הלשון הארמית) מֶלֶךְ הָאֱמֹרִי, וּלְעוֹג מֶלֶךְ הַבָּשָׁן וּלְכֹל מַמְלְכוֹת כְּנָעַן. סיחון ועוג מוזכרים כאן משום שיחסית למלכי כנען האחרים הם היו מלכים גדולים אשר שלטו בטריטוריות נרחבות.

יב וְנָתַן אַרְצָם של כל המלכים האלה נַחֲלָה, נַחֲלָה לְיִשְׂרָאֵל עַמּוֹ.

יג וכאן באים דברי שבח ותודה לקב״ה: ה׳, שִׁמְךָ לְעוֹלָם, ה׳, זִכְרְךָ לְדֹר־וָדֹר, שהוא מעין לשון הכתוב בשמות ג, יד: ״זה שמי לעלם וזה זכרי לדר דר״.

יד כִּי־יָדִין ה׳ עַמּוֹ וְעַל־עֲבָדָיו יִתְנֶחָם, כי ה׳ מעמיד את ישראל, עבדי ה׳, אל מול הגויים, ונראית ביותר מעלת ישראל שה׳ קרוב אליהם.

טו עֲצַבֵּי, אלילי, הַגּוֹיִם הם כֶּסֶף וְזָהָב, הם מַעֲשֵׂה יְדֵי אָדָם, ואין להם שום חיים:

קלה,ח **שֶׁהִכָּה בְּכוֹרֵי מִצְרָיִם.** יש במלחמה מה שאין בשלום. הצורך לעמוד על נפשו כופה על האדם לגשת אל מעמקים שלא הכיר, ולשאוב מתוכם כוחות כאלו שלולא היה אנוס לגלותם – לא היה יודע על קיומם. משל למלך שיש לו באוצרותיו סגולות מלכים יקרות לאין חקר, ובשעת שגרה הם סגורים וחתומים, ואילו בעת מלחמה הוא פותח אותם ומבזבז את כל אשר בהם כדי לנצח את אויבו. כך מבארת החסידות את ירידת הנשמה, מדבקות אלוהית עליונה אל מלחמת הגוף והנפש הבהמית, ירידה המכוונת לחשוף בתוכה ״אוצר של יראת שמים״, נקודת ברית שלמעלה משכל והיגיון, שאין שוכני העולמות העליונים באים בסודה. וכשם שעושה אדם מלמטה, כן נוהג עמו השם יתברך מלמעלה, שלצורך נצח ישראל הוא מוציא אורות עליונים מאוצרותיו ומשפיע עליהם ביד רחבה, כדי להבטיח את ניצחונם. **מוֹצֵא רוּחַ מֵאוֹצְרוֹתָיו – שֶׁהִכָּה בְּכוֹרֵי מִצְרָיִם.**

על־פי תורת שמואל תרכ״ט, עמ׳ סה

טז פֶּה־לָהֶם וְלֹא יְדַבֵּרוּ
עֵינַיִם לָהֶם וְלֹא יִרְאוּ׃
יז אָזְנַיִם לָהֶם וְלֹא יַאֲזִינוּ
אַף אֵין־יֶשׁ־רוּחַ בְּפִיהֶם׃
יח כְּמוֹהֶם יִהְיוּ עֹשֵׂיהֶם
כֹּל אֲשֶׁר־בֹּטֵחַ בָּהֶם׃
יט בֵּית יִשְׂרָאֵל
בָּרְכוּ אֶת־יְהוָה
בֵּית אַהֲרֹן
בָּרְכוּ אֶת־יְהוָה׃
כ בֵּית הַלֵּוִי
בָּרְכוּ אֶת־יְהוָה
יִרְאֵי יְהוָה
בָּרְכוּ אֶת־יְהוָה׃
כא בָּרוּךְ יְהוָה ׀ מִצִּיּוֹן
שֹׁכֵן יְרוּשָׁלָםִ
הַלְלוּיָהּ׃

טז פֶּה־לָהֶם וְלֹא יְדַבֵּרוּ, עֵינַיִם לָהֶם וְלֹא יִרְאוּ,

יז אָזְנַיִם לָהֶם וְלֹא יַאֲזִינוּ, אַף אֵין־יֶשׁ־רוּחַ - כלומר: אין רוח בְּפִיהֶם, הם אינם אלא בובות נטולות חיים.

יח ובלשון זלזול ואפילו קללה אומר המשורר: כְּמוֹהֶם, כמו האלילים, כלומר: בלי נפש ובלי רוח חיים, יִהְיוּ עֹשֵׂיהֶם, אלה המייצרים אותם, וכן כֹּל אֲשֶׁר־בֹּטֵחַ בָּהֶם.

יט ומצד אחר - בֵּית יִשְׂרָאֵל בָּרְכוּ אֶת־ה׳, בֵּית אַהֲרֹן, הכהנים, בָּרְכוּ אֶת־ה׳,

כ בֵּית הַלֵּוִי בָּרְכוּ אֶת־ה׳, יִרְאֵי ה׳ - כנראה שזו איננה קבוצה מסוימת, אלא חבורה של אנשים שהיו מתייחדים בזה שהיו עובדים את ה׳ אף שלא היה להם תפקיד מסוים ומוגדר - בָּרְכוּ אֶת־ה׳.

כא וכולם יחד אומרים: בָּרוּךְ ה׳ מִצִּיּוֹן, שֹׁכֵן יְרוּשָׁלָםִ, הַלְלוּיָהּ.

קלה,טז **עֵינַיִם לָהֶם וְלֹא יִרְאוּ.** עולם־הזה כולו העלם, הסתר פנים, חושך ומסווה. מראית העין – החזון, יכולת ההבחנה – מצויה בו בצמצום. זכינו, בני ישראל, שיש לנו עין כזו. בזיכרון נשמתנו כמוס מראה עיניו של אדם הראשון לפני החטא. בזהותנו מובנה חזון הנבואה. בעתידנו ממתינה הבטחת "כי עין בעין יראו" (ישעיהו נב ח) – עין של מטה ועין של מעלה מביטות זו בזו והכול גלוי, הכול שקוף. מתוך כך, אנו מתגברים ורואים גם בהווה, בעת שבה החושך מכסה ארץ. תמיד ישנם נקבי אור, ומי שכולו תשוקת ראייה – מתאמץ, מציץ ורואה. אם לא בעין בשר, כי אז בעין השכל. בכוח ההתבוננות ועמל הדעת הפנימי. העיוורון זר לנו, נחלת עובדי אלילים הוא, אלו שעיניהם אטומות כעיני פסיליהם, **עֵינַיִם לָהֶם וְלֹא יִרְאוּ... כְּמוֹהֶם יִהְיוּ עֹשֵׂיהֶם.** ואנו, יש לנו א־ל חי וקיים.

על־פי אור התורה במדבר ח"ב, עמ׳ תקסב

לְעֹשֵׂה נִפְלָאוֹת גְּדֹלוֹת לְבַדּוֹ כִּי לְעוֹלָם חַסְדּוֹ:

ספר חמישי
פרק קלו

עוד שיר תהילה לה׳, הקרוב מאוד בתוכנו ואף במילותיו למזמור הקודם, אלא שהוא ערוך באופן בולט כשיר מקהלה, שבכל פסוק מפסוקיו יש דבר של שבח ובסופו מענה של קהל במילים ״כִּי לְעוֹלָם חַסְדּוֹ״, שאינן אלא פזמון חוזר.

558 • תהלים ______ כח לחודש • ליום שבת • ספר חמישי • פרק קלו

א הוֹדוּ לַיהוָה כִּי־טוֹב
כִּי לְעוֹלָם חַסְדּוֹ׃
ב הוֹדוּ לֵאלֹהֵי הָאֱלֹהִים
כִּי לְעוֹלָם חַסְדּוֹ׃
ג הוֹדוּ לַאֲדֹנֵי הָאֲדֹנִים
כִּי לְעוֹלָם חַסְדּוֹ׃
ד לְעֹשֵׂה נִפְלָאוֹת גְּדֹלוֹת
לְבַדּוֹ
כִּי לְעוֹלָם חַסְדּוֹ׃
ה לְעֹשֵׂה הַשָּׁמַיִם בִּתְבוּנָה
כִּי לְעוֹלָם חַסְדּוֹ׃
ו לְרֹקַע הָאָרֶץ עַל־הַמָּיִם
כִּי לְעוֹלָם חַסְדּוֹ׃
ז לְעֹשֵׂה אוֹרִים גְּדֹלִים
כִּי לְעוֹלָם חַסְדּוֹ׃
ח אֶת־הַשֶּׁמֶשׁ
לְמֶמְשֶׁלֶת בַּיּוֹם
כִּי לְעוֹלָם חַסְדּוֹ׃

א המשורר אומר: הוֹדוּ לַה׳ כִּי־טוֹב, והמקהלה או הקהל עונים: כִּי לְעוֹלָם חַסְדּוֹ.

ב הודו לֵאלֹהֵי הָאֱלֹהִים, כִּי לְעוֹלָם חַסְדּוֹ.

ג הודו לַאֲדֹנֵי הָאֲדֹנִים, כִּי לְעוֹלָם חַסְדּוֹ.

ד לְעֹשֵׂה נִפְלָאוֹת גְּדֹלוֹת לְבַדּוֹ, כלומר: רק הוא בלבד יכול לעשות נפלאות גדולות, כִּי לְעוֹלָם חַסְדּוֹ.

ה וכאן בא תיאור של הנפלאות הללו: לְעֹשֵׂה הַשָּׁמַיִם בִּתְבוּנָה, כִּי לְעוֹלָם חַסְדּוֹ.

ו לְרֹקַע הָאָרֶץ עַל־הַמָּיִם - הארץ מתוארת כאן ככיסוי על כל תהומות המים של העולם - כִּי לְעוֹלָם חַסְדּוֹ.

ז לְעֹשֵׂה אוֹרִים גְּדֹלִים כִּי לְעוֹלָם חַסְדּוֹ.

ח אֶת־הַשֶּׁמֶשׁ לְמֶמְשֶׁלֶת בַּיּוֹם, כִּי לְעוֹלָם חַסְדּוֹ.

קלו,ד **לְעֹשֵׂה נִפְלָאוֹת גְּדֹלוֹת לְבַדּוֹ** – אמרו רבותינו ז״ל כי ״אין בעל הנס מכיר בנסו״ (נדה לא, א), כי הרבה נסים אנו רואים בעינינו בכל יום, מאחר שאנו מאמינים שאין שום טבע, רק כל הנהגת הטבע הכול בהשגחתו יתברך לבד. ומלבד זה אנו מאמינים שהשם יתברך עושה עמנו נסים ונפלאות בכל יום ובכל עת, ואין מי שיודע מהם בלתי הוא יתברך לבדו.

על־פי תורת נתן

קלו,ד **לְעֹשֵׂה נִפְלָאוֹת גְּדֹלוֹת לְבַדּוֹ** – היינו בעצמו, אף־על־פי שאין מבקשים ממנו כלום.

על־פי עירין קדישין, ירושלים תשס״ט, עמ׳ שצב

ט אֶת־הַיָּרֵחַ וְכוֹכָבִים
לְמֶמְשְׁלוֹת בַּלָּיְלָה
כִּי לְעוֹלָם חַסְדּוֹ׃
י לְמַכֵּה מִצְרַיִם בִּבְכוֹרֵיהֶם
כִּי לְעוֹלָם חַסְדּוֹ׃
יא וַיּוֹצֵא יִשְׂרָאֵל מִתּוֹכָם
כִּי לְעוֹלָם חַסְדּוֹ׃
יב בְּיָד חֲזָקָה וּבִזְרוֹעַ נְטוּיָה
כִּי לְעוֹלָם חַסְדּוֹ׃
יג לְגֹזֵר יַם־סוּף לִגְזָרִים
כִּי לְעוֹלָם חַסְדּוֹ׃
יד וְהֶעֱבִיר יִשְׂרָאֵל בְּתוֹכוֹ
כִּי לְעוֹלָם חַסְדּוֹ׃
טו וְנִעֵר פַּרְעֹה וְחֵילוֹ בְיַם־סוּף
כִּי לְעוֹלָם חַסְדּוֹ׃
טז לְמוֹלִיךְ עַמּוֹ בַּמִּדְבָּר
כִּי לְעוֹלָם חַסְדּוֹ׃
יז לְמַכֵּה מְלָכִים גְּדֹלִים
כִּי לְעוֹלָם חַסְדּוֹ׃

ט אֶת־הַיָּרֵחַ וְכוֹכָבִים שעמו לְמֶמְשְׁלוֹת בַּלָּיְלָה, כִּי לְעוֹלָם חַסְדּוֹ.

י וכמו בפרק הקודם גם כאן הוא עובר מתיאור גדולת ה׳ בעולם לתיאור גדולת ה׳ במעשיו בהיסטוריה: לְמַכֵּה מִצְרַיִם בִּבְכוֹרֵיהֶם, שפשוטו הוא: מכה את המצרים על ידי כך שהיכה את בכוריהם, כִּי לְעוֹלָם חַסְדּוֹ.

יא וַיּוֹצֵא יִשְׂרָאֵל מִתּוֹכָם, מתוך המצרים, כִּי לְעוֹלָם חַסְדּוֹ.

יב בְּיָד חֲזָקָה וּבִזְרוֹעַ נְטוּיָה כִּי לְעוֹלָם חַסְדּוֹ.

יג לְגֹזֵר יַם־סוּף לִגְזָרִים בקריעת ים סוף, שהוא הנס הראשון המוזכר כאן בהקשר זה, כִּי לְעוֹלָם חַסְדּוֹ.

יד וְהֶעֱבִיר יִשְׂרָאֵל בְּתוֹכוֹ - נס שני - כִּי לְעוֹלָם חַסְדּוֹ.

טו והנס השלישי - וְנִעֵר, כלומר: טלטל, זרק, את פַּרְעֹה וְחֵילוֹ בְיַם־סוּף, כִּי לְעוֹלָם חַסְדּוֹ.

טז לְמוֹלִיךְ עַמּוֹ בַּמִּדְבָּר, וסיפק להם שם את כל צרכיהם, כִּי לְעוֹלָם חַסְדּוֹ.

יז לְמַכֵּה מְלָכִים גְּדֹלִים בארץ כנען, כִּי לְעוֹלָם חַסְדּוֹ.

קלו,יג לְגֹזֵר יַם סוּף לִגְזָרִים – "ראתה שפחה על הים מה שלא ראה יחזקאל וכל שאר הנביאים" (מכילתא). ולהבין היכן מרומז בתורה שהיה גילוי אלוהות גדול כזה, לפי שכתוב "ה׳ ילחם לכם ואתם תחרִשון" (שמות יד יד), כי הנה ידוע שהדיבור הוא על־ידי בחינת חכמה, כידוע ממשל התינוק שאינו יכול לדבר, ואמרו רז"ל: "חכם אינו מדבר בפני מי שגדול ממנו בחכמה" (אבות ה: ז), כי מתוך שטרוד לקלוט אינו משפיע, ובקריעת הים נגלה אור שלמעלה מבחינת חכמה, ולכן כתיב "ואתם תחרִשון". וזהו "הפך ים ליבשה" (סו ו), הפך ולא בקע, כי ים הוא בחינת משפיע ויבשה היא בחינת מקבל, שהענן מקבל ממימי אוקיינוס ומרווה את הארץ, ולנוכח גילוי אור שלמעלה מחכמה הפך ים ליבשה וחדל מלהשפיע כלל, והשגה זו היא למעלה מהשגת הנביאים.

על־פי ליקוטי תורה צו טו, ג

יח וַיַּהֲרֹג מְלָכִים אַדִּירִים
כִּי לְעוֹלָם חַסְדּוֹ:
יט לְסִיחוֹן מֶלֶךְ הָאֱמֹרִי
כִּי לְעוֹלָם חַסְדּוֹ:
כ וּלְעוֹג מֶלֶךְ הַבָּשָׁן
כִּי לְעוֹלָם חַסְדּוֹ:
כא וְנָתַן אַרְצָם לְנַחֲלָה
כִּי לְעוֹלָם חַסְדּוֹ:
כב נַחֲלָה לְיִשְׂרָאֵל עַבְדּוֹ
כִּי לְעוֹלָם חַסְדּוֹ:
כג שֶׁבְּשִׁפְלֵנוּ זָכַר לָנוּ
כִּי לְעוֹלָם חַסְדּוֹ:
כד וַיִּפְרְקֵנוּ מִצָּרֵינוּ
כִּי לְעוֹלָם חַסְדּוֹ:
כה נֹתֵן לֶחֶם לְכָל־בָּשָׂר
כִּי לְעוֹלָם חַסְדּוֹ:
כו הוֹדוּ לְאֵל הַשָּׁמָיִם
כִּי לְעוֹלָם חַסְדּוֹ:

יח וַיַּהֲרֹג מְלָכִים אַדִּירִים, כִּי לְעוֹלָם חַסְדּוֹ.

יט לְסִיחוֹן – את סיחון – מֶלֶךְ הָאֱמֹרִי, כִּי לְעוֹלָם חַסְדּוֹ.

כ וּלְעוֹג מֶלֶךְ הַבָּשָׁן, כִּי לְעוֹלָם חַסְדּוֹ.

כא וְנָתַן אַרְצָם לְנַחֲלָה, כִּי לְעוֹלָם חַסְדּוֹ.

כב נַחֲלָה לְיִשְׂרָאֵל עַבְדּוֹ, כִּי לְעוֹלָם חַסְדּוֹ.

וכאן באים כמה דברים כלליים, שאינם שייכים למאורע היסטורי מסוים:

כג שֶׁבְּשִׁפְלֵנוּ, בזמן ירידתנו והשפלתנו, זָכַר לָנוּ, זכר אותנו להושיענו, כִּי לְעוֹלָם חַסְדּוֹ.

כד וַיִּפְרְקֵנוּ, הציל אותנו, מִצָּרֵינוּ, כִּי לְעוֹלָם חַסְדּוֹ.

כה והעניין הקבוע והמתמיד ביותר: נֹתֵן לֶחֶם לְכָל־בָּשָׂר, הוא מפרנס את כל יצורי העולם, כִּי לְעוֹלָם חַסְדּוֹ.

כו והמשורר מסכם ברינה: הוֹדוּ לְאֵל הַשָּׁמָיִם, כִּי לְעוֹלָם חַסְדּוֹ.

קלו,כה כִּי לְעוֹלָם חַסְדּוֹ. צריכין להיות שמח בחלקו תמיד ולהסתפק במה שהשם יתברך חונן אותו. בין אם בלחם ומים או באיזה מלבוש פחות, ובין אם השם יתברך משפיע לו איזה ממון או עשירות גדולה, לעולם אל יהרוס מצבו להסתכל על יותר מזה, אף־על־פי שנדמה לו עכשיו שחסר לו זה הדבר המוכרח, כי יזכיר את עצמו שגם מה שקיבל לא היה ראוי שייתן לו השם יתברך לפי מעשיו, ואיך יעז פניו לדאוג על יותר? כי לפי מעשינו גם לחם צר ומים לחץ אין אנו ראויים, והכול בחסדו לבד, כמו שכתוב: נֹתֵן לֶחֶם לְכָל בָּשָׂר כִּי לְעוֹלָם חַסְדּוֹ.

על־פי ליקוטי הלכות, חזקת מטלטלין ג: יד

אִם־לֹא אַעֲלֶה אֶת־יְרוּשָׁלִַם עַל רֹאשׁ שִׂמְחָתִי:

ספר חמישי
פרק קלז

קינה של גולים המצויים במצב של תכלית הירידה וההשפלה, ויש בה זיכרון של החורבן ותפילה שהאויבים יבואו על עונשם.

א עַל־נַהֲרוֹת ׀ בָּבֶל
שָׁם יָשַׁבְנוּ גַּם־בָּכִינוּ
בְּזָכְרֵנוּ אֶת־צִיּוֹן׃
ב עַל־עֲרָבִים בְּתוֹכָהּ
תָּלִינוּ כִּנֹּרוֹתֵינוּ׃
ג כִּי שָׁם ׀ שְׁאֵלוּנוּ שׁוֹבֵינוּ
דִּבְרֵי־שִׁיר
וְתוֹלָלֵינוּ שִׂמְחָה
שִׁירוּ לָנוּ מִשִּׁיר צִיּוֹן׃
ד אֵיךְ נָשִׁיר אֶת־שִׁיר־יהוה
עַל אַדְמַת נֵכָר׃
ה אִם־אֶשְׁכָּחֵךְ יְרוּשָׁלִָם
תִּשְׁכַּח יְמִינִי׃

א המדברים כאן הם הגולים שהגיעו בגלותם עד בבל, והם אומרים: עַל־נַהֲרוֹת בָּבֶל שָׁם יָשַׁבְנוּ גַּם־בָּכִינוּ, בְּזָכְרֵנוּ אֶת־צִיּוֹן – וגם את הגלות, את היציאה ממקומנו אל הנכר.

ב עַל־עֲרָבִים, עצי ערבה, בְּתוֹכָהּ, בתוך בבל, תָּלִינוּ כִּנֹּרוֹתֵינוּ. מדובר פה על כך שהם יושבים על שפת הנהרות, אשר בסמוך להם צומחים בדרך כלל עצי ערבה. תליית הכינורות על העצים כמוה כאמירה שאין הם רוצים להשתמש בכינורות, משום שאינם רוצים ואינם יכולים עוד לשיר.

ג כִּי שָׁם, בגלות, שְׁאֵלוּנוּ שׁוֹבֵינוּ דִּבְרֵי־שִׁיר, כלומר: השובים מבקשים מן השבויים שישירו לפניהם, לעתים משום שהם סקרנים לשמוע את ניגוניהם של השבויים ולפעמים כסוג של התעללות. וְתוֹלָלֵינוּ – כנראה פירושו הוא אלה שמתעללים בנו, מבקשים מאתנו שִׂמְחָה. והם אומרים: 'שִׁירוּ לָנוּ מִשִּׁיר צִיּוֹן'. מן הסתם היו בירושלים שירים משירים שונים, אך המילה 'ציון' מתייחסת במיוחד להר הבית, כלומר: השובים מבקשים מן השבויים לשיר להם את שירת המקדש.

ד והשבויים משיבים על כך: אֵיךְ נָשִׁיר אֶת־שִׁיר־ה', שהוא שיר ציון, שירת המקדש, עַל אַדְמַת נֵכָר?

ה ואז הם מדברים על זיכרון ירושלים: אִם־אֶשְׁכָּחֵךְ, יְרוּשָׁלִָם, תִּשְׁכַּח, שכאן משמעותו: תאבד את כוחה, יד יְמִינִי, שהיא היד החזקה יותר שלי.

קלז,א עַל נַהֲרוֹת בָּבֶל שָׁם יָשַׁבְנוּ גַּם בָּכִינוּ בְּזָכְרֵנוּ אֶת צִיּוֹן. בנגלה, הבכייה היא על כאב העקירה והניתוק מארץ חיינו. בנסתר, הבכייה היא על התמורה הכבירה שחולל חורבן בית המקדש בעצם סדרי החיים בעולם. מאז ומעולם היה מין האדם תלוי במים לקיומו, וישראל אינם יוצאים מן הכלל הזה. אולם שני מקורות מים מפכים בעמקי ההוויה: מים עליונים ומים תחתונים. מים עליונים יורדים משמים כשהם נושאים עמם שפע אלוהי גלוי, והם מצמיחים חיים עליונים, קרובים ומלאי אור, המרוממים את האדם אל השמים. מים תחתונים עולים מן התהום, מן הארץ החומרית, ומצמיחים חיים חומריים המטים את האדם כלפי מטה, אל האדמה. הזוהר הקדוש מספר שהמים התחתונים עצמם בוכים תמיד, כואבים את הריחוק שנגזר עליהם. ביושבנו על נהרות בבל נתערב בכיינו בבכיים. שמע מי ששמע, וריחם וגאל.

על־פי אור התורה דברים, עמ' א'שכח

ו תִּדְבַּק לְשׁוֹנִי ׀ לְחִכִּי
אִם־לֹא אֶזְכְּרֵכִי
אִם־לֹא אַעֲלֶה
אֶת־יְרוּשָׁלִַם
עַל רֹאשׁ שִׂמְחָתִי:
ז זְכֹר יְהוָה ׀ לִבְנֵי אֱדוֹם
אֵת יוֹם יְרוּשָׁלִָם
הָאֹמְרִים עָרוּ ׀ עָרוּ
עַד הַיְסוֹד בָּהּ:
ח בַּת־בָּבֶל הַשְּׁדוּדָה
אַשְׁרֵי שֶׁיְשַׁלֶּם־לָךְ
אֶת־גְּמוּלֵךְ שֶׁגָּמַלְתְּ לָנוּ:
ט אַשְׁרֵי ׀ שֶׁיֹּאחֵז
וְנִפֵּץ אֶת־עֹלָלַיִךְ
אֶל־הַסָּלַע:

ו תִּדְבַּק לְשׁוֹנִי לְחִכִּי, ולא אוכל לדבר, אִם־לֹא אֶזְכְּרֵכִי, כלומר: אם לא אזכיר את ירושלים, מוטב שלא אדבר כלל. אִם־לֹא אַעֲלֶה אֶת־יְרוּשָׁלִַם עַל רֹאשׁ שִׂמְחָתִי, דהיינו, שבכל שמחה שתהיה לי אזכיר תמיד את ירושלים, את מפלתה, את חורבנה; שכן גם כאשר אני עצמי נתון במצב של שמחה אישית, לעולם איני שוכח את ירושלים בעלבונה.

ז ונוסף על זיכרון החורבן יש זיכרון נוסף שאותו איננו רוצים לשכוח, והוא זיכרון המלחמה והאויבים: זְכֹר, ה׳, לִבְנֵי אֱדוֹם, שחָברו אל אויבי ישראל, אֵת יוֹם חורבנה ומפלתה של יְרוּשָׁלִָם, שאז היו הם הָאֹמְרִים: ׳עָרוּ עָרוּ - החריבו, חשפו את הקירות עַד הַיְסוֹד בָּהּ׳. כלומר: הם קראו לא רק לכיבוש, אלא להרס מוחלט.

ח בַּת־בָּבֶל הַשְּׁדוּדָה, שכאן פירושו הוא: שודדה, זו ששודדת, שעוסקת בשוד, אַשְׁרֵי שֶׁיְשַׁלֶּם־לָךְ אֶת־גְּמוּלֵךְ שֶׁגָּמַלְתְּ לָנוּ, אשרי שיעשה לך כמו שעשו לנו,

ט כלומר: אַשְׁרֵי שֶׁיֹּאחֵז וְנִפֵּץ אֶת־עֹלָלַיִךְ אֶל־הַסָּלַע. ואולם המשורר אינו אומר: אשריי אם אעשה זאת, אלא שמישהו אחר יעשה זאת.

קלז,ז **עָרוּ עָרוּ עַד הַיְסוֹד בָּהּ** – ״לשון חורבן, ואינו נופל אלא על דבר שעוקרים שורשיו מהארץ״ (רש״י). כי בחורבן בית ראשון לא עקרו הבבלים את יסודות הבית, וכך ידעו אנשי כנסת הגדולה כיצד לשוב ולבנותו במקומו, אך בחורבן בית שני עקרה מלכות אדום הרשעה את היסודות, כדי שלא ידעו היכן לבנותו. ומידה כנגד מידה, שבימות המשיח יבואו כל משפחות האדמה להביא דורון לבית המקדש ולהתדבק באורם של ישראל, וגם מקומה של בבל לא ייפקד בתוכן, אך על אדום נאמר ״ולא יהיה שריד לבית עשו״, שלא יוכלו לקבל טובה מאור בית המקדש ולא תהיה להם פלטה.

על־פי בני יששכר, ניסן ד: ח

אוֹדְךָ בְכָל־לִבִּי נֶגֶד אֱלֹהִים אֲזַמְּרֶךָּ׃

ספר חמישי

פרק קלח

שיר תודה על עזרת ה׳ לכלל ולפרט.

א לְדָוִד ׀ אוֹדְךָ בְכָל־לִבִּי
נֶגֶד אֱלֹהִים אֲזַמְּרֶךָּ:
ב אֶשְׁתַּחֲוֶה אֶל־הֵיכַל קָדְשְׁךָ
וְאוֹדֶה אֶת־שְׁמֶךָ
עַל־חַסְדְּךָ וְעַל־אֲמִתֶּךָ
כִּי־הִגְדַּלְתָּ עַל־כָּל־שִׁמְךָ
אִמְרָתֶךָ:
ג בְּיוֹם קָרָאתִי וַתַּעֲנֵנִי
תַּרְהִבֵנִי בְנַפְשִׁי עֹז:
ד יוֹדוּךָ יְהוָה כָּל־מַלְכֵי־אָרֶץ
כִּי שָׁמְעוּ אִמְרֵי־פִיךָ:
ה וְיָשִׁירוּ בְּדַרְכֵי יְהוָה
כִּי־גָדוֹל כְּבוֹד יְהוָה:
ו כִּי־רָם יְהוָה וְשָׁפָל יִרְאֶה
וְגָבֹהַּ מִמֶּרְחָק יְיֵדָע:
ז אִם־אֵלֵךְ ׀ בְּקֶרֶב צָרָה
תְּחַיֵּנִי
עַל אַף אֹיְבַי תִּשְׁלַח יָדֶךָ
וְתוֹשִׁיעֵנִי יְמִינֶךָ:

א לְדָוִד, אוֹדְךָ בְכָל־לִבִּי נֶגֶד אֱלֹהִים אֲזַמְּרֶךָּ - שכאן פירושו, שהוא אומר את השיר הזה לא רק בין בני אדם, אלא כביכול גם לעומת המלאכים; שכן תודה לה׳ כפי שמודים לו בני האדם, היא דבר שהמלאכים אינם יכולים לומר אותו.

ב אֶשְׁתַּחֲוֶה אֶל־הֵיכַל קָדְשְׁךָ וְאוֹדֶה אֶת־שְׁמֶךָ עַל־חַסְדְּךָ וְעַל־אֲמִתֶּךָ, כלומר: על כך שאימתת ושמרת את ההבטחות שהבטחת לי. כִּי־הִגְדַּלְתָּ עַל־כָּל־שִׁמְךָ אִמְרָתֶךָ, כלומר: הוספת וקיימת בי יותר ממה שידעתי על שמך קודם לכן.

ג בְּיוֹם קָרָאתִי וַתַּעֲנֵנִי, תַּרְהִבֵנִי בְנַפְשִׁי עֹז, נתת לנפשי עוז עד שהגיעה למצב של התרוממות, התנשאות ("תרהיבני").

ד יוֹדוּךָ, ה׳, כָּל־מַלְכֵי־אָרֶץ, כִּי שָׁמְעוּ אִמְרֵי־פִיךָ - אלה מבין המלכים והשליטים אשר שמעו את דבר ה׳, יודו לה׳.

ה וְיָשִׁירוּ בְּדַרְכֵי ה׳, ישירו וישבחו את דרכי ה׳, כִּי־גָדוֹל כְּבוֹד ה׳ בכל העולם.

ו כִּי־רָם ה׳ בשמי השמים, וְשָׁפָל ובכל זאת גם שפל יִרְאֶה, וְגָבֹהַּ - מי שמגביה את עצמו - הוא מִמֶּרְחָק יְיֵדָע, מכיר ויודע אותו, וגם יכול להענישו.

ז אִם־אֵלֵךְ בְּקֶרֶב צָרָה, גם אהיה מוקף כולי בצרות, תְּחַיֵּנִי; עַל אַף, למרות, אֹיְבַי המקיפים אותי תִּשְׁלַח יָדֶךָ בתוכם וְתוֹשִׁיעֵנִי יְמִינֶךָ.

קלח,ב כִּי הִגְדַּלְתָּ עַל כָּל שִׁמְךָ אִמְרָתֶךָ – שִׁמְךָ נקראת התורה, שהיא שמותיו של הקב"ה, ואִמְרָתֶךָ מורה על מה שכתיב "אמור לנפשי ישועתך אני", שאמירה היא בלחישה, שהשם יתברך לוחש באוזני הבעל תשובה שישועתך אני, שאף שעבר על דברי תורה מכל מקום אין לך דבר שעומד בפני התשובה, והשם יתברך מאיר לו אחר כן שמעולם לא יצא מרצונו כלל, ואמירה זו הגדיל השם יתברך יותר מדברי תורתו. וזה שנאמר "מושל באדם צדיק מושל יראת אלוהים" (שמואל ב׳ כג ג), שנמצא תקיפות בלב הבעל תשובה, אף שעבר על דברי סופרים, שנקראים "אדם צדיק", ואף שעבר על דברי תורה, שנקראים "יראת אלוהים", מכל מקום יש לו תקיפות והתנשאות, שאין לך דבר שעומד בפני התשובה.

על־פי מי השילוח, מישור תש"נ, ח"ב יתרו

ח יְהוָה יִגְמֹר בַּעֲדִי
יְהוָה חַסְדְּךָ לְעוֹלָם
מַעֲשֵׂי יָדֶיךָ אַל־תֶּרֶף:

ח ה' יִגְמֹר בַּעֲדִי - יש מפרשים "יגמור" כאן במובן של "יגמול"; אבל אפשר גם לפרשו כמשמעו, דהיינו: שה' ישמור בשבילי את כל הדברים שאני מבקש לעשותם, כי ה', חַסְדְּךָ לְעוֹלָם, לא רק לזמן מסוים, ואני מבקש, מַעֲשֵׂי יָדֶיךָ אַל־תֶּרֶף, אל תרפה מהם, אלא המשך לעזור להם עד אשר תתמלא בקשתם עד תום.

קלח,ח **ה' יִגְמֹר בַּעֲדִי.** ריבונו של עולם, מלא משאלותינו לטובה ברחמים, ועזרנו וזכנו לנצח המלחמה בזה העולם על־ידי התורה והאמונה הקדושה. "שמע ה' וחנני ה' היה עוזר לי"! עזור והושיעה לחלושי כוח, לחלושי דעת, לחלושי עצה כמונו היום, לנצח מלחמה כבדה כזאת בכל האופנים. כי לא היה עולה על דעתנו לבקש ולהתחנן על זה לעוצם פגמינו המרובים, אך לפניך נגלו כל תעלומות לבנו, שאנו בטוחים ונשענים על כוחם של הצדיקים האמיתיים עליהם השלכנו את יהבנו, הם יילחמו בעדנו, ואנחנו נלך אחר עצותיהם הקדושות ונדרוך בנתיבותיהם, ולא נסור מדבריהם ימין ושמאל. **ה' יִגְמֹר בַּעֲדִי ה' חַסְדְּךָ לְעוֹלָם מַעֲשֵׂי יָדֶיךָ אַל תֶּרֶף.** אנא ה' הושיעה נא, אנא ה' הצליחה נא, ה' הושיעה המלך יעננו ביום קראנו. יהיו לרצון אמרי פי והגיון לבי לפניך, ה' צורי וגואלי. אמן ואמן.

על־פי ליקוטי תפילות, ח"א, קמח

אִם־אֶסַּק שָׁמַיִם שָׁם אָתָּה וְאַצִּיעָה שְּׁאוֹל הִנֶּךָּ:

ספר חמישי
פרק קלט

שיר של התבוננות ודבקות, שבתמציתו
הוא דברי שבח על קרבתו של הקב״ה.

א לַמְנַצֵּחַ לְדָוִד מִזְמוֹר
יְהוָה חֲקַרְתַּנִי וַתֵּדָע׃
ב אַתָּה יָדַעְתָּ שִׁבְתִּי וְקוּמִי
בַּנְתָּה לְרֵעִי מֵרָחוֹק׃
ג אָרְחִי וְרִבְעִי זֵרִיתָ
וְכָל־דְּרָכַי הִסְכַּנְתָּה׃
ד כִּי אֵין מִלָּה בִּלְשׁוֹנִי
הֵן יְהוָה יָדַעְתָּ כֻלָּהּ׃
ה אָחוֹר וָקֶדֶם צַרְתָּנִי
וַתָּשֶׁת עָלַי כַּפֶּכָה׃
ו פְּלִיאָה דַעַת מִמֶּנִּי
נִשְׂגְּבָה לֹא־אוּכַל לָהּ׃
ז אָנָה אֵלֵךְ מֵרוּחֶךָ
וְאָנָה מִפָּנֶיךָ אֶבְרָח׃

פלאיה

א לַמְנַצֵּחַ לְדָוִד מִזְמוֹר: ה' חֲקַרְתַּנִי וַתֵּדָע, כלומר: אתה בוודאי מכיר אותי כולי.

ב אַתָּה יָדַעְתָּ שִׁבְתִּי וְקוּמִי, כל תנועה שאני עושה ידועה לך.

בַּנְתָּה - הבנת - לְרֵעִי, לרעיונותיי, מֵרָחוֹק. אתה מכיר אותי מבחוץ ומבפנים.

ג אָרְחִי וְרִבְעִי - כמו רבצי, ישיבתי - זֵרִיתָ, אתה יודע את הליכתי ואת ישיבתי, ואתה מבחין בכל אלה ובוחן ומסווג אותם, כל אחד לפי עניינו, וְכָל־דְּרָכַי ואת כל דרכיי הִסְכַּנְתָּה, אתה מכיר ומדריך.

ד כִּי אֵין מִלָּה בִּלְשׁוֹנִי שתהיה, מבחינתך, דבר חדש: הֵן ה' יָדַעְתָּ כֻלָּהּ, ובכלל זה גם הדברים שאני רוצה להגיד ועדיין לא אמרתי.

ה כי אתה, הקב"ה, קרוב מכל קרוב, שהרי כבר מתחילה אתה המחולל והעושה אותי: אָחוֹר וָקֶדֶם צַרְתָּנִי, צרת את צורתי מכל הצדדים, וַתָּשֶׁת עָלַי כַּפֶּכָה, מראשיתי אני נמצא תחת חסותך. בבחינה זו של קרבת אלוקים האדם מצוי תמיד בתוך הידיעה וההשגחה האלוקית, שהרי למרות גדולתו ה' קרוב מאוד.

ו פְּלִיאָה דַעַת מִמֶּנִּי, דבר זה נפלא ונעלה מידיעתי, נִשְׂגְּבָה, לֹא־אוּכַל לָהּ, אינני יכול להבין ואף לא להכיל זאת; כי אתה תמיד עמי, יודע אותי ומבחין בי, ואין בי שום צד שאינו גלוי וחשוף לפניך.

ז אָנָה אֵלֵךְ מֵרוּחֶךָ? גם אילו רציתי ללכת, לצאת, להיעלם, אין לי שום דרך לעשות זאת. וְאָנָה מִפָּנֶיךָ אֶבְרָח? שהרי אתה מצוי בכל מקום ובכל דבר.

קלט,ה "**אָחוֹר וָקֶדֶם צַרְתָּנִי** – אמר רבי יוחנן: אם זכה אדם נוחל שני עולמות", שממשיך נחל וחיבור משורש החיות שבעולם העליון אל העולם-הזה. וזו הייתה כוונת הבריאה, שהאדם יחבר כל התחתונים אל שורש חי החיים. וזו בחינת השבת, שעל-ידה יכול לצאת מהמסגר, להסיר החיצוניות ולהיות בטל לנקודת פנימיות החיות שבכל הנבראים.

על-פי שפת אמת, תזריע תרל"א

קלט,ה **אָחוֹר וָקֶדֶם צַרְתָּנִי** – משמע שיש באדם עצמו שתי בחינות, בחינת קדם היינו להתחיל בכל עת מחדש, ולצייר בעצמו בכל מעשה שהוא קדם לכל המעשים, וכאילו לא טעם טעם מצווה מעולם, שעל כן עושה הדבר בהתלהבות יותר. ובחינת אחור היינו לראות את עצמו כאילו עתה הוא אחרית מעשיו, ובמעשה זה הולך לעולם-הבא.

על-פי שם משמואל, תזריע תרע"ח

ח אִם־אֶסַּק שָׁמַיִם שָׁם אָתָּה
וְאַצִּיעָה שְּׁאוֹל הִנֶּךָּ׃
ט אֶשָּׂא כַנְפֵי־שָׁחַר
אֶשְׁכְּנָה בְּאַחֲרִית יָם׃
י גַּם־שָׁם יָדְךָ תַנְחֵנִי
וְתֹאחֲזֵנִי יְמִינֶךָ׃
יא וָאֹמַר אַךְ־חֹשֶׁךְ יְשׁוּפֵנִי
וְלַיְלָה אוֹר בַּעֲדֵנִי׃
יב גַּם־חֹשֶׁךְ לֹא־יַחְשִׁיךְ מִמֶּךָּ
וְלַיְלָה כַּיּוֹם יָאִיר
כַּחֲשֵׁיכָה כָּאוֹרָה׃
יג כִּי־אַתָּה קָנִיתָ כִלְיֹתָי
תְּסֻכֵּנִי בְּבֶטֶן אִמִּי׃
יד אוֹדְךָ
עַל כִּי נוֹרָאוֹת נִפְלֵיתִי

ח אִם־אֶסַּק שָׁמַיִם, אעלה ואמריא לשמים, הלוא שָׁם אָתָּה, וגם אם ארד וְאַצִּיעָה שְׁאוֹל, ארבץ, בעמקי השאול, הִנֶּךָּ גם שם.

ט אם אֶשָּׂא, אתנשא ואעוף, בְּכַנְפֵי־שָׁחַר לקצה המזרח, או אֶשְׁכְּנָה בְּאַחֲרִית יָם, בקצה הים, בסוף מערב.

י גַּם־שָׁם, בכל מרחק, יָדְךָ תַנְחֵנִי וְתֹאחֲזֵנִי יְמִינֶךָ.

יא וָאֹמַר - גם אם אני רוצה לומר שאַךְ־חֹשֶׁךְ יְשׁוּפֵנִי, יכה ויעלים אותי, וְלַיְלָה הוא אור - שכאן הוא משמש בלשון נקייה במשמעות של חושך, בַּעֲדֵנִי, בשבילי; כלומר: הלילה יחשיך ויסתיר אותי, הרי גם חשכת הלילה איננה מסתירה ומעלימה אותי ממך,

יב כי גַּם־חֹשֶׁךְ לֹא־יַחְשִׁיךְ מִמֶּךָּ, עבורך החושך איננו חשכה, וְלַיְלָה כַּיּוֹם יָאִיר, ומבחינתך אין שום הבדל: כַּחֲשֵׁיכָה כָּאוֹרָה. צורת ביטוי זו מציבה שני הפכים זה בצד זה, כדי לומר שמבחינת הקב"ה אין ביניהם שום הבדל: החשכה היא כמו האורה והאורה היא כמו החשכה.

יג וממשיך המשורר ואומר: הווייתי, מעיקרה, הלוא היא מעשה ידיך, וכל מה שיש בחיי אינו אלא תוצאה של הדברים שנוצרתי אתם. כִּי־אַתָּה קָנִיתָ, כלומר: רכשת, יצרת את כִּלְיֹתָי, דהיינו: החלקים הפנימיים הנסתרים שיש בי.

תְּסֻכֵּנִי, הייתי מסתור לי (מלשון סוכה), עוד בהיותי בְּבֶטֶן אִמִּי.

יד אוֹדְךָ, ה׳, עַל כִּי נוֹרָאוֹת נִפְלֵיתִי, שהיצירה המיוחדת, המורכבת והמסובכת של הווייתי

קלט,י **גַּם שָׁם יָדְךָ תַנְחֵנִי.** עיקר האמונה הוא להאמין שאף־על־פי שהוא במקום שהוא, עם כל זה השם יתברך עמו, ועל־ידי זה ממילא יוכל לצאת מהאפלה והטומאה, שכיון שהשם יתברך עמו – אין רע כלל, רק השם יתברך רצה כן, שיהיה "ברישא חשוכא והדר נהורא" [=תחילה חושך ואחר כך אור; שבת עז, ב]. כי אין עוד מלבדו ואפס זולתו, אפילו בשאול תחתית, וכמו שנאמר: **וְאַצִּיעָה שְׁאוֹל הִנֶּךָּ** וגם שם **תֹאחֲזֵנִי יְמִינֶךָ.** ובזה הוא יכול לשוב למקורו ושורשו ולצאת מעמקי שאול, וכמו ביציאת מצרים, דמאפלה זו דייקא יצאו לאור גדול. כי כך רצה השם יתברך, שיהיה קילוסו עולה גם ממקומות היותר אפלים וחשוכים, ועד שגם הם ישיגו אור גדול, ואז היה בניין כנסת ישראל להיות קומה שלמה בגילוי שכינתו יתברך בחדרי לבבם.

על־פי מחשבות חרוץ ט: ו

נִפְלָאִים מַעֲשֶׂיךָ
וְנַפְשִׁי יֹדַעַת מְאֹד׃
טו לֹא־נִכְחַד עָצְמִי מִמֶּךָּ
אֲשֶׁר־עֻשֵּׂיתִי בַסֵּתֶר
רֻקַּמְתִּי בְּתַחְתִּיּוֹת אָרֶץ׃
טז גָּלְמִי ׀ רָאוּ עֵינֶיךָ
וְעַל־סִפְרְךָ כֻּלָּם יִכָּתֵבוּ
יָמִים יֻצָּרוּ וְלוֹ אֶחָד בָּהֶם׃
יז וְלִי מַה־יָּקְרוּ רֵעֶיךָ אֵל
מֶה עָצְמוּ רָאשֵׁיהֶם׃
יח אֶסְפְּרֵם מֵחוֹל יִרְבּוּן

וְלֹא

היא מעשה ידיך. נִפְלָאִים מַעֲשֶׂיךָ בכללם ובפרטי פרטיהם, וְנַפְשִׁי יֹדַעַת מְאֹד, שהרי כל אלה הם יצירתך, הם שלך ובידך.

טו לֹא־נִכְחַד עָצְמִי, מציאותי הפנימית, הווייתי העיקרית, איננה נעלמת מִמֶּךָּ, אֲשֶׁר־עֻשֵּׂיתִי, נעשיתי, עוצבתי, בַסֵּתֶר - שהרי תחילת יצירתו של אדם היא ברחם, ולא במקום הגלוי לכל - רֻקַּמְתִּי, כלומר: נבניתי, נעשיתי; שברחם הייתי חבוי כמו בְּתַחְתִּיּוֹת אָרֶץ.

טז והרי אתה ידעת ויצרת את תבניתי הגשמית והרוחנית מתחילת בריאתה. גָּלְמִי רָאוּ עֵינֶיךָ, שהרי אתה יודע אותי לא רק בצורה המוגדרת והמובחנת, כאדם שלם, אלא גם מראשית יצירתי, כאשר לא הייתי אלא חומר בלבד, וְעַל־סִפְרְךָ כֻּלָּם יִכָּתֵבוּ גם אני וגם אחרים: כולנו מנויים, כתובים ורשומים לפניך. וכאן פונה המשורר לצד אחר של הבריאה: הזמן, מאורעות החיים. יָמִים יֻצָּרוּ וְלוֹ, לקב"ה, כל אֶחָד ואחד בָּהֶם, שכן הוא מכיר כל אחד ואחד לא רק כהוויה כללית אלא כמציאות פרטית־מיוחדת.

יז וְלִי, כאשר אני מדבר על עצמי כמציאות, כאדם, מַה־יָּקְרוּ רֵעֶיךָ, אֵל, כמה חשובים בעיניי המחשבות והרעיונות שאני חושב עליך, מֶה עָצְמוּ רָאשֵׁיהֶם, כמה גדולות ומרובות נקודות ההתחלה והבסיס של המחשבות שאני חושב על הקב"ה!

יח אֶסְפְּרֵם, אספור את כל הדברים שאני יכול להרהר בך, בגדולתך, בהווייתך, והם מֵחוֹל יִרְבּוּן, ואלו המחשבות המלוות אותי, בין בגלוי בין שלא בגלוי, כל הזמן. אמנם כשאני ישן

קלט,טז יָמִים יֻצָּרוּ. יש ואדם עובד עבודת ה' כדבעי, ועדיין הוא נתון בסכנה גדולה, שמא יחוש שביעות הרצון בעבודתו, ואז ממילא תהיה כל עבודתו במדידה והגבלה, רק לפי ערך רצונו שלו, ולא לפי ערך רצון השם יתברך שאין לו שיעור ומידה. והעצה היעוצה לפעול בנפשו העדר שביעות רצון, היא שיתבונן בכך שֶׁיָּמִים יֻצָּרוּ – שניתנו לו ימים קצובים בלבד למלא שליחותו בעלמא דין, ובכל רגע עליו לעבוד עבודתו, ואם כן מובן שהרגש שביעות רצון אינו שייך כלל, שהרי בכל רגע שאינו עובד עבודתו – לא רק שהיה יכול להתעלות ולשגשג בעבודתו ולא עשה כן, אלא עוד זאת שברגע זה שאינו עובד עבודתו הוא מורד... במלך מלכי המלכים הקב"ה בכך שאינו ממלא את שליחותו (במילים אלו פרץ הרבי זי"ע בבכי רב והניח ראשו על השולחן).

על־פי תורת מנחם ח"ד, עמ' שלא־שלב

הֱקִיצֹתִי וְעוֹדִי עִמָּךְ:
יט אִם־תִּקְטֹל אֱלוֹהַּ ׀ רָשָׁע
וְאַנְשֵׁי דָמִים סוּרוּ מֶנִּי:
כ אֲשֶׁר יֹמְרוּךָ לִמְזִמָּה
נָשֻׂוא לַשָּׁוְא עָרֶיךָ:
כא הֲלוֹא־מְשַׂנְאֶיךָ יהוה ׀
אֶשְׂנָא
וּבִתְקוֹמְמֶיךָ אֶתְקוֹטָט:

אינני חושב; אבל כאשר הֱקִיצֹתִי מהשינה - וְעוֹדִי עִמָּךְ, שוב מוצא אני את עצמי סמוך וקרוב אליך.

יט כאן, כמו במזמורים נוספים שיש בהם הסתכלות על השלמות וההרמוניה של הקב"ה עם עולמו ועם בריותיו, יש מודעות גם לנקודות של חשכה ושל פגם המצויות בעולם; אבל אלה אינם פגמים בעצם מעשה הבריאה אלא בדברים הנעשים בידי בני אדם; כי רק בני האדם, שהם בעלי חופש בחירה, מסוגלים ליצור רע במודע, רק הם יכולים ליצור את הכתמים והחללים שיש במציאות. ולכן אומר המשורר: **אִם־תִּקְטֹל אֱלוֹהַּ רָשָׁע**, אם תהרוג את הרשעים, **וְאַנְשֵׁי דָמִים סוּרוּ מֶנִּי**, ואם תאמר לאנשי הדמים שיסורו ממני, אז יהיה העולם בהיר יותר.

כ **אֲשֶׁר יֹמְרוּךָ** - אלה המתאמרים ומתיימרים לגדולה וממרים את פיך, **וּלִמְזִמָּה, נָשֻׂוא** - כלומר: נשאו, התרוממו - **לַשָּׁוְא**, לא רק מבחינת התוצאות אלא גם מבחינת שאיפותיהם־שלהם: **עָרֶיךָ**, כלומר: צָרֶיךָ, שונאיך, אויביך, שואפים לשווא, היינו, לדברים שאין להם כל ערך ותוכן.

כא ואף על פי שהאויבים הללו, אותם רשעים שמדובר בהם כאן, אינם אויביו הפרטיים של המשורר, אין הוא יכול שלא להיות מעורב במלחמת הטוב והרע: **הֲלוֹא־מְשַׂנְאֶיךָ, ה'**, אלא ששונאים אותך, אותם **אֶשְׂנָא** גם אני **וּבִתְקוֹמְמֶיךָ**, במתקוממים נגדך, **אֶתְקוֹטָט**.

קלט,כא **מְשַׂנְאֶיךָ ה' אֶשְׂנָא.** כשם שמצווה לאהוב את ה', כך מצווה לשנוא את משנאיו. אמנם כשהדברים אמורים בנפשות מישראל, נעשה העניין מורכב הרבה יותר. הרי אין למעלה ממצוות אהבה שאנו מצווים בה כלפי כל אחד ישראל, שאנו חולקים עמו שורש נשמה משותף, ומה נאמר ללבנו אם הוא הולך ונעשה בבחינת **מְשַׂנְאֶיךָ ה' אֶשְׂנָא**? האם אכן נעקרת האהבה ממקומה, ובאה שנאה תחתיה? לימד בעל התניא שאהבה במקומה עומדת ושנאה במקומה עומדת: "שנאה מצד הרע שבהם, ואהבה מצד בחינת הטוב הגנוז שבהם", ומתוך שתיהן נולד יחס אחר, עיקרי: "וגם לעורר רחמים בלבו על הטוב הגנוז בהם, כי הוא בבחינת גלות בתוך הרע הגובר עליו, והרחמנות מבטלת השנאה ומעוררת האהבה". ומה שאומר דוד המלך **תַּכְלִית שִׂנְאָה שְׂנֵאתִים**, שנאה גמורה, זהו במינים ואפיקורסים ממש, ורק דוד המלך הוא שיודע לזהותם.

על־פי תניא, לב

כב תַּכְלִית שִׂנְאָה שְׂנֵאתִים
לְאֹיְבִים הָיוּ לִי׃
כג חָקְרֵנִי אֵל וְדַע לְבָבִי
בְּחָנֵנִי וְדַע שַׂרְעַפָּי׃
כד וּרְאֵה אִם־דֶּרֶךְ־עֹצֶב בִּי
וּנְחֵנִי בְּדֶרֶךְ עוֹלָם׃

כב תַּכְלִית שִׂנְאָה שְׂנֵאתִים, לְאוֹיְבִים הָיוּ לִי, וכל זה לא משום שהם פוגעים בי, במהלך חיי או ברגשותיי, אלא משום אני חייב להיות מעורב במלחמה שהיא, בעצם, מלחמתם בך; ולכל הפחות עליי להגדיר באיזה צד אני עומד, ומהו הצד שכנגד.

כג חָקְרֵנִי אֵל, הן בדברים אלה והן בדברים אחרים, וְדַע לְבָבִי, דע שעומק כוונתי היא רק אליך, בְּחָנֵנִי וְדַע שַׂרְעַפָּי, מחשבותיי, הרהוריי.

כד וּרְאֵה בבחינה ובבדיקה הזו אִם־דֶּרֶךְ־עֹצֶב בִּי, כלומר: אם יש בי דרכים, דברים ועניינים שהם תוצאה של נטיות הלב שלי, שגיאותיי וטעויותיי, וּנְחֵנִי, הנחה אותי, בְּדֶרֶךְ עוֹלָם, שהיא הדרך המוליכה אל הנצח.

קלט,כב תַּכְלִית שִׂנְאָה שְׂנֵאתִים לְאוֹיְבִים הָיוּ לִי. שנאה טהורה, שאין בה שום צד של לימוד זכות ואהבה, יכולה להיות רק בין שני הפכים גמורים. הפכו הגמור של הרע בעולם, הלא הוא הצדיק; ולא כל צדיק אלא צדיק גמור בלבד, כזה שכבר עקר כל סיג חשוך, מר ורע מנפשו והפכו לאור טוב ומתוק. כל שלא הגיע למדרגה זו של בני עלייה, שהנם מועטים, אינו שונא הרע בתכלית. איך יוכל, והרי הוא עצמו קשור בו במידה זו או אחרת, קטנה ככל שתהיה. והכתוב ממשיך ואומר: חָקְרֵנִי אֵל וְדַע לְבָבִי, שלבו של צדיק נחקר על־פי שנאתו. אם טהורה ומוחלטת היא, הרי שצדיק גמור הוא, צדיק וטוב לו – רק טוב. אם עודנה מהוססת, מאופקת, הרי שצדיק שאינו גמור הוא, צדיק ורע לו – שגם הרע עודנו שותף בנפשו.

על־פי תניא, י

אַךְ צַדִּיקִים יוֹדוּ לִשְׁמֶךָ יֵשְׁבוּ יְשָׁרִים אֶת־פָּנֶיךָ:

ספר חמישי

פרק קמ

מזמור של תחינה ובקשה של דוד,
אשר נכתב בשעה שהוא נרדף בידי אנשי שאול
ובנוסף על כך טפלו עליו האשמות ושקרים.

א לַמְנַצֵּחַ מִזְמוֹר לְדָוִד:
ב חַלְּצֵנִי יְהוָה מֵאָדָם רָע
מֵאִישׁ חֲמָסִים תִּנְצְרֵנִי:
ג אֲשֶׁר חָשְׁבוּ רָעוֹת בְּלֵב
כָּל־יוֹם יָגוּרוּ מִלְחָמוֹת:
ד שָׁנְנוּ לְשׁוֹנָם כְּמוֹ־נָחָשׁ
חֲמַת עַכְשׁוּב
תַּחַת שְׂפָתֵימוֹ סֶלָה:
ה שָׁמְרֵנִי יְהוָה | מִידֵי רָשָׁע
מֵאִישׁ חֲמָסִים תִּנְצְרֵנִי
אֲשֶׁר חָשְׁבוּ לִדְחוֹת פְּעָמָי:
ו טָמְנוּ־גֵאִים | פַּח לִי
וַחֲבָלִים פָּרְשׂוּ רֶשֶׁת
לְיַד־מַעְגָּל
מֹקְשִׁים שָׁתוּ־לִי סֶלָה:
ז אָמַרְתִּי לַיהוָה אֵלִי אָתָּה
הַאֲזִינָה יְהוָה קוֹל תַּחֲנוּנָי:

א לַמְנַצֵּחַ מִזְמוֹר לְדָוִד,

ב חַלְּצֵנִי, ה׳, מֵאָדָם רָע וּמֵאִישׁ חֲמָסִים, אדם שעושה חמס, עוול, תִּנְצְרֵנִי, תשמרני.

ג אֲשֶׁר חָשְׁבוּ רָעוֹת בְּלֵב, כָּל־יוֹם יָגוּרוּ מִלְחָמוֹת, כביכול הם חיים בתוך המלחמות.

ד שָׁנְנוּ לְשׁוֹנָם כְּמוֹ־נָחָשׁ, שבהרבה מקומות, ובכלל זה בספר תהלים, לשון הנחש היא סמל ודימוי לאנשים המדברים לשון הרע.

חֲמַת, ארס של עַכְשׁוּב - יש אומרים שזהו עכביש ויש אומרים שזהו יצור אחר, גם כן בעל ארס, הדומה לעכביש - תַּחַת שְׂפָתֵימוֹ, סֶלָה.

ה שָׁמְרֵנִי, ה׳, מִידֵי רָשָׁע, מֵאִישׁ חֲמָסִים תִּנְצְרֵנִי, אֲשֶׁר חָשְׁבוּ לִדְחוֹת פְּעָמָי, הם רוצים לדחוק, לדחוף, את רגליי, כלומר: להפיל ולמוטט אותי.

ו וכדי לעשות זאת הם משתמשים בכל מיני תחבולות: טָמְנוּ־גֵאִים - הגאים שבכל הספר הם בעיקר אנשים רעים שאינם מתחשבים באחרים, והם מנסים לטמון מוקשים שונים, פַּח - מוקש, מלכודת - לִי; וַחֲבָלִים, שהם חלק של המלכודת, פָּרְשׂוּ רֶשֶׁת לְיַד־מַעְגָּל, שכן כך עושים לבעלי חיים: פורשים רשת מסביב לנקודה מרכזית כלשהי, שבעלי החיים התועים יסתבכו בחבלים אלה ויילכדו בהם. מֹקְשִׁים שָׁתוּ־לִי, סֶלָה. כלומר: צורות שונות של מלכודות והטעיות שמטרתן להפיל את דוד.

ז ובאותם זמנים אין לו עזרה אלא בתפילתו: אָמַרְתִּי לַה׳: אֵלִי אָתָּה, הַאֲזִינָה, ה׳, קוֹל תַּחֲנוּנָי.

קמ,ב **חַלְּצֵנִי ה׳ מֵאָדָם רָע.** עיקר האדם הוא המחשבות וההרהורים והרצונות שבמוח ולב, שזהו רוחניות האדם, אבל הגוף הוא גשמי, ונקרא רק בשר אדם, ולא האדם עצמו. וכשח"ו מחשבתו ורצונו שקועים בהבלים נקרא אדם רע, כידוע שיש דמות אדם היושב על הכיסא, והוא מקור מחצב נשמות ישראל, וזה לעומת זה יש אדם בליעל, פירוש קומת אדם שלמה מכל מיני מחשבות ורצונות לרע, והיא מלבישה את נשמות ישראל ב"עת אשר שלט האדם באדם לרע לו" (קהלת ח ט). ועל זה אנו מבקשים: **חַלְּצֵנִי ה׳ מֵאָדָם רָע** – על העבר, מה שכבר נשתקע במחשבות ורצונות אשר לא לה׳ המה; **מֵאִישׁ חֲמָסִים תִּנְצְרֵנִי** – שלא ישוב ויחמוס נפשי אחר שנחלצה מידיו. ואמר איש, לשון זכר, רמז לבחינת הכוח והגבורה שביצר, והוא מידת הכעס, שעל־ידי שמפיל האדם בכעס יש לו שליטה להחטיאו בכל מיני הרהורים וחמדות.

על־פי צדקת הצדיק, ריז

ח יְהֹוִה אֲדֹנָי עֹז יְשׁוּעָתִי
סַכֹּותָה לְרֹאשִׁי בְּיוֹם נָשֶׁק:
ט אַל־תִּתֵּן יְהוָה מַאֲוַיֵּי רָשָׁע
זְמָמוֹ אַל־תָּפֵק יָרוּמוּ סֶלָה:
י רֹאשׁ מְסִבָּי
עֲמַל שְׂפָתֵימוֹ יְכַסֵּמוֹ:
יא יִמּוֹטוּ עֲלֵיהֶם גֶּחָלִים
בָּאֵשׁ יַפִּלֵם
בְּמַהֲמֹרוֹת בַּל־יָקוּמוּ:
יב אִישׁ לָשׁוֹן בַּל־יִכּוֹן בָּאָרֶץ
אִישׁ־חָמָס רָע
יְצוּדֶנּוּ לְמַדְחֵפֹת:
יג יָדַעְתָּ
כִּי־יַעֲשֶׂה יְהוָה דִּין עָנִי
מִשְׁפַּט אֶבְיֹנִים:
יד אַךְ צַדִּיקִים יוֹדוּ לִשְׁמֶךָ
יֵשְׁבוּ יְשָׁרִים אֶת־פָּנֶיךָ:

ח אֱלֹהִים ה׳, אתה הוא עֹז יְשׁוּעָתִי, סַכֹּתָה, שמת מסך מגן לְרֹאשִׁי בְּיוֹם נָשֶׁק, ביום של קרב.

ט אַל־תִּתֵּן, ה׳, מַאֲוַיֵּי רָשָׁע, וּזְמָמוֹ - תכניותיו, מזימותיו - אַל־תָּפֵק, אל תיתן להן לצאת אל הפועל ולהגיע לידי מימוש. יָרוּמוּ, יסתלקו ממני, יצאו, סֶלָה.

י רֹאשׁ מְסִבָּי, אלה הסובבים אותי ורוצים ברעתי, עֲמַל, כלומר: החטא והעוול של שְׂפָתֵימוֹ, שפתיהם, יְכַסֵּמוֹ. בעיקרו של דבר דוד מתפלל כאן על כך שהרשעה עצמה תמוטט את הרשע.

יא יִמּוֹטוּ, ייפלו עֲלֵיהֶם גֶּחָלִים בוערות, בָּאֵשׁ יַפִּלֵם ה׳, ויפילם גם בְּמַהֲמֹרוֹת, בורות וחפירות, שגם אותן חופרים בדרך כלל כדי לצוד בעלי חיים, וכשייפלו בהן - בַּל־יָקוּמוּ.

יב אִישׁ לָשׁוֹן, אנשים המשתמשים בלשונם כדי לשקר ולהסית, בַּל־יִכּוֹן, שלא יהיה להם שום מקום ומעמד בָּאָרֶץ. אִישׁ־חָמָס, הָרָע עצמו יְצוּדֶנּוּ לְמַדְחֵפֹת, יצוד אותו וידחוף אותו לתהומות.

יג וכנגד זה, לעומת מפלתם של הרשעים ברשעותם־שלהם, תגיע בסופו של דבר עזרה והצלה לצדיקים: יָדַעְתִּי כִּי־יַעֲשֶׂה ה׳ דִּין עָנִי, ויעשה גם מִשְׁפַּט אֶבְיֹנִים.

יד ובסוף, כאשר האויבים יתמוטטו מאליהם, אַךְ צַדִּיקִים יודו לִשְׁמֶךָ, יֵשְׁבוּ יְשָׁרִים במנוחה אֶת־פָּנֶיךָ, עם פניך, כלומר: לידך, לעומתך.

יכסומו | ימיטו

קמ,ט **יָרוּמוּ סֶלָה.** "אז ראה ויספרה הכינה וגם חקרה ויאמר לאדם" (איוב כח כז). כי אור בהיר כמו שיורד מן השמים אין ביכולת הבריאה לקבל, כי אם יראה האדם אור השם יתברך מפורש, ויראה שמלוא כל הארץ כבודו ובכל פרטי פעולותיו הוא מוקף באור השם יתברך, אז אפס ממנו כל כוח עבודתו. כי בעת שמכיר האדם ההכרה הזאת, אז מכיר שאף אומות העולם שעושות בזדון לבן כל פעולותיהן, עם כל זה נתקיים בהן רצונו יתברך גם כן, וכמו שכתוב: **יָרוּמוּ סֶלָה** – שהשם יתברך מנהיג אותן באור עליון שלמעלה מדעתן. אך יען שחפץ השם יתברך שיהיה מקום לעבודת אדם, לכן הציב סדר השתלשלות בזה העולם – "ראה ויספרה הכינה וגם חקרה" ורק אז "ויאמר לאדם" – שיתלבש האור בלבושים רבים עד שיבוא לתפיסת האדם, וממילא יהיה מקום לעבודת האדם.

על־פי תפארת יוסף, שבועות

תִּכּוֹן תְּפִלָּתִי קְטֹרֶת לְפָנֶיךָ מַשְׂאַת כַּפַּי מִנְחַת־עָרֶב:

ספר חמישי

פרק קמא

עוד תפילה של מי שנרדף בידי אויבים,
אלא שיש בו צד נוסף: הוא עוסק לא רק
ברעתם של האויבים אלא גם ברצונו של
המשורר שלא להיכנס לתבנית עולמם.

א מִזְמ֗וֹר לְדָ֫וִ֥ד
יְהֹוָ֣ה קְ֭רָאתִיךָ ח֣וּשָׁה לִּ֑י
הַאֲזִ֥ינָה ק֝וֹלִ֗י בְּקָרְאִי־לָֽךְ׃
ב תִּכּ֤וֹן תְּפִלָּתִ֣י קְטֹ֣רֶת לְפָנֶ֑יךָ
מַֽשְׂאַ֥ת כַּ֝פַּ֗י מִנְחַת־עָֽרֶב׃
ג שִׁיתָ֣ה יְ֭הֹוָה שָׁמְרָ֣ה לְפִ֑י
נִ֝צְּרָ֗ה עַל־דַּ֥ל שְׂפָתָֽי׃
ד אַל־תַּט־לִבִּ֨י ׀ לְדָ֘בָ֤ר ׀ רָ֗ע
לְהִתְע֣וֹלֵ֤ל עֲלִל֨וֹת ׀ בְּרֶ֗שַׁע
אֶת־אִ֥ישִׁים פֹּֽעֲלֵי־אָ֑וֶן
וּבַל־אֶ֝לְחַ֗ם בְּמַנְעַמֵּיהֶֽם׃
ה יֶהֶלְמֵֽנִי־צַדִּ֨יק ׀ חֶ֡סֶד
וְֽיוֹכִיחֵ֗נִי
שֶׁ֣מֶן רֹ֭אשׁ אַל־יָנִ֣י רֹאשִׁ֑י
כִּי־ע֥וֹד וּ֝תְפִלָּתִ֗י
בְּרָעוֹתֵיהֶֽם׃

א מִזְמוֹר לְדָוִד, ה׳ קְרָאתִיךָ, חוּשָׁה לִּי, מהר לעזור לי כי במצבי אני צריך תשועה מהירה. הַאֲזִינָה קוֹלִי בְּקָרְאִי־לָךְ.

ב תִּכּוֹן, תיחשב, תְּפִלָּתִי, שיש בה מילים בלבד, כנתינת קְטֹרֶת לְפָנֶיךָ, וּמַשְׂאַת כַּפַּי, שאני נושא את כפיי בתפילה, ייחשב כמִנְחַת־עָרֶב, כקורבן מנחה שמקריבים במקדש.

ג וכאן בא חלק מהתפילה: שִׁיתָה, ה׳, שָׁמְרָה לְפִי, המשורר מבקש מה׳ שייתן לו שמירה לפיו־שלו, שלא ייכשל גם הוא בדיבור רע כמו אויביו.

נִצְּרָה, שמירה סגירה, עַל־דַּל, דלתות, שְׂפָתָי, פתחי פי.

ד אַל־תַּט־לִבִּי לְדָבָר רָע, אף על פי שאני נמצא במצב קשה, אשר נוצר גם משום שאינני משתף את עצמי במעשיהם של אותם אנשים, שהם רוצים לְהִתְעוֹלֵל עֲלִלוֹת בְּרֶשַׁע, כלומר: לתכנן ולבצע מעשים של רשע, אֶת־אִישִׁים, יחד עם אנשים שהם פֹּעֲלֵי־אָוֶן, שלא אהיה שותף להם וּבַל־אֶלְחַם, ולא אוכל אתם לחם בְּמַנְעַמֵּיהֶם, במאכליהם הנעימים והערבים.

ה יֶהֶלְמֵנִי גם אם אתה מכה אותי, צַדִּיק אתה ועושה חֶסֶד, וְיוֹכִיחֵנִי, וכאשר הוא יוכיחני יהיה זה כשֶׁמֶן רֹאשׁ, שמן בושם שאני נוסך על ראשי.

אַל־יָנִי, יסיר, שמן זה מרֹאשִׁי, כִּי־עוֹד אני ממשיך בדרכי, וּתְפִלָּתִי בְּרָעוֹתֵיהֶם, אני מתפלל בגללם, להינצל מהם.

קמא,ב **מַשְׂאַת כַּפַּי מִנְחַת עָרֶב** – עיקר התפילה היא בבחינת מנחת ערב, בחינת תפילה לעני, שזהו התבודדות ושיחה בינו לבין קונו, בחינת "ולפני ה׳ ישפֹך שיחו" (קב א), שבעת שרואה שהאור הולך להסתלק, שזהו בחינת בין הערביים, אז צריך להתגבר בתפילה ושיחה בבחינת "ויצא יצחק לשוח בשדה לפנות ערב" (בראשית כד סג), וישפוך לבו כמים לפני ה׳ בטרם יעבור יום, בבחינת "אוי לנו כי פנה היום כי ינטו צללי ערב" (ירמיהו ו ד). ומכל שכן כשהאדם רואה שכבר עברו הרבה מימיו, ומכל שכן מי שעברו רוב ימיו, והיום מתחיל לערוב, כי לא ידע האדם את עתו, וימינו כצל עובר, שצריך לקיים "וזכֹר את בוראיך... עד אשר לא תחשך השמש והאור" (קהלת יב א־ב), וכל זה הוא בחינת תפילת המנחה, שהיא בחינת תשובה.

על־פי תורת נתן

578 • תהלים ____ כט לחודש • ליום שבת • ספר חמישי • פרק קמא

ו נִשְׁמְטוּ בִידֵי־סֶלַע
שֹׁפְטֵיהֶם
וְשָׁמְעוּ אֲמָרַי כִּי נָעֵמוּ׃
ז כְּמוֹ פֹלֵחַ וּבֹקֵעַ בָּאָרֶץ
נִפְזְרוּ עֲצָמֵינוּ לְפִי שְׁאוֹל׃
ח כִּי אֵלֶיךָ ׀ יֱהֹוִה אֲדֹנָי עֵינָי
בְּכָה חָסִיתִי
אַל־תְּעַר נַפְשִׁי׃
ט שָׁמְרֵנִי מִידֵי פַח יָקְשׁוּ לִי
וּמֹקְשׁוֹת פֹּעֲלֵי אָוֶן׃
י יִפְּלוּ בְמַכְמֹרָיו רְשָׁעִים
יַחַד אָנֹכִי עַד־אֶעֱבוֹר׃

ו נִשְׁמְטוּ בִידֵי־סֶלַע שֹׁפְטֵיהֶם, ראשיהם ומנהיגיהם ייפלו כמו מן הסלע, וְשָׁמְעוּ אֲמָרַי כִּי נָעֵמוּ; המשורר חוזר ומדגיש כאן כי הוא אינו הגורם או היוזם של האיבה, אלא להפך: הוא מנסה לפעול בדרך הטובה ביותר גם בשבילם.

ז ובינתיים, כְּמוֹ פֹלֵחַ, אדם הפולח, מבקע עצים, וּבֹקֵעַ, ואגב כך שובר, בָּאָרֶץ, משבר את האדמה שמתחת לעצים ועושה בה חורים, כן מצבי שלי, שאני מוכה מכל צד. ואני מרגיש כאילו נִפְזְרוּ עֲצָמֵינוּ לְפִי שְׁאוֹל, עד פי השאול – פתחה של גיהנום.

ח כִּי אֵלֶיךָ, אֱלֹהִים ה׳, עֵינָי, בְּכָה חָסִיתִי, אַל־תְּעַר, אל תשפוך, את נַפְשִׁי.

ט שָׁמְרֵנִי מִידֵי פַח, מלכודת, אשר יָקְשׁוּ, הטמינו, לִי, וּמֹקְשׁוֹת ושמרני גם ממוקשות שמטמינים לי פֹּעֲלֵי אָוֶן.

י יִפְּלוּ בְמַכְמֹרָיו, במלכודות הללו שהם בונים, הָרְשָׁעִים יַחַד, ואילו אָנֹכִי – עַד־אֶעֱבוֹר, עד שאעבור ואצא בשלום.

קמא,ו כְּמוֹ פֹלֵחַ וּבֹקֵעַ בָּאָרֶץ. פעם ישב רבי ישראל מרוז׳ין זי״ע אצל שולחנו הטהור ואמר דברי תורה, והיה שם איש אחד שנתפעל מאוד במחשבתו מנועם וחריפות הדברים. נענה רבי ישראל ואמר: כשאומרים איזה דיבור לפני אנשים כדי לפתוח לבם לעבודת השם יתברך, והם אינם משגיחים על זה כלל רק יש להם התפעלות מהחריפות של הדרש שלו, אזי יש למדבֵּר ייסורים מזה שלא נשלמה כוונתו. והוא כאדם שחשב לבקוע העץ בקרדומו, והיכה בארץ. לא זו בלבד שלא פעל, אלא שגם נתקלקל הקרדום. וזה שקונן דוד המלך ע״ה ואמר: נִשְׁמְטוּ בִידֵי־סֶלַע שֹׁפְטֵיהֶם, ומפני מה? כי שָׁמְעוּ אֲמָרַי כִּי נָעֵמוּ, היינו שנעם להם הדרוש אבל לא עשה בהם שום פעולה, והרי זה כְּמוֹ פֹלֵחַ וּבֹקֵעַ בָּאָרֶץ, שחשב לפלח העץ ולבסוף רק בקע בארץ, נִפְזְרוּ עֲצָמֵינוּ לְפִי שְׁאוֹל – שאינו לתועלת.

על־פי אסיפת אמרים מתלמידי הבעש״ט

בְּהְיוֹתוֹ בַמְּעָרָה תְפִלָּה:

ספר חמישי

פרק קמב

מזמור תחינה של מי שנשאר מבודד, ומוקף מכל עבר רק בשנאה ובאויבים, והריהו מתפלל להינצל מכל הרע הזה.

א מַשְׂכִּיל לְדָוִד
בִּהְיוֹתוֹ בַמְּעָרָה תְפִלָּה׃
ב קוֹלִי אֶל־יְהוָה אֶזְעָק
קוֹלִי אֶל־יְהוָה אֶתְחַנָּן׃
ג אֶשְׁפֹּךְ לְפָנָיו שִׂיחִי
צָרָתִי לְפָנָיו אַגִּיד׃
ד בְּהִתְעַטֵּף עָלַי ׀ רוּחִי
וְאַתָּה יָדַעְתָּ נְתִיבָתִי
בְּאֹרַח־זוּ אֲהַלֵּךְ
טָמְנוּ פַח לִי׃
ה הַבֵּיט יָמִין ׀ וּרְאֵה
וְאֵין־לִי מַכִּיר
אָבַד מָנוֹס מִמֶּנִּי
אֵין דּוֹרֵשׁ לְנַפְשִׁי׃
ו זָעַקְתִּי אֵלֶיךָ יְהוָה
אָמַרְתִּי אַתָּה מַחְסִי
חֶלְקִי בְּאֶרֶץ הַחַיִּים׃

א מַשְׂכִּיל לְדָוִד זה הוא שיר של התבוננות אשר נכתב בִּהְיוֹתוֹ בַמְּעָרָה, כשהיה מתחבא מפני אנשי שאול, וזהו גם שיר של תְפִלָּה.

ב קוֹלִי אֶל־ה' אֶזְעָק, קוֹלִי אֶל־ה' אֶתְחַנָּן.

ג אֶשְׁפֹּךְ לְפָנָיו שִׂיחִי, שהוא לא רק תפילתי אלא גם מכאובי, צָרָתִי לְפָנָיו אַגִּיד.

ד בְּהִתְעַטֵּף עָלַי רוּחִי - תיאור של דכדוך ונפילה - וְאַתָּה יָדַעְתָּ נְתִיבָתִי, הרי אתה, ה', יודע את דרכי, שאיננה דרך של רע. אבל בְּאֹרַח־זוּ אֲהַלֵּךְ, בדרך שאני הולך בה, שם טָמְנוּ פַח, מלכודת, לִי.

ה הַבֵּיט יָמִין, לצד ימיני, שהוא החוזק שלי או מקומם של ידידיי, וּרְאֵה, וְאֵין־לִי מַכִּיר, אני בודד לגמרי, אָבַד מָנוֹס מִמֶּנִּי, אֵין דּוֹרֵשׁ לְנַפְשִׁי, אף אחד אינו רוצה או מחפש דרכים לעשות לי טובה.

ו זָעַקְתִּי אֵלֶיךָ, ה', אָמַרְתִּי: אַתָּה לבדך הוא מַחְסִי, אתה הוא חֶלְקִי בְּאֶרֶץ הַחַיִּים, ומבלעדיך אין לי בעולם הזה שום עזרה.

קמב,ד בְּאֹרַח זוּ אֲהַלֵּךְ טָמְנוּ פַח לִי – היינו שדוד המלך ע"ה התפלל על כלל ישראל, וראה שיש שנופלים כל כך עד שנדמה להם שאין להם שום עצה איך לצאת מן החושך, כי בכל דרך ועצה שרוצים לילך כדי לזכות ולהתקרב אליו יתברך, טומנים פחים ורשתות הרבה עליהם, ומקלקלים עצתם תמיד. אבל באמת כל תקנתם הוא זהו בעצמו, שיצעקו כך להשם יתברך וירגישו בעצמם זה האמת בעצמו, שאין יודעין שום עצה, ויתפללו הרבה על זה להשם יתברך, ואז יזכו שתהיה הירידה תכלית העלייה.

על־פי ליקוטי הלכות, גיטין ג: כה

ז הַקְשִׁ֤יבָה ׀ אֶֽל־רִנָּתִ֮י
כִּֽי־דַלּ֪וֹתִ֫י מְאֹ֥ד
הַצִּילֵ֥נִי מֵרֹדְפַ֑י
כִּ֖י אָמְצ֣וּ מִמֶּֽנִּי׃
ח ה֘וֹצִ֤יאָה מִמַּסְגֵּ֨ר ׀ נַפְשִׁ֗י
לְהוֹד֪וֹת אֶת־שְׁ֫מֶ֥ךָ
בִּ֭י יַכְתִּ֣רוּ צַדִּיקִ֑ים
כִּ֖י תִגְמֹ֣ל עָלָֽי׃

ז הַקְשִׁיבָה אֶל־רִנָּתִי כִּי־דַלּוֹתִי, התדלדלתי, נחלשתי מאוד, מְאֹד, הַצִּילֵנִי מֵרֹדְפַי כִּי אָמְצוּ, נעשו חזקים יותר מִמֶּנִּי, ואינני יכול לעמוד כנגדם.

ח הוֹצִיאָה מִמַּסְגֵּר, מכלא, ממקום סגור, את נַפְשִׁי, כדי שאוכל לְהוֹדוֹת אֶת־שְׁמֶךָ, לשמך, וכדי שבסופו של דבר בִּי יַכְתִּרוּ, יתעטרו ויתהדרו צַדִּיקִים כִּי, כאשר, תִגְמֹל עָלָי, לי, חסד ותעזור לי.

קמב,ח **הוֹצִיאָה מִמַּסְגֵּר נַפְשִׁי.** כי הנפש מתאווה ואוהבת וחפצה לדבקה בה׳, ורע לה מאוד להתרחק ממנו יתברך ח״ו, רק שמפני שאהבה זו מוסתרת בבחינת גלות בגוף יש כוח בקליפה לשלוט עליה, וזהו רוח שטות המחטיא לאדם. ועבודת האדם לקונו היא להתגבר על זו הקליפה, שמתחילה יגרשה ממחשבה דיבור ומעשה שלו, ואחר כך יוכל להוציא ממסגר אסיר, להיות האהבה המסותרת נגלית בגילוי רב בכל כוחות חלקי הנפש שבגוף, שהשכל יתבונן תמיד איך שהבורא יתברך הוא חיי החיים בכלל וחיי נשמתו בפרט, ועל כן יכסוף ויתאווה להיות דבוק בו וקרוב אליו כוסף טבעי, כבן הכוסף להיות תמיד אצל אביו, וכל מה שיתמיד לחשוב בשכלו כוסף זה ככה יתגבר ויתפשט כוסף זה גם בפיו ובכל איבריו לעסוק בתורה ומצוות לדבקה בהם בה׳ ממש, דאורייתא וקודשא־בריך־הוא כולא חד.

על־פי תניא, איגרת הקודש, יח

פֵּרַשְׂתִּי יָדַי אֵלֶיךָ נַפְשִׁי כְּאֶרֶץ־עֲיֵפָה לְךָ סֶלָה:

ספר חמישי

פרק קמג

שיר תפילה ותחנונים בזמן של מצוקה,
הנגרמת בעיקר בידי אויבים מבחוץ.

א מִזְמ֗וֹר לְדָ֫וִ֥ד
יְהוָ֤ה ׀ שְׁמַ֬ע תְּפִלָּתִ֗י
הַאֲזִ֣ינָה אֶל־תַּחֲנוּנַ֑י
בֶּאֱמֻנָתְךָ֥ עֲ֝נֵ֗נִי בְּצִדְקָתֶֽךָ׃
ב וְאַל־תָּב֣וֹא בְ֭מִשְׁפָּט
אֶת־עַבְדֶּ֑ךָ
כִּ֤י לֹֽא־יִצְדַּ֖ק לְפָנֶ֣יךָ כָל־חָֽי׃
ג כִּ֤י רָ֘דַ֤ף אוֹיֵ֨ב ׀ נַפְשִׁ֗י
דִּכָּ֣א לָ֭אָרֶץ חַיָּתִ֑י
הוֹשִׁיבַ֥נִי בְ֝מַחֲשַׁכִּ֗ים
כְּמֵתֵ֥י עוֹלָֽם׃
ד וַתִּתְעַטֵּ֣ף עָלַ֣י רוּחִ֑י
בְּ֝תוֹכִ֗י יִשְׁתּוֹמֵ֥ם לִבִּֽי׃
ה זָ֘כַ֤רְתִּי יָמִ֨ים ׀ מִקֶּ֗דֶם
הָגִ֥יתִי בְכָל־פָּעֳלֶ֑ךָ
בְּֽמַעֲשֵׂ֖ה יָדֶ֣יךָ אֲשׂוֹחֵֽחַ׃
ו פֵּרַ֣שְׂתִּי יָדַ֣י אֵלֶ֑יךָ
נַפְשִׁ֓י ׀ כְּאֶֽרֶץ־עֲיֵפָ֖ה לְךָ֣
סֶֽלָה׃

א מִזְמוֹר לְדָוִד: ה׳, שְׁמַע תְּפִלָּתִי, הַאֲזִינָה אֶל־תַּחֲנוּנַי, בֶּאֱמֻנָתְךָ, כלומר: בנאמנותך, בזה שאתה שומר הבטחתך, עֲנֵנִי בְּצִדְקָתֶךָ. הבקשה כאן היא בעיקר לרחמי ה׳. דוד חוזר ומדגיש במקומות שונים שכל ימיו הוא מנסה לעבוד את ה׳ ולהתקרב אליו, והוא מבקש את חסותו ועזרתו של ה׳ לא מפני שהוא מושלם, אלא משום שהוא קשור לה׳ ועובד אותו כל ימיו.

ב וְאַל־תָּבוֹא בְמִשְׁפָּט אֶת־עַבְדֶּךָ, עם עבדך; אינני מבקש דין ומשפט, אלא חסד; ולא רק אתי אל תבוא במשפט, כִּי לֹא־יִצְדַּק לְפָנֶיךָ כָל־חָי; וממילא, אם תבוא אתי במשפט בוודאי אצא חייב.

ג ואולם בינתיים אני סובל, כִּי רָדַף אוֹיֵב נַפְשִׁי, דִּכָּא לָאָרֶץ חַיָּתִי, את חיי, כוח החיים שלי ("חיה" כאן היא שם נרדף לנשמה). הוֹשִׁיבַנִי בְמַחֲשַׁכִּים כְּמֵתֵי עוֹלָם.

ד וַתִּתְעַטֵּף עָלַי רוּחִי - תיאור של הרגשת כאב וצער: הנפש כמו מתעטפת, מתכווצת, בְּתוֹכִי יִשְׁתּוֹמֵם לִבִּי.

ה זָכַרְתִּי יָמִים מִקֶּדֶם, שבהם הייתה לי רווחה ובהם הָגִיתִי בְכָל־פָּעֳלֶךָ, בְּמַעֲשֵׂה יָדֶיךָ אֲשׂוֹחֵחַ.

ו פֵּרַשְׂתִּי יָדַי אֵלֶיךָ בתפילה, וְנַפְשִׁי שייכת או פונה אליך כְּאֶרֶץ־עֲיֵפָה; כמו ארץ צמאה המחכה לגשם, כך אני מחכה לְךָ, סֶלָה.

קמג,ו **נַפְשִׁי כְּאֶרֶץ עֲיֵפָה לְךָ סֶלָה.** אין זוכין למצוא קדושתו ומדרגתו, מה שצריך כל אחד, כי אם על־ידי חיפוש ובקשה הרבה, וכדוד המלך ע״ה, שהיה עוסק ביותר למצוא כבודו יתברך, שזה כל ספר תהלים, שהוא תחינות ובקשות והחיפוש אחר כבודו יתברך, ועל כן הוא דייקא זכה למצוא מקום קביעות קדושתו לעולמי עד, שהוא מקום בית המקדש שנתגלה לו.

על־פי ליקוטי הלכות, גביית חוב מהיתומים ג: כג

קמג,ו **פֵּרַשְׂתִּי יָדַי אֵלֶיךָ.** יש מישראל שאין בהן לא תורה ולא מצוות, לא טעם ולא ריח, ואין שבחן אלא שהם צמאים ומצפים תמיד לישועת ה׳ **כְּאֶרֶץ עֲיֵפָה לְךָ סֶלָה,** "ארץ לא שבעה מים" (משלי לט ז), שאינה נשבעת בכל המימות שבעולם, שלעולם יש בהם התשוקה והצימאון. ואלו הנשמות הן בבחינת ערבי נחל, ראשי תיבות "נפשנו חכתה לה׳", כי מתשוקתן נפתח פי הבאר ונעשה הנחל.

על־פי שפת אמת, סוכות תר״ס

ז מַהֵר עֲנֵנִי ׀ יהוה
כָּלְתָה רוּחִי
אַל־תַּסְתֵּר פָּנֶיךָ מִמֶּנִּי
וְנִמְשַׁלְתִּי עִם־יֹרְדֵי בוֹר׃
ח הַשְׁמִיעֵנִי בַבֹּקֶר ׀ חַסְדֶּךָ
כִּי־בְךָ בָטָחְתִּי
הוֹדִיעֵנִי דֶּרֶךְ־זוּ אֵלֵךְ
כִּי־אֵלֶיךָ נָשָׂאתִי נַפְשִׁי׃
ט הַצִּילֵנִי מֵאֹיְבַי ׀ יהוה
אֵלֶיךָ כִסִּתִי׃
י לַמְּדֵנִי ׀ לַעֲשׂוֹת רְצוֹנֶךָ
כִּי־אַתָּה אֱלוֹהָי רוּחֲךָ טוֹבָה
תַּנְחֵנִי בְּאֶרֶץ מִישׁוֹר׃
יא לְמַעַן־שִׁמְךָ יהוה תְּחַיֵּנִי
בְּצִדְקָתְךָ ׀
תוֹצִיא מִצָּרָה נַפְשִׁי׃
יב וּבְחַסְדְּךָ תַּצְמִית אֹיְבָי
וְהַאֲבַדְתָּ כָּל־צֹרְרֵי נַפְשִׁי
כִּי אֲנִי עַבְדֶּךָ׃

ז מַהֵר עֲנֵנִי, ה', כִּי כָּלְתָה רוּחִי, אני מרגיש כאילו יש לי פחות ופחות אוויר לנשימה. אַל־תַּסְתֵּר פָּנֶיךָ מִמֶּנִּי, כי במצב של הסתר פנים - וְנִמְשַׁלְתִּי, איעשה אז דומה, עִם־יֹרְדֵי בוֹר - כלומר: למתים.

ח הַשְׁמִיעֵנִי בַבֹּקֶר חַסְדֶּךָ, כִּי־בְךָ בָטָחְתִּי, אני קשור ומחובר אליך, ואתה משענִי העיקרי. הוֹדִיעֵנִי דֶּרֶךְ־זוּ אֵלֵךְ, כלומר: הדרך אשר אלך בה, כִּי־אֵלֶיךָ נָשָׂאתִי נַפְשִׁי כעת, כמו גם בעבר.

ט הַצִּילֵנִי מֵאֹיְבַי, ה', אֵלֶיךָ כִסִּתִי - כנראה שפירושו הוא: אני מוצא מסתור ומחסה בצלך, אתה הוא המכסה, השריון שלי.

י לַמְּדֵנִי לַעֲשׂוֹת רְצוֹנֶךָ, כי ייתכן שמה שאני עושה כעת הוא שגיאה, אבל אינני ער לזה. כִּי־אַתָּה, אֱלוֹהָי, רוּחֲךָ טוֹבָה, ואתה יכול להדריך אותי בדרך הנכונה: תַּנְחֵנִי בְּאֶרֶץ מִישׁוֹר, כי ההליכה בהרים וכיוצא בהם נעשית בדרך עקלקלה ובלתי בטוחה, בעוד שבמישור קל יותר לנוע ואפשר לראות מה נמצא גם קרוב וגם במרחק.

יא למען כבודך, לְמַעַן־שִׁמְךָ, ה', אני מבקש שתְּחַיֵּנִי, הצל את חיי! בְּצִדְקָתְךָ תוֹצִיא מִצָּרָה נַפְשִׁי.

יב וּבְחַסְדְּךָ עליי תַּצְמִית, תכרית, את אֹיְבָי וְהַאֲבַדְתָּ כָּל־צֹרְרֵי נַפְשִׁי, כִּי אֲנִי עַבְדֶּךָ; וכבן חסותך, אני מבקש את עזרתך.

קמג,יב וּבְחַסְדְּךָ תַּצְמִית אֹיְבָי וְהַאֲבַדְתָּ כָּל צֹרְרֵי נַפְשִׁי כִּי אֲנִי עַבְדֶּךָ. כי כשהקב"ה מאבד את הרשעים שונאי ישראל, יש שגם מישראל נתפסים עמהם, שכיוון שניתן רשות למשחית אינו מבחין בין צדיק לרשע (בבא קמא ס, א), ויש צרות שהן רק כדי לאבד את רשעי אומות העולם, אך גם ישראל נתפסים עמהם, וכמו שעינינו ראו במלחמה הקודמת, שסבלו ישראל, ואחר זה ראינו שהייתה מן השמים כדי לאבד את מלכות הרשעה עם הצאר שברוסיא שונא ישראל, שלא היה יכול שום איש לחשוב זאת מקודם, ומה שסבלו ישראל הוא רק כי נתפסו עמהם. לכן ביקש דוד כי גם כשתבוא לענוש את הרשעים, לא במידת הגבורה תאבדם רק במידת החסד, ואז לא ייתפס ח"ו שום איש ישראל עמהם.

על־פי אש קודש, זכור

אֱלֹהִים שִׁיר חָדָשׁ אָשִׁירָה לָּךְ בְּנֵבֶל עָשׂוֹר אֲזַמְּרָה־לָּךְ:

ספר חמישי
פרק קמד

שיר של תודה שיש בו גם תפילה וגם
תודה בעת מלחמה, בסכנה ובניצחון,
המסתיים בתיאור השלווה הבאה לארץ
כאשר אין עוד אויבים המאיימים עליה.

א לְדָוִד ׀ בָּרוּךְ יְהוָה ׀ צוּרִי
הַמְלַמֵּד יָדַי לַקְרָב
אֶצְבְּעוֹתַי לַמִּלְחָמָה׃
ב חַסְדִּי וּמְצוּדָתִי
מִשְׂגַּבִּי וּמְפַלְטִי לִי
מָגִנִּי וּבוֹ חָסִיתִי
הָרוֹדֵד עַמִּי תַחְתָּי׃
ג יְהוָה מָה־אָדָם וַתֵּדָעֵהוּ
בֶּן־אֱנוֹשׁ וַתְּחַשְּׁבֵהוּ׃
ד אָדָם לַהֶבֶל דָּמָה
יָמָיו כְּצֵל עוֹבֵר׃
ה יְהוָה הַט־שָׁמֶיךָ וְתֵרֵד
גַּע בֶּהָרִים וְיֶעֱשָׁנוּ׃
ו בְּרוֹק בָּרָק וּתְפִיצֵם
שְׁלַח חִצֶּיךָ וּתְהֻמֵּם׃

א לְדָוִד, בָּרוּךְ ה׳ צוּרִי, משעני, הַמְלַמֵּד יָדַי לַקְרָב, אֶצְבְּעוֹתַי לַמִּלְחָמָה, וכך אני יכול להילחם ולנצח.

ב ה׳ הוא חַסְדִּי, גומל החסד לי, וּמְצוּדָתִי, והוא מקום המחסה שלי וּמִשְׂגַּבִּי, הדבר שעליו אני נשען ובו אני נאחז, וּמְפַלְטִי לִי, והוא המציל אותי מרעה. הוא מָגִנִּי וּבוֹ חָסִיתִי, שהרי זהו תפקידו של המגן: להיות מחסה; הָרוֹדֵד, מכניע, את עַמִּי תַחְתָּי ומאפשר לי להיות מלך ומנהיג.

ג ואולם זהו שיר של תודה ולא של התפארות, הרי שגם המלך המנצח יודע שחסד ה׳ הוא שמגן עליו, ולכן הוא ממשיך ואומר: ה׳, מָה־אָדָם וַתֵּדָעֵהוּ, במה נחשב האדם שאתה יודע ואוהב אותו, בֶּן־אֱנוֹשׁ, מה הוא שווה שבכל זאת וַתְּחַשְּׁבֵהוּ, אתה מחשיב אותו, נותן לו מעמד?

ד הרי בסופו של דבר אָדָם לַהֶבֶל דָּמָה, הוא כמו אד, כרוח נושבת ותו לא, וְיָמָיו וחייו הם כְּצֵל עוֹבֵר, כלומר: הוא ממשי עוד פחות מצל קבוע, וכמוהו כצל אשר נע ממקום למקום, כמו צל של ענן או של ציפור.

ה לכן תפילתו של המשורר היא רק לחסדי ה׳, ואין היא נשענת על זכויותיו של האדם. וכאן הוא מתפלל לניצחון במלחמותיו. ה׳, הַט־שָׁמֶיךָ, כביכול תטה את השמים שירדו קרוב יותר אל הארץ, וְתֵרֵד אל הארץ, כדי לפעול בה. גַּע בֶּהָרִים, כשאתה נוגע בהרים - וְיֶעֱשָׁנוּ, הם נשרפים.

ו בְּרוֹק בָּרָק וּתְפִיצֵם, את האויבים, שְׁלַח חִצֶּיךָ בהם וּתְהֻמֵּם, תכה ותשבור אותם.

קמד,א הַמְלַמֵּד יָדַי לַקְרָב אֶצְבְּעוֹתַי לַמִּלְחָמָה – כי עיקר הלימוד ללחום המלחמה הארוכה שצריך כל אדם ללחום בזה העולם, הוא על־ידי הדעת הקדוש שמאיר על־ידי רמזים, שכביכול השם יתברך רומז לנו בעשר אצבעות, ובכל אצבע ואצבע יש כמה וכמה רמזים. כי אי אפשר בשום אופן לבאר לכל אחד בפרטיות איך יתגבר להישאר על עמדו בכל העתים אשר יעברו עליו, רק המשכיל החפץ באמת יכול להבין הרמזים איך להישאר קיים בנקודת יהדותו לעולם ועד. ועל־ידי הרמזים מרמזין לנו שיתחזק כל אחד איך שהוא איך שהוא עד אין תכלית, כי מכל המקומות יכולין לשוב אליו יתברך. והעיקר על־ידי הארת הרצון, שנמשכת מבחינת הרמזים, היינו שאיך שהוא יתגבר על כל פנים ברצונות טובים וחזקים אליו יתברך, כי הרצון חופשי תמיד, ועל־ידו עיקר התגברות המלחמה.

על־פי אוצר היראה, יראה ועבודת ה׳, טז

ז שְׁלַח יָדֶיךָ מִמָּרוֹם
פְּצֵנִי וְהַצִּילֵנִי מִמַּיִם רַבִּים
מִיַּד בְּנֵי נֵכָר׃
ח אֲשֶׁר פִּיהֶם דִּבֶּר־שָׁוְא
וִימִינָם יְמִין שָׁקֶר׃
ט אֱלֹהִים
שִׁיר חָדָשׁ אָשִׁירָה לָּךְ
בְּנֵבֶל עָשׂוֹר אֲזַמְּרָה־לָּךְ׃
י הַנּוֹתֵן תְּשׁוּעָה לַמְּלָכִים
הַפּוֹצֶה אֶת־דָּוִד עַבְדּוֹ
מֵחֶרֶב רָעָה׃
יא פְּצֵנִי וְהַצִּילֵנִי מִיַּד בְּנֵי־נֵכָר
אֲשֶׁר פִּיהֶם דִּבֶּר־שָׁוְא
וִימִינָם יְמִין שָׁקֶר׃
יב אֲשֶׁר בָּנֵינוּ ׀ כִּנְטִעִים
מְגֻדָּלִים בִּנְעוּרֵיהֶם
בְּנוֹתֵינוּ כְזָוִיֹּת
מְחֻטָּבוֹת תַּבְנִית הֵיכָל׃
יג מְזָוֵינוּ מְלֵאִים

ז שְׁלַח יָדֶיךָ מִמָּרוֹם לעזור לי, פְּצֵנִי, פדה אותי, וְהַצִּילֵנִי מִמַּיִם רַבִּים, שבדרך הדימוי הכוונה היא מִיַּד בְּנֵי נֵכָר, כלומר: האויבים שכנגדם הייתה המלחמה.

ח האויבים הללו מסוכנים לא רק כאויבים: גם כבני ברית הם אינם נאמנים, אֲשֶׁר פִּיהֶם דִּבֶּר־שָׁוְא, ואי־אפשר לסמוך על הבטחותיהם, וִימִינָם, שאותה הם כביכול מושיטים לעזרה או במשמעות של כריתת ברית, היא יְמִין שָׁקֶר.

ט אֱלֹהִים, שִׁיר חָדָשׁ אָשִׁירָה, לָּךְ בְּנֵבֶל עָשׂוֹר – כנראה נבל שיש בו יותר מיתרים מאשר בנבל רגיל (שבו יש בדרך כלל שבעה־שמונה מיתרים) – אֲזַמְּרָה־לָּךְ.

י וזו היא השירה: הַנּוֹתֵן תְּשׁוּעָה לַמְּלָכִים, הַפּוֹצֶה, המציל, אֶת־דָּוִד עַבְדּוֹ מֵחֶרֶב, הן במובן של מלחמה והן במובן של רָעָה מכל סוג אחר.

יא ושוב חוזר המשורר על בקשתו: פְּצֵנִי וְהַצִּילֵנִי מִיַּד בְּנֵי־נֵכָר, אֲשֶׁר פִּיהֶם דִּבֶּר־שָׁוְא וִימִינָם יְמִין שָׁקֶר.

יב ואחרי תיאורי המלחמה והניצחון עובר המזמור לתאר את עולמו של עם ישראל בבניינו בעיתות שלווה: אֲשֶׁר בָּנֵינוּ הם כִּנְטִעִים, שתילים, מְגֻדָּלִים בִּנְעוּרֵיהֶם, שהם צומחים וגדלים בזמן נערותם בלי מכשולים, בְּנוֹתֵינוּ הן כְזָוִיֹּת, כלומר: פינות מְחֻטָּבוֹת ומקושטות, והן כמו תַּבְנִית הֵיכָל. כאן יש רמז לא רק ליופי אלא גם לקדושה ולשלמות.

יג מְזָוֵינוּ, מחסנינו, אוצרותינו, מְלֵאִים, מְפִיקִים,

קמד,ט **אֲשֶׁר פִּיהֶם דִּבֶּר שָׁוְא.** הדיבור הוא כוח יוצר ומעצב. בפיו של הקב"ה הוא הכוח שבו יצר את העולם, ובפי האדם – שאף הוא שותף ליצירה – הוא הכוח הנתון בידו לעצב את העולם ברוחו ועל־פי דרכו. כאשר אדם נותן את נפשו בדיבור של תפילה, בבחינת "כל עצמותי תאמרנה" (לה י), הוא מכניס את כוחו באותם דיבורים קדושים של עשרת המאמרות שבהם ברא הקב"ה את העולם. בכך הוא מעצים את גילוי נוכחות ה' בעולם, המתעצב סביבו כמרחב מחבק ומגונן – סוכה – שתוכו חסד וגילוי אלוהות, כנאמר: "ואשים דברי בפיך ובצל ידי כִּסיתיך" (ישעיהו נא טז). מנגד, כאשר אדם מכניס כוחו בדיבורים שאינם קדושים, הוא תורם ליצירתו של מרחב כוזב, המחבק אותו באהבת שווא ומרחיק את חייו מדרך האמת, כנאמר: **אֲשֶׁר פִּיהֶם דִּבֶּר שָׁוְא וִימִינָם** (– המחבקת –) **יְמִין שָׁקֶר.**

על־פי ליקוטי מוהר"ן ח"א, מח

מְפִיקִים מִזַּן אֶל זַן
צֹאונֵנוּ מַאֲלִיפוֹת
מְרֻבָּבוֹת בְּחוּצוֹתֵינוּ:
יד אַלּוּפֵינוּ מְסֻבָּלִים
אֵין פֶּרֶץ וְאֵין יוֹצֵאת
וְאֵין צְוָחָה בִּרְחֹבֹתֵינוּ:
טו אַשְׁרֵי הָעָם שֶׁכָּכָה לּוֹ
אַשְׁרֵי הָעָם שֶׁיהוָה אֱלֹהָיו:

מוציאים מתוכם, מִזַּן אֶל זַן, מכל המינים של הדברים הטובים הנמצאים בתוכם.

צֹאונֵנוּ מַאֲלִיפוֹת, מתרבות לאלפים, מְרֻבָּבוֹת - הן מלשון רבבה והן מלשון רביבים - בְּחוּצוֹתֵינוּ, בחוצות הכפרים.

יד אַלּוּפֵינוּ, השוורים שלנו, מְסֻבָּלִים, נושאים עליהם משא רב. ומתוך השלווה - אֵין פֶּרֶץ, פרצות וחורים, וְאֵין יוֹצֵאת, כלומר: הן ביחס למקנה והן לגבי דברים אחרים אין שום פרצה, וגם אין מי שייצא מפרצה כזאת, וְאֵין צְוָחָה של כעס או קטטה בִּרְחֹבֹתֵינוּ.

טו אַשְׁרֵי הָעָם שֶׁכָּכָה לּוֹ, שיש לו חיים טובים של שפע ושלווה, אַשְׁרֵי הָעָם שֶׁה׳ אֱלֹהָיו.

קמד,יד אַלּוּפֵינוּ מְסֻבָּלִים. מהבעש״ט: בעניין מחשבות זרות, הבאות לאדם ומבטלות אותו מתורה ותפילה, הנה באמת הן לבושים שבתוכם מסתתר הקב״ה. משל למלך שהיה לו בן, ולא היה מוכשר לקבל שום חכמה, והושיב חכם אחד עמו שילמדו. ופעם ראה בן המלך איזו בתולה וחמד אותה, והלך החכם וקבל אצל המלך, והשיבו המלך: מאחר שיש לו חמדה גשמית, ממנה יבוא לכל החכמות. ואמר שיביאו הבתולה לפניו, וציווה עליה שאם ירצה בנו לישאנה לא תשמע לו, עד שילמד חכמה אחת, וכן עשתה, ואחר כך אמרה לו שילמד עוד חכמה אחת, וכך עד שנעשה חכם – ואזי מאס בה, שרצה לישא בת מלך כמותו. והנמשל מובן, שאצל אנשי הדעת, היודעים שאין דבר פנוי ממנו יתברך, אין המחשבה הזרה מסתירה כלל. וזהו שאמר אַלּוּפֵינוּ מְסֻבָּלִים – כשיודע שאלופו של עולם הוא בכל מקום, אזי סובל הכול.

על־פי בן פורת יוסף, דרוש לשבת הגדול

גָּדוֹל יהוה וּמְהֻלָּל מְאֹד וְלִגְדֻלָּתוֹ אֵין חֵקֶר:

ספר חמישי

פרק קמה

הפרק המוכר ביותר בספר תהלים, משום שחכמים הכניסוהו לסידור התפילה והוא נאמר לפחות שלוש פעמים בכל יום. בעיקרו זהו מזמור של שבח והודיה על חסדי ה׳ לעולם, ואין בו דברי תחנונים או בקשה. במזמור, הבנוי על פי סדר הא״ב, אין רצף רעיוני אחד, אלא פרטים שונים המצטרפים לכדי תמונה שלמה.*

א **תְּהִלָּה לְדָוִד**
אֲרוֹמִמְךָ אֱלוֹהַי הַמֶּלֶךְ
וַאֲבָרְכָה שִׁמְךָ לְעוֹלָם וָעֶד:
ב **בְּכָל־יוֹם אֲבָרְכֶךָּ**
וַאֲהַלְלָה שִׁמְךָ לְעוֹלָם וָעֶד:
ג **גָּדוֹל יְהוָה וּמְהֻלָּל מְאֹד**
וְלִגְדֻלָּתוֹ אֵין חֵקֶר:

א כותרת המזמור, תְּהִלָּה לְדָוִד, איננה חלק מהמזמור; ואולם כתיאור עניינו של הפרק היא בהחלט הכותרת המתאימה, שהרי זהו פרק של תהילה.

אֲרוֹמִמְךָ אֱלוֹהַי הַמֶּלֶךְ, כלומר: אתן לך כבוד, ועל ידי כך אתה מתגדל בעולם. אכן, יש בפרק גם התייחסות לקב"ה כאלוקי העולם הזן ומפרנס וחונן את עולמו, וגם לגדולתו, דהיינו: מלכותו, הנזכרת כאן פעמים רבות במישרין ובעקיפין. **וַאֲבָרְכָה שִׁמְךָ לְעוֹלָם וָעֶד** - זוהי רק הכפלה והדגשה של אותו רעיון. "לעולם" פירושו בכל משך הזמן, ואילו עניינו של "ועד" הוא הנצח.

ב **בְּכָל־יוֹם אֲבָרְכֶךָּ** - פסוק זה מסביר, בין השאר, מדוע נקבע הפרק כתפילה הנאמרת בכל יום; אבל במילים **וַאֲהַלְלָה שִׁמְךָ לְעוֹלָם וָעֶד** יש סוג מסוים של מתח, או השלמה, בין החובה היום-יומית לבין התהילה הנצחית. אכן, כל פסוקיו של הפרק (להוציא פסוק משמעותי אחד) מחולקים לשתי צלעות, שלפעמים הן חוזרה על אותו רעיון ולפעמים הן השלמה שלו מזווית שונה.

ג **גָּדוֹל ה' וּמְהֻלָּל מְאֹד**; עם זאת, אף על פי שהוא מהולל בכל מיני תשבחות, הרי **וְלִגְדֻלָּתוֹ אֵין**

* בסידור התפילה הצמידו לפרק זה פסוק לפניו (תהלים קמד, טו) ועוד פסוק אחריו (שם, קטו, יח), על מנת להשלים צדדים מסוימים שאינם מודגשים בו; ואולם המזמור כפי שהוא הנו יחידה שלמה לעצמו.

קמה,ג **גָּדוֹל ה' וּמְהֻלָּל מְאֹד**. התפילה מכינה לעסק התורה. כי בתפילה מתבונן בגדולת ה' איך ש**לִגְדֻלָּתוֹ אֵין חֵקֶר** ואין המחשבה תופסת בו כלל, ובא לידי דאגה ומרירות, כמאמר רז"ל: "אין מוסרין רזי תורה אלא למי שלבו דואג בקרבו" (חגיגה יג, א), ואזי על־ידי עסק התורה ישמח לבו, כי על־ידי שהנפש תופסת בתורה היא תופסת בהקב"ה ממש, שאורייתא וקודשא־בריך־הוא כולא חד.

על־פי ליקוטי תורה תזריע כב, ד

קמה,ג **גָּדוֹל ה' וּמְהֻלָּל מְאֹד** – וכמו שאמרו חז"ל: "במקום שאתה מוצא גדולתו שם אתה מוצא ענוותנותו", כי לא שייך לפניו יתברך בחינת גדולה מאחר ו**לִגְדֻלָּתוֹ אֵין חֵקֶר**, שאינו בבחינת ערך ומידה ומקום כלל שתיפול עליו לשון גדולה, אלא לשון גדולה היא עצמה ענוותנותו, שנתלבש בבחינת ומידת גדולה להתפשט ולהתלבש בתוך העולמות להחיותם.

על־פי תורה אור מקץ לא, ד

ד דּוֹר לְדוֹר יְשַׁבַּח מַעֲשֶׂיךָ
וּגְבוּרֹתֶיךָ יַגִּידוּ:
ה הֲדַר כְּבוֹד הוֹדֶךָ
וְדִבְרֵי נִפְלְאֹתֶיךָ אָשִׂיחָה:
ו וֶעֱזוּז נוֹרְאֹתֶיךָ יֹאמֵרוּ
וּגְדוּלָּתְךָ אֲסַפְּרֶנָּה:
ז זֵכֶר רַב־טוּבְךָ יַבִּיעוּ
וְצִדְקָתְךָ יְרַנֵּנוּ:
ח חַנּוּן וְרַחוּם יְהוָה
אֶרֶךְ אַפַּיִם וּגְדָל־חָסֶד:
ט טוֹב־יְהוָה לַכֹּל
וְרַחֲמָיו עַל־כָּל־מַעֲשָׂיו:

וגדלותיך

חֵקֶר: כל התהילות והתשבחות לא יוכלו לתאר את כל גדולתו, שהיא מעבר להשגה האנושית ואיננה ניתנת להבנה או לחקירה.

ד **דּוֹר לְדוֹר יְשַׁבַּח מַעֲשֶׂיךָ**: הפירוש הפשוט הוא שכל דור מעביר לדור הבא אחריו את השבחים שהוא אומר לקב"ה, כך שתהילת ה' כוללת את שבחי העבר, ביחד עם מה שמתחדש ונוצר כל הזמן.

וּגְבוּרֹתֶיךָ יַגִּידוּ, כי אף שהפרק הוא פרק של תשבחות על חסדי ה', הרי ברקע מצוי גם צד הגבורה והעוצמה של ה', הגם שאינו מודגש כאן הרבה.

ה **הֲדַר כְּבוֹד הוֹדֶךָ**, כל מה שאפשר לומר על הכבוד והתפארת של הקב"ה, **וְדִבְרֵי** וכן דברי **נִפְלְאֹתֶיךָ אָשִׂיחָה**, ואספר עליהם.

ו **וֶעֱזוּז נוֹרְאֹתֶיךָ יֹאמֵרוּ** – זהו צד אחר, הנמצא בעוד כמה מזמורי תהילה לא רק בספר תהלים אלא גם במקרא כולו, והוא צד העוצמה, הכוח והגבורה של מעלה, **וּגְדֻלָּתְךָ**, וגם גדולתך, שזה הצד הרך והרחום יותר, **אֲסַפְּרֶנָּה**.

ז **זֵכֶר רַב־טוּבְךָ יַבִּיעוּ** מאמיניך, **וְצִדְקָתְךָ**, ועל צדקתך שאתה עושה אתם ועם כל העולם, הם **יְרַנֵּנוּ**.

ח וכאן בא, תיאור של התהילה: **חַנּוּן וְרַחוּם ה'**, **אֶרֶךְ אַפַּיִם**, כלומר: מוותר לבריותיו ואינו כועס עליהם, **וּגְדָל־חָסֶד**.

ט **טוֹב־ה' לַכֹּל, וְרַחֲמָיו עַל־כָּל־מַעֲשָׂיו** – כאן מסתתר רעיון נוסף: חסד ה' איננו ניתן רק לחלק מסוים של הבריאה, אלא הוא כללי, ולכן יש בו איזון; אם ה' הוא טוב לכל, הרי

קמה,ח **חַנּוּן וְרַחוּם ה'**. "אני הוי"ה הוא שמי" – כי עולם ומלואו נברא בשם הוי"ה, אך הוא יתברך למעלה מעלה משמו, כי השם אינו מערך ומהות עצמות ה' כלל. ושיהיה גילוי שם הוי"ה להוות העולמות, צריך לעורר בחינת "דרך הוי"ה", דרך ומבוא להיות שם הוי"ה, שיהווה העולמות. וזה שכתוב "ושמרו דרך הוי"ה לעשות צדקה ומשפט". **צדקה** – כי רחמיו יתברך קדמו לשמו, וכמו שכתוב: **חַנּוּן וְרַחוּם הוי"ה** – תחילה **חַנּוּן וְרַחוּם**, ורק אז **הוי"ה**. וכשעושים צדקה למטה, מתעוררים רחמיו יתברך למעלה להוות כל העולמות. **ומשפט** – לפי שרחמי ה' רבים, ואפשר שיקבלו מהם גם הקליפות, ולכן צריך אדם לשפוט עצמו על מותרות חיי גופו כנגד הצדקה שנותן, שאינו בדין שיפנק האדם את נפשו בתפנוקים בעוד חברו ימות ברעב. ובמשפט זה מעוררים משפט למעלה, שלא תומשך חיות למותרות, שהן הקליפות, אלא לצד הקדושה בלבד.

על־פי תורה אור בשלח סג, ב

592 • תהלים ____________ ל לחודש • ליום שבת • ספר חמישי • פרק קמה

י יוֹדוּךָ יְהוָה כָּל־מַעֲשֶׂיךָ
וַחֲסִידֶיךָ יְבָרְכוּכָה׃
יא כְּבוֹד מַלְכוּתְךָ יֹאמֵרוּ
וּגְבוּרָתְךָ יְדַבֵּרוּ׃
יב לְהוֹדִיעַ ׀ לִבְנֵי הָאָדָם
גְּבוּרֹתָיו
וּכְבוֹד הֲדַר מַלְכוּתוֹ׃
יג מַלְכוּתְךָ
מַלְכוּת כָּל־עֹלָמִים
וּמֶמְשַׁלְתְּךָ בְּכָל־דּוֹר וָדֹר׃
יד סוֹמֵךְ יְהוָה לְכָל־הַנֹּפְלִים

שהוא טוב גם לנמצאים למעלה וגם לנמצאים למטה, והוא מרחם על היצורים הטורפים כמו על הנטרפים.

י **יוֹדוּךָ ה׳ כָּל־מַעֲשֶׂיךָ**, כלומר: כל מה שעשית; **וַחֲסִידֶיךָ**, שהם הדבקים בך יותר וקרובים אליך יותר, **יְבָרְכוּכָה**.

יא ואחרי ההודאה הכללית יש כאן חיפוש גם אחר ברכות מסוימות, מוגדרות: **כְּבוֹד מַלְכוּתְךָ יֹאמֵרוּ**, כלומר: יספרו ויפרשו את כבוד מלכות ה׳, **וּגְבוּרָתְךָ**, ועל מעשי גבורתך **יְדַבֵּרוּ**.

יב דיבורים אלה הם חשובים לבני אדם, משום שהם באים **לְהוֹדִיעַ לִבְנֵי הָאָדָם גְּבוּרֹתָיו וּכְבוֹד הֲדַר מַלְכוּתוֹ**, שהרי האנשים היודעים זאת ומסוגלים לכך, צריכים לדבר בדברים אלה ולספרם.

יג וכאן באה רשימה של מקצת השבחים: **מַלְכוּתְךָ מַלְכוּת כָּל־עֹלָמִים**, כלומר: נצחית, **וּמֶמְשַׁלְתְּךָ בְּכָל־דּוֹר וָדֹר**. יש הבדל מסוים של משמעות בין המונחים הללו: "מלכות" זוהי קבלת מרותו של הקב"ה ביודעין, ברצון; ואילו "ממשלה" היא כוחו ושלטונו של ה׳ בעולם, הקיים גם כאשר בני האדם אינם מכירים בו ואינם מודעים לו.

לפי סדר הא"ב היה אמור להיות פה חרוז נוסף המתחיל באות נ׳, וחכמים (ברכות ד ע"ב) דרשו כמה דרשות על השאלה מדוע אין בפרק זה חרוז המתחיל באות נ׳, אלא הוא עובר הישר לאות ס׳.

יד **סוֹמֵךְ ה׳ לְכָל־הַנֹּפְלִים** - נראה ש"נופל" כאן הוא זה שאינו יציב ועומד ליפול, ולכן הוא

קמה,יד **סוֹמֵךְ ה׳ לְכָל הַנֹּפְלִים**. כשנופל אדם ממדרגתו, ידע שמן השמים הוא, כי ההתרחקות היא תחילת ההתקרבות, ועל כן נפל – שיתעורר יותר להתקרב להשם יתברך. ועצתו שיתחיל מחדש להיכנס בעבודת השם, כאילו לא התחיל עדיין מעולם. וזה כלל גדול בעבודת השם, שצריכין ממש בכל יום להתחיל מחדש. וסמיכת הנופלים היא על־ידי צדיקי הדור, שהם בחינת דוד משיח, שזכה להפוך מבחינת נפל לבחינת חיים ארוכים (ראה זוהר ח"א צא, ב), ועל־ידי זה הם סומכים לכל הנופלים שלא יתייאשו מגאולת נפשם, עד שזוכין לשוב אל השם. וזה בחינת הגאולה שתהיה על־ידי דוד משיח שיבוא במהרה בימינו, ואז תקום כנסת ישראל מנפילתה, כי כל נפילת כנסת ישראל הוא מה שישראל נופלין מעבודתם ח"ו, כי אין הגאולה תלויה אלא בתשובה.

על־פי ליקוטי מוהר"ן ח"א, רסא; ליקוטי הלכות, תפילין ה: כב

וְזוֹקֵף לְכָל־הַכְּפוּפִים:
טו עֵינֵי־כֹל אֵלֶיךָ יְשַׂבֵּרוּ
וְאַתָּה
נוֹתֵן־לָהֶם אֶת־אָכְלָם
בְּעִתּוֹ:
טז פּוֹתֵחַ אֶת־יָדֶךָ
וּמַשְׂבִּיעַ לְכָל־חַי רָצוֹן:
יז צַדִּיק יהוה בְּכָל־דְּרָכָיו
וְחָסִיד בְּכָל־מַעֲשָׂיו:
יח קָרוֹב יהוה לְכָל־קֹרְאָיו
לְכֹל אֲשֶׁר יִקְרָאֻהוּ בֶאֱמֶת:
יט רְצוֹן־יְרֵאָיו יַעֲשֶׂה
וְאֶת־שַׁוְעָתָם יִשְׁמַע

נזקק לסמיכה ולתמיכה. **וְזוֹקֵף לְכָל־הַכְּפוּפִים**, וזוקף את קומתם הכפופה של כל הכפופים.

טו **עֵינֵי־כֹל** בני האדם וכל הבריות **אֵלֶיךָ יְשַׂבֵּרוּ**, אליך הן מקוות, אתה הוא מקור כל התקוות. **וְאַתָּה** ואכן אתה **נוֹתֵן־לָהֶם**, לכל יצורי העולם, **אֶת־אָכְלָם בְּעִתּוֹ**.

טז **פּוֹתֵחַ אֶת־יָדֶךָ וּמַשְׂבִּיעַ לְכָל־חַי רָצוֹן**, כלומר: כל חי מקבל את מה שהוא רוצה ומשתוקק אליו.

יז **צַדִּיק ה׳ בְּכָל־דְּרָכָיו**: כמבואר גם במקומות אחרים, מכיוון שידיעתנו מוגבלת מכל הצדדים נראה לנו, לפעמים, שאין צדק בדרכי העולם, ודווקא משום כך מוטל עלינו להודיע שבח ותהילה אלה. **וְחָסִיד** ובנוסף על כך הקב"ה גם חסיד, כלומר: עושה חסד מעבר למה שמתחייב על פי הצדק, **בְּכָל־מַעֲשָׂיו**.

יח **קָרוֹב ה׳ לְכָל־קֹרְאָיו**, כאשר אנשים פונים ומתפללים אליו, הוא תמיד קרוב אליהם. זהו הפסוק היחידי בפרק זה ששני חלקיו אינם מחוברים זה לזה בוי"ו החיבור. חסרונה של הוי"ו פה הוא משמעותי, שכן חלקו השני הוא המגדיר את חלקו הראשון. דהיינו: אחרי שהוא אומר שה׳ קרוב לכל קוראיו, הוא מוסיף: **לְכֹל אֲשֶׁר יִקְרָאֻהוּ בֶאֱמֶת**, כלומר: קרבתו זו של ה׳ לקוראיו חלה על אלה שקוראים אותו באמת, בעוד שכל אלה שאינם קוראים אותו באמת, אינם מגיעים לקרבה אליו ואינם זוכים למענֶה.

יט ואילו כאשר יראיו קוראים לו, אזי **רְצוֹן־יְרֵאָיו יַעֲשֶׂה**, הוא ממלא את רצונם, **וְאֶת שַׁוְעָתָם**,

---

קמה,טו **עֵינֵי כֹל אֵלֶיךָ יְשַׂבֵּרוּ.** דע שהסתכלות עושה כלי, דהיינו – גבול וזמן. כי מקודם ראותו הדבר הוא בלא גבול, וכשרואה הדבר נעשה לו גבול. וזהו בחינת מעלת הביטחון. כי הביטחון הוא בחינת הסתכלות, שמסתכל וצופה בעיניו להשם יתברך לבד ובוטח בו, בבחינת **עֵינֵי כֹל אֵלֶיךָ יְשַׂבֵּרוּ.** כי על־ידי ההסתכלות בביטחון גם כן עושה כלי, דהיינו גבול וזמן. כי ההשפעה יורדת מלמעלה תמיד, אך שהיא בלא זמן. כי לפעמים דבר שצריך לו עכשיו, יבוא בשתים או שלוש שנים. אך על־ידי הסתכלות בביטחון עושה להשפעה גבול וזמן, שיבוא השפע בעת וזמן שהוא צריך לו. וזה פירוש הפסוק: **עֵינֵי כֹל אֵלֶיךָ יְשַׂבֵּרוּ;** פירוש: בהסתכלותו בעיניו להשם יתברך, דהיינו בחינת ביטחון, על־ידי זה **וְאַתָּה נוֹתֵן לָהֶם אֶת אָכְלָם בְּעִתּוֹ – בְּעִתּוֹ** דייקא – דהיינו בעת וזמן שהוא צריך.

על־פי ליקוטי מוהר"ן ח"א, עו

וְיוֹשִׁיעֵם:
כ שׁוֹמֵר יהוה אֶת־כָּל־אֹהֲבָיו
וְאֵת כָּל־הָרְשָׁעִים יַשְׁמִיד:
כא תְּהִלַּת יהוה יְדַבֶּר פִּי
וִיבָרֵךְ כָּל־בָּשָׂר שֵׁם קָדְשׁוֹ
לְעוֹלָם וָעֶד:

ואם הם נזקקים לעזרה, אזי את שוועתם יִשְׁמַע וְיוֹשִׁיעֵם.

כ **שׁוֹמֵר** ה׳ אֶת־כָּל־אֹהֲבָיו, וְאֵת כָּל־הָרְשָׁעִים יַשְׁמִיד.

כא ולסיכום: **תְּהִלַּת** ה׳ יְדַבֶּר פִּי, כלומר: אני, המשורר, מבטא בזה את תהילת ה׳, וִיבָרֵךְ כָּל־בָּשָׂר - ומקווה שיברך כל אדם, ואולי גם כל יצור, את שֵׁם קָדְשׁוֹ לְעוֹלָם וָעֶד.

קמה,יט **רְצוֹן יְרֵאָיו יַעֲשֶׂה.** הנה בעניין אדם המוכיח את חברו יש שתי בחינות. אחד הוא כמו שנותן לו עצה בדיבורו, אמנם עדיין הבחירה חופשית ברצון חברו אם לשמוע לעצת המייעצו ואם לאו. ויש בחינה גבוהה יותר, כאשר צדיק הדור הוא המוכיח, אז יש בכוחו אשר הדיבורים ילכו אל חדרי הבטן, לעומקא דלבא, להפוך הרצון של חברו אשר בהכרח ידבק בטוב ויחזור בתשובה.

וזהו שכתוב **רְצוֹן יְרֵאָיו יַעֲשֶׂה**, היינו שהיראים יש להם כוח לעשות רצון לאלו שמוכיחים אותם. וזה היה עניין התראת העדים לחוטא, הגם שהחוטא בעצמו יודע שזו עבירה ויודע עונשה, רק העניין הוא כי התראה מלשון "מתיר אסורים" (קמו ז), שהיה כוח בדיבורים של העדים להתיר האדם מכבלי היצר הרע ולהוציאו לחופשי.

על־פי אמרי נועם, ירושלים תש"ע, בא, י

יִמְלֹךְ יהוה לְעוֹלָם אֱלֹהַיִךְ צִיּוֹן לְדֹר וָדֹר הַלְלוּיָהּ:

ספר חמישי
פרק קמו

שיר תהילה על חסדי ה' וטובו, הכולל גם דברי הסבר על כך שכל הטובה באה אך ורק מן הקב"ה, ואין לה כל מקור אחר מלבדו.

א הַלְלוּיָהּ
הַלְלִי נַפְשִׁי אֶת־יְהוָה׃
ב אֲהַלְלָה יְהוָה בְּחַיָּי
אֲזַמְּרָה לֵאלֹהַי בְּעוֹדִי׃
ג אַל־תִּבְטְחוּ בִנְדִיבִים
בְּבֶן־אָדָם ׀
שֶׁאֵין לוֹ תְשׁוּעָה׃
ד תֵּצֵא רוּחוֹ יָשֻׁב לְאַדְמָתוֹ
בַּיּוֹם הַהוּא
אָבְדוּ עֶשְׁתֹּנֹתָיו׃
ה אַשְׁרֵי שֶׁאֵל יַעֲקֹב בְּעֶזְרוֹ
שִׂבְרוֹ עַל־יְהוָה אֱלֹהָיו׃
ו עֹשֶׂה ׀ שָׁמַיִם וָאָרֶץ
אֶת־הַיָּם
וְאֶת־כָּל־אֲשֶׁר־בָּם
הַשֹּׁמֵר אֱמֶת לְעוֹלָם׃

א הַלְלוּיָהּ – הללויה היא מצד אחד מילת קריאה המורכבת משתי מילים: הללו את ה'! אבל הללויה כמילה אחת פירושה שיר תהילה לה', כעין הרחבה של המילה "הלל" (כמו: מאפליה מלשון אופל, או מרחביה מלשון מרחב). הַלְלִי נַפְשִׁי אֶת־ה'.

ב אֲהַלְלָה ה' בְּחַיָּי, כל עוד אני חי אני מהלל את ה'. אֲזַמְּרָה לֵאלֹהַי בְּעוֹדִי, כל עוד אני נמצא פה.

ג ויש לזכור: אַל־תִּבְטְחוּ בִנְדִיבִים, באנשים עשירים ותקיפים, שאפילו כשהם אנשים טובים אי־אפשר לסמוך עליהם בשלמות, משום שאין לבטוח בְּבֶן־אָדָם, שֶׁאֵין לוֹ תְשׁוּעָה, שהרי בסופו של דבר כל אדם הוא יצור שתלוי באנשים ובדברים אחרים, ולכן הוא איננו יכול להיות בסיס יציב ומתמיד לביטחון.

ד אכן, כאשר אדם מת, תֵּצֵא רוּחוֹ ממנו והוא יָשֻׁב לְאַדְמָתוֹ, כמת בקבר. בַּיּוֹם הַהוּא, יום המוות, אָבְדוּ עֶשְׁתֹּנֹתָיו, מחשבותיו ותכניותיו. אנשים מתכננים דברים לעתיד; אבל גם על בן אדם שעומד בדיבורו יבוא, בסופו של דבר, המוות ויקטע את כל תכניותיו.

ה ולעומת מי שבוטחים בבני אדם – אַשְׁרֵי מי שֶׁאֵל יַעֲקֹב בְּעֶזְרוֹ, ושִׂבְרוֹ, תקוותו, עַל־ה' אֱלֹהָיו, שהוא גם בעל כל הכוח וגם נצחי.

ו שהרי ה' הוא עֹשֶׂה שָׁמַיִם וָאָרֶץ, אֶת־הַיָּם וְאֶת־כָּל־אֲשֶׁר־בָּם: בשמים, בארץ ובים, והוא גם הַשֹּׁמֵר אֱמֶת לְעוֹלָם, שאמיתותו והבטחתו נשארות לעולם ואין שום דבר שיכול לפגוע בהן.

קמו,ו **הַשֹּׁמֵר אֱמֶת לְעוֹלָם** – בכל זרע ישראל יש נקודת אמת, ירושה לנו מיעקב אבינו ע"ה שמיטתו שלימה וכולו זרע אמת, "תתן אמת ליעקב". ועל נקודה זו נאמר **הַשֹּׁמֵר אֱמֶת לְעוֹלָם**, ששומר עמו ישראל לעד ואינו מניח שיגיע הקלקול לשורש כלל. ועל כן "כל ישראל יש להם חלק לעולם־הבא", שיש להם כוח להתעורר ולשוב אל ה' באמת על־ידי זיכרון יום המיתה, שיש עוד עולם אחר, מאחר שיש בהם נקודה וחלק השייך לאותו עולם הקיים לעד, ובזה נקל להם להשליך כל חמדות העולם־הזה. וכך קיבלתי בפירוש: שהאדם היודע ומאמין שיש עוד עולם אחר, הוא ישראל הנושע בה'. אבל אומות העולם, אדרבה על־ידי זיכרון יום המיתה מוסיפים למלאות כל תאוותם בעולם־הזה, ואין להם שום התעוררות לבקש האמת הקיים לעד, כי אין להם שייכות עמו.

על־פי מחשבות חרוץ ז: ב־ג

ז עֹשֶׂ֤ה מִשְׁפָּ֨ט ׀ לָעֲשׁוּקִ֗ים
נֹתֵ֣ן לֶ֭חֶם לָרְעֵבִ֑ים
יְ֝הוָ֗ה מַתִּ֥יר אֲסוּרִֽים׃
ח יְהוָ֤ה ׀ פֹּ֘קֵ֤חַ עִוְרִ֗ים
יְ֭הוָה זֹקֵ֣ף כְּפוּפִ֑ים
יְ֝הוָ֗ה אֹהֵ֥ב צַדִּיקִֽים׃
ט יְהוָ֤ה ׀ שֹׁ֘מֵ֤ר אֶת־גֵּרִ֗ים
יָת֣וֹם וְאַלְמָנָ֣ה יְעוֹדֵ֑ד
וְדֶ֖רֶךְ רְשָׁעִ֣ים יְעַוֵּֽת׃
י יִמְלֹ֤ךְ יְהוָ֨ה ׀ לְעוֹלָ֗ם
אֱלֹהַ֣יִךְ צִ֭יּוֹן לְדֹ֥ר וָדֹ֗ר
הַֽלְלוּ־יָֽהּ׃

ז כמו כן ה׳ לא רק ברא את העולם, אלא הוא גם דואג לו: עֹשֶׂה מִשְׁפָּט לָעֲשׁוּקִים, שופט את משפטם של אותם אנשים הנעשקים ונחמסים בידי אחרים, ואשר אין להם מחסה אחר מלבדו. ה׳ נֹתֵן לֶחֶם לָרְעֵבִים, ה׳ מַתִּיר אֲסוּרִים.

ח ה׳ פֹּקֵחַ עיני עִוְרִים, ה׳ זֹקֵף כְּפוּפִים, ובכלל - ה׳ אֹהֵב צַדִּיקִים, גם כאשר אין להם בסיס חומרי להישען עליו.

ט ה׳ שֹׁמֵר אֶת־גֵּרִים, שאין להם משפחה או שבט להישען עליהם, ולכן ה׳ הוא זה ששומר אותם. יָתוֹם וְאַלְמָנָה, שגם להם אין משענת ועזרה, יְעוֹדֵד, לעומת זאת וְדֶרֶךְ רְשָׁעִים יְעַוֵּת.

י ולכן אפשר להלל ולבקש: יִמְלֹךְ ה׳ לְעוֹלָם, אֱלֹהַיִךְ, צִיּוֹן, ימשול לְדֹר וָדֹר, הַלְלוּיָהּ.

קמו,ט **ה׳ שֹׁמֵר אֶת גֵּרִים** – נראה לפרש כי מה שנקרא בשם גר הוא על שם העבר. כי בוודאי מאחר שנתגייר הרי הוא מוכן להיות חלק מכלל ישראל, רק נקרא גר על שם שעד עתה היה מגורש ומעורב בסטרא־אחרא. ועל זה נאמר "ה׳ שֹׁמֵר את גרים", שהקב"ה שומר את הנשמות המובלעות בסטרא־אחרא. ומובא במדרש (בראשית רבה כט: ג): "שלוש מציאות מצא הקב"ה" – "מצאת את לבבו נאמן לפניך" (נחמיה ט ח), שהוא אברהם אבינו ע"ה, ראשון לגרים; "כענבים במדבר מצאתי ישראל" (הושע ט י), והם היו עיקר הגרים, שזכו להיות נבחרים להשם יתברך לעם נחלה; "מצאתי דוד עבדי" (פט כא), הוא מלך המשיח שהוא סוף הגרים, שבימי משיח אין מקבלים עוד גרים, שכבר יצאו כל הנשמות הראויות להתדבק בקדושה מגרותן.

על־פי שפת אמת, תהלים

בּוֹנֵה יְרוּשָׁלַם יהוה נִדְחֵי יִשְׂרָאֵל יְכַנֵּס:

שיר תהילה אשר חלק מיופיו המיוחד
הוא בכך שהוא אינו קבוע, אלא עובר וקופץ
מנושא לנושא: מן הפרטי אל הכללי, מן
הלאומי אל הקוסמי, מבעיותיהם של בני אדם
לגודלו של העולם, וכמוהו כנגינה של תזמורת,
שמדי פעם יש לכלי אחר בה קטע סולו.

ספר חמישי

פרק קמז

א הַלְלוּיָהּ ׀
כִּי־טוֹב זַמְּרָה אֱלֹהֵינוּ
כִּי־נָעִים נָאוָה תְהִלָּה:
ב בּוֹנֵה יְרוּשָׁלַםִ יְהוָה
נִדְחֵי יִשְׂרָאֵל יְכַנֵּס:
ג הָרֹפֵא לִשְׁבוּרֵי לֵב
וּמְחַבֵּשׁ לְעַצְּבוֹתָם:
ד מוֹנֶה מִסְפָּר לַכּוֹכָבִים
לְכֻלָּם שֵׁמוֹת יִקְרָא:
ה גָּדוֹל אֲדוֹנֵינוּ וְרַב־כֹּחַ
לִתְבוּנָתוֹ אֵין מִסְפָּר:
ו מְעוֹדֵד עֲנָוִים יְהוָה
מַשְׁפִּיל רְשָׁעִים עֲדֵי־אָרֶץ:
ז עֱנוּ לַיהוָה בְּתוֹדָה
זַמְּרוּ לֵאלֹהֵינוּ בְכִנּוֹר:
ח הַמְכַסֶּה שָׁמַיִם ׀ בְּעָבִים
הַמֵּכִין לָאָרֶץ מָטָר
הַמַּצְמִיחַ הָרִים חָצִיר:

א הַלְלוּיָהּ כִּי־טוֹב זַמְּרָה לֵאלֹהֵינוּ - טוב לא רק במובן המוסרי, אלא גם במובן זה שהדבר גורם אושר לאדם המזמר לה׳.

כִּי־נָעִים לשיר לו, וְנָאוָה, יפה, הַתְּהִלָּה שמהללים אותו.

ב ומכאן מתחילים דברי התהילה על גדולת ה׳ ועזרתו לכל, מבני אדם ויצורים אחרים הנתונים בצרה עד לכוח ה׳ בבריאה כולה. בּוֹנֵה יְרוּשָׁלַםִ ה׳, נִדְחֵי יִשְׂרָאֵל, שנידחו וברחו למקומות שונים, יְכַנֵּס.

ג הָרֹפֵא, מרפא, לִשְׁבוּרֵי לֵב וּמְחַבֵּשׁ לְעַצְּבוֹתָם, חובש את פצעיהם, ובמובן הרוחני - את עצבותם, שהוא עוזר ומסייע להם בנפשם.

ד ומצד שני, כשם שהקב״ה יורד ומטפל בקטני הקטנים הוא גם אדון כל היקום: מוֹנֶה מִסְפָּר לַכּוֹכָבִים, שכולם ברשותו ולכן הם ספורים ומנויים אצלו, וּלְכֻלָּם שֵׁמוֹת יִקְרָא, שכיוון שהם שייכים לו הוא קורא לכל אחד ואחד מהם בשם.

ה גָּדוֹל אֲדוֹנֵינוּ וְרַב־כֹּחַ, לִתְבוּנָתוֹ אֵין מִסְפָּר, כלומר: אי־אפשר לספר אותה מרוב גודלה ועומקה.

ו ובחזרה לעולם שלנו: מְעוֹדֵד עֲנָוִים ה׳, וגם מַשְׁפִּיל רְשָׁעִים עֲדֵי־אָרֶץ.

ז עֱנוּ, שירו והרימו קול לַה׳ בְּתוֹדָה בשירי תודה, זַמְּרוּ לֵאלֹהֵינוּ בְכִנּוֹר על השגחתו וגדולתו בכל מקום וזמן.

ח הַמְכַסֶּה שָׁמַיִם בְּעָבִים, בעננים, הַמֵּכִין לָאָרֶץ מָטָר הַמַּצְמִיחַ הָרִים חָצִיר, דשא.

קמז,ח **הַמְכַסֶּה שָׁמַיִם בְּעָבִים – הַמֵּכִין לָאָרֶץ מָטָר.** עתות הירידה שיש לאדם, שאין לו שום חשק לתורה ועבודה, הן הכנה לעלייה גדולה; והיינו על־ידי הצעקה שצועק, כשמתבונן על דרכיו ורואה שפלותו וירידתו. וכמו שנאמר: ״ויסעו מרפידים ויבֹאו מדבר סיני״, שברפידים רפו ידיהם, וזה היה הכנה למתן תורה, שהוא תכלית החיזוק ידיים בדברי תורה. וכן נאמר ״והנשִׂאִם הביאו את אבני השהם״, ונדרש לגנות ולשבח: לגנות – שנתעצלו בנדבת המשכן ולפיכך נכתב שמם חסר יו״ד; לשבח – שהנשיאים, מלשון עננים, הביאו להם את אבני השוהם, וזה דבר פלא שלא היה בכל הנדבות, ומסתמא אם היו מביאים נדבתם מקודם – לא היו זוכים לזה; אלא שצעקו מתוך העצלות. וכן שמעתי על פסוק **הַמְכַסֶּה שָׁמַיִם בְּעָבִים** – שהוא חושך על פני העולם – ועל־ידי זה **הַמֵּכִין לָאָרֶץ מָטָר**, כי ממנו יוצאת האורה לכל באי עולם.

על־פי צדקת הצדיק, קנא

ט נֹתֵן לִבְהֵמָה לַחְמָהּ
לִבְנֵי עֹרֵב אֲשֶׁר יִקְרָאוּ׃
י לֹא בִגְבוּרַת הַסּוּס יֶחְפָּץ
לֹא־בְשׁוֹקֵי הָאִישׁ יִרְצֶה׃
יא רוֹצֶה יהוה אֶת־יְרֵאָיו
אֶת־הַמְיַחֲלִים לְחַסְדּוֹ׃
יב שַׁבְּחִי יְרוּשָׁלִַם אֶת־יְהוָה
הַלְלִי אֱלֹהַיִךְ צִיּוֹן׃
יג כִּי־חִזַּק בְּרִיחֵי שְׁעָרָיִךְ
בֵּרַךְ בָּנַיִךְ בְּקִרְבֵּךְ׃
יד הַשָּׂם־גְּבוּלֵךְ שָׁלוֹם
חֵלֶב חִטִּים יַשְׂבִּיעֵךְ׃
טו הַשֹּׁלֵחַ אִמְרָתוֹ אָרֶץ
עַד־מְהֵרָה יָרוּץ דְּבָרוֹ׃
טז הַנֹּתֵן שֶׁלֶג כַּצָּמֶר
כְּפוֹר כָּאֵפֶר יְפַזֵּר׃
יז מַשְׁלִיךְ קַרְחוֹ כְפִתִּים

ט והוא דואג לכל בריותיו בכך שהוא נֹתֵן לִבְהֵמָה לַחְמָהּ, את האוכל שלה, ודואג גם לִבְנֵי עֹרֵב, העלובים והמכוערים, כַּאֲשֶׁר יִקְרָאוּ ויבקשו עזרה.

י וכל זה הוא מצד חסדיו, ולא כחלק ממערכת של יחסי גומלין. שהרי לֹא בִגְבוּרַת הַסּוּס יֶחְפָּץ ולֹא־בְשׁוֹקֵי הָאִישׁ, שהם משענתו ועוצמתו, יִרְצֶה.

יא רוֹצֶה ה׳ אֶת־יְרֵאָיו, גם אם אין בידם לא עוצמה ולא גבורה, אֶת־הַמְיַחֲלִים לְחַסְדּוֹ.

יב וכעת עובר המזמור למישור אחר: שַׁבְּחִי, יְרוּשָׁלִַם, אֶת־ה׳, הַלְלִי אֱלֹהַיִךְ צִיּוֹן, שהרי לקב״ה יש יחס מיוחד אל עירו ואל מקדשו.

יג כִּי־חִזַּק בְּרִיחֵי שְׁעָרָיִךְ, כביכול הוא מחזק את הבריחים של שערי העיר כדי שהשערים לא ייפתחו לאויבים, כלומר: הוא נותן לירושלים הגנה מפני כל אויב, בֵּרַךְ בָּנַיִךְ בְּקִרְבֵּךְ.

יד הַשָּׂם־גְּבוּלֵךְ, הן גבול הארץ והן גבולה של העיר, שיהיה גבול של שָׁלוֹם, חֵלֶב חִטִּים, החלק המובחר של החיטים, יַשְׂבִּיעֵךְ.

טו ושוב הוא חוזר אל העולם הגדול: הַשֹּׁלֵחַ אִמְרָתוֹ אָרֶץ, דבריו או ציוויו מגיעים לארץ, ועַד־מְהֵרָה יָרוּץ דְּבָרוֹ, הוא מגיע מיד.

טז מצד אחד הוא הַנֹּתֵן שֶׁלֶג כַּצָּמֶר, כי השלג הלבן נראה כמו ערמות של צמר, כְּפוֹר כָּאֵפֶר יְפַזֵּר, שכן כאשר יש כפור וקרח הוא נמצא על פני כל הארץ והוא משטח חלק, כמו משטח של אפר.

יז מַשְׁלִיךְ קַרְחוֹ, את הקרח לסוגיו: שלג, ברד וכו׳, כְפִתִּים, כמו פתיתים; וכשמגיע זמן כזה,

קמז,יז מַשְׁלִיךְ קַרְחוֹ כְפִתִּים, היינו בעת שהשם יתברך שולח קרירות והתרשלות בלב האדם, לאמור מה כוחי ומה אפעל בכל מעשיי, כי נגד השם יתברך הכול כאין, אז לִפְנֵי קָרָתוֹ מִי יַעֲמֹד, שהאדם יצעק מאוד. אכן יַשֵּׁב רוּחוֹ יִזְּלוּ מָיִם, כשהשם יתברך משיב רוחו ומאיר לאדם תקיפות, שכיוון שהשם יתברך בחר באבותינו בטח יושיע לנו גם כן, ואז יִזְּלוּ מָיִם, היינו המים שעל השמים, שזה רומז על קדושת אבות שהם מקושרים בהשם יתברך למעלה מכל ענייני עולם־הזה.

על־פי מי השילוח, תהלים

לִפְנֵי קָרָתוֹ מִי יַעֲמֹד׃

יח יִשְׁלַח דְּבָרוֹ וְיַמְסֵם

יַשֵּׁב רוּחוֹ יִזְּלוּ־מָיִם׃

יט מַגִּיד דְּבָרָו לְיַעֲקֹב

חֻקָּיו וּמִשְׁפָּטָיו לְיִשְׂרָאֵל׃

כ לֹא עָשָׂה כֵן ׀ לְכָל־גּוֹי

וּמִשְׁפָּטִים בַּל־יְדָעוּם

הַלְלוּיָהּ׃

הרי לִפְנֵי קָרָתוֹ, הקור שהוא מביא, מִי יַעֲמֹד? כל זה בזמן הקור והחורף.

יח ומצד שני – יִשְׁלַח דְּבָרוֹ וְיַמְסֵם, כלומר: כאשר דברו מגיע, כל הקרח והשלג נמסים, וכאשר יַשֵּׁב רוּחוֹ, כביכול נושף בנשימה חמה יותר, כל אלה יִזְּלוּ־מָיִם, כיוון שהכל נמס.

יט ולנוכח כל אלה יש להודות על דבר נוסף: שהקב"ה מַגִּיד דְּבָרָו לְיַעֲקֹב, שהרי הוא נותן לעם ישראל את התורה, ואת חֻקָּיו וּמִשְׁפָּטָיו נתן לְיִשְׂרָאֵל,

כ והוא לֹא עָשָׂה כֵן, כלומר: לא נתן תורה ומצוות, לְכָל־גּוֹי, וּמִשְׁפָּטִים של ה' הם בשבילם בבחינת בַּל־יְדָעוּם, שהרי זוהי המתנה המיוחדת של הקב"ה לעם ישראל לבדו, הַלְלוּיָהּ.

קמז,יט **מַגִּיד דְּבָרָו לְיַעֲקֹב – הגיד** לא נאמר, אלא **מַגִּיד**, כי התורה מתפרשת לפי הכנת לבם של ישראל, ולכן בכל עת כפי יגיעת בני ישראל בדברי תורה כך הם מתרחבים ומתגלים יותר ויותר. וזה שכתוב: "כי לא דבר רֵק הוא מכם" (דברים לב מז). פירוש שאין דבר בתורה שיהיה ריק מכם, כי יש לבני ישראל חלק בכל דברי התורה, כי "אורייתא וקודשא־בריך־הוא וישראל כולהו חד". אך לזה צריכין באמת לב טהור, ולכן צריכין לטהר הלב להיות כלי מוכן לדברי תורה, וכמו שכתוב שם: "שימו לבבכם", שצריך לסדר ולהעריך לבו בכוונות ישרות להיות כלי מוכן לדברי תורה.

על־פי שפת אמת, האזינו תרמ"ד

וַיָּ֤רֶם קֶ֨רֶן ׀ לְעַמּ֡וֹ תְּהִלָּ֤ה לְכׇל־חֲסִידָ֗יו לִבְנֵ֣י יִ֭שְׂרָאֵל עַם־קְרֹב֗וֹ

ספר חמישי

פרק קמח

מזמור תהילה, מעין המנון, שאינו מספר דברים רבים אלא בעיקר קורא לכל יצורי העולם להלל את ה׳. המזמור נחלק לשני חלקים: פנייה לכל יצורי מעלה לשיר לה׳, ופנייה דומה ליצורים של מטה.

א הַלְלוּיָהּ ׀
הַלְלוּ אֶת־יְהוָה מִן־הַשָּׁמַיִם
הַלְלוּהוּ בַּמְּרוֹמִים׃
ב הַלְלוּהוּ כָל־מַלְאָכָיו
הַלְלוּהוּ כָּל־צְבָאָו׃
ג הַלְלוּהוּ שֶׁמֶשׁ וְיָרֵחַ
הַלְלוּהוּ כָּל־כּוֹכְבֵי אוֹר׃
ד הַלְלוּהוּ שְׁמֵי הַשָּׁמָיִם
וְהַמַּיִם
אֲשֶׁר ׀ מֵעַל הַשָּׁמָיִם׃
ה יְהַלְלוּ אֶת־שֵׁם יְהוָה
כִּי הוּא צִוָּה וְנִבְרָאוּ׃
ו וַיַּעֲמִידֵם לָעַד לְעוֹלָם
חָק־נָתַן וְלֹא יַעֲבוֹר׃
ז הַלְלוּ אֶת־יְהוָה מִן־הָאָרֶץ

א הַלְלוּיָהּ, הַלְלוּ אֶת־ה׳ מִן־הַשָּׁמַיִם, הַלְלוּהוּ בַּמְּרוֹמִים,

ב וכאן הוא מפרט מי בשמים ובמרומים נקרא להלל את ה׳: הַלְלוּהוּ כָל־מַלְאָכָיו, הַלְלוּהוּ כָּל־צְבָאָו, והכוונה כאן היא למה שנקרא (בספר איוב, למשל) ״צבא השמים״, כלומר: כל יצורי מרום: שרפים, אופנים, חיות הקודש. ואילו ״מלאכיו״ הם אותם יצורים רוחניים הבאים למלא שליחות מסוימת של הקב״ה, בין בדרך של אמירה ובין בהתערבות במעשי העולם.

ג הַלְלוּהוּ שֶׁמֶשׁ וְיָרֵחַ, שגם הם במרומים, אף על פי שהם לא ״בשמים״ באותו מובן שהמלאכים הם ״בשמים״. הַלְלוּהוּ כָּל־כּוֹכְבֵי אוֹר, הכוכבים המאירים.

ד הַלְלוּהוּ שְׁמֵי הַשָּׁמָיִם, שכן השמים אינם נתפסים כעשויים שכבה או דרגה אחת בלבד, אלא יש שמים ומעליהם רקיעים נוספים (חז״ל מדברים על שבעה רקיעים), וְהַמַּיִם, וגם המים אֲשֶׁר מֵעַל הַשָּׁמָיִם, שהם אוצרות המים של מעלה אשר מהם יורד השפע לעולם התחתון.

ה והקריאה היא לכולם: יְהַלְלוּ אֶת־שֵׁם ה׳; הם מהללים אותו על עצם קיומם, שהרי אין הם זקוקים לשום דבר, והם מודים לו על כִּי הוּא צִוָּה וְנִבְרָאוּ.

ו וַיַּעֲמִידֵם, את כל צבא המרום הזה, לָעַד לְעוֹלָם, חָק־נָתַן, קבע את סדרי הטבע, וְלֹא יַעֲבוֹר, כי לכל הפחות מבחינתנו כל אלה הם דברים קבועים וקיימים.

ז ומכאן עוברים לחלקו השני של המזמור: הַלְלוּ אֶת־ה׳ מִן־הָאָרֶץ, שזוהי פנייה לצבאות ה׳

קמח,ה **כִּי הוּא צִוָּה וְנִבְרָאוּ.** לכל הנבראים יש חומר וצורה. החומר נברא בדבר ה׳, והצורה – בחפץ ה׳ ורצונו, שלא בא לכלל גילוי בדיבור או מאמר. ואם היה הכול נברא בחפץ ה׳ בלבד היה העולם בטל במציאות, ועיקר מציאות היש הוא מדבר ה׳, בחינת שם והארה בלבד. וזה **יְהַלְלוּ אֶת שֵׁם ה׳ כִּי הוּא צִוָּה וְנִבְרָאוּ.** אך תכלית בריאת יש מאין הוא שיהיה היש בטל לאין, וזה תלוי בעבודתנו כל ימינו, שצריך כל אחד להמשיך בחלקו גילוי זה. וזהו ״כי גדול ה׳ ואדנינו מכל אלוהים״, שאור הוי״ה גדול מכל צירופי שם אלוהים המעלימים אור ה׳ לבלתי יתגלה כמו שהוא, והוא מושל על כולם להיות היש בטל לאורו. והיינו לפי שכל הנבראים יש להם ציור ותמונה מבחינת חפץ ורצון הוי״ה, שלא בא לידי גילוי בדיבור, ומשם מקבלים הביטול.

על־פי תורה אור מקץ מא, ד

תַּנִּינִים וְכָל־תְּהֹמוֹת:
ח אֵשׁ וּבָרָד שֶׁלֶג וְקִיטוֹר
רוּחַ סְעָרָה עֹשָׂה דְבָרוֹ:
ט הֶהָרִים וְכָל־גְּבָעוֹת
עֵץ פְּרִי וְכָל־אֲרָזִים:
י הַחַיָּה וְכָל־בְּהֵמָה
רֶמֶשׂ וְצִפּוֹר כָּנָף:
יא מַלְכֵי־אֶרֶץ וְכָל־לְאֻמִּים
שָׂרִים וְכָל־שֹׁפְטֵי אָרֶץ:
יב בַּחוּרִים וְגַם־בְּתוּלוֹת
זְקֵנִים עִם־נְעָרִים:
יג יְהַלְלוּ ׀ אֶת־שֵׁם יהוה
כִּי־נִשְׂגָּב שְׁמוֹ לְבַדּוֹ
הוֹדוֹ עַל־אֶרֶץ וְשָׁמָיִם:
יד וַיָּרֶם קֶרֶן ׀ לְעַמּוֹ
תְּהִלָּה לְכָל־חֲסִידָיו
לִבְנֵי יִשְׂרָאֵל עַם קְרֹבוֹ
הַלְלוּיָהּ:

בארץ: **תַּנִּינִים**, אשר כפי שנרמז בספר בראשית ובספרים אחרים הם יצורי ענק הנמצאים בעמקי המים, **וְכָל־תְּהֹמוֹת**, שהם העומדים מנגד ל"מים אשר מעל לשמים".

ח ומצד אחר יהללו אותו **אֵשׁ**, ולעומתה - **וּבָרָד, שֶׁלֶג**, שהוא קר, **וְקִיטוֹר**, שהוא עשן או אדים חמים, וכן **רוּחַ סְעָרָה**, שהיא **עֹשָׂה דְבָרוֹ** של ה'.

ט יהללוהו **הֶהָרִים וְכָל־גְּבָעוֹת, עֵץ פְּרִי וְכָל־אֲרָזִים**, דהיינו: כל עצי הסרק, המשתתפים גם הם בתהילת ה',

י **הַחַיָּה וְכָל־בְּהֵמָה, רֶמֶשׂ** הרומש וזוחל על הארץ, ולעומתם - **וְצִפּוֹר כָּנָף**.

יא **מַלְכֵי־אֶרֶץ וְכָל־לְאֻמִּים**, שכאן ובמקומות אחרים משמעו: מנהיגים, ראשי עמים, **שָׂרִים וְכָל־שֹׁפְטֵי אָרֶץ**.

יב ולא רק הגדולים יהללו את ה', אלא גם אנשים פשוטים: **בַּחוּרִים**, שהם גברים צעירים, **וְגַם־בְּתוּלוֹת**, נשים צעירות, כמו גם **זְקֵנִים עִם־נְעָרִים**.

יג ובסיכום: הכל **יְהַלְלוּ אֶת־שֵׁם** ה' **כִּי־נִשְׂגָּב שְׁמוֹ לְבַדּוֹ**, כי התהילה היא לא רק למהות העליונה שמעבר לכל: אפילו עצם שמו של ה' נשגב לבדו, והוא מעבר לכל המציאות. **הוֹדוֹ** של הקב"ה **עַל־אֶרֶץ וְשָׁמָיִם**, כי הוא זה שזורח ומאיר על הארץ ועל השמים, ולכן גם בני הארץ וגם יצורי השמים צריכים להודות לו.

יד **וַיָּרֶם קֶרֶן לְעַמּוֹ, תְּהִלָּה לְכָל־חֲסִידָיו**, הוא מרומם במיוחד את הקרובים אליו, **לִבְנֵי יִשְׂרָאֵל עַם קְרֹבוֹ**, העם שקרוב אליו, **הַלְלוּיָהּ**.

קמח,יד **וַיָּרֶם קֶרֶן לְעַמּוֹ**. אמרו רז"ל: "אם ישראל עושין תשובה נגאלין", ותשובה היא בחינת השבת ונשיאת הנפש למקורה ושורשה, שמה שהיה נהנה וניזון בנפשו החיונית מכל אכילה ושתיה שהיה תחת ממשלת קליפת נוגה ושארי תענוגי עולם־הזה – יהיה לעבוד ה' בשמחה ובטוב לבב. וכל דחייה ודחייה שאדם מישראל דוחה את תאוות גופו ומקרב לבו לעבודת ה' הרי זו בחינת מסירות נפש, כי "מה לי הרגה כולה מה לי הרגה חציה" (בבא קמא סה, א), וכן על־ידי הצדקה ממעות שאינן גזל, כדכתיב "צדקה תרומם גוי" (משלי יד לד), והוא כעניין **הוֹדוֹ עַל אֶרֶץ וְשָׁמָיִם** – הודו וזיוו לבד, והוא בחינת האור הסובב כל עלמין; אבל **וַיָּרֶם קֶרֶן לְעַמּוֹ** – להיות עם קרובו של עצמותו ומהותו כביכול ממש, שהוא למעלה מעלה מבחינת האור הסובב כל עלמין, שאינו בגדר עלמין כלל.

על־פי תורה אור בשלח סא, ב

שִׁירוּ לַיהוה שִׁיר חָדָשׁ תְּהִלָּתוֹ בִּקְהַל חֲסִידִים:

ספר חמישי
פרק קמט

אחד ממזמורי "הללויה", אשר בסופו
עובר לנימה יותר נמרצת, כדי שלתהילה
זו יהיו גם תוצאות בתוך המציאות.

א הַלְלוּיָהּ ׀
שִׁירוּ לַיהוָה שִׁיר חָדָשׁ
תְּהִלָּתוֹ בִּקְהַל חֲסִידִים:
ב יִשְׂמַח יִשְׂרָאֵל בְּעֹשָׂיו
בְּנֵי־צִיּוֹן יָגִילוּ בְמַלְכָּם:
ג יְהַלְלוּ שְׁמוֹ בְמָחוֹל
בְּתֹף וְכִנּוֹר יְזַמְּרוּ־לוֹ:
ד כִּי־רוֹצֶה יְהוָה בְּעַמּוֹ
יְפָאֵר עֲנָוִים בִּישׁוּעָה:
ה יַעְלְזוּ חֲסִידִים בְּכָבוֹד
יְרַנְּנוּ עַל־מִשְׁכְּבוֹתָם:
ו רוֹמְמוֹת אֵל בִּגְרוֹנָם
וְחֶרֶב פִּיפִיּוֹת בְּיָדָם:

א הַלְלוּיָהּ, שִׁירוּ לַה' שִׁיר חָדָשׁ, בדרך כלל פירושו שיר חדש על נושא מוכר וידוע, שיר שיש בו חידוש כלשהו מצד תוכנו.

תְּהִלָּתוֹ בִּקְהַל חֲסִידִים - יש במזמור זה חלק שאיננו פונה לכל אדם, אלא רק לאותם אנשים המגדירים את עצמם כנאמנים לה' במיוחד וקשורים אליו ביותר.

ב יִשְׂמַח יִשְׂרָאֵל בְּעֹשָׂיו, כלומר: בקב"ה (נראה ש"עושיו" הוא פה לשון רבים של כבוד, כמו עוד כמה מילים בעברית המשמשות תמיד בלשון רבים), בְּנֵי־צִיּוֹן יָגִילוּ בְמַלְכָּם.

ג יְהַלְלוּ שְׁמוֹ בְמָחוֹל - ריקוד, ואולי כלי נגינה - בְּתֹף וְכִנּוֹר יְזַמְּרוּ־לוֹ, ינגנו לפניו.

ד ועיקרה של התודה הוא: כִּי־רוֹצֶה ה' בְּעַמּוֹ, יְפָאֵר עֲנָוִים בִּישׁוּעָה, כי כאשר באה ישועה, הרי כל אלה שקודם היו דחוקים ועלובים מקבלים עכשיו מעמד של כבוד.

ה ואכן, יַעְלְזוּ חֲסִידִים בְּכָבוֹד באותה ישועה, יְרַנְּנוּ עַל־מִשְׁכְּבוֹתָם, שגם כשהם הולכים לישון פיהם מלא שירה.

ו אבל החסידים הללו אמורים להיות לא רק אלה שנהנים מישועת ה' אלא גם אנשים שפועלים, ובאופן נמרץ מאוד, לשנות את העולם. אמנם מדובר על ישועת ה', אבל היא מגיעה לעולם גם בעזרתם של בני אדם העושים מעשים בכיוון זה. רוֹמְמוֹת אֵל בִּגְרוֹנָם, החסידים שרים ומשבחים לשם ה', ובו בזמן גם וְחֶרֶב פִּיפִיּוֹת בְּיָדָם, הם אנשי מלחמה המחזיקים בידם חרבות כדי ללחום בעזרתן.

קמט,ו **רוֹמְמוֹת אֵל בִּגְרוֹנָם וְחֶרֶב פִּיפִיּוֹת בְּיָדָם.** עניין הגלות בפנימיות הוא "וימררו את חייהם בעבודה קשה", שהחיות האלוהית – אור המוחין המולידים אהבה ויראה בלב – ירדה ונצטמצמה במצר הגרון, המפסיק בין המוח והלב. והעצה, לצעוק אל ה' בתפילה בגרונו ולהתמרמר במר נפשו על החיות האלוהית שבתוכו, שהיא חיותו העיקרית, מה שאין כן חיי עולם־הזה אינם נקראים חיים כלל. וזהו "בעבודה קשה", עבודה שבלב זו תפילה, לצעוק אל ה' בשביל גילוי אלוהותו יתברך, כמו שכתוב: **רוֹמְמוֹת אֵל בִּגְרוֹנָם**, ועל־ידי זה **וְחֶרֶב פִּיפִיּוֹת בְּיָדָם**, להכרית כל הקליפות והתאוות. וכשם שהחרב צריכה להיות של ברזל קשה, כך התפילה צריכה להיות קשה, דהיינו לקרוא לה' לעמוד נגד כל מונע מבית ומבחוץ ולשבר כל הקליפות ותאוות החזקות להיות לבו נשבר בקרבו. ואפילו אם הוא כלב האבן – יימס.

על־פי תורה אור ויחי נא, א

ז לַעֲשׂ֣וֹת נְ֭קָמָה בַּגּוֹיִ֑ם
תּ֝וֹכֵחֹ֗ת בַּלְאֻמִּֽים׃
ח לֶאְסֹ֣ר מַלְכֵיהֶ֣ם בְּזִקִּ֑ים
וְ֝נִכְבְּדֵיהֶ֗ם בְּכַבְלֵ֥י בַרְזֶֽל׃
ט לַעֲשׂ֤וֹת בָּהֶ֨ם ׀ מִשְׁפָּ֬ט כָּת֗וּב
הָדָ֣ר ה֭וּא לְכׇל־חֲסִידָ֗יו
הַֽלְלוּ־יָֽהּ׃

ז לַעֲשׂוֹת נְקָמָה בַּגּוֹיִם, תּוֹכֵחוֹת בַּלְאֻמִּים,

ח לֶאְסֹר מַלְכֵיהֶם בְּזִקִּים, באזיקים, בכבלים, וְנִכְבְּדֵיהֶם בְּכַבְלֵי בַרְזֶל, שזהו המעשה שעושים שעה שהניצחון הוא מלא.

ט לַעֲשׂוֹת בָּהֶם מִשְׁפָּט כָּכָּתוּב בספר, איש איש לפי דינו ולפי העונש הראוי לו על חטאיו. והמעשה הזה, אף שהוא איננו בגדר של שירות ותשבחות ששרים במקומות מקודשים אלא עשייה נמרצת בתוך העולם הזה, הָדָר הוּא לְכׇל־חֲסִידָיו, הַלְלוּיָהּ.

קמט,ט **לַעֲשׂוֹת בָּהֶם מִשְׁפָּט כָּתוּב** – היכן כתוב? במה שאמרה התורה: "ואכלת את כל העמים אשר ה' אלוהיך נֹתן לך" (דברים ז טז); **הָדָר הוּא לְכׇל חֲסִידָיו** – שעל־ידי אכילה זו מתעלים גם בני ישראל, חסידי עליון. והביאור: עניין האכילה מורה על כך שהנאכל גבוה מן האוכל, ולכן יש בו כוח לחזקו ולהברותו. זאת משום ששורש מיני הדצ"ח [=הדומם, צומח וחי] הנאכלים הוא מעולם התוהו, וכוחות החיים הגנוזים בהם – למרות נפילתם והתרחקותם מהקדושה – עצומים ומופלאים. כאשר אוכלים דבר מה ומשתמשים בכוח אכילתו לעבודת ה', רותמים כוחות אלו לקדושה ומביאים הן לתיקונם והן להתעלותו של האוכל. כך בכל אדם, וכך גם ב"אכילה" הכללית שנצטוו בני ישראל לאכול את שלל העמים הנכבשים על־ידם. אין זו השמדה לשמה, אלא גאולת התוכן הקדוש הכלוא באותן תרבויות מתועבות וסיפוחו אל קדושת ישראל.

על־פי סידור עם דא"ח סט, ג

כֹּל הַנְּשָׁמָה תְּהַלֵּל יָהּ הַלְלוּיָהּ:

ספר חמישי
פרק קנ

מזמור שהוא, בעיקרו של דבר, קריאה להלל
את ה' – קריאה שיש בה ריבוי גוונים של תהילה,
הן ברעיונותיה והן באופני הביטוי שלה.

א הַלְלוּיָהּ ׀
הַלְלוּ־אֵל בְּקָדְשׁוֹ
הַלְלוּהוּ בִּרְקִיעַ עֻזּוֹ:
ב הַלְלוּהוּ בִגְבוּרֹתָיו
הַלְלוּהוּ כְּרֹב גֻּדְלוֹ:
ג הַלְלוּהוּ בְּתֵקַע שׁוֹפָר
הַלְלוּהוּ בְּנֵבֶל וְכִנּוֹר:
ד הַלְלוּהוּ בְתֹף וּמָחוֹל
הַלְלוּהוּ בְּמִנִּים וְעוּגָב:
ה הַלְלוּהוּ בְצִלְצְלֵי־שָׁמַע
הַלְלוּהוּ בְּצִלְצְלֵי תְרוּעָה:

א הַלְלוּיָהּ, הַלְלוּ־אֵל בְּקָדְשׁוֹ, דהיינו: בבחינת הקודש והמקדש שלו, כשהוא מתגלה בתוך העולם, והַלְלוּהוּ גם בִּרְקִיעַ עֻזּוֹ, כשהוא מתנשא מעבר לעולם.

ב הַלְלוּהוּ בִגְבוּרֹתָיו, על גבורותיו, על מעשי התוקף שלו, והַלְלוּהוּ כְּרֹב גֻּדְלוֹ בתפארת ובחסד.

ג תהילה זו בנויה באופנים שונים, שכל אחד מהם משקף דרך אחרת של התייחסות לשבחי ה': הַלְלוּהוּ בְּתֵקַע שׁוֹפָר, בקולם של שופרות וחצוצרות שהם קולות של תפארת ושל מלכותיות; הַלְלוּהוּ גם בְּנֵבֶל וְכִנּוֹר, שהם כלים מסוג שונה לגמרי: כלי מיתרים שקולם רך ועגוג יותר.

ד וכיוצא בזה, הַלְלוּהוּ בְתֹף וּמָחוֹל, שהם קולות של הלמות והכאה (מחול הוא כנראה מעין תוף, ואולי כלי אשר סביב־סביב לו יש פעמונים), הַלְלוּהוּ בְּמִנִּים וְעוּגָב, שגם הם כלי מיתרים המשמיעים קולות נגינה עדינים יותר.

ה הַלְלוּהוּ בְצִלְצְלֵי־שָׁמַע, כנראה מצלתיים קטנים הבאים ללוות את נגינתו של כלי אחר, והַלְלוּהוּ גם בְּצִלְצְלֵי תְרוּעָה, שהם מצלתיים גדולים שקולם רם. כל הקולות הללו גם יחד - מקולות חזקים ותקיפים עד לקולות דקים ועדינים יותר - הם האופנים השונים של השירה או התהילה.

קנ,א הַלְלוּ אֵל בְּקָדְשׁוֹ. עניין הלל יובן על דרך משל מאדם שמזכירים שבחיו, איך שהוא חסדן ונדיב לב, ובכך מעוררים בו מידות אלו עד שיוצאות אל הגילוי. ואם לא היה החסד מוטבע בלבבו בהעלם מלכתחילה, לא היו השבחים מועילים; אך מאחר ויש בלבבו טבע החסד בהעלם, הנה כשישבחוהו ויבקשוהו על כך יתעורר חסדו בקרבו גם בעת שהוא בכעס על המבקש. והנמשל למעלה, כי עצמות אור אין־סוף היא אור פשוט בתכלית הפשיטות, בבחינת אחדות פשוטה שלמעלה מכל מידה וגדר, ורק בהעלם הוא שנקרא חכם ובעל חסד וכו' על שם העתיד, שיומשכו ממנו מידות אלו. וכשמשבחים ומהללים אותו יתברך מתעוררות מידותיו לצאת מן ההעלם אל הגילוי, ומאירות בכל העולמות. וזה פירוש הלל – לשון אור, כמו "בהלו נרו עלי ראשי" (איוב כט ג).

על־פי דרך מצוותיך, ד"ה להבין עניין הלל

ו כֹּל הַנְּשָׁמָה תְּהַלֵּל יָהּ
הַלְלוּיָהּ:

ו כֹּל הַנְּשָׁמָה - הן במשמעות הפרטית, דהיינו: נשמתו של כל אדם פרטי, והן במשמעות של כל אופני התהילה השונים - תְּהַלֵּל יָהּ, שהרי תהילת ה׳ יכולה להיות מובעת בכמה וכמה אופנים המקיפים את כל התווים והאופנים שבנפש. ל״כל הנשמה״ יש גם המשמעות של ״כל הנשמות״, כלומר: ההיקף הכולל של כל הנשמות אשר כולן, בצירוף קולותיהן הרבים והנבדלים זה מזה, מצטרפות לתהילה אחת: הַלְלוּיָהּ

קנ,ו ״כֹּל הַנְּשָׁמָה תְּהַלֵּל יָהּ – על כל נשימה ונשימה שאדם נושם צריך לקלס לבורא״. נשימה הוא עניין הרצוא ושוב בהשגחתו יתברך, שהוא עניין ניסיונות הלב כמו אבן בוחן שמבחינים עליו כל כסף שבעולם, כי הרצוא בוחן את הלב – אולי יוכל לחול עליו, ואם לאו – שוב, ותיכף חוזר ורצוא לנסותו, לדעת את אשר בלבבו, אולי עתה יוכל לחול עליו, וכן לעולם.

על־פי פרי הארץ, בא

קנ,ו כֹּל הַנְּשָׁמָה תְּהַלֵּל יָהּ. ביקש דוד המלך ע״ה מלפני השם יתברך שתהיה אמירת תהלים חשובה כעסק התורה, אך לא יאמר בפשטות דרך מצוות אנשים מלומדה, רק בבחינה המרומזת ב׳תהלים׳ – שהיא מלשון ״תהל אור״ (איוב מא י) – שידבר הדיבורים בגודל ההארה ובחיות אלוהית, וזה מרומז בסיום התהלים שהוא ״כל הנשמה תהלל י־ה הללויה״, שעל־ידי אמירת תהלים בכוונה מאירים אור הנשמה.

על־פי מגן אברהם (טריסק), סוף הספר

תפילה לאחר אמירת תהלים

אחר התהלים נוהגים לומר:

מִי יִתֵּן מִצִּיּוֹן יְשׁוּעַת יִשְׂרָאֵל תהלים יד
בְּשׁוּב יהוה שְׁבוּת עַמּוֹ, יָגֵל יַעֲקֹב, יִשְׂמַח יִשְׂרָאֵל:
וּתְשׁוּעַת צַדִּיקִים מֵיהוה, מָעוּזָּם בְּעֵת צָרָה: תהלים לז
וַיַּעְזְרֵם יהוה וַיְפַלְּטֵם, יְפַלְּטֵם מֵרְשָׁעִים וְיוֹשִׁיעֵם, כִּי־חָסוּ בוֹ:

לימי חול:

יְהִי רָצוֹן מִלְּפָנֶיךָ יהוה אֱלֹהֵינוּ וֵאלֹהֵי אֲבוֹתֵינוּ, בִּזְכוּת סֵפֶר רִאשׁוֹן / שֵׁנִי / שְׁלִישִׁי / רְבִיעִי /
חֲמִישִׁי שֶׁבַּתְּהִלִּים שֶׁקָּרָאנוּ לְפָנֶיךָ, שֶׁהוּא כְּנֶגֶד סֵפֶר בְּרֵאשִׁית / שְׁמוֹת / וַיִּקְרָא / בְּמִדְבַּר
/ דְּבָרִים, בִּזְכוּת מִזְמוֹרָיו וּבִזְכוּת פְּסוּקָיו וּבִזְכוּת תֵּבוֹתָיו וּבִזְכוּת שְׁמוֹתֶיךָ הַקְּדוֹשִׁים
וְהַטְּהוֹרִים הַיּוֹצְאִים מִמֶּנּוּ, שֶׁתְּכַפֵּר לָנוּ עַל כָּל חַטֹּאתֵינוּ, וְתִסְלַח לָנוּ עַל כָּל פְּשָׁעֵינוּ
שֶׁחָטָאנוּ וְשֶׁעָוִינוּ וְשֶׁפָּשַׁעְנוּ לְפָנֶיךָ, וְהַחֲזִירֵנוּ בִּתְשׁוּבָה שְׁלֵמָה לְפָנֶיךָ, וְהַדְרִיכֵנוּ לַעֲבוֹדָתֶךָ,
וְתִפְתַּח לִבֵּנוּ בְּתַלְמוּד תּוֹרָתֶךָ, וְתִשְׁלַח רְפוּאָה שְׁלֵמָה לְחוֹלֵי עַמֶּךָ (לַחוֹלֶה/לַחוֹלָה
פלוני/ת בֶּן/בַּת פלונית), וְתִקְרָא לִשְׁבוּיִם דְּרוֹר, וְלַאֲסוּרִים פְּקַח־קוֹחַ: וּלְכָל הוֹלְכֵי דְרָכִים ישעיה סא
וְעוֹבְרֵי יַמִּים וּנְהָרוֹת מֵעַמְּךָ יִשְׂרָאֵל תַּצִּילֵם מִכָּל צַעַר וָנֶזֶק, וְתַגִּיעֵם לִמְחוֹז חֶפְצָם לְחַיִּים
וּלְשָׁלוֹם. וְתִפְקֹד לְכָל חֲשׂוּכֵי בָנִים בְּזֶרַע שֶׁל קַיָּמָא לַעֲבוֹדָתֶךָ וּלְיִרְאָתֶךָ, וְעֻבָּרוֹת שֶׁל עַמְּךָ
בֵּית יִשְׂרָאֵל תַּצִּילֵן שֶׁלֹּא תַפֵּלְנָה וְלָדוֹתֵיהֶן, וְהַיּוֹשְׁבוֹת עַל הַמַּשְׁבֵּר בְּרַחֲמֶיךָ הָרַבִּים תַּצִּילֵן
מִכָּל רָע, וְאֶל הַמֵּינִיקוֹת תַּשְׁפִּיעַ שֶׁלֹּא יֶחְסַר חָלָב מִדְּדֵיהֶן. וְאַל יִמְשֹׁל אַסְכָּרָה וְשֵׁדִין וְרוּחִין
וְלִילִין וְכָל פְּגָעִים וּמַרְעִין בִּישִׁין בְּכָל יַלְדֵי עַמְּךָ בֵּית יִשְׂרָאֵל, וּתְגַדְּלֵם לְתוֹרָתֶךָ לִלְמֹד תּוֹרָה
לִשְׁמָהּ, וְתַצִּילֵם מֵעַיִן הָרָע וּמִדֶּבֶר וּמִמַּגֵּפָה וּמִשָּׂטָן וּמִיֵּצֶר הָרָע. וּתְבַטֵּל מֵעָלֵינוּ וּמִכָּל עַמְּךָ
בֵּית יִשְׂרָאֵל בְּכָל מָקוֹם שֶׁהֵם כָּל גְּזֵרוֹת קָשׁוֹת וְרָעוֹת. וְתַטֶּה לֵב הַמַּלְכוּת עָלֵינוּ לְטוֹבָה,
וְתִגְזֹר עָלֵינוּ גְּזֵרוֹת טוֹבוֹת, וְתִשְׁלַח בְּרָכָה וְהַצְלָחָה בְּכָל מַעֲשֵׂה יָדֵינוּ. וְהָכֵן פַּרְנָסָתֵנוּ מִיָּדְךָ
הָרְחָבָה וְהַמְּלֵאָה, וְלֹא יִצְטָרְכוּ עַמְּךָ בֵּית יִשְׂרָאֵל זֶה לָזֶה וְלֹא לְעַם אַחֵר, וְתֵן לְכָל אִישׁ
וָאִישׁ דֵּי פַרְנָסָתוֹ וּלְכָל גְּוִיָּה וּגְוִיָּה דֵּי מַחְסוֹרָהּ וּתְמַהֵר וְתָחִישׁ לְגָאֳלֵנוּ, וְתִבְנֶה בֵּית מִקְדָּשֵׁנוּ
וְתִפְאַרְתֵּנוּ. וּבִזְכוּת שְׁלֹשׁ עֶשְׂרֵה מִדּוֹתֶיךָ שֶׁל רַחֲמִים הַכְּתוּבוֹת בְּתוֹרָתֶךָ, כְּמוֹ שֶׁנֶּאֱמַר:
יהוה, יהוה, אֵל רַחוּם וְחַנּוּן, אֶרֶךְ אַפַּיִם וְרַב־חֶסֶד וֶאֱמֶת: נֹצֵר חֶסֶד לָאֲלָפִים, נֹשֵׂא עָוֺן שמות לד
וָפֶשַׁע וְחַטָּאָה, וְנַקֵּה: שֶׁאֵינָן חוֹזְרוֹת רֵיקָם מִלְּפָנֶיךָ. עָזְרֵנוּ אֱלֹהֵי יִשְׁעֵנוּ עַל־דְּבַר כְּבוֹד־שְׁמֶךָ, תהלים עט
וְהַצִּילֵנוּ וְכַפֵּר עַל־חַטֹּאתֵינוּ לְמַעַן שְׁמֶךָ: בָּרוּךְ יהוה לְעוֹלָם אָמֵן וְאָמֵן: תהלים פט

לשבת וליום טוב:

יְהִי רָצוֹן מִלְּפָנֶיךָ יהוה אֱלֹהֵינוּ וֵאלֹהֵי אֲבוֹתֵינוּ, בִּזְכוּת סֵפֶר רִאשׁוֹן / שֵׁנִי / שְׁלִישִׁי / רְבִיעִי / חֲמִישִׁי שֶׁבַּתְּהִלִּים שֶׁקָּרָאנוּ לְפָנֶיךָ שֶׁהוּא כְּנֶגֶד סֵפֶר בְּרֵאשִׁית / שְׁמוֹת / וַיִּקְרָא / בְּמִדְבַּר / דְּבָרִים בִּזְכוּת מִזְמוֹרָיו וּבִזְכוּת פְּסוּקָיו וּבִזְכוּת תֵּבוֹתָיו וּבִזְכוּת שְׁמוֹתֶיךָ הַקְּדוֹשִׁים וְהַטְּהוֹרִים הַיּוֹצְאִים מִמֶּנּוּ שֶׁתְּהֵא נֶחְשֶׁבֶת לָנוּ אֲמִירַת מִזְמוֹרֵי תְהִלִּים אֵלּוּ כְּאִלּוּ אֲמָרָם דָּוִד מֶלֶךְ יִשְׂרָאֵל בְּעַצְמוֹ, זְכוּתוֹ תָּגֵן עָלֵינוּ, וְיַעֲמָד לָנוּ לְחַבֵּר אֵשֶׁת נְעוּרִים עִם דּוֹדָהּ בְּאַהֲבָה וְאַחֲוָה וְרֵעוּת, וּמִשָּׁם יִמָּשֵׁךְ לָנוּ שֶׁפַע לְנֶפֶשׁ רוּחַ וּנְשָׁמָה. וּכְשֵׁם שֶׁאֲנַחְנוּ אוֹמְרִים שִׁירִים בָּעוֹלָם הַזֶּה, כָּךְ נִזְכֶּה לוֹמַר לְפָנֶיךָ יהוה אֱלֹהֵינוּ וֵאלֹהֵי אֲבוֹתֵינוּ, שִׁיר וּשְׁבָחָה לָעוֹלָם הַבָּא. וְעַל יְדֵי אֲמִירַת תְּהִלִּים תִּתְעוֹרֵר חֲבַצֶּלֶת הַשָּׁרוֹן לָשִׁיר בְּקוֹל
נָעִים גִּילַת וְרַנֵּן, כְּבוֹד הַלְּבָנוֹן נִתַּן־לָהּ: הוֹד וְהָדָר בְּבֵית אֱלֹהֵינוּ בִּמְהֵרָה בְיָמֵינוּ, אָמֵן סֶלָה. ישעיה לה

תפילה על החולה

מנהג לומר ל״ו פרקים, והם:
כ, ו, ט, יג, טז, יז, יח, כב, כג, כה, ל, לא, לב, לג, לז, לח, לט, מא, מט,
נה, נו, סט, פו, פח, פט, צ, צא, קב, קג, קד, קז, קטז, קיח, קמב, קמג, קכח,
ויש אומרים גם אותיות שם החולה מתוך מזמור קיט.

ואומרים תפילה זו:

יהוה יהוה, אֵל רַחוּם וְחַנּוּן, אֶרֶךְ אַפַּיִם וְרַב־חֶסֶד וֶאֱמֶת: נֹצֵר חֶסֶד לָאֲלָפִים, נֹשֵׂא עָוֹן וָפֶשַׁע שמות לד
וְחַטָּאָה, וְנַקֵּה: לְךָ יהוה הַגְּדֻלָּה וְהַגְּבוּרָה וְהַתִּפְאֶרֶת וְהַנֵּצַח וְהַהוֹד, כִּי־כֹל בַּשָּׁמַיִם וּבָאָרֶץ, דברי הימים א׳ כט
לְךָ יהוה הַמַּמְלָכָה וְהַמִּתְנַשֵּׂא לְכֹל לְרֹאשׁ: וְאַתָּה בְּיָדְךָ נֶפֶשׁ כָּל חָי וְרוּחַ כָּל בְּשַׂר אִישׁ, וּבְיָדְךָ כֹּחַ וּגְבוּרָה לְגַדֵּל וּלְחַזֵּק וּלְרַפְּאוֹת אֱנוֹשׁ עַד דַּכָּא עַד דִּכְדּוּכָהּ שֶׁל נֶפֶשׁ, וְלֹא יִפָּלֵא מִמְּךָ כָּל דָּבָר, וּבְיָדְךָ נֶפֶשׁ כָּל חָי. לָכֵן יְהִי רָצוֹן מִלְּפָנֶיךָ, הָאֵל הַנֶּאֱמָן אַב הָרַחֲמִים, הָרוֹפֵא לְכָל תַּחֲלוּאֵי עַמּוֹ יִשְׂרָאֵל הַקְּרוֹבִים עַד שַׁעֲרֵי מָוֶת, וְהַמְחַבֵּשׁ מָזוֹר וּתְעָלָה לִידִידָיו, וְהַגּוֹאֵל מִשַּׁחַת חֲסִידָיו, וְהַמַּצִּיל מִמָּוֶת נֶפֶשׁ מְרוּדָיו, אַתָּה רוֹפֵא נֶאֱמָן תִּשְׁלַח מַרְפֵּא וַאֲרוּכָה וּתְעָלָה בְּרֹב חֶסֶד וַחֲנִינָה וְחֶמְלָה

לחולֶה: לְנֶפֶשׁ (פלוני בֶּן פלונית) לְרוּחוֹ וְנַפְשׁוֹ הָאֻמְלָלָה וְלֹא תֵרֵד נַפְשׁוֹ שְׁאוֹלָה, וְהִמָּלֵא רַחֲמִים עָלָיו לְהַחֲלִימוֹ וּלְרַפְּאוֹתוֹ וּלְהַחֲזִיקוֹ וּלְהַחֲלִיפוֹ וּלְהַחֲיוֹתוֹ אוֹתוֹ כִּרְצוֹן כָּל קְרוֹבָיו וְאֹהֲבָיו,
וְיֵרָאוּ לְפָנֶיךָ זְכֻיּוֹתָיו וְצִדְקוֹתָיו, וְתַשְׁלִיךְ בִּמְצֻלוֹת יָם כָּל־חַטֹּאתָיו, וְיִכְבְּשׁוּ רַחֲמֶיךָ מיכה ז
אֶת כַּעַסְךָ מֵעָלָיו, וְתִשְׁלַח לוֹ רְפוּאָה שְׁלֵמָה, רְפוּאַת הַנֶּפֶשׁ וּרְפוּאַת הַגּוּף, וּתְחַדֵּשׁ כַּנֶּשֶׁר נְעוּרָיו וְתִשְׁלַח לוֹ

לחולָה: לְנֶפֶשׁ (פלונית בַּת פלונית) לְרוּחָהּ וְנַפְשָׁהּ הָאֻמְלָלָה וְלֹא תֵרֵד נַפְשָׁהּ שְׁאוֹלָה, וְהִמָּלֵא רַחֲמִים עָלֶיהָ לְהַחֲלִימָהּ וּלְרַפְּאוֹתָהּ וּלְהַחֲזִיקָהּ וּלְהַחֲלִיפָהּ וּלְהַחֲיוֹתָהּ אוֹתָהּ כִּרְצוֹן כָּל קְרוֹבֶיהָ

תהלים ______ תפילה על החולה • 613

וְאֹהֲבֶיהָ וְיֵרָאוּ לְפָנֶיךָ זְכֻיּוֹתֶיהָ וְצִדְקוֹתֶיהָ וְתַשְׁלִיךְ בִּמְצֻלוֹת יָם כָּל חַטֹּאתֶיהָ: וְיִכְבְּשׁוּ מיכה ז
רַחֲמֶיךָ אֶת כַּעַסְךָ מֵעָלֶיהָ וְתִשְׁלַח לָהּ רְפוּאָה שְׁלֵמָה, רְפוּאַת הַנֶּפֶשׁ וּרְפוּאַת הַגּוּף,
וּתְחַדֵּשׁ כַּנֶּשֶׁר נְעוּרֶיהָ וְתִשְׁלַח לָהּ

וּלְכָל חוֹלֵי יִשְׂרָאֵל מַרְפֵּא אֲרוּכָה, מַרְפֵּא בְּרָכָה, מַרְפֵּא תְּרוּפָה וּתְעָלָה, מַרְפֵּא חֲנִינָה
וְחֶמְלָה, מַרְפֵּא יְדוּעִים וּגְלוּיִים, מַרְפֵּא רַחֲמִים וְשָׁלוֹם וְחַיִּים, מַרְפֵּא אֹרֶךְ יָמִים וְשָׁנִים
טוֹבוֹת, וִיקֻיַּם /לחולה: בּוֹ/לחולָה: בָּהּ/ וּבְכָל חוֹלֵי יִשְׂרָאֵל מִקְרָא שֶׁכָּתוּב עַל יְדֵי מֹשֶׁה
עַבְדְּךָ נֶאֱמַן בֵּיתֶךָ: וַיֹּאמֶר, אִם־שָׁמוֹעַ תִּשְׁמַע לְקוֹל יהוה אֱלֹהֶיךָ, וְהַיָּשָׁר בְּעֵינָיו תַּעֲשֶׂה שמות טו
וְהַאֲזַנְתָּ לְמִצְוֹתָיו וְשָׁמַרְתָּ כָּל־חֻקָּיו, כָּל־הַמַּחֲלָה אֲשֶׁר־שַׂמְתִּי בְמִצְרַיִם, לֹא־אָשִׂים עָלֶיךָ,
כִּי אֲנִי יהוה רֹפְאֶךָ: וַעֲבַדְתֶּם אֵת יהוה אֱלֹהֵיכֶם, וּבֵרַךְ אֶת־לַחְמְךָ וְאֶת־מֵימֶיךָ, וַהֲסִרֹתִי שמות כג
מַחֲלָה מִקִּרְבֶּךָ: לֹא תִהְיֶה מְשַׁכֵּלָה וַעֲקָרָה בְּאַרְצֶךָ, אֶת־מִסְפַּר יָמֶיךָ אֲמַלֵּא: וְהֵסִיר יהוה דברים ז
מִמְּךָ כָּל־חֹלִי, וְכָל־מַדְוֵי מִצְרַיִם הָרָעִים אֲשֶׁר יָדַעְתָּ, לֹא יְשִׂימָם בָּךְ, וּנְתָנָם בְּכָל־שֹׂנְאֶיךָ:
וְעַל יְדֵי עֲבָדֶיךָ הַנְּבִיאִים כָּתוּב לֵאמֹר: וַאֲכַלְתֶּם אָכוֹל וְשָׂבוֹעַ, וְהִלַּלְתֶּם אֶת־שֵׁם יהוה יואל ב
אֱלֹהֵיכֶם אֲשֶׁר־עָשָׂה עִמָּכֶם לְהַפְלִיא, וְלֹא־יֵבֹשׁוּ עַמִּי לְעוֹלָם: דְּרָכָיו רָאִיתִי, וְאֶרְפָּאֵהוּ ישעיה נז
וְאַנְחֵהוּ וַאֲשַׁלֵּם נִחֻמִים לוֹ וְלַאֲבֵלָיו: בּוֹרֵא נִיב שְׂפָתָיִם, שָׁלוֹם שָׁלוֹם לָרָחוֹק וְלַקָּרוֹב, אָמַר
יהוה, וּרְפָאתִיו: וְזָרְחָה לָכֶם יִרְאֵי שְׁמִי שֶׁמֶשׁ צְדָקָה וּמַרְפֵּא בִּכְנָפֶיהָ: אָז יִבָּקַע כַּשַּׁחַר אוֹרֶךָ, מלאכי ג ישעיה נח
וַאֲרֻכָתְךָ מְהֵרָה תִצְמָח: רְפָאֵנוּ יהוה וְנֵרָפֵא, הוֹשִׁיעֵנוּ וְנִוָּשֵׁעָה, כִּי תְהִלָּתֵנוּ אָתָּה. וְהַעֲלֵה
רְפוּאָה שְׁלֵמָה לְכָל מַכּוֹת עַמְּךָ יִשְׂרָאֵל,

לחולֶה: וּבִפְרָט (לפלוני בֶּן פלונית) רְפוּאָה שְׁלֵמָה לְרמ״ח אֵבָרָיו וּשְׁס״ה גִּידָיו לְרַפְּאוֹת אוֹתוֹ
כְּחִזְקִיָּהוּ מֶלֶךְ יְהוּדָה מֵחָלְיוֹ וּכְמִרְיָם הַנְּבִיאָה מִצָּרַעְתָּהּ. בְּשֵׁם הַשֵּׁמוֹת הַקְּדוֹשִׁים שֶׁל
שָׁלֹשׁ עֶשְׂרֵה מִדּוֹתֶיךָ, אֵל נָא רְפָא נָא (לפלוני בֶּן פלונית) לְהָקִים אוֹתוֹ מֵחָלְיוֹ זֶה וּלְהַאֲרִיךְ
עוֹד יְמֵי חַיָּיו, חַיִּים שֶׁל רַחֲמִים, חַיִּים שֶׁל בְּרִיאוּת, חַיִּים שֶׁל שָׁלוֹם, חַיִּים שֶׁל בְּרָכָה,
כִּדְכְתִיב: כִּי אֹרֶךְ יָמִים וּשְׁנוֹת חַיִּים וְשָׁלוֹם יוֹסִיפוּ לָךְ: אָמֵן סֶלָה. משלי ג

לחולָה: וּבִפְרָט (לפלונית בַּת פלונית) רְפוּאָה שְׁלֵמָה לְאֵבָרֶיהָ וְגִידֶיהָ לְרַפְּאוֹת אוֹתָהּ כְּחִזְקִיָּהוּ
מֶלֶךְ יְהוּדָה מֵחָלְיוֹ וּכְמִרְיָם הַנְּבִיאָה מִצָּרַעְתָּהּ. בְּשֵׁם הַשֵּׁמוֹת הַקְּדוֹשִׁים שֶׁל שָׁלֹשׁ
עֶשְׂרֵה מִדּוֹתֶיךָ, אֵל נָא רְפָא נָא (לפלונית בַּת פלונית) לְהָקִים אוֹתָהּ מֵחָלְיָהּ זֶה וּלְהַאֲרִיךְ
עוֹד יְמֵי חַיֶּיהָ חַיִּים שֶׁל רַחֲמִים, חַיִּים שֶׁל בְּרִיאוּת, חַיִּים שֶׁל שָׁלוֹם, חַיִּים שֶׁל בְּרָכָה,
כִּדְכְתִיב: כִּי אֹרֶךְ יָמִים וּשְׁנוֹת חַיִּים וְשָׁלוֹם יוֹסִיפוּ לָךְ: אָמֵן סֶלָה. שם

אם משנים את השם, מוסיפים:

לחולֶה: וְאַף אִם נִגְזַר עָלָיו בְּבֵית דִּינְךָ הַצֶּדֶק מִיתָה, שֶׁיָּמוּת מֵחֳלִי זֶה, הִנֵּה רַבּוֹתֵינוּ הַקְּדוֹשִׁים
אָמְרוּ: שְׁלֹשָׁה דְבָרִים קוֹרְעִים גְּזַר דִּינוֹ שֶׁל אָדָם, וְאֶחָד מֵהֶם הוּא שִׁנּוּי הַשֵּׁם, שֶׁיְּשַׁנּוּ
הַשֵּׁם שֶׁל הַחוֹלֶה, וְקִיַּמְנוּ דִּבְרֵיהֶם וְנִשְׁתַּנָּה שְׁמוֹ כִּי אַחֵר הוּא, וְאִם עַל (פלוני) נִגְזַר הַדִּין,
עַל (פלוני) לֹא נִגְזַר, לָכֵן אַחֵר הוּא וְאֵינוֹ הוּא הַנִּקְרָא בְּשֵׁם הָרִאשׁוֹן. וּכְשֵׁם שֶׁנִּשְׁתַּנָּה

שְׁמוֹ כֵּן יִשְׁתַּנֶּה הַנִּגְזָר מֵעָלָיו, מִדִּין לְרַחֲמִים וּמִמִּיתָה לְחַיִּים וּמִמַּחֲלָה לִרְפוּאָה שְׁלֵמָה (לפלוני בֶּן פלונית) בְּשֵׁם כָּל הַשֵּׁמוֹת הַכְּתוּבִים בְּסֵפֶר הַתּוֹרָה הַזֶּה וּבְשֵׁם כָּל הַשֵּׁמוֹת וּבְשֵׁם כָּל הַמַּלְאָכִים הַמְמֻנִּים עַל כָּל הָרְפוּאוֹת וְהַהַצָּלוֹת, תִּשְׁלַח מְהֵרָה רְפוּאָה שְׁלֵמָה (לפלוני בֶּן פלונית) וְתַאֲרִיךְ יָמָיו וּשְׁנוֹתָיו בַּנְּעִימִים, וִיבַלֶּה בְּטוֹב יָמָיו בְּרֹב עֹז וְשָׁלוֹם מֵעַתָּה וְעַד עוֹלָם, אָמֵן סֶלָה.

לחולָה: וְאַף אִם נִגְזַר עָלֶיהָ בְּבֵית דִּינְךָ הַצֶּדֶק מִיתָה, שֶׁתָּמוּת מֵחֳלִי זֶה, הִנֵּה רַבּוֹתֵינוּ הַקְּדוֹשִׁים אָמְרוּ: שְׁלֹשָׁה דְּבָרִים קוֹרְעִים גְּזַר דִּינוֹ שֶׁל אָדָם, וְאֶחָד מֵהֶם הוּא שִׁנּוּי הַשֵּׁם, שֶׁיְּשַׁנּוּ הַשֵּׁם שֶׁל הַחוֹלֶה, וְקִיַּמְנוּ דִּבְרֵיהֶם וְנִשְׁתַּנָּה שְׁמָהּ כִּי אַחֶרֶת הִיא, וְאִם עַל (פלונית) נִגְזַר הַדִּין, עַל (פלונית) לֹא נִגְזַר, לָכֵן אַחֶרֶת הִיא וְאֵינָהּ הִיא הַנִּקְרֵאת בְּשֵׁם הָרִאשׁוֹן. וּכְשֵׁם שֶׁנִּשְׁתַּנָּה שְׁמָהּ כֵּן יִשְׁתַּנֶּה הַנִּגְזָר מֵעָלֶיהָ מִדִּין לְרַחֲמִים וּמִמִּיתָה לְחַיִּים וּמִמַּחֲלָה לִרְפוּאָה שְׁלֵמָה (לפלונית בַּת פלונית) בְּשֵׁם כָּל הַשֵּׁמוֹת הַכְּתוּבִים בְּסֵפֶר הַתּוֹרָה הַזֶּה וּבְשֵׁם כָּל הַשֵּׁמוֹת וּבְשֵׁם כָּל הַמַּלְאָכִים הַמְמֻנִּים עַל כָּל הָרְפוּאוֹת וְהַהַצָּלוֹת, תִּשְׁלַח מְהֵרָה רְפוּאָה שְׁלֵמָה (לפלונית בַּת פלונית) וְתַאֲרִיךְ יָמֶיהָ וּשְׁנוֹתֶיהָ בַּנְּעִימִים, וּתְבַלֶּה בְּטוֹב יָמֶיהָ בְּרֹב עֹז וְשָׁלוֹם מֵעַתָּה וְעַד עוֹלָם, אָמֵן סֶלָה.

פרקי תהלים לזמנים ולמאורעות מיוחדים

פרקי תהלים הם חלק מסידור התפילה המקובל בכל ישראל. יש פרקי תהלים שהם חלק קבוע מתפילות ימי החול, כדוגמת "שיר של יום" – פרק תהלים מיוחד לכל יום מימות השבוע, כפי שהיה נאמר בבית המקדש. כמו כן יש פרקים מיוחדים לשבתות ולחגים, ופרקי "הלל" הנאמרים בימי חג ומועד.

בנוסף על אותם פרקים שהם חלק מסידור התפילה, יש פרקים הנאמרים בזמנים או במאורעות מיוחדים. בעניין זה יש חילוקי מנהגים: בנוסחי תפילה מסוימים נמצאים פרקים אלה בסידור התפילה, משום שהם נאמרים בתפילה בדרך קבע; בנוסחים אחרים אומרים מזמורים אלה (או חלק מהם) כמנהג מקובל, אף שהם אינם כתובים בסידורי התפילה; יש מנהגים שבהם נאמרים כל המזמורים הללו, ואחרים שבהם נוהגים לומר רק את מקצתם.

ערב ראש השנה מזמור צה

ראש השנה במקומות רבים המנהג הפשוט הוא לומר במשך שני ימי ראש השנה את כל ספר תהלים פעמיים. יש המוסיפים ביום הראשון של ראש השנה את מזמור מז, וביום השני - את מזמור פא. הוספות אלה - סמוך ואחרי שיר של יום.

עשרת ימי תשובה מנהג כל ישראל (וכן מודפס בסידורים) לומר את מזמור קל לפני "ברכו" בשחרית ובערבית.

שבת תשובה יש אומרים את מזמור לב.

ערב יום הכיפורים יש אומרים לאחר התפילה את מזמור ק (כאמירת נדבה, לפי שברוב המנהגים משמיטים אותו ביום זה מסדר התפילה הרגיל).

כל נדרי יש האומרים את מזמור צז, ויש האומרים מזמורים קטר־קכג.

יום הכיפורים יש אומרים את מזמור לב, ויש שאומרים קודם השינה גם מזמורים קכד־קלב. קודם מוסף אומרים מזמורים קלג־קמא, ואחרי נעילה - קמב־קנ.

סוכות ביום הראשון של החג אומרים מזמור צו. ביום השני של החג (יום טוב שני של גלויות) - מזמור פ.

חול המועד סוכות מזמור עז

הושענא רבה מנהג רווח הוא להיות ניעורים בלילה זה, ובמשך הלילה אומרים (אם אפשר - בציבור) את כל ספר תהלים, וכן אומרים מזמור פח או סא אחרי שיר של יום.

שמיני עצרת מזמור סה

שמחת תורה (בחו"ל) מזמור קמז

שבת בראשית יש אומרים מזמור ח.

שבת מברכים מנהג חב"ד ואחרים הוא לומר את כל ספר תהלים לפני התפילה בשבת שבה מברכים את החודש.

ראש חודש מנהג נפוץ (שאף מצוי בכמה מנוסחי התפילה) הוא להוסיף לאחר שיר של יום את מזמור קד.

חנוכה יש אומרים בכל יום מזמור ל.

עשרה בטבת יש אומרים מזמור עד.

שבת פרשת שקלים יש אומרים מזמור מט.

שבת פרשת זכור יש אומרים מזמור קט.

תענית אסתר יש אומרים מזמור כב.

פורים יש אומרים מזמור ז, ויש נוהגים לומר מזמור כב.

שושן פורים יש אומרים מזמור ס.

שבת פרשת פרה יש אומרים מזמור נא.

שבת פרשת החודש יש אומרים מזמור עז.

שבת הגדול יש אומרים מזמור צה.

פסח ביום טוב ראשון אומרים מזמור קה. ביום השני של החג (יום טוב שני של גלויות) אומרים מזמור קו, ויש מקומות שבהם אומרים בימים אלה מזמור קז.

חול המועד פסח יש אומרים מזמור עה.

שביעי של פסח יש אומרים מזמור יח.

שמיני של פסח (בחו"ל) יש אומרים מזמור קו, ויש אומרי מזמור קיד.

שבועות מזמור כט. ביום השני (יום טוב שני של גלויות) אומרים מזמור סח.

שבעה עשר בתמוז יש אומרים מזמור עט.

תשעה באב יש אומרים מזמור קלז.

שבת נחמו יש אומרים מזמור קכב.

חודש אלול מנהג פשוט המופיע ברוב סידורי התפילה, לומר מזמור כז בכל יום מימי חודש אלול פעמיים: בבוקר (לאחר שיר של יום), ובערב (יש הנוהגים לומר אותו אחרי תפילת מנחה, ויש - אחרי תפילת ערבית). ואומרים מזמור זה עד הושענא רבה (ועד בכלל). יש נוהגים לומר בכל יום מימי אלול (ועד סוף יום הכפורים) שלושה פרקי תהלים, על פי הסדר, מתחילת הספר עד סופו (ביום א׳ באלול פרק א־ג, ביום ב׳ באלול פרקים ד־ו, וכו׳).

פרק תהלים לפי שנותיו של אדם מנהג ההולך ומתפשט הוא, שאדם אומר בכל יום פרק תהלים לפי מספר שנותיו. כגון: מי שמלאו לו עשרים ותשע שנים אומר את מזמור ל במשך כל אותה שנה.

חתונה יש נוהגים לומר ביום החתונה מזמור יט.

בית אבלים מנהג נפוץ ומקובל (המצוי בסידורי תפילה רבים) הוא לומר בבית האבל מזמור מט בבוקר ובערב.

ברית מילה יש נוהגים לומר ביום הברית מזמור יב.

רשימת ספרים ומחבריהם

אבני זיכרון רבי יעקב יצחק הורוויץ. החוזה מלובלין.

אוהב חסד רבי דוד לייפער. האדמו"ר מנדבורנה באניא.

אוצר היראה רבי נחמן גולדשטיין. הרב מטשערין.

אור אלימלך רבי אלימלך (ויסבלום) מליז'נסק.

אור המאיר רבי זאב וולף מז'יטומיר.

אור התורה רבי מנחם מענדל שניאורסון. האדמו"ר ה'צמח צדק' מלובביץ'.

אור ישרים רבי משה חיים קליינמן.

אור לשמים רבי מאיר הלוי רוטנברג. האדמו"ר מאפטא.

אור תורה רבי דב בער. המגיד ממזריטש.

איגרות קודש רבי מנחם מענדל שניאורסון. האדמו"ר מלובביץ'.

אמרי אמת רבי אברהם מרדכי אלתר. האדמו"ר מגור.

אמרי נועם רבי מאיר הורוביץ. האדמו"ר מדז'יקוב.

אסיפת אמרים מהבעש"ט ותלמידיו רבי יעקב מאודסה.

אש קודש רבי קלונימוס קלמיש שפירא. האדמו"ר מפיאסצנה.

באר מים חיים רבי חיים טירר. הרב מצ'רנוביץ.

באר משה רבי משה אליקים בריעה הופשטיין. האדמו"ר מקוז'ניץ.

בוציגא דנהורא רבי ברוך אשכנזי ממז'יבוז'.

בית אהרן רבי אהרן פרלוב. האדמו"ר מקרלין.

בית יעקב רבי יעקב ליינר. האדמו"ר מאיזביצא־ראדזין.

בן פורת יוסף רבי יעקב יוסף כץ מפולנאה.

בני יששכר רבי צבי אלימלך שפירא. האדמו"ר מדינוב.

בעש"ט על התורה רבי ישראל בעל שם טוב.

דברי חיזוק רבי צבי מאיר זילברברג.

דברי יחזקאל רבי יחזקאל שרגא הלברשטאם. האדמו"ר משינאווא.

דגל מחנה אפרים רבי משה חיים אפרים אשכנזי מסדילקוב.

דורש טוב רבי נחום מרדכי פרידמן. האדמו"ר מצ'ורטקוב.

דרך חיים רבי יהודה ליווא. המהר"ל מפראג.

דרך חיים רבי דב בער שניאורי. האדמו"ר האמצעי מלובביץ'.

דרך מצוותיך רבי מנחם מענדל שניאורסון. האדמו"ר ה'צמח צדק' מלובביץ'.

השתפכות הנפש רבי משה יהושע בזשיליאנסקי.

ויחל משה רבי משה אליקים בריעה הופשטיין. האדמו"ר מקוז'ניץ.

זהב המנורה רבי זושא (ויסבלום) מאניפאלי.

זרע קודש רבי נפתלי צבי הורוביץ. האדמו"ר מרופשיץ.

חבל נעים רבי עזריה פיגו. מחבר הספר 'גידולי תרומה'.

חיי מוהר"ן רבי נתן שטרנהרץ מנמירוב.

חסד לאברהם רבי אברהם 'המלאך'. בנו של המגיד ממזריטש.

חסד לאברהם רבי אברהם יששכר בער רבינוביץ'. האדמו"ר מראדומסק.

חתם סופר רבי משה סופר.

טהרת הקודש רבי אהרן ראטה. מחבר הספר 'שומר אמונים'.

יהל אור רבי מנחם מענדל שניאורסאן. ה'צמח צדק' מלובביץ'.

ייטב לב רבי יקותיאל יהודה טייטלבוים. האדמו"ר מסיגט.

ימי מוהרנ"ת רבי נתן שטרנהרץ מנמירוב.

יסוד העבודה רבי אברהם וינברג. האדמו"ר מסלונים.

ישמח ישראל רבי ירחמיאל ישראל דנציגר. האדמו"ר מאלכסנדר.

ישראל קדושים רבי צדוק הכהן (רבינוביץ'-רובינשטיין) מלובלין.

כנסת יחזקאל רבי יחזקאל רבינוביץ'. האדמו"ר מראדומסק.

כתר שם טוב רבי ישראל בעל שם טוב.

ליקוטי דיבורים רבי יוסף יצחק שניאורסאן. האדמו"ר הריי"צ מלובביץ'.

ליקוטי הלכות רבי נתן שטרנהרץ מנמירוב.

ליקוטי מוהר"ן רבי נחמן מברסלב.

ליקוטי עצות רבי נתן שטרנהרץ מנמירוב.

ליקוטי שיחות רבי מנחם מענדל שניאורסון. האדמו"ר מלובביץ'.

ליקוטי תורה רבי שניאור זלמן מליאדי. האדמו"ר הזקן מלובביץ'.

ליקוטי תפילות רבי נתן שטרנהרץ מנמירוב.

מאור ושמש רבי קלונימוס קלמן הלוי אפשטיין.

מאמרי אדמו"ר הזקן רבי שניאור זלמן מליאדי. האדמו"ר הזקן מלובביץ'.

מאמרי אדמו"ר הצמח צדק רבי מנחם מענדל שניאורסאן. האדמו"ר ה'צמח צדק' מלובביץ'.

מגילת סתרים רבי דוד שלמה אייבשיץ. מחבר הספרים 'לבושי שרד' ו'ערבי נחל'.

מגן אברהם רבי אברהם טברסקי. האדמו"ר מטריסק.

מחשבות חרוץ רבי צדוק הכהן (רבינוביץ'-רובינשטיין) מלובלין.

מי השילוח רבי מרדכי יוסף ליינר. האדמו"ר מאיזביצא-ראדזין.

נועם אלימלך רבי אלימלך (ויסבלום) מליז'נסק.

נועם אליעזר רבי אליעזר זוסיא פורטוגל. האדמו"ר מסקולען.

נועם מגדים רבי אליעזר הלוי הורביץ מטארניגראד.

נתיב מצוותיך רבי יצחק אייזיק ספרין. האדמו"ר מקומרנא.

תהלים — רשימת ספרים ומחבריהם

סידור עם דא"ח רבי שניאור זלמן מליאדי. האדמו"ר הזקן מלובביץ'.

ספר המאמרים אתהלך רבי שניאור זלמן מליאדי. האדמו"ר הזקן מלובביץ'.

ספר המאמרים מלוקט רבי מנחם מענדל שניאורסון. האדמו"ר מלובביץ'.

ספר המאמרים תרמ"ג־תר"פ רבי שלום דב בער שניאורסון. האדמו"ר הרש"ב מלובביץ'.

ספר המאמרים תרפ"א־תש"י רבי יוסף יצחק שניאורסון. האדמו"ר הריי"צ מלובביץ'.

ספר המאמרים תש"י־תשנ"ב רבי מנחם מענדל שניאורסון. האדמו"ר מלובביץ'.

ספר השיחות רבי מנחם מענדל שניאורסון. האדמו"ר מלובביץ'.

עבודת ישראל רבי ישראל הופשטיין. האדמו"ר מקוז'ניץ.

עירין קדישין רבי ישראל פרידמן. האדמו"ר מרוז'ין.

עלים לתרופה רבי נתן שטרנהרץ מנמירוב.

עקדת יצחק רבי יצחק מנחם מענדל דנציגר. האדמו"ר מאלכסנדר.

פוקד עקרים רבי צדוק הכהן (רבינוביץ'־רובינשטיין) מלובלין.

פוקח עיוורים רבי דב בער שניאורי. האדמו"ר האמצעי מלובביץ'.

פירוש המילות רבי דב בער שניאורי. האדמו"ר האמצעי מלובביץ'.

פנים יפות רבי פנחס הלוי איש הורוביץ. הרב מפרנקפורט מחבר הספר 'הפלאה'.

פרדס יוסף רבי יוסף פצנובסקי.

פרי הארץ רבי מנחם מענדל מוויטבסק.

פרי חיים רבי אברהם חיים מזלוטשוב.

פרי ישע רבי יהושע הויזמן.

פרי צדיק רבי צדוק הכהן (רבינוביץ'־רובינשטיין) מלובלין.

צדקת הצדיק רבי צדוק הכהן (רבינוביץ'־רובינשטיין) מלובלין.

צוואת הריב"ש רבי ישראל בעל שם טוב.

צמח צדיק רבי מנחם מענדיל הגר. האדמו"ר מויז'ניץ'.

צפנת פענח רבי יעקב יוסף כ"ץ מפולנאה.

קדושת לוי רבי לוי יצחק (רוסקוב) מברדיטשוב.

קהלת משה רבי משה אליקים בריעה הופשטיין. האדמו"ר מקוז'ניץ.

קול שמחה רבי שמחה בונים (בונהרד) מפשיסחא.

קיצור ליקוטי מוהר"ן רבי נתן שטרנהרץ מנמירוב.

רב ייבי רבי יעקב יוסף מאוסטראה.

רמתיים צופים רבי שמואל משינווא.

רסיסי לילה רבי צדוק הכהן (רבינוביץ'־רובינשטיין) מלובלין.

שומר אמונים רבי אהרן ראטה.

שיחות הר"ן רבי נחמן מברסלב.

שם משמואל רבי שמואל בורנשטיין. האדמו"ר מסוכטשוב.

שערי שמחה רבי שמחה בונם סופר. מחבר הספר 'שבט סופר'.

שפת אמת רבי יהודה אריה לייב אלתר. האדמו"ר מגור.

שפתי צדיק רבי שמואל אברהם אבא הגר. הרב מהורודנקה.

שפתי קדושים רבי צבי הירש המגיד מנדבורנה.

תהילות מנחם רבי מנחם מענדל שניאורסון. האדמו"ר מלובביץ'.

תולדות אהרן רבי אהרן מז'יטומיר.

תולדות יעקב יוסף רבי יעקב יוסף כץ מפולנאה.

תורה אור רבי שניאור זלמן מליאדי. האדמו"ר הזקן מלובביץ'.

תורת אבות רבי יהושע השל רבינוביץ'. האדמו"ר ממונסטריץ'.

תורת המגיד רבי דב בער. המגיד ממעזריטש.

תורת המגיד מזלאטשוב רבי יחיאל מיכל (רבינוביץ') מזלוטשוב.

תורת חיים רבי דב בער שניאורי. האדמו"ר האמצעי מלובביץ'.

תורת מנחם רבי מנחם מענדל שניאורסון. האדמו"ר מלובביץ'.

תורת נתן רבי נתן צבי קעניג.

תורת שמואל רבי שמואל שניאורסון. האדמו"ר המהר"ש מלובביץ'.

תניא רבי שניאור זלמן מליאדי. האדמו"ר הזקן מלובביץ'.

תפארת יוסף רבי מרדכי יוסף אלעזר ליינר. האדמו"ר מראדזין.

תפארת שלמה רבי שלמה הכהן רבינוביץ'. האדמו"ר מראדומסק.

תפארת שמואל רבי שמואל צבי דנציגר. האדמו"ר מאלכסנדר.